Strafrecht

Allgemeiner Teil

2. Auflage

von

Prof., Ph.D., Dr. jur. Ho-No Joo

2022
Bobmun Sa
Paju Bookcity, Korea

제2판 머리말

초판이 출간된 지 벌써 3년이 되어 간다. 그동안 형법은 세 차례에 걸쳐 개정되었고, 판례에 있어서도 신규 축적이 다수 이루어졌다. 제2판에서는 개정된 형법의 내용과 신규 축적된 판례의 내용을 모두 반영하였다. 특히 2020년 12월 일본식 표현이나 어려운 한자어 등 대표적인 법률용어들을 국민의 눈높이에 맞추어 알기 쉬운 우리말로 변경하고, 법률문장의 내용을 정확히 전달할 수 있도록 어순구조를 재배열하는 등 알기 쉬운 법률문장으로 개정된 형법의 내용을 전체적으로 빠짐 없이 반영하지 않을 수 없었다.

제2판은 출간을 앞둔 형법각론과 궤를 같이 한다. 이로써 총론과 각론은 각각 개별적으로는 물론 전체적으로도 이론적 통일성을 가지게 되어 더욱 일이관지(一以貫之)할 수 있게 되었다. 제2판은 초판에서 누락된 판례를 추가하였다. 또 초판에 있던 문법상의 오류와 내용상의 오류를 바로 잡았다. 뿐만 아니라 가독성, 전달성 및 이해도를 높이기 위해 필요한 곳에서는 수정, 산삭 및 첨부를 아끼지 않았다. 참고문헌에 표기된 문헌의 각주표기는 생략하는 것을 원칙으로 하였다. 이 점에 대하여 참고문헌의 저자와 본서의 독자들께 넓고 넓은 양해를 구하는 바이다.

제2판의 출간은 초판에 대한 독자들의 애독과 성원이 없었으면 불가능한 일이었다. 본서의 출간에 있어서 최고의 원동력이었던 독자들께 깊은 감사를 드리지 않을 수 없다. 앞으로도 본서가 꾸준히 발전을 거듭할 수 있도록 독자 여러분들의 변함없는 애독과 지도편달이 계속되기를 바라마지 않는다. 본서의 출간을 위해서 수고하신 법문사 모든 임직원께도 감사드린다. 특히 편집과 교정에 심혈을 기울여주신 김용석 과장께도 특별한 감사를 드린다. 끝으로 본서의 계속적인 발전을 위해 가까이서 또는 멀리서 그리고 음으로 또는 양으로 지원과 성원을 아끼지 않으시는 모든 분들께도 두루 감사를 표한다. 본서의 보다 큰 발전을 위해 더욱 힘쓰고 끊임없이 노력할 것을 거듭 다짐한다.

2022년 1월

저자 씀

머 리 말

이제는 손에서 놔야 된다고 생각했다. 마냥 붙잡고 있을 수만은 없었기 때문이다. 그 동안의 강의경험을 바탕으로 쌓여진 연구성과를 결실로 맺고 싶었다. 단순한 수험서를 넘어 이론적 체계와 학문적 근거를 갖춘 명실상부한 이론서이자 기본서를 다루고 싶었다. 여기서 본서의 특징은 다음과 같이 요약될 수 있다.

첫째, 본서는 본격적으로 체계화된 이론서이다. 형법총칙에 관한 계통적 지식의 이론적 체계화를 위하여 노력하였다. 형법전이 총칙과 각칙으로 구성되듯이 형법이론은 총론과 각론으로 이루어진다. 나아가 총칙이 죄와 형으로 대별되듯이 총론도 죄에 관한 범죄론과 형에 관한 형사제재론으로 나누어질 수 있다. 더 나아가 죄가 구성요건해당성, 위법성 및 책임으로 성립되듯이 범죄론도 구성요건론, 위법성론 및 책임론으로 크게 구성될 수 있다. 본서는 죄형법정주의, 행위주의 및 책임주의를 형법의 3대 기본원칙으로 확립하고, 각각 범죄의 성립요건에 상응하는 기본원칙으로 기능하도록 구성하였다. 즉, 죄형법정주의는 구성요건론, 행위주의는 위법성론 및 책임주의는 책임론에 있어서의 기본원칙으로 삼고, 이를 근거로 한 해석론을 전개하였다. 뿐만 아니라 수정된 구성요건론으로서 미수론과 공범론에 있어서도 각각 행위주의와 책임주의를 해석의 기본적 원리로 채택하였다. 이외에 형사제재론의 해석에 있어서도 형법의 실현을 위한 절차적 단계에 따라 기본적으로 책임주의를 적용하였다. 이와 같이 본서는 형법의 기본원칙이라는 하나의 원리에 의하여 형법의 전체를 규명하려고 하는 소위 일이관지(一以貫之)를 위하여 노력하였다.

둘째, 체계적 이론의 정립은 용어의 정의로부터 출발되었다. 용어에 관한 정확한 개념의 정립만이 이론의 주춧돌이자 출발점이 될 수 있다고 생각되었기 때문이다. 용어에 관한 정확한 의미의 파악이 전제되지 아니하고는 계통적 지식에 대한 이해와 이론적 체계의 정립이 불가능하게 된다. 그런데 법률용어의 상당수는 한자어이기 때문에 한자에 대한 정확한 풀이만으로도 상당수의 용어는 충분히 해석될 수 있었다. 뿐만 아니라 이론의 뿌리를 튼튼히 하기 위하여 연혁적 고찰을 추가하였다. 연혁적 고찰이야말로 이론의 과거뿐만 아니라 장래 방향도 정확하게 제시할 수 있는 이정표가 될 수 있기 때문이다. 다만, 이론의 역사를 더듬는 연혁적 고찰은 이로 인한 과도한 노력의 낭비를 방지하기 위하여 필요한 최소한의 범위에서 개략적인 수준에 그치도록 하였다.

셋째, 범죄의 이론적 구성의 체계를 동일하게 유지하였다. 이는 범죄의 성립요건에 대한 충족여부를 판단하는 순서에 따른 것이다. 즉, 범죄의 성립요건은 구성요건해당성, 위법성 및 책임의 순으로 판단된다. 위법성과 책임의 유무는 각각 위법성조각사유와 책임조각사유를 중심으로 검토하는 구조를 취하는 외에 구성요건해당성의 유무는 객관적 구성요건과 주관적 구성요건의 순으로 그 충족여부를 판단하는 구조이다. 뿐만 아니라 객관적 구성요건요소로서는 주체, 객체, 행위, 결과, 인과관계 및 상황의 순으로 그 충족여부를 검토하게 되고, 주관적 구성요건요소로서는 고의와 과실의 순으로 판단하게 된다. 이와 같이 구성요건해당성에 관하여 동일하게 체계화된 판단구조를 모든 범죄의 유형에 획일적으로 적용함으로써 범죄유형마다 가지고 있는 특성과 내용을 이론적으로 용이하게 파악할 수 있도록 하였다.

넷째, 이론의 적용례를 고찰하기 위하여 판례를 소개하였다. 이론과 판례는 상호 순항과 길항을 반복하면서 더욱 발전할 수 있다고 본다. 이론의 결실로 판례가 쌓일 수 있고, 판례의 집적으로 이론이 만들어질 수 있기 때문이다. 이론이란 역사적 산물로서 그 속에는 당시의 사회구조와 당대 사람들의 지혜가 응축되어 있다. 또한 판례에는 사람이 사는 모습이 담겨 있고, 삶의 현장인 사회에 뿌리를 내리지 않은 이론은 탁상공론에 불과할 수 있기 때문이다. 판례는 가능한 한 최대한 수집하여 이론과의 접점에 배치하고, 양자를 교차하여 검토함으로써 이론과 판례의 내용에 관한 이해와 평가를 용이하도록 하였다. 다만, 판례는 그 분량상 판결요지만을 소개하는 것에 그치는 것으로 하였다.

다섯째, 이론과 판례의 해석론을 한 눈에 볼 수 있도록 쟁점에 관하여는 학설, 판례 및 검토라는 항목으로 구분하여 서술하였다. 이와 같이 논점을 일목요연하게 정리함으로써 이론과 실무의 비교·검토가 용이하도록 하고, 공부하는 학생이나 각종 시험에 응시하려는 수험생에게는 내용을 쉽게 파악하고 이해할 수 있도록 하였다. 다만, 검토라는 항목은 필자의 개인적인 소견으로서 학생들이나 수험생들의 입장에서는 크게 부담을 느끼지 않아도 무방한 부분이라고 생각되었다. 한편 해석법학의 출발점이라고 할 수 있는 법조문을 법전 없이도 한 눈에 확인할 수 있도록 내용상 해당되는 위치에 법전 그대로 수록하도록 하였다.

여섯째, 형법의 고유한 규정과 이론을 발굴하고 정립하기 위하여 비교법적 고찰을 추가하였다. 특히, 형법의 성립과 발전에 지대한 영향을 미친 독일 형법과 일본 형법에 관하여 집중적으로 비교·검토하였다. 독일 형법을 모법으로 하고 일본 형법을 통하여 계수된 법이었던 형법의 입장에서는 의미 있는 고찰이 아닐 수 없다고 하겠다.

본서의 집필의도가 얼마나 성취되고 어느 정도의 공감을 얻을 수 있는지에 관하여는 우선 궁금함보다 두려움이 앞선다. 새롭게 정립한 형법의 기본원칙이라는 원리에 근거하여 최초로 시도된 형법 전반에 걸친 새로운 해석론의 전개가 독자들로부터 어떠한 평가를 받을지 알 수 없기 때문이다. 벽 앞에서 좌절도 많았지만, 포기하지 않고 끝까지 갈 수 있었다. 그것은 바로 고독(孤獨, wissenschaftliche Einsamkeit)이 준 선물이었다. 고독 때문에 늘 힘들었지만, 고독은 언제나 목마른 필자로 하여금 침잠하게 하면서 깨달음에 이르도록 인도하여 주었다. 게다가 지필묵 대신 노트북을 등에 메고 유보(遊步)하면서 언제 어디서든 정리되는 생각과 섬광처럼 사라지는 깨달음을 기록할 수 있게 해준 자칭 주유법학(周遊法學)은 좋은 친구였다.

본서가 출간되기까지 많은 문헌들의 도움이 컸다. 금과옥조와 같은 자료들이 아니었더라면 본서는 세상에 나오지 못했을 것이다. 이와 같이 귀중하고 훌륭한 문헌자료들은 본서의 밑거름이 되었지만, 그 방대함으로 인하여 그 출처를 빠짐없이 각주로 밝히기란 역부족이었다. 주요 참고문헌에서나마 다소 인용한 출전을 밝히니 넓은 아량과 후한 혜량이 있기를 청한다. 아무쪼록 본서가 형법의 길을 가는 모든 분들에게 본격적인 체계적 이론서로서, 믿음직한 기본서로서 그리고 세밀한 실무지침서로서 빈틈 없는 내비게이터(navigator)가 되기를 희망한다. 애정어린 독자들의 아낌없는 지도편달을 기다리고자 한다.

끝으로 본서가 세상의 빛을 볼 수 있도록 흔쾌히 출판에 응해주신 법문사 임직원 여러분께 감사드린다. 아울러 편집에 심혈을 기울여주신 김용석 과장께도 각별한 감사를 드린다. 그리고 본서가 출간되기까지 장기간에 걸쳐 변함없는 성원과 격려를 아끼지 않으신 가족, 친지, 선·후배, 동료 및 지인 등 모든 분들께도 거듭 뜨거운 감사를 드린다. 아울러 학업에 바쁜 와중에도 귀중한 시간을 할애하여 필자를 도와준 대학원생 이청조 조교에게도 깊은 고마움을 표한다.

2019년 1월

우거에서 저자 적음

대 목 차

제 1 편 기 초 론

제 2 편 범죄론

세목차

제1편 기초론

제2편 범죄론

제5장 총 설 (189~208)

주요 참고문헌

Ⅰ. 국내 문헌

1. 형법총론

강동욱, 『강의 형법총론』 제2판, 박영사, 2021.

김성돈, 『형법총론』 제7판, 성균관대학교 출판부(SKKUP), 2021.

김성천, 『형법총론』 제9판, 도서출판 소진, 2020.

김일수/서보학, 『새로쓴 형법총론』, 박영사, 2018.

김신규, 『형법총론강의』, 박영사, 2018.

김태명, 『형법총론강의』, 정독, 2021.

김형만, 『형법총론』 제2판, 박영사, 2021.

김혜정/박미숙/안경옥/원혜욱/이인영, 『형법총론』 제3판, 정독, 2020.

박강우, 『로스쿨형법총론』, 준커뮤니케이션즈, 2018.

박상기, 『형법총론』 제9판, 박영사, 2012.

배종대, 『형법총론』 제15판, 홍문사, 2021.

서거석/송문호, 『신형법총론』, 전북대학교출판문화원, 2017.

성낙현, 『형법총론』 제3판, 박영사, 2020.

신동운, 『형법총론』 제13판, 법문사, 2021.

신치재/윤영철, 『형법총론』, 한남대학교 출판부(글누리), 2017.

오영근, 『형법총론』 제6판, 박영사, 2021.

원형식, 판례중심 『형법총론』, 동방문화사, 2018.

윤동호, 한눈에 잡히는 『형법총론』 개정판, 국민대학교 출판부, 2017.

이규호, 『형법총론』 개정판, 청목출판사, 2019.

이동기, 『형법총론』, 국민대학교 출판부, 2020.

이상돈, 『형법강론』 제2판, 박영사, 2017.

이용식, 『형법총론』 제2판, 박영사, 2020.

이재상/장영민/강동범, 『형법총론』 제10판, 박영사, 2019.

이정원/류석준, 『형법총론』, 준커뮤니케이션즈, 2020.

이형국/김혜경, 『형법총론』 제6판, 법문사, 2021.

임 웅, 『형법총론』 제12정판, 법문사, 2021.

장한철, 『형법총론』, 동방문화사, 2020.
정성근/박광민, 『형법총론』 전정 3판, 성균관대학교 출판부, 2020.
정성근/정준섭, 『형법강의 총론』 제2판, 박영사, 2019.
정신교, 『형법총론』, 청목출판사, 2019.
정웅석/최창호, 『형법총론』, 대명출판사, 2018.
천진호, 『형법총론』, 준커뮤니케이션즈, 2016.
최호진, 『형법총론』, 박영사, 2022.

2. 기타 단행본

김성돈/오영근/윤지영/이진국/조균석, 『형법판례』 150선, 박영사, 2016.
박상기/손동권/이순래, 『형사정책』 전정판, 한국형사정책연구원, 2021.
박재윤(편집대표), 『주석형법』 총칙(1), 한국사법행정학회, 2011.
신동운 편, 『형법』 형사법령제정자료집(1), 한국형사정책연구원, 1991.
신양균 역/이다 마코토 지음, 『형법총론의 이론구조』, 진원사, 2009.
안성조, 『형법상 법률의 착오론』, 경인문화사, 2006.
유기천교수기념사업출판재단, 『유기천형법학연구』－유기천형법학의 재조명－Ⅰ, 법문사, 2017.
이재상/장영민/강동범, 『형법각론』 제12판, 박영사, 2021.
주호노, 『법학원론』 제3판, 퍼플, 2022.
주호노, 『의사법학론』 제3판, 법문사, 2022.
최준혁, 『중지미수의 이론』, 경인문화사, 2008.

3. 자료집

사법연감(2001)　대법원, 『사법연감』, 2001.
사법연감(2012)　대법원, 『사법연감』, 2012.
사법연감(2020)　대법원, 『사법연감』, 2020.
형법제정자료집　한국형사정책연구원, 『형법제정자료집』, 1991.

Ⅱ. 국외 문헌

1. 독일 문헌

Feuerbach, Paul Johann Anselm von, *Lehrbuch des gemeinen in Deutschland gültigen Peinlichen Rechts*, Giessen, 1801, 11. verb.Aufl., 1832 und 14. Aufl., 1847.(Feuerbach)

Frister, helmut, *Strafrecht, Allgemeiner Teil*, 2. Aufl., C. H. Beck, 2007.(Frister)

Joecks, Wolfgang/Miebach, Klaus, *Münchener Kommentar zum Strafgesetzbuch*, 2. Aufl., C. H. Beck, 2011.(Joecks/Miebach)

Köstlin, Christian Reinhold, *Neue Revision der Grundbegriffe des Kriminalrechts*, 1845.(Köstlin)

Eduard Dreher, Hermann Maassen, Karl Lackner, Kristian Kühl, *Strafgesetzbuch: Kommentar* 27. Aufl., C. H. Beck, 2010.(Lackner/Kühl)

Liszt, Franz Ritter von, *Lehrbuch des Deutschen Strafrechts*, 22. Aufl., 1919.(Liszt)

Luden, Heinrich, *Abhandlungen aus dem gemeinen teutschen Strafrechte*, Bd. Ⅱ, 1840.(Luden)

Claus Roxin, Täterschaft und Tatherrschaft, 9 Aufl., De Gruyter, 2015.(Roxin)

Satzger, Helmut/Schmitt, Bertram/Widmier, Gunter, *Kommentar zum Strafgesetzbuch*, 1. Aufl., Carl Heymanns Verlag, 2009.

Schönke, Adolf/Schröder, Horst, *Strafgesetzbuch: Kommentar*, 30.Aufl., C.H.Beck, 2018.(Schönke/Schröder)

Stübel, Christoph Carl von, *Über den Thatbestand der Verbrechen*, 1805.(Stübel)

Welzel, Hans, *Das Deutsche strafrecht*, 11. Aufl., 1969.(Welzel)

2. 일본 문헌

(1) 형법총론

久禮田益喜,『綜合主義の刑法理論』, 成文堂, 1976.

大谷實,『刑法總論』 第5版, 成文堂, 2018.

大谷實,『刑法講義總論』 新版第5版, 成文堂, 2019.

山中敬一,『刑法總論』 第3版, 成文堂, 2015.

松宮孝明,『刑法總論講義』 第5版補訂版, 成文堂, 2018.

前田雅英,『刑法總論講義』 第3版, 東京大學出版會, 1991.

井田良,『講義刑法學·總論』, 有斐閣, 2009.

佐久間修,『刑法總論』, 成文堂, 2009.
淺田和茂,『刑法總論』補正版, 成文堂, 2007.

(2) 기타 단행본

船山泰範,『刑法の役割と過失犯論』, 北樹出版, 2007.
浅田和茂/内田博文/上田寛/松宮孝明,『現代刑法入門』第3版補訂, 有斐閣アルマ, 2014.
小林憲太郎,『因果關係と客觀的帰屬』, 弘文堂, 2003.
芝原邦爾/堀内捷三/町野朔/西田典之,『刑法理論の現代的展開』総論 Ⅱ, 日本評論社, 2008.
辰井聡子,『因果關係論』, 有斐閣, 2006.

법령약어표

※ 본서에서 형법은 별도의 표기를 하지 않았다.

가정폭력처벌법	가정폭력범죄의 처벌 등에 관한 특례법
감염병예방법	감염병의 예방 및 관리에 관한 법률
노동조합법	노동조합 및 노동관계조정법
마약류관리법	마약류관리에 관한 법률
민소법	민사소송법
벌금미납자법	벌금 미납자의 사회봉사 집행에 관한 특례법
보건범죄단속법	보건범죄단속에 관한 특별조치법
보호관찰법	보호관찰 등에 관한 법률
복권법	복권 및 복권기금법
성충동약물치료법	성폭력범죄자의 성충동약물치료에 관한 법률
성폭력처벌법	성폭력범죄의 처벌 등에 관한 특례법(성폭법)
시체해부법	시체 해부 및 보존에 관한 법률
연명의료결정법	호스피스·완화의료 및 임종과정에 있는 환자의 연명의료결정에 관한 법률
영해법	영해 및 접속수역법
응급의료법	응급의료에 관한 법률
장기이식법	장기등 이식에 관한 법률
전자장치부착법	특정 범죄자에 대한 보호관찰 및 전자장치 부착 등에 관한 법률
전통소싸움법	전통 소싸움경기에 관한 법률
정신건강복지법	정신건강증진 및 정신질환자 복지서비스 지원에 관한 법률
즉결심판법	즉결심판에 관한 절차법
청소년성보호법	아동·청소년의 성보호에 관한 법률(아청법)
청탁금지법	부정청탁 및 금품 등 수수의 금지에 관한 법률
치료감호법	치료감호 등에 관한 법률
특정범죄가중법	특정범죄 가중처벌 등에 관한 법률(특가법)
특정경제범죄법	특정경제범죄 가중처벌 등에 관한 법률
폭력행위처벌법	폭력행위 등 처벌에 관한 법률(폭처법)
형소법	형사소송법
형실효법	형의 실효 등에 관한 법률
형집행법	형의 집행 및 수용자의 처우에 관한 법률
환경범죄단속법	환경범죄 등의 단속 및 가중처벌에 관한 법률

제 1 편

기 초 론

제 1 장 총　　설

제 1 절 형법의 개념

Ⅰ. 형법의 의의

형법(刑法)이란 범죄의 성립요건과 그에 대한 법률효과로서 형사제재에 관하여 규정하고 있는 법규범을 총칭한다. 범죄에 대한 법률효과로서의 형사상의 제재는 후술하는 바와 같이 과거에는 형벌(刑罰)만을 의미하였지만, 현대법에 이르러 보안처분(保安處分)과 피해자에 대한 구제로서 소위 회복적 사법(回復的 司法)이 추가되면서 그 영역을 넓혀오고 있다.

형법을 독일에서는 'Strafrecht'(형벌법), 프랑스에서는 'droit pénal'(형벌법), 영미에서는 'criminal law'(범죄법)라고 불러 왔다. 현행 형법은 범죄와 형사제재라는 말을 대신하여 '죄'(罪)와 '형'(刑)이라는 용어를 사용하고 있다. 이는 범죄와 형벌이라는 전통적인 용어를 축약한 것이라고 이해된다. 다만 '형벌'은 추상적인 벌(罰)의 개념임에 반하여 '형'이란 특정한 범죄자에게 선고되는 구체적인 벌의 개념으로 이해되기도 한다.

Ⅱ. 형식적 의의의 형법

형식적 의의의 형법(形式的 意義의 刑法)이란 형법이라는 이름을 가진 법률, 즉 형법전(刑法典)을 말한다. 법률은 흔히 제명, 본칙 및 부칙으로 구성되어 있다. 여기서 형식적 의의의 형법에 있어서도 제명, 본칙 및 부칙으로 구성된다고 할 수 있다.

1. 제　명

제명(題名)이란 법령의 고유한 명칭을 말한다. 현행 형법의 제명은 '형법'(刑法)

이다. 현행 형법은 1953년 9월 18일 법률 제293호로 제정되고, 같은 해 10월 3일부터 시행된 후 여러 번의 개정을 거쳐 현재에 이르고 있다.

2. 본 칙

본칙(本則)은 2개편으로서 제1편은 총칙이고 제2편은 각칙이다. 총칙은 4개장 86개조 각칙은 42개장 286개조로서 본칙은 총 46개장 총 372개 조문으로 이루어져 있다. 본칙은 조문의 다과에 따라 편의상 편, 장, 절, 관, 조, 항, 호 및 목으로 구성될 수 있다.

(1) 총 칙

총칙(總則)은 각칙에서의 각각의 범죄유형에 공통되는 일반적 성립요건을 추출하여 규정한 부분이다. 이 점에서 총칙은 개별범죄유형의 범죄성립요건을 규정한 부분인 각칙(各則)과 구별된다. 형법총칙은 범죄의 일반적 성립요건과 법적 효과에 관한 규정이다. 그러나 이는 모든 범죄에 공통적으로 적용되는 통칙규정(通則規定)이다. 따라서 형법총칙은 형법각칙뿐만 아니라 특별형법과 행정형법에도 적용되는 일반원칙이라고 할 수 있다. 형법도 '본법 총칙은 타법령에 정한 죄에 적용한다'고 규정함으로써 광의의 형법에 대하여도 총칙규정이 효력을 미치는 것으로 하고 있다(제8조 본문). 따라서 특별형법, 행정형법 등에는 형법전의 총칙에 상당하는 규정이 없어도 형법전의 총칙에 의거하여 벌칙의 적용이 행하여지게 된다. 오히려 특별형법이나 행정형법 등에 있어서는 형법전의 총칙에 정하여진 원칙을 그대로 적용하게 되면 당해 법규의 소기의 목적을 달성할 수 없는 경우가 있다. 여기서 형법은 '다만 그 법령에 특별한 규정이 있는 때에는 예외로 한다'고 규정함으로써 법령 중에 특별한 규정을 두는 경우에는 형법상의 원칙을 수정할 수 있는 길을 열어 두고 있다(제8조 단서). 이러한 의미에서 형법은 특별형법 또는 행정형법이라는 명칭과 대조하여 '보통형법' 또는 '일반형법'이라고 불리어지기도 한다.

(2) 각 칙

각칙(各則)이란 개별범죄유형의 범죄성립요건을 규정한 부분을 말한다. 이 점에서 각칙은 개별범죄유형에 공통되는 일반적 성립요건을 추출하여 규정한 부분인 총칙(總則)과 구별되고 있다. 각칙에서는 개개의 범죄마다 그의 고유한 성립요건과 법률효과(제재)가 규정되어 있다. 각칙은 범죄를 크게 세 가지의 유형으로 나누어 국가적 법익에 대한 죄, 사회적 법익에 대한 죄 및 개인적 법익에 대한 죄의 순으로 규정하고 있다.

3. 부 칙

부칙(附則)이란 법령에서 부수적 사항을 정하는 부분을 말한다. 부칙은 법령의 실질적 사항을 정하는 부분으로서의 본칙(本則)과 구별된다. 부칙은 본칙에 부수하는 규정이기 때문에 본칙과 관련이 없는 사항이 규정되는 경우는 없다. 부칙도 본칙과 같이 조문 또는 항의 형식으로 표시된다. 하나의 본칙에 대하여 하나의 부칙이 규정된다. 본법부칙과 개정법부칙은 별개의 것이지만, 법령집에서는 편집의 편의상 본법본칙, 본법부칙 및 개정법부칙의 순으로 게재하는 경우가 많다. 부칙에서는 주로 시행일, 경과규정 또는 관련되는 법령의 개폐 등에 관한 사항이 규정된다. 형법도 부칙에서는 시행일, 경과조치 또는 다른 법령과의 관계 등에 관한 사항에 관하여 규정하고 있다.

Ⅲ. 실질적 의의의 형법

실질적 의의의 형법(實質的 意義의 刑法)이란 범죄와 그 법률효과로서 형사제재에 관하여 규정한 법을 총칭하여 말한다. 실질적 의의의 형법은 형식의 의의의 형법을 기본적으로 내포하고 있을 뿐만 아니라 이 외에도 특별형법과 행정형법을 포함하고 있다. 여기서 실질적 의의의 형법을 광의의 형법(廣義의 刑法)이라고도 하며, 이에 반하여 형식적 의의의 형법을 협의의 형법(狹義의 刑法)이라고도 한다.

한편 실질적 의의의 형법은 법률의 이름과 형식을 불문하고, 범죄의 요건과 그 효과로서 형사제재에 관하여 규정하고 있는 법률 모두를 말한다. 따라서 실질적 의의의 형법에는 형식적 의의의 형법이 당연히 포함될 수밖에 없다. 그러나 형식적 의의의 형법 속에는 실질적 의의의 형법에 해당되지 않는 규정도 존재한다. 예컨대 친고죄에 있어서의 고소, 양형의 조건, 형의 집행 또는 형의 실효 등에 관한 규정 등이 이에 속한다.

1. 특별형법

특별형법(特別刑法, Spezialstrafrecht)이란 범죄와 그에 대한 제재를 규정하기 위하여 제정된 법률로서 형법 이외의 법률을 말한다. 경범죄처벌법, 폭력행위 등 처벌에 관한 법률 등이 대표적인 특별형법이다. 특별형법은 원래 형법을 보충할 목적으로 제정된 법률이고, 형법 속에 들어와야 할 범죄라는 의미에서 특별형법이라고 불리어지고 있다.

특별형법은 행정목적을 달성하기 위하여 형사제재를 규정하고 있는 행정형법과는 구별되는 개념이다. 전자가 대체로 '그 자체로서의 악'(惡, mala in se)을 범죄로 규정한 것임에 반하여, 후자는 '금지된 악'(禁止된 惡, mala prohibita)을 범죄로 규정한 것이라고 한다. 경우에 따라서는 전자를 자연범(自然犯), 후자를 법정범(法定犯)이라고도 한다. 살인이나 강도 등은 그 자체가 '악한 행위'이고, 범죄행위라는 것이 고금동서에서 인정되어 왔던 것이다. 이에 반하여, 예컨대 도로의 우측을 주행하는 것은 그 자체로서는 선(良)한 행위도 아니고, 악(惡)한 행위도 아닌 것이다(도로교통법 제13조 위반). 특별형법의 경우는 형법전과 같이 동일한 조문에서 '~한 자는 ~에 처한다'고 하는 규정의 형식을 취하고 있음에 반하여, 행정형법의 경우는 예컨대 도로교통법과 같이 법률의 전반부분에서 '~하지 않으면 안 된다' 또는 '~하여서는 안 된다'고 하는 명령·금지에 관한 규정을 두고 후반부분에서 벌칙규정을 별도로 두어 '제~조의 규정에 위반한 자는 ~에 처한다'고 하는 형식을 취하고 있다. 행정형법의 경우는 범죄행위의 내용이 명확하지 않기 때문에 명령·금지하여야 할 행위를 법률로 명시할 필요가 있기 때문이다.

2. 행정형법

행정형법(行政刑法, Verwaltungsstrafrecht)이란 정책적으로 일정한 행정목적 등을 달성하기 위한 명령·금지의 규정을 두고 그의 실효성을 담보하기 위하여 형사상의 제재를 벌칙으로서 규정하는 형식의 법률을 말한다. 예컨대 국가공무원법, 도로교통법 또는 소득세법 등이 그 대표적인 것들이다. 이들도 형법전에 대한 특별법이라는 의미에서 특별형법의 일종이지만, 특히 행정상의 단속목적을 위하여 만들어진 법률이기 때문에 행정형법이라고 부른다. 행정형법은 고유의 행정법 이외에 분야별로 노동형법, 조세형법, 경제형법 또는 환경형법 등으로 나눌 수 있다. 행정형법은 그 수를 헤아리는 것이 불가능할 정도로 매우 광범위하게 존재한다. 급부행정의 증가가 그 원인의 하나로 지목되고 있지만, 범죄와 제재의 관계를 규정한다는 형법의 중심적 기능을 마비시킨다는 비판도 제기되고 있다. 합목적성을 추구하는 행정법에 비하여 사법법(司法法)인 형사법은 법적 안정성을 중시한다는 점에서 설득력을 가진다고 보인다. 다만 형법은 원래 철학적 · 이론적 색채가 농후한 법이지만 최근에는 기술적 색채를 강조하는 경향에도 주의하지 않으면 안 된다. 한편 행정형법화의 경향은 바람직하지 않을 수 있다. 형법은 어디까지나 반도의성의 요건을 지양하고 형법의 무한정한 확산을 방지하여야 하기 때문이다. 물론 형벌의 범죄억지효과는 국민의 윤리관이나 도덕의식과 전혀 무관할 수 없다. 그럼에도 불구하고 행정형법화의 경향은 형법상의 최후수단주의, 즉 형법의 보충성의 원칙과 일치하지 않는다고 할 수 있다.

Ⅳ. 형법학과 형사법학

1. 형법학

형법학(刑法學, Strafrechtswissenschaft)이란 형법을 연구대상으로 하는 법학의 한 분야를 말한다. 오늘날 형법학은 형법전의 해석이나 형법판례의 해석을 논의하는 형법해석학(刑法解釋學, Strafrechtsdogmatik)을 기본으로 하고 있다. 형사입법학이 형사해석학보다 비중이 크지 않은 이유이기도 하다. 형법해석학에는 논리적 사고와 체계적 사고가 요구된다. 이들은 가치판단의 기준을 명확하게 하고 동시에 결론에 이르는 과정을 표시하는 데에 필요하다. 형법해석학은 의학의 분야에 비유하면 임상의학에 해당하는 소위 임상법학에 속한다고 할 수 있다. 형법학 또는 형법해석학은 형법총론과 형법각론으로 나누어질 수 있다. 형법총론(刑法總論, Allgemeiner Teil des Strafrechts)은 총칙에 관한 이론으로서 형법전의 제1편 총칙의 규정을 주된 대상으로 하여 개개의 범죄의 성립요건과 형사제재에 공통되는 일반적 성질의 해명을 주요 임무로 한다. 이에 반하여 형법각론(刑法各論, Besonderer Teil des Strafrechts)은 각칙에 관한 이론으로서 형법전의 제2편 각칙의 규정을 대상으로 하여 개개의 범죄에 고유한 성립요건과 형사제재를 명확하게 함과 동시에 각각의 범죄 상호간의 관계 및 구별을 주요 임무로 한다고 할 수 있다. 그러나 역사적으로 보면 형법학은 '형법은 무엇을 위하여 존재하는가'라고 하는 철학적 명제도 연구대상으로 하고 있었다. 여기서 형법학이 법학 중에서도 철학과 가장 유사성을 가지는 이유를 찾을 수 있다. 이와 같이 형법학은 형법해석학과 형법철학(刑法哲學, Strafrechtsphilosophie)을 중심으로 하고 있을 뿐만 아니라 이 외에도 경우에 따라서는 형법사학(刑法史學, Strafrechtsgeschichte), 비교형법학(比較刑法學, Strafrechtsvergleichung), 범죄학(犯罪學, Kriminologie) 또는 형사정책학(刑事政策學, Kriminalpolitik) 등을 포함하는 넓은 개념으로 사용되기도 한다.

2. 형사법학

형법의 기능을 충분히 발휘하게 하기 위하여는 범죄의 수사로부터 공소의 제기, 재판, 형의 집행 및 범죄의 예방에 이르기까지의 전 과정을 유기적으로 관련시켜 고찰할 필요가 있다. 형사사법기관에 의한 형법의 실현과정 전체를 형사사법(刑事司法, Strafgerichtsbarkeit, criminal justice)이라고 한다. 이와 같이 형사사법과 관련되어 있는 법을 총칭하여 형사법(刑事法)이라고 한다. 형사사법은 실체법, 절차법 및 집행법으로 구성되고, 이에 상응하여 각각 형법, 형사소송법 및 '형의 집행 및 수용자의 처우에 관한 법률' 등이 제정되어 있다. 형사법과 관련되어 있는 모든 학문분야를 총칭하여 형사법학(刑事法學, Kriminalwissenschaften) 또는 전형법학(全刑法學, gesamte Strafrechtswissenschaften)이라고 한다.[1] 형사법학은 형법, 형사소송법, 형의 집행 및 수용자의 처우에 관한 법률 및 형사정책으로 구성되는 순환구조를 가지고 있다고 할 수 있다. 이 중에서 형법은 형사법학의 중심적인 법으로서의 위계를 가지고 있다. 또한 형법은 범죄론과 형벌론으로 대별될 수 있고, 범죄론은 다시 형법총론과 형법각론으로 세분될 수 있다. 형사법은 전체의 이익과 개인의 이익의 조정을 도모하고 배분적 정의를 추구한다. 이러한 점에서 개인과 개인 사이의 이익을 조정하고 평균적 정의를 추구하는 민사법과 대조적인 성격을 가진다. 또한 형사법은 법적 안정성을 중시하는 사법법(司法法)이라는 점에서 합목적성을 중시하는 행정법과도 구별되는 특징을 가지고 있다. 나아가 형사법은 철학적으로 이론적 색채가 강한 법이었지만, 최근에는 행정형법을 중심으로 기술적 색채를 강하게 가지게 되었다는 점에 유의하지 않으면 안 된다.

제 2 절 형법의 지위

형법은 성질상 공법, 사법법 및 실체법에 속한다.

Ⅰ. 공 법

법은 공법과 사법 및 사회법으로 대별될 수 있다. 사법(私法)이 주로 개인 상

---
1) Liszt, Kriminalpolitische Aufgaben, ZStW 1889.9, S. 455.

호간의 대등한 관계를 규정하고 있음에 반하여, 공법(公法)은 주로 국가 또는 지방공공단체의 공권력의 행사에 관하여 규정하고 있다. 형법은 공법에 속한다. 형법은 국가의 형벌권(刑罰權)이라는 공권력의 행사에 관한 법이기 때문이다.

Ⅱ. 사법법

법은 입법법, 행정법 및 사법법으로 나누어질 수 있다. 사법법(司法法)이란 사법제도 및 사법권의 행사에 관한 법의 총칭을 말한다. 형법은 법원조직법, 형사소송법 등과 함께 사법법에 속한다. 형법도 재판에 적용되는 법이기 때문이다.

Ⅲ. 실체법

법은 실체법과 절차법으로 나누어질 수 있다. 형법은 실체법에 속한다. 실체법인 형법에 대응하는 절차법은 형사소송법이다. 형사소송법은 범죄자를 발견·확인하고 이 자에 대하여 형사제재를 과하기 위한 절차에 관한 법으로서 소위 절차법(節次法, formelles Strafrecht)에 속한다. 이에 반하여 형법은 범죄의 요건(Voraussetzungen von Straftaten)과 그에 대한 법률효과(Rechtsfolgen von Straftaten)로서의 형사제재를 규정하는 법이므로 실체법(實體法)에 속한다(실체형법, materielles Straf-recht).

제 3 절 형법의 성격

Ⅰ. 행위규범

형법은 범죄와 형벌을 미리 국민에게 고지함으로써 범죄에 대한 예방을 도모한다. 이와 같이 국민에게 어떠한 행위가 금지되고 명령되어 있는지를 사전에 고지하는 것이 행위규범(行爲規範, Ver-haltensnorm)이다. 사전 고지 또는 명령에도 불구하고 행위규범이 침해되었을 때에 제재를 부과함으로써 사후적으로 그 범죄가 가져올 효과를 감쇄하고 사회의 동요를 진정시킬 필요가 있다. 그에 따라 법질서에 대한 신뢰를 회복하고, 나아가 범죄에 대한 예방효과를 가져온다. 이와 같이 행위가 일정한 요건을 갖추었을 때에 법률효과로서 일정한 제재가 부과되는 것을 정한 규범을 제재규범(制裁規範, Santionsnorm)이라고 한다.

Ⅱ. 재판규범

형법은 재판에 적용되기 때문에 재판규범(裁判規範, Entscheidungsnorm)으로서의 성질을 가진다. 법관이 범죄를 인정하고 제재를 가하려면 형법이 정한 규정에 따라서 재판을 하여야 한다는 의미이다. 따라서 형법이 규정하지 않은 범죄란 있을 수 없다. 형법은 국민을 수명자로 할 때에는 행위규범이 되지만, 법관을 수명자로 하는 경우에는 재판규범이 된다. 재판은 행위가 형법에 위반된 때에 행하여지는 것이기 때문에 행위규범은 재판규범이 작동하기 위한 전제요건이 된다. 또한 형법은 그에 위반한 행위에 대하여는 재판규범으로서 범죄의 유무, 범죄의 종류 등을 평가하기 때문에 평가규범이 된다. 평가규범에 의하여 범죄로 평가된 행위에 대하여는 제재가 가하여지므로 일반국민은 범죄로 평가되는 행위를 하지 않도록 요구받게 된다. 이러한 의미에서 형법은 법관에게는 평가규범의 성질을 가지게 되지만, 일반국민에게는 의사결정규범으로서 금지규범 또는 명령규범의 성질도 가지게 된다고 이해할 수 있게 된다.

제4절 형법의 기능

형법의 기능이란 형법이 사회에서 수행하는 역할을 말한다. 간단히 말해서, 형법의 사회적 역할이라고 할 수 있다. 형법의 역할은 사회를 유지하고, 시민의 생명과 자유 그리고 재산을 보호하는 데에 있다. 근대 이후 형법은 권력자의 창(槍)이 아니라 시민계급의 방패(防牌)로서의 기능을 수행하게 되었기 때문이다. 형법의 기능은 형식적 기능과 실질적 기능으로 대별될 수 있다.

Ⅰ. 형식적 기능

사회계약에 의하여 탄생한 국가는 사회질서를 유지하여 구성원의 자유를 최대한 보장할 의무를 진다. 여기서 국가는 사회질서를 유지하기 위한 제재수단으로써의 기능을 형법에게 부여하고 있다. 형사제재가 현저한 인권침해를 의미함에도 불구하고 정당화되는 이유는 바로 사회질서를 유지하기 위하여 필요하기 때문이다.

형법은 사회질서를 유지하기 위하여 어떠한 행위를 범죄로 하고 이에 대한 처벌을 어떻게 할 것인가를 명확하게 하여 범죄행위를 하지 않도록 사람들의 행위를 규제할 필요가 있다. 여기서 요청되는 것이 바로 형법의 규제적 기능(規制的機能)이다. 다시 말해서 형법은 일정한 행위를 범죄로 규정함에 의하여 범죄행위에 대한 부정적 평가를 명확하게 하는 기능, 즉 평가기능(評價機能) 또는 재판규범(裁判規範)으로서의 기능과 범죄행위에 대하여 제재를 규정함에 의하여 일반인으로 하여금 범죄행위를 범하지 않도록 하는 기능, 다시 말해서 의사결정기능(意思決定機能) 또는 행위규범(行爲規範)으로서의 기능을 통하여 규제적 기능을 수행하게 되는 것이다. 형법은 규제적 기능을 통하여 사회질서를 유지할 수 있게 된다. 역으로 말해서 형법은 사회질서를 유지하기 위하여 범죄예방(일반예방) 또는 범죄자의 재사회화(특별예방)를 위하여 노력하지 않을 수 없게 된다. 여기서 형법은 그의 궁극적인 과제인 사회질서를 유지하기 위하여 법익보호기능과 인권보장기능과의 조화를 도모할 필요가 있다. 사회질서를 강조하게 되면 이와 이율배반적 관계에 있는 법익보호기능이나 인권보장기능은 위축될 우려가 있기 때문이다. 그러나 법익보호기능을 경시하거나 인권보장기능을 소홀히 하게 되면 궁극적으로 사회질서는 유지될 수 없게 된다고 해야 한다. 국민들은 형법에 반감을 가지게 되고 사회질서는 동요할 것이기 때문이다. 형법이 사회질서를 유지하기 위해서는 형식적 기능과 실질적 기능의 조화가 불가피하게 되는 이유를 이해할 수 있다.

Ⅱ. 실질적 기능

형법은 실질적으로 두 가지의 기능을 수행하게 된다. 바로 법익보호기능과 인권보장기능이 그것이다. 전자는 형식적으로 보면 형법에 의하여 법익이 보호된다는 법익보호주의를 의미하지만, 실질적으로 보면 법익침해행위가 없는 한 처벌하지 않겠다는 취지이기 때문에 형법은 범죄예방이라는 일반예방기능과 범죄인의 재사회화라는 특별예방기능을 동시에 가지게 되고 다른 한편으로는 근대형법의 기본원칙 중의 하나인 행위주의 또는 법익침해주의로부터 법익보호기능이 도출된다고 할 수 있다. 또한 행위주의는 형법에 규정이 있는 경우에 한하여 규정된 대로만 처벌된다는 것을 의미하기 때문에 형법은 행위에 대한 예측가능성의 기능을 가지게 되고 다른 한편으로는 근대형법의 기본원칙인 죄형법정주의의 원칙과 책임주의의 원칙이 도출될 수 있다.

1. 법익보호기능

(1) 법익보호기능의 의의

형법의 첫 번째 임무는 법익을 보호하는 데에 있다. 형법은 일정한 행위에 대하여 형벌을 과한다는 취지의 규정을 둠으로써 일정한 행위를 하지 않도록 국민에게 요구함으로써 침해행위로부터 일정한 이익을 보호할 수 있게 된다. 예컨대 사람을 살해한 범인을 처벌한다는 취지를 규정함으로써 살인행위를 방지하고 사람의 생명이라는 이익을 보호할 수 있게 된다. 법률에 의하여 보호되는 이익을 보호법익(保護法益) 또는 법익(法益, Rechtsgut)이라고 한다. 살인죄의 보호법익은 '사람의 생명'이다. 형법은 범죄와 그에 대응하는 형벌을 규정함으로써 법익을 보호하는 기능을 발휘하는 것이고, 이러한 기능을 형법의 법익보호기능(法益保護機能)이라고 한다.

(2) 법익보호기능과 행위주의

일반적으로 국민은 형법에 대하여 '나쁜 자로부터 국민을 지키는 법률'이라는 인식을 가지고 있다. 형법으로 하여금 일정한 행위(범죄)를 범하면 형벌을 과한다는 규정을 두어 사람들의 이익을 지키게 하고 있기 때문이다. 이와 같이 형법에는 국민의 생활을 위협하는 범죄자를 처벌하여 국민의 이익을 수호하는 기능이 기대되고 있다. 형법각칙에서의 범죄유형은 보호법익의 유형에 따라서 각각 개인적 법익에 대한 죄, 사회적 법익에 대한 죄 및 국가적 법익에 대한 죄의 세 가지로 분류될 수 있다. 개인적 법익에는 생명, 신체, 자유 및 재산 등이 있고, 사회적 법익에는 공중의 생명・신체・재산 및 문서에 대한 사회의 신뢰 등이 있다. 국가적 법익에는 국가의 존립, 국가의 작용 및 형사사법작용(刑事司法作用) 등이 있다. 여기서 근대형법의 기본원칙 중의 하나인 행위주의 또는 법익침해주의를 이해할 수 있다. 근대형법은 생각만으로도 처벌했던 봉건형법을 극복하고 생각이 행위로 표출되고 법익을 침해한 경우에 한해서만 처벌하겠다는 행위주의(行爲主義) 또는 법익침해주의(法益侵害主義)를 기본원칙으로서 확립하였기 때문이다. 이는 또한 도덕이나 윤리에 위반하였다는 사실만으로는 법익침해가 없는 한 처벌하지 않겠다는 의미도 내포하고 있다. 이러한 근대형법의 기본원칙을 반대로 해석하면 법익의 침해가 없는 행위에 대하여는 형법은 개입하지 않겠다는 취지라고 할 수 있다. 그렇다면 법익을 보호한다는 형법의 법익보호기능은 실제로는 형법은 법익침해행위가 없는 한 개입하지 않겠다는 의미이기 때문에 행위주의 또는 법익침해주의를 의미한다고 할 수 있다. 여기서 형법은 존재 그 자체만으로도 범죄에 대한 억제력을 가지게 되고, 이로써 일반인에 대한 일반예방기능과 범죄인에 대한 특별예방기능을 수행할 수 있게 되는 것이다.

2. 인권보장기능

(1) 인권보장기능의 의의

형법의 두 번째 임무는 인권을 보장하는 데에 있다. 근대형법은 법정된 요건을 충족하지 않는 한 범죄가 없고 형벌도 없다는 죄형법정주의의 원칙, 생각만으로는 처벌될 수 없고 법익침해행위가 없는 한 처벌할 수 없다는 행위주의의 원칙 또는 법익침해주의의 원칙 및 책임이 없으면 형벌도 없다는 책임주의의 원칙이라는 3대 기본원칙을 확립하고 국가에 의한 자의적 형벌권의 행사를 억제하고 인권을 보장하고자 하였다.

(2) 인권보장기능과 죄형법정주의

인권보장기능의 근거에는 죄형법정주의의 원칙이 있다. 죄형법정주의의 목적은 어떠한 행위가 처벌대상이 되고, 어떠한 형벌이 과하여지는가를 법률로 명시함으로써 처벌에 대한 예견가능성을 담보하고 형벌에 대한 자의성을 방지하여 국민의 권리와 자유를 보장하고자 함에 있기 때문이다. 따라서 죄형법정주의는 형법이 규정하고 있는 범죄가 행하여지지 않는 한 처벌하지 않는다는 인권보장기능을 표현한 것이라고 할 수 있다. 이와 같이 형법은 국민의 자유를 보장하는 기능을 가지게 된다. 소위 일반인에 대한 마그나 카르타(Magna Charta)로서의 기능이라고 할 수 있다. 또한 처벌하는 경우에도 법률로 정하여진 형벌의 범위(법정형)에 한한다. 즉 죄를 범한 자라 하더라도 법률로 정하여진 형벌 이상의 부당한 형벌로 처벌되지 않는다는 권리를 보장한다. 소위 범죄인에 대한 마그나 카르타(Die Magna Charta des Verbrechers)로서의 기능이라고 할 수 있다. 형벌권의 자의적 행사로부터 일반국민 또는 범죄자의 인권 또는 자유에 대한 보장으로서의 인권보장기능(人權保障機能) 또는 자유보장기능(自由保障機能)이라고 할 수 있다.

(3) 인권보장기능과 책임주의

인권보장기능의 또 다른 근거에는 책임주의의 원칙이 있다. 근대형법이 확립한 책임주의는 '책임 없으면 형벌 없다'는 귀책원리로서의 소위 소극적 책임주의와 '형벌은 책임에 비례한다'는 양형원리로서의 소위 적극적 책임주의로 구성된다고 할 수 있다. 인권보장기능과 관련이 있는 책임주의는 전자의 귀책원리로서의 책임주의이다. 귀책원리로서의 책임주의는 다시 주관적 책임주의, 개인적 책임주의 및 행위와 책임의 동시존재의 원칙을 그 내용으로 한다. 주관적 책임주의란 행위자는 고의 또는 과실에 대하여는 책임을 지지만, 불가항력에 속하는 무과실에 대하여는 책임을 지지 않는다는 원칙을 말한다. 개인적 책임주의란 행위에 고의 또는 과실이 있는 행위자 개인만이 책임을 지고 이에 관여하지 않은 자는 책임을 지지 않는다는 원칙을 말한다. 또한 행위와 책임의 동시존재의 원칙이란 실행행위를 할 당시에 책임능력이 존재하지 않는 한 책임을 지지 않는다는 원칙을 말한다. 근대형법은 책임주의의 원칙을 확립함으로써 당시까지의 봉건형법의 잔재로 남아 있던 무과실에 대하여도 책임을 묻는 결과책임과 행위자가 아닌 사람에게도 책임을 묻는 연좌제에 의한 단체책임 및 사리변별능력이 없는 책임무능력자에게도 책임을 묻는 형태의 책임을 모두 청산할 수 있었다. 이로써 책임주의는 죄형법정주의와 더불어 인권보장기능을 강화할 수 있었다. 여기서 개인에 대한 인권보장기능이 비약적으로 향상될 수 있었던 것은 자유와 평등을 최고의 이상으로 추구했던 바로 근대형법의 공적이라고 하지 않을 수 없다.

(4) 인권보장기능과 겸억주의

법익보호기능을 추구하기 위해서는 형법이 적극적으로 개입하여 처벌범위를 확대할 필요성이 요청된다. 그러나 형법이 인권보장기능을 추구하는 한 소극적으로 개입하여 처벌범위를 축소하고 한계지을 필요성이 요구된다. 형법의 개입으로 인한 형사제재는 소위 필요악(必要惡)으로서 개인의 법익을 심각하게 침해할 수 있는 부작용을 가지고 있기 때문이다. 여기서 가능한 한 형법의 개입이 억제될 필요성이 요구되고 있다. 이것이 바로 인권보장기능으로부터 파생되는 형법의 겸억주의(謙抑主義)의 원칙이다.

첫째, 형법은 헌법상의 비례성의 원칙(Verhältnismäßigkeitsprinzip)을 이유로 항상 최후의 수단(ultima ratio, letztes Mittel)으로 사용될 것이 요구된다. 이를 최후수단의 원칙 또는 최후수단주의라고 한다. 최후수단주의는 프랑스 인권선언의 ‘법률은 엄격하고 명백하게 필요한 형벌만을 정하지 않으면 안 된다’고 하는 규정에 표현되어 있다(프랑스 인권선언 제8조). 이것이 바로 형법의 최후수단성(最後手段性, ultima ratio)이다. 형법의 2차성 또는 보충성(補充性, Subsidiarität des Strafrechts)이라고도 한다.[2] 법적 제재는 조소나 비난 등의 사회적 제재가 무의미할 때 비로소 작동하는 제재이다. 법익침해에 대한 제재는 사회적 제재와 법적 제재의 순으로 진행되는 것이 통례이기 때문이다. 법적 제재는 우선 1차규범인 민법에 의한 손배배상 또는 행정법에 의한 과태료 등에 의한 제재를 예상할 수 있다. 그럼에도 불구하고 1차규범에 의한 제재가 더 이상 충분하지 않은 경우에는 비로소 2차규범으로서의 형법에 의한 제재가 동원될 수밖에 없다. 이와 같이 형법의 보충성이란 형사적 제재는 사회적 제재, 민사적 제재 또는 행정적 제재가 아무런 효용을 발휘할 수 없을 때 비로소 마지막으로 행하여져야 한다는 것을 요구한다. ‘의심스러울 때에는 시민의 자유로’(in dubio pro libertate)라는 원칙도 이러한 근거에서 이해할 수 있다.[3] 이러한 의미에서 최후수단주의는 형법의 입법론의 원리일 뿐만 아니라 해석론의 원리라고 해야 한다.

둘째, 형법은 중대한 법익침해의 경우에만 개입해야 한다는 단편성(斷片性, fragmentarischen Charakter)을 가진다. 형법은 단편성으로 인하여 무수한 불법행위 중에서 중대한 것만을 범죄화하려고 하고 있다. 이러한 이유에서 중대한 불법행위만을 범죄로 유형화하고 고의와 과실을 구별하여 다수의 조문으로 구성되어 있는 형법을 이해할 수 있다. 이는 민법이 단 한 개의 조문(민법 제750조)만으로 모든 불법행위의 유형를 포괄하고 있는 것과 대조된다. 이는 민법이 단편성을 요구하고 있지 않다는 반증을 웅변으로 말하고 있는 것이라고 할 수 있다. 형법은 단편성을 가지기 때문에 형법의 개입은 도덕적으로 비난가능한 행위나 사회적으로 유해한 행위 모두에 미치는 것이 아니라 입법자에 의하여 개별적으로 중대한 사회적 유해행위라고 평가된 행위에 대하여만 인정된다. 형법에 의한 규제는 모든 생활영역의 구석구석에까지 미쳐야 하는 것이 아니라 사회질서유지에 있어서 필요불가결한 영역에 필요최소한의 정도로 그쳐야 한다는 의미이다. 따라서 간통,[4] 구걸, 동성애, 근친상간, 단순도박 또는

---

2) 최후수단성과 보충성을 구별하는 견해에 관하여는 윤영철, “형사입법론으로서 형법의 최후수단성원칙에 대한 고찰”, 형사정책 제13권 제2호, 한국형사정책학회, 2001, 168쪽 이하 참조.

3) 윤영철, 앞의 논문, 170쪽 이하 참조.

혼인빙자간음[5] 등의 경우에는 형법의 자제가 요청된다고 하겠다.

셋째, 형법은 입법자에 의하여 유해행위로서 결단된 행위가 아니라면 도덕적 비난가능성 등을 이유로 한 개입을 허용해서는 안 된다. 이것이 바로 형법의 관용(tole-rance)의 원칙, 즉 관용성(寬容性)이다. 범죄가 행하여져도 법익보호를 도모하기 위하여 필요 불가결한 사정이 인정되지 않는 한 관용의 정신을 존중하여 처벌을 배제하여야 한다.[6]

결국 형법에 대하여는 법익침해가 발생한 경우라라도 필요불가결한 경우 최후의 수단으로서 필요최소한의 정도에 한하여 개입될 것이 요구된다고 하겠다. 이미 언급한 바와 같이 이를 형법의 겸억주의의 원칙, 즉 겸억성(謙抑性)이라고 한다. 다시 말해서 형법의 겸억성으로부터 형법의 최후수단성, 단편성 및 관용성이 도출된다고 할 수 있다. 이것이 바로 겸억성의 3원칙이다.

3. 법익보호기능과 인권보장기능

형법의 법익보호기능과 인권보장기능의 관계는 이율배반적이라고 할 수 있다. 법익보호기능과 인권보장기능은 각각 형벌에 의한 보호와 형벌에 대한 보호라는 점에서 상호 모순 대립하는 계기를 포함하고 있기 때문이다. 즉 보호적 기능의 강조는 입법과 해석에 있어서의 처벌범위의 확대로 나아가는 것임에 반하여(피해자의 입장), 보장적 기능의 강조는 처벌범위의 한정과 엄격한 해석을 요구하기 때문이다(범인을 포함한 국민의 입장). 한편 죄형법정주의는 사회침해적 행위라고 하

4) 간통죄는 2015년 2월 26일 헌법재판소에 의하여 위헌으로 결정된 바 있다. 헌법재판소에 의하면 '비록 비도덕적인 행위라 할지라도 본질적으로 개인의 사생활에 속하고 사회에 끼치는 해악이 그다지 크지 않거나 구체적 법익에 대한 명백한 침해가 없는 경우에는 국가권력이 개입해서는 안 된다는 것이 현대 형법의 추세여서 전 세계적으로 간통죄는 폐지되고 있다'는 것이 그 이유 중의 하나였다. 헌법재판소 2015.2.26. 선고 2009헌바17,205 · 2010헌바194 · 2011헌바4 · 2012헌바57,255,411 · 2013헌바139,161,267,276,342,365 · 2014헌바53,464 · 2011헌가31 · 2014헌가4(병합) 결정 참조. 형법도 2016년 1월 개정법에서 폐지하고 있다.

5) 혼인빙자간음죄는 2009년 11월 29일 헌법재판소로부터 위헌으로 결정받은 바 있다. 헌법재판소에 의하면 '남성이 위력이나 폭력 등 해악적 방법을 수반하지 않고서 여성을 애정행위의 상대방으로 선택하는 문제는 그 행위의 성질상 국가의 개입이 자제되어야 할 사적인 내밀한 영역인데다 또 그 속성상 과장이 수반되게 마련이어서 우리 형법이 혼전 성관계를 처벌대상으로 하지 않고 있으므로 혼전 성관계의 과정에서 이루어지는 통상적 유도행위 또한 처벌해야 할 이유가 없다'는 것이 그 이유 중의 하나였다. 헌법재판소 2009.11.26. 선고 2008헌바58 · 2009헌바191(병합) 결정. 형법도 2012년 개정법에서 이를 폐지한 바 있다.

6) 윤영철, "형사법의 지도이념으로서의 '사회적 관용'", 법학논총 제18집 제2호, 조선대학교 법학원구원, 2011, 424쪽 참조.

더라도 사전에 형법에 규정되어 있지 않으면 처벌될 수 없다고 함에 의하여 보호적 기능에 대한 보장적 기능의 우위를 선언한 것이라고 할 수 있다. 이러한 의미에서 형법의 목적은 정의의 실현보다는 법적 안정성의 유지에 우위가 있다고 이해할 수 있다. 이는 형사법 이외의 다른 법의 목적에 있어서의 순위구성과 구별되는 점이라고 할 수 있다.

제 5 절 형법의 실현과 적용

I. 서 설

1. 형법의 실현절차

형법은 사법법(司法法)으로서 재판에 적용되는 법이다. 형법이 범죄와 제재에 관하여 규정하는 실체법이라면 형사소송법은 사법의 절차에 관하여 규정하는 절차법에 속한다. 사법과정을 분석해보면 사실의 확정, 형법의 적용 및 형법의 집행이라는 3단계의 과정으로 나누어 생각할 수 있다. 다만 이 중에서 가장 중요한 절차는 사실의 확정으로부터 형법의 적용까지의 단계라고 할 수 있다. 형법의 적용의 전형적인 경우는 사법기관인 법원(法院)이 구체적 사건에 관하여 재판을 하는 과정에서 나타난다. 이러한 과정을 수사절차, 공판절차 및 집행절차로 이루어지는 형사사법절차에 대입하게 되면 수사절차와 공판절차를 통하여 사실의 확정과 형법의 적용이 이루어지고, 집행절차에서는 형법이 집행됨으로써 최종적으로 형법이 실현되게 되는 것이다. 다만 공판절차는 사실의 확정을 위한 절차와 형법의 적용을 위한 절차를 모두 포함하고 있다.

2. 형법의 적용방법

법의 적용(法의 適用, Anwendung)이란 발생한 사실에 법규정을 포섭시켜 법의 효과를 이끌어내는 작용을 말한다. 흔히 법의 적용은 적용될 법규정을 대전제(大前提, Obersatz)로 하고, 발생한 사실을 소전제(小前提, Untersatz)로 하여, 후자가 전자에 포섭(包攝, Subsumtion)되는 것에 의하여 결론으로서 판결(判決, Urteil)을 도출해내는 삼단논법적인 구성방식을 취하게 된다.

이와 같이 법의 적용은 법률규정(대전제), 법률사실(소전제) 및 법률효과(결론)라는 삼단논법(syllogism)의 형식을 거쳐서 행하여진다. 예컨대 '사람을 살해한 자는 사형, 무기 또는 5년 이상의 징역에 처한다'(제250조 제1항)는 법규정을 대전제로 하여 '갑이 을을 살해했다'는 사실을 소전제로 하여 그 포섭의 결론으로서 '갑을 사형에 처한다'는 판결을 이끌어내는 것이 살인행위에 대하여 살인죄에 관한 형법 제250조 제1항을 적용하는 것이다. 다시 말해서 법적 삼단논법은 추상적인 법규범을 구체적인 생활관계에 대입하는 형식으로 행하여진다. 이것이 소위 '법의 적용'이다. 법의 적용과정을 구체적으로 다시 보면 다음과 같다. 첫째, 법규범을 하나하나의 요건과 효과로 분해하고 각각에 대하여 해석한다. 둘째, 생활관계를 하나하나의 사실로 분해하고 법의 요건에 맞춘다. 생활관계의 사실과 법규범의 요건이 일치하면 사실이 요건에 포섭된다고 한다. 셋째, 모든 사실이 법률요건에 포섭되면 법률효과가 도출된다. 결국 제1단계로 법규범을 분해하고, 제2단계에서 생활관계를 분해한 후 이를 법규범에 맞추어 보고, 제3단계로서 결론을 도출하는 과정을 거치게 된다. 이와 같이 3단계를 거쳐 법적 결론에 이르기 때문에 법적 3단계론이라고 한다. 법적 삼단계론에서 주의할 점은 제1단계에서 법의 해석과 제2단계에서 사실을 요건에 포섭하는 경우, 제1단계에서의 해석자와 제2단계에서의 포섭자의 가치판단이 행하여진다는 점이다. 다만 해석자의 가치판단은 무엇을 우선시켜야 하는가에 두어짐에 반하여 포섭자의 그것은 사실관계의 이해의 조정에 두어지게 된다. 그렇지만 해석자와 포섭자의 가치판단은 그의 경험이나 가치관에 따라 결론이 달라질 가능성은 여전히 남겨 놓고 있다는 점에 주의하지 않으면 안 된다. 여기서 법학의 삼단논법은 법적 가치판단을 포함하고 있기 때문에 가치판단을 포함하고 있지 않은 논리학의 삼단논법의 경우와는 그 결론을 달리할 수 있다. 따라서 법학의 3단논법은 결론을 정당화하기 위한 수단으로 사용될 수 있는 여지가 충분하다고 할 수 있다.

형법의 적용은 정확성과 공정성을 잃지 않아야 한다. 형법의 집행의 결과는 피고인이나 수형자에게 중대한 영향을 주기 때문이다. 여기서 형사절차를 포함한 사법절차는 정확성을 담보하기 위하여 3심제를 원칙적으로 채택하고 있으며, 공정성을 담보하기 위하여 법관의 독립과 신분을 보장하고 있다. 법관은 헌법과 법률에 의하여 그 양심에 따라 심판하며(헌법 제103조), 법관은 탄핵 또는 금고 이상의 형의 선고에 의하지 아니하고는 파면되지 아니하며, 징계처분에 의하지 아니하고는 정직·감봉 기타 불리한 처분을 받지 아니하도록 하고 있다(헌법 제106조 제1항).

아래에서는 법의 적용을 위해 필요한 요소, 즉 사실의 확정과 법의 해석에 관하여 살펴보기로 한다.

Ⅱ. 사실의 확정

1. 사실의 확정의 의의

법을 적용하려면 소전제가 되는 사실이 확정되어야 한다. 사실의 확정(Faktfeststellung, fact finding)이란 사실을 자연적으로 인식하는 것이 아니라 법적으로 인식하는 것을 말한다. 사실의 확정은 있는 그대로의 사실, 즉 자연적 사실을 확정하는 것이 아니다. 사실의 확정은 법률효과를 발생시키기 위한 전제요건이기 때문에 법률요건에 상응하는 사실, 즉 법률적 사실을 확정하는 것을 의미한다. 여기서 자연적 사실은 법률요건에 상응하는 구조 또는 사실로 재구성될 필요가 있다. 이러한 의미에서 사실의 확정은 사실의 문제가 아니라 법률의 문제가 된다. 비유컨대 명의(名醫)는 환자가 말하는 일상용어를 잘 알아듣고 의학용어로 정확히 번역하여 이해해야 하듯이 유능한 수사관은 범인의 일상용어를 법률용어로 정확히 번역하여 파악해야 한다. 또한 자연적 사실 그대로가 아니라 법률요건, 즉 구성요건에 상응한 법률적 사실로 재구성해야 한다. 다만 자연적 사실과 법률적 사실은 일치하여야 한다는 점을 잊어서는 안 된다. 여기서 자연적 사실과 불일치하는 법률적 사실은 사실이 아니라고 할 수 있고, 그 불일치의 정도가 클수록 사실에 대한 왜곡의 정도가 크다고 할 수 있다. 이러한 의미에서 사실의 확정은 존재하는 자연적 사실을 다듬어서 법률적 사실로 재구성하는 작업이라고 할 수 있다. 법률적 사실로 확정된 사실관계는 비로소 소전제로서 법률규정인 대전제와 포섭을 위한 준비가 완료되었다고 할 수 있다. 그 다음으로 포섭이 완료되면 그 결과로서 법률효과가 발생하게 되는 것이다.

2. 사실의 확정의 방법

(1) 자유심증주의

사실의 확정은 자유심증주의(自由心證主義, Prinzip der freien Beweiswürdigung)에 의하고(민소법 제202조, 형소법 제308조), 그 확정의 방법은 증거에 의한다(민소법 제261조, 형소법 제307조). 자연과학에서의 사실은 확정하는 것이 아니라 증명하는 것이고, 그 증명의 방법은 자연과학적 법칙에 의한다. 이에 반하여 사회과학에 속하는 법의 세계에서의 사실은 법관이 확정하는 것이고, 그 확정의 방법은 증명에 의한다. 증명이란 재판의 기초로서 확정되어야 할 사실에 대하여 그것이 존재하였다는 확실성이 증거나 경험칙 등에 의하여 법관이 확신할 수 있을 정도로, 즉 합리적 의심이 없을 정도로 밝혀진 상태를 말한다. 물론 자유심증이라고 하여도 주관적이고 자의적인 심증은 재판의 공정성을 담보할 수 없기 때문에 증거와 경험칙에 의하여 합리성과 추증가능성(追證可能性)을 담보하고 있어야 한다. 증거(證據, Beweis, evidence)란 사실관계에 관한 당사자의 주장이 실제의 사실관계와 상응하고 있다는 것을 보여주는 것을 말한다. 증거에는 신뢰도가 높아 증명력 또는 증거가치가 높은 증거가 있고 그렇지 않은 증거가 있다. 그러나 자연과학의 세계와는 달리 사회과학인 법의 세계에서는 증명력이 높은 순에 의하여 증거로 채택되는 것은 아니다. 진실발견에 대한 저해의 위험을 감수하고서라도 정의, 절차 또는 법정책 등의 관점에서 증명력이 높은 증거라고 하더라도 증거에서 배제하는 경우가 있을 수 있기 때문이다. 예컨대 증명력이 매우 높지만 위법하게 수집된 증거의 증거능력을 부정하는 위법수집증거배제의 법칙이 그 대표적인 기준이다. 재판절차에서 증거방법으로 사용될 수 있는 자격을 증거능력이라고 한다. 예컨대 위법수집증거는 증명력이 높아도 증거능력이 부정된다.

(2) 증거의 증명정도

형사소송에서는 엄격한 요건을 갖춘 증거만이 사실인정의 기초로 됨에 반하여, 민사소송에서는 증거로 되는 자격, 즉 증거능력에 관한 제한이 없다. 그러나 증거에 대한 증명력의 평가에 있어서는 형사재판이든 민사재판이든 법관의 자유로운 심증에 의한다는 점에서는 공통된다. 형사소송법은 사실의 인정은 증거에 의한다고 하여 증거재판주의를 규정하고 있다(형소법 제307조 제1항). 즉, 엄격한 증명의 대상으로 되는 사실에 대하여는 증거능력을 가진 증거에 대하여 법정의 증거조사절차를 거치지 않으면 안 된다. 예컨대 피고인의 반대신문권의 보장과 실체적 진실발견을 위하여 전문증거는 원칙적으로 배제되고(형소법 제310조의2), 신뢰도가 높은 증거만이 사실인정의 기초로 된다. 무엇이 엄격한 증명의 대상으로 되는가에 대하여는 견해가 일치하지 않지만, 형벌권의 존부와 범위를 정하는 사실이 엄격한 증명의 대상으로 된다는 점에 대하여는 다툼이 없다. 소송법적 사실은 자유로운 증명으로 족하다고 해석되고 있다. 증거의 증명력은 법관의 자유로운 판단에 맡겨져 있다. 형사소송법은 자유심증주의를 명문으로 규정하고 있다(형소법 제308조). 증명의 정도는 '합리적 의심이 없는 증명'(proof beyond a reasonable doubt) 또는 확신(Überzeugung)에 이르기까지 검사로 하여금 증명할 것을 요구하고 있다. 따라서 범죄사실에 대하여 합리적 의심이 없는 정도의 증명이 없는 경우에는 피고인사건에 대한 범죄의 증명이 없는 경우로서 무죄로 판결되어야 한다(형소법 제307조 제2항).

한편 민사소송에서는 증거로 되는 자격, 즉 증거능력에 대한 자격제한은 없기 때문에 전문증거 등도 증거로서 채택된다. 민사소송에서는 위법수집증거에 대한 증거능력에 관하여는 다툼이 있다. 사실의 인정에 대하여 법관은 구두변론의 전취지 및 증거조사의 결과를 참작하여 자유로운 심증에 의하여 사실에 대한 주장을 사실로서 채택할지 여부를 판단한다. 민사소송법도 자유심증주의를 명문으로 규정하고 있다(민소법 제202조). 필요한 증명의 정도에 관하여 소송상 인과관계의 입증은 일점의 의혹도 허용되지 않는 자연과학적 증명이 아니라 경험칙에 비추어 증거를 종합하여 검토하고 특정한 사실이 특정한 결과발생을 초래하였다는 관계를 시인할 수 있는 고도의 개연성을 가질 것을 필요로 하고 그것으로 족하다고 하고 있다. 이는 형사사건에서보다는 훨씬 완화된 기준이라고 할 수 있다.

사실은 증거(Beweis, evidence)에 의하여 확정된다. 증거의 자료로는 당사자 본인의 진술이나 자백, 증인의 증언, 전문가의 감정, 문서에 의한 증거, 현장검증 등을 들 수 있다. 증거는 원칙적으로 그 사실을 주장하는 측에서 거증해야 한다. 형사소송에서 거증책임은 원칙적으로 원고인 검사에게 고정되어 있다. 검사가 거증을 못하면 그 범위에서 피고인은 무죄가 된다. '의심스러운 경우에는 피고인의 이익으로'(in dubio pro reo)라는 원칙이 적용되기 때문이다. 이러한 이유에서 민사소송에서와는 달리 형사소송에서는 입증의 곤란을 해결하기 위하여, 예컨대 동일한 위난으로 사망한 경우에는 동시에 사망한 것으로 추정(推定)한다거나 실종선고를 받은 자에 대하여는 그 기간이 만료한 경우에 사망한 것으로 의제(擬制) 내지 간주(看做)한다는 편법은 사용되지 아니한다(민법 제28조, 제30조 참조).

Ⅲ. 형법의 적용

1. 범죄의 적용

(1) 해석의 필요성

법의 적용을 위해서는 대전제로서의 법과 소전제로서의 사실이 확정되어 있지 않으면 안 된다. 확정되지 않은 사실에 확정되지 않은 법을 적용한다면 구체적으로 타당한 법적 판단을 이끌어 내는 것이 불가능하기 때문이다. 그런데 법은 이미 명문으로 규정되어 있기 때문에 확정되어야 할 것은 사실만이 남게 된다. 다만 법의 적용을 위해서는 사실의 확정뿐만 아니라 법규정의 의미의 확정도 필요하다. 여기서 법규정의 의미를 확정하는 작용을 법의 해석이라고 한다. 법의 적용은 사건의 발생, 사실의 확정, 법의 발견, 법의 해석, 법의 적용 및 사건의 해결이라는 일련의 과정 속에서 일어난다. 여기서 법의 적용을 위한 삼단논법적 구성은 다음과 같이 될 수 있다. 즉, 대전제로서의 법의 발견과 법의 해석, 소전제로서의 사실의 확정, 대전제와 소전제의 포섭 및 그 결과 결론으로서의 법적 효과의 발생이라는 3단계의 요소로 구분될 수 있다. 그런데 대전제로서의 법의 발견은 이미 법원(法源)을 통하여 확인이 가능하다. 다만 법의 적용의 첫 단계로서 대전제와 소전제의 포섭을 위해서는 대전제에 대한 조정, 즉 법의 해석과 소전제에 대한 조정, 즉 사실의 확정이 선행되어야 한다. 법의 적용과정에서 대전제인 법규정과 소전제인 현실로 발생한 구체적 사실의 포섭을 진행하고, 포섭의 결과으로서의 법적 효과는 이미 법에 규정되어 있는 대로 자동적으로 도출되기 때문이다.

형법의 규정이 효력을 발생하기 위해서는 구체적 사실과 합치하여야 한다. 그러나 적용되어야 할 형법은 추상적 규범이기 때문에 구체적 사실과 정확히 일치하기 어렵다. 법문(法文)은 추상적이고 고정적임에 반하여, 현실은 구체적이고 유동적일 뿐만 아니라 발전적이고 동태적이다. 이와 같이 고정된 법문에 천태만상의 사실을 포섭시키기 위해서는 법문도 어느 정도 탄력성을 가질 필요가 있다. 여기서 법문에 탄력성을 부여할 수 있는 것이 바로 해석의 방법이다. 하늘의 그물은 넓고 넓어서 그물눈은 성기지만 빠뜨리는 것이 없었다고 하는 비결이 바로 탄력성 때문이 아니었나 생각해본다.[7]

7) 天網恢恢疎而不失(천망회회 소이불실), 노자(老子) 도덕경 하편 73장 참조.

(2) 형법해석의 방법

형법의 해석은 그 방법에 따라 문리적 해석, 논리적 해석, 체계적 해석, 역사적 해석 및 목적론적 해석으로 분류될 수 있다. 또한 형법의 해석은 그 주체에 따라 유권해석과 무권해석으로 크게 나누어질 수 있다.

1) 문리해석

성문법은 문자와 문장으로 표현되고 있으므로 해석은 문자와 문장의 해석으로부터 출발한다. 문리해석(文理解釋, grammatische Auslegung, grammatical interpretation)이란 법규의 문자나 문장에 중점을 두는 언어학적 해석방법을 말한다. 문언해석(文言解釋)이라고도 한다. 법률에 사용된 문언의 의미는 해당 법률에 정의규정이 있다면 그에 따를 것이나, 그렇지 않은 경우라도 문언의 통상적인 의미를 살피는 외에 그것이 해당 법률에서 어떠한 의미로 어떻게 사용되고 있는지 체계적, 논리적으로 파악하여야 한다.[8] 문리해석을 함에 있어 고려되어야 할 점은 다음과 같다. 첫째, 동일한 법령 내에 있는 동일어는 특별한 이유가 없는 한 동일한 의미로 해석하여야 한다. 둘째, 법문의 자구(字句)는 사회일반의 통념에 의하여 쉽게 해석함을 원칙으로 한다. 다만 예외적으로 선의(善意)나 악의(惡意) 등과 같이 특수한 전문용어는 특수한 의미로 해석하여야 한다. 셋째, 법문의 용어가 제정 당시의 의미(연혁적 해석설)와 해석 당시의 의미(진화적 해석설)가 다를 경우에는 해석 당시의 의미로 해석하여야 한다는 것이 유력한 견해이다. 문리해석은 성문법의 해석에 있어서 가장 기초적인 방법으로서 해석의 출발점이 된다. 그러나 법에 내재하는 목적이념을 고려하지 않는다면 의미가 없기 때문에 문리해석은 논리해석을 필요로 하게 된다. 대법원도 "법해석의 목표는 어디까지나 법적 안정성을 저해하지 않는 범위 내에서 구체적 타당성을 찾는 데 두어야 한다. 그러기 위해서는 가능한 한 법률에 사용된 문언의 통상적인 의미에 충실하게 해석하는 것을 우선으로 하여야 하고, 다만 그 문언의 통상적 의미를 벗어나지 아니하는 범위 내에서는 법률의 입법 취지와 목적, 그 제・개정 연혁, 법질서 전체와의 조화, 다른 법령과의 관계 등을 고려하는 체계적・논리적 해석방법을 추가적으로 활용할 수 있다"고 판시한 바 있다.[9]

---

8) 대법원 2018.6.15. 선고 2018도2615 판결.
9) 대법원 2017.12.22. 선고 2014다223025 판결; 대법원 2009.4.23. 선고 2006다81035 판결.

2) 논리해석

논리해석(論理解釋, logische Auslegung, logical interpretation)이란 법령 전체의 구성적 연관, 법질서 전체와의 논리적 연관, 입법의 목적 · 취지 및 적용결과를 고려하여 논리적 사유의 법칙에 따라서 법문의 객관적 의미를 찾는 해석방법을 말한다. 논리해석에는 첫째 살인죄의 객체인 사람은 자신을 포함하지 않는다고 해석하는 경우와 같이 법문의 문리적 의미보다 축소하여 해석하는 축소해석(縮小解釋, interpritatio restrictiva), 둘째 영아살해죄에 있어서 직계존속은 사실상의 직계존속도 포함한다고 해석하는 경우와 같이 법문의 용어의 의미를 언어적 표현의 의미보다 확장하여 해석하는 확장해석(擴張解釋, interpretatio extensive, ausdehnende Auslegung), 셋째 14세 되지 아니한 자의 행위는 벌하지 아니한다고 규정하므로 14세 이상의 자는 벌할 수 있다고 해석하는 경우와 같이 법문이 정하는 요건과 반대의 요건이 존재하는 경우에는 법문이 정하는 반대의 효과를 발생할 것이라고 해석하는 반대해석(反對解釋, argumentum e contrario), 넷째 민법에서 물건이라 함은 유체물 및 전기 기타 관리할 수 있는 자연력을 말한다고 하는 규정에 비추어 형법상 절도죄의 객체인 재물은 관리할 수 있는 동력을 당연히 포함하고 있다고 하는 경우(관리가능성설)와 같이 법문이 규정하는 사항에 관한 입법상의 취지, 사물의 당연한 성질로 보아 어떤 다른 사항에 관하여는 더 한층 강한 이유로 타당한 경우에 그 법문의 규정이 당연히 적용된다고 해석하는 물론해석(勿論解釋, argumentum a fortiori), 다섯째 어떤 사항에 대하여 직접적인 명문의 규정이 없는 경우에 그와 유사한 사항에 대하여 규정한 형법규정을 적용하여 같은 형법적 효과를 인정하여 처벌하는 유추해석(類推解釋, argumentum a simile, Analogie, analogy), 여섯째 법문의 자구가 잘못되었거나 표현이 부정확하다고 인정되는 경우에 그 자구를 보정 내지 변경하는 보정해석(補正解釋) 또는 변경해석(變更解釋)이 속하고 있다. 그런데 후술하는 바와 같이 형법의 해석에 있어서는 죄형법정주의의 원칙에 비추어 유추해석은 금지되고 있다(유추해석금지의 원칙). 다만 유추는 비슷한 사항에 관하여 법규를 제정하는 경우에 중첩적으로 규정하는 번잡을 피하기 위하여 비슷한 규정을 그대로 적용할 것을 규정하는 준용(準用)과 구별되어야 한다. 유추는 법해석의 방법임에 반하여 준용은 입법기술상의 방법(Gesetzgebungstechnik, technique of legislation)이기 때문이다. 형벌법규는 문언에 따라 엄격하게 해석 · 적용하여야 하고 피고인에게 불리한 방향으로 지나치게 확장해석하거나 유추해석하여서는 안 된다.[10] 대법원도 형벌법규는 문언에 따라 엄격하게 해석 · 적용하여야 하고 피고인에게 불리한 방향으로 확장해석하거

10) 대법원 2009.10.29. 선고 2009도7569 판결; 대법원 2003.1.10. 선고 2002도2363 판결.

나 유추해석을 하여서는 안 되는 것이지만, 형벌법규의 해석에서도 문언의 가능한 의미 안에서 입법 취지와 목적 등을 고려한 법률 규정의 체계적 연관성에 따라 문언의 논리적 의미를 분명히 밝히는 체계적·논리적 해석방법은 규정의 본질적 내용에 가장 접근한 해석을 위한 것으로서 죄형법정주의의 원칙에 부합한다고 판시한 바 있다.[11]

3) 체계해석

문리해석과 논리해석이 끝나면 체계적 해석의 단계로 접어든다. 체계적 해석(systematische Auslegung)이란 규정의 의미내용을 다른 규정과 대조하거나 관련시켜서 규정 사이에 서로 모순이 없도록 하는 해석방법을 말한다. 예컨대 사기죄에 있어서의 재물은 부동산을 포함하고 있지만 절도죄에 있어서는 경계침범죄(제370조)가 마련되어 있다는 이유에서 절도죄에서의 재물은 부동산을 포함하고 있지 않다고 해석하는 경우이다.

역사적 해석이란 과거의 입법자의 입법취지로부터 해석하는 방법을 말한다. 법은 입법자에 의하여 제정된 것이기 때문에 그의 의사를 발견하여 그에 따라 해석하는 것이다. 이는 입법자의 주관을 추량하는 것이기 때문에 주관적 해석이 된다. 현재의 법의 취지가 아니라 입법 당시의 취지를 대상으로 하기 때문에 역사적 해석이다. 주관적 역사적 해석(subjektiv historische Auslegung)이라고도 한다. 이에 반하여 현재의 법의 의미를 해석하는 것이 동시대적 해석이다. 객관적 해석(objective Auslegung)이라고도 한다. 법의 해석이란 과거의 의미를 발견하는 것이 아니라 현재의 법을 적용하는 것이기 때문에 그의 의미를 명확하게 하는 것을 과제로 한다. 따라서 동시대적 객관적 해석이 타당하다고 하겠다. 입법자료, 국회에서의 토의 의사록 등에서 탐구된 입법자의 의사는 객관적 해석을 위한 하나의 자료일 뿐 그 이상은 아니다.

형벌법규의 해석에 있어서도 법률 문언의 통상적인 의미를 벗어나지 않는 한 그 법률의 입법 취지와 목적, 입법 연혁 등을 고려한 목적론적 해석이 배제되는 것은 아니다.[12] 목적론적 해석(teleologische Auslegung)이란 법질서 전체의 목적과 형법 전체의 취지를 감안하여 해석하는 방법을 말한다. 규범의 일상용어적 의미가 기준이지만 목적론적 해석은 정책적 목적을 감안하여 그의 문언의 의미의 범위를 축소하거나 확대한다. 전자를 축소해석(縮小解釋), 후자를 확장해석(擴張解釋)이라고 한다. 법익과

11) 대법원 2020.10.29. 선고 2017도18164 판결; 대법원 2018.10.25. 선고 2016도11429 판결.
12) 대법원 2009.10.29. 선고 2009도7569 판결; 대법원 2003.1.10. 선고 2002도2363 판결.

인권의 보장을 통한 사회질서의 유지라는 형법의 목적을 고려할 때 법익을 효과적으로 보호할 수 있는 목적론적 해석의 중요성은 한층 더 커진다고 할 수 있다.

대법원도 "법 해석의 목표는 어디까지나 법적 안정성을 저해하지 않는 범위 내에서 구체적 타당성을 찾는 데에 두어야 한다. 그리고 그 과정에서 가능한 한 법률에 사용된 문언의 통상적인 의미에 충실하게 해석하는 것을 원칙으로 하고, 나아가 법률의 입법 취지와 목적, 제·개정 연혁, 법질서 전체와의 조화, 다른 법령과의 관계 등을 고려하는 체계적·논리적 해석방법을 추가적으로 동원함으로써, 법 해석의 요청에 부응하는 타당한 해석이 되도록 하여야 할 것이다. 형벌법규는 문언에 따라 엄격하게 해석·적용하여야 하고 피고인에게 불리한 방향으로 확장해석하거나 유추해석을 하여서는 안 되는 것이지만, 문언이 가지는 가능한 의미의 범위 안에서 규정의 입법 취지와 목적 등을 고려하여 문언의 논리적 의미를 분명히 밝히는 체계적 해석을 하는 것은 죄형법정주의의 원칙에 어긋나지 않는다"고 판시한 바 있다.[13]

4) 유권해석과 무권해석

형법의 해석은 법해석의 주체에 따라 유권해석(有權解釋)과 무권해석(無權解釋)으로 대별된다. 유권해석(authentic interpretation)이란 국가의 권위 있는 기관에 의한 해석을 말한다. 유권해석은 구속력을 가지므로 강제해석 또는 공권해석(公權解釋)이라고도 한다. 이는 다시 ① 입법기관이 법률을 제정하는 권한에 기하여 법률의 조문 자체에 해석규정, 즉 정의규정(定義規定)을 두는 입법해석(立法解釋, legislative interpretation), ② 법원에 의하여 형법을 적용한 결과 판결의 형식으로 나타나는 사법해석(司法解釋, judical interpretation) 및 ③ 행정청에 의하여 형법의 집행과정에서 행하여지는 행정해석(行政解釋, administrative interpretation)으로 나누어진다. 이 중에서 당해 사건에 관하여 최종적인 효력을 가지는 해석은 사법해석이다. 사법해석 중에서는 대법원 내지 헌법재판소의 판결이 최종적인 권위를 가지는 것은 당연하다. 한편 형법의 해석은 개인에 의하여 학리적으로 해석될 수도 있다. 아무런 구속력을 가지지 않는다는 의미에서 무권해석이라고 한다. 특히 법학자가 학설로서 전개한 형법의 해석을 말하는 경우 학리해석(學理解釋)이라고도 한다.

---

13) 대법원 2020.8.27. 선고 2019도11294 전원합의체 판결.

2. 형벌의 적용

형벌의 적용은 법정형의 선택, 처단형의 결정 및 선고형의 확정이라는 단계로 이루어진다. 다시 말해서 형사소송절차에서 피고인에 대하여는 형법각칙상의 법정형에 형법총칙상의 가감규정을 적용하여 처단형을 결정한 다음 처단형의 범위 내에서 최종적으로 선고형이 확정되어 선고된다.[14]

Ⅳ. 형법의 집행

형법의 적용이 종료되면 국가형벌권이 현실화되고 형법의 집행이 시작된다. 형법의 집행의 내용은 형사제재의 종류에 따라 다르다. 형사제재의 종류로서는 형벌과 보안처분이 거론될 수 있다. 형법은 형벌로서 사형, 징역, 금고, 자격상실, 자격정지, 벌금, 구류, 과료 및 몰수의 9종을 규정하고 있고(제41조), 보안처분으로서는 보호관찰, 사회봉사명령 및 수강명령의 3종에 관하여 규정하고 있다(제59조의2, 제62조의2, 제73조의2). 형법의 집행에 관하여는 각각 형벌론과 보안처분론에서 상세히 후술되고 있다.[15]

14) 이에 관하여 자세한 것은 본서 제12장 형벌론 참조.
15) 본서 제12장 제4절 형벌의 집행과 제13장 제3절 보안처분의 집행 참조.

제 2 장　형법의 역사

제 1 절　서　설

형법 또한 시대적 산물이다. 따라서 형법의 이념, 원칙 및 구조 등을 파악하기 위하여는 형법이 탄생하는 과정의 역사로 소급하여 고찰하지 않을 수 없다. 형법은 근대형법의 기본원칙을 받아들여 오늘날에까지 이르고 있다. 다만 형법은 제정 당시부터 근대형법의 기본원칙을 받아들이는 과정에서 이미 일본 형법, 특히 일본의 '개정형법가안'(改正刑法假案)의 영향을 크게 받은 바 있다. 또한 일본 형법은 원래 유럽의 근대 형법을 계수하여 성립하고 발전하여 왔다. 여기서 형법의 역사는 일본 형법과 현행형법의 모법에 해당한다고 할 수 있는 유럽형법의 역사를 그 출발점으로 하지 않을 수 없다.

제 2 절　유럽 형법의 역사

Ⅰ. 전근대의 형법사

1. 중세형법의 의의

현대형법을 이해하기 위하여는 근대형법에 대한 이해가 선행되어야 한다. 나아가 근대형법을 잘 이해하기 위하여는 근대 이전의 형법, 즉 '전근대적인 형법'으로서 소위 '중세형법' 또는 편의상 이름하여 '봉건형법'에 대한 파악이 우선되어야 한다. 근대형법과 중세형법은 정반대로서 완전히 대조적이기 때문에 중세형법을 파악하면 근대형법은 저절로 이해될 수 있고, 현대형법은 근대형법을 출발점으로 하고 있기 때문이다. 또한 형법의 역사는 인류의 역사와 같이 한다고 할 수 있을 만큼 오래된 것이지만, 현재의 형법해석론과 관련하여서는 근대 직전인 중세형법까지에만 소급하여 고찰하는 것만으로도 충분하다고 생각되기 때문이다. 여기서 대표적인 중세의 형법으로서는 카롤리나 형법전(CCC, Die Constitutio Criminalis Carolina oder Carolina von 1532)이 예시될 수 있다. 카롤리나 형법전은 종교개혁시대의 신성로마제국의 황제였던 카알 5세(Kaiser Karls V., 1550~1558)가 로마법을 계수하여 제정한 것이다. 카롤리나 형법전은 지방(Land)법이 로마법에 우선하여 적용되던 당시의 상황 속에서 오랫동안 실무를 지배하고 있었다. 또 다른 하나는 중세의 대표적인 법으로서의 교회법을 빼놓을 수 없다.

2. 중세형법의 특징

근대형법과 대비되는 중세형법의 특징은 카롤리나 형법전보다는 중세의 교회법에 보다 잘 나타나고 있었다. 예컨대 시민혁명을 촉발했던 프랑스의 앙샹레짐(Ancien Régime), 즉 봉건적 신분제도와 절대왕권으로서 상징되는 구체제(舊體制)[16]를 통하여 드러난 중세형법의 특징을 요약해 보면 다음과 같다.

첫째, 간섭성(干涉性)이다. 법과 종교 및 도덕이 미분리된 상태에서 가장 큰 죄는 신성모독이었다. 범죄는 악령에 의하여 유발된다는 믿음도 깔려 있었다. 신성모독을 처벌하기 위해서 법률이 개인의 내면의 의사에까지 깊숙이 간섭하고 있었다. 이단자를 탄압하기 위하여 마녀재판에서 보이는 바와 같이 내심의 사상을 처벌의 대상으로 하였다. 이러한 의미에서 중세형법은 의사주의(意思主義) 또는 의사형법(意思刑法)이라고 불릴 수 있다. 형벌의 근거도 형벌은 죄를 범한 것에 대한 응보이고, 범한 죄를 대속(代贖)한다는 속죄응보사상에서 구하여졌다. 중하면 중한 만큼 속죄의 힘이 세다고 생각되었고, 사형과 신체형이 형벌과 동의어로 되어 있었다.

둘째, 자의성(恣意性)이다. 범죄와 형벌이 명확하게 법률로 규정되어 있지 않았기 때문에 형벌권이 권력자의 자의에 의하여 행사되었다. 다시 말해서 권력자의 마음대로 범죄를 규정하고 형벌을 집행하는 죄형전단주의(罪刑專斷主義)가 시행되고 있었던 것이다. 형법의 법원(法源)으로서 관습법, 각종 신구(新舊)의 제정법에 로마법까지 억지로 혼입되어 있어서 처벌의 근거가 애매하게 되었고 일반인의 입

16) 프랑스 혁명 당시 구체제를 구성하고 있던 신분으로서 제1신분은 성직자, 제2신분은 귀족 및 제3신분은 평민이었다. 제1의 신분과 제2의 신분은 봉건영주로서 면세의 특권을 포함하여 각종의 특권을 향유하고 있었다. 제3의 신분은 시민과 농민으로서 인구의 90% 이상을 차지하고 있었다. 상공업의 발달에 의하여 대시민은 지배층으로 편입되었다. 다수의 중산시민은 경제적 실력에 상응한 정치적 권리가 부여되지 않았고 소외되어 구체제에 대하여 커다란 불만을 가지고 있었다. 중산시민은 나중에 시민혁명에서 혁명의 지도자가 되었다. 한편 절대왕권의 상징으로서 그 중심에는 루이 16세가 있었다. 이에 관하여 자세한 것은 浅田 外, 15頁 참조.

장에서는 범죄와 형벌이 명확하지 않은 상황이 되었다.

셋째, 신분성(身分性)이다. 형법의 적용은 신분에 따라 차별되었다. 동일한 범죄를 범하였어도 신분에 따라 그에 대한 처벌은 크게 달랐다.

넷째, 가혹성(苛酷性)이다. 형벌의 내용도 사형과 신체형을 중심으로 하고 형사절차에 있어서도 고문이 널리 허용되어 있었다. 국왕에 대한 모반의 죄인 대역죄를 정점으로 하여 가혹한 형벌이 신분질서를 유지하기 위하여 남용되었다. 형사재판은 내세에 속하여야 할 신의 심판을 앞당겨 현세에서 행하는 셈이 되었다. 수사기관과 재판기관이 하나로 되어 적극적으로 범죄를 탐지하고 수사에서 소추, 심리, 판결에 이르기까지의 절차를 비공개로 하여 일방적으로 수행하고 피의자, 피고인에게는 소송의 객체로서의 지위밖에 부여하지 않는 규문주의의 소송절차가 채용되었다. 유죄의 인정에 필요한 자백의 획득수단으로서 다양한 고문이 개발되었다.

다섯째, 결과책임(結果責任)이다. 법익침해의 결과가 야기되면 그 자체만으로도 처벌의 대상으로 되었다. 다만 로마법 계수의 최대의 성과였던 카롤리나 형법은 이미 주관적 책임을 확립하여 결과책임을 극복하고 있었으나, 교회법은 여전히 결과책임에 머물러 있었다. 따라서 고의나 과실이 없는 불가항력에 대하여도 책임을 졌다.

여섯째, 단체책임(團體責任)이다. 집단의 구성원이 범죄를 범하면 그 집단에 속하는 자 전원이 처벌되었다. 예컨대 단체책임의 전형으로서는 범인과 같은 부서의 직원 전원을 벌하는 연좌(連坐) 또는 범인의 가족 내지 친족 전원을 벌하는 연좌(緣坐)가 널리 실시되었다. 다시 말해서 연좌제(連坐制 또는 緣坐制)가 단체책임을 묻는 전형적인 수단으로 실시되고 있었다.

Ⅱ. 근대형법의 탄생

1. 계몽기

유럽의 근대형법은 중세형법의 특징을 철저히 부정하기 시작하면서부터 탄생되었다. 결론부터 말하면, 근대형법의 등장으로 의사주의는 행위주의로, 결과적 단체책임주의는 주관적 개인책임주의로 그리고 죄형전단주의는 죄형법정주의로 변경되었다. 이러한 변화는 사상사적으로 계몽기로부터 시작되었다. 과거 로마제국이 이룩한 찬란한 문명의 빛이 이민족의 침입, 전염병의 유행 등으로 꺼지자 중세유럽은 순식간에 암흑천지로 변했다. 전쟁, 질병 등으로 인한 암흑 속에서 간간히 수도원으로부터 전해오는 외부에 대한 소식은 유일한 복음(福音, good news)이 될 수밖에 없었다. 그렇지만 속박의 주체가 봉건귀족으로부터 교회로 변경되었을 뿐 중세인들의 자유 없는 삶은 계속되었다. 그러나 암흑 속에서도 세월의 흐름에 따라 축적되는 경험적 지식과 자연과학적 지식이 쏘아 올리기 시작한 이성의 빛은 사상사적으로 계몽기를 이끄는 여명이 되었다. 계몽(啓蒙)이란 구래의 사상이나 제도를 이성의 빛에 비추어 재검토하려고 하는 비판적 시대정신을 말한다.

2. 프랑스 형법의 탄생

계몽기의 시대사상을 선도하여 정치적으로 표출된 것이 1789년의 프랑스 혁명(Révolution française, 1789.7.14.~1794.7.27.)이다. 프랑스 혁명의 기본원칙을 성문화한 프랑스 인권선언(인간과 시민의 권리 선언, Déclaration des droits de l'Homme et du citoyen, 1789.8.26.)은 개인의 천부적인 자유와 평등을 이념으로 하고(프랑스 인권선언 제1조), 사회계약설에 근거하여 시민계급의 정치적 해방을 성취하였다(프랑스 인권선언 제2조 이하 참조). 프랑스 혁명정신을 형법적으로 표현한 것이 바로 1810년의 프랑스 형법(Code pénal de 1810, French Penal Code of 1810), 소위 나폴레옹 형법전(Napoleonic Penal Code of 1810)이다. 프랑스 형법은 프랑스 인권선언의 정신을 계승하여 죄형전단주의(罪刑專斷主義)를 배척하고 소위 죄형법정주의(罪刑法定主義)를 규정하였다(프랑스 인권선언 제8조, 형법 제4조). 그 당시까지는 특권계급의 특수이익을 옹호하기 위한 권력자의 창에 지나지 않았던 형법이 드디어 시민계급을 불합리한 형벌로부터 방위하기 위한 시민의 방패가 되었고 나아가 범죄인의 방패가 되어 인권의 마그나 카르타(Magna Carta)로서의 기능을 가지게 된 것이다. 이로써 프랑스 형법은 근대형법의 효시가 되었다.

3. 시민개념의 등장

잠시 근대형법의 탄생과정에서 새롭게 등장한 개념 중의 하나로서 시민(市民, citizen)이라는 개념에 주목할 필요가 있다.[17] 오늘날 시민이라는 개념은 그 역사적인 생성배경과는 달리 국민(國民)이라는 명칭과 유사한 개념으로 사용되고 있는 것이 사

17) 시민(市民, citizen)은 신분제사회에 있어서 상하의 신분관계로서의 수직관계를 의미하던 국민(國民)이라는 용어를 대체하여 계약제사회에 있어서 평등한 갑을관계로서의 수평관계를 의미하는 용어 시민(市民)으로 탄생된 것이다. 그럼에도 불구하고 우리나라에서는 과거의 수직관계에서 사용되던 국민이라는 용어를 다시 수평관계로 그 관계만을 변경하여 계속 사용하고 있다고 생각된다.

실이다. 그러나 근대형법의 탄생과정에서 시민혁명을 주도했던 시민이라는 개념의 본래의 의미는 다음과 같다. 즉, 봉건귀족이 몰락해가는 과정에서 등장하기 시작한 시민들은 농업과 상업의 연이은 발전에 힘입어 부를 축적하고 있었다. 더욱이 산업혁명과 같은 대공업의 급속한 발전에 의해 시민은 점차 도시를 중심으로 괄목할 만한 규모로 성장하기도 하였다. 그러나 시민은 여전히 정치적으로는 소외되어 있었기 때문에 그들의 부에 상응하는 정치적 참여를 요구하기 시작하였다. 그러나 시민의 요구는 수용되지 않았고 출구를 찾기 위해 시민은 봉건적 신분제도와 절대왕권으로서의 소위 구체제, 즉 앙샹레짐을 청산하는 시민혁명의 주역으로 등장하게 되었던 것이다. 시민혁명을 거친 후 신분제사회가 영국에서는 유지되기도 하였으나 프랑스에서는 완전히 청산되었다. 시민혁명은 중세와 근대를 가르는 역사적 전환점이 되었다. 일반적으로 시민혁명의 주역이었던 시민을 유산계급 또는 부르주아지(Bourgeoisie)라고 부르기도 한다. 따라서 유산계급으로서의 시민이 바라는 이상은 바로 자유와 평등이었고, 이러한 이상을 실현하기 위하여 건설된 시민의, 시민에 의한, 시민을 위한 국가가 바로 근대국가라고 할 수 있다.[18]

한편 근대국가는 시민의 자유를 실현하기 위하여 기본적으로 시민계급을 위한 시민국가이고, 정치적으로는 모두 자유주의를 이상으로 하였다는 점에서 공통점을 가진다. 이와 같이 자유는 근대국가의 성립요건이 되었고, 근대국가의 가장 주요한 임무는 자유를 보장하는 것이었다. 개인으로서의 시민은 정치적 주장이나 종교적 입장을 타인으로부터 강제 받지 않을 것, 개인이 재산을 스스로 처분할 수 있도록 사유재산제를 보장할 것 및 개인의 상행위가 자유롭게 보장되도록 길드를 폐지할 것 등을 요구하였다. 다른 한편 근대국가는 시민의 평등을 실현하기 위하여 경제적으로는 자본주의를 채택하는 국가군, 즉 부르주아 시민국가와 공산주의를 채택하는 국가군, 즉 프롤레타리아 시민국가로 갈라져 발전하게 되었다는 점에서 차이점을 보이고 있다.

---

18) 한편 근대국가의 이념을 가장 잘 표현하고 있는 가곡이 있다. 바로 1931년 현제명 작사 작곡 '희망의 나라로'가 그것이다. 이의 가사를 음미해보면 근대인의 지고의 이상이었던 자유와 평등을 갈구하고 있음을 알 수 있다. 즉, "배를 저어가자 험한 바다물결 건너 저편 언덕에, 산천경개 좋고 바람 시원한 곳 희망의 나라로, 돛을 달아라 부는 바람 맞아 물결 넘어 앞에 나가자. 자유 평등 평화 행복 가득 찬 곳 희망의 나라로. / 밤은 지나가고 환한 새벽 온다 종을 크게 울려라, 멀리 보이나니 푸른 들이로다 희망의 나라로, 돛을 달아라 부는 바람맞아 물결 넘어 앞에 나가자. 자유 평등 평화 행복 가득 찬 곳 희망의 나라로."

4. 계몽기의 형법이론

(1) 계몽사상

계몽(啓蒙, Aufklärung, enlightenment)이란 이미 언급하였듯이 기존의 사상이나 제도를 이성의 빛에 비추어 재검토하려는 비판적 시대정신을 말한다. 계몽의 핵심에는 이성이 있었고, 인간은 이성의 힘에 의하여 우주를 이해하고 자신의 상황을 개선할 수 있다고 보았다. 계몽사상의 특징으로서는 인간의 이성과 선의의 신념에 의한 비판정신, 인간의 사상과 행동의 자유를 억압하던 절대주의적 권위의 부정, 교회의 권위, 특히 종교적 불관용에 대한 공격, 내세가 아니라 현세에 있어서의 행복의 추구, 과학적인 이성에 의한 인간사회의 설계와 개량 및 인간을 무한히 완성가능한 존재로 보는 진보주의적 낙관주의 등이 거론되고 있다. 계몽사상은, 특히 인간의 존엄과 자유 및 평등을 강조하는 인간중심사상, 즉 인본주의(人本主義, Humanismus, Humanism)로서 당시 중세 유럽을 지배하고 있었던 전제군주와 카톨릭교회의 신중심사상, 즉 신본주의(神本主義)의 족쇄로부터 인간 이성의 해방을 주장하였다.

계몽의 형법사상도 형법제도의 합리성을 추구하는 것으로부터 출발하였다. 이에 따르면 형법은 신의 의사에서 유래하는 것이 아니라 사람들의 사회계약에 의해서 성립한 국가가 가지는 합리적인 제도라고 보았다. 형벌의 의의는 응보에 있는 것이 아니라 범죄예방이라고 하는 목적에 있다고 생각되고, 다른 한편에서는 국가권력도 절대적인 것이 아니라 합리적인 제한을 가지는 것이고 자의적인 형벌에 대해서 국가의 권력을 제한하는 것이 필요하다고 생각되었다. 계몽사상가들은 중세형법을 주된 공격의 대상으로 삼았으며, 유럽의 계몽전제군주들의 개혁을 통하여 구제도, 소위 '앙샹레짐'으로서의 중세형법이 극복되는 과정에서 서서히 근대형법의 기본원칙이 확립되었고, 이러한 원칙이 현대형법에까지 그 골격이 그대로 계승되고 있는 것이다.

(2) 베카리아

중세의 비합리주의를 배척하고 합리적인 형법사상을 전개하기 시작한 계몽기의 대표적인 형법사상가는 이탈리아의 청년귀족 베카리아(Casare Beccaria, 1738~1794)였다. 프랑스의 철학자 룻소의 영향을 받은 베카리아는 1764년 익명으로 출간된 '범죄와 형벌'(Dei delitti e delle pene, 1764)이라는 소책자에서 구체제하에서의 형벌제도의 문제성을 정면으로 고발하였다.[19]

---

19) 우리나라에도 국문번역본이 이미 출간되어 있다. 김봉도 역/베까리아 저, 범죄와 형벌(Dei

베카리아는 정교분리(政教分離)에 근거한 국가형벌권의 근거를 신에게서가 아니라 사람들의 사회계약에서 구하고 개인의 자유를 확보하기 위하여 공탁된 개인의 자연적 자유의 일부의 총화가 국가주권이라고 하고, 개인의 자유를 보호하기 위하여 필요한 범위를 넘는 형벌권의 행사는 모두 남용이고 부정(不正)하다고 주장하였다. 다시 말해서 베카리아는 국가의 형벌권에 관하여 계몽주의철학을 바탕으로 사회계약설에 입각하여 중세 봉건형법에 대하여 비판하였다. 첫째, 간섭성(干涉性)에 대한 비판이다. 베카리아에 의하면 사회나 개인을 침해하는 행위만이 범죄이고 그 이외의 것에 대하여 처벌할 권리를 국가는 가지지 않는다고 하였다. 범죄와 형벌을 규정하는 것이 가능한 것은 사회계약에 의하여 통일되어 있는 사회전체의 대표자인 입법자가 정하는 법률만이지만, 개인을 범죄로부터 멀게 하고 압정의 지배로부터 면제되게 하기 위하여는 법률이 성문으로써 명확하게 규정되고, 그 내용이 일반인에게 명확하게 되어 있지 않으면 안 된다고 주장하였다. 둘째, 자의성(恣意性)에 대한 비판이다. 행위가 범죄로 되는가의 여부는 그것에 의하여 발생하는 객관적 사회침해성의 유무에 의해서 결정되는 것이지 행위자의 의사에 의하여 결정되는 것은 아니라고 주장하였다. 셋째, 신분성(身分性)에 대한 비판이다. 형벌이 과하여지는 자는 범인에 한정되며 범인의 신분에 따라 형에 차별이 있어서는 안 된다고 주장하였다. 넷째, 가혹성(苛酷性)에 대한 비판이다. 베카리아는 너무도 잔혹한 형벌은 시민의 감각을 마비시키는 것이라고 하여 죄형의 균형을 주장하였다. 형벌은 개인에게 범죄에 관한 생각을 중지시켜 범인의 재범을 방지하기 위하여 과하여지는 것이기 때문에 이 목적을 달성하기 위하여는 범죄에 의하여 얻어지는 이익을 넘는 만큼의 불이익(형벌)을 과하는 것으로 충분하고 죄형의 균형을 결한 형벌은 사형을 포함하여 불필요하고 부정하다고 주장하였다. 다섯째, 연좌제(緣坐制, 連坐制)에 대한 비판이다. 범인의 가족이나 가인(家人)을 벌하는 연좌(緣座)나 범인과 공무를 같이 한 다른 관리를 함께 처벌하는 연좌(連座)의 연좌제(緣坐制와 連坐制)는 금지되어야 한다고 주장하였다.

이 외에도 베카리아는 의사자유론, 행위주의, 응보형론, 일반예방주의, 고문의 폐지 등 고전학파의 형법이론의 원형이라고 할 수 있는 내용들을 주장하였다. 의사자유론(意思自由論)이란 인간은 자유의사를 가지고 행위를 자유롭게 규율할 수 있으며 범죄는 자유의사의 소산이라는 입장을 말한다. 행위주의(行爲主義)란 범죄

Delitti Delle Pene), 박문각, 1992(초판), 1995(재판) 참조.

는 신성모독과 같은 범죄의사가 아니라 개개의 범죄행위와 이로 인하여 발생한 사회적 손해를 말한다고 하는 입장을 말한다. 죄형균형주의(罪刑均衡主義)란 필요한 한도를 초과한 형벌은 부정(不正)이기 때문에 범죄와 형벌은 상응하여야 한다는 입장을 말한다. 응보형론(應報刑論)이란 형벌을 범죄라는 해악에 대한 대가로서 범인에게 과하여지는 해악이라고 하는 입장을 말한다. 일반예방주의(一般豫防主義)란 형벌은 범인에 대한 장래의 범죄예방과 사회 일반인에 대한 사전경고를 목적으로 해야 한다고 하는 입장을 말한다.

베카리아의 '범죄와 형벌'은 전 유럽으로 퍼져 고문의 폐지 등을 내용으로 하는 근대형법의 제정에 커다란 영향을 주었다. 다수의 계몽군주, 예컨대 프로이센의 프리드리히 2세(Friedrich Ⅱ, 재위 1740~1786, 1712~1786), 오스트리아의 마리아 테레지아(Maria Theresia, 재위 1740~1780, 1717~1780), 러시아의 예카테리나 대제(재위 1762~1796) 등에게 영향을 주어 1787년 오스트리아 형법전(josefinisches Strafgesetzbuch),[20] 1794년 프로이센 일반란트법(allgemeines Landrecht)이 제정되었다. 또한 '범죄와 형벌'은 벤담(1748~1832)에게 영향을 주어 벤담으로 하여금 스스로 베카리아의 제자라고 칭하게 하였다. 나아가 바이에른 형법전(Strafgesetzbuch für das Königreich Bayern, 1813)의 기초작업을 맡았고 독일의 근대형법의 아버지라고 불리는 포이에르바하에게도 많은 영향을 주었다. 그러나 '범죄와 형벌'의 내용이 전면적으로 법규범화된 것은 1789년 프랑스 인권선언을 받아 제정된 1791년 프랑스 형법전이었다. 나폴레옹체제에 의한 수정을 받은 1810년 프랑스 형법전에서도 근대화의 기조는 변함이 없었다. 독일에서도 프랑스 혁명의 자유주의적 사상의 영향을 받아 1813년 바이에른 형법전이 제정되었다. 그 후 경찰국가적 성향이 강한 1851년 프로이센 형법전은 독일통일 후의 1871년 독일 형법의 모법으로 되었다. 이는 프랑스 형태와는 다른 독일 형태의 형법근대화의 골조를 나타내는 것이었다. 이와 같이 베카리아의 사상은 유럽 전역에 걸쳐 근대형법의 제정에 영향을 미쳤다. 이것이 베카리아가 근대형법의 할아버지라고 불리고 있는 이유이다. 베카리아의 사상은 몽테스큐(Charles Louis Montesquieu, 1689~1755)의 삼권분립론이나 룻소(Jean Jacques Rousseau, 1712~1778)의 사회계약론에도 영향을 미쳤다.

(3) 전기구파의 형법이론

1) 고전사상

현대형법의 이론적 토대는 계몽기의 고전학파에 의하여 완성된 근대형법의 이

---

20) 법무부, 오스트리아 형법, 법무부 형사법제과, 2009.12, 3쪽 참조.

론에서 출발한다고 해도 과언이 아니다. 고전학파는 근세 계몽주의를 사상적 기반으로 하면서 중세 봉건형법의 불합리성과 가혹성을 강하게 비판하고 인간의 이성에 근거한 합리주의를 추구하였다. 고전학파가 주로 기반으로 했던 사상은 사회계약설과 천부인권사상이었다. 사회계약설(社會契約說, Du contrat social, theory of social contract)은 시민이 국가를 위해 존재한다는 기존의 정치적 믿음을 뒤엎는 것이었으며, 시민의 정치참여와 국가가 시민에 봉사해야 한다는 이론적 근거를 제공하였다. 사회계약하에서 시민 각자는 다른 시민의 권리를 보장하기에 필요한 부분만큼의 자유를 국가에 위임하는 것으로 이해되었다. 모든 사람은 불가양의 자유와 평등의 권리를 가지고 태어났다고 하는 천부인권사상(天賦人權思想)에 근거한 인간존엄성에 대한 강조도 고전학파 사상의 특징이 되었다. 고전학파가 중점적으로 관심을 둔 사항은 범죄행위에 대한 설명보다는 법제도와 형벌제도의 개혁이었다. 당시 대부분의 유럽 국가들은 자의적이고, 공정하지 못한 사법적 판단에 의하여 왜곡된 법체계와 법원체계 및 형벌제도를 두고 있었기 때문이다. 고전학파는 이를 바꾸려고 한 것이다. 이러한 시대적 배경하에서 고전학파가 인간행위의 본질에 대해 가졌던 가정은 쾌락주의였다. 즉, 인간은 본질적으로 기쁨을 극대화하고 고통을 최소화하려는 속성을 가졌다는 것이다.

2) 칸 트

칸트(Immanuel Kant, 1724~1804)는 독일의 계몽주의 철학자로서 개인과 이성을 중시하여 사회계약에 의하여 성립한 국가는 개인의 권리를 보호하는 역할 이외에는 할 수 없다고 주장하였다. 여기서 칸트의 형법이론의 특색을 두 가지로 압축할 수 있다.

첫째, 법과 도덕의 준별이다. 칸트에 의하면 법이란 복지를 위한 것이 아니라 자유를 위한 것이고, 자유가 방해될 때에는 방해를 제거할 강제력이 필요하다고 하였다. 이것이 바로 형벌권의 존재근거라고 보았다. 따라서 국가의 법은 개인의 이성이나 도덕에는 간섭할 수 없다고 주장하였다(간섭성의 배제). 둘째, 개인의 중시이다. 칸트에 의하면 개인은 자유의사를 가진 지적인 존재로 파악되고 개인은 어디까지나 목적으로만 취급되어야지 수단으로 취급되어서는 안 된다고 주장하였다(절대주의, 목적형의 부정). 칸트에 의하면 범죄란 이성에 근거한 자유의사에 의하여 범하여지는 것이고, 자유의사에 의하여 범하여진 것에 대한 비난이 책임이라고 하였다. 또한 형벌은 범죄를 방지한다는 목적을 가져서는 안 되고, 범죄 그 자체만을 이유로 과하여져야 한다고 하였다. 여기서 칸트에 의하면 형벌은 범죄에 대한 순수한 응보 이외에는 아무것도 될 수 없었다(絶對的 應報刑論). 바로 여기서 '눈에는 눈, 이에는 이'(Auge für Auge, Zahn für Zahn)라는 동해보복법(同害報復法, lex talionis)이 도출될 수 있었다. 이와 같이 칸트의 형벌론의 특징은 응보의 원리가 형벌의 근거이고, 균등의 원리가 과형의 원리라고 하는 것이다. 신분에 따른 차등을 없애고 평등하게 처벌하고자 하였다. 이는 또한 칸트에 의한 정의의 실현방법이기도 하였다. 칸트는 작은 섬나라가 해산되는 경우를 가정하고 최후의 사형수를 처형하지 않으면 정의가 실현될 수 없다고 하였다. 칸트의 견해는 훗날 포이에르바하와 헤겔에 의하여 계승되어 발전된다.

3) 포이에르바하

칸트의 형법이론을 계승하고 발전시켜 소위 고전학파의 형법학을 완성한 사람은 바로 독일의 형법학자 포이에르바하(Paul Johann Anselm von Feuerbach, 1775~1833)였다. 포이에르바하는 우선 권리침해만이 범죄라고 하는 권리침해설(權利侵害說)을 주장하여 중세 봉건형법의 간섭성을 비판하였다.

포이에르바하는 칸트의 법과 윤리를 준별하는 견해를 계승하였지만, 형벌은 범죄에 대한 응보라고 하는 칸트의 관념론적인 절대적 응보형론을 계승하지 않고, 합리주의적인 일반예방을 중심으로 한 목적형론을 전개하였다. 즉, 인간은 보다 큰 이익을 선택한다는 이성적인 존재라는 전제를 근거로 범죄를 범하여 얻는 쾌락보다 더 큰 불쾌가 형벌로써 과하여진다는 것을 미리 명시하여 놓으면 이성적인 인간은 쾌락보다 더 큰 불쾌를 피하기 위하여 범죄를 회피할 것이기 때문에 범죄를 방지할 수 있다고 주장하였다. 이것이 바로 포이에르바하의 형법이론의 최대의 특색인 심리강제설(心理强制說, psychologische Zwangstheorie)이다. 이로써 포이에르바하는 구체제하에서의 형벌집행의 가혹성을 비판하였던 것이다. 심리강제설에 의하는 한 형벌은 범죄보다 많은 해악을 포함하여 이를 보여주는 것만으로도 충분히 그 기능을 다할 수 있었기 때문이다.

포이에르바하는 범죄와 형벌을 예고하려면 미리 법률에 의해서 범죄와 형벌이 규정되어 있지 않으면 안 된다고 주장하였다. 이것이 바로 포이에르바하가 1801년 그의 교과서에 라틴어로써 '법률 없으면, 형벌 없고 범죄 없다'(nullum crimen, nulla poena sine lege)라고 표현한 죄형법정주의(罪刑法定主義)의 원칙이다.[21] 포이에르바하 당시는 죄형전단주의(罪刑專斷主義)였고, 어떠한 행위가 죄로 되고, 어떻게 처벌되는지에 대한

21) Feuerbach, §24.

규정이 존재하지 않았었다. 이러한 상황에서는 두려움으로 인하여 아무것도 할 수 없었고, 자유가 부당하게 제한될 수밖에 없었다. 포이에르바하는 죄형법정주의에 의하여 구체제하에서의 자의적인 형벌권의 행사를 방지하려고 하였던 것이다. 이와 같이 포이에르바하는 법률에 의하여 범죄와 형벌을 일반인에게 예고하고 경고함으로써 범죄를 예방하고자 하는 일반예방주의(一般豫防主義)의 입장을 취하였다. 이와 같이 포이에르바하는 형벌을 범죄예방을 위한 수단으로 사용함으로써 상대주의(相對主義)의 입장을 취하였던 것이다. 포이에르바하는 죄형법정주의를 확립한 공로로 근대형법학의 아버지라고 불리게 되었다.

4) 헤 겔

포이에르바하가 부정한 칸트의 절대적 응보형론을 다시 발전시킨 사람은 독일의 법철학자 헤겔이다. 헤겔(Georg Wilhelm Friedrich Hegel, 1770~1831)의 형법이론의 첫 번째 특징은 사회계약설을 배제하고 독자적인 변증법적 입장에서 범죄와 형벌을 논하였다는 점에 있다. 즉, 헤겔에 의하면 범죄는 법의 부정이고, 형벌은 다시 범죄의 부정으로서 법의 부정의 부정이라고 하였다. 이러한 의미에서 헤겔의 형벌론을 변증법적·절대적 응보형론이라고 한다.

헤겔은 또한 포이에르바하의 심리강제설에 대하여 그것은 개를 향하여 지팡이를 높이 드는 것과 같다고 비판하였다. 심리강제설은 사람을 그의 명예와 자유에 상응하여 대우하는 것이 아니라 사람을 개와 같이 취급하여 지팡이로 위하(威嚇)하여 접근을 못하게 한다는 것이다. 헤겔의 형이상학적 사고를 철저히 하면 형벌론에서 범죄방지와 같은 목적을 고려하는 것 자체가 허용되지 않았기 때문이다.

나아가 헤겔의 형법이론의 두 번째 특징으로서는 칸트와 포이에르바하가 중시한 개인의 이익을 대체하여 국가의 이익을 강조한 점이라고 할 수 있다. 헤겔은 국가를 이성과 윤리 그 자체로 규정하고 국가는 형벌을 가하는 것에 의하여 법과 정의를 회복하는 권리를 가진다고 하였다. 헤겔철학이 19세기 중엽의 독일을 석권한 것도 국가를 법과 도덕의 통합체로 본 점, 절대적 응보형론을 발전시킨 점 및 국가의 이익을 강조한 점과 같은 헤겔의 형법이론에 그 단서가 있다.

5. 신파의 형법이론

19세기 후반의 자본주의의 발달과 산업의 발달은 자본가와 노동자의 계급적 대립을 가져와 평등한 시민사회의 질서를 해체시키고, 급속한 도시화로 농촌의 목가적 공동체를 해체시키고, 빈곤과 범죄 등의 사회문제를 속출하게 하였다. 뿐만 아니라 도시인구의 급증, 실업, 빈곤 등 사회문제의 야기와 함께 누범, 상습범, 소년범, 알코올중독 등 신종범죄의 발생(질적 변화)과 재산범 등 기존범죄의 수의 격증(양적 변화)이라는 부작용도 동시에 노출시켰다. 다른 한편에서는 이미 정치적 해방을 획득한 시민계급은 지배계급으로서의 지위를 강화하게 되고, 정치적 입지가 확보됨에 따라 범죄의 피해자라는 인식과 더불어 범죄에 대하여는 공격적 경향을 노골화하게 되었다. 국가관에 있어서도 변화가 초래되어 기존의 자유주의보다는 복지국가 또는 예방국가가 이상적인 국가형태로 생각되었다.

그런데 새로운 범죄의 발생과 그 수의 격증이라는 새로운 현상 외에도 누범, 상습범 등 재범방지라는 핵심적 문제에 관하여 이성적인 인간상을 전제로 하여 범죄와 형벌을 파악하려고 했던 종래 고전학파의 형법이론으로는 해명할 수 없는 상황이 전개되었다. 자유의사만으로는 설명이 충분하지 않았고, 동해보복법에 의하더라도 경미한 재산범에 대하여는 단기자유형만이 가능할 뿐 팽대해가는 상습범 등 재범에 관하여는 속수무책이었기 때문이다. 이성에 대한 비난과 응보에 의한 범죄대책은 한계를 드러냈고, 범죄의 원인에 대한 탐구와 그에 대한 대책이 절실하게 되었다. 여기서 고전학파(古典學派, klassische Schule)의 형이상학적이고 관념적이고 사변적인 연구방법에 대한 반발이 생겨나게 되었고, 마침 급속히 발달하고 있던 자연과학적 연구방법, 특히 관찰과 실험의 방법을 이용하여 범죄와 형벌을 실증적으로 규명하려는 새로운 움직임, 즉 실증주의(實證主義)를 배경으로 한 근대학파(近代學派, moderne Schule)가 등장하게 되었다. 근대학파가 등장함에 따라 고전학파는 구파(舊派), 근대학파는 신파(新派)라는 호칭이 생겨나는 계기가 되었다. 동시에 고전학파는 후술하는 바와 같이 전기고전학파와 후기고전학파로 나누어지는 계기가 되기도 하였다.

근대학파의 지상목표로서의 핵심적인 처방은 재범의 방지였고, 이를 효율적으로 담보하기 위하여 근대학파는 재범의 원인을 진단하려고 하였다. 여기서 근대학파의 형법이론은 범죄원인에 대한 진단방법에 따라 두 가지로 대별될 수 있다. 범죄의 원인을 생물학적 요인에서 구하는 입장과 사회적 요인에서 구하는 입장이 그것이다. 전자를 이탈리아 학파, 후자를 프랑스 학파라고 한다. 이탈리아 학파는 롬브로조에 의하여 대표되고, 프랑스 학파는 롬브로조의 제자인 페리에 의하여 대표된다. 한편 범죄의 원인을 생물학적 요인과 사회적 요인 모두에서 구하는 절충적인 견해가 등장하는데, 바로 독일의 형법학자 리스트의 견해가 이에 속한다.

(1) 실증주의

실증주의(實證主義, positivism)란 19세기의 발달된 지적 환경을 배경으로 태동한 연구방법론을 의미한다. 생물학, 물리학, 화학 등 자연과학의 발달에 의한 지적 혁명은 상대적으로 낙후되어 있던 사회, 종교, 관습, 범죄의 문제 등을 다루는 인문과학의 전반에 걸쳐 인식의 변화를 촉구하였다. 여기서 실증주의가 최우선적으로 강조한 것은 과학주의였다. 다시 말해서 실증주의는 인간의 행위를 연구하는 데 있어서 구파의 직관이나 사변적 연구방법론을 지양하고, 자연과학적인 연구방법인 관찰과 실험을 통하여 획득된 구체적인 자료에 근거한 실증적 연구방법론을 지향하였다.

당시 실증주의를 사로잡은 가장 중요한 사건은 진화론의 발표와 그것이 갖는 의미였다. 영국의 생물학자 다윈(Charles Robert Darwin, 1809~1882)이 1859년에 발표한 '종의 기원'(種의 起源, On the Origin of Species)에서 밝힌 것은 그때까지 만물의 영장이며 종교적인 존재로 인식되었던 인간도 결국은 다른 동물에 비해 단지 진화단계만을 더 많이 겪었을 뿐 다른 동물과 별다른 차이가 없다는 사실이었다. 이에 따라 인간에게 부여되었던 종교적인 의미는 퇴색되었으며 고전주의에 의해 인간에게 부여되었던 선험적 자유의지도 인정될 수 없게 되었다. 다윈이 끼친 또 하나의 영향은 환경의 중요성에 대한 지적이었다. 그는 환경의 변화에 제대로 적응한 생명체는 생존할 수 있고 그렇지 못하면 소멸된다는 적자생존(適者生存, Survival of the fittest)의 법칙을 제시함으로써 인간도 생존하기 위해서는 주위환경에 적응하며 또한 주위환경에 의해 영향을 받을 수밖에 없다는 시사를 던진 것이다. 여기서 진화론을 위시한 자연과학의 성과를 근거로 하여 사회과학에 있어서도 사회현상과 사회진화의 법칙성을 탐구하고자 하는 소위 사회진화론(社會進化論)이 촉발되게 되었다.

(2) 롬브로조

범죄의 원인을 실증적으로 연구하고 형사정책에 유용하게 쓰려는 생각은 19세기 말 이탈리아에서 시작되었다. 범죄인류학적 방법을 가지고 과학적으로 범죄학 연구를 실시한 최초의 인물은 근대 범죄학의 아버지 이탈리아의 정신의학자이자 법의학자인 롬브로조(Cesare Lombroso, 1835~1909)이다. 롬브로조는 언어에 능통하여 히브리어와 아랍어는 물론 중국어 등에도 정통하였다고 한다. 이러한 조예를 바탕으로 롬브로조는 골상학, 관상학, 인류학, 유전학, 통계학, 사회학 등의 방법을 모두 동원하여 인간의 신체적·정신적 특징과 범죄의 연관관계를 검증하려고 하였다.

롬브로조는 그의 저서 '범죄인론'(Lúomo delinquente, 1876)에서 범죄자에게는 일정한 신체적·

정신적 특징이 있고 그러한 특징을 가진 자는 생래적 범죄인(生來的 犯罪人, delinquente nato, Die geborenen Verbrecher, born criminals)이고(생래적 범죄인설), 생래적 범죄인의 출현을 격세유전에 의해서 설명하였다(진화론의 응용). 롬브로조는 타고난 범죄자라는 것이 있다는 가설을 세우고, 3,839명의 수형인의 두개골과 골격을 연구하여 범죄자의 신체적 특징을 가지고 범죄의 원인을 실증하려고 하였다. 롬브로조는 당시 유행하던 다윈의 진화론과 결부시켜 범죄인을 인간의 변종이라고 하기도 하였다. 여기서 범죄인을 이타성의 결여로 인하여 인류의 진화에서 낙오한 자라고 하는 가로팔로(Raffaele Garofalo, 1851~1934)도 이탈리아 학파에 속한다고 할 수 있다.[22] 한편 생래적 범죄인설은 그 후 영국의 정신과 의사 고링(Charles Goring, 1870~1919)에 의해서 근거가 없는 것으로 반격된 반면 미국의 인류학자 후튼(Earnest Albert Hooton, 1887~1954)에 의하여는 근거가 있는 것으로 지지된 바 있다.

(3) 페 리

범죄의 원인을 사회적 요인에서 찾으려는 견해도 그것을 생물학적 요인에서 찾으려는 견해와 함께 근대학파에 속한다. 전자를 프랑스 학파라고 함에 반하여 후자는 이탈리아 학파라고 한다.

이탈리아 학파와 프랑스 학파의 범죄원인론을 종합하여 설명하려고 한 학자가 이탈리아의 페리이다. 페리(Enrico Ferri, 1856~1929)는 롬브로조의 제자로서 프랑스에 유학경험을 가지고 있었기 때문에 롬브로조가 인류학적 요소에 의하여 범죄원인을 설명한 부분을 계승하고, 이 외에도 프랑스 학파의 영향을 받아 기후 등의 물리적 요소와 정치, 경제 등의 사회적 요소를 추가하여 종합적으로 설명하려고 하였다. 페리는 이러한 세 가지 요소가 일정한 포화상태에 이르렀을 때에 범죄가 발생한다는 범죄포화의 법칙(犯罪飽和의 法則)을 주장하였고, 범죄행위는 소질과 환경에 의해서 발생한다고 하는 결정론적 입장으로부터 사회적 책임론을 주장하였다. 페리는 인간의 의사는 소질과 환경에 의하여 결정된다는 의사결정론의 입장에서 사회방위를 위한 처분을 받아야 할 지위를 형법상의 책임이라고 하는 사회적 책임론을 전개하였다. 뿐만 아니라 범죄자는 그 유형에 따라 대책을 달리하여야 한다고 주장하였다. 즉, 생래적 범죄인은 격리, 정신병적 범죄인은 병원수용, 상습범죄인은 개선불능의 경우에는 격리, 개선가능한 경우에는 훈련, 우발범죄인은 훈육·치료 또

22) 가로팔로는 롬브로조, 페리와 함께 19세기 이탈리아의 실증주의 형법학파(scuola positiva del diritto penale)의 창시자이다. 그의 저서 범죄학(Criminologia, 1885)을 통하여 국제적으로 이름을 알리게 되었고, 자연범(自然犯, natürliches Verbrechen)이라는 개념을 소개하였다.

는 손해배상 그리고 격정범죄인은 손해배상이 적합하다고 하여 형벌의 개별화(刑罰의 個別化)를 주장하였다.

페리에 의하면 형법은 범죄로부터 사회를 방위하기 위한 수단이고(사회방위론), 형벌은 사회에 위험한 성격을 지닌 범죄자에 대한 사회방위처분이라고 생각되었다. 이 견해를 철저히 하면 형벌과 보안처분이 일체화되고, 사회에 위험한 성격을 가진 자는 형벌의 대상이 된다는 것이다(성격책임론). 응보형론과 같은 자유의사에 기한 행위에 대한 비난은 더 이상 형사책임의 기본으로 될 수 없다고 생각하는 것이다. 페리의 형법사상은 그가 기초한 1921년의 이탈리아 형법 초안(페리 초안)에 체현된 바 있다. 이 초안은 행위자의 '위험성'에 의거하는 '사회방위처분'을 도입하고 철저한 근대학파의 사상을 구체화한 것이었다고 평가되고 있다.

(4) 리스트

페리에게서 나타난 근대학파의 형법이론을 보다 정치하게 완성한 사람은 독일의 법학자 리스트였다. 리스트(Franz von Liszt, 1815~1919)는 헝가리의 작곡가 리스트(Franz Liszt, 1811~1886)와는 4촌 관계로서 다윈의 진화론과 스승인 예링(Rudolf von Jhering, 1818~1892)의 목적합리주의의 영향을 받아 형벌은 범죄에 맹목적으로 반동을 가하는 충동적인 응보형으로부터 의식적인 목적형으로 진화한다고 인식하고 목적형을 주장하였다(目的刑論). 리스트는 소위 마부르크 강령(Marburqer Universitätprogramm, 1882)이라고 불리는 '형법에 있어서의 목적사상'(Der Zweckgedanke im Strafrecht, 1882)이라는 제하(題下)의 마부르크 대학교(Philipps Universität Marburg) 교수 취임 공개강의(Marburger Antrittsvorlesung)에서 형벌은 국가적인 것이기 때문에 본능적 충동적인 응보로 끝나는 것이 아니라 필요성과 합목적성에 근거하여야 한다고 주장하면서 고전학파, 특히 당시 지배적이었던 헤겔학파에 대항하였다. 그에 의하면 형법은 범죄자에게 형벌이라는 법익침해를 가하는 것에 의하여 법익의 보호를 도모하는 것을 목적으로 하는 것이어야 한다고 하였다(保護刑論).

리스트는 범죄의 원인을 개인적 원인과 사회적 원인으로 나누어 고찰하였다(다원적 범죄원인론). 사회적 원인의 제거는 사회정책의 임무라고 하였고, 개인적 원인의 관점에서 범죄자를 행위유형에 따라 분류하였다. 목적형의 내용으로서 기회범인에게는 위하형(Abschreckung)이, 상태범인에게는 개선가능하고 개선이 필요한 경우에는 교육에 의한 개선형이, 개선불능인 경우에는 장기 또는 종신의 격리형, 즉 무해화(無害化, Unschädlichmachung)가 합목적적인 수단이라고 하여 형벌의 개별화를 주장하였다(특별예방주의). 다만 범인의 중심은 개선가능한 상태범인이라고 하고 형벌의 중심은 개선형이라고 하였다. 개선은 깊숙한 인격의 내부에까지 미치는 것이 아니라 시민적 · 사회적 개선으로 족하다고 하고, 개선이 행하여질 때까지는 형벌을 과하여야 한다고 하여 부정기형을 인정하였다. 그러나 리스트는 형사정책의 한계도 알고 있었다. 그는 '최선의 사회정책은 최선의 형사정책'이라고 하고, '형법은 형사정책이 넘을 수 없는 장벽'이라고 하였다.

한편 리스트의 범죄론은 객관주의를 철저히 하고 있다는 점에서 그 특징을 찾을 수 있다. 근대학파의 형법이론에서는 행위자의 성격이나 내면 등이 문제되기 쉽다. 그런데 리스트는 범죄가 실행되기 전에 행위자의 위험성을 판단하는 것은 불가능하다고 하고 범죄자의 위험성을 법이 명확하게 규정한 징표, 즉 범죄행위로서 나타난 경우에 한하여 형을 과하여야 한다고 주장하였기 때문이다(객관주의). 이와 같이 리스트는 행위자의 의사의 위험보다는 법익침해에 범죄의 본질을 인정하고, 형법을 '범죄인의 마그나 카르타'(Magna Charta des Verbrechers)라고 함으로써 형법의 자유보장적 기능을 강조하였다. 바로 여기서 리스트의 객관주의의 범죄론은 죄형법정주의를 중시하고 객관적인 법익침해를 기다려 처벌해야 한다는 포이에르바하의 개인주의적 자유주의적 범죄론과 공통되고 있다.

결국 리스트는 생물학적인 관점에 사회학적인 관점을 가미하고 나아가 목적주의적 사상까지 추가하여 근대학파의 이론을 완성하였다. 범죄와 관련하여서는 범인의 사회적 위험성을 중시하는 행위자주의, 즉 '처벌되어야 하는 것은 행위가 아니라 행위자이다'라고 하여 고전학파의 행위주의를 비판하였다. 나아가 형벌과 관련하여서는 형벌은 사회에 있어서의 법익보호의 목적하에 부과되어야 한다고 하여 목적형론을 주장함으로써 응보형론을 배제하였다. 그 후 리스트의 이론은 제자들에 의하여 징표주의와 교육형론으로 발전되었다. 징표주의란 범죄행위를 범인이 가지는 사회적 위험성의 징표로서 이해하는 입장을 말한다. 교육형론이란 형벌의 목적을 범인을 개선하고 교육하여 사회에 복귀시키는 것이라고 하는 입장을 말한다.

리스트는 신파형법학의 중심적 존재로서 벨기에의 프린스(Adolf Prins, 1845~1919), 네덜란드의 하멜(Gerard Anton van Hamel, 1842~1917) 등과 함께 1888년에 국제형사학협회(IKV, Internationale Krimi-nalistische Vereinigung)를 설립하여 근대학파의 주장, 예컨대 단기자유형의 폐지, 집행유예 · 가석방의 확대, 보안처분의 도입 등을 유럽규모의 운동으로 발전시키는 데에 크게 기여하였다.

6. 후기구파의 형법이론

일반적으로 신파의 형법이론에 대항하는 형법이론을 모두 구파라고 하지만, 특히 신파의 형법이론에 대항하는 구파를 후기구파라고 한다. 구파, 즉 고전학파(klassische Schule)는 대략 1840년경을 기준으로 전기와 후기로 나누어질 수 있다. 19세기 중반부터 인식되기 시작한 시민사회의 변질은 전기고전학파가 기대했던 개인의 이성만으로는 범죄의 억제가 곤란하다고 하는 신파, 즉 근대학파(moderne Schule)의 탄생의 계기가 되었을 뿐만 아니라 고전학파에 있어서도 개인의 이성에 대한 기대보다는 국가의 지도원리에 기대하는 헤겔학파가 등장하는 계기가 되었기 때문이다.

(1) 헤겔철학

헤겔의 형법사상은 19세기 중반의 독일의 형법학자들에게 큰 영향을 주었다. 이들의 형법학자들을 헤겔학파(Hegelianer)라고 한다. 신파의 앙양에 대항하여 독일에서는 1871년 독일제국의 성립을 배경으로 하여 헤겔학파의 국가주의적 경향과 응보형론을 계승하면서 자연법론을 부정하고 제정법의 구속력을 무제한하게 긍정하는 법실증주의의 이론이 득세하기 시작하였다.

분열과 혼돈의 시대에서 요구되는 것은 개인의 이성보다는 개인을 초월한 민족정신이었다. 민족정신은 민족의 역사로부터 유래하는 것이었다. 이제 개인은 민족과 국가에 대한 소속에 의해서만 자유로울 수 있다고 생각되었다. 이러한 시대정신 아래에서 국가주의와 자유주의를 혼합하여 전개된 사변적 · 철학적 형법사상이 후기구파의 형법이론이다. 헤겔의 영향을 받은 독일의 빈딩, 벨링, 비르크마이어 등은 국가는 도의적 의무에 위반한 것에 대하여도 형벌을 과할 수 있다고 하는 한편 범죄이론의 객관화에 노력하였다. 흔히 고전학파라고 하면 후기고전학파를 말하고, 후기고전학파라고 하면 빈딩의 주장을 말하는 것이 보통이다.

(2) 빈 딩

고전학파의 형법이론을 완성한 사람은 독일의 법학자 빈딩이다. 빈딩(Karl Lorenz Binding, 1841~1920)은 헤겔학파의 형이상학적 형법학을 탈각하고 실정형법의 규범구조의 분석으로부터 출발하는 새로운 실증주의적 방법을 제시하였다. 그것은 그의 규범설(Normentheorie)로 열매를 맺었다.

빈딩에 의하면 국가는 국민에게 복종을 요구한다는 입장에서 범죄의 실질은 국가의 권리의 총체로서의 규범에 위반하는 것이라고 하였다(규범설). 규범은 논리적·시간적으로 형벌법규에 선행하는 것이고, 형벌법규는 그 불문(不文)의 규범을 추인하는 수단에 지나지 않는다고 하였다(규범과 형벌법규의 준별). 여기서 빈딩은 범죄란 국가의 규범적 의사에 대한 위반, 즉 법질서에 대한 불복종이지만, 규범에 대한 위반행위가 다시 형법각본조의 구성요건에 해당하는 것에 의하여 비로소 범죄로 확인된다고 하였다. 따라서 빈딩은 규범위반이 인정되는 이상 범죄는 형벌법규에 구속될 필요는 없다고 하고, 유추를 허용하고, 소급처벌을 긍정하는 등 죄형법정주의에는 회의적이었다. 범죄유형으로서의 구성요건은 가치중립적이고 위법과 책임과는 무관하다고 주장하였다. 이와 같이 빈딩은 범죄와 형벌의 근거를 모두 규범에서 찾았다. 즉, 범죄는 규범에 위반하는 것이고, 형벌은 법의 위엄을 근거로 범죄자를 복종시키는 것이라고 하였다. 만년에는 구성요건과 범죄유형을 동일시하고 있었던 종래의 입장을 포기하고 범죄유형은 주관적 객관적인 제요소로부터 이루어지지만 그 제요소를 하나의 범죄유형으로 모으는 지도형상(指導形象)이 구성요건이라고 주장하였다.

빈딩의 규범설은 그의 제자인 벨링에게 계승되었고, 이들의 사상은 비르크마이어에게로 이어졌다. 한편 빈딩은 신파와 싸우는 구파의 기수가 되기도 하였지만, 오히려 형벌의 본질을 응보라는 입장을 철저히 하고 리스트로 대표되는 신파의 주장과 격렬히 다투어 학파논쟁을 정점에 달하게 한 학자는 비르크마이어였다.

(3) 벨 링

고전학파 중에서 가장 자유주의적 색채를 많이 가지고 있던 사람은 독일의 법학자 벨링이었다. 벨링(Ernst von Beling, 1866~1932)은 현재의 형법이론의 기본구조를 완성하였다고 하여도 과언이 아니다. 벨링의 형법이론의 최대의 특색은 구성요건론에 있었다.

벨링은 범죄유형을 범죄론에서 정하도록 하고, 이를 구성요건이라고 하였다. 범죄가 성립하기 위해서는 우선 형벌법규의 구성요건에 해당하지 않으면 안 된다고 하였다. 이와 같이 벨링의 구성요건론은 죄형법정주의를 바탕으로 하고 있다고 할 수 있다. 벨링은 이러한 구성요건론을 토대로 하여 범죄란 구성요건에 해당하고 위법하고 유책한 행위라고 정의하였다. 범죄(체계)론에 있어서 소위 3분설 또는 3단계설을 최초로 확립한 것이다. 결국 벨링의 범죄론에 의하면 행위가 구성요건에 해당하고, 객관적으로 위법하더라도, 주관적으로 책임이 없으면 범죄가 성립하지 않는다는 결론에 이르게 된다.

(4) 비르크마이어

비르크마이어(Karl von Birkmeyer, 1847~1920)는 인간의 의사는 자유이고 죄를 범하지 않도록 의사결정하는 것이 가능함에도 불구하고 죄를 범한 것에 대하여 도의적 비난이 가하여지는 것이고 그와 같은 비난의 표현으로서의 형벌은 과거의 범죄에 대한 응보이고 장래의 범죄예방의 수단은 아니라고 주장하였다(도의적 책임론). 이와 같은 입장에서 리스트의 주장에 대하여 형무소를 병원으로 변경한 것이라고 비판한 것이다. 비르크마이어의 도의적 책임론에 근거한 응보형론과 페리의 사회적 책임론과 리스트 등의 목적형론(특별예방론)을 대비하면 양자에 타협의 여지는 있을 수 없는 것같이 생각된다. 그러나 독일에서는 당시 진행중이었던 형법개정작업을 통하여 타협이 이루어졌다. 즉, 책임에 대하여는 형벌을, 성격의 위험성에 대하여는 보안처분을 이원적으로 규정하는 것에 의하여 양파의 적극적 요소부분만을 충족한 것이다(이원주의).

7. 학파간의 논쟁

자본주의의 발달은 사회의 모순을 격화시켰다. 동일한 범죄를 여러 번 범하는 누범이나 소년범죄 등을 증가시켰다. 이를 배경으로 하여 범죄와 형벌의 이해를 둘러싸고 고전학파와 근대학파의 사이에 격렬한 학파논쟁이 형성되었다. 독일에서는 1890년대부터 1910년대에 걸쳐 이 논쟁이 전개되었다. 빈딩, 벨링, 비르크마이어를 대표자로 하는 후기 고전학파와 리스트를 대표자로 하는 근대학파 사이에 입법문제와 관련하는 형태로 활발한 논쟁이 반복되었다.

(1) 양파의 대립

독일의 형법학자 리스트가 형법이론을 주장한 이래 근대학파와 고전학파 사이에는 격렬한 논쟁이 시작되어 20세기 초까지 서로 자신의 학설을 주장하고 상대방의 학설에 대한 비판을 반복하였다. 이러한 논쟁이 바로 소위 '학파의 논쟁'이라고 불리는 것이다. 19세기 말부터 20세기 초까지 바이마르 공화국시대에 전개된 구파와 신파의 학파대립은 형법이론에 관한 기본적인 대립구조를 명확히 하였다고 평가되고 있다.

학파의 논쟁에 참여한 양학파의 학자들은 각각 개인적 입장에서 논의하였기 때문에 같은 학파라고 하여도 각각의 학자의 견해가 완전히 일치하는 것도 아니다. 또한 각각의 주장에도 전후(前後)를 통하여 매우 진전된 모습을 보이기 때문에 이론적 대립의 전체를 정리하는 것은 불가능하다고 생각된다. 그렇지만 학파의 논쟁은 유럽대륙에 파급되었을 뿐만 아니라 우리나라의 형법이론에도 강한 영향을 남겼기 때문에 양학파의 대표적인 견해의 골자만을 다음과 같이 대비하여 정리하는 것으로 만족하고자 한다.

1) 고전학파

고전학파는 이미 언급한 바와 같이 전기고전학파와 후기고전학파로 대별된다. 전자는 19세기 후반 독일의 제2제국기(1871~1918)에 확립되어 국가주의적이고 권위주의적인 성격이 강하다. 이에 반하여 후자는 시민사회의 성립기에 형성되어 자유주의적인 색채가 우세하다.

첫째, 전기고전학파이다. 17세기 초 이후 서유럽에서는 로크, 몽테스큐, 볼테르, 룻소 등 다수의 계몽주의 사상가들이 사회계약설과 인권사상 및 합리주의사상을 배경으로 하여 국가형벌권의 근거, 형법사상 및 형벌에 관한 이론을 전개하였다. 거듭 언급하자면, 계몽사상의 영향하에 근대적인 형법이론을 정치하게 전개한 학자는 '근대 형법학의 시조'라고 불리는 베카리아이고, '근대 형법학의 아버지'라고 불리어지고 있는 포이에르바하였다. 베카리아는 그의 불후의 명작 '범죄와 형벌'에서 사회계약설과 삼권분립론에 근거하여 국가형벌권의 근거와 한계를 설명함과 동시에 죄형의 법정과 명확화의 필요성을 강조하였다. 나아가 베카리아는 근대합리주의를 배경으로 하여 범죄의 경중은 범죄에 의한 사회적 손해에 따라서 평가되어야 한다는 객관주의를 채택하고, 형벌의 목적도 범인에 대한 장래의 범죄의 예방과 사회 일반인에 대한 경고에 있다는 목적형주의의 입장을 취하였다. 사형도 폐지할 것을 주장한 사형폐지론자였다. 포이에르바하는 칸트학파의 일원으로서 칸트의 법치국가사상과 이를 전제로 한 법과 도덕을 준별하는 태도에 결정적으로 영향을 받아 국가형벌권은 시민의 권리를 보장하기 위한 제도이기 때문에 범죄는 시민의 권리를 침해하는 행위여야 한다고 주장하였다(권리침해설). 권리침해설에 의하면 범죄의 성부는 권리침해의 여부라는 객관적 개념에 의하여 판단되게 된다(객관주의). 또한 포이에르바하는 공리적 합리주의를 철저히 하여 인간은 쾌락을 추구하고 불쾌를 회피하기 때문에 범죄에 의하여 얻어지는 쾌락보다도 형벌에 의하여 가하여지는 고통이 크다는 것을 법률에 규정해 놓으면 사람들은 범죄를 범하지 않게 될 것이라고 하여 심리강제설에 의한 일반예방론을 전개하였다(심리강제설). 이와 같은 입장을 근거로 포이에르바하는 '법률 없으면 범죄 없고, 법률 없으면 형벌 없다'(Nullum crimen sine lege, nulla poena sine lege)라는 표어에 의하여 죄형법정주의를 천명하였다. 이상과 같이 베카리아와 포이에르바하는 그 논거는 다르지만, 죄형법정주의, 객관주의 및 목적형주의를 채택한 점에서는 공통점을 보이고 있다. 다만 목적형주의, 즉 상대주의를 취하고 있었다는 점에서는 후기 구파와 구별되고 있다.

둘째, 후기고전학파이다. 전기고전학파의 형법학은 칸트로부터 헤겔에 이르는 독일 관념철학 나아가 헤겔학파의 대두에 의하여 크게 변질되었다. 사상적으로는 개인주의적 자유주의와 합리주의로부터 국가주의와 권위주의로 전환되었다고 할 수 있다. 칸트는 인격주의와 자유의사론을 전제로 하여 형벌은 다른 목적을 위한 수단으로서가 아니라 범죄를 범했다는 이유만으로 범인에게 과하여져야 한다고 주장하였다(절대주의). 따라서 동해보복법만이 형벌의 원리라고 주장하였다(응보주의). 헤겔은 '법철학'(Grundlinien der Philosophie des Rechts, 1821)에서 포이에르바하의 심리강제설을 '사람을 개와 같이 취급하는 것'이라고 비판하면서 그의 변증법적인 입장에서 범죄란 단순한 권리침해가 아니라 객관적인 법 자체의 침해이고 부정(否定)이기 때문에 형벌에 의하여 그 침해가 무가치하다는 것을 보여주고 나아가 부정에 의하여 법의 침해는 지양되고 법의 실효성이 회복된다고 주장하였다(절대주의). 헤겔은 또한 형벌은 칸트와 같이 단순한 동해보복이 아니라 '침해된 가치에 상응하는 상응성'을 가져야 한다고 강조하였다(응보주의). 이와 같이 칸트를 거쳐 헤겔에 이르러 절대주의와 응보주의를 기본으로 하는 형벌이론이 완성되게 된 것이다. 그런데 헤겔의 사망 후 헤겔철학의 흐름은 자유주의적·진보적인 헤겔좌파와 국가주의적·권위주의적인 헤겔우파로 분열하게 되었다. 프로이센을 중심으로 하여 강력한 통일국가를 실현하려는 움직임이 정치적으로 강해지는 가운데 이를 추진하는 헤겔좌파가 우위에 선 것을 배경으로 하여 이 파에 속한 퀘스틀린과 아베크 등이 국가형벌권을 절대화하기 위하여 응보형론으로 이끌어갔다. 이러한 국가주의를 지향하는 이론을 계승하여 후기구파의 형법이론을 전면적으로 전개한 학자가 빈딩이었다. 빈딩은 포이에르바하의 권리침해설을 강하게 비판하면서 범죄란 국민의 권리의 침해가 아니라 국가의 권리의 침해이며, 국가의 규범의 총체가 규범이기 때문에 범죄를 결국 규범위반이라고 주장하였다(규범설). 빈딩은 또한 형벌론에 있어서는 헤겔의 응보형론을 계승하여 형벌은 규범의 부정인 범죄를 다시 부정하는 것에 의하여 법의 권위는 회복된다고 주장하였다. 이와 같이 빈딩의 형법이론은 범죄론에 있어서의 규범주의, 형벌론에 있어서의 응보주의에 의하여 특징지어진다. 이는 후기구파의 형법이론의 기본적 성격으로 되었다.

2) 근대학파

19세기 후반부터 서유럽에서 자본주의는 독점단계로 진입하였고 그의 사회·경제적 모순과 불합리가 다양한 사회문제를 발생시키게 되었다. 도시에 대량으로 유입된 노동자가 노동의 기회와 능력을 상실하는 경우 부랑인, 매춘부, 범죄소년으로서 도시에 집단을 이루어 범죄의 증가와 누범화를 초래하였다. 다른 한편 과학과 기술도 비약적으로 발달하였고 실증적인 사고방식이 학문의 영역에도 도입되었다. 이러한 시대적 배경과 함께 형법학에 등장한 것이 바로 신파의 형법학이다.

신파형법학을 창시한 사람은 이탈리아의 롬브로조였다. 롬브로조는 의사의 입장에서 범죄인의 신체적·정신적 특징을 분석하여 1876년 발표한 '범죄인론'에서 범죄인의 특징은 격세유전에 의하여 계승된다는 생래적 범죄인설을 주장하였다. 이와 같은 실증적 연구방법을 계승하면서 범죄의 요인을 인류학적 요인 외에 물리적 요인과 사회적 요인에 있다고 주장한 사람은 페리였다. 페리는 그의 저서 '범죄사회학'에서 인간의 자유의사를 완전한 환상이라고 비판하고 자유의사를 전제로 구파가 주장하는 도의적 책임론과 형벌을 대신하여 범죄는 필연적이라는 결정론에 입각하여 범죄인도 사회의 일원인 이상 사회는 범죄인의 위험으로부터 방어될 필요가 있고 범죄인도 사회방위처분으로서의 제재를 수인할 지위에 있다고 주장하였다. 이와 같이 페리의 자유의사 부정론 또는 결정론을 전제로 하는 사회적 책임론에는 마르크스주의의 영향이 보이고, 그가 작성한 1921년 '이탈리아 형법예비초안'(페리초안)은 1926년 소비에트 러시아 형법에 계승되어 발전하였다. 만년의 페리는 무솔리니의 파시즘에 동참한 바 있다.

롬브로조와 페리로 대표되는 이탈리아 학파의 실증주의적 형법학에 강한 영향을 받아 신파 형법학을 전면적으로 전개한 사람은 독일의 리스트였다. 리스트는 동시에 그의 스승인 예링의 사회공리주의와 목적사상에 강하게 영향을 받고 포이에르바하의 권리침해설과 형법이론을 계승해야 한다고 주장하면서 빈딩으로 대표되는 당시의 지배적인 구파형법학(후기구파), 특히 빈딩의 규범주의와 응보형주의를 강하게 비판하였다. 리스트는 '형법에 있어서의 목적사상'에서 범죄란 법익의 침해이고 형벌은 원시적·본능적인 응보관(應報觀)에 의한 것이 아니라 필요성과 합목적성을 가져야 하는 동시에 반사회성의 강약에 상응한 범죄인의 분류에 따라 사회방위의 효과를 거두어야 한다고 주장하였다. 이와 같은 입장에서 리스트는 그의 형법이론과 형법사상을 상징하는 명언을 남겼다. '형법은 범죄인의 마그나 카르타이다', '처벌할 것은 행위가 아니라 행위자이다', '사회정책은 최선의 형사정책이다' 등이 그것이다.

3) 양파의 비교

근대형법의 탄생과정에서 볼 수 있듯이 학파대립은 각 학파의 내부에서도 학자마다 차이를 보인다. 특히 구파 중에는 전기와 후기의 학자 사이에 커다란 차이가 발견된다. 그러나 학파대립이라고 하는 경우 20세기 초기의 리스트와 비르크마이어의 대립이 가장 전형적인 논쟁이라고 할 수 있다. 여기서 비르크마이어는 후기구파에 속하는 학자이기 때문에 학파대립은 신파와 후기구파 사이의 대립이라고 할 수 있다. 양파의 주요한 이론적 대립점을 정리하면 다음과 같다.

첫째, 인간관과 관련하여 구파는 형이상학적 입장, 즉 철학적 입장에서 자유의사의 존재를 긍정한다(자유의사긍정론). 따라서 자신의 이성적 판단에 의하여 자신의 행위를 제어할 수 있는 추상적 인간을 전제로 한다(의사비결정론). 이에 반하여 신파는 실증적 입장에서 범죄행위는 자유의사에 의하여 결정되는 것이 아니라 무엇인가의 외재적 인자에 의하여 결정되고 있다고 하여 자유의사를 부정한다(자유의사부정론). 따라서 인간의 행위는 유전적 소질(유전자)과 사회적 환경에 의하여 지배되고 결정되어 필연적으로 범죄에 빠질 수밖에 없는 숙명적 인간을 전제로 한다(의사결정론).

둘째, 범죄의 원인과 관련하여 구파는 범죄행위를 자유의사의 외부적 실현수단이라고 보고 범죄행위에 현실적 의의를 인정한다(범죄현실주의). 따라서 벌하여져야 할 것은 현실적인 행위 그 자체라고 주장한다(행위주의). 범죄의 성립과 관련하여 행위의 객관적 측면을 중시한다(객관주의). 이에 반하여 신파는 범죄는 범죄인의 반사회적 위험성의 필연적인 산물이라고 보기 때문에 범죄행위는 범죄인의 반사회적 성격의 징표라고 주장한다(범죄징표주의). 따라서 벌하여져야 할 것은 행위가 아니라 행위자라고 주장한다(행위자주의). 범죄의 성립과 관련하여 행위자의 반사회적 성격, 동기 등의 주관적 측면을 중시한다(주관주의).

셋째, 범죄에 대한 행위자의 책임과 관련하여 구파는 범죄를 자유의사의 소산으로 보기 때문에 비난이 가능하다고 보고 책임이란 자유의사에 의한 반도의적 행위에 대한 도의적 비난이라고 한다(의사책임, 도의적 책임). 이에 반하여 신파는 범죄를 행위자의 반사회적 성격의 필연적인 산물로 보기 때문에 책임이란 반사회적 성격에 귀속되어야 하지만, 범죄행위자도 사회의 일원인 이상 자신의 위험성에 대한 사회방위처분을 수인해야 할 사회적 책임, 즉 행위자의 반사회적 성격의 사회적 위험성에 대한 사회적 책임이라고 한다(성격책임, 사회적 책임).

넷째, 형벌의 본질과 관련하여 구파는 제재를 도의적 책임 있는 행위에 대한 응보로 보기 때문에 범죄를 범한 이상 범죄자는 당연한 대가로서 제재를 받아야 하고 죗값을 치러야 한다고 한다(절대주의, 응보형주의). 위험성을 전제로 하는 보안처분을 형벌과는 구별한다(이원론). 이에 반하여 신파는 제재를 범죄예방을 위한 수단에 지나지 않는다고 보기 때문에 제재는 범죄인의 반사회적 성격을 개선·교육하기 위하여 부과하는 것이라고 한다(상대주의, 목적형주의). 위험성을 전제로 하는 보안처분은 형벌과 그 성질을 같이 하고 상호 대체수단으로 가능하다고 한다(일원론).

다섯째, 형법이 가지는 형사정책적 기능과 관련하여 구파는 형벌이라는 제재(고통)의 위하력을 통하여 일반인에 대한 범죄의 예방을 중시한다(일반예방주의). 이를 통하여 국가적 법질서를 유지할 수 있다고 한다(법질서유지주의). 이에 반하여 신파는 재범의 방지에 초점을 맞추어 범죄인에 대한 교육과 개선에 의한 재범의 예방을 중시한다(특별예방주의). 이를 통하여 범죄로부터 사회를 방위할 수 있다고 한다(사회방위론). 다만 일반예방이나 특별예방은 목적형으로서 형벌에는 일체의 목적을 배제해야 한다는 응보형과는 구별된다고 하는 경우 구파와 신파는 모두 형벌을 범죄방지의 목적에서 파악한다는 점에서 공통되고 있다고 할 수 있다(목적형론).

(2) 양파의 통합

형벌이란 과거에 행하여진 범죄에 대한 응보(Vergeltung)인가 그렇지 않으면 장래에 범죄를 행하지 않게 하기 위한 예방(Prävention)인가, 즉 응보형인가 예방형(목적형)인가 하는 형벌의 본질을 둘러싼 견해의 대립은 구파와 신파의 근본적인 형법관의 대립을 의미한다.

구파와 신파는 각각 그들의 순수한 이념형이 극히 비현실적이어서 이를 그대로 관철할 수 없다는 것을 인식하자 각각 상대화의 방향으로 가기 시작했다. 이것이 바로 절충주의 내지 종합주의(Vereinigungstheorie)이다. 그 결과 보다 구파에게 가까운 절충주의와 보다 신파에 근접한 절충주의는 찾아볼 수 있어도 극단적인 응보형론이나 극단적인 예방형론은 자취를 감추게 되었다. 이는 20세기 초 독일의 형법개정작업이 그 계기가 되었다. 즉, 이미 언급한 바와 같이 책임에 대하여는 형벌을, 성격의 위험성에 대하여는 보안처분을 이원적으로 규정하는 방법에 의하여 양파의 타협이 성사되었던 것이다(이원주의). 리스트가 1919년에, 비르크마이어가 1920년에 잇달아 사망한 후 학파의 논쟁은 종식되었고 히펠(Robert von Hippel, 1866~1951)의 종합설(綜合說), 엠 에 마이어(Max Ernst Mayer, 1875~1923)의 입법단계에서는 응보, 사법단계에서는 법의 확인, 행정단계에서는 목적형이 각각 지도이념으로 되는 분배설(分配說) 등 신·구양파의 통합 내지 타협이 시도되었다.

한편 1960년대 이후 형법이론의 대항축은 형벌 또는 범죄의 본질론의 대립으로부터 헌법상의 가치를 기초로 행하여진 범죄를 어떻게 처리하는 것이 국민의 법익을 보호하면서 범죄자의 인권도 배려하는 것인가라는 범죄론 또는 형사정책의 대립으로 이행해 왔다. 또한 18세기부터 19세기 근대학파가 등장하기까지 약 100여년간 범죄현상을 이해하는 데에 지배적인 견해였던 고전학파의 이론은 현대적 의미의 고전학파에 의하여 그 명맥이 계속 이어지고 있다. 예컨대 1960년대 이후 대두된 억제이론(抑制理論)과 범죄경제학(犯罪經濟學)이 현대적 의미의 고전학파라고 할 수 있는 이론이다. 전자에 의하면 고전학파의 주장대로 형벌의 확실성, 엄격성 또는 신속성이 높을수록 범죄의 억제효과가 크다고 하였고, 후자에 의하면 범죄자들은 범죄로 인한 이익이 손실보다 크다고 판단되는 경우에는 범행을 시도한다고 주장되었다. 물론 이익과 손실은 금전적인 것뿐만 아니라 심리적 만족감, 본인의 취향 또는 수감기간, 전과자라는 사회적 평판의 손상, 주위사람들로부터의 비난 등도 고려하여 자기 나름대로 판단하게 된다고 한다. 이에 반하여 신파이론은 과거에 왕성하게 주장되었던 것에 비하면 현대형법에 있어서는 보안처분에 대한 이론적 근거의 제시를 제외하고는 사실상 남아 있는 부분이 거의 없다. 여기서 신파이론에 근거한 교화 또는 개선에 의한 범죄예방은 미흡한 정책이었다고 평가할 수 있다. 범죄자 자신의 내적 성찰 또는 반성에 의한 범죄예방은 불가능한 셈이었다고 하는 것과 마찬가지라고 보인다. 따라서 범죄는 외부적 억제에 의해서만 가능하다는 결론에 대하여는 큰 무리가 없다고 보인다. 과거의 범죄에 대한 응보로서의 형벌이나 장래의 범죄에 대한 예방으로서의 보안처분은 모두 외부적 억제의 수단이라는 점에서 공통된다고 할 수 있다. 다만 향후의 형사정책은 후술하는 바와 같이 피해자의 구제라는 측면에서 회복적 사법의 방향으로 그 중심이 이동중에 있다고 보인다. 이러한 의미에서 형사제재는 제1의 유형으로서의 형벌과 제2의 유형으로서의 보안처분 및 제3의 유형으로서의 회복적 사법으로 구성된다고 할 수 있다. 이상의 3자에 대하여는 모두 범죄예방을 위한 외부적 억제라는 측면에서 공통점을 찾을 수 있다고 생각된다.

Ⅲ. 나치정권의 형법이론

현대 형법학의 성립에 이르기까지 형법학의 역사는 전기구파, 신파, 후기구파의 과정을 거쳐 발전하여 왔지만, 가장 큰 시련에 직면했던 적은 파시즘 시기였다. 독일의 파시즘 정권은 신구양파의 대립 속에서 양파가 가진 약점을 최대한 정치적으로 이용하였기 때문이다. 특히 구파의 국가주의적이고 권위주의적인 측면과 신파의 형사정책적 사상에 있어서의 비법치국가적이고 정책적인 측면을 활용하여 국민의 자유와 인권을 압살하는 데에 사용하였다.

형법학에 있어서의 변화는 나치가 정권을 잡은 1933년 1월 이후부터 시작되었다. 상징적인 사건은 1933년 6월 국제형사학협회(IKV) 독일지부대회에서 나치에의 전면적 귀의가 결의된 것이었다. 이 대회는 키일(Kiel)학파의 젊은 우익으로 불리는 담(Georg Dahm, 1904~1962)과 샤프슈타인(Friedrich Schaffstein, 1905~2001)에 의하여 주도되었다. 샤프슈타인은 '자유주의 형법인가 권위주의 형법인가'(Liberales oder autoritäres Strafrecht, 1933)를 담과 공동으로 저술하고 국가의 권위의 부활, 약체화된 형사사법 대신 강한 형사사법을 요구하였다. 또한 법의 기능은 민족적 윤리질서의 유지·강화에 있다고 주장하였다. 이러한 입장에서 범죄란 민족전체의 이익을 침해하려는 의사(意思)이고, 민족윤리질서에 대한 배신이라고 주장하였다. 다시 말해서 범죄란 법익침해가 아니라 반민족적 의사이기 때문에 반전체적 의사가 표현되는 즉시 범죄가 성립한다고 주장하였다. 이러한 입장은 한편으로는 구파의 도의적 책임의 추급을 철저히 함과 동시에 다른 한편으로는 심정형법 또는 행위자형법이라고도 불리는 신파의 주관주의 형법이론에 의하여 죄형법정주의를 철저히 형해화시켰다. 마침내 1935년의 형법개정에서는 독일 형법 제2조에 유추해석을 허용하는 규정이 명문화되었다. 뿐만 아니라 이에 의하여 대처할 수 없는 경우에는 신파의 보안처분 등 사회방위처분을 최대한 활용했던 것이다.

결국 나치 형법학의 특징은 다음과 같이 요약될 수 있다. 첫째, 개인을 위한 형법이 전체를 위한 형법으로 전환되었다. 개인 자체의 실재는 부정되고 민족이라는 전체의 일부분으로서만 그 존재가 인정되었다. 둘째, 죄형법정주의에 대한 부정이었다. 민족공동체에 대한 반윤리적 행동의 원천으로서의 행위자의 의사를 중시하는 의사형법(意思刑法, Willensstrafrecht)이었을 뿐만 아니라 행위자의 위험성을 중시하는 위험형법(危險刑法)이었다. 따라서 의사형법에서는 법익침해를 기준으로 안출된 구성요건에 해당하는 단계로서의 예비, 실행의 착수, 미수 또는 기수 등의 개념에는 구애받지 않는다. 다만 나치의 의사형법은 결의나 심정은 벌하지 않았기 때문에 소위 심정형법(心情刑法, Gesinnungsstrafrecht)과는 구별되고 있다. 결의나 심정은 결의자나 심정자가 취소할 수 있기 때문에 민족적 생활에는 하등의 장애를 주지 않는다는 이유로 벌하지 않았기 때문이다. 셋째, 의사는 결의에, 결의는 심정에, 심정은 성격에, 성격은 유전과 사회적 환경에 의하여 행위에 영향을 준다고 보았기 때문에 사회방위를 위해서는 행위의 원인인 범인을 벌하여야 한다는 사회적 책임을 주장하였다. 넷째, 형벌에 있어서는 응보를 강조하였지만 속죄응보가 아니라 위하에 의한 목적형을 채택하였다. 형법 자체가 체제유지를 목적으로 하는 철저한 목적형법이었으며 체제에 반대하는 사람을 섬멸하는 섬멸형법(殲滅刑法, Vernichtungsstrafrecht)이었다. 다섯째, 형벌은 가혹하고 준엄하였다.

Ⅳ. 현대독일의 형법이론

독일의 현대형법은 제2차 세계대전에 있어서의 패전 후 나치기의 형법학에 대한 반성으로부터 시작되었다. 전후의 형법학은 파시즘 시대의 형법과 형법학을 어떻게 반성하고 극복하느냐가 최대의 과제였다. 유추해석의 허용규정은 삭제되었고 (1946), 죄형법정주의가 부활하였고 학설과 판례에 있어서 책임주의가 강조되었다.

1954년 이후의 형법개정작업에 있어서도 책임주의가 '책임 있으면 형벌 있다'는 적극적 책임주의로의 방향으로 철저하게 되고, 범죄화에 의하여 처벌의 공백을 없애려고 하는 완전주의의 경향이 현저하게 보였다(1962년 형법개정 정부초안). 그와 같은 흐름에 대항하여 제2차 세계대전 후 전후세대의 형법학자를 중심으로 대안 그룹이 결성되고(바우만, 오르토란, 카우프만, 록신 등), '책임 없으면 형벌 없다'는 소극적 책임주의를 강조하고 형법의 세속화(칸트 · 헤겔 등과의 결별)와 범죄자의 사회복귀에 중점을 두는 새로운 형법이 제안되었다(1966년의 형법초안총칙대안). 이 대안을 참조하면서 신초안이 작성되고, 1969년에 새로운 형법총칙이 성립한 것이다.

한편 학자들은 제2차 세계대전 후의 상황에 적응하기 위하여 이론의 궤도수정을 도모하였다. 이러한 상황 속에서 전쟁 전부터 등장한 벨첼의 목적적 행위론이 강세를 유지하였다. 원래 형법학의 담당자는 제2차 세계대전 전의 학자이고, 자기

이론의 궤도수정과 제2차 세계대전 후에의 적응을 도모하는 것이 중심이었다. 이미 제2차 세계대전 전에 전개되고 있던 목적적 행위론이 강한 영향력을 유지한 것도 그러한 흐름의 연장선상에서 그 이유를 찾을 수 있다.

제 3 절 일본 형법의 역사

근대 일본 형법은 우리 형법의 제정과 무관하지 않다. 이것이 근대 일본 형법의 역사를 고찰할 수밖에 없는 이유이다. 일본 형법에는 세계대전 전까지는 서구의 논의가 거의 그대로 유입되어 논의의 대상으로 되었다.

Ⅰ. 일본 형법의 제정과 개정

1. 일본 구형법의 제정

일본 최초의 근대적 의미의 형법은 메이지(明治) 13년(1880)에 제정되고 15년 1월 1일부터 시행된 일본의 구형법이다.[23] 메이지 정부가 프랑스로부터 저명한 법학자 보아소나드(Gustave Emile Boissonade de Fontarabie, 1825~1910)를 초빙하여 법전의 기초를 맡겼던 구형법은 당시 세계적으로도 완비된 근대적 통일법전이었던 프랑스의 나폴레옹법전(1810)을 모델로 유럽각국의 형법을 참조한 것이었다.[24] 보아소나드는 메이지 4년에 설치된 법학기숙사에서 메이지 7년 4월 이후 프랑스법을 강의하고, 형법에 대해서는 오르토란(Elzear Ortolan, 1802~1873)의 영향을 받아 신고전학파(절충주의)의 형법을 주장했다고 한다. 절충주의의 입장은 응보사상과 공리주의를 결합한 것이었다고 한다.

구형법의 특징은 다음과 같이 요약될 수 있다. 즉, 기본적으로 1810년의 나폴레옹 법전을 모델로 하여 범죄를 중죄(重罪), 경죄(輕罪) 및 위경죄(違警罪)의 3종류로 나누어 규정하였다. 다만 자수에 의한 죄의 감경, 친족관계의 배려(범죄자를 은닉 · 도피하게 한 친족에 대하여는 불벌, 친족간의 절도에 대하여도 불벌 등) 및 불경죄(不敬罪)의 엄벌화 등 일본의 전통적인 법사상에 근거한 규정도 존재하였다. 이로써 일본은 대외적으로는 문명국임을 선언함과 동시에 대내적으로는 자유민권운

---

23) 明治15年1月1日施行, 明治13年7月17日制定(太政官布告第36号).

24) 법무부, 『일본 형법』, 2007.12, 3쪽.

동의 격화에 대응하기 위한 치안법제를 정비한 것으로 보였다.

그러나 구형법에 대하여는 제정 직후부터 불만의 소리가 정부 내에서 나오기 시작하였다. 구형법에 대하여는 현대 시민사회가 확립된 프랑스법의 영향을 받아 국가형벌권의 행사에 제약이 있다는 점과 이 무렵 유럽에서는 새로운 형법이론, 즉 신파가 탄생하여 기존의 형법이론인 구파와 격렬한 논쟁을 벌이고 있는데 구형법에서는 그 성과가 반영되지 않고 있었다는 점 및 근대화 과정에 있던 당시 일본의 급격한 사회변화에 따른 범죄의 증가에 대응할 수 없었다는 점 등에서 문제가 제기되었다. 학자들까지 논쟁에 가세하여 '형법불필요론'까지 제기하는 형국이 되었다. 여기서 일본 법무부는 독일 형법을 중심으로 각국의 형법을 참고로 하여 새로운 형법을 제정할 방침을 정하였다.

2. 일본 신형법의 제정과 개정

구형법에 대하여는 성립 당초부터 특히 범죄유형이 세분화되어 있어 법정형의 폭도 좁고 실무상 적용에 불평이 있었다고 한다. 그 후 메이지 22년(1889) 당시의 일본헌법이 독일의 프로이센 헌법에 그 모범을 두고 있었던 것을 배경으로 형법학에서도 독일의 영향을 받게 되었다고 한다. 당시 공화제국가인 프랑스보다 입헌군주제를 채용하고 있던 독일측이 일본의 법제의 모범으로서 더욱 적합하다고 생각되었기 때문이다.

일본의 현행형법, 즉 일본의 신형법은 당시의 독일 형법의 영향 아래 메이지 40년(1907)에 제정된 것이다.[25] 당시 일본의 신형법은 신파의 형법학적 색채가 강하고, 범죄유형의 구별도 대략적이고, 법정형의 폭도 넓게 하고, 법관의 넓은 재량권을 인정하여 행위자의 성격에 따른 과형을 가능하게 한 점에 특징이 있었다고 한다. 일본의 현행 형법은 1908년에 시행된 이래 지금까지 20여 차례가 넘게 개정되었다. 다시 말해서 일본의 현행형법은 1921년 제1차 개정, 1941년 제2차 개정, 1947년 제3차 개정, 1953년 제4차 개정, 1954년 제5차 개정, 1958년 제6차 개정, 1960년 제7차 개정, 1964년 제8차 개정, 1968년 제9차 개정, 1980년 제10차 개정, 1987년 제11차 개정, 1991년 제12차 개정, 1995년 제13차 개정, 2001년 제14차 개정과 제15차 개정, 2003년 제16차 개정과 제17차 개정, 2004년 18차 개정, 2005년 제19차 개정 및 2007년 제20차 개정된 바 있다.[26] 그 후에도 일본

25) 明治40年4月24日 法律第45号.

형법은 2010년 제21차 개정, 2011년 제22차로 개정되었다. 최근에는 2013년(法律 第86號) 제23차로 개정되었고, 2017년(法律 第72號) 제24차로 최종개정된 바 있다.[27]

그런데 일본의 형법 중에서 우리나라의 제정형법에 직접적인 영향을 미친 것은 1941년의 제2차 형법개정을 위한 일본의 '개정형법가안'이었다.

Ⅱ. 일본의 개정형법가안

1. 개정형법가안의 내용

일본의 '개정형법가안'(改正刑法假案)은 1926년부터 심의에 착수하여 1931년에 총칙부분이 성안되고, 1940년에는 각칙부분이 성안되어 공포되기까지 무려 14년이 걸린 방대한 작업의 성과물이었다.[28] 여기서 우리나라 형법의 제정에 영향을 미친 일본의 개정형법가안의 특징에 관하여 살펴볼 필요가 있다고 생각된다.

일본의 개정형법가안의 특징을 몇 가지로 요약하면 다음과 같다.[29] 즉, 첫째 '죄'와 '범죄'의 이분화이다. 죄란 구성요건에 해당하고 위법한 행위를 말하고, 범죄란 구성요건에 해당하고 위법하고 유책한 행위를 말한다고 한다. 양자의 구별실익은 보안처분의 도입에 있다. 전자는 죄로 되지 아니하는 경우로서 보안처분을 부과할 수 없으나, 후자는 벌하지 아니하는 경우로서 보안처분을 부과할 수 있다는 것이다. 둘째, 형벌종류의 다양화이다. 형벌의 종류를 사형, 징역, 금고, 자격상실, 자격정지, 거주제한, 벌금, 구류, 견책 및 몰수의 11종으로 규정하였다. 또한 형법각칙과 관련하여서는 다음의 사항이 그 특징으로 지적되고 있다. 즉, 셋째 군국주의적 요소이다. 1940년에 완성된 개정형법가안의 각칙은 1931년의 만주사변과 1937년의 중일전쟁을 거쳐 군국주의가 가속화되는 상황에서 성안이 된 것이다. 전시군수계약불이행죄, 전시공수계약불이행죄 등이 그 전형적인 예이다. 넷째, 체제유지적 경향이다. 안녕질서에 관한 죄가 가장 뚜렷한 예이다. 이는 범죄단체조직죄와 인심혼란죄를 그 주요내용으로 하고 있다. 안녕질서에 관한 죄는 태평양

26) 개정안의 주요 내용에 관하여는 법무부, 『일본 형법』, 2007.12, 4~8쪽 참조.

27) 이에 관하여 자세한 것은 法令沿革一覧 참조. URL: http://hourei.ndl.go.jp/SearchSys/viewEnkaku.do?i=0GpZz3wYxdHSJPKiChaaMQ%3D%3D

28) 신동운, "형법제정연혁에 비추어 본 전면개정의 필요성-일본 개정형법가안과의 관련성을 중심으로-", 법무부, 『형사법개정연구자료집』, 2008, 59쪽.

29) 신동운, 위의 논문, 89~95쪽 참조.

전쟁의 발발과 무관하지 않은 것으로 지적되고 있다. 다섯째, 나치 형법의 영향이다. 귀르트너(Gürt-ner)초안이 대표적이다. 즉, 횡령죄와 배임죄를 동일한 조문에서 항을 나누어 나란히 규정하고 있다. 여섯째, 신앙에 관한 죄의 편제적 특색이다. 범죄유형을 국가적 법익, 사회적 법익 및 개인적 법익의 순으로 배열하였다. 또한 국가적 법익의 마지막에 신사(神社)에 관한 죄를 규정하였다. 신사에 관한 죄가 국가적 법익에 관한 죄로 분류된 것은 신사가 일본의 국교에 해당하기 때문이라고 생각된다.

2. 개정형법가안의 영향

우리나라의 현행 형법에는 일본의 개정형법가안의 영향을 받은 것으로 보이는 내용들이 아직도 다수가 남아 있다. 즉, 첫째 형법이 형벌의 종류를 개정형법가안에서 거주제한과 견책을 제외한 9종을 규정하고 있다는 점, 특히 극히 이례적인 입법례로서 자격상실과 자격정지를 주형(主刑)으로 규정하고 있다는 점, 둘째 일본의 군국주의의 색채를 가지는 전시군수계약불이행죄, 전시공수계약불이행죄 등의 규정이 우리나라 형법의 입법당시 6·25전쟁상황과 맞물려 그대로 도입되었다는 점, 셋째 체제유지적 성격의 '안녕질서에 관한 죄'가 '공안을 해하는 죄'로 명칭이 바꾸어 도입되었다는 점, 넷째 나치형법의 영향을 받은 규정으로서 횡령죄와 배임죄를 동일한 조문에서 항을 나누어 나란히 규정하고 있다는 점 및 다섯째, '신사에 관한 죄'가 '신앙에 관한 죄'로 그 장(章)의 이름이 변경되어 도입되면서 사회적 법익에 관한 죄의 최후단에 위치하였어야 할 장을 최선단에 위치하게 하는 우를 범했다는 점[30] 등이 지적되고 있다. 이 외에도 여섯째, 존속살, 보통살 및 영아살의 구분은 일본의 개정형법가안에서 유래한 것이다. 그러나 우리나라의 입법자는 이러한 구분을 유기죄에도 적용하고 있다. 다만 보안처분의 도입은 우리나라의 현실에 비추어 유보되었다. 당시의 입법자는 국가의 제반조건이 구비된다면 형법총칙에 보안처분의 장을 추가하거나 단행법으로 그에 관한 법률을 제정하면 될 것이라고 본 것이다.[31]

---

30) 신동운, 앞의 논문, 95쪽.

31) 법전편찬위원회, "형법초안 이유설명에 가름하여", 한국형사정책연구원, 『형법제정자료집』, 1991, 91쪽.

제 4 절 현행 형법의 역사

Ⅰ. 현행 형법의 성립

우리나라에서는 예로부터 당률(唐律)의 영향을 받은 각종 처벌법규가 관례적으로 시행되어 왔다. 대한제국 때의 '형법대전'(刑法大全, 1905)은 서구식 근대 형법전의 편찬방식을 크게 따른 것이었다.[32] 그러나 여전히 죄형법정주의를 채택하지 않는 등 동양의 구래법(舊來法)과 서구의 근대법의 과도기적 형태를 띠고 있었다는 비판이 가능하다. 왜냐하면 대명률체제의 대한제국식 재수용이었다는 점, 근대적 입법의 시작이 아닌 조선왕조 최후의 법전이었다는 점 및 형법대전(大典)이 아닌 형법대전(大全)이라는 명칭으로부터 추단이 가능하다는 점 등의 비판이 설득력을 가지고 있다고 보아야 하기 때문이다.

일제강점기에는 1912년 3월 18일 공포된 '조선형사령'(朝鮮刑事令)을 통하여 일본 형법이 의용(依用)됨으로써 서양 형법의 영향권에 들게 되었고, 특히 독일 형법의 제도와 학설의 영향을 많이 받게 되었다.[33] 이로써 일제강점기에는 우리 형법의 자생적 발전은 중단되었고 일본 형법에의 의존도를 더해가다가 그 독자성과 정체성을 찾기 어렵게 되었다. 1945년 8월 15일 뒤 미군에 의한 군정실시기간에도 일본 형법의 의용은 계속되었다. 현행형법은 후술하는 바와 같이 1948년 8월 15일 대한민국 정부 수립 후 단기간의 준비를 거쳐 1953년 9월 18일 법률 제293호로 제정된 것이다. 이와 같이 형법이 단기간에 제정된 것은 형벌권 자체가 국가의 상징이고 형법이 체제유지를 위한 기본법이기 때문이다.

---

32) 형법대전 1905년(광무 9년) 4월 29일 공포 법률 제2호. 형법대전은 '대전회통', '대명률' 및 '신반률'을 참작하여 제정되었다고 한다. 제정 당시에는 민사관계법도 포함되었지만, 1908년 제2차 개정시에는 형사조항만 남게 되었다고 한다. 이에 관하여는 최관호, "해방 후 한국전쟁 직후까지의 한국형법학의 방법론", 『일감법학』 제26권 제26호, 건국대학교 법학연구소, 2013, 48쪽 참조.

33) 조선형사령에 관하여는 국가법령정보센터 홈페이지/법령/근대법령 참조. 검색어: 조선형사령. URL: http://www.law.go.kr/main.html 참조.

1. 성립경위

(1) 조선법제편찬위원회

형법의 제정작업은 미군정하에서의 조선법제편찬위원회(朝鮮法制編纂委員會)가 발족하면서부터 시작되었다.[34] 조선법제편찬위원회는 헌법요강에 이어 '(갑)총괄적 요강'과 '(을)각론적 요강'으로 이루어진 '조선법제편찬위원회 기초요안(2) 형법'이라는 제목의 형법안에 기초요강을 발표하였다. 이 중에서 형법요강 전체를 아우르는 일반적 지침으로서 '총괄적 요강'의 내용을 보면 다음과 같다.[35] 즉,

① 용어는 언문일치제(言文一致制)로 하며 왜색이 농후한 직역어와 일반적으로 사용하지 아니하는 한자와 괴기한 어사(語辭)를 피할 것, ② 각 조문의 내용에 있어서 왜색(倭色)을 일소하고 한국 고유의 미풍양속을 순화앙양하도록 할 것, ③ 각 조문의 내용에 있어서 세계대세에 역행하지 아니하도록 유의할 것, ④ 형의 경중은 민족의 존엄성과 복리증진상 미치는 영향의 강약에 상응하도록 할 것, ⑤ 범죄로 인한 실해발생의 미연방지 및 범죄적발의 용이화의 조건이 될 수 있는 사전자수에 대하여는 형의 감경 또는 면제의 특전을 주도록 할 것, ⑥ 상습범에 대하여 형을 가중하는 범위를 확대할 것, ⑦ 치안상의 영향을 고려하여 고사죄를 독립죄로 하는 범위를 확대할 것, ⑧ 사형 및 무기를 법정형으로 하는 범위를 가급적 축소할 것, ⑨ 현재 단행법으로 실시되고 있는 형벌법규 중 자연범(형사범)적 성격을 가지는 것은 형법에 통괄할 것, ⑩ 각칙의 장순은 죄질의 공익적인 것부터 시작하여 사익적인 것에 미치도록 할 것. 그러나 그를 분간하기 어려운 것은 그 정도에 따라서 장순을 정할 것, ⑪ 각칙의 장의 구분은 이론적 근거에 의하여 적절하게 통합 또는 분할할 것 및 ⑫ 각칙의 장명칭도 ⑪의 원칙에 의하여 변경할 것이다.

그러나 일본의 고등문관시험출신의 재조·재야법조인들이 위원으로 주로 참여하였던 조선법제편찬위원회의 활동은 극히 저조했던 것으로 평가되고 있으며,[36] 일본의 개정형법가안(改正刑法假案)을 토대로 형법안의 총칙과 각칙에 대한 골격을 제시함에 그치고[37] 조문화(條文化) 작업도 진척되지 못하였다.[38]

---

34) 미군정시대란 1945년 9월 19일부터 1948년 8월 15일 대한민국이 독립할 때까지 남한을 점령한 미군이 군정을 행하던 시대를 말한다.

35) 신동운, 앞의 논문, 53~54쪽 참조.

36) 신동운, 앞의 논문, 51쪽.

37) 신동운, 앞의 논문, 54쪽 참조.

38) 신동운, 앞의 논문, 57쪽.

(2) 법전편찬위원회

1948년 8월 15일 대한민국이 출범하면서 법전편찬위원회(法典編纂委員會)가 1948년 9월 조직되어,[39] 미군정시대의 조선법제편찬위원회의 사업을 계승하였다. 법전편찬위원회는 조선법제편찬위원회와 마찬가지로 어느 특정한 입법례를 토대로 삼아 신속하게 우리말로 된 법전을 편찬한다는 방침을 취하였다. 그리하여 형법전의 경우에도 이러한 방침을 그대로 유지하고, 그 구체적인 내용은 일본의 개정형법가안을 토대로 삼았다고 한다.[40] 1949년 11월 이르러 법전편찬위원회는 '형법초안'을 만들어, 1950년에 정부에 제출하였다. 법전편찬위원회가 제시한 형법초안의 근본원칙은 다음과 같다.[41] 즉,

① 세계 각국의 현행법, 형법개정초안, 특히 독일 형법 및 독일 1930년 형법초안을 많이 참고로 하였고, 제정역사가 새롭고 국정이 우리나라와 유사한 중국형법을 참작하였다. ② 모든 독재적인 정치요소를 배격하고 국민의 기본권을 옹호하여 자유와 평화의 완전실현을 지향하는 세계적 추세에 적응케 하였다. ③ 신생국가로서의 발랄생신하고 용왕매진적인 국풍과 그러한 국민으로서의 창의력과 진취성을 풍부케 함에 적당하도록 하였다. ④ 목하 우리가 당면하고 있는 위기의 극복, 즉 민족적 분열에서 통일에의 추진방도에 있어서 유감됨이 없도록 하기에 노력하였다. ⑤ 우리 민족 고유의 미풍양속의 유지향상에 유의하였다. ⑥ 약자를 보호하여 그들의 낙오성에서 배태되는 사회의 불건전화를 방지함으로써 국가의 기초를 공고히 할 것을 기도하였다. ⑦ 형법학설의 화려기발함에 편파됨을 피하고 그 건전중정함을 택하여서 현실에 적합하도록 하였다. 따라서 세계 각국의 입법례와 특히 새로운 형법초안을 광범위로 참고하였다. ⑧ 용어는 법으로서의 명확성과 존엄성을 해하지 아니하는 한 될 수 있는 대로 평이하도록 하였다.

정부는 법전편찬위원회가 작성한 초안에 대하여 아무런 수정을 가하지 않았으나 간통죄에 대하여만 법전편찬위원회의 폐지의견에 따르지 않고 쌍벌죄조문을 추가하였다. 그래서 정부안은 쌍벌죄형식의 간통죄를 제외하면 법전편찬위원회의 형법초안과 그대로 일치하는 것이었다.[42] 정부는 6·25 전쟁중인 1951년 4월 형법초안을 국회에 제출하였다.

---

39) 대통령령 제4호, 1948.9.15.
40) 신동운, 앞의 논문, 59쪽.
41) 신동운, 앞의 논문, 71~72쪽.
42) 신동운, 앞의 논문, 80쪽.

2. 국회의 심의와 형법의 제정

국회는 6 · 25 전쟁중임에도 불구하고 법안의 심의를 위해 형법초안을 법제사법위원회에 회부하였다. 국회법제사법위원회는 치안유지에 치중하였던 정부안과는 달리 보다 민주주의적이고 자유주의적인 형법관을 바탕으로 다음과 같은 수정안을 제시하였다. 즉,

① 야간 등의 과잉방위에 대한 불처벌, ② 법률의 착오에 대한 법률효과를 원안의 임의적 감면에서 필요적 면제로 변경, ③ 의제공범의 삭제 등 공범론의 정비, ④ 죄수론 부분의 조문정비, ⑤ 군헌문란의 정의조항의 신설, ⑥ 간통죄의 삭제 및 ⑦ 국가보안법의 폐지 등이다.[43)]

1953년 4월 국회 본회의에서는 정부원안과 국회 법제사법위원회의 수정안을 양대 축으로 하고 국회의원들이 제출한 개별 수정안들을 추가하여 이들을 대상으로 형법전에 대한 심의가 시작되었다. 본회의 심의과정에서는 정부원안과 법제사법위원회의 수정안이 크게 대립하는 가운데 자격정지의 삭제여부, 낙태죄의 폐지여부 및 간통죄의 존폐여부가 가장 큰 쟁점으로 부각되었다고 한다.[44)] 그럼에도 불구하고 심의과정에서 수정안이 없는 부분에 있어서는 정부원안이 그대로 통과되었고, 수정안이 있는 부분에 있어서는 법제사법위원회의 수정안이 대부분 채택되었다고 한다. 다만 간통죄가 법제사법위원회의 폐지수정안에도 불구하고 정부원안대로 쌍벌죄로 채택되었고, 부칙의 심의 과정에서는 국가보안법의 폐지가 무산되었다.[45)]

3. 제정형법의 주요내용

현행 형법은 범죄의 요건과 그 범죄에 대한 처벌에 관한 사항을 규정하기 위하여 1953년 9월 18일 법률 제293호로 제정되어 1953년 10월 3일부터 시행되고 있다. 일제의 노예법령(奴隷法令)이라고 할 수 있는 일본어로 된 '의용형법'(依用刑法)을 벗어 던져버리고 우리말로 된 형법전이 탄생한 것이다. 제2대 국회는 이를 단군 조선이 팔조금법(八條禁法)을 가지고 나라를 연 것에 비견할 만한 쾌거라고

---

43) 신동운, 앞의 논문, 81쪽.
44) 신동운, 앞의 논문, 82쪽.
45) 신동운, 앞의 논문, 82쪽.

보아 1953년 10월 3일 개천절을 형법전의 발효일자로 부칙에 규정한 것이다.[46) 제정형법의 주요내용은 다음과 같다. 즉,

① 저항할 수 없는 폭력이나 자기 또는 친족의 생명, 신체에 대한 위해를 방어할 방법이 없는 협박에 의하여 강요된 행위는 벌하지 아니한다. ② 어떤 행위라도 죄의 요소되는 위험발생에 연결되지 아니하는 때에는 그 결과로 인하여 벌하지 아니한다. ③ 위험의 발생을 방지할 의무가 있거나 자기의 행위로 인하여 위험발생의 원인을 야기한 자가 그 위험발생을 방지하지 아니한 때에는 그 발생된 결과에 의하여 처벌한다. ④ 법정절차에 의하여 청구권을 보전하기 불능한 경우에 그 청구권의 실행불능 또는 현저한 실행곤란을 피하기 위한 필요행위는 벌하지 아니한다. ⑤ 실행의 수단 또는 대상의 착오로 인하여 결과의 발생이 불가능하더라도 위험성이 있는 때에는 처벌하되, 그 형을 경감 또는 면제할 수 있게 한다. ⑥ 타인을 교사하여 죄를 범하게 한 자는 죄를 실행한 자와 동일한 형으로 처벌한다. ⑦ 금고 이상의 형을 받아 그 집행을 종료하거나 면제를 받은 후 3년 내에 금고 이상에 해당한 죄를 범한 자는 누범으로 처벌하다. ⑧ 판결이 확정되지 아니한 수 개의 죄, 판결이 확정된 죄와 그 판결 전에 범한 죄는 경합범으로 처벌한다. ⑨ 형의 종류는 사형·징역·금고·자격상실·자격정지·벌금·구류·과료·몰수로 한다. ⑩ 몰수는 타형에 부가하여 과하되 행위자에게 유죄의 재판을 아니할 때에도 몰수의 요건이 있는 때에는 몰수만을 선고할 수 있도록 한다. ⑪ 형을 정함에 있어서는 범인의 연령, 성행, 지능, 환경 및 피해자에 대한 관계와 범행의 동기, 수단, 결과 및 범행후의 정황을 참작토록 한다. ⑫ 1년 이상의 징역이나 금고 또는 자격정지나 벌금의 형을 선고할 경우 범행의 동기, 수단 등을 참작하여 개전의 정상이 현저한 때에는 그 선고를 유예할 수 있게 한다. ⑬ 벌금을 선고할 때에는 동시에 그 금액을 완납할 때까지 노역장에 유치할 것을 명할 수 있도록 한다. ⑭ 석방은 형기종료일에 하도록 한다. ⑮ 검사, 경찰, 기타 범죄수사에 관한 직무를 행하는 자 또는 이를 감독보조하는 자가 그 직무를 행함에 있어 지득한 피의사실을 공판회부 전에 공표한 때에는 3년 이하의 징역 또는 5년 이하의 자격정지에 처하도록 한다. ⑯ 범죄의 상습화경향에 따라 상습범엄벌주의를 취한다. ⑰ 자기 또는 배우자의 존속친에 대한 범죄의 형을 가중한다. ⑱ 다중 또는 흉기에 의한 범죄의 형을 가중한다. ⑲ 중대한 범죄는 그 예비와 음모를 처벌토록 하되 자수자에 대한 특전규정을 설정한다. ⑳ 사형은 중대한 범죄에만 과한다. ㉑ 금고형은 정치적 성질을 가진 범죄, 특히 경벌할 범죄에 선택적으로 과한다. ㉒ 과실범에 대한 체형은 금고형에 한하도록 한다. ㉓ 자격정지는 상당한 자격을 가진 자가 아니면 범하기 어려운 것으로 예상되는 범죄에 대하여는 선택적으로 과하고, 중대한 파렴치죄에 대하여는 병과하도록 한다. ㉔ 범인이

46) 신동운, 앞의 논문, 82쪽.

당해 범죄로 인하여 획득한 금품을 소유케 함이 현저하게 부당한 범죄에 대하여는 반드시 그것을 몰수하도록 한다.

Ⅱ. 현행 형법의 개정

현행형법은 그의 시행 후 시대상황과 사회의 변화에 응하여 현재까지 20여 차례 이상의 개정이 이루어졌다. 즉, 일부개정으로서는 1975년, 1988년, 1995년, 2001년, 2004년, 2005년 7월, 2010년, 2012년, 2013년, 2014년 5월, 2014년 12월, 2016년 1월, 2016년 5월, 2016년 12월, 2017년, 2018년 10월, 2018년 12월, 2020년 5월, 2020년 10월 및 2020년 12월 개정형법을 들 수 있다. 이 외에도 1997년 12월, 2005년 3월의 개정형법 등과 같이 수차례의 타법개정이 있었다.

1. 1975년의 개정

형법은 국가모독 등 사대행위를 처단함으로써 일부 고질적 사대풍조를 뿌리 뽑고 자주독립국가 국민으로서의 자각과 긍지를 드높여 국민윤리와 도의를 앙양함과 아울러 국가의 안전과 이익 그리고 위신을 보전하기 위하여 일부 개정되었다.[47] 개정의 주요내용은 다음과 같다. 즉,

① 내국인이 국외에서 대한민국 또는 대한민국의 헌법상의 기관을 모욕·비방하거나, 그에 관한 사실을 왜곡 또는 허위사실을 유포하거나 기타의 방법으로 대한민국의 안전이나 이익 또는 위신을 해하거나 해할 우려가 있게 한 때에는 7년 이하의 징역이나 금고에 처한다. ② 내국인이 국내에서 외국인 또는 외국단체 등을 이용하여 헌법상의 기관을 모독하는 등의 행위를 한때에도 동일하게 처벌하며 10년 이하의 자격정지를 병과한다.

2. 1988년의 개정

1975년 3월 25일 개정형법에서 신설된 국가모독죄조항을 국가발전을 위한 건전한 비판의 자유를 억제할 우려 등이 있다는 이유로 이를 폐지하였다.[48]

---

47) 형법 1975.3.25. 일부개정 법률 제2745호 1975.3.25. 시행.
48) 형법 1988.12.31. 일부개정 법률 제4040호 1988.12.31. 시행.

3. 1995년의 개정

1953년 형법 제정이래 정치 · 경제 · 사회 등 모든 영역의 발전과 윤리의식의 변화로 발생한 법규범과 현실과의 괴리를 해소하고, 우리사회의 산업화 · 정보화의 추세에 따른 컴퓨터범죄 등 신종범죄에 효율적으로 대처하여 국민생활의 안정을 도모하기 위하여 전면 개정되었다.[49] 개정의 주요내용은 다음과 같다. 즉,

① 보호관찰제도를 도입하였다. 성인범에 대하여도 보호관찰제도, 사회봉사명령제도, 수강명령제도를 도입하였다. ② 범죄화 현상에 따른 신종범죄를 신설하였다. 컴퓨터관련범죄로서 컴퓨터등 정보처리장치를 이용한 사기, 업무방해, 비밀침해, 공 · 사전자기록의 위작 · 변작 및 동행사 등 컴퓨터관련 범죄를 신설하였다. 재물손괴죄 등에 전자기록 등 특수매체기록을 행위의 객체로 추가하였다. 민생치안관련범죄로서 인질강도죄의 죄명을 인질강도로 하고, 체포 · 감금도 행위유형에 포함시켰다. 사람을 인질로 삼은 권리행사방해를 가중처벌하기 위하여 인질강요죄 등을 신설하였다. 피약취유인자나 인질을 안전하게 풀어준 경우에 형을 감경하도록 하였다. 기타 범죄로서 강제집행으로 명도 또는 인도된 부동산에 침입하는 등의 경우 처벌조항을 신설하였다. 가스, 전기, 방사선 등을 방류하여 생명 등에 위험을 발생시킨 경우 처벌조항을 신설하였다. 인지 · 우표위조죄 등에 우편요금을 표시하는 증표를 행위의 객체로 추가하였다. 전자복사기, 모사전송기 등을 이용하여 복사한 문서 또는 사본도 문서 또는 도화로 보는 규정을 신설하였다. 자동차 등을 불법사용한 경우 처벌조항을 신설하였다. 자동판매기 등 편의시설부정이용의 경우 처벌조항을 신설하였다. ③ 법정형의 조정이다. 선택형으로 벌금형을 추가한 경우로서 직권남용, 공무집행방해, 위계에 의한 공무집행방해, 무고, 위조통화의 취득, 허위유가증권의 작성, 위조인지 · 우표 등의 취득, 허위공문서 등의 작성, 사문서 등의 위조 · 변조, 자격모용에 의한 사문서의 작성, 존속상해, 존속폭행, 유기, 존속유기, 존속학대, 체포 · 감금, 존속체포 · 존속감금, 허위사실적시 명예훼손 및 출판 등에 의한 명예훼손죄에 벌금형을 추가하였다. 결과적 가중범의 치사와 치상의 형량차 등의 경우로서 유기 등 치사상, 체포 · 감금치사상, 약취 · 유인치사상, 강간등 치사상, 건조물파괴치사상, 가스 · 전기 등 공급방해치사상, 현주건조물 등에의 방화치사상, 교통방해치사상, 음용수혼독치사상, 특수공무방해치사상 등 결과적 가중범을 치상죄와 치사죄로 구분하여 법정형에 차등을 두었다. ④ 사형 등 법정형의 일부조정이다. 존속살해죄에 '7년 이상의 유기징역'을 선택형으로 추가하고, 현주건조물 등에의 일수, 교통방해치사상, 음용수혼독치사상 등의 죄에서 '사형'을 삭제하며, 강간등 살해죄에 '사형'을 추가하고, 가스 · 전기등 공급방해치사상에 '무기징역'을 추가하며, 허위

49) 형법 1995.12.29. 일부개정 법률 제5057호 1996.7.1. 시행.

공문서등의 작성죄 등의 징역형하한을 완화하고, 특수공무방해죄의 징역형하한을 상향 조정하였다. ⑤ 과실범의 처벌규정신설이다. 폭발성물건파열, 가스·전기등 방류, 가스·전기등 공급방해등 죄의 과실범과 그 업무상과실·중과실을 처벌하도록 하였다.

4. 2001년의 개정

컴퓨터등 정보처리장치에 허위의 정보 또는 부정한 명령을 입력함으로써 성립하는 현행 형법 제347조의2(컴퓨터등 사용사기죄)에 권한없이 정보를 입력·변경하여 정보처리를 하게 하는 행위를 구성요건에 추가하였다.[50)]

5. 2004년의 개정

형법의 제37조 후단이 사후적 경합범의 요건으로 "판결이 확정된 죄"라고만 규정하면서 그 범위를 제한하지 않고 있어서, 오히려 피고인에 대하여 불리하게 작용될 뿐만 아니라 법원의 입장에서도 인력의 낭비를 초래하는 측면이 있는 바, 동 규정에 의한 경합범의 요건 중 "판결이 확정된 죄"를 "금고 이상의 형에 처한 판결이 확정된 죄"로 하여 그 범위를 축소하기 위하여 개정되었다.[51)]

6. 2005년의 개정

경합범 중 판결을 받지 아니한 죄가 있는 때에는 그 죄와 판결이 확정된 죄를 동시에 판결할 경우와 형평을 고려하여 그 죄에 대하여 형을 선고하되 그 형을 감경 또는 면제할 수 있도록 하고, 금고 이상의 형이 확정된 때부터 그 집행이 종료되거나 면제된 후 3년까지의 기간에 범한 죄에 대하여 형을 선고하는 경우에는 형의 집행을 유예할 수 없도록 하며, 집행유예 실효(失效)사유를 유예기간중 고의로 범한 죄로 금고 이상의 실형을 선고받아 그 판결이 확정된 때로 하기 위한 개정이었다.[52)]

7. 2010년의 개정

유기징역의 상한을 15년으로 제한하고 있어, 무기징역과 유기징역 간 형벌 효

50) 형법 2001.12.29. 일부개정 법률 제6543호 2002.6.30. 시행.
51) 형법 2004.1.20. 일부개정 법률 제7077호 2004.1.20. 시행.
52) 형법 2005.7.29. 일부개정 법률 제7623호 2005.7.29. 시행.

과가 지나치게 차이가 나고 중대한 범죄를 저지른 경우에 그에 따른 형벌을 선고하는 데 제한이 있으므로, 유기징역의 상한을 상향조정하여 행위자의 책임에 따라 탄력적으로 형 선고를 가능하게 하고, 강간 등 성폭력범죄를 범하는 경향이 있는 자는 다시 성폭력범죄를 저지를 가능성이 대단히 높으므로 성폭력범죄를 억제하고 잠재적 피해자를 보호하기 위하여 성폭력범죄의 상습범을 가중처벌하기 위하여 개정되었다.[53] 개정된 주요내용은 다음과 같다. 즉,

① 유기징역·유기금고의 상한을 현행 15년 이하에서 30년 이하로 높이고, 가중할 때의 상한도 현행 25년까지에서 50년까지로 조정하였다(제42조). ② 사형에 대한 감경을 현행 10년 이상에서 20년 이상 50년 이하로 상향 조정하였다(제55조 제1항 제1호). ③ 무기징역·무기금고에 대한 감경을 현행 7년 이상에서 10년 이상 50년 이하로 상향 조정하였다(제55조 제1항 제2호). ④ 무기징역의 가석방요건을 현행 10년에서 20년으로 상향 조정하였다(제72조 제1항). ⑤ 강간·추행죄 등 성폭력범죄의 상습범에 대한 가중처벌 규정을 신설하였다(제305조의2 신설).

8. 2012년의 개정

변화된 시대 상황을 반영하여 다양화된 성범죄에 효과적으로 대처하기 위하여 유사강간죄를 신설하고, 성범죄의 객체를 부녀에서 사람으로 확대하며, 친고죄 및 혼인빙자간음죄를 폐지하였다.[54] 개정된 주요 내용은 다음과 같다. 즉,

① 성폭력 범죄의 객체를 부녀에서 사람으로 변경하였다. ② 추행·간음 목적의 약취·유인·수수·은닉죄 및 강간죄 등 성범죄에 관하여 고소가 있어야 공소를 제기할 수 있도록 한 규정을 삭제하였다. ③ 폭행 또는 협박으로 사람에 대하여 구강, 항문 등 신체의 내부에 성기를 넣거나 성기, 항문에 신체의 일부 또는 도구를 넣는 유사강간행위를 한 자는 2년 이상의 유기징역에 처하도록 하고, 관련 조문을 정비하였다. ④ 실효성이 미약하고, 여성의 성적 주체성을 훼손하는 혼인빙자간음죄를 폐지하였다.

9. 2013년의 개정

2000년 12월 13일 우리나라가 서명한 '국제연합국제조직범죄방지협약'(United Nations Convention against Transnational Organized Crime) 및 '인신매매방지의정서'의 국내적 이행을 위한 입법으로서, 협약 및 의정서상의 입법의무 사항을 반영하여 범죄단체 및 범죄집단의 존속과 유지를

53) 형법 2010.4.15. 일부개정 법률 제10259호 2010.10.16. 시행.
54) 형법 2012.12.18. 일부개정 법률 제11574호 2013.6.19. 시행.

위한 행위의 처벌규정을 마련하는 한편 범죄단체나 집단의 수입원으로 흔히 사용되는 도박장소의 개설이나 복표발매에 대한 처벌규정의 법정형을 상향하고, 각종 착취 목적의 인신매매죄를 신설하여 인신매매의 처벌범위를 확대함으로써 국제조직범죄를 효율적으로 방지·척결하는 동시에 국제협력을 강화하려는 것이었다.[55] 개정의 주요 내용은 다음과 같다. 즉,

① 범죄단체조직죄를 개선하였다. 당시의 범죄단체조직죄는 법정형의 제한 없이 범죄를 목적으로 단체를 조직하기만 하면 구성요건에 해당하게 되어 그 처벌범위가 너무 넓다는 비판이 제기되어 왔다. '국제연합국제조직범죄방지협약'도 법정형이 장기 4년 이상인 범죄를 목적으로 하는 단체를 조직하는 행위 등을 범죄화하도록 규정하여 범위를 제한하고 있다. 한편 당시는 범죄단체에는 이르지 못하였으나 그 위험성이 큰 범죄집단을 조직한 경우에 관한 처벌이 미비한 실정이었다. 여기서 사형, 무기 또는 장기 4년 이상의 징역에 해당하는 범죄를 목적으로 하는 단체의 조직 행위를 처벌하도록 하여 그 범위를 제한함으로써 국제연합국제조직범죄방지협약의 내용과 조화를 이루게 하는 한편 범죄단체뿐만 아니라 이에 이르지 못한 범죄집단을 조직한 경우에도 처벌하도록 하였다. ② 도박과 복표에 관한 죄를 개선하였다. 도박죄는 그 객체에 '재산상 이익'도 포함되는 것으로 해석상 인정되고 있으나 당시는 그 객체를 '재물'로 한정하여 규정하고 있었다. 한편 인터넷 상에 도박사이트를 개설하여 전자화폐나 온라인으로 결제하도록 하는 경우 판례상 도박개장죄로 처벌하고 있었으나 당시는 '도박을 개장'한 경우를 처벌하도록 규정되어 있어 도박할 수 있는 사이버 공간을 제공한 경우 처벌되지 않는 것으로 비추어질 수 있었다. 또한, 최근 도박장소 등의 개설이나 복표발매로 인한 수입이 범죄단체의 운영자금 등으로 사용되는 등 도박장소 등의 개설이나 복표발매로 인하여 각종 사회문제가 발생하고 있었다. 여기서 도박죄의 객체에 '재물'뿐만 아니라 '재산상 이익'도 포함됨을 명확하게 하기 위하여 도박죄의 구성요건 중 '재물로써' 부분을 삭제하고, 도박하는 장소뿐만 아니라 도박하는 공간을 개설한 경우도 처벌할 수 있도록 규정을 명확화하는 한편 도박장소의 개설과 복표발매죄가 국제연합국제조직범죄방지협약의 대상범죄가 될 수 있도록 법정형을 '3년 이하의 징역 또는 2천만원 이하의 벌금'에서 '5년 이하의 징역 또는 3천만원 이하의 벌금'으로 상향하고, 그 밖에 복표발매중개 및 복표취득죄도 물가 인상률 등을 고려하여 법정형을 현실화 하였다. ③ 약취와 유인의 죄를 개선하였다. '인신매매방지의정서'의 이행입법으로 장(章)명을 '약취와 유인의 죄'에서 '약취, 유인 및 인신매매의 죄'로 변경하고 인신매매 관련 처벌조항을 신설하는 한편 목적범 형태의 약취, 유인 등의 죄에 '추행, 간음, 결혼, 영리, 국외이송 목적' 외에도 '노동력 착취, 성매매와 성적 착취, 장기적출' 등 신종범죄를 목적으로 하

55) 형법 2013.4.5. 일부개정 법률 제11731호 2013.6.19. 시행.

는 경우를 추가하였다. 또한 결과적 가중범을 신설하되 상해와 치상, 살인과 치사 등의 법정형을 구분하여 책임주의에 부합하도록 하고, 종래 방조범 형태로 인정되던 약취, 유인, 인신매매 등을 위하여 사람을 모집, 운송, 전달하는 행위를 독자적인 구성요건으로 처벌하도록 하며, 인류에 대한 공통적인 범죄인 약취, 유인과 인신매매죄의 규정이 대한민국 영역 밖에서 죄를 범한 외국인에게도 적용될 수 있도록 세계주의 규정을 도입하였다.

10. 2014년의 개정

(1) 2014년 5월의 개정

형법상 노역장유치제도는 벌금을 납부하지 않는 경우 1일 이상 3년 이하 기간 동안 노역장에 유치하여 작업에 복무하도록 규정하고 있을 뿐 노역장유치 기간에 대해서는 법관의 재량에 의하여 구체적 사안에 따라 정하도록 하고 있었다. 그래서 고액 벌금형의 경우 피고인이 벌금을 납입하지 않더라도 일부 재판의 경우에는 단기간 동안 노역장에 유치되는 것만으로 벌금액 전액을 면제받게 되는 사례가 발생하고 있어 이에 대한 개선 필요성이 증가하고 있었다. 이에 일정 액수 이상의 벌금형을 선고할 경우에는 노역장 유치의 최소 기간을 직접 법률에 규정하여 고액 벌금형을 단기의 노역장 유치로 무력화하지 못하도록 하는 한편 형이 확정된 이후에 형의 시효가 진행하는 동안 국외에서 형의 집행을 피하여 결과적으로 죄에 합당한 처벌이 이루어지지 아니하는 경우가 발생하고 있어 형의 집행을 면할 목적으로 국외에 체류하는 동안에는 시효가 진행되지 아니하도록 하기 위하여 개정되었다.[56] 개정의 주요내용은 다음과 같다. 즉,

① 벌금형에 대한 노역장 유치 선고 시 선고하는 벌금액이 1억원 이상 5억원 미만인 경우에는 300일 이상의 유치기간을, 5억원 이상 50억원 미만인 경우에는 500일 이상의 유치기간을, 50억원 이상인 경우에는 1,000일 이상의 유치기간을 정하도록 하였다. ② 형이 확정된 후 그 형의 집행을 받지 아니한 자가 형의 집행을 면할 목적으로 국외에 있는 기간 동안은 형의 시효가 진행되지 않도록 하였다.

(2) 2014년 12월의 개정

장애인에 대한 사회적 인식을 개선하기 위하여 '심신장애자'라는 표현을 '심신

56) 형법 2014.5.14. 일부개정 법률 제12575호 2014.5.14. 시행.

장애인'으로 순화하고, 헌법재판소 위헌결정의 취지에 따라 판결선고 전 구금일수가 형기에 전부 산입됨을 명백히 하며, 무죄판결을 선고받은 피고인의 명예회복을 위하여 무죄판결 공시 취지의 선고를 의무화하려는 것이었다.[57] 개정의 주요내용은 다음과 같다. 즉,

> ① 장애인에 대한 사회적 인식 개선을 위하여 심신장애자라는 용어를 심신장애인으로 순화하였다. ② 판결선고 전의 구금일수는 그 전부를 유기징역, 유기금고, 벌금이나 과료에 관한 유치 또는 구류에 산입하도록 하였다. ③ 무죄판결 공시 취지의 선고를 의무화하되, 피고인이 동의하지 아니하거나 피고인의 동의를 받을 수 없는 경우는 예외로 하였다.

11. 2016년의 개정

형법은 2016년에 있어서는 3차례 개정되었다. 같은 해 1월, 5월 및 12월의 개정이 그것이다.

(1) 2016년 1월의 개정

형법은 2016년 1월에 일부 개정되었다.[58] 형법과 공직선거법에 의하여 수형자 및 집행유예 중인 자의 선거권을 제한하는 것이 헌법상 과잉금지원칙에 위배된다는 헌법재판소의 헌법불합치 및 위헌 결정이 선고됨에 따라 공직선거법이 1년 미만의 징역 또는 금고의 집행을 선고받아 수형 중에 있는 사람과 형의 집행유예를 선고받고 유예기간 중에 있는 사람에 대하여 선거권을 부여하도록 개정되었고, 그로 인하여 징역 또는 금고의 집행이 종료하거나 면제될 때까지 선거권을 포함하는 자격 전반이 정지되도록 정하고 있는 형법 제43조 제2항의 개정이 필요하였다. 또한 징역형에 대해 인정되는 집행유예가 징역형보다 상대적으로 가벼운 형벌인 벌금형에는 인정되지 않아 합리적이지 않다는 비판이 제기되어 왔고, 벌금 납부능력이 부족한 서민의 경우 벌금형을 선고받아 벌금을 납부하지 못할 시 노역장 유치되는 것을 우려하여 징역형의 집행유예 판결을 구하는 예가 빈번히 나타나는 등 형벌의 부조화 현상을 방지하고 서민의 경제적 어려움을 덜어주기 위해 벌금형에 대한 집행유예를 도입할 필요가 있었다. 다만 고액 벌금형의 집행유예를 인정하는 것에 대한 비판적인 법감정이 있는 점 등을 고려하여 500만원 이하의

---

57) 형법 2014.12.30. 일부개정 법률 제12898호 2014.12.30. 시행.

58) 형법 2016.1.6. 일부개정 법률 제13719호 2016.1.6. 시행.

벌금형을 선고하는 경우에만 집행유예를 선고할 수 있도록 규정하였다. 아울러 벌금형을 선고받은 사실을 일정한 결격 사유로 정하고 있는 법률이 다수 존재하고 벌금형의 집행유예가 도입됨에 따라 그러한 법률 역시도 정비가 필요한 점을 고려하여 공포 후 2년이 경과한 후에 시행하도록 하였다. 한편 헌법재판소는 배우자 있는 자의 간통행위 및 그와의 상간행위를 2년 이하의 징역에 처하도록 규정한 형법 제241조가 성적 자기결정권 및 사생활의 비밀과 자유를 침해한다고 위헌결정을 하였는데 이를 반영하여 간통죄 처벌조항을 규정한 제241조를 삭제하려는 것이었다. 아울러 헌법재판소는 폭력행위 등 처벌에 관한 법률 중 특수폭행죄 가중처벌 등 일부 규정이 형법과 동일한 구성요건을 규정하면서 법정형만 상향하고 있어 헌법의 기본원리에 위배되고 평등의 원칙에 위반된다는 이유로 각각 위헌결정을 하였다. 이에 폭력행위 등 처벌에 관한 법률의 일부 규정을 정비하고 동시에 일부 범죄를 형법에 편입하여 처벌의 공백을 방지하면서 형벌체계상의 정당성과 균형을 갖추도록 하기 위한 것이었다.[59] 형법의 일부는 다음과 같이 개정되었다. 즉,

① 유기징역 또는 유기금고의 집행이 종료하거나 면제될 때까지 당연히 자격이 정지되도록 하고 있는 제43조 제2항에 대하여 다른 법률에 특별한 규정이 있는 경우에는 그 법률에 따르도록 단서를 신설하였다. ② 500만원 이하의 벌금형에 대해서도 집행을 유예할 수 있도록 벌금형에 대한 집행유예 제도를 도입하였다. ③ 간통죄를 폐지하였다(제241조 삭제). ④ 존속중상해죄의 법정형을 정비하고(제258조 제3항), 특수상해죄를 신설하며(제258조의2 신설), 이에 대한 상습범과 자격정지의 병과 규정을 정비하고(제264조 및 제265조), 특수강요죄 및 특수공갈죄를 신설하였다(제324조 제2항 및 제350조의2 신설).

(2) 2016년 5월의 개정

형법은 2016년 5월 일부 개정되었다.[60] 개정이유는 다음과 같다. 즉, 현재 타인의 사무를 처리하는 자가 부정한 청탁을 받고 재물이나 재산상 이익을 취득한 경우 배임수재죄로 처벌하고 있으나 재물이나 재산상 이익을 본인이 아닌 제3자에게 제공하도록 한 경우에는 처벌할 수 있는 근거가 없는 바, 부패행위를 방지하고 「UN 부패방지협약」 등 국제적 기준에 부합하도록 본인이 직접 재물이나 재산상의 이익을 취득하는 행위뿐만 아니라 제3자로 하여금 재물이나 재산상 이익

59) 형법 2016.1.6. 일부개정 법률 제13719호 2016.1.6. 시행.
60) 형법 2016.5.29. 일부개정 법률 제14178호 2016.5.29. 시행.

을 취득하게 하는 행위도 처벌할 수 있도록 배임수재죄의 구성요건을 정비하고, 그 제3자가 배임수재의 정(情)을 알고 취득한 경우에는 그 제3자가 취득한 재물이나 재산상의 이익을 몰수 또는 추징할 수 있도록 하려는 것이다. 형법의 일부는 다음과 같이 개정되었다. 즉,

① 제357조의 조 번호 및 제목을 제357조(배임수증재)와 같이 한다. ② 제357조 제1항 및 제3항을 각각 다음과 같이 한다. 즉, 타인의 사무를 처리하는 자가 그 임무에 관하여 부정한 청탁을 받고 재물 또는 재산상의 이익을 취득하거나 제3자로 하여금 이를 취득하게 한 때에는 5년 이하의 징역 또는 1천만원 이하의 벌금에 처한다. 범인 또는 정(情)을 아는 제3자가 취득한 제1항의 재물은 몰수한다. 그 재물을 몰수하기 불가능하거나 재산상의 이익을 취득한 때에는 그 가액을 추징한다.

(3) 2016년 12월의 개정

형법은 2016년 12월 일부 개정되었다.[61] 개정이유로서는 다음과 같다. 즉, 헌법재판소는 외국에서 형의 전부 또는 일부의 집행을 받은 자에 대하여 형을 감경 또는 면제할 수 있도록 규정한 형법 제7조에 대해 외국에서 실제로 형의 집행을 받았음에도 불구하고 우리 형법에 의한 처벌 시 이를 전혀 고려하지 않는다면 신체의 자유에 대한 과도한 제한이 될 수 있으므로 어느 범위에서든 반드시 반영되어야 하고, 현행 외국에서 받은 형의 집행을 전혀 반영하지 아니할 수도 있도록 한 것은 과잉금지원칙에 위배되어 신체의 자유를 침해하므로 2016년 12월 31일까지 개선입법이 이루어지지 않으면 2017년 1월 1일부터 효력을 상실한다는 헌법불합치 결정(헌법재판소 2015.5.28. 선고 2013헌바129 결정)을 하였다. 이에 헌법재판소의 결정 취지에 따라 외국에서 집행된 형의 전부 또는 일부를 우리나라에서 선고하는 형에 반드시 산입하도록 하려는 것이었다. 형법의 일부는 다음과 같이 개정되었다. 즉,

제7조를 다음과 같이 한다. 제7조(외국에서 집행된 형의 산입)의 죄를 지어 외국에서 형의 전부 또는 일부가 집행된 사람에 대해서는 그 집행된 형의 전부 또는 일부를 선고하는 형에 산입한다.

12. 2017년의 개정

형법은 2017년 일부 개정되었다.[62] 개정이유는 다음과 같다. 첫째, 현행 벌금

---

61) 형법 2016.12.20. 일부개정 법률 제14415호 2016.12.20. 시행.

또는 몰수·추징에 대한 형의 시효는 3년으로 규정되어 있으나, 매년 다수의 벌금이 시효 완성으로 인하여 집행불능 처리되고 있으며, 몰수 또는 추징금의 환수에도 어려움이 발생하여 형벌 집행의 실효성과 신뢰성을 해치는 요인으로 작용하고 있다. 둘째, 이미 확정된 형벌의 집행권이 소멸되는 형의 시효는 일반적으로 형사소송법상 미확정인 형벌권인 공소시효보다 장기로 규정되어 있으나, 벌금형의 경우 공소시효가 5년으로 형의 시효인 3년보다 장기로 규정되어 있다. 따라서 5년 미만의 자격정지, 벌금, 몰수 또는 추징에 대한 형의 시효를 현행 3년에서 5년으로 연장하고, 3년 미만의 징역이나 금고 또는 5년 이상의 자격정지에 대한 형의 시효를 현행 5년에서 7년으로 연장하여 형의 경중에 따라 시효를 단계적으로 규정함으로써 형 집행의 실효성을 높이고 형법상 형의 시효와 형사소송법상 공소시효 간의 균형을 맞추려는 것이었다. 개정된 주요내용은 다음과 같다. 즉,

> 3년 미만의 징역이나 금고 또는 5년 이상의 자격정지에 대한 형의 시효가 현행 5년에서 7년으로 개정되었고(제78조 제5호), 5년 미만의 자격정지, 벌금, 몰수 또는 추징에 대한 형의 시효는 현행 3년에서 5년으로 연장되었다(제78조 제6호).

13. 2018년의 개정

(1) 2018년 10월의 개정

형법은 2018년 10월 16일 일부 개정되었다.[63] 개정이유는 다음과 같다. 즉, 최근 공직사회, 문화예술계 등에서 벌어지고 있는 조직 내 권력형 성폭력 사건은 가해자가 사회적 지위를 이용해 지속적으로 성폭력 범죄를 저질러 피해자에게 심각한 육체적·정신적 고통을 주고 있다. 그러나 현행 업무상 위력 등에 의한 간음죄(제303조 제1항)의 징역형이 5년 이하로 규정되어 있는 바, 간음죄임에도 강제추행죄(제298조)의 징역형(10년 이하)에 비하여 형량이 낮아 범죄 예방 효과가 높지 않다. 이에 업무상 위력 등에 의한 간음죄의 형량을 현행 5년 이하의 징역 또는 1천 500만원 이하의 벌금에서 7년 이하의 징역 또는 3천만원 이하의 벌금으로 상향조정하여 법의 실효성을 제고하고, 아울러 현행법체계에서 업무상 위력 등에 의한 간음죄보다 무거운 피감호자 간음죄의 법정형도 현행 7년 이하의 징역에서 10년 이하의 징역으로 함께 상향조정하여 형의 균형을 맞추려는 것이다. 일부개정된 내용

62) 형법 2017.12.12. 일부개정 법률 제15163호 2017.12.12. 시행.
63) 형법 2018.10.16. 일부개정 법률 제15793호 2018.10.16. 시행.

은 다음과 같다. 즉,

제303조 제1항 중 "5년 이하의 징역"을 "7년 이하의 징역"으로, "1천500만원 이하의 벌금"을 "3천만원 이하의 벌금"으로 하고, 같은 조 제2항 중 "7년 이하의 징역"을 "10년 이하의 징역"으로 한다.

(2) 2018년 12월의 개정

형법은 2018년 12월 18일 일부 개정되었다.[64] 최근 서울 강서구 PC방 살인사건을 계기로 심신미약 감경에 반대하는 국민적 비판여론이 거세지고 있는 실정이고, 일부 범죄자들이 심신미약을 감형의 수단으로 악용하려 하면서 국민적 공분이 일어났다. 이에 심신미약자에 대한 필요적 감경규정을 임의적 감경규정으로 개정하여 형법상 책임원칙을 부정하지 않으면서, 감형 여부는 법관의 재량과 사건의 경중 등에 따라 유연하게 적용할 수 있도록 하려는 것이다. 형법의 일부개정의 내용은 다음과 같다. 즉,

제10조 제2항 중 "형을 감경한다"를 "형을 감경할 수 있다"로 한다.

14. 2020년의 개정

(1) 2020년 5월의 개정

형법은 2020년 5월 일부개정되었다.[65] 개정이유는 다음과 같다. 즉 텔레그램을 이용한 성착취 사건 등 사이버 성범죄로 인한 피해가 날로 증가하고 있는 바, 미성년자 의제강간 연령기준을 높이고 강간 등의 예비·음모에 대한 처벌규정을 신설하는 등 관련 규정을 정비함으로써 성범죄로 인한 피해 발생을 미연에 방지하여 국민의 성적 자기결정권 등 기본권을 보호하고 범죄로부터 안전한 사회를 조성하려는 것이다. 개정된 주요내용은 다음과 같다. 즉,

미성년자 의제강간 연령기준을 13세에서 16세로 상향하되, 피해 미성년자가 13세 이상 16세 미만인 경우 19세 이상의 자에 대해서만 처벌하도록 한다(제305조 제2항 신설). 강간, 유사강간 등의 죄를 범할 목적으로 예비·음모한 사람은 3년 이하의 징역에 처하도록 한다(제305조의3 신설).

---

64) 형법 2018.12.18. 일부개정 법률 제15982호 2018.12.18. 시행.
65) 형법 2020.5.19. 일부개정 법률 제17265호 2020.5.19. 시행.

(2) 2020년 10월의 개정

형법은 2020년 10월 일부개정되었다.[66] 개정이유는 형법불소급원칙에 따라 헌법재판소에서 위헌판결을 받은 노역장유치 관련 기존 부칙을 정비함으로써 개정 법률의 적용례를 명확히 하려는 것이다.

(3) 2020년 12월의 개정

형법 2020년 12월 일부개정되었다.[67] 개정이유는 다음과 같다. 즉, 1953년 제정되어 시행된 현행 형법은 제정 이후 60년 이상 경과하였음에도 제정 당시의 어려운 한자어, 일본식 표현, 어법에 맞지 않는 문장 등이 그대로 사용되고 있고, 일상적인 언어 사용 규범에도 맞지 않아 일반 국민들이 그 내용을 쉽게 이해하기 어렵다는 지적이 있어 왔다. 형법은 형사실체법의 근간이 되는 법으로서 많은 형사 관련 특별법의 기초가 될 뿐만 아니라, 국민들의 일상생활에 직접 적용되는 기본법이라는 점에서 형법에 사용되는 용어나 문장은 형사 관련 특별법 등 다른 법령 문장의 모범이 되어야 하고, 국민들의 올바른 언어생활을 도모할 수 있어야 한다. 따라서 형법에 사용된 일본식 표현이나 어려운 한자어 등 개정이 시급한 대표적인 법률용어들을 국민의 눈높이에 맞추어 알기 쉬운 우리말로 변경하고, 법률문장의 내용을 정확히 전달할 수 있도록 어순구조를 재배열하는 등 알기 쉬운 법률 문장으로 개정함으로써 형법에 대한 국민의 접근성 및 신뢰성을 높이려는 것이다.

Ⅲ. 현행 형법의 특징과 과제

1. 형법의 특징

(1) 전통법의 단절

반만년의 역사를 가지는 우리나라에 있어서도 형법의 발전은 서구제국의 그것과 크게 다르지 않았다. 다만 처음의 복수주의 시대에서 위하주의 시대로 넘어와서 그 인도화를 위한 움직임이 나타난 것은 서구에 비해 약 2세기를 더 지난 후였다. 그것이 처음으로 등장한 1894년 갑오경장 때였다.[68] 당시의 고종황제는 잔

66) 형법 2020.10.20. 일부개정 법률 제17511호 2020.10.20. 시행.
67) 형법 2020.12.8. 일부개정 법률 제17571호 2021.12.9. 시행.

인했던 참형제(斬刑制)를 없애고, 범인 외 3족까지도 처벌하던 이른바 연좌제(緣坐制)라는 것을 철폐하였으며, 나아가 체형(體刑)에 있어 형구(刑具)의 사용을 일정하게 제한하는 등 형벌의 인도화를 도모하였다. 이러한 노력의 결과는 1905년에 발표된 '형법대전(刑法大典)'에서 일단 정리되기도 했다. 그러나 형법대전의 명맥은 1910년 한일병합에 의하여 중단되게 되었다. 1912년 조선형사령을 통하여 일본 형법이 의용됨으로써 형법에 어떠한 발전도 기약할 수 없는 암흑시대가 되었다. 이 외에도 일제는 형사소송법, 행형법, 말기에는 소년법까지 우리나라에 준용하게 하였다. 그러다가 1945년 해방을 맞이하였지만, 다시 남북으로 양분되었으며, 1950년에는 한국전쟁이 발발하였다. 현행 형법을 비롯한 관련법률들은 이러한 대혼란기의 소용돌이 속에서 이루어진 것이다. 형법과 형사소송법은 6·25동란의 와중이었던 1953년과 1954년에 각각 제정되었고, 행형법은 6·25직후인 1950년 3월에 제정되었으며, 소년법은 전화가 채 아물기도 전인 1958년에 제정되었다. 그러나 그것들은 모두 그 이전에 사용되었던 일제의 법을 약간 수정한 형식상 신법률이었을 뿐, 그 내용에 있어서는 구법과 별반 차이가 없는 것이었다.

(2) 대륙법의 계수

1912년 공포된 조선형사령은 일본 형법을 의용하게 함으로써 전통법이라고 할 수 있는 중국법제와 조선법제를 담았던 대한제국의 형법대전을 멈춰 세웠다. 뿐만 아니라 조선형사령은 1948년 해방 후 미군정 기간에도 일본 형법을 계속 의용되게 하였다. 현행 형법은 1948년 정부수립 이후 단기간의 준비를 거쳐 1953년 제정·공포된 법률이다. 또한 현행 형법은 제정시 조선법제편찬위원회에 의하여 왜색을 일소하고 한국 고유의 미풍양속을 순화·양양하는 등 전통법을 계승하려고 노력하였다. 그럼에도 불구하고 형법은 일본 형법을 형식상 다소 수정하였을 뿐 내용상으로는 큰 차이를 보이지 않고 있는 것이 사실이다.

한편 일본 형법은 현행 일본 형법의 뿌리인 일본 신형법을 의미한다. 그런데 일본 신형법은 이미 독일 형법에 바탕을 둔 법률이었고, 특히 우리나라의 제정형법에 직접적인 영향을 미쳤던 1941년의 제2차 형법개정을 위한 일본의 '개정형법가안'은 독일 형법의 영향이 뚜렷하다고 할 수 있다. 결국 현행 형법은 제정시

68) 갑오년에 시행되었다고 하여 갑오개혁이라고도 한다. 장(張)이라는 글자 속에는 과거로부터 미래로 향하는 흐름이나 방향 등의 의미가 담겨 있기 때문에 갑오경장이란 말 속에는 당시까지의 법, 제도, 풍속 등의 흐름을 갑오년을 맞이하여 한꺼번에 모두 바꾼다는 의미가 내재되어 있다.

법전편찬위원회에 의하여 세계 각국의 현행법, 즉 형법개정초안 특히 독일 형법 및 독일 1930년 형법초안을 많이 참고하였다고 근본원칙으로 밝힌 점을 볼 때 독일의 대륙법을 원칙적으로 계수한 것으로 볼 수 있다. 그 결과 형법의 해석에 있어서도 독일의 영향을 과도하게 받았던 때도 있었다고 보인다.

(3) 저빈도의 개정

형법은 1953년 제정된 이래 여러 차례 개정되고 있다. 그러나 산술적으로만 보면 평균 4~5년에 1번씩 개정된 셈이다. 이러한 저빈도의 개정은 일진월보하는 현실을 형법이 제대로 따라갈 수 없음을 의미한다. 사회현상과 형법 사이의 공백을 메우기 위하여 특별법의 양산이라는 부작용이 구조적으로 발생하였다고 보인다. 다만, 최근 들어 빈번해지고 있는 형법개정은 이러한 부작용을 다소나마 해소하고 있다.

(4) 특별법의 만연

우리나라에서는 특별법이 과도하게 많다고 해도 과언이 아니다. 특별법은 '특별법우선의 원칙'에 따라 일반법보다 우선하여 적용되는 특징을 가지고 있다. 여기서 특별법에 의해 일반법인 기본법이 무력화되는 문제점이 나타나고 있다. 특히 심각한 문제는 특별형법에 있다. 대법원 통계에 의하면 형법범과 특별형법범의 비율이 점점 줄어드는 추세임에도 불구하고 2001년 37.1% : 62.9%, 2002년 35.4% : 64.6%로 나타나고 있으며,[69] 그로부터 10년 후인 2011년과 2012년에는 각각 42% : 58%와 49% : 59%로 나타나고 있다.[70] 또 2018년과 2019년에는 각각 52.9% : 47.1%와 53.4% : 46.6%로 기록되고 있다.[71] 여전히 특별형법범이 형법범을 능가하고 있는 실정이다. 그럼에도 불구하고 특별형법은 형법교과서에서 제대로 다루어지지 않고 있다. 그러나 특별형법은 일반형법을 사문화시키고 그것을 대체하는 효과가 있기 때문에 매우 중요하다고 해야 한다. 그러한 결과로서 일반형법인 형법이 무력화되는 상황이 초래될 수도 있기 때문이다. 특별형법은 단순히 형법의 무력화에 그치지 않고 헌법의 무력화에까지 미치고 있다. 예컨대 국가보안법에는 헌법의 기본권규정과 충돌할 수 있는 규정이 존재한다는 주장이 있기 때문이다.

69) 사법연감(2001), 582쪽.
70) 사법연감(2012), 569쪽.
71) 사법연감(2020), 720쪽.

이와 같이 현대의 우리나라에서는 특별법이 일반법을 능가하는 경향이 여전히 해소되지 않고 있다. 심지어는 특별법에 대한 특별법까지 등장하는 실정이다. 국가보안법에 대한 남북교류협력에 관한 법률이 그 예시로 거론될 수 있을 것이다.

(5) 고유규정의 신설

현행 형법의 본칙은 총칙과 각칙으로 나누어져 있고 총 48개장 372개조 및 부칙으로 구성되어 있다. 제1편 총칙은 형법의 적용범위, 죄, 형, 기간 등에 대하여 규정하고 있으며, 제2편 각칙은 내란의 죄에서부터 손괴의 죄에 이르기까지 각 범죄에 대한 개별 규정을 두고 있다.

종전에 의용되었던 일본 형법보다 잘 다듬어져 있으나 대체로 개인적 법익의 침해에 대하여 그 형벌이 가벼워진 반면 국가적 법익의 침해에 대하여는 형벌이 무거워진 경향을 띠고 있다는 평가를 받고 있다. 구체적 내용은 다음과 같이 요약될 수 있다. 형법 제1조 제1항에는 '범죄의 성립과 처벌은 행위시의 법률에 따른다'라고 규정하고 있는데, 이것은 법률의 근거 없이 국민을 처벌하지 못하도록 하기 위한 죄형법정주의(罪刑法定主義)에 따른 것으로 근대 민주주의 국가의 가장 기본적인 원리를 선언한 것이다. 제9조~제40조는 범죄성립에 관한 일반원칙을 규정하고 있는데, 형사책임능력 · 고의 · 과실 · 착오 · 위법성조각사유 · 미수범 · 공범 · 누범 · 경합범 등에 관한 것이 그 예이다. 제41조~제86조에는 형벌에 관한 규정을 두고 있다. 먼저 형의 종류와 형량에 관한 것을 규정하였고, 형의 선고유예 · 집행유예와 집행, 가석방, 형의 시효 및 소멸기간에 관하여 규정하고 있다. 제87조 이하 제372조 사이의 각칙에서 각종 범죄의 구성요건과 형벌을 규정하였는데, 전통적으로 인정되어온 범죄는 모두 여기에 포함되어 있다.

한편 한국형법은 고유한 규정을 가지고 있다. 독일 형법이나 일본 형법에는 존재하지 않지만 한국형법에는 명문으로 규정되어 있다. 즉, 원인에 있어서 자유로운 행위(제10조 제3항), 인과관계(제17조), 정당행위 중 기타 사회상규(제20조), 자구행위(제23조), 피해자의 승낙(제24조), 간접정범(제34조), 작량감경(제53조) 등이 총칙상의 대표적인 규정의 예이다.

2. 형법의 과제

(1) 왜색의 청산

현행 형법이 제정된 지 60여년이 경과하고 있다. 그 사이에 여러 번의 개정도 있었다. 그러나 그 기본적인 내용에는 변함이 없었다. 그리하여 현행 형법은 아직까지 제정형법의 범주를 크게 벗어나지 못하고 있다. 일본 형법의 색채를 완전히 일소(一掃)하지 못하고 있다는 의미도 포함하는 지적이다.

일제시대의 법은 한국민을 압살하기 위한 수단이었다. 식민시대의 법은 일제의 수탈과 폭력 및 강압적 지배를 정당화하기 위한 도구 이상의 의미를 가지지 아니하였다. 일제시대의 법령에 대한 대대적인 정비는 미군정시대와 5·16 직후에 시도된 바 있다. 즉, 5·16군사쿠데타 두 달 후인 1961년 7월 15일 박정희 군부가 법률 제659호로 '구법령 정리에 관한 특별조치법'을 제정하여 법령정리위원회를 설치하고 1948년 7월 16일 이전에 시행된 구한국법령, 일제강점기의 법령 및 미군정법령으로서 제헌헌법 제100조에 따라 효력이 존속하고 있는 것들을 정리하고 이를 대체할 법령을 제정하도록 하는 작업에 착수한 적이 있다. 한편 형법은 전술한 바와 같이 2020년 12월 일본식 표현을 포함하여 어려운 한자어 등 개정이 시급한 대표적인 법률용어들을 국민의 눈높이에 맞추어 알기 쉬운 우리말로 변경하고, 법률문장의 내용을 정확히 전달할 수 있도록 어순구조를 재배열하는 등 알기 쉬운 법률문장으로 개정된 바 있다.[72] 그럼에도 불구하고 일본식 법제와 법률용어가 완전히 일소되었다고 할 수 없으며, 법령, 판례 및 학설 등에 있어서도 미미하지만 계수가 여전히 계속되고 있는 것 또한 사실이다. 또 다른 문제는 무분별한 계수법령, 계수판례 및 계수학설이 남발되지 않도록 적절한 방지책을 마련하는 데에 있다고 해야 한다.

(2) 전통법의 발굴과 계승

현대법의 뿌리인 근대법이 대륙법을 계수하는 과정에서 전근대법으로서의 소위 고유법 또는 전통법과 단절되었다. 그리고 현대법은 근대법을 계승하면서 근대법의 결함을 수정하는 데에 그치고 전통법의 발굴에까지 미치지 못하였다고 보인다. 5,000여 년의 역사 속에는 아름다운 전통이 분명히 숨어 있다고 믿는다. 미풍양속으로서 한민족의 아름다운 관습이나 정서가 아직까지 살아 있다는 사실이 그 반증일 수 있다. 과거의 법제도와 현재의 법제도의 접목을 통하여 아름다운 전통과 정서를 담고 있는 고유법의 정신을 발굴 계승해야 한다고 생각한다. 우리나라의 법학은 1970년대까지는 대부분 일본법 문헌에 의존하고 있었지만, 1980년대에는 서양법 문헌과 일본법 문헌을 동시에 인용하는 추세로 바뀌었다. 1990년대에

72) 형법 2020.12.8. 일부개정 법률 제17571호 2021.12.9. 시행.

이르러서는 서양법 문헌만 인용하는 경향이 굳어지는 현상도 있었다. 그럼에도 불구하고 아직까지 우리 고유법 문헌에 관한 연구는 여전히 더딘 상황이라고 하지 않을 수 없다. 고유법에 대한 재발견과 다시 맥을 잇는 작업이 시급한 상황이라고 하지 않을 수 없다.

(3) 독일 형법학에 대한 의존성의 탈피

아직까지 신뢰의 원칙을 필두로 한 몇 가지의 독일 형법학의 이론이 우리나라의 판례와 학설에 커다란 영향을 주고 있는 것은 사실이다. 소위 독일 종속성이라고 할 수 있는 상황이 우리나라의 판례와 학설에서 존재한다는 것이다. 만약 계수판례와 계수학설이 주류를 이루는 상황이라면 우리나라의 판례와 학설은 아직 자립하지 못하고 있다고 할 수 있을지도 모른다. 그러나 이러한 상황은 오늘날에 이르러서는 일변하고 있다고 할 수 있다. 하나는 우리나라의 충실한 판례실무가 축적되고 있다고 할 수 있기 때문이다. 다른 하나는 현재의 독일 형법학의 현상이 혼미상태에 있고 도입하기 어려운 이론이 증가하고 있는 상황이라고 할 수 있다. 우리나라는 기본적으로 대륙법 국가에 속하고 있지만 실질적으로는 영미법과 같은 판례법의 이론도 참고할 필요가 있다고 보인다. 경우에 따라서는 독일 형법학보다도 유용한 이론이 전개될 수도 있기 때문이다. 독일의 형법학은 의연히 참고할 가치가 있다고 할 수 있지만 독일 형법학에 대한 맹목적 종속성에서는 새로운 사안 해결에 어느 정도 기여하지 않는 부분이 있을지도 모를 일이다. 또 다른 의미에서 우리나라의 형법학을 다른 나라에 수출하는 시대가 도래하지 말라는 법도 없다고 해야 하기 때문이다.

(4) 특별법의 내용에 관한 형법에의 편입

발전하는 사회현상은 형법에 의하여 규율되는 것이 원칙이다. 뿐만 아니라 부득이 특별법에 의하여 규율되고 있다고 하더라도 특별법의 내용은 가능한 한 기본법인 형법에 편입하는 것이 바람직하다. 최근 빈번해진 형법개정은 이러한 의미에서 긍정적이라고 평가될 수 있다고 할 수 있다.

(5) 시대상황의 변천에 따른 탄력적 대처

물건과 사람의 이동이 빈번해짐에 따라 세계는 더욱 좁아질 것으로 예상된다. 법의 무대도 더욱 좁아져 한 나라의 문제가 곧 모든 나라의 문제로 되는 시대가

도래되었다. 전 세계에 통용되는 단일법이 가까운 장래에 가능할 것이라는 증거는 어디에도 없다. 그럼에도 불구하고 국제화, 보편화 및 일반화는 더욱 가속화되어 각국의 법률들이 점점 유사해질 것으로 보인다. 이것은 역사의 방향이고, 시대의 흐름이다. 이러한 흐름에 편승하기 위해서는 우리의 고유법을 정확히 알고 사용할 필요가 있다. 고대에는 위정자만이 법을 이해하고 그 내용을 알 수 있으면 충분했기 때문에 법의 내용은 반드시 간명할 필요가 없었다. 그러나 근대 유럽에서는 법의 준수를 널리 시민 내지 국민에게 요구하게 됨에 따라 법의 내용을 알기 쉽게 할 필요가 생겨났다. 그 결과, 예컨대 덴마크의 국왕 크리스티안 5세(Christian V, 1646~1699)의 법전은 가정마다 성경과 함께 나란히 장식될 만큼 국민에게 사랑을 받았다고 한다. 또한 나폴레옹은 스스로 프랑스 민법전의 편찬에 직접 관여하면서 일일이 자신이 이해할 수 있도록 기초할 것을 요구하였다는 일화도 있다. 독일의 민법전 편찬 시에도 민법전 편찬위원회는 법전 중의 법률용어는 가급적 독일 고유의 언어를 사용하여야 하며, 로마법에서 유래한 라틴어 학술용어는 이미 널리 사용되는 것 이외에는 채용하지 않을 것을 결의하였다. 그리고 이로 인하여 발생할 수 있는 내용상의 미비를 보완하기 위하여 새로운 용어를 창조할 것을 불사한 경험과 역사가 있다. 여기서 알 수 있는 바와 같이 고유법의 보편화는 법률용어의 순화에서부터 출발한다고 할 수 있다. 특히 법률용어에서부터 왜색을 없애고 고유의 용어를 사용해야 하는 이유를 발견할 수 있는 대목이다.

제 3 장 형법의 기본원칙

제 1 절 서 설

형법의 기본원칙(straftrechtliche Grundprinzipien)이란 형법의 이론에 있어서 기본이 되는 원칙을 말한다.[1] 형법이론이 범죄이론과 형사제재이론으로 대별된다면 형법의 기본원칙은 범죄이론과 형사제재이론의 양자에 걸쳐서 기본이 되는 원칙이라고 할 수 있다. 형법의 기본원칙은 시대를 기준으로 근대형법의 기본원칙과 현대형법의 기본원칙으로 대별될 수 있다. 그럼에도 불구하고 현행 형법의 기본원칙으로서는 근대형법과 현대형법의 기본원칙을 종합하여 죄형법정주의, 행위주의 및 책임주의라는 3대 원칙을 제시할 수 있다고 생각된다.

Ⅰ. 근대형법의 기본원칙

근대형법은 프랑스 혁명을 전후하여 유럽에서 탄생하였다. 근대형법은 과거에 형벌권을 국가에 독점시키면서부터 파생된 형벌권의 남용의 역사를 반추하면서 형벌권에 대한 제약의 원리를 추구한 결과로써 탄생한 것이다. 다시 말해서 근대형법은 근대 이전의 국가형벌권에 대한 불신과 경계에서 출발한 것이고, 형벌권을 둘러싼 국가와 시민 사이의 긴장관계는 근대형법에서부터 현대형법에 이르기까지 그 구조를 그대로 유지해 오고 있다.

근대형법의 기본원칙은 유럽에서 발생한 다수의 시민혁명과 법치주의 내지 사회계약설 등의 사상을 무기로 교황과 국왕을 중심으로 한 봉건적 신분제도로 축약되는 구제도(Ancien Régime), 소위 봉건형법을 일소하는 일련의 과정 속에서 잉태되고 성장한 원칙이다. 권력분립론, 사회계약설, 법치주의 등의 이론을 사상적 무기로 하여 국가형벌권에 대한 제약원리로서의 근대형법의 기본원칙은 흔히 사전에 의회에서 제정된 범죄와 형벌을 정한 법률에 의하지 않으면 처벌하지 못한다는 죄형

1) 이하의 내용은 주호노, "형법에 있어서의 기본원칙", 『경희법학』 제51권 제3호, 경희법학연구소, 2016.9, 112쪽 이하 참조.

법정주의(罪刑法定主義), 외부로 나타난 행위에 의한 법익침해가 없으면 처벌되지 않는다는 행위주의(行爲主義) 또는 법익침해주의(法益侵害主義) 및 주관적·개인적인 책임이 없으면 처벌되지 않는다는 책임주의(責任主義)의 3대 기본원칙으로 압축될 수 있다. 죄형법정주의, 행위주의, 책임주의라는 근대형법의 3대 기본원칙은 이미 언급한 바와 같이 그동안 권력자의 창(槍)으로서의 의미를 가지고 있었던 형법으로 하여금 시민계급을 위한 방패(防牌)로서의 의미를 가지게 하였다는 점에서 획기적인 의의를 가진다고 평가할 수 있다. 이러한 기본원칙을 통해서 근대인들은 그들의 최대의 꿈이자 이상이었던 자유와 평등을 실현할 수 있다고 보았기 때문이다.

다만 형법의 기본원칙 중에서 죄형법정주의가 주로 범죄의 유형, 즉 범죄와 형벌의 형식면에 초점을 맞춘 원칙임에 반하여 행위주의와 책임주의는 범죄로 되는 행위의 내용, 즉 범죄의 실질에 관계되는 원리 내지 원칙이다. 또한 형법의 기본원칙은 범죄의 성립요건과 관련하여 죄형법정주의는 구성요건론, 행위주의(침해원리)는 위법성론, 책임주의는 책임론의 기본원리로서 각각 기능함으로써 인권보장과 법익보호라는 형법의 본래적 기능을 충실히 수행할 수 있게 되었다. 또한 행위주의에 의하여 처벌이 긍정되더라도 책임주의에 의하여 처벌이 부정되는 경우가 있다는 의미에서 책임주의는 행위주의에 대한 조각기능을 가진다고 할 수 있다. 한편 위법성과 책임은 범죄의 실질과 관계되는 영역으로서 각각 범죄의 객관면과 주관면을 이루고 있다. 후술하는 바와 같이 죄형법정주의에는 형식원리로서의 법률주의 외에 실질원리로서 실체적 적정의 원칙이 포함되어 있다고 해석하여야 하고, 그렇다면 행위주의 및 책임주의도 광의의 죄형법정주의의 내용을 이루는 것으로 해석될 수 있다.

Ⅱ. 현대형법의 기본원칙

근대형법은 산업혁명을 기반으로 발전한 근대사회의 법이었다면 현대형법은 각종의 리스크가 내재되어 있는 사회로서의 현대사회의 법이라고 할 수 있다. 근대사회로부터 현대사회로의 변천은 형법의 역할과 기능에 있어서도 변경을 요구하고 있었다. 물론 리스크(risk)는 위험(danger)이나 또는 위해(harm)와는 구별되는 개념이라고 할 수 있다.

현대형법의 근원은 근대형법에서 유래한다. 현대형법은 근대형법의 3대 기본원칙의 골격을 그대로 유지하고 있다. 따라서 근대형법의 3대 기본원칙인 죄형법정주의, 행위주의 및 책임주의는 현대형법의 3대 기본원칙으로서도 그 기능을 그대로 가지고 있다고 할 수 있다. 다만 현대형법의 기본원칙은 시민의 방패로서 등장했던 근대형법을 나치정권이 다시 시민에 대한 창으로 사용했던 역사로부터 시작된다. 다시 말해서 현대형법은 나치형법에 대한 반성으로부터 형법으로 하여금 다시 시민의 방패로서의 기능을 회복하게 하는 것에 그 핵심적 내용이 있다고 할 수 있다. 그리하여 현대형법은 근대형법의 3대 기본원칙을 그대로 유지하면서도 그 기능을 실질적으로 보장하기 위하여 수정원리를 추가하고 있다. 예컨대 죄형법정주의는 적정성의 원칙을 추가하여 형식적 죄형법정주의에서 실질적 죄형법정주의로, 행위주의는 행위반가치를 추가하여 결과반가치론에서 결과반가치론과 행위반가치론의 이원적 불법론으로 또한 책임주의는 기대가능성을 추가하여 심리적 책임론에서 규범적 책임론으로 변모하며 진화하고 있을 뿐만 아니라 고전적 개념의 귀책적 책임주의에 있어서도 형벌은 책임에 비례하여야 한다는 양형에 있어서의 책임주의를 추가하여 책임주의를 완성하고 있다. 그럼에도 불구하고 시민계급 중에는 이미 지배계급화한 시민계급이 등장하여 형법을 창으로 사용하려고 하고 있었기 때문에 현대형법은 여전히 방패로서의 기능을 유지하기 위하여 더욱 노력하지 않을 수 없게 되었다.

한편 현대국가는 복지, 안전 등의 이유로 국가권력의 행사를 강화하려는 추세에 있다. 그러나 국가권력의 확대는 국민의 자유에 대한 축소를 의미할 수 있다. 여기서 다시 근대형법의 기본원칙을 되새겨 볼 필요가 있다. 근대형법의 기본원칙은 시민의 자유를 실현하기 위하여 등장한 원칙이었기 때문이다. 다시 말해서 죄형법정주의는 형벌을 정한 법률이 없으면 처벌할 수 없다는 것이었고, 행위주의는 법익을 실질적으로 침해하는 행위가 없으면 처벌할 수 없다는 것이었으며, 책임주의는 질병, 장애 등에 의하여 책임의 주체로서 의사를 결정할 수 없으면 처벌할 수 없다는 것이었기 때문이다. 따라서 근대형법의 기본원칙은 인간의 자유를 확보하기 위하여 반드시 필요한 원칙이었다고 할 수 있다. 따라서 현대국가에 있어서 국가권력의 확대와 국가권력의 자의적 행사가능성의 증대는 근대형법의 기본원칙의 이념뿐만 아니라 현대형법의 기본원칙의 이념을 재확인하게 하는 계기를 만들고 있다고 해야 한다. 아래에서는 근대형법과 현대형법을 모두 아우르는 형법의 기본원칙으로서 죄형법정주의, 행위주의 및 책임주의에 관하여 살펴보고자 한다. 최근 형사법에 있어서 특별법의 팽대경향은 자칫 처벌만능주의를 야기할 수 있고,

처벌만능주의는 오랜 역사를 통하여 확립된 형법의 기본원칙을 황폐화시킴으로써 형법의 위기를 자초할 수 있기 때문이다. 여기서 민법과 행정법이 분쟁해결을 위한 1차규범이라면 2차규범인 형법으로 하여금 법익보호와 인권보장이라는 형법의 목적에 합당하면서 사회질서를 유지하게 하기 위해서는 형법의 기본원칙에 대한 역사와 그 의미를 상기할 필요가 있을 뿐만 아니라 이에 대한 재조명이 불가피하다고 하겠다. 여기서 형법의 기본원칙을 범죄의 성립요건에 상응하여 죄형법정주의, 행위주의 및 책임주의를 각각 구성요건론, 위법성론 및 책임론의 기본원칙으로서 제시하고자 한다. 나아가 행위주의와 책임주의를 미수론과 공범론에 있어서의 기본원칙으로 추가함으로써 죄형법정주의, 행위주의 및 책임주의를 명실상부한 형법의 3대 기본원칙으로서 확실히 자리매김하고자 한다.

제 2 절 죄형법정주의

제 1 조 (범죄의 성립과 처벌) ① 범죄의 성립과 처벌은 행위 시의 법률에 따른다.
② 범죄 후 법률이 변경되어 그 행위가 범죄를 구성하지 아니하게 되거나 형이 구법(舊法)보다 가벼워진 경우에는 신법(新法)에 따른다.
③ 재판이 확정된 후 법률이 변경되어 그 행위가 범죄를 구성하지 아니하게 된 경우에는 형의 집행을 면제한다.

구조문
제 1 조 (범죄의 성립과 처벌) ① 범죄의 성립과 처벌은 행위 시의 법률에 의한다.
② 범죄후 법률의 변경에 의하여 그 행위가 범죄를 구성하지 아니하거나 형이 구법보다 경한 때에는 신법에 의한다.
③ 재판확정후 법률의 변경에 의하여 그 행위가 범죄를 구성하지 아니하는 때에는 형의 집행을 면제한다.

Ⅰ. 죄형법정주의의 개념

1. 죄형법정주의의 의의

죄형법정주의는 형법의 3대 기본원칙 중에서 가장 중요한 원칙이다. 죄형법정주의(Gesetzlich-keitsprinzip)란 어느 행위를 범죄로 처벌하기 위하여는 그 행위가 행하여지기 이전에 국회가 제정하는 법률에 의하여 그 행위를 범죄로 하고 그에 과하여져야 할 제재를 규정하여 놓아야 한다는 이념을 말한다.

죄형법정주의는 일반적으로 '법률 없으면 범죄 없고, 형벌 없다'(Nullum crimen, nulla poena sine lege)고 하는 라틴어로 정의된다. 이 원칙은 라틴어로 표현되어 있지만, 로마법에서 유래하는 것이 아니다. 포이에르바하(Paul Johann Anselm von Feuerbach, 1775~1833)가 1801년 그의 교과서(Lehrbuch des gemeinen in Deutschland gültigen Peinlichen Rechts)에서 '법률 없으면 범죄 없고, 법률 없으면 형벌 없다'(Nullum crimen sine poena legali, Nulla poena sine lege)라고 사용한 말에서 유래한다.[2] 이는 죄형법정주의가 근대의 자유주의 사상하에서 탄생하였음을 의미하는 것이다.

한편 영미법계에서는 전통적으로 죄형법정주의라는 개념이 존재하지 않는다. 법원은 성문법으로 금지되어 있지 않은 행위라고 하더라도 보통법(commom law)상의 범죄에 대하여는 이에 적당한 형벌을 부과할 수 있기 때문이다. 다만 최근 인권의식이 신장됨에 따라 영미법계에서도 전통적인 법원칙인 적정절차의 원칙(due process of law)을 확대하고 실체적 적정의 이론을 도입하여 처벌범위의 확대를 억제함으로써 실질적으로 죄형법정주의의 기능을 수행하게 하고 있다.

2. 죄형법정주의의 연혁

(1) 제도적 연원

죄형법정주의의 제도적 시원(始源)을 영국의 대헌장(Magna Charta, 1215)이라고 하는 견해에 관하여는 이설이 없는 것으로 보인다. 흔히 형법의 인권보장적 기능을 말할 때에도 이를 형법의 마그나 카르타적 기능이라고 하는 것을 보면 더욱 그렇다. 이러한 견해는 대헌장이 '어떠한 자유인도 동등한 신분을 가진 자의 적법한 재판에 의하거나 또는 국가의 법률에 의하지 아니하고는 체포되거나 감금되거나 영지(領地)를 박탈당하거나 법적 보호를 박탈당하거나 추방되지 아니하고 어떠한 방법에 의하여도 훼멸되지 아니하며 또한 짐(朕)은 그를 향하여 가지 아니하고 또한 사람을 파견하지 아니 한다'(영국의 대헌장 제39조)고 하여 국왕에 대한 자유인(귀족)의 약속을 규정했기 때문이라고 생각된다. 이러한 견해는 나아가 죄형법정주의가 확립될 때까지의 과정상의 제도로서 영국의 권리청원(Petition of Rights, 1628)과 권리장전(Bill of Rights, 1689)을 예시할 뿐만 아니라 미국의 필라델피아를 필두로 하는 여러 주(州)의 권리선언 등을 거론한다. 이러한 과정을 통하여 미국헌법에는 1788년에 '어떠한 사후법도 제정되어서는 아니 된다'는 소급처벌금지가 규정되었고(미국 헌법 제1조 제9절 제3항), 1791년에는 법의 적정한

2) Feuerbach, §24. 이의 원문에 관하여는 http://www.deutschestextarchiv.de/book/show/feuerbach_recht_1801 참조.

절차의 규정(due process of law)이 추가된 바 있다(미국 수정헌법 제5조).

그러나 죄형법정주의는 과거 봉건적이라고 상징되던 세력에 대하여 자유인이 되고자 했던 시민계급의 자유와 평등을 쟁취하기 위한 시대정신의 표현이라고 해야 한다. 이러한 의미에서 본다면 죄형법정주의의 진정한 시원은 시민계급에 의하여 구제도가 일소된 1789년의 프랑스 혁명에 있다고 하는 것이 타당하다고 생각된다. 프랑스 혁명이야말로 그동안 응축되어 왔던 시대정신이 폭발하여 봉건세력의 상징인 국왕에 대항하고 시민의 방패로서 죄형법정주의를 제도로서 확립하였기 때문이다. 1789년의 프랑스 인권선언은 '법률은 필요한 형벌만을 엄격하고 명백하게 정하지 않으면 안 되고, 누구도 범죄에 앞서 제정·공포되고 적법하게 적용된 법률에 의하지 않으면 처벌되지 아니 한다'고 규정함으로써 죄형법정주의를 성문화하였던 것이다(프랑스 인권선언 제8조, 1789). 이에 의하여 구체제하에서의 국왕의 권력에 의한 죄형전단주의, 재판관에 의한 자의적 해석, 가혹한 형벌, 불명확한 법률로부터의 폐해 등을 극복하는 계기가 되었다. 프랑스 인권선언에서는 법률주의와 소급처벌의 금지라는 죄형법정주의의 내용이 간결하게 표현되어 있다. 이 규정은 1791년 프랑스 헌법에 계승되었다. 프랑스의 1795년의 범죄 및 형벌법전 제3조 및 1810년의 나폴레옹 형법전(code pénal, 나폴레옹 형법전 4조)에도 그대로 나타나고 있다. 독일에서는 포이에르바하의 죄형법정주의 사상이 1813년의 바이에른 형법전에 구현되었다(바이에른 형법 제1조 제1문). 그 후 독일의 여러 지방정부의 헌법과 형법에 명문화되었고, 1871년의 독일의 제국형법전에 '행위가 실행되기 이전에 형벌이 법률상 규정되어 있는 경우에 한하여 그 행위에 형벌을 과할 수 있다'고 규정되었다(독일제국형법 제2조). 요컨대 죄형법정주의는 프랑스 혁명을 정점으로 하여 포이에르바하의 표어에 의하여 근대형법의 기본원칙으로 자리잡게 되었다고 정리할 수 있다.

(2) 사상적 연원

죄형법정주의는 근대법의 사상에 있어서 중심에 있었다고 할 수 있다. 사상적으로 죄형법정주의를 중심에 서게 했던 핵심적 사상으로는 사회계약설, 심리강제설 및 법치주의를 예시할 수 있다고 본다. 첫째, 사회계약설이다. 베카리아(Cesare Beccaria, 1738~1794)는 '범죄와 형벌'(Dei delitti e delle pene, 1764)에서 '법률만이 각각의 범죄에 대한 형벌을 규정할 수 있다. 이 권한은 사회계약에 의해서 통일되어 있는 사회전체의 대표자인 입법자에게만 속한다'라고 주장하였다. 베카리아는 범죄와 형벌이 사회계약, 즉 사회의 총의(總意) 또는 시민의 의사에 근거할 필요가 있다고 하는 입장에서 죄형법정주의를 주장한 것이다. 이러한 의미에서 사회계약설은 죄형법정주의의 사상적 근거가 되었다고 할 수 있다. 둘째, 심리강제설이다. 포이에르바하(Paul Johann Anselm von Feuerbach, 1775~1833)에 의하면 인간은 쾌락을 추구하고 불쾌를 회피한다고 하는 합리적(공리적) 인간상을 전제로 하여, 범죄에 의해 얻어지는 쾌락보다도 범죄에 대하여 과하여지는 형벌에 의한 불쾌가 더 크다는 것을 미리 법률에 규정해 놓으면 사람들은 범죄를 저지르지 않게 될 것이라고 주장하였다. 이를 흔히 이미 언급한 바와 같이 심리강제설(心理强制說)이라고 한다. 이와 같이 포이에르바하는 법률에 의하여 범죄와 형벌을 일반인에게 예고하고 경고함으로써 범죄를 예방하고자 하는 일반예방주의(一般豫防主義)의 입장을 취하였다. 셋째, 법치주의이다. 형법사적으로 볼 때 근대형법상의 죄형법정주의는 중세형법상의 죄형전단주의를 극복하는 과정에서 확립된 원칙이다. 당시 형법 밖의 법제사에 의하면 법치(法治)가 신치(神治) 또는 인치(人治)를 극복하는 과정에서 법치주의(法治主義, Rechtsstaat, rule by law)가 확립되고 있음을 알 수 있다. 이와 같이 형법의 밖에서는 법치주의가, 형법의 안에서는 죄형법정주의가 확립되었다고 할 때 죄형법정주의는 법치주의의 한 갈래이고, 법치주의에 대한 형법적 표현이라고 이해할 수 있다. 이러한 의미에서 죄형법정주의는 법치주의의 연장선이라고도 할 수 있다. 이 외에도 죄형법정주의와 사상적 유대를 가지는 것으로는 로크(John Locke, 1632~1704)의 자연법사상, 몽테스큐(Charles Louis Montesquieu, 1689~1755)의 삼권분립의 사상, 벤담(Jeremy Bentham, 1748~1832)의 입법론 등이 거론될 수 있다고 본다.

3. 죄형법정주의의 취지

죄형법정주의란 죄와 형을 법으로 정해야 한다는 원칙을 말한다. 그 취지는 죄형법정주의의 확립과정에 잘 투영되어 있다. 그것은 죄형을 법정함으로써 예측가능성과 법적 안정성을 확보하려는 것이었다. 법적 안정성은 모든 법이 궁극적으로 달성하여야 할 법의 이념 중의 하나이다. 국가권력에 대한 예측가능성과 시민생활의 안정을 위한 전제로서의 법적 안정성에 대한 보장이 담보될 수 없다면 근대시민이 그토록 염원했던 자유와 평등이 궁극적으로는 실현될 수 없었기 때문이다. 이러한 취지는 근대형법에 있어서의 형식적 죄형법정주의와 현대형법에 있어서의 실질적 죄형법정주의 사이에 어떠한 차이도 있을 수 없다. 따라서 죄형법정주의의 근본취지는 죄와 형의 법정에 있을 뿐만 아니라 죄와 형을 법정함으로써 인권, 즉 자유와 평등을 보장하고자 함에 있다고 해야 한다. 결국 죄형법정주의의 취지는 죄와 형을 법정함으로써 자의적인 국가형벌권의 행사로부터 예측가능성과 법적 안정성을 확보하여 인권, 즉 자유와 평등을 보장하고자 함에 있었다. 결국 죄형법정주의의 근본취지는 죄와 형을 법정함으로써 자의적인 국가형벌권의 행사로부터 예측가능성과 법적 안정성을 확보하여 인권을 보장하는 것이라고 할 수 있다.

4. 죄형법정주의의 위기

죄형법정주의는 인권을 보장하기 위해 탄생한 근대형법의 대원칙이었지만, 20세기 전반에 그 존속의 위기를 경험한 바 있다. 20세기 들어서 자유주의를 부정하는 사회사상이 대두되고 죄형법정주의를 배척하는 경향이 나타났기 때문이다. 1922년의 러시아 형법(동법 제19조)과 이를 이어받은 1926년 러시아 형법(동법 제16조)에서는 죄형법정주의가 부정되고 유추적용이 허용되었다. 특히 1926년 형법에서는 '무엇인가의 사회적으로 위험한 행위가 이 법전에 직접 규정되어 있지 않은 때에는 그것에 대한 책임의 근거 및 범위는 이 법전 중에서 가장 유사한 종류의 죄를 규정하는 조항에 따라서 정하여진다'라고 규정되었다(1926년 러시아 형법 제16조). 또한 1935년의 나치에 의한 형법개정 후의 독일 형법은 '법률에 의하여 가벌적이라고 선언된 행위 또는 형벌법규의 기본사상 및 건전한 국민감정에 따라서 형벌에 처할 만한 행위를 범한 자는 벌하여진다. 그 행위에 직접 적용되는 형벌법규가 없는 때는 그 행위는 그것과 가장 적절한 기본사상을 가진 법규에 의하여 처벌된다'고 규정하여 죄형법정주의를 부정함과 동시에 형벌법규의 유추적용을 인정하였다(1935년 나치 개정형법 제2조).[3)]

그러나 제2차 세계대전 후에는 죄형법정주의를 존중하는 풍조가 세계적 경향으로 되자 죄형법정주의는 다시 부활하였다. 독일에서는 1946년 제2차 세계대전 후의 개정으로 구규정 제2조는 삭제되었고, 소련에서도 1960년에 죄형법정주의를 명문으로 규정하였다. 1948년에는 세계인권선언에 나타났고, 1966년에는 국제연합총회에서 채택되어 1976년에 발효한 '시민적 및 정치적 권리에 관한 국제규약'(국제인권규약 B규약)에 의하여 국제적으로도 승인되기에 이르게 되었다.[4)] 이리하

---

3) "Gesetz zur Änderung des Strafgesetzbuchs" vom 28. Juni 1935(RGBl. I, S. 839). "Bestraft wird, wer eine Tat begeht, die das Gesetz für strafbar erklärt oder die nach dem Grundgedanken eines Strafgesetzes und nach gesundem Volksempfinden Bestrafung verdient. Findet auf die Tat kein bestimmtes Strafgesetz unmittelbar Anwendung, so wird die Tat nach dem Gesetz bestraft, dessen Grundgedanke auf sie am besten zutrifft"(§ 2 StGB).

4) 어느 누구도 행위시의 국내법 또는 국제법에 의하여 범죄를 구성하지 아니하는 작위 또는 부작위를 이유로 유죄로 되지 아니한다. 또한 어느 누구도 범죄가 행하여진 때에 적용될 수 있는 형

여 현대형법은 궁극적으로 근대형법이 경험했던 죄형법정주의의 위기에 대한 전철을 다시 밟지 않기 위하여 이미 언급한 바와 같이 죄형법정주의를 부활시킴과 동시에 후술하는 바와 같이 죄형법정주의의 내용을 그 파생원칙에 적정성의 원칙을 추가하여 이해하고 있다. 이러한 의미에서 근대형법에 있어서의 죄형법정주의를 형식적 (의미의) 죄형법정주의라고 하고, 현대형법에 있어서의 그것을 실질적 (의미의) 죄형법정주의라고 부르게 된 연유를 이해할 수 있다.

5. 죄형법정주의의 근거

(1) 헌법과 죄형법정주의

현대국가에 있어서 죄형법정주의는 자유주의의 요청과 민주주의의 요청을 실현하는 대원칙이라고 할 수 있다. 죄형법정주의가 죄와 형을 법으로 정하여 자유의 보장을 추구한다면, 자유주의는 죄로 규정된 것 이외의 활동은 자유라고 요청하고, 민주주의는 죄와 형에 관하여는 시민의 의사를 반영하기 위하여 국회로 하여금 이를 법률로 규정하도록 요청하고 있기 때문이다. 결국 현대국가에 있어서의 죄형법정주의는 자유주의와 민주주의의 공통된 요청인 자유의 보장, 즉 인권의 보장을 형사법적으로 실현하기 위한 제도라고 할 수 있다. 이미 언급한 바와 같이 자유와 평등은 근대형법에서도 추구되었던 궁극적인 이념이었다.

헌법은 '모든 국민은 신체의 자유를 가진다. 누구든지 법률에 의하지 아니하고는 체포·구속·압수·수색 또는 심문을 받지 아니하며, 법률과 적법한 절차에 의하지 아니하고는 처벌·보안처분 또는 강제노역을 받지 아니 한다'고 규정하고 있다(헌법 제12조 제1항). 또한 헌법은 '모든 국민은 행위시의 법률에 의하여 범죄를 구성하지 아니하는 행위로 소추되지 아니하며, 동일한 범죄에 대하여 거듭 처벌받지 아니 한다'고 규정하고 있다(헌법 제13조 제1항). 뿐만 아니라 헌법은 '국민의 자유와 권리는 헌법에 열거되지 아니한 이유로 경시되지 아니 한다'고 규정하고(헌법 제37조 제1항), '국민의 모든 자유와 권리는 국가안전보장·질서유지 또는 공공복리를 위하여 필요한 경우에 한하여 법률로써 제한할 수 있으며, 제한하는 경우에도 자유와 권리의 본질적인 내

벌보다도 중한 형벌을 받지 아니한다. 범죄인은 범죄가 행해진 후에 보다 가벼운 형을 부과하도록 하는 규정이 법률에 정하여진 경우에는 그 혜택을 받는다(국제인권규약 B규약 제15조 제1항). 이 조의 어떠한 규정도 국제사회에 의하여 인정된 법의 일반원칙에 따라 그 행위시에 범죄를 구성하는 작위 또는 부작위를 이유로 당해인을 재판하고 처벌하는 것을 방해하지 아니한다(국제인권규약 B규약 제15조 제2항).

용을 침해할 수 없다'고 규정하고 있다(헌법 제37조 제2항).

(2) 형사법과 죄형법정주의

형법은 '범죄의 성립과 처벌은 행위시의 법률에 따른다'고 하여 죄형법정주의를 명문으로 규정하고 있다(제1조 제1항). 형사소송법도 '형의 선고를 하는 때에는 판결이유에 범죄될 사실, 증거의 요지와 법령의 적용을 명시하여야 한다'고 하여 죄형법정주의를 전제로 한 규정으로 둠으로써 죄형법정주의를 간접적으로 규정하고 있다고 할 수 있다(형소법 제323조 제1항). 한편 죄형법정주의에 관한 규정이 형사법보다도 헌법에 먼저 규정되게 된 연유도 근대법이 시민의 자유와 평등을 보장하기 위하여 인간으로서의 천부인권을 시민적 총의가 표시된 문서, 즉 헌법에 규정한 데에서 찾을 수 있다.

Ⅱ. 죄형법정주의의 내용

1. 서 언

죄형법정주의의 내용은 궁극적으로 근대형법이 확립한 내용과 현대형법이 추가한 내용으로 구성된다. 근대형법이 확립한 죄형법정주의의 내용은 법률주의와 소급효금지의 원칙이라는 2대원칙으로 압축될 수 있다. 법률주의는 다시 형법의 법원으로서 성문법주의, 법률에 대한 명확성의 원칙 및 유추해석금지의 원칙을 세부적 내용으로 포함하고 있다. 또한 현대형법이 추가한 내용으로서는 적정성의 원칙을 거론할 수 있다. 물론 적정성의 원칙은 절차적 적정성뿐만 아니라 내용적 적정성까지 그 내용으로 포함하고 있는 것이다. 한편 죄형법정주의의 원칙은 현행 헌법상으로도 설명이 가능하다. 즉, 죄형법정주의는 이미 언급한 바와 같이 민주주의의 요청으로부터 범죄와 형벌은 국민의 대표기관인 국회가 제정하는 법률에 의하여 정하여지지 않으면 안 된다는 법률주의를 도출할 수 있고, 금지되지 않은 것은 자유라는 자유주의의 요청으로부터 소급효금지의 원칙과 적정성의 원칙에 대한 도출이 가능하다고 할 수 있기 때문이다. 결국 죄형법정주의의 내용은 법률주의(Nulla poena sine lege scripta, kein Gewohnheitsrecht), 소급효금지의 원칙(Nulla poena sine lege praevia, Rückwirkungsverbot) 및 적정성의 원칙으로 대별될 수 있다. 여기서 법률주의는 주로 입법론으로서 작용하고, 소급효금지의 원칙은 해석론으로서 기능한다고 할 수 있다. 적정성의 원칙은 입법론과 해석론 양자 모두에 관련된다고 할 수 있다. 또한 법률주의는 다시 성문법주의, 명확성의 원칙(Nulla poena sine lege certa, Bestimmtheitsgrundsatz) 및 유추해석금지의 원칙(Nulla poena sine lege stricta, Analogieverbot)으로 세분될 수 있다.

2. 법률주의

(1) 개 관

1) 의 의

죄형법정주의란 죄와 형은 법으로 정해야 한다는 주의를 말하고, 법률주의(Gesetzlichkeitsprinzip)는 죄와 형을 법으로 정할 때 법은 반드시 법률이어야 한다는 주의를 말한다. 여기서 법률(Gesetz)은 국회가 제정한 법규범을 말한다. 법률을 법(Recht)이나 법령(Gesetze und Verordnungen)과 구분할 때 법률은 오로지 국회가 제정한 법규범만을 의미하기 때문이다. 죄형법정주의는 이미 법률주의의 내용 속에 내재하고 있었던 것이 된다. 왜냐하면 어떠한 행위가 범죄로서 제재의 대상이 되는가가 사전에 명확하게 규정되어 있지 않으면 국민의 사생활의 자유는 크게 제약될 것이기 때문이다. 다시 말해서 형법이 행위규범으로서의 성격을 가지려면 처벌되는 행위와 제재가 행위 이전에 명확하게 규정되어 있어야 한다는 의미이다. 나아가 어떠한 범죄행위에 대하여 어떠한 제재가 과하여지는가가 사전에 명확하게 규정되어 있지 않다면 제재를 집행하는 자가 자기에게 비판적인 자에게 자의적으로 중한 처벌을 하여 탄압의 수단으로 사용할 가능성도 있기 때문이다. 요컨대 어떠한 행위에 대하여 어떠한 제재를 과하는가는 국민의 사생활의 자유에 중대한 영향을 미치기 때문에 국민의 대표자인 국회의 의사에 근거하도록 해야 한다는 것이다. 결국 법률주의는 국민주권(國民主權)의 요청이고, 법률은 주권자인 국민의 총의(總意)를 표현한 것이라고 할 수 있다. 나아가 법률주의의 취지는 국민의 사생활의 자유의 보장에 있다고 할 수 있다. 자유와 평등을 추구했던 근대형법의 이념과 다를 것이 없다.

2) 내 용

법률주의는 우선 형법의 법원으로서는 법률만이 인정된다는 성문법주의와 이의 당연한 결과로서 관습형법배제의 원칙과 판례법배제의 원칙을 그 내용으로 포함하고 있다. 이 외에도 법률주의는 그의 실현을 위하여 명확성의 원칙과 유추해석금지의 원칙을 그 내용으로 추가하고 있다고 할 수 있다.

(2) 형법의 법원

법원(法源)이란 법의 존재형식을 말한다. 형법의 법원과 관련하여 죄와 형은 법으로 정해야 한다는 죄형법정주의의 원칙으로부터는 법률주의가 도출되고, 죄형을 법으로 정할 때 법은 반드시 법률이어야 한다는 법률주의로부터는 성문법주의가 우선 도출될 수 있다.

1) 성문법주의

죄형법정주의의 내용 중 법률주의는 형법의 법원을 성문법에 국한할 것을 요구한다. 성문법이란 국회에서 제정된 형식적 의의에 있어서의 법률, 즉 제정법(制定法)을 말한다. 이와 같이 법률주의는 범죄와 형벌을 입법부가 제정한 형식적 의미의 법률로 규정할 것을 그 핵심적 내용으로 한다.[5] 제정법은 국회의 의결을 거쳐 대통령이 서명·공포함으로써 성립된다. 형법의 법원으로서는 법률의 중심인 형법전이라는 것은 말할 것도 없다. 현행 형법은 이미 언급한 바와 같이 1953년 9월 18일 법률 제293호로 제정되고, 같은 해 10월 3일부터 시행된 후 여러 번의 개정을 거쳐 현재에까지 이르고 있다.

형법의 법원은 형식적 의미에서의 형법전만을 의미한다는 점에서 법률 외에도 관습법이나 조리도 법원으로 하고 있는 민법의 법원과는 구별된다(민법 제1조 참조). 다만 형법에서도 관습법이나 조리도 형법의 해석시 영향력을 가질 수는 있으나, 이는 법원의 문제와는 별개의 문제라고 해야 한다. 여기서 법률주의의 역사적 의의를 돌이켜 볼 필요가 있다. 즉, 법률주의의 역사적 의의는 죄형을 법정하는 기준의 통일에 있었다고 해야 한다. 왜냐하면 소위 봉건시대의 형법의 법원으로는 각종의 제정법, 관습법 및 로마법까지 가세하여 다양한 법들이 존재하여 선택지가 다수인 상황에서 권력자는 자신의 취향에 맞는 법을 기준으로 삼아 재판을 했기 때문에 처벌은 자의적으로 되었고 무엇이 범죄로 되고 어떠한 형벌이 가하여지는지 일반인들에게는 불명확하였기 때문이다. 여기서 근대형법은 봉건형법의 자의성을 극복하기 위해서 재판의 기준으로서의 형법의 법원을 통일할 필요가 있었다. 법률주의는 형법의 법원으로서 왕이나 교회의 권력 등을 대변하는 기구가 아니라 시민의 대표기구인 국회에서 시민의 총의에 의해서 만들어진 법률을 가장 설득력이 있는 기준으로 선택했던 것이다. 이러한 의미에서 법률주의는 국회가 아닌 행정부 등이

---

5) 헌법재판소 2002.2.28. 선고 99헌가8 결정; 대법원 2006.5.11. 선고 2006도920 판결; 대법원 2003.11.14. 선고 2003도3600 판결.

만든 명령 등을 배제하였고 또한 제정법이 아닌 관습법 등을 배제했던 당시의 역사적 요청을 상기한다면 법률주의의 의의는 시민의 자유를 최대한으로 보장하기 위하여 탄생한 근대형법의 위대한 공헌이라는 역사적 의의를 거듭 확인할 수 있다. 따라서 형벌 구성요건의 실질적 내용을 법률에서 직접 규정하지 아니하고 일개 법인인 ○○금고의 정관에 위임한 것은 범죄와 형벌에 관하여는 입법부가 제정한 형식적 의미의 '법률'로써 정하여야 한다는 죄형법정주의 원칙에 위반된다고 아니할 수 없다.[6)]

① 명 령

명령이 형법의 법원이 될 수 없다는 것은 명확하다. 명령은 국회가 제정한 법률이 아니기 때문이다. 명령이란 국회의 의결을 거치지 않고 행정기관이 제정하는 성문법규로서 법률의 하위규범을 말한다. 명령은 제정하는 주체에 따라 대통령령, 총리령 및 부령으로 구분된다.

② 위임입법

ⓘ 의 의: 위임입법이란 위임에 의하여 입법부 외의 다른 국가기관, 특히 행정부가 법규를 정립하는 것을 말한다. 사회의 모든 문제에 대해서 법으로 제정한다는 것이 사실상 불가능하기 때문에 국회는 법률로써 일반적이고 추상적인 기준을 정하고, 구체적 규정은 행정기관이 발하는 명령에 위임하는 것이다. 법률주의는 형법의 법원으로서 법률이 아닌 명령이나 규칙 등을 거부한다. 문제는 법률로 일정한 범죄와 형벌을 규정하고 있지만, 그 범죄의 구성요건의 전부 또는 일부를 명령, 규칙 또는 고시 등에 위임하고 있는 소위 백지형법(白地刑法, Blankettstrafgesetz)에 있다. 예컨대 "외국간의 교전에 있어서 중립에 관한 명령에 위반한 자는 3년 이하의 금고 또는 500만원 이하의 벌금에 처한다"고 규정하고 있는 중립명령위반죄가 그것이다(제112조). 이의 해결에 관하여는 후술하는 바와 같이 죄형법정주의(소급효금지의 원칙)로 해결하는 방법과 한시법의 이론으로 해결하는 방법이 제시되고 있다. 백지형법은 위임의 범위를 벗어나지 않는 한 법률주의에 위배되지 않는 것으로 해석되고 있다. 사회의 변화에 신속하게 대응하게 하기 위하여 범죄와 형벌에 관한 그다지 중요하지 않은 사항에 관하여는 법률이 행정기관의 명령이나 규칙에 위임하는 것까지 금지하는 것은 아니라고 해야 하기 때문이다.

---

6) 헌법재판소 2001.1.18. 선고 99헌바112 결정.

ⓘ **법적 근거** : 헌법은 "대통령은 법률에서 구체적으로 범위를 정하여 위임받은 사항과 법률을 집행하기 위하여 필요한 사항에 관하여 대통령령을 발할 수 있다"고 규정하여 위임입법을 원칙적으로 허용하고 있다(헌법 제75조). 위임에 의하여 제정된 명령을 위임명령, 집행의 필요에 의하여 제정된 명령을 집행명령이라고 한다. 이와 같이 헌법이 국회의 입법권에 대한 예외로서 법률의 위임이 있거나 법률을 집행하기 위하여 필요한 경우에는 행정부로 하여금 법규의 효력을 가지는 명령, 즉 법규명령을 발할 수 있도록 규정하는 취지는 총리령과 부령(헌법 제95조), 대법원의 규칙제정권(헌법 제108조), 지방자치단체의 자치법령제정권(헌법 제117조) 등으로까지 확대되어 있다.

ⓘⓘ **한 계** : 사회현상의 복잡다기화와 국회의 전문적 · 기술적 능력의 한계 및 시간적 적응능력의 한계로 인하여 형사처벌에 관련된 모든 법규를 예외 없이 형식적 의미의 법률에 의하여 규정한다는 것은 사실상 불가능할 뿐만 아니라 실제에 적합하지도 아니하기 때문에, 특히 긴급한 필요가 있거나 미리 법률로써 자세히 정할 수 없는 부득이한 사정이 있는 경우에 한하여 수권법률(위임법률)이 구성요건의 점에서는 처벌대상인 행위가 어떠한 것인지 이를 예측할 수 있을 정도로 구체적으로 정하고, 형벌의 점에서는 형벌의 종류 및 그 상한과 폭을 명확히 규정하는 것을 전제로 위임입법이 허용되며, 이러한 위임입법은 죄형법정주의에 반하지 않는다.[7] 헌법 제75조의 규정 중 '법률에서 구체적으로 범위를 정하여 위임받은 사항에 관하여'라고 함은 법률 그 자체에 이미 대통령령으로 규정될 내용 및 범위의 기본적 사항이 구체적으로 규정되어 있어서 누구라도 당해 법률 그 자체에서 대통령령에 규정될 내용의 대강을 예측할 수 있어야 함을 의미한다고 하여 위임입법에 한계가 있음을 명확히 하고 있다.[8] 이와 같이 헌법은 위임입법을 원칙적으로 허용하면서도 위임입법의 내용에 있어서 구체적으로 범위를 정하여 위임할 것을 요구함으로써 소위 포괄위임입법금지의 원칙(包括委任立法禁止의 原則)을 천명하고 있는 것이다.[9] 또한 위임의 구체성 · 명확성 내지 예측가능성의 유무는 당해 특정조항 하나만을 가지고 판단할 것이 아니라 관련 법조항 전체를 유기적 · 체계적으로 종합하여 판단하여야 하고 위임된 사항의 성질에 따라 구체적 · 개별적으로 검토하여야 한다.[10] 그리고 법률에서 위임받은 사항을 전혀 규정하지

7) 대법원 2002.11.26. 선고 2002도2998 판결; 대법원 2000.10.27. 선고 2000도1007 판결.
8) 헌법재판소 1995.9.28. 선고 93헌바50 결정; 대법원 2013.1.24. 선고 2012도10629 판결.
9) 헌법재판소 1991.2.11. 선고 90헌가27 결정.

않고 재위임하는 것은 위임금지의 법리에 반하여 허용되지 아니하나, 법률에서 위임받은 사항에 관하여 대강을 정하고 그중의 특정사항을 범위를 정하여 하위법령에 다시 위임하는 경우에는 재위임이 허용될 수 있다.[11] 일반적으로 법률의 시행령은 모법인 법률에 의하여 위임받은 사항이나, 법률이 규정한 범위 내에서 법률을 현실적으로 집행하는 데 필요한 세부적인 사항만을 규정할 수 있을 뿐, 법률의 위임 없이 법률이 규정한 개인의 권리·의무에 관한 내용을 변경·보충하거나 법률에서 규정하지 아니한 새로운 내용을 규정할 수 없는 것이고, 특히 법률의 시행령이 형사처벌에 관한 사항을 규정하면서 법률의 명시적인 위임 범위를 벗어나 그 처벌의 대상을 확장하는 것은 헌법 제12조 제1항과 제13조 제1항에서 천명하고 있는 죄형법정주의의 원칙에도 어긋나는 것으로 결코 허용될 수 없다.[12] 다만 처벌법규의 위임은 특히 긴급한 필요가 있거나 미리 법률로써 자세히 정할 수 없는 부득이한 사정이 있는 경우에 한정되어야 하고, 이러한 경우일지라도 법률에서 범죄의 구성요건은 처벌대상인 행위가 어떠한 것일 것이라고 이를 예측할 수 있을 정도로 구체적으로 정하고 형벌(刑罰)의 종류(種類) 및 그 상한(上限)과 폭(幅)을 명백히 규정하여야 한다.[13] 위임입법을 긍정한 판례의 구체적 내용은 다음과 같다. 즉,

① 구 결혼중개업의 관리에 관한 법률(2017.3.21. 법률 제14700호로 개정되기 전의 것, 이하 '결혼중개업법'이라 한다) 제26조 제2항 제4호는 '제10조의2 제1항을 위반하여 신상정보를 제공하지 아니한 자는 3년 이하의 징역 또는 2천만 원 이하의 벌금에 처한다'라고 규정하고, 제10조의2 제1항은 '국제결혼중개업자는 계약을 체결한 이용자와 결혼중개의 상대방으로부터 혼인경력, 건강상태, 직업, 범죄경력 등의 신상정보를 받아 각각 해당 국가 공증인의 인증을 받은 다음 신상정보(증빙서류 포함)를 상대방과 이용자에게 서면으로 제공하여야 한다.'라고 규정하며, 제10조의2 제4항은 "제1항에 따른 신상정보의 제공 시기 및 절차, 입증방법 등에 필요한 사항은 대통령령으로 정한다"라고 규정하고 있다. 그 위임에 따른 결혼중개업의 관리에 관한 법률 시행령(이하 '결혼중개업법 시행령'이라 한다) 제3조의2 제3항은 '국제결혼중개업자는 신상정보를 이용자와 상대방이 각각 이해할 수 있는 언어로 번역·제공한 후 이용자와 상대방이 모두 만남에 서면 동의한 경우에 만남을 주선하여야 한다'라고 규정하여 국제결혼중개업자에게

10) 헌법재판소 2006.4.27. 선고 2004헌가19 전원재판부 결정; 대법원 2013.1.24. 선고 2012도10629 판결.

11) 헌법재판소 2004.1.29. 선고 2001헌마894 전원재판부 결정; 대법원 2013.1.24. 선고 2012도10629 판결.

12) 대법원 1999.2.11. 선고 98도2816 전원합의체 판결.

13) 헌법재판소 1994.6.30. 선고 93헌가15,16,17 결정; 헌법재판소 1991.7.8. 선고 91헌가4 결정.

'이용자와 상대방의 만남 이전'에 신상정보를 제공할 의무를 부과하고 있다. 위와 같은 결혼중개업법과 같은 법 시행령의 규정 내용과 체계에다가 국제결혼중개업자를 통한 국제결혼의 특수성과 실태 등을 관련 법리에 비추어 살펴보면, 결혼중개업법 제10조의2 제4항에 의하여 대통령령에 규정하도록 위임된 '신상정보의 제공 시기'는 적어도 이용자와 상대방의 만남 이전이 될 것임을 충분히 예측할 수 있으므로, 결혼중개업법 시행령 제3조의2 제3항이 결혼중개업법 제10조의2 제4항에서 위임한 범위를 일탈하여 위임입법의 한계를 벗어났다고 볼 수 없다.[14] ② 유해화학물질관리법 제35조 제1항에서 금지하는 환각물질을 구체적으로 명확하게 규정하지 아니하고 다만 그 성질에 관하여 '흥분・환각 또는 마취의 작용을 일으키는 유해화학물질로서 대통령령이 정하는 물질'로 그 한계를 설정하여 놓고, 같은법시행령 제22조에서 이를 구체적으로 규정하게 한 취지는 과학 기술의 급격한 발전으로 말미암아 흥분・환각 또는 마취의 작용을 일으키는 유해화학물질이 수시로 생겨나기 때문에 이에 신속하게 대처하려는 데에 있으므로, 위임의 한계를 벗어난 것으로 볼 수 없다.[15] ③ 청소년에게 유해한 매체물을 적시하여 청소년에 대한 판매・대여 등을 제한하고자 하는 경우에는 각 매체물의 내용을 실제로 확인하여 유해성 여부를 판단할 수밖에 없는데, 그 때마다 법 또는 하위법령을 개정하여 직접 개별 매체물을 규정하는 것은 현실적으로 거의 불가능하고 법령의 개정에 소요되는 시일로 인하여 규제의 실효성도 기할 수 없게 될 것이므로 청소년유해매체물이 결과적으로 범죄의 구성요건의 일부를 이루게 되더라도 이 사건 법률조항에서 직접 청소년유해매체물의 범위를 확정하지 아니하고 행정기관(청소년보호위원회 등)에 위임하여 그 행정기관으로 하여금 청소년유해매체물을 확정하도록 하는 것은 부득이하다고 할 것이다.[16] ④ 범죄구성요건을 정하고 있는 풍속영업의 규제에 관한 법률 제3조 제5호는 풍속영업자는 대통령령으로 정하는 풍속영업의 경우 대상자의 연령을 확인하여 대통령령이 정하는 청소년이 출입을 하지 못하게 하여야 한다고 규정하고 있는바, 같은 법 제1조의 목적을 고려하면 위 법조항의 대통령령으로 정하는 풍속영업이란 청소년의 출입을 허용하게 되면 청소년의 보호에 지장을 줄 수 있는 성격의 영업을 말하는 것이고, 대통령령으로 정하는 청소년이란 대상이 되는 풍속영업의 성격 및 청소년에 대한 유해성의 정도, 청소년의 정신적・인격적 발달상황 등을 고려하여 풍속영업별로 출입금지연령이 차등적으로 규정되리라는 것을 충분히 예측할 수 있어 대통령령에 위임된 범죄구성요건부분의 대강이 위임법률인 위 법조항에 구체적으로 규정되어 있다고 할 수 있으므로, 위 법조항이 위임입법의 한계를 벗어난 것이라고 할 수 없고, 나아가 죄형법정주의의 명확성, 예측성의 원칙에도 위반되지 아니한다.[17] ⑤ 수질환경

14) 대법원 2019.7.25. 선고 2018도7989 판결.
15) 대법원 2000.10.27. 선고 2000도4187 판결.
16) 헌법재판소 2000.6.29. 선고 99헌가16 결정.
17) 헌법재판소 1996.2.29. 선고 94헌마13 결정.

보전법 제56조 제3호에서 "배출시설 및 방지시설을 정상운영하지 아니한 자"라 함은, 같은 법 제8조의 규정에 의한 배출허용기준 이하로 오염물질이 배출될 수 있도록 설계 · 시공되어 적합판정을 받은 배출시설이나 방지시설을 정상적으로 운영하지 아니함으로써 배출허용기준을 초과하여 오염물질을 배출시킨 자를 가리키는 것임이 분명하므로, 같은 법 제56조 제3호가 처벌대상으로 규정하고 있는 행위가 구체적이고 명확하게 규정되어 있지 않다고 볼 수 없을 뿐만 아니라, 지역적 사정과 환경의 질적인 향상 및 그 보전을 위한 여러 가지 여건을 감안하여 정하여야 하는 오염물질의 배출허용기준을 직접 법률에서 모두 규정하지 아니하고 총리령 등으로 정하도록 위임하였다 하여 같은 법 제8조의 규정이 죄형법정주의에 위반된다고 볼 수 없다.[18] ⑥ 수산업법상의 어선 · 어구에 관한 제한 또는 금지규정의 주된 적용대상자는 수산업, 그 중에서도 어업에 종사하는 자들이며 그들은 동법 제41조상의 어업허가를 받았거나 제44조상의 어업신고를 한 자들이어서 동법 제52조 제1항 제4호, 제79조 제1항 제2호에서 말하는 어선 · 어구의 제한 또는 금지가 대체적으로 어떠한 것이라는 것을 충분히 예측할 수 있는 지위에 있고, 동법 제52조 제2항에 "필요한 벌칙을 둘 수 있다"라는 규정은 동조 제3항의 벌칙범위와 종합하여 볼 때 결코 처벌 여부를 행정부의 자의적인 판단에 위임한 것이 아니라 처벌하되 수권된 전문적 · 기술적 세부구성요건사실을 전제로 이에 대하여 수권되는 처벌의 종류 및 상한은 300만원 이하의 벌금 · 구류 또는 과료에 한정된다는 의미로 이해되므로 위임입법의 한계를 벗어난 것이 아니다.[19]

위임입법을 부정한 판례의 구체적 내용은 다음과 같다. 즉,

① 구 도로교통법 시행령(2006.5.30. 대통령령 제19493호로 전문 개정되기 전의 것) 제49조 제1항의 입법 취지는 글을 알지 못하는 문맹자에게도 글을 아는 사람과 동일하게 운전면허를 취득할 기회를 부여하려는 데 있다고 할 것인데, 구 도로교통법 시행령 제49조 제7항, 구 도로교통법 시행규칙(2006.5.30. 행정자치부령 제329호로 전문 개정되기 전의 것) 제69조 제1항의 위임에 따라 제정된 자동차운전면허 사무처리지침은 그 제8조 제1항에서 "구 도로교통법 시행령 제49조 제1항 단서 중 '글을 알지 못하는 사람'이라 함은 초등학교 중퇴 이하의 학력자로서 글을 전혀 읽지 못하거나 잘 읽을 수 없는 사람을 말한다"고 규정하고, 같은 조 제2항에서 구술시험을 희망하는 문맹자는 자신이 초등학교 중퇴 이하의 학력자로서 글을 알지 못하고 있다는 내용이 기재된 인우보증서를 제출하도록 규정함으로써, 설령 글을 알지 못한다 하더라도 초등학교 졸업 이상의 학력을 가진 사람에게는 구술시험의 응시를 허용하지 않고 있는 바, 이는 초등학교 졸업 이상의 학력을 가진 문맹자가 구술시험을 통하여 운전면허를 취득할 수 있는 기회를 합리적인 근거 없이 제한한 것으로서 모법의 위임범위를 벗어나 무효이

18) 대법원 1992.12.8. 선고 92도407 판결.
19) 헌법재판소 1994.6.30. 선고 93헌가15,16,17 결정.

다.[20] ② "약국을 관리하는 약사 또는 한약사는 보건복지부령으로 정하는 약국관리에 필요한 사항을 준수하여야 한다"는 약사법 제19조 제4항의 규정 위반자를 200만원 이하의 벌금에 처하도록 한 약사법 제77조 제1호 중 '제19조 제4항 부분'과 관련하여 이 사건 법률조항은 '약국관리에 필요한 사항'이라는 처벌법규의 구성요건 부분에 관한 기본사항에 관하여 보다 구체적인 기준이나 범위를 정함이 없이 그 내용을 모두 하위법령인 보건복지부령에 포괄적으로 위임함으로써, 약사로 하여금 광범위한 개념인 '약국관리'와 관련하여 준수하여야 할 사항의 내용이나 범위를 구체적으로 예측할 수 없게 하고, 나아가 헌법이 예방하고자 하는 행정부의 자의적인 행정입법을 초래할 여지가 있으므로, 헌법상 포괄위임입법금지 원칙 및 죄형법정주의의 명확성 원칙에 위반된다.[21] ③ 건축물의 용도변경행위에 관하여 구 건축법 제48조는 이를 대통령령이 정하는 바에 따른다고만 규정하고 있을 뿐, 건축물의 용도제한에 관한 사항은 모두 대통령령에 백지위임하고 있어서 일반인의 입장에서 보면 위 법률조항만으로는 실제로 대통령령에 위임되는 사항을 미리 예측하여 자신의 용도변경행위가 건축으로 보아 허가를 받아야 하는 용도변경행위인지 여부를 도저히 알 수가 없다 할 것이다. 그러므로 구 건축법 제54조 제1항 중 제48조의 규정에 의하여 허가 없이 한 대통령령이 정하는 용도변경행위를 건축으로 보아 처벌하는 것은 이에 관련된 법조항 전체를 유기적·체계적으로 종합판단하더라도 그 위임내용을 예측할 수 없는 경우로서 결국 그 구체적인 내용을 하위법령인 대통령령에 백지위임하고 있는 것이라 하지 않을 수 없으므로, 이와 같은 위임입법은 범죄의 구성요건 규정을 위임한 부분에 관한 한 죄형법정주의를 규정한 헌법 제12조 제1항 후문 및 제13조 제1항 전단과 위임입법의 한계를 규정한 헌법 제75조에 위반된다 할 것이다.[22] ④ 총포·도검·화약류등단속법 제2조 제1항은 총포에 관하여 규정하면서 총에 대하여는 일정 종류의 총을 총포에 해당하는 것으로 규정하면서 그 외의 장약총이나 공기총도 금속성 탄알이나 가스 등을 쏠 수 있는 성능이 있는 것은 총포에 해당한다고 규정하고 있으므로, 여기서 말하는 총은 비록 모든 부품을 다 갖추지는 않았더라도 적어도 금속성 탄알 등을 발사하는 성능을 가지고 있는 것을 가리키는 것이고, 단순히 총의 부품에 불과하여 금속성 탄알 등을 발사할 성능을 가지지 못한 것까지 총포로 규정하고 있는 것은 아니라고 할 것임에도 불구하고 같은법시행령 제3조 제1항은 같은 법 제2조 제1항의 위임에 따라 총포의 범위를 구체적으로 정하면서도 제3호에서 모법의 위임 범위를 벗어나 총의 부품까지 총포에 속하는 것으로 규정함으로써, 같은 법 제12조 제1항 및 제70조 제1항과 결합하여 모법보다 형사처벌의 대상을 확장하고 있으므로, 이는 결국 위임입법의 한계를 벗어나고 죄형법정주의 원칙에 위배된 것으로 무효라고 하지 않을 수 없다.[23] ⑤ 구 근로기준법

20) 대법원 2007.3.29. 선고 2006도8189 판결.
21) 헌법재판소 2000.7.20. 선고 99헌가15 결정.
22) 헌법재판소 2000.1.27. 선고 98헌가9 결정.

(1997.3.13. 법률 제5309호로 개정되기 전의 것) 제30조 단서에서 임금·퇴직금 청산기일의 연장합의의 한도에 관하여 아무런 제한을 두고 있지 아니함에도 불구하고, 같은 법 시행령(1997.3.27. 대통령령 제15320호로 개정되기 전의 것) 제12조에 의하여 같은 법 제30조 단서에 따른 기일연장을 3월 이내로 제한한 것은 같은 법 시행령 제12조가 같은 법 제30조 단서의 내용을 변경하고 같은 법 제109조와 결합하여 형사처벌의 대상을 확장하는 결과가 된다 할 것인 바, 이와 같이 법률이 정한 형사처벌의 대상을 확장하는 내용의 법규는 법률이나 법률의 구체적 위임에 의한 명령 등에 의하지 않으면 아니 된다고 할 것이므로, 결국 모법의 위임에 의하지 아니한 같은 법 시행령 제12조는 죄형법정주의의 원칙에 위배되고 위임입법의 한계를 벗어난 것으로서 무효이다.[24] ⑥ 외국환관리규정(재정경제원고시 제1996-13호) 제6-15조의4 제2호 (나)목 소정의 지나치게 광범위하고 불명확한 사유인 '범죄, 도박 등 선량한 풍속 및 사회질서에 반하는 행위와 관련한 지급 등'을 허가사유로 규정한 것은 모법인 외국환관리법 제17조 제1항에서 규정한 지급 등의 규제요건 및 위 법률조항의 위임에 따라 외국환관리법시행령 제26조 제1항에서 규정한 허가규제기준을 넘어서는 것으로서, 모법의 위임 범위를 벗어난 것이라고 보지 않을 수 없으므로, 외국환관리규정 제6-15조의4 제2호 (나)목의 규정은 죄형법정주의에 위배된 것일 뿐만 아니라 위임입법의 한계도 벗어난 것으로서 무효이다.[25] ⑦ 구 노동조합법(1986.12.31. 법률 제3925호로 최종 개정되었다가 1996. 12.31. 법률 제5244호로 공포된 노동조합및노동관계조정법의 시행으로 폐지된 것) 제46조의3은 그 구성요건을 "단체협약에……위반한 자"라고만 규정함으로써 범죄구성요건의 외피(外皮)만 설정하였을 뿐 구성요건의 실질적 내용을 직접 규정하지 아니하고 모두 단체협약에 위임하고 있어 죄형법정주의의 기본적 요청인 "법률"주의에 위배되고, 그 구성요건도 지나치게 애매하고 광범위하여 죄형법정주의의 명확성의 원칙에 위배된다.[26] ⑧ 특정범죄가중처벌등에관한법률 제4조 제1항의 "정부관리기업체"라는 용어는 수뢰죄와 같은 이른바 신분범에 있어서 그 주체에 관한 구성요건의 규정을 지나치게 광범위하고 불명확하게 규정하여 전체로서의 구성요건의 명확성을 결여한 것으로 죄형법정주의에 위배되고, 나아가 그 법률 자체가 불명확함으로 인하여 그 법률에서 대통령령에 규정될 내용의 대강을 예측할 수 없는 경우라 할 것이므로 위임입법의 한계를 일탈한 것으로서 위헌이다.[27]

③ 조 례

조례란 지방자치단체가 법령의 범위 안에서 그 권한에 속하는 사무에 관하여 지방의회의 의결을 거쳐 정립하는 법규를 말한다. 조례는 지방자치단체의 의회에

23) 대법원 1999.2.11. 선고 98도2816 전원합의체 판결.
24) 대법원 1998.10.15. 선고 98도1759 전원합의체 판결.
25) 대법원 1998.6.18. 선고 97도2231 전원합의체 판결.
26) 헌법재판소 1998.3.26. 선고 96헌가20 결정.
27) 헌법재판소 1995.9.28. 선고 93헌바50 결정.

서 제정되는 자치법규로써 법령에 의하여 위임된 경우뿐만 아니라 지방자치단체 자체의 발의에 의한 제정도 가능하다는 점에서 지방자치단체의 장에 의해 제정되는 규칙과 구별된다. 지방자치단체의 조례는 자치권의 전권능성 때문에 자치업무의 수행에 관한 모든 사무 분야를 대상으로 하는 포괄성을 갖는다. 그러나 법질서의 통일성을 위하여 '법령의 범위 안에서'만 조례의 제정이 인정되며(헌법 제117조 제1항, 지방자치법 제28조 제1항 제1문), 시·군 및 자치구의 조례는 시·도의 조례에 위반되어서는 안 된다(지방자치법 제30조). 또한 주민의 권리제한 또는 의무부과에 관한 사항이나 벌칙을 정할 때에는 법률의 위임이 있어야 한다(지방자치법 제28조 제1항 제2문). 조례를 형식적으로 보면 조례는 법률이 아니기 때문에 형법의 법원(法源)이 될 수 없다. 그러나 조례제정권이 헌법에 의하여 인정되고 있다는 점과 조례제정권은 법령의 범위 안에서만 인정된다는 점 등을 고려할 때 위임의 범위를 벗어나지 않는 한 법률주의에 위배되지 않는다고 해석할 수 있다고 본다. 이는 위임입법에서와 같은 논리구조이다. 또한 실질적으로 볼 때 조례는 지방의회에서 주민의 대표자에 의하여 제정된다는 점으로 볼 때 죄형법정주의의 기초인 민주주의의 요청에도 부합되고, 사전에 공포되고 그 지역에서만 효력을 가진다는 점에서 민주주의의 요청도 충족한다고 할 수 있다. 이러한 점에서 조례는 실질적으로 죄형법정주의에 위배되지 아니하고, 조례의 형법에 대한 법원성(法源性)은 인정될 수 있다고 해야 한다.

2) 관습법의 배제

① 관습형법금지의 원칙

법률주의는 형법의 법원으로서 관습법을 배제한다. 관습법이란 사실상 행해지고 있는 관습이 공통적으로 규범의식, 즉 법적 확신을 가지고 준수되고 있는 경우와 같이 그 법원성이 인정된 규범을 말한다. 관습법은 성문법이 아니기 때문에 형법의 법원이 될 수 없다는 것은 법률주의의 핵심적인 내용이다. 관습법의 배제(慣習法의 排除) 또는 관습형법금지의 원칙(慣習刑法禁止의 原則, Verbot des Gewohnheitsrechts)으로 나타나고 있다. 관습법은 지방마다 달라서 그 근거와 내용 및 범위 등이 다른 지방의 입장에서는 명확하지 않을 뿐만 아니라 궁극적으로 관습법은 국회가 제정한 법률이 아니어서 법률주의와 부합할 수 없기 때문이다. 과거 군주들이 여러 지방의 관습법 중에서 자신에게 유리한 지방의 관습법만을 자의적으로 취사선택한 후 그 관습법을 근거로 백성들을 탄압한 역사가 그 교훈이라고 할 수 있다. 바로 이 점에서 형법은 관습법의 법원성을 원칙적으로 인정하는 민법이나 상법 등과 구별되고 있다는 것에 대하여는 이미 살펴본 바 있다(민법 제1조, 제106조, 상법 제1조 참조).

② 보충적 관습법의 허용

관습형법금지의 원칙은 관습법이 간접적으로 형법의 해석에 영향을 미치는 것까지 금지하는 것은 아니다. 간접적으로 적용되어 해석의 기준으로 되는 관습법을 보충적 관습법(補充的 慣習法, ergänzendes Gewohnheitsrecht)이라고 한다. 예컨대 부진정부작위범에 있어서의 보증인지위, 정당행위에 있어서의 사회상규(제20조), 원인에 있어서 자유로운 행위의 책임근거, 정당화되는 의무의 충돌, 초법규적 책임조각사유 및 수리방해죄에 있어서의 수리권(제184조) 등이 이에 속한다. 결론적으로 말해서, 가벌성이 인정되는 관습법, 형사제재를 가중하는 관습법 또는 소추조건을 제거하는 관습법은 금지된다. 그러나 보충적 관습법이나 유리한 관습법은 허용된다고 하지 않을 수 없다.

3) 판례법의 배제

법률주의는 형법의 법원으로서 판례법을 배제한다. 따라서 판례는 형법의 법원으로 될 수 없다. 판례는 국회가 제정한 법률이 아니기 때문이다. 판례란 판결의 누적이고, 판례법(判例法, Fallrecht, case law, judge-made law)이란 판례의 집적에 의하여 만들어진 법을 말한다. 판례법은 판결문 자체를 말하는 것이 아니라 판례로부터 추출된 일반적인 법칙을 말하는 것이다. 물론 판례가 성문법의 내용을 보충하고, 구체화·명확화함으로써 행위규범이 되는 것까지 부정하는 것은 아니다. 그러나 그것은 어디까지나 법률에 대한 해석의 범위 내에서이다. 따라서 판례에 독자적인 법원성을 인정할 수는 없다고 해야 한다. 판례의 법원성은 삼권분립의 입장에서도 인정될 수 없기 때문이다. 결국 성문법주의에서 판례는 기본적으로 법원(法源)이 될 수 없다. 다만 견해에 따라 판례의 소급적 변경을 인정하지 아니하는 경우에는 그러한 경우에 한하여 법원성이 인정될 수 있음에 주의를 요한다.

(3) 명확성의 원칙

범죄의 명확성은 형사처벌의 대상이 되는 범죄의 구성요건을 형식적 의미의 법률로 명확하게 규정할 것을 요구한다. 제재의 명확성도 같다.

1) 의 의

명확성의 원칙(明確性의 原則, Nulla poena sine lege certa, Bestimmtheitsgrundsatz)이란 형법은 범죄와 제재의 내용을 구체적이고 명확하게 규정하여야 한다는 원칙을 말한다. 법률주의는 명확성의 원칙을 그 내용으로 포함하고 있다. 명확성의 원칙은 누구나 법률이 처벌하고자 하는 행위가 무엇이며, 그에 대한 제재가 어떠한 것인지를 예견할 수 있고, 그에 따라 자신의 행위를 결정할 수 있도록 구성요건이 명확할 것을 요구하는 것이다.[28] 만약 법규 내용이 지나치게 광범위하고 불명확하여 막연하고 그 내용을 객관적으로 이해할 수 없는 경우에는 그 법규 자체가 헌법상 보장된 적정절차에 대한 위반이고 위헌이라고 하는 원칙을 명확성의 원칙이라고 한다(헌법 제12조 제1항 참조). 이와 같이 명확성의 원칙은 법치국가원리의 한 표현으로서 기본권을 제한하는 법규범의 내용은 명확하여야 한다는 헌법상의 원칙이라고 할 수 있다.[29] 명확성의 원칙과 관련하여서는 범죄의 명확성과 제재의 명확성에 대하여 검토가 필요하다.

한편 독일에서도 확정성의 요청 내지 명확성의 요청(Bestimmt-heitgebot)은 죄형법정주의의 주요한 내용으로 되어 있다. 형법의 보장적 기능과 법관의 자의적 결정의 배제가 그 이유로 되어 있고, '명확한 법률이 없으면 범죄도 없고 형벌도 없다'(nullum crimen, nulla poena sine lege certa)는 법언(法諺)으로 표현되고 있다. 예컨대 벨첼은 '죄형법정주의가 위협받는 것은 유추보다도 불명확한 형벌법규에 의하는 것이다'라고 비판한 바 있다.[30] 독일의 기본법에서도 명확성의 원칙이 인정되고 있다(독일 기본법 제103조 제2항). 또 다른 한편 명확성의 원칙은 미국의 판례법에서 전개된 '불명확에 의한 무효이론'(void-for-vague-ness doctrine)을 계승한 이론으로 설명되기도 한다. 여기에서는 국민에 대한 공정한 고지 및 형벌권의 자의적 남용의 방지라는 관점에서 특히 경제활동의 자유와 언론의 자유의 보장을 위하여 막연한 형벌법규는 적정절차(due process)에 위반되고 무효라고 하였다. 나아가 미국의 판례법에서는 특히 표현활동의 자유의 규제에 대하여 그 적용범위가 과도하게 광범위한 경우에는 국민에게 위축적 효과를 초래한다는 관점에서 형벌법규를 무효로 하는 '과도한 광범위성의 원칙'(over breadth doctrine)이 전개되었다. 독일에서도 확정성의 요청 내지 명확성의 요청(Bestimmt-heitgebot)은 죄형법정주의의 주요한 내용으로 되어 있다. 그러나 영미법계에서는 죄형법정주의를 채택하고 있지 않기 때문에 불명확에 의한 무효이론은 대륙법계에 있어서의 죄형법정주의와 같은 취지의 내용이라고 이해할 수 있을 것이다.

---

28) 헌법재판소 2002.2.28. 선고 99헌가8 결정; 헌법재판소 2001.1.18. 선고 99헌바112 결정; 대법원 2009.10.29. 선고 2009도7569 판결; 대법원 2006.5.11. 선고 2006도920 판결; 대법원 2003.11.14. 선고 2003도3600 판결.

29) 대법원 2008.10.23. 자 2008초기264 결정.

30) Welzel, S. 23.

2) 내 용

① 범죄의 명확성

ⓘ 취 지 : 명확성의 원칙은 범죄와 제재에 대하여 국민에게 예측가능성을 부여하고, 법관에 의한 법률의 자의적인 해석과 적용을 배제하는 기능을 수행하도록 하기 위한 것이다. 왜냐하면 법률이 아무리 범죄와 제재를 법률로 규정하고 있다고 하더라도 그 내용이 모호하거나 추상적이어서 불명확하면 무엇이 금지된 행위인지를 국민이 알 수 없고 범죄의 성립여부가 법관의 자의적인 해석에 맡겨지게 되고 죄형법정주의에 의하여 예측가능성과 법적 안정성을 담보함으로써 국민의 자유와 권리를 보장하려는 법치주의의 이념은 실현불가능하게 되기 때문이다.[31] 따라서 범죄의 구성요건이 추상적이고 모호한 개념으로 이루어지거나, 그 적용범위가 너무 광범위하고 포괄적이어서 불명확하게 되어 통상의 판단능력을 가진 국민이 법률에 의하여 금지된 행위가 무엇인가를 알 수 없는 경우에는 죄형법정주의의 원칙에 위배된다.[32]

ⓘⓘ 한 계 : 모든 범죄행위를 구체적으로 상세하게 규정하는 것은 사실상 불가능할 뿐만 아니라 입법기술상으로도 바람직하다고 할 수 없다. 일반적으로 법규는 그 규정의 문언에 표현력의 한계가 있을 뿐만 아니라 그 성질상 어느 정도의 포괄성과 추상성을 가지는 것은 불가피하다.[33] 또한 법규범의 문언은 어느 정도 가치개념을 포함한 일반적, 규범적 개념을 사용하지 않을 수 없는 것이기 때문에 명확성의 원칙이란 기본적으로 최대한이 아닌 최소한의 명확성을 요구하는 것으로서, 그 문언이 법관의 보충적인 가치판단을 통해서 그 의미내용을 확인할 수 있고, 그러한 보충적 해석이 해석자의 개인적인 취향에 따라 좌우될 가능성이 없다면 명확성의 원칙에 반한다고 할 수 없다.[34] 다시 말해서 처벌법규의 구성요건이 명확하여야 한다고 하여 모든 구성요건을 단순한 서술적 개념으로 규정하여야 하는 것은 아니고, 다소 광범위하여 법관의 보충적인 해석을 필요로 하는 개념을 사용하였다고 하더라도 통상의 해석방법에 의하여 건전한 상식과 통상적인 법감정을 가진 사람이라면 당해 처벌법규의 보호법익과 금지된 행위 및 처벌의 종류와 정도를 알 수 있도록 규정하였다면 헌법이 요구하는 처벌법규의 명확성에

31) 헌법재판소 2002.2.28. 선고 99헌가8 결정; 헌법재판소 1995.9.28. 선고 93헌바50 결정.
32) 헌법재판소 1997.9.25. 선고 96헌가16 결정.
33) 대법원 1995.6.16. 선고 94도2413 판결.
34) 헌법재판소 2005.12.22. 선고 2004헌바45 결정.

배치되는 것이 아니라고 할 수 있다.[35] 명확성을 긍정한 판례의 구체적 내용은 다음과 같다. 즉,

① “성인대상 성범죄”는 그 문언에 비추어 성인 피해자를 범죄대상으로 한 성에 관련된 범죄로서 타인의 성적 자기결정권을 침해하여 가해지는 위법행위 혹은 성인이 연루되어 있는 사회의 건전한 성풍속을 침해하는 위법행위를 일컫는 것으로 보이고, 이러한 범죄들 중에서도 이 사건 법률조항의 입법목적에 비추어, 의료기관 취업을 제한할 필요가 있는 범죄로 해석된다. 또한, 청소년성보호법에 이미 규정된 “아동・청소년대상 성범죄”의 내용들을 살펴봄으로써 “성인대상 성범죄”의 내용도 “아동・청소년대상 성범죄”와 유사하게 규율될 것임을 어느 정도 예상할 수 있고, 성범죄를 예방하고 피해자를 보호한다는 측면에서 청소년성보호법과 긴밀한 법적 연관성이 있는 ‘성폭력범죄의 처벌 등에 관한 특례법’의 내용들도 “성인대상 성범죄”의 내용을 파악하는 데에 도움이 된다. 이상의 내용을 종합하면 “성인대상 성범죄” 부분은 불명확하다고 볼 수 없어 헌법상 명확성원칙에 위배되지 않는다.[36] ② 구성요건은 범죄 행위의 일반적 유형으로서 정형화되어 있는 데 반해, 위법성 조각사유는 구체적이고 개별적인 행위에 대한 사후적이고 객관적인 평가로서 정당방위가 발생하게 되는 현재의 부당한 침해 상황은 어떤 특정범죄에만 국한되어 있는 것이 아니라 법익 침해가 이루어지는 거의 모든 범죄에서 발생 가능하므로 이에 대한 정당방위 상황을 미리 예상하여 일일이 법문에서 규정하는 것은 거의 불가능에 가깝고, 변화하는 사회에 대한 법규범의 적응력을 확보하기 위해서도 어느 정도 망라적인 의미를 가지는 내용으로 입법하는 것이 불가피하다고 할 것인 바, 이 사건 심판대상규정인 ‘상당한 이유’ 부분에 대해서는 대법원도 일찍부터 합리적인 해석기준을 제시하고 있어 건전한 상식과 통상적인 법 감정을 가진 일반인이라면 그 의미를 어느 정도 쉽게 파악할 수 있다고 할 것이므로 죄형법정주의에서 요구하는 명확성의 원칙을 위반하였다고 할 수 없다.[37] ③ “유형의 문화적 소산으로서 역사상 또는 예술상 가치가 큰 것”이라 함은 이 법률조항의 입법목적에 비추어 볼 때, ‘보존하고 활용할 가치가 있는 것’을 가리키고, 그와 같은 가치가 있는지 여부는 그 물건이 지닌 시대성, 희귀성, 예술성 및 화폐단위로 환산된 가치 등을 종합적으로 고려하여 건전한 상식과 통상적인 법감정을 통하여 판단할 수 있으며, 구체적인 사건에서는 법관의 합리적인 해석에 의하여 판단할 수 있다. 또한 법 제76조 제1항의 비지정동산유형문화재는 시행령과 시행규칙에 구체적인 범위가 규정되어 있고, 법 제76조 제2항은 문화재로 오인될 우려가 있는 동산을 국외로 수출 또는 반출하고자 하는 경우

35) 대법원 2009.10.29. 선고 2009도7569 판결; 대법원 2006.5.11. 선고 2006도920 판결.
36) 헌법재판소 2016.3.31. 선고 2013헌마585,786・2013헌바394・2015헌마199,1034,1107(병합) 결정.
37) 헌법재판소 2001.6.28. 선고 99헌바31 결정.

에는 미리 문화체육부장관의 확인을 받도록 규정하여 문화재의 개념을 오인한 자로 하여금 형사처벌을 받을 위험을 제거하는 제도적 장치를 하고 있으므로, 이 법률조항은 입법목적과 다른 조항과의 연관성, 합리적인 해석가능성, 입법기술상의 한계 등을 고려할 때, 어떤 행위가 이에 해당하는지 의심을 가질 정도로 불명확한 개념이라고 볼 수 없으므로 형벌법규의 명확성의 원칙에 반하지 아니한다.[38] ④ 도로교통법 제20조의2 제2호 "도로의 구부러진 곳"이라는 규정에 "위험을 초래할 정도로" 또는 "시야가 가린" 내지 "전망할 수 없는" 등의 내용을 추가하는 입법형식이 이 사건 법률규정의 명확성을 더욱 담보할 수 있는 바람직한 입법으로 생각되지만, 위와 같은 내용은 입법목적에서 어느 정도 도출될 수 있는 것이어서 이 사건 법률규정에 관하여 보다 구체적인 입법이 가능하다는 이유만으로 곧바로 이 사건 법률규정이 죄형법정주의에 위반된다고 할 수는 없다.[39] ⑤ 이 사건 법률조항의 "음란" 개념은 적어도 수범자와 법집행자에게 적정한 지침을 제시하고 있다고 볼 수 있고 또 법적용자의 개인적 취향에 따라 그 의미가 달라질 수 있는 가능성도 희박하다고 하지 않을 수 없다. 따라서 이 사건 법률조항의 "음란" 개념은 그것이 애매모호하여 명확성의 원칙에 반한다고 할 수 없다.[40] ⑥ 형법 제243조, 제244조에서 규정하는 "음란"은 평가적, 정서적 판단을 요하는 규범적 구성요건 요소이고, "음란"이란 개념이 일반 보통인의 성욕을 자극하여 성적 흥분을 유발하고 정상적인 성적 수치심을 해하여 성적 도의관념에 반하는 것이라고 풀이되고 있으므로 이를 불명확하다고 볼 수 없기 때문에, 형법 제243조와 제244조의 규정이 죄형법정주의에 반하는 것이라고 할 수 없다.[41] ⑦ "부당한 방법으로 탐지 · 수집한 자"라는 구성요건은 관계법령이 정하고 있는 적법한 절차에 의하지 아니하고 군사기밀을 탐지 · 수집한 자를 의미하는 것임이 분명하며 이러한 내용은 통상의 판단능력을 가진 사람이라면 충분히 그 의미를 이해할 수 있다고 사료되므로 "부당한 방법으로"라는 용어를 썼다는 이유만으로 구성요건의 구체성 내지 명확성을 결여하였다고 할 수는 없는 것이다. 군사기밀의 범위는 국민의 표현의 자유 내지 "알 권리"의 대상영역을 최대한 넓혀줄 수 있도록 필요한 최소한도에 한정되어야 할 것이며 따라서 군사기밀보호법 제6조, 제7조, 제10조는 동법 제2조 제1항의 "군사상의 기밀"이 비공지의 사실로서 적법절차에 따라 군사기밀로서의 표지를 갖추고 그 누설이 국가의 안전보장에 명백한 위험을 초래한다고 볼 만큼의 실질가치를 지닌 것으로 인정되는 경우에 한하여 적용된다 할 것이므로 그러한 해석하에 헌법에 위반되지 아니한다.[42] ⑧ "현저히 사회적 불안을 야기시킬 우려가 있는 집회 또는 시위"를 주관하거나 개최한 자를 처벌하고 있는 개정

38) 헌법재판소 2000.6.29. 선고 98헌바67 결정.
39) 헌법재판소 2000.2.24. 선고 99헌가4 결정.
40) 헌법재판소 1998.4.30. 선고 95헌가16 결정.
41) 대법원 1995.6.16. 선고 94도2413 판결.
42) 헌법재판소 1992.2.25. 선고 89헌가104 결정.

전 집회및시위에관한법률 제3조 제1항 제4호, 제14조 제1항은 문언해석상 그 적용범위가 과도하게 광범위하고 불명확하므로, 헌법상 보장된 집회의 자유를 위축시킬 수 있고 법운영 당국에 의한 편의적·자의적 법운영집행을 가능하게 함으로써 법치주의와 권력분립주의 및 죄형법정주의에 위배될 수 있으며 법집행을 받는 자에 대한 평등권 침해가 될 수 있어 기본권제한의 한계를 넘어서게 되어 위헌의 소지가 있다. 그러나 민주체제 전복을 시도하는 집회·시위나 공공의 질서에 관한 법익침해의 명백한 위험이 있는 집회·시위까지 집회의 자유라는 이름으로 보호하는 것이 헌법이 아닌 것이며, 대중적 집회에는 뜻밖의 자극에 의하여 군중의 흥분을 야기시켜 불특정 다수인의 생명·신체·재산 등에 위해를 줄 위험성이 내재되어 있는 것으로 이를 막자는 데도 위 조문의 취의(趣意)가 있다고 할 것인 즉 위 조문의 합헌적이고 긍정적인 면도 간과해서는 안 될 것이므로, 헌법과의 조화, 다른 보호해야 할 법익과의 조정하에 해석상 긍정적인 면을 살리는 것이 마땅하다. 따라서 위 조문은 각 그 소정행위가 공공의 안녕과 질서에 직접적인 위협을 가할 것이 명백한 경우에 적용된다고 할 것이므로 이러한 해석하에 헌법에 위반되지 아니한다.[43]

명확성을 부정한 판례의 구체적 내용은 다음과 같다. 즉,

① 향토예비군설치법 제3조 제1항 제1호, 제2호, 제6조, 제6조의2 제1항의 규정 등을 종합하면, 같은 법 소정의 훈련소집 대상 예비군대원 본인이 소집통지서의 수령의 무자가 된다는 점은 일반인의 이해와 판단으로서도 충분히 알 수 있다고 할 것이나, 이 '소집통지서를 수령할 의무가 있는 자'의 의미나 범위에 관하여 향토예비군 대원 본인 외에 '그와 동일 세대 내의 세대주나 가족 중 성년자 또는 그의 고용주'도 포함된다고 하기 위하여는 같은 법 제6조의2 제3항의 소집통지서 전달의무가 수령의무를 전제로 하는 것이고, 같은 조 제2항이 본인이 부재중인 때에는 '그와 동일 세대 내의 세대주나 가족 중 성년자 또는 그의 고용주'에게 소집통지서를 전달하도록 규정함으로써 전달의무자에게 수령의무를 부과한 것으로 확장 내지 유추해석할 수밖에 없지만, 이러한 해석방법은 같은 법 제15조 제9항, 제6조의2 제2항, 제3항의 법률문언이 갖는 통상적인 의미를 벗어난 것이거나 형벌법규 명확성의 원칙에 위배되는 것이라고 아니할 수 없으므로, 같은 법 제6조의2 제2항에 규정된 '그와 동일 세대 내의 세대주나 가족 중 성년자 또는 그의 고용주'는 같은 법 제15조 제9항 후문의 '소집통지서를 수령할 의무 있는 자'에 포함되지 아니한다.[44] ② 미성년자보호법 조항의 불량만화에 대한 정의 중 전단 부분의 "음란성 또는 잔인성을 조장할 우려"라는 표현을 보면, '음란성'은 법관의 보충적인 해석을 통하여 그 규범내용이 확정될 수 있는 개념이라고 할 수 있으나, 한

43) 헌법재판소 1992.1.28. 선고 89헌가8 결정.
44) 대법원 2005.4.15. 선고 2004도7977 판결.

편 '잔인성'에 대하여는 아직 판례상 개념규정이 확립되지 않은 상태이고 그 사전적 의미는 "인정이 없고 모짊"이라고 할 수 있는 바, 이에 의하면 미성년자의 감정이나 의지, 행동 등 그 정신생활의 모든 영역을 망라하는 것으로서 살인이나 폭력 등 범죄행위를 이루는 것에서부터 윤리적·종교적·사상적 배경에 따라 도덕적인 판단을 달리 할 수 있는 영역에 이르기까지 천차만별이어서 법집행자의 자의적인 판단을 허용할 여지가 높고, 여기에 '조장' 및 '우려'까지 덧붙여지면 사회통념상 정당한 것으로 볼 여지가 많은 것까지 처벌의 대상으로 할 수 있게 되는 바, 이와 같은 경우를 모두 처벌하게 되면 그 처벌범위가 너무 광범위해지고, 일정한 경우에만 처벌하게 된다면 어느 경우가 그에 해당하는지 명확하게 알 수 없다. 다음으로 불량만화에 대한 정의 중 후단 부분의 "범죄의 충동을 일으킬 수 있게"라는 표현은 그것이 과연 확정적이든 미필적이든 고의를 품도록 하는 것에만 한정되는 것인지, 인식의 유무를 가리지 않고 실제로 구성요건에 해당하는 행위로 나아가게 하는 일체의 것을 의미하는지, 더 나아가 단순히 그 행위에 착수하는 단계만으로도 충분한 것인지, 결과까지 의욕하거나 실현하도록 하여야만 하는 것인지를 전혀 알 수 없어 그 규범내용이 확정될 수 없는 것이다. 그러므로 이 사건 미성년자보호법 조항은 법관의 보충적인 해석을 통하여도 그 규범내용이 확정될 수 없는 모호하고 막연한 개념을 사용함으로써 그 적용범위를 법집행기관의 자의적인 판단에 맡기고 있으므로, 죄형법정주의에서 파생된 명확성의 원칙에 위배된다.[45)]

③ "저속"의 개념은 "음란"의 개념과는 달리 그 적용범위가 매우 광범위할 뿐만 아니라 법관의 보충적인 해석에 의한다 하더라도 그 의미내용을 확정하기 어려울 정도로 매우 추상적이다. 이 "저속"의 개념에는 출판사등록이 취소되는 성적 표현의 하한이 열려 있을 뿐만 아니라 폭력성이나 잔인성 및 천한 정도도 그 하한이 모두 열려 있기 때문에 출판을 하고자 하는 자는 어느 정도로 자신의 표현내용을 조절해야 되는지를 도저히 알 수 없도록 되어 있어 명확성의 원칙 및 과도한 광범성의 원칙에 반한다.[46)]

④ 구 노동조합법(1986.12.31. 법률 제3925호로 최종 개정되었다가 1996.12.31. 법률 제5244호로 공포된 노동조합및노동관계조정법의 시행으로 폐지된 것) 제46조의3은 그 구성요건을 "단체협약에……위반한 자"라고만 규정함으로써 범죄구성요건의 외피(外皮)만 설정하였을 뿐 구성요건의 실질적 내용을 직접 규정하지 아니하고 모두 단체협약에 위임하고 있어 죄형법정주의의 기본적 요청인 "법률"주의에 위배되고, 그 구성요건도 지나치게 애매하고 광범위하여 죄형법정주의의 명확성의 원칙에 위배된다.[47)]

ⓘⓘⓘ 판단기준 : 명확성에 대한 판단기준은 형법의 재판규범성에 치중하게 될 때에는 평균적 법관이 된다고 하여야 할 것이지만, 행위규범성에 치중하게 된다면 평균적 일반인이 되어야 한다고 할 것이다. 생각건대 일반 국민에게 예측가

45) 헌법재판소 2002.2.28. 선고 99헌가8 결정.
46) 헌법재판소 1998.4.30. 선고 95헌가16 결정.
47) 헌법재판소 1998.3.26. 선고 96헌가20 결정.

능성을 보장한다는 죄형법정주의의 취지에 비추어 볼 때 명확성에 대한 판단기준은 형법의 행위규범성에 치중하여 판단하는 것이 타당하다. 따라서 처벌법규의 구성요건에 법관의 보충적인 해석을 필요로 하는 개념이 포함되었다고 하더라도 통상의 판단능력을 가진 일반인을 기준으로 하여 이 사람이 합리적으로 판단할 때 무엇이 금지되어 있는가를 예견할 수 있어야 한다고 해야 한다.[48] 여기서 통상의 판단능력을 가진 국민을 기준으로 하는 헌법재판소의 판결이나,[49] 누구나 예견할 수 있고 그에 따라 자신의 행위를 결정할 수 있도록 구성요건을 명확하게 규정해야 한다는 대법원의 입장도 같은 취지라고 생각된다.[50]

ⓘⓥ **판단방법** : 처벌법규의 구성요건이 어느 정도 명확하여야 하는가는 일률적으로 정할 수 없다. 구성요건의 특수성과 그러한 법적 규제의 원인이 된 여건이나 처벌의 정도 등을 고려하여 종합적으로 판단하여야 할 것이다.[51] 명확성에 대한 판단은 예측가능성과 법적 안정성의 담보방법에 달려 있다고 할 수 있다. 즉, 어떠한 법규범이 수범자에게 그 법규의 의미내용을 알 수 있도록 공정한 고지를 하여 예측가능성을 주고, 법을 해석 · 집행하는 기관에게 충분한 의미내용을 규율하여 자의적인 법해석이나 법집행이 배제되도록 한다면 그 법규범은 명확하다고 판단할 수 있을 것이다.[52] 결국 다양한 해석방법에 의하여 사물의 변별능력을 제대로 갖춘 일반인의 이해와 판단으로서 그 법규의 구성요건요소에 해당하는 행위유형을 정형화하거나 한정할 합리적인 해석기준을 찾을 수 있다면 명확성의 원칙에 반하는 것은 아니라고 판단할 수 있다.[53] 왜냐하면 법규범의 의미내용은 궁극적으로 그 문언뿐만 아니라 입법 목적이나 입법 취지, 입법 연혁 및 법규범의 체계적 구조 등을 종합적으로 고려하는 해석방법에 의하여 구체화하게 되기 때문이다. 이에 관한 판례의 구체적 내용은 다음과 같다. 즉,

---

48) 대법원 2008.3.27. 선고 2007도7561 판결; 대법원 2006.10.26. 선고 2005도9825 판결; 대법원 2006.5.11. 선고 2006도920 판결.

49) 헌법재판소 1997.9.25. 선고 96헌가16 결정.

50) 대법원 2014.1.29. 선고 2013도12939 판결.

51) 대법원 2004.7.9. 선고 2004도810 판결.

52) 대법원 2009.10.29. 선고 2009도7569 판결; 대법원 2006.5.11. 선고 2006도920 판결.

53) 헌법재판소 2000.2.24. 선고 99헌가4 결정; 대법원 2009.10.29. 선고 2009도7569 판결; 대법원 2006.10.26. 선고 2005도9825 판결; 대법원 2006.5.11. 선고 2006도920 판결; 대법원 2003.11.14. 선고 2003도3600 판결; 대법원 2002.7.26. 선고 2002도1855 판결; 대법원 2001.11.13. 선고 2001도3531 판결.

① 구 정치자금에 관한 법률(2004.3.12. 법률 제7191호로 개정되기 전의 것) 제2조 제1항의 "이 법에 의하지 아니한 방법"이라는 것은 '위 법률의 각 개별조항에서 구체적으로 정한 방법 이외의 모든 방법'을 의미하는 것임이 문언적으로 명백하고, 이는 위 법률에서 금지하고자 하는 음성적 정치자금의 수수행위는 그 개별적, 구체적 행위를 일일이 나열하는 방법으로는 규제가 불가능한 속성을 가지고 있다는 점을 고려한 것으로서, 건전한 상식과 통상적인 법감정을 가진 일반인이라면 정치자금을 수수하는 방법을 상세히 규정하고 있는 위 법률의 개별규정을 통하여 같은 법이 허용하는 정치자금의 수수방법을 충분히 인식할 수 있고, 나아가 위 법률에 정해진 방법이 아닌 방법으로 정치자금을 수수하면 처벌된다는 점 또한 명백히 알 수 있으므로, 구 정치자금에 관한 법률 제30조 제1항의 규정 등을 가리켜 헌법상 명확성의 원칙이나 죄형법정주의의 원칙 등에 위반된다고 할 수 없다.[54] ② 사업장의 '안전보호시설'에 대하여 정상적인 유지·운영을 정지·폐지 또는 방해하는 행위를 쟁의행위로서 행할 수 없도록 규정한 노동조합 및 노동관계조정법 제42조 제2항의 입법목적은 '사람의 생명·신체의 안전보호'에 있고, 여기서 '안전보호시설'이라 함은 사람의 생명이나 신체의 위험을 예방하기 위해서나 위생상 필요한 시설로서 당해 사업장의 성질, 당해 시설의 기능, 당해 시설의 정상적인 유지·운영이 되지 아니할 경우에 일어날 수 있는 위험 등 제반 사정을 구체적·종합적으로 고려하여 위 법조 소정의 안전보호시설에 해당하는지 여부를 판단할 수가 있으므로 위 규정의 입법목적이 불명확하다거나 해석 기준이 불명료하여 죄형법정주의의 명확성 원칙에 반한다는 취지의 상고이유의 주장도 받아들일 수 없다.[55] ③ 구 증권투자신탁업법(2003.10.4. 법률 제6987호 간접투자자산운용업법 부칙 제2조로 폐지되기 전의 것) 제32조 제1항 제1호 소정의 '신탁재산으로 수익자 외의 자의 이익을 위한 행위'라 함은 위탁회사의 선관주의의무와 수익자보호의무 위반행위를 가리키는 것이므로 위 법률조항이 규정하고 있는 정도만으로도 건전한 상식과 통상적인 법감정을 가진 일반인이라면 무엇이 금지된 행위인지를 충분히 알 수 있고, 구체적인 사건에서는 법관의 합리적인 해석에 의하여 위 규정의 해당 여부가 판단될 수 있는 것이므로, 위 법률조항이 명확성의 원칙에 반한다고 볼 수 없다.[56] ④ 청소년보호법 제26조의2 제8호 소정의 "풍기를 문란하게 하는 영업행위를 하거나 그를 목적으로 장소를 제공하는 행위"의 의미는 청소년보호법의 입법 취지, 입법연혁, 규정형식에 비추어 볼 때 "청소년이 건전한 인격체로 성장하는 것을 침해하는 영업행위 또는 그를 목적으로 장소를 제공하는 행위"를 의미하는 것으로 보아야 할 것이고, 그 구체적인 예가 바로 위 규정에 열거된 "청소년에 대하여 이성혼숙을 하게 하거나 그를 목적으로 장소를 제공하는 행위" 등이라고 보이는 바, 이는 건전한 상식과 통상적인 법감정을 통하여 판단할 수

54) 대법원 2006.12.22. 선고 2006도1623 판결.
55) 대법원 2006.10.26. 선고 2005도9825 판결.
56) 대법원 2004.7.9. 선고 2004도810 판결.

있고, 구체적인 사건에서는 법관의 보충적인 해석을 통하여 그 규범내용이 확정될 수 있는 개념이라 할 것이어서 위 법률조항은 명확성의 원칙에 반하지 아니하여 실질적 죄형법정주의에도 반하지 아니한다.[57] ⑤ 구 신용협동조합법(1998.1.13. 법률 제5506호로 전문 개정되기 전의 것) 제96조 제1항 제1호는 '이 법 또는 이 법에 의한 명령에 위반하여 자금을 사용 또는 대부하거나 투기의 목적으로 조합 또는 연합회의 재산을 처분하거나 이용한 때'라고 규정하여 처벌규정 자체에서 범죄구성요건에 해당하는 행위유형을 한정하고 있어 처벌규정으로서의 명확성을 지니고 있다고 할 것이므로, 위 규정이 죄형법정주의에 관한 헌법 규정에 위반된다고 할 수 없다.[58] ⑥ 유해화학물질관리법 제35조 제1항에서 금지하는 환각물질을 구체적으로 명확하게 규정하지 아니하고 다만 그 성질에 관하여 '흥분 · 환각 또는 마취의 작용을 일으키는 유해화학물질로서 대통령령이 정하는 물질'로 그 한계를 설정하여 놓고, 같은 법 시행령 제22조에서 이를 구체적으로 규정하게 한 취지는 과학기술의 급격한 발전으로 말미암아 흥분 · 환각 또는 마취의 작용을 일으키는 유해화학물질이 수시로 생겨나기 때문에 이에 신속하게 대처하려는 데에 있으므로, 위임의 한계를 벗어난 것으로 볼 수 없고, 한편 그러한 환각물질은 누구에게나 그 섭취 또는 흡입행위 자체가 금지됨이 마땅하므로, 일반적으로 술을 마시는 행위 자체가 금지된 것이 아니라 주취상태에서의 자동차 운전행위만이 금지되는 도로교통법상의 주취상태를 판정하는 혈중알코올농도와 같이 그 섭취 기준을 따로 정할 필요가 있다고 할 수 없으므로, 같은 법 제35조 제1항의 '섭취 또는 흡입'의 개념이 추상적이고 불명확하다거나 지나치게 광범위하다고 볼 수도 없다.[59] ⑦ 외국환관리규정(재정경제원고시 제1996-13호) 제6-15조의4 제2호 (나)목 소정의 '도박 기타 범죄 등 선량한 풍속 및 사회질서에 반하는 행위'라는 요건은, 이를 한정할 합리적인 기준이 없다면, 형벌법규의 구성요건 요소로서는 지나치게 광범위하고 불명확하다고 할 것인데, 외국환관리에 관한 법령의 입법 목적이나 그 전체적 내용, 구조 등을 살펴보아도 사물의 변별능력을 제대로 갖춘 일반인의 이해와 판단으로서도 그 구성요건 요소에 해당하는 행위유형을 정형화하거나 한정할 합리적 해석기준을 찾기 어려우므로, 죄형법정주의가 요구하는 형벌법규의 명확성의 원칙에 반한다.[60]

② 제재의 명확성

ⓘ 취 지: 명확성의 원칙은 제재의 명확성을 요구한다. 형법은 범죄의 결과에 대하여 어떠한 제재를 과할 것인지 명확하게 규정하여야 한다. 그러나 "그 죄에 대한 법정형의 최고를 사형으로 한다"고 규정한 것은, 법정형의 최고가 사형

57) 대법원 2003.12.26. 선고 2003도5980 판결.
58) 대법원 2001.11.13. 선고 2001도3531 판결.
59) 대법원 2000.10.27. 선고 2000도4187 판결.
60) 대법원 1998.6.18. 선고 97도2231 전원합의체 판결.

이므로 그 이하의 형벌까지 모두 선고할 수 있다는 의미인지, 아니면 국가보안법 제7조 제5항, 제1항에 규정되어 있는 법정형 외에 사형이 법정형으로 추가된다는 의미인지 불명확하기 때문에 형벌법규의 명확성 원칙에 반한다고 할 수 있다.[61] 또한 '살인자는 사형에 처한다'와 같이 절대적 제재를 규정하는 것은 불가능할 뿐만 아니라 형사정책적으로도 바람직하지 않다고 해야 한다.

ⓘⓘ **절대적 부정기형의 금지** : 부정기형(不定期刑, unbestimmte Verurteilung)이란 선고형의 형기가 특정되어 있지 않고 상한과 하한의 양방이 정하여지지 아니한 선고형 또는 상한과 하한의 양방 또는 편방만을 정하여 언도하는 선고형을 말한다. 부정기형에는 형의 장기와 단기가 전혀 특정되지 아니한 절대적 부정기형(絕對的 不定期刑)과 장기와 단기가 법정되어 있거나 장기만 법정되어 있는 상대적 부정기형(相對的 不定期刑)이 있다. 부정기형은 형이 명확하지 아니한 경우에 해당하므로 죄형법정주의에 반한다. 그러나 형벌의 명확성의 요청에 반하는 것은 절대적 부정기형에 한하며, 상대적 부정기형은 죄형법정주의에 반하지 않는다고 해석되고 있다.[62] 절대적 부정기형은 죄형균형주의에 반하지만, 상대적 부정기형은 형기를 수형자의 개선의 진도에 따르게 함으로써 교정교육의 효과를 기대하는 것이기 때문이다. 소년법은 소년범에 대하여 상대적 부정기형을 규정하고 있다(소년법 제60조).

ⓘⓘⓘ **보안처분의 기간** : 보안처분의 기간은 정기일 것을 요하지 않는다. 보안처분은 장래의 위험성에 대한 합목적적 처분이므로 위험성이 계속되는 동안 집행될 것을 요하며, 기간의 부정기를 본질로 하기 때문이다. 그럼에도 불구하고 통설은 절대적 부정기형이 금지되는 것과 같은 이유에서 절대적 부정기 보안처분도 인권보장의 관점에서 허용되지 않는다고 한다. 치료감호법은 피치료감호자를 치료감호시설에 수용하는 기간이 15년을 초과할 수 없도록 규정하고 있다(치료감호법 제16조 제2항 참조). 대법원도 "치료감호의 기간을 미리 법정하지 않고 계속 수용하여 치료할 수 있도록 하는 것은 정신장애자의 개선 및 재활과 사회의 안전에 모두 도움이 되고 이로써 달성되는 사회적 공익은 상당히 크다고 할 수 있다. 한편 피치료감호자는 계속적인 치료감호를 통하여 정신장애로부터의 회복을 기대할 수 있는 이익도 있을 뿐만 아니라, 가종료, 치료위탁 등 법적 절차를 통하여 장기수용의 폐단으로부터 벗어날 수도 있으므로, 이 사건 법률조항이 치료감호에 기간을 정하지 아니함으로 말미암아 초래될 수 있는 사익의 침해는 그로써 얻게 되는 공익에 비하여

---

61) 헌법재판소 2002.11.28. 선고 2002헌가5 결정.
62) Vgl. Satzger/Schmitt/Widmier, § 1 Rn. 25.

크다고 볼 수 없다"고 판시한 바 있다.[63]

(4) 유추해석금지의 원칙

1) 의 의

유추해석금지의 원칙(類推解釋禁止의 原則, Nulla poena sine lege stricta, Analogieverbot)이란 유추해석은 형법의 해석상 금지되어야 한다는 원칙을 말한다. 법률주의는 유추해석금지의 원칙도 그 내용으로 포함하고 있다. 유추해석이란 법문에 규정되어 있지 아니한 행위에 대하여 그것과 유사한 성질을 가지는 행위에 대하여 규정한 법문(法文)을 적용하는 것을 말한다. 예컨대 업무상 비밀누설죄에서 변호사 아닌 변호인도 이들과 같은 기능과 역할을 수행하기 때문에 변호인도 타인의 비밀을 누설한 경우에는 당연히 처벌되어야 한다고 해석하는 경우이다. 유추해석금지의 원칙은 모든 형벌법규의 구성요건과 가벌성에 관한 규정에 준용된다. 위법성조각사유, 책임조각사유나 소추조건 또는 처벌조각사유인 형면제사유에 관하여 그 범위를 제한적으로 유추적용하게 되면 행위자의 가벌성의 범위는 확대되어 행위자에게 불리하게 되고, 궁극적으로는 가능한 문언의 의미를 넘어 범죄구성요건을 유추적용하는 것과 같은 결과가 초래되기 때문이다.[64]

2) 취 지

유추해석의 금지의 이유로서는 유추는 법관에 의한 법의 창조이고, 일종의 입법이라는 점과 유추를 허용하면 범죄와 제재에 관한 일반국민들의 예측가능성이 박탈된다는 점이 거론되고 있다. 전자는 민주주의에, 후자는 자유주의에 근거한 것이다. 다만 죄형법정주의는 국가형벌권에 대한 제약원리이기 때문에 이러한 요청과 무관한 피고인에게 유리한 유추해석(Analogie in bonam partem)은 금지와 무관하다는 것이 일반적인 해석론이다. 따라서 피고인에게 불리하게 성문규정이 표현하는 본래의 의미와 다른 내용으로 유추해석됨이 금지되는 것이다.[65] 한편 불명확한 개념을 해석하는 것은 유추해석금지에 해당하지 않는다. 해석은 법규의 존재를 전제로 한 개념임에 반하여, 유추는 법규의 흠결을 전제로 하는 개념이기 때문이다. 이러한 의미에서 해석과 유추는 반대어라고 할 수 있다.

---

63) 헌법재판소 2005.2.3. 선고 2003헌바1 결정.
64) 대법원 1997.3.20. 선고 96도1167 전원합의체 판결.
65) 대법원 1992.10.13. 선고 92도1428 전원합의체 판결.

3) 한 계

형사법에서는 확장해석과 유추해석의 구별이 중요하다. 죄형법정주의의 원칙상 확장해석은 허용되지만 유추해석은 허용될 수 없기 때문이다. 유추해석은 법의 흠결을 전제로 한 해석방법이지만, 확장해석은 법의 존재를 전제로 한 후 법의 의미만을 확대하는 해석방법이기 때문이다. 나아가 지나치게 불리한 확장해석 또한 국가형벌권의 행사로부터 개인의 자유와 권리를 보호하기 위하여 엄격한 해석을 요구하는 죄형법정주의의 원칙에 어긋나는 것으로서 허용되지 않는다고 해야 한다.[66] 결국, 개인의 자유와 인권을 보호하기 위한 죄형법정주의는 유추해석을 금지할 뿐만 아니라 지나친 확장해석까지 금지하고 있다고 할 수 있다.

① 확장해석의 의의

확장해석(擴張解釋, interpretatio extensive, ausdehnende Auslegung, extensive interpretation)이란 법조문의 문언의 의미보다 넓게 해석하는 방법을 말한다. 확대해석(擴大解釋)이라고도 한다. 법해석의 출발점인 문언해석(文言解釋)에 있어서의 '문언의 의미'(Wortsinn)를 목적론적 해석에 의하여 '문언의 가능한 의미'(möglicher Wortsinn)로까지 확장하기 때문에 확장해석이라고 부르는 것이다.[67] 확장해석은 예컨대 '차마통행금지'에서 말에는 소나 노새도 포함된다고 해석하는 경우, '공원 안에서 수목(樹木)을 꺾지 말라'고 하는 경고문구의 '수목'에는 화초(花草)도 포함된다고 해석하는 경우이다. 또한 형법은 '타인의 재물, 문서 또는 전자기록 등 특수매체기록을 손괴 또는 은닉 기타의 방법으로 그 효용을 해한 자는 3년 이하의 징역 또는 700만 원 이하의 벌금에 처한다'(제366조)라고 하여 재물손괴죄에 관하여 규정하고 있다. 여기서 손괴란 보통 물건의 물리적 형태를 파괴하는 것을 말한다. 그런데 밥그릇에 오물을 투척하거나 방뇨하는 행위도 여기의 손괴에 해당한다고 해석하는 경우는 확장해석의 예가 된다고 할 수 있다. 다시 말해서 확장해석이란 통상의 문리해석에서 도출되는 의미내용보다 넓은 범위의 의미가 결과적으로 부여되는 경우의 해석을 말한다. 문리해석과 확장해석의 관계는 마치 달과 달무리의 관계에서와 같이 중심부분(中心部分)의 확장된 부분으로서 주연부분(周緣部分)과 유사한 구조라고 할 수 있다. 이에 반하여 문리해석보다 좁은 범위의 의미가 부여되는 경우를 축소해석이라고 할 수 있다. 따라서 확장해석과 축소해석의 판단기준은 문리해석이 된다. 차량에 장난감자동차도 포함된다고 해석하면

66) 대법원 2013.11.28. 선고 2012도14725 판결; 대법원 2011.8.25. 선고 2011도7725 판결.

67) Vgl. Joecks/Miebach, § 1 Rn. 63; Schönke/Schröder, § 1 Rn. 55.

확장해석이 되고, 전차가 제외된다고 해석하면 축소해석이 된다. 이에 반하여 유추해석이란 직접 규정하는 법이 존재하지 않는 경우에 유사한 사례를 규정하고 있는 법을 적용하는 경우의 해석방법을 말한다. 장난감자동차도 보통의 자동차와 같이 바퀴가 4개라는 유사성에 착안하여 이를 자동차에 포함하는 경우의 해석을 말한다.

② 유추해석의 의의

유추해석(類推解釋, argumentum a simile, Analogie, analogy, analogical interpretation)이란 어떤 사항에 대하여 직접 규정한 법규가 없을 때 그것에 가장 유사한 사항을 규정한 법규를 적용하는 해석방법이다. 예컨대 승용차통행금지인 다리에서 화물차는 승용차가 아니므로 통행할 수 있다고 해석하는 경우는 반대해석이 되고, 승용차가 통행금지이므로 더 무거운 화물차를 당연히 통행금지라고 해석하는 경우는 물론해석이 되지만, 화물차도 승용차와 유사하므로 통행금지라고 해석하는 경우에는 유추해석이 된다. 또한 형법은 업무상 비밀누설죄에 관하여 '의사, 한의사, 치과의사, 약제사, 약종상, 조산사, 변호사, 변리사, 공인회계사, 공증인, 대서업자나 그 직무상 보조자 또는 차등의 직에 있던 자가 그 업무처리 중 지득한 타인의 비밀을 누설한 때에는 3년 이하의 징역이나 금고, 10년 이하의 자격정지 또는 700만 원 이하의 벌금에 처한다'(제317조 제1항)고 규정하고 있다. 여기서 일정한 신분관계가 있는 법정대리인, 배우자, 직계친족 또는 형제자매와 같이 변호사 아닌 변호인(형소법 제29조 참조)도 이들과 같은 기능과 역할을 수행하기 때문에 타인의 비밀을 누설한 경우에는 당연히 처벌되어야 한다고 해석하면 이것이 유추해석이다. 유추해석은 법의 탄력적 운용으로 입법상의 미비점을 보완한다는 점에서는 바람직하지만 유사성의 판단이 자의적으로 행해질 수 있기 때문에 법적 안정성을 침해할 우려가 있다. 이러한 의미에서 형사법에서는 확장해석은 허용되지만, 유추해석은 금지된다고 하고 있다. 이는 죄형법정주의의 원칙상 당연한 결과이고, '의심스러울 때에는 피고인의 이익으로'(in dubio pro reo)라는 형사소송법상의 원칙의 결과이기도 하다. 여기서 '의심스러울 때에는 유추해석'이라는 해석정신이 필요하다고 보인다.

③ 양자의 구별기준

확장해석(ausdehnende Auslegung)이란 어떤 일반명제(상위개념)에서 특수명제(하위개념)를 연역적으로 추론하는 경우이다. 이에 반하여 유추해석은 같은 개념의 포함관계는 없지만 유사한, 말하자면 특수한 관계에 있는 명제 간의 추론이라고 할 수 있다. 즉,

확장해석은 법규정의 존재를 전제로 법문의 상위개념의 가능한 어의(語義)의 범위 내에서 하위개념의 범위를 넓힌다는 점에서 법의 흠결, 즉 상위개념의 흠결을 전제로 하여 하나의 하위개념에서 다른 병렬적인 유개념(類概念)으로서의 하위개념(下位概念)을 유추하여 도출하는 유추해석과는 처음부터 구별된다고 해야 한다. 한편 유추는 해석상의 방법이라는 점에서 입법상의 방법(Gesetzgebungstechnik, technique of legislation)인 준용(準用)과도 구별된다.

4) 내 용

형벌법규는 문언에 따라 엄격하게 해석·적용하여야 한다. 형벌법규의 해석방법에 있어서도 문언의 가능한 의미 안에서 입법 취지와 목적 등을 고려한 법률규정의 체계적 연관성에 따라 문언의 논리적 의미를 분명히 밝히는 체계적·논리적 해석방법은 당연히 다른 법영역에서와 같이 통용된다.[68] 특히 형벌법규의 해석에서도 법률문언의 통상적인 의미를 벗어나지 않는 한 그 법률의 입법취지와 목적, 입법연혁 등을 고려한 목적론적 해석방법이 배제되는 것도 아니다.[69]

다만 국가형벌권의 자의적인 행사로부터 개인의 자유와 권리를 보호하기 위하여 범죄와 형벌을 법률로 정할 것을 요구하는 죄형법정주의의 취지에 비추어 보아 형벌법규의 해석은 엄격하여야 하고, 명문의 형벌법규의 의미를 피고인에게 불리한 방향으로 지나치게 확장해석하거나 유추해석하는 것은 허용되지 않는다고 해야 한다.[70] 이러한 법해석의 원리는 형벌법규의 적용대상이 행정법규가 규정한 사항을 내용으로 하고 있는 경우에 그 행정법규의 규정을 해석하는 데에도 마찬가지로 적용된다고 할 수 있다.[71] 유추해석금지의 원칙에 위배된다는 판례의 구체적 내용은 다음과 같다. 즉,

---

68) 대법원 2007.6.14. 선고 2007도2162 판결.

69) 대법원 2018.7.24. 선고 2018도3443 판결; 대법원 2006.5.12. 선고 2005도6525 판결.

70) 대법원 2018.7.24. 선고 2018도3443 판결; 대법원 2018.5.11. 선고 2018도2844 판결; 대법원 2017.11.14. 선고 2017도13421 판결; 대법원 2016.3.10. 선고 2015도17847 판결; 대법원 2016.1.14. 선고 2015도9133 판결; 대법원 2015.9.10. 선고 2012도9660 판결; 대법원 2013.11.28. 선고 2012도4230 판결; 대법원 2013.1.24. 선고 2012도10629 판결; 대법원 2012.1.27. 선고 2010도8336 판결; 대법원 2011.8.25. 선고 2011도7725 판결; 대법원 2007.6.29. 선고 2006도4582 판결; 대법원 2006.5.12. 선고 2005도6525 판결; 대법원 2005.11.24. 선고 2002도4758 판결; 대법원 2004.2.27. 선고 2003도6535 판결; 대법원 2002.4.12. 선고 2002도150 판결; 대법원 2002.2.8. 선고 2001도5410 판결; 대법원 1999.7.9. 선고 98도1719 판결; 대법원 1996.3.26. 선고 95도3073 판결; 대법원 1992.10.13. 선고 92도1428 전원합의체 판결.

71) 대법원 2007.6.29. 선고 2006도4582 판결.

① 법령의 규정 및 체계에다가, 대통령기록물법은 대통령기록물의 효율적 관리를 통한 국정운영의 투명성과 책임성 강화를 목적으로 입법된 것으로 사본 자체를 원본과 별도로 보존할 필요가 있다는 등의 특별한 사정이 없는 이상 원본 문서나 전자파일 이외에 그 사본이나 추가 출력물까지 모두 대통령기록물로 보존할 필요는 없는 점, 대통령기록물법은 대통령기록물 자체를 파기, 손상, 유출하는 등의 행위와 그 내용을 누설하는 행위를 구별하여 규정하고 있는 점, 공공기록물법 제21조는 영구보존으로 분류된 기록물 중 중요한 기록물에 대한 복제본 제작 등에 관하여 별도의 규정을 두고 있는 점 등을 종합적으로 고려하면, 대통령기록물법 제30조 제2항 제1호, 제14조에 의해 유출이 금지되는 대통령기록물에 원본 문서나 전자파일 이외에 그 사본이나 추가 출력물까지 포함된다고 해석하는 것은 죄형법정주의 원칙상 허용되지 아니한다.[72] ② 재화 또는 용역을 할인하여 매입하는 거래를 통해 금전을 교부하는 경우, 해당 사안에서 문제되는 금전 교부에 관한 구체적 거래 관계와 경위, 당사자의 의사, 그 밖에 이와 관련된 구체적·개별적 제반 사정을 종합하여 합리적으로 평가할 때, 금전의 교부에 관해 위와 같은 대부의 개념요소를 인정하기 어려운 경우까지 이를 대부업법상 금전의 대부로 보는 것은, 대부업법 제2조 제1호 등 조항의 문언의 가능한 의미를 벗어나 피고인에게 불리한 방향으로 지나치게 확장해석하거나 유추해석하는 것이 되어 죄형법정주의의 원칙에 위반된다.[73] ③ 구 식품위생법(2013.7.30. 법률 제11985호로 개정되기 전의 것, 이하 같다) 제19조 제2항, 제22조 제1항, 제24조 제1항, 제2항, 제27조 제2호, 제31조 제1항, 제2항, 제95조 제2호의 내용, 특히 식품위생검사기관에 대하여 '거짓의 성적서' 발급을 금지한 위 법 제27조가 행위주체를 '제24조 제2항에 따라 지정된 식품위생검사기관'으로 규정하고 있고, 제24조 제2항은 식품위생전문검사기관은 제19조 제2항의 수입검사, 제22조 제1항의 검사명령검사를 수행하고, 자가품질위탁검사기관은 제31조 제2항의 위탁검사를 수행하는 것으로 업무범위를 특정하여 규정하고 있는 점 등 관련 규정의 체계와 내용 및 입법 취지 등을 종합하면, 식품제조 등 영업자가 제31조 제2항에 의한 식품의약품안전처장 등의 위탁검사 지시에 의하여 검사 위탁을 한 경우에 위탁을 받은 자가품질위탁검사기관이 발급한 검사성적서에 검사를 하지 아니하고도 검사를 한 것처럼 기재하거나 검사결과와 다르게 판정하는 기재를 하는 등으로 사실과 다른 내용을 기재하면 제95조 제2호의 처벌규정이 적용되지만, 제31조 제2항에 의한 위탁검사 지시를 받은 바 없이 단지 참고용 등으로 검사의뢰를 한 데 따라 검사성적서를 발급한 경우에는 거기에 사실과 달리 기재된 내용이 있더라도 위 처벌규정을 적용할 수 없다. 형벌법규의 해석은 엄격하여야 하고, 명문의 형벌법규 의미를 피고인에게 불리한 방향으로 지나치게 확장해석하거나 유추해석하는 것은 죄형법정주의의 원칙에 어긋나므로 허용되지 아니하기 때문이

72) 대법원 2021.1.14. 선고 2016도7104 판결.
73) 대법원 2019.9.26. 선고 2018도7682 판결.

다.[74] ④ 형법 제225조의 공문서변조나 위조죄의 객체인 공문서는 공무원 또는 공무소가 그 직무에 관하여 작성하는 문서이고, 그 행위주체가 공무원과 공무소가 아닌 경우에는 형법 또는 기타 특별법에 의하여 공무원 등으로 의제되는 경우(예컨대 정부투자기관관리기본법 제18조, 지방공기업법 제83조, 한국은행법 제112조의2, 특정범죄가중처벌등에관한법률 제4조)를 제외하고는 계약 등에 의하여 공무와 관련되는 업무를 일부 대행하는 경우가 있다 하더라도 공무원 또는 공무소가 될 수는 없고, 특히 형벌법규의 구성요건을 법률의 규정도 없이 유추 확대해석하는 것은 죄형법정주의 원칙에 반한다.[75] ⑤ 국가보안법 제1조 제2항은 "이 법을 해석적용함에 있어서는 제1항의 목적달성을 위하여 필요한 최소한도에 그쳐야 하며, 이를 확대해석하거나 헌법상 보장된 국민의 기본적 인권을 부당하게 제한하는 일이 있어서는 아니된다"고 규정하고 있다. 한편 국가보안법 제7조 제1항은 "국가의 존립·안전이나 자유민주적 기본질서를 위태롭게 한다는 정을 알면서 반국가단체나 그 구성원 또는 그 지령을 받은 자의 활동을 찬양·고무·선전 또는 이에 동조하거나 국가변란을 선전·선동한 자는 7년 이하의 징역에 처한다"고 규정하고 있고, 같은 조 제5항은 "제1항·제3항 또는 제4항의 행위를 할 목적으로 문서·도화 기타의 표현물을 제작·수입·복사·소지·운반·반포·판매 또는 취득한 자는 그 각 항에 정한 형에 처한다"고 규정하고 있다. 이와 같은 법리와 규정에 비추어 볼 때, '블로그', '미니 홈페이지', '카페' 등의 이름으로 개설된 사적 인터넷 게시공간의 운영자가 그 사적 인터넷 게시공간에 게시된 타인의 글을 삭제할 권한이 있음에도 이를 삭제하지 아니하고 그대로 두었다고 하더라도, 그 사정만으로 사적 인터넷 게시공간의 운영자가 그 타인의 글을 국가보안법 제7조 제5항에서 규정하는 바와 같이 '소지'하였다고 볼 수는 없다고 할 것이다.[76] ⑥ 구 주택법(2005.7.13. 법률 제7600호로 개정되기 전의 것) 제9조 제1항, 제97조 제1호는 '연간 대통령령이 정하는 호수 이상의 주택건설사업을 시행하고자 하는 자'가 건설부장관에게 등록하지 않고 사업을 하는 경우를 처벌하도록 규정하고 있고, 구 주택법 시행령(2006.2.24. 대통령령 제19356호로 개정되기 전의 것) 제10조 제1항은 위 '대통령령이 정하는 호수'를 '단독주택의 경우에는 20호, 공동주택의 경우에는 20세대'를 말한다고 규정하고 있는 바, 그 문언에 비추어 볼 때 위 시행령에서 정한 두 가지 기준 중 어느 한 가지 기준 이상으로 주택건설사업을 시행하고자 하는 자가 법에 따른 등록 없이 사업을 영위한 경우에는 형사처벌을 한다는 뜻으로 해석함이 상당하고, 단독주택과 공동주택에 대한 위 각 기준에는 미달하지만 단독주택과 공동주택을 '합하여' 20호(또는 세대) 이상의 주택건설사업을 시행하고자 하는 자의 경우에까지 위 규정을 적용하는 것은 형벌법규를 지나치게 확장해석하여 죄형법정주의의 원칙에 어긋나 허용될 수 없다.[77] ⑦ 농업협동조합법 제50조 제4항은 "누구든지 임원선거와 관련하여 다음 각 호의 방법 중

74) 대법원 2016.6.9. 선고 2015도19626 판결.
75) 대법원 2016.3.24. 선고 2015도15842 판결; 대법원 1996.3.26. 선고 95도3073 판결.
76) 대법원 2012.1.27. 선고 2010도8336 판결.
77) 대법원 2007.10.12. 선고 2007도6519 판결.

정관이 정하는 행위 외의 선거운동을 할 수 없다. 1. 선전벽보의 부착, 2. 선거공보의 배부, 3. 소형인쇄물의 배부, 4. 합동연설회 또는 공개토론회의 개최, 5. 전화·컴퓨터 통신을 이용한 지지호소"라고 규정하고, 같은 법 제172조 제2항 제2호는 위 규정을 위반하여 선거운동을 한 자를 처벌하도록 규정하고 있으나, 그러한 행위의 금지기간에 관하여는 별도의 규정을 두지 않고 있는 바, 같은 법 제50조 제4항의 선거운동방법 중 정관이 정하는 행위는 기간제한 없이 할 수 있다고 해석하여야 하므로, 정관에서 위 선거운동방법을 행할 수 있는 기간에 관한 제한을 별도로 규정하고 있더라도, 같은 법 제50조 제4항의 선거운동방법 중 정관에서 정하는 행위를 위 기간 전에 행하였다고 하여, 이를 같은 법 제50조 제4항 위반죄로 처벌하는 것은 확장해석이나 유추해석을 금지하는 죄형법정주의의 원칙상 허용되지 아니한다.[78] ⑧ 구 대기환경보전법(2005.3.31. 법률 제7458호로 개정되기 전의 것) 제55조 제3호, 제32조 제1항 소정의 자동차에 관하여 규정하고 있는 같은 법 제2조 제11호, 같은 법 시행규칙(2005.12.30. 부령 제192호로 개정되기 전의 것) 제7조 [별표 5] 비고 제7호의 "엔진배기량이 50cc 미만인 이륜자동차는 모페드형에 한한다"고 한 규정에서 말하는 '모페드(mo-ped)형'이라 함은 원래 '모터와 페달을 갖춘 자전거의 일종으로서 오토바이처럼 달리다가 페달을 밟아 달릴 수도 있는 것'을 의미하지만, 그 개념이 확장되어 널리 '50cc 미만의 경량 오토바이'를 의미하는 것으로 사용되고 있으나, 만일 위와 같이 확장된 개념에 따라 '50cc 미만의 경량 오토바이'도 모페드형에 포함되는 것으로 보게 되면 위 규정은 동어반복에 불과하여 그 규정의 취지가 불명확해지므로, 위 규정에서 정한 '모페드형'은 원래의 개념에 따라 '모터와 페달을 갖춘 자전거의 일종으로서 오토바이처럼 달리다가 페달을 밟아 달릴 수도 있는 것'을 의미하는 것으로 보아야 하고, 이를 '50cc 미만의 경량 오토바이'까지 포괄하는 의미로 해석하는 것은 형벌규정을 피고인에게 불리한 방향으로 지나치게 확장 해석하거나 유추 해석하는 것으로서 허용될 수 없다.[79] ⑨ 구 문화재보호법(2002.12.30. 법률 제6840호로 개정되기 전의 것) 제90조 제1항 제1호는 '정당한 사유 없이 제25조 제1항(제58조 제2항에 의하여 준용되는 경우를 포함한다)에 의한 명령에 위반한 행위'를 처벌하는 규정이므로 결국 그 구성요건에 해당하는 행위는, 첫째 같은 법 제25조 제1항이 규정하고 있는 바인, '문화재청장 등이 국가지정문화재의 소유자 등에 대하여 하는 국가지정문화재의 관리·보호상 필요한 조치에 위반한 행위'와 둘째 같은 법 제58조 제2항에 의하여 준용되는 경우로서, '시·도지사가 시·도지정문화재 및 문화재자료의 소유자 등에 대하여 하는 시·도지정문화재 및 문화재자료의 관리·보호상 필요한 조치에 위반한 행위'가 될 것이고, 이러한 행위들 이외에 '문화재청장 등이 가지정문화재의 소유자 등에 대하여 하는 가지정문화재의 관리·보호상 필요한 조치에 위반한 행위'까지 같은 법 제90조 제1항 제1호에 의하여 처벌된다고 해석하는 것은, 그 문언상의 의미를 벗어나 피고인에게 불리

78) 대법원 2007.9.20. 선고 2007도1475 판결.
79) 대법원 2007.6.29. 선고 2006도4582 판결.

한 방향으로 지나치게 유추 해석한 것으로서 죄형법정주의의 원칙상 허용될 수 없다.[80] ⑩ 형법 제207조 제3항은 "행사할 목적으로 외국에서 통용하는 외국의 화폐, 지폐 또는 은행권을 위조 또는 변조한 자는 10년 이하의 징역에 처한다"고 규정하고 있는 바, 여기에서 외국에서 통용한다고 함은 그 외국에서 강제통용력을 가지는 것을 의미하는 것이므로 외국에서 통용하지 아니하는 즉, 강제통용력을 가지지 아니하는 지폐는 그것이 비록 일반인의 관점에서 통용할 것이라고 오인할 가능성이 있다고 하더라도 위 형법 제207조 제3항에서 정한 외국에서 통용하는 외국의 지폐에 해당한다고 할 수 없고, 만일 그와 달리 위 형법 제207조 제3항의 외국에서 통용하는 지폐에 일반인의 관점에서 통용할 것이라고 오인할 가능성이 있는 지폐까지 포함시키면 이는 위 처벌조항을 문언상의 가능한 의미의 범위를 넘어서까지 유추해석 내지 확장해석하여 적용하는 것이 되어 죄형법정주의의 원칙에 어긋나는 것으로 허용되지 않는다.[81] ⑪ 주민등록법 제21조 제2항 제3호는 같은 법 제7조 제4항의 규정에 의한 주민등록번호 부여방법으로 허위의 주민등록번호를 생성하여 자기 또는 다른 사람의 재물이나 재산상의 이익을 위하여 이를 사용한 자를 처벌한다고 규정하고 있으므로, 피고인이 허위의 주민등록번호를 생성하여 사용한 것이 아니라 타인에 의하여 이미 생성된 주민등록번호를 단순히 사용한 것에 불과하다면, 피고인의 이러한 행위는 피고인에게 불리한 유추해석을 금지하는 법리에 비추어 위 법조 소정의 구성요건을 충족시켰다고 할 수 없다.[82] ⑫ 형법 제52조나 국가보안법 제16조 제1호에서도 공직선거법 제262조에서와 같이 모두 '범행발각 전'이라는 제한 문언 없이 "자수"라는 단어를 사용하고 있는데 형법 제52조나 국가보안법 제16조 제1호의 "자수"에는 범행이 발각되고 지명수배된 후의 자진출두도 포함되는 것으로 판례가 해석하고 있으므로 이것이 "자수"라는 단어의 관용적 용례라고 할 것인 바, 공직선거법 제262조의 "자수"를 '범행발각 전에 자수한 경우'로 한정하는 풀이는 "자수"라는 단어가 통상 관용적으로 사용되는 용례에서 갖는 개념 외에 '범행발각 전'이라는 또 다른 개념을 추가하는 것으로서 결국은 '언어의 가능한 의미'를 넘어 공직선거법 제262조의 "자수"의 범위를 그 문언보다 제한함으로써 공직선거법 제230조 제1항 등의 처벌범위를 실정법 이상으로 확대한 것이 되고, 따라서 이는 단순한 목적론적 축소해석에 그치는 것이 아니라, 형면제 사유에 대한 제한적 유추를 통하여 처벌범위를 실정법 이상으로 확대한 것으로서 죄형법정주의의 파생원칙인 유추해석금지의 원칙에 위반된다.[83] ⑬ 성폭력범죄의처벌및피해자보호등에관한법률 제7조 제1항은 존속 등 연장의 친족이 형법 제297조의 죄를 범한 때에 적용되고, 같은 법률 제7조 제3항에 의하면 위 제1항의 친족의 범위는 4촌 이내의 혈족으로 제한되나,

---

80) 대법원 2005.2.18. 선고 2003도4158 판결.
81) 대법원 2004.5.14. 선고 2003도3487 판결.
82) 대법원 2004.2.27. 선고 2003도6535 판결.
83) 대법원 1997.3.20. 선고 96도1167 전원합의체 판결.

한편 같은 법률 제7조 제4항은 위 제1항의 존속 또는 친족은 사실상의 관계에 의한 존속 또는 친족을 포함한다고 규정하고 있는 바, 형벌법규는 그 규정 내용이 명확하여야 할 뿐만 아니라 그 해석에 있어서도 엄격함을 요하고 유추해석은 허용되지 않는 것이므로 위 법률 제7조 제4항에서 규정하는 사실상의 관계에 의한 존속이라 함은, 자연혈족의 관계에 있으나 법정 절차의 미이행으로 인하여 법률상의 존속으로 인정되지 못하는 자(예컨대 인지 전의 혼인 외의 출생자의 생부) 또는 법정혈족관계를 맺고자 하는 의사의 합치 등 법률이 정하는 실질관계는 모두 갖추었으나 신고 등 법정절차의 미이행으로 인하여 법률상의 존속으로 인정되지 못하는 자(예컨대 사실상의 양자의 양부)를 말하고, 위와 같은 관계가 없거나 법률상의 인척에 불과한 경우에는 그 생활관계, 당사자의 역할·의사 등이 존속관계와 유사한 외관을 가진다는 이유만으로 위의 사실상의 관계에 의한 존속에 포함된다고 할 수는 없다.[84] ⑭ 죄형법정주의의 정신에 비추어 형벌법규인 축산물가공처리법 소정의 "수축"중의 하나인 "양"의 개념속에 "염소"가 당연히 포함되는 것으로 해석할 수 없다.[85]

유추해석금지의 원칙에 위배되지 않는다는 판례의 구체적 내용은 다음과 같다. 즉,

① 미성년자의제강간·강제추행죄를 규정한 형법 제305조가 "13세 미만의 부녀를 간음하거나 13세 미만의 사람에게 추행을 한 자는 제297조, 제298조, 제301조 또는 제301조의2의 예에 의한다"로 되어 있어 강간죄와 강제추행죄의 미수범의 처벌에 관한 형법 제300조를 명시적으로 인용하고 있지 아니하나, 형법 제305조의 입법 취지는 성적으로 미성숙한 13세 미만의 미성년자를 특별히 보호하기 위한 것으로 보이는 바 이러한 입법 취지에 비추어 보면 동조에서 규정한 형법 제297조와 제298조의 '예에 의한다'는 의미는 미성년자의제강간·강제추행죄의 처벌에 있어 그 법정형뿐만 아니라 미수범에 관하여도 강간죄와 강제추행죄의 예에 따른다는 취지로 해석되고, 이러한 해석이 형벌법규의 명확성의 원칙에 반하는 것이거나 죄형법정주의에 의하여 금지되는 확장해석이나 유추해석에 해당하는 것으로 볼 수 없다.[86] ② 군형법 제28조 초병의 수소이탈죄에서 말하는 초병에는 실제로 수소에 배치되어 근무하는 자는 물론이고, 초병근무명령을 받아 경계근무감독자에게 신고하고 근무시간에 임박하여 경계근무의 복장을 갖춘 자도 포함된다.[87] ③ 구 의료법(2000.1.12. 법률 제6157호로 개정되기 전의 것) 제21조 제1항, 제53조 제1항 제3호, 제69조의 규정 등을 고려해 볼 때, 의료인이 진료기록부를 허위로 작성한 경우에는 위 제53조 제1항 제3호에 따라 그 면허자격을 정지시킬 수 있는 사유에 해당한다고 볼 수 있을지언정 나아가 그것이 형사처벌 규정인 제69조 소정의 제21조 제1항의 규정에

84) 대법원 1996.2.23. 선고 95도2914 판결.
85) 대법원 1977.9.28. 선고 77도405 판결.
86) 대법원 2007.3.15. 선고 2006도9453 판결.
87) 대법원 2006.6.30. 선고 2005도8933 판결.

위반한 경우에 해당한다고 해석할 수는 없다.[88] ④ 청소년보호법 제24조 제1항의 규정에 의하면, 청소년유해업소인 노래연습장 또는 유흥주점의 각 업주는 청소년을 접대부로 고용할 수 없는 바, 여기의 고용에는 시간제로 보수를 받고 근무하는 경우도 포함된다. 청소년이 이른바 '티켓걸'로서 노래연습장 또는 유흥주점에서 손님들의 흥을 돋우어 주고 시간당 보수를 받은 사안에서 업소주인이 청소년을 시간제 접대부로 고용한 것으로 보고 업소주인을 청소년보호법위반죄로 처단한 원심의 조치를 정당하다.[89] ⑤ 청소년보호법 제26조의2 제8호는 누구든지 "청소년에 대하여 이성혼숙을 하게 하는 등 풍기를 문란하게 하는 영업행위를 하거나 그를 목적으로 장소를 제공하는 행위"를 하여서는 아니된다고 규정하고 있는 바, 위 법률의 입법 취지가 청소년을 각종 유해행위로부터 보호함으로써 청소년이 건전한 인격체로 성장할 수 있도록 하기 위한 것인 점 등을 감안하면, 위 법문이 규정하는 '이성혼숙'은 남녀 중 일방이 청소년이면 족하고, 반드시 남녀 쌍방이 청소년임을 요하는 것은 아니다.[90] ⑥ 형법 제229조, 제228조 제1항의 규정과 형벌법규는 문언에 따라 엄격하게 해석하여야 하고 피고인에게 불리한 방향으로 지나치게 확장해석하거나 유추해석하여서는 아니되는 원칙에 비추어 볼 때, 위 각 조항에서 규정한 '공정증서원본'에는 공정증서의 정본이 포함된다고 볼 수 없으므로 부실의 사실이 기재된 공정증서의 정본을 그 정을 모르는 법원 직원에게 교부한 행위는 형법 제229조의 부실기재공정증서원본행사죄에 해당하지 아니한다.[91] ④ 군형법 제74조 소정의 군용물분실죄라 함은 같은 조 소정의 군용에 공하는 물건을 보관할 책임이 있는 자가 선량한 보관자로서의 주의의무를 게을리 하여 그의 '의사에 의하지 아니하고 물건의 소지를 상실'하는 소위 과실범을 말한다 할 것이므로, 군용물분실죄에서의 분실은 행위자의 의사에 의하지 아니하고 물건의 소지를 상실한 것을 의미한다고 할 것이며, 이 점에서 하자가 있기는 하지만 행위자의 의사에 기해 재산적 처분행위를 하여 재물의 점유를 상실함으로써 편취당한 것과는 구별된다고 할 것이고, 분실의 개념을 군용물의 소지 상실시 행위자의 의사가 개입되었는지의 여부에 관계없이 군용물의 보관책임이 있는 자가 결과적으로 군용물의 소지를 상실하는 모든 경우로 확장해석하거나 유추해석할 수는 없다.[92] ⑦ 구 성폭력범죄의처벌및피해자보호등에관한법률(1997.8.22. 법률 제5343호로 개정되기 전의 것) 제8조는, 신체장애로 항거불능인 상태에 있음을 이용하여 여자를 간음하거나 사람에 대하여 추행한 자는 형법 제297조(강간) 또는 제298조(강제추행)에 정한 형으로 처벌한다고 규정하고 있는 바, 관련 법률의 장애인에 관한 규정과 형법상의 유추해석 금지의 원칙에 비추어 볼 때, 이 규정에서 말하는 '신체장애'에 정신박약 등

88) 대법원 2005.11.24. 선고 2002도4758 판결.
89) 대법원 2005.7.29. 선고 2005도3801 판결.
90) 대법원 2003.12.26. 선고 2003도5980 판결.
91) 대법원 2002.3.26. 선고 2001도6503 판결.
92) 대법원 1999.7.9. 선고 98도1719 판결.

으로 인한 정신장애도 포함된다고 보아 그러한 정신장애로 인하여 항거불능 상태에 있는 여자를 간음한 경우에도 이 규정에 해당한다고 해석하기는 어렵다.[93] ⑧ 형법 제170조 제2항에서 말하는 '자기의 소유에 속하는 제166조 또는 제167조에 기재한 물건'이라 함은 '자기의 소유에 속하는 제166조에 기재한 물건 또는 자기의 소유에 속하든, 타인의 소유에 속하든 불문하고 제167조에 기재한 물건'을 의미하는 것이라고 해석하여야 하며, 제170조 제1항과 제2항의 관계로 보아서도 제166조에 기재한 물건(일반건조물 등) 중 타인의 소유에 속하는 것에 관하여는 제1항에서 규정하고 있기 때문에 제2항에서는 그 중 자기의 소유에 속하는 것에 관하여 규정하고, 제167조에 기재한 물건에 관하여는 소유의 귀속을 불문하고 그 대상으로 삼아 규정하고 있는 것이라고 봄이 관련조문을 전체적, 종합적으로 해석하는 방법일 것이고, 이렇게 해석한다고 하더라도 그것이 법규정의 가능한 의미를 벗어나 법형성이나 법창조행위에 이른 것이라고는 할 수 없어 죄형법정주의의 원칙상 금지되는 유추해석이나 확장해석에 해당한다고 볼 수는 없을 것이다.[94]

3. 소급효금지의 원칙

(1) 의 의

법의 효력은 시행 시부터 폐지 시까지만 유지된다. 반대로 시행 전이나 폐지 후에는 효력을 가지지 않는다. 따라서 법은 시행일부터 장래에 향하여만 효력을 가지게 되고, 과거에 소급하여 적용되지 않는 것이 원칙이다. 이것이 바로 소위 '법률불소급의 원칙'이다. 특히 형사에 있어서 범죄와 제재는 행위시의 법률에 따라야 하고, 행위 당시에는 범죄가 아니었기 때문에 사후에 법률을 제정하여 그 법률의 효력을 소급하여 적용함으로써 처벌하는 것은 허용되지 않는다는 원칙을 소급효금지의 원칙(遡及效禁止의 原則, Rückwirkungsverbot)이라고 한다.

대법원도 "게임산업진흥에 관한 법률 시행령의 시행일 이후 위 시행령 조항 각 호에 규정된 게임머니의 환전, 환전 알선, 재매입 영업행위가 처벌되는 것이므로, 그 시행일 이전에 위 시행령 조항 각 호에 규정된 게임머니를 환전, 환전 알선, 재매입한 영업행위를 처벌하는 것은 형벌법규의 소급효금지 원칙에 위배된다"고 판시하여 소급효금지의 원칙을 확인한 바 있다.[95] 한편 소급효금지의 원칙은 새로운 입법에 의한 사후법금지(事後法禁止)와 새로운 해석에 의한 소급효금지를

---

93) 대법원 1998.4.10. 선고 97도3392 판결.
94) 대법원 1994.12.20. 자 94모32 전원합의체 결정.
95) 대법원 2009.4.23. 선고 2008도11017 판결.

기본적인 내용으로 포함하고 있다고 할 수 있다.

(2) 취 지

소급효금지의 원칙은 법의 이념 중의 하나인 법적 안정성을 보장하기 위한 제도이다. 기득권에 대한 존중을 통해서 법률생활의 안정을 도모하고 사회질서를 유지할 수 있기 때문이다. 특히 형사법에 있어서 소급효금지의 원칙은 인권을 보장하기 위한 기능과 밀접한 관련을 가지고 있다. 즉, 사후에 처벌규정을 만들어 특정인을 처벌할 가능성을 방지하기 위함이다.

헌법은 "모든 국민은 행위시의 법률에 의하여 범죄를 구성하지 아니하는 행위로 소추되지 아니하며"라고 규정함으로써 죄형법정주의를 천명하고 있다(헌법 제13조 제1항). 특히 형사에 관하여는 법률의 소급효는 엄격히 금지된다. 형법도 "범죄의 성립과 처벌은 행위시의 법률에 따른다"고 규정(제1조 제1항)하여 소급처벌의 금지(사후법의 금지)를 규정함으로써 행위시법주의(行爲時法主義)를 원칙적으로 선언하고 있다. 형법은 행위규범으로서의 기능도 가지고 있기 때문에 행위시에 존재했던 법을 적용하는 것이 행동의 자유를 보장하는 방법이기도 하다. 이러한 취지는 백지형법의 경우 법률의 본규정이 아니라 보충규범만이 확장·변경된 경우에도 그대로 타당하다. 물론 소급처벌의 금지는 범죄 후에 형을 중하게 변경하는 경우에도 타당하다.

한편 법이 개정된 경우 보통은 신법을 적용하는 것이 원칙이다. 신법이 구법보다 적정하다고 간주되기 때문이다. 그러나 형법에 있어서는 행위 당시에 제재에 대한 예측가능성을 담보한다는 죄형법정주의의 관점에서 신법에 의한 소급처벌은 금지되는 것이 원칙이다. 이미 언급한 바와 같이 소급효금지의 원칙은 신법의 소급효를 금지할 뿐만 아니라 소급입법, 즉 사후법의 금지도 그 내용으로 포함하고 있다는 것 또한 당연하다. 소급처벌 또는 소급입법은 행위 후의 제재에 대한 예측을 불가능하게 하여 법의 이념 중의 하나인 법적 안정성을 해치기 때문이다.

(3) 예 외

법률불소급의 원칙은 절대적인 원칙은 아니라고 해야 한다. 인권보장을 위하여 법적 안정성보다 정의의 실현이 우선인 경우에는 법률불소급의 원칙에 대한 예외를 인정하는 것이 타당하기 때문이다. 따라서 법령이 적용되는 자에게 불이익을 주지 않는 경우에는 소급하여 적용하는 것이 인정된다.[96] 여기서 형법은 '범죄 후

96) Vgl. Joecks/Miebach, § 1 Rn. 29.

법률의 변경에 의하여 그 행위가 범죄를 구성하지 아니하게 되거나 형이 구법(舊法)보다 가벼워진 경우에는 신법(新法)에 따른다'(제1조 제2항)고 규정하여 재판시법주의(裁判時法主義)의 예외를 규정함으로써 유리한 신법의 소급효를 인정하고 있다. 죄형법정주의는 국가형벌권을 제한하는 데에 그 목적을 두고 있기 때문이다.

(4) 한 계

1) 보안처분과 소급효

① 학 설

죄형법정주의의 소급효금지의 원칙을 문언상으로 보면 죄와 형, 즉 범죄와 형벌에 대한 소급효의 금지를 의미한다. 여기서 보안처분에 대한 소급효금지의 원칙의 적용여부에 대하여는 견해가 일치하지 않고 있다. 첫째, 소급효인정설(遡及效認定說)이다. 보안처분은 형벌이 아니기 때문에 소급효금지의 원칙은 적용되지 않는다고 한다. 둘째, 소급효부정설(遡及效否定說)이다. 보안처분도 형벌과 같이 형법의 위반에 대한 제재라고 할 때에는 양자를 구별할 실익이 존재하지 않는다고 한다. 따라서 보안처분에 대하여도 형벌과 같이 소급효금지의 원칙을 적용하여야 한다고 한다. 셋째, 개별화설(個別化說)이다. 소급효금지의 원칙의 적용여부는 보안처분의 종류 또는 성격에 따라 달리 판단되어야 한다고 한다.

② 판 례

판례는 개별화설의 입장을 취하고 있는 것으로 보인다. 왜냐하면 판례는 보안처분에 대하여 원칙적으로 소급효인정설을 취하고 있지만, 형사처벌 대신 부과되는 사회봉사명령에 대하여는 예외적으로 소급효부정설을 취한 경우가 있기 때문이다. 보안처분의 소급효를 긍정한 판례의 구체적 내용은 다음과 같다. 즉,

> ① 전자장치 부착명령은 전통적 의미의 형벌이 아닐 뿐 아니라, 성폭력범죄자의 성행교정과 재범방지를 도모하고 국민을 성폭력범죄로부터 보호한다고 하는 공익을 목적으로 하며, 의무적 노동의 부과나 여가시간의 박탈을 내용으로 하지 않고 전자장치의 부착을 통해서 피부착자의 행동 자체를 통제하는 것도 아니라는 점에서 처벌적인 효과를 나타낸다고 보기 어렵다. 또한 부착명령에 따른 피부착자의 기본권 침해를 최소화하기 위하여 피부착자에 관한 수신자료의 이용을 엄격하게 제한하고, 재범의 위험성이 없다고 인정되는 경우에는 부착명령을 가해제할 수 있도록 하고 있다. 그러므로 이 사건 부착명령은 형벌과 구별되는 비형벌적 보안처분으로서 소급효금지원칙이 적용되지 아니한다.[97] ② 아동·청소년의 성보호에 관한 법률상의 신상에 관한 공개명령제도는

범죄행위를 한 자에 대한 응보 등을 목적으로 그 책임을 추궁하는 사후적 처분인 형벌과 구별되어 그 본질을 달리하는 것으로서 형벌에 관한 소급입법금지의 원칙이 그대로 적용되지 않으므로, 공개명령제도가 시행된 2010.1.1. 이전에 범한 범죄에도 공개명령 제도를 적용하도록 아동·청소년의 성보호에 관한 법률이 2010.7.23. 법률 제10391호로 개정되었다고 하더라도 그것이 소급입법금지의 원칙에 반한다고 볼 수 없다.[98] ③ 개정 형법 제62조의2 제1항의 보호관찰은 형벌이 아니라 보안처분의 성격을 갖는 것으로서, 과거의 불법에 대한 책임에 기초하고 있는 제재가 아니라 장래의 위험성으로부터 행위자를 보호하고 사회를 방위하기 위한 합목적적인 조치이므로, 그에 관하여 반드시 행위 이전에 규정되어 있어야 하는 것은 아니며, 재판시의 규정에 의하여 보호관찰을 받을 것을 명할 수 있다고 보아야 할 것이고, 이와 같은 해석이 형벌불소급의 원칙 내지 죄형법정주의에 위배되는 것이라고 볼 수 없다.[99]

보안처분의 소급효를 부정한 판례의 구체적 내용은 다음과 같다. 즉,

가정폭력범죄의 처벌 등에 관한 특례법이 정한 보호처분 중의 하나인 사회봉사명령은 가정폭력범죄를 범한 자에 대하여 환경의 조정과 성행의 교정을 목적으로 하는 것으로서 형벌 그 자체가 아니라 보안처분의 성격을 가지는 것이 사실이다. 그러나 한편으로 이는 가정폭력범죄행위에 대하여 형사처벌 대신 부과되는 것으로서, 가정폭력범죄를 범한 자에게 의무적 노동을 부과하고 여가시간을 박탈하여 실질적으로는 신체적 자유를 제한하게 되므로, 이에 대하여는 원칙적으로 형벌불소급의 원칙에 따라 행위시법을 적용함이 상당하다.[100]

③ 검 토

보안처분에 대하여도 형벌과 같이 소급효금지의 원칙을 적용하여야 한다는 소급효부정설이 타당하다고 본다. 소급효부정설이 인권을 보장하기 위한 죄형법정주의의 실질적인 취지에 부합한다고 해석되기 때문이다. 나아가 형사제재는 오늘날 형벌에만 머물러 있지 않고, 보안처분으로부터 피해자의 구제로까지 계속적으로 확장되고 있기 때문에 전향적으로 접근하면 죄형법정주의를 '죄와 형벌의 법정주의'가 아니라 '죄와 형사제재의 법정주의'로 해석하여야 할 필요성도 제기될 수 있기 때문이다. 이러한 취지에서 대법원이 "보호감호처분에 대하여는 소급입법이 금지되므로 ~ 신법이 보다 더 유리하게 변경되었을 때에만 신법이 소급적용될 것

97) 헌법재판소 2012.12.27. 선고 2010헌가82·2011헌바393(병합) 결정.
98) 대법원 2011.3.24. 선고 2010도14393·2010전도120 판결.
99) 대법원 1997.6.13. 선고 97도703 판결.
100) 대법원 2008.7.24. 자 2008어4 결정.

이다"라고 한 판시의 내용을 이해할 수 있다.[101)]

한편 보안처분의 소급효 인정여부에 대하여는 궁극적으로 독일 형법에서와 같이 입법에 의한 해결이 바람직하다고 할 수 있다. 보안처분에 의하여 장래의 위험성을 방지할 필요성도 있다고 해야 하기 때문이다. 예컨대 독일 형법은 "보안처분에 관하여 법률에 특별한 규정이 없는 때에는 판결시의 법률에 의한다"고 규정하고 있다(독일 형법 제2조 제6항). 여기서 독일의 다수설은 보안처분에 대하여는 소급효금지의 원칙이 적용되지 않는다는 소급효긍정설을 취한 것으로 해석하고 있다.

2) **소송법규정과 소급효**

① 학 설

소급효금지의 원칙은 실체법인 형법에 대하여만 적용되고, 절차법인 형사소송법에는 적용되지 않는다고 해석하는 것이 원칙이다.[102)] 헌법(제13조 제1항)과 형법(제1조 제1항)이 각각 규정하고 있는 '법률'의 소급효금지에서의 '법률'은 범죄와 형벌에 관한 실질적 의의의 형법을 의미한다고 해석되기 때문이다. 문제는 공소시효, 친고죄에 있어서의 고소 등과 같이 가벌성과 관련되는 절차법상의 규정이 불리하게 변경된 경우 소급효금지의 원칙의 적용여부에 있다. 이에 관하여는 견해가 일치하지 않고 있다. 첫째, 소급효인정설(遡及效認定說)이다. 소급효금지의 원칙은 실체형법에만 적용되고, 형사소송법과 같은 절차법에는 적용되지 않는다고 한다. 둘째, 소급효부정설(遡及效否定說)이다. 절차법에 속한다고 하더라도 가벌성과 관계되는 한 소급효를 부정해야 한다고 한다. 셋째, 제한적 소급효인정설(制限的 遡及效認定說)이다. 일정한 사유가 존재하는 경우 새로운 입법에 의하여 시효가 완성된 경우에는 소추가 가능하도록 하는 진정소급효가 가능하고, 시효가 진행중인 경우에는 시효를 연장하는 부진정소급효가 가능하다고 한다.

② 판 례

판례는 제한적 소급효인정설을 취하고 있는 것으로 해석된다. 헌법재판소는 소급입법을 새로운 입법으로 이미 종료된 사실관계 또는 법률관계에 작용케 하는 진정소급입법과 현재 진행중인 사실관계 또는 법률관계에 작용케 하는 부진정소급입법의 두 가지 종류로 구분한 바 있다.[103)] 이에 의하면 부진정소급입법(不眞正

---

101) 헌법재판소 1989.7.14. 선고 88헌가5,8 · 89헌가44 결정.

102) Lackner/Kühl, § 1 4.

103) 헌법재판소 1996.2.16. 선고 96헌가2 · 96헌바7 · 96헌바13 결정; 헌법재판소 1989.3.17. 선고

溯及立法)은 원칙적으로 허용되지만, 일정한 경우에는 제한이 가하여질 수 있다고 한다. 즉, 소급효를 요구하는 공익상의 사유와 신뢰보호의 요청 사이의 교량 과정에서 신뢰보호의 관점이 입법자의 형성권에 제한을 가할 뿐이라고 한다. 이에 반하여 진정소급입법(眞正溯及立法)은 원칙적으로 허용되지 않지만, 특단의 사정이 있는 경우에는 허용될 수 있다고 한다. 즉, 기존의 법을 변경하여야 할 공익적 필요는 심히 중대한 반면에 그 법적 지위에 대한 개인의 신뢰를 보호하여야 할 필요가 상대적으로 정당화될 수 없는 경우에는 예외적으로 허용될 수 있다고 한다. 한편 대법원은 당연히 헌법재판소의 입장을 그대로 따를 수밖에 없다. 이에 관한 판례의 구체적인 내용은 다음과 같다. 즉,

① 소급입법은 새로운 입법으로 이미 종료된 사실관계 또는 법률관계에 작용케 하는 진정소급입법과 현재 진행중인 사실관계 또는 법률관계에 작용케 하는 부진정소급입법으로 나눌 수 있는 바, 부진정소급입법은 원칙적으로 허용되지만 소급효를 요구하는 공익상의 사유와 신뢰보호의 요청 사이의 교량과정에서 신뢰보호의 관점이 입법자의 형성권에 제한을 가하게 되는데 반하여, 기존의 법에 의하여 형성되어 이미 굳어진 개인의 법적 지위를 사후입법을 통하여 박탈하는 것 등을 내용으로 하는 진정소급입법은 개인의 신뢰보호와 법적 안정성을 내용으로 하는 법치국가원리에 의하여 특단의 사정이 없는 한 헌법적으로 허용되지 아니하는 것이 원칙이고, 다만 일반적으로 국민이 소급입법을 예상할 수 있었거나 법적 상태가 불확실하고 혼란스러워 보호할 만한 신뢰이익이 적은 경우와 소급입법에 의한 당사자의 손실이 없거나 아주 경미한 경우 그리고 신뢰보호의 요청에 우선하는 심히 중대한 공익상의 사유가 소급입법을 정당화하는 경우 등에는 예외적으로 진정소급입법이 허용된다.[104] ② 5·18민주화운동등에관한특별법 제2조는 그 제1항에서 그 적용대상을 '1979년 12월 12일과 1980년 5월 18일을 전후하여 발생한 헌정질서파괴범죄의공소시효등에관한특례법 제2조의 헌정질서파괴범죄행위'라고 특정하고 있으므로, 그에 해당하는 범죄는 5·18민주화운동등에관한특별법의 시행 당시 이미 형사소송법 제249조에 의한 공소시효가 완성되었는지 여부에 관계없이 모두 그 적용대상이 됨이 명백하다고 할 것인데, 위 법률 조항에 대하여는 헌법재판소가 1996.2.16. 선고 96헌가2, 96헌바7,13 결정 사건에서 위 법률 조항이 헌법에 위반되지 아니한다는 합헌결정을 하였으므로, 위 법률 조항의 적용범위에 속하는 범죄에 대하여는 이를 그대로 적용할 수밖에 없다.[105] ③ 형벌불소급의 원칙은 "행위의 가벌성" 즉 형사소추가 "언제부터 어떠한 조건하에서" 가능한가의 문제에 관한 것

88헌마1 결정; 헌법재판소 1989.12.18. 선고 89헌마32,33 결정.

104) 헌법재판소 1999.7.22. 선고 97헌바76·98헌바50,51,52,54,55(병합) 결정.

105) 대법원 1997.4.17. 선고 96도3376 전원합의체 판결.

이고, "얼마동안" 가능한가의 문제에 관한 것은 아니므로, 과거에 이미 행한 범죄에 대하여 공소시효를 정지시키는 법률이라 하더라도 그 사유만으로 헌법 제12조 제1항 및 제13조 제1항에 규정한 죄형법정주의의 파생원칙인 형벌불소급의 원칙에 언제나 위배되는 것으로 단정할 수는 없다. 공소시효가 아직 완성되지 않은 경우 위 법률조항은 단지 진행중인 공소시효를 연장하는 법률로서 이른바 부진정소급효를 갖게 되나, 공소시효제도에 근거한 개인의 신뢰와 공소시효의 연장을 통하여 달성하려는 공익을 비교형량하여 공익이 개인의 신뢰보호이익에 우선하는 경우에는 소급효를 갖는 법률도 헌법상 정당화될 수 있다.[106)]

③ 검 토

국민의 자유를 궁극적으로 보장하려면 죄형법정주의의 요청상 범죄와 제재에 관한 예측가능성과 법적 안정성이 담보되어야 한다. 여기서 범죄와 제재에 관한 실질적 의의의 형법이 아닌 소송법은 절차법이기 때문에 죄형법정주의의 요청과는 무관하다고 할 수 있다. 결국 소송법은 절차에 관한 규정에 불과하기 때문에 소급효금지의 원칙이 적용되지 않는다는 소급효긍정설이 원칙적으로 타당하다. 소송법은 죄와 형을 어떻게 정할 것인가의 문제가 아니라 이미 정해진 죄와 형을 어떻게 집행할 것인가의 문제이기 때문이다. 다만 고소기간이 이미 만료하였거나 공소시효가 완성된 때에는 소급효금지의 원칙이 적용된다고 하는 것이 타당하다고 해야 한다.

독일에서는 공소시효가 형법에 규정되어 있음에도 불구하고 전시중의 나치에 의한 모살죄 등의 범죄에 대하여 전후에 공소시효를 연장하고 나아가 폐지하여 이를 시효완성 전의 범죄에 소급적용하여 재판을 행한 바 있다. 일본에서도 일부의 범죄피해자단체의 요청에 근거하여 2010년 4월에 사람을 사망하게 한 죄 중 법정형에 사형이 있는 규정의 공소시효를 폐지하고 사람을 사망하게 한 죄 중 기타의 규정에 대하여 그 법정형에 따라 시효기간을 연장한 다음 이 개정법의 시행 전에 범하여진 죄라도 그 시효가 완성되어 있지 않은 것에 대하여는 이들의 시효폐지 또는 연장을 소급적용하는 것으로 한 바 있다.

그러나 공소시효의 본질은 단순한 소송법의 규정에서뿐만 아니라 범죄에 대한 자의적인 형벌권행사의 억제라는 자유주의의 요청과 일반예방 및 특별예방상 처벌의 필요성과 유효성의 감소라는 실체형법상의 이유에서도 구하여져야 한다. 공소시효기간이 범죄의 중대성에 따라 정하여진 법정형에 상응하여 정하여져 있는

106) 헌법재판소 1996.2.16. 선고 96헌가2 · 96헌바7 · 96헌바13 결정.

것도 그 이유 중의 하나이다. 독일과 일본에서도 일단 공소시효가 완성되어 이미 처벌되지 아니하는 상태로 된 자에게까지 이를 번복하여 시효의 폐지·연장을 소급적용하는 것은 인정되지 않고 있다. 따라서 공소시효제도란 실체형법상의 제도, 특히 범죄행위에 대한 처벌가능성에 관한 제도라는 것을 감안할 때 소급처벌 또는 사후법의 금지가 타당하다고 해야 한다.

3) 판례의 변경과 소급효

① 학 설

소급적용금지는 법관이 범죄의 구성요건과 그에 대한 법적 효과로서 형사제재를 적용할 때 행위시의 법률에 의하지 않고 행위자에게 불리한 재판시의 법률을 사후적으로 소급하여 적용할 수 없다는 것을 의미한다. 실질적 의미의 형법에 적용된다. 이미 언급한 바와 같이 헌법(제13조 제1항)과 형법(제1조 제1항)은 '법률'의 소급효를 금지한다고 규정하여 행위시법주의를 원칙적으로 선언하고 있다.

문제는 행위시의 판례에 의하면 처벌되지 않던 행위를 판례의 변경에 의하여 처벌할 수 있는가에 있다. 이에 관하여는 견해가 일치하지 않고 있다. 첫째, 소급효인정설이다. 판례를 변경하여 적용하는 것은 소급효금지의 원칙에 해당하지 않는다고 한다. 소급효가 금지되는 것은 법률의 적용이지 법률의 해석이 아니라는 것을 근거로 한다. 둘째, 소급효부정설이다. 이미 확립된 판례는 사실상 구속력을 가지고 있기 때문에 판례를 변경하여 적용하는 것은 소급입법에 의한 소급처벌과 마찬가지로 소급효금지의 원칙에 반한다고 한다. 동일한 사안에 대하여는 동일한 판단을 내린다는 예측가능성과 법적 안정성의 보호가 필요하다는 것을 근거로 한다. 셋째, 제한적 소급효긍정설이다. 판례의 변경이 법적 견해의 변경인 경우에는 소급효금지의 원칙이 적용되어 소급효가 인정되지 않지만, 단순한 법령상황의 변경인 경우에는 소급효가 허용된다고 한다. 유리하게 개정된 형법의 소급적용에 관한 동기설(動機說)을 판례의 변경에 적용한 견해라고 할 수 있다.

② 판 례

판례는 소급효인정설의 입장을 취하고 있다. 대법원은, "형사처벌의 근거가 되는 것은 법률이지 판례가 아니고, 형법 조항에 관한 판례의 변경은 그 법률조항의 내용을 확인하는 것에 지나지 아니하여 이로써 그 법률조항 자체가 변경된 것이라고 볼 수는 없으므로, 행위 당시의 판례에 의하면 처벌대상이 되지 아니하는 것으로 해석되었던 행위를 판례의 변경에 따라 확인된 내용의 형법 조항에 근거하여 처벌한다고 하여 그것이 헌법상 평등의 원칙과 형벌불소급의 원칙에 반한다고 할 수는 없다"고 판시한 바 있다.[107]

③ 검 토

죄형법정주의의 중요한 파생원칙 중의 하나인 법률주의는 전술한 바와 같이 형법의 법원으로서 관습법뿐만 아니라 판례법도 배제한다. 따라서 판례의 변경은 언제든 가능하고 변경된 판례에 의하여 처벌하더라도 소급효금지의 원칙에 반한다고 할 수 없다. 또한 법의 해석의 변경은 법 자체의 변경이 아니라 본래의 법의 의사(意思)가 정확한 해석에 의해서 비로소 발견되는 것에 지나지 않고 또한 입법권과 사법권의 분립에 비추어 법관은 법률상의 규제의 범위 내에서 해석을 하는 데에 지나지 않기 때문에 이론적으로 판례의 변경은 죄형법정주의에 반하지 않는다고 할 수 있다.[108] 그럼에도 불구하고 변경 전의 판례에 대한 신뢰도 보호할 필요가 있다고 하여야 할 것이다. 법률에 위반된다는 위법성에 대한 인식이 없기 때문이다. 여기서 변경된 판례는 장래의 사건에 대하여만 적용하자는 견해도 주장되고 있다. 그러나 변경 전의 판례를 신뢰하여 위법성의 인식이 결여된 경우에는 법률의 착오(제16조)에 의하여 해결하는 것이 가능하다는 입장이 타당하다.

4. 적정성의 원칙

(1) 의 의

죄형법정주의를 단순히 죄와 형의 법정이라는 형식만으로 이해하는 형식적 죄형법정주의에 대한 역사적 경험은 인권보장의 관점에서 죄와 형의 내용까지 실체적으로 적정할 것을 요구하는 실질적 죄형법정주의를 요구하게 되었다. 실체적 적정의 원칙은 미국 헌법상의 절차적 적정절차(due process)에서 유래한 개념이지만(미국 수정헌법 제5조), 그 상위개념으로서 절차의 적정에 그치지 않고 내용의 적정까지 요구하는 실체적 적정의 원칙(substantive due process)을 의미한다. 형사제재를 가하기 위하여는 적정한 절차에 의하지 않으면 안 되지만, 그 실체인 내용도 적정하지 않으면 안 된다. 전자는 주로 절차법의 문제임에 반하여, 후자는 바로 실체법의 문제로서 죄형법정주의의 내용이 된다. 한편, 법의 이념 중 정의가 법적 안정성보다 우선되어야 한다고 생각을

107) 대법원 1999.9.17. 선고 97도3349 판결.
108) Vgl. Satzger/Schmitt/Widmier, § 1 Rn. 52.

변경한 사람은 나치를 경험한 후 만년을 맞이한 라드부르흐의 견해였다. 이상과 같은 이유에서 실체적 적정절차의 원칙을 죄형법정주의의 파생원칙 중의 하나로서 파악하기로 한다.

(2) 내 용

현대적 의미에서의 실질적 죄형법정주의는 인권보장에 취약했던 근대적 의미에서의 형식적 죄형법정주의를 극복하기 위하여 등장하였다. 형법의 보장적 기능은 그 내용이 적정한 경우에만 실현이 가능하다고 해야 한다. 헌법은 '인간의 존엄과 가치'(헌법 제10조)를 전체의 법규범체계에서 최고의 근본규범으로 규정하고 있다. 여기서 죄형법정주의에 있어서 형벌법규의 적정성은 우선 헌법의 가치체계와 일치할 것을 요구한다. 이러한 의미에서 실질적 죄형법정주의는 '적정한 법률 없으면 범죄 없고 형벌 없다'는 법언으로 다시 표현될 수 있다. 또한 '책임 없으면 형벌 없다'는 책임주의는 실체적 적정성의 원칙의 또 다른 표현일 수도 있다. 죄형의 균형이 맞지 않는 경우에도 실체적 적정성의 원칙에 위배된다고 해야 하기 때문이다. 이러한 의미에서 적정성의 원칙은 인간의 존엄과 가치의 보장, 형벌법규의 필요성 및 죄형의 균형 등을 그 내용으로서 포함하고 있다고 이해될 수 있다.

흔히 실체적 적정성에 반하는 경우로는 헌법상 기본적 인권의 규정에 위반되는 처벌규정, 필요성이나 합리성이 없는 처벌규정 및 범죄와 균형이 맞지 않는 처벌규정이 거론되고 있다. 헌법의 기본권규정에 위반되는 경우에는 그 자체로 위헌이 되든 아니면 실체적 적정의 원칙에 위배되어 위헌이 되든 결과적으로 위헌이라는 결과에는 차이가 없다. 형벌법규의 내용이 직접 헌법의 인권보장규정에 위반되고 있지 않은 경우라도 처벌의 필요성이나 합리성이 없음에도 불구하고 처벌하고 있는 경우는 실체적 적정의 원칙에 반하기 때문에 위헌으로 되어야 할 것이다. 법치주의, 즉 죄형법정주의는 시민에 대한 방패로서 기능을 하여야 하지만, 인간의 존엄과 가치에 대한 깊은 성찰이 없는 경우에는 오히려 시민에 대한 창으로서 기능하던 시대로 다시 역사가 퇴보될 수 있다. 따라서 죄형법정주의와 법치주의는 그 전제로서 현행법상 최고의 법가치인 인간의 존엄과 가치에 관한 깊은 성찰이 없는 형식적인 죄형법정주의 또는 법치주의는 시민에 대한 창에 불과할 뿐이라고 해야 한다. 한편 형벌법규에 형식적으로 위반한 행위를 모두 처벌하는 것은 경우에 따라 적절하지 않을 수 있다. 경우에 따라서는 그 행위가 아무런 해가 없거나 처벌 자체가 다른 인권을 침해할 수 있기 때문이다. 예컨대 19세 미만의 미성년자와의 성행위를 모두 징역에 처한다는 법률이 있다고 한다면 그 법률은 형식적으로는 매우 명확하지만, 내용적으로는 적정하지 않다고 할 수 있다. 왜냐하면 민법상 혼인적령은 18세인데(민법 제807조), 혼인중의 미성년자의 성행위는 모두 금지될 수밖에 없고, 이는 타당하지 않다고 해야 하기 때문이다. 적정성의 원칙에 위배된다는 판례의 구체적 내용은 다음과 같다. 즉,

① 형사법상 책임원칙은 기본권의 최고이념인 인간의 존엄과 가치에 근거한 것으로, 형벌은 범행의 경중과 행위자의 책임 즉 형벌 사이에 비례성을 갖추어야 함을 의미한다. 따라서 기본법인 형법에 규정되어 있는 구체적인 법정형은 개별적인 보호법익에 대한 통일적인 가치체계를 표현하고 있다고 볼 때, 사회적 상황의 변경으로 인해 특정 범죄에 대한 형량이 더 이상 타당하지 않을 때에는 원칙적으로 법정형에 대한 새로운 검토를 요하나, 특별한 이유로 형을 가중하는 경우에도 형벌의 양은 행위자의 책임의 정도를 초과해서는 안 된다. 이 사건 법률조항을 포함한 폭처법 제3조 제2항은 동 조항의 적용대상인 형법 본조에 대하여 일률적으로 5년 이상의 유기징역에 처하는 것으로 규정하고 있다. 그런데 위 각 형법상의 범죄는 죄질과 행위의 태양 및 그 위험성이 사뭇 다르고, 이에 따라 원래의 법정형은 낮게는 폭행(제260조 제1항)이나 협박(제283조 제1항)과 같이 구류 또는 과료가 가능한 것에서부터 높게는 상해(제257조 제1항) 또는 공갈(제350조)과 같이 10년 이하의 징역에 이르기까지 그 경중에 차이가 많음을 알 수 있다. 그럼에도 불구하고, 그 행위가 야간에 행해지고 흉기 기타 위험한 물건을 휴대하였다는 사정만으로 일률적으로 5년 이상의 유기징역형에 처하도록 규정한 것은 실질적 법치국가 내지는 사회적 법치국가가 지향하는 죄형법정주의의 취지에 어긋날 뿐만 아니라 기본권을 제한하는 입법을 함에 있어서 지켜야 할 헌법적 한계인 과잉금지의 원칙 내지는 비례의 원칙에도 어긋난다.[109] ② 법정형의 종류와 범위를 정하는 것은 기본적으로 입법자의 권한에 속하는 것이지만 이러한 입법재량은 무제한한 것이 될 수는 없는 바, 법정형의 종류와 범위를 정할 때는 형벌 위협으로부터 인간의 존엄과 가치를 존중하고 보호하여야 한다는 헌법 제10조의 요구에 따라야 하고 형벌개별화의 원칙이 적용될 수 있는 범위의 법정형을 설정하여 실질적 법치국가의 원리를 구현하도록 하여야 하며 형벌이 죄질과 책임에 상응하도록 적절한 비례성을 지켜야 한다. 반국가적 범죄를 저지른 자가 그로 인한 처벌을 받았음에도 불구하고 다시 반국가적 범죄를 저질렀다면 그에 대한 비난가능성이 높고 따라서 책임이 가중되어야 할 것이나, 단지 반국가적 범죄를 반복하여 저질렀다는 이유만으로 다시 범한 죄가 국가보안법 제7조 제5항, 제1항과 같이 비교적 경미한 범죄라도 사형까지 선고할 수 있도록 한 것은 그 법정형이 형벌체계상의 균형성을 현저히 상실하여 정당성을 잃은 것이고, 이러한 형의 불균형은 반국가적

---

109) 헌법재판소 2004.12.16. 선고 2003헌가12 결정.

범죄로부터 국가 및 국민을 보호한다는 입법목적으로도 극복할 수는 없는 것이다.[110] ③ 반국가행위자의 처벌에 관한 특별조치법 제8조는 피고인의 소환불응에 대하여 전 재산 몰수를 규정한 바, 설사 반국가행위자의 고의적인 소환불응을 범죄행위라고 규정하는 취지라 해도 이러한 행위에 대해 전 재산의 몰수라는 형벌은 행위의 가벌성에 비해 지나치게 무거워 적정하지 못하고 일반형사법체계와 조화를 이루지 못하고 있다. 결국 이는 행위책임의 법리를 넘어서 자의적이고 심정적인 처벌에의 길을 열어 둠으로써 형벌체계상 정당성과 균형을 벗어나 적법절차 및 과잉금지의 원칙에 어긋난다. 뿐만 아니라 특조법 제8조는 동법 제10조의 규정과 관련하여 친족의 재산까지도 검사가 적시하기만 하면 증거조사 없이 몰수형이 선고되게 되어 있으므로, 헌법 제13조 제3항에서 금지한 연좌형이 될 소지도 크다.[111]

적정성의 원칙에 위배되지 아니한다는 판례의 구체적 내용은 다음과 같다. 즉,

① 형법 제144조 제2항 전단의 "단체 또는 다중의 위력을 보이거나 위험한 물건을 휴대하여 형법 제136조(공무집행방해)의 죄를 범하여 공무원을 상해에 이르게 한 자는 3년 이상의 유기징역에 처한다"는 부분과 폭력행위 등 처벌에 관한 법률 제3조 제1항 중 "단체나 다중의 위력으로써 또는 흉기 기타 위험한 물건을 휴대하여 형법 제257조 제1항(상해)의 죄를 범한 자는 3년 이상의 유기징역에 처한다"는 부분이 책임과 형벌의 비례성의 원칙에 위배된다거나, 형벌체계의 정당성과 균형을 잃은 것으로서 헌법상 인간으로서의 존엄과 가치 및 행복추구권을 정한 헌법 제10조, 평등의 원칙을 정한 헌법 제11조, 과잉금지원칙을 정한 제37조 제2항 및 법관에 의한 적정한 재판을 받을 권리를 정한 헌법 제27조 제1항에 위배된다고 할 수 없다.[112] ② 여자 청소년은 성인에 비하여 정신적, 육체적으로 성숙하지 아니한 상태에 있어, 여자 청소년에 대하여는 형법상의 강간죄가 요구하는 정도의 폭행·협박을 사용하지 않고 위계 또는 위력만으로도 간음죄를 범할 수 있고, 실제 그러한 범죄가 빈번하게 발생하고 있으며, 실무상 여자 청소년에 대한 간음죄의 구체적인 사안에 있어서 그 간음의 수단이 형법상의 강간죄가 요구하는 정도의 폭행·협박인지, 위계 또는 위력에 불과한지를 구분하기가 쉽지 아니하므로, 위계 또는 위력을 사용하여 여자 청소년을 간음한 자를 여자 청소년을 강간한 자와 동일하게 처벌하여야 할 형사정책적인 필요성이 있는 점, 위계 또는 위력이란 그 범위가 매우 넓기 때문에 강간죄가 요구하는 정도의 폭행, 협박에 비하여 그 피해가 상대적으로 경미하고 불법의 정도도 낮은 경우가 많지만, 구체적인 사안에 따라서는 강간죄가 요구하는 정도의 폭행, 협박이 사용된 경우보다 죄질이 나쁘고 중대한

---

110) 헌법재판소 2002.11.28. 선고 2002헌가5 결정.
111) 헌법재판소 1996.1.25. 선고 95헌가5 결정.
112) 대법원 2008.6.26. 자 2008초기202,2007도6188 결정.

경우도 있을 수 있고, 위계 또는 위력에 의한 간음죄라 하여도 범행의 동기와 범행 당시의 정황 및 보호법익에 대한 침해의 정도 등을 고려할 때 강간죄보다 무겁게 처벌하거나 동일하게 처벌하여야 할 필요가 있는 경우도 실무상 흔히 있어 위계 또는 위력에 의한 간음죄를 강간죄에 비하여 가볍게 처벌하는 것이 구체적인 경우에 있어서 오히려 불균형인 처벌결과를 가져올 염려가 없지 않은 점 등을 종합하여 보면, 위계 또는 위력을 사용하여 여자 청소년을 간음한 자에 대한 비난가능성의 정도가 여자 청소년을 강간한 자에 비하여 반드시 가볍다고 단정할 수 없으므로, 청소년의 성보호에 관한 법률 제10조 제4항이 위계 또는 위력을 사용하여 여자 청소년을 간음한 자에 대한 법정형을 여자 청소년을 강간한 자에 대한 법정형과 동일하게 정하였다고 하여 이를 두고 형벌체계상의 균형을 잃은 자의적인 입법이라고 할 수는 없다.[113] ③ 특정범죄가중처벌등에관한법률 제5조의3 제1항 제2호는 입법자가 교통현실과 동 조항의 입법목적, 보호법익, 죄질 등을 고려하여 입법정책적 차원에서 상해죄나 중상해죄보다 법정형을 무겁게 정한 것으로 형벌체계상의 정당성이나 균형 등을 상실하였다고 할 수 없으며, 헌법상의 평등의 원칙과 과잉금지의 원칙을 위반하거나 인간의 존엄성을 해한다고 할 수 없다.[114] ④ 특정범죄가중처벌등에관한법률의 법률조항에서 과실로 사람을 치상하게 한 자가 구호행위를 하지 아니하고 도주하거나 고의로 유기함으로써 치사의 결과에 이르게 한 경우에 살인죄와 비교하여 그 법정형을 더 무겁게 한 것은 형벌체계상의 정당성과 균형을 상실한 것으로서 헌법 제10조의 인간으로서의 존엄과 가치를 보장한 국가의 의무와 헌법 제11조의 평등의 원칙 및 헌법 제37조 제2항의 과잉입법금지의 원칙에 반한다.[115]

제 3 절 행위주의

Ⅰ. 행위주의의 의의

행위주의(行爲主義)란 죄형법정주의에 있어서 죄와 형을 법정하는 기준으로서는 행위가 아니면 안 된다는 원칙을 말한다. 행위주의는 죄형법정주의 및 책임주의와 함께 형법의 3대 기본원칙에 속한다. 행위주의에 의하면 형법상의 제재는 살아 있는 사람의 행위만을 그 대상으로 한다. 죽은 사람이나 동물 등의 움직임은 처

113) 대법원 2007.8.23. 선고 2007도4818 판결.
114) 헌법재판소 1998.3.26. 선고 97헌바83 결정.
115) 헌법재판소 1992.4.28. 선고 90헌바24 결정.

벌의 대상으로 되지 않는다.

행위주의는 봉건형법의 간섭성을 극복하는 과정에서 확립되어 근대형법의 기본원칙이 되었다. 중세에서의 최대의 범죄는 신에 대한 충성의무에 위반한 신성모독죄였다. 그런데 신성모독은 마음속에서부터 시작되기 때문에 중세의 봉건형법은 신성모독죄를 심판하기 위하여는 마음속에까지 깊숙이 개입하여 간섭하지 않을 수 없었다. 뿐만 아니라 중세의 범죄현상은 동물의 활동이나 자연현상까지 그 대상으로 포함하고 있는 경우가 많았다. 나아가 마녀재판으로 상징되는 중세형법의 가혹성은 그 폐해가 이만저만이 아니었다. 여기서 근대형법은 인권을 보장하기 위하여 처벌의 대상을 사람의 내심에까지 확대하는 소위 의사주의로부터 외부의 행위로서 표출될 것(외부성)과 행위의 결과로서 침해가 인정될 것(객관성)을 요구하는 소위 행위주의로 전환함으로써 중세형법의 간섭성을 극복할 수 있었다. 즉, 근대형법은 형법상 처벌의 대상으로 되는 행위라고 하려면 종교나 도덕적인 의무에 위반한 내심만으로는 충분하지 않고 세속적 사회에 있어서의 일정한 위험이나 침해가 인정되어야 할 것을 요구함으로써 중세형법이 개인의 내면에까지 깊숙이 개입하던 간섭성을 극복할 수 있었다. 결국 행위주의에 의하면 형법상의 제재는 살아 있는 사람의 행위만을 그 대상으로 하게 되었고, 동물의 움직임이나 자연현상 등은 처벌의 대상에서 제외하게 되었다.

그럼에도 불구하고 행위주의는 죄형법정주의의 원칙이나 책임주의의 원칙에 비하면 그 존재감이 분명한 것은 아니다. 형법상 명문의 근거규정을 찾기 어려운 것도 행위주의의 존재감을 분명하게 하지 않는 이유 중의 하나일 것이다. 형법의 기본원칙을 죄형법정주의와 책임주의로 양분하는 견해의 경우 행위주의를 형법의 기본원칙에서 제외하는 경우도 있다. 이는 행위주의의 실체가 보다 분명하게 드러나지 않기 때문이라고 생각된다. 그럼에도 불구하고 행위주의는 후술하는 바와 같이 행위론과 위법성론에서 여전히 중요한 기능을 가지고 있다고 하지 않을 수 없다.

Ⅱ. 행위주의의 내용

행위주의는 형법상 제재의 대상을 살아 있는 사람의 행위로 국한하고 있다. 정확히 말해서, 행위주의는 형법상 제재의 대상으로서의 행위에 대하여 그것은 살아 있는 사람의 행위일 것(필요조건)과 살아 있는 사람의 행위로서 외부성과 객관성을 가지고 있을 것(충분조건)을 요구하고 있다.

1. 행위주의와 행위의 외부성

행위주의는 살아 있는 사람의 행위만을 처벌의 대상으로 할 뿐만 아니라 그 행위는 행위자의 내심이 외부적으로 표현될 것을 요구하고 있다. 따라서 아직 내심에 머무르고 외부적 행위로 나타나지 않는 한 처벌의 대상으로 되지 않는다. 따라서 신념, 신앙, 사상, 인격, 성격 등의 내심은 그 내용을 불문하고 처벌의 대상으로 되지 않는다. 내심의 내용이 아무리 사악하거나 유해하더라도 처벌할 수 없다는 것이 행위주의의 결론인 것이다. 또한 내심의 표현으로서 행위가 행하여졌다고 하더라도 내심을 이유로 행위의 선악이 결정되거나 판단되어서도 안 된다는 것이 행위주의의 내용에 포함되어 있다. 행위주의는 오로지 외부로 표현된 행위만을 그 대상으로 할 것을 요구하고 있기 때문이다. 일찍이 베카리아는 그의 저서 '범죄와 형벌'에서 '사상에는 세금이 면제된다'고 말한 바 있다. 이러한 의미에서 헌법이 보장하고 있는 양심의 자유는 절대적 자유권으로서 보장되고 있다고 이해할 수 있다(헌법 제19조 참조).

문제는 형법이 처벌의 대상으로 해야 하는 행위가 무엇이냐 하는 데에 있다. 흔히, 행위란 인간의 의사에 의하여 지배와 제어가 가능한 신체적 태도를 말한다고 할 수 있다. 따라서 인간의 의사에 의하여 지배나 제어가 불가능한 행위, 예컨대 무의식적 행위, 반사적 행위 등은 행위라고 할 수 없게 된다. 형법이 처벌의 대상으로 해야 하는 행위에 대하여 이의 해명을 궁극적인 과제로 하는 분야가 행위론(行爲論)이다. 행위론은 다음과 같이 개략될 수 있다. 즉, 근대형법이 확립한 행위주의는 처벌의 대상으로서 생각, 즉 인(因)에 근거한 행위, 즉 과(果)일 것을 요구하였기 때문에 생각과 행위, 즉 유의성(有意性=因; 생각, 의사)과 유체성(有體性=果; 거동, 행위)은 행위의 필수적인 요소가 될 수밖에 없었다. 이와 같이 근대형법은 처벌의 대상으로서 생각과 생각의 외부적 표시인 행위를 모두 요구하였다는 점에서 생각, 즉 인(因) 하나만으로도 충분하다고 보았던 봉건형법과 근본적으로 구별된다고 할 수 있다. 바로 이 점이 근대형법의 특징 중의 하나였고, 봉건형법을 극복하기 위한 이론적 원칙이었다. 이러한 의미에서 근대형법의 최초의 행위주의에 대하여는 인과적 행위론(因果的 行爲論)이라는 명칭이 명명되게 된 것이다.[116] 그 후 행위론의 역사는 유의성과 유체성으로 구성되는 행위의 요소 중에서

116) 인과적 행위론에 있어서 인과의 의미는 불교용어에서 찾을 수 있다. 인과(因果)란 원래 불교용어이기 때문이다. 불교의 근본적 교리인 인과의 도리(道理)는 선인선과(善因善果), 악인악과(惡因

유의성의 범위를 축소하는 방향으로 발전하여 왔다. 즉, 인과적 행위론의 신체적 거동의사로부터 출발한 유의성은 목적적 행위론(目的的 行爲論)에 있어서의 목적적 의사, 사회적 행위론(社會的 行爲論)에 있어서의 사회적 유의성 및 인격적 행위론(人格的 行爲論)에 있어서의 범죄자의 인격적 의사에 이르기까지 그 범위를 축소하여 왔다고 생각된다. 이와 관련하여 자세한 것은 행위론에서 후술하기로 한다.

2. 행위주의와 행위의 객관성

행위주의는 내심의 자유를 보장한다. 외부에서 행하여진 행위만을 처벌의 대상으로 한다는 것이 재언하지만 행위주의의 요청이기 때문이다. 그럼에도 불구하고 행위주의는 외부에서 행하여진 모든 행위를 처벌의 대상으로 하여야 한다는 것을 의미하지는 않는다. 행위의 유해성이나 침해성이 인정되는 경우에 한하여 처벌의 대상으로 하여야 할 것이기 때문이다.

더욱이 형법은 단편성(斷片性)을 특징으로 하기 때문에 유해성이나 침해성에 중대성이 인정되지 않는 한 형법의 개입은 억제될 것이 요구되고 있다. 이것이 바로 형법의 인권보장기능에서 도출되는 겸억성(謙抑性)의 원칙 또는 최후수단주의(最後手段主義, ultima ratio, letztes Mittel)의 요청이다. 아무런 침해가 없는 경우까지 행위가 행하여졌다는 이유 하나만으로 처벌의 대상으로 되어서는 안 되기 때문이다. 재삼 언급하지만 일찍이 베카리아는 그의 저서 '범죄와 형벌'에서 '범죄의 척도는 사회에 끼친 손해이다'라고 설파한 바 있다. 손해가 없으면 처벌할 수 없다는 의미에서의 행위주의, 특히 침해주의(侵害主義)를 표현한 주장이라고 할 수 있다. 행위주의는 유해 또는 침해의 중대성과 같이 행위의 객관성이 인정되지 않는 한 처벌할 수 없다는 의미에서 법익침해주의라고도 불린다. 한편 형법의 임무로서 법익보호기능을 중대한 법익의 침해가 없는 한 처벌하지 않는다는 취지로 이해하는 경우 법익침해주의와 법익보호기능은 같은 의미로 이해될 수 있다.

문제는 처벌의 대상으로 되는 침해의 본질에 있다. 이는 행위의 위법성을 판단하는 기준이 되고 있다. 따라서 행위주의의 내용인 침해주의 또는 법익침해주의에

惡果) 및 자인자과(自因自果)를 말한다. 여기서 인(因)이란 우리가 마음에 뿌리는 생각의 씨앗을 말한다. 그 씨앗이 입이나 신체의 행위로 성장한다. 과(果)란 나 자신의 행복과 불행이다. 인(因)이라는 생각의 씨앗이 성장하여 행위로 되고 나의 외부환경이라는 꽃을 피운다. 거기에서 수확되는 열매가 과(果)인 것이다. 이러한 의미에서 인과라는 말 속에는 그 자체로서 이미 유의성과 유체성이라는 의미가 내포되어 있다고 이해할 수 있다.

대한 해명은 여전히 위법성론(違法性論)의 과제로 남아 있다고 할 수 있다. 위법성론의 지도원리로서의 행위주의는 행위의 객관성을 충족해야 되기 때문에 근대형법에서는 소위 법익침해설로 나타났다. 물론 법익침해설(法益侵害說)은 국가는 위법행위, 즉 권리침해행위만을 벌할 수 있다는 권리침해설을 바탕으로 하여 종교적 감정 등과 같은 법익침해행위까지도 범죄로 파악하였다. 여기서 권리침해설(權利侵害說)은 신은 부도덕한 행위, 즉 신에 대한 충성의무로서 맹세에 위반한 일체의 신성모독도 벌할 수 있다고 하였던 봉건형법에 있어서의 의무위반설(義務違反說)을 극복하기 위하여 등장한 견해였다. 법익침해설은 당시의 새로운 사상에 따라 사람은 일정한 연령에 도달하여 정신의 건전한 상태를 유지하고 있는 한 선을 행하고 악을 피할 수 있는 자유의사를 가지기 때문에 범죄는 결국 도의에 위배되는 악행이고 범죄인의 계급, 지위, 명예, 성격 등으로부터는 하등의 영향도 받지 않는다고 하였다. 의사(意思)의 도의적 자유라는 범죄책임은 만인에게 똑같이 존재하는 범죄의 전제에 지나지 않게 되고, 범죄의 실체는 오로지 범죄에 있어서 객관적으로 확인될 수 있는 행위라고 하게 되었다. 그리고 당시의 형벌제도는 응보사상의 지배하에 있었기 때문에 가벌대상인 범죄의 실체도 또한 객관적 행위이고 주관적 도의책임의 존부는 다만 처벌의 가부를 정함에 지나지 않고 그 경중에는 하등의 영향도 미칠 수 없었다. 이리하여 범죄의 실체는 객관적 행위에 의하고 사회적 이익 또는 법익의 침해성에 귀착하게 되었다. 이와 같이 근대형법에서 법익에 대한 침해의 원리에 입각하고 있던 행위주의는 현대형법에 이르는 과정에서 범죄를 민족공동체에 대한 충성의무위반으로 파악하는 나치시대의 신의무위반설(新義務違反說)로 나타나기도 하였다. 그 후 행위주의는 나치의 몰락과 함께 벨첼의 목적적 행위론에 의하여 범죄의 실질을 법익침해라는 결과보다는 목적성에 의하여 지도된 현상으로서의 행위를 중시하는 행위반가치론(行爲反價値論) 및 범죄의 실질을 법익침해라는 결과반가치와 형법의 요구에 반하는 행위라는 행위반가치의 양자 모두에서 찾는 불법이원론(不法二元論)의 순으로 전개되어 왔다. 이와 관련하여 자세한 것은 위법성론에서 후술하기로 한다.

행위주의의 원칙은 오늘날에도 형법의 입법론과 해석론에서 여전히 지대한 역할을 수행하고 있다고 해야 한다. 입법론으로서의 행위주의는 실질적 위법성이 없는 행위에 대하여는 비범죄화의 기준을 제시하는 원리가 될 수 있다. 또한 해석론으로서의 행위주의는 침해원리와 관련하여 그것이 법익침해인가 아니면 규범위반인가 또는 결과반가치인가 아니면 행위반가치인가에 대하여 해결할 수 있는 기준을 제공할 수 있다고 생각된다. 이러한 의미에서 행위주의는 근대형법에서뿐만 아니라 현대형법에 있어서도 여전히 살아서 기능하고 있는 형법의 기본원칙 중의 하나라고 해야 한다.

3. 행위주의의 구현결과

행위주의란 처벌의 대상으로 되는 것은 외부로 표출되지 않은 내심이 아니라 외부로 나타난 행위가 기준이 되어야 한다는 원칙을 말한다. 행위주의는 행위자의 내면적 위험성 내지 주관적 위험성에 머무는 한 아직 처벌의 대상이 될 수 없다고 하는 원리이다. 생각만으로도 처벌의 대상으로 되었던 봉건시대의 심정형법(心情刑法) 내지 의사형법(意思刑法)의 간섭성을 극복하기 위하여 등장한 근대형법의 이론이다. 행위주의는 처벌의 대상으로 되기 위한 요건으로서 침해행위의 외부성과 객관성을 요구한다. 이러한 의미에서 행위주의를 침해주의 또는 법익침해주의라고도 한다.

행위주의의 내용은 범죄론체계와 연계되어 있다고 보인다. 행위주의의 내용 중 행위주의의 외부성의 요청과 관련하여서는 행위론에서 그리고 행위주의의 침해성의 요청과 관련하여서는 위법성론에서 행위주의의 구체적 내용에 관하여 각각 살펴볼 필요가 있다. 우선 인과적 행위론은 유의성(有意性)과 유체성(有體性)을 행위의 요소로 파악하여 의사에 기한 신체적 동작을 행위라고 하고, 법익반가치를 위법이라고 하였다. 다음으로 목적적 행위론은 목적성과 유체성을 행위의 요소로 파악하여 목적성에 기한 신체활동을 행위라고 하고, 행위반가치를 위법이라고 하였다. 끝으로, 사회적 행위론은 사회적 유의성과 유체성을 행위의 요소로 파악하여 의사에 기한 지배가능하고 사회적으로 의미 있는 태도를 행위라고 하고, 결과반가치와 행위반가치를 위법이라고 하였다. 미수론에 있어서 행위주의는 생각이 행위에 의하여 외부로 표시된 이상 결과의 발생이 없더라도 처벌할 수 있도록 하고 있다. 즉, 행위주의에 의하여 내심이 외부로 표시된 예비·음모는 물론 실행의 착수가 있는 이상 행위가 완성되지 않았거나 결과가 발생하지 않았더라도 미수로서 처벌할 수 있게 되는 것이다. 결국 행위론과 미수론 및 위법성론에 있어서 행위와 침해의 실질이 무엇이냐에 관하여 해결의 기준을 제시할 수 있는 것은 바로 행위주의라고 할 수밖에 없다. 이러한 의미에서 행위주의는 행위론과 위법성론 및 미수론의 지도원리가 됨으로써 형법의 기본원칙이 될 수 있다고 아니할 수 없다.

제 4 절 책임주의

제13조 (고의) 죄의 성립요소인 사실을 인식하지 못한 행위는 벌하지 아니한다. 다만, 법률에 특별한 규정이 있는 경우에는 예외로 한다.

제14조 (과실) 정상적으로 기울여야 할 주의(注意)를 게을리하여 죄의 성립요소인 사실을 인식하지 못한 행위는 법률에 특별한 규정이 있는 경우에만 처벌한다.

구조문

제13조 (범의) 죄의 성립요소인 사실을 인식하지 못한 행위는 벌하지 아니한다. 단, 법률에 특별한 규정이 있는 경우에는 예외로 한다.

제14조 (과실) 정상의 주의를 태만함으로 인하여 죄의 성립요소인 사실을 인식하지 못한 행위는 법률에 특별한 규정이 있는 경우에 한하여 처벌한다.

Ⅰ. 책임주의의 개념

1. 책임주의의 의의

형법의 3대 기본원칙 중의 세 번째는 책임주의이다. 책임주의(責任主義, Schuldprinzip)란 책임이 없으면 범죄는 성립하지 않고, 형의 양도 책임의 양에 비례하여야 한다는 원칙을 말한다. 흔히 책임주의는 '책임 없으면 범죄 없고, 형벌 없다'(kein Verbrechen, keine Strafe ohne Schuld)라는 표어로 표현된다. 다시 말해서 책임주의란 침해행위가 외부성과 객관성을 가지고 있다고 하더라도 불가항력이나 타인의 강제에 의한 경우와 같이 행위자를 비난할 수 없는 경우에는 처벌할 수 없고, 역으로 비난할 수 있어 처벌하는 경우에도 침해의 정도를 넘어 처벌할 수 없다는 원칙을 말한다.

책임주의는 프랑스혁명과 산업혁명 이후 '인간의 존엄'이 인간존재의 본질로 자각되면서부터 확립되기 시작하였다. 책임주의가 인정되기 시작하면서부터 책임능력, 고의 또는 과실이 없으면 형사책임을 물을 수 없고 형벌을 과하는 것이 불가능하다는 원칙이 오랜 기간에 걸쳐 세계 각국으로 침투하게 되었다. 이와 같이 근대형법의 기본원리 중의 하나인 책임주의는 소위 봉건형법의 폐해, 특히 연좌제의 폐해를 극복하기 위하여 등장하였다. 근대형법이 확립되기 이전에는 법익침해의 결과가 야기되면 그것만으로도 고의·과실의 유무와는 무관하게 처벌의 대상으로 되었다(결과책임). 나아가 일정한 집단의 구성원이 범죄를 행하면 그 집단에 속하는 자 전원이 처벌되었다(단체책임). 복수나 연대책임은 단체책임의 전형적인 예였다고 할 수 있다. 연대책임은 서양에서 씨족원 1인이 살해된 경우 그 범죄인이 소속된 씨족원 1인을 살해한다는 씨족간의 혈수(血讐), 동양에서 범인과 같은 부서의 직원 모두를 벌하는 연좌(連坐)와 범인의 가족 내지 친족 모두를 벌하는 연좌(緣坐)를 포함하는 개념으로서 연좌제(連坐制, 緣坐制)를 의미한다.[117)]

이와 같은 결과책임과 단체책임을 극복하고 책임주의를 확립한 것은 근대형법의 공적이다. 근대형법의 책임주의는 책임능력과 고의 또는 과실이 없는 행위에 대하여는 행위자를 벌하지 않는다고 하여 국가형벌권을 제한하고 시민의 자유를 보장하고자 하였던 것이다(주관적 책임). 또한 책임주의는 행위자 개인만을 처벌함에 의하여 단체책임을 청산하였던 것이다(개인적 책임). 이는 곧 행위의 주체와 책임의 주체가 불일치하던 과거의 제도를 청산하고 양자를 일치시키는 새로운 제도를 확립하였음을 의미한다. 그리고 책임주의는 행위와 책임능력의 동시존재의 원칙을 그 내용으로 포함하고 있었다. 행위자를 비난하기 위해서는 위법성을 인식했다는 전제가 필요한데, 또 위법성을 인식하려면 책임능력이 전제되어야 한다. 결과적으로 책임능력이 구비된 상태에서 행위한 경우, 즉 행위와 책임능력이 동시에 존재하는 경우에만 비로소 비난이 가능하게 되기 때문이다. 행위와 책임능력이 동시에 존재한다는 것은 행위시에 사리를 변별하고 이에 따라 행위를 제어할 능력, 즉 책임능력을 가지고 있기 때문에 불법을 성찰하고 적법으로 회귀할 계기가 주어졌다는 것을 의미한다. 그리고 행위와 책임능력의 동시존재의 원칙이란 불법을 성찰하고 적법으로 회귀할 계기가 주어졌음에도 불구하고 이러한 마지막 기회마

117) 연좌(緣坐)는 범죄인과 일정한 친족관계에 있는 자에게 연대책임을 지우는 것이고, 연좌(連坐)는 친족관계 이외의 관계에 있는 자에게 연대책임을 지우는 제도이다. 일반적으로 연좌제라고 할 때는 전자를 말한다. 연좌를 규정한 중국의 당률(唐律)·명률(明律)·청률(淸律) 등의 영향을 받은 한국도 조선시대에 대명률(大明律)에 의거한 연좌형이 통용되었다. 그러다가 연좌제는 1894년 갑오개혁 때에 형사책임개별화원칙이 선언되면서 폐지되었다. 그 해 6월 '범인 자신 이외의 연좌의 법률은 일체 시행하지 말라'(罪人自己外緣坐之律一切勿施事)는 칙령(勅令)에 의하여 공식적으로 폐지되었다. 1905년(광무 9년) 제정·공포된 형법대전(刑法大典)에도 연좌제는 규정되지 않았다. 그럼에도 불구하고 6·25전쟁과 남북분단이라는 특수한 시대적 배경하에서 사상범·부역자·월북인사 등의 친족에게 사실상 불이익처우를 하는 것이 일반적인 관행이었다. 예컨대 해외여행이나 공무원 임용에 있어서의 불이익이 그 예이다. 이러한 관행은 형법상의 책임주의에 반할 뿐만 아니라 헌법에 보장된 개인의 기본권과도 충돌을 빚는 것이었다. 이러한 문제점이 인식되어 1980년 헌법은 연좌제의 폐지를 헌법적 요청으로 규정하였다(헌법 제12조 제3항). 이를 이어받은 현행 헌법도 '모든 국민은 자기의 행위가 아닌 친족의 행위로 인하여 불이익한 처우를 받지 아니한다'고 명문으로 규정하고 있다(제13조 제3항). 따라서 한국의 헌법적 의미에서의 연좌제는 개인의 행위로 본인 이외의 일정한 친족관계에 있는 자에게 형사처벌은 물론이고 그 밖에 불이익처분을 하는 제도라고 할 수 있다. (다음 백과사전 참조, URL: http://100.daum.net/encyclopedia/view/b15a3396a, 최근 접속일자: 2021년 8월, 검색어: 연좌제)

저 잃었을 때 비난한다는 것을 의미하기 때문에 이러한 원칙이 준수되는 한 이에 관하여는 본인에게도 변명의 여지가 있을 수 없다는 것은 분명하다. 나아가 현대 형법에서는 규범적 책임론의 전개와 더불어 양형에 있어서의 책임주의의 역할이 자각되었고, '형벌은 책임에 비례한다'와 같이 형벌은 책임의 정도를 넘어서는 안 된다는 원칙이 확립되게 되었다(양형에 있어서의 책임주의).

한편 개인주의의 발달에 따라 근대법은 형법의 밖에서는 개인책임의 원칙, 즉 자기책임의 원칙을 확립하고 있었다. 자기책임의 원칙은 형법의 안에서도 책임주의를 확립하는 토양이 되었다. 다시 말해서 근대법의 자기책임의 원칙을 형법적으로 표현한 것이 책임주의, 특히 개인책임의 원칙이라고 할 수 있다. 형법은 범죄의 유형을 각칙에서 수백개의 조문에 의하여 표현하고 있지만, 민법은 오로지 하나의 조문에 의하여 표현하고 있다. 민법이 규정하고 있는 불법행위책임이 그것이다. 민법은 '고의 또는 과실로 인한 위법행위로 타인에게 손해를 가한 자는 그 손해를 배상할 책임이 있다'고 하여 자기책임의 원칙, 특히 행위자책임의 원칙을 대원칙으로 규정하고 있다(민법 제750조). 이러한 의미에서 수급인의 행위에 대한 도급인의 면책도 행위자책임의 연장선상에서 이해하는 것이 가능하다(민법 제757조). 다만 민법은 형벌을 목적으로 하는 형법과는 달리 손해의 공평한 분담을 목적으로 하고 있기 때문에 자기책임의 원칙에 대한 예외를 어느 정도 인정하고 있다. 예컨대 책임무능력자의 행위에 대한 감독자의 책임(민법 제755조 제1항), 피용자의 행위에 대한 사용자의 책임(민법 제756조) 또는 타인의 행위에 대한 공동불법행위자의 연대책임(민법 제760조) 등이 그것이라고 할 수 있다. 이에 대하여는 어느 의미에서 근대법 이전의 책임형식, 소위 연좌제에 의한 단체책임의 흔적이 남아 있는 단체책임제의 잔재라고 이해하는 것이 불가능한 것은 아니라고 본다. 이러한 의미에서 형법은 민법보다 책임주의를 보다 철저히 관철하고 있다고 할 수 있다.

2. 책임주의의 취지

근대형법이 확립한 책임주의는 봉건형법상의 책임원칙의 폐해를 극복하기 위한 것이었다고 언급한 바 있다. 근대형법의 성립 전까지 형벌의 목적은 복수(復讐)에 있었다고 해도 과언이 아니었다. 근대형법의 책임주의는 형벌의 목적을 복수에서가 아니라 일반인에 대한 경고(일반예방론) 또는 범죄인에 대한 재범방지(특별예방론)에서 구하였다. 이에 의하면 책임비난이 불가능한 경우에 있어서의 형벌은 그 목적을 달성할 수 없었다. 여기서 책임주의는 우연이나 반사적 행위와 같이 불가항력에 의하여 발생한 결과에 대하여도 책임을 묻는 결과책임이나 일부의 자의 행위에 의하여 야기된 결과에 대하여 그가 소속된 집단 전원에게 책임을 묻는 단체책임과는 일치할 수 없었다. 결과책임이나 단체책임에 의해서는 일반예방이나 특별예방의 목적을 달성할 수 없었기 때문이다. 나아가 불가항력으로 인한 결과는 자연현상의 하나로서 사회 전체가 감수해야 할 부분이었다. 복수의 대상이 아니었을 뿐만 아니라 비난의 대상도 아니었다. 비난이 가능하여 처벌의 대상으로 되어야 하는 것은 행위자에게 귀책이 가능한 행위, 즉 고의나 과실에 의한 행위뿐이라는 결론이 도출되었다. 이와 같이 근대형법은 책임주의, 특히 주관적 책임주의와 개인적 책임주의를 확립함으로써 봉건형법의 결과책임과 단체책임을 극복할 수 있었다. 이러한 의미에서 책임주의는 민법의 기본원칙 중의 하나인 소위 과실책임주의와 동의어라고 이해해도 무방하다. 근대형법에 의하여 확립된 책임주의는 현대형법에까지 그대로 계승되고 있다.

3. 책임주의의 법적 근거

현행법은 책임주의를 명문으로 규정하고 있다. 형법은 “범죄의 성립요소인 사실을 인식하지 못한 행위는 벌하지 아니한다. 다만, 법률에 특별한 규정이 있는 경우에는 예외로 한다”(제13조)고 하여 고의에 관하여 규정하고 있을 뿐만 아니라 “정상적으로 기울여야 할 주의(注意)를 게을리하여 죄의 성립요소인 사실을 인식하지 못한 행위는 법률에 특별한 규정이 있는 경우에만 처벌한다”(제14조)고 하여 과실에 관하여도 규정하고 있다. 이와 같이 형법은 고의만을 원칙적으로 처벌하고 과실을 예외적으로 처벌하며 불가항력에 관하여는 처벌하지 않겠다는 취지를 규정함으로써 책임주의를 명문으로 천명하고 있는 것이다. 이와 같이 형법은 주관적 책임주의와 개인적 책임주의를 명문으로 규정함으로써 봉건형법의 내용이었던 결과책임주의와 단체책임주의를 청산하였다고 평가할 수 있다. 이 외에도 헌법은 ‘법률과 적법한 절차에 의하지 아니하고는 처벌·보안처분 또는 강제노역을 받지 아니 한다’(헌법 제12조 제1항)고 규정하여 책임주의를 간접적으로 규정하고 있다고 할 수 있다.

Ⅱ. 책임주의의 내용

책임주의는 '책임 없으면 범죄 없고, 형벌 없다'(kein Verbrechen, keine Strafe ohne Schuld)라는 표어로 표현된다. 소위 소극적 책임주의(消極的 責任主義)이다. '책임 있으면 범죄 있고, 형벌 있다'고 하는 바와 같이 책임이 있는 이상 형벌을 과하여야 한다는 이른바 적극적 책임주의(積極的 責任主義)는 형법상 채택되지 않고 있다. 책임은 형벌의 근거가 될 뿐만 아니라 형벌을 한정하는 기능을 가진다고 해야 하기 때문이다. 또 형벌의 목적을 응보라기보다는 예방에 중점을 두는 한 책임주의는 어디까지나 소극적 제약원리로 이해하여야 한다는 점이 강조되고 있기 때문이다.

소극적 책임주의는 다음의 두 가지의 의미를 가지는 것으로 해석되고 있다. 하나는 범죄의 성립요건으로서 책임이 작용하여 행위자에게 '책임 없으면 형벌 없다'는 귀책의 원리를 의미한다. 소위 책임의 유무(有無)에 관한 원리라고 할 수 있다. 다른 하나는 양형상의 기준으로서 책임이 작용하여 '형벌은 책임에 비례하여야 한다'는 양형의 원리를 의미한다. 소위 책임의 정도(程度)에 관한 원리라고 할 수 있다. 전자를 귀책에 있어서의 책임주의, 후자를 양형에 있어서의 책임주의라고 한다. 한편 귀책에 있어서의 책임주의와 양형에 있어서의 책임주의를 포함하여 양자를 광의의 책임주의라고도 한다.

1. 귀책에 있어서의 책임주의

귀책에 있어서의 책임주의(歸責에 있어서의 責任主義)란 책임의 유무에 관한 원리로서 주관적 책임이 없으면 행위자에게 책임을 추급할 수 없다는 원칙을 말한다. 여기서 귀책의 원리로서의 책임주의는 다시 주관적 책임, 개인적 책임 및 행위와 책임의 동시존재의 원칙의 세 가지로 세분될 수 있다. 근대형법은 당시까지 남아 있던 봉건형법의 잔재를 행위자는 고의 또는 과실에 대하여는 책임을 지지만, 무과실에 대하여는 책임을 지지 않는다는 주관적 책임주의를 확립함으로써 무과실에 대하여도 책임을 묻던 결과책임(結果責任), 행위에 고의 또는 과실이 있는 행위자 개인만이 책임을 지고 이에 관여하지 않은 자는 책임을 지지 않는다는 개인적 책임주의를 확립함으로써 행위자가 아닌 자에게도 책임을 묻던 연좌제에 의한 단체책임(團體責任) 및 실행행위를 할 당시에 책임능력이 존재하지 않는 한 책임을 지지 않는다는 행위와 책임능력의 동시존재의 원칙을 확립함으로써 책임무능력자에게도 책임을 묻던 책임의 형태를 모두 청산할 수 있었다. 이와 같이 책임주의는 죄형법정주의와 더불어 인권보장기능을 강화할 수 있었다. 여기서 개인에 대한 인권보장이 비약적으로 향상될 수 있었던 것은 자유와 평등을 최고의 이상으로 추구했던 바로 근대형법의 공적이라고 하지 않을 수 없다.

(1) 주관적 책임주의

주관적 책임주의(主觀的 責任主義)란 결과적 책임 또는 객관적 책임과 대립되는 개념으로서 법익침해의 결과만으로는 행위자를 벌할 수 없고, 행위자를 벌하기 위해서는 행위자에게 결과를 발생시키기에 이른 과정에 비난할 만한 가치가 있어야 한다는 원칙을 말한다. 행위자에 대한 비난이 가능하기 위해서는 우선 행위자에게 책임능력이 존재하여야 한다. 그 다음으로 심리적 책임론에 의하면 일반적으로는 고의가 존재하여야 하고 예외적으로는 적어도 과실이 존재하여야 한다. 이에 반하여 규범적 책임론에 의하면 고의 또는 과실 이외에도 위법행위를 방지할 적법한 태도를 취할 가능성, 즉 기대가능성이 추가되어야 행위자를 비난가능하다고 한다.

근대형법이 확립되기 전까지는 위법행위로 인하여 전혀 예상하지도 못했던 결과가 우연히 발생하더라도 그 결과에 대하여 책임을 지지 않으면 안 되었다. 근대 이전에는 결과책임이 원칙으로 되어 있었기 때문이다. 결과책임을 추궁 받게 되면 사람들은 자유롭게 행동할 수가 없게 되고, 위축된 생활을 강요당할 수밖에 없게 된다. 바로 여기서 '책임 없으면 형벌 없다'는 근대형법의 기본원칙으로서 책임주의가 확립되게 된 연유를 찾을 수 있다. 근대형법이 확립한 책임주의에 있어서 책임의 내용은 고의 또는 과실이었다. 행위자의 행위로 인하여 일정한 결과가 발생하였다고 하더라도 그 이유만으로 처벌하는 것은 불가능하였기 때문에 처벌할 수 있기 위해서는 본인의 행위로부터 일정한 결과가 발생하였다는 사실 외에 판단력이 있는 사람의 고의 또는 과실에 의하여 야기되었다는 것이고 본인의 의사·주관에 책임을 귀속시킬 수 있는 경우에 한한다고 하는 것이다. 고의가 없더라도 최소한 과실이 있을 것을 요구하고 있기 때문에 '과실책임의 원칙(過失責任의 原則)'이라고도 한다. 이것이 바로 책임주의의 파생원칙 중의 하나인 소위 '주관적 책임주의'이다. 이 원칙에 의하면 원인이 없는 결과에 책임을 과하는 결과책임이나 야기된 결과의 원인이 행위자의 무과실이었다고 하여도 책임을 과하는 엄격책임(嚴格責任)과는 상반되는 원칙이라고 할 수 있다. 이 책임주의는 근대사회의 발전에 수반하여 등장한 개인주의가 확립됨으로써 생겨날 수 있었던 원칙이었다.

이미 언급한 바와 같이 형법은 '범죄의 성립요소인 사실을 인식하지 못한 행위는 벌하지 아니한다. 다만, 법률에 특별한 규정이 있는 경우에는 예외로 한다'(제13조)고 규정하고, '정상적으로 기울여야 할 주의(注意)를 게을리하여 죄의 성립요소인 사실을 인식하지 못한 행위는 법률에 특별한 규정이 있는 경우에만 처벌한다'(제14조)고 규정함으로써 주관적 책임주의를 명문으로 규정하고 있다.

(2) 개인적 책임주의

책임주의는 개인책임의 원칙이라는 의미를 가지고 있다. 개인적 책임주의(個人的 責任主義)란 일찍이 존재해오던 전근대적인 연좌(連坐) 또는 연좌(緣坐)와 같은 단체적 책임주의에 대항하는 개념으로서 개인은 자신이 행한 행위에 대하여만 비난될 수 있고, 일정한 집단에 소속되어 있다는 이유만으로 자신과 무관한 타인의 행위를 이유로 처벌되어서는 안 된다는 원칙을 말한다. 소위 자기책임의 원칙(自己責任의 原則)이라고 할 수 있다.118) 따라서 처벌되는 것은 어디까지나 본인의 행위에 근거하여 본인의 책임을 인정할 수 있는 범위에 한정되어 있다는 것이다. 예컨대 행인이 고의로 점포의 출입문을 파손하였는데 이에 대한 책임을 이와 전혀 관계가 없는 종업원에게 출입문 파손에 대한 책임을 물어 그에게 형사처벌을 과하는 것은 불가능하다는 의미이다. 자기책임은 자기결정(Selbst-bestimmung)을 전제로 할 때에만 성립하는 개념이기 때문이다.119)

형법은 자기결정능력이 없는 책임무능력자에 대하여는 처벌하지 않는다고 규정함으로써 개인책임주의를 확립하고 있다. 공범론은 책임주의의 구체적 실현형태라고 하지 않을 수 없다. 책임주의는 개인책임주의로부터 공범 또는 다른 범죄에서 2인 이상의 자가 관여한 경우의 책임에 대하여 자기가 전혀 관여하지 않은 타인의 행위에 근거하여 형벌을 과하여서는 안 된다는 것을 의미하기 때문이다. 개인책임주의는 구성원 전원에게 책임을 묻던 연좌제의 폐해를 극복하기 위하여 등장한 원칙이기 때문에 다수인이 관련된 범죄의 경우에도 책임의 주체로서의 개인의 발견을 그의 핵심적 요소로 한다. 다시 말해서 근대법에서 책임의 주체는 행위자 개인이기 때문에 형법에 있어서도 다수인에 의한 범죄의 경우 책임의 주체로서의 행위자의 발견이 핵심적 과제로 떠오르게 되는 것이다. 형법상으로도 소위

---

118) 같은 취지의 판결로서는 대법원 2010.9.30. 선고 2009도3876 판결; 대법원 2009.10.29. 선고 2009도5945 판결 등 참조.

119) Vgl. Frister, S. 26.

행위자책임 또는 자기책임의 원칙이 확립되어 있기 때문이다. 행위자는 필요적 공범과 임의적 공범에 있어서는 각각 그 모습을 달리하고 있다. 흔히 정범(正犯)이라고 표현되는 범인이 행위자에 해당하는 범인이라고 할 수 있다. 여기서 책임주의, 즉 개인책임주의를 실현하기 위한 행위자의 색출은 공범론의 핵심적 과제가 되지 않을 수 없다. 예컨대 상호 이용하는 관계인 공동정범에 있어서는 실행행위자가(제30조), 시키고 시키는 대로 행하는 자의 관계인 교사범에 있어서는 시키는 대로 행하는 피교사자가(제31조), 도움을 주고 받는 자의 관계인 방조범에 있어서는 도움을 받는 피방조자가 각각 행위자로서 정범에 해당되고(제32조), 또 신분자의 범죄에 가담한 관계인 공범과 신분에 있어서는 신분자가 행위자로서 정범에 해당하고(제33조), 이용을 하고 이용을 당하는 관계인 간접정범에 있어서는 이용을 하는 이용자만이 행위자로서 정범에 해당되게 된다고 하지 않을 수 없다(제34조 참조). 형법은 또한 정범과 공범에게는 각각 그의 책임에 상응한 형벌을 규정함으로써 공범론에 있어서도 책임주의를 관철하고 있다고 해야 한다(제30조부터 제34조까지). 이와 관련하여 자세한 것은 공범론에서 후술하기로 한다.

(3) 행위와 책임능력의 동시존재의 원칙

행위와 책임능력의 동시존재의 원칙이란 행위자는 책임능력이 있는 상태에서 야기된 행위 또는 결과에 대하여만 책임을 지기 때문에 책임무능력상태에서의 그것에 대하여는 책임을 지지 않는다는 원칙을 말한다. 따라서 책임주의에 의하면 책임의 전제인 책임능력은 행위시에 존재하지 않으면 안 된다. 왜냐하면 책임능력이 행위의 시비를 변별하고 그 변별에 따라서 행위를 제어하는 능력이라는 것은 실행행위 그 자체가 이와 같은 제어를 받으면서 행하여진 행위라는 것을 당연히 요청하는 것이기 때문이다. 요컨대 실행행위시에 책임능력의 존재가 필요하다는 행위와 책임능력의 동시존재의 원칙은 책임능력이라는 개념 속에 이미 논리적으로 포함되어 있는 내재적 개념이라고 할 수 있다. 또한 실현의사의 유무라는 점에서 고의와 과실은 구분되지만, 범죄사실의 인식 또는 인식의 가능성이 고의 또는 과실에 요구된다고 할 때에는 이미 고의 또는 과실의 개념 속에는 범죄사실의 유무에 관한 판단능력, 즉 책임능력이라는 개념이 포함되어 있다고 할 수 있다.

행위와 책임능력의 동시존재의 원칙을 철저히 하면 원인에 있어서의 자유로운 행위는 실행행위를 행하는 시점에서는 행위자에게 책임능력이 존재하지 않기 때문에 행위자에 대한 책임추급은 불가능하게 된다. 독일에서는 1840년대에 불처벌설이 유력하게 되었다. 그러나 1870년대에 처벌긍정설이 부활하고 지배적으로 되었다. 여기서 이론적 기초를 제공한 것은 간접정범에 있어서의 도구이론이었다. 즉, 원인에 있어서 자유로운 행위의 경우 통상의 범행형태에 있어서의 정형적인 실행행위의 시에는 책임무능력상태가 존재하기 때문에 실행행위와 책임의 동시존재의 원칙을 준수하기 위하여는 원인설정행위를 정형적인 실행행위라고 해석할 수밖에 없게 된다. 이러한 논리적 결과는 실행행위시 실행의 착수시기를 인정하여야 한다는 입장에서 보면 치명적인 결함이라고 아니할 수 없었다. 이러한 결함을 극복하기 위하여 간접정범이 타인을 도구로 이용하듯이 원인에 있어서 자유로운 행위는 책임이 없는 상태의 자기를 도구로 이용한다는 점에서 논리적 구조가 동일하다고 주장하였다. 한편 형법은 독일이나 일본의 형법과는 달리 원인에 있어서 자유로운 행위를 명문으로 규정하고 있기 때문에 원인에 있어서 자유로운 행위에 대한 해석에 있어서 독일이나 일본의 형법에서처럼 책임주의의 준수가 반드시 필요한 것은 아니라고 생각된다(제10조 제3항 참조).

2. 양형에 있어서의 책임주의

양형에 있어서의 책임주의(量刑에 있어서의 責任主義)란 책임의 정도에 관한 원리로서 형벌은 책임의 범위 내에서만 과하여질 수 있다는 원칙을 말한다. 양형의 원리로서의 책임주의는 '형벌은 책임의 양에 비례하여야 한다' 또는 '형벌은 책임의 정도를 초과하여서는 안 된다'는 원칙을 그 내용으로 하고 있다. 이미 언급한 바와 같이 귀책에 있어서의 책임주의와 양형에 있어서의 책임주의를 합쳐서 광의의 책임주의라고도 한다. 귀책에 있어서의 책임주의가 근대형법의 산물이라면, 양형에 있어서의 책임주의는 현대형법의 공적이라고 하지 않을 수 없다. 또 양형에 있어서의 책임주의는 책임의 정도에 대한 판단이라는 점에서 책임의 유무의 판단인 귀책에 있어서의 책임주의와 구별된다고 할 수 있다. 양형에 있어서의 책임주의는 책임의 존재를 전제로 책임의 정도를 판단해야 한다는 점이 가장 큰 특징이라고 할 수 있다. 따라서 행위에 비하여 지나치게 무거운 형벌을 규정하는 경우에는 책임주의에 반한다고 할 수 있다.[120] 대법원도 "범죄와 형벌 사이에 적정한 균형이 이루어져야 한다는 죄형균형 원칙이나 형벌은 책임에 기초하고 그 책임에 비례하여야

120) 같은 취지의 판결로는 헌법재판소 2008.12.26. 선고 2007헌가10,16(병합) 결정; 대법원 2013.7.26. 선고 2013도2511 판결; 대법원 2012.10.25. 선고 2009도13197 판결 등 참조.

한다는 책임주의 원칙이 훼손되지 않도록 유의하여야 한다"고 판시하여 책임주의를 강조한 바 있다.[121] 한편, 양형에 있어서의 책임판단은 순수하게 정도에 관한 판단이라는 점에서 순수하게 유무의 판단인 구성요건해당성의 판단이나 위법성의 판단과 구별된다. 구성요건해당성의 판단이나 위법성의 판단은 각각 구성요건이나 위법성의 단계에서는 순수하게 그 존재의 유무만을 판단대상으로 하고 있으나, 위법성의 판단의 경우 그 정도의 판단은 책임판단과 양형판단에 맡겨져 있기 때문이다.

제 5 절 현행 형법의 기본원칙

현행 형법은 시대적으로 볼 때 현대 형법에 속한다. 그런데 현대형법은 근대형법에 뿌리를 두고 있지만, 근대형법은 중세형법을 극복하는 과정에서 성립하였다. 근대형법은 중세형법을 완전히 극복하고 새로이 등장한 시민사회에 있어서 새로운 형사법질서의 법원칙으로서 죄형법정주의, 행위주의 및 책임주의를 기본원칙으로 확립하였다. 즉, 근대형법상의 죄형법정주의는 중세형법상의 죄형전단주의를 극복하는 과정에서 확립된 원칙이다. 또한 근대형법상의 행위주의는 중세형법의 간섭성(干涉性)을 극복하는 과정에서 확립되어 근대형법의 기본원칙이 되었다. 근대형법은 형법상 처벌의 대상으로 되는 행위를 살아 있는 사람의 행위로서 내심이 외부의 행위로서 표출될 것(외부성)과 행위의 결과로서 침해가 인정될 것(객관성)을 요구함으로써 중세형법의 간섭성을 완전히 극복할 수 있었다. 그리고 근대형법의 책임주의는 소위 봉건형법의 폐해, 즉 결과책임 특히 연좌제에 의한 단체책임의 폐해를 극복하기 위하여 등장하였다. 근대형법이 확립되기 이전에는 법익침해의 결과가 야기되면 그것만으로도 고의·과실의 유무와는 무관하게 처벌의 대상으로 되었다(결과책임). 뿐만 아니라 일정한 집단의 구성원이 범죄를 행하면 그 집단에 속하는 자 전원이 처벌되었다(단체책임). 이와 같은 결과책임과 단체책임을 극복하고 근대적 의미의 책임주의를 확립한 것은 근대형법의 공로였다. 근대형법의 책임주의는 책임능력과 고의 또는 과실이 없는 행위에 대하여는 벌하지 않는다고 하여 국가형벌권을 제한하고 시민의 자유를 보장하고자 하였던 것이다(주관적 책임). 또한 근대형법의 책임주의는 행위자 개인만을 처벌함으로써 단체책

121) 대법원 2009.9.24. 선고 2008도9213 판결; 대법원 2007.4.19. 선고 2005도7288 전원합의체 판결.

임을 청산하였던 것이다(개인적 책임).

현대형법은 근대형법의 3대 기본원칙의 골격을 그대로 유지하고 있다. 따라서 근대형법의 3대 기본원칙인 죄형법정주의, 행위주의 및 책임주의는 현대형법의 3대 기본원칙으로서도 그 기능을 그대로 가지고 있다고 할 수 있다. 다만 시민의 방패로서 등장하였던 근대형법을 나치정권이 다시 시민에 대한 창으로 사용했던 역사로부터 그에 대한 반성에서 현대형법은 다시 시민의 방패로서의 인권보장기능을 강화하기 위하여 등장하였다. 그리하여 현대형법은 근대형법의 3대 기본원칙을 그대로 유지하면서도 그 기능을 실질적으로 보장하기 위하여 수정원리를 추가하고 있다. 예컨대 죄형법정주의는 적정성의 원칙을 추가하여 형식적 죄형법정주의에서 실질적 죄형법정주의로, 행위주의는 행위반가치를 추가하여 결과반가치에서 결과반가치와 행위반가치라는 이원적 불법론으로, 또한 책임주의는 기대가능성을 추가하여 심리적 책임론에서 규범적 책임론으로 변모하였을 뿐만 아니라 고전적 개념의 귀책적 책임주의에도 형벌은 책임에 비례하여야 한다는 양형에 있어서의 책임주의를 추가하였다.

결론적으로 형법의 기본원칙은 시민의 자유를 보장하기 위한 원칙이다. 다시 말해서 죄형법정주의는 형벌을 정한 법률이 없으면 처벌할 수 없다는 원칙이고, 행위주의는 법익침해가 있더라도 행위반가치가 없으면 위법하지 않다는 원칙이며 책임주의는 질병, 장애 등에 의하여 책임의 주체로서 의사를 결정할 수 없으면 비난할 수 없다는 원칙이라고 할 수 있다. 현대국가에 있어서 국가권력의 확대와 국가권력의 자의적 행사가능성의 증대는 형법의 기본원칙의 이념을 재확인하게 하는 계기를 빈번하게 만들어내고 있다. 뿐만 아니라 형법의 기본원칙은 범죄론에 있어서도 기본원칙으로서의 기능을 수행하고 있다고 할 수 있다. 형법의 기본원칙 중에서 죄형법정주의가 주로 범죄의 유형, 즉 범죄와 형벌의 형식면에 초점을 맞춘 원칙임에 반하여 행위주의와 책임주의는 범죄로 되는 행위의 내용, 즉 범죄의 실질에 관계되는 원리 내지 원칙이라고 할 수 있기 때문이다. 여기서 형법의 기본원칙은 범죄의 성립요건과 관련하여 죄형법정주의는 구성요건론, 행위주의는 위법성론 그리고 책임주의는 책임론에 있어서 그것의 기본원리로서 각각 기능하는 원칙이라고 할 수 있다. 뿐만 아니라 미수론과 공범론에 있어서도 각각 행위주의와 책임주의가 그에 대한 해결의 기준을 제시할 수 있는 기본원칙으로서 기능하고 있다고 할 수 있다. 결론적으로 말해서, 죄형법정주의, 행위주의 및 책임주의는 명실상부하게 현행 형법에 있어서도 그 기본원칙이 된다고 아니할 수 없다.

제 4 장　형법의 적용범위

법의 적용범위는 주권과 무관하지 않다. 주권(主權, Souveränität, sovereignty)이란 영역, 국민과 함께 국가를 구성하는 3대 요소로서 영역과 국민을 통치하는 국가의 권력을 말한다. 국가는 주권을 가지는 결과로서 통치권을 가지게 된다. 통치권은 형식적으로는 입법권, 사법권 및 행정권으로 나누어지고, 통치권 중에서 중심적 지위에 있는 국가관할권도 각각 입법관할권, 재판관할권 및 집행관할권으로 분류된다. 또한 통치권은 실질적으로는 영토고권, 대인고권 및 자주조직권으로 나누어진다. 형법의 적용범위를 정하는 대원칙은 속지주의와 속인주의의 2대 원칙이다. 통치권의 행사로서 주권이 미치는 자국의 영역 내에서 형벌권을 발동하는 속지주의와 속지주의의 문제점을 해결하기 위하여 자국의 영역 외에 대하여 형벌권을 발동하는 속인주의는 각각 영토고권(領土高權)과 대인고권(對人高權)의 발현형태로서 이해될 수 있기 때문이다. 나아가 국가관할권의 행사도 속지주의가 원칙으로 되어 있고, 나머지의 원칙들은 속지주의의 문제점을 해결하기 위한 보충적인 것들이라고 할 수 있다.

제 1 절　장소적 적용범위

제 2 조 (국내범) 본법은 대한민국영역내에서 죄를 범한 내국인과 외국인에게 적용한다.

제 3 조 (내국인의 국외범) 본법은 대한민국영역외에서 죄를 범한 내국인에게 적용한다.

제 4 조 (국외에 있는 내국선박 등에서 외국인이 범한 죄) 본법은 대한민국영역외에 있는 대한민국의 선박 또는 항공기내에서 죄를 범한 외국인에게 적용한다.

제 5 조 (외국인의 국외범) 본법은 대한민국영역외에서 다음에 기재한 죄를 범한 외국인에게 적용한다.

1. 내란의 죄
2. 외환의 죄
3. 국기에 관한 죄
4. 통화에 관한 죄
5. 유가증권, 우표와 인지에 관한 죄
6. 문서에 관한 죄중 제225조 내지 제230조
7. 인장에 관한 죄중 제238조

제 6 조 (대한민국과 대한민국국민에 대한 국외범) 본법은 대한민국영역외에서 대한민국 또는 대한민국국민에 대하여 전조에 기재한 이외의 죄를 범한 외국인에게 적용한다. 단 행위지의 법률에 의하여 범죄를 구성하지 아니하거나 소추 또는 형의 집행을 면제할 경우에는 예외로 한다.

제 7 조 (외국에서 집행된 형의 산입) 죄를 지어 외국에서 형의 전부 또는 일부가 집행된 사람에 대해서는 그 집행된 형의 전부 또는 일부를 선고하는 형에 산입한다.

제296조의2 (세계주의) 제287조부터 제292조까지 및 제294조는 대한민국 영역 밖에서 죄를 범한 외국인에게도 적용한다.

Ⅰ. 의 의

형법의 장소적 적용범위란 형법의 효력이 미치는 지역을 말한다. 형법의 장소적 효력 또는 국제형법(國際刑法, internationales Strafrecht)이라고도 한다. 다만 국제형법이라는 용어에 대하여는 형사국제법과 오해를 초래할 여지를 가지고 있기 때문에 부적절하다는 비판이 제기되기도 한다.[1]

Ⅱ. 입법주의

형법의 장소적 적용범위에 관한 입법주의는 흔히 속지주의, 속인주의, 보호주의 및 세계주의라는 4대원칙으로 나누어진다. 이 외에도 대리처벌주의를 추가하는 경우도 있다. 그렇지만 속지주의가 장소적 적용범위에 관한 대원칙이고, 나머지의 원칙들은 속지주의에 대한 보충이라고 해도 과언이 아니다. 입법례의 대세는 속지주의를 대원칙으로 하면서 이에 다른 몇 가지의 주의를 예외적으로 조합하는 형식으로 되어 있다.

1. 속지주의

속지주의(屬地主義, Territorialitätsprinzip)란 자국의 영역 내에서 범해진 모든 범죄에 대해서 범인의 국적여하를 불문하고 자국의 형법을 적용하는 입법주의를 말한다. 범죄지를 기준으로 하기 때문에 속지주의라고 한다. 자국의 선박 또는 항공기 내에서 행하여진 범죄에 대하여도 자국의 형법을 적용한다는 기국주의(旗國主義, Flaggenprinzip)도 속지주의의 특수한 형태에 속하는 것으로 이해되고 있다. 속지주의는 국가의 영역 내에서 행사되는 관할권을 의미한다. 영역을 권원으로 하는 관할권은 국제법상의 제한이 없는 한 영역 내에 소재하는 사람, 재산, 행위에 대하여 내・외국인의 구별 없이 배타

---

1) 김성규, "형법의 장소적 적용범위에 관한 규정의 내용과 한계", 『형사법연구』 제18호, 2002.12, 한국형사법학회, 184쪽.

적이고 포괄적으로 행사된다. 나아가 영역의 외에 있는 자국의 선박이나 항공기 내의 행위에 대하여도 자국의 영역 내로서 확장하여 적용된다. 다만 속지주의는 자국의 영역 외에서 발생한 범죄에 대하여는 대처할 수 있는 방도가 없기 때문에 이를 보충할 다른 입법주의를 필요로 할 수밖에 없다.

2. 속인주의

속인주의(屬人主義, Personalitätsprinzip)란 자국의 국민에 의해서 범해진 범죄에 대하여 그 범죄지의 여하를 불문하고 자국의 형법을 적용하는 입법주의를 말한다. 속인주의는 적극적 속인주의(aktives Personalitätsprinzip)와 소극적 속인주의(passives Personalitätsprinzip)로 나누어질 수 있다. 흔히 속인주의라고 할 때의 그것은 전자를 의미한다. 전자는 자국민에 의한 범죄에 대하여는 범죄지를 묻지 않고 자국의 형법을 적용한다는 원칙을 말한다. 후자는 자국민에 대한 범죄에 대하여는 범죄지를 묻지 않고 자국의 형법을 적용한다는 원칙을 말한다. 후술하는 바와 같이 개인보호주의라고도 한다.

속인주의는 국적을 권원으로 하여 자국의 국적을 가지는 개인에 대하여 그 개인이 소재하는 국가를 불문하고 가지는 관할권을 말한다. 국외에 있는 자국민에 대하여 국내법을 적용할 근거가 된다. 속인주의에 근거한 관할권은 자국민임을 근거로 행사되기 때문에 국적주의라고 하는 것에서도 알 수 있듯이 자국민이 국내에 돌아오지 않으면 관할권을 행사할 수 없다. 이러한 문제를 해결하기 위해서는 범죄억제를 위한 국가간연대성의 측면에서 국가간의 범죄인인도가 필수적이라고 할 수 있다. 범죄인인도는 각 개별국가들의 국제예양의 차원에서 이루어지는 범죄인인도법에 의한 해결이 가능하지만, 이를 의무화하는 국가간 범죄인인도조약(犯罪人引渡條約)의 체결에 의한 해결도 가능하다. 범죄인인도법은 1833년 벨기에에서 세계 최초로 제정된 바 있다. 우리나라에서는 1988년 범죄인인도법이 제정되어 범죄인인도조약의 체결근거가 마련되었다.[2)] 이를 바탕으로 1990년 호주와 범죄인인도조약을 최초로 체결한 이후 필리핀(1993), 미국(1998), 몽골(1999), 중국(2000), 일본(2002), 베트남(2003) 등 다수의 국가와 범죄인인도조약이 체결되어 있다.

2) 범죄인인도법 1988.8.5. 제정 법률 제4015호 1988.8.5. 시행.

3. 보호주의

보호주의(保護主義, Schutzprinzip)란 범인의 국적과 범죄지의 여하를 불문하고, 자국 또는 자국민의 이익을 보호하기 위하여 필요한 경우 자국의 형법을 적용하는 입법주의를 말한다. 내란죄나 외환죄에 있어서와 같이 범인의 공격대상에 의해서 스스로 해당 국가의 형벌권과 관련될 때에는 이 원칙은 저절로 정당화된다. 이를 국가보호주의(Staatsschutz-prinzip)라고 한다. 이에 반하여 외국에 있는 자국민의 이익보호를 목표로 하는 경우를 개인보호주의(Individual-schutzprinzip) 또는 소극적 속인주의(消極的 屬人主義)라고 한다. 보호주의를 관철하기 위하여는 입장이 다른 외국과의 마찰이 불가피할 것으로 보인다. 보호주의란 행위자 또는 행위지와 관계없이 일정한 행위에 의하여 국가의 기본적 이익에 중대한 손해가 발생한 경우에 당해 국가가 행사하는 관할권을 말한다. 보호주의에 근거한 관할권도 행위자가 국내에 있는 경우가 아니면 관할권을 행사할 수 없게 된다.

4. 세계주의

세계주의(世界主義, Weltrechts-prinzip, Universalprinzip)란 범죄지와 범인의 국적의 여하를 불문하고 세계 각국에 공통되는 일정한 법익을 침해하는 범죄에 대하여 각국이 자국의 형법을 적용하는 입법주의를 말한다. 보편주의(普遍主義)라고도 한다. 범죄행위가 국제화됨에 따라 국제사회가 공통적으로 그리고 공동하여 대처하지 않으면 안 되는 범죄행위에 대하여는 모든 국가에서 처벌을 가능하게 할 필요가 있다. 이와 같이 범인, 범죄지 또는 자국의 이익의 침해 여부 등을 불문하고 자국의 형법을 적용하려고 하는 것이 세계주의이다. 세계주의에 의한 국외범의 처벌은 행위지의 형법에 의하여 가벌적인가의 여부를 묻지 않는 점에 특색이 있다. 예를 들면, 항공기 납치행위에 대하여 이를 처벌하는 형벌법규를 가지고 있지 않은 나라에서도 외국인에 의하여 범하여진 경우에도 행위지 이외의 국가의 형벌법규를 적용하여 처벌할 수 있다고 하는 것이다. 세계주의란 만국 공통의 법익을 수호하기 위하여 모든 국가, 즉 범인이 소재하고 있는 국가가 관할권을 행사할 수 있다는 원칙을 말한다. 해적이 대표적인 경우이다.

5. 대리처벌주의

대리처벌주의(代理處罰主義, Prinzip der stellvertretenden Strafrechtspflege)란 외국에서 범죄를 범한 자가 자국 내에서 발견되었지만, 그 피의자를 당해 외국에 인도하는 것이 불가능하기 때문에 자국의 법관이 자국의 형벌권에 의하여 외국의 형벌권을 대신하여 그 자를 처벌하는 입법주의를 말한다. 예컨대 자국에서 통상의 범죄를 행한 다음에 외국으로 도망한 난민에 대하여는 대리처벌주의에 의하면 도망가 있는 국가에서 처벌될 수 있게 된다. 다만 대리처벌주의를 취하게 되면 행위지법에서도 범죄로 규정되어 있는 범죄만이 대리처벌될 수 있게 된다. 독일 형법 제7조 제2항은 대리처벌주의를 명문으로 규정한 것으로 해석되고 있다.[3] 한편 대리처벌주의와 같은 의미로 사용되는 경우도 있지만, 엄밀하게 구별되는 것이 대리주의이다. 대리주의(代理主義)란 대리처벌주의와는 달리 자국형법의 고유의 적용이 없는 국외범에 대하여 외국과의 조약에 근거하여 그 외국에서 청구가 있는 때에 공통재판권이 창설되고 그것에 근거하여 처벌하는 주의를 말한다. 유럽에서는 권한분배설(Kompetenzverteilungsprinzip)이라는 새로운 원리가 국제형사사법의 조화를 위하여 유럽평의회의 조약으로 전개되고 있다고 한다.

Ⅲ. 형법의 태도

형법은 대한민국의 영역 내에서 적용되는 것을 대원칙으로 하고 있다. 다시 말해서 형법은 속지주의를 대원칙으로 규정하고 있다(제2조, 제4조). 다만 형법은 영역 외에서는 작동하지 않는 속지주의의 문제점을 해결하기 위하여 속인주의(제3조), 보호주의(제5조, 제6조) 및 세계주의(제?조)를 보충적으로 가미하여 병용하고 있다.

3) 독일 형법 제7조(기타의 경우에 있어서의 국외범죄에 대한 효력) ① 생략 ② 국외에서 행하여진 기타의 범죄에 대하여 독일 형법이 적용되는 것은 행위가 행위지에서 형벌로 규정되어 있거나 행위지가 형벌권에 놓여 있지 않은 경우 및 행위자가 다음에 해당하는 경우이다. 1. 행위 당시에 독일인이었거나 또는 행위 후에 독일인이 된 경우 또는 2. 행위 당시에 외국인이었고 국내에서 체포되었으며 범죄인인도법상 인도가 허용되는 범죄임에도 불구하고 인도요청이 없거나 거부되거나 또는 인도가 실행될 수 없다는 이유로 인도되지 아니한 경우.

1. 영역 내 적용의 원칙

(1) 속지주의의 원칙

형법은 원칙적으로 대한민국의 영역 내에서만 적용된다. 이것이 바로 속지주의(屬地主義, Territorialitätsprinzip)의 원칙의 적용결과이다. 따라서 형법은 국적여하를 불문하고 대한민국의 영역 내에서 죄를 범한 모든 사람에게 적용되는 것이 원칙이다(제2조). 다만 속지주의는 기국주의(旗國主義, Flaggenprinzip)에 의하여 그 적용범위가 확장되고 있다. 따라서 형법은 대한민국 영역 외에 있는 대한민국의 선박 또는 항공기 내에서 죄를 범한 내・외국인을 불문하고 모든 사람에게 적용될 수 있다(제4조).

한편 속지주의는 당연히 대한민국의 영역 외에서는 대한민국의 형법이 적용되지 않는다는 것을 의미하기도 한다. 대법원도 “의료법의 목적, 우리나라 보건복지부장관으로부터 면허를 받은 의료인에게만 의료행위 독점을 허용하는 입법 취지 및 관련 조항들의 내용 등을 종합하면, 의료법상 의료제도는 대한민국 영역 내에서 이루어지는 의료행위를 규율하기 위하여 체계화된 것으로 이해된다. 그렇다면 구 의료법 제87조 제1항 제2호, 제27조 제1항이 대한민국 영역 외에서 의료행위를 하려는 사람에게까지 보건복지부장관의 면허를 받을 의무를 부과하고 나아가 이를 위반한 자를 처벌하는 규정이라고 보기는 어렵다. 따라서 내국인이 대한민국 영역 외에서 의료행위를 하는 경우에는 구 의료법 제87조 제1항 제2호, 제27조 제1항의 구성요건 해당성이 없다”고 판시한 바 있다.[4]

(2) 영역의 의의

형법은 속지주의로서 대한민국 영역 내에서 죄를 범한 내국인과 외국인에게 적용된다고 규정하고 있다(제2조). 여기서 ‘영역’(領域)이란 대한민국의 영역, 즉 영토(領土, territory), 영해(領海, territorial sea) 및 영공(領空, territorial air)을 의미한다. 대한민국의 영토는 한반도와 그 부속도서를 말한다(헌법 제3조). 대한민국의 영해는 기선(基線)으로부터 측정하여 그 바깥쪽 12해리의 선까지에 이르는 수역(水域)으로 한다. 다만 대통령령으로 정하는 바에 따라 일정수역의 경우에는 12해리 이내에서 영해의 범위를 따로 정할 수 있다(영해법 제1조, 제2조 참조).

다만 북한지역에 대한 형법의 적용 여부에 관하여는 견해가 대립하고 있다. 긍

---

4) 대법원 2020.4.29. 선고 2019도19130 판결.

정설은 헌법상 북한도 당연히 대한민국의 영역 안에 속하기 때문에 북한지역에도 형법이 적용된다고 한다. 이에 반하여 부정설은 북한지역도 대한민국의 영역안에 포함되지만 통치권이 사실상 미치지 않기 때문에 북한지역에 대하여는 형법이 적용되지 않는다고 한다. 판례는 부정설의 입장이었으나, 헌법 제3조를 근거로 긍정설을 취하다가, 다시 종전의 입장으로 태도를 변경한 것으로 해석된다. 생각건대 형법의 장소적 적용범위의 문제와 형사재판관할권의 범위의 문제는 별개라고 해야 한다. 따라서 북한지역에는 형사재판관할권은 미치지 않지만, 형법의 적용범위에는 포함된다고 하는 것이 타당하다고 본다. 즉, 대한민국의 법률이 효력을 가질 수 있다는 점에서 법적 타당성은 인정되지만, 실질적으로 효력을 가질 수 없다는 점에서 법의 실효성이 담보되지 않고 있다고 해야 한다. 속지주의에 관한 판례의 구체적 내용은 다음과 같다. 즉,

① 국가보안법 제6조 제2항의 "반국가단체나 그 구성원의 지령을 받거나 받기 위하여 또는 그 목적수행을 협의하거나 협의하기 위하여 잠입하거나 탈출한 자" 및 같은 법 제8조 제1항의 "국가의 존립·안전이나 자유민주적 기본질서를 위태롭게 한다는 정을 알면서 반국가단체의 구성원 또는 그 지령을 받은 자와 회합·통신 기타의 방법으로 연락을 한 자"의 적용과 관련하여, 독일인이 독일 내에서 북한의 지령을 받아 베를린 주재 북한이익대표부를 방문하고 그 곳에서 북한공작원을 만났다면 위 각 구성요건상 범죄지는 모두 독일이므로 이는 외국인의 국외범에 해당하여, 형법 제5조와 제6조에서 정한 요건에 해당하지 않는 이상 위 각 조항을 적용하여 처벌할 수 없다.[5] ② 헌법 제3조는 대한민국의 영토는 한반도와 그 부속도서로 한다고 규정하고 있어 북한도 대한민국의 영토에 속하는 것이 분명하므로, 캐나다 국적을 가진 피고인이 북한의 지령을 받기 위하여 캐나다 토론토를 출발하여 일본과 중국을 순차 경유하여 북한 평양에 들어간 행위는 제3국과 대한민국 영역 내에 걸쳐서 이루어진 것이고, 피고인이 북한의 지령을 받고 국내에 잠입하여 활동하던 중 그 목적수행을 위하여 서울 김포공항에서 대한항공편으로 중국 북경으로 출국한 후 중국 북경에서 북한 평양으로 들어간 행위는 대한민국 영역 내와 대한민국 영역 외에 있는 대한민국의 항공기 내 및 대한민국의 통치권이 미치지 아니하는 제3국에 걸쳐서 이루어진 것이라고 할 것인 바, 이와 같은 경우에는 비록 피고인이 캐나다 국적을 가진 외국인이라고 하더라도 형법 제2조, 제4조에 의하여 대한민국의 형벌법규가 적용되어야 할 것이고, 형법 제5조, 제6조에 정한 외국인의 국외범 문제로 다룰 것은 아니다.[6] ③ 반공법 제5조 소정 반국가단체나

5) 대법원 2008.4.17. 선고 2004도4899 전원합의체 판결.
6) 대법원 1997.11.20. 선고 97도2021 전원합의체 판결.

> 국외의 공산계열의 구성원 또는 그 지령을 받은 자와 통신 기타 연락을 한 자도 대한민국의 통치권이 실지로 미치는 영역에서 한 자임은 물론 우리나라 국민인 이상 제3국에서 그와 같은 행위를 하는 자를 가르키는 것으로 볼 것이므로 원심이 이 사건에 있어서 피고인이 외국인으로서 대한민국의 통치권이 행사되는 지역이 아닌 일본에서 소련을 거쳐 반국가단체의 지배하에 있는 지역으로 들어가고 일본 기타 제3국에서 반국가단체의 구성원과 통신 기타 연락을 하거나 반국가단체를 이롭게 한 행위를 한 것인즉 이는 외국인의 국외범에 해당하여 반공법을 적용하여 처벌할 근거가 없다.[7]

한편 국내에 있는 외교공관 등에서 내국인에 의한 범죄가 발생한 경우 내국인에 대한 처벌이 문제될 수 있다. 이에 대하여는 치외법권설과 기능설이 대립하고 있다. 전설에 의하면 치외법권지역에서 범죄를 범한 내국인에 대하여는 속인주의를 근거로 처벌한다. 이에 반하여 후설에 의하면 외교상의 특권은 실체법상의 치외법권이 아니라 외교업무의 효율성을 보장하기 위한 것이기 때문에 절차법상의 집행의 면제를 의미한다고 한다. 따라서 외교공관은 내국의 영역이 된다. 결국 외교공관에서의 범죄는 국내범이 되고, 처벌은 속지주의를 근거로 가능하게 된다. 대법원은 "국제협정이나 관행에 의하여 대한민국 내에 있는 미국문화원이 치외법권지역이고 그 곳을 미국영토의 연장으로 본다 하더라도 그 곳에서 죄를 범한 대한민국 국민에 대하여 우리 법원에 먼저 공소가 제기되고 미국이 자국의 재판권을 주장하지 않고 있는 이상 속인주의를 함께 채택하고 있는 우리나라의 재판권은 동인들에게도 당연히 미친다 할 것이며 미국문화원측이 동인들에 대한 처벌을 바라지 않았다고 하여 그 재판권이 배제되는 것도 아니다"라고 판시한 바 있다.[8] 생각건대 치외법권설이나 기능설 모두 처벌을 긍정한다는 점에서는 차이가 없다. 다만, 양설은 결과에 이르는 과정상에 있어서의 구조만을 달리할 뿐이다. 여기서 치외법권에 속하는지의 여부를 가려야 하는 기능설보다는 속지주의에 대한 예외로서 속인주의에 근거하여 처벌하려는 치외법권설이 보다 간편하고 명확한 논리구성으로 보인다.

형법은 또 기국주의로서 대한민국 영역 밖에 있는 대한민국의 선박 또는 항공기 내에서 죄를 범한 외국인에게 적용한다고 규정하고 있다(제4조). 대한민국의 선박이란 선박법에서 말하는 대한민국의 선박, 즉 한국선박을 말한다(선박법 제3조). 이에 의하면 한국선박이란 ① 국유 또는 공유의 선박, ② 대한민국 국민이 소유하는 선박,

---

7) 대법원 1976.5.11. 선고 76도720 판결.

8) 대법원 1986.6.24. 선고 86도403 판결.

③ 대한민국의 법률에 따라 설립된 상사법인(商事法人)이 소유하는 선박 및 ④ 대한민국에 주된 사무소를 둔 ③의 외의 법인으로서 그 대표자(공동대표인 경우에는 그 전원)가 대한민국 국민인 경우에 그 법인이 소유하는 선박을 말한다. 대한민국의 항공기란 항공법에 의하여 등록되고 대한민국의 국적을 가지고 있는 항공기를 말한다(항공법 제3조, 제4조 참조). 대한민국의 영역 외에 있을지라도 대한민국의 선박 또는 항공기 내에서 죄를 범한 경우에는 대한민국의 국민에게는 물론 외국인에게도 대한민국의 형법이 적용될 수 있다. 외국의 영해 내에 있는 대한민국의 선박 또는 항공기에서 범죄가 발생한 경우에는 영해국인 외국의 형법도 함께 적용된다고 해야 한다. 기국주의에 의한 자국의 형사재판관할권은 치외법권과 같은 배타적 권리가 아니기 때문이다.

(3) 범죄지의 결정

1) 학 설

범죄가 행하여진 토지, 즉 구성요건에 해당하는 사실의 일부가 존재하는 장소를 범죄지라고 한다. 범죄지(犯罪地, Tatort)가 대한민국의 내인 경우의 범죄를 국내범(國內犯), 대한민국의 외인 경우의 범죄를 국외범(國外犯)이라고 한다. 대한민국의 내란 대한민국의 영역, 즉 영토, 영해 및 영공의 내를 말한다. 영해의 범위는 기선의 외측 12해리까지의 해역, 영공은 영토와 영해의 상방(上方)의 공간을 말한다. 다만 범죄지의 결정기준에 관하여는 명문의 규정이 없다. 여기서 행위를 기준으로 행위지를 범죄지로 보는 행위설(Tätigkeits-theorie)과 결과의 발생을 기준으로 결과발생지를 범죄지로 보는 결과설(Erfolgs-theorie)이 크게 대립하고 있으며, 양자를 모두 범죄지로 보는 혼재설(混在說) 내지 편재설(遍在說, Ubiqui-tätstheorie)이 가세하여 다투어지고 있다. 영미법계 국가에서는 결과발생지의 형법을 우선 적용한다고 해석하고 있다. 이에 반하여 대륙법계 국가에서는 편재설을 기초로 하여 행위지, 결과발생지, 인과관계영향지 모두를 범죄지로 보고, 각국의 형법이 경합하여 적용된다고 보고 있다. 그러나 행위설에 대하여는 결과발생지를 고려하지 않는다는 점, 결과설에 대하여는 거동범 내지 미수범의 경우를 고려하지 않는다는 점 및 편재설에 대하여는 국내범으로 보는 경우가 많아 속지주의의 범위가 지나치게 넓어질 수 있다는 점 등에서 비판이 가하여지고 있다.

2) 판 례

판례는 편재설에 입각하고 있다. 대법원은 “외국인이 대한민국 공무원에게 알선한다는 명목으로 금품을 수수하는 행위가 대한민국 영역 내에서 이루어진 이상, 비록 금품수수의 명목이 된 알선행위를 하는 장소가 대한민국 영역 외라 하더라도 대한민국 영역 내에서 죄를 범한 것이라고 하여야 할 것이다”라고 판시한 바 있다.[9)]

3) 검 토

국제범죄의 증가경향으로 볼 때 편재설이 타당하다고 해석된다. 독일 형법 제9조는 편재설을 명문화한 것으로 해석되고 있다.[10)] 편재설은 특히 인터넷 범죄와 관련하여 의미를 가지다고 할 수 있다. 그럼에도 불구하고 다른 한편에서는 인터넷 범죄와 관련하여 편재설에 대한 비판이 전혀 없는 것은 아니다.

편재설에 의하면 범죄유형별 범죄지는 다음과 같이 될 수 있다. 첫째, 미수범에 대하여는 행위지법이 적용될 수 있다. 예컨대 갑이 국외에서 대한민국에 있는 을을 살해하려고 독이 든 과자를 우송하였지만 을이 먹은 후 즉시 토하여 미수에 그친 경우에는 대한민국의 형법이 적용된다. 둘째, 위험범의 경우 위험발생지법의 적용이 가능하다. 예컨대 구체적 위험범에 있어서 대한민국 내에서 위험이 발생하면 대한민국의 형법을 적용할 수 있다. 셋째, 공범의 범죄지도 범죄지가 된다. 공동정범에 있어서 그 1인의 범죄지가 국내인 경우에는 다른 자의 범죄지도 국내로 된다. 협의의 공범의 경우에 범죄지는 교사·방조의 장소 외에도 정범의 범죄지도 포함한다. 공범이 국외에서 교사·방조 행위를 행하고 정범이 국내에서 실행한 경우에는 공범에 대하여도 대한민국의 형법이 적용된다. 공범종속성이 그 근거로 되는 것이 아니라 인과적 공범론에 의하면 공범 자신이 야기한 결과인 정범의 실행행위가 국내에서 발생하고 있기 때문에 편재설에 의하여 국내범으로 고려되기 때문이다. 반대로 정범이 국외에서 실행하였지만 공범자가 국내에서 교사·방조한 경우에는 인과적 공범론의 입장에서는 정범에게 국외범처벌규정이 없는 경

---

9) 대법원 2000.4.21. 선고 99도3403 판결.

10) 독일 형법 제9조 ① 범죄는 행위자가 행하였거나 또는 부작위의 경우에는 행위를 하였어야 하는 장소 또는 구성요건에 해당하는 결과가 발생하였거나 또는 행위자의 의사에 따라 결과가 발생하였어야 할 장소에서 행하여진 것이다. ② 공범의 범죄는 범죄가 행하여진 장소뿐만 아니라 공범이 행위한 장소 또는 부작위범의 경우에는 행위를 하였어야 할 장소나 공범의 의사에 따라 본범이 행해져야 하는 장소에서 행하여진 것이다. 국외범에 대한 공범이 국내에서 행위한 경우에는 그 행위가 행위지법에 의하여 처벌되지 않는 경우에도 공범에 대하여 독일 형법이 적용된다.

우에도 국외범인 것에 의하여 정범의 구성요건해당성이 조각된다는 설에 입각하지 않는 한 공범을 처벌할 수 있는 것으로 된다. 그러나 국내에서 행한 공범이 처벌되기 때문이라고 하여 정범은 국외범 처벌규정이 없는 한 처벌되는 것만은 아니다. 넷째, 예비죄에 대하여는 예비죄가 처벌되는 경우에는 예비행위가 국내에서 행하여지면 국내범이지만 그렇지 않은 경우에는 국내에서 준비를 하여 국외에서 실행행위를 행하였다고 하여도 국내범으로는 되지 않는다. 예비행위가 국내에서 행하여지고 본범이 국외에서 행하여졌지만 본범에 대하여 국외범 처벌규정이 없는 경우에도 국내에서 행하여진 예비행위는 예비죄 처벌규정이 있다는 것을 전제로 하여 처벌될 수 있다. 통상 정범행위가 행하여진 경우에 예비죄가 처벌되지 않는 것은 본범처벌에서 이미 평가되어 있기 때문이다.

2. 영역 외 적용의 확장

형법은 대한민국의 영역 내에서만 적용되는 것을 원칙으로 하면서도 경우에 따라서는 대한민국의 영역 외에서도 형법이 적용될 수 있음을 천명하고 있다. 즉, 형법은 속지주의를 대원칙으로 하면서도 속인주의와 보호주의를 보충적으로 가미함으로써 형법의 적용범위를 대한민국의 영역 외로 확장하고 있는 것이다.

(1) 속인주의의 병용

형법은 대한민국의 영역 외에서 죄를 범한 내국인에게 적용한다고 하여 속인주의를 명문으로 규정하고 있다(제3조). 속인주의는 대인고권에 근거한 주권의 효력으로 이해하는 것이 가능하다. 다만 속인주의에 관하여는 국민의 국가에 대한 충성의무의 발로(發露)라거나 행위지국을 대신하여 대한민국이 처벌하는 것, 즉 대리처벌주의의 적용이라는 시각도 있다. 내국인의 여부를 결정하는 기준시에 관하여는 행위시를 기준으로 하는 행위시설(行爲時說)과 소추시를 기준으로 하는 절차시설(節次時說)이 대립하고 있다. 내국인이란 범행 당시에 대한민국의 국적을 가진 자를 말한다고 하는 것이 죄형법정주의의 관점에서 원칙적으로 타당하다(행위시설). 속인주의에 관한 판례의 구체적 내용은 다음과 같다. 즉,

① 형법 제3조는 '본법은 대한민국 영역 외에서 죄를 범한 내국인에게 적용한다'고 하여 형법의 적용 범위에 관한 속인주의를 규정하고 있는 바, 필리핀국에서 카지노의 외국인 출입이 허용되어 있다 하여도, 형법 제3조에 따라, 필리핀국에서 도박을 한 피

고인에게 우리나라 형법이 당연히 적용된다.[11] ② 조선인을 부친으로 하여 출생한 자는 남조선과도정부 법률 제11호 국적에관한임시조례의 규정에 따라 조선국적을 취득하였다가 제헌헌법의 공포와 동시에 대한민국 국적을 취득하였다 할 것이고, 설사 그가 북한법의 규정에 따라 북한국적을 취득하여 중국 주재 북한대사관으로부터 북한의 해외공민증을 발급받은 자라 하더라도 북한지역 역시 대한민국의 영토에 속하는 한반도의 일부를 이루는 것이어서 대한민국의 주권이 미칠 뿐이고, 대한민국의 주권과 부딪치는 어떠한 국가단체나 주권을 법리상 인정할 수 없는 점에 비추어 볼 때, 그러한 사정은 그가 대한민국 국적을 취득하고 이를 유지함에 있어 아무런 영향을 끼칠 수 없다.[12] ③ 국제협정이나 관행에 의하여 대한민국 내에 있는 미국문화원이 치외법권지역이고 그 곳을 미국영토의 연장으로 본다 하더라도 그 곳에서 죄를 범한 대한민국 국민에 대하여 우리 법원에 먼저 공소가 제기되고 미국이 자국의 재판권을 주장하지 않고 있는 이상 속인주의를 함께 채택하고 있는 우리나라의 재판권은 동인들에게도 당연히 미친다 할 것이며 미국문화원측이 동인들에 대한 처벌을 바라지 않았다고 하여 그 재판권이 배제되는 것도 아니다.[13]

(2) 보호주의의 병용

형법은 보호주의에 관하여도 명문의 규정을 두고 있다. 즉, 형법은 대한민국 영역 외에서 내란의 죄, 외환의 죄, 국기에 관한 죄, 통화에 관한 죄, 유가증권, 우표와 인지에 관한 죄, 문서에 관한 죄 중 제225조부터 제230조까지 및 인장에 관한 죄 중 제238조의 죄를 범한 외국인에게 적용한다(제5조). 소위 국가보호주의(國家保護主義)에 관한 규정이라고 할 수 있다. 또 형법은 대한민국 영역 외에서 대한민국 또는 대한민국 국민에 대하여 전조에 기재한 이외의 죄를 범한 외국인에게 적용한다(제6조 본문). 소위 국민보호주의(國民保護主義)에 관한 규정이라고 할 수 있다. 형법 제5조, 제6조의 각 규정에 의하면, 외국인이 외국에서 죄를 범한 경우에는 형법 제5조 제1호 내지 제7호에 열거된 죄를 범한 때와 형법 제5조 제1호 내지 제7호에 열거된 죄 이외에 대한민국 또는 대한민국 국민에 대하여 죄를 범한 때에만 대한민국 형법이 적용되어 우리나라에 재판권이 있게 되고, 여기서 '대한민국 또는 대한민국 국민에 대하여 죄를 범한 때'란 대한민국 또는 대한민국 국민의 법익이 직접적으로 침해되는 결과를 야기하는 죄를 범한 경우를 의미한다.[14]

---

11) 대법원 2001.9.25. 선고 99도3337 판결.
12) 대법원 1996.11.12. 선고 96누1221 판결.
13) 대법원 1986.6.24. 선고 86도403 판결.
14) 대법원 2011.8.25. 선고 2011도6507 판결.

국가보호주의에는 범죄의 유형에 일정한 제한이 있으나, 국민보호주의에는 아무런 제한이 없다는 점에 특징이 있다. 다만 국민보호주의의 경우 행위지의 법률에 의하여 범죄를 구성하지 아니하거나 소추 또는 형의 집행을 면제할 경우에는 예외로 한다(제6조 단서). 국제법상 상대국이 우호적이면 우호적으로, 비우호적이면 비우호적으로 대응한다는 소위 상호주의(相互主義)를 규정하고 있는 것이다. 경우에 따라서는 본인의 입장에서 적법행위를 하였음에도 불구하고 그러한 외국인을 처벌하는 부당한 결과가 초래될 수 있을 뿐만 아니라 외국의 주권에 대한 침해가 될 수도 있기 때문이다.

그런데 형법의 장소적 적용범위의 문제와 재판권의 문제는 구별되지 않으면 안 된다. 재판권은 원칙적으로 국가의 통치권이 미치는 영역 내에 한하여 인정된다. 국외에 있는 범인에 대하여는 재판권은 미치지 않는다. 따라서 국외범에 대하여 재판권을 행사하기 위하여는 그 소재국에서 범죄인의 인도를 받아 국내에서 재판이 가능하여야 한다. 여기서 국제사법공조(國際司法共助)의 필요성이 제기된다. 국제사법공조는 피의자나 증거가 외국에 존재하기 때문에 충분한 수사·재판이 불가능한 경우에 피의자나 증거를 인도받기 위하여 국제적으로 협력하는 것을 말한다. 흔히 국제(형사)사법공조에는 네 가지의 형태가 거론되고 있다. ① 범죄인의 인도, ② 협의의 형사사법공조, ③ 외국형사판결의 집행 및 ④ 형사소추의 이관이다. 우리나라에서 국제사법공조를 정한 법률로는 범죄인인도법(犯罪人引渡法)과[15] 국제형사사법공조법(國際刑事司法共助法)이 제정되어 있다.[16] 국제사법공조의 일반원칙으로서는 다음의 원칙들이 거론되고 있다. 정치범에 대하여는 공조하지 않는다. 인종적·종교적 이유에 의한 범죄에 대하여는 공조를 제한한다. 조세범죄나 군사범죄에 대하여도 공조를 제한한다는 원칙이 있다. 공조의 당사국 사이에서 쌍방에서 처벌되는 행위가 아니면 공조를 행하지 않는다는 쌍벌성(雙罰性)의 원칙이 채용된다. 또한 각각의 국가가 자국에서 응한 것이 불가능한 공조는 타국에 대하여 요청하지 않는다는 상호주의(相互主義)의 원칙이다. 보호주의에 관한 판례의 구체적 내용은 다음과 같다. 즉,

> 캐나다 시민권자인 피고인이 캐나다에서 위조사문서를 행사하였다는 내용으로 기소된 사안에서, 형법 제234조의 위조사문서행사죄는 형법 제5조 제1호 내지 제7호에 열거된 죄에 해당하지 않고, 위조사문서행사를 형법 제6조의 대한민국 또는 대한민국 국

15) 범죄인인도법 1988.8.5. 제정 법률 제4015호 1988.8.5. 시행.
16) 국제형사사법공조법 1991.3.8. 제정 법률 제4343호 1991.4.8. 시행.

민의 법익을 직접적으로 침해하는 행위라고 볼 수도 없으므로 피고인의 행위에 대하여는 우리나라에 재판권이 없는데도, 위 행위가 외국인의 국외범으로서 우리나라에 재판권이 있다고 보아 유죄를 인정한 원심판결에 재판권 인정에 관한 법리오해의 위법이 있다고 한 사례이다.[17]

3. 영역 내외 적용의 추가

(1) 세계주의의 병용

세계주의(世界主義, Weltrechtsgrundsatz)란 인류 공통의 이익을 해하는 범죄에 대하여 범인이나 범죄지의 여하를 막론하고 자국의 형법을 적용한다는 원칙을 말한다. 2000년 11월 15일 유엔 총회에서는 초국가적 조직범죄에 대한 대책을 마련하기 위하여 '국제연합 초국가적 조직범죄방지협약'(United Nations Convention against Transnational Organized Crime, UNTOC)이 채택되었다. 이에 부수하여 조직범죄단체가 개입할 수 있는 인신매매방지의정서, 불법이민방지의정서 및 불법총기류규제의정서로 구성되는 3개의 부속의정서가 채택되었다. 우리나라는 협약가입을 위한 국내이행입법으로서 2013년 형법을 개정하여 범죄단체조직죄(제114조)를 협약의 기준에 맞추어 정비하였고, 인신매매죄(제289조)를 신설하는 등 인신매매에 대한 대응관련법률체계를 전반적으로 정비하였다. 2015년 5월 29일 국회에서 조약가입을 위한 비준동의안이 통과되었고, 2015년 11월 5일 위의 협약 및 3개의 부속의정서에 대한 비준서를 기탁함으로써 협약에 대한 가입을 완료하였다.

형법은 2013년 개정법에서 약취, 유인 및 인신매매에 관한 죄(제287조부터 제292조까지 및 제294조)에 관하여는 '대한민국 영역 밖에서 죄를 범한 외국인에게도 적용한다'고 규정함으로써 세계주의를 명문으로 도입하였다(제296조의2).[18]

(2) 국제법에 의한 적용

형법이 명문으로 세계주의를 규정하고 있지 않은 범죄라 하더라도 그 종류에 따라서는 세계주의가 적용될 가능성은 여전히 남아 있다. 외국인의 국외범에 대한 형법의 적용은 조약을 통하여 가능할 수 있기 때문이다. 헌법에 의하여 체결·공포된 조약은 법률과 동일한 효력을 가지고 있다. 여기서 국제조약을 이행하기 위한 국내입법을 통하여 세계주의가 적용되는 법률효과를 얻을 수 있다. 따라서 우

17) 대법원 2011.8.25. 선고 2011도6507 판결.
18) 형법 2013.4.5. 일부개정 법률 제11731호 2013.6.19. 시행.

리나라가 비준한 조약에 의하여 외국인의 국외범에 대하여도 형법이 적용되는 것은 세계주의에 의한 것과 동일한 결과라고 하지 않을 수 없다. 이와 관련하여서는 '항공기내에서 범한 범죄 및 기타 행위에 관한 협약'(Convention on Offences and Certain Other Acts Committed on Board Aircraft)과 '항공기불법납치의 억제를 위한 협약(Convention for the Suppression of Unlawful Seizure of Aircraft)을 이행하기 위하여 '항공안전 및 보안에 관한 법률'과[19] 마약류불법거래방지를 위한 UN 협약'(UN Convention against Illicit Traffic in Naroctic Drugs and Psychotropic Substances)을 이행하기 위하여 '마약류불법거래방지에 관한 특례법'이 제정되어 있다.[20]

한편 세계주의에 관한 이행입법 없이 그 적용효과를 얻기 위한 방법으로서는 국제형사재판소의 재판에 의한 방법을 상정할 수 있다. 국제형사재판소(International Criminal Court, ICC)에 관한 설립조약(Rome Statute of the International Criminal Court)은 1998년 7월 17일 로마에서 개최된 국연외교회의에서 채택되고 2002년 7월 1일 발효하였다. 집단살해죄, 인도(人道)에 관한 죄, 전쟁범죄, 침략의 죄가 그 대상이다. 우리나라를 포함하여 2015년 현재 가입국수는 123개국이다. 우리나라는 2000년 3월 8일에 서명하고, 2002년 11월 8일 제234회 국회 제14차 본회의에서 비준하였다. 한편 1998년의 유엔 전권 외교 사절 회의에서 로마 규정 채택에 반대표를 던진 국가는 미국, 중화인민공화국, 이스라엘, 이라크, 리비아, 카타르 및 예멘 총 7개국이다.

4. 외국에서 받는 형의 집행

형법의 장소적 적용범위에 관하여는 각국이 여러 가지의 입법주의를 채용하고 있기 때문에 동일한 범죄행위가 2국 이상의 형법의 적용을 받는 경우가 있을 수 있다. 여기서, 예컨대 외국에서 이미 판결을 받은 행위에 대하여 대한민국의 형법의 적용이 문제되는 사태가 발생할 수 있다. 형법은 2016년 12월 개정을 통하여 "죄를 지어 외국에서 형의 전부 또는 일부가 집행된 사람에 대해서는 그 집행된 형의 전부 또는 일부를 선고하는 형에 산입한다"고 규정하였다(제7조). 다시 말해서 개정 전의 임의적 산입주의(任意的 算入主義)가 개정 후의 법정적 산입주의(法定的 算入主義)로 변경된 것이다.

개정 전의 형법은 "범죄에 의하여 외국에서 형의 전부 또는 일부의 집행을 받은 자에 대하여는 형을 감경 또는 면제할 수 있다"(개정 전의 형법 제7조)고 하여 형의 집행의 감

19) 항공기운항안전법 1974.12.26. 제정 법률 제2742호 1974.12.26. 시행.
20) 마약류불법거래방지에 관한 특례법 1995.12.6. 제정 법률 제5011호 1995.12.6. 시행.

면에 관하여 임의적 산입주의를 채택하고 있었다. 대법원도 “형법 제7조는 외국에서 형의 전부 또는 일부의 집행을 받은 자에 대하여 법원의 재량으로 형을 감경 또는 면제할 수 있다는 뜻이다”라고 해석하고 있었다.[21] 그러나 이 규정은 헌법불합치 결정으로 개정된 바 있다. 즉, 헌법재판소는 우리 형법에 의한 처벌 시 외국에서 받은 형의 집행을 전혀 반영하지 아니할 수도 있도록 한 것은 과잉금지원칙에 위배되어 신체의 자유를 침해한다는 이유로 2015년 5월 헌법불합치로 결정한 바 있다.[22]

문제는 외국에서 받은 미결구금에 있다. 대법원에 의하면 미결구금은 형의 집행에 해당하지 않는다고 보고 미결구금의 형에의 산입을 부정하고 있다. 이에 관한 판례의 구체적 내용은 다음과 같다. 즉,

> 형법 제7조는 “죄를 지어 외국에서 형의 전부 또는 일부가 집행된 사람에 대해서는 그 집행된 형의 전부 또는 일부를 선고하는 형에 산입한다”라고 규정하고 있다. 이 규정의 취지는, 형사판결은 국가주권의 일부분인 형벌권 행사에 기초한 것이어서 피고인이 외국에서 형사처벌을 과하는 확정판결을 받았더라도 그 외국 판결은 우리나라 법원을 기속할 수 없고 우리나라에서는 기판력도 없어 일사부재리의 원칙이 적용되지 않으므로, 피고인이 동일한 행위에 관하여 우리나라 형벌법규에 따라 다시 처벌받는 경우에 생길 수 있는 실질적인 불이익을 완화하려는 것이다. 그런데 여기서 ‘외국에서 형의 전부 또는 일부가 집행된 사람’이란 문언과 취지에 비추어 ‘외국 법원의 유죄판결에 의하여 자유형이나 벌금형 등 형의 전부 또는 일부가 실제로 집행된 사람’을 말한다고 해석하여야 한다. 따라서 형사사건으로 외국 법원에 기소되었다가 무죄판결을 받은 사람은, 설령 그가 무죄판결을 받기까지 상당 기간 미결구금되었더라도 이를 유죄판결에 의하여 형이 실제로 집행된 것으로 볼 수는 없으므로, ‘외국에서 형의 전부 또는 일부가 집행된 사람’에 해당한다고 볼 수 없고, 그 미결구금 기간은 형법 제7조에 의한 산입의 대상이 될 수 없다. 미결구금은 공소의 목적을 달성하기 위하여 어쩔 수 없이 피고인 또는 피의자를 구금하는 강제처분이어서 형의 집행은 아니지만 신체의 자유를 박탈하는 점이 자유형과 유사하기 때문에, 형법 제57조 제1항은 인권 보호의 관점에서 미결구금일수의 전부를 본형에 산입한다고 규정하고 있다. 그러나 외국에서 무죄판결을 받고 석방되기까지의 미결구금은, 국내에서의 형벌권 행사가 외국에서의 형사절차와는 별개의 것인 만큼 우리나라 형벌법규에 따른 공소의 목적을 달성하기 위하여 필수불가결하게 이루어진 강제처분으로 볼 수 없고, 유죄판결을 전제로 한 것이 아니어서 해당 국가의 형사보상제도에 따라 구금 기간에 상응하는 금전적 보상을 받음으로써

---

21) 대법원 1979.4.10. 선고 78도831 판결.
22) 헌법재판소 2015.5.28. 선고 2013헌바129 결정.

구제받을 성질의 것에 불과하다. 또한 형사절차에서 미결구금이 이루어지는 목적, 미결구금의 집행 방법 및 피구금자에 대한 처우, 미결구금에 대한 법률적 취급 등이 국가별로 다양하여 외국에서의 미결구금으로 인해 피고인이 받는 신체적 자유 박탈에 따른 불이익의 양상과 정도를 국내에서의 미결구금이나 형의 집행과 효과 면에서 서로 같거나 유사하다고 단정할 수도 없다. 따라서 위와 같이 외국에서 이루어진 미결구금을 형법 제57조 제1항에서 규정한 '본형에 당연히 산입되는 미결구금'과 같다고 볼 수 없다. 결국 미결구금이 자유 박탈이라는 효과 면에서 형의 집행과 일부 유사하다는 점만을 근거로, 외국에서 형이 집행된 것이 아니라 단지 미결구금되었다가 무죄판결을 받은 사람의 미결구금일수를 형법 제7조의 유추적용에 의하여 그가 국내에서 같은 행위로 인하여 선고받는 형에 산입하여야 한다는 것은 허용되기 어렵다. 한편 양형의 조건에 관하여 규정한 형법 제51조의 사항은 널리 형의 양정에 관한 법원의 재량사항에 속하고, 이는 열거적인 것이 아니라 예시적인 것이다. 피고인이 외국에서 기소되어 미결구금되었다가 무죄판결을 받은 이후 다시 그 행위로 국내에서 처벌받는 경우, 공판 과정에서 외국에서의 미결구금 사실이 밝혀진다면, 양형에 관한 여러 사정들과 함께 그 미결구금의 원인이 된 사실과 공소사실의 동일성의 정도, 미결구금 기간, 해당 국가에서 이루어진 미결구금의 특수성 등을 고려하여 필요한 경우 형법 제53조의 작량감경 등을 적용하고, 나아가 이를 양형의 조건에 관한 사항으로 참작하여 최종의 선고형을 정함으로써 적정한 양형을 통해 피고인의 미결구금에 따른 불이익을 충분히 해소할 수 있다. 형법 제7조를 유추적용하여 외국에서의 미결구금을 확정된 형의 집행 단계에서 전부 또는 일부 산입한다면 이는 위 미결구금을 고려하지 아니하고 형을 정함을 전제로 하므로, 오히려 위와 같이 미결구금을 양형 단계에서 반영하여 그에 상응한 적절한 형으로 선고하는 것에 비하여 피고인에게 더 유리하다고 단정할 수 없다.[23)]

제 2 절 시간적 적용범위

제 1 조 (범죄의 성립과 처벌) ① 범죄의 성립과 처벌은 행위 시의 법률에 따른다.
② 범죄 후 법률이 변경되어 그 행위가 범죄를 구성하지 아니하게 되거나 형이 구법(舊法)보다 가벼워진 경우에는 신법(新法)에 따른다.
③ 재판이 확정된 후 법률이 변경되어 그 행위가 범죄를 구성하지 아니하게 된 경우에는 형의 집행을 면제한다.

구조문
제 1 조 (범죄의 성립과 처벌) ① 범죄의 성립과 처벌은 행위 시의 법률에 의한다.

---

23) 대법원 2017.8.24. 선고 2017도5977 전원합의체 판결.

② 범죄후 법률의 변경에 의하여 그 행위가 범죄를 구성하지 아니하거나 형이 구법보다 경한 때에는 신법에 의한다.
③ 재판확정후 법률의 변경에 의하여 그 행위가 범죄를 구성하지 아니하는 때에는 형의 집행을 면제한다.

Ⅰ. 의 의

시간적 적용범위란 형법이 어느 시점에서 어느 시점까지 효력을 가지는가 하는 문제를 말한다. 시간적 적용범위를 시간적 효력(zeitliche Geltung) 또는 시제형법(時際刑法, intertemporales Strafrecht)이라고 한다. 형법도 다른 법에서와 마찬가지로 시행시부터 폐지시까지 효력을 가지는 것이 원칙이다. 여기서 기준으로 되는 법률은 물론 행위시의 법률이다. 형법은 시행 이후의 범죄에 대하여만 적용되고, 시행 이전의 행위에 대하여는 적용되지 않는다는 행위시법주의를 원칙으로 한다. 신법인 재판시법이 아니라 구법인 행위시법을 적용하기 때문에 구법주의(舊法主義)라고도 한다. 행위시에 범죄가 아니었던 행위가 재판시에 범죄로 될 수는 없는 일이기 때문이다. 죄형법정주의상 소급효금지의 원칙은 바로 이를 말한다. 형벌법규의 소급적용을 인정하게 되면 법적 안정성을 해치게 되고, 개인의 자유가 부당하게 침해될 우려가 있기 때문에 형법은 행위시법주의를 원칙으로 규정하고 있는 것이다(제1조 제1항).

문제는 행위시의 법률이 재판시에 폐지되었거나 또는 가볍게 변경된 경우에 있다. 행위시법을 적용하게 되면 구법의 추급효(Nachwirkung)를 인정하는 것이 되고, 재판시법을 적용하게 되면 신법의 소급효(Rückwirkung)를 인정하는 결과가 되기 때문이다. 이러한 경우 일반적으로는 재판시법을 우선하여 적용하는 신법주의(新法主義)가 원칙이다. 신법이 구법보다 진보적이라고 평가되기 때문이다. 그러나 신법주의는 형법의 소급효금지의 원칙에 반하는 것으로 해석된다. 그럼에도 불구하고 형법은 행위시법주의의 원칙에 대한 예외로서 신법주의, 즉 재판시법주의를 규정하고 있다(제1조 제2항). 재판시법을 소급적용하더라도 행위자에게 유리하게 되어 법적 안정성을 해치지 않는다고 해석되기 때문이다.

문제는 다시 한시법으로 향하게 된다. 한시법에 관하여는 행위시법주의에 대한 예외를 인정하여 재판시법주의를 인정해야 한다는 주장에 대하여 예외 없이 행위시법을 적용해야 한다는 주장이 제기되는 경우가 있기 때문이다. 한시법의 효력과 관련하여 재판시법주의는 재판시에 이미 법률이 폐지되었다는 것이 그 근거이고,

행위시법주의는 폐지에 대비한 법률의 실효성의 확보를 그 근거로 한다. 나아가 보충규범이 개폐되는 경우 본법의 효력이 문제된다. 이것이 바로 백지형법의 효력이 문제이다.

Ⅱ. 형법의 태도

1. 행위시법주의의 원칙

형법은 '범죄의 성립과 처벌은 행위 시의 법률에 따른다'고 하여 행위시법주의(行爲時法主義)를 규정하고 있다(제1조 제1항). 헌법도 '모든 국민은 행위시의 법률에 의하여 범죄를 구성하지 아니하는 행위로 소추되지 아니'한다고 하여 행위시법주의를 천명하고 있다(헌법 제13조 제1항 참조). 이는 행위자의 이익을 보호하기 위하여 소급효를 금지하는 죄형법정주의의 원칙상 당연한 결과이다. 한편 형법이 행위규범이라는 것을 근거로 행위시법주의를 설명하는 경우도 있다. 여기서 행위시란 실행행위의 종료시를 말한다. 따라서 구법 시행시에 실행행위가 종료하였으나 신법 시행시에 결과가 발생한 경우에는 구법이 행위시법으로 적용된다. 판례도 행위시를 실행행위의 종료시로 보고 있다. 행위시법주의에 관한 판례의 구체적 내용은 다음과 같다. 즉,

① 일반적으로 계속범의 경우 실행행위가 종료되는 시점에서의 법률이 적용되어야 할 것이나, 법률이 개정되면서 그 부칙에서 '개정된 법 시행 전의 행위에 대한 벌칙의 적용에 있어서는 종전의 규정에 의한다'는 경과규정을 두고 있는 경우 개정된 법이 시행되기 전의 행위에 대해서는 개정 전의 법을, 그 이후의 행위에 대해서는 개정된 법을 각각 적용하여야 한다.[24] ② 포괄일죄로 되는 개개의 범죄행위가 법 개정의 전후에 걸쳐서 행하여진 경우에는 신·구법의 법정형에 대한 경중을 비교하여 볼 필요도 없이 범죄 실행 종료시의 법이라고 할 수 있는 신법을 적용하여 포괄일죄로 처단하여야 한다.[25] ③ 범죄의 성립과 처벌은 행위시의 법률에 의한다고 할 때의 "행위시"라 함은 범죄행위의 종료시를 의미한다.[26] ④ 수질환경보전법이 시행된 1991.2.1. 전후에 걸쳐 계속되다가 1991.3.20.에 종료된 수질오염물질배출행위는 같은 법 부칙 제15조가 규정하고 있는 "이 법 시행 전에 행한 종전의 환경보전법 위반행위"라고 볼 수 없으므로 그 행위가 종료된 때에 시행되고 있는 수질환경보전법을 적용한 것은 행위시법주의와

24) 대법원 2001.9.25. 선고 2001도3990 판결.
25) 대법원 1998.2.24. 선고 97도183 판결.
26) 대법원 1994.5.10. 선고 94도563 판결.

법률불소급의 원칙에 반하지 아니한다.[27)]

2. 재판시법주의의 병용

(1) 재판시법주의의 의의

형법은 "범죄 후 법률이 변경되어 그 행위가 범죄를 구성하지 아니하게 되거나 형이 구법(舊法)보다 가벼워진 경우에는 신법(新法)에 따른다"고 하여 재판시법주의(裁判時法主義)를 규정하고 있다(제1조 제2항). 이는 행위자의 이익을 보호하기 위한 실질적인 죄형법정주의의 원칙상 신법, 즉 재판시법에 소급효를 인정한 결과이다. 한편 형법이 재판규범이라는 것을 근거로 재판시법주의를 설명하는 경우도 있다. 다만 형법은 "재판이 확정된 후 법률이 변경되어 그 행위가 범죄를 구성하지 아니하게 된 경우에는 형의 집행을 면제한다"고 규정하고 있다(제1조 제3항).

생각건대 행위시법주의이든 재판시법주의이든 양자가 추구하는 이념은 동일하다. 그것은 곧 행위자의 이익을 도모하는 것이고, 법적 안정성을 보장하는 것이다. 이는 또한 국가형벌권의 남용을 방지하여 인권을 보장하기 위한 죄형법정주의의 본래의 취지와도 부합한다. 여기서 죄형법정주의의 연장선상에서는 행위시법주의이든 재판시법주의이든 그 상위개념으로서 경한 법 우선의 원칙, 즉 경법우선의 원칙(經法優先의 原則)이 도출될 수 있다고 본다. 따라서 범죄 후 법률이 변경되어 그 행위가 범죄를 구성하지 아니하게 되거나 형이 구법보다 가벼워진 경우에는 신법에 따르게 되는 것은 당연하다(제1조 제2항). 그러나 형의 경중에 변화가 없는 경우에는 행위시법에 의하여는 것이 원칙이다.

다만 형법은 이미 언급한 바와 같이 "범죄 후 법률이 변경되어 그 행위가 범죄를 구성하지 아니하게 되거나 형이 구법보다 가벼워진 경우에는 신법에 따른다"고 규정하여 경법우선의 원칙을 명문으로 규정하고 있다. 또 형사소송법은 범죄 후의 법령개폐로 형이 폐지되었을 때에는 면소의 판결을 하도록 규정하고 있다(형소법 제326조 제4호). 이러한 규정과 관련하여 문제되는 것이 한시법(限時法)이다. 한시법에 관하여는 후술하기로 하고, 여기에서는 우선 재판시법주의의 적용 요건에 관하여 분설하기로 한다.

---

27) 대법원 1992.12.8. 선고 92도407 판결.

(2) 재판시법주의의 적용요건

재판시법이 적용되기 위해서는 '범죄 후 법률이 변경되어 그 행위가 범죄를 구성하지 아니하게 되거나 형이 구법보다 가벼워진 경우'라는 요건이 필요하다. 따라서 형의 경중에 변경이 없는 경우에는 죄형법정주의의 원칙에 의하여 행위시법주의에 의하여 행위시법이 적용되어야 한다. 대법원도 "범죄 후 법률의 변경이 있더라도 형이 중하게 변경되는 경우나 형의 변경이 없는 경우에는 형법 제1조 제1항에 따라 행위시법을 적용하여야 할 것이다"고 판시하였고,[28] "사기죄의 범행으로 인하여 피고인이 취득한 이득액이 합계 5억 2천만 원인데 특정경제범죄가중처벌등에관한법률이 1990.12.31. 개정되었어도 위 이득액에 있어서는 개정 전후를 통하여 형의 경중은 없으므로 행위시법인 개정 전의 위 법률 제3조 제1항을 적용하여야 한다"고 판시한 바 있다.[29]

1) 범죄 후

범죄 후란 실행행위의 종료 후를 말한다. 범죄 후의 여부에 관한 기준시점은 실행행위시가 된다. 따라서 결과범에 있어서 결과의 발생은 이에 포함되지 않는다. 실행행위가 구법과 신법에 걸쳐 있는 경우는 신법은 범죄 후의 법률이 아니기 때문에 본조의 적용은 없다. 단순일죄, 계속범, 포괄일죄, 결합범은 당연히 실행행위의 종료시의 법인 신법이 적용된다고 해야 한다. 대법원도 "포괄일죄로 되는 개개의 범죄행위가 법 개정의 전후에 걸쳐서 행하여진 경우에는 신·구법의 법정형에 대한 경중을 비교하여 볼 필요도 없이 범죄 실행 종료시의 법이라고 할 수 있는 신법을 적용하여 포괄일죄로 처단하여야 한다"고 판시한 바 있다.[30]

2) 법률의 변경

죄형법정주의의 내용 중 법률주의, 특히 성문법주의에 의하면 법률은 제정법을 의미한다. 또한 법률이란 형법에 한하지 않고 널리 다른 형벌법규 모두를 포함하는 개념이다(제8조). 범죄시법과 재판시법의 사이에 중간시법(Zwischen-gesetz)이 개재되어 있는 경우에는 그 중에서 가장 경한 법을 적용하여야 한다. 판례도 같은 입장이다. 대법원은 "행위시와 재판시 사이에 수차 법령의 변경이 있는 경우에는 이 점에 관한 당사자의 주장이 없더라도 본조 제2항에 의하여 직권으로 행위시법과 제1, 2

28) 대법원 2020.11.12. 선고 2016도8627 판결; 대법원 2016.3.24. 선고 2015도19137 판결.
29) 대법원 1992.6.23. 선고 92도954 판결.
30) 대법원 1998.2.24. 선고 97도183 판결.

심판시법의 세 가지 규정에 의한 형의 경중을 비교하여 그 중 가장 형이 경한 법규정을 적용하여 심판하여야 한다"고 판시하였고,[31] "형법 제1조 제2항 후단에 의하여 처단할 범죄가 수 개 있을 때에는 각 범죄에 관하여 개별적으로 신 구법을 비조하여 각기 경한 법조를 추출하여 이를 적용 법조로 정한 후에 형법 부칙 제6조에 비추어 동법 중 경합범에 관한 규정에 의하여 처단하는 것이 타당할 것이다"라고 판시한 바 있다.[32]

구법과 신법의 구별은 법률의 공포시점이 아니라 시행시점을 기준으로 한다. 통상 부칙에서 '이 법률은 모년 모월 모일부터 시행한다'라고 규정하고 있는데, 이 시점이 시행시점이다. 이러한 규정이 없는 경우에는 공포한 날로부터 20일을 경과함으로써 효력을 발생한다(헌법 제53조 제7항). 공포된 법령의 내용을 국민에게 알릴 목적으로 공시하는 기간인 소위 주지기간(周知期間)이 필요하기 때문이다.

3) 범죄를 구성하지 아니하는 경우

범죄를 구성하지 아니하는 경우란 법률이 폐지된 경우를 말한다. 혼인빙자간음죄와 간통죄의 폐지가 그 대표적인 경우이다. 2002년 당시 합헌이던[33] 혼인빙자간음죄는 2009년에 위헌으로 결정되었고,[34] 2008년까지만 해도 합헌이었던[35] 간통죄는 2015년에 위헌으로 결정된 바 있다.[36] "혼인을 빙자하거나 기타 위계로써 음행의 상습 없는 부녀를 기망하여 간음한 자는 2년 이하의 징역 또는 500만원 이하의 벌금에 처한다"라고 규정되어 있던 혼인빙자간음죄(구형법 제304조)는 2012년 형법이 개정되면서 삭제되었다.[37] 또한 "배우자 있는 자가 간통한 때에는 2년 이하의 징역에 처한다. 그와 상간한 자도 같다", "전항의 죄는 배우자의 고소가 있어야 논한다. 단 배우자가 간통을 종용 또는 유서한 때에는 고소할 수 없다"고 규정되어 있던 간통죄(구형법 제241조)는 2016년 1월 형법이 개정되면서 삭제되었다.[38]

이와 같이 형법에서 삭제되거나 헌법재판소에 의하여 위헌결정이 된 경우에는

---

31) 대법원 1968.12.17. 선고 68도1324 판결.

32) 대법원 1954.10.16. 선고 4287형상43 판결.

33) 헌법재판소 2002.10.31. 선고 99헌바40 · 2002헌바50(병합) 결정.

34) 헌법재판소 2009.11.26. 선고 2008헌바58 · 2009헌바191(병합) 결정.

35) 헌법재판소 2008.10.30. 선고 2007헌가17,21 · 2008헌가7,26 · 2008헌바21,47(병합) 결정; 헌법재판소 2001.10.25. 선고 2000헌바60 결정; 헌법재판소 1990.9.10. 선고 89헌마82 결정.

36) 헌법재판소 2015.2.26. 선고 2009헌바17,205 · 2010헌바194 · 2011헌바4 · 2012헌바57,255, 411 · 2013헌바139,161,267,276,342,365 · 2014헌바53,464 · 2011헌가31 · 2014헌가4(병합) 결정.

37) 형법 2012.12.18. 일부개정 법률 제11574호 2013.6.19. 시행.

38) 형법 2016.1.6. 일부개정 법률 제13719호 2016.1.6. 시행.

범죄를 구성하지 아니하는 경우에 해당한다고 할 수 있다. 즉, "혼인빙자간음죄에 관한 규정(구형법 제304조)의 삭제는 법률이념의 변천에 따라 과거에 범죄로 본 음행의 상습 없는 부녀에 대한 위계간음 행위에 관하여 현재의 평가가 달라짐에 따라 이를 처벌대상으로 삼는 것이 부당하다는 반성적 고려에서 비롯된 것으로 봄이 타당하므로, 이는 범죄 후의 법령개폐로 범죄를 구성하지 않게 되어 형이 폐지되었을 때에 해당한다"고 할 수 있다.[39] 또한 "간통죄와 같이 헌법재판소의 위헌결정으로 인하여 형벌에 관한 법률 또는 법률조항이 소급하여 그 효력을 상실한 경우에도 당해 조항을 적용하여 공소가 제기된 피고사건은 범죄로 되지 아니한 때에 해당한다"고 할 수 있다.[40] 이 경우 공소제기가 있는 경우에는 면소판결을 하여야 한다(형사소송법 제326조 제4호). 또한 재판중인 경우에는 피고사건이 범죄로 되지 아니하는 경우에 해당하기 때문에 무죄를 선고하여야 한다(형소법 제325조).[41] 한편 양벌규정이 개정되면서 사업주인 법인이 그 위반행위를 방지하기 위하여 해당 업무에 관하여 상당한 주의와 감독을 게을리하지 아니한 경우에는 양벌규정에 의하여 처벌하지 않는다는 내용의 단서 규정이 추가된 경우 이는 범죄 후 법률의 변경에 의하여 그 행위가 범죄를 구성하지 아니하거나 형이 구법보다 경한 경우에 해당하게 된다.[42]

4) 형이 구법보다 경한 경우

신법의 형이 구법보다 가벼운 경우에도 역시 행위시법주의의 예외로서 신법이 적용된다. 범죄 후 법률이 개정되었지만 형이 완전히 동일한 경우에는 신법을 적용하여야 한다는 설, 구법을 적용하여야 한다는 설이 대립하고 있다. 형벌불소급의 원칙을 형식적으로 따르게 되면 구법을 적용하는 것이 논리적이지만, 실질적으로 해석하여 행위자에게 유리한 신법을 적용하는 것이 죄형법정주의의 본래의 취지에 더 부합한다고 할 수 있다.

형의 경중은 형법 제50조에 의한다. 형의 경중은 법정형을 기준으로 판단한다. 형의 경중의 판단은 주형(主刑)만을 대상으로 하는 견해와 부가형(附加刑)을 포함하는 견해가 대립하고 있다. 주형만을 경중판단의 대상으로 하는 견해에 의하면 부가형인 몰수는 포함되지 않는다. 또 노역장유치기간의 변경, 금고형의 선택을 가능하게 하는 변경, 필요적 감경을 임의적 감경으로 하는 변경 등은 이에 포함

---

39) 대법원 2014.4.24. 선고 2012도14253 판결.
40) 대법원 2011.9.29. 선고 2009도12515 판결.
41) 대법원 2011.9.29. 선고 2009도12515 판결; 대법원 1992.5.8. 선고 91도2825 판결.
42) 대법원 2011.3.24. 선고 2009도7230 판결.

된다고 해석하나(실질적 기준설), 집행유예의 조건, 공소시효나 소송조건, 정상이나 보호관찰 등은 이에 해당하지 않는다고 해석한다. 형의 경중에 관한 판례의 구체적 내용은 다음과 같다. 즉,

① 구 특정범죄가중처벌법 제5조의2 제4항은 "형법 제288조 · 제289조 또는 제292조 제1항의 죄를 범한 사람은 무기 또는 5년 이상의 징역에 처한다"고 규정하고, 구 형법 제288조 제1항은 "추행, 간음 또는 영리의 목적으로 사람을 약취 또는 유인한 자는 1년 이상의 유기징역에 처한다"고 규정하였으나, 원심판결 선고 전 시행된 특정범죄 가중처벌 등에 관한 법률(2013.4.5. 법률 제11731호로 개정된 것)에는 제5조의2 제4항이 삭제되고, 형법(2013.4.5. 법률 제11731호로 개정된 것) 제288조 제1항은 "추행, 간음, 결혼 또는 영리의 목적으로 사람을 약취 또는 유인한 사람은 1년 이상 10년 이하의 징역에 처한다"고 규정하여 간음 목적의 약취죄에 대한 법정형이 변경되었는데, 그 취지는 간음 목적의 약취의 형태와 동기가 다양함에도 불구하고 무기 또는 5년 이상의 징역으로 가중처벌하도록 한 종전의 조치가 과중하다는 데에서 나온 반성적 조치라고 보아야 할 것이어서, 이는 형법 제1조 제2항의 '범죄 후 법률의 변경에 의하여 그 행위가 범죄를 구성하지 아니하거나 형이 구법보다 경한 때'에 해당한다고 할 것이다.[43] ② 구 특정범죄가중처벌법 제5조의2 제4항은 "형법 제288조 · 형법 제289조 또는 제292조 제1항의 죄를 범한 사람은 무기 또는 5년 이상의 징역에 처한다"고 규정하고, 구 형법 제288조 제1항은 "추행, 간음 또는 영리의 목적으로 사람을 약취 또는 유인한 자는 1년 이상의 유기징역에 처한다"고 규정하였으나, 원심판결 선고 전 시행된 특정범죄 가중처벌 등에 관한 법률(2013.4.5. 법률 제11731호로 개정된 것)에는 제5조의2 제4항이 삭제되고, 형법(2013.4.5. 법률 제11731호로 개정된 것) 제288조 제1항은 "추행, 간음, 결혼 또는 영리의 목적으로 사람을 약취 또는 유인한 사람은 1년 이상 10년 이하의 징역에 처한다"고 규정하여 추행 목적의 유인죄에 대한 법정형이 변경되었는바, 그 취지는 추행 목적의 유인의 형태와 동기가 다양함에도 불구하고 무기 또는 5년 이상의 징역으로 가중처벌하도록 한 종전의 조치가 과중하다는 데에서 나온 반성적 조치라고 보아야 할 것이어서, 이는 형법 제1조 제2항의 '범죄 후 법률의 변경에 의하여 그 행위가 범죄를 구성하지 아니하거나 형이 구법보다 경한 때'에 해당한다고 할 것이다.[44] ③ 범죄 후 법률의 개정에 의하여 법정형이 가벼워진 경우에는 형법 제1조 제2항에 의하여 당해 범죄사실에 적용될 가벼운 법정형(신법의 법정형)이 공소시효기간의 기준이 된다.[45] ④ 형의 경중의 비교는 원칙적으로 법정형을 표준으로 할 것이고 처단형이나 선고형에 의할 것이 아니며, 법정형의 경중을 비교함에 있어서 법정형 중 병과형 또는 선택형이

43) 대법원 2013.8.14. 선고 2013도6660,2013전도137,2013치도1 판결.
44) 대법원 2013.7.11. 선고 2013도4862,2013전도101 판결.
45) 대법원 2008.12.11. 선고 2008도4376 판결.

있을 때에는 이 중 가장 중한 형을 기준으로 하여 다른 형과 경중을 정하는 것이 원칙이다.[46)]

Ⅲ. 한시법

1. 한시법의 개념

(1) 의 의

한시법(限時法, Zeitgesetz)이란 유효기간을 한정하여 제정된 법률을 말한다. 유효기간은 처음부터 정해진 것이든 사후적으로 정해진 것이든 불문한다. 이와 같이 유효기간이 정해져 있는 법률을 협의의 한시법 또는 형식적 한시법이라고 한다. 이 외에 법률의 내용이 일시적 사정에 대처하기 위하여 제정된 법률도 한시법이라고 하는 견해가 있다. 이를 광의의 한시법 또는 실질적 한시법이라고 한다. 그러나 실질적 한시법을 한시법의 개념에 포함시키는 견해는 타당하지 않다고 해야 한다. 왜냐하면 그 기준이 모호할 뿐만 아니라 경우에 따라서는 모든 법은 예외 없이 한시법이 될 수 있기 때문이다.

(2) 문제의 소재

형법은 행위시법주의를 원칙으로 하면서 예외적으로 재판시법주의도 채택하고 있다. 양자의 공통된 결론은 행위자에게 유리하게 하여야 한다는 것이다. 즉, 죄가 아니었는데 죄로 변경되거나 더 무겁게 변경된 경우에는 행위시의 법률에 의하여야 하지만, 죄였는데 죄가 아니게 되거나 더 가볍게 변경된 경우에는 재판시의 법률을 적용하여야 한다는 것이다. 이와 같이 경한 법을 적용하는 것이 죄형법정주의의 실질적인 취지에 부합하기 때문이다.

문제는 한시법의 경우에 있다. 한시법의 효력에 관하여는 견해가 대립하고 있기 때문이다. 한시법의 경우에도 죄형법정주의를 그대로 적용하자면 법률이 폐지된 경우에 해당하기 때문에 재판시법주의에 의하여야 하고 처벌할 수 없다는 결론이 나온다. 이러한 결론에 따르게 되면 한시법의 폐지일이 다가옴에 따라 위반행위가 속출하여 한시법의 실효성이 상실될 우려가 있을 뿐만 아니라 재판의 진행속도에 따라 불공평이 발생할 가능성도 없지 않게 된다. 여기서 한시법의 효력

46) 대법원 1992.11.13. 선고 92도2194 판결.

에 관하여 그 해결방법이 문제로 된다. 첫째, 입법에 의한 해결이다. 법률에 경과규정이 있는 경우에는 아무런 문제가 없다. 경과규정에 의하여 행위시법 또는 재판시법에 따라 해결하면 충분하기 때문이다. 둘째, 해석에 의한 해결이다. 경과규정이 없는 경우에는 재판시법주의에 대한 예외를 인정하여 다시 행위시법주의에 의하여야 한다는 주장이 제기되고 있다. 이와 같이 한시법의 위반자에 대하여는 행위시법주의에 의하여 처벌하여야 한다는 주장을 한시법이론이라고 한다. 이에 의하면 한시법의 문제는 해석에 의하여 해결하려고 하는 한 다시 한시법이론에 대한 긍부의 문제로 회귀하게 된다.

2. 한시법 문제의 해결

(1) 입법에 의한 해결방법

1) 개별입법에 의한 해결

개별법의 부칙에 경과규정을 두어 그 실효 후에도 처벌할 수 있다는 규정을 두는 방법이다. 이 규정의 방법에는 두 가지의 방법이 있다. 우선 '여전히 종전의 예에 의한다'고 하는 방식이고, 다른 하나는 '구법의 규정은 여전히 효력을 가진다'고 하는 방식이다. 전자는 구법 자체는 법률로서의 효력이 없어지지만, 후자에서는 구법이 여전히 법률로서의 효력을 가지는 점에 차이가 있다.

2) 일반입법에 의한 해결

형법 속에 일반적으로 추급효를 인정하는 규정을 두는 방법이다. 독일 형법에서는 일정한 기한을 한정하여 효력을 가지는 법률은 그것이 실효한 경우에도 그 유효기간중에 실행된 행위에 적용된다. 다만 법률이 달리 정한 때에는 그러하지 아니하다고 규정하고 있다(독일 형법 제2조 4항). 이와 같이 독일 형법은 한시법의 개념을 광의로 파악하면서 한시법이론을 긍정함으로써 한시법에 효력을 부여하고 있다.

(2) 해석에 의한 해결방법

1) 한시법이론

해석에 의한 해결방법이란 입법에 의한 해결이 없기 때문에 한시법의 유효기간이 경과한 후에도 그 처벌이 가능하다고 해석하는 방법을 말한다. 한시법의 유효기간이 경과하였음에도 불구하고 적용될 수 있다는 효과를 한시법의 추급효(限時法의 追及效, Nachwirkung des Zeitgesetzes)라고 한다. 또 입법에 의한 해결에서와 같이 별도의 추급효를 인정하는 명문의 규정이 없음에도 불구하고 한시법에 추급효를 인정해야 한다는 해석상의 이론을 한시법이론(限時法理論)이라고 한다. 한시법이론의 인정여부에 관하여는 견해가 일치하지 않고 있다.

2) 학 설

① 긍정설

긍정설은 한시법에 추급효를 인정해야 한다고 하여 한시법이론을 긍정하는 견해를 말한다. 한시법의 성격으로 보아 법령의 실효성을 확보하기 위하여는 유효기간 중의 위반행위에 대하여는 폐지 후에도 언제나 처벌할 수 있다고 하지 않으면 안 된다고 한다. 따라서 한시법의 추급효를 긍정하게 된다. 한시법이론을 긍정하는 견해는 한시법의 경과전의 행위는 한시법의 실효 후에도 여전히 비난할 가치가 있다는 점, 추급효를 인정하지 않을 경우 유효기간의 종료에 근접하면서 속출하는 위반행위로 인하여 한시법의 실효성을 유지할 수 없다는 점 등을 근거로 하고 있다.

② 부정설

부정설은 한시법에 추급효를 부인해야 한다고 하여 한시법의 이론을 부정하는 견해를 말한다. 통설의 입장이라고 할 수 있다. 추급효를 인정하기 위한 명문의 규정이 존재하지 않는 한 형법 제1조 제2항의 재판시법주의에 따르는 것이 죄형법정주의에 위배되지 않는다는 점, 유효기간의 종료가 다가올수록 위반행위의 속출이나 의식적인 소송의 지연에 대한 우려는 정책적 이유는 될 수 있을지언정 형법적 이유는 될 수 없다는 점 등을 근거로 하고 있다.

③ 동기설

동기설은 법령이 폐지된 이유에 따라서 법률적 견해가 변경된 경우에는 추급효를 인정하는 것이 불가능하지만, 사실관계의 변화에 의한 경우에는 추급효를 인정하려는 견해를 말한다. 한시법이론에 대한 소위 부분적 긍정설 또는 부분적 부정설이라고 할 수 있다. 그러나 동기설에 대하여는 사실관계의 변화와 법률적 견해의 변경의 구별이 명확하지 않다는 점, 법령의 개폐에는 어느 정도 법률적 견해의 변경이 수반되어 있다는 점 등에서 비판이 가하여지고 있다.

3) 판 례

판례는 기본적으로 동기설의 입장이라고 할 수 있다. 즉, 판례는 사실관계만 변경되면 행위시법주의, 법적 견해까지 변경되면 재판시법주의를 적용하여야 한다는 입장이라고 할 수 있다. 동기설을 긍정한 판례의 구체적 내용은 다음과 같다. 즉,

① 부동산소유권이전등기등에관한특별조치법이 1985.1.1부터 실효되었으나 이 법은 부동산등기법에 의하여 등기하여야 할 부동산으로서 그 소유권보존등기가 되어 있지 아니하거나 등기부 기재가 실제 권리관계와 일치하지 아니하는 부동산을 간이한 절차에 의하여 등기할 수 있게 함을 목적으로 하여 한시적으로 제정된 것이어서 그 폐지는 위 법제정의 이유가 된 법률이념의 변경에 따라 종래의 처벌 그 자체가 부당하였다는 반성적 고려에서 기인한 것이 아니라 그 제정목적을 다하여 위 법을 존속시킬 필요성이 없다는 고려에서 폐지된 것이므로 위 법 시행당시에 행하여진 위반행위에 대한 가벌성을 소멸시킬 이유가 없어 위 법 시행기간 중의 위반행위는 그 폐지 후에도 행위당시에 시행되던 위법에 따라 처벌되어야 한다(협의의 한시법, 동기설).[47] ② 계엄은 국가비상사태에 당하여 병력으로써 국가의 안전과 공공의 안녕질서를 유지할 필요가 있을 때에 선포되고 평상상태로 회복되었을 때에 해제하는 것으로서 계엄령의 해제는 사태의 호전에 따른 조치이고 계엄령은 부당하다는 반성적 고찰에서 나온 조치는 아니므로 계엄이 해제되었다고 하여 계엄하에서 행해진 위반행위의 가벌성이 소멸된다고는 볼 수 없는 것으로서 계엄기간 중의 계엄포고위반의 죄는 계엄해제 후에도 행위당시의 법령에 따라 처벌되어야 하고 계엄의 해제를 범죄 후 법령의 개폐로 형이 폐지된 경우와 같이 볼 수 없다(광의의 한시법, 동기설).[48]

4) 검 토

한시법이론을 긍정하는 것은 불가능하다고 해야 한다. 이에 관한 명문의 규정이 존재하지 않기 때문이다. 유효기간의 경과 후에도 특히 처벌한다는 명문의 규정이 없음에도 불구하고 형법 제1조 제2항의 예외로서 처벌을 인정하는 것은 정책적 견지에서 해석을 부당하게 왜곡하는 것이다. 입법상 특별규정에 의하여 실질적으로 추급효를 인정하는 것이 용이하기 때문에 해석상 구제할 필요성은 없다고 하겠다. 한시법이론을 부정하는 경우, 첫째 범죄 후 재판확정 전에 한시법이 실효된 경우에는 비범죄화된 경우이므로 제1조 제2항을 적용하여 면소판결을 선고하고(형소법 제326조 제4호), 둘째 재판확정 후 한시법이 실효된 경우에는 제1조 제3항의 취지를 좇아 형집행을 면제하여야 한다.

---

47) 대법원 1988.3.22. 선고 87도2678 판결.
48) 대법원 1985.5.28. 선고 81도1045 전원합의체 판결.

Ⅳ. 백지형법

1. 백지형법의 개념

(1) 의 의

백지형법(白地刑法, Blankettstrafgesetz)이란 법률에서는 일정한 제재만을 규정하고, 제재의 요건인 범죄에 관하여는 다른 법률 또는 명령에 위임하고 있는 형벌법규를 말한다. 제재는 규정되어 있지만, 범죄로 되어 있는 부분이 백지로 되어 있다는 의미에서 붙여진 이름이다. 백지형법은 완전형법(完全刑法)에 대립되는 개념으로서 보충하는 규범을 보충규범(補充規範) 또는 충전규범(充塡規範)이라고 한다. 백지형법이라는 용어는 독일의 형법학자 빈딩에 의하여 붙여진 명칭이다. 예컨대 중립명령위반죄는 '외국간의 교전에 있어서 중립에 관한 명령에 위반한 자는 3년 이하의 금고 또는 500만원 이하의 벌금에 처한다'(제112조)고 규정하여 중립명령의 위반에 관하여는 제재를 규정하고 있지만, 구체적으로 어떠한 행위가 중립에 관한 명령에 위반하는가는 중립명령이 발하여지기 전에는 알 수 없기 때문에 백지형법의 대표적인 예로서 거론되고 있다. 한편 행정부에 의한 위임명령은 법률의 일반적 · 포괄적 위임은 허용되지 않고, 개별적 · 구체적인 위임만이 허용된다.

(2) 문제의 소재

백지형법에서 보충규범이 대통령령, 총리령, 부령 등의 법규명령이나 고시 등의 행정명령으로 되어 있는 경우 문제가 제기될 수 있다. 보충규범은 법률이 아니기 때문에 보충규범의 변경이 죄형법정주의에서 말하는 법률이 변경된 경우에 해당할 수 있는가에 대하여는 견해가 일치하지 않기 때문이다. 문제는 백지형법은 그대로 두고 명령, 고시 등의 보충규범만을 개폐하는 경우 백지형법의 효력에 있다. 여기서 백지형법의 효력은 보충규범의 개폐를 법률이 변경된 경우로 파악하느냐 아니면 한시법으로 파악하느냐에 따라 달라질 수 있다. 전자는 재판시법의 적용여부의 문제가 되고, 후자는 한시법이론의 긍정여부의 문제가 된다.

2. 백지형법의 문제의 해결

전술한 바와 같이 백지형법의 문제를 해결하는 방법에는 죄형법정주의에 의한 해결방법과 한시법의 이론에 의한 해결방법의 두 가지가 제시되고 있다.

(1) 죄형법정주의에 의한 해결

명령이나 고시 등의 보충규범의 개폐가 형법 제1조 제2항의 법률이 변경된 경우에 해당하는가에 대하여는 견해가 일치하지 않고 있다. 첫째, 긍정설은 보충규범도 상위규범과 합하여 전체로서 형벌법규를 이루므로 보충규범의 개폐도 제1조 제2항의 '법률이 변경'된 경우에 해당한다고 한다. 따라서 범죄 후 보충규범이 폐지된 경우에는 추급효를 부정하여 면소판결을 선고해야 한다고 한다(全面的 免訴說). 둘째, 부정설은 전문성·기술성이 요구되는 분야에서 보충규범의 변경을 법률이 변경된 경우와 같이 취급한다면 백지형법의 실효성이 크게 약화되므로 보충규범의 개폐는 구성요건의 내용인 행정처분의 변경에 불과하고 법률이 변경된 경우에 해당하지 않는다고 한다. 따라서 보충규범이 변경된 경우에도 추급효가 인정되어 행위자는 형법 제1조 제1항에 의하여 행위시법으로 처벌된다고 한다(全面的 處罰說). 셋째, 판례는 동기설(Motiven-theorie)을 취하여 보충규범의 변경이 사실관계의 변경을 동기로 하는 경우에는 법률이 변경된 경우에 해당하지 않지만, 법적 견해의 변경으로 인한 반성적 고려에 기인한 경우에는 법률이 변경된 경우로 보는 견해로서 전자의 경우에는 추급효를 인정하지만, 후자의 경우에는 추급효를 부정하게 된다.

생각건대 문제의 핵심은 보충규범의 개폐가 법률이 변경된 경우에 해당하느냐에 있기 때문에 이는 다시 보충규범이 법률이냐의 문제로 환원한다고 볼 수 있다. 이는 죄형법정주의의 문제로서 이미 언급한 바와 같이 위임의 범위를 벗어나지 않는 한 보충규범에 법원성(法源性)을 인정하는 것이 법률주의의 취지이다. 따라서 보충규범의 개폐는 법률이 변경된 경우에 해당한다고 해야 한다. 따라서 보충규범의 개폐로 행위가 범죄를 구성하지 않게 되면 재판시법에 의하여 면소판결을 하여야 한다. 추급효를 인정한 판례의 내용은 다음과 같다. 즉,

> ① 도로교통법상의 지정차로 제도가 한때 폐지된 일이 있었으나 그 폐지는 법률이념의 변천으로 종래의 규정에 따른 처벌 자체가 부당하다는 반성적 고려에서 비롯된 것이라기보다는 당시의 특수한 필요에 대처하기 위한 정책적 조치에 따른 것이라고 판단되므로 그 제도 폐지 전에 이미 범하여진 위반행위에 대한 가벌성은 소멸되지 않는 것이다.[49] ② 피고인이 영업시간제한 위반행위를 할 당시에는 식품위생법 제30조, 같

49) 대법원 1999.11.12. 선고 99도3567 판결.

은 법 시행령 제53조, 대구광역시 고시 제1994-22호에 의하여 일반음식점의 영업시간이 05:00에서 24:00으로 제한되어 있었다가 같은 해 9.14. 위 시행령 제53조가 삭제되고 보건복지부 고시 제1998-52호에서 일반음식점이 영업시간제한 대상업종에서 제외되었으나, 이러한 법령의 개정은 법률이념의 변천으로 종래의 규정에 따른 처벌 자체가 부당하다는 반성적 고려에서 비롯된 것이라기보다는 사회상황의 변화에 따른 일반음식점의 영업시간제한 필요성의 감소와 그 위반행위의 단속과정에 있어서 발생하는 부작용을 줄이기 위한 특수한 정책적인 필요 등에 대처하기 위하여 취하여진 조치에 불과한 것이므로, 위와 같이 일반음식점의 영업시간제한 규정이 폐지되었다고 하더라도 그 이전에 범하여진 피고인의 영업시간제한 위반행위에 대한 가벌성이 소멸되는 것은 아니다.50) ③ 1995.2.17. 보건복지부고시 제1995-5호로 식품공전이 개정되어 그 시행일인 1995.8.1.부터는 혼합가공의 경우 해조류에 청색 1호 및 황색 4호 또는 이를 함유하는 제재를 사용할 수 있게 됨에 따라 위 각 색소가 첨가된 해조류의 혼합가공식품에 대한 판매행위를 처벌할 수 없게 되었는 바, 위 고시의 변경은 법률이념의 변천으로 종래의 규정에 따른 처벌 자체가 부당하다는 반성적 고려에서 비롯된 것이라기보다는 해조류 식품의 국내 수요 확대 등 여건의 변화에 따른 규제범위의 합리적 조정의 필요와 식품제조원료의 공급상태, 식품의 안정성 제고 등 그 때 그 때의 특수한 필요에 대처하기 위한 정책적 조치에 따른 것으로 보여지므로, 이와 같이 위 각 색소가 첨가된 해조류의 혼합가공식품의 판매가 허용되었다 하더라도 그 고시가 변경되기 전에 이미 범하여진 위반행위에 대한 가벌성이 소멸되는 것은 아니다.51) ④ 수입 냉동감자에 대한 유통기한 표시기준은 구 식품위생법시행규칙(1995.8.31. 보건복지부령 제10호로 개정되기 전의 것) 제5조[별표2]에서 규정하고 있었으나 위 규정들은 법령의 개정으로 폐지되고, 냉동감자에 대한 유통기한의 규정도 그 이후 시행된 보건복지부의 개정고시에 의하여 자율화하도록 변경되었는 바, 이러한 법령의 개정은 법률이념의 변천으로 종래의 규정에 따른 처벌 자체가 부당하다는 반성적 고려에서 비롯된 것이라기보다는 국내외 제반 여건의 변화에 따른 식품의 안정성 제고와 양질의 식품개발 촉진 및 국제간의 조화를 기하기 위하여 정책적으로 취하여진 조치에 불과한 것이라고 보여지므로, 이와 같이 식품의 유통기한 표시기준이 자율에 맡겨지게 되었다 하더라도 그 이전에 범한 식품위생법위반행위에 대한 가벌성이 소멸되는 것은 아니다.52) ⑤ 외국환관리규정의 개정으로 인하여 거주자가 허가 등을 받지 아니하고 휴대·출국할 수 있는 해외여행 기본경비가 증액되었다고 하여도 이는 범죄 후 법률의 변경에 의하여 범죄를 구성하지 않게 되거나 형이 가볍게 된 경우에 해당하는 것이 아니므로 형법 제1조 제2항이 적용될 여지는 없다.53) ⑥ 공

---

50) 대법원 1999.10.12. 선고 99도3870 판결.
51) 대법원 1999.5.28. 선고 97도1764 판결.
52) 대법원 1997.2.28. 선고 96도2247 판결.
53) 대법원 1996.2.23. 선고 95도2858 판결.

산품품질관리법 제6조 제1항에 의한 공업진흥청의 품질검사 지정상품에 관한 고시의 변경은 법률이념의 변천으로 종래의 규정에 따른 처벌 자체가 부당하다는 고려에서 비롯되기보다는 공산품의 품질향상에 따른 정책의 변경 등 특수한 필요에 대처하기 위한 것이므로, 그 고시의 변경으로 그 이전에 범한 위반행위의 가벌성이 소멸되는 것은 아니다.[54)]

추급효를 부정한 판례의 구체적 내용은 다음과 같다. 즉,

① 피고인의 건축법 위반행위가 범행 당시에는 구 건축법(1991.5.31. 법률 제4381호로 개정되기 전의 것) 제55조 제3호, 제7조의3 제1항에 해당되어 처벌받도록 규정되어 있었으나, 그 후 재판 당시에는 같은 법률의 개정된 시행령에 의하여 당해 용도에 쓰이는 바닥면적 300m² 미만의 종교집회장과 대중음식점은 허가를 받아야 하는 용도변경이 아닌 것으로 변경되었다면, 이는 소규모 종교집회장에 대하여 특별히 용도변경의 허가를 받지 않아도 되는데 이를 처벌대상으로 삼은 종전의 조치가 부당하다는 데서 나온 반성적 조치라고 보아야 할 것이므로 범죄 후 법령의 개정으로 형이 폐지된 경우에 해당한다.[55)] ② 식육점 경영자가 사전검사를 받지 않고 견육을 판매목적으로 진열한 행위는 행위시법에 따르면 축산물가공처리법 위반행위가 되나 원심에서 유죄판결이 선고된 후 동법 시행규칙 개정으로 "개"에 대하여는 동법의 적용을 받지 않게 되었고 이는 이와 같은 경우를 처벌대상으로 삼은 종전 조처가 부당하다는 데서 온 반성적 조치로 볼 것이므로 위 사유는 형사소송법 제383조 제2호의 판결 후 형의 폐지가 있는 때에 해당되며 또한 이 건은 범죄 후 법령개폐로 형이 폐지된 때에 해당되어 같은 법 제326조 제4호에 정한 면소사유가 된다.[56)]

(2) 한시법이론에 의한 해결

한시법을 협의로 파악할 경우 백지형법은 보충규범이 유효기간을 명문으로 규정한 경우에 한하여 한시법이 된다. 이에 반하여 한시법을 광의로 파악할 경우 백지형법은 보충규범이 일시적 사정에 대처하기 위한 성질을 가지고 있기 때문에 언제나 한시법이 된다. 이미 언급한 바와 같이 한시법의 개념은 협의로 파악할 필요가 있다. 백지형법이 한시법에 해당하다고 하는 한 한시법이론에 의한 해결도 가능하게 된다.

---

54) 대법원 1989.4.25. 선고 88도1993 판결.
55) 대법원 1992.11.27. 선고 92도2106 판결.
56) 대법원 1979.2.27. 선고 78도1690 판결.

(3) 검 토

범죄 후 백지형법이 변경되어 그 행위가 범죄를 구성하지 아니하게 되거나 형이 구법(舊法)보다 가벼워진 경우에는 재판시법인 신법(新法)에 따르게 된다고 해야 한다(형법 제1조 제2항). 이는 전술한 바와 같이 죄형법정주의에 의한 해결방식이든 한시법이론에 의한 해결방식이든 결론에 있어서는 재판시법으로서 차이가 없다고 할 수 있기 때문이다. 죄형법정주의에 의한 해결의 경우 그 해결방안이 재판시법으로 수렴될 수밖에 없고, 한시법이론에 의한 해결의 경우에도 한시법이론에 대한 부정설에 의하는 한 재판시법으로 귀결될 수밖에 없는 것으로 해석된다.

제 3 절 인적 적용범위

헌법 제45조 국회의원은 국회에서 직무상 행한 발언과 표결에 관하여 국회외에서 책임을 지지 아니한다.

헌법 제84조 대통령은 내란 또는 외환의 죄를 범한 경우를 제외하고는 재직중 형사상의 소추를 받지 아니한다.

Ⅰ. 의 의

형법의 효력이 미치는 사람의 범위를 형법의 인적 적용범위라고 한다. 형법의 인적 적용범위(persönlicher Geltungsbereich)는 형법의 장소적 적용범위와 시간적 적용범위에 속하고 있는 모든 사람에게 미치는 것이 원칙이다. 형법은 '본법은 대한민국 영역 내에서 죄를 범한 내국인과 외국인에게 적용한다'(제2조)고 규정하여 속지주의를 천명하고 있다. 뿐만 아니라 형법은 '본법은 대한민국 영역 외에서 죄를 범한 내국인에게 적용한다'(제3조)고 규정하여 속인주의를 선언하고 있다. 따라서 형법의 효력은 그 장소적 효력과 시간적 효력이 미치는 한 그 효력범위 내에 있는 모든 사람에게 미친다. 문제는 형법의 효력이 미치지 않는 사람의 범위에 있다. 여기서 형법의 효력이 미치지 않는 사람을 고찰하기 위해서는 속지주의에 대한 예외와 속인주의에 대한 예외를 검토할 필요가 있다.

Ⅱ. 현행법의 태도

1. 속인주의에 대한 예외

(1) 대통령

헌법에 의하면 '대통령은 내란 또는 외환의 죄를 범한 경우를 제외하고는 재직 중 형사상의 소추를 받지 아니한다'고 규정하고 있다(헌법 제84조). 이는 대통령 개인에게 특권을 부여한 것으로 볼 것이 아니라 단지 국가의 원수로서 외국에 대하여 국가를 대표하는 지위에 있는 대통령이라는 특수한 직책의 원활한 수행을 보장하고, 그 권위를 확보하여 국가의 체면과 권위를 유지하여야 할 실제상의 필요 때문에 대통령으로 재직 중인 동안만 형사상 특권을 부여하고 있음에 지나지 않는 것으로 보아야 할 것이다.[57] 이러한 헌법규정은 비록 대통령으로 재직하는 기간 동안 내란 또는 외환의 죄를 제외한 범죄에 대하여 공소시효가 정지된다고 명시하여 규정하지는 않았으나 바로 공소시효진행의 소극적 사유가 되는 국가의 소추권행사의 법률상 장애사유에 해당하므로, 대통령의 재직 중에는 공소시효의 진행이 당연히 정지되는 것으로 보아야 한다.[58] 다만 수사의 가능여부에 대하여는 견해가 일치하지 않고 있다. 소추가 불가능하기 때문에 수사도 불가능하다는 수사불가능설과 소추와 수사를 분리하여 소추의 불가능이 수사의 불가능까지 의미하는 것은 아니라는 수사가능설이 그것이다.

(2) 국회의원

헌법에 의하면 '국회의원은 국회에서 직무상 행한 발언과 표결에 관하여 국회 외에서 책임을 지지 아니한다'고 하여 국회의원의 면책특권이 규정되어 있다(헌법 제45조). 따라서 국회의원은 면책특권의 범위 내인 한 명예훼손죄나 통신비밀보호법 위반죄 등의 책임을 지지 않게 된다.

---

57) 헌법재판소 1995.1.20. 선고 94헌마246 결정.

58) 대법원 2020.10.29. 선고 2020도3972 판결; 헌법재판소 1998.6.25. 선고 95헌마100 전원재판부 결정; 헌법재판소 1995.1.20. 선고 94헌마246 전원재판부 결정.

2. 속지주의에 대한 예외

(1) 치외법권자

치외법권(治外法權, extraterritoriality)이란 외국인이 외국령에 거주하면서 자신이 상주하고 있는 국가의 법령에 따르지 않아도 되는 권리를 말한다. 국제법상 치외법권을 가지는 외국의 원수와 외교관, 그 가족 및 내국인이 아닌 종자에 대하여는 형법이 적용되지 않는다. 오늘날에는 1961년 4월 오스트리아 빈에서 채택되어 1964년 6월 발효된 외교관계에 관한 빈협약(Wien Convention on Diplomatic Relations)에서 규정한 외교특권이 적용된다. 치외법권은 관례적으로 외교특권을 뜻하는 말로서 쓰이기도 한다.

(2) 외국의 군대

주한미군에 대하여는 치외법권적 지위가 인정되지 않기 때문에 한·미간의 주둔군지위협정(Status of Forces Agreement, SOFA)에 의하여 그의 지위가 부여되고 있다.[59] 이에 따르면 대한민국은 미합중국 군대의 군속이 대한민국 영역 안에서 저지른 범죄로서 대한민국 법령에 의하여 처벌할 수 있는 범죄에 대한 형사재판권을 행사할 수 있다(SOFA 제22조 제1항 나). 그러나 살인, 강간 등 12대 중대범죄의 경우에도 현장체포가 아닌 한 구속수사가 금지되고 있다(SOFA 제22조 제5항 참조).

---

59) 한·미간의 주둔군지위협정의 공식명칭은 '대한민국과 아메리카합중국간의 상호방위조약 제4조에 의한 시설과 구역 및 대한민국에서의 합중국군대의 지위에 관한 협정'(Agreement under Article IV of the Mutual Defence Treaty between the Republic of Korea and the United States of America, Regarding Facilities and Areas and the Status of United Armed Forces in the Republic of Korea)이다. 1967년 2월 9일 조약 제232호로 발효되었고, 1991년 1차로 개정되었고, 2차 개정으로서 2001년 3월 29일 조약 제553호로 최종개정된 바 있다.

제 2 편

범 죄 론

제 5 장 총　설

제 1 절 범죄의 개념

Ⅰ. 범죄의 의의

1. 형식적 의의의 범죄

형법에 위반하는 범죄를 형식적 의의의 범죄라고 한다. 죄형법정주의에서 말하는 범죄의 개념이 바로 형식적 의의의 범죄개념(der formale Verbrechensbegriff)이다. 협의의 범죄(狹義의 犯罪)라고도 한다. 형식적 의의의 범죄는 구성요건에 해당하고, 위법하고, 책임있는 행위를 의미한다. 아무리 윤리적·도덕적으로 반사회성이 있는 행위라고 하더라도 형법에 규정이 없는 한 범죄로 되지 않는다. 형식적 의의의 범죄개념은 형법이 규정하고 있는 범죄의 요건을 문제로 하기 때문에 형법해석학에서 중요한 의미를 가진다. 여기에서는 행위의 가벌성(可罰性, Strafbarkeit)이 문제된다.

2. 실질적 의의의 범죄

형법에 의하여 진압되어야 할 범죄를 실질적 의의의 범죄라고 한다. 즉, 사회생활상의 이익을 침해하거나 공동의 사회질서를 파괴하는 행위를 말한다고 할 수 있다. 실질적 의미에서의 범죄개념(der materielle Verbrechensbegriff)이라고 할 수 있다. 실질적 의의의 범죄를 광의의 범죄(廣義의 犯罪, Verbrechen, crime)라고 하는 이유이다. 실질적 의의의 범죄개념은 입법자에게 범죄와 비범죄에 관한 구별기준을 제시해줄 수 있기 때문에 형사입법론에서 중요한 의미를 가진다. 여기에서는 행위의 당벌성(當罰性, Strafwürdigkeit)이 문제되고, 법률을 넘어 초실정법적인 것으로 파악할 필요가 있다.

범죄는 법적 개념이다. 형법상의 범죄개념은 종교, 도덕, 역사, 문화, 사회, 정치, 경제 등 다양한 분야에서 파악된 법 이전의 범죄개념을 기초로 하여 형법상의 정의개념에 의하여 다시 구성된 법률상의 개념이다. 형법상 범죄의 실체로서는 범죄행위, 행위결과, 범인 및 범죄의사 등이 있다. 범죄의 구성요건요소로서는 범죄를 구성하는 요건, 즉 구성요건 외에 위법성과 책임이 있다. 다만 위법성과 책임은 구성요건을 전제로 존재하기 때문에 관념상의 요건이라고도 할 수 있다.

범죄의 실체와 관련하여 근대형법에서부터 현대형법에 이르기까지 관점의 변화를 보이고 있다. 예컨대 독일형법의 경우 범죄의 실체를 구파의 객관주의 형법에서는 행위, 신파의 주관주의 심정형법에서는 행위자, 나치의 의사형법에서는 민족윤리에 반하는 의사 및 현대의 신객관주의 형법에서는 다시 행위로 회귀하는 추이를 보이고 있다. 구파의 객관주의 형법에서는 자유주의의 사상에 근거하여 공평정대한 처벌이 추구되었기 때문에 행위의 대소경중이 처벌의 기준으로 되었다. 신파의 주관주의 형법에서는 시민계급으로 구성된 사회를 방위하기 위하여 위험한 성격이라는 범인의 주관적 심정을 처벌의 기준으로 하여 범인에 대한 시민으로서의 개선을 추구하였다. 이러한 시민으로서의 개선조치에도 불구하고 시민계급을 위한 사회적 방위는 충분하지 않았기 때문에 또 다른 돌파구의 모색이라는 불씨는 여전히 남아 있었다. 그러나 나치정권하에서는 사회 자체가 시민중심의 개인주의 시민사회에서 민족중심의 전체주의 민족사회로 완전히 전화(轉化)하였기 때문에 나치의 의사형법에서는 민족윤리를 육성함으로써 민족사회를 중흥한다는 것에만 초점이 맞추어져 있었다. 나치형법에 있어서의 처벌의 잔혹성은 나치의 멸망을 계기로 인간적 입장에서 반성이 이루어지게 되었다. 나치 멸망 후의 형법개정작업에서는 형벌을 책임화하고 범죄에 있어서의 책임요소의 적극성을 강조함과 동시에 책임 그 자체의 존재를 처벌의 전제로 하여 책임의 정도에 따른 양형을 형의 적용의 일반기준으로 하게 되었다(규범적 책임론). 이와 같이 신객관주의하에서는 사회윤리적으로 인도적인 형법을 장래에 기대하기 때문이다. 처벌의 대상으로 되는 것을 객관주의 형법에서는 행위, 주관주의 형법에서는 행위자인 범인 그 자체라고 함에 반하여 신객관주의 형법에서는 행위자인 범인의 해악성이 행위에 의하여 다시 징표될 필요가 있다고 보는 것이다. 다만 여기서 유의해야 할 점은 다음과 같다. 첫째, 객관주의 형법에서의 행위는 의사(意思)의 추상적 자유를 전제로 하고 있음에 반하여 신객관주의 형법에서의 행위는 의사의 구체적 자유를 전제로 하고 있다는 점이다. 둘째 주관주의 형법에서의 사회에 위험한 성격은 사실상의 개념으로서의 심정을 의미함에 반하여 나치 형법에서의 민족윤리에 반한다는 의사는 윤리적 개념으로서의 의사를 의미하였다는 점이다.

Ⅱ. 범죄의 성립요건

1. 의 의

범죄의 성립요건(犯罪의 成立要件)이란 사람의 행위가 형법상 범죄로서 성립하기 위하여 필요한 요소를 말한다. 범죄의 성립요건을 어떻게 구성하여 체계화하는가의 문제는 범죄론체계의 문제가 된다. 범죄론체계와 관련하여서는 범죄의 성립요건을 구성요건, 위법 및 책임의 3요소로 체계화하는 3분설 또는 3단계설이 다수설이다. 이는 독일 형법이론의 영향이라고 볼 수 있다. 이에 의하면 범죄란 '구성요건에 해당하고 위법하고 책임 있는 행위'라고 정의되고 있다. 일반적・추상적인 것으로부터 특수적・구체적인 것의 순으로 진행한다는 점에서 실제 형사재판에 있어서의 인정방법과 일치하고, 논리적 순서에 있어서도 적절한 구조라고 생각되기 때문이다. 범죄가 성립하기 위해서는 '구성요건해당성', '위법성', '책임' 및 '행위'의 요소가 필요하다. 여기서 구성요건해당성, 위법성, 책임은 행위의 속성이며, 행위에 대한 수식어에 지나지 않는다. 결국 수식어를 걷어내면 '범죄는 행위이다'가 된다.

범죄란 형법이 범죄로 규정하고 있는 행위의 유형에 해당하는 행위이다. 형법에는 범죄로서 처벌되는 행위가 일반적인 내용으로 유형화되어 있지만, 행위자가 행한 행위가 그것에 해당되는 경우에는 원칙적으로 범죄라고 할 수 있다. 다만 범죄의 행위유형에 해당하더라도 정당방위 등과 같이 위법성이 조각되거나 위법한 행위라도 행위자에게 책임능력이 결여되어 있는 경우 등과 같이 책임이 조각되는 경우가 있기 때문에 형법의 범죄행위의 유형에 해당하는 것만으로는 그 행위를 범죄로 처벌하는 것은 불가능하다. 따라서 범죄란 형법이 범죄로 처벌하려고 한 행위유형에 해당하고(구성요건해당성), 정당방위 등과 같이 위법성조각사유가 없어 위법하고(위법성) 나아가 책임능력의 결여 등과 같은 책임조각사유가 없기 때문에 책임이 있는(유책성) 행위라고 하는 것이 가능하다. 즉, 범죄란 구성요건에 해당하고 위법하고 유책한 행위가 된다. 이와 같은 정의에 입각하여 범죄의 체계에 관한 이론에 의하면 범죄란 살아 있는 사람의 행위일 것(행위성), 행위자의 행위가 범죄의 행위유형에 해당할 것(구성요건해당성), 행위 또는 결과가 위법할 것(위법성) 및 행위자에게 책임이 있을 것(유책성)의 순으로 고찰하게 된다.

2. 행 위

살아 있는 사람의 행위가 아니면 범죄는 성립될 수 없다. 이러한 의미에서 행위성은 범죄성립요건 중의 제1의 요건이라고 할 수 있다. 다만 행위의 의미에 관하여는 견해의 대립이 있다. 이는 후술하는 바와 같이 행위주의의 한 가지인 행위론에서 보는 바와 같다. 그럼에도 불구하고 '사상만으로는 벌하지 않는다'라는 법언(法諺)에서와 같이 사상 등의 일정한 심리상태, 인격 등의 단순한 내심사실은 범죄가 될 수 없다는 점에 대하여는 견해가 일치하고 있다. 범죄가 성립하기 위하여는 형사처벌에 적합한 살아 있는 사람의 행위가 아니면 안 된다. 이는 이미 언급한 바와 같이 '행위가 없으면 범죄도 없다'는 행위주의(行爲主義)의 공적이었다. 살해의 의사가 있더라도 외부적 행위가 없으면 내심만으로는 처벌이 불가능하다는 것이었다. 이에 의하여 사상·양심의 자유(헌법 제19조) 및 신앙의 자유(헌법 제20조 제1항)가 보장되게 되었다. 따라서 행위는 범죄가 성립하기 위한 가장 기초적인 요소가 된다. 다만 여기서의 행위(行爲, Handlung)는 구성요건에 해당하고 위법하고 유책한 행위로서 객관적 구성요건요소로서의 행위, 즉 실행행위(實行行爲, Tat)와는 구별되는 개념이다.

한편 벨링과 같이 범죄의 성립요건으로서 행위, 구성요건, 위법 및 책임의 4요소를 드는 견해도 있다. 그러나 독일과 우리나라의 통설은 행위론을 구성요건해당성에 편입하여 논의하고 있다. 이는 독일의 형법학자 엠 에 마이어 이후 독일의 통설로서 범죄의 성립요건을 구성요건해당성, 위법성 및 책임의 3요소로 구성하고 있는 데에서 유래한다. 이에 의하면 범죄의 성립요건 중 제1의 요건은 구성요건해당성이 된다.

3. 구성요건해당성

어느 행위가 범죄로 되기 위하여는 일정한 구성요건에 해당하여야 한다. 이를 구성요건해당성이라고 한다. 구성요건해당성(構成要件該當性, Tatbestandsmäßigkeit)이 인정되기 위해서는 구성요건이 충족될 필요가 있다. 아무리 불법한 행위라도 구성요건이 충족되지 아니하면 구성요건해당성이 부정될 수밖에 없다. 구성요건이란 형법각칙이나 특별형법 등에 규정된 개개의 범죄유형을 말한다. 구성요건은 크게 객관적 구성요건과 주관적 구성요건으로 이루어져 있다. 또 구성요건에는 기수단독범 형태의 기본적 구성요건과 이를 단계적·방법적으로 수정하여 미수범, 공범 등과 같은 수정된 구성요건이 있다. 구성요건해당성에 관한 판단은 위법성이나 책임에 관한 판단보다 우선하여 실시되는 것이 합리적이다. 통설에 의하면 구성요건은 위법하고 유책한 행위의 유형이기 때문이다. 예컨대 살인죄의 경우를 보면 형법은 '사람을 살해한 자'라는 구성요건을 규정하고 있다(제250조 제1항). 여기서 살인죄의 성부를 판단하기 위하여는 우선 행위가 '사람을 살해'한 행위에 해당하는지의 여부를 형식적으로 판단하지 않으면 안 된다. 어떠한 행위가 '사람을 살해'한 행위에 해당한다면 그 행위는 원칙적으로 구성요건에 해당한다고 평가할 수 있기 때문이다.

한편 죄형법정주의는 행위가 아무리 사회적으로 유해하고 당벌적이라고 하더라도 그것이 구성요건에 해당하지 않는 한 형벌법규상 범죄로 할 수 없다는 것을 요구하고 있다. 구성요건이란 죄형법정주의의 관점에서 형법이 금지하는 행위를 유형화하여 이른바 죄와 형을 법정한 것이라고 이해할 수 있다. 그것은 원칙적으로 법익침해나 법익침해의 위험에 직접적으로 연결될 수 있는 행위의 정형적인 유형이다. 그것은 무엇이 금지되고 있는가를 국민에게 명확하게 고지하는 기능을 수행하는 것이 중요한 과제이기 때문에 분명히 알기 쉬운 내용일 것이 요구된다. 그것은 법익침해나 법익침해의 위험으로 연결될 수 있는 행위자의 행위를 일단 모두 금지한다는 의미에서 구성요건은 원칙적으로 위법한 행위를 유형화한 것이 된다.

4. 위법성

범죄의 성립여부를 판단하기 위해서는 구성요건해당성에 관한 판단에 이어 위법성에 관한 판단이 행하여지지 않으면 안 된다. 구성요건에 해당하는 행위라도 그것이 위법하지 않으면 안 되기 때문이다. 위법성(違法性, Rechtswidrigkeit)이란 법의 명령 또는 금지에 따르지 않음으로써 실질적으로 법질서에 위반된다는 성질을 말한다. 법질서는 원칙적으로 법익을 보호하기 위하여 형성되었기 때문에 법익의 침해나 그 위험이 없을 때에는 위법성이 부정된다. 여기서 법익에 대한 침해행위가 없으면 위법성이 없고 범죄도 성립하지 않는다는 것을 '법익침해불가결의 원칙' 또는 '법익보호의 원칙'이라고 한다.

구성요건은 위법한 행위를 유형화한 것이기 때문에 구성요건에 해당하는 행위는 원칙적으로 위법하다고 추정된다. 따라서 구성요건해당성이 인정된 이후 그 다음 단계로서 위법성의 판단에서는 위법성조각사유에 관한 판단만이 문제된다고 해도 과언이 아니다. 위법성조각사유란 후술하는 바와 같이 구성요건에 해당하지만 유해하지 않아 금지되지 않고 결국 위법하지 않아 위법성을 방해하거나 물리치는 사유라고 할 수 있다.

한편 어느 행위가 실질적·구체적으로 법질서가 금지하는 위법한 행위인지 아닌지는 그 행위가 실제 행하여진 사회적 상황 속에서 판단될 필요가 있다. 위법성의 판단에 있어서는 구성요건에 해당하는 구체적인 행위를 전체 법질서의 관점에서 사회적으로 대립·길항하고 있는 가치나 이익의 충돌을 조정하면서 그 행위가 실질적으로 법이 허락하지 않는 사회적 침해성을 가지는가 아닌가가 문제되기 때문이다. 위법성판단에 있어서는 단순히 형법적 반가치판단만이 아니라 헌법을 정점으로 하는 전체 법질서의 관점으로부터 해당 행위가 그러한 법질서에 모순되는가 아닌가를 문제로 해야 한다. 이로써 법적 판단을 실질적으로 통일하고, 평가에 있어서 내부적인 모순이 없는 것을 보장할 수 있게 되는 것이다.

5. 책 임

범죄성립의 최종단계로서 책임에 관한 판단이 필요하다. 구성요건에 해당하고 위법한 행위라도 행위자에게 책임이 없으면 범죄는 성립하지 않기 때문이다. 행위자에게 책임을 묻기 위해서는 행위자에 대하여 비난이 가능하여야 한다. 책임을 유책성이라고도 하는 이유이다. 결국 책임(責任, Schuld)이란 책임을 물을 수 있는 성질을 가진다는 것을 의미한다고 할 수 있다. 이미 언급한 바와 같이, 구성요건은 위법행위의 유형이기도 하지만 유책행위의 유형이기도 하기 때문에 구성요건에 해당하는 행위는 원칙적으로 위법하기도 하지만 유책하기도 하다. 그러나 예컨대 정신장애로 인하여 선악에 대한 변식능력을 완전히 상실한 행위자에 대하여 책임을 묻는 것은 불가능하기 때문에 이러한 경우에는 범죄가 성립하지 않는다. '책임 없으면 형벌 없다'는 원칙을 책임주의라고 하는 이유를 이해할 수 있다. 행위자에게 책임을 귀속시킬 수 있는 행위, 즉 비난가능한 행위가 존재하지 않는 한 범죄는 성립하지 않는다.

한편 책임론에 있어서는 행위자의 주관적 사정이나 개인적 사정을 고려하여 그 행위가 비난할 가치가 있는지의 여부와 형벌의 목적에 비추어 처벌할 가치가 있는 비난을 행할 수 있는가의 여부가 판단된다. 비난가능하기 위해서 필요·최소한의 주관적인 사정은 행위자에게 시비선악을 변별할 능력이 있고, 결과예견가능성이 있고, 스스로의 행위가 위법하다는 것을 알 수 있는 것이다. 이것이 바로 행위자의 내면적인 사정을 고려한 후의 비난가능성, 즉 '내부적 비난가능성'이라고 하는 것이다. 책임론에 있어서는 내면적인 비난가능성뿐만 아니라 외부적인 객관적 상황을 고려한 비난가능성이 지극히 감소하는 경우가 있다. 예컨대, 객관적인 상황하에서 규범이 기대하고 있는 기준보다 행위자에게 다른 행위의 가능성이 극히 감소되어 있거나 결여되어 있는 경우를 말한다. 이와 같이 행위자의 외부적인 상황을 고려한 후의 비난가능성을 '외부적 비난가능성'이라고 할 수 있다.

Ⅲ. 범죄성립조각사유

1. 의 의

범죄성립조각사유란 범죄의 성립을 방해하는 사유를 말한다. 범죄의 성립요건과 반대되는 개념이라고 이해할 수 있다. 따라서 범죄의 성립요건을 구성요건해당성, 위법성 및 책임이라고 한다는 범죄성립조각사유는 구성요건해당성조각사유, 위법성조각사유 및 책임조각사유로 되는 것이 논리적이라고 할 수 있다. 한편 구성요건은 위법하고 유책한 행위의 유형이기 때문에 구성요건에 해당하는 행위는 원칙적으로 범죄를 구성하지만, 구성요건을 충족하여도 범죄의 성립을 배제하는 경우가 있다. 바로 위법성조각사유와 책임조각사유가 그러한 경우이다. 범죄성립조각사유는 경우에 따라 범죄조각사유라고도 불리기도 한다.

2. 구성요건해당성조각사유

구성요건해당성조각사유란 범죄의 성립요건 중에서 그 첫 번째 관문인 구성요건에조차 해당하지 않는 사유를 말한다. 견해에 따라서는 양해를 위법성조각사유인 피해자의 승낙(제24조)과 구별하여 구성요건해당성조각사유로 분류하기도 한다. 다만, 양해는 해석상 인정되는 개념으로서 형법이 명문으로 규정하고 있는 것은 아니다. 한편 검사가 사건을 불기소로 결정하는 경우 구성요건해당성조각사유에 해당하는 경우에는 주문을 '혐의 없음'으로 한다는 점에서 위법성조각사유나 책임조각사유에 해당하는 경우에 '죄가 안됨'으로 하는 것과 구별된다고 할 수 있다(검찰사건사무규칙 제115조 제3항 참조).

3. 위법성조각사유

구성요건에 해당하는 행위는 원칙적으로 위법성까지 가진다. 그러나 예외적으로 위법성을 배제하는 경우가 있다. 그 근거가 되는 사유를 위법성조각사유라고 한다. 여기서 조각(阻却)이란 방해하거나 물리친다는 의미이다. 형법총칙은 위법성조각사유로서 정당행위(제20조), 정당방위(제21조), 긴급피난(제22조), 자구행위(제23조) 및 피해자의 승낙(제24조)에 관하여 명문으로 규정하고 있다. 여기서 위법성조각사유는 형법상 명문으로 규정한 사유 이외의 초법규적 위법성조각사유를 인정하지 않는다는 입장에 의하면 후술하는 바와 같이 초법규적 책임조각사유를 인정하는 책임조각사유와 구별된다고 할 수 있다.

4. 책임조각사유

구성요건에 해당하고 위법성을 가지는 행위에 대하여는 원칙적으로 책임이 인정된다. 구성요건은 유법성의 유형이자 책임의 유형이기도 하기 때문이다. 책임이 인정되는 행위는 범죄를 구성하는 것이 원칙이지만, 예외적으로 책임이 배제되는 경우가 있다. 그 근거가 되는 사유를 책임조각사유라고 한다. 책임조각사유로서 형법총칙은 형사미성년자(제9조), 심신상실자(제10조 제1항) 및 강요된 행위(제12조)에 관하여 명문으로 규정하고 있다. 이 외에도 형법상 명문의 규정은 없지만 책임조각이 인정되는 경우가 있다. 이를 초법규적 책임조각사유라고 한다. 위법성의 불인식, 기대불가능성 등이 이에 속한다고 할 수 있다. 한편 형법은 책임인정사유 중의 하나로서 책임감경사유에 대하여도 명문으로 규정하고 있다. 예컨대 심신미약자(제10조 제2항), 청각 및 언어 장애인(제11조)이 그것이다.

Ⅳ. 처벌조건과 소추조건

1. 범죄의 처벌조건

(1) 의 의

처벌조건(處罰條件, Strafbarkeitsbedingung)이란 형벌권이 효력을 발생하기 위한 요건, 즉 형벌권의 발생요건을 말한다. 객관적 처벌조건이라고도 한다. 범죄가 성립한 이후에 요구된다는 점에서 범죄의 성립요건과 구별된다. 예컨대 사전수뢰죄의 처벌조건으로서는 공무원 또는 중재인이 될 것이 필요하다(제129조 제2항 참조).

(2) 처벌조각사유

처벌조각사유(處罰阻却事由)란 범죄의 성립요건을 구비하여 범죄는 성립하고 있지만, 정책적으로 형벌권의 발동을 방해하는 일정한 사유를 말한다. 예컨대 친족상도례를 인적 처벌조각사유라고 이해하는 한 직계혈족, 배우자, 동거친족, 동거가족 또는 그 배우자라는 신분이 이에 해당한다(제328조 참조). 인적 처벌조각사유(persönliche Strafaus-schließungs-gründe)라고도 한다.

2. 범죄의 소추조건

(1) 의 의

소추조건(訴追條件)이란 범죄가 성립하고 형벌권이 발생한 경우 그 범죄를 소추하기 위하여 필요한 소송법상의 조건을 말한다. 소송조건(訴訟條件, Prozeß-voraussetzung)이라고도 한다. 소송조건은 공소제기의 조건을 의미한다는 점에서 범죄의 성립요건이나 처벌조건과 구별된다. 처벌조건이 결여된 경우에는 형면제라는 실체재판을 하여야 하지만, 소송조건이 갖추어지지 못한 경우에는 공소기각 등의 형식재판을 하여야 한다.

(2) 친고죄

친고죄(親告罪)란 공소제기의 요건으로서 고소를 필요로 하는 범죄를 말한다. 고소가 있어야 공소를 제기할 수 있다는 의미에서 정지조건부범죄라고도 한다. 친고죄의 인정근거에 대하여는 범죄의 성질상 피해자의 명예를 존중하려는 취지의 경우와 범죄의 경미성이 인정되는 경우로 나누어진다. 예컨대 사자의 명예훼손죄(제308조, 제312조)는 전자에 해당하고,[1] 모욕죄(제311조, 제312조)는 후자에 속하는 경우라고 할 수 있다. 친고죄에 있어서의 고소는 형사소송법상의 소송조건이기 때문에 형사실체법상으로는 다루어지지 않는다.

(3) 반의사불벌죄

반의사불벌죄(反意思不罰罪)란 피해자의 명시한 의사에 반하여 공소를 제기할

---

1) 강간죄에 대한 친고죄는 2012년 12월 18일, 법률 제11574호의 개정에 의하여 삭제되었다.

수 없는 범죄를 말한다. 피해자의 의사와 관계없이 공소를 제기할 수 있으나, 피해자의 명시한 의사에 반하여 처벌할 수 없다는 의미에서 해제조건부범죄라고도 한다. 폭행죄(제260조 제3항) 또는 명예훼손죄(제307조, 제309조, 제312조) 등이 이에 속한다. 다만 반의사불벌죄에 있어서 피해자가 처벌을 희망하지 아니하는 의사표시나 처벌을 희망하는 의사표시의 철회를 하였다고 인정하기 위해서는 피해자의 진실한 의사가 명백하고 믿을 수 있는 방법으로 표현되어야 한다.[2)]

제 2 절 범죄론의 체계

Ⅰ. 서 언

1. 범죄체계론의 의의

범죄의 성립요건을 체계적으로 이해하기 위한 이론을 범죄체계론이라고 한다. 범죄체계론은 범죄의 일반적인 구조 내지 범죄의 성립요소를 각칙에서 축출하여 이를 심도있게 분석함으로써 총칙 중 형벌론을 제외한 범죄론의 분야를 체계적으로 만들고 개량하기 위한 것이다. 범죄의 성립요건에 관한 일반적인 이론을 범죄론이라고 한다면, 범죄에 대한 법률효과로서의 형사제재에 관한 일반적인 이론을 형벌론을 포함하여 형사제재론이라고 할 수 있다. 체계란 대체로 일정한 원리에 근거하여 조직된 지식의 통일체를 말한다. 형법학에서는 형법의 목적·기능을 기준으로 하여 그 실현에 모순이 없도록 지식을 통일하고 조직화하는 것이 체계론의 임무라고 할 수 있다. 범죄론체계는 일정한 목적에 봉사하기 위한 목적론적 체계이기 때문에 첫째, 죄형법정주의와 형법의 인권보장기능에 따라 범죄와 비범죄의 한계를 명확하게 하는 데에 적합한 것이어야 한다. 둘째, 형법의 목적에 따라서 범죄를 인정할 수 있는 통일적 원리를 제공하고 형사사법에 감정론이나 자의성이 개입하지 않도록 할 수 있는 것이 아니면 안 된다.

---

2) 대법원 2010.5.13. 선고 2009도5658 판결; 대법원 2001.6.15. 선고 2001도1809 판결.

2. 범죄체계론의 분류

일반적으로 범죄란 '구성요건에 해당하고, 위법하고, 책임 있는 행위'를 의미하는 것으로 정의된다. 이로부터 범죄의 성립요건으로서는 행위, 구성요건, 위법성 및 책임이라는 네 가지의 요소가 도출된다. 여기서 이들의 조합방법에 따라 범죄론의 체계는 몇 가지로 나타나고 있다. 첫째, 4분설이다. 행위에 독립된 체계적 지위를 부여하면서 범죄의 성립요건을 행위, 구성요건해당성, 위법성 및 책임이라는 네 가지의 요소로 구성한다. 둘째, 3분설이다. 행위를 범죄론의 기초로 하면서 범죄의 성립요건을 구성요건해당성, 위법성 및 책임이라는 세 가지의 요소로 구성한다. 셋째, 2분설이다. 구성요건해당성과 위법성은 분리될 수 없다는 이유에서 범죄의 성립요건을 불법과 책임이라는 두 가지의 요소로 구성한다.

한편 범죄의 성립요소에 따른 범죄론체계와 형법의 지도원리 또는 기본원칙은 다음과 같이 조합되어 발전되어 왔다. 즉, 범죄의 성립요소로서 행위, 구성요건, 위법성, 책임에 따라 범죄론체계를 행위론, 구성요건론, 위법성론, 책임론으로 구성한다면 각각의 단계마다 형법의 지도원리 또는 기본원칙은 그에 상응하여 행위주의, 죄형법정주의, 침해주의(행위주의), 책임주의에 의하여 정하여진다고 할 수 있다. 다시 말해서 범죄는 단순한 사상이나 성격이 아니라 살아 있는 사람의 행위여야 한다는 행위주의, 행위는 개개의 구성요건에 해당하여야 한다는 죄형법정주의, 행위는 실질적으로 법질서에 반하여야 한다는 침해주의 및 행위에 대하여 행위자를 비난할 수 있어야 한다는 책임주의가 그것이다.

Ⅱ. 범죄체계론의 전개

범죄론체계도 사회의 발전과 새로운 과제에 따라 변천될 수밖에 없고, 과거의 목가적 시민사회에 있어서의 범죄론체계와 현대의 위험사회에 있어서의 범죄론체계는 근본적으로 동일할 수 없다고 하겠다.

1. 고전적 범죄체계론

20세기 초 인과적 행위론에 근거하여 리스트, 벨링 등에 의하여 취하여진 체계이다. 본질적으로 자연주의적 사고방법이 적용된 이론이다. 객관적 요소와 주관적 요소를 구별하고, 전자는 구성요건과 위법성에 속하지만, 후자는 책임에 속한다고 하는 것이 가장 큰 특징이다. 책임은 책임능력, 고의 또는 과실로 구성되는 심리적 책임개념을 취하였다. 또한 구성요건은 위법성과는 별개로서 몰가치적이고 기술적인 성격을 가진다고 하였다. 여기에서는 구성요건에 해당한다고 하여도 위법하다고 할 수 없다고 하였다.

2. 신고전적 범죄체계론

1920년대 후반부터 1930년대에 걸쳐 인과적 행위론에 근거하여 메츠거에 의하여 취하여진 체계이다. 위법행위의 본질을 객관적 요소만으로 설명할 수 없으며, 책임도 주관적·심리적 요소만으로 구성되는 것이 아니라는 인식에 이르게 된다. 목적범에 있어서의 목적과 같은 주관적 요소가 행위의 위법성에 중요한 의미를 가진다는 주관적 위법요소의 발견과 책임조각적 긴급피난에서와 같이 객관적 사정이 책임조각에 영향을 준다는 인식에 이르는 소위 규범적 책임론의 등장에 의하여 새로운 체계가 필요하게 되었다. 다시 말해서 구성요건에서는 규범적 구성요건요소와 주관적 구성요건요소가 발견되었고, 책임에서는 기대가능성이 발견되어 규범적 책임론이 등장하게 되었다. 규범적 책임론에 의하여 책임은 심리적 책임론의 심리적 비난가능성에서 규범적 비난가능성으로 변경되었고, 책임은 책임능력, 고의 또는 과실 및 기대가능성으로 구성되었다. 위법성의 인식은 고의의 속에 내재되어 그 내용을 이루고 있다고 보았다.

3. 목적적 행위론의 범죄체계론

1930년대 후반부터 독일 형법학의 한 시대를 풍미(風靡)했던 벨첼에 의하여 목적적 행위론이 유행함에 따라 범죄론체계에도 변경이 가하여졌다. 이러한 이유에서 목적적 행위론에 근거한 범죄론체계를 목적적 범죄체계라고도 한다. 이에 의하면, 예컨대 살인이란 사람을 살해할 목적으로 수단을 선택하는 행위이기 때문에 고의는 행위에서 본질적인 의미를 가진다. 따라서 고의는 책임형식에 지나지 않는 것이 아니라 행위를 통제하는 요소로서 구성요건단계에서 중요한 역할을 담당하게 된다. 고의는 불법개념을 주관화하고, 책임을 탈주관화하고 규범화한다. 불법에 있어서 행위반가치가 전면에 등장하고, 결과보다 행위의 태양이 범죄의 성립에 중요한 의미를 가지게 된다(인적 불법론). 이는 현상학과 존재론적 철학을 배경으로 한 것이었다. 행위의 본질은 목적성에 있고 구성요건적 행위는 고의와 동일시되므로 고의는 과실과 함께 주관적 구성요건요소가 되었다. 책임은 규범적 비난가능성으로서 순수한 규범적 책임론에 입각하였고, 책임능력, 위법성이 인식 및 기대가능성으로 구성되었다. 뿐만 아니라 위법성의 인식은 구성요건요소인 고의와 완전히 분리된 독자적인 책임요소가 되었다.

4. 신고전적 · 목적적 범죄체계의 합일체계론

현대의 신고전적 범죄론체계는 목적적 행위론을 거부하면서도 그의 성과는 수용하여 고의를 주관적 구성요건요소로 인정하고 있다. 사회적 행위론에 근거하여 취하여진 범죄체계론이다. 위법성론에서도 행위반가치론을 긍정한다. 책임개념에 있어서도 규범적 책임론을 취하지만, 고의의 일부는 구성요건 외에 책임에도 위치시키고 있다(고의의 이중기능). 고의와 과실은 구성요건요소일 뿐만 아니라 책임요소가 된다. 책임은 규범적 책임론으로서 책임능력, 고의 또는 과실, 위법성의 인식 및 기대가능성으로 구성되었다.

Ⅲ. 형법의 태도

형사제재는 악행(惡行)에 대한 반악행(反惡行)으로서 과하여지는 것이기 때문에 무엇보다도 행위는 악행이 아니면 안 된다. 또한 소위 봉건형법에서처럼 사상이나 의사라는 단순한 내심적 사실을 처벌의 대상으로 하는 것은 인권보장의 견지에서도 허용되지 않는다. 그렇다면 범죄인정의 출발점으로서 행위의 존재를 예정하는 행위주의가 채택되어야 하고 이 원칙에 입각하여 범죄론체계를 세울 필요가 있다. 생각건대 행위는 항상 범죄를 인정하기 위하여 필요한 것이기 때문에 구성요건과 관련이 없는 행위는 범죄의 요소나 성립요건이 될 수 없다고 해야 한다. 또 형식적 의의의 범죄는 법문상 명기된 구성요건의 개념을 출발점으로 하는 이상 구성요건해당성의 전단계에 그치는 행위개념을 범죄론체계의 속에 포함시키는 것은 불가능하다고 해야 한다. 따라서 행위에 독립적 지위를 인정하여 행위, 구성요건, 위법성 및 책임이라는 4단계구조는 타당하지 않다고 할 수 있다. 형법적 평가의 대상으로서 행위를 범죄론의 기초에 두고 구성요건, 위법성 및 책임이라는 3단계구조를 취하는 체계론이 타당하다고 생각된다. 형법도 위법성조각사유(제20조부터 제24조까지)와 책임조각사유(제9조부터 제12조까지)에 대하여 규정하고 있는 것으로 볼 때 형법 자체도 삼분설적 범죄론을 전제로 하고 있다고 해석된다.

제3절 행위론

Ⅰ. 서 언

1. 행위의 개념

(1) 행위의 의의

범죄는 행위이다(Verbrechen ist Handlung). 다시 말해서 범죄는 구성요건에 해당하고 위법하고 유책한 행위이다(Verbrechen ist tatbestandsmässige, rechtswidrige und schuldhafte Handlung). 이와 같이 범죄론, 즉 구성요건론, 위법성론, 책임론에 있어서 그 공통된 요소로서 요구되는 것이 행위이다. 여기서 범죄를 가장 효율적으로 설명할 수 있는 행위의 개념이 문제된다.

(2) 행위주의의 원칙

재판의 역사를 소급하여 보면 인간에게 위해를 가한 동물에 대하여 처벌하던 시대가 있었고(동물재판), 자연현상마저 처벌의 대상으로 되었던 시대도 있었다. 신에 대한 충성의무위반을 가장 중한 범죄로 처벌하던 중세형법에서는 신성모독과 같이 내심 자체를 처벌하던 시대도 있었다. 이러한 의미에서 이미 언급한 바와 같이 당시의 형법을 의사주의(意思主義)의 형법이라고도 했던 이유를 이해할 수 있다.

그러나 근대 형법 이후부터 범죄는 인간에 의한 행위만을 의미하게 되었다. 이로써 근대형법에서는 처음부터 처벌의 대상은 인간의 행위나 태도에만 제한된다는 것을 의미하게 되었다. '범죄는 행위이다'라는 법언은 인간의 외부적 행동이나 태도로 나타나기 이전의 사상이나 심정 등은 형법적 평가의 대상이 되지 않는다는 것을 의미하였다. 이러한 의미에서의 형법을 행위주의(行爲主義)의 형법이라고 한다. 아무리 마음속에 사악함을 품고 있다고 하여도 그것이 내심적 사실에 그치는 한 그러한 심정(心情)이나 의사(意思)는 형법적 평가의 대상으로 되지 않는다는 것을 의미한다. 이와 같이 근대형법상의 행위주의는 중세 봉건형법의 의사주의를 극복하기 위하여 등장한 원칙이었다. 일찍이 '사상은 처벌받지 않는다'(Congitationis poenam nemo patitur)라고 했던 법언과 같은 의미이다. 근대 헌법이 사상의 자유 또는 양심의 자유를 절대적 자유로 규정한 이유를 이해할 수 있다. 사상 또는 양심은 내심에 머무는 한 그것을 증명하는 것이 절대적으로 불가능하기 때문이다. 여기서 형법의 관심은 형법사적으로 볼 때 '의사의 결의'에서 '외부적 동작'으로 그리고 '결과의 실현'으로라는 순으로 변천하여 왔다고 추측하는 것이 가능하다고 본다.

2. 행위의 기능

행위론의 체계적 지위에 관하여는 그것을 구성요건론에 선치하는 견해, 구성요건론의 내부에서 논하는 견해로 크게 대립하고 있다. 이 외에도 행위론에 독립된 범죄체계론상의 지위를 인정하지는 않지만, 범죄성립요건에 공통되는 항목으로서 구성요건론에 앞서서 논하는 견해가 있다. 그럼에도 불구하고 구성요건해당성을 판단하기 전에 일반적 행위론을 논하는 입장에 의하는 경우에 인정되는 행위론의 기능은 다음과 같다.

첫째, 행위는 기본요소로서의 기능을 수행하여야 한다. 즉, 구성요건, 위법성 및 책임으로 이루어지는 범죄의 각 단계의 공통적 요소이자 '구성요건에 해당하는', '위법한', '유책한'이라는 각 수식어의 상위개념으로서의 '행위'개념이 아니면 안 된다. 둘째, 행위는 결합요소로서의 기능을 가져야 한다. 즉, 구성요건, 위법성 및 책임으로 이루어지는 범죄의 각 단계를 유기적으로 결합시키는 개념이어야 한다. 즉, '구성요건에 해당하고', '위법하고', '유책한' 행위여야 한다. 셋째, 행위는 한계요소로서의 기능을 수행하여야 한다. 즉, 행위는 살아 있는 사람의 행위로서 범죄가 되는 것과 그렇지 않은 것을 잘 구별해낼 수 있는 개념이 되지 않으면 안 된다. 이와 같은 행위의 기능을 모두 수행할 수 있는 행위의 개념을 정립하기 위하여 인과적 행위론으로부터 시작된 행위론의 역사는 후술하는 바와 같이 목적적 행위론과 사회적 행위론을 거쳐 인격적 행위론에 이르기까지 간단(間斷)없이 발전되어 왔다.

한편 행위의 기능 중 가장 중요한 기능은 한계요소로서의 기능이다. 이것이 가장 실천적인 기능이고, 종래부터 가장 중요시되어 왔던 기능이기 때문이다. 그러나 실제 범죄의 성부를 검토함에 있어서는 그렇게 큰 역할이 기대되는 것은 아니다. 행위단계에서의 검토시에 배제하지 못한 부분에 대하여는 구성요건단계, 그 다음단계의 순으로 검토할 때에 배제하는 것으로 충분하기 때문이다. 다만 확실하지 않은 경우 '의심스러울 때에는 행위로 간주한다'라는 태도가 바람직하다는 주장도 제기되고 있다. 결합요소로서의 기능은 기본요소로서의 기능을 다른 측면에서 강조한 표현이라고 이해할 수도 있다.

Ⅱ. 행위론의 약사

행위론의 역사는 유의성과 유체성으로 구성되는 행위의 요소 중 유의성의 범위를 각자의 관점에서 축소시키려는 축소의 역사라고 해도 과언이 아니다. 행위주의에서 전술한 바와 같이 인론(因論)의 인(因, 유의성)에서 과(果, 유체성)를 더하여 인과적 행위론이 되었다면, 목적적 행위론, 사회적 행위론 및 인격적 행위론은 각각 인(因), 즉 유의성의 범위를 목적적 행위론, 사회적 행위론 및 인격적 행위론의 관점에서 축소해온 역사라고 할 수 있다.

1. 인과적 행위론

인과적 행위론(因果的 行爲論, kausale Handlungslehre)이란 사람의 행위과정에 대한 관찰결과를 토대로 내심의 의사에 기한 신체적 거동은 행위로서 처벌할 수 있다고 하는 입장을 말한다. 이는 내심의 의사에 기한 신체적 거동이 인과적으로, 즉 원인과 결과가 되는 것처럼 행위를 야기한다는 점에서 목적적 행위론자들로부터 인과적 행위론이라고 명명된 바 있다. 따라서 인과적 행위론에 있어서의 행위는 유의성(有意性)과 유체성(有體性)만을 그 요소로 하고 있다는 점이 가장 큰 특징이다. 이에 의하면 ① 반사운동, 수면중의 신체적 동작, 무의식중의 동정(動靜) 또는 절대적 강제하의 동작 등은 모두 유의성의 결여로, ② 심정, 사상, 의사 또는 인격 등의 그 자체는 예외없이 유체성의 결여로 인하여 행위가 아니라고 하여 모두 형법적 평가의 대상에서 배제된다. 인과적 행위론은 인간의 행위과정을 관찰한 후 그 분석결과로서 행위개념을 도출하고 있기 때문에 존재론적 행위론 또는 자연적 행위론에 속하는 것은 당연하다. 인과적 행위론은 후기 고전학파가 활동하던 19세기 말에 등장한 견해로서 형사처벌의 대상에 유체성을 추가적으로 요구함으로써 유의성만으로도 처벌되던 당시의 시대상황(심정형법 또는 의사형법) 아래에서는 인권보장기능을 충분히 다하였을 것으로 평가된다.

그러나 현대의 상황에서 인과적 행위론에 대하여는 몇 가지의 점에서 비판이 가하여지고 있다. 첫째, 부작위, 예컨대 퇴거불응죄에 있어서의 퇴거불응과 같은 행위에 대하여는 유체성을 결하기 때문에 그 행위성을 설명할 수 없다는 점이다. 둘째, 과실범, 예컨대 기차의 전철수가 과로로 차단기를 내리는 것을 잊어버려 사고를 낸 망각범의 경우에도 유의성을 결하기 때문에 그 행위성을 해명할 수 없다는 점이다. 인과적 행위론은 결과반가치론의 기초가 된 행위론이다. 결과반가치론의 특색은 그 인과적 사고에 있고, 그것이 위법평가의 대상으로 하는 것은 행위에 의하여 인과적으로 야기된 결과가 된다. 결국 인과적 행위론은 위법단계에서는 객관면에 대하여, 책임단계에서는 주관면에 대하여 검토하는 결과반가치론의 입장으로 되는 것이다.

한편 인과적 행위론에 있어서의 '인과'의 의미는 불교용어에서 찾을 수 있다고 본다. 불교의 근본적 교리인 인과의 도리는 선인선과(善因善果), 악인악과(悪因悪果) 및 자인자과(自因自果)를 의미한다. 여기서 인(因)이란 우리가 마음에 뿌리는 생각의 씨앗이다. 그 씨앗이 입이나 신체의 행위로 성장한다. 과(果)란 나 자신의 행복과 불행이다. 인(因)이라는 생각의 씨앗이 성장하여 행위로 되고 나의 외부환경 속에서 꽃을 피운다. 거기에서 수확되는 열매가 과(果)이다. 이와 같이 인과라는 말 속에는 그 자체에 인과적 행위론에 있어서 행위의 요소인 유의성과 유체성이 이미 내재되어 있다고 이해할 수 있기 때문이다.

2. 목적적 행위론

목적적 행위론(目的的 行爲論, finale Handlungslehre)은 인과적 행위론과 같이 인간의 행위를 존재론적으로 관찰하여 행위자가 일정한 목적을 설정하고 그의 달성에 필요한 수단을 선택하고 인과의 흐름을 목적실현을 향하여 조정·지배하는 것에 행위의 본질이 있다고 주장하면서 인과적 행위론의 '유의성'을 '목적성'(Finalität)으로 대체하여 그 범위를 한정하고 범죄에 있어서의 주관적 요소를 중시하는 견해이다. 다시 말해서 목적적 행위론은 유의성과 유체성이라는 행위의 요소 중 유의성의 범위를 목적성으로 한정함으로써 인과적 행위론에 있어서 무제한하게 확대되는 행위의 범위를 제한하려고 하였다. 그러나 목적적 행위론에 대하여는 과실범에 있어서는 목적성을 인정하는 것이 곤란하다는 점, 부작위에 있어서도 인과의 흐름을 조정·지배한다는 목적적 행위를 인정하는 것은 불가능하다는 점 등에서 비판이 가해졌다. 이에 대하여 목적적 행위론자는 과실의 경우는 고의와는 다른 잠재적 목적성(potentielle Finalität)이 있다고 주장하고, 부작위의 행위성에 대하여는 작위와 부작위는 목적적 행위력, 즉 행위의 목적에 따라서 그의 의사를 통제할 수 있는 능력에 지배된다고 하는 점에서 목적적 행위라는 관념에 포섭된다고 주장하였다. 목적적 행위론은 벨첼(Hans Welzel, 1904~1977)에 의하여 1930년대 중반부터 독일에서 주창된 견해이다. 목적적 행위론은 한때 다수의 지지자들을 확보하고, 고의·과실을 책임단계에서 구성요건단계로 이동시키는 등 범죄론체계에도 지대한 영향을 미친 바 있다. 그러나 목적적 행위론은 부작위와 과실을 행위에 제대로 포섭시키지 못함으로써 상위개념으로서의 행위개념의 확보, 즉 행위에 기본요소로서의 기능을 부여하는 데에 실패했다고 평가하지 않을 수 없다. 이는 인과적 행위론의 경우도 마찬가지였다.

3. 사회적 행위론

사회적 행위론(社會的 行爲論, soziale Handlungslehre)이란 사회적으로 의미를 가지는 인간의 행위만을 형법상의 행위로 파악하려는 견해를 말한다. 흔히 '사회적으로 의미 있는 인간의 신체의 동정(動靜)'을 행위라고 하는 견해가 대표적이다. 다만 사회적 행위론은 유의성의 요구정도에 따라 다시 견해가 나누어진다. 첫째, 행위자의 의사에 의하여 지배가능한 사회적 의미 있는 태도만이 행위가 된다고 하는 입장이다. 행위의 요건 중의 하나인 유의성의 정도를 아주 낮게 요구하는 입장이라고 할 수 있다. 둘째, 행위란 사회적으로 유의미하기만 하면 그것으로 충분하기 때문에 유체성 외에 유의성까지 요할 필요가 없다는 입장이다. 유체성만으로도 충분히 행위가 된다고 보기 때문에 유의성을 행위의 요소에서 완전히 배제하는 견해이다. 사회적 행위론에 의하게 될 때 부작위도 사회생활상 기대되는 작위를 행하지 않는다는 점에서 작위와 같이 사회적으로 의미를 가지는 사람의 태도라고 평가될 수 있다.

4. 인격적 행위론

인격적 행위론(人格的 行爲論, personale Handlungslehre)이란 행위자의 인격의 주체적 현실화로 인정될 수 있는 신체적 동작만을 행위라고 하는 견해를 말한다. 인격이라는 개념이 다의적이고 불명확하지만, 인격적 행위론은 유의성과 유체성이라는 행위의 구성요소 중 유의성을 행위자의 범죄적 인격의 표현으로서의 의사만을 의미하는 것으로 더욱 한정하는 견해로 이해된다. 행위는 행위자인격의 주체적 현실화로서의 생명의 활동이고 생물학적 기초와 사회학적 기초를 가지고 행위자의 인격이 일정한 장에서 주체적으로 표동한 것이라고 보는 것이다. 이에 의하면 소질과 환경에 의하여 결정되면서 구체적인 행위환경 속에서 행위자 자신의 자유로운 의사에 기한 신체적 동태라고 할 수 있는 때에 인격의 주체적 현실화로서의 행위가 인정된다고 하게 된다.

Ⅲ. 형법의 해석

근대형법은 생각만으로도 처벌하던 근대이전의 의사형법을 극복하기 위하여 행위자를 처벌하기 위해서는 의사 이외에도 행위가 추가적으로 더 필요하다는 행위주의를 확립한 바 있다. 이로써 근대 이후의 형법, 즉 인과적 행위론, 목적적 행위론, 사회적 행위론 및 인격적 행위론에서는 행위의 요소로서 유의성 외에 유체성을 공통적으로 요구해왔던 것이다. 또 행위를 이해하는 방법에 따라 범죄론의 내용도 달라지기 때문에 범죄의 본질을 명확히 파악하기 위해서는 분명한 행위개념이 전제되어야 한다는 발상이 있었던 것도 사실이다. 그러나 형법의 영역에서는 죄형법정주의의 원칙이 존재하는 이상 구성요건에 해당하지 않는 행위는 논의의 실익을 인정하지 않게 됨에 따라 구성요건해당성 이전에 행위 그 자체를 논하는 행위론은 무의미하다고 인식되어 종언을 고하게 되었다.

생각건대 근대형법의 기본원리로서 확립된 행위주의의 아래에서 행위는 그 구성요소로서 외면성과 객관성을 모두 요구하고 있다는 점에 대하여 이미 살펴본 바 있다. 한편 행위의 요소로서 외면성을 내용으로 하는 행위주의는 위에서 살펴본 바와 같이 인과적 행위론, 목적적 행위론, 사회적 행위론 및 인격적 행위론으로 발전을 거듭하면서 현재는 행위론 자체가 유명무실하게 되었다. 다시 말해서 독일 형법에 있어서 행위(Handlung)는 1975년 총칙의 전면개정시 공범의 종속대상이 정범의 행위(Handlung)로부터 실행행위(Tat)로 치환됨으로써 1871년 형법전부터 범죄론의 중심적 개념으로서 격렬하게 논쟁되어 왔던 행위개념은 완전히 무용하게 되었던 것이다. 그럼에도 불구하고 행위주의는 미수론에 있어서 음모·예비 및 미수의 처벌근거에 대한 기준을 제시하는 데에 여전히 그 의미와 유용성을 가지고 있다고 해야 한다. 다른 한편 행위의 요소로서 객관성을 요구하는 행위주의는 형법의 기능으로서 최후수단성을 요구하고 있을 뿐만 아니라 권리침해설, 법익침해설, 행위반가치론 및 행위반가치 · 결과반가치론으로 발전을 거듭하면서 범죄의 본질 또는 위법성의 본질에 대한 기준을 제시하는 원리로서 여전히 기능하고 있다고 이해된다. 결론적으로 말해서, 행위론은 종언을 고했음에도 불구하고 행위주의는 여전히 남아 한편으로는 범죄의 본질론 또는 위법성의 본질론에서 그 본래의 기능을 수행하고 있고, 다른 한편으로는 미수론에서 예비 · 음모와 미수에 대한 처벌근거를 제시함으로써 그 잔존기능을 다하고 있다고 해석된다.

제 6 장 구성요건론

제 1 절 서 설

근대인의 최대의 관심사는 자유와 평등이었다. 현대의 자유주의의 사회에 있어서도 가장 중요한 것은 우선 자유의 보장이다. 자유를 보장하기 위해서는 무엇이 범죄이고, 범죄가 아닌가가 명확하게 규정되어 있어야 한다. 범죄와 범죄가 아닌 것이 행위 이전에 명확하게 규정되어 있어야 그것에 따른 스스로의 행위에 안심을 할 수 있게 되고 자유로운 생활이 보장될 수 있게 되기 때문이다. 이는 자유주의의 헌법과 그에 근거한 법치주의 그리고 형법상 죄형법정주의의 핵심적 요청이기도 하다. 형법상 범죄화의 여부에 있어서 표지가 되는 가장 중요한 수단은 구성요건에 관한 이론이다. 벨링에 의하여 제창된 이 이론에서는 범죄는 구성요건해당성, 위법성 및 책임의 순으로 판단되고, 이러한 요건들을 모두 충족한 경우에만 범죄로 될 수 있다. 이와 같이 범죄를 3단계 구조하에서 판단함에 있어서 구성요건론의 의의는 범죄를 보다 명확하게 규정하여 자유주의를 철저히 실현하고자 함에 있다고 할 수 있다. 한편 범죄를 구성요건에 해당하고 위법하고 유책한 행위라고 할 때 구성요건은 범죄성립요건 중에서 그 첫 번째 요건이 된다. 구성요건에서는 범죄를 명확히 하는 단계이기 때문에 구성요건론에 있어서 가장 합당한 형법상의 기본원칙은 바로 죄형법정주의라고 해야 한다.

Ⅰ. 구성요건의 개념

1. 구성요건의 의의

구성요건의 의의에 관한 정의규정은 존재하지 않는다. 결국 해석론에 맡겨져 있는 셈이다. 구성요건(構成要件, Tatbestand)이란 범죄를 구성하는 요건을 의미한다고 해석되고 있다. 즉 구성요건이란 죄형법정주의의 관점에서 형법이 금지하는 행위를 유형화한 것으로서 원칙적으로 법익침해나 법익침해의 위험에 직접적으로 연결될 수 있는 정형적인 범죄행위의 유형을 말한다. 한편 형법상 구성요건은 민법상 법률요건과 대칭되는 개념이라고 해석될 수 있을 것이다.

구성요건은 무엇이 금지되고 있는가를 국민에게 명확히 고지하는 기능을 수행하는 것이 중요한 과제이기 때문에 분명히 알기 쉬운 내용일 것이 요구된다(명확성의 원칙). 알기 쉽게 하기 위하여는 가능한 한 기술적이고 객관적인 요소에 의하여 유형화될 필요가 있다. 이렇게 함으로써 실질적 · 종합적인 판단이 아니라, 개별적 · 구체적 사정을 사상(事象)한 형식적 판단이 가능하게 되기 때문이다. 구성요건은 법익침해나 법익침해의 위험으로 연결될 수 있는 행위자의 행위를 일단 모두 금지하는 것이다. 이러한 의미에서 구성요건이란 원칙적으로 위법한 행위를 유형화한 것이라고 할 수 있다. 따라서 그것은 원칙으로서 외부적인 행위의 기술로부터 성립되는 것이고, 원칙적으로 위법행위의 유형에 지나지 않게 된다.

국가권력이 형벌이라는 최대의 실력을 행사할 때에는 형벌권이 국가권력에 의하여 자의적으로 발동되어서는 안 된다. 아무리 위법한 행위라고 하더라도 처벌규정이 존재하지 않는 한 처벌할 수 없고, 처벌규정이 존재하는 경우라도 처벌규정 이상으로 처벌할 수 없게 되어야 한다. 여기서 처벌규정이란 다른 말로 구성요건을 의미한다고 이해할 수 있다. 따라서 구성요건이란 위법하고 유책한 행위 중에서 처벌의 필요성이 있는 행위를 유형적으로 규정한 것이라고 할 수 있다. 요컨대 구성요건이란 형법각칙에 규정된 범죄행위의 유형을 말한다고 이해할 수 있다. 예컨대 살인죄의 구성요건은 '사람을 살해'하는 것이고(제250조 제1항 참조), 절도죄의 구성요건은 '타인의 재물을 절취'하는 것이라고 해석할 수 있을 것이다(제329조 참조).

그런데 구성요건이란 조문의 문언 그 자체를 의미하는 것이 아니라 조문의 해석으로부터 도출되는 관념적인 형상을 말한다고 해야 한다. 이는 경우에 따라서 조문에 기술되어 있지 않은 요소가 인정될 수 있다는 의미이기도 하다. 대표적으로 '기술되지 않은 구성요건요소'가 이에 해당한다고 할 수 있을 것이다. 뿐만 아니라 구성요건은 사회통념상 법익침해의 위험이 있다고 인정되고 동시에 책임을 묻는 것이 가능한 행위를 유형화한 것이기 때문에 구성요건에 해당하면 위법성이 추정되고 책임이 추정되어 원칙적으로 범죄가 성립하는 것으로 추정된다. 이러한 이유에서 대부분의 범죄에 있어서 구성요건해당성의 판단유무에 따라서 범죄의 성부에 대한 판단이 종료되게 되는 근거를 찾을 수 있게 되는 것이다.

2. 구성요건의 기능

(1) 죄형법정기능

구성요건의 첫 번째 기능은 죄형법정기능(罪刑法定機能)이다. 구성요건은 범죄의 윤곽을 명확하게 규정함으로써 범죄행위와 비범죄행위를 준별하는 기능을 가진다. 죄형법정주의의 요청에 의하여 구성요건에 해당되지 않는 행위는 그것이 아무리 위법하고 유책한 행위라도 범죄행위로 되지 아니하고 따라서 처벌되지 아니한다. 이로써 구성요건은 인권보장기능과 법익보호기능을 수행할 수 있게 되는 것이다. 또 죄형법정주의의 요청상 구성요건은 명확하지 않으면 안 된다. 구성요건은 국민이 쉽게 알 수 있어야 할 뿐만 아니라 법관도 구성요건의 예측가능성의 범위를 벗어나는 해석을 해서는 안 되기 때문이다. 나아가 구성요건은 국민에게 행위의 기준을 제시하고 이러한 행위를 국민에게 명령·금지함으로써 국민의 행동을 규율하고 범죄억제에 공헌하게 된다. 이로써 구성요건은 국민의 행동에 대한 규제기능도 가지게 된다.

(2) 범죄개별화기능

구성요건의 두 번째 기능은 범죄개별화기능(犯罪個別化機能)이다. 구성요건은 각종의 범죄를 개별화하는 기능을 가진다. 다른 말로 하면 범죄의 구별기능이라고도 할 수 있을 것이다. 예컨대 사람의 생명을 인위적으로 단절하였다는 동일한 행위의 경우에도 그 행위가 해당하는 구성요건에 따라 범죄는 각각 살인죄, 상해치사죄 또는 과실치사죄로 구별될 수 있다. 이와 같이 구성요건에 의하여 범죄의 개별화가 가능하게 되기 때문에 구성요건은 개개로 성립한 범죄의 범위 내에서만 처벌된다는 것을 행위자에게 보장하는 기능을 가지게 된다.

(3) 징표기능

구성요건의 세 번째 기능은 징표기능(徵表機能)이다. 구성요건은 위법성을 징표한다. 즉, 구성요건에 해당하는 행위에 대하여는 위법성이 추정된다. 구성요건은 위법행위의 유형이라는 견해에 의하면 구성요건에 해당하는 행위는 위법성조각사유가 존재하지 않는 한 위법한 행위로 추정되기 때문이다. 여기서 추정이라는 말은 위법성조각사유가 존재하지 않는 한 위법하다는 논리적인 의미이기 때문에 소송법상의 의미와는 구별되는 개념이라고 할 수 있다.

(4) 기타의 기능

구성요건의 기타의 기능으로서는 고의규제기능, 책임추정기능, 체계수립기능 등이 거론될 수 있다. 첫째, 고의규제기능(故意規制機能)이란 구성요건이 고의의 성립에 필요한 인식의 대상을 표시한다고 하는 기능을 말한다. 고의가 성립한다고 하기 위해서는 구성요건의 객관적 측면에 대한 인식이 전제되어야 한다. 예컨대 살인죄의 구성요건은 '사람을 살해'하는 것이기 때문에 살인의 고의가 인정되기 위해서는 '사람을 살해'하는 것에 해당하는 사실에 대한 인식이 전제되어야 한다. 범죄는 원칙적으로 고의가 없으면 성립하지 않는다. 고의란 범죄사실이라는 것을 알고 있으면서 굳이 행하려는 의사, 즉 구성요건에 해당하는 객관적 사실에 대한 인식과 인식한 사실에 대한 실현의사를 말한다. 결국 고의를 인식하기 위하여 필요한 사실의 범위를 결정하는 것은 구성요건이 된다. 이와 같이 구성요건은 고의의 내용을 규제하는 기능을 가지게 되고, 고의에 대한 규제기능을 통하여 범죄의 개별화기능도 가지게 된다. 둘째, 책임추정기능(責任推定機能)이란 구성요건을 위법하고 유책한 행위의 유형이라고 하는 입장에 의하면 구성요건에 해당하는 행위는 위법일 뿐만 아니라 유책하다고 추정되는 기능을 말한다. 셋째, 체계수립기능(體系樹立機能)이란 구성요건이 가지는 범죄의 구성요소를 체계화하는 기능을 말한다. 이를 바탕으로, 예컨대 미수범과 공범은 기본적 구성요건의 수정형태라고 할 수 있다. 경우에 따라서 구성요건은 범죄의 수를 정하는 기준이 되기도 한다(구성요건표준설). 이와 같이 구성요건을 기준으로 하여 범죄론을 체계화하는 이론을 구성요건이론이라고 할 수 있다.

3. 구성요건의 종류

(1) 기본적 구성요건과 수정된 구성요건

형법은 단독범의 기수를 전형적인 범죄의 형태로서 규정하고 있다. 기본적 구성요건(基本的 構成要件)이란 단독의 행위자가 범죄를 끝까지 실현하는 기수의 형식으로 규정되어 있는 구성요건을 말한다. 이에 반하여 수정된 구성요건(修正된 構成要件)이란 기본적 구성요건이 부분적으로 수정된 형태의 구성요건을 말한다. 예컨대 예비 · 음모, 미수 및 공범에 관한 구성요건을 말한다. 수정된 구성요건 중 미수와 공범은 형법총칙에서 규정되고 있지만, 예비 · 음모와 같이 형법각칙에서 규정되고 있는 경우도 있다. 예비 · 음모는 법률에 특별한 규정이 있는 경우에 한

해서 예외적으로 처벌되는 데 그치기 때문이다.

(2) 가중적 구성요건과 감경적 구성요건

기본적 구성요건이란 보충을 필요로 하지 않는 자족적 형식으로 규정되어 있는 구성요건을 말한다. 이에 반하여 파생적 구성요건이란 기본적 구성요건에 규정되어 있는 요건의 일부를 완화 내지 엄격하게 하는 등 기본적 구성요건으로부터 파생되었지만 기본적 구성요건과는 독립된 형태의 구성요건을 말한다. 파생적 구성요건은 법정형의 측면에서 가중유형의 구성요건과 감경유형의 구성요건으로 분류할 수 있다. 가중적 구성요건(加重的 構成要件)이란 기본적 구성요건과 독립하여 이에 형을 가중한 형태의 구성요건을 말한다. 감경적 구성요건(減輕的 構成要件)이란 기본적 구성요건과 독립하여 이에 형을 감경하기 위하여 만들어진 구성요건을 말한다. 예컨대 살인죄(제250조 제1항)라는 기본적 구성요건에 대하여 존속살해죄(제250조 제2항)는 가중적 구성요건이고, 영아살해죄(제251조)는 감경적 구성요건이 된다.

(3) 폐쇄적 구성요건과 개방적 구성요건

폐쇄적 구성요건(閉鎖的 構成要件, geschlossener Tatbestand)이란 범죄의 구성요소가 형벌법규의 구성요건상에 남김없이 명시되어 있는 구성요건을 말한다. 구성요건이 그 자체로서 완전한 것이기 때문에 완결된 구성요건이라고도 한다. 이에 반하여 개방적 구성요건(開放的 構成要件, offener Tatbestand)이란 형벌법규의 구성요건상에는 범죄의 구성요소의 일부밖에 규정되어 있지 않아 구성요건해당성의 판단을 위해서는 나머지의 구성요건이 법관의 해석에 의하여 보충될 것을 필요로 하는 구성요건을 말한다. 개방적 구성요건은 법관에게 개방되어 있다는 의미이고, 구성요건에 형식적으로 해당하더라도 법관에 의한 보충적 판단이 없이는 구성요건해당성을 확정할 수 없다는 특징을 가진다. 예컨대 과실범에 있어서의 객관적 주의의무의 내용, 부진정부작위범에 있어서의 작위의무의 내용 또는 문서의 음란성 등과 같은 규범적 요소는 구체적인 사건에 있어서 법관의 해석을 기다린 후에야 비로소 그 내용이 확정될 수 있게 된다.

(4) 적극적 구성요건과 소극적 구성요건

적극적 구성요건(積極的 構成要件)이란 범죄의 성립요건을 적극적으로 규정하고 있는 구성요건을 말한다. 구성요건은 통상 범죄의 성립요건을 적극적으로 명시하고 있다. 구성요건해당성에 위법성추정기능 및 책임추정기능이 작용하는 것은 구성요건이 적극적 구성요건이기 때문이다. 이에 반하여 소극적 구성요건(消極的 構成要件)이란 범죄성을 부정하는 요건을 정하는 구성요건을 말한다. 예컨대 주거침입죄(제319조), 비밀침해죄(제316조), 절도죄(제329조), 횡령죄(제355조 제1항), 강간죄(제297조) 또는 강제추행죄(제298조) 등에 있어서 양해는 구성요건해당성 자체를 조각하게 된다. 후술하는 바와 같이 양해(諒解, Einverständnis)란 피해자의 동의가 범죄의 구성요건해당성 자체를 조각하는 경우를 말한다. 전술한 바와 같이 양해는 관점에 따라서 구성요건해당성조각사유가 된다고도 할 수 있다. 소극적 구성요건은 원칙적으로 구성요건이 피해자의 의사에 반하는 경우에만 실현될 수 있도록 규정된 범죄의 경우에 한한다.

Ⅱ. 구성요건론의 전개

1. 구성요건론의 약사

우리나라에서 구성요건론은 종국적으로 독일의 그것의 영향을 받아 발전되어온 것이라고 해석된다. 이러한 이유에서 독일의 구성요건론의 역사에 관하여 간략하게나마 검토할 필요성이 있다. 독일에서 구성요건에 관하여 최초로 논의하기 시작한 사람은 벨링이다. 구성요건론은 벨링에 의하여 제창되어 마이어와 메츠거에 의하여 발전된 이론이다. 아래에서는 구성요건에 관한 역사를 벨링 이전의 구성요건론과 벨링의 구성요건론 및 벨링 이후의 구성요건론으로 나누어 약술하고자 한다.

(1) 벨링 이전의 구성요건론

구성요건이라는 말의 시원은 중세 이탈리아의 규문절차에서 누군가에 의하여 범죄가 행하여졌다는 사실의 입증을 의미하는 constare de delicto(범죄의 확증)라는 말에 있다고 한다. 그 후 근세 초기에 이르러 constare de delicto라는 말 대신에 corpus delicti(죄체, 罪體)라는 말이 증명된 범죄사실의 전체라는 의미로 사용되었다고 한다. corpus delicti라는 프랑스어는 1796년 클라인(Kleine)에 의하여 독일어인 Tatbestand(구성요건)로 번역되었다고 한다. 그러나 여전히 Tatbestand는 소송법적 의미를 가지고 있었다고 한다. 그러다가 1805년 슈티벨과 포이에르바하에 의하여 Tatbestand는 실체법적 의미를 가지는 것으로 되었다. 즉, Tatbestand는 형벌의 전제조건으로서 이해되었던 것이다. 법관의 자의에 대한 위험으로부터 개인의 권리와 자유를 보호하려는 배려로부터 그렇게 번역된 것이다. 벨링이 등장하기까지 1세기 동안 구성요건은 본질적으로 이론적 발전을 보이지 않았다. 구성요건은 위법과 책임과 무관하고 구성요건이 위법과 책임을 포함하고 있다고 해석되는 정도였다.

(2) 벨링의 구성요건론

벨링(Ernst Ludwig Beling, 1866~1932)은 빈딩(Karl Binding)의 영향으로 형법에 흥미를 가지게 되었다. 벨링은 '범죄론'(Die Lehre vom Verbrechen, 1906)을 저술하여 구성요건의 개념을 구축하였다. 나아가 벨링은 범죄론의 개념을 더욱 발전시켜 '구성요건론'(Die Lehre vom Tatbestand, 1930)에서는 해당성(該當性)이라는 개념 대신 유형성(類型性)이라는 개념을 범죄개념요소로 주장하였다. 구성요건이 범죄유형을 지도하는 입장에 있다고 하여 지도형상(指導形象, Leitbild)이라는 개념을 주창하였다. 범죄란 유형화된 위법 · 유책한 행위라고 정의함으로써 당시까지 고려되지 않고 있던 미수를 범죄유형에 포함시켰다. 범죄를 구성요건에 해당하고 위법하고 유책한 행위라고 정의하였다. 이 후 독일 형법학에서는 범죄의 성립요건을 구성요건해당성, 위법성 및 책임이라고 하는 3분설이 확립되는 계기가 되었다. 구성요건이란 법적 판단으로부터 분리된 순수하게 형식적 · 기술적 · 객관적 · 몰가치적이라고 하였다. 구성요건의 단계에서 범죄는 위법성이나 책임과는 관계가 없고, 모든 평가는 위법성과 책임의 영역에 각각 속한다고 하였다. 위와 같이 규정함에 의하여 범죄유형이 보다 명확하게 된다고 생각하였다.

(3) 벨링 이후의 구성요건론

마이어(Max Ernst Mayer, 1875~1923)에 의하면 위법성의 실질은 국가가 승인한 문화규범(Kulturnorm)에 대한 위반이라고 하였다. 벨링에 의하여 제창된 구성요건론을 더욱 발전시킨 것이다. 1915년 '형법총론'(Der allgemeine Teil des deutschen Strafrechts, Lehrbuch, 1. Aufl., 1915)에서 형벌법조문의 기본형식의 분석에서부터 시작하였다. 형법의 조문(條文)은 형벌조건과 법정형의 두 가지 부분으로 이루어진다고 하였다. 그리고 구성요건을 외부적(객관적) 구성요건과 내부적(주관적) 구성요건으로 나누었다. 구성요건은 단순한 기술적 몰가치적 행위유형이 아니라 연기와 불과 같이 구성요건과 위법성은 밀접하게 연관되어 있어 위법성의 인식근거(認識根據)가 된다고 하였다. 규범적 구성요건요소의 개념을 발견하였고 주관적 위법요소의 개념을 주장하였다. 긴급피난의 법적 성격에 관하여는 책임조각설을 확립하였고, 처벌의 대상으로 되는 유책한 행위는 행위자의 성격과 범죄동기의 산물이라고 하여 동기설을 주장하였다. 공범에 있어서는 정도상의 종속성을 네 가지의 유형으로 분류하여 제한종속성설을 주장하기도 하였다.

메츠거(Edmund Mezger, 1883~1962)에 의하여 독일에서는 최종적으로 구성요건론이 확립되었다. 구성요건은 위법성의 유형이고 위법성의 존재근거(存在根據)라고 하였다. 구성요건과 위법성의 관계를 가장 강하게 주장하였기 때문에 현재 위법유형설의 기초로 되고 있다. 실질적인 관점에서 처벌할 가치가 있는 위법한 행위의 유형화된 것이 구성요건이라고 하였던 것이다. 구성요건에 해당하는 행위는 원칙적으로 위법이지만, 예외로서 위법조각사유를 인정한다. 구성요건의 내용에 객관적 요소와 주관적 요소와 규범적 요소의 3종이 있다는 것을 인정하였다. 각종의 범죄에 공통된 일반적 구성요건을 인정하지 않았고, 구성요건의 총체를 위법이라고 해석하였기 때문에 구성요건과 위법성은 동질한 것으로 되었다. 행위, 구성요건과 위법성을 결합한 불법 및 책임이라는 2단계의 범죄론체계를 채택하였다. 메츠거는 고의·과실은 주관적 위법요소에 포함되지 않는다고 한 점에서 벨첼과 인식을 달리하고 있다. 벨첼에 의하면 고의와 과실은 위법요소로 되는 결과 구성요건에도 속하게 된다고 하였다. 벨첼은 구성요건과 위법성의 관계를 적극적으로 인정하고 구성요건에 해당하는 행위는 원칙적으로 위법하다 주장하였다. 또한 원칙의 예외로서 구성요건에 해당하는 행위라도 위법성이 없는 경우가 있고 그 경우 위법성단계에서 비로소 위법성이 확정된다고 하는 개방된 구성요건론을 전개하기도 하였다.

2. 구성요건의 유형론

범죄의 성립요건요소인 구성요건과 위법성 및 책임의 상호관계에 관하여는 다양한 견해가 제시되어 왔다. 시대적으로 보면 행위유형설, 위법유형설, 위법·책임유형설 및 소극적 구성요건요소이론이 각각 제시된 바 있다.

(1) 행위유형설

행위유형설(行爲類型說)이란 구성요건을 '단순한 행위의 유형'이라고 하는 견해를 말한다. 벨링에 의하여 주장된 견해로서 구성요건은 몰가치적(沒價値的)이고 기술적(記述的)인 것이라고 한다. 따라서 구성요건은 위법추정기능이나 책임추정기능을 가지지 아니하고, 위법성과 유책성은 구성요건해당성과는 별개로 판단할 필요가 있다고 한다. 그러나 이 견해에 대하여는 구성요건의 단계에서 위법성에 대한 추정기능이 없다고 하게 되면 궁극적으로는 위법성의 확대로 이어져 범죄의 명확화를 목적으로 하는 구성요건론의 의미가 없어진다는 비판이 가하여지고 있다.

(2) 위법유형설

위법유형설(違法類型說)이란 구성요건을 '위법한 행위의 유형'이라고 하는 견해를 말한다. 이에 의하면 구성요건에 해당하는 행위는 위법성조각사유가 존재하지 않는 한 당연히 위법하게 된다. 다만 이 견해는 고의 또는 과실을 책임요소로 보는 입장과 위법요소로 보는 입장으로 나누어진다. 전자는 결과반가치론의 입장에서 주장되는 견해로서 고의·과실은 책임요소로서 구성요건에는 포함되지 않다고 한다. 고의범과 과실범이 구성요건단계에서는 구별되지 않기 때문에 구성요건은 범죄개별화기능을 수행할 수 없게 된다. 이에 반하여 후자는 메츠거 등의 행위반가치론의 입장에서 주장되는 견해로서 위법요소로서의 고의·과실은 구성요건에 포함되어 있다고 본다.

(3) 위법·책임유형설

위법·책임유형설(違法·責任類型說)이란 구성요건을 '위법하고 유책한 행위의 유형'이라고 하는 견해를 말한다. 구성요건의 위법추정기능에 추가하여 책임추정기능도 인정한다. 책임요소로서의 고의·과실이 구성요건요소로 포함되게 된다고 보기 때문에 구성요건은 범죄개별화기능을 가지게 된다. 이에 의하면 구성요건에는 위법추정기능과 책임추정기능의 쌍방을 모두 가지게 된다. 따라서 구성요건에 해당하는 행위는 위법성조각사유나 책임조각사유가 존재하지 않는 한 위법하고 유책하게 된다.

(4) 소극적 구성요건요소이론

소극적 구성요건요소이론(消極的 構成要件要素理論)이란 구성요건과 위법성을 하나로 보는 입장이다. 위법성조각사유를 구성요건화하여 소극적 구성요건이라고 한다. 이 견해의 특징은 정당화사유, 즉 위법성조각사유의 전제사실에 대한 착오에 관하여 이를 사실의 착오로서 파악하는 데에 있다. 이에 의하면 위법성조각사유의 전제사실에 대한 착오는 사실의 착오로서 고의를 조각하게 된다.

Ⅲ. 죄형법정주의의 원칙

구성요건의 기능 중에서 첫 번째의 기능이 죄형법정기능이라고 하는 것에 대하여는 이미 언급한 바 있다. 즉, 구성요건의 내용은 죄형법정주의의 원칙에 근거하여 규정되어야 한다는 의미이다. 죄형법정주의는 근대형법과 현대형법의 기본원칙 중의 하나로서 바로 구성요건에 관한 원리가 된다. 따라서 구성요건은 입법의 원리(입법론)로서 법률에 의하여 명확하고 적정하게 규정되어야 할 뿐만 아니라 해석의 원리(해석론)로서 구성요건의 적용과 해석에 있어서는 소급효와 유추해석이 금지되고 있다.[1] 이 외에 형법의 기본원칙 중 행위주의와 책임주의는 각각 위법성과 책임에 관련되는 원리라는 것에 대하여도 이미 살펴본 바 있다.

Ⅳ. 구성요건론과 형법의 해석

1. 위법 · 책임의 유형

구성요건론이 본격적으로 전개된 것은 20세기 초두에 들어서면서부터였다. 우선 벨링에 의하여 구성요건을 범죄유형의 윤곽으로서 파악하는 범죄유형설이 주장된 바 있었다. 구성요건과 위법성을 준별하고 구성요건의 내용은 기술적 · 몰가치적 · 객관적인 것으로 해석되었다. 다음으로 마이어는 구성요건을 위법유형으로서 파악하고 구성요건해당성이 있는 경우 위법추정기능이 있다는 것을 인정하였다. 이 견해는 구성요건은 가치관계적인 것이라고 이해되었고 구성요건은 위법성의 인식근거라고 해석되었다. 이에 반하여 메츠거는 구성요건의 가치관계적인 이해를 더욱 추진하여 구성요건은 위법성의 존재근거라고 하고 구성요건해당성의 판단과 위법성의 판단을 준별하지 않고 양자는 불법이라는 개념 속에서의 판단에 지나지 않는다고 주장하였다. 견해에 따라서는 마이어의 구성요건론을 기본으로 하면서 구성요건은 위법유형에 그치지 않고 책임유형이라고 하는 견해가 나타났다. 본서에서는 마이어의 구성요건론에 수정을 가하여 구성요건을 위법 · 책임의 유형으로서 파악하는 입장에 근거하기로 한다.

---

1) 이에 관하여 자세한 내용은 본서의 제1편 제3장 제2절 죄형법정주의 참조.

2. 구성요건해당성의 판단

구성요건은 당벌적 행위, 즉 위법하고 유책한 처벌할 가치가 있는 행위를 유형화한 것이기 때문에 위법유형임과 동시에 책임유형이 된다. 따라서 구성요건에 해당하는 행위는 원칙적으로 위법성과 책임을 구비한다고 추정되고 위법성조각사유나 책임조각사유가 존재하지 않는 한 범죄를 구성한다고 해석된다. 나아가 구성요건해당성의 판단은 객관적 구성요건요소와 주관적 구성요건요소의 순으로 그 충족여부를 적극적 방법으로 판단한다.

이에 반하여 위법성의 판단이나 책임의 판단은 위법성조각사유나 책임조각사유의 해당에 의하여 소극적으로 판단된다. 위법성이나 책임의 판단은 구성요건해당성에 의하여 위법성이나 책임의 존재가 이미 추정되는 상황하에서 위법성조각사유나 책임조각사유의 존재만을 소극적 방법으로 판단하는 것만으로도 충분하기 때문이다. 다만 위법성의 판단과 책임의 판단은 그 유무의 판단만이 문제되는 구성요건해당성의 판단과는 달리 그 유무의 판단 이외에도 그 정도에 관한 판단을 필요로 한다. 위법성의 크기나 책임의 크기에 관한 판단이 그 정도에 관한 판단에 해당하는 것이다. 다만 위법성의 크기는 후술하는 바와 같이 양형의 단계에서 행하여진다는 점에서 비난가능성으로서 책임의 단계에서 행하여지는 책임의 크기와는 구별된다.

3. 구성요건의 요소

구성요건을 위법·책임의 유형이라고 하는 입장에서는 구성요건요소를 위법유형으로서의 요소와 책임유형으로서의 요소로 구별할 수 있다. 첫째, 위법유형으로서의 구성요건요소이다. 위법성은 행위가 법익의 침해나 침해의 위험을 가지는 것을 말하기 때문에 위법유형으로서의 구성요건요소는 구성요건의 객관적 요소가 중심으로 된다. 객관적 구성요건요소, 즉 행위의 주체, 행위의 외부적 요소로서 행위의 객체, 행위, 행위의 결과, 행위와 결과 사이의 인과관계 및 행위의 상황은 위법유형으로서의 구성요건요소에 해당한다. 그러나 행위의 법익침해성이나 법익침해의 위험성은 행위자의 주관적 측면과 무관한 것은 아니다. 행위에 위법성을 부가하는 주관적 요소를 주관적 위법요소라고 하고, 이를 구성요건에 대입하면 주관적 구성요건요소로 된다. 목적범에 있어서의 목적, 표현범에 있어서의 심리적 경과 내지 상태는 주관적 구성요건요소가 된다. 고의·과실에 대하여는 다툼이 있지만, 고의 · 과실은 비난하여야 하는 행위자의 심리상태를 유형화한 것으로서 책임의 형식 내지 종류이고 그 본래의 체계적 지위는 원칙적으로 책임론에 있다고 하여야 한다. 그러나 살인죄와 과실치사죄의 예에서처럼 양자는 모두 사람의 사망을 야기했다는 점에서 결과반가치는 동일하지만, 행위반가치에 있어서는 전자는 고의범이 되고 후자는 과실범이 된다는 점에서 양자는 커다란 차이를 보이고 있다. 따라서 고의 · 과실도 또한 위법유형으로서의 구성요건요소라고 해석되어야 한다. 결국 객관적 위법요소로서는 객관적 구성요건요소 중에서 행위 또는 결과에 상응한 개념으로 행위반가치와 결과반가치를 대표적으로 거론할 수 있다고 본다. 이에 반하여 주관적 위법요소로서는 주관적 구성요건요소 중에서 고의 또는 과실에 상응한 개념으로 위법성의 인식 또는 위법성의 인식가능성을 대표적으로 거론할 수 있다고 본다. 둘째, 책임유형으로서의 구성요건요소이다. 책임이란 위법성을 인식했거나 위법성에 대한 인식가능성이 있었음에도 불구하고 위법한 행위를 하거나 결과를 발생시킨 행위자에 대한 비난가능성을 말한다. 위법성을 인식한 경우에는 고의책임을 지고, 인식가능성이 있었던 경우에는 과실책임을 지게 된다. 책임고의와 책임과실은 비난가능성으로서 책임의 요소가 된다. 이에 반하여 객관적 구성요건요소에 대한 인식과 이에 대한 실현의사를 구성요건적 고의라 하고, 객관적 구성요건요소에 대한 인식이 없거나 인식이 있더라도 실현의사가 없는 경우를 구성요건적 과실이라고 한다. 행위자의 내심의 태도로서의 구성요건적 고의 또는 과실은 행위자를 비난하기 위한 책임요소로서의 고의 또는 과실이 되기도 한다.

제 2 절 구성요건요소

Ⅰ. 서 언

1. 구성요건요소의 의의

구성요건해당성은 범죄성립의 제1의 요건이다. 그런데 법익을 침해하는 행위 모두가 벌하여지는 것은 아니다. 법익침해행위 중에서 처벌할 가치가 있는 행위만을 규정하도록 구성요건을 한정하는 요소가 존재하는 것이다. 이것이 바로 구성요건요소이다. 구성요건요소란 구성요건의 내용을 구성하는 개개의 요소를 말한다. 그러나 여기에서는 살인죄나 절도죄 등의 구성요건요소와 같이 개개의 구성요건요소가 아니라 이들에 공통되는 일반적 · 추상적인 구성요건요소를 말한다.

2. 객관적 구성요건요소와 주관적 구성요건요소

구성요건요소는 객관적 구성요건과 주관적 구성요건으로의 분류에 상응하여 우선 그 존재가 외부적으로 인식될 수 있는 객관적 구성요건요소와 행위자의 내심에 머물러 있기 때문에 외부에서는 인식될 수 없는 주관적 구성요건요소로 대별된다.

(1) 객관적 구성요건요소

객관적 구성요건요소(objectives Tatbestandsmerkmal)란 제3자가 외견상 인식할 수 있는 구성요건요소로서 행위의 외면적 · 객관적인 측면에 관한 것이 구성요건의 내용으로 되어 있는 요소를 말한다. 예컨대 행위의 주체, 행위의 객체, 행위(실행행위), 행위의 결과(법익의 침해 또는 위험), 행위와 결과 사이의 인과관계 및 행위의 상황을 말한다. 이 중에서 행위, 결과 및 인과관계가 가장 중요하다. 실행행위는 모든 구성요건에 반드시 필요한 요소이고, 결과범에 있어서는 실행행위 외에도 결과의 발생이 불가결할 뿐만 아니라 실행행위와 결과 사이에는 인과관계가 존재하지 않으면 안 되기 때문이다.

행위의 주체는 별로 문제될 것이 없다. 누구든지 범행의 주체가 될 수 있고, 처벌될 수 있기 때문이다. 다만 행위의 주체가 특정인으로 한정되어 있는 신분범의 경우에는 신분자만이 행위의 주체가 될 수 있다. 따라서 공범이 아닌 한 신분범에 있어서의 비신분자의 구성요건해당성은 조각된다. 행위의 객체란 실행행위가 조준하고 있는 대상을 말한다. 실행행위는 구성요건에 의하여 유형화된 행위로서 결과발생의 위험성이 있는 행위를 말한다. 여기서 실행행위(Tat)는 구성요건요소로서의 행위로서 '범죄란 구성요건에 해당하고, 위법하고 유책한 행위이다'라고 할 때의 구성요건 밖의 행위로서의 행위(Handlung)와는 구별된다. 실행행위의 결과란 행위의 객체가 가지고 있는 법익을 침해하거나 또는 위태화하는 것을 말한다. 인과관계란 실행행위와 실행행위의 결과 사이에 원인과 결과의 연관관계를 말한다. 실행행위가 행하여지고 결과가 발생하여도 양자 사이에 인과관계가 존재하지 않으면 결과의 발생을 내용을 하는 기수범의 경우 구성요건해당성은 부정된다. 그러나 결과가 발생하지 않아도 범죄가 성립하는 미수범의 경우에는 미수범의 구성요건해당성이 긍정된다. 행위의 상황이란 실행행위의 요건이 되는 상황을 말한다. 예컨대 진화방해죄(제169조)는 행위상황인 '화재에 있어서'라는 요건하에서 실행행위, 즉 '진화용의 시설 또는 물건을 은닉 또는 손괴하거나 기타 방법으로 진화를 방해'할 것이 요구된다. 이러한 의미에서 구성요건요소로서의 행위상황을 구성요건적 상황이라고도 한다.

(2) 주관적 구성요건요소

주관적 구성요건요소(subjektives Tatbestandsmerkmal)란 제3자가 외견상 인식할 수 없는 구성요건요소로서 행위자의 내면적·주관적인 측면에 관한 것이 구성요건의 내용으로 되어 있는 요소를 말한다. 예컨대 일반적인 주관적 구성요건요소로서는 구성요건적 고의나 구성요건적 과실이 있다. 이들은 책임요소가 유형화되어 주관적 구성요건요소로 된 것이다. 객관적 구성요건요소에 해당하는 사실은 고의 또는 과실의 대상으로 되고, 대상에 대한 실현의사가 존재하지 않는 한 고의는 인정되지 않는다. 특수한 주관적 구성요건요소로서는 목적범에 있어서의 목적, 경향범에 있어서의 내심의 경향(성적 의도) 또는 표현범에 있어서의 표현이 거론되고 있다. 이들은 주관적 위법요소가 유형화되어 주관적 구성요건요소로 된 것이기 때문이다.

경향범(傾向犯)은 행위자의 일정한 주관적 경향의 발현으로 행하여진 범죄를 지칭하는 형법 개념이다. 예컨대 경향범은 강제추행죄에서와 같이 성적인 흥분이나 만족을 얻기 위한 주관적이고 음란한 동기에서 범하여진 때에는 범죄를 긍정하게 되지만, 외관상 같은 행위라도 의료의 목적으로 행하여진 때에는 범죄를 부정하게 된다. 표현범(表現犯, Ausdrucksdelikt)이란 행위가 행위자의 내면적인 지식상태의 굴절·모순 과정을 표현해 주는 범죄구성요건인 경우를 말한다. 표현범의 구성요건은 행위자에게 일정한 내면적인 지식상태가 존재할 것과 그의 외부적 행위는 이 지식상태와 모순된 표현일 것임을 요한다. 이에 해당하는 대표적 예가 위증죄(제152조)로서 법률에 의해 선서한 증인이 단지 객관적으로 허위의 사실을 진술하였기 때문이 아니라 주관적으로 증인 자신의 기억에 반하는 사실을 진술하였다는 점에서 구성요건에 해당하게 된다. 그 밖에도 허위의 감정·통역·번역죄(제154조), 국가보안법상의 불고지죄(국가보안법 제10조) 등이 이에 해당한다.

3. 기술적 구성요건요소와 규범적 구성요건요소

구성요건요소는 기술적 구성요건요소와 규범적 구성요건요소로 나누어질 수 있다. 기술적 구성요건요소(記述的 構成要件要素)란 구성요건요소의 존부를 판단하는 때에 사실적인 인식만으로도 확정이 가능하고 더 이상 가치적인 평가를 필요로 하지 않는 성질의 것을 말한다. 예컨대 살인죄(제250조 제1항)에 있어서 '사람을 살해한 자'의 '사람'과 '살해'는 사실적인 인식활동만으로도 충분히 확정할 수 있기 때문에 기술적 구성요건요소에 속한다.

규범적 구성요건요소(規範的 構成要件要素)란 구성요건요소의 존부를 판단하는 때에 규범적 가치판단을 필요로 하는 것을 말한다. 규범적 구성요건요소는 몇 가지의 유형으로 분류하는 것이 가능하다. 첫째, 절도죄에 있어서 타인의 재물, 공무집행방해죄에 있어서 직무행위의 적법성, 친족상도례에 있어서의 직계혈족 또는 동거의 친족 등과 같이 법적 평가에 의한 판단을 필요로 하는 유형이다. 둘째, 자기소유건조물에의 방화죄에 있어서 공공의 위험, 무고죄에 있어서 허위사실의 신고, 사기죄에 있어서의 사람을 기망하여 등과 같이 인식상의 평가를 필요로 하는 유형이다. 셋째, 공연음란죄에 있어서 음란, 명예훼손죄에 있어서의 명예 등과 같이 사회일반의 문화적 평가에 의한 판단을 필요로 하는 유형이다.

생각건대 죄형법정주의의 요청에서 보면 구성요건적 행위는 법관의 자의가 개입되지 않도록 기술적 구성요건요소에 의하여 규정될 필요가 있다. 그러나 구성요건적 행위는 사회적 존재로서의 행위를 기초로 하여 유형화된 법적 개념인 이상 또 복잡한 사회현상에 적절하게 대응할 필요가 있는 이상 규범적 구성요건요소를 형법에서 완전히 배제하는 것은 불가능하다. 다만 규범적 구성요건요소는 죄형법정주의의 관점에서는 결코 바람직한 것이 아니기 때문에 그 확정에 있어서는 사회통념을 기준으로 가능한 한 객관적이고 엄격하게 행함과 동시에 사례의 집적을 통하여 그 유형화가 이루어지는 것이 바람직하다고 제안되고 있다.

4. 기술된 구성요건요소와 기술되지 않은 구성요건요소

기술된 구성요건요소(記述된 構成要件要素)란 구성요건에 기술되어 있는 요소를 의미한다. 구성요건요소는 각칙의 각 조문에 기술되어 있는 것이 원칙이다. 인과관계는 구성요건에 명기되지 않아도 결과범인 한 언제나 구성요건요소로 된다. 그럼에도 불구하고 인과관계는 주체, 객체, 행위, 결과 등과는 달리 구성요건에 기술되어 있지 않기 때문에 소위 '기술되지 않은 구성요건요소'가 된다. 이 외에도 소유권범죄에 있어서 불법영득의 의사, 사기죄 또는 공갈죄에 있어서의 처분행위, 공무집행방해죄에 있어서의 직무의 적법성 등이 그의 전형적인 예이다. 한편 직무의 적법성은 기술되지 않은 객관적 구성요건요소로서 그의 개념은 법관에 의하여 보충되지 않으면 그 의미가 확정될 수 없기 때문에 규범적 구성요건요소의 전형적인 예라고 할 수 있다.

Ⅱ. 객관적 구성요건요소

객관적 구성요건요소는 이미 언급한 바와 같이 행위의 주체, 행위의 객체, 실행행위, 법익의 침해 또는 위험의 결과, 행위와 결과 사이의 인과관계 및 행위의 상황으로 세분될 수 있다.

1. 주 체

행위의 주체(主體, Tatsubjekt)는 행위자이다. 엄밀하게 말하면, 주체란 실행행위자(Täter)를 말한다. 형법상 행위자는 살아 있는 사람에 한한다.[2] 전술한 행위주의의 내용상 당연한 결과이다. 법조문상으로는 '~한 자'라고 규정되어 있다. 그러나 이는 원칙적으로 자연인 1인에 의한 단독범의 형태를 상정하고 있는 것이다. 자연인인 이상 연령이나 책임능력의 유무를 불문하기 때문에 형사미성년자나 심신상실자도 주체가 될 수 있다. 다만 예외적으로 주체의 범위가 축소되는 경우로서는 자연인 중에서 신분자에게만 국한되는 신분범이 거론될 수 있다. 반대로 주체의 범위가 확장되는 경우로서는 자연인 이외에 법인과 단독범 이외에 공범이 예시될 수 있다. 기타의 형태로서는 간접정범에 의한 범행이 불가능한 경우로서 자수범과 동시범이 거론될 수 있을 것이다.

---

2) 역사적으로 볼 때 법적 책임의 주체는 반드시 사람에게만 한정된 것은 아니었다. 과거에는 물건이나 동물도 얼마든지 법적 책임의 주체로서 인정되었다. 고대 그리스나 로마제국의 초기에는 위해를 가한 직접적·물리적 존재라면 그것이 사람이든 물건이든 동물이든 묻지 않고 책임의 주체로 인정되었다. 따라서 책임의 주체가 물건이나 동물인 경우에는 물건이나 동물에게도 주된 형벌이 과하여졌다. 오늘날과 같이 법적 책임의 주체를 사람에게만 한정한 것은 근대 이후의 법체계라고 보인다. 즉, 근대형법이 확립한 행위주의의 결과물이라고 생각된다.

(1) 신분범

신분범(身分犯, Sonderdelikt)이란 구성요건요소로서의 행위의 주체에 신분이 요구되는 범죄를 말한다. 구성요건은 본래 행위의 주체로서 자연인을 예정하고 규정되고 있다. 그런데 신분범에서는 행위의 주체를 자연인 중에서 신분자로 한정하고 있으므로 주체의 축소라고 이해해도 무방할 것이다.

신분범에서는 특정한 신분을 가지지 않으면 행위의 주체로 될 수 없다. 신분이란 남·녀, 내·외국인, 친족관계, 공무원 등과 같은 자격에 한하지 않고 존·비속, 상습성 등과 같이 일정한 범죄행위에 관한 범인의 특수한 지위 또는 상태의 일체를 포함한다. 가문, 문벌, 사농공상의 직책 등 과거의 신분제사회에서의 봉건주의적 신분은 여기의 신분에 포함되지 않는다. 봉건주의적 신분제도는 민주주의가 정착된 국가에서는 이미 폐지되어 과거의 유물이 되었기 때문이다. 신분범은 수뢰죄와 같이 행위자에게 신분이 있는 경우에만 범죄를 구성하는 진정신분범(眞正身分犯)과 업무상 과실치사죄, 상습도박죄 또는 영아살해죄 등에서와 같이 신분에 의하여 법정형이 가중 또는 감경되는 부진정신분범(不眞正身分犯)의 두 종류로 나누어진다. 진정신분범에 있어서의 신분을 구성적 신분이라고 하고, 부진정신분범에 있어서의 신분을 가중적 신분 또는 감경적 신분이라고 한다. 한편 부진정부작위범에 있어서 보장인지위자에 한하여 부진정부작위범의 주체성을 인정하자는 것이 보장인설이다. 이러한 의미에서 부진정부작위범도 신분범의 일종이라고 할 수 있다.

(2) 법 인

1) 문제의 소재

법인(法人, juristische Person, juridical person)이란 법률에 의하여 '사람'(Person)으로 인정되는 자연인(自然人, natürliche Person, natural person)을 제외한 법인격체(法人格體)를 말한다. 즉 법인이란 자연인을 제외한 사람을 말한다. 민법상으로 '사람'이란 법률적으로 권리와 의무의 주체인 자격, 즉 권리능력이 부여된 존재를 말한다. 따라서 법인도 사람이기 때문에 권리능력을 인정받은 존재라고 할 수 있다(민법 제34조 참조). 나아가 법인은 스스로의 의사를 가지고 행위를 할 수 있기 때문에 행위능력도 가지고 있다고 본다(法人實在說, Realitätstheorie). 뿐만 아니라 법인은 민사책임을 부담하는 데에 있어서도 자연인과 똑같이 책임을 지도록 규정되어 있다(민법 제35조 제1항 참조). 이와 같이 민사법적으로 볼 때 법인과 자연인 사이에는 하등의 차이가 존재하지 않는다.

그러나 민법상의 규정과는 별개로 형법적인 측면에서 법인의 행위능력의 여부와 처벌의 근거에 관하여는 다툼이 있다. 왜냐하면 형법은 민법과는 달리 법인의 권리능력이나 행위능력에 관하여 처음부터 아무런 규정을 두지 않았기 때문이다. 그럼에도 불구하고 행정형법의 분야에서는 양벌규정에 의하여 법인에 대한 처벌규정을 두고 있다. 한편 법인에 대한 형사처벌의 특징을 민사책임과 비교하여 요약하면 다음과 같다. 즉, 법인의 형사처벌에 관하여 형법에는 하등의 규정이 존재하지 않는다는 점, 법인의 형사처벌에 관하여는 행정형법에서 다수의 양벌규정이 존재한다는 점 및 법인에 대한 형사제재는 벌금에 국한되어 있다는 점 등이다. 뿐만 아니라 현대사회에서는 법인인 조직체의 영향력이 자연인인 개인보다도 훨씬 막강하고 그 부작용도 더 클 것으로 예상되기 때문에 이에 대한 대책이 불가피한 상황이다. 여기서 법인의 행위능력과 형사처벌에 관하여 문제가 제기되고 있다. 첫째, 법인에 대한 형사처벌은 근대형법의 기본원칙인 행위주의에 반하는 것은 아닌가 하는 점이다. 여기서 법인의 범죄능력, 즉 법인의 행위의 주체성에 관한 검토가 다시 필요하게 된다. 둘째, 법인에 대한 형사처벌은 근대형법의 기본원칙인 책임주의에 반하는 것은 아닌가 하는 점이다. 여기서 법인의 형벌능력, 즉 법인에 대한 형사처벌의 근거에 관한 검토가 필요하게 된다. 법인에 대한 형사처벌의 근거를 규명하기 위해서는 법인의 범죄행위의 주체성이 먼저 해명되지 않을 수 없기 때문이다.

2) 행위의 주체성

형법은 구성요건요소로서의 행위의 주체를 자연인에 한정하여 규정하고 있다. 이로써 법인은 처음부터 행위의 주체에서 제외되고 있다고 해석되고 있다. 이는 형사책임의 본질을 윤리적 비난가능성이라고 이해하고, 법인에 대하여는 이러한 비난의 대상으로서의 윤리적 의사주체성을 인정할 수 없다는 사유의 결과였다. 그럼에도 불구하고 행정형법은 양벌규정을 통하여 법인에 대한 처벌규정을 두고 있다. 여기서 법인에 대한 형사처벌의 근거를 제시할 필요가 있다. 법인처벌의 근거에 관한 해명은 먼저 법인의 범죄행위의 주체성이 규명될 것을 요구하고 있다. 종래부터 법인의 범죄행위의 주체성과 관련하여 법인도 과연 자연인과 같이 범죄를 스스로 행할 수 있는가라는 문제가 논의되어 왔다. 법인의 범죄능력이 긍정되면 법인에 대한 처벌근거도 저절로 해명될 수 있기 때문이다.

① 학 설

법인의 범죄능력, 즉 법인의 행위 주체성에 관하여는 종래부터 부정설과 긍정설이 대립하여 오고 있다. 먼저 부정설이다. 부정설의 논거는 다음과 같다. 법인은 육체와 의사를 가지고 있지 않은 법률에 의한 의제적 존재이기 때문에 법인에게는 행위능력이 없다는 점, 법인은 자기결정능력을 가지고 있지 않기 때문에 법인에게는 윤리적 책임비난이 불가능하다는 점, 자유형을 중심으로 하는 형벌체계는 자연인을 전제로 하고 있기 때문에 법인에게는 적합하지 않다는 점 및 법인은 기관인 자연인만을 처벌하면 족하기 때문에 '법인에게는 범죄능력이 없다'(societas delinquere non potest)는 원칙에 따라야 한다는 점 등이 그것이다. 다음으로 긍정설이다. 긍정설의 논거는 다음과 같다. 법인의 활동은 기관인 자연인의 의사에 의하여 지배되거나 지배가능한 것이기 때문에 법인도 행위의 주체로 될 수 있다는 점, 법인은 고유의 의사에 의하여 사회적 실재로서 독자적인 활동을 영위하고 있기 때문에 법인에 대하여도 도의적인 비난이 가능하다는 점, 자유형을 법인에게 과하는 것은 불가능하지만 그 외의 형벌은 법인에게도 가능하다는 점 및 법인의 범죄에 대하여 기관으로서의 개인인 행위자만을 처벌한다면 법인은 아무런 처벌도 받지 않는 결과가 되어 법인의 위법행위를 억제할 수 없다는 점 등이 그것이다. 한편 영미법에서는 처음부터 법인의 행위능력을 인정하고 법인에게도 형벌을 과하고 있다.

② 판 례

판례는 법인의 범죄능력, 즉 법인에 대한 행위의 주체성을 처음부터 부정해왔다. 법인은 기관인 자연인을 통하여 행위를 하게 되고, 자연인이 법인의 기관으로서 범죄행위를 한 경우 행위자인 자연인이 범죄행위에 대한 형사책임을 지게 된다는 구조로 구성하고 있기 때문이다. 법인의 범죄능력에 관한 판례의 구체적 내용은 다음과 같다. 즉,

> ① 법인격 없는 사단과 같은 단체는 법인과 마찬가지로 사법상의 권리의무의 주체가 될 수 있음은 별론으로 하더라도 법률에 명문의 규정이 없는 한 그 범죄능력은 없고 그 단체의 업무는 단체를 대표하는 자연인인 대표기관의 의사결정에 따른 대표행위에 의하여 실현될 수밖에 없는 바, 구 건축법(1995.1.5. 법률 제4919호로 개정되기 전의 것) 제26조 제1항의 규정에 의하여 건축물의 유지·관리의무를 지는 '소유자 또는 관리자'가 법인격 없는 사단인 경우에는 자연인인 대표기관이 그 업무를 수행하는 것이므로, 같은 법 제79조 제4호에서 같은 법 제26조 제1항의 규정에 위반한 자라 함은 법인격 없는 사단의 대표기관인 자

연인을 의미한다.[3] ② 법인은 기관인 자연인을 통하여 행위를 하게 되는 것이기 때문에, 자연인이 법인의 기관으로서 범죄행위를 한 경우에도 행위자인 자연인이 범죄행위에 대한 형사책임을 지는 것이고, 다만 법률이 목적을 달성하기 위하여 특별히 규정하고 있는 경우에만 행위자를 벌하는 외에 법률효과가 귀속되는 법인에 대하여도 벌금형을 과할 수 있을 뿐이다.[4] ③ 형법 제355조 제2항의 배임죄에 있어서 타인의 사무를 처리할 의무의 주체가 법인이 되는 경우라도 법인은 다만 사법상의 의무주체가 될 뿐 범죄능력이 없는 것이며 그 타인의 사무는 법인을 대표하는 자연인인 대표기관의 의사결정에 따른 대표행위에 의하여 실현될 수밖에 없어 그 대표기관은 마땅히 법인이 타인에 대하여 부담하고 있는 의무내용 대로 사무를 처리할 임무가 있다 할 것이므로 법인이 처리할 의무를 지는 타인의 사무에 관하여는 법인이 배임죄의 주체가 될 수 없고 그 법인을 대표하여 사무를 처리하는 자연인인 대표기관이 바로 타인의 사무를 처리하는 자 즉 배임죄의 주체가 된다.[5]

③ 검 토

근대형법은 행위주의를 형법의 3대 기본원칙 중의 하나로 확립한 바 있다. 행위주의란 죄형법정주의에 있어서 죄와 형을 법정하는 기준으로서는 행위가 아니면 안 된다는 원칙을 말한다. 행위가 아닌 의사만으로도 처벌의 대상으로 되었던 근대 이전에 형법의 역사가 있었기 때문이다.

행위주의에 의하면 형법상의 제재는 살아 있는 사람의 행위만을 그 대상으로 한다. 죽은 사람이나 동물 등의 움직임은 처벌의 대상으로 되지 않는다는 의미이다. 그렇다면 근대형법은 자연인에 의한 범죄는 예정했지만, 법인에 의한 범죄는 태생적으로 예상하지 못했다고 할 수 있다. 그렇지 않으면 의도적으로 거부했다고 할 수도 있을 것이다. 왜냐하면 근대형법이 중세형법에 있어서의 연좌제에 의한 단체책임을 혁파하고 개인책임을 확립하였다는 사실로부터 충분히 도출이 가능한 결과라고 할 수 있기 때문이다. 현행형법도 책임주의를 형법의 기본원칙 중의 하나로 확립하고 개인책임의 추급을 전제로 하고 있다고 할 수 있다. 따라서 형법은 법인을 범죄행위나 책임의 주체로 인정하는 아무런 규정을 두고 있지 않다고 해야 한다.

결국 형법은 처음부터 자연인만을 행위의 주체로 인정해 왔다고 해야 한다. 로마법도 '법인은 범죄를 범할 수 없다'(Societas delinquere non potest)는 격언을 남기고 있다. 다만 서양

3) 대법원 1997.1.24. 선고 96도524 판결.
4) 대법원 1994.2.8. 선고 93도1483 판결.
5) 대법원 1984.10.10. 선고 82도2595 전원합의체 판결.

의 법제사에 있어서 게르만법, 중세 이탈리아법 그리고 보통법의 시대에는 단체를 처벌한 적이 있다고 알려져 있다. 그러나 18세기 말에서 19세기 초두에 걸쳐 개인주의의 발달에 의하여 법인은 형사처벌의 대상에서 제외되게 되었다. 이는 단체책임을 극복하고 개인책임주의를 확립한 근대형법의 공적이라고 아니할 수 없다.

3) 법인의 처벌 유형

행정형법상 법인처벌의 형식으로는 몇 가지의 유형이 있다. 첫째, 대벌규정(代罰規定) 또는 전가벌규정(轉嫁罰規定)이다. 대벌규정 또는 전가벌규정은 자연인인 종업원의 위반행위에 대하여 업무주인 법인만을 처벌한다. 둘째, 양벌규정(兩罰規定)이다. 양벌규정은 자연인인 종업원의 위반행위에 대하여 행위자로서의 자연인을 처벌함과 동시에 업무주로서의 법인도 함께 처벌한다. 셋째, 3벌규정(三罰規定)이다. 자연인인 종업원의 위반행위에 대하여 행위자로서의 종업원 본인, 업무주로서의 법인 및 사용자로서의 대표자와 관리자를 모두 처벌한다. 그러나 현행법상 인정되고 있는 법인처벌규정은 양벌규정이다. 양벌규정을 따로 둔 취지는 위반행위가 통상 개인적인 차원보다는 법인의 업무와 관련하여 반복적 · 계속적으로 이루어질 가능성이 크다는 점을 감안하여, 법인의 대표자가 그 업무와 관련하여 위반행위를 저지른 경우에는 그 법인도 형사처벌 대상으로 삼음으로써 위반행위의 발생을 방지하고 법조항의 규범력을 확보하려는 데에 있다고 할 수 있다.[6]

4) 법인의 처벌 근거

법인의 행위 주체성은 부정되는 것이 논리적이다. 형법은 처음부터 행위의 주체와 처벌의 대상을 살아 있는 사람에 국한하여 탄생하였다는 것이 근대형법의 역사이기 때문이다. 따라서 행위주의와 개인책임주의를 기본원칙으로 삼았던 근대형법은 처음부터 법인을 염두에 두지 않고 출발하였다. 그럼에도 불구하고 행정형법에서는 법인에 대한 처벌을 명문으로 규정하고 있는 것이 사실이다. 이와 관련하여 법인의 수형능력(受刑能力)이 문제되고 있다. 견해에 따라서는 법인의 형벌능력(刑罰能力)이라고 하기도 한다.

① 학 설

양벌규정과 관련하여 법인처벌의 근거에 관하여는 견해가 일치하지 않고 있다. 부정설에 의하면 법인은 범죄능력이 없기 때문에 형벌능력도 없다고 주장한다. 우

6) 대법원 2010.9.30. 선고 2009도3876 판결.

리나라에서 부정설은 양벌규정과 양립할 수 없기 때문에 주장되지 않고 있다. 이에 반하여 긍정설에 의하면 한편에서는 법인은 범죄능력이 있기 때문에 형벌능력도 인정된다고 하는 주장이 있고, 다른 한편에서는 법인의 범죄능력은 부정하지만 형벌능력만은 인정한다는 주장도 있다. 긍정설에 의하는 경우에도 법인처벌의 근거에 대하여는 다툼이 있다. 크게 무과실책임설과 과실책임설이 대립되어 왔다. 나아가 종업원이 범죄행위를 행하지 않도록 선임·감독하여야 할 의무를 게을리한 책임이 법인에게 있다는 과실책임설은 다시 순수과실설, 과실추정설 및 과실의제설로 나누어질 수 왔다.

첫째, 무과실책임설이다. 무과실책임설(無過失責任說)은 행정단속의 목적에서 법인처벌규정에 대하여 정책상 무과실책임을 규정한 것이라고 주장한다. 이는 범죄주체와 형벌주체의 동일성을 요구하는 형법의 일반원칙에 대한 예외이고, 책임주의에 대한 예외라고 한다. 자기의 행위와 관계없이 타인의 행위로 인하여 형벌을 과하게 된다는 의미에서 넓은 의미의 전가책임(轉嫁責任)에 속한다고 할 수 있다. 그러나 무과실책임 또는 전가책임은 고의 또는 과실이 있는 자만이 책임을 져야 한다는 근대형법의 기본원칙인 주관적 책임주의 또는 개인적 책임주의에 반한다고 해야 한다. 둘째, 순수과실설이다. 순수과실설(純粹過失說)은 법인의 과실이 증명되지 않으면 안 된다고 주장한다. 셋째, 과실추정설이다. 과실추정설(過失推定說)은 법인의 과실은 추정되기 때문에 과실이 없었다는 반증이 있으면 법인은 책임을 면한다고 주장한다. 넷째, 과실의제설이다. 과실의제설(過失擬制說)은 법인의 과실은 의제되기 때문에 반증은 허용되지 않는다고 주장한다. 그러나 과실범에 관한 처벌규정이 없는데도 처벌하자고 주장하는 것이라면 그것은 문제라고 아니할 수 없다. 또 순수과실설의 경우 법인의 과실에 대한 입증은 곤란하다고 비판될 수 있다. 나아가 과실추정설이나 과실의제설에 대하여는 과실이 없음에도 불구하고 추정하거나 의제하는 것은 불합리하고 실질적으로는 무과실책임에 대한 비판이 그대로 적용된다고 할 수 있다.

② 판 례

판례는 책임주의에 입각하고 있다. 즉, 자기책임주의에 근거하여 법인은 법인 자체의 고의 또는 과실에 대하여만 책임을 진다고 한다. 법인의 고의 또는 과실은 행위자의 고의 또는 과실과는 별개의 것으로 인정되고 있는 것이다. 법인의 처벌에 관한 판례의 구체적인 내용은 다음과 같다. 즉,

① 일반적으로 자연인이 법인의 기관으로서 범죄행위를 한 경우에도 행위자인 자연인이 그 범죄행위에 대한 형사책임을 지는 것이고, 다만 법률이 그 목적을 달성하기 위하여 특별히 규정하고 있는 경우에만 행위자를 벌하는 외에 법률효과가 귀속되는 법인에 대하여도 벌금형을 과할 수 있는 것인 만큼, 법인이 설립되기 이전에 어떤 자연인이 한 행위의 효과가 설립 후의 법인에게 당연히 귀속된다고 보기 어려울 뿐만 아니라, 양벌규정에 의하여 사용자인 법인을 처벌하는 것은 형벌의 자기책임원칙에 비추어 위반행위가 발생한 그 업무와 관련하여 사용자인 법인이 상당한 주의 또는 관리감독 의무를 게을리한 선임감독상의 과실을 이유로 하는 것인데, 법인이 설립되기 이전의 행위에 대하여는 법인에게 어떠한 선임감독상의 과실이 있다고 할 수 없으므로, 특별한 근거규정이 없는 한 법인이 설립되기 이전에 자연인이 한 행위에 대하여 양벌규정을 적용하여 법인을 처벌할 수는 없다고 봄이 타당하다.[7] ② 의사인 피고인의 사용인 간호조무사 갑이 산통으로 내원한 임산부에 대하여 임의로 무통주사와 수액주사를 처치하고 내진을 하는 등 의료행위를 한 사안에서, 갑의 진료행위가 간호조무사가 할 수 있는 진료보조행위 범위를 벗어났다고 본 다음 갑의 구 의료법 위반행위를 방지하기 위한 상당한 주의와 감독을 기울였다고 볼 수 없다는 이유로 양벌규정을 적용하여 피고인에게 유죄를 인정한 원심판단은 정당하다.[8] ③ 형벌의 자기책임원칙에 비추어 볼 때 위 양벌규정은 법인이 사용인 등에 의하여 위반행위가 발생한 그 업무와 관련하여 상당한 주의 또는 관리감독 의무를 게을리한 때에 한하여 적용된다고 봄이 상당하고, 구체적인 사안에서 법인이 상당한 주의 또는 관리감독 의무를 게을리하였는지 여부는 당해 위반행위와 관련된 모든 사정, 즉 당해 법률의 입법 취지, 처벌조항 위반으로 예상되는 법익 침해의 정도, 그 위반행위에 관하여 양벌규정을 마련한 취지 등은 물론 위반행위의 구체적인 모습과 그로 인하여 실제 야기된 피해 또는 결과의 정도, 법인의 영업 규모 및 행위자에 대한 감독가능성 또는 구체적인 지휘감독 관계, 법인이 위반행위 방지를 위하여 실제 행한 조치 등을 전체적으로 종합하여 판단하여야 한다.[9] ④ 법인은 기관을 통하여 행위하므로 법인이 대표자를 선임한 이상 그의 행위로 인한 법률효과는 법인에게 귀속되어야 하고, 법인 대표자의 범죄행위에 대하여는 법인 자신이 책임을 져야 하는 바, 법인 대표자의 법규위반행위에 대한 법인의 책임은 법인 자신의 법규위반행위로 평가될 수 있는 행위에 대한 법인의 직접책임으로서, 대표자의 고의에 의한 위반행위에 대하여는 법인 자신의 고의에 의한 책임을, 대표자의 과실에 의한 위반행위에 대하여는 법인 자신의 과실에 의한 책임을 지는 것이다.[10] ⑤ 국가가 본래

7) 대법원 2018.8.1. 선고 2015도10388 판결.

8) 대법원 2011.7.14. 선고 2010도1444 판결.

9) 대법원 2011.7.14. 선고 2009도5516 판결; 대법원 2011.3.24. 선고 2009도7230 판결; 대법원 2010.9.9. 선고 2008도7834 판결; 대법원 2010.7.8. 선고 2009도6968 판결; 대법원 2010.2.25. 선고 2009도5824 판결.

그의 사무의 일부를 지방자치단체의 장에게 위임하여 처리하게 하는 기관위임사무의 경우 지방자치단체는 국가기관의 일부로 볼 수 있고, 지방자치단체가 그 고유의 자치사무를 처리하는 경우 지방자치단체는 국가기관의 일부가 아니라 국가기관과는 별도의 독립한 공법인으로서 양벌규정에 의한 처벌대상이 되는 법인에 해당한다.[11]

③ 검 토

근대형법은 기본원칙 중의 하나로서 책임주의를 확립한 바 있다. 책임주의는 다시 주관적 책임, 개인적 책임 및 행위와 책임능력의 동시존재의 원칙으로 세분될 수 있다는 것에 관하여는 전술한 바 있다. 다시 말해서 근대형법은 당시까지 남아 있던 봉건형법의 잔재를 행위에 고의 또는 과실이 있는 행위자 개인만이 책임을 지고 이에 관여하지 않은 자는 책임을 지지 않는다는 개인적 책임주의를 확립함으로써 행위자가 아닌 자에게도 책임을 묻던 연좌제에 의한 단체책임(團體責任)을 모두 청산할 수 있었다. 따라서 법인처벌의 근거에 관하여는 고의 또는 과실이 있는 행위자만이 책임을 진다는 개인책임주의 또는 자기책임주의에 근거하여 법인은 종업원의 선임·감독 기타 종업자의 위반행위의 방지에 대하여 필요한 주의를 다하지 않은 과실을 근거로 하여 처벌된다고 해석하여야 한다.

한편 법인의 형사책임은 일반적으로 독일, 프랑스, 이탈리아 등의 대륙법에 있어서는 부정되고, 영미법에 있어서는 긍정되는 경향이 있었다. 그럼에도 불구하고 독일에서는 법인에 대해서는 형벌이 아니라 질서벌(秩序罰, Ordnungsstrafe)을 과하고, 그것을 '질서위반법'(秩序違反法, Ordnungswidrigkeitsrecht)이라는 형법 이외의 법률에 위임하고 있다. 이에 의하면 행위자가 법인의 대표권을 가진 기관, 또는 그와 같은 기관의 구성원이었던 경우에는 법인에게 과료(過料, Geldbuße)가 과하여진다(독일 질서위반법 제30조).

(3) 공 범

공범(共犯)이란 복수인이 동일한 범죄에 관여하는 형태의 범죄를 말한다. 공범은 흔히 정범에 대립되는 개념으로서 사용되고 있으며, 필요적 공범과 임의적 공범으로 대별하여 이해하는 것이 일반적이다.

1) 필요적 공범

객관적 구성요건요소로서 행위의 주체는 원칙적으로 단독범의 형태를 예정하

10) 헌법재판소 2010.7.29. 선고 2009헌가25 결정; 대법원 2010.9.30. 선고 2009도3876 판결.
11) 대법원 2009.6.11. 선고 2008도6530 판결.

고 있다. 따라서 주체가 2인 이상의 복수인으로 되어 있는 경우는 예외적인 형태에 속한다고 할 수 있다. 바로 필요적 공범이 대표적인 예시로서 거론될 수 있을 것이다. 필요적 공범(必要的 共犯, notwendige Teilnahme)이란 구성요건이 처음부터 행위의 주체로서 복수의 행위자를 예정하고 정하여진 범죄를 말한다. 형법은 이에 관하여 각칙에서 규정하고 있다. 필요적 공범은 다시 집합범과 대향범으로 세분될 수 있다. 집합범(集合犯, Konvergenzdelikte)이란 다수인의 참가를 전제로 하는 군중범죄를 말한다. 소요죄(제115조), 내란죄(제87조) 등이 그 전형적인 예이다. 대향범(對向犯, Begegnungsdelikte)이란 상대방의 대향을 필요로 하는 범죄를 말한다. 예컨대 수뢰죄(제129조)와 증뢰죄(제133조), 배임수증재죄(제357조) 등이 이에 속한다.

2) 임의적 공범

필요적 공범에 대립되는 개념으로서 임의적 공범이라는 용어가 사용되고 있다. 임의적 공범(任意的 共犯)이란 단독의 행위자를 예정하고 규정된 구성요건이 복수의 행위자에 의하여 실현하는 경우를 말한다. 광의의 공범이라고도 한다. 예컨대 살인죄나 절도죄의 구성요건을 단독으로 실행하는 것이 보통이지만, 이를 복수인이 실행하는 경우가 임의적 공범에 해당한다. 형법은 총칙에서 공범이라는 제목하에 공동정범(제30조), 교사범(제31조), 종범(제32조), 공범과 신분(제33조) 및 간접정범(제34조)의 5종에 관하여 규정하고 있다. 이 중에서 교사범과 종범은 타인의 실행행위를 교사 또는 방조하여 타인의 범죄에 가담하는 형태에 해당하기 때문에 실행행위의 일부를 기능적으로 분담하는 공동정범이나 실행행위를 간접적으로 실행하는 간접정범과는 완전히 구별되고 있다. 이러한 의미에서 교사범과 종범을 가담범, 고유한 의미의 공범 또는 협의의 공범이라고 하기도 한다. 한편 임의적 공범에 관한 이론으로서의 공범론은 전술한 바와 같이 책임주의를 근거로 할 때만이 가장 설득력 있는 설명이 가능하다고 본다. 이러한 의미에서 후술하는 바와 같이 공범론의 기본원리로서 책임주의를 제시하고자 한다.

(4) 자수범

자수범(自手犯, eigenhandige Delikte)이란 항상 행위자 자신에 의한 실행행위를 요구하는 범죄유형을 말한다. 따라서 자수범에 있어서는 간접정범의 성립을 부정하게 되는 것이 가장 큰 특징이다. 예컨대 형법상의 준강간죄, 준강제추행죄, 피구금자간음죄, 아편흡식죄, 도로교통법상의 무면허운전죄, 면허증불휴대죄, 음주운전죄 등이 자수범의 전형으로 거론되고 있다. 그러나 위증죄나 수뢰죄와 같이 일정한 신분 있는 자에 대하여만 성립하는 신분범이라도 그 자를 도구로 함에 의하여 비신분자가 구성요건을 실현할 수 있는 경우에는 자수범으로 되지 않는다.

(5) 동시범

동시범(同時犯, Nebentäter)이란 2인 이상의 자가 의사의 연락 없이 동일한 객체에 대하여 동일한 범죄를 동시에 실행하는 것을 말한다. 이러한 의미에서 동시정범(同時正犯)이라고도 한다. 동시범은 각각의 행위자가 의사의 연락 없이 우연적·동시적으로 동일한 범죄를 행한다는 점에서 수인의 행위자가 의사의 연락하에 동일한 범죄를 행하는 공범과 구별된다.

동시범은 범죄의 성부에 관하여 각 개인마다 개별적으로 평가된다. 따라서 각 개인은 단독범으로 취급되는 것이 원칙이다. 동시범은 단독범의 경합에 지나지 않기 때문에 각자가 행한 행위에 대하여만 책임을 부담하는 개인책임의 원칙이 적용되기 때문에 공동정범에서와 같은 일부실행전부책임의 원칙은 적용되지 않는다. 그러므로 각자의 행위와 결과의 사이에 인과관계가 증명될 수 없는 경우는 결과에 대하여 책임을 지지 않는다. 다시 말해서 결과발생의 원인된 행위가 판명되지 아니하는 경우에는 각 행위자가 미수범으로 처벌받게 된다. 형법도 '동시 또는 이시의 독립행위가 경합한 경우에 그 결과발생의 원인된 행위가 판명되지 아니한 때에는 각 행위를 미수범으로 처벌한다'고 규정하고 있다(제19조). 다만 동시상해의 경우에는 동시범의 특례에 대한 특례가 다시 인정되고 있다. 즉, 상해의 동시범에 관하여는 예외적으로 소위 동시상해의 특례가 적용되어 각 행위자는 공동정범으로 취급됨에 따라 기수범으로 처벌받게 된다. 형법 또한 '독립행위가 경합하여 상해의 결과를 발생하게 한 경우에 있어서 원인된 행위가 판명되지 아니한 때에는 공동정범의 예에 의한다'고 규정하고 있다(제263조).

2. 객 체

(1) 객체의 의의

행위의 객체(客體, Tatobjekt)란 행위가 지향하고 있는 대상으로서의 사람 또는 물건을 말한다. 예컨대 살인죄에 있어서 '사람'(제250조 제1항), 절도죄에 있어서 '타인의 재물'이 이에 해당한다(제329조). 행위의 객체는 개별범죄마다 상이하기 때문에 형법각칙이 개별적인 조문에서 구체적으로 규정하고 있다. 여기서 행위의 객체는 형법총론에서 다루어질 것이 거의 없다고 해도 과언이 아니다.

(2) 구별되는 개념

행위의 객체에 대하여는 다음의 세 가지의 점에 주의를 요한다. 첫째, 행위의 객체와 보호의 객체는 구별되어야 한다는 점이다. 보호의 객체(保護의 客體, Schutzobjekt)는 형벌법규가 그 구성요건에 의하여 보호하려고 하는 이익, 즉 법익을 말한다. 예컨대 살인죄에 있어서 행위의 객체는 살아 있는 '사람'이고, 보호의 객체는 '사람의 생명'이다. 또한 공무집행방해죄에 있어서 행위의 객체는 '공무원'으로서의 사람임에 반하여, 보호의 객체는 '공무의 적법한 집행'이다. 둘째, 범죄에 따라서는 행위의 객체가 존재하지 않는 경우도 있다는 점이다. 위증죄가 그 대표적인 예이다(제152조 제1항). 이에 반하여 보호의 객체, 즉 보호법익이 결하여져 있는 범죄는 존재하지 않는다. 위증죄의 보호법익은 국가의 사법기능이다. 또 도주죄는 법률에 의하여 체포 또는 구금된 자가 도주한 때에 성립하는 범죄인데(제145조 제1항), 여기서 행위의 객체는 존재하지 않지만 보호의 객체는 '국가의 구금작용'이다. 셋째, 행위의 객체와 범죄의 피해자는 구별할 필요가 있다는 점이다. 범죄의 피해자는 범죄에 의하여 손해를 입은 자이다. 예컨대 절도죄의 피해자는 점유자 외에 재물의 소유자도 포함되고, 살인죄의 피해자는 살해된 본인, 즉 피살자 외에도 유족도 포함된다. 또한 사기죄에 있어서 피기망자와 재물의 소유자가 일치하지 않는 경우에는 행위의 객체는 피기망자이지만, 피해자는 재물의 소유자가 된다. 범죄피해자와 관련해서는 범죄피해자보호법과 범죄피해자보호기금법이 정하여져 있다. 뿐만 아니라 범죄의 피해자에 대하여는 형사소송법상 고소권 등의 권리가 인정되고 있다(형소법 제223조).

3. 행 위

(1) 행위의 개념

범죄는 행위이다. 즉, 범죄는 구성요건에 해당하고 위법하고 유책한 행위이다. 이와 같이 범죄의 성립요건으로서의 행위(Hand-lung)는 여기에서 말하는 구성요건요소로서의 행위(Tat)와는 구별되는 개념이라고 하지 않을 수 없다. 객관적 구성요건요소로서의 행위란 범죄의 성립요건으로서의 행위와 같이 모든 행위를 의미하는 것이 아니다. 객관적 구성요건요소로서의 행위란 개별적인 각각의 구성요건이 요구하고 있는 행위, 즉 실행행위(Tat)를 말하는 것이다. 이러한 의미에서 범죄는 행위(Handlung)가 아니라 (실행)행위(Tat)가 되지 않으면 안 된다는 말을 이해할 수 있다.

1) 실행행위의 의의

객관적 구성요건요소로서의 행위는 실행행위를 의미한다. 실행행위(實行行爲, Tat)란 개별적인 구성요건에 규정되어 있는 행위를 말한다. 예컨대 살인죄의 객관적 구성요건은 '사람을 살해한 ~'이고, 실행행위는 '살해'이다(제250조 제1항). 또 절도죄의 객관적 구성요건은 '타인의 재물을 절취한 ~'이고, 실행행위는 '절취'이다(제329조). 한편 실행행위를 행하는 자를 행위자(行爲者, Täter)라고 한다.

실행행위는 개별적인 구성요건에 규정되어 있는 행위 중에서 결과발생의 실질적·현실적 위험성이 있는 행위를 말한다. 예컨대 살인죄의 실행행위라고 하기 위해서는 사람의 생명을 침해할 현실적인 위험성이 있는 행위일 것이 요구된다. 따라서 '저주의식'과 같은 행위는 살해의 위험성이 없기 때문에 살인죄의 실행행위에는 해당하지 않는다. 형식범이나 추상적 위험범의 경우에도 행위가 구성요건적 결과를 야기할 현실적 위험성을 가지지 않는 한 실행행위로는 되지 않는다. 다만 이들의 경우에 있어서는 형식적으로 구성요건을 충족하는 한 그것으로 그 위험성이 인정되기 때문에 위험성의 실질을 논할 필요가 없을 뿐이다. 실행행위의 내용으로 되는 구성요건실현의 현실적 위험성에 관하여는 과학법칙상 절박한 위험이라고 하는 견해와 행위시에 일반인이 느끼는 현실적인 위험이라고 하는 견해가 대립하고 있다. 생각건대 구성요건이란 사회통념 또는 일반인의 경험칙을 바탕으로 하여 당벌적 행위를 유형화하고 범죄로 인정된 것을 국민에게 명시하기 위한 것이기 때문에 구성요건의 단계에 있어서의 위험성은 당해 행위 자체에 대하여 통상의 판단능력을 가지는 사회일반인이 느끼는 객관적 위험성을 말한다고 하는 것이 타당하다.

실행행위의 개념은 특히 미수범에서 중요한 역할을 한다. 미수범의 성립시기는 실행의 착수시기, 즉 위험성이 현실적으로 되는 시점이라고 해야 하기 때문이다. 또 실행행위의 개념은 공범론에서도 중요한 의미를 가진다. 정범과 공범의 구별에 있어서 실행행위를 행하는 자, 즉 실행행위자를 정범이라고 하고, 실행행위의 일부 또는 그 이외의 행위를 행하는 자를 공범이라고 해야 하기 때문이다. 한편 실행행위는 통상 행위자 자신에 의하여 적극적이고 직접적인 신체활동으로서 행하여지는 '작위에 의한 직접정범'(unmitelbare Täterschaft)의 형태가 원칙적이다. 여기서 부진정부작위범과 간접정범에 있어서의 실행행위성이 특히 문제될 수 있다. 먼저 부작위, 즉 행위자의 소극적인 거동에 의하여 이루어지는 부작위범, 특히 부진정부작위범에 있어서의 부작위의 실행행위성이 문제될 수 있다. 다음으로 타인을 도구로 이용하여 간접적으로 범죄를 실현하는 간접정범(mittelbare Täterschaft)에 있어서의 이용행위의 실행행위성이 또한 문제될 수 있다.

2) 실행행위의 종류

실행행위는 객관적인 측면에서 작위(행위)와 부작위(행위) 또는 고의행위와 과실행위로 대별될 수 있다.

① 작위와 부작위

작위란 적극적인 행위를 말함에 반하여 부작위란 형법적으로 기대되는 행위를 하지 않음을 의미한다. 즉, 자연적 의미에서의 부작위는 거동성을 가지지 않기 때문에 작위와는 본질적으로 구별되는 무(無)에 지나지 않지만, 법적 의미에서의 부작위는 법적 기대라는 규범적 가치판단 요소에 의하여 사회적 중요성을 가지는 사람의 행태가 된다. 부작위는 법적 의미에서 작위와 함께 행위의 기본 형태를 이루게 되므로, 특정한 행위를 하지 아니하는 부작위가 형법적으로 부작위로서의 의미를 가지기 위해서는, 보호법익의 주체에게 해당 구성요건적 결과발생의 위험이 있는 상황에서 행위자가 구성요건의 실현을 회피하기 위하여 요구되는 행위를 현실적·물리적으로 행할 수 있었음에도 불구하고 하지 아니하였다고 평가될 수 있어야 한다.[12)]

객관적인 측면에서의 실행행위는 다시 주관적인 측면에서의 고의 또는 과실과 조합되어 '고의에 의한 작위 또는 부작위' 또는 '과실에 의한 작위 또는 부작위'로 세분될 수 있다. 결국 실행행위는 소위 작위행위, 부작위행위, 고의행위 또는 과실행위로 분류될 수 있는 셈이다. 나아가 실행행위의 종류에 상응하여 범죄의 유형도 각각 작위범, 부작위범, 고의범 또는 과실범으로 분류하는 것이 가능하게 된다.

② 고의행위와 과실행위

고의범의 경우에는 고의행위가 살인죄에 있어서는 살해, 절도죄에 있어서는 절취와 같이 구성요건에 명시되어 있다. 이에 반하여 과실범의 경우에는 과실행위가 명시되어 있는 것이 아니라 사망, 상해와 같이 그 결과만이 규정되어 있을 뿐이

12) 대법원 2015.11.12. 선고 2015도6809 전원합의체 판결.

다. 이와 같이 법규정을 통해서 고의범에 있어서의 실행행위는 쉽게 발견될 수 있으나, 과실범의 경우에는 결과만이 규정되어 있기 때문에 실행행위는 숨어 있는 셈이어서 발견하기가 쉽지 않다. 여기서 과실범의 실행행위를 인정하지 않는 견해도 있을 수 있지만, 과실범의 경우에는 '과실로 인하여 사람을 사망에 이르게 한' 경우(제267조 참조)이거나 '과실로 인하여 사람의 신체를 상해에 이르게 한' 경우(제266조 제1항)이기 때문에 구성요건적 결과를 야기하는 행위, 즉 주의의무에 위반하는 행위가 과실범의 실행행위에 해당한다고 할 수 있다. 결국 주의의무위반이 곧 과실범에 있어서의 실행행위가 되고, 과실범의 실행행위는 언제나 동일하게 주의의무위반이 된다는 점에서 범죄마다 고유의 실행행위를 가지고 있는 고의범과는 크게 구별된다고 하겠다. 다만 실행행위로서의 주의의무는 사회 일반인을 기준으로 판단해야 하기 때문에 주의의무의 내용은 객관적 주의의무가 되지 않으면 안 된다. 이와 같이 과실행위는 객관적 구성요건요소로서 객관적 주의의무를 의미한다는 점에서 객관적 구성요건에 대한 인식이 없거나 인식이 있다고 하더라도 이에 대한 실현의사가 없는 심리상태를 의미하는 주관적 구성요건요소로서의 주관적 주의의무나 비난가능성으로서의 책임요소를 의미하는 주관적 주의의무로서의 책임과실과는 구별되는 개념이라고 할 수 있다.

(2) 거동범과 결과범

거동범(擧動犯, Tätigkeitsdelikte)이란 구성요건요소로서 일정한 행위(거동)만을 필요로 하는 범죄를 말한다. 이러한 의미에서 거동범은 단순행위범이라고도 불린다. 거동범은 실행행위만을 요하고 결과와 인과관계까지 요하지 않는다는 점에서 결과범과 구별된다. 예컨대 주거침입죄, 위증죄 등이 거동범의 대표적인 예이다. 결과의 발생이 없더라도 주거침입죄에 있어서는 침입, 위증죄에 있어서는 허위의 진술과 같은 실행행위의 종료만으로도 구성요건이 충족된다. 형식범과 추상적 위험범은 거동범이 된다. 거동범에 있어서 결과와 인과관계는 객관적 구성요건요소가 되지 않는다.

결과범(結果犯, Erfolgsdelikte)이란 구성요건요소로서 실행행위뿐만 아니라 결과의 발생을 필요로 하는 범죄를 말한다. 살인죄의 경우에는 사람의 사망이라는 결과의 발생이 필요하고, 절도죄에 있어서는 타인의 재물에 대한 점유의 이전이라는 결과의 발생을 요한다. 형법각칙상의 대부분의 범죄가 이에 속한다. 침해범과 구체적 위험범은 결과범에 속한다. 거동범에 있어서는 결과와 인과관계가 불요함에 반하여 결과범에 있어서는 결과와 인과관계를 모두 요하게 된다. 결과적 가중범도 결과범의 일종이라고 할 수 있다. 결과적 가중범이란 행위자가 일정한 고의에 기하여 범죄를 행한 때에 그 행위로부터 그러한 고의를 초과하는 중한 결과가 과실에 의하여 발생할 것을 구성요건으로 하고, 그 중한 결과가 발생한 것을 가지고 기본으로 되는 범죄보다 중한 형이 정하여져 있는 범죄를 말한다. 폭행치사상죄가 그 전형적인 예 중의 하나이다(제262조).

(3) 작위범과 부작위범

객관적 구성요건요소로서의 행위, 즉 실행행위(Tat)는 사람의 적극적 거동인 작위(Tun)와 소극적 거동인 부작위(Unterlassen)로 나누어질 수 있다. 예컨대 칼로 사람을 찌르는 행위는 작위이고, 물에 빠진 자녀를 구하지 않는 부모의 태도는 부작위가 된다. 부작위란 작위의무에 위반하여 기대되는 작위를 하지 않는 것을 의미한다. 단순한 신체의 정지나 침묵은 부작위에 해당하지 않는다. 작위에 의하여 실현되는 범죄를 작위범(作爲犯), 부작위에 의하여 실현되는 범죄를 부작위범(不作爲犯)이라고 한다.

부작위범은 진정부작위범과 부진정부작위범으로 나누어진다. 진정부작위범(echte Unterlassungsdelikte)이란 구성요건요소로서의 실행행위가 부작위의 형식으로 규정되어 있는 범죄를 부작위에 의하여 실현하는 경우를 말한다. 부진정부작위범(unechte Unterlassungsdelikte)이란 구성요건요소로서의 실행행위가 작위의 형식으로 규정되어 있는 범죄를 부작위에 의하여 실현하는 경우를 말한다. 부진정부작위범이 성립하기 위해서는 작위의무와 작위의 가능성에 관한 판단에 근거하여 부작위에 의한 구성요건의 실현이 작위에 의한 그것과 가치적으로 동일하게 평가할 수 있다는 동가치성(同價値性, Gleichwetigkeit)이 인정되어야 한다.

(4) 고의범과 과실범

고의범과 과실범의 구별은 주관적 구성요건요소를 기준으로 한다. 주관적 구성요건요소로서 고의를 요건으로 하는 범죄를 고의범(故意犯), 과실을 요건으로 하는 범죄를 과실범(過失犯)이라고 한다. 고의란 객관적 구성요건요소, 즉 범죄사실을 인식하고 이를 실현하려는 의사로서의 심리상태를 말하고, 과실이란 객관적 구성요건요소, 즉 범죄사실에 대한 인식이 없거나 이에 대한 인식이 있다 하더라도 이를 실현하려는 의사가 없는 심리상태를 말한다. 뿐만 아니라 고의범은 주관적 구성요건요소로서의 고의 외에 책임고의를 요하고, 과실범은 주관적 구성요건요소로서의 과실 외에 책임과실을 필요로 한다. 이 외에도 고의범의 경우에는 객관적 구성요건요소로서의 고의행위가 살해, 절취 등과 같이 법문에 직접 동사의 형태로 규정되어 있지만, 과실범의 경우에는 사망, 상해와 같이 결과만이 법문에 규정되어 있을 뿐 과실행위에 해당하는 동사가 규정되어 있지 않다. 여기서 동사로서의 과실행위는 과실, 즉 주의의무위반을 의미하는 것으로 해석되고 있다. 과실행위는 모든 과실범에서 주의의무위반으로서 공통되고 있다는 점에서 죄명마다 다른 고의범의 고의행위와 구별되고 있다. 형법은 원칙적으로 고의범만을 처벌하고, 과실범은 처벌규정이 있는 경우에 한하여 예외적으로 처벌하고 있다(제14조). 그러나 과학기술의 발달과 위험사회의 도래에 의하여 과실범은 현대형 범죄의 전형적인 유형이 되고 있다. 전체범죄 중에서 과실범이 차지하는 비중이 압도적이라는 점이 이에 대한 실증이 될 수 있다.

4. 결 과

(1) 결과의 의의

결과(結果, Erfolg)란 구성요건에 포함되어 있는 행위의 결과를 말한다. 결과를 행위결과라고도 하는 이유도 여기에 있다. 범죄란 법익침해행위 또는 법익위험화행위를 말한다. 전술한 바와 같이 범죄가 성립하기 위해서는 법익침해 또는 법익위험을 야기할 것이 필요하다는 것이 근대형법이 확립한 행위주의의 내용이기도 하였다. 이것이 바로 법익침해설의 내용이었다.

구성요건에는 통상 일정한 결과의 발생이 포함되어 있다. 예컨대 살인죄에 있어서 사람의 사망이 그것이다. 구성요건요소로서의 결과를 의미하기 때문에 구성요건적 결과라고도 한다. 결과에 대하여는 그 시점에서 현실적으로 발생한 구체적인 결과를 문제로 하지 않으면 안 된다. 결과는 거동범에서는 요하지 않기 때문에 결과범에서만 문제된다. 결과범에 있어서 결과의 발생은 객관적 구성요건요소가 되기 때문에 결과가 발생하지 않으면 기수가 되지 못하고 미수만이 성립하게 된다.

범죄는 결과의 유형에 따라 여러 가지로 분류될 수 있다. 반복하지만, 결과의 존부에 따라 행위로 족한 거동범과 행위 외에 결과까지 요하는 결과범으로 분류된다. 또 결과의 태양에 따라 법익침해에 관한 추상적 위험마저 요하지 않는 형식범과 법익침해를 요하는 실질범, 다시 실질범은 현실적 법익침해를 요하는 침해범과 법익침해의 위험만으로도 족한 위험범으로 세분할 수 있다. 이 외에도 결과와 객체, 보호법익 또는 행위와의 관계에 따라 즉시범, 계속범 또는 상태범으로 분류될 수 있다.

(2) 실질범과 형식범

범죄는 구성요건적 결과의 요부에 따라 실질범과 형식범으로 구별될 수 있다. 실질범(實質犯, Materialdelikte)이란 법익의 침해 또는 그 위험의 발생을 구성요건요소로서 하고 있는 범죄를 말한다. 이는 다시 후술하는 바와 같이 침해범과 위험범으로 세분된다. 형식범(形式犯, Formaldelikte)이란 법익의 침해 또는 그 위험의 발생을 필요로 하지 않는 범죄를 말한다. 법익침해의 잠재적 위험성이 있는 행위를 처벌의 대상으로 하고 있다. 일정한 형식을 지키지 않은 행위 자체를 처벌하는 것이기 때문에 형식범이라고 한다. 예컨대 운전면허증불휴대죄(도로교통법 제92조), 선거벽보게재위반죄(공직선거법 제64조) 등이 그 전형이다. 형식범에 있어서는 구성요건을 실현하는 행위 그 자체가 도로교통 또는 선거에 대하여 직접적인 위험을 초래하는 것은 아니다. 그럼에도 불구하고 처벌하는 이유는 간접적인 방법으로 법익침해의 위험을 예방하기 위한 것이다.

(3) 침해범과 위험범

실질범은 구성요건요소로서 법익의 침해를 요하는 침해범(侵害犯, Verletzungsdelikte)과 법익침해의 위험발생으로 족한 위험범(危險犯, Gefährdungsdelikte)으로 다시 나누어진다. 위험범은 다시 법익침해의 구체적 위험의 발생을 요하는 구체적 위험범(konkrete Gefährdungsdelikte)과 추상적인 위험의 발생으로 족한 추상적 위험범(abstrakte Gefährdungsdelikte)으로 나누어진다. 예컨대 현주건조물방화죄(제164조)와 공용건조물방화죄(제165조)는 추상적 위험범이고, 자기소유건조물방화죄(제166조 제2항)와 일반물건방화죄(제167조)는 구체적 위험범이다. 추상적 위험범은 일반적 유형적으로 사회통념상 위험이 있다고 하여 정하여진 범죄이고, 행위가 행하여지는 것만으로도 바로 추상적 위험의 발생이 인정된다. 이러한 의미에서 추상적 위험범은 전술한 바와 같이 거동범에 속한다고 할 수 있다. 한편 추상적 위험범은 제한속도위반죄와 같이 보호법익을 직접적으로 위험하게 할 가능성이 있는 범죄라는 점에서 면허증불휴대죄와 같이 보호법익을 간접적으로 위험하게 하는 행위를 범죄로 하는 형식범과 구별된다고 할 수 있다.

침해범과 위험범을 이미 살펴본 결과범과 거동범의 관계로 보면 다음과 같다. 침해범은 법익의 침해를 요하므로 결과범이다. 추상적 위험범은 구성요건의 충족을 위하여 위험의 발생을 요하지 않는다. 이러한 의미에서 추상적 위험범은 거동범이 된다. 사람의 부재를 확인하고 방화한 경우에도 현주건조물방화죄는 거동범에 속하기 때문에 그 성립이 인정되게 된다. 이에 대하여는 처벌범위에 대한 지나친 확대이며 책임주의에 대한 위반이라는 비판이 가해지고 있다. 구체적 위험범에 있어서 구성요건이 충족되려면 현실적 위험의 발생이 입증되어야 한다. 구체적 위험범에 있어서의 위험의 발생은 구성요건요소가 되고, 구체적 위험범은 위험의 결과 또는 위험발생으로서의 결과를 요한다는 점에서 결과범에 속하기 때문이다. 행위방법 자체의 위험성을 문제삼는 추상적 위험범과는 구별되는 점이다. 한편 구체적 위험범에 있어서의 위험은 구성요건요소가 되므로 행위자는 경우에 따라 공공의 위험에 대한 인식이 있을 것을 요함에 반하여, 추상적 위험범에 있어서는 공공의 위험이 입법의 동기에 불과하므로 고의의 내용에 포함되지 않는다.

(4) 즉시범과 계속범 및 상태범

즉시범(卽時犯, délit instantané)은 구성요건의 실현으로 기수에 달하는 동시에 범죄가 완성되고 종료된다. 즉시범은 범죄가 종료함과 동시에 행위의 객체가 소멸하는 경우를 말한다. 살인죄, 방화죄 등 다수의 범죄가 이에 속한다. 계속범(繼續犯, Dauerdelikte)이란 범죄가 성립한 이후에도 실행행위가 계속되고 있는 범죄를 말한다. 실행행위가 계속되고 있는 동안에는 범죄가 종료되지 않는다. 기수에 달한 후에도 행위가 계속되는 한 범죄는 종료하지 않고 공소시효도 진행되지 않는다. 체포·감금죄 또는 주거침입죄 등이 이에 속한다. 계속성이 인정되지 않는 일시적 자유박탈은 기수에 달하지 못하여 체포·감금죄 또는 주거침입죄 등의 미수에 그칠 뿐이다. 상태범(狀態犯, Zustands-verbrechen)은 범죄가 성립하여 기수에 달함과 동시에 범죄가 종료한다는 점에서 즉시범과 같지만, 범죄의 종료 후에도 결과인 법익침해의 상태가 계속 남아 있다는 점에 특징이 있다. 절도죄가 전형적으로 이에 속한다. 상태범은 절도죄에서와 같이 절도에 의하여 취득한 재물을 소지·운반·손괴하는 등의 행위를 하였다고 하더라도 그 행위가 당초의 실행행위에 의하여 이미 예정된 범위에 속하는 한 그러한 사후행위는 새로이 다른 범죄를 구성하지 않는다. 이와 같이 실행행위에 이미 반영되어 별도의 범죄를 구성하지 않는 행위를 불가벌적 사후행위라고 한다. 상해죄도 상태범에 속한다.

한편 즉시범과 상태범은 구별할 실익이 없기 때문에 양자를 동의어로 파악해야 한다는 견해도 있다. 이에 의하면 구성요건적 결과의 발생과 동시에 범죄도 완성되는 범죄를 상태범 또는 즉시범이라고 한다. 그럼에도 불구하고 즉시범과 상태범은 범죄가 기수에 달함으로써 범죄가 종료한다는 점에서는 공통되지만, 즉시범은 보호법익이 소멸한다는 점에서 그것이 잔존하고 있는 상태범과 구별되기 때문에 양자는 별개의 개념이라고 할 수 있다. 상태범과 계속범의 구별실익은 공소시효의 기산과 공범의 성립에 있다. 즉, 공소시효는 범죄가 종료한 때로부터 진행하므로 계속범에 있어서는 위법상태가 종료한 때에 공소시효가 진행하게 된다. 계속범의 경우 기수에 이른 후에도 범죄가 계속되고 있는 동안에는 공범의 성립이 가능하다. 이에 반하여 상태범에 있어서는 기수에 이른 후에는 공범의 성립이 인정되지 않는다. 결국 계속범은 실행행위가 계속되고 있다는 점에서 그것이 종료한 즉시범 또는 상태범과 구별된다. 즉시범은 행위와 결과가 즉시 종료하는 경우이다. 결국 실행행위의 종료와 동시에 즉시범의 경우에는 보호법익이 소멸하지만, 상태범의 경우에는 그것이 그대로 잔존하고 있다는 점에서 양자는 구별된다고 할 수 있다.

5. 인과관계

제17조 (인과관계) 어떤 행위라도 죄의 요소되는 위험발생에 연결되지 아니한 때에는 그 결과로 인하여 벌하지 아니한다.

결과범에 있어서 결과를 행위자에게 귀속시키기 위해서는 실행행위와 결과 사이에 인과관계가 인정되어야 한다. 결과범에 있어서 구성요건해당성이 인정되기 위하여는 실행행위와 구성요건적 결과의 발생이 필요하지만, 양자를 연관시키는 인과관계가 인정되어야 충분한 것으로 인정되기 때문이다. 실행행위의 존재가 확정되면 그 다음으로 실행행위와 결과 사이에 인과관계가 검토되지 않으면 안 되는 이유이다. 결과범에 있어서 실행행위와 결과 사이에 인과관계가 인정되지 않으면 범죄는 기수에 이르지 못하게 된다. 인과관계가 객관적 구성요건요소로 되어 있는 이상 고의의 인식대상이므로 인과관계가 인정되지 않는 경우에는 기수범의 성립은 부정될 수밖에 없다. 이에 반하여 거동범에 있어서는 범죄의 성립에 실행행위만으로도 충분하기 때문에 결과의 발생을 요하지 않고 인과관계도 요구되지 않는다.

(1) 인과관계의 개념

1) 인과관계의 의의

인과관계(因果關係, Kausalität)란 말 그대로 원'인'과 결'과'의 관계를 말한다. 이미 언급한 바와 같이 인과란 인과적 행위론에 있어서와 같이 '인''과'(因果), 즉 원래 '생각'과 '행위'라는 의미의 불교용어였지만, 인과관계에서와 같이 '원인'과 '결과'를 지칭하는 용어로도 사용되고 있다. 불교에서 인과의 도리(道理)란 전술한 바와 같이 선인선과(善因善果), 악인악과(惡因惡果) 그리고 자인자과(自因自果)를 의미하였다.

형법학에서의 인과관계란, 다른 학문영역에서의 그것과는 달리, 실행행위와 결과 사이에 존재하는 일정한 원인과 결과의 필연적인 연관관계를 말한다. 이는 결과범의 구성요건해당성을 인정하기 위하여 반드시 필요한 요건이다. 형법상 인과관계는 발생한 구성요건적 결과에 대하여 이를 행위자의 실행행위로 귀속시키기 위한 요건이기 때문에 결과가 발생한 경우에만 문제된다. 여기서 인과관계는 행위자에게 결과책임을 부담시키기 위한 객관적 요건이 된다. 따라서 거동범의 경우에는 인과관계가 불필요하지만, 결과범에 있어서는 실행행위와 발생한 결과 사이에 인과관계가 인정되지 않으면 범죄는 미수에 그치게 된다. 결과적 가중범의 경우 중한 결과에 대한 인과관계의 부존재시 기본범만이 성립하게 된다. 인과관계는 구성요건에 명기되지 않아도 결과범인 한 언제나 구성요건요소로 된다. 이러한 의미에서 인과관계는 객관적 구성요건요소로서 소위 '기술되지 않은 구성요건요소'라고 할 수 있다.

인과관계라고 하면 원인이 선행하고 결과가 후행할 것이라고 생각되지만, 통상은 결과가 발생한 후에 그 원인을 탐구하는 사후판단이 된다. 예컨대 발견된 변사체의 총상을 보고 사인은 총상에 있다고 판단하듯이 인과관계는 결과가 발생한 후에 소급적으로 판단하게 된다. 사회과학은 자연과학의 원인탐구에 의하여 밝혀진 인과관계를 전제로 하고 있다. 이로써 인과관계는 사회통념상 우연히 발생하였다고 보이는 결과를 형법적 평가로부터 제거하여 처벌의 적정을 도모하는 기능을 수행하게 된다. 여기서 인과관계의 기능은 무수히 존재하는 자연적 인과의 연관관계 중에서 형법적으로 의미를 가지는 연관관계만을 선별해내는 데에 있다고 할 수 있다. 이러한 점에서 형법상의 인과관계는 자연과학상의 인과관계와 구별될 수 있다. 또한 형법상의 인과관계는 구성요건적 실행행위와 구성요건적 결과 사이에서 행하여지기 때문에 실행행위가 존재하지 않으면 인과관계를 물을 필요조차 없다는 점에서 민법상의 인과관계와도 구별된다. 형법상의 인과관계는 처벌할 가치가 있는가의 가치판단, 즉 미수를 처벌하는 경우에는 기수인가 미수인가를 포함해서 판단한다는 점에 가장 중요한 특색을 가진다.

2) 인과관계론의 약사

원인과 결과의 관계를 어떻게 파악할 것인가를 논하는 이론이 인과관계론이다. 인과관계론의 역사는 한마디로 말하면 무수히 존재하는 자연적 인과관계에 관한 규범적 한정의 역사, 즉 인과관계에 대한 한정의 역사라고 해도 과언이 아니다. 인과관계에 관한 정확한 이해를 위하여 인과관계론의 역사에 관하여 간략히 살펴보면 다음과 같다. 즉, 근대형법에 있어서의 인과관계론은 19세기 후반에 크게 유행하고 있던 당시의 자연과학적 사고방식의 영향을 받게 된다. 이로 인하여 형법학에서의 인과관계론은 철학적 귀속론으로부터 자연과학적 인과관계론과 규범적 인과관계론으로 변모하게 된다.

① 철학적 귀속론

철학적 귀속론은 독일의 형법학에서는 헤겔에 의하여 중요한 의의를 가지게 된다. 이미 푸펜도르프(Samuel Pufendorf, 1632~1694)의 시대부터 포이에르바하[13]의 시대에는 귀속(Zurech-nung)이란 개념은 어느 주체가 어느 사실의 자유로운 원인이라는 것을 내용으로 하는 행위에의 귀속(imputation facti)과 그것으로부터 그에 대한 책임의 귀속을 내용으로 하는 책임에의 귀속(imputation juris)으로 분석되었다고 한다. 여기서 귀속이라는 개념에 법철학상 중요한 의의를 부여한 사람이 바로 헤겔이다. 헤겔은 외부적인 사상을 주체, 즉 의사에 귀속하는 것에 의하여만 그 외부적 사상을 행위자의 행위의 소행으로 하는 것이 가능하다고 하였다. 헤겔의 귀속론을 형법학에 계승한 사람들이 바로 쾨스틀린(Christian Reinhold Köstlin, 1813~1856),[14] 아베크(J.F.H. Abegg, 1796~1868), 베르너(A.F. Berner, 1818~1907) 등 소위 헤겔학파이다. 헤겔학파는 범죄의 실체로서의 행위(Hand-lung)를 의사와 행위(Tat)로 이루어진다고 하고 귀책의 관계가 의사와 결과의 주관적 귀속관계와 행위와 결과의 객관적 귀속관계로 이루어진다는 것을 명확하게 하였다.

② 자연과학적 인과관계론

자연과학적 인과관계론은 먼저 19세기 중반의 조건설로부터 시작되어 인과관

13) Feuerbach(1832), S. 37ff.; Stübel, S. 41ff.
14) Köstlin, S. 131ff., 447ff.

계중단론, 19세기 말의 원인설, 소급금지론, 20세기 초의 상당인과관계설 및 합법칙적 조건설의 순으로 전개되었다. ① 글라저(Jurius Glaser, 1831~1885)에 의하여 기초되고, 부리(Maximilian von Buri, 1825~1902)에 의하여 독일의 판례의 견해로 되었던 '조건설'(Bedingungs-theorie)이다. 부리는 모든 사상(事象)은 다양한 조건의 총체로부터 발생한다는 헤겔학파의 인식을 바탕으로 하여 조건설을 주장하였다.[15] 부리에 의하면 모든 조건에는 동등한 인과성이 인정된다고 하였다. 다시 말해서 사상은 모든 조건의 총체로부터 이루어지기 때문에 유일절대의 원인은 존재할 수 없고 모든 조건은 그 원인성에 있어서 등가(等價)라고 하였다. 따라서 모든 조건은 그 하나하나가 결과를 야기한 것이라고 하는 것이 논리적이라고 하였다. 이와 같이 이해하게 되면 조건과 결과의 관계는 조상에까지 무한정하게 소급될 수 있지만, 부리에 의하면 법적 귀책의 문제는 인과경과가 행위자의 의식에 반영되고 있는 경우에 한한다는 이유에서 부리 자신은 인과관계가 무한정으로 되는 것을 문제시하지 않았다. 그러나 조건설은 조건관계의 무한소급을 인정하게 되어 규범적으로 합리적인 범위 내에서 결과를 행위에 귀속시킨다는 형법학의 목적에는 적합하지 않았다. 그럼에도 불구하고 조건설은 오랫동안 유지되었고 그 범위의 한정을 위해서는 ② 타인의 고의행위가 행위와 결과의 사이에 개재한 경우에는 인과관계가 확실하게 존재하지만 중단된다는 소위 '인과관계중단'(Unterbrechung des Kausalzusammenhangs)론에 의거해야 했다. 인과관계중단론에 의하면 인과관계의 진행 중에 피해자, 제3자의 행위 또는 자연력 등이 개입한 때에는 인과관계는 중단되고, 그 행위와 결과의 사이에 형법적 인과관계는 존재하지 않는다고 한다. 그러나 존재하고 있던 조건관계가 진행의 도중에 중단된다고 해석하는 것은 이론적으로 파탄이라고 하는 점에서 인과관계중단론은 더 이상 지지자를 확보하지 못하게 되었다. 또한 다른 한편에서는 ③ 이미 19세기 말경부터 모든 조건을 개별화하여 이들 중에서 특별한 것만을 원인이라고 하는 소위 '개별화적 원인설'(individualisierende Kausalitätstheorie)이 나타났다. 형법상의 원인을 선별하는 경우의 기준을 무엇에 두느냐에 따라 원인설은 필요조건설, 최후조건설, 중요조건설 또는 최유력조건설 등으로 나누어진다. 이들의 학설에 대하여는 여러 조건의 중에서 1개의 조건만을 도출하는 것이 극히 곤란하다는 비판이 가해졌고 현재는 지지되지 않고 있다. 그리고 ④ 자유로 고의에 의하여 설정된 조건 이전으로 소급하는 조건은 원인이 아니라

---

15) Maximilian von Buri, Über Kausalzusammenhang und dessen Zurechnung, GA 1866, S. 71ff.; ders., Über Causalität und deren Verantwortung, 1873, S. 1ff.; ders., Zur Kausalitätfrage, Theorie des Strafrechts, 1894, S. 69ff.

고 하는 '소급금지론'(遡及禁止論, Lehre vom Regeßverbot)이 프랑크(Reinhard Frank, 1860~1934)에 의하여 주장되었고, ⑤ 생활경험상 통상의 인과경과만이 귀책되어야 한다는 소위 '상당설(相當說)', 즉 상당인과관계설(相當因果關係說, Adäquanztheorie)이 크리스(Johannes von Kries, 1853~1928)에 의하여 등장하여 무한소급의 문제를 해결하려고 하였다. 이에 의하여 원인설은 중요성설(Relevaz-theorie)이라고도 불리어졌다. 상당인과관계설은 조건관계가 존재하는 것을 전제로 하여 일반인의 경험상 그 행위로부터 당해 결과가 발생하는 것이 상당하다고 인정되는 경우에 인과관계를 긍정하려고 하는 견해이다. 이 견해 중에는 인과관계의 존부를 판단하는 기준으로서 조건관계와 상당성의 두 가지의 기준이 판단과정 중에 들어가 있다. 상당성의 판단에는 규범적인 가치판단이 개재하게 된다. 상당인과관계설은 상당성을 판단하는 때에 어떠한 사정을 판단의 기초로 하는가에 따라서 주관적 상당인과관계설, 객관적 상당인과관계설 및 절충적 상당인과관계설로 나누어진다. 주관적 상당인과관계설과 절충적 상당인과관계설은 행위 당시에 결과발생의 개연성을 문제로 하는 것이고, 소위 사전판단의 형식을 채택하고 있다. 이에 반하여 객관적 상당인과관계설은 행위에 의한 결과발생의 개연성을 사후적 객관적으로 문제로 하는 것이고 사후판단의 형식(객관적 사후예측)을 채택하고 있다. 주관적 상당인과관계설에 대하여는 행위자의 인식만을 기준으로 하여 결과발생의 개연성을 판단하는 것은 협소하다는 비판이 있다. 한편 객관적 상당인과관계설에 대하여는 적용의 결과가 조건설과 거의 차이가 없다는 비판이 있다. 이러한 이유에서 절충적 상당인과관계설이 비교적 다수에 의하여 지지되고 있다. 이에 대하여는 특히 객관적 상당인과설로부터 구성요건해당성의 판단은 객관적이어야 하고 행위자가 인식한 사정과 같은 주관적인 것을 투입하여서는 안 된다는 비판이 있다. 그러나 판단의 기초로서 주관적인 것을 투입하였다고 하여도 판단자는 일반 통상인을 기준으로 하는 것이고 구성요건해당성의 판단형식에 저촉되는 것은 없다고 반론되고 있다. 일반적으로 객관적 상당인과관계설의 입장에서는 불능범에서 객관적 위험설에 서나, 절충적 상당인과관계설에서는 불능범에서 구체적 위험설을 취한다. 이는 인과관계에서의 상당성판단과 불능범에 있어서의 위험성판단이 그 판단형식에서 유사하고 동시에 결과반가치론과 행위반가치론의 기본적인 견해의 차이가 그 판단형식에 반영되어 있기 때문이다. 우선 상당성의 정도에 대하여는 고도의 개연성이 없으면 안 된다는 견해도 있지만 경험칙상 통상적으로 인정되는 개연성이 있으면 족하다고 한다. 다음으로 상당성을 판단하는 경우에는 행위의 상당성(광의의 상당성)과 인과경과의 상당성(협의의 상당성)을 구별하여 검토하여야 한다는 지적이 특히 객관적 상당인과관계설의 입장에서 행하여지고 있다. 피해자에게 특수한 상황이 개재하는 경우 객관적 상당인과관계설에서는 그것을 판단의 기초에 이입하는 것으로 되기 때문에 행위 자체의 위험성(실행행위성)을 문제로 하지 않으면 안 되지만 이를 행위의 상당성의 판단으로서 취급하려고 한다. 이에 대하여 행위 후에 다른 사정이 개재한 경우 행위 자체에서는 문제가 없지만 인과경과에서는 상당성이 문제된다고 한다.

③ 규범적 인과관계론

20세기에 들어와서 그 간의 자연과학적 인과관계론과는 별개로 ⑥ 규범적인 관점에서 인과관계의 무한소급을 한정하려는 이론이 주장되었다. 독일의 인접국인 스칸디나비아 제국, 네덜란드 및 오스트리아로부터 시작된 이러한 시도는 독일에서는 M.L.슈라이의 규범적합적 위험의 이론으로 결실되었다. 특히 오스트리아 민법에서는 그와 같은 규범적 관점에서의 제한론은 '위법성연관의 이론'(Lehre vom Rechtswidrigkeitszusammenhang)으로서 1920년대부터 이미 유력한 학설로 되었다고 한다. 슈라이의 위험개념분석은 1930년대에 엥기쉬(Karl Engisch, 1899~1990)에 의하여 상당인과관계에 채용되었고, 이것이 행위의 위험성(위험창출)과 위험의 실현(위험실현)의 구별이라고 한다. 이로써 엥기쉬는 합법칙적 조건공식(die Formel der gesetzmäßigen Bedingung)을 고안하였다. 합법칙적 조건공식의 대표자는 푸페(Puppe)이다. 합법칙적 조건공식에 의하여 인과관계는 객관적 귀속이라는 규범적 평가개념에 사실적 기초를 제공하는 기능을 가지게 되었다(합법칙적 조건설). 최근에는 규범적 인과관계론이 객관적 귀속론(1930년대), 보호범위의 이론(1960년대) 및 현대적 의미의 객관적 귀속론(1970년대)의 순으로 등장하여 인과관계론의 발전을 계속적으로 이어가고 있다. ⑦ 1927년에 라렌츠(Karl Larenz, 1903~1993)는 '헤겔의 귀속론과 객관적 귀속론'이라는 저서를 출간하고 상당설을 객관적 귀속론의 관점에서 근거지우고 귀속론에 다시 생명을 불어 넣었다. 형법학에서는 1930년대에 호니히(Richard Honig)가 객관적 목적가능성을 귀속기준으로 하는 '객관적 귀속론'을 제창하였다. 그 후 제2차 세계대전 후에 이르러서도 귀속론의 사상은 하르트비히(Werner Hardwig)와 마이어(Hellmuth Mayer, 1895~1980) 등의 형법학자에 의하여 유지되었다. ⑧ 독일 민법학에서는 이미 1960년대에 영미법과 오스트리아법의 영향을 받아 '규범의 보호범위의 이론'(Lehre vom Schutzzweck der Norm)이 정렬적으로 전개되고 상당설을 대체하였다. 규범의 보호범위의 이론(규범목적설, Normzwecktheorie)은 결과가 침해된 규범의 보호범위에 포함되는 한에서만 행위에 귀속된다는 이론이지만 그것에는 위험의 개념이 중요한 역할을 수행하였다. ⑨ 1960

년대 말부터 1970년대에 걸쳐 루돌피(Joachim Rudolphi, 1934~), 록신(Claus Roxin, 1931~), 쉬네만(Bernd Schünemann, 1944~) 등에 의하여 형법학에 있어서도 규범의 보호목적의 이론이 제창되기 시작하였다. 그것은 일반적인 귀속론의 내용에 위치지어졌지만 그 당시 위험창출(危險創出, Risikoschaffung)과 위험실현(危險實現, Risikoverwirklichung)의 구별에 중요한 의미가 주어졌다. 여기에서 객관적 귀속론의 명칭의 기초에 규범의 보호범위의 이론과 결과가 당해의 행위로부터 발생한 특수한 위험인가의 여부를 규범의 보호범위의 판단기준으로 하는 위험이론(내지 위험범위설)이 이론적으로 융합되어 오늘날의 객관적 귀속론이 성립되었다. 오늘날 독일에서뿐만 아니라 오스트리아, 스위스, 스페인 등에서도 객관적 귀속론은 유력한 학설로 되어 있다. 현대의 객관적 귀속론은 행위자에 의하여 야기된 결과는 행위자의 행위가 행위객체에 대하여 허용된 위험이라고 할 수 없는 위험을 창출하고(위험창출), 그 위험이 구체적인 결과에 실현(위험실현)된 경우에만 행위에 귀속된다는 것이다. 객관적 귀속론의 방법론에 대하여는 사실적인 조건관계의 존재를 전제로 하여 사전의 위험창출과 사후의 위험실현의 판단에 의하면서 사실적 위험과 규범적 위험의 유형화에 의하여 귀속기준의 체계화를 도모하는 것을 지향한다고 평가되고 있다.

(2) 인과관계의 판단기준

1) 개 관

① 문제소재

인과관계의 존부의 문제는 우선 조건관계의 유무를 기초로 한다. 그러나 어느 행위와 조건관계를 가지는 모든 결과에 대하여 형사책임이 문제될 수는 없다. 형사책임이 문제되는 인과관계의 범위를 타당하게 제한하기 위해서는 다시 귀책관계가 검토되지 않으면 안 된다. 요컨대 행위와 결과를 결부시켜 그 행위에 보다 중한 위법평가를 행하기 위한 인과관계의 판단은 2단계에 의하여 이루어진다. 조건관계와 귀책관계에 관한 판단이 그것이다. 우선 행위와 결과 사이에 조건관계가 존재한다는 사실상의 판단이 긍정되어야 한다. 다음으로 사실상 조건관계가 긍정되는 경우 다시 결과를 행위에 귀속시킬 수 있다는 규범적인 판단, 즉 귀책관계에 관한 형법적 판단이 긍정되어야 한다. 여기서 사실적으로 조건관계와 규범적으로 귀책관계가 모두 인정되어야 형법상 인과관계가 긍정될 수 있다. 따라서 조건관계가 인정되지 않거나 귀책관계가 긍정되지 않을 경우에는 형법상 인과관계를 긍정하는 것은 불가능하게 된다.

② 조건관계의 의의

조건관계(條件關係)란 행위가 결과에 대한 조건으로서 사실상 연결되어 있다는 관계를 말한다. 조건관계는 행위와 결과 사이에 사실상의 판단에 의하게 된다. 판단방법으로서는 전통적으로 라틴어로 표현하면 'conditio sine qua non Formel'(csqn Formel)의 공식에 의존하여 왔다. 즉, '전건(前件)이 발생하지 않았다면 후건(後件)도 발생하지 않았을 것이다'라는 조건관계의 공식을 말한다. 흔히 절대적 제약공식(絕對的 制約公式)이라고도 한다. 그러나 이 공식은 전체 조건을 놓고 관계가 없는 조건을 하나씩 소거하는 방법을 사용하기 때문에 소거되지 않은 조건에 관하여는 조건관계를 인정하게 된다. 이렇게 되면 조건관계가 지나치게 광범위하게 하게 된다. 문제는 조건관계가 인정되지만 형법상의 인과관계의 인정을 위해서는 또 다른 판단으로서 귀책관계에 관한 판단을 기다려야 된다는 점에 있다.

③ 조건관계의 유형

조건관계는 인정될 수 있지만, 귀책관계의 유무가 문제로 되는 대표적인 인과관계는 다음의 유형과 같다. 이러한 유형에 대한 인과관계의 최종적인 판단은 귀책관계에 관한 판단이 추가될 때에 비로소 명확하게 될 수 있다.

첫째, 기본적 인과관계(基本的 因果關係)이다. 예컨대 갑이 을을 살해한 경우 갑의 행위와 을의 사망의 결과 사이의 인과관계를 말한다. 둘째, 누적적 인과관계(累積的 因果關係)이다. 예컨대 단독으로는 결과를 발생시킬 수 없는 행위가 두 개 이상 중첩하여 결과를 발생시킨 경우이다. 수인이 합하여 치사량의 독약을 을에게 먹인 경우에 각 개인의 행위와 을의 사망의 결과 사이의 인과관계를 말한다. 중첩적 인과관계(重疊的 因果關係)라고도 한다. 셋째, 이중적 인과관계(二重的 因果關係)이다. 예컨대 갑과 을이 의사의 연락이 없이 각각 개별적으로 치사량의 독약을 병에게 먹인 경우에 갑 또는 을의 행위와 병의 사망의 결과 사이의 인과관계를 말한다. 갑의 행위도 을의 행위도 각각 단독으로 병의 사망이라는 결과를 발생시키는 것이 가능한 경우이다. 다만 어느 쪽의 독약에 의하여 사망하였는지를 증명할 수 없는 경우를 말한다. 택일적 인과관계(擇一的 因果關係)라고도 한다. 넷째, 추월적 인과관계(追越的 因果關係)이다. 예컨대 갑이 병에게 독약을 먹였으나 독효가 발생하기 전에 을이 병을 사살한 경우에 을의 행위와 병의 사망의 결과 사이의 인과관계를 말한다. 한편 갑의 측면에서 갑의 행위는 을의 행위에 의하여 단절되었으므로 갑의 행위와 병의 사망의 결과 사이의 인과관계를 단절적 인과관계

(斷切的 因果關係)라고도 한다. 다섯째, 가설적 인과관계(假說的 因果關係)이다. 예컨대 갑이 을을 비행기 탑승 전에 사살하였는데 그 비행기는 이륙 후 추락하여 탑승자 전원이 사망한 경우에 추락사고와 을의 사망의 결과 사이의 인과관계를 말한다. 가정적 인과관계(假定的 因果關係)라고도 한다. 한편 갑의 측면에서 갑의 사살행위와 을의 사망의 결과 사이의 인과관계를 경합적 인과관계(競合的 因果關係)라고도 한다.

2) 학 설

형법상의 인과관계가 인정되기 위해서는 행위와 결과 사이에 조건관계가 인정되는 외에 다시 귀책관계가 긍정되어야 한다. 조건관계와 귀책관계를 판단하는 기준에 관하여는 견해가 일치하지 않고 있다.

① 조건설

조건설(條件說, Bedingungstheorie)이란 실행행위와 결과 사이에 조건관계가 인정되면 인과관계를 인정하여야 한다는 견해를 말한다. 조건관계의 판단은 종래부터 '전건(前件)이 발생하지 않았다면 후건(後件)도 발생하지 않았을 것이다'라는 절대적 제약공식(絕對的 制約公式), 즉 'conditio sine qua non Formel'(csqn Formel)을 사용하여 왔다. 이에 따라서 판단하는 경우에 조건관계는 그 행위와 그 결과라는 구체적 사실관계를 내용으로 하기 때문에 현실적으로 존재하지 않는 사실이나 행위를 부가하여 판단해서는 안 된다고 해 왔다(부가금지의 원칙). 다시 말해서 조건설의 판단방법은 현실적으로 존재하는 모든 조건에서 뺄셈의 방식으로 남아 있는 조건을 채택하는 것이다. 예컨대 절대적 제약공식에 의하면 택일적 인과관계의 경우 견해는 일치하지 않는다. 즉, 조건관계를 인정하지 않고 갑과 을에게 각각 살인미수죄를 인정하는 견해와 조건관계를 인정하고 갑과 을에게 각각 살인기수죄를 인정하는 견해가 그것이다. 누적적 인과관계의 경우에는 갑 또는 을의 어느 쪽인가 일방의 행위가 없으면 병의 사망의 결과는 발생할 수 없기 때문에 갑과 을의 행위는 각각 조건관계가 긍정되게 되고 치사량의 독을 투여하지 아니하였음에도 불구하고 갑과 을은 각각 살인기수죄의 죄책을 인정하게 되어 불합리하다고 지적되고 있다.

조건설은 이미 언급한 바와 같이 결과발생에 영향을 미쳤다는 점에서 각각의 조건 사이에는 차이가 없다고 보기 때문에 등가설(等價說, Äquivalenztheorie), 등가조건설(等價條件說) 또는 평등조건설(平等條件說)이라고도 한다. 전체의 조건 중에서 어느 하나라도 결하는 경우 결과는 발생하지 않았을 것이라는 것이 가능하기 때문이라고 한다. 조건설에 의하면 책임의 한정은 인과관계의 단계에서가 아니라 책임의 단계에서 논의되어야 한다고 주장한다. 결국 조건설은 조건관계와 귀책관계를 구별하지 않는다는 비판을 피할 수 없게 된다.

② 원인설

원인설(原因說, Verursachungstheorie)은 조건설에 의한 부당한 결과를 회피하기 위하여 결과에 대한 전체의 조건 중에서 조건과 원인을 구별해내고 이 중에서 특별한 조건만을 원인이라고 하여 인과관계를 인정하는 견해를 말한다. 개별화설(個別化說, die individualisierende Kausalitätstheorie)이라고도 한다. 원인설은 조건과 원인의 구별기준에 따라서 최후의 조건만이 원인이라는 최종조건설, 가장 유력한 조건만이 원인이라는 최유력조건설, 원동력을 준 조건만이 원인이라는 동적 조건설로 세분될 수 있다. 이외에도 우월적 조건설과 결정적 조건설 등이 추가될 수 있다. 이와 같이 원인설은 조건과 원인을 구별하기 위하여 복수의 기준을 사용하기 때문에 다중인과관계(Mehrfaktkausalität)라는 점에서 특징을 가진다.

그러나 최종조건, 최유력조건, 동적 조건, 우월적 조건 또는 결정적 조건을 판단하기 위하여는 그에 대한 기준이 필요하고 또한 그 기준이 명확하지 않다는 점, 모든 조건 중에서 원인에 해당하는 조건만을 구별해내고, 그 하나의 조건만을 원인으로 하는 것은 실제로 불가능하다는 점, 예컨대 최종의 조건을 구별해낸다고 하더라도 그것이 과연 원인인가에 대하여는 또다른 의문을 남긴다는 점 등에서 원인설은 지지자를 잃고 과거 학설로서 학설사에만 남게 되었다.

③ 상당인과관계설

상당인과관계설(相當因果關係說, Adäquanztheorie)이란 인과관계가 인정되는 조건 중에서 결과발생에 상당한 영향을 준 조건만을 원인으로 보고, 그 조건과 결과 사이에 귀책관계를 인정하는 견해를 말한다. 이와 같이 상당인관계설은 상당성이 인정되는 조건만을 원인으로 본다는 점에서 원인설의 유형으로 분류한다면 소위 상당조건설(相當條件說)에 해당한다고 할 수 있을 것이다. 이에 의하면 어느 행위로부터 일정한 결과가 발생하는 것이 일반적으로 예상할 수 없는 경우에는 조건관계가 성립하여도 인과관계는 성립하지 않는다고 한다.

그러나 어떠한 행위(조건)가 결과발생의 원인인가라는 상당성의 판단을 통상의 경험칙, 즉 일상생활의 경험을 기준으로 함으로써 명료하고 타당한 결론을 도출하는 데에 상당히 성공하였다고 평가되어 왔다. 이 견해는 상당성을 요구한다고 하여 상당설(相當說)이라고도 불리고 있고, 원인설과는 달리 일반적 기준에 의하여 무수한 조건들로부터 원인을 구별해 내기 때문에 일반화설(一般化說)이라고도 호칭되기도 한다. 이 견해에 의하면 어떤 행위에서 그 결과가 발생하는 것이 일상생활의 경험상 드물지 않고 통상적이라면 상당인과관계는 긍정된다고 한다. 다만 상당인과관계의 판단과 관련하여서는 첫째, 판단자료의 범위를 한정하기 위한 기준과 둘째, 상당성을 긍정하기 위한 상당성의 정도에 관한 판단기준에 있어서 견해가 일치하지 않고 있다.

ⓘ **상당성의 판단자료 :** 상당인과관계설은 상당성의 판단자료에 따라 주관설, 객관설 및 절충설로 다시 나누어진다.

첫째, 주관설이다. 주관적 상당인과관계설이란 행위 당시에 행위자 자신이 인식하고 있었던 사정과 행위자가 인식·예견할 수 있었던 사정을 판단자료로 한다. 피해자의 특이체질을 알지 못한 행위자의 경우 상당인과관계는 부정되나, 이를 알고 있었던 경우에는 반대의 결과가 도출된다. 주관설에 대하여는 상당인과관계의 존부가 오로지 행위자에 주관에 의존되어 있어 객관성을 상실하고 있다는 비판이 가능하다. 주관설을 주장하는 견해는 현재 존재하지 않는다.

둘째, 객관설이다. 객관적 상당인과관계설은 행위 당시에 객관적으로 존재하는 모든 사정과 행위 후에 발생한 사정 중 행위 당시의 일반인이 인식·예견 가능한 사정을 판단자료로 한다. 예컨대 특이체질의 피해자가 행위자의 가해로 추락하여 사망한 사례에서 특이체질은 객관적으로 존재하는 사정이고, 추락사고는 일반인의 인식·예견 가능성에 따라 그에 대한 평가가 달라진다는 이원적 판단구조를 가지고 있다. 객관설에 대하여는 위의 사례의 경우 특이체질로 사망한 것인지 아니면 추락사고로 사망한 것인지 그 구별이 명확하지 않다는 점, 특이체질은 객관적으로 이미 존재하는 사정이라고 할 때 경우에 따라서는 부당한 결론에 이를 수 있다는 점 등에서 비판이 가하여지고 있다.

셋째, 절충설이다. 절충적 상당인과관계설은 행위 당시에 일반인이 인식·예견할 수 있었던 사정과 행위자가 특히 인식·예견하고 있었던 사정을 판단자료로 한다. 피해자의 특이체질이 일반인이 인식할 수 있었다거나 행위자가 특히 인식하고 있었던 경우에 상당인과관계는 긍정된다. 이 견해는 상당성의 판단자료에 행위자가 특히 인식·예견한 사실을 포함하고 있다는 점에서 주관설과 공통되고 있다. 이 점에서 절충설에 대하여도 객관적이어야 할 인과관계의 판단에 주관을 개입시킨다는 비판이 가하여지고 있다. 우리나라의 판례의 입장이고, 다수설의 견해이다.

ⅱ 상당성의 판단정도 : 상당인과관계설은 상당성의 정도, 즉 그 인정기준에 따라 개연성설과 가능성설 또는 그 밖의 정도설 등 광범위한 분류가 가능하다. 견해에 따라서는 고도의 정형성, 고도의 개연성, 경험칙상의 개연성을 요구하는 견해로부터 고도의 가능성, 경험칙상의 가능성, 어느 정도의 가능성, 최소한도의 가능성 등을 요구하는 견해에 이르기까지 다양한 견해의 분포도를 보일 수 있다. 그러나 상당성의 판단은 우연적인 사상을 제거할 수 있어야 한다. 생각건대 상당성의 정도는 가능성(Möglichkeit, possibility)의 정도로는 충분하지 않고 개연성(Wahrscheinlichkeit, probability)의 정도에까지는 이르러야 할 것으로 판단된다.

④ 합법칙적 조건설

합법칙적 조건설(合法則的 條件說, Lehre von der gesetzmäßigen Bedingung)이란 인과법칙에 합당한 조건만을 원인으로 보고, 합법칙적 조건관계가 인정되면 인과관계를 긍정하여야 한다는 견해를 말한다. 이에 의하면 제1단계로서 일반적으로 적용할 수 있는 자연과학적인 인과법칙의 존재를 확인한 다음, 제2단계로서 구체적 사안에서 발생한 사상(事象)이 위의 상위명제인 자연과학적 인과법칙에 합당한가를 판단하고, 제3단계로서 인과법칙에 합치하는 조건으로서의 합법칙성이 인정되면 인과관계를 긍정한다는 과정을 거치게 된다.

합법칙적 조건설에 있어서의 법칙으로서는 자연법칙과 경험법칙이 모두 인정된다. 통상적으로 인과관계를 인식하는 경우 그 판단의 기초로 되는 지식은 과학법칙뿐만 아니라 경험적 지식인 경우도 많다. 이와 같이 합법칙적 조건설은 경험적 지식에 근거한 소위 경험칙도 과학법칙과 명백하게 모순되지 않는 한 법칙 중에 포함된다고 한다. 다만 자연과학적인 인과법칙은 전문가에 의하여 그 존재가 일반적으로 인정된 것이 아니면 안 된다는 것이 이 견해의 특징이다. 따라서 어떠한 메커니즘이나 기전이 자연과학적으로 명백히 해명되어 있지 않더라도 합법칙적 조건이 긍정될 수 있는 경우가 있을 수 있다. 예컨대 소위 역학적 증명에 의하여 역학적 인과관계의 존재가 증명되면 경우에 따라 엄격한 증명에 의하여 합법칙적 조건관계가 인정될 수 있다고 한다.

⑤ 객관적 귀속론

객관적 귀속론(客觀的 歸屬論, Lehre von der objektiven Zurechnung)이란 결과를 행위자의 소행으로서 행위자에게 객관적으로 귀속할 수 있는가의 여부를 판단하기 위한 이론을 말한다. 이미 언급한 바와 같이 귀속의 개념에는 객관적 귀속과 주관적 귀속이 모두 가능하다. 행위자의 주관과 결과의 소행을 묻고 결과를 주관의 소위(所爲)로 돌리는 것이 주관적 귀속이었다. 여기서 객관적 귀속은 행위와 결과의 인과관계(Kausalität)의 문제를 주된 내용으로 한다는 점에서 고의나 과실의 문제를 논하는 주관적 귀속과 구별된다고 할 수 있다. 따라서 일반적으로 객관적 귀속론은 결과범에 있어서 결과를 행위에 귀속하게 하고 결과에 대한 책임을 행위자에게 묻기 위한 요건에 대하여 논의하는 이론이라고 할 수 있다.

우선 ① 인과관계는 귀속론의 존재론적 기초가 되며, 조건관계의 의미에 있어서 인과관계를 말한다고 한다. 그 다음 귀속론의 기준으로서는 ② 1차적 위험으로서의 위험창출연관(危險創出聯關)과 ③ 2차적 위험으로서의 위험실현연관(危險實現聯關)이 제시되고 있다. 전자는 어떤 행위가 그 당시에 구성요건적 결과에 대하여 허용되지 않는 위험을 창출하였다고 인정된다면 그 행위와 결과 사이에 연관관계가 존재한다는 것을 의미한다. 이는 다른 유발요인이 개재되지 않았다는 의미이기도 하다. 그렇다고 하여 그것이 실행행위를 의미하는 것은 아니다. 후자는 창출된 위험이 결과로 실현된 경우에는 처음부터 그 행위가 그 결과에 귀속된다는 것을 의미한다. 양자의 판단(②·③)은 목적론적 규범적 판단이라는 점에서 사실적 존재론적 판단인 인과관계의 판단(①)과 구별된다. 과실범이나 부작위범에 있어서 의무위반과 결과의 관계에서 사용되는 위험증가의 연관은 후자에 포함된다고 한다. 이는 상당인과관계설에서도 종래부터 부작위범 내지 과실범에서 위험증가연관이라는 특수영역으로 취급해왔던 부분이다.

한편 객관적 귀속론은 상당인과관계설을 출발점으로 한다는 견해가 있다. 이 견해에 의하면 객관적 귀속론이란 상당인과관계설에 있어서의 광의의 상당성은 위험창출연관으로, 협의의 상당성은 위험실현연관으로 하여 규범적 사실적으로 결과의 행위에의 귀속의 가부를 유형화하여 파악하려는 견해라고 한다. 그런데 상당인과관계설에 있어서 상당성에 대한 판단자료는 인식·예견하였거나 인식·예견할 수 있었던 사정으로 구분될 수 있다. 다시 말해서 주관설에서는 행위자가 인식한 사정·인식할 수 있었던 사정, 객관설에서는 객관적으로 존재했던 모든 사정 및 절충설에서는 행위자가 인식한 사정·일반인이 인식한 사정이 행위시의 판단자료가 되는 반면 주관설에서는 행위자가 예견한 사정·예견할 수 있었던 사정, 객관설에서는 일반인이 예견할 수 있었던 사정 및 절충설에서는 행위자가 예견한 사정·일반인이 예견할 수 있었던 사정이 행위 후의 판단자료를 이루고 있다. 여기서 광의의 상당성이란 행위시를 기준으로 한 결과발생의 상당성을 의미하는 반면 협의의 상당성이란 결과에 이르는 인과경과의 상당성, 즉 광의의 상당성을 가지는 행위의 위험성이 구체적인 결과로 현실화하였다고 할 수 있는가의 문제라고 한다. 행위 후의 특수한 사정이 개재하는 경우에 문제가 된다. 전자의 예로는 피해자에게 특이체질이 있는 경우를 들 수 있고, 폭행을 당한 피해자가 현기증으로 추락하여 사망한 경우는 후자의 예에 속한다고 한다.

3) 판 례

판례는 처음부터 현재까지 상당인과관계설(相當因果關係說)을 변함없이 유지해오고 있다. 형법이 입법 당시 논란이 많았던 부분을 입법적으로 해결한 결과가 아닌가 추정된다(제17조 참조). 상당인과관계를 긍정한 판례의 구체적 내용은 다음과 같다. 즉,

① 건물의 소유자인 피고인에게 이 사건 건물을 이용하는 사람들의 생명과 신체를 보호하기 위하여 이 사건 건물 2층 계단창 전면의 아크릴 벽면의 고정상태를 확인하고 미리 안전바를 설치하는 등으로 낙하사고를 방지하거나 건물을 관리할 법적인 주의의무가 있고, 피고인의 주의의무 위반과 이 사건 사고 사이에 상당인과관계가 인정된다.[16] ② 피고인이 고속도로 2차로를 따라 자동차를 운전하다가 1차로를 진행하던 갑의 차량 앞에 급하게 끼어든 후 곧바로 정차하여, 갑의 차량 및 이를 뒤따르던 차량 두 대는 연이어 급제동하여 정차하였으나, 그 뒤를 따라오던 을의 차량이 앞의 차량들을 연쇄적으로 추돌케 하여 을을 사망에 이르게 하고 나머지 차량 운전자 등 피해자들에게 상해를 입힌 사안에서, 편도 2차로의 고속도로 1차로 한가운데에 정차한 피고인은 현장의 교통상황이나 일반인의 운전 습관·행태 등에 비추어 고속도로를 주행하는 다른 차량 운전자들이 제한속도 준수나 안전거리 확보 등의 주의의무를 완전하게 다하지 않을 수도 있다는 점을 알았거나 충분히 알 수 있었으므로, 피고인의 정차 행위와 사상의 결과 발생 사이에 상당인과관계가 있고, 사상의 결과 발생에 대한 예견가능성도 인정된다는 이유로, 피고인에게 일반교통방해치사상죄를 인정한 원심판단이 정당하다.[17] ③ 담당 의사가 췌장 종양 제거수술 직후의 환자에 대하여 1시간 간격으로 4회 활력징후를 측정하라고 지시를 하였는데, 일반병실에 근무하는 간호사 갑이 중환자실이 아닌 일반병실에서는 그러할 필요가 없다고 생각하여 2회만 측정한 채 3회차 이후 활력징후를 측정하지 않았고, 갑과 근무교대한 간호사 을 역시 자신의 근무시간 내 4회차 측정시각까지 활력징후를 측정하지 아니하였으며, 위 환자는 그 시각으로부터 약

---

16) 대법원 2017.12.5. 선고 2016도16738 판결.
17) 대법원 2014.7.24. 선고 2014도6206 판결.

10분 후 심폐정지상태에 빠졌다가 이후 약 3시간이 지나 과다출혈로 사망한 사안에서, 1시간 간격으로 활력징후를 측정하였더라면 출혈을 조기에 발견하여 수혈, 수술 등 치료를 받고 환자가 사망하지 않았을 가능성이 충분하다고 보일 뿐 아니라, 갑과 을은 의사의 위 지시를 수행할 의무가 있음에도 3회차 측정시각 이후 4회차 측정시각까지 활력징후를 측정하지 아니한 업무상 과실이 있다고 보아야 함에도, 갑, 을에게 업무상 과실이 있거나 위 활력징후 측정 미이행 행위와 환자의 사망 사이에 인과관계가 있다고 단정하기 어렵다고 본 원심판단에 법리오해의 위법이 있다.[18] ④ 무게가 무겁거나, 날카로운 형상을 가지고 있는 등 상·하차 과정이나 운반 과정에 위험을 초래할 우려가 있는 물품을 출고하여 운반을 의뢰함에 있어서는 그 물품의 특성에 맞게 적절한 단위로 서로 단단히 묶거나 포장하여 운반 과정 등에 장애를 발생시키지 않도록 할 주의의무가 있다 할 것이고, 그러한 주의의무를 게을리 함으로써 물품의 묶음이나 포장이 쉽게 풀어지거나 파손되게 하여 물품의 상·하차 과정에서 당해 물품이 추락하는 사고가 발생하였다면, 그 사고와 위 주의의무 위반과 사이에는 상당인과관계가 있다 할 것이다.[19] ⑤ 4일 가량 물조차 제대로 마시지 못하고 잠도 자지 아니하여 거의 탈진 상태에 이른 피해자의 손과 발을 17시간 이상 묶어 두고 좁은 차량 속에서 움직이지 못하게 감금한 행위와 묶인 부위의 혈액 순환에 장애가 발생하여 혈전이 형성되고 그 혈전이 폐동맥을 막아 사망에 이르게 된 결과 사이에는 상당인과관계가 있다.[20] ⑥ 임차인이 자신의 비용으로 설치·사용하던 가스설비의 휴즈콕크를 아무런 조치 없이 제거하고 이사를 간 후 가스공급을 개별적으로 차단할 수 있는 주밸브가 열려져 가스가 유입되어 폭발사고가 발생한 경우, 구 액화석유가스의안전및사업관리법상의 관련 규정 취지와 그 주밸브가 누군가에 의하여 개폐될 가능성을 배제할 수 없다는 점 등에 비추어 그 휴즈콕크를 제거하면서 그 제거부분에 아무런 조치를 하지 않고 방치하면 주밸브가 열리는 경우 유입되는 가스를 막을 아무런 안전장치가 없어 가스 유출로 인한 대형사고의 가능성이 있다는 것은 평균인의 관점에서 객관적으로 볼 때 충분히 예견할 수 있다는 이유로 임차인의 과실과 가스폭발사고 사이의 상당인과관계를 인정하였다.[21] ⑦ 승용차로 피해자를 가로막아 승차하게 한 후 피해자의 하차 요구를 무시한 채 당초 목적지가 아닌 다른 장소를 향하여 시속 약 60km 내지 70km의 속도로 진행하여 피해자를 차량에서 내리지 못하게 한 행위는 감금죄에 해당하고, 피해자가 그와 같은 감금상태를 벗어날 목적으로 차량을 빠져 나오려다가 길바닥에 떨어져 상해를 입고 그 결과 사망에 이르렀다면 감금행위와 피해자의 사망 사이에는 상당인과관계가 있다고 할 것이므로 감금치사죄에 해당한다.[22] ⑧ 피고인이 피해자와 함께 도박을 하다

18) 대법원 2010.10.28. 선고 2008도8606 판결.
19) 대법원 2009.7.23. 선고 2009도3219 판결.
20) 대법원 2002.10.11. 선고 2002도4315 판결.
21) 대법원 2001.6.1. 선고 99도5086 판결.

가 돈 3,200만원을 잃자 도박을 할 때부터 같이 있었던 일행 2명 외에 후배 3명을 동원한 데다가 피고인은 식칼까지 들고 위 피해자로부터 돈을 빼앗으려고 한 점, 위 피해자는 이를 피하려고 도박을 하고 있었던 위 집 안방 출입문을 잠그면서 출입문이 열리지 않도록 완강히 버티고 있었던 점, 이에 피고인이 위 피해자에게 "이 새끼 죽여 버리겠다"고 위협하면서 위 출입문 틈 사이로 위 식칼을 집어넣어 잠금장치를 풀려고 하고 발로 위 출입문을 수 회 차서 결국 그 문을 열고 위 안방 안으로 들어 왔으며, 칼을 든 피고인 외에도 그 문 밖에 피고인의 일행 5명이 있어 그 문을 통해서는 밖으로 탈출하기가 불가능하였던 점 등을 종합하여 보면 피고인의 위 폭행 · 협박행위와 위 피해자의 상해 사이에는 상당인과관계가 있고, 피고인으로서는 위 피해자가 위 도박으로 차지한 금원을 강취당하지 않기 위하여 반항하면서 경우에 따라서는 베란다의 외부로 통하는 창문을 통하여 위 주택 아래로 뛰어 내리는 등 탈출을 시도할 가능성이 있고 그러한 경우에는 위 피해자가 상해를 입을 수 있다는 예견도 가능하였다고 봄이 상당하므로, 피고인의 위 범죄사실은 강도치상죄를 구성한다.[23] ⑨ 피고인이 이 사건 범행 일시경 계속 교제하기를 원하는 자신의 제의를 피해자가 거절한다는 이유로 얼굴을 주먹으로 수회 때리자 피해자는 이에 대항하여 피고인의 손가락을 깨물고 목을 할퀴게 되었고, 이에 격분한 피고인이 다시 피해자의 얼굴을 수회 때리고 발로 배를 수회 차는 등 폭행을 하므로 피해자는 이를 모면하기 위하여 도로 건너편의 추어탕 집으로 도망가 도움을 요청하였으나, 피고인은 이를 뒤따라 도로를 건너간 다음 피해자의 머리카락을 잡아 흔들고 얼굴 등을 주먹으로 때리는 등 폭행을 가하였고, 이에 견디지 못한 피해자가 다시 도로를 건너 도망하자 피고인은 계속하여 쫓아가 주먹으로 피해자의 얼굴 등을 구타하는 등 폭행을 가하여 전치 10일간의 흉부피하출혈상 등을 가하였고, 피해자가 위와 같이 계속되는 피고인의 폭행을 피하려고 다시 도로를 건너 도주하다가 차량에 치여 사망한 사실을 인정한 다음, 위와 같은 사정에 비추어 보면 피고인의 위 상해행위와 피해자의 사망 사이에 상당인과관계가 있다고 하여 피고인을 상해치사죄로 처단한 제1심의 판단을 유지하고 있는 바, 기록에 의하여 살펴보면, 원심의 사실인정과 피고인의 위 상해행위와 피해자의 사망 사이에 상당인과관계가 있다고 본 원심의 판단은 모두 정당한 것으로 수긍이 되고, 거기에 소론과 같이 필요한 심리를 다하지 아니하여 사실을 오인한 위법이나 상해치사죄의 법리를 오해한 위법이 있다고 할 수 없다.[24] ⑩ 공사감독관이 건설기술관리법상 요구되는 직무에 위배하여 당해 건축공사가 불법하도급되어 무자격자에 의하여 시공되고 있는 점을 알고도 이를 묵인하였거나 그와 같은 사정을 쉽게 적발할 수가 있었음에도 직무상의 의무를 태만히 하여 무자격자로 하여금 공사를 계속하게 함으로써 붕괴사고 등의 재해가 발생한 경우에, 만일 자격

---

22) 대법원 2000.2.11. 선고 99도5286 판결.
23) 대법원 1996.7.12. 선고 96도1142 판결.
24) 대법원 1996.5.10. 선고 96도529 판결.

있는 자가 시공을 하였다면 당해 재해가 발생하지 아니하였거나 재해 발생의 위험이 상당히 줄어들었으리라고 인정된다면, 공사감독관의 그와 같은 직무상의 의무위반과 붕괴사고 등의 재해로 인한 치사상의 결과 사이에 상당인과관계가 있다.[25] ⑪ 피고인이 자신이 경영하는 속셈학원의 강사로 피해자를 채용하고 학습교재를 설명하겠다는 구실로 유인하여 호텔 객실에 감금한 후 강간하려 하자, 피해자가 완강히 반항하던 중 피고인이 대실시간 연장을 위해 전화하는 사이에 객실 창문을 통해 탈출하려다가 지상에 추락하여 사망한 사안에서, 피고인의 강간미수행위와 피해자의 사망과의 사이에 상당인과관계가 있다고 보아 피고인을 강간치사죄로 처단한 원심의 판단에는 위법이 없다.[26] ⑫ 바다에 면한 수직경사가 암반 위로 이끼가 많이 끼어 매우 미끄러운 곳에서 당시 폭풍주의보가 발효 중이어서 평소보다 높은 파도가 치고 있던 상황하에 피해자와 같은 내무반원인 피고인 등 여러 사람이 곧 전역할 병사 갑을 손발을 붙잡아 헹가래를 쳐서 장난삼아 바다에 빠뜨리려고 하다가 그가 발버둥치자 동인의 발을 붙잡고 있던 피해자가 몸의 중심을 잃고 미끄러지면서 바다에 빠져 사망한 경우 갑을 헹가래쳐서 바다에 빠뜨리려고 한 행위와 피해자가 바다에 빠져 사망한 결과와의 사이에는 인과관계가 있다고 할 것이고, 또 위와 같은 경우 결과발생에 관한 예견가능성도 있다고 할 것이므로 갑을 붙들고 헹가래치려고 한 피고인들로서는 비록 피해자가 위와 같이 헹가래치려고 한 일행 중의 한 사람이었다고 하여도 동인의 사망에 대하여 과실책임을 면할 수 없다.[27] ⑬ 피고인이 야간에 오토바이를 운전하다가 도로를 무단횡단하던 피해자를 충격하여 피해자로 하여금 위 도로상에 전도케 하고, 그로부터 약 40초 내지 60초 후에 다른 사람이 운전하던 타이탄트럭이 도로위에 전도되어 있던 피해자를 역과하여 사망케 한 경우, 피고인이 전방좌우의 주시를 게을리한 과실로 피해자를 충격하였고 나아가 이 사건 사고지점 부근 도로의 상황에 비추어 야간에 피해자를 충격하여 위 도로에 넘어지게 한 후 40초 내지 60초 동안 그대로 있게 한다면 후속차량의 운전사들이 조금만 전방주시를 태만히 하여도 피해자를 역과할 수 있음이 당연히 예상되었던 경우라면 피고인의 과실행위는 피해자의 사망에 대한 직접적 원인을 이루는 것이어서 양자간에는 상당인과관계가 있다.[28] ⑭ 피고인이 피해자의 멱살을 잡아 흔들고 주먹으로 가슴과 얼굴을 1회씩 구타하고 멱살을 붙들고 넘어뜨리는 등 신체 여러 부위에 표피박탈, 피하출혈 등의 외상이 생길 정도로 심하게 폭행을 가함으로써 평소에 오른쪽 관상동맥폐쇄 및 심실의 허혈성심근섬유화증세 등의 심장질환을 앓고 있던 피해자의 심장에 더욱 부담을 주어 나쁜 영향을 초래하도록 하였다면, 비록 피해자가 관상동맥부전과 허혈성심근경색 등으로 사망하였더라도, 피고인의 폭행의 방법, 부위나 정도 등

25) 대법원 1995.9.15. 선고 95도906 판결.
26) 대법원 1995.5.12. 선고 95도425 판결.
27) 대법원 1990.11.13. 선고 90도2106 판결.
28) 대법원 1990.5.22. 선고 90도580 판결.

에 비추어 피고인의 폭행과 피해자의 사망간에 상당인과관계가 있었다고 볼 수 있다.[29] ⑮ 폭행, 협박을 가하여 간음하려는 행위와 이에 극도의 흥분을 느끼고 공포심에 사로잡혀 이를 피하려다 사상에 이르게 된 사실과는 이른바 상당인과관계가 있다 할 것이고, 따라서 강간치상죄가 성립한다.[30] ⑯ 화약류를 취급하는데 필요한 소정의 면허를 받지 못한 자를 화약류취급책임자로 선임하여 발파작업에 종사케 함으로써 그 발파작업 중 그 책임자의 과실로 인하여 사상의 사고가 발생한 경우에는 위 사상과 그 선임자의 과실 사이에는 상당인과관계가 있어 그 책임을 면하지 못한다.[31]

상당인과관계를 부정한 판례의 구체적 내용은 다음과 같다. 즉,

① 한의사인 피고인이 피해자에게 문진하여 과거 봉침을 맞고도 별다른 이상반응이 없었다는 답변을 듣고 알레르기 반응검사(skin test)를 생략한 채 환부인 목 부위에 봉침시술을 하였는데, 피해자가 위 시술 직후 아나필락시 쇼크반응을 나타내는 등 상해를 입은 사안에서, 피고인에게 과거 알레르기 반응검사 및 약 12일 전 봉침시술에서도 이상반응이 없었던 피해자를 상대로 다시 알레르기 반응검사를 실시할 의무가 있다고 보기는 어렵고, 설령 그러한 의무가 있다고 하더라도 제반 사정에 비추어 알레르기 반응검사를 하지 않은 과실과 피해자의 상해 사이에 상당인과관계를 인정하기 어렵다.[32] ② 선행 교통사고와 후행 교통사고 중 어느 쪽이 원인이 되어 피해자가 사망에 이르게 되었는지 밝혀지지 않은 경우 후행 교통사고를 일으킨 사람의 과실과 피해자의 사망 사이에 인과관계가 인정되기 위해서는 후행 교통사고를 일으킨 사람이 주의의무를 게을리하지 않았다면 피해자가 사망에 이르지 않았을 것이라는 사실이 증명되어야 하고, 그 증명책임은 검사에게 있다. 원심은 피고인의 과실행위로 인하여 피해자를 사망에 이르게 하였다고 단정할 증거가 없다는 이유로 이 사건 공소사실에 대하여 피고인에게 무죄를 선고하였는 바, 위 법리와 기록에 비추어 보면 원심의 판단은 정당하고, 거기에 과실범의 인과관계에 관한 법리오해 등의 위법은 없다.[33] ③ 녹색등화에 따라 왕복 8차선의 간선도로를 직진하는 차량의 운전자는 특별한 사정이 없는 한 왕복 2차선의 접속도로에서 진행하여 오는 다른 차량들도 교통법규를 준수하여 함부로 금지된 좌회전을 시도하지는 아니할 것으로 믿고 운전하면 족하고, 접속도로에서 진행하여 오던 차량이 아예 허용되지 아니하는 좌회전을 감행하여 직진하는 자기 차량의 앞을 가로질러 진행하여 올 경우까지 예상하여 그에 따른 사고발생을 미리 방지하기 위하여 특별한 조치까지 강구할 주의의무는 없다 할 것이고, 또한 운전자가 제한속도를 지키며 진행하였

29) 대법원 1989.10.13. 선고 89도556 판결.
30) 대법원 1978.7.11. 선고 78도1331 판결.
31) 대법원 1966.6.28. 선고 66도758 판결.
32) 대법원 2011.4.14. 선고 2010도10104 판결.
33) 대법원 2007.10.26. 선고 2005도8822 판결.

더라면 피해자가 좌회전하여 진입하는 것을 발견한 후에 충돌을 피할 수 있었다는 등의 사정이 없는 한 운전자가 제한속도를 초과하여 과속으로 진행한 잘못이 있다 하더라도 그러한 잘못과 교통사고의 발생 사이에 상당인과관계가 있다고 볼 수는 없다.[34) ④ 신호등에 의하여 교통정리가 행하여지고 있는 ㅏ자형 삼거리의 교차로를 녹색등화에 따라 직진하는 차량의 운전자는 특별한 사정이 없는 한 다른 차량들도 교통법규를 준수하고 충돌을 피하기 위하여 적절한 조치를 취할 것으로 믿고 운전하면 족하고, 대향차선 위의 다른 차량이 신호를 위반하고 직진하는 자기 차량의 앞을 가로질러 좌회전할 경우까지 예상하여 그에 따른 사고발생을 미리 방지하기 위한 특별한 조치까지 강구하여야 할 업무상의 주의의무는 없고, 위 직진차량 운전자가 사고지점을 통과할 무렵 제한속도를 위반하여 과속운전한 잘못이 있었다 하더라도 그러한 잘못과 교통사고의 발생과의 사이에 상당인과관계가 있다고 볼 수 없다.[35) ⑤ 피해자를 2회에 걸쳐 두 손으로 힘껏 밀어 땅바닥에 넘어뜨리는 폭행을 가함으로써 그 충격으로 인한 쇼크성 심장마비로 사망케 하였다면 비록 위 피해자에게 그 당시 심관성동맥경화 및 심근섬유화 증세 등의 심장질환의 지병이 있었고 음주로 만취된 상태였으며 그것이 피해자가 사망함에 있어 영향을 주었다고 해서 피고인의 폭행과 피해자의 사망간에 상당인과관계가 없다고 할 수 없다.[36) ⑥ 어로작업 중인 항행유지선이라고 할지라도 피항선이 피항하지 않음으로써 충돌의 위험이 닥친 경우에 스스로 방향을 바꾸거나 감속 또는 정선함으로써 사고를 미연에 방지할 수 있다면 그 같은 조치를 취할 주의의무가 있으나, 만일 항행유지선 조선자가 견시의무를 다하여 미리 피항선의 근접을 발견하였더라도 충돌의 위험이 닥친 단계에서 스스로 방향변경 등의 방법으로 위험을 피할 도리가 없는 이상 항행유지선 조선자의 견시의무를 소홀히 한 과실은 사고발생과 상당인과관계가 있다고 볼 수 없다.[37) ⑦ 피고인이 말한 차용금 용도의 목적이 실현 안 되더라도 어차피 금원을 대여하기로 합의하여 이를 교부한 경우에는 피고인이 말한 차용금 용도가 거짓이었다 하여도 이 기망행위와 피해자의 재산적 처분행위와의 사이에는 상당인과관계가 있다고 보기 어렵고, 위 금원이 차용금에 불과하다면 피고인이 당초부터 변제할 의사와 능력이 없이 차용한 것이라고 인정되지 않는 한 사기죄를 구성한다고 볼 수 없다.[38)

34) 대법원 1998.9.22. 선고 98도1854 판결.
35) 대법원 1993.1.15. 선고 92도2579 판결.
36) 대법원 1986.9.9. 선고 85도2433 판결.
37) 대법원 1984.1.17. 선고 83도2746 판결.
38) 대법원 1984.1.17. 선고 83도2818 판결.

4) 검 토

① 법적 근거

형법은 독일 형법이나 일본 형법과는 달리 인과관계에 관한 명문의 규정을 두고 있다. 즉, 형법은 '인과관계'라는 제목하에 '어떤 행위라도 죄의 요소되는 위험발생에 연결되지 아니한 때에는 그 결과로 인하여 벌하지 아니한다'고 규정하고 있다(제17조). 이러한 인과관계에 관한 규정은 형법만이 가지고 있는 형법의 고유한 규정이다. 여기서 인과관계는 법의 해석에 의한 해결을 그 출발점으로 하고 있는 독일 형법이나 일본 형법과는 달리 형법상의 인과관계는 입법으로 해결하고 있기 때문에 형법의 규정이 그 출발점이 된다고 해야 한다. 따라서 형법상의 인과관계는 '죄의 요소되는 위험발생과 연결'되는 것이 무엇이냐를 규명하는 문언해석(文言解釋)으로부터 출발한다고 해야 한다. 여기서 죄의 요소되는 위험발생이란 결과에 대한 위험의 발생에 연결되는 모든 것이라고 해석할 수 있다. '죄의 요소'는 '위험발생에 연결'에 대한 수식어라고 해석하게 되면 '죄의 요소'에는 별로 의미가 없게 된다. 결국 '위험발생에 연결'이라는 부분이 중요한 의미를 가지게 되므로 위험발생에 연결되는 모든 것은 귀속관계를 긍정할 수 있다고 하는 것이 해석의 결과라고 할 수 있다. 그렇다면 형법은 조건설을 입법화한 것이라고 극단적으로 해석되는 것도 불가능한 것은 아니라고 보인다.

② 절충적 상당인과관계설

인과관계는 행위자에게 결과에 대한 책임을 지우기 위한 객관적 구성요건이다. 결과범에 있어서 형법상 인과관계를 긍정하기 위하여는 행위와 결과 사이에 조건관계와 귀책관계가 모두 인정되어야 한다. 결과범에 있어서 행위와 결과 사이에 인과관계가 인정되지 않으면 행위자에게 발생한 결과에 대하여 기수책임을 물을 수 없게 되고, 미수범에 대한 처벌규정이 있는 경우에 한하여 미수책임을 지우는 것에 그치게 된다. 따라서 인과관계는 결과에 대한 책임을 묻기 위한 전제요건이 된다고 할 수 있다. 그런데 행위자에게 발생한 결과에 대하여 기수책임을 묻기 위해서는 결과가 행위자의 소행이라는 점, 즉 인과관계의 존재가 밝혀져야 한다. 귀속관계의 판단에 관하여는 종래부터 다양한 견해가 제시되어 왔다. 이미 살펴본 바와 같이 조건설, 원인설, 상당인과관계설, 합법칙적 조건설 또는 객관적 귀속론이 그것이다. 조건설은 무수히 존재하는 조건 중에서, 특히 인과관계에 관한 공식(csqn Formel)을 통과한 조건의 모두에 대하여 인과관계를 인정하는 견해를 말하였다. 이와 같이 조건설은 자연과학에 의하여 사실적으로 인정되는 조건관계를 그대로 법학적 인과관계로 인정한다는 의미에서 사실적 인과관계 또는 존재론적 인과관계라고 할 수 있다. 이에 반하여 조건설을 제외한 나머지 견해들은 조건설과는 다른 판단구조를 가지고 있기 때문에 규범적 인과관계라고 불리고 있다. 다시 말해서 원인설, 상당인과관계설, 합법칙적 조건설 또는 객관적 귀속론은 2단계의 판단구조를 가지고 있다는 점에서 서로 공통점을 가지고 있다고 할 수 있다. 즉, 제1단계에서는 사실적으로 조건관계를 판단한다. 제2단계에서는 존재론적으로 인정된 조건관계를 전제로 하여 규범적으로 귀속관계를 판단하여 이것이 인정되면 최종적으로 법적인 인과관계를 인정하는 구조이다. 다만 제2단계에서의 규범적 판단에 있어서 조건설은 '조건성', 원인설은 '원인성', 상당인과관계설은 '상당성', 합법칙적 조건설은 '합법칙성' 또는 객관적 귀속론은 '객관적 귀속성'을 각각 그 기준으로 사용한다는 점에서 각각의 견해는 서로 구별되고 있다고 할 수 있다. 결국 조건관계는 인과관계를 논하기 위한 대전제가 된다고 할 수 있다. 조건관계는 그 행위를 제거하면 그 결과가 발생하지 않을 수 있는가 하는 기준에 의하여 판단된다. 행위를 제거하였는데도 결과가 발생하지 않았다고 할 수 있으면 조건관계는 존재한다고 할 수 있다. 역으로 행위를 제거하였음에도 불구하고 결과가 발생했다고 할 수 있으면 조건관계는 존재하지 않는다고 할 수 있다. 조건관계의 판단에 관한 대표적인 기준은 'conditio sine qua non'의 공식(csqn Formel)이다.

문제는 제2단계의 귀책관계의 판단에 있다. 이에 관하여는 전술한 바와 같이 조건설, 원인설, 상당인과관계설, 합법칙적 조건설 및 객관적 귀속론이 대립하고 있었다. 그러나 구성요건은 당벌적 행위를 당시의 사회통념에 근거하여 유형화한 것이기 때문에 조건관계가 인정되는 결과 중에서 행위자에게 귀속시키는 것이 사회통념상 상당하다고 인정되는 결과만을 추출하고 그 결과에 대하여만 행위자에게 귀속시켜 책임을 묻는 것이 타당하다. 이와 같은 한정은 일반인의 입장에서 보아 그 결과가 실행행위에서 발생하였다고 할 수 있는가? 바꾸어 말하면, 일반의 경험칙상 그 실행행위와 결과 사이에 상당한 관계가 있는가 하는 것을 표준으로 하여 행하여져야 한다. 또한 일반의 경험칙은 당연히 과학법칙을 포함하고 있다고 해야 한다. 왜냐하면 경험칙은 과학법칙과 앞서거니 뒤서거니 하면서 서로 융합하여 진화를 거듭한다고 생각되기 때문이다. 따라서 형법상의 귀책관계는 통상의 판단능력을 가지는 일반인의 이해, 즉 사회통념을 기준으로 하는 상당인과관계설에 의하여 판단하는 것으로 충분하다고 해야 한다. 다만 인과관계는 행위자에 있어서 우연적인 요소, 예컨대 자연력, 불가항력, 타인의 행위, 피해자의 소인 등을 귀책의 범위에서 배제하기 위하여 필요하다는 점을 고려하면 행위 당시에 행위자가 특히 인식하고 있었던 사정은 귀책판단의 자료에 포함시킬 필요가 있다. 일반인에게는 우연처럼 보여도 행위자에게는 필연이 될 수 있다면 행위자가 특히 알고 있었던 사정을 인과관계의 판단자료로 사용하여야 할 합리적인 이유가 된다고 할 수 있기 때문이기도 하다. 이러한 의미에서 절충적 상당인과관계설이 가장 타당하다고 생각된다. 또 다른 한편, 주관적 구성요건요소로서의 고의의 인식대상에 인과관계도 포함된다고 할 때 행위 당시에 일반인이 인식·예견할 수 있었던 사정과 행위자가 특히 인식·예견하고 있었던 사정을 판단자료로 하는 절충적 상당인과관계설이 보다 설득력을 가진다고 하지 않을 수 없다.

6. 행위상황

행위상황(行爲狀況, Tatumstände)이란 구성요건에 규정되어 있는 행위가 성립하기 위한 일정한 상황을 말한다. 구성요건적 상황이라고도 한다. 예컨대 야간주거침입절도죄(제330조)에 있어서의 '야간에', 명예훼손죄(제307조)에 있어서의 '공연히', 중립명령위반죄(제112조)에 있어서의 '외국간의 교전에 있어서' 또는 진화방해죄(제169조)에 있어서의 '화재에 있어서' 등이 이에 속한다. 행위상황은 객관적 구성요건요소이기 때문에 행위상황이 결여되어 있는 경우에는 구성요건해당성이 조각되어 범죄의 성립이 부정되게 된다.

한편 정당방위, 긴급피난 또는 자구행위와 같은 긴급행위에 있어서는 정당방위상황, 긴급피난상황 또는 자구행위상황과 같은 긴급상황이 행위상황으로 된다. 이외에도 정당행위와 피해자의 승낙에 있어서도 각각 정당행위상황과 피해자의 승낙상황을 설정할 수 있을 것이다. 다만 여기에서의 행위상황은 위법요소라는 점에서 구성요건요소로서의 행위상황과는 구별된다고 할 수 있다. 또 다른 한편 위법요소로서의 행위상황에 대한 착오가 바로 위법성조각사유의 전제사실에 대한 착오가 된다고 할 수 있다.

Ⅲ. 주관적 구성요건요소

주관적 구성요건요소(主觀的 構成要件要素)란 구성요건요소로서 행위자의 심리상태를 말한다. 구성요건은 처벌의 필요성이 있는 위법하고 유책한 행위의 유형이기 때문에 처벌의 필요성을 판단하기 위하여는 행위자의 심리상태를 제외할 수가 없다.

주관적 구성요건요소는 모든 범죄에 공통적으로 요구되는 일반적 요소와 특정한 범죄에만 요구되는 특수한 요소로 나누어질 수 있다. 전자로서는 고의와 과실이 열거되고 있고, 후자로서는 주로 목적범에 있어서의 목적, 경향범에 있어서의 주관적 경향 및 표현범에 있어서의 심리적 상태가 거론되고 있다. 고의·과실은 종래 책임요소로만 해석되어 왔지만, 현재에는 범죄의 개별화기능을 중시하는 관점에서 구성요건요소로서도 해석되고 있다(고의·과실의 이중기능). 예컨대 살인죄와 과실치사죄 사이에는 객관적으로 사람의 사망이라는 동일한 결과가 존재하지만, 양자가 구성요건단계에서 서로 구별될 수 있는 것은 고의 또는 과실의 차이에 있다고 할 수 있다.

1. 일반적 주관적 구성요건요소

일반적·주관적 구성요건요소란 모든 구성요건에 포함되어 있는 주관적 구성요건요소를 말한다. 예컨대 고의 또는 과실이 이에 해당한다. 이를 흔히 책임요소에 속하는 책임고의(Schuld-vorsatz) 또는 책임과실과 구별하여 구성요건적 고의(Tatbestands-vorsatz) 또는 구성요건적 과실이라고 한다. 고의란 구성요건에 해당하는 객관적 요소를 인식하면서 굳이 행위로 나아가려고 하는 심리상태를 말하고, 과실이란 주의의무에 위반하여 구성요건에 해당하는 객관적 요소를 인식하지 못하였거나 인식은 하였으나 행위로 나아가려는 의사가 없는 심리상태를 말한다. 고의가 성립되면 과실은 인정되지 않기 때문에 양자는 상호 배척하는 관계에 있다고 할 수 있다. 형법은 "죄의 성립요소인 사실을 인식하지 못한 행위는 벌하지 아니한다. 다만, 법률에 특별한 규정이 있는 경우에는 예외로 한다"(제13조)라고 하여 고의범을 원칙적으로 처벌하고, 과실범은 예외적으로 처벌하고 있다.

(1) 고 의

1) 고의의 의의

고의(故意, Vorsatz)란 범죄사실을 인식하고 그 내용을 실현하려는 의사로서의 심리상태를 말한다. 범죄사실(犯罪事實)이란 객관적 구성요건에 해당하는 사실, 즉 주체, 객체, 행위, 결과, 인과관계 및 상황을 포함하는 객관적 구성요건요소를 말한다. 심리상태(心理狀態)란 행위로 표시되기 전의 생각단계에 머물러 있는 상태로서 사상만으로는 처벌할 수 없다는 행위주의에 의하는 한 행위로써 표출되기 이전의 단계라고 할 수 있다.

형법은 "죄의 성립요소인 사실을 인식하지 못한 행위는 벌하지 아니한다. 다만, 법률에 특별한 규정이 있는 경우에는 예외로 한다"고 규정하고 있다(제13조). 여기서 '죄의 성립요소인 사실'이란 고의의 인식대상을 말한다. 고의의 인식대상은 객관적 구성요건요소를 의미하는 것으로 해석되고 있다. 따라서 행위주체, 행위객체, 행위, 행위결과, 인과관계 및 행위상황은 모두 객관적 구성요건요소로서 고의의 인식대상이 된다. 이와 같이 고의란 범죄사실, 즉 객관적 구성요건요소에 해당하는 사실에 대한 인식과 이에 대한 실현의사를 말한다. 구성요건요소로서의 고의를 책임고의와 대비하여 구성요건적 고의(構成要件的 故意)라고 한다. 그러나 주관적 구성요건요소는 고의의 인식대상으로 되지 않는다. 따라서 고의, 목적 등과 같이 범죄의 성립요건 중 객관적 구성요건요소에 해당하지 않는 사항 이 외에 위법성조각사유, 책임조각사유, 처벌조건 등도 고의의 인식대상이 되지 않는 것은 당연하다.

결국 객관적 구성요건요소에 대한 인식이 없으면 고의는 조각되게 된다. 이와 관련하여 행위주체의 인식이 문제되는 경우는 신분범에 있다. 예컨대 신분자가 아직 신분자가 아니라고 생각하는 경우에는 고의가 조각되게 된다. 인과관계의 경우에는 기본적 인과의 경과를 인식하는 것만으로도 충분하기 때문에 모든 인과경과를 상세히 인식할 필요는 없다. 이와 같이 기술적 구성요건요소에 대한 인식이 결여되면 고의가 조각되는 것처럼 규범적 구성요건요소에 대한 인식이 결여된 경우에도 고의가 조각되는 것은 당연하다. 고의는 객관적 구성요건요소를 구체적으로 인식할 필요가 있다. 그러나 구성요건요소에 대한 인식은 법적 의미의 인식이 아니라 일상용어적 의미에 있어서의 사회적 의미의 인식만으로도 충분하다고 할 수 있다. 또한 규범적 구성요건요소에 대한 인식의 경우 그 인식에는 규범적 판단이 포함되지 않을 수 없지만, 이러한 판단도 일반인으로서 할 수 있는 인식으로 족하다고 할 수 있다. 예컨대 음란물판매죄에 있어서 음란물의 음란성이란 일반인의 견지에서 성적 수치심과 도의감을 현저히 침해하는 데 객관적으로 적합한 것인가의 여부를 판단할 수 있으면 그것으로 족하다고 할 수 있다. 그러나 제분을 이기지 못하여 식도를 휘두르는 피고인을 말리거나 그 식도를 뺏으려고 한 그 밖의 피해자들을 닥치는 대로 찌르는 무차별 횡포를 부리던 중에 그의 부(父)까지 찌르게 된 결과를 빚은 경우 피고인이 칼에 찔려 쓰러진 부를 부축해 데리고 나

가지 못하도록 한 일이 있다고 하여 그의 부를 살해할 의사로 식도로 찔러 살해하였다는 사실을 인정하기는 어렵다고 봄이 상당하다고 할 것이다.[39]

2) 고의의 종류

① 확정적 고의와 불확정적 고의 및 미필적 고의

고의는 구성요건적 사실에 대한 인식과 이에 대한 실현의사로 구성되어 있다. 따라서 구성요건적 사실, 즉 객관적 구성요건요소에 대한 인식이 없거나 이러한 인식이 있더라도 그에 대한 실현의사가 없는 경우에는 고의가 되지 않는다. 예컨대 북괴구성원이 출현되면 납치되어 가도 좋다는 생각에서 어로작업을 한 것이 아니고 그와 같은 경우에는 도주할 생각에서 어획고를 올리려는 의욕으로 어로저지선 부근에서 어군을 따라 어로작업을 하던중 북괴가 지배하는 지역으로 들어가게 되었다가 북괴구성원에게 납치된 뒤 북괴의 활동을 찬양하고 대한민국의 기밀을 누설하여 북괴를 이롭게 하고 북괴로부터 금품을 수수한 범행을 하였다면 어로저지선 부근에서 어로작업을 하게 되면 북괴구성원에게 납치될 염려가 있고 납치되면 위와 같은 범행을 할 수 있다는 것이 일반적으로 예견된다 하더라도 그 자에게는 위 범행에 대한 범의가 있다고는 할 수 없다.[40] 한편 고의는 실현의사를 기준으로 그 정도에 따라 실현의사가 확실한 확정적 고의와 실현의사가 불확실한 불확정적 고의로 크게 나누어질 수 있다. 이 외에도 실현의사가 확실하지는 않지만, 그렇다고 해서 전혀 불확실하다고도 할 수 없는 미필적 고의를 추가할 수 있다.

ⓘ **확정적 고의** : 확정적 고의(確定的 故意, dolus determinatus)란 행위자가 결과발생을 명확하게 의욕하여 실현의사가 확정적인 경우를 말한다. 다만 결과발생에 대한 단순한 전망이나 희망은 실현의사와는 구별되기 때문에 고의라고는 할 수 없다. 예컨대 피고인이 정교관계를 가졌던 피해자로부터 금품요구와 협박을 받아 오다가 위 피해자를 타이르던 중 반항하는 위 피해자를 순간적으로 살해하기로 결의하고 양손으로 피해자의 목을 졸라 질식사망케 한 사실이 인정된다면 피고인에게 살인의 확정적 범의가 있었음이 분명하고 과실이나 결과적 가중범의 범의를 논할 여지가 없다.[41]

ⓘⓘ **불확정적 고의** : 불확정적 고의(不確定的 故意, dolus indeterminatus)란 확정적 고의의 단계에

---

39) 대법원 1977.1.11. 선고 76도3871 판결.
40) 대법원 1970.2.24. 선고 69도2384 판결.
41) 대법원 1983.9.13. 선고 83도1817 판결.

이르지 않아 실현의사에 소위 불확정적 요소가 남아 있는 경우를 말한다. 물론 불확정적 고의가 인정되는 경우에도 고의범이 성립하는 데에는 아무런 문제가 없다. 불확정적 고의는 다시 택일적 고의, 개괄적 고의 및 미필적 고의로 세분된다.

i. 택일적 고의 　　택일적 고의(擇一的 故意, dolus alternativus)란 결과발생에 관한 실현의사는 확실히 존재하지만 어느 객체에 결과가 발생할 것인가에 관하여는 양자 중 1인이라는 택일적 실현의사를 가지고 있는 경우의 행위자의 심리상태를 말한다. 예컨대 갑이든 을이든 1인이 살해될 것이라고 생각하고 발포하는 경우이다.

ii. 개괄적 고의 　　개괄적 고의(概括的 故意, dolus generalis)란 결과발생에 관한 실현의사는 확실히 존재하지만 어느 객체에 결과가 발생할 것인가에 관하여는 다자 중 1인이라는 개괄적 실현의사를 가지고 있는 경우의 행위자의 심리상태를 말한다. 개괄적이란 국어사전적으로는 '대강 추려 뭉뚱그림'의 의미로서 대강 묶어서 파악한다는 의미이다. 예컨대 군중을 향하여 수류탄을 투척하는 경우 각 개인에 향하여진 살해의사를 묶어서 군중에 향하여진 살해의사로서 전체적으로 보면 하나의 살해고의를 인정할 수 있다는 의미라고 해석된다. 다만 여기의 개괄적 고의는 후술하는 베버(Weber)의 개괄적 고의와 구별되는 개념이라고 할 수 있다.

ⅲ **미필적 고의 :** 　　미필적 고의(未必的 故意, dolus eventualis)란 결과발생에 관한 실현의사가 확실한 것은 아니지만 결과적으로 결과발생에 관한 소극적 의사를 가지고 있지 않은 경우의 행위자의 심리상태를 말한다. 여기서 미필(未必)이라는 말은 아직까지 확실한 것은 아니라는 의미이다. 실현의사가 아직 확실하지 않아 정해지지 않은 경우를 말한다고 할 수 있다. 이러한 점에서 미필적 고의는 결과발생에 관한 소극적 의사를 가지고 있는 인식 있는 과실(bewusste Fahrlässigkeit)과 구별되고 있다. 여기서 미필적 고의는 고의의 하한(下限)이 되고 인식 있는 과실은 과실의 상한(上限)이 되어 고의와 과실의 경계를 이룬다고 할 수 있다. 예컨대 당일 피고인의 형인 "갑"과 "무" 사이에 싸움이 벌어졌다가 그것이 일단 제지된 후 피고인은 피해자들의 비행을 따지기 위하여 그들이 술을 마시고 있는 술집으로 "갑"과 함께 찾아가서 그 집 문전에서 먼저 "갑"과 "무" 사이에 싸움이 시작되자 피해자들이 뛰어나오는 것을 보고 피고인도 "갑"에게 가세하여 그들과 싸우게 되었던 것이고 그 싸움 중에 피해자 "을"이 쥐고 있던 칼을 빼앗아 동인을 찌르고 다른 피해자들이 달려들므로 그들에 대하여도 그 칼을 휘두르며 공격하여 피해자들에게 그 판시와 같은 살상을 입히게 된 것이라면 그 행위와 흉기의 성질상 피고인의 위와 같은 행위에

는 적어도 살인에 관한 미필적인 고의가 있었던 것이라고 하지 않을 수 없고 또 그것이 정당방위나 과잉방위에 해당한다고 할 수도 없다 할 것이다.[42)]

한편 미필적 고의는 결과발생에 관한 실현의사 자체가 불확정적이라는 점에서 실현의사는 확정적이지만 객체의 특정만이 불확정적인 택일적 고의나 개괄적 고의와도 구별되고 있다. 다만 객체의 특정이 불확실하다고 하는 경우 이는 택일적 고의나 개괄적 고의를 미필적 고의의 존부의 문제로 이해하는 것도 가능하게 된다는 것을 의미할 수 있다.

② 침해고의와 위험고의

침해고의와 위험고의란 각각 침해범에 있어서의 고의와 위험범에 있어서의 고의를 말한다. 침해고의(侵害故意)는 고의의 인식의 대상인 객관적 구성요건요소 중 결과를 인식함에 있어서 일정한 법익침해를 고의의 대상으로 하지만, 위험고의(危險故意)는 일정한 법익침해의 위험을 고의의 대상으로 한다. 구체적 위험범에 있어서의 위험고의는 위험에 관한 구체적 인식을 요하고, 추상적 위험범에 있어서의 위험고의는 추상적 인식을 요한다고 할 수 있다. 미수범의 고의에 대하여 이를 결과로서의 위험의 발생을 필요로 하는 범죄로 해석하고 위험고의로 족하다고 할 수 있겠지만, 미수범의 고의는 위험고의로는 족하지 않고 침해고의를 요한다고 하는 것이 타당하다.

③ 사전고의와 사후고의

고의는 원칙적으로 실행행위와 동시에 존재해야 한다. 소위, '행위와 고의의 동시존재의 원칙'(Simultani-tätsprinzip)이라고 할 수 있다. 따라서 실행행위의 이전이나 실행행위의 이후, 즉 실행의 착수 이전 또는 실행의 종료 이후의 표상에 대하여는 고의가 인정될 수 없다. 이러한 의미에서 실행의 착수 이전에 존재하는 사전고의(事前故意, dolus antecedens)나 실행의 종료 이후에 존재하는 사후고의(事後故意, dolus subsequens)는 형법상의 고의로는 될 수 없다. 예컨대 위협한 후 그것이 통하지 않으면 살해할 계획으로 폭탄을 준비한바 위협 중에 폭탄이 폭발하여 피해자가 사망한 경우에는 사전고의에 지나지 않게 된다. 실행행위 중의 고의가 아니기 때문에 행위자는 과실치사죄의 책임을 지는 데에 지나지 않게 된다.

그러나 고의는 실행행위 중에 항상 존재해야 하는 것은 아니다. 결과발생에 있

42) 대법원 1968.11.12. 선고 68도912 판결.

어서 필요하고 중요한 부분의 실행 중에 고의가 존재하면 그것으로 충분하다. 따라서 살해의 고의로 폭탄을 투척한 자에게는 폭발 전에 살해의 고의를 포기하였다거나 폭발 순간 잠이 들었다 해도 고의범의 성립에는 아무런 장애가 없게 된다. 한편 과실로 중상을 가한 후, 즉 과실의 실행행위(객관적 주의의무위반)를 종료한 후 피해자의 사망을 희망하여 방치한 결과 피해자가 사망한 경우 사후고의에 지나지 않는다고 해야 한다. 다만 후행의 행위가 부작위범을 구성하는 경우에는 별개의 문제가 될 수 있다.

④ 개괄적 고의와 조건부 고의

개괄적 고의(概括的 故意, dolus generalis)란 전술한 바와 같이 결과실현에 관한 의사는 확실히 존재하지만 어느 객체에 결과가 발생할 것인가에 관하여는 개괄적 의사를 가지고 있는 경우의 행위자의 심리상태를 말한다.

그러나 개괄적 고의는 베버의 개괄적 고의와 구별해야 한다. 즉, 베버(Heinrich Benedikt von Weber, 1777~1844)의 개괄적 고의란 제1의 행위에 대한 고의 속에는 제2의 행위에 의하여 발생된 결과도 개괄적으로 포함된다고 보는 견해를 말한다. 베버에 의하면 행위자가 제1의 행위에 의하여 결과가 발생할 것을 의도하고 제1의 행위로 결과가 발생하였다고 오신하였지만, 사실은 제1의 행위로부터 파생된 제2의 행위에 의하여 결과가 발생한 경우에는 개괄적 고의를 인정할 수 있다고 한다. 예컨대 행위자가 피해자의 목을 졸라 피해자가 사망하였다고 생각했지만 실은 피해자는 사망하지 않았고 행위자가 범행은폐를 위해 피해자를 강물에 투척한 바 피해자가 익사한 사안에서 제1의 행위(목을 조름)와 제2의 행위(강물에 투척)를 나누어 분석해보면 행위자에게는 살인미수죄와 과실치사죄만이 성립하게 되고 살인(기수)죄는 성립하지 않게 된다. 제2의 행위시에는 행위자에게 시체유기죄의 고의만이 있었을 뿐 살인의 고의가 인정되지 않기 때문이다. 대법원도 "피고인이 피해자에게 우측 흉골골절 및 늑골골절상과 이로 인한 우측 심장벽좌상과 심낭내출혈 등의 상해를 가함으로써, 피해자가 바닥에 쓰러진 채 정신을 잃고 빈사상태에 빠지자, 피해자가 사망한 것으로 오인하고, 피고인의 행위를 은폐하고 피해자가 자살한 것처럼 가장하기 위하여 피해자를 베란다로 옮긴 후 베란다 밑 약 13m 아래의 바닥으로 떨어뜨려 피해자로 하여금 현장에서 좌측 측두부 분쇄함몰골절에 의한 뇌손상 및 뇌출혈 등으로 사망에 이르게 하였다면, 피고인의 행위는 포괄하여 단일의 상해치사죄에 해당한다"고 판시한 바 있다.[43]

이러한 결론이 불합리하다고 생각하는 것이 바로 베버의 개괄적 고의론이다. 다시 말해서 베버의 개괄적 고의론에 의하면 위의 사안에서 개괄적으로 살인죄의 고의를 인정할 수 있게 되기 때문이다. 그러나 베버의 개괄적 고의론에 대하여는 고의가 없음에도 고의를 인정하는 이론이라고 강하게 비판되고 있다. 여기서 통설은 베버의 개괄적 고의를 인과관계의 착오를 의미하는 것으로 이해하고 있다. 이에 의하면 행위자가 오상한 제1의 행위와 그것에 의한 제2의 행위 사이의 인과경과가 형법상의 인과관계로 인정되는 경우 살인죄의 고의가 인정된다고 보고, 행위자에게 살인(기수)죄의 책임을 묻게 된다.

한편 조건부고의(條件附故意, bedingter Vorsatz)에 대하여는 다양하게 설명되고 있다. 이는 아직 확립된 용어가 아니라고 비판할 수 있는 근거가 된다. 예컨대 조건부고의란 미필적 고의를 의미한다거나 범죄의사는 확정적이지만 그 수행을 일정한 조건에 관련시키는 경우를 말한다고 하는 등 견해가 일치되어 있지 않다.

⑤ 구성요건적 고의와 책임고의

고의의 체계적 지위를 구성요건과 책임에 속한다고 하는 입장에서는 고의를 구성요건과 책임으로 분속시켜 구성요건에 위치하는 고의를 구성요건적 고의, 책임에 위치되는 고의를 책임고의라고 한다. 구성요건적 고의(構成要件的 故意, Tatbestandsvorsatz)란 객관적 구성요건요소에 대한 인식과 그에 대한 실현의사로서의 심리상태를 말한다. 객관적 구성요건요소에 대한 인식에는 규범적 구성요건요소도 포함되기 때문에 갑(주체)이 을(객체)을 세게 껴안아(행위) 그로 인하여(인과관계) 사망(결과)하였다는 사실에 대한 인식 외에도 음란(규범적 구성요건요소)하다는 사실에 대한 인식이 포함될 수 있다. 책임고의(責任故意, Schuldvorsatz)란 위법성조각사유의 부존재에 대한 인식과 위법성의 인식 또는 그 가능성으로서의 비난가능성을 말한다. 위법성조각사유의 부존재에 대한 인식이란 정당행위, 정당방위, 긴급피난, 자구행위 또는 피해자의 승낙 등에 의하여 행위한 것이 아니라는 인식을 말한다. 위법성의 인식 또는 그 가능성이란 자신의 행위가 법률상 허용되지 않는다는 것을 알고 있는 것 또는 법률상 허용되지 않는다는 것을 알 수 있었다(가능성)는 것을 의미한다. 예컨대 대마초는 마약류관리에 관한 법률상 위법이라고 생각하고 소지한 경우가 이에 해당한다. 다만 위법성의 인식 또는 그 가능성이 책임고의의 요소인가에 대하여는 다툼이 있다.

---

43) 대법원 1994.11.4. 선고 94도2361 판결.

3) 고의의 체계적 지위

고의의 체계적 지위와 관련하여서는 고의를 책임에만 위치시키는 견해, 구성요건에만 위치시키는 견해 및 구성요건과 책임에 분속시키는 견해의 순으로 전개되어 온 것이 학설의 변천사이다.

① 학 설

ⓘ **책임요소설 :** 고의는 원래 과실과 나란히 책임요소로 해석되어 왔다. 고의 또는 과실이 있는 이상 원칙적으로 책임을 인정하는 것이 가능하다는 의미에서 책임유형이라고 할 수 있었기 때문이다. 인과적 행위론의 입장에서 객관적 요소는 구성요건요소라고 하는 반면 주관적 요소는 책임의 요소라고 보았기 때문에 주관적 요소인 고의 또는 과실은 책임판단의 대상으로서 책임요소가 되었다. 인과적 행위론은 위법성의 본질을 법익침해 또는 그 위험에서 구하는 결과반가치 일원론의 입장에서 고의범과 과실범은 법익침해의 결과가 동일한 이상 위법성의 정도에 있어서는 차이가 없다고 하였다. 예컨대 살인죄와 과실치사죄는 생명의 침해라는 결과, 즉 결과반가치에 있어서는 동일하기 때문에 위법성의 정도는 동일하다고 평가하게 되었다. 따라서 고의범과 과실범의 구별은 위법성이 아니라 책임의 단계에서 평가되지 않을 수 없게 되었다. 결국 결과반가치 일원론의 입장에서는 고의는 과실과 나란히 책임요소가 되지 않을 수 없었다.

ⓘⓘ **구성요건요소설 :** 목적적 행위론에 의하여 주관적 위법요소가 발견되고 인적 불법론이 전개된 이후 고의는 주관적 위법요소의 일종이라는 인식이 확산됨에 따라 그 위치를 책임의 단계에서 구성요건의 단계로 이동하게 되었다. 목적적 행위론은 위법성의 본질을 사회적 행위규범에 대한 위반에서 구하는 행위반가치 일원론의 입장에서 고의범과 과실범은 사회규범에 대한 위반의 정도, 즉 행위반가치에 있어서 차이를 인정하게 되었다. 예컨대 고의에 의한 살인죄가 과실에 의한 과실치사죄보다 위법정의 정도가 크다고 하게 되었다. 따라서 행위반가치 일원론의 입장에서는 고의와 과실은 위법요소가 된다고 하게 되었다. 그러므로 살인죄(고의범)와 과실치사죄(과실범)는 구성요건단계에서 구별되지 않을 수 없게 되었다. 이에 의하면 고의 또는 과실은 결국 주관적 구성요건요소가 되지 않을 수 없었다.

ⓘⓘⓘ **구성요건 · 책임 요소설 :** 고의는 행위의 위법성에 영향을 주기 때문에 위법요소임과 동시에 직접적인 비난가능성의 요소로서 책임요소로서의 측면도 가

지고 있다는 견해를 말한다. 이는 고의 또는 과실을 주관적 구성요건요소임과 동시에 책임요소라고 하고 고의 또는 과실에 대하여 이중적 지위 또는 이중적 기능을 인정하는 견해이다. 사회적 행위론의 입장에서 위법성의 본질을 법익의 침해에서뿐만 아니라 사회적 행위규범에 대한 위반에서 구하는 행위반가치 · 결과반가치 이원론에 의하면 행위반가치 일원론의 입장과 결과반가치 일원론의 입장을 모두 포함하고 있기 때문에 고의는 과실과 함께 구성요건요소가 되면서 동시에 책임요소가 되었다. 즉, 행위반가치 · 결과반가치 이원론은 우선 행위반가치 일원론에서와 같이 고의범과 과실범은 사회적 규범위반의 정도, 즉 행위반가치에서 차이가 있고 따라서 위법성의 정도에 있어서도 고의범이 과실범보다 크다고 하게 되었다. 따라서 고의와 과실은 위법요소로 되기 때문에 살인죄와 과실치사죄는 구성요건단계에서 구별되게 되었다. 다음으로 행위반가치 · 결과반가치의 이원론은 고의와 과실은 결과반가치 일원론의 입장에서와 같이 고의범과 과실범은 법익침해의 결과가 동일한 이상 결과반가치에 있어서는 동일하기 때문에 위법성의 정도는 동일하다고 평가하게 되고, 고의범과 과실범의 구별은 위법성이 아니라 책임의 단계에서 평가되지 않을 수 없게 되기 때문에 결과반가치 일원론의 입장에서와 같이 고의는 과실과 함께 책임요소가 되지 않을 수 없게 되었다.

② 검 토

행위반가치 · 결과반가치 이원론의 입장이 타당하다고 생각된다. 고의범과 과실범은 각각 구성요건을 달리할 뿐만 아니라 고의범과 과실범에 대한 비난의 정도도 각기 다르기 때문이다. 따라서 고의와 과실은 구성요건의 단계에서는 고의범과 과실범의 구별이라는 범죄개별화기능을 충분히 수행하고 있다고 해야 한다. 뿐만 아니라 고의와 과실은 책임의 단계에서는 비난가능성의 유무와 크기에 영향을 주기 때문에 책임요소로서의 기능도 수행하고 있다고 할 수 있다. 결론적으로 고의 또는 과실에 대하여는 구성요건요소로서의 기능과 책임요소로서의 기능이라는 이중기능을 인정하지 않을 수 없다. 이것이 바로 고의의 이중기능(故意의 二重機能) 또는 과실의 이중기능(過失의 二重機能)이라고 하는 것이다.

4) 고의의 내용

① 학 설

구성요건적 고의의 내용에 관하여는 다양하게 논의되어 왔다. 견해의 변천은 우선 인식설로부터 의사설로 발전하여 왔다.

ⓘ **인식설 :** 인식설(認識說, Vorstellungstheorie)이란 고의가 성립하기 위하여는 구성요건에 해당하는 사실의 인식만으로 충분하다고 하는 견해를 말한다. 표상설(表象說)이라고도 한다. 표상(表象)이란 행위자가 외계의 사실을 자기의 마음속에 투영하는 것, 즉 현재의 사실을 인식하거나 또는 장래의 사실을 예견하는 것을 말한다. 예컨대 살인죄에 있어서 범죄사실에 대한 표상이 있다고 하기 위해서는 행위자(주체)가 다른 사람(객체)에 대하여 살해(행위)를 하고 그러한 행위에는 상대방을 사망에 이르게 할 현실적 위험성이 포함되어 있고 그러한 행위에 의하여 상대방이 사망(결과)에 이르게 된다는 것을 알고 있을 필요가 있다. 인식설은 다시 그 인식의 정도에 따라 가능성설과 개연성설로 세분될 수 있다.

ⅰ. 가능성설 가능성설(可能性說, Möglichkeitstheorie)이란 구성요건적 사실에 대한 인식 이외에 결과발생에 대한 가능성(possibility)의 예견이 필요하다는 견해를 말한다. 범죄사실의 인식이 행위의 동기로 되어 있을 때에 고의가 인식되기 때문에 인식은 확정적일 필요는 없고 범죄사실 중에서 결과의 발생을 불확정적(미필적)으로 인식하고 있는 경우에도 그 인식이 행위의 동기로 되어 있는 때에는 고의가 성립한다. 이를 미필의 고의(미필적 고의)라고 한다. 가능성설은 결과발생의 가능성을 인식하고 그래도 발생하면 좋다고 하는 인용이 있는 때에 고의가 성립하고 이 인용을 결한 때에는 인식 있는 과실로 된다고 하는 인용설이나 인식한 결과의 불발생보다도 발생의 가능성이 크다고 하는 점, 즉 개연성을 인식한 경우가 미필의 고의이고 단순히 결과가 발생하는가도 모른다는 가능성의 인식이 있음에 지나지 않을 때는 인식 있는 과실이라고 하는 개연성설과 구별되고 있다.

ⅱ. 개연성설 개연성설(蓋然性說, Wahrscheinlichkeitstheorie)이란 구성요건적 사실에 대한 인식 이외에 결과발생에 대한 가능성만으로는 충분하지 않기 때문에 결과발생에 대한 개연성(probability)의 예견이 요구된다는 견해를 말한다. 이 견해는 의사적 요소를 강조하는 것은 형법이론을 과도하게 심정적인 것으로 할 위험성을 가진다고 하여 고의의 중심을 인식·표상 등의 지적 요소에서 찾는 입장에서 주장된다. 그러나 이에 대하여는 가능성과 개연성의 구별이 불명확하고, 실제로 그 기준이 양적인 것에 지나지 않고 애매하다는 비판이 가해지고 있다.

ⓘⓘ **의사설 :** 의사설(意思說, Willenstheorie)은 고의의 내용으로서 구성요건적 사실에 대한 인식 외에도 인식한 사실에 대한 실현의사가 요구된다고 본다. 따라서 고의가 성립하기 위하여는 구성요건적 사실에 대한 인식과 예견된 결과발생에 대한 실현의사가 필요하다고 한다. 예컨대 창문유리를 깨려는 의사로 돌을 던진 경우에만

고의를 인정하는 입장이다. 이에 의하면 실현의사의 유무를 미필적 고의와 인식 있는 과실의 구별기준으로 삼기 때문에 실현의사가 없는 경우에는 인식 있는 과실에 그치게 된다. 의사설은 결과발생에 대한 실현의사의 정도에 따라 편의상 적극적 의사설과 소극적 의사설 및 그 중립적 형태로서의 절충적 의사설로 다시 나누어질 수 있다. 이러한 분류방법은 또한 절충적 의사설에 인용설을 대입시키고 그 인용의 정도에 따라 인용설을 다시 적극적 인용설과 소극적 인용설로 분류하는 방법과 일치하는 결과가 될 수도 있을 것이다.

ⅰ. 적극적 의사설　　적극적 의사설은 결과를 실현할 실현의사와 결과를 회피할 회피의사를 비교하여 전자가 발현한 경우를 미필적 고의, 후자가 발현한 경우를 인식 있는 과실이라고 한다. 실현의사설(實現意思說, Verwirklichungswillentheorie)이라고도 한다. 목적적 행위론자는 기본적으로 발생이 가능하다고 보이는 결과 중에서 행위자가 계산에 넣었던 결과에 한하여 실현의사가 미친다고 하였다. 이 견해는 책임요소로서의 고의를 부정함에 의하여 고의에 있어서 정서적인 요소를 배제하고 구성요건적 고의만을 인정하여 고의를 실현의사라고 하는 것으로부터 출발하였다. 카우프만에 의하면 행위자가 결과의 발생가능성을 표상하고 있었지만, 회피의사에 의하여 결과가 발생하지 않도록 반대의 조치를 강구한 경우에는 인식 있는 과실이 성립한다고 하였다.

ⅱ. 절충적 의사설　　절충적 의사설이란 결과의 발생을 실현하려는 의사가 적극적이지는 않지만, 결과가 발생하여도 상관없다고 인용 또는 용인하는 정도에 이른 경우에는 고의가 성립한다고 하는 견해를 말한다. 인용설(認容說, Billigungstheorie) 또는 용인설(容忍說, Einwilligungstheorie)이 대표적이다. 이 견해는 결과의 예견이 있다는 것만으로는 족하지 않고 그 발생을 인용하고 시인하였는가를 기준으로 한다. 즉, 인용이 있으면 미필적 고의, 그것이 없으면 인식 있는 과실이 된다고 한다. 이 견해는 기본적으로 의사설의 입장에 서는 것이고, 인용 또는 시인이라고 하는 의욕적 요소의 유무에 따라 고의의 인정여부를 결정하는 입장이라고 평가된다.

ⅲ. 소극적 의사설　　소극적 의사설이란 결과의 발생을 실현하려는 의사가 소극적으로나마 존재하여 결과가 발생하여도 부득이하다고 하는 경우에는 고의가 성립한다고 하는 견해를 말한다. 감수설, 무관심설 또는 회피설 등이 이에 속한다. 감수설(甘受說, Abfindungstheorie)은 행위자가 구성요건의 실현을 감수하는 경우에는 고의가 성립한다고 한다. 감수란 구성요건적 결과가 발생해도 할 수 없다고 생각하는 행위자의 내심상태를 말한다고 한다. 묵인설(默認說, Hinnahmetheorie)이라고도 한다. 무관심설(無關心說, Gleichgültigkeitstheorie)은 결과

의 발생에 무관심한 경우에는 고의가 성립한다고 한다. 회피설(回避說, Vermeidungs-theorie)은 법익침해에 대한 회피의사가 실현되지 않은 경우에만 고의가 인정된다고 한다. 인식있는 과실의 인정근거가 되는 회피의사(Vermeidungs-wille)는 행위시에 행위자가 가능한 부수결과가 발생하지 않도록 조종한 경우에만 인정된다고 한다.

② 판 례

판례는 절충적 의사설에 속한다고 할 수 있는 인용설에 근거하고 있다. 판례에 의하면 고의가 성립하기 위해서는 결과발생에 대한 인식 외에 나아가 결과발생을 용인하는 내심의 의사가 요구된다고 한다. 인용설에 따른 판례의 구체적 내용은 다음과 같다. 즉,

> ① 고의의 일종인 미필적 고의는 중대한 과실과는 달리 범죄사실의 발생 가능성에 대한 인식이 있고 나아가 범죄사실이 발생할 위험을 용인하는 내심의 의사가 있어야 한다. 행위자가 범죄사실이 발생할 가능성을 용인하고 있었는지는 행위자의 진술에 의존하지 않고 외부에 나타난 행위의 형태와 행위의 상황 등 구체적인 사정을 기초로 일반인이라면 범죄사실이 발생할 가능성을 어떻게 평가할 것인지를 고려하면서 행위자의 입장에서 그 심리상태를 추인하여야 한다.[44] ② 미필적 고의라 함은 결과의 발생이 불확실한 경우 즉, 행위자에 있어서 그 결과발생에 대한 확실한 예견은 없으나 그 가능성은 인정하는 것으로, 이러한 미필적 고의가 있었다고 하려면 결과발생의 가능성에 대한 인식이 있음은 물론 나아가 결과발생을 용인하는 내심의 의사가 있음을 요한다 할 것이다.[45] ③ 범죄구성요건의 주관적 요소로서 미필적 고의라 함은 범죄사실의 발생 가능성을 불확실한 것으로 표상하면서 이를 용인하고 있는 경우를 말하고, 미필적 고의가 있었다고 하려면 범죄사실의 발생가능성에 대한 인식이 있음은 물론 나아가 범죄사실이 발생할 위험을 용인하는 내심의 의사가 있어야 하며, 그 행위자가 범죄사실이 발생할 가능성을 용인하고 있었는지의 여부는 행위자의 진술에 의존하지 아니하고 외부에 나타난 행위의 형태와 행위의 상황 등 구체적인 사정을 기초로 하여 일반인이라면 당해 범죄사실이 발생할 가능성을 어떻게 평가할 것인가를 고려하면서 행위자의 입장에서 그 심리상태를 추인하여야 하고, 이와 같은 경우에도 공소가 제기된 범죄사실의 주관적 요소인 미필적 고의의 존재에 대한 입증책임은 검사에게 있는 것이며, 한편 유죄의 인정은 법관으로 하여금 합리적인 의심을 할 여지가 없을 정도로 공소사실이 진실한 것이라는 확신을 가지게 하는 증명력을 가진 증거에 의하여야 하므로, 그와

---

44) 대법원 2017.1.12. 선고 2016도15470 판결.

45) 대법원 2004.2.27. 선고 2003도7507 판결; 대법원 1987.2.10. 선고 86도2338 판결; 대법원 1985.6.25. 선고 85도660 판결.

같은 증거가 없다면 설령 피고인에게 유죄의 의심이 간다고 하더라도 피고인의 이익으로 판단할 수밖에 없다.[46] ④ 살인죄의 범의는 자기의 행위로 인하여 피해자가 사망할 수도 있다는 사실을 인식, 예견하는 것으로 족하지 피해자의 사망을 희망하거나 목적으로 할 필요는 없고, 확정적인 고의가 아닌 미필적 고의로도 족하다.[47]

③ 검 토

ⓘ **소극적 의사설 :** 고의책임이 위법성을 인식하였음에도 불구하고 반대동기를 형성하지 않고 굳이 위법행위로 나간 것을 비난하는 것인 이상 기본적으로는 의사설이 정당하다. 그러나 의사설이 고의의 의사적 요소를 결과발생의 의욕이라는 적극적인 실현의사에 한정하는 것은 적절하지 않다. 결과발생의 의욕이라는 적극적 실현의사뿐만 아니라 나아가 결과발생을 인용하는 태도(미필의 고의)에도 결과를 실현하려고 하는 의사의 발로를 나타내는 것이 가능한 것이다(절충적 의사설). 이 외에도 결과발생을 인식하였음에도 불구하고 방지하지 못하였다는 점에서는 적극적 의사설, 절충적 의사설 및 소극적 의사설 사이에는 차이가 없다고 하겠다. 결국 결과의 발생을 회피하지 못한 경우에는 소극적 의사가 존재하는 경우로서 고의가 인정될 가능성이 충분하다고 하겠다. 따라서 결과발생에 대한 소극적 의사의 유무는 고의와 과실의 구별기준이 된다고 할 수 있다. 한편 고의의 의사적 요소가 결하여진 경우에는 인식적 요소가 결하여진 경우와 마찬가지로 구성요건적 고의가 조각되는 것은 당연하다.

ⓘⓘ **인식적 요소 :** 고의가 성립하기 위해서는 인식설에 의하든 의사설에 의하든 범죄사실에 대한 인식, 즉 표상이 요구된다는 점에서는 공통된다. 여기서 표상은 범죄사실의 전부에 미치지 않으면 안 된다. 따라서 객관적 구성요건요소에 해당하는 모든 사실을 표상하지 않으면 안 된다. 객관적 구성요건이 기술적 구성요건요소로 이루어진 경우에는 그에 대한 인식, 즉 사실의 인식이 필요하다. 이에 반하여 객관적 구성요건이 규범적 구성요건요소로 이루어진 경우에는 그에 대한 인식, 즉 규범적 의미의 인식이 요구된다. 여기서 기술적 요소로서 사실의 인식이나 규범적 요소로서 의미의 인식이나 그 중 어느 하나만이라도 결하게 되면 고의의 성립은 부정되게 된다. 이러한 인식을 어느 하나라도 결하게 되면 행위자는 자기의 행위가 법률상 허용되고 있다고 의식할 것이기 때문이다.

i. 사실의 인식 고의가 성립하기 위하여는 객관적 구성요건에 관한 인식

46) 대법원 2005.10.7. 선고 2005도5554 판결; 대법원 2004.5.14. 선고 2004도74 판결.
47) 대법원 2002.10.25. 선고 2002도4089 판결.

이 필요하다. 객관적 구성요건이 기술적 구성요건인 경우 고의가 성립하기 위하여는 기술적 구성요건에 관한 인식, 즉 사실의 인식으로 충분하다. 사실의 인식은 규범적 판단을 요하지 않고 자연적 사실을 인식하는 것을 말한다. 예컨대 살인죄의 경우 칼로 사람을 찌른다는 사실의 인식, 그것이 살해에 해당한다는 사회적 · 규범적 인식, 살해가 허용되지 않는다는 위법성의 인식 및 살인은 형법의 금지규정에 해당한다는 인식의 과정을 단계적으로 상정할 수 있다. 여기서 고의의 성립을 인정하기 위한 사실의 인식이란 칼로 사람을 찌른다는 인식만으로도 충분하다는 것을 의미한다. 결과범의 경우 인과관계도 객관적 구성요건요소에 속하는 한 고의의 인식대상이 되는 것은 당연하다. 다만, 인과관계에 대하여는 모든 인과의 경과를 상세하게 인식할 필요는 없다. 인과경과의 기본적 부분에 대한 인식만으로도 충분하기 때문이다. 결과적 가중범에 있어서의 중한 결과는 인식의 대상으로는 되지 않는다. 중한 결과에 대하여 인식이 있는 때에는 원칙적으로 그 중한 결과에 대한 고의범이 성립하기 때문이다. 예컨대 상해치사죄에 있어서의 중한 결과인 사망에 대하여 인식이 있는 때에는 살인죄를 구성하는 것으로 된다. 다만 부진정 결과적 가중범을 인정하는 경우에는 중한 결과에 대하여도 인식을 요한다.

ii. 의미의 인식 고의가 성립하기 위하여는 기술적 구성요건요소에 대한 인식뿐만 아니라 규범적 구성요건요소에 대한 인식도 필요하다. 전자는 이미 언급한 바와 같이 사실의 인식을 말하고, 후자는 규범적 의미, 즉 법적 의미의 인식을 말한다. 적어도 의미의 인식필요설(意味의 認識必要說)에 의하면 규범적 구성요건요소의 경우에는 자연적 사실의 인식만으로는 충분하지 않고 그것이 가지고 있는 사회적 의미(社會的 意味)까지 인식할 필요가 있다. 예컨대 절도죄에 있어서 고의가 성립하려면 행위의 객체인 물건에 관한 사실을 인식해야 할 뿐만 아니라 타인의 물건이라는 물건의 타인성에 관한 의미의 인식도 필요하게 된다. 또한 음란문서반포죄의 고의로서는 문서 또는 물건 자체에 대한 인식, 즉 사실의 인식 이외에 그 문서나 물건이 가지고 있는 음란성에 대한 인식, 즉 의미의 인식이 없으면 안 된다.

한편 의미의 인식은 법규상의 개념에 대한 법적 의미의 이해를 문제로 하는 것이다. 이러한 점에서 의미의 인식은 어떠한 행위가 법적으로 허용되는가의 여부에 있어서 반가치적인 인식을 문제로 하는 위법성의 인식과는 구별된다. 의미의 인식은 우선 구성요건적 고의와의 관계에서 문제로 되지만 위법성의 인식은 책임요소로서의 고의와의 관계에서 문제로 되는 것이기 때문이다.

의미의 인식은 규범의 법적 의미를 이해하고 있을 것이 필요하기 때문에 그 인식의 정도가 문제로 된다. 통설은 규범적 구성요건요소에 대한 인식은 법적 의미에서 음란에 해당하는지의 여부에 대한 인식으로서 전문가적 인식일 필요는 없고 일반 통상인이 음란하다고 느끼는 정도의 의미를 가진 내용의 문서라고 하는 정도의 인식, 즉 문외한으로서의 인식으로 족하다고 해석하고 있다. 그러나 음란성과 같은 규범적 요소는 사회통념을 기준으로 판단해야 하기 때문에 문외한으로서의 인식과 전문가로서의 인식으로 나누어 생각하는 방식은 최선의 해석론은 아니라고 생각된다.

ⅲ **의사적 요소 :** 고의범은 과실범보다 훨씬 무거운 범죄이다. 따라서 고의에 있어서는 과실과는 달리 그 범죄를 실현하려는 행위자의 태도가 중요하다. 따라서 인식설에서 말하는 바와 같이 범죄사실에 대한 단순한 인식만으로는 고의의 성립에 충분하지 않다고 해야 한다. 고의는 범죄사실을 인식했음에도 불구하고 굳이 범죄행위로 나아가려는 의사를 본질로 하기 때문에 고의가 성립하기 위하여는 범죄사실의 인식이라는 지적 요소보다 인식한 내용을 실현하려는 의사로서의 의사적 요소 내지 의지적 요소가 더욱 요구되는 것은 당연하다. 대법원도 일찍이 "자기가 의도한 바 행위에 의하여 범죄사실이 발생할 것을 인식하면서 그 행위를 감행하거나 하려고 하면 족하고 그 결과발생을 희망함을 요하지 아니한다"라고 판시하여 고의의 의사적 요소를 강조한 바 있다.[48] 한편 의사적 요소는 고의와 과실을 구별하는 판단기준이 된다.

5) 고의와 과실의 구별

① 고의와 과실의 구별필요성

형법상 고의범은 원칙적으로 처벌되지만, 과실범은 그에 대한 처벌규정이 있는 경우에 한하여만 예외적으로 처벌될 뿐만 아니라 고의범이 과실범보다 훨씬 무겁게 처벌되기 때문에 고의와 과실의 구별은 매우 중요하다. 그런데 고의와 과실을 구별하는 경계선상에 위치하고 있는 것이 바로 미필적 고의와 인식 있는 과실이다.

② 미필적 고의와 인식 있는 과실의 구별기준

고의와 과실의 한계의 문제로서 미필적 고의와 인식 있는 과실의 구별이 중요하다. 고의의 하한(下限)에는 미필적 고의가 있고, 과실의 상한(上限)에는 인식 있는

---

48) 대법원 1987.10.13. 선고 87도1240 판결.

과실이 존재하기 때문이다. 미필적 고의(dolus eventualis, Eventualvorsarz)와 인식 있는 과실(luxuria, bewusste Fahrlässigkeit)의 구별에 대하여는 다툼이 있다.

ⓘ **학 설**: 인식설과 의사설이 전술한 바와 같이 크게 대립하고 있다. 인식설(認識說)에 의하면 인식적 요소만으로도 고의가 충분히 성립한다고 한다. 다만 인식설은 인식의 정도에 따라 가능성설과 개연성설로 다시 나누어진다. 가능성설에 의하면 결과발생의 가능성을 인식한 경우에는 미필적 고의, 그렇지 않은 경우에는 인식 있는 과실이 된다고 한다. 개연성설에 의하면 결과발생의 개연성을 인식하면 미필적 고의, 단순히 결과발생의 가능성만을 인식한 경우에는 인식 있는 과실로 된다고 한다. 의사설(意思說)에 의하면 고의의 내용으로 인식적 요소뿐만 아니라 의사적 요소도 요구하고 있기 때문에 고의가 성립하려면 객관적 구성요건에 관한 인식이 있어야 할 뿐만 아니라 이에 관한 실현의사도 존재하여야 한다고 한다. 다만 의사설은 실현의사를 요구하는 정도에 따라 다시 적극적 의사설, 절충적 의사설 및 소극적 의사설로 나누어질 수 있다. 예컨대 절충적 의사설이라고 할 수 있는 인용설에 의하면 범죄결과의 실현은 불확실하지만 그것이 실현될지도 모른다는 것을 인식하고 실현되는 것을 인용한 경우에는 미필적 고의, 그 결과의 발생을 인용하지 않은 경우에는 인식 있는 과실이 성립한다고 한다.

ⓘⓘ **판 례**: 판례는 전술한 바와 같이 인용설에 근거하고 있다. 이에 의하면 고의가 성립하기 위해서는 결과발생에 대한 인식 외에 결과발생을 용인하는 내심의 의사가 요구된다고 한다. 미필적 고의를 긍정한 판례의 구체적 내용은 다음과 같다. 즉,

> ① 고의의 일종인 미필적 고의는 중대한 과실과는 달리 범죄사실의 발생 가능성에 대한 인식이 있고 나아가 범죄사실이 발생할 위험을 용인하는 내심의 의사가 있어야 한다. 행위자가 범죄사실이 발생할 가능성을 용인하고 있었는지는 행위자의 진술에 의존하지 않고 외부에 나타난 행위의 형태와 행위의 상황 등 구체적인 사정을 기초로 일반인이라면 범죄사실이 발생할 가능성을 어떻게 평가할 것인지를 고려하면서 행위자의 입장에서 그 심리상태를 추인하여야 한다.[49] ② 업주 및 종사자가 이러한 연령확인의무에 위배하여 연령확인을 위한 아무런 조치를 취하지 아니함으로써 청소년이 당해 업소에 출입한 것이라면, 특별한 사정이 없는 한 업주 및 종사자에게 최소한 위 법률 조항 위반으로 인한 청소년보호법위반죄의 미필적 고의는 인정된다고 할 것이다.[50] ③

49) 대법원 2017.1.12. 선고 2016도15470 판결.
50) 대법원 2007.11.16. 선고 2007도7770 판결; 대법원 2004.4.23. 선고 2003도8039 판결.

청소년보호법의 입법목적 등에 비추어 볼 때, 유흥주점과 같은 청소년유해업소의 업주에게는 청소년의 보호를 위하여 청소년을 당해 업소에 고용해서는 안 될 매우 엄중한 책임이 부여되어 있다 할 것이다. 그러므로 유흥주점영업의 업주가 당해 유흥업소에 종업원을 고용함에 있어서는 주민등록증이나 이에 유사한 정도로 연령에 관한 공적 증명력이 있는 증거에 의하여 대상자의 연령을 확인하여야 한다. 만일 대상자가 신분증을 분실하였다는 사유로 그 연령 확인에 응하지 아니하는 등 고용대상자의 연령확인이 당장 용이하지 아니한 경우라면 청소년유해업소의 업주로서는 청소년이 자신의 신분과 연령을 감추고 유흥업소 취업을 감행하는 사례가 적지 않은 유흥업계의 취약한 고용실태 등에 비추어 대상자의 연령을 공적 증명에 의하여 확실히 확인할 수 있는 때까지 그 채용을 보류하거나 거부하여야 할 것이다. 그리고 건강진단수첩(속칭 보건증) 제도가 폐지된 후 건강진단결과서 제도가 마련된 취지와 경위, 건강진단결과서의 발급목적, 건강진단결과서가 발급되는 과정에서 피검자에 대한 신분을 확인하는 검증절차 및 피검자의 동일성에 관한 건강진단결과서의 증명도 등을 두루 감안해 볼 때 비록 그 결과서에 피검자의 주민등록번호 등 인적 사항이 기재되어 있다고 하더라도 이는 주민등록증에 유사한 정도로 연령에 관한 공적 증명력이 있는 증거라고 볼 수는 없다고 할 것이므로 유흥업소의 업주가 다른 공적 증명력 있는 증거를 확인해 봄이 없이 단순히 건강진단결과서상의 생년월일 기재만을 확인하는 것으로는 청소년보호를 위한 연령확인 의무이행을 다한 것으로 볼 수 없다.[51] ④ 범죄구성요건의 주관적 요소로서 미필적 고의라 함은 범죄사실의 발생 가능성을 불확실한 것으로 표상하면서 이를 용인하고 있는 경우를 말하고, 미필적 고의가 있었다고 하려면 범죄사실의 발생 가능성에 대한 인식이 있음은 물론 나아가 범죄사실이 발생할 위험을 용인하는 내심의 의사가 있어야 한다.[52] ⑤ 피고인이 공소외 1을 고용할 당시 공소외 1에게 주민등록증 원본의 제시를 요구하여 이를 확인하거나, 공소외 2를 고용할 때 주민등록상의 사진과 실물이 다르다는 의문을 가졌으므로 다른 방법으로 좀 더 적극적으로 연령을 확인을 하는 등의 주의의무를 다하여 연령 확인을 하였더라면 공소외 1이나 공소외 2가 제시한 주민등록증 또는 그 사본의 진위 여부나 그녀들의 연령을 쉽게 확인할 수 있었다 할 것이므로 피고인이 ○○○으로 행세하는 공소외 1과 고용계약을 체결하는 당일 공소외 1이 제시하는 주민등록증 사본만을 확인한 채 그 원본을 제출받아 확인함이 없이 당일 공소외 1과 고용계약을 체결한 후 일을 시켰고, 며칠 후 공소외 1이 친구라며 소개하는 공소외 2와 고용계약을 체결하면서 제시받은 공소외 2의 언니 공소외 3의 주민등록증상의 사진과 공소외 2의 얼굴이 다르다는 의문을 가졌음에도 불구하고 고용계약을 체결한 후 일을 시켰다는 것은 결국 청소년유해업소 업주인 피고인으로서는 청소년보호를 위

51) 대법원 2006.3.23. 선고 2006도477 판결; 대법원 2002.6.28. 선고 2002도2425 판결.

52) 대법원 2004.5.14. 선고 2004도74 판결; 대법원 2004.2.27. 선고 2003도7507 판결; 대법원 1987.2.10. 선고 86도2338 판결; 대법원 1985.6.25. 선고 85도660 판결.

한 연령 확인 의무 이행을 다하지 아니한 것이라 할 것이다.[53] ⑥ 여관업을 하는 사람으로서는 이성혼숙을 하려는 사람들의 겉모습이나 차림새 등에서 청소년이라고 의심할 만한 사정이 있는 때에는 신분증이나 다른 확실한 방법으로 청소년인지 여부를 확인하고 청소년이 아닌 것으로 확인된 경우에만 이성혼숙을 허용하여야 한다. 그런데 공소외 1과 공소외 2는 이 사건 당시 고등학교 3학년 학생들이었고, 공소외 2는 특히 나이가 어려 보였다는 것이므로, 공소외 3으로서는 공소외 1과 공소외 2가 함께 여관에 들어가려고 하는 경우 신분증이나 다른 확실한 방법으로 청소년인지 여부를 확인하였어야 하였다. 따라서 공소외 3이 이러한 확인을 전혀 하지 아니하고 공소외 1과 공소외 2의 혼숙을 허용하였다면, 적어도 청소년 이성혼숙에 대한 미필적 고의가 있다고 보아야 한다.[54] ⑦ 허위사실공표죄에서는 공표되어진 사실이 허위라는 것이 구성요건의 내용을 이루는 것이기 때문에, 행위자의 고의의 내용으로서 그 사항이 허위라는 것의 인식이 필요하나 어떠한 소문을 듣고 그 진실성에 강한 의문을 품고서도 감히 공표한 경우에는 적어도 미필적 고의가 인정될 수 있고, “어떠한 소문이 있다”라고 공표한 경우 그 소문의 내용이 허위이면 소문이 있다는 사실 자체는 진실이라 하더라도 허위사실공표죄가 성립된다.[55] ⑧ 의무경찰이 학생들의 가두캠페인 행사관계로 직진하여 오는 택시의 운전자에게 좌회전 지시를 하였음에도 택시의 운전자가 계속 직진하여 와서 택시를 세우고는 항의하므로 그 의무경찰이 택시 약 30㎝ 전방에 서서 이유를 설명하고 있는데 그 운전자가 신경질적으로 갑자기 좌회전하는 바람에 택시 우측 앞 범퍼부분으로 의무경찰의 무릎을 들이받은 사안에서, 그 사건의 경위, 사고 당시의 정황, 운전자의 연령 및 경력 등에 비추어 특별한 사정이 없는 한 택시의 회전반경 등 자동차의 운전에 대하여 충분한 지식과 경험을 가졌다고 볼 수 있는 운전자에게는, 사고 당시 최소한 택시를 일단 후진하였다가 안전하게 진행하거나 의무경찰로 하여금 안전하게 비켜서도록 한 다음 진행하지 아니하고 그대로 좌회전하는 경우 그로부터 불과 30㎝ 앞에서 서 있던 의무경찰을 충격하리라는 사실을 쉽게 알고도 이러한 결과발생을 용인하는 내심의 의사, 즉 미필적 고의가 있었다고 봄이 경험칙상 당연하다.[56] ⑨ 강간범인이 피해자를 사망에 이르게 한 경우에 그 사망의 결과가 간음행위 자체뿐만 아니라 강간의 수단으로 사용한 폭행으로 인하여 초래된 경우에도 강간치사죄가 성립하는 것이나, 다만 범인이 강간의 목적으로 피해자에게 폭행을 가할 때에 살해의 범의가 있었다면 살인죄와 강간치사죄의 상상적 경합범이 성립한다고 할 것이므로, 강간범인이 살해의 미필적 고의를 가지고 피해자의 입을 막고 경부를 눌러 피해자를 질식으로 인한 실신상태에 빠뜨려 강간한 후 그 즈음 피해자를 경부압박으로 인한 질식으로 사망케 하였다

---

53) 대법원 2004.4.28. 선고 2004도255 판결.
54) 대법원 2002.10.8. 선고 2002도4282 판결.
55) 대법원 2002.4.10. 자 2001모193 결정.
56) 대법원 1995.1.24. 선고 94도1949 판결.

면 살인죄와 강간치사죄의 상상적 경합범으로 보아 가장 무거운 살인죄에 정한 형으로 처벌한 원심판결은 정당하다.57) ⑩ 피고인이 자신의 허리띠를 잡으며 욕설하는 피해자를 과도를 오른손에 들고 찔러서 피해자가 좌흉부에서 심장을 관통하는 자창에 의한 실혈로 사망하였고, 피고인이 그 직후 과도를 소지한 채 현장을 도망쳐 나왔다면, 상해의 부위, 정도로 볼 때 단순히 피해자를 위협하기 위하여 서로 밀고 당기는 과정에서 발생한 것이 아니고 피고인이 과도로 피해자의 왼쪽 가슴을 힘껏 깊숙이 찌른 것으로 보여지고 그 범행이 우발적이라 할지라도 살인의 결과발생을 인식하고 저지른 소행으로서 미필적 고의가 있었다고 보여진다.58) ⑪ 피해자를 아파트에 유인하여 양 손목과 발목을 노끈으로 묶고 입에 반창고를 두 겹으로 붙인 다음 양손목을 묶은 노끈은 창틀에 박힌 시멘트 못에, 양발목을 묶은 노끈은 방문손잡이에 각각 잡아매고 얼굴에 모포를 씌워 감금한 후 수차 아파트를 출입하다가 마지막 들어갔을 때 피해자가 이미 탈진상태에 이르러 박카스를 마시지 못하고 그냥 흘려버릴 정도였고 피고인이 피해자의 얼굴에 모포를 덮어씌워 놓고 그냥 나오면서 피해자를 그대로 두면 죽을 것같다는 생각이 들었다면, 피고인이 위와 같은 결과발생의 가능성을 인정하고 있으면서도 피해자를 병원에 옮기지 않고 사경에 이른 피해자를 그대로 방치한 소위는 피해자가 사망하는 결과에 이르더라도 용인할 수밖에 없다는 내심의 의사 즉 살인의 미필적 고의가 있다고 할 것이다.59) ⑫ 피해자에게 가해할 것을 사전에 합의하여 식칼과 각목을 휴대하여 가해를 하여 사망하였다면 살해에 대한 미필적 고의가 있었다고 할 것이며 또 그 점에 대한 묵시의 연락이 있었다고 할 것이다.60) ⑬ 운전면허증 소지자가 운전면허증만 꺼내 보아도 쉽게 알 수 있는 정도의 노력조차 기울이지 않는 것은 적성검사기간 내에 적성검사를 받지 못하게 되는 결과에 대한 방임이나 용인의 의사가 존재한다고 봄이 타당한 점 등에 비추어 볼 때, 피고인이 적성검사기간 도래 여부에 관한 확인을 게을리 하여 기간이 도래하였음을 알지 못하였더라도 적성검사기간 내에 적성검사를 받지 않는 데 대한 미필적 고의는 있었다고 봄이 타당한데도, 이와 달리 보아 무죄를 선고한 원심판결에 진정부작위범의 미필적 고의에 관한 법리오해 등으로 판단을 그르친 잘못이 있다.61)

미필적 고의를 부정한 판례의 구체적 내용은 다음과 같다. 즉,

① 어부인 피고인들이 어로저지선을 넘어 어업을 하였다고 하더라도 북괴경비정이 출현하는 경우 납치되어 가더라도 좋다고 생각하면서 어로저지선을 넘어서 어로작업을

57) 대법원 1990.5.8. 선고 90도670 판결.
58) 대법원 1989.12.26. 선고 89도2087 판결.
59) 대법원 1982.11.23. 선고 82도2024 판결.
60) 대법원 1979.9.25. 선고 79도1698 판결.
61) 대법원 2014.4.10. 선고 2012도8374 판결.

한 것이 아니라면 북괴집단의 구성원들과 회합이 있을 것이라는 미필적 고의가 있었다고 단정할 수 없다.[62] ② 어로저지선을 넘어 어로작업을 하면 납북될 염려와 납북되면 그들의 활동을 찬양할 것을 예견하였다 하더라도 납북되어도 좋다는 생각에서 들어간 것이 아니면 위 범행에 대한 미필적 고의가 있다 할 수 없다.[63]

ⓘ **검 토**: 근대형법이 결과책임을 극복하고 개인책임을 확립하기 위하여 고의 또는 과실을 요건으로 하는 주관적 책임주의를 확립하였다는 역사를 볼 때 행위자가 고의책임을 지기 위해서는 적어도 자신의 행위에 대한 반규범성의 가능성에 관한 성찰의 기회가 주어져야 한다. 여기서 반대동기의 형성이 가능하였음에도 불구하고 굳이 반규범적 행위로 나아간 부분에 관하여는 고의를 인정할 수밖에 없다고 해야 한다. 미필적 고의나 인식 있는 과실도 모두 결과발생의 가능성은 존재하는 경우이기 때문에 양자의 구별기준은 인식적 요소가 아니라 의사적 요소에 두어져야 하는 이유이다. 반규범성에 대한 성찰의 기회가 주어지지 않았음에도 불구하고 결과발생에 대하여 처벌한다면 결국 결과책임이 될 것이기 때문이다. 따라서 행위자가 결과발생의 실현을 부정하지 않은 경우에는 미필적 고의, 부정한 경우에는 인식 있는 과실이 성립한다고 해석하여야 할 것이다.

(2) 과 실

1) 과실의 의의

과실(過失, Fahrlässigkeit)이란 부주의, 즉 주의의무에 위반한 내심(內心)의 태도를 말한다. 다시 말해서, 과실이란 주의의무에 위반하여 범죄사실, 즉 객관적 구성요건요소에 해당하는 사실에 대하여 인식이 없거나 또는 인식이 있다고 하더라도 그에 대한 실현의사가 없는 경우를 말한다. 구성요건요소로서의 과실을 책임과실과 대비하여 구성요건적 과실이라고 한다.

2) 과실의 종류

주관적 구성요건요소로서의 과실의 종류는 범죄사실에 대한 인식의 유무에 따라 인식 있는 과실과 인식 없는 과실로 구분될 수 있다. 또 과실은 그 위치에 따라 구성요건요소로서의 구성요건적 과실과 책임요소로서의 책임과실로 나누어질 수 있다.

---

62) 대법원 1975.1.28. 선고 73도2207 판결.
63) 대법원 1969.12.9. 선고 69도1671 판결.

① 인식 있는 과실과 인식 없는 과실

인식 있는 과실(bewußte Fahrlässigkeit)은 객관적 구성요건요소에 대하여는 인식을 하였으나 주의의무에 위반하여 그것이 실현되지 않을 것으로 신뢰한 심리상태를 말한다. 인식 없는 과실(unbewußte Fahrlässigkeit)이란 주의의무의 위반으로 인하여 객관적 구성요건요소 자체에 대한 인식을 결한 심리상태를 말한다. 과실은 통상 인식 없는 과실을 의미한다. 대법원도 "범죄성립의 요소인 사실을 인식하지 못하였을 때에는 범의를 인정할 수 없다"고 판시한 바 있다.[64] 인식 있는 과실과 인식 없는 과실의 법률상 취급은 동일하다. 다만 양자는 양형의 범위에서 다소 차이를 보일 뿐이다(제51조 제3호 참조).

② 구성요건적 과실과 책임과실

구성요건적 과실이란 주의의무에 위반하여 범죄사실에 대하여 인식하지 못한 심리상태 또는 범죄사실에 대하여 인식은 하였으나 인식사실에 대한 실현의사가 없는 심리상태를 말한다. 책임과실이란 범죄사실에 대하여 위법성의 인식이 가능하였음에도 불구하고 주위의무에 위반하여 반대동기의 형성을 결하고 일정한 작위 또는 부작위를 행한 것에 대한 비난가능성을 의미한다. 또 구성요건적 과실의 부존재는 과실범의 구성요건해당성조각사유가 된다는 점에서 책임조각사유가 되는 책임과실의 부존재와 구별될 수 있다.

3) 과실의 체계적 지위

과실의 체계적 지위는 고의의 체계적 지위와 다르지 않다. 이미 언급한 바와 같이 책임요소설, 구성요건요소설 및 구성요건요소·책임요소설이 대립하고 있다.

① 학 설

ⅰ 책임요소설: 과실은 소극적으로 고의가 없는 것이지만, 적극적으로는 주의의무위반을 말한다. 일찍이 과실은 고의와 나란히 책임요소로서만 이해되고 주의의무의 내용은 예견가능성을 전제로 한 결과예견의무라고 이해되었다. 이것이 바로 구과실론의 입장이다.

ⅱ 구성요건요소설: 주의의무의 내용을 결과예견의무라고 이해하는 경우 자동차 운전 등과 같이 사회적으로 유용한 행위가 다수 존재하는 고도의 산업사회에서는 법익침해(결과)에 대한 예견은 언제나 가능하게 된다. 그 결과로서 예견가능한 경우에는 과실책임을 피할 수 없게 되고, 과실범의 처벌범위가 지나치게

64) 대법원 1955.4.15. 선고 4287형상206 판결.

넓어져 형법의 겸억성과 자유(인권)보장기능과 정면으로 충돌될 수 있다. 여기서 과실범처벌을 한정하기 위한 방편으로 허용된 위험의 법리와 신뢰의 원칙이 제창되었다. 이러한 상황을 배경으로 주의의무의 내용을 결과예견의무 외에 결과회피가능성을 전제로 한 결과회피의무를 포함하여 이해하고 과실을 위법요소일 뿐만 아니라 위법행위를 유형화한 것으로서 구성요건요소라고 이해하는 견해가 유력하게 되었다. 이것이 바로 신과실론이다.

ⅲ 구성요건 · 책임 요소설 : 과실을 고의와 나란히 구성요건의 일반적 주관적 요소라고 이해하는 견해를 말한다. 이에 의하면 구성요건은 위법유형임과 동시에 책임유형이라는 것에 상응하여 과실도 고의와 마찬가지로 위법유형으로서의 과실과 책임유형으로서의 과실의 양면을 가지고 있는 것으로 이해되었다. 따라서 과실은 고의와 마찬가지로 구성요건요소로서의 과실과 책임요소로서의 과실이라는 이중적 지위 또는 이중적 기능을 가지고 있다고 이해되었다.

② 검 토

전통적 과실론에 의하면 과실은 고의와 나란히 책임조건 또는 책임형식이라고 하였기 때문에 고의범과 과실범은 구성요건이나 위법성의 단계에서는 구별되지 않았고 책임의 단계에서만 본질적인 차이가 나타난다고 해석되어 왔었다. 과실의 실체는 주의하면 범죄적 결과를 예견할 수 있고 동시에 그 결과를 회피할 수 있었음에도 불구하고 부주의에 의하여 그 예견을 결하고 결과를 발생시킨 것에 대한 책임비난이고 과실은 본래 책임비난의 형식으로서 문제되어야 한다고 보았기 때문이다. 그러나 일반인에게 요구되는 주의를 하여도 여전히 결과의 발생이 회피될 수 없는 경우라면 그것에 의하여 발생한 법익침해의 결과에 대하여 이를 위법하다고 평가하는 것은 허용되지 않는다고 해야 한다. 또 전통적 과실론에 의하면 우연이나 불가항력에 의하여 발생한 결과도 행위자의 행위와 인과관계의 범위 내에 있는 한 구성요건에 해당하는 위법한 결과라고 하지 않을 수 없게 된다. 여기서 구성요건이나 위법성에 있어서도 과실범이 의미를 가지려면 과실을 구성요건요소라고 하지 않을 수 없게 된다.

결국 전술한 바와 같이 고의범과 과실범은 각각 구성요건을 달리할 뿐만 아니라 고의범과 과실범에 대한 비난의 정도에 있어서도 각각 차이를 가지고 있다. 따라서 고의와 과실은 구성요건의 단계에서는 고의범과 과실범의 구별이라는 범죄개별화기능을 충분히 수행하고 있다고 해야 한다. 뿐만 아니라 고의와 과실은 책임의 단계에서는 비난가능성의 유무와 크기에 영향을 주기 때문에 책임요소로서의 기능도 수행하고 있다고 할 수 있다. 재언하지만, 고의 또는 과실에 대하여는 구성요건요소로서의 기능과 책임요소로서의 기능이라는 이중기능을 인정하지 않을 수 없다. 이것이 바로 고의의 이중기능(故意의 二重機能) 또는 과실의 이중기능(過失의 二重機能)이라고 하는 것이었다.

4) 과실의 내용

구과실론이나 신과실론은 공히 과실, 즉 주위의무의 위반의 내용에 관하여는 결과예견의무와 결과회피의무로 파악하고 있다. 다만 구과실론은 결과예견의무를 중시하였고, 신과실론에서는 결과회피의무가 보다 중시되는 경향이 있었다. 과실이라는 것은 주의의무를 다하여 객관적 구성요건요소에 대하여 인식을 하여 적어도 인식한 사실을 행하여서는 안 된다는 규범에 직면할 기회를 가졌어야 한다는 것을 의미한다. 이러한 의미라면 과실은 예견의무위반을 말한다고 해야 한다. 다만 인식 있는 과실의 경우에는 이미 인식을 하고 있기 때문에 예견의무는 다하고 있다고 보아야 한다. 여기서 인식 있는 과실의 경우에는 회피의무를 다하여 자신의 행위가 반규범적 행위일 가능성에 대하여 성찰하고, 반대동기를 형성할 기회를 가졌어야 한다는 것을 의미한다고 해야 한다. 이러한 의미에서 인식 있는 과실의 경우에는 회피의무위반을 의미한다고 할 수 있다. 결국 주관적 구성요건요소로서의 과실은 결과발생에 대한 예견의무와 회피의무를 그 내용으로 하고 있다고 할 수 있다.

범죄사실에 대한 인식 또는 그에 대한 실현의사가 결여되어 있는 경우 범죄사실이 실현되어도 그것이 불가항력에 근거한 때에는 행위자에게 범죄를 논하는 것은 불가능하다. 적어도 회피하는 것이 가능하였음에도 불구하고 부주의에 의하여 이것이 발생된 것이 아니면 안 된다. 부주의란 법률상 필요한 주의의무(Sorgfalts-pflicht)에 위반한 것이다. 주의의무는 법령의 규정에 의하여 명시되어 있는 경우도 많다. 예컨대 교통사범에 대한 특별입법으로서 도로교통법 등에 포함된 형벌법규의 구성요건에는 각종 단속의 목적에 따른 주의의무가 정하여져 있지만 이들은 동시에 형법에 있어서 업무상 과실치사상죄의 주의의무의 기초가 되는 경우도 많다. 다만 주의의무는 사회생활 속에서 복잡하고 다양한 행위환경을 구성하는 각종의 사태와 함께 논하여지지 않으면 안 되지만, 그 모두를 빠짐없이 법정하는 것은 불가능하다고 해야 한다. 그러므로 단속법규에 정하여지지 않았다고 하여 형법상 주의의무가 없다고 단언할 수 없고, 단속법규를 준수하였다는 것만으로 항상 주의의무를 다하였다고 단정할 수도 없다. 예컨대 긴급사태에서 안전을 기하기 위하여 부득이 단속법규에 위반한 경우와 같이 때로는 형식상 법령의 규정에 위반하여도 실질적으로는 형법상의 주의의무에 위반하였다고는 할 수 없는 경우도 얼마든지 있을 수 있다.

한편 법령에 의한 주의의무 외에 이에 대한 보충으로서 관습이나 조리에 근거한 주의의무가 인정되지 않으면 안 된다. 이와 같은 주의의무는 구체적 사안에 따라 사회에 있어서의 현실적 요청을 배려하면서 법관에 의하여 적절하게 논정될 필요가 있다. 과실범의 구성요건이 개방된 구성요건이라고 말하여지는 이유이다. 또 다른 한편 법관이 주의의무를 정하기 위하여 근거하여야 할 기준으로서 독일에서 사용되고 있는 '사회생활상 필요한 주의'(im Verkehr erforderliche Sorgfalt)라는 개념이 어느 정도 시사점을 줄 수 있다고 본다.

2. 특수한 주관적 구성요건요소

특수한 주관적 구성요건요소란 고의 또는 과실 이외의 심리상태를 구성요건요소로 하는 경우를 말한다. 이러한 요소에 따라 범죄의 유형은 목적범, 표현범 및 경향범으로 분류되기도 한다. 통상적으로 고의범에 있어서는 행위자에게 고의, 즉 객관적 구성요건에 해당하는 사실의 인식의 경우 그에 대한 인식만으로 족하지만, 목적범, 표현범 또는 경향범에 있어서는 그러한 인식 이외에 그 범위를 넘는 내심의 요소를 추가적으로 더 요구하고 있다. 이것이 바로 흔히 목적, 표현 또는 경향이라고 하는 요소로서 고의를 초과하는 주관적 요소라고 해석되기 때문에 이들을 주관적 초과요소 또는 초과적 내심경향이라고 하기도 한다.

(1) 목 적

목적(目的)이란 고의를 초과하는 주관적 구성요건요소를 말한다. 고의 이외에 목적을 주관적 구성요건요소로 요구하는 범죄를 목적범(目的犯)이라고 한다. 모해위증죄에 있어서의 '모해할 목적'(제152조 제2항), 무고죄에 있어서의 '형사처분 또는 징계처분을 받게 할 목적'(제156조), 통화위조죄에 있어서의 '행사할 목적'(제207조) 또는 공문서 등의 위조·변조죄에 있어서의 '행사의 목적'(제225조) 등이 그 예이다. 목적은 구성요건에 명시되어 있는 경우가 보통이지만, 재산죄에 있어서 '불법영득의 의사'와 같이 법문에 규정되어 있지 않은 경우도 있다. 불법영득의 의사와 같이 구성요건에는 명시되어 있지는 않지만 해석상 주관적 구성요건요소로 되는 주관적 구성요건요소를 강학상 초과주관적 구성요건요소라고도 한다.

한편 목적범을 진정목적범과 부진정목적범으로 구분하는 경우도 있다. 전자는 목적이 범죄성립의 요건으로 되는 범죄로서 공문서위조죄에 있어서의 '행사의 목적'이 이에 속한다. 후자는 목적의 유무로써 형이 가중되거나 감경되는 범죄로서 위증죄에 있어서의 '모해의 목적'이 그 예이다. 목적에 관한 판례의 구체적 내용은 다음과 같다. 즉,

① 내란선동죄에서 '국헌을 문란할 목적'이란 "헌법 또는 법률에 정한 절차에 의하지 아니하고 헌법 또는 법률의 기능을 소멸시키는 것(제91조 제1호)" 또는 "헌법에 의하여 설치된 국가기관을 강압에 의하여 전복 또는 그 권능행사를 불가능하게 하는 것(같은 조 제2호)"을 말한다. 국헌문란의 목적은 범죄 성립을 위하여 고의 외에 요구되는 초과주관적 위법요소로서 엄격한 증명사항에 속하나, 확정적 인식임을 요하지 아니하며, 다만 미필적 인식이 있으면 족하다. 그리고 국헌문란의 목적이 있었는지 여부는 피고인들이 이를 자백하지 않는 이상 외부적으로 드러난 피고인들의 행위와 그 행위에 이르게 된 경위 등 사물의 성질상 그와 관련성 있는 간접사실 또는 정황사실을 종합하여 판단하면 되고, 선동자의 표현 자체에 공격대상인 국가기관과 그를 통해 달성하고자 하는 목표, 실현방법과 계획이 구체적으로 나타나 있어야만 인정되는 것은 아니다.[65] ② 국가보안법 제7조 제5항의 죄는 같은 조 제1항 등에 규정된 이적행위를 할 목적으로 문서·도화 기타의 표현물을 제작·수입·복사·소지·운반·반포·판매 또는 취득함으로써 성립하는 범죄로서 이른바 목적범에 해당하고, 목적범에서의 목적은 범죄 성립을 위한 초과주관적 위법요소로서 고의 외에 별도로 요구되는 것이며, 형사재판에서 공소가 제기된 범죄의 구성요건을 이루는 사실에 대한 증명책임은 검사에게 있으므로, 국가보안법 제7조 제5항 범죄의 성립을 인정할 수 있으려면 검사가 행위자에게 이적행위를 할 목적이 있었다는 점을 증명하여야 한다.[66] ③ 국가보안법 제7조 제5항의 죄는 제1, 3, 4항에 규정된 이적행위를 할 목적으로 문서·도화 기타의 표현물을 제작·수입·복사·소지·운반·반포·판매 또는 취득하는 것으로서 이른바 목적범임이 명백하다. 목적범에서의 목적은 범죄 성립을 위한 초과주관적 위법요소로서 고의 외에 별도로 요구되는 것이므로, 행위자가 표현물의 이적성을 인식하고 제5항 소정의 행위를 하였다고 하더라도 이적행위를 할 목적이 인정되지 아니하면 그 구성요건은 충족되지 아니하는 것이다. 그리고 형사재판에서 공소가 제기된 범죄의 구성요건을 이루는 사실에 대한 증명책임은 검사에게 있으므로 행위자에게 이적행위를 할 목적이 있었다는 점은 검

65) 대법원 2015.1.22. 선고 2014도10978 전원합의체 판결.
66) 대법원 2013.2.15. 선고 2010도3504 판결.

사가 증명하여야 하며, 행위자가 이적표현물임을 인식하고 제5항 소정의 행위를 하였다는 사실만으로 그에게 이적행위를 할 목적이 있었다고 추정해서는 아니된다.[67]

(2) 경 향

경향(傾向)이란 행위자의 특정한 심정 또는 심리적 상태를 말한다. 경향을 초과주관적 구성요건요소로 하는 범죄를 경향범(傾向犯)이라고 한다. 경향범을 긍정하는 입장에서는 강제추행죄에 있어서의 추행의 심정을 그 예로 들고 있다(제298조 참조). 이에 의하면 내심에 있어서 성욕을 만족시키려고 하는 의도 내지 심리적 경향이 없으면 동죄는 성립하지 않는다고 주장하고 있다. 통설과 판례의 입장이라고 할 수 있다.

(3) 표 현

표현(表現)이란 행위자의 특정한 심리적 과정 또는 심리적 상태를 말한다. 표현을 초과주관적 구성요건요소로 하는 범죄를 표현범(表現犯)이라고 한다. 행위가 행위자의 심리적 과정이나 상태의 표현이라고 인정되는 경우에 한하여 범죄가 성립한다고 한다. 표현범을 긍정하는 입장에서는 위증죄가 그 예로 거론되고 있다(제152조 참조). 위증죄에 있어서의 허위란 객관적으로 진실에 반하는 것을 말하는 것이 아니라 기억에 반하는 것을 말한다고 해석되고 있다. 통설과 판례의 입장이다.

한편 표현범에 있어서 내심의 심리적 상태 또는 경과는 행위의 법익침해성과 무관하다는 이유로 표현범의 존재를 부정하는 견해도 있다. 예컨대 여성의 신체에 대하여 강제추행에 해당하는 행위를 하여도 내심에 있어서 성욕을 만족시킬 의도나 심리적 경향이 없으면 강제추행죄는 성립하지 않는다고 하는 경우이다. 이와 같은 경우 내심의 경향은 무의식의 세계에까지 들어가서 판단하지 않을 수 없는 성질의 것이기 때문에 명확성이 요구되는 법률에 도입하는 것은 적당하지 않다는 것이다. 또한 음란행위의 법익침해성은 주관적 요소에 의하여 좌우되는 것은 아니기 때문에 경향범의 개념을 인정해서는 안 된다고 주장되는 경우도 있다.

---

67) 대법원 2012.1.27. 선고 2010도8336 판결.

제 3 절 구성요건해당성의 판단

Ⅰ. 서 언

1. 구성요건해당성의 의의

범죄의 성부를 판단하는 제1단계는 구성요건해당성에 대한 판단이다. 여기에서는 행위가 어느 범죄의 구성요건에 부합하는가를 판단하는 것이다. 구성요건해당성의 판단의 특징은 유형적 · 추상적 · 객관적인 판단으로서 그 유무만을 판단한다는 점에 있다. 제1단계로 구성요건해당성이 조각되면 범죄의 성립은 조각되게 되고, 구성요건해당성이 인정되면 위법성과 책임의 존재가 추정된다.

구성요건해당성(構成要件該當性, Tatbestandmäßigkeit)이란 행위가 구성요건에 해당하는 것을 말한다. 범죄는 구성요건에 해당하는 위법하고 유책한 행위를 말하기 때문에 범죄가 성립하기 위하여는 구성요건해당성, 위법성 및 책임이 충족되어야 한다(3단계 범죄론체계). 어느 행위가 구성요건에 해당한다는 것은 범죄가 성립하기 위한 제1의 요건이 충족되었다는 것을 의미한다. 구성요건은 범죄성립요건 중의 제1의 요건이고, 그 다음으로 위법성과 책임이 이어지기 때문이다. 따라서 어느 행위가 구성요건에 해당하지 않는 한 그 행위에 대하여 위법성이나 책임을 판단하는 것은 무의미하다. 구성요건해당성은 평가이지만, 구성요건 그 자체는 평가가 아니다. 구성요건이란 위법한 행위의 유형으로서 법률상의 형식을 말한다고 할 수 있다. 구성요건에 해당하는 범죄사실을 구성요건해당사실이라고 한다.

2. 구성요건해당성의 판단방법

구성요건해당성의 판단은 객관적 구성요건요소와 주관적 구성요건요소의 순으로 그 충족여부를 판단해야 한다. 구성요건해당성의 판단은 우선 행위와 결과가 존재하는가를 판단한다. 다음으로 인과관계가 존재하는가를 판단한다. 이 외에도 주체, 객체 및 상황에 대한 판단도 빼놓을 수 없다. 최종적으로 고의 또는 과실이 있는가와 같은 주관적 요소를 판단한다. 구성요건은 위법 · 책임의 유형이기 때문에 구성요건에 해당하는 행위는 위법성과 책임이 추정되고, 위법성이나 책임을 조각하는 사유가 존재하지 않는 한 범죄가 성립한다. 즉, 형법을 적용할 때에는 구성요건해당성, 위법성조각사유의 유무 및 책임조각사유의 유무의 순서로 검토하게 된다. 이에 반하여 구성요건해당성이 처음부터 조각되는 때에는 그 다음 단계인 위법성이나 책임을 판단할 필요도 없이 범죄는 성립을 조각하게 된다.

한편 구성요건해당성의 판단과 관련하여 법의 적용과정을 다시 보면 다음과 같다. 법의 적용이란 법규정에 대하여 사실관계를 포섭시켜 결론을 도출하는 작업을 말한다. 법의 적용과정은 법적 삼단논법에 의하여 설명하는 것이 통상이다. 적용될 법규정을 대전제(大前提, Obersatz)로 하여 사회에서 발생하는 구체적인 사건을 소전제(小前提, Untersatz)로 한 다음 후자가 전자에 포섭(包攝, Subsumtion)되는 것에 의하여 결론으로서 판결(Urteil)을 도출하는 과정이다. 이와 같이 법의 적용은 법률규정(대전제), 법률사실(소전제) 및 법률효과(결론)라는 삼단논법(syllogism)의 형식을 거쳐서 행하여진다. 예컨대 '사람을 살해한 자는 사형, 무기 또는 5년 이상의 징역에 처한다'(제250조 제1항)는 법규정을 대전제로 하여 '갑이 을을 살해했다'는 사실을 소전제로 하여 그 포섭의 결론으로서 '갑을 사형에 처한다'는 판결을 이끌어 내는 것이 살인행위에 대하여 살인죄에 관한 형법 제250조 제1항을 적용하는 방법이다. 다시 말해서 법적 삼단논법은 추상적인 법규범을 구체적인 생활관계에 맞추는 형식으로 파악한다. 이것이 소위 '법의 적용'이다. 첫째, 법규범을 하나하나의 요건과 효과로 분해하고 각각에 대하여 해석한다. 둘째, 생활관계를 하나하나의 사실로 분해하고 법의 요건에 맞춘다. 생활관계의 사실과 법규범의 요건이 일치하면 사실이 요건에 포섭된다고 한다. 셋째, 모든 사실이 요건에 포섭되면 효과가 도출된다. 결국 1단계로 법규범을 분해하고, 2단계에서 생활관계를 분해한 후 이를 법규범에 맞추어 보고, 제3단계로서 결론을 도출하는 과정을 거치게 된다. 이와 같이 3단계를 거쳐 법적 결론에 이르기 때문에 법적 3단계론이라고도 한다. 여기서 1단계와 2단계의 과정을 구성요건해당성에 관한 판단의 과정이라고 할 수 있다. 법적 3단계론에서 주의할 점은 제1단계에서 법의 해석과 제2단계에서 사실을 요건에 포섭하는 경우, 제1단계에서는 해석자, 제2단계에서는 포섭자의 가치판단이 개재될 수 있고, 왜곡이 발생할 수 있다는 점이다.

3. 구성요건해당성 조각사유

(1) 서 언

통설에 의하면 양해는 구성요건해당성을 조각하는 사유로 해석되고 있다. 바로 이 점에서 양해는 형법이 위법성조각사유로 규정하고 있는 피해자의 승낙(제24조)과 구별된다고 할 수 있다.

(2) 양 해

1) 개 념

① 양해의 의의

양해(諒解, Einverständnis)란 피해자의 동의가 범죄의 구성요건해당성 자체를 조각하는 경우를 말한다. 원칙적으로 구성요건이 피해자의 의사에 반하는 경우에만 실현될 수 있도록 규정된 범죄의 경우가 이에 해당한다. 예컨대 시식행사에 제공된 식품에 대한 무단섭취가 절도죄의 구성요건해당성을 조각한다고 하듯이 주거침입죄(제319조), 비밀침해죄(제316조), 업무상 비밀누설죄(제317조), 절도죄(제329조), 횡령죄(제355조 제1항), 강간죄(제297조) 또는 강제추행죄(제298조) 등에 있어서 피해자의 동의는 구성요건해당성 자체를 조각하게 된다고 해석되는 것이다.

② 양해와 승낙의 구별

양해와 승낙의 구별에 관하여는 견해가 일치하지 않고 있다. 구별긍정설(區別肯定說)에 의하면 법익의 가치가 개인의 의사와 독립해서는 존재의의가 약한 경우의 피해자의 동의는 양해로서 구성요건해당성조각사유가 되지만, 법익의 가치가 개인의 의사를 초월하여 공동체를 위해서도 중요한 비중을 가지고 있는 경우의 피해자의 동의는 승낙으로서 위법성조각사유가 된다고 한다. 구별부인설(區別否認說)에 의하면 승낙이라는 명문의 위법성조각사유 이외에 별도로 양해를 인정해야 할 현실적 필요성이 없고, 양자를 엄격히 구별할 만한 일반적 기준도 존재하지 않는다고 한다. 따라서 양해와 승낙은 같은 성질의 것으로서 모두 구성요건해당성조각사유 또는 위법성조각사유가 된다고 한다. 양해와 승낙의 구별은 1953년 게에르츠(Geerds)에 의하여 주장되기 시작하였고, 현재의 다수설의 입장이기도 하다. 생각건대 구별긍정설에 따라 양해(諒解, Einverständnis)는 구성요건해당성을 조각함에 반하여 승낙(承諾, Einwilligung)은 위법성을 조각하게 된다고 하는 구별긍정설이 타당하다.

③ 양해의 법적 성질

양해의 법적 성질에 관하여도 견해가 일치하지 않고 있다. 즉, 사실성질설(事實性質說)에 의하면 양해는 순수한 자연적·사실적 성질을 가지고 있기 때문에 피해자의 자연적 의사능력이 있으면 족하고, 피해자에게 행위능력이나 판단능력이 있을 것을 요하지 않는다고 한다. 또 양해는 내적 동의로 족하며, 그것이 표시되거나 행위자가 이를 인식할 필요도 없고, 착오 · 기망 · 강요 등 의사의 흠결 · 하자가 있어도 무방하다고 한다.

개별검토설(個別檢討說)에 의하면 양해는 피해자의 승낙과 같이 일반적인 원칙에 의하여 결정할 것이 아니라 개별적인 구성요건의 내용과 기능, 그 보호법익의 본질에 따라서 좌우되는 구성요건요소의 해석의 문제라고 한다. 또 양해가 강간, 감금, 절도 등에서와 같이 자연적 행동, 의사결정의 자유, 사실상의 지배관계를 침해하는 구성요건인 경우에는 자연적 의사능력만으로 충분하나, 그 이외의 경우에는 의료적 침해, 모욕, 주거침입 등에서와 같이 피해자에게 자연적 통찰능력과 판단능력이나 행위능력까지 요구된다고 한다.

생각건대 양해가 법적으로 유효하기 위해서는 양해하는 사람이 양해의 법적 의미와 내용까지 이해하고 있을 것이 요구된다고 해야 할 것이다. 따라서 사실상의 의사표시만으로는 법적 효력을 부여하기에 충분하지 않다고 해야 한다. 이러한 의미에서 개별검토설이 상대적으로 설득력을 가진다고 아니할 수 없다.

2) 소극적 객관적 구성요건

양해의 주체는 법익을 임의로 처분할 수 있는 자이어야 한다. 양해는 적어도 행위시에 존재하여야 한다. 사전양해(事前諒解)만이 유효하며, 사후양해(事後諒解)는 인정되지 아니한다.

3) 소극적 주관적 구성요건

양해가 구성요건을 조각하기 위해서는 행위자는 행위시에 양해가 있다는 사실을 인식하고 행위할 것이 요구된다. 따라서 양해가 없음에도 불구하고 객관적 구성요건요소를 인식한 경우에는 고의범이 성립하게 된다. 양해를 구성요건요소로 이해하는 한 양해의 주관적 구성요건요소는 고의 또는 과실이 되어야 한다고 해석되기 때문이다.

4) 효 과

양해에 의한 행위는 구성요건해당성이 조각되어 형법적 판단의 대상에서 배제된다. 따라서 동거 중인 피해자의 지갑에서 현금을 꺼내가는 것을 피해자가 현장에서 목격하고도 만류하지 아니하였다면 피해자가 이를 허용하는 묵시적 의사가 있었다고 봄이 상당하여 이는 절도죄를 구성하지 않는다고 할 것이다.[68]

4. 구성요건해당성 인정사유

(1) 서 언

범죄의 성립여부는 구성요건해당성, 위법성 및 책임의 순으로 판단하여 각각의 요건이 모두 충족되는 때에 비로소 범죄가 성립하게 된다. 따라서 구성요건해당성은 범죄의 성립요건 중 제1의 요소로서 첫 번째 판단대상이 된다. 구성요건해당성이 조각되게 되면 바로 범죄의 성립이 부정되기 때문에 그 이후의 판단인 위법성과 책임의 판단은 무의미하게 된다. 역으로 위법성이나 책임의 판단을 위해서는 최우선적으로 구성요건해당성에 대한 충족이 그 전제요건이 되지 않을 수 없다.

(2) 구성요건해당성의 판단과 범죄의 유형

구성요건해당성에 관한 판단의 편의상 범죄를 '작위범과 부작위범' 및 '고의범과 과실범'의 유형으로 분류할 수 있다. 우선 객관적 구성요건요소 중 실행행위의 유형인 작위와 부작위에 상응하여 범죄의 유형은 작위범과 부작위범으로 분류될 수 있다. 또 실행행위가 고의행위이면 고의범, 과실행위이면 과실범으로 분류할 수도 있다. 이 외에 범죄는 객관적 구성요건요소인 실행행위를 기준으로 분류한 유형과 주관적 구성요건요소인 고의 또는 과실과의 조합에 따라 다양한 유형으로 분류될 수 있다. 예컨대 고의에 의한 작위범 또는 부작위범, 과실에 의한 작위범 또는 부작위범 등이 그것이다.

구성요건해당성의 판단에 관하여는 범죄의 유형마다 항목을 바꾸어 검토하기로 한다. 다만 구성요건해당성 판단에 있어서 작위범, 부작위범, 고의범 및 과실범은 각각 구성요건요소 중 일정부분만을 달리할 뿐 위법성과 책임의 판단에 있어서는 완전히 동일하기 때문에 범죄유형마다 달리하는 구성요건요소를 집중적으로 검토하고 위법성과 책임에 관한 판단은 각각 위법성의 판단과 책임의 판단에 맡기기로 한다. 또한 구성요건해당성을 판단함에 있어서는 구성요건에 있어서 객관적 구성요건과 주관적 구성요건의 순으로 그 충족여부를 판단하게 된다.

---

68) 대법원 1985.11.26. 선고 85도1487 판결.

Ⅱ. 작위범

1. 작위범의 개념

(1) 작위범의 의의

작위범(作爲犯, Begehungsdelikt)이란 실행행위가 적극적인 신체활동, 즉 작위에 의하여 행하여지는 범죄를 말한다. 살인죄, 절도죄 등 대부분의 범죄가 이에 속한다. 이는 실행행위가 소극적인 신체활동인 부작위에 의하여 행하여지는 범죄를 부작위범이라고 하는 것에 대응하는 개념이다. 예컨대 자연상태에서는 죽지 않을 사람에게 독약을 먹이거나 자동차로 치어 사망하게 하는 경우가 이에 해당한다. 작위는 행위의 가장 일반적인 형태이고, 범죄의 대부분의 형태는 작위범이기 때문에 통상 범죄라고 하면 작위범을 의미하게 된다. 작위범은 '어떠한 행위를 행하여서는 안 된다'는 금지규범에 위반한 형태로 나타난다.

(2) 작위범의 성립요건

작위범의 성립요건도 다른 범죄의 성립요건과 다르지 않다. 따라서 작위범도 구성요건해당성, 위법성 및 책임을 그 성립요건으로 하고 있다. 구성요건해당성도 객관적 구성요건해당성과 주관적 구성요건해당성이 충족되어야 인정된다는 점도 다른 범죄에 있어서의 그것과 동일하다.

2. 객관적 구성요건

작위범은 객관적 구성요건요소, 즉 주체, 객체, 실행행위, 결과, 인과관계 및 상황 중에서 실행행위가 작위인 범죄를 말한다. 즉, 객관적 구성요건요소 중 실행행위를 제외한 나머지 요소는 다른 범죄에서와 동일하다. 범죄의 일반적인 형태는 작위범이기 때문에 통상적으로 행하는 구성요건해당성의 판단은 작위범을 예정한 방식이라고 할 수 있다. 따라서 작위범의 구성요건해당성을 판단할 때에는 통상적으로 행하던 방식과 같이 객관적 구성요건요소를 하나씩 검토하여 그 해당여부를 판단하면 그것으로 충분하다. 다만 객관적 구성요건에 대한 해당성의 여부를 판단함에 있어서 신분범이라거나 법인인 경우처럼 주체, 결과범이라거나 위험범인 경우처럼 결과 등의 검토에 주의를 요하는 경우가 있을 수 있다.

3. 주관적 구성요건

작위범은 주관적 구성요건요소에 따라 그것이 고의인 경우의 고의에 의한 작위범과 과실인 경우의 과실에 의한 작위범으로 나누어질 수 있다. 주관적 구성요건요소인 고의와 과실에 관하여 자세한 것은 후술하는 바와 같이 각각 고의범과 과실범에서 검토하기로 한다.

Ⅲ. 부작위범

제18조 (부작위범) 위험의 발생을 방지할 의무가 있거나 자기의 행위로 인하여 위험발생의 원인을 야기한 자가 그 위험발생을 방지하지 아니한 때에는 그 발생된 결과에 의하여 처벌한다.

1. 부작위범의 개념

(1) 부작위범의 의의

부작위범(不作爲犯, Unterlassungsdelikt)이란 실행행위가 소극적인 신체활동, 즉 부작위(Unterlassung)에 의하여 행하여지는 범죄를 말한다. 이는 적극적인 신체활동인 작위(Begehung)에 의하여 행하여지는 범죄를 작위범이라고 하는 것에 대응하는 개념이다. 한편 형법의 법익보호기능과 관련하여 작위란 법익침해상태를 창출하는 행위임에 반하여 부작위란 이미 존재하는 법익침해상태를 회복하지 않는 행위를 말한다. 부작위범의 실행행위는 각각의 구성요건이 예정하고 있는 법률상의 작위의무에 위반하는 부작위만을 그 내용으로 한다. 부작위범은 진정부작위범과 부진정부작위범으로 크게 나누어진다. 또 부작위범은 주관적 구성요건요소에 따라 각각 고의에 의한 부작위범과 과실에 의한 부작위범으로 구별될 수도 있다.

(2) 부작위범의 종류

1) 진정부작위범

진정부작위범(眞正不作爲犯, echte Unterlassungsdelikte)이란 부작위에 의해서만 실현될 수 있는 범죄를 말한다. 다중불해산죄(제116조), 퇴거불응죄(제319조), 전시군수계약불이행죄(제103조 제1항) 및 전시공수계약불이행죄(제117조 제1항)와 같이 구성요건상의 실행행위가 부작위를 예정하고 있는 범죄를 말한다. 여기에서의 작위의무는, 예컨대 다중불해산죄에 있어서 3회 이상의 해산명령을 받았음에도 불구하고 해산하지 아니한 경우와 같이 법률상의 작위의무가 명문으로 규정되어 있기 때문에 작위의무의 내용이 명확할 뿐만 아니라 실행행위로서의 부작위의 내용도 분명하다.

2) 부진정부작위범

부진정부작위범(不眞正不作爲犯, unechte Unterlassungsdelikte)이란 작위범의 구성요건을 부작위에 의하여 실현하는 경우를 말한다. 통상은 작위에 의하여 실현되는 작위범이지만, 부작위에 의하여도 실현될 수 있다는 의미에서 부진정부작위범이라고 하거나 부작위에 의한 작위범(不作爲에 의한 作爲犯, Begehungsdelikt durch Unterlassung)이라고도 한다. 예컨대 살해의 의사를 가진 모친이 자신의 영아에게 수유를 거부하여 아사(餓死)시킨 경우에서와 같이 영아살해죄(제251조)에 있어서의 실행행위는 영아의 '살해'라는 작위이지만, '수유의 거부'라는 부작위를 통해서 살해라는 작위의 실행행위를 실현하는 경우를 말한다. 그러나 부진정부작위범에 있어서는 실행행위로서의 부작위가 명문으로 규정되어 있지는 않다. 형법은 단지 작위범의 실행행위는 작위, 진정부작위범의 실행행위에 대하여는 부작위만을 규정하고 있을 뿐 부진정부작위범의 실행행위에 대하여는 명문의 규정이 없기 때문에 해석에 맡겨진 셈이 된다. 여기서 부진정부작위범이 성립한다고 하기 위해서는, 위의 예에서 본다면, '수유의 거부'라는 부작위가 '살해'라는 작위에 해당한다고 해석될 수 있어야 한다. 이것이 바로 후술하는 바와 같이 부진정부작위범에 있어서 부작위의 실행행위성 또는 부작위와 작위의 동가치성의 문제가 된다.

3) 양자의 구별기준

진정부작위범과 부진정부작위범의 구별에 관하여는 형식설과 실질설이 대립하고 있다. 형식설(形式說)은 법률의 규정을 기준으로 하여 구성요건이 부작위에 의하여 실현될 수 있도록 규정된 범죄를 진정부작위범이라고 한다. 우리나라의 통설의 태도이다. 이에 반하여 실질설(實質說)에 의하면 범죄의 실질과 내용을 기준으로 하여 진정부작위범은 형식범으로서 결과의 발생을 요하지 않지만, 부진정부작위범은 실질범으로서 결과의 발생을 요한다고 한다. 즉, 실질설에 의하면 진정부작위범은 거동범이 되고, 부진정부작위범은 결과범이 되는 셈이다. 독일의 다수설의 입장이라고 한다. 따라서 진정부작위범은 결과의 발생을 요하지 않기 때문에 형법에 특별한 규정이 있을 경우에만 처벌이 가능함에 반하여 부진정부작위범은 결과의 발생을 요하기 때문에 특별한 규정이 없는 경우에도 결과가 발생하면 처벌이 가능하다고 한다.

그러나 실질설에 대하여는 진정부작위범에는 결과범이 포함될 수 있고 부진정부작위범에도 거동범이 포함될 수 있기 때문에 거동범에 대하여도 부진정부작위범의 성립을 부정해야 할 이유가 없다는 점, 우리나라 형법은 독일 형법에서와 같이 구조불이행죄(독일 형법 제323조의 c)와 같은 부작위 일반을 처벌하는 규정이 없기 때문에 실질설을 취하기 어렵다는 점, 형법에 부진정부작위범의 규정이 없는 것은 그것이 결과범이기 때문이라는 것도 옳다고 할 수 없다는 점 등에서 비판이 가하여지고 있다.

생각건대 형식설에 의할 때 진정부작위범과 부진정부작위범을 비교적 간명하게 구분할 수 있다는 점과 진정부작위범은 명령규범에 위반하는 경우이기 때문에 실행행위의 태양이 이미 구성요건에서 작위로 예정되어 있는 반면 부진정부작위범에 있어서는 금지규범에 위반하는 경우이기 때문에 실행행위의 태양을 묻지 않는다는 점에서 형식설이 타당하다고 생각된다. 이러한 취지에서 부진정부작위범이라는 용어의 부작위범이라는 명칭은 현실의 행위형태가 부작위라는 것을 의미하고, '부진정'이라는 명칭은 현실의 행위태양인 부작위가 조문에 명기되어 있지 않다는 것을 의미한다고 할 수 있다. 이에 반하여 진정부작위범의 경우에는 부작위의 태양이 조문에 명기되어 있기 때문에 '진정'한 것이라고 할 수도 있을 것이다.

(3) 부작위범의 성립요건

부작위범도 범죄인 이상 그 성립을 위해서는 당연히 범죄의 성립요건에 대한 충족을 요한다. 따라서 부작위범도 그 성립을 위해서는 범죄의 기본적 성립요건인 구성요건해당성, 위법성 및 책임을 충족해야 한다. 그러나 구성요건해당성의 판단을 제외한 위법성의 판단과 책임에 관한 판단은 소극적 판단으로서 범죄유형의 차이에도 불구하고 동일한 구조를 가지고 있기 때문에 부작위범이라고 해서 작위범, 고의범 또는 과실범과 다를 것이 없다. 따라서 위법성과 책임의 판단에 있어서는 부작위범만의 특유한 점이 발견되지 않기 때문에 부작위범의 성립요건과 관련하여 특별히 검토하여야 할 부분은 존재하지 않는다. 결국 부작위범의 성립요건은 구성요건해당성에서만 다른 범죄유형과 차이점이 발견되기 때문에 여기에서는 부작위범의 성립요건 중 위법성과 책임에 관하여는 각각 후술하는 위법성과 책임 단계에서 검토하기로 하고 구성요건에 한정하여 검토하기로 한다. 다만 부작위범에 있어서 진정부작위범과 부진정부작위범은 그 구성요건을 각각 달리 하고 있는 부분이 존재하기 때문에 양자의 구성요건에 관하여는 구분하여 고찰할 필요가 있다고 하겠다.

(4) 부작위범론의 약사

형법학에 있어서의 부작위범론도 일본 형법을 매개로 유럽 형법이 계수되었다. 특히 형법의 부작위범론은 독일 형법의 그것에 크게 영향을 받았다. 형법상 특히 부진정부작위범의 역사와 현재의 상황을 명확하게 하기 위한 전제로서 독일 형법사에 나타난 이론적 발전의 궤적을 추적해보지 않을 수 없다.

1) 법의무설

근대 이전의 중세 게르만법에서는 부작위범이 널리 처벌되었다. 신에 대한 충성의무라는 도덕적 의무에 위반한 부작위범이 그 전형적인 형태였다. 이는 법과 도덕·종교의 미분화에서 그 원인을 찾을 수 있다. 나아가 이러한 현상은 진정부작위범과 부진정부작위범의 이론적 구별이 인식되지 않았던 점에도 그 원인이 있었다고 할 수 있다. 그러나 19세기에 이르러 포이에르바하 등은 법과 도덕의 준별, 권리침해설 및 죄형법정주의를 전제로 부작위범의 전제인 작위의무는 법적 의무가 아니면 안 되고, 특별한 법적 근거를 필요로 한다고 강조하였다. 다시 말해서 포이에르바하는 시민의 의무는 본래 부작위의무만이지만, 권리침해설을 전제로 하여 부작위범은 타인에게 행동을 요구할 권리를 가지는 경우에만 성립할 수 있다고 하였다. 그리고 포이에르바하는 특별한 법적 근거를 법령과 계약만으로 한정하였다.[69] 그 후 슈튀벨(Christoph Karl Stübel, 1764~1828) 등에 의하여 선행행위와 친밀한 공동체관계가 추가되었다. 이와 같이 작위의무의 근거에 관한 고전적 3분설 또는 법원설(法源說)이 제창되었던 것이다.[70] 여기에서는 여전히 주인과 노예의 관계 또는 병사와 상관의 관계 등과 같은 전근대적인 공동체관계, 즉 친밀한 공동체관계가 작위의무의 인정근거로서 널리 인정되었던 것이 특징이다.

2) 인과성설

19세기 중엽에 이르러 자연과학적 사유방식이 형법학에도 도입되어 부작위범의 문제, 특히 부작위범의 인과관계가 문제되었다. 즉, '무(無)에서는 유(有)가 발생하지 않는다'(Ex nihilo nihil fit)는 자연과학적 인과관과 이를 기초로 하는 칸트의 인과율의 사상을 전제로 하여 부작위의 인과성(因果性)의 문제, 왜 무(無)로서의 부작위에서 유(有)로서의 결과가 발생하는가라는 중대한 의문이 제기되었다.

---

69) Feuerbach, 14. Aufl., 1847, S. 49f.

70) Stübel, "Über die Teilnahme mehrerer Personen an einem Verbrechen", 1827, S. 59ff.

이러한 문제의 발견은 부작위범에는 명령규범에 위반하는 고유의 부작위범, 소위 진정부작위범 외에 금지규범에 위반하고 타인의 권리를 침해하는 경우, 소위 부진정부작위범이 있다는 인식을 전제로 한 것이었다. 이와 같은 부진정부작위범의 문제성을 명확하게 지적한 사람은 1840년경 루덴(Johann Heinrich Gottlieb Luden, 1810~1880)이었다.[71] 그 이후 거의 반세기에 걸쳐 부작위의 인과성을 논증하기 위하여 부작위 자체의 원인력은 고려되지 않고 부작위시에 다른 행위가 결과에 대하여 원인력을 가진다는 타행행위설(他行行爲說: Luden), 부작위에 선행하는 행위, 예컨대 유아의 부양을 인수하는 행위, 철도원으로서의 취직행위 등에 원인력을 인정하는 선행행위설(先行行爲說: Krug, Merkel), 부작위자의 심리상태, 즉 자기의 충동을 억압하여 결과를 야기하려는 심리과정에 원인력을 인정하는 간섭설(干涉說: Buri, Hälschner, Binding), 부작위자가 작위의무에 위반하여 결과를 방지하지 않은 경우에는 작위의 인과관계에 준하여 부작위의 인과관계를 긍정하는 준인과관계설(準因果關係說: Rohland, Kohler, Träger) 등이 연이어 주장되었다. 이들은 자연과학적 사고를 전제로 하여 부작위를 '무'라고 해석하고 그것 이외의 물리적 또는 심리적 과정 속에서 부작위의 인과성의 계기를 발견하려고 하였다. 그러나 각 학설은 부작위 자체의 인과관계를 설명하는 데에는 이르지 않았기 때문에 오늘날에는 지지되고 있지 않다.

이러한 자연주의는 신칸트 학파와 신헤겔 학파로부터 비판을 받게 되었다. 전자는 리스트(Franz von Liszt, 1851~1919)가 주장한 기대설(期待說)을[72] 도입하여 부작위는 단순한 '무'가 아니라 '기대되는 작위를 하지 않는 것'이라고 하여 자연주의적 인과개념을 비판하면서 가치(관계)적 인과개념에 의하여 부작위의 인과성을 논거하려고 하였다. 후자는 사회적 질서의 관념을 전제로 하여 부작위의 (사회적) 인과성을 긍정하였다. 이와 같이 자연주의적 부작위개념과 인과개념은 특히 신칸트주의를 전제로 하는 기대설과 가치적 인과개념에 의하여 대체되었다. 즉, 오늘날의 통설은 다음과 같은 관점에서 부작위의 인과관계를 긍정하고 있다(기대행위결여설, 기대설).

---

71) Luden, S. 219.

72) 리스트는 부작위의 인과성과 관련하여 처음에는 선행행위설의 입장을 취하였으나, 후에 입장을 변경하여 기대설의 입장을 취하였다. 리스트는 부작위의 인과성에 관한 종래의 논의에 대하여 형법학이 일찍이 행한 가장 실속 없는 것 중의 하나라고 평가하였다. 그리고 그는 부작위는 '무'가 아니라 '무엇인가를 하지 않는 것'이고, 가능하고 기대된 것을 하지 않는 것이라고 하였다. 특히 리스트에 의하면 부진정부작위범은 '결과에 대한 임의의 불방지'이고, '결과방지에의 법적 의무가 근거지어진 경우에만 결과불방지는 그 야기와 동등하다'고 주장하였다. Vgl. Liszt, 22. Aufl., 1919, S. 116ff., insbes. S. 125ff.

우선 부작위는 '무'가 아니라 '법에 의하여 기대된 일정한 행위를 하지 않는 것'이라고 하고, 부작위의 원인력은 결과의 불방지에서 구하여진다고 해석되고 있다. 즉, '일정한 행위가 행하여지지 않았으면 결과는 방지되었을 것이다'라고 할 수 있다면 부작위와 결과의 사이에 인과관계가 존재한다고 한다. 이 견해에서는 부작위의 인과관계를 가정적 인과관계로 되는 것을 시인하지 않으면 안 된다. 이 점은 조건관계의 판단형식과의 관계에서 문제된다.

3) 위법성설

19세기 말부터 1930년경까지는 신칸트주의, 특히 서남독일학파가 융성하는 시기였다. 방법이원론, 특히 문화과학방법론은 부진정부작위범의 문제를 의무위반설에 따라 철두철미하게 규범 또는 가치의 영역에서 해결하려고 하였다. 우선 위법성설은 리스트의 부작위개념과 부작위의 인과성에 관한 이론을 전제로 하여 다음과 같은 이론을 채용하였다. 즉, 부작위의 개념에 대하여는 부작위란 '기대되는 작위를 행하지 아니하는 것'이라고 하는 기대설이 널리 채용되고, 부작위의 인과성 또는 인과관계에 있어서도 부작위의 자연적 인과성을 부정하고 '기대된 작위가 행하여졌다면 결과는 발생하지 않았을 것이다'라는 조건관계를 전제로 하여 그것을 용이하게 논증할 수 있었다(유사인과성설 또는 준인과성설). 여기서 부진정부작위범의 중심적 문제는 부작위의 인과성이 아니라 부작위의 위법성의 영역에 있다고 하기에 이르렀다. 이러한 견해를 위법성설이라고 한다.

위법성설은 법률관 자체, 즉 형식적 법률관과 실질적 법률관의 대립을 반영하여 형식적 위법성설과 실질적 위법성설로 나누어진다. 전자는 법실증주의적 입장에서 부작위의 위법성을 실정법을 전제로 하여 형식적으로 파악한다. 이에 반하여 후자는 실질적·사회학적 관점에서 부작위의 위법성을 실질적으로 이해한다. 형식적 위법성설은, 구법의무설(舊法義務說)이라고 불리는 법의무설에 상응하여 신법의무설(新法義務說)이라고도 불린다. 형식적 위법성설은 ① 벨링으로부터 시작되는 구성요건론과 그 이후의 구성요건을 중심으로 하는 범죄론체계를 전제로 하여 부진정부작위범을 기초지우는 작위의무가 확실히 위법성의 영역에 있다고 하고, ② 부진정부작위범은 결과범의 일종이기 때문에 작위의무는 법적 결과회피의무여야 한다고 한다. 그런데 이 견해가 '형식적' 위법성설이라고 불리는 이유는 작위의무의 성질·내용·발생근거 등을 실정법적, 즉 형식적으로 논하기 때문이다. 이 견해는 ① 부진정부작위범에 있어서의 작위의무는 '특별한 법적 의무'가 아니면 안

되고, 이는 도덕적 · 윤리적 의무와 준별되어야 하며, ② 이 의무는 법적 결과회피 의무이고, 단순한 작위의무 또는 일반적 작위의무와는 구별되어야 하며, ③ 의무의 발생근거로서 법령, 계약 및 선행행위를 열거하고 있다. 이에 반하여 실질적 위법성설은 부작위범이 성립하기 위해서는 단순히 형법규정에 형식적으로 위반할 뿐만 아니라 초법규적으로도 사회학적으로도 위법, 즉 실질적 위법성이 인정되어야 한다고 주장한다. 실질적 위법성은 국가사회에 있어서 행위가 일반적으로 유익보다는 유해하다는 원리에 의하여 판단된다. 이익형량에 의하여 우월적 이익을 결정하는 방법이 고려될 수도 있다고 한다. 부진정부작위범에 있어서는 작위의무를 과하는 것에 의한 법익의 보호와 부작위범으로서 처벌하는 것에 수반하는 행동의 자유의 침해를 이익형량하여야 한다고 주장한다.

4) 의무위반설

1930년경 나치가 등장함에 따라 신헤겔학파, 특히 우파의 성향을 가진 키일학파(Kiele Schule)가 급속도로 세력을 확대하였다. 형법학 분야에서는 샤프슈타인이 민족공동체사상에 근거한 전체주의 형법학을 주창하고, 죄형법정주의와 법익침해설을 기축으로 하는 전통적인 형법학을 자유주의적이고 개인주의적이라고 비판하였다. 뿐만 아니라 그는 카알 슈미트의 구체적 질서론을 전제로 하여 신칸트주의에 근거한 형법학을 규범주의, 법실증주의라고 비판하고, '의무형법', '행위자형법', '의사형법' 또는 '심정형법'이라고 할 수 있는 독자적인 형법이론을 전개하였다.

부작위범의 영역에서 샤프슈타인(Friedrich Schaffstein, 1905~2001)과 담(Georg Dahm, 1904~1963)은 범죄의 본질을 '민족적 윤리질서'의 위반성에서 구한다는 입장(의무위반설)으로서 작위범도 부작위범도 의무위반성을 가진다는 점에서는 하등의 차이가 없다고 하고, 특히 부진정부작위범의 문제를 즐겨 논하였다.[73] 이들에 의하면 부진정부작위범은 '민족적 윤리질서'에 기인한 결과회피의무에 위반하고 '민족감정'에 따라서 범죄적 심정이 인정되는 경우에 성립한다고 주장하였다. 특히 라이히 법원은 작위의무의 발생근거를 법률, 계약, 선행행위 및 긴밀한 생활공동체라고 하여 네 가지로 인정하였다(4유형설).

그러나 이와 같은 형법사상과 부작위범론은 부진정부작위범을 기초지우는 결과회피의무에 대하여 법적 의무와 윤리적 의무를 동일시함으로써 죄형법정주의,

---

73) Schaffstein, "Die unechten Unterlassungsdelikte im System des neuen Strafrechts", Festschrift für Graf W Gleispach, 1936, S. 70ff.; Dahm, "Bemerkungen zum Unterlassungsproblem", ZStW., Bd. 59, 1939, S. 133ff.

법과 도덕의 준별 등 근대형법의 기본원칙을 부정하고, 부진정부작위범의 처벌범위를 자의적으로 확대하게 되었다고 비판되었다.

5) 구성요건해당성설

나치의 등장으로 불어 닥친 일진광풍 속에서 전통적 형법학은 키일학파 앞에서는 풍전등화와 같았다. 이러한 상황 속에서 근대의 전통적인 형법학의 입장을 옹호하면서 키일학파의 형법사상과 부작위범론을 비판하고 부진정부작위범에 대하여 보장인설(保障人說, Garantenlehre)을 제창하여 이를 학설사적으로 이론적으로 실정법적으로 논증한 사람이 바로 나글러(Johannes Nagler, 1876~1951)였다.[74]

나글러는 1938년 보장인설을 공표하면서 키일학파로부터는 즉각적인 반격을 받았지만, 반키일학파로부터는 곧바로 찬동을 얻어냈다. 나글러의 보장인설은 나치 정권의 붕괴 후 다수의 지지를 얻어 곧바로 서독의 통설적 견해로 위치를 굳혔다. 나글러의 보장인설에는 두 가지의 목표가 있었다. 하나는 법과 도덕의 구별을 철폐한 키일학파의 부작위범론에 반대하고 작위의무를 법적인 의무에 한정한 종래의 견해로 되돌아오려고 한 점이다. 다른 하나는 위법성설에 있어서 문제로 되었던 범죄론체계상의 모순을 해결하려고 한 점이다. 종래의 작위의무의 개념에 대신하여 보장의무 또는 보증의무(Garantiever-pflichtung)라는 개념을 만들어 이론구성을 시도하였다. 우선 구성요건적 결과의 발생을 방지하지 않으면 안 된다는 법적인 의무를 보증의무라고 하고, 그 보증의무를 지는 자를 보장인 또는 보증인(Garan-ten)이라고 하였다. 그런 다음 이 보증인의 부작위만이 부진정부작위범의 대상으로 된다고 하였다. 이 견해하에서는 보증의무는 구성요건적 요소라고 하였고 보증의무위반이 있는가 아닌가는 구성요건해당성의 판단이라고 하게 되었다. 나아가 보증의무를 매개로 하여 부진정부작위범과 작위범의 등가치성판단이 행하여졌다.

나글러의 보장인설에 대하여는 세 가지의 방법에서 그 특징이 인정되었다. 첫째, 나글러는 키일학파가 전통적 형법학을 추상적·분열적 사고방법이라고 한 비판에 대하여 전통적인 구성요건, 위법 및 책임이라는 범죄론체계를 옹호하고, 특히 엠 에 마이어의 구성요건이론에 따라 구성요건을 위법성의 인식근거라고 하면서 위법성징표기능을 인정하였다. 부진정부작위범에 있어서의 작위와 부작위의 동가치라는 중심문제가 구성요건의 영역에 있다는 것을 논증하였다. 둘째, 작위와

---

74) Nagler, "Die Problematik der Begehung druch Unterlassung", Der Gerichtssaal, Bd. 111, 1938, S. 1f.

부작위를 구성요건적으로 동가치하게 하기 위한 매개항으로서 보장인이라는 개념을 도입하여 부진정부작위범을 기초지우는 작위의무는 보장인에게 과하여진 결과회피의무, 즉 보장인적 의무가 아니면 안 된다고 주장하였다. 이와 같이 나글러는 보장인적 의무(지위)라는 개념을 제창하고 작위의무의 내용과 그 기준·한계를 명확히 하려고 하였다. 셋째, 나글러는 빈딩의 보장인사상에서 보이는 보장인이라는 개념을 도입하여 부진정부작위범에 있어서의 작위의무를 법적으로 사회적으로 구성하려고 하였다. 이것이 그가 말하는 보장인적 의무 또는 보장인적 지위이다. 다만 나글러의 보장인설에는 키일학파의 민족공동체사상의 영향을 받았다는 점도 있다는 사실을 부정할 수는 없을 것이다.

6) 기능설

제2차 세계대전 이후 서유럽에서는 자연법의 재생 또는 재생 자연법의 기운을 배경으로 나치의 법사상이었던 '악법도 법'이라는 사악한 법실증주의가 근본적으로 비판되었고, 이러한 흐름에 대항할 수 없었던 종래의 신칸트적인 규범주의 법학에 대하여도 반성이 요구되었다. 형법학의 영역에서는 키일학파, 특히 샤프슈타인의 구체적 질서론의 영향 아래에서 형성된 벨첼의 존재론적 또는 사물논리적 구조의 사상은 서독의 형법사상에 커다란 영향을 주었다. 벨첼은 형법학에 있어서의 행위론의 의의와 방법을 명확히 하고 행위의 구조가 목적적 행위라고 하는 목적적 행위론을 제창하였다.

벨첼의 법사상과 목적적 행위론을 전제로 하여 새로운 부작위범론을 전면적이고 상세하게 전개한 사람은 바로 아르민 카우프만(Armin Kaufmann, 1922~1985)이다. 카우프만은 벨첼의 후임으로서 본(Bonn)대학의 법철학연구실의 교수였다. 그는 1959년 '부작위범의 해석론'(Die Dogmatik der Unterlassungsdelikte, 1959)이라는 저서에서 종래의 통설적인 부작위범론에 대하여 부작위개념과 부작위의 인과성논증의 전제를 이루는 기대설과 부진정부작위범론으로서의 보장인설을 방법론적으로 이론적으로 비판하고 다음과 같이 부진정부작위범론을 제창하였다. 즉, 카우프만은 작위와 부작위의 관계를 (갑)(甲, A)과 비(갑)(非甲, non-A)의 관계라는 존재구조상의 차이에 착안하여 부작위에는 결과에 대한 인과성이 없고 따라서 행위성도 목적성(고의)도 인정되지 않는다고 하였다. 작위는 금지규범에 대한 위반이고 금지구성요건에 해당함에 반하여, 부작위는 명령규범에 대하여만 위반이고 따라서 명령구성요건에만 해당할 수 있다고 하였다. 따라서 부진정부작위범이 존재론적으로 부작위인 이상 금지규범에는 위반할 수 없고 또한 금지구성요건에도 위반할 수 없기 때문에 부진정부작위범이 해당할 수 있는 구성요건은 이것과는 전혀 별개의 '보장인명령구성요건'이고 이 구성요건은 실정법적 근거를 가지지 않는 '기술되지 않은 구성요건'이라는 것이다. 그렇다면 금지규범은 부작위에 의하여 침해될 수 있는 것이 아니기 때문에 부진정부작위범은 불가벌이라고 해석하는 것이 논리일관적이라고 해야 할 것으로 보인다. 그러나 카우프만은 법정책적 요구를 근거로 하여 가치론이라는 영역을 설정하고 다음의 요건을 충족하는 경우에는 처벌할 수 있다고 하여 부진정부작위범의 가벌성을 긍정하였다. 즉, ① 법익의 침해 또는 위험의 야기를 처벌하는 작위구성요건을 처벌하는 작위구성요건이 존재할 것, ② 법익의 침해 또는 위험을 회피하는 것을 내용으로 하는 명령이 존재할 것 및 ③ 명령침해가 불법내용, 책임비난의 정도, 즉 당벌성에 있어서 작위범과 적어도 거의 동등한 정도일 것이 그것이었다.

한편 벨첼과 카우프만의 존재론적 부작위범론은 기대설이나 보장인설 이후의 부진정부작위범론에 다음과 같이 크게 영향을 주었다고 평가되고 있다. 첫째, 보장인설이 보장인적 의무를 매개로 하여 작위와 부작위를 구성요건적으로 동치(同値)한 것에 대하여 양자의 존재론적 · 규범논리적 차이를 강조하고 소위 부진정부작위범의 구성요건이 실정법적 근거가 없는 기술되지 않은 구성요건이라는 점을 지적하였다. 둘째, 작위의무 또는 보장인적 의무의 발생근거에 대하여 고래로부터 법률, 계약, 선행행위의 3유형을 거론하였던 법원설(法源說) 또는 고전적 3분설이 널리 채용되어 왔지만 카우프만은 이 의무의 존재론적 기반인 보장인적 지위에 착안하여 이를 기능의 차이에 따라 보호의무와 안전의무의 두 가지로 유형화하는 소위 기능설(機能說)을 새롭게 제창하였다. 셋째, 부진정부작위범의 가벌성의 근거나 기준을 총론에서 논하는 종래의 보장인설, 소위 총칙규정주의에 강하게 반대하고, 작위와 부작위의 동치문제는 총론이 아니라 각론의 영역에 존재한다고 강조하였다. 따라서 부진정부작위범에 있어서는 범죄유형마다 각칙에서 개별적으로 규정하는 각칙규정주의를 주장하였다. 요컨대 부진정부작위범은 종래부터 작위범으로 이론구성되어 왔으나, 카우프만에 의하여 유일하게 부작위범으로 이론이 구성되었다고 할 수 있다. 실제로 카우프만에 의하면 부진정부작위범은 작위범의 모형에 따라서 구축된 작위범의 아형(亞型, Unterfall)이 아니라고 주장하였다. 또 부진정부작위범은 작위범의 해석이 아니라 부작위범의 해석에 따르는 것이고 그러한 의미에서 부진정부작위범은 부작위범의 진정한 경우라고 주장하였다.

2. 진정부작위범의 구성요건

(1) 의 의

진정부작위범(眞正不作爲犯, echte Unterlassungsdelikte)이란 실행행위가 부작위로 규정되어 있는 범죄를 말한다. 다중불해산죄(제116조), 퇴거불응죄(제319조), 전시군수계약불이행죄(제103조 제1항) 또는 전시공수계약불이행죄(제117조 제1항) 등이 대표적인 예로서 거론된 바 있다. 진정부작위범의 구성요건에는 부작위의 내용이 실행행위로서 명확하게 규정되어 있다. 예컨대 다중불해산죄에 있어서의 3회 이상의 해산명령을 받았음에도 불구하고 해산하지 아니한 경우와 같이 법률상의 작위의무가 명문으로 규정되어 있기 때문에 작위의무의 내용이 명확하고 실행행위로서의 부작위의 내용도 분명하다.

(2) 객관적 구성요건

1) 주 체

주체는 부작위자이다. 부작위자는 구성요건에 명시되어 있다. 예컨대 다중불해산죄에 있어서의 주체는 '폭행·협박 또는 손괴의 행위를 할 목적으로 다중이 집합하여 그를 단속한 권한 있는 공무원으로부터 3회 이상의 해산명령을 받고 해산하지 아니한 자'이고, 퇴거불응죄에 있어서의 주체는 '전항의 장소에서 퇴거요구를 받고 응하지 아니한 자'이다.

2) 행 위

행위는 부작위이다. 행위, 즉 실행행위도 구성요건에 명시되어 있다. 진정부작위범에 있어서의 실행행위는 명령규범에 위반하는 부작위 그 자체이다. 예컨대 다중불해산죄에 있어서의 부작위는 3회 이상의 해산명령에 위반하는 소위 '불해산'이고, 퇴거불응죄에 있어서의 그것은 퇴거요구에 위반하는 이른바 '퇴거불응'이 된다.

한편 부작위의 행위성에 관하여는 견해가 대립하여 왔다. 즉, 인과적 행위론에 의하면 행위란 유의성과 거동성을 요소로 하기 때문에 부작위는 거동성을 결여하여 행위에 포함되지 않는다고 하였다. 목적적 행위론에 의하면 부작위에는 행위의 본질적 요소인 목적적 행위지배가 없기 때문에 그 행위성을 설명하기 곤란하다고 비판받아 왔다. 사회적 행위론에 의하면 부작위는 법적 행위기대라는 규범적 가치판단요소에 의하여 사회적 중요성을 가지는 인간의 행태가 되므로 그 행위성이 인정되었다. 따라서 인과연관에 대한 적극적인 작용과 조종을 본질로 하는 작위와 달리 부작위는 가능하고 기대되는 특정한 행위를 하지 않는다는 데 그 본질이 있다고 하겠다.

3) 결 과

결과는 불요하다. 진정부작위범은 거동범이기 때문에 결과의 발생을 요하지 않는다. 뿐만 아니라 결과범에서 요구되는 행위와 결과 사이의 인과관계도 요구되지 않는다. 따라서 진정부작위범은 결과의 발생을 기다릴 필요도 없이 행위가 존재하는 즉시 기수에 이르게 된다.

(3) 주관적 구성요건

진정부작위범은 작위범이나 부진정부작위범에서와 마찬가지로 주관적 구성요건요소에 따라 그것이 고의인 경우의 고의에 의한 진정부작위범과 과실인 경우의 과실에 의한 진정부작위범으로 나누어질 수 있다. 주관적 구성요건요소인 고의와 과실에 관하여 자세한 것은 각각 고의범과 과실범에서 다시 검토하기로 한다.

3. 부진정부작위범의 구성요건

(1) 개 념

1) 의 의

부진정부작위범(不眞正不作爲犯, unechte Unterlassungsdelikte)이란 실행행위가 작위로 규정되어 있는 구성요건을 부작위에 의하여 실현하는 범죄를 말한다. 이미 언급한 바와 같이 부진정부작위범이 부작위에 의한 작위범(Begehungsdelikt durch Unterlassung)이라고도 불리는 이유이다. 예컨대 살해의 의사를 가지고 모친이 자신의 영아에게 수유를 거부하여 아사(餓死)시킨 경우에서와 같이 영아살해죄에 있어서의 실행행위는 영아를 '살해'하는 작위이다(제251조). 그런데 부진정부작위범에 있어서는 진정부작위범에서와 같이 법률상의 작위의무에 대한 명문의 규정이 존재하지 않는다. 여기서 위의 예에서 보는 바와 같이, '수유의 거부'라는 부작위가 '살해'라는 작위에 해당한다고 할 수 있는가, 즉 부작위의 실행행위성 또는 작위와 부작위의 동가치성이 문제된다.

한편 부진정부작위범에 대하여는 조문상 어떠한 부작위가 처벌되는가가 불명확하여 논리상 거의 모든 경우 부진정부작위범의 성립이 가능하고 처벌범위가 부당하게 확대될 우려가 있기 때문에 죄형법정주의의 관점에서 의문이 제기되기도 하였다. 즉, 부진정부작위범에서는 작위의 규정을 부작위범에 적용시킴으로써 형벌법규의 유추적용이 아닌가 하는 의문점과 작위범은 구성요건의 형식이 작위로 되어 있기 때문에 부진정부작위범에 있어서는 어떠한 범위의 부작위가 실행행위로 되는가를 직접적으로 규정하고 있지 않기 때문에 부작위의 범위가 명확하지 않아 명확성의 원칙에 위반되지 않는가 하는 의문점이 제기되었던 것이다. 그러나 이에 대하여는 작위범의 금지규범 중에서도 특정한 경우에 일정한 행위를 하도록 하는 명령규범을 포함하고 있기 때문에 유추적용은 아니라는 점과 실제 생활 속에서는 작위와 동일시할 수 있는 부작위가 존재하기 때문에 실행행위로 되는 부작위의 범위를 해석에 의하여 명확하게 할 수 있기 때문에 명확성의 원칙에도 반하지 않는다는 점을 들어 죄형법정주의에 위배되지 않는다고 하는 것이 일반적인 견해이다. 다만 부작위에 의한 작위범이 성립하기 위하여는 일정한 요건이 요구된다고 해왔다. 독일에서는 전자의 유추해석의 문제와 관련하여서는 일정한 부작위를 작위와 동일시할 수 있는 조건, 즉 동가치성의 문제가 논의되었고, 후자의 명확성의 문제와 관련하여서는 법적 의무와 윤리적 의무를 구별하여 작위의무의 범위를 획정하려는 시도가 논의되어 왔던 것이다.

2) 법적 근거

형법은 부진정부작위범의 성립요건을 "위험의 발생을 방지할 의무가 있거나 자기의 행위로 인하여 위험발생의 원인을 야기한 자가 그 위험발생을 방지하지 아니한 때에는 그 발생된 결과에 의하여 처벌한다"라고 하여 명문으로 규정하고 있다(제18조 참조).[75]

(2) 객관적 구성요건

작위범이든 부작위범이든 범죄성립의 기본요건은 '구성요건에 해당하고 위법하고 유책한 행위'라는 점에서 공통되고 있다. 당연히 부진정부작위범이라고 해서 작위범의 구성요건과 특별히 달라야 할 이유는 존재하지 않는다. 다만 부진정부작위범은 부작위에 의하여 작위범의 구성요건을 실현하는 경우이기 때문에 부진정부작위범의 성립여부를 판단하기 위해서는 작위범과 대비되는 부분에 집중할 필요가 있다. 부진정부작위범의 성립요건과 관련하여 객관적 구성요건해당성의 판단에 있어서 중심적 요소인 주체, 행위, 결과 및 인과관계를 중심으로 세밀한 검토가 필요하다고 생각되는 이유이다.

75) 대법원 2015.11.12. 선고 2015도6809 전원합의체 판결.

1) 주 체

① 작위의무자

주체는 작위의무자이다. 즉 위험의 발생을 방지할 의무가 있거나 자기의 행위로 인하여 위험발생의 원인을 야기한 자를 말한다. 부진정부작위범은 부작위에 의한 작위범의 실현이라고 할 수 있다. 따라서 부진정부작위범이 성립하기 위해서는 이미 그 전제로서 행위자에게는 어떠한 작위를 행할 의무, 즉 작위의무가 존재할 것이 요구된다. 그러나 모든 사람에게 작위의무가 존재한다고 할 수는 없다. 모든 부작위가 구성요건에 해당한다고 하는 것은 구성요건이 가지고 있는 위법성추정 기능을 잃게 하는 것이 되기 때문이다. 여기서 보장인설에 의하면 보장인적 지위에 있는 자에게만 작위의무를 인정하고 보장인적 지위에 있는 자의 부작위만이 구성요건에 해당한다고 파악하게 된다.

결국 부진정부작위범이 성립하기 위하여는 우선 행위자에게 결과를 방지할 법률상의 의무, 즉 작위의무가 인정되지 않으면 안 된다. 작위의무를 지는 자, 즉 보증인설에 의하면 보장인(保障人) 또는 보증인(保證人)이라고 불리는 작위의무자의 결과방지의무에 위반한 부작위만이 부진정부작위범의 구성요건에 해당할 수 있게 된다. 이러한 의미에서 부진정부작위범을 진정신분범의 일종이라고 하는 견해를 이해할 수 있다. 다시 말해서 부진정부작위범은 소위 보장인 또는 보증인의 지위에 있는 사람에게만 성립하기 때문이다. 그러나 작위의무의 존부는 이미 구성요건에 예정되어 있는 진정부작위범에 있어서와는 달리 부진정부작위범에 있어서의 그것은 법률상 아무런 규정이 없기 때문에 행위자에 대한 작위의무의 존부의 확인은 용이하지 않다. 후술하는 바와 같이 종래부터 형식설과 기능설이 대립되어 온 연유이다. 보장인적 의무 내지 지위는 기술되지 않은 구성요건요소이고 그 구체적인 내용은 법관의 평가를 거쳐 확정되지 않을 수 없기 때문에 보장인적 의무의 인정에 있어서는 사회생활의 실태를 반영하여 사회통념을 기초로 하여 판단하는 동시에 일반인의 행위의 지침으로 될 수 있도록 구체적 사안의 축적에 노력하고 그 유형화를 도모하는 것이 필요하다고 지적되고 있다.

② 작위의무의 의의

작위의무(作爲義務, Begehungspflicht)란 결과의 발생을 방지해야 할 의무를 말한다. 부진정부작위범이 성립하기 위해서는 행위자에게 결과를 방지하여야 할 법률상의 의무, 즉 작위의무가 요구된다. 이것이 후술하는 바와 같이 부작위의 실행행위성 또는 부작위와 작위의 동가치성을 인정하기 위한 첫 번째의 요건이다.

③ 작위의무의 체계적 지위

ⓘ 학 설: 보장인적 지위와 보장인적 의무의 관계와 그들의 체계적 지위에 관하여는 견해가 일치하지 않고 있다. 첫째, 보장인적 지위와 보장인적 의무의 양자 모두를 위법성의 요소로 이해하는 견해가 있다. 소위 위법요소설이다(일체설). 종래의 통설의 입장으로서 부진정부작위범의 구성요건은 위법성을 징표하지 못하며 작위의무의 위반이 인정될 때 비로소 위법성이 인정된다는 것을 그 근거로 하고 있다. 둘째, 보장인적 지위와 보장인적 의무의 양자 모두를 구성요건의 요소로 이해하는 견해가 있다(일체설). 바로 보장인설의 입장이다. 위법요소설의 결함을 해결하기 위하여 나글러(Johannes Nagler, 1876~1951)에 의하여 주장된 견해로서 보장인적 지위에 있는 자, 즉 보장인의 부작위만을 부진정부작위범의 구성요건해당성의 문제로 파악하였다. 셋째, 보장인적 지위와 보장인적 의무를 각각 분리하여 보장인적 지위는 구성요건의 요소이지만, 보장인적 의무는 위법성의 요소가 된다는 견해이다. 소위 분리설(分離說) 또는 이분설(二分說)의 입장이다. 작위범에 있어서 작위의무를 위법성의 요소로 파악하듯이 부진정부작위범에 있어서의 보장인적 의무도 위법성의 요소로 파악하고자 하는 입장으로서 보장인적 지위는 보장인설에서와 같이 사실적·법적 사정으로서 구성요건요소에 속한다고 해석한다. 현재 우리나라의 통설이라고 할 수 있다. 이 견해의 배경으로는 다음과 같이 몇가지가 거론되고 있다. 즉, ① 구성요건을 가치중립적 행위유형으로 이해하는 견해 또는 구성요건을 위법행위의 유형으로 이해하지만 가급적 법적 평가를 포함하지 않는 유형적 사실적 판단이라고 하는 견해, ② 작위범에 있어서의 작위의무를 위법성의 요소라고 하듯이 부진정부작위범에 있어서의 보장인적 의무를 위법성의 요소로 이해하는 견해 및 ③ 부작위범에 있어서의 고의의 대상과 착오시 그 효과를 고려하는 견해이다. 이에 의하면 부작위범에 있어서의 고의의 대상은 보장인적 의무 자체가 아니라 그것을 근거지우는 사실적·법적 사정이라고 한다. 따라서 이에 대한 착오는 사실의 착오로서 고의를 조각한다고 한다. 그러나 보장인적 의무 그 자체의 착오는 법률의 착오에 지나지 않고, 착오에 과실이 없으면 고의범의 책임이 부정된다고 한다. 이분설의 배경으로 되는 견해 중 이 견해가 가장 중요시되고 있다.

ⓘⓘ 검 토: 부진정부작위범이 성립하기 위해서는 객관적 구성요건요소에

있어서 부진정부작위범의 실행행위인 부작위와 작위범의 실행행위인 작위는 동가치여야 한다. 이것이 바로 부진정부작위범에 있어서 부작위의 실행행위성 또는 부작위의 작위와의 동가치성의 문제이다. 예컨대 영아를 살해한 때에 성립하는 영아살해죄(제251조)를 '수유의 거부'라는 부작위를 통해서 '살해'라는 작위의 실행행위를 실현하는 경우 '수유의 거부'와 '살해'는 법적으로 가치가 동일한 것으로 평가할 수 있어야 한다. 그런데 '수유의 거부'라는 부작위의 실행행위와 '살해'라는 작위의 실행행위가 동가치적으로 평가되기 위해서는 그 부작위는 작위의무자의 이행가능한 부작위일 것이 요구된다. 작위의무가 존재한다는 보장인 지위만으로는 살해가 존재한다고 할 수 없고, 이행 가능한 작위의무에 대한 위반이 추가적으로 존재하는 경우에만 살해에 해당한다고 할 수 있기 때문이다. 따라서 보장인 지위에 속하는 작위의무의 존재 그 자체는 보장인 지위를 의미하는 것으로서 객관적 구성요건요소 중 주체에 속한다고 해야 한다. 뿐만 아니라 작위의무에 대한 위반은 모두 행위의 요소로서 객관적 구성요건요소에 속한다고 할 수 있다. 결국, 작위의무의 존재와 그에 대한 위반은 객관적 구성요건요소 중에서 각각 주체와 행위에 속한다고 할 수 있다. 결론적으로 양자 모두는 구성요건요소가 된다고 해도 무방하다. 문제는 우선 보장인지위의 유무를 판단하기 위한 작위의무의 존재여부에 있다.

④ 작위의무의 발생근거

부진정부작위범이 성립하기 위하여는 행위자에게 결과의 발생을 방지할 법률상의 의무, 즉 작위의무가 인정되지 않으면 안 된다. 보장인설의 입장에서 작위의무는 보증인적 지위라고 불리고 있다. 다만 작위의무의 발생근거 또는 발생요건에 관하여는 견해가 일치하지 않고 있다. 이미 부작위범론에서 전술한 바 있지만, 여기서 다시 요약하여 정리하면 다음과 같다.

ⓘ 학 설: 첫째, 형식설(形式說, formelle Rechtspflichttheorie)이다. 작위의무의 발생근거에 관하여 작위의무는 법령, 계약 및 조리에서 발생한다고 하는 견해이다. 조리에 의한 작위의무의 대표적인 유형이 선행행위라고 하는 전통적인 견해를 말한다. 견해에 따라서는 법원설(法源說)이라고도 불린다. 둘째, 기능설(機能說, Funktionenlehre)이다. 작위의무의 내용과 한계가 명확하지 않다는 형식설의 단점을 수정하기 위해서 등장한 견해이다. 전통적 견해와는 달리 부진정부작위범을 부작위범으로 파악한 카우프만에 의하여 최초로 주장된 견해이다. 기능설은 실질적 관점에서 작위의무의 발생근거를 법익에 대한 보호의무(Obhutspflicht)와 위험에 대한 안전의무(安全義務, Sicherungspflicht)에서 찾는 견해이다. 실

질설(實質說)이라고도 한다. 보호의무(保護義務)는 일정한 법익을 보호해야 할 의무를 말하고, 안전의무는 일정한 위험원(危險源)을 감시해야 할 의무를 의미한다고 한다. 예컨대 전자는 타인에게 위해를 가할 우려가 있는 정신질환자를 보호하는 자에게 인정될 수 있고, 후자는 타인의 법익을 침해할 우려가 있는 건물이나 공작물을 가지고 있는 자에게 인정될 수 있다. 그러나 기능설에 대하여도 작위의무의 범위가 지나치게 확대될 우려가 있다는 비판이 가하여지고 있다. 셋째, 절충설(折衷說)이다. 형식설과 실질설의 단점을 시정하기 위하여 작위의무의 발생근거를 형식설에서 찾을 뿐만 아니라 실질설에 의하여 작위의무의 범위와 한계를 정하려는 견해가 등장한다. 바로 절충설(折衷說) 또는 결합설(結合說)의 입장이라고 할 수 있다. 절충설은 형식설에 근거한 작위의무의 근거에 관하여는 어느 정도 공통점을 보이고 있으나, 기능설에 근거한 그것에 관하여는 견해에 따라 매우 다양한 변형을 보이고 있다. 형식설과 기능설의 여러 가지의 조합이 나타나고 있는 것도 사실이다. 이러한 현상은 아직 이론의 완성도가 충분하지 않기 때문이라고 판단된다.

ⅱ **판 례**: 판례는 기본적으로 형식설을 유지하고 있다. 대법원에 의하면 "작위의무는 법령, 법률행위, 선행행위로 인한 경우는 물론, 기타 신의성실의 원칙이나 사회상규 혹은 조리상 작위의무가 기대되는 경우에도 인정된다"고 판시하고 있다.[76] 작위의무를 인정한 판례의 구체적 내용은 다음과 같다. 즉,

① 선장은 승객 등 선박공동체의 안전에 대한 총책임자로서 선박공동체가 위험에 직면할 경우 그 사실을 당국에 신고하거나 구조세력의 도움을 요청하는 등의 기본적인 조치뿐만 아니라 위기상황의 태양, 구조세력의 지원 가능성과 규모, 시기 등을 종합적으로 고려하여 실현가능한 구체적인 구조계획을 신속히 수립하고 선장의 포괄적이고 절대적인 권한을 적절히 행사하여 선박공동체 전원의 안전이 종국적으로 확보될 때까지 적극적·지속적으로 구조조치를 취할 법률상 의무가 있다.[77] ② 진료기록부에 의료행위에 관한 사항과 소견을 기록하도록 한 의료법상 작위의무가 부여된 의무의 주체는 구체적인 의료행위에 있어서 그 환자를 담당하여 진료를 행하거나 처치를 지시하는 등으로 당해 의료행위를 직접 행한 의사에 한하고, 아무런 진료행위가 없었던 경우에는 비록 주치의라고 할지라도 그의 근무시간 이후 다른 당직의에 의하여 행하여진 의료행

76) 대법원 2015.11.12. 선고 2015도6809 전원합의체 판결; 대법원 2008.2.28. 선고 2007도9354 판결; 대법원 2006.4.28. 선고 2003도4128 판결; 대법원 2005.7.22. 선고 2005도3034 판결; 대법원 2003.12.12. 선고 2003도5207 판결; 대법원 1997.3.14. 선고 96도1639 판결; 대법원 1996. 9.6. 선고 95도2551 판결; 대법원 1992.2.11. 선고 91도2951 판결.

77) 대법원 2015.11.12. 선고 2015도6809 전원합의체 판결.

위에 대하여까지 그 사항과 소견을 진료기록부에 기록할 의무를 부담하는 것은 아니다.[78]

ⓘⓘⓘ **검 토:** 부진정부작위범의 성격을 어떻게 파악할 것이냐가 우선 문제라고 본다. 왜냐하면 전통적인 견해는 부진정부작위범을 작위범으로 보고 이론을 구성한 결과로서 형식설이 주장되어 왔으나, 카우프만에 이르러 부진정부작위범을 부작위범으로 파악한 후 이론을 구성한 결과 기능설이 등장하게 된 역사가 있기 때문이다. 이러한 역사에 비추어 보면 형식설이냐 아니면 기능설이냐의 판단에 앞서 부진정부작위범을 작위범으로 파악할 것이냐 아니면 부작위범으로 파악할 것이냐에 대한 해결이 선결되어야 할 것으로 보인다. 따라서 부진정부작위범을 부작위범으로 파악하지 아니하는 한 형식설을 취해온 것이 역사가 말하는 해답이라고 해야 한다. 형식설을 근간으로 유지하면서 조리의 개념을 사회상규를 기준으로 보완하고, 사무관리와 관습에 관하여도 추가적으로 검토하고자 한다. 따라서 작위의무는 크게 법령, 계약, 관습 및 조리를 근거로 발생한다고 할 수 있다. 그러나 작위의무는 어디까지나 법적인 의무에 한정되는 것은 당연하다. 따라서 단순한 도덕상의 의무나 종교상의 의무는 이에 포함되지 않는다고 해야 한다. 다만 작위의무가 법적인 의무인 한 그 발생근거가 성문법이든 불문법이든 묻지 않고 또 공법이든 사법이든 불문한다. 따라서 작위의무의 발생근거가 법령, 법률행위, 선행행위로 인한 경우는 물론이고 기타 신의성실의 원칙이나 사회상규 혹은 조리상 작위의무가 기대되는 경우에도 법적인 작위의무는 인정될 수 있다.

⑤ 작위의무의 발생유형

ⓘ **법 령:** 작위의무의 첫 번째 발생근거는 법령이다. 보장인적 의무는 우선 민법상 친권자의 자에 대한 보호의무(민법 제913조), 친족간의 부양의무(민법 제974조) 또는 부부간의 부양의무(민법 제826조 제1항) 등에 근거하여 발생할 수 있다. 이 외에도 경찰관직무집행법에 의한 경찰관의 보호조치의무(경찰관직무집행법 제4조), 의료법상 의료인의 진료거부금지의무(의료법 제15조), 도로교통법상 사고운전자의 피해자에 대한 구호의무(도로교통법 제54조) 등은 공법에 의하여 보장인적 의무가 발생하는 경우라고 할 수 있다. 이 외에 의무가 없음에도 불구하고 사무관리(민법 제734조)를 개시한 자에게도 작위의무가 발생한다고 할 수 있을 것이다.

---

78) 대법원 1997.11.14. 선고 97도2156 판결.

ⅱ **계 약**: 작위의무는 계약에 의하여도 발생할 수 있다. 대법원은 "작위의무는 법률행위로 인한 경우에도 인정된다"고 판시한 바 있다.[79] 계약에 의한 보장인적 의무는 고용계약에 의한 사용자의 근로자에 대한 보호의무, 간호계약에 근거한 간호사의 환자에 대한 간호의무 등이 그 예시로서 거론될 수 있을 것이다.

ⅲ **관 습**: 관습에 근거하여서도 작위의무는 발생할 수 있다. 관습을 기초로 한 특별한 관계로서, 예컨대 고용주는 동거하는 피고용자에 대하여 그에게 질병이 발생한 때에는 일반적 관습상 보호하여야 할 작위의무가 인정된다. 상호보호 · 원조하는 것을 신뢰하여 구성된 공동체의 구성원으로서, 예컨대 탐험대의 대원은 다른 대원에 대하여 사회생활상 특별한 관계가 인정된다고 할 수 있다. 다만 이 경우 작위의무의 발생근거를 관습이 아니라 조리로 파악하는 한 관습은 조리에 포함될 수도 있다고 본다.

ⅳ **조 리**: 조리에 근거한 작위의무도 인정되어 온 것이 전통이다. 사회상규에 비추어 볼 때 사회생활상의 의존관계가 인정되었기 때문이다. 다만 몇 가지의 경우에 대하여는 검토의 여지가 있다고 본다. 첫째, 선행행위의 경우이다. 형법은 자기의 행위로 인하여 위험발생의 원인을 야기한 자라고 하여 선행행위로 인한 작위의무를 명문으로 규정하고 있다(형법 제18조). 선행행위란 문제로 되어 있는 법익침해행위에 선행하는 행위를 말한다. 선행행위를 작위의무의 발생근거로 인정하는 취지는 자기의 행위에 의하여 결과발생의 위험을 발생하게 한 자는 결과의 발생을 방지하여야 할 지위에 있고, 사회상규상 사회로부터 그의 방지가 기대되기 때문에 구성요건적 결과발생의 위험을 지배할 수 있는 지위가 인정된다는 점에 있다고 해야 한다. 형법도 자기의 행위로 인하여 "위험의 발생을 방지할 의무가 있거나 자기의 행위로 인하여 위험발생의 원인을 야기한 자가 그 위험발생을 방지하지 아니한 때에는 그 발생된 결과에 의하여 처벌한다"고 하여 선행행위로 인한 작위의무의 발생을 명문으로 규정하고 있다(제18조). 다만 여기서 말하는 선행행위란 도로교통법상 교통사고를 야기한 운전자의 구호의무와 같이 당연히 법령에 의하여 규정된 경우를 제외한 것을 의미한다. 한편 선행행위에 근거한 작위의무는 명확성이라는 관점에서 불안이 남는 것은 사실이다. 작위의무는 인권보장의 관점에서 부진정부작위범의 실행행위성을 명확화하기 위하여 요구되는 것이지만, 법익보호의 관점에서 법령이나 계약에 근거한 것뿐만 아니라 관습, 조리에 근거한 것

79) 대법원 2015.11.12. 선고 2015도6809 전원합의체 판결.

까지 확대하고 있다. 그렇다면 명확성은 당연히 후퇴하지 않을 수 없다. 여기서 선행행위에 근거한 작위의무를 한정할 필요가 있다. 예컨대 행위자 자신의 고의·과실에 근거한 위법한 선행행위에 한정하여야 한다. 따라서 사고운전자에게 과실이 없는 한 선행행위에 근거한 작위의무는 발생하지 않는다고 하여야 하고, 정당방위로 반격한 자는 선행행위로 인하여 구호의무가 발생하는 것은 아니라고 하여야 한다. 선행행위가 정당방위로 인하여 위법성을 조각하기 때문이다. 둘째, 소유자·관리자인 경우이다. 예컨대 자기가 관리하는 건축물 기타의 공작물, 자기가 사육하는 동물 등이 타인의 법익을 침해할 위험이 있는 때에는 사회생활상 그 결과의 발생에 대하여 지배할 수 있는 자는 소유자·관리자이기 때문에 이들은 그 결과의 발생을 방지하여야 할 특별한 관계에 있다고 해야 한다. 사회생활상 의존관계가 인정되기 때문이다. 셋째, 재산거래의 경우이다. 거래의 상대방이 일정한 사항을 알지 못하여 착오에 빠지고 재산상의 손해를 입을 우려가 있는 경우에는 신의성실의 원칙상 그 사항을 상대방에게 고지할 의무가 발생할 수 있다고 해야 한다.

⑥ 작위의무의 발생한계

작위의무는 법적 의무이다. 그럼에도 불구하고 작위의무의 발생근거는 법률에 한정되어 있는 것이 아니다. 작위의무는 법령에서부터 조리에 이르기까지 다양한 근거에서 인정되어 왔다. 학설사적으로 형식설이 전통적으로 유지되어 왔으나, 형식설에 의한 작위의무의 무제한한 확대를 제한하기 위하여 기능설이 등장한 것도 역사였다. 그렇지만 기능설은 그 기준이 분명하지 않을 뿐만 아니라 그 변형도 많아 미완성된 이론이라고 평가될 수 있을지도 모른다. 그럼에도 불구하고 기능설에 의하여 작위의무의 한계를 획정하려는 시도가 다수의 교과서에서 여전히 목격되고 있다. 그러나 기능설은 현재 학설사적 의미만을 가지고 있을 뿐 더 이상 발전된 기준을 제시하지 못하였다고 평가할 수 있을 것으로 본다. 여기서 계수학설에 의존하지 않더라도 형법상 고유한 원리에 근거하여 형식설에 의한 작위의무의 무제한한 확대를 제한할 수 있는 기준을 제시하고자 한다. 그것은 바로 형법상 고유한 규정인 사회상규(제20조)가 아닌가 생각된다. 결국 작위의무는 사회상규에 위배되는 경우에는 인정될 수 없게 될 것이다.

2) 행 위

① 부작위

행위는 부작위이다. 작위의무에 위반한 부작위이다. 다시 말해서 부진정부작위범에 있어서의 실행행위란 위험의 발생을 방지하지 아니한 부작위, 즉 작위의무자의 실행가능한 작위의무에 대한 위반으로서의 부작위를 말한다. 그러나 부진정부작위범은 작위범의 구성요건을 부작위에 의하여 실현하는 소위 부작위에 의한 작위범을 의미하기 때문에 부진정부작위범에 있어서의 부작위는 작위범에 있어서의 작위와 동일하게 평가될 수 있어야 한다. 즉, 부작위로 인한 법익침해와 작위에 의한 법익침해가 형법적으로 동등한 가치가 있는 것으로 평가될 수 있어야 한다.[80] 예컨대 모친이 유아를 아사시킨 사안에서 작위의무에 위반한 부작위로서의 수유거부와 작위범에 있어서의 작위로서의 살해가 형법적으로 동일한 가치를 가지는 것으로 평가될 수 있어야 한다는 의미이다. 이것이 소위 말하는 부진정부작위범에 있어서의 부작위의 실행행위성 또는 실행행위의 동가치성의 문제라고 할 수 있다.

② 부작위의 실행행위성

부진정부작위범에 있어서의 부작위의 실행행위성을 긍정하기 위하여는 그 부작위가 작위범의 실행행위로서의 작위와 동일하게 평가될 수 있는 실질을 구비하여야 한다. 이러한 의미에서 대법원도 "자연적 의미에서의 부작위는 거동성이 있는 작위와 본질적으로 구별되는 무(無)에 지나지 아니하지만, 위 규정에서 말하는 부작위는 법적 기대라는 규범적 가치판단 요소에 의하여 사회적 중요성을 가지는 사람의 행태가 되어 법적 의미에서 작위와 함께 행위의 기본 형태를 이루게 되므로, 특정한 행위를 하지 아니하는 부작위가 형법적으로 부작위로서의 의미를 가지기 위해서는, 보호법익의 주체에게 해당 구성요건적 결과발생의 위험이 있는 상황에서 행위자가 구성요건의 실현을 회피하기 위하여 요구되는 행위를 현실적·물리적으로 행할 수 있었음에도 하지 아니하였다고 평가될 수 있어야 한다"고 판시한 바 있다.[81] 이것이 바로 부진정부작위범에 있어서 실행행위로서의 부작위에 대하여 실행행위성을 인정하기 위한 요건이다. 실행행위성은 실행행위의 동가치성(同價値性, Gleichwertigkeit)과 동의어라고 할 수 있다. 실행행위의 동가치성이란 작위범에 있어서

80) 대법원 2015.11.12. 선고 2015도6809 전원합의체 판결.
81) 대법원 2015.11.12. 선고 2015도6809 전원합의체 판결.

의 작위와 부진정부작위범에 있어서의 부작위는 법적 평가에 있어서 가치적으로 동일하다는 것을 의미한다. 대법원도 이러한 취지에서 "작위를 내용으로 하는 범죄를 부작위에 의하여 범하는 부진정부작위범이 성립하기 위해서는 부작위를 실행행위로서의 작위와 동일시할 수 있어야 한다"고 판시한 바 있다.[82)]

부진정부작위범은 원래 작위범의 실행행위를 전제로 하는 것이기 때문에 부작위를 가지고 작위범의 실행행위성을 긍정하기 위해서는 그 부작위가 작위범의 실행행위와 동일시할 수 있는 실질을 갖출 것이 요구된다. 즉 그 부작위가 작위범의 실행행위와 동일시할 수 있는 정도의 법익침해에 대한 유형적 위험성을 가지고 있을 것, 다시 말해서 동가치성의 원칙이 요구된다. 결국 동가치성, 즉 부작위의 작위와의 동가치성이란 부작위가 가지는 법익침해의 위험성이 작위범의 형식으로 규정되어 있는 구성요건이 본래 예정하고 있는 법익침해의 위험성과 가치적으로 동일하다는 것을 말한다고 할 수 있다. 다만 견해에 따라서는 부진정부작위범의 성립요건의 문제, 즉 부진정부작위범의 구성요건해당성, 위법성 및 책임과 작위범의 그것에 대한 평가가 동일하여야 한다는 의미로서 동가치성의 개념을 사용하는 경우도 있다. 이에 의하면 부진정부작위범의 위법성과 책임도 작위범의 그것과 동일하여야 한다는 것이다. 그러나 이러한 의미의 경우를 특히 동치성(同置性, Gleichstellung)이라고 하여 동가치성과 동치성을 개념적으로 혼동하여 사용하는 견해도 있다. 생각건대 부작위는 작위와 위법성과 책임에 있어서는 동일할 수 없다고 해야 한다. 따라서 부진정부작위범에 있어서 동치성을 요구할 수는 없다고 하는 것이 타당하다. 부작위에 의한 살인이 작위에 의한 살인보다 비난의 정도에 있어서 강하지 않은 것이 사실이기 때문이다. 결국 부진정부작위범에 있어서 부작위라는 실행행위는 작위범에 있어서 작위라는 실행행위와 동가치성이 인정될 것이 요구된다고 하겠다. 문제는 실행행위성, 즉 동가치성을 인정하기 위한 요건에 있다고 해야 한다.

③ 부작위의 실행행위성의 인정요건

부진정부작위범에 있어서 부작위의 실행행위성 또는 부작위의 작위와의 동가치성이 인정되기 위한 요건으로서는 작위의무의 존재와 작위의무의 실행가능성이 거론되지 않을 수 없다.

ⓘ **작위의무의 존재 :** 부진정부작위범에 있어서 실행행위로서의 부작위는

82) 대법원 2017.12.22. 선고 2017도13211 판결; 대법원 2006.4.28. 선고 2003도80 판결.

전술한 바와 같이 작위의무를 지는 자, 즉 작위의무자의 부작위만이 문제된다. 따라서 부진정부작위범에 있어서의 부작위가 작위범에 있어서의 작위와 동가치로서 평가되기 위한 첫 번째 조건은 작위의무의 존재라고 하지 않을 수 없다. 결과발생을 방지해야 할 의무, 즉 작위의무를 지는 자가 그 결과발생을 방지할 수 있음에도 불구하고 그 작위의무에 위반하여 결과가 발생한 경우에만 작위범과 같이 평가할 수 있다고 해야 하기 때문이다.

ⅱ **작위의무의 실행가능성 :** 부작위의 실행행위성 또는 부작위의 작위와의 동가치성을 인정하기 위한 두 번째의 요건은 작위의 가능성, 즉 작위의무의 실현가능성이다. 따라서 부진정부작위범이 성립하기 위해서는 작위의무의 존재 외에 작위에 의하여 결과를 방지할 사실적 가능성이 요구된다. 작위가 강제되는 이상 그 작위는 가능한 것이 아니면 안 되기 때문이다. 또 작위의무를 이행할 수 있는 사실상의 가능성이 없으면 행위자에게는 결과를 방지하는 것이 불가능하고 사회는 그 행위자에게 결과방지를 기대할 수 없기 때문이다. 예컨대 아버지가 물에 빠진 그의 자녀를 구조하지 않은 경우 급속한 유속으로 인하여 구조가 사실상 불가능한 때에는 부작위범은 성립하지 않는다.

한편 작위의 가능성의 체계적 지위에 관하여는 견해가 일치하지 않고 있다. 작위의무의 발생요건이라고 하는 견해, 작위의무와는 별도로 구성요건요소로 보는 견해 및 책임요소로 이해하는 견해가 대립하고 있다. 생각건대 작위의 가능성은 구성요건요소로서의 작위의무를 기초지우는 것이기 때문에 구성요건에 속하는 요소로서 일반인 내지 사회통념을 기준으로 판단하지 않으면 안 된다고 생각된다.

실행행위성의 인정요건에 관한 판례의 구체적 내용은 다음과 같다. 즉,

> ① 부진정부작위범의 경우에는 보호법익의 주체가 법익에 대한 침해위협에 대처할 보호능력이 없고, 부작위행위자에게 침해위협으로부터 법익을 보호해 주어야 할 법적 작위의무가 있을 뿐 아니라 부작위행위자가 그러한 보호적 지위에서 법익침해를 일으키는 사태를 지배하고 있어 작위의무의 이행으로 결과발생을 쉽게 방지할 수 있어야 부작위로 인한 법익침해가 작위에 의한 법익침해와 동등한 형법적 가치가 있는 것으로서 범죄의 실행행위로 평가될 수 있다.[83] ② 형법이 금지하고 있는 법익침해의 결과발생을 방지할 법적인 작위의무를 지고 있는 자가 그 의무를 이행하지 아니한 경우, 이를 작위에 의한 실행행위와 동일하게 부작위범으로 처벌하기 위하여는, 그 의무를 이행함으로써 결과발생을 쉽게 방지할 수 있었음에도 불구하고 그 결과의 발생을 용인하

83) 대법원 2015.11.12. 선고 2015도6809 전원합의체 판결.

고 이를 방관한 채 그 의무를 이행하지 아니한 결과, 그 부작위가 작위에 의한 법익침해와 동등한 형법적 가치를 가진다고 볼 수 있어 그 범죄의 실행행위로 평가될 만한 것이라야 한다.[84] ③ 형법상 부작위범이 인정되기 위해서는 형법이 금지하고 있는 법익침해의 결과발생을 방지할 법적인 작위의무를 지고 있는 자가 그 의무를 이행함으로써 결과발생을 쉽게 방지할 수 있었음에도 불구하고 그 결과의 발생을 용인하고 이를 방관한 채 그 의무를 이행하지 아니한 경우에, 그 부작위가 작위에 의한 법익침해와 동등한 형법적 가치가 있는 것이어서 그 범죄의 실행행위로 평가될 만한 것이라면, 작위에 의한 실행행위와 동일하게 부작위범으로 처벌할 수 있다.[85]

실행행위성을 부정한 판례의 구체적 내용은 다음과 같다. 즉,

비록 피고인이 공사대금을 받을 목적으로 위와 같이 건축자재를 치우지 않았다고 하더라도, 피고인이 자신의 공사를 위하여 쌓아 두었던 건축자재를 공사 완료 후에 단순히 치우지 않은 행위가 위력으로써 피해자의 추가 공사 업무를 방해하는 업무방해죄의 실행행위로서 피해자의 업무에 대하여 하는 적극적인 방해행위와 동등한 형법적 가치를 가진다고 볼 수는 없다.[86]

3) 결 과

부진정부작위범은 결과범이다. 따라서 부진정부작위범이 성립하기 위하여는 거동범인 진정부작위범과는 달리 결과의 발생을 요한다. 다만, 부진정부작위범에 있어서의 결과란 법익침해의 위험성을 말한다. 이러한 의미에서 부진정부작위범은 구체적 위험범이 된다. 부진정부작위범의 짝에 해당하는 작위범이 침해범이라는 점에서 양자는 대조된다고 할 수 있다. 한편 부작위로 인하여 발생한 결과는 작위와 동가치로 평가되어야 하기 때문에 작위의무자가 실행가능한 작위의무에 위반한 것이어야 한다.

4) 인과관계

부진정부작위범은 결과범이기 때문에 그 성립을 위해서는 결과의 발생을 요하는 외에 실행행위와 발생한 결과 사이의 인과관계가 충족되어야 한다. 부작위범의 인과관계에 있어서는 '무(無)에서는 유(有)가 창출되지 않는다'는 견해로부터 다양

---

84) 대법원 2010.1.14. 선고 2009도12109,2009감도38 판결; 대법원 2006.4.28. 선고 2003도4128 판결; 대법원 1992.2.11. 선고 91도2951 판결.

85) 대법원 2008.2.28. 선고 2007도9354 판결; 대법원 2006.4.28. 선고 2003도4128 판결; 대법원 2005.7.22. 선고 2005도3034 판결; 대법원 2003.12.12. 선고 2003도5207 판결; 대법원 1997.3.14. 선고 96도1639 판결; 대법원 1992.2.11. 선고 91도2951 판결.

86) 대법원 2017.12.22. 선고 2017도13211 판결.

한 견해가 제시되어 왔다. 그런데 부진정부작위범에 있어서 인과관계의 전제로서 조건관계를 판단함에 있어서는 소위 '가정적 사정의 부가금지의 원칙'이 적용되지 않는다는 점에 유의할 필요가 있다. 즉, 부진정부작위범의 조건관계를 판단함에 있어서는 '작위가 행하여졌더라면 결과는 발생하지 않았다'라고 할 수 있는 조건관계가 필요하기 때문에 가정적으로 작위를 부가하여 판단할 필요가 있기 때문이다. 뿐만 아니라 부작위와 결과 사이의 사실적 조건관계가 긍정되면 다시 인과관계를 인정하기 위하여 합리적 의심이 없을 정도의 또는 거의 확실한 정도의 결과회피가능성이 요구된다고 해야 한다. 결국 그러한 부작위가 없었다면 통상적으로 결과는 발생하지 않았을 것이라는 관계가 인정되면 부진정부작위범의 인과관계는 인정된다고 할 수 있다. 부진정부작위범에 있어서의 인과관계도 부작위에 의하여 발생한 위험과 현실적으로 발생한 법익침해의 결과 사이에서 작위범에 있어서와 동일하게 형법 제17조에 의해서 규율된다고 해야 한다.

(3) 주관적 구성요건

부진정부작위범에 있어서도 주관적 구성요건의 충족이 필요하다. 부진정부작위범에 있어서도 주관적 구성요건으로서 우선 고려될 수 있는 요소는 고의이다. 고의란 객관적 구성요건요소에 대한 인식과 이에 대한 실현의사이다. 따라서 부작위, 결과 및 인과관계도 모두 고의의 인식대상이 된다. 이 외에도 보증인지위, 동가치성 또는 작위의 가능성 등과 같이 기술되지 않은 구성요건요소도 고의의 인식대상이 된다. 다만, 보증인의무를 위법성요소로 파악하는 견해에 의하는 한 보증인의무는 고의의 대상이 되지 않는다.

대법원도 "부진정부작위범에 있어서의 고의는 반드시 구성요건적 결과발생에 대한 목적이나 계획적인 범행의도가 있어야 하는 것은 아니고 법익침해의 결과발생을 방지할 법적 작위의무를 가지고 있는 사람이 의무를 이행함으로써 결과발생을 쉽게 방지할 수 있었음을 예견하고도 결과발생을 용인하고 이를 방관한 채 의무를 이행하지 아니한다는 인식을 하면 족하며, 이러한 작위의무자의 예견 또는 인식 등은 확정적인 경우는 물론 불확정적인 경우이더라도 미필적 고의로 인정될 수 있다"고 판시한 바 있다.[87] 또 "이 때 작위의무자에게 이러한 고의가 있었는지는 작위의무자의 진술에만 의존할 것이 아니라, 작위의무의 발생근거, 법익침해의 태양과 위험성, 작위의무자의 법익침해에 대한 사태지배의 정도, 요구되는 작위의

87) 대법원 2015.11.12. 선고 2015도6809 전원합의체 판결.

무의 내용과 이행의 용이성, 부작위에 이르게 된 동기와 경위, 부작위의 형태와 결과발생 사이의 상관관계 등을 종합적으로 고려하여 작위의무자의 심리상태를 추인하여야 한다"고 판시하였다.[88)]

(4) 부진정부작위범의 위법성과 책임

부진정부작위범의 경우에도 위법성과 책임에 있어서는 다른 범죄에 있어서의 그것과 동일하기 때문에 별도의 검토를 요하지 않는다. 다만 부진정부작위범은 부작위에 의하여 작위범의 구성요건을 실현하는 경우이기 때문에 작위범의 구성요건대로 처벌되는 것은 당연하다. 실제로 부진정부작위범의 성립을 위해서는 위법성과 책임도 작위범의 그것과 같아야 한다고 하여 소위 동치성(同置性, Gleichstellung)을 요구하는 견해도 있다.

1) 부진정부작위범의 위법성

위법성의 실질은 행위반가치와 결과반가치이다. 부진정부작위범에 있어서도 예외가 아니기 때문에 구성요건요소와 위법요소가 구비된 상태에서의 행위반가치와 결과반가치가 부진정부작위범의 위법성이 된다. 따라서 부진정부작위범의 위법성은 행위반가치, 즉 작위의무의 위반과 결과반가치, 즉 결과의 발생이라고 할 수 있다.

2) 부진정부작위범의 책임

부작위의 불법내용 또는 행위반가치는 작위의 그것에 비하여 경미한 이상 입법론적으로 부진정부작위범의 형을 임의적 감경사유로 규정하는 것이 타당하다는 견해도 제시되고 있다. 생각건대 부작위는 작위와 위법성과 책임이 동일할 수 없다는 것에 대하여는 이미 언급한 바 있다. 부작위에 의한 살인이 작위에 의한 살인과 비난의 정도가 동일할 수는 없기 때문에 책임에 상응한 처벌이 책임주의의 취지에 부합한다고 해석된다.

4. 처 벌

부진정부작위범은 발생된 결과에 의하여 처벌된다(제18조). 따라서 부진정부작위범은 작위범의 법정형으로 처벌된다. 그러나 전술한 바와 같이 부진정부작위범의 처

88) 대법원 2015.11.12. 선고 2015도6809 전원합의체 판결.

벌에 대하여는 위법성과 책임이 작위범의 그것보다 경미하기 때문에 형을 임의적 감경사유로 해야 한다는 견해가 있다. 이에 반하여 작위범과 구별해야 할 이유가 없고 양형절차에서 고려해도 충분하다는 견해도 주장되고 있다.

Ⅳ. 고의범

제13조 (고의) 죄의 성립요소인 사실을 인식하지 못한 행위는 벌하지 아니한다. 다만, 법률에 특별한 규정이 있는 경우에는 예외로 한다.

구조문
제13조 (범의) 죄의 성립요소인 사실을 인식하지 못한 행위는 벌하지 아니한다. 단, 법률에 특별한 규정이 있는 경우에는 예외로 한다.

1. 고의범의 개념

(1) 고의범의 의의

고의범(故意犯, Vorsatzdelikt)이란 고의에 근거한 범죄를 말한다. 즉, 고의범이란 객관적 구성요건요소 중에 실행행위가 고의행위이고, 주관적 구성요건요소가 고의인 범죄를 말한다. 고의범은 다시 고의행위의 유형에 따라 작위범과 부작위범으로 나누어질 수 있다. 한편 고의범이란 과실범에 대응하는 개념으로서 주관적 구성요건요소의 고의에 중심적 의미를 가지고 있는 명칭이다. 따라서 고의범의 구성요건은 객관적 구성요건보다는 주관적 구성요건에 관한 고찰이 더욱 중요하다.

(2) 고의범의 원칙적 처벌

형법은 고의범을 기본적으로 처벌하고, 과실범은 특히 처벌규정이 있는 경우에 한하여 예외적으로 처벌하고 있다. 즉 형법은 "죄의 성립요소인 사실을 인식하지 못한 행위는 벌하지 아니한다. 다만, 법률에 특별한 규정이 있는 경우에는 예외로 한다"고 하여 고의범에 대한 처벌의 원칙을 규정하고 있다(제13조). 또 형법은 "정상적으로 기울여야 할 주의(注意)를 게을리하여 죄의 성립요소인 사실을 인식하지 못한 행위는 법률에 특별한 규정이 있는 경우에만 처벌한다"고 하여 과실범에 대한 예외적 처벌을 규정하고 있다(제14조).

'죄의 성립요소인 사실을 인식'하는 심리상태가 고의이기 때문에 이 규정의 본문은 고의의 구성요건에 해당하지 않는 행위는 벌하지 않는다는 취지를 규정한 것이다. 후단은 법률에 특별한 규정이 있는 경우, 즉 형법 제8조에 근거하여 형식적 의의의 형법 이외의 형법에 있어서도 특히 각칙에 과실범을 처벌하는 취지의 규정이 있는 경우에는 예외적으로 과실범에 대하여도 처벌한다는 취지를 명확하게 한 것이다. 결국 형법은 근대형법의 기본원칙인 책임주의를 명문으로 규정하고 있는 것이다. 다시 말해서 형법은 행위능력자의 고의 또는 과실이 있을 경우에만 비난이 가능하다는 주관적 책임주의(主觀的 責任主義)를 확립하고 있는 것이다. 이것이 바로 민법에서 말하는 소위 과실책임주의와 일치하는 형법상 책임주의의 원칙이다. 이미 언급한 바와 같이 근대형법은 주관적 책임주의를 확립함으로써 봉건형법의 결과책임을 극복할 수 있었다.

형법이 원칙적으로 고의범만을 처벌하는 근거는 고의범은 강력하게 금압(禁壓)할 필요가 있지만, 과실범은 그러한 요청이 적다는 점에 있다. 또 처벌에 있어서도 고의범의 법정형이 과실범의 그것보다 훨씬 무겁다. 예컨대 살인죄의 법정형은 '사형, 무기 또는 5년 이상의 징역'(제250조 제1항)이지만, 과실치사죄의 법정형은 '2년 이하의 금고 또는 700만원 이하의 벌금'(제267조)으로 고의범보다 현저히 가볍게 규정되어 있다. 고의범은 범죄임을 알면서 굳이 실행한다는 점에서 법에 대한 적대성이 직접적이고 책임비난의 정도가 강하다고 할 수 있지만, 과실범의 경우는 주의하여야 함에도 불구하고 주의하지 않았다는 점에서 법에 대한 적대성이 간접적이고 책임비난의 정도가 고의범의 그것보다는 경미하다고 할 수 있기 때문이다.

2. 객관적 구성요건

고의범의 객관적 구성요건요소도 다른 범죄유형에 있어서의 그것과 동일하다. 따라서 고의범의 객관적 구성요건요소도 작위범, 부작위범 또는 과실범에서와 같이 주체, 객체, 실행행위, 결과, 인과관계 및 행위상황으로 구성된다. 고의범의 객관적 구성요건의 해당성을 판단하기 위하여는 객관적 구성요건요소에 대하여 검토하지 않을 수 없다. 결과범에 있어서는 적어도 실행행위, 결과 및 인과관계에 관한 검토가 반드시 필요하다. 다만, 고의범의 실행행위는 살인죄의 경우 '살해', 절도죄의 경우 '절취'와 같이 형법각칙의 각 조문에서 동사의 형태로 규정되어 있다는 점이 특징이라고 할 수 있다. 그러나 고의범의 객관적 구성요건의 해당성에 관한 판단도 다른 범죄유형의 그것과 동일하기 때문에 이에 관한 검토를 여기에서는 생략하기로 한다.

3. 주관적 구성요건

고의범의 주관적 구성요건요소는 고의이다. 흔히 구성요건적 고의라고 하는 것이다. 객관적 구성요건이 충족된다고 하여도 주관적 구성요건이 충족되지 않으면 구성요건해당성이 부정된다. 객관적 구성요건이 충족된다고 하더라도 행위자의 의도가 확인되지 않으면 범죄로 될 수 없기 때문이다. 행위자의 내심(內心)을 판단하기 위하여 주관적 구성요건요소, 즉 고의범의 경우에는 고의를, 과실범의 경우에는 과실을 필요로 하게 된다.

(1) 고의의 의의

고의(故意, Vorsatz)란 범죄사실을 인식하고 그 내용을 실현하려는 의사로서의 심리상태를 말한다. 이미 언급한 바와 같이 심리상태라는 것은 행위로 표시되기 전의 생각단계에 머물러 있는 상태로서 행위주의에 의하는 한 사상만으로는 처벌할 수 없기 때문에 행위로써 표출되었을 때부터 비로소 의미를 가지게 된다.

(2) 고의의 성립요건

고의는 단순히 내면의 심리상태에 그치는 것이 아니라 객관적 구성요건요소를 인식한 다음 행위를 일정한 방향으로 인도하도록 통제하는 주관적 요소이기 때문에 그 구성요건을 실현하려는 의사를 포함한다. 따라서 구성요건이 실현될 수 있다는 사실을 알면서 실현의사를 가지고 그 방향으로 행위를 통제하는 경우에는 고의가 존재한다고 할 수 있다. 여기서 고의의 성립요건은 객관적 구성요건요소에 대한 인식적 요소와 이를 실현하려는 의사적 요소로 구성된다(Wissen und Wollen der Tatbestandsverwirklichung)고 할 수 있다.

객관적 구성요건요소에 대한 인식이 있었다는 것은 행위자에게는 적어도 인식한 사실을 행하여서는 안 된다는 규범에 직면할 기회가 주어졌었다는 것을 의미한다. 만약 자신의 행위가 반규범적 행위일 가능성에 대하여 성찰하고, 반대동기를 형성할 기회가 주어지지 않았음에도 불구하고 발생한 결과에 대하여 처벌한다면 그것은 결국 결과책임이 되는 셈이다. 근대형법은 결과책임을 극복하고 개인책임을 확립하기 위하여 고의 또는 과실을 요건으로 하는 주관적 책임주의를 확립한 바 있다. 따라서 반대동기의 형성이 가능하였음에도 불구하고 굳이 반규범적 행위로 나아간 부분에 관하여는 고의를 인정할 수밖에 없게 된다.

한편 고의의 성립요건에 관하여는 구성요건적 사실에 대한 인식이라는 인식적 측면, 즉 지적 요소(intellektuelles Element)와 인식한 구성요건적 사실에 대한 실현의사라는 의사적 측면, 즉 의욕적 요소(voluntatives Element)로 나누어 검토할 필요가 있다.

(3) 사실의 착오

제15조 (사실의 착오) ① 특별히 무거운 죄가 되는 사실을 인식하지 못한 행위는 무거운 죄로 벌하지 아니한다.

구조문

제15조 (사실의 착오) ① 특별히 중한 죄가 되는 사실을 인식하지 못한 행위는 중한 죄로 벌하지 아니한다.

1) 사실의 착오의 의의

주관적 인식과 객관적 사실의 불일치를 착오라고 한다. 민법상 착오란 전통적 견해에 의하면 내심적 효과의사와 표시행위로부터 추측되는 표시상의 효과의사 사이의 불일치를 말한다. 형법에서도 착오란 민법에서와 같이 주관적 인식과 객관적 사실 또는 평가와의 불일치를 말한다고 할 수 있다. 착오는 인식의 대상이 사실인 경우를 사실의 착오와 위법성인 경우를 법률의 착오로 나누어질 수 있다. 사실의 착오(事實의 錯誤)란 행위자가 인식하고 있던 사실과 실제로 발생한 사실이 일치하지 않는 경우를 말한다. 사실의 착오는 행위자의 인식과 발생한 사실의 불일치를 의미한다는 점에서 행위자의 평가와 위법한 사실 사이의 불일치를 의미하는 법률의 착오와 구별된다.

문제는 객관적 사실, 즉 발생된 결과에 나타난 행위자의 의사를 주관적 인식, 즉 행위자의 내심의 의사로 할 수 있는가의 여부에 있다. 전술한 바와 같이 착오란 객관적 사실과 주관적 인식의 불일치를 말하고, 고의란 객관적 구성요건요소에 대한 인식과 그의 실현의사로서 행위자의 내적 심리상태를 말하기 때문이다. 고의는 범죄사실을 인식하고 규범에 직면하여 반대동기를 형성할 수 있었음에도 불구하고 이를 인용하거나 감수 또는 회피하지 않는 소극적인 반규범적 인격태도를 말하는 것이기 때문에 고의의 성부는 행위자가 규범에 직면하였는가의 여부에 의하여 결정하여야 하는 것은 당연한 논리적 귀결이다. 구성요건에 해당하는 객관적 사실의 인식이 있으면 규범의 문제에 관하여 판단할 기회가 주어지기 때문에 인식한 내용과 발생한 사실 사이에 세부적인 차이가 있더라도 고의의 성립에는 영향을 주지 않는다. 그러나 구성요건에 해당하는 객관적 사실의 중요부분에 착오가 있다면 행위자에게 규범의 문제에 관한 판단의 기회가 주어지지 않기 때문에 그 범죄사실에 대하여 행위자의 직접적인 반규범적 의사활동을 선택하는 것이 불가능하게 된다. 여기서 사실의 착오가 인정되는 경우 어떠한 범위까지 고의의 성립을 인정할 수 있는가가 문제된다. 이것이 바로 사실의 착오의 문제이다.

착오는 인식의 주관적 심리상태를 말하기 때문에 고의의 문제가 되지만, 사실의 착오론은 인식이 존재하지 않는 경우를 의미하기 때문에 소극적인 고의론을 의미한다고 할 수 있다. 다만 착오론은 기수죄의 고의에 관한 논의를 원칙으로 한다. 따라서 착오론에서 고의가 부정되는 경우에도 미수죄의 고의가 성립하는 경우가 있을 수 있다. 이 외에도 착오의 문제로 하기 이전에 미필적 고의가 인정되는 경우가 있을 수 있다.

2) 사실의 착오의 유형

구성요건적 사실의 착오는 같은 구성요건 내에서 착오가 발생한 구체적 사실의 착오와 다른 구성요건 사이에서 착오가 발생한 추상적 사실의 착오로 대별될 수 있다.

① 구체적 사실의 착오

구체적 사실의 착오(具體的 事實의 錯誤)란 인식한 내용과 발생한 사실이 동일한 구성요건의 범위 내에 있는 경우의 착오를 말한다. 이러한 의미에서 구체적 사실의 착오를 '동일한 구성요건 내의 착오'라고도 한다. 구체적 사실의 착오에 있어서 구체적 사실이란 객관적 구성요건요소에 해당하는 구체적 사실을 말한다. 따라서 객관적 구성요건요소에 해당하지 않는 사실은 고의의 인식대상이 아니기 때문에 그에 대한 착오는 법적으로 의미가 없다. 예컨대 칼로 찌른다고 생각하고 깨진 병으로 찌른 경우 칼이나 깨진 병이라는 상해의 수단은 객관적 구성요건요소가 아니기 때문에 그에 대한 착오는 중요하지 않다. 그러나 절도죄에 있어서 자기의 물건이라고 생각하고 그 물건을 회수했지만, 사실은 타인의 물건이었던 경우의 착오는 법적으로 중요한 의미를 가지게 된다. 구체적 사실의 착오 중에서 중요한 것은 행위객체에 있어서의 구체적 사실의 착오이다. 행위객체에 있어서의 구체적 사실의 착오는 객체의 착오와 방법의 착오가 중요하다. 다만 객관적 구성요건요소 중에서 주체와 행위에 있어서의 착오는 각각 주체의 착오와 수단의 착오로서 불능미수의 문제로 다루어지고 있다.

ⓘ 객체의 착오 : 객체의 착오(客體의 錯誤, error in objecto, error in persona)란 인식한 객체에 결과가 발생하였지만, 그 객체의 성질이 인식과 다른 경우를 말한다. 행위자가 의도한 객체에

결과가 발생하였지만 그 객체가 행위자의 예상과는 다르기 때문에 객체의 구체적 동일성에 착오가 있는 경우라고 할 수 있다. 예컨대 (갑)을 저격하여 명중시켰으나, (을)이었던 경우를 말한다.

ⅱ **방법의 착오 :** 방법의 착오(方法의 錯誤, aberration ictus)란 인식한 객체가 아닌 엉뚱한 객체에 결과가 발생한 경우를 말한다. 공격방법의 잘못으로 결과가 행위자가 의도하고 있던 객체에 발생하지 않고 의도하지 않았던 다른 객체에 발생한 경우를 말한다. 예컨대 (갑)을 저격하려고 발사하였으나 명중하지 않고 옆에 있던 (을)에게 맞은 경우를 말한다. 경우에 따라서는 타격의 착오(打擊의 錯誤) 또는 수단의 착오(手段의 錯誤)라고도 한다.

ⅲ **인과관계의 착오 :** 인과관계의 착오(因果關係의 錯誤, Irrtum über den Kausalverlauf)란 인식사실과 발생사실이 일치하지만 행위자가 인식하지 않은 인과의 경로로 결과가 발생한 경우를 말한다. 예컨대 목을 졸랐기 때문에 질식사하였다고 생각하고 강물에 투척하였던바 교각에 머리를 부딪쳐 두개골 골절로 인하여 사망하게 한 경우를 말한다. 인과관계의 착오는 실행의 착수시에 이미 착오가 발생하고 있는 사전의 착오(事前의 錯誤)와는 달리 실행의 착수 이후에 인과의 과정에 일탈이 발생하고 있기 때문에 사후의 착오(事後의 錯誤)에 해당하게 된다.

② 추상적 사실의 착오

추상적 사실의 착오(抽象的 事實의 錯誤)란 인식한 내용과 발생한 사실이 서로 다른 구성요건에 걸쳐 있는 경우의 착오를 말한다. 이러한 의미에서 추상적 사실의 착오를 '다른 구성요건 사이의 착오'라고도 한다. 추상적 사실의 착오에서도 그 유형을 이론적으로는 객체의 착오와 방법의 착오로 분류하는 것이 가능하다.

ⅰ **객체의 착오 :** 행위자가 의도한 객체에 결과가 발생하였지만, 인식한 객체와 결과가 발생한 객체가 구성요건을 달리하는 경우를 말한다. 예컨대 타인의 개를 죽이려고 발포하여 명중시켰으나 개가 아니라 사람에게 적중한 경우이다.

ⅱ **방법의 착오 :** 행위자가 의도하지 않은 객체에 결과가 발생한 경우로서 인식한 객체와 결과가 발생한 객체가 구성요건을 달리하는 경우를 말한다. 예컨대 타인의 개를 죽이려고 발포하였으나 명중하지 않고 옆에 있던 사람에게 맞아 사람이 사망한 경우이다.

3) 사실의 착오의 효과

사실에 착오가 있는 경우 인식사실에 대한 고의를 발생결과에 대한 고의로도 인정할 수 있는가가 문제된다. 이러한 의미에서 착오론을 고의론의 반전(故意論의 反轉) 또는 반전된 고의론(反轉된 故意論)이라고도 한다.

① 학 설

사실의 착오의 효과에 관하여는 견해가 일치하지 않고 있다. 인식사실과 발생결과의 부합을 인정하는 기준 또는 정도에 따라 구체적 부합설, 법정적 부합설 및 추상적 부합설로 나누어질 수 있다.

ⓘ **구체적 부합설** : 구체적 부합설(具體的 符合說, Konkretisierungstheorie)이란 행위자가 인식한 사실과 현실적으로 발생한 사실이 구체적으로 부합하는 한 발생사실에 대하여도 고의를 인정하는 견해를 말한다. 소수설의 입장이다. 이에 의하면 구체적 사실의 착오에 있어서 객체의 착오·인과관계의 착오에 대하여는 고의를 인정한다. 그러나 구체적 사실의 착오에 있어서의 방법의 착오와 추상적 사실의 착오에 있어서는 고의를 조각한다고 한다. 고의를 조각하는 경우에는 인식사실에 대한 미수범, 발생사실에 대하여는 과실범을 긍정하여 양자는 상상적 경합관계에 있다고 한다. 다만 추상적 사실의 착오의 경우 형법의 규정(제15조 제1항)에 따라 가벼운 죄를 인식하고 무거운 죄를 실현한 경우에는 무거운 죄로 처벌하지 아니한다고 해석하게 된다. 이 점에 있어서는 법정적 부합설이나 추상적 부합설과 차이가 없다.

구체적 부합설의 근거는 형법의 법익보호기능에서 찾을 수 있다. 형법의 범죄예방기능은 추상적 규범을 전제로 하나, 형법의 법익보호기능은 구체적 규범을 전제로 한다. 추상적 규범은 일반적 금지, 예컨대 일반적으로 사람을 살해하지 말라는 규범을 전제로 하나, 구체적 규범은 구체적 금지, 예컨대 구체적으로 살해하려고 하는 그 사람 (갑)을 살해하지 말라는 규범을 전제로 한다. 이와 같이 행위의 객체가 가지고 있는 구체적인 법익을 보호하는 것이 구체적 규범의 기능으로 된다. 반규범적 의사활동으로서 제어의 대상으로 되는 금지는 고의에 의하여 구체적으로 인식된 그 대상에만 미치게 된다고 해야 하기 때문이다. 따라서 규범위반은 고의가 향하고 있는 구체적인 객체에 관하여만 존재하게 된다. 결국 형법의 법익보호기능은 구체적 규범을 전제로 하고 있고, 구체적 규범은 다시 행위의 객체가 고의에 의하여 구체적으로 한정될 것을 요구하고 있다고 할 수 있다.

ⓘⓘ **법정적 부합설** : 법정적 부합설(法定的 符合說, Gleichwertigkeitstheorie)이란 행위자가 인식한 사실과 현실적으로 발생한 사실이 법정적으로 부합하는 한 발생사실에 대하여도 고의를 인정하는 견해를 말한다. 따라서 구성요건적 고의를 가지고 범죄를 행하는

한 발생사실에 대한 고의를 인정하게 된다. 다수설의 입장이라고 할 수 있다. 이에 의하면 구체적 사실의 착오의 경우에는 객체의 착오이든 방법의 착오이든 인과관계의 착오이든 모두 고의를 인정하게 된다. 그러나 추상적 사실의 착오에 있어서는 고의를 조각한다고 한다. 추상적 사실의 착오의 경우에는 발생한 결과에 대하여는 고의를 조각하지만 인식한 사실에 대하여는 과실을 인정하게 되어 과실범을 처벌하는 규정이 있는 경우에는 과실범이 성립하게 된다고 한다. 다만 추상적 사실의 착오의 경우에도 형법의 규정에 따라 가벼운 죄를 인식하고 무거운 죄를 실현한 경우에는 무거운 죄로 처벌하지 아니한다고 해석하게 된다(제15조 제1항). 이 점에 있어서는 구체적 부합설이나 추상적 부합성과 차이를 가지지 않는다.

법정적 부합설의 근거에 관하여는 견해가 일치하지 않고 있다. 첫째, 구체적 고의는 법정적으로 부합하는 한도 내에서 다른 구체적 고의로 전용될 수 있다는 견해이다. 예컨대 (갑)에 대한 고의는 법정적으로 부합하는 한 (을)에 대한 고의로 전용될 수 있다고 한다. 즉, 행위자가 가진 현실의 고의의 내용은 (을)에게 향하고 있지만 그 고의가 법정적으로 부합하는 한에서 (병)이라는 사람에게 전용할 수 있다는 것이다. 왜냐하면 행위자는 구성요건적으로 동일한 평가를 받는 사실을 인식하면 행위의 가부에 대한 규범의 문제에 대하여 구체적으로 직면하게 되기 때문에 발생한 사실에 대한 직접적인 반규범적 인격태도 또는 반규범적 의사활동을 인정해야 한다고 보기 때문이다. 둘째, 고의는 법정적으로 부합되는 한도 내에서 추상화되기 때문에 그 범위 내에서 구체적 고의는 중요하지 않다는 견해이다. 예컨대 (갑)을 살해하려는 고의나 (을)을 살해하려는 고의는 사람을 살해하려는 고의라는 점에서 법정적으로 동일하다는 것이다. 따라서 (갑)을 살해하려는 구체적 고의를 법정적으로 부합하는 한도 내에서 추상화시키면 사람을 살해하려는 고의로 되기 때문에 결과적으로 (을)이 살해되든 (병)이 살해되든 발생한 결과에 대한 고의로 인정될 수 있다고 하는 것이다.

한편 추상적 사실의 착오의 경우에는 서로 다른 구성요건 사이의 착오이기 때문에 인식사실과 발생사실에 대한 법적 평가가 달라지게 된다. 법정적 부합설에 의하면 인식한 사실과 발생한 사실이 구성요건상 다른 때는 구성요건적 평가는 각각 달라지게 되고 그 결과에 대하여 행위자는 규범의 문제에 직면하지 않기 때문에 원칙적으로 고의가 조각된다고 해석하게 된다. 이는 객체의 착오이든 방법의 착오이든 마찬가지이다. 구체적 부합설도 추상적 사실의 착오에 있어서는 법정적 부합설과 결론을 같이 한다. 결국 법정적 부합설은 인식사실과 발생사실이 동일한 구성요건 내에 있는 범위에서만 고의를 인정하기 때문에 추상적 사실의 착오에 있어서는 원칙적으로 고의를 조각하는 것으로 된다. 그러나 행위자가 인식한 내용과 발생한 사실이 구성요건적으로는 다르지만 양자가 중첩되는 때에는 그 한도에서 범죄적 결과에 대하여 법률상 허용되고 있지 않다는 규범의 문제에 직면하고 있기 때문에 그 중첩되는 범위에서 예외적으로 고의의 성립이 인정된다고 할 수 있다. 그러므로 행위자가 가벼운 (갑)죄를 범할 의사로 무거운 (을)죄의 결과를 발생시킨 경우, 예컨대 타인이 사육하는 개를 죽이려는 의사로 잘못하여 사육주를 사망하게 한 경우에는 손괴죄(제366조)의 고의는 있지만, 발생한 사람의 사망의 결과에 대하여는 고의를 인정하는 것은 불가능하고 과실치사죄가 문제로 되는 데에 그친다. 이와는 반대로 사람을 살해할 의사로 잘못하여 그의 사육견을 손괴한 경우에는 살인의 미수가 문제로 될 수 있지만, 발생한 손괴의 결과에 대하여는 고의를 인정하는 것이 불가능하게 된다. 결국 과실손괴죄가 문제되지만, 형법은 과실손괴죄에 대하여는 처벌규정을 두지 않고 있기 때문에 처벌 자체가 불가능하게 되는 상황으로 된다. 또 다른 경우 예컨대 업무상 횡령의 고의로 단순횡령죄의 실현에 그친 경우에도 마찬가지의 결과가 된다. 즉, 업무상 횡령죄의 고의는 조각되고 단순횡령죄로도 처벌할 수 없게 된다. 단순횡령죄에 대한 고의도 없었기 때문에 단순횡령죄는 처음부터 성립하지 아니하고 과실이 존재한다고 하더라도 형법은 단순횡령죄의 과실범에 대한 처벌규정을 두고 있지 않기 때문이다. 이러한 결과에 대하여는 불합리하다는 비판이 가하여지고 있다.

여기서 법정적 부합설의 의미를 형식적으로 이해하지 않고 실질적으로 해석할 것을 주장하는 견해가 등장하였다. 소위 실질적 법정적 부합설(實質的 法定的 符合說)이라고 할 수 있다. 이 견해는 부합을 인정하는 정도에 따라 다시 구성요건적 부합설과 죄질부합설로 나누어진다. 먼저 구성요건적 부합설(構成要件的 符合說)이란 법정적 부합설의 의미를 다른 구성요건 사이의 착오이지만 그 구성요건이 중첩되는 한도까지 고의의 성립을 확대하는 견해를 말한다. 이에 의하면 기본적 구성요건과 파생적 구성요건에 걸치는 착오의 경우에는 해결이 비교적 용이하다. 보통살인의 고의로 존속살해죄를 범하면 보통살인죄가 성립하고, 승낙살인의 고의로 보통살인죄를 범하면 승낙살인죄가 성립한다고 한다. 그러나 시체유기죄와 유기죄의 경우, 점유이탈물횡령죄와 절도죄의 경우 등에 있어서는 구성요건적 중첩의 여부가 문제된다. 이들의 경우에는 구성요건적 중첩성이 부정되기 때문에 인식사실에 대한 미수범과 발생사실에 대한 과실범으로 처벌할 수밖에 없는데 미수와 과실을 처벌하는 규정이 존재하지 않는 한 무죄로 된다고 한다. 다음으로 죄질부합설(罪質符合說)이란 다른 구성요건 사이라 하더라도 죄질이 부합하는 한 고의의 성립을 인정하는 견해를 말한다. 법익부합설(法益符合說)이라고도 한다. 죄질의 동일성이 고의를 인정하는 데 중요하지만 그것은 법익의 동일성뿐만 아니라 행위태양의 부합도 고려하여 판단한다고 한다. 이 입장에서는 절도죄와 강도죄의 사이, 점유이탈물횡령죄와 절도죄의 사이 등에는 죄질의 부합이 인정된다고 한다. 따라서 점유이탈물횡령죄의 고의로 절도죄를 범하면 점유이탈물횡령죄가 성립한다고 한다. 견해에 따라서는 시체유기죄와 유기죄의 사이에도 죄질의 부합을 긍정하는 견해도 있다.

ⅲ **추상적 부합설 :** 추상적 부합설(抽象的 符合說)이란 행위자가 인식한 사실과 현실적으로 발생한 사실이 추상적으로 부합하는 한 발생사실에 대하여도 고의를 인정하는 견해를 말한다. 따라서 범죄의사를 가지고 범죄를 행하는 한 발생사실에 대한 고의를 인정하게 된다. 이에 의하면 구체적 사실의 착오의 경우에는 항상 고의를 인정할 뿐만 아니라 추상적 사실의 착오의 경우에도 형법 제15조 제1항의 한도 내에서 고의를 인정해야 한다고 한다. 따라서 추상적 사실의 착오의 경우 가벼운 죄를 인식하고 무거운 죄를 실현한 경우에는 형법의 규정에 따라 중죄로 처벌하지 아니한다고 주장한다. 이 점에 있어서만 구체적 부합설이나 법정적 부합설과 같은 결과에 이르게 된다.

추상(抽象)이라는 말은 어떤 사물의 공통점을 추출하여 그것을 일반화한다는 의미이기 때문에 인식사실과 발생사실의 공통된 부분을 추출하여 일반화하면 범죄의사가 된다고 할 수 있다. 추상적 부합설은 행위자가 인식한 범죄사실과 현실로 발생한 범죄사실이 범죄의사 또는 성격의 위험성이라는 점에서 일치하는 한 발생한 결과에 대하여도 고의범의 기수를 인정하려는 견해라고 할 수 있다. 따라서 추상적 부합설에 의하면 범죄의사를 가지고 범죄결과를 발생시킨 이상 발생결과에 대한 고의를 조각할 수 없게 된다. 예컨대 타인의 개를 죽이려다가 잘못하여 사람을 사망하게 한 경우에는 행위자가 인식한 경한 재물손괴죄의 범위에서 고의범의 기수를 인정하고 또한 발생한 무거운 치사의 결과에 대하여는 과실범을 논하여 양자는 상상적 경합이 된다고 주장한다. 이와 반대로 사람을 살해하려다가 잘못하여 타인의 개를 죽게 한 경우에는 재물손괴죄와 살인죄의 미수 또는 불능범을 인정하고 미수가 성립하는 때에는 살인미수로 처벌해야 한다고 주장한다.

추상적 부합설은 법정적 부합설에 의한 추상적 사실의 착오에 관한 부당한 결과를 해결하기 위하여 일본에서 처음 등장하였다. 예컨대 타인의 개를 죽이려다가 잘못하여 사람을 사망하게 한 경우 법정적 부합설에 의하면 손괴미수와 과실치사로 되고 결국 과실치사죄로 처벌되게 된다. 그런데 일본 형법에서는 기물손괴에 관하여는 '3년 이하의 징역 또는 30만엔 이하의 벌금이나 과료'(일본 형법 제261조)에 처하나 과실치사에 관하여는 '50만엔 이하의 벌금'(일본 형법 제210조)에 처하도록 규정하고 있다. 여기서 기물손괴보다 무거운 사람의 사망이라는 무거운 결과를 발생시켰음에도 불구하고 오히려 가벼운 형이 과하여지게 되는 것은 형의 불균형이라는 불합리한 결과를 초래한다고 비판되었다. 그러나 이러한 견해에 관하여는 일본에서도 다시 비판되고 있다. 예컨대 이상의 결과는 일본 형법이 고의의 기물손괴죄를 과실치사죄보다는 중하게 평가하고 있다는 점에서 유래하기 때문에 형의 불균형이라는 것은 그 자체로서는 반드시 불합리하다고는 할 수 없다는 점, 타인의 개나 고양이를 죽이지 않고 있음에도 불구하고 형의 균형을 도모하기 위하여 기물손괴죄의 성립을 인정하는 것은 오히려 구성요건의 유형적 의미를 무시하고 죄형법정주의에 반한다는 점, 중과실치사죄를 적용하는 경우 '5년 이하의 징역'(일본 형법 제211조)으로 되기 때문에 형의 불균형도 그다지 크지 않다는 점 등을 그 근거로 하고 있다. 이와 같이 추상적 부합설은 일본 형법 하에서 일본의 소수설에 의하여 주장되고 있는 견해라고 할 수 있다. 한편 형법은 재물손괴에 관하여는 '3년 이하의 징역 또는 700만원 이하의 벌금'(제366조)을 규정하고 있고, 과실치사에 관하여는 '2년 이하의 금고 또는 700만원 이하의 벌금'(제267조) 그리고 중과실치사의 경우에는 '5년 이하의 금고 또는 2,000만원 이하의 벌금'(제268조)을 규정하고 있기 때문에 일본 형법에 있어서처럼 형의 심한 불균형을 초래하지는 않는다고 할 수 있다. 따라서 추상적 사실의 착오의 경우 법정적 부합설에 의한 형의 불균형을 해결하기 위하여 추상적 부합설을 주장하여야 한다는 견해에 대하여는 전적으로 동의할 수 없다. 이와 같은 이유에서인지 우리나라에서는 추상적 부합설을 주장하는 견해는 발견되지 않고 있다.

② 판 례

판례는 법정적 부합설의 입장을 견지하고 있다. 다만 구성요건부합설인지 아니면 죄질부합설인지는 명확하지 않다고 할 수 있다. 법정적 부합설에 근거하였다고 할 수 있는 판례의 구체적 내용은 다음과 같다.

① 성명불상자 3명과 싸우다가 힘이 달리자 옆 포장마차로 달려가 길이 30센티미터의 식칼을 가지고 나와 이들 3명을 상대로 휘두르다가 이를 말리면서 식칼을 뺏으려던

피해자의 귀를 찔러 상해를 입힌 피고인에게 상해의 범의가 인정되며 상해를 입은 사람이 목적한 사람이 아닌 다른 사람이라 하여 과실상해죄에 해당한다고 할 수 없고, 싸움의 경위, 범행방법 등 제반사정에 비추어 피고인의 범행이 정당방위나 긴급피난 또는 과잉방위에 해당되는 것으로도 보이지 않으므로 여기에 소론과 같은 사실오인이나 법리오해의 위법이 있다할 수 없다.[89] ② 피해자 1인 피고인의 형수의 등에 업혀 있던 피고인의 조카 피해자 2(남1세)에 대하여는 살인의 고의가 없었으니 과실치사죄가 성립할지언정 살인죄가 성립될 수 없다는 주장을 살피건대, 피고인이 먼저 피해자 1을 향하여 살의를 갖고 소나무 몽둥이(증 제1호, 길이 85센티미터 직경 9센티미터)를 양손에 짚어들고 힘껏 후려친 가격으로 피를 흘리며 마당에 고꾸라진 동녀와 동녀의 등에 업힌 피해자 2의 머리부분을 위 몽둥이로 내리쳐 피해자 2를 현장에서 두개골절 및 뇌좌상으로 사망케 한 소위를 살인죄로 의율한 원심조처는 정당하게 긍인되며 소위 타격의 착오가 있는 경우라 할지라도 행위자의 살인의 범의성립에 방해가 되지 아니한다.[90] ③ 사람을 살해할 목적으로 총을 발사한 이상 그것이 목적하지 아니한 다른 사람에게 명중되어 사망의 결과가 발생하였다 하더라도 살의를 조각하지 않는 것이라 할 것이니 원심인정과 같이 피고인이 하사 공소외 1을 살해할 목적으로 발사한 총탄이 이를 제지하려고 피고인 앞으로 뛰어들던 병장 공소외 2에게 명중되어 공소외 2가 사망한 본건의 경우에 있어서의 공소외 2에 대한 살인죄가 성립한다.[91]

③ 검 토

ⓘ **형법의 규정** : 형법은 사실의 착오에 관하여 명문의 규정을 두고 있다. 바로 이 점에서 명문의 규정이 없이 해석에만 맡겨져 있는 독일 형법이나 일본 형법과는 구별되고 있다고 할 수 있다. 다만 형법은 "특별히 무거운 죄가 되는 사실을 인식하지 못한 행위는 무거운 죄로 벌하지 아니한다"고 하여 후술하는 바와 같이 추상적 사실의 착오 중에서 경죄인식중죄실현의 경우에 대하여만 규정하고 있다(제15조 제1항). 따라서 구체적 사실의 착오의 경우와 추상적 사실의 착오의 경우 및 중죄인식경죄실현의 경우에 관하여는 해석에 의하여 해결하지 않을 수 없다.

ⓘⓘ **구성요건적 부합설** : 주관적 구성요건요소로서의 고의는 구성요건에 해당하는 사실, 즉 객관적 구성요건요소만을 그 인식의 대상으로 한다. 따라서 구성요건의 범위를 넘어 고의를 인정하는 것은 죄형법정주의의 원칙에 위배된다고 해야 한다. 또 고의란 구성요건에 해당하는 사실에 대한 인식과 그에 대한 실현

89) 대법원 1987.10.26. 선고 87도1745 판결.
90) 대법원 1984.1.24. 선고 83도2813 판결.
91) 대법원 1975.4.22. 선고 75도727 판결.

의사를 의미하기 때문에 고의가 있다고 하기 위해서는 규범의 문제가 주어질 정도의 인식을 필요로 한다고 해야 한다. 여기서 고의에 있어서 인식의 대상으로 되어야 하는 사실은 구성요건에 해당하는 객관적 사실이고 인식의 내용과 발생한 사실이 구체적으로 부합하고 있지 않는 경우에도 규범은 구성요건이라는 단위로 일반국민에게 주어지고 있기 때문에 구성요건에 의하여 유형화된 사실에 대한 인식이 있으면 고의에 필요한 인식이 존재한다고 할 수 있다. 예컨대 살인죄에 있어서의 인식은 '사람'을 살해한다는 인식을 의미하는 것이고, 구체적인 사람 (갑)을 살해한다는 인식을 요하는 것은 아니라고 할 수 있다. 따라서 구성요건상 부합하고 있는 한 범죄사실의 인식은 존재한다고 해야 한다. 또한 구성요건상으로 동일한 평가를 받는 사실을 인식하면 행위를 실행해도 되는가 하는 규범의 문제에 구체적으로 직면한다고 할 수 있기 때문에 구체적 사실의 착오에 대하여는 행위자의 인식한 내용과 발생한 사실이 구성요건의 범위 내에서 일치하는 한 객체의 착오이든 방법의 착오이든 묻지 않고 발생한 사실에 대하여 행위자의 직접적인 반규범적 의사활동을 인정하여야 하고 야기한 범죄사실에 대한 고의를 조각하지 않는다고 해석하여야 한다. 이와 동일한 이유에서 추상적 사실의 착오에 대하여도 구성요건이 중첩되는 한도에서 그 가벼운 죄에 대하여 고의의 성립을 인정하여야 한다. 요컨대 고의는 범죄사실을 구체적으로 정확하게 인식하는 것을 의미하지만, 죄형법정주의는 범죄사실을 구성요건에 어느 정도 추상화하여 규정하는 것을 허용하고 있다. 따라서 고의가 어느 정도 추상화되더라도 그것이 구성요건의 범위 내에 있다면 그것은 죄형법정주의의 원칙에 위배되지 않는다고 할 수 있다. 따라서 구성요건을 단위로 구성요건의 범위 내에서 부합을 인정하는 법정적 부합설이 죄형법정주의의 요청에서도 타당하다고 생각된다. 이러한 관점에서 보면 추상적 부합설과 죄질부합설은 추상적 사실의 착오에 관하여 고의를 구성요건의 범위보다 넓게 인정하는 견해라고 평가할 수 있다. 이와는 반대로 구체적 부합설은 구체적 사실의 착오에 대하여 고의를 한정하여 좁게 인정하는 견해라고 할 수 있다. 결국 죄형법정주의는 구성요건에 규정할 것을 요구하는 것이고, 고의는 구성요건에 대한 인식을 의미하기 때문에 구성요건을 벗어나지 않는 범위 내에서 고의를 인정하는 법정적 부합설, 나아가 전술한 바와 같이 실질적·법정적 부합설, 특히 구성요건적 부합설이 가장 타당한 견해라고 생각된다. 행위자는 적어도 사람을 살해하여서는 안 된다는 규범, 즉 구성요건에 직면하고 반대동기의 형성이 가능함에도 굳이 행위를 한 이상 행위자에게 고의를 인정하여야 하기 때문이다.

부언하면 구성요건은 법익침해행위를 유형화한 것이고 또한 사회통념상 구성요건실현의 현실적 위험 있는 행위를 내용으로 하고 있기 때문에 이러한 관점에서 인식한 내용과 발생한 사실이 형식적으로 구성요건상 중첩하고 있는 경우뿐만 아니라 보호법익의 공통성과 법익침해행위유형의 공통성 등을 기초로 하여 사회통념상 두 가지의 구성요건이 실질적으로 중첩하고 있는 경우에도 부합을 인정하는 것이 타당하다고 생각된다. 이러한 의미에서 실질적·법정적 부합설이 타당하다고 해야 한다. 예컨대 약물범죄에 있어서 각성제를 헤로인이라고 오신하여 수입한 경우에 양자 모두 사람의 건강을 해하는 의존성약물이고 보호법익의 공통성 및 법익침해행위유형의 공통성을 인정하는 것이 가능하기 때문에 발생한 각성제 수입죄의 고의를 인정하는 데에 지장이 없다고 할 수 있다. 따라서 개별적인 약물의 명칭은 구성요건상 중요한 의미를 가지는 것이 아니라고 할 수 있다. 다만 실질적·법정적 부합설이 타당하다고 하더라도 죄질부합설에 있어서와 같이 시체유기죄와 유기죄 사이에서 부합을 인정하는 것은 구성요건의 범주를 넘어 부합을 인정하는 것이기 때문에 죄형법정주의에 위배된다고 해야 한다. 구성요건은 위법유형이고 어떤 행위를 행하면 통상 법익침해의 위험이 발생하는 행위를 그 실질로 하는 것이기 때문에 구성요건의 중첩은 보호법익이 중첩되고 나아가 법익침해행위의 유형이 사회통념상의 중첩을 가지고 있는 점에서 도출되지 않으면 안 되기 때문이다.

4) 사실의 착오의 해결

본서의 입장인 구성요건적 부합설, 즉 실질적·법정적 부합설에 따라 사실의 착오의 문제를 해결하면 다음과 같다고 할 수 있다.

① 구체적 사실의 착오

ⓘ 객체의 착오 : (갑)이라고 생각하고 발포하였는데 실제로는 (을)이었던 경우 법정적 부합설에 의하면 고의를 조각하지 않는다. 왜냐하면 인식한 사실과 발생한 사실은 구성요건상 동일한 평가를 받는 '사람'을 살해한다고 하는 점에서 법정적으로 부합하고 있기 때문에 행위의 객체인 '사람'이 (갑)인가 또는 (을)인가는 중요하지 않다고 해석하기 때문이다. 추상적 부합설도 법정적 부합설과 결론을 같이 한다. 이에 반하여 구체적 부합설을 아주 엄격하게 관철하는 한 고의가 조각된다고 하는 것이 논리적이다. (갑)을 저격하였지만 결과적으로는 (을)에게 결과가 발생하고 있는 이상 구체적으로 부합하지 않고 고의가 조각될 수 없다고 해석

하기 때문이다. 그러나 구체적 부합설의 대체적인 입장은 법정적 부합설과 그 결론을 같이하고 있다. 따라서 객체의 착오의 경우에 있어서 법정적 부합설에 있어서와 같이 고의를 조각하지 않는다고 본다. (갑)을 살해하려고 하였지만 (을)을 저격하여 결과적으로 (을)을 살해한 것이기 때문에 동기의 착오가 발생한 것에 불과하다고 해석하기 때문이다.

ⓘⓘ **방법의 착오 :** (갑)을 조준하여 발포하였지만, 의외로 (을)에게 명중하여 (을)이 사망한 경우와 같이 행위자의 공격의 결과가 그 의도한 객체와 별개의 객체에 발생한 경우를 방법의 착오라고 한다. 법정적 부합설에 의하면 객체의 착오에 있어서와 마찬가지로 방법의 착오에 있어서도 고의를 조각하지 않는다고 해석한다. (갑)과 (을)은 완전히 다른 사람이지만, 구성요건적 부합설의 입장에서 인식한 사실도 사람이고 발생한 사실도 사람이라는 점에서 구성요건적으로 부합한다고 해석하기 때문이다. 다시 말해서 구성요건적 결과발생의 현실적 위험을 인식하고 있는 이상은 그 실행행위에 의하여 발생한 결과는 그 인식에 근거한 행위라고 할 수 있기 때문에 현실적으로 인식하지 않은 객체에 대하여도 구성요건적 결과발생의 현실적 위험에 근거한 행위의 결과인 이상은 고의를 인정하는 입장이다. 추상적 부합설도 법정적 부합설과 결론을 같이 한다. 이에 반하여 구체적 부합설은 방법의 착오에 대하여는 객체의 착오에 있어서와는 달리 행위자의 인식내용과 발생한 결과는 구체적으로 부합하지 않기 때문에 (갑)에 대한 살인죄(고의범)의 미수와 (을)에 대한 과실치사죄(과실범)의 상상적 경합을 인정하여야 한다고 하고 있다. 그러나 이에 대하여는 (갑)도 (을)도 구성요건상으로는 동일한 '사람'이라는 점을 무시하는 것이고 타당하지 않다는 비판이 가능하다.

ⓘⓘⓘ **인과관계의 착오 :** 인과관계의 착오란 예견사실과 실현사실은 일치하고 있지만, 행위자가 예상한 인과의 과정을 거치지 않고 결과가 발생한 경우를 말한다. 이 경우 인과과정의 착오에 의하여 고의가 조각된다고 하는 소수설도 있다. 그러나 통설은 결과발생에 이르는 인과경과가 상당인과관계의 범위 내의 것이면 고의범이 성립하고 인과관계의 착오는 고의의 존부에 영향을 미치지 않는다고 해석하고 있다. 인과관계는 고의의 인식대상이지만, 구체적인 인과의 경과는 고의의 인식대상이 아니라고 보기 때문이다.

한편 이와 관련하여 베버의 개괄적 고의의 이론이 거론되는 경우가 있다. 제1의 행위로 이미 결과가 발생하였다고 오신하고 제2의 행위를 행한 바 제2의 행위로 처음부터 결과가 발행하였다고 하는 경우이다. 베버는 1825년의 논문에서 제1

행위의 고의는 개괄적으로 제2의 행위를 포괄할 수 있다고 하여 기수를 인정하는 견해를 주장한 바 있다. 그러나 개괄적 고의의 이론은 그 후 부정되고 인과관계의 착오의 문제로서 다루어지게 되었다.

생각건대 인과관계의 착오에 있어서는 제1의 행위로 인하여 결과가 발생하든 아니면 제2의 행위로 결과가 발생하든 결과에 대한 고의를 인정하는 데에는 아무런 문제가 없다고 해야 한다. 제1의 행위와 제2의 행위는 모두 구성요건적 부합의 범위 내에 있기 때문이다. 이 외에도 제1의 행위로 발생한 결과에 대하여는 미필적 고의의 인정이 가능하고, 제2의 행위로 발생한 결과에 대하여도 추월적 인과관계의 경우로서 고의의 문제가 아니라 인과관계의 문제로서 고의의 인정이 가능하기 때문이다.

② 추상적 사실의 착오

추상적 사실의 착오에도 방법의 착오와 객체의 착오의 경우가 있다. 예컨대 타인의 개를 죽이려고 발포하였지만 개가 아니라 사람을 살해한 경우는 객체의 착오이다. 반면 타인의 개를 죽이려고 발포하였지만 빗나가 옆에 있던 사람에게 명중한 경우는 방법의 착오가 된다. 추상적 사실의 착오의 경우 구체적 부합설과 법정적 부합설은 발생한 결과에 대하여는 고의를 조각하지만 인식한 사실에 대하여는 과실을 인정하게 되어 과실범을 처벌하는 규정이 있는 경우에는 과실범이 성립하게 된다고 한다. 다만 형법의 규정에 따라 가벼운 죄를 인식하고 무거운 죄를 실현한 경우에는 무거운 죄로 처벌하지 아니한다고 해석하게 된다. 또 추상적 부합설은 인식한 사실이 죄를 구성하고 발생한 사실이 죄를 구성하면 고의기수범을 인정하게 되기 때문에 형사처벌의 범위가 지나치게 넓어지는 것을 피하기 위해서는 어느 정도 형량의 제한이 필요하다는 것이다. 따라서 가벼운 죄를 인식하고 무거운 죄를 실현한 경우에는 형법의 규정에 따라 무거운 죄로 처벌하지 아니한다고 주장한다. 이미 언급한 바와 같이, 형법은 "특별히 무거운 죄가 되는 사실을 인식하지 못한 행위는 무거운 죄로 벌하지 아니한다"(제15조 제1항)고 하여 추상적 사실의 착오 중에서 경죄인식중죄 실현의 경우에 대하여만 규정하고 있다. 따라서 구체적 사실의 착오의 경우와 추상적 사실의 착오의 경우에도 형법이 규정하지 않은 중죄인식경죄 실현의 경우에 관하여는 해석에 의하여 해결되지 않을 수 없다.

ⓘ **경죄인식중죄실현**: 형법은 "특별히 무거운 죄가 되는 사실을 인식하지 못한 행위는 무거운 죄로 벌하지 아니한다"(제15조 제1항)고 하여 추상적 사실의 착오

중에서 경죄인식중죄실현의 경우만을 규정하고 있다는 것에 대하여는 이
한 바 있다. 첫째, '특별히 무거운 죄가 되는 사실을 인식하지 못한 행위'란
운 형에 해당하는 범죄사실을 인식하고 범죄를 실행하였지만 무거운 형에 해
는 범죄사실이 실현될 경우를 말한다. 둘째, '무거운 죄로 벌하지 아니한다'란
위자가 인식한 가벼운 (갑)죄와 현실로 발생한 무거운 (을)죄의 사이의 착오에 있
어서 구성요건상의 중첩이 인정되는 경우 가벼운 (갑)죄의 고의범을 인정하겠다는 취지로 해석된다. 이와는 별개로 인식한 (갑)죄와 구성요건적으로 중첩하는 (을)죄의 법정형이 동일한 경우에는 발생한 (을)죄의 고의범이 성립한다고 해야 한다. 이 경우에는 객관적으로 존재하고 있는 구성요건에 해당하는 사실을 무시할 이유가 없기 때문이다. 예컨대 강도의 고의로 공갈의 결과를 발생시킨 때에는 공갈죄가 성립한다고 할 수 있다.

ⅱ **중죄인식경죄실현 :** 추상적 사실의 착오의 경우에 있어서도 그 해결방법은 구체적 사실의 착오의 경우에 있어서의 그것과 다를 것이 없다. 양자는 인식사실과 발생사실 사이에 불일치가 있는 경우 어느 범위의 사실에서 고의를 인정할 것인가의 문제에 관한 것이기 때문이다. 법정적 부합설은 인식한 사실과 발생한 사실이 구성요건상 다른 때에는 그 결과에 대하여 행위자는 규범의 문제에 직면하고 있지 않기 때문에 원칙적으로 고의를 조각한다고 한다. 그러나 행위자가 인식한 사실과 발생한 사실이 구성요건적으로는 다르지만 양자가 중첩되는 때에는 그러한 한도에서 범죄적 결과에 대하여 법률상 허용되지 않는다는 규범의 문제에 직면하고 있기 때문에 그 중첩하는 범위에서 예외적으로 고의의 성립을 인정하여야 한다고 한다. 그러므로 행위자가 가벼운 (갑)죄를 범할 의사로 무거운 (을)죄의 결과를 발생시킨 경우 예컨대 타인의 개를 죽일 의사로 잘못하여 개주인을 사망하게 한 경우에는 재물손괴죄의 고의는 있지만 발생한 사람의 사망의 결과에 대하여는 고의를 인정하는 것을 불가능하고 과실치사죄가 문제됨에 그친다. 이에 반하여 사람을 살해할 의사로 잘못하여 개를 죽인 경우에는 살인의 미수가 문제로 될 수 있지만 발생한 재물손괴의 결과에 대하여는 고의를 인정하는 것이 불가능하게 된다. 그러나 발생한 결과에 대하여 항상 고의를 조각하게 된다는 불합리한 경우가 발생한다. 따라서 구성요건이 중첩되는 착오의 경우에는 그 중첩되는 범위에서 발생한 가벼운 죄의 고의를 인정하는 것은 허용될 수 있다고 본다. 인식한 무거운 죄와 발생한 가벼운 죄가 구성요건적으로 중첩되는 범위 내에서 이미 규범의 문제는 주어져 있기 때문에 가벼운 죄에 대하여 고의를 인정해도 무

때문이다.

4. 위법성과 책임

범죄의 성립요건은 구성요건해당성, 위법성 및 책임이다. 고의범의 경우도 예외는 아니다. 다만 고의범의 성립요건은 위법성을 제외한 구성요건해당성과 책임에서 과실범의 그것과 차이를 보이고 있다. 과실범과 구별되는 고의범의 성립요건은 구성요건해당성에서는 객관적 구성요건요소 중 실행행위가 고의행위라는 점, 주관적 구성요건요소가 고의라는 점 및 책임에서는 책임고의라는 점에 있다. 객관적 구성요건요소 중 고의행위는 전술한 바와 같이 형법각칙의 각조문에 동사의 형태로 규정되어 있다. 주관적 구성요건요소로서의 고의에 대하여는 위에서 언급한 바와 같다. 책임요소로서의 고의란, 책임고의에서 후술하는 바와 같이, 구성요건요소에 위법성을 더한 점, 즉 범죄사실을 인식하고 그것이 위법하다는 것을 알면서도 그것을 실현하였다는 점에 대한 비난가능성을 말한다.

Ⅴ. 과실범

제14조 (과실) 정상적으로 기울여야 할 주의(注意)를 게을리하여 죄의 성립요소인 사실을 인식하지 못한 행위는 법률에 특별한 규정이 있는 경우에만 처벌한다.

구조문

제14조 (과실) 정상의 주의를 태만함으로 인하여 죄의 성립요소인 사실을 인식하지 못한 행위는 법률에 특별한 규정이 있는 경우에 한하여 처벌한다.

1. 과실범의 개념

(1) 과실범의 의의

과실범(過失犯, Fahrlässigkeitsdelikte)이란 과실로 범하여진 범죄를 말한다. 즉, 과실범이란 객관적 구성요건요소 중에 실행행위가 과실행위이고, 주관적 구성요건요소가 과실인 범죄를 말한다. 객관적 구성요건요소로서의 과실행위란 주의의무에 위반하여 일정한 작위 또는 부작위를 행하는 것을 말한다. 주의의무는 일반인을 기준으로 판단한다는 의미에서 객관적 주의의무가 된다. 또 과실범은 과실행위의 유형에 따라 과실에 의한 작위범과 과실에 의한 부작위범으로 구분하는 것이 가능하게 된다. 다만, 과실범의 실행행위는 객관적 주의의무위반으로서 범죄의 유형과는 상관없이 항상 동일하게 된다는 점에서 살인죄의 살해, 절도죄의 절취 등에서와 같이 범죄마다 다르게 되는 고의범의 실행행위와는 처음부터 구별된다고 할 수 있다. 주관적 구성요건요소로서의 과실이란 주의의무에 위반한 심리상태를 말한다. 주의의무는 외부의 행위가 아니라 내심의 심리상태를 말한다는 의미에서 주관적 주의의무가 된다. 고의가 인정되면 과실은 배척되기 때문에 고의와 과실의 관계는 배척관계라고 할 수 있다. 따라서 과실은 고의가 존재하지 않는 경우에만 문제로 된다. 한편 책임요소로서의 과실이란 구성요건에 해당하는 행위의 위법성에 대한 인식이 가능하였음에도 불구하고 위법성을 인식하지 못한 행위자에 대한 비난가능성을 말한다. 주의의무는 행위자를 기준으로 판단한다는 의미에서 주관적 주의의무가 된다.

(2) 과실범의 예외적 처벌

형법은 "정상적으로 기울여야 할 주의(注意)를 게을리하여 죄의 성립요소인 사실을 인식하지 못한 행위는 법률에 특별한 규정이 있는 경우에만 처벌한다"고 규정하여 과실범을 예외적으로 처벌하고 있다(제14조). 소극적으로 표현해서 과실범이란 고의가 없음에도 불구하고 형사책임을 질 수 있는 경우라고 할 수 있다. 여기서 고의와 과실의 한계 그리고 과실과 무과실의 한계를 분명히 할 필요가 있다. 법률에 특별한 규정이 있는 경우에 한하여 처벌하는 과실범에 대한 예외적 처벌의 원칙은 형식적 의의의 형법에만 타당할 뿐만 아니라 실질적 의의의 형법에 대하여도 타당하다. 따라서 과실범의 예외적 처벌의 원칙은 특별형법이나 행정형법에도 그대로 적용된다. 형법전의 총칙은 다른 법령에 정한 죄에도 적용되기 때문에 이를 근거로 과실범의 예외적 처벌에 관한 형법총칙의 규정은 실질적 의의의 형법에도 적용되게 되는 것이다(제8조 참조). 대법원도 "행정상의 단속을 주안으로 하는 법규라 하더라도 명문규정이 있거나 해석상 과실범도 벌할 뜻이 명확한 경우를 제외하고는 형법의 원칙에 따라 고의가 있어야 벌할 수 있다"[92]고 판시한 바 있다. 형법은 과실범의 미수를 처벌하지 않고 있다. 따라서 결과가 발생하지 않은 경우이거나 인과관계가 부정되는 경우에는 과실범의 성립이 부정되게 된다.

한편 행정단속의 목적이라든가 또는 법령 전체의 입법취지 등에 비추어 해석에 의하여 과실범을 처벌할 수 있느냐가 문제될 수 있다. 그러나 형법은 법률에 특별한 규정이 있는 경우에 한하여 처벌한다는 명문의 규정을 두고 있기 때문에

---

92) 대법원 2010.2.11. 선고 2009도9807 판결; 대법원 1986.7.22. 선고 85도108 판결.

과실범의 처벌에 관한 명문의 규정이 존재하지 않음에도 불구하고 해석에 의하여 처벌을 인정한다면 이는 죄형법정주의에 대한 명백한 위반이라고 해야 한다. 따라서 과실범을 처벌하는 특별규정은 그 명문에 의하여 명백하고 명료하여야 할 필요가 있다고 하겠다.[93] 그런데 과실범의 성립요건이나 성립범위는 시대상황에 의하여 크게 영향을 받아 왔다. 예컨대 차도와 인도의 구분이 없던 시대에는 운전자에게 보다 세심한 주의가 요구되지 않으면 안 되었다. 그러나 차도와 인도가 구분되어 있고 교통신호체제 등이 완비되어 있는 오늘날에는 운전자의 주의의무를 경감하는 것이 가능하게 되었다. 또 현실적으로 과실범이 차지하는 범죄의 커다란 비중으로 인하여 형법의 과실범에 대한 예외적 처벌규정에도 불구하고 그에 대한 처벌은 사실상 원칙화되어가고 있다. 도로교통의 발달과 교통사고의 빈발이 과실범에 대한 재편성의 계기가 되었고, 그 외에도 공해, 약해, 의료사고, 식품사고, 각종의 재해 및 제조물사고 등의 빈발로 새로운 과실범론의 구성이 필요한 상황이다.

(3) 과실론의 약사

과실범의 객관적 구성요건요소 중 과실행위, 즉 실행행위와 관련하여 과실범의 역사는 구과실론으로부터 신과실론으로 발전하여 왔다.

1) 구과실론

① 예견의무의 중시

구과실론(舊過失論)은 종래의 전통적인 과실범론으로서 결과예견의무를 중시하였다. 부주의로 결과를 예견하지 못한 것을 과실의 본질로 해석한다. 행위자의 주관적 예견가능성을 전제로 하는 과실은 고의와 나란히 책임요소가 된다. 예견이 가능하였음에도 불구하고 의식을 집중하지 않아 결과를 발생시켰고 이에 대하여 비난이 가능하다는 점에서 책임비난의 근거를 찾고 있다. 다시 말해서 구과실론은 과실을 위법하게 결과를 발생시킨 결과반가치 때문에 처벌된다고 하는 점에서 주의의무위반이라는 행위반가치 때문에 처벌된다고 하는 신과실론과 구별된다고 하겠다.

② 책임요소로서의 기능

구과실론은 과실을 고의와 나란히 책임의 형식 또는 종류로서 이해한다. 객관

93) 대법원 1983.12.13. 선고 83도2467 판결.

적인 측면에서는 고의범과 과실범의 차이는 존재하지 않기 때문에 구성요건해당성과 위법성에서는 고의범과 과실범의 차이가 없다고 해석한다. 따라서 과실은 책임단계에서만 고의와 구별될 뿐이라고 한다. 다만 고의와 과실은 범죄의 주관적인 측면으로서 행위자의 부주의한 심리상태로 파악된다. 부주의란 주의의무위반을 의미하고, 주의의무는 결과를 예견하기 위하여 의사를 긴장시켜야 할 의무라고 하기 때문에 결과에 대한 예견가능성이 그 핵심적 요소로 된다. 이는 만약 결과를 예견하였다면 그 행위 자체를 하지 않았을 것이라는 것을 근거로 하는 것이다.

③ 과실범의 성립범위의 확대

구과실론에 의하는 한 위험은 있지만 사회적으로 유익한 행위가 다수 존재하는 현대사회에서는 과실범의 성립범위가 확대될 수밖에 없다. 예컨대 교통사고는 대부분 예견가능하기 때문에 예견의무위반이 용이하게 긍정되어 과실범의 성립을 피할 수 없게 된다. 구과실론에 대하여는 과실범의 성립범위를 불가피하게 확대하게 되어 타당하지 않다고 비판되는 이유이다. 신과실론이 등장하는 계기가 마련되었다고 할 수 있다. 이와 같이 전통적인 과실론은 목적적 행위론과 함께 등장한 신과실론자들에 의하여 구과실론이라고 이름붙여지게 되었다.

2) 신과실론

① 회피의무의 중시

신과실론(新過失論)은 목적적 행위론의 과실론에서 전형적인 형태로 나타난다. 이에 의하면 고의·과실은 책임요소가 아니라 위법요소로 되고, 구성요건·위법성의 단계에서부터 양자를 구별하여 논의하는 것이 타당하다고 한다. 과실의 불법내용은 인적 불법론의 입장에서 행위반가치에 중점이 두어지고, 과실의 본체는 객관적 과실행위, 즉 사회생활상 필요한 주의를 준수하지 않은 행위이고, 결과의 회피가능성이 그 핵심으로 되었다. 이는 일반인이면 결과를 회피하기 위한 조치를 취해야 하는 경우 그와 같은 조치를 취하지 않은 것이 과실행위라는 것을 근거로 하고 있다. 신과실론을 지지한 실질적인 이유는 변화된 사회환경 속에서 여전히 예견가능성 중심의 구과실론에 의하게 되면 과실범의 처벌범위가 지나치게 넓어지게 된다는 점에 있었다. 특히 교통사고의 경우 구과실론에서는 결과와 인과관계가 존재하고 예견가능성이 인정되는 한 처벌을 피할 수 없었다. 그러나 구과실론에 대하여는 자동차사고에 대한 예견가능성은 항상 존재한다고 할 때 사실상 결과책임이 되어 부당하게 된다는 점, 교통사고에 대한 엄격한 책임추급은 사회발전을 저해할 수 있다는 점 등에서 비판이 제기되었다.

신과실론은 결과에 대한 예견가능성이 있어도 결과회피의무를 부과하여 결과에 대한 구체적 예견가능성만으로는 과실범이 성립하지 않는다고 보았다. 이와 같이 신과실론은 주의의무의 중심을 결과예견의무에서 결과회피의무로 이동시키고, 결과회피의무를 주의의무의 객관적 기준으로 설정하고 이를 객관적 주의의무라고 하였다. 객관적 주의의무는 위법요소로 되었다. 이와 같이 결과회피의무를 중심으로 새로이 성립한 과실에 관한 견해를 신과실론이라고 하는 것이다. 신과실론의 이론적 특색으로서는 주의의무를 객관화하고 과실의 위법성을 명확히 한 점에 있다. 나아가 결과예견의무보다는 결과회피의무를 과실의 중심에 놓은 것이 중요하다. 이에 의하여 과실행위는 일정한 회피조치를 태만히 한 경우라고 해석되고, 부작위범과 유사한 구조로 이해되게 된 것이다. 그리고 작위의무에 상당하는 결과회피의무는 구성요건에는 기술되어 있지 않기 때문에 과실범은 개방된 구성요건에 해당한다고 한 것이다.

② 구성요건요소로서의 기능

신과실론은 제2차 세계대전 전의 독일에서 탄생한 이론이다. 과실을 책임의 문제로 하기 이전에 과실을 행위로서 파악하고 법률상 요구되는 주의의무를 다 하여도 결과가 발생한 경우에는 사회적 상당성을 가지는 행위로서 과실행위의 위법성이 조각되기 때문에 책임의 문제에 들어설 필요가 없다는 형태로 과실을 위법성의 단계에서 논의하게 되었다. 또 신과실론은 불가항력에 의한 결과와 같이 법률상 요구되는 주의를 하여도 결과를 피하는 것이 불가능한 경우에는 구성요건에 해당하는 행위가 있다고 할 수 없다고 보았기 때문에 과실을 구성요건의 문제로 파악하였다. 여기서 과실행위 또는 과실의 실행행위를 관념하는 이론적 경향이 현저하게 됨과 동시에 과실은 주관적 위법요소일 뿐만 아니라 주관적 구성요건요소라고 하는 견해가 유력하게 되었다. 예컨대 살인죄와 과실치사죄는 이미 구성요건해당성의 단계에서 구별된다고 하기에 이르렀다. 이와 같이 하여 과실도 고의와 나란히 구성요건의 주관적 요소이고 또 과실행위는 주관적 위법요소라고 함과 동시에 행위와 행위자를 결부시키는 책임요소라고 하는 견해가 유력하게 되었던 것이다.

③ 허용된 위험의 이론의 도입

신과실론의 발전을 기초로 19세기 말 독일에서 주장된 것이 허용된 위험의 이론이다. 허용된 위험(許容된 危險, erlaubtes Risiko)이란 사회생활상 불가피하게 존재하는 법익침해의 위험을 수반하는 행위에 대하여 그 사회적 유용성 또는 사회적 불가피성을 근거로 법적으로 허용된다는 위험을 말한다. 이러한 행위로부터 법익침해의 결과가 발생하더라도 결과회피를 위하여 상당한 조치를 취한 경우에는 과실범의 성립을 부정하여 그러한 위험을 법적으로 허용한다는 것이다. 예컨대 광업, 공장, 가스·전기 등의 사업, 자동차·열차·항공기 등의 교통기관, 장기이식·임상시험 등의 의료행위 또는 의료시설 또는 각종의 산업시설 등은 위험을 수반하지만 만약 그 위험을 이유로 이들에 관한 행위를 전면적으로 금지한다면 현대의 사회생활은 완전히 마비될 것이기 때문이다. 이와 같이 법익침해의 위험성을 수반하는 행위라 하더라도 사회적 유용성 또는 사회적 불가피성을 이유로 그 위험을 법적으로 허용하는 법리를 허용된 위험론 또는 허용된 위험의 이론이라고 한다.

허용된 위험론(許容된 危險論, Die Lehre vom erlaubten Risiko)의 특색은 사회활동의 유지를 우선하는 가치판단에 있다. 일체의 위험을 금지한다면 사회의 발전은 정지된다고 보기 때문에 사람의 생명·신체에 일정한 위험을 미치더라도 사회의 발전을 우선시하는 것이다. 허용된 위험론은 위험의 허용기준에 관하여 공리주의적인 형량이론을 사회적 상당성 또는 사회생활상 필요한 주의의무로 치환해 놓았다고 지적받기도 하였다. 허용된 위험론은 위험이 일상적으로 존재하고 있는 이상 법익침해의 예견가능성은 부정할 수 없는 경우가 많기 때문에 이를 모두 과실로서 처벌하는 것은 타당하지 않다고 하는 예견의무중심의 구과실론에 대한 비판의 기초가 되기도 하였다. 실제로 벨첼에 의하면 허용된 위험은 다른 사회적 상당행위와 마찬가지로 사회적 상당행위의 하나로 보았다. 벨첼은 사회적 상당행위의 구체적인 예로서 운동경기, 의료행위, 철도교통 또는 기업활동 등을 제시하고 '사회생활상 필요한 주의의무'도 사회적 상당성을 판단하는 기준으로 보았다.[94] 벨첼은 만약 모든 법익침해행위를 금지한다면 사회생활은 즉시 정지할 수밖에 없기 때문에 모든 법익침행행위를 금지할 것이 아니라 사회생활이 기능하는 데에 필요한 정도를 넘어서는 것만을 금지해야 한다고 주장하였다. 벨첼의 사회적 상당성의 판단에서 중요한 것은 사회윤리적 관점이었다. 벨첼에 의하면 위법성의 본질을 법익침해로만 파악할 경우 사회는 정지하지 않을 수 없기 때문에 위법성은 법익침해의 결과발생뿐만 아니라 행위태양도 고려하여 결정하여야 한다고 주장하였다.[95]

94) Welzel, Studien zum System des Strafrechts, ZStW 58, 1939, S. 558.
95) 박강우, "허용된 위험의 법리와 과실범구조의 변화", 법학연구 제19권 제2호, 충북대학교 법

한편 허용된 위험론은 행위반가치론형의 허용된 위험론과 결과반가치론형의 허용된 위험론으로 대별될 수 있다. 허용된 위험론은 행위반가치론의 입장에서 주장되었지만, 결과반가치의 입장에서도 주장되고 있기 때문이다. 전자는 신과실론의 출발점으로 되는 발상으로서 최종적으로는 구성요건해당성의 문제로 귀착하게 된다. 단순히 위법성의 문제에 그치지 않고 과실범의 구조론 전체를 재구성하는 문제로 발전하였다. 이에 반하여 후자는 우월적 이익의 원칙의 하나의 변형으로서 이익형량의 하나의 기준이 되고 행위의 유용성·필요성과 법익침해의 위험성을 행위시에 비교형량하게 된다.

④ 신뢰의 원칙의 확립

상대방이 적절한 행동을 취하는 것을 신뢰하는 것이 상당한 경우에는 상대방의 부적절한 행동에 의하여 결과가 발생하더라도 그 결과에 대하여 본인이 책임을 지지 않도록 한다는 이론을 신뢰의 원칙(信賴의 原則, Vertrauensgrundsatz)이라고 한다. 신뢰의 원칙도 신과실론, 특히 허용된 위험론과 밀접한 관련을 가진다. 신뢰의 원칙의 발단은 나치의 교통정책, 즉 자동차교통의 원활한 발달을 위하여 운전자는 모든 위험을 상정할 필요가 없다는 고려와 밀접하게 관련되어 있다. 그러나 오늘날 신뢰의 원칙은 결과예견의무와 결과회피의무를 감경하는 수단으로서 그 적용영역을 도로교통에 한정하지 않고, 기업활동, 의료활동 등에까지 확대하고 있다.

한편 신뢰의 원칙은 구과실론의 관점에서 이해하는 것도 가능하다. 즉, 상대방이 적절한 행동을 취하는 것을 신뢰하는 것이 상당한 경우 상대방의 부적절한 행동을 일반인이 예견할 수 없는 경우라고 해석할 수 있다. 이렇게 해석하면 신뢰의 원칙은 구과실론이 중시하고 있는 예견가능성의 판단기준으로 기능할 수 있게 된다. 여기서 신뢰의 원칙의 기능에 관하여는 신과실론의 입장인 주의의무한정설과 구과실론의 입장인 예견가능성한정설이 대립하고 있다. 양설은 구체적인 결론에 있어서는 차이가 거의 없다. 그러나 전자는 행위자 자신에게 교통법규위반이 있으면 상대방에 대한 신뢰를 인정하지 않게 되지만, 후자는 사실상의 예견가능성이 낮으면 신뢰를 허용하게 된다. 또 다른 한편 허용된 위험의 이론은 예견의무를 인정하고 있지만. 회피의무를 회피조치로 대체함으로써 회피의무를 면제하는 이론이라고 할 수 있다. 이에 반하여 신뢰의 원칙은 예견의무와 회피의무를 신뢰한 만큼 감면하는 이론이라고 할 수 있다.

학연구소, 2008.12, 46쪽.

⑤ 신신과실론

신과실론의 변형으로서 신신과실론이 일본에서 주장되었다. 일본에서는 1950년대에 환경범죄, 식품범죄 또는 약해범죄 등이 등장함에 따라 과실범론이 크게 동요한 바 있다. 소비자를 보호하기 위하여 등장한 소위 신신과실론(新新過失論)이라고 불리는 '위구감설'(危惧感說) 또는 '불안감설'(不安感說)이 그것이다. 신신과실론이 신과실론의 예견가능성을 위구감 또는 불안감으로 대체하였기 때문에 붙여진 명칭이다. 신신과실론은 과실범의 처벌범위를 부당하게 확대할 우려가 있다는 점에서 신과실론의 방향과는 반대의 방향, 즉 역행하는 결과를 초래하였다고 비판되었다. 신신과실론에서는 예견가능성이 위구감 또는 불안감으로 대체됨으로써 무엇인가가 발생할지도 모른다는 막연한 위구감 또는 불안감으로 충분하다고 보았기 때문에 예견가능성을 지나치게 추상화하여 형사과실의 성립범위를 무한정하고 부당하게 확대할 우려가 있었기 때문이다. 신신과실론은 1956년 일본 후생성 발표에 의하면 유제품 용해제에 불순물로서 비소가 첨가된 분유를 먹고 12,344명의 유아가 중독증상을 보였고 130명의 유아가 사망한 식중독사건으로서 1955년에 발생한 소위 '모리나가 비소분유중독사건'이 그 발단이 되었다. 1963년 제1심 판결에서는 분유회사측이 전원 무죄판결을 받았다. 용해제의 납품업자를 신뢰하였다는 이유를 들어 공장장 등의 과실책임을 부정한 것이었다.[96] 여기에서는 신뢰의 원칙이 채용되는 등 당시의 정형적인 신과실론의 전형을 보였다. 그러나 1966년 항고심에서는 상거래에서는 규격품을 지정하지 않은 경우, 특히 주문한 것과 다른 것이 납품되는 것이 있을 수 있다는 것을 하나의 근거로 하면서 '다른 목적에 사용하기 위하여 제조한 것을 식품에 첨가하는 경우에 약품을 사용하는 자는 일말의 불안을 느끼기 마련이다. 이 불안감이야말로 틀림없이 이 사건에서 문제되고 있는 위험의 예견과 다름 없는 것이다'라고 판시한 바 있었다.[97] 이로써 과실의 예견가능성의 판단기준에 위구감이 도입되었고, 제조과장 1인이 실형판결을 받게 되었다. 이 판례가 발전되어 위구감설 내지 불안감설로 완성된 것이다.

위구감설은 결과회피의무를 중시한다는 점에서는 신과실론과 다를 것이 없다. 그러나 결과예견의무의 내용에 있어서는 신과실론과는 완전히 다른 별개의 이론이다. 결과예견의무를 인정하기 위하여는 결과예견가능성이 전제되어야 하는데, 위구감설은 신과실론에서의 구체적 예견가능성을 막연한 위구감 또는 불안감으로

96) 德島地判 昭和38年10月25日, 判時356号7頁.
97) 高松高判 昭和41年3月31日, 高刑集19卷2号136頁.

대체한 이론이기 때문이다. 여기서 위구감설은 형식적으로 보면 신과실론과 같은 것이지만, 실질적으로 보면 신과실론과는 정반대의 이론이라고 평가될 수 있다. 구체적 예견가능성설은 예견가능성을 결과회피의무를 도출하기 위한 하나의 전제요건으로 보기 때문에 무엇인가 일어날지 모른다는 단순한 위구감 내지 불안감만으로는 아직 족하지 않다고 할 수 있기 때문이다. 위구감설은 기업간부의 과실책임을 추급하는 기업조직체책임론, 즉 개개의 행위자에게 과실이 없어도 기업조직체로서 과실이 인정되면 그 구성원은 과실책임을 진다는 견해와 연동하여 주장되었다. 나아가 기업과 같은 사회적 강자에게는 위구감이 타당하지만, 일반국민이 행위자로 되는 교통사범의 경우에는 신과실론이 타당하다는 생활관계별과실범론도 주장된 적이 있었다. 그러나 위구감설에 대하여는 과실범의 한계가 없어지고 결과책임에 가깝게 된다는 점, 기업조직체책임론은 개인책임의 원칙, 즉 책임주의에 반한다는 점, 생활관계별책임론은 편의적 해석에 지나지 않는다는 점 등에서 비판이 가해질 수 있다.

(4) 과실범의 성립요건

과실범의 성립여부에 관한 검토도 고의범의 그것과 동일하게 구성요건해당성, 위법성 및 책임의 순으로 판단하게 된다. 그런데 과실범은 고의범에서와는 달리 구성요건단계에서는 객관적 구성요건과 주관적 구성요건으로 나누어 검토하지 않는 것이 일반적이다. 객관적 주의의무의 위반에 대한 판단이 과실행위의 객관적 구성요건임과 동시에 주관적 구성요건이라고 보기 때문이다. 이에 의하면 객관적 주의의무의 유무를 판단한 연후에 결과의 발생과 인과관계를 검토하는 것으로 과실범의 구성요건해당성의 판단이 충분하다고 보는 것이다. 이에 의하게 되면, 결국 과실범의 구성요건에 해당하기 위하여는 객관적 주의의무의 위반, 결과의 발생 및 객관적 주의의무의 위반과 발생한 결과 사이에는 인과관계가 인정되면 그것으로 충분한 셈이다.

그러나 과실범의 구성요건해당성의 판단에 있어서도 다른 범죄의 그것에 있어서와 마찬가지로 객관적 구성요건해당성과 주관적 구성요건해당성을 나누어 검토할 필요가 있다. 왜냐하면 과실범의 객관적 구성요건요소로서의 과실행위와 주관적 구성요건요소로서의 과실은 전혀 별개의 개념이기 때문이다. 과실범에 있어서 객관적 구성요건요소로서의 실행행위는 과실행위를 의미하고, 과실행위는 곧 주의의무의 위반을 말하게 된다. 과실범의 구성요건은 상해치사죄의 '사람의 신체를 상해하여 사망에 이르게 한 자'(제259조 제1항 참조)에서와 같이 '사망'이라는 결과만을 규정하고 있다는 점에서 살인죄의 '사람을 살해한 자'(제250조 제1항 참조)에서와 같이 '살해'라는 실행행위 자체를 규정하고 있는 고의범과는 구별되기 때문이다. 과실범의 객관적 구성요건요소로서의 실행행위는 과실행위로서 객관적 주의의무위반이 된다. 이에 반하여 주관적 구성요건요소로서의 과실은 범죄사실에 대한 인식이 결여된 경우(인식 없는 과실) 또는 범죄사실에 대한 인식이 있다고 하더라도 그 반대동기의 형성의 계기가 결여된 경우(인식 있는 과실)를 말하기 때문에 이는 심리상태로서 내면적 요소, 곧 주관적 주의의무위반을 의미하게 된다. 결론적으로 말해서, 과실범에 있어서도 다른 범죄에 있어서와 같이 객관적 구성요건으로서의 객관적 주의의무위반과 주관적 구성요건으로서의 주관적 주의의무위반은 각각 별개로 검토되어야 한다. 객관적 주의의무위반과 주관적 주의의무위반은 각각 별개의 개념이라고 해야 하기 때문이다.

한편 과실범의 성립을 위해서는 객관적 구성요건요소로서의 객관적 주의의무, 주관적 구성요건요소로서의 주관적 주의의무 외에도 책임요소로서의 책임과실에 관하여도 고찰할 필요가 있다. 결국 과실범이 성립하기 위해서는 객관적 구성요건요소로서의 과실행위와 주관적 구성요건요소로서의 구성요건적 과실 및 책임요소로서의 책임과실의 충족이 요구된다고 하겠다. 여기서 과실행위란 주의의무에 위반하여 일정한 작위 또는 부작위를 행하는 것을 말한다. 구성요건적 과실이란 주의의무에 위반하여 범죄사실에 대하여 인식하지 못한 심리상태 또는 범죄사실에 대한 인식은 하였으나 인식사실에 대한 실현의사가 없는 심리상태를 말한다. 이 외에도 책임과실이란 주의의무에 위반하여 범죄사실에 대한 인식을 결하거나 또는 반대동기의 형성을 결하고 위법한 작위 또는 부작위를 행한 것에 대한 비난가능성을 말한다.

2. 객관적 구성요건

과실범의 객관적 구성요건해당성의 판단에서 그 대상이 되는 것은 다른 범죄유형에서와 다를 것이 없다. 따라서 과실범의 객관적 구성요건요소인 주체, 객체, 행위, 결과, 인과관계 및 경우에 따라서는 행위상황이 그 판단대상이 된다. 다만 과실범의 특성상 특히 주체, 행위, 결과 및 행위와 결과 사이의 인과관계에 관하여 별도의 검토가 필요하다.

(1) 주 체

주체는 과실행위자이다. 과실로 행위한 자, 즉 주의의무에 위반하여 행위한 자이다. 다시 말해서, 과실범의 주체란 과실로 인하여 객관적 구성요건요소를 인식하지 못하였거나 또는 인식은 했으나 이에 대한 실현의사 없이 행위하여 결과를 야기한 자를 말한다.

(2) 행 위

행위는 과실행위이다. 과실범의 실행행위는 과실행위, 즉 객관적 주의의무에 대한 위반을 말한다.

1) 과실행위의 의의

과실행위(過失行爲)란 과실범의 실행행위를 말한다. 과실행위란 주체, 객체, 행위, 결과, 인과관계 등 과실범의 객관적 구성요건요소 중에서 행위를 말한다. 전술한 바와 같이 고의범의 경우에는 실행행위로서의 고의행위가 살인죄에 있어서는 살해, 절도죄에 있어서는 절취 등과 같이 실행행위의 유형이 동사의 형태로 구성요건에 명확하게 규정되어 있다. 그러나 과실범의 경우에는 과실치사죄에 있어서의 사망, 과실치상죄에 있어서의 상해 등과 같은 결과만이 규정되어 있을 뿐 실행행위로서의 과실행위가 동사의 형태로 규정되어 있지 아니하다. 여기서 과실범의 실행행위를 인정하지 않는 견해도 있을 수 있지만, 과실범은 예컨대 '과실로 인하여 사람을 사망에 이르게 한' 경우(제267조 참조)이거나 또는 '과실로 인하여 사람의 신체를 상해에 이르게 한' 경우(제266조 제1항)라고 할 수 있기 때문에 구성요건적 결과를 야기하는 행위, 즉 객관적 주의의무에 대한 위반행위를 과실범의 실행행위라고 해야 한다. 따라서 객관적 주의의무위반이 곧 과실범에 있어서의 실행행위가 된다고 할 수 있다. 이와 같이 과실범의 경우 법문은 결과만을 규정하고 있기 때문에 과실행위는 해석에 의하여 결정될 수밖에 없다. 주의의무위반이 그것이다. 모든 과실범의 행위는 과실, 즉 주의의무위반이라는 점에서 공통된다. 고의범의 고의행위가 법문에 살해, 절취 등과 같이 동사로서 표현되어 있는 것과 구별된다.

한편 과실범에 있어서의 과실은 세 군데에서 발견된다. 거듭 말하자면, 과실범의 구성요소로서의 과실은 객관적 구성요건요소로서의 행위(과실행위)와 주관적 구성요건요소로서의 과실 및 책임요소로서의 과실이 그것이다. 여기서의 과실은 모두 주의의무를 그 내용으로 하고 있다는 점에서 공통된다고 할 수 있다. 그러나 과실, 즉 주의의무는 그 위치에 따라서 구체적으로 구별되어야 한다고 해야 한다. 즉, 과실행위에 있어서의 주의의무는 그 위반의 여부에 대한 판단기준이 일반인이라는 점에서 객관적 주의의무를 의미하고, 구성요건적 과실에 있어서의 주의의무는 외부적 행위가 아닌 내부적 심리를 의미한다는 점에서 주관적 주의의무를 의미한다. 뿐만 아니라 책임과실에 있어서의 주의의무는 비난가능성의 판단기준이 행위자라는 점에서 주관적 주의의무를 의미한다고 할 수 있다.

2) 과실행위의 종류

① 업무상의 과실과 보통의 과실

업무상 과실(業務上 過失, professional negligence)이란 행위자가 업무상 필요한 주의의무에 위반하는 것을 말한다. 업무란 사회생활상의 사무로서 반복・계속하여 행하거나 또는 반복・계속하여 행할 의사를 가지고 행하는 행위이고 법익침해의 우려가 있는 사무 또는 법익침해의 위험을 방지하는 것을 의무의 내용으로 하는 사무를 말한다. 그럼에도 불구하고 업무는 반드시 그 사무에 대한 각별한 경험이나 법규상의 면허를 필요로 하는 것은 아니다.[98] 업무상 과실은 보통의 과실에 비하여 무겁게 처벌된다. 형법은 업무상 실화죄(제171조), 업무상 과실폭발성물건파열죄(제173조의2), 업무상 교통방해죄(제189조 제2항), 업무상 과실치사상죄(제268조), 업무상 장물취득죄(제364조)에 대하여 규정하고 있다.

업무상 과실은 통상의 과실에 비하여 법정형이 중하기 때문에 그 가중처벌의 근거가 문제된다. 다만 보통의 과실보다 업무상의 과실의 경우를 더 무겁게 처벌하는 이유에 대하여는 견해가 일치하지 않고 있다. 업무자에게는 일반인보다 더 높은 주의능력이 요청되기 때문이라는 견해와 더 높은 주의의무가 요구되기 때문이라는 견해가 그것이다. 전자의 특별주의능력설(特別主意能力說)은 업무상의 과실은 보통의 과실에 비하여 주의의무가 가중되는 것이 아니라 주의의무의 수준이 동일하다고 하는 점에서 요구되는 주의의무의 수준이 다르다고 하는 후자의 특별주의의무설(特別注意義務說)과 근본적으로 구별된다. 전자는 업무자가 더 높은 주의능력을 가지고 있기 때문에 같은 주의의무에 위반하더라도 업무자의 그것은 위법성이 더 크기 때문이라는 점, 주의의무는 동일하나 예견의무가 다르기 때문이라는 점 등을 근거로 제시하고 있다. 그러나 업무자에게는 개인적인 능력의 고하(高下)를 막론하고 일정한 수준에서 결과의 발생을 방지할 주의의무가 더 요청된다고

98) 대법원 1961.3.22. 선고 4294형상5 판결.

해야 한다. 행위자에게 업무상 필요한 주의능력이 실제로 결여되어 있다고 하더라도 그에게 업무상 과실이 배제된다고는 할 수 없기 때문이다. 여기서 업무자의 주의능력을 향상시키기 위하여 각종의 자격 또는 면허를 요구하는 것이 현실이다. 만약 주의능력의 차별을 요구한다면 이는 개인차별이며 책임주의의 위반이라고 해야 한다. 결국 특별주의의무설이 타당하다고 하지 않을 수 없다. 업무상 과실을 긍정한 판례의 구체적 내용은 다음과 같다. 즉,

① 담당 의사가 췌장 종양 제거수술 직후의 환자에 대하여 1시간 간격으로 4회 활력징후를 측정하라고 지시를 하였는데, 일반병실에 근무하는 간호사 갑이 중환자실이 아닌 일반병실에서는 그러할 필요가 없다고 생각하여 2회만 측정한 채 3회차 이후 활력징후를 측정하지 않았고, 갑과 근무교대한 간호사 을 역시 자신의 근무시간 내 4회차 측정시각까지 활력징후를 측정하지 아니하였으며, 위 환자는 그 시각으로부터 약 10분 후 심폐정지상태에 빠졌다가 이후 약 3시간이 지나 과다출혈로 사망한 사안에서, 1시간 간격으로 활력징후를 측정하였더라면 출혈을 조기에 발견하여 수혈, 수술 등 치료를 받고 환자가 사망하지 않았을 가능성이 충분하다고 보일 뿐 아니라, 갑과 을은 의사의 위 지시를 수행할 의무가 있음에도 3회차 측정시각 이후 4회차 측정시각까지 활력징후를 측정하지 아니한 업무상 과실이 있다고 보아야 함에도, 갑, 을에게 업무상 과실이 있거나 위 활력징후 측정 미이행 행위와 환자의 사망 사이에 인과관계가 있다고 단정하기 어렵다고 본 원심판단에 법리오해의 위법이 있다고 한 사례.[99] ② 골프장의 경기보조원인 피고인이 골프 카트에 피해자 등 승객들을 태우고 진행하기 전에 안전 손잡이를 잡도록 고지하지도 않고, 또한 승객들이 안전 손잡이를 잡았는지 확인하지도 않은 상태에서 만연히 출발하였으며, 각도 70°가 넘는 우로 굽은 길을 속도를 충분히 줄이지 않고 급하게 우회전한 업무상 과실로, 피해자를 골프 카트에서 떨어지게 하여 두개골골절, 지주막하출혈 등의 상해를 입게 하였다고 본 원심판단을 수긍한 사례이다.[100] ③ 만원열차에 승무한 차장은 마땅히 객차의 승강구 출입문이 열려 있지나 아니한가를 확인점검하여 출입문이 열려 있으면 그것을 닫고 열차를 운행토록 하는 조치를 강구함으로써 열려진 승강구에서의 추락사고를 방지하여야 할 것이다.[101] ④ 사람의 생명과 신체의 안전을 보호법익으로 하고 있는 형법상의 해석으로서는 사람의 시기는 규칙적인 진통을 동반하면서 태아가 태반으로부터 이탈하기 시작한 때 다시 말하여 분만이 개시된 때(소위 진통설 또는 분만개시설)라고 봄이 타당하며 이는 형법 제251조(영아살해)에서 분만 중의 태아도 살인죄의 객체가 된다고 규정하고 있는 점을

99) 대법원 2010.10.28. 선고 2008도8606 판결.
100) 대법원 2010.7.22. 선고 2010도1911 판결.
101) 대법원 1983.9.27. 선고 82도267 판결.

미루어 보아도 그 근거를 찾을 수 있는 바이니 조산원이 분만 중인 태아를 질식사에 이르게 한 경우에는 업무상 과실치사죄가 성립한다.[102] ⑤ 열차의 운행과 대피 등을 조정, 지령하는 직무를 수행하는 운전사령은 선행하는 완행열차가 정차역에서 1, 2분씩 초과 정차할 사정이 엿보이고 위 완행열차와 후행하는 사고열차인 특급열차의 운행시간보고가 1, 2분씩 증감하고 있었다면 이러한 사정 등을 감안해서 두 열차가 추돌사고가 없도록 시간조정을 하여 중간역에서 대피 교차할 수 있도록 열차의 진행을 조정 지령해야 할 업무상의 주의의무가 있다.[103] ⑥ 초일 페니시린반응 검사 후에 호스타마이신 40만 단위(페니실린 40만 단위, 스트렙트마이신 0.5그람으로 구성된 항생제)를 환자에게 시주하는 의사가 환자의 부로부터 전날 페니실린주사를 맞고 가렵고 발진이 있어서 부작용을 일으킨 것같다는 말을 들은 경우에는 전날 페니실린 시주 후의 환자의 증세가 어떠하였는가에 대하여 더 엄밀히 문진 기타 가능한 방법에 의하여 조사를 하고 전날 주사 후 있었다는 발진과 가려움증이 페니실린의 부작용이 아니였다는 확실한 진단이 있기 전에는 함부로 동 약재를 시주하는 행위는 이를 삼가하여야 하고 위 주사를 시주할 시에는 시주 후 부작용이 있을 것을 상정하고 사전 조치를 준비함은 물론 시주한 후에는 의학적으로 기대되는 적절한 사후치료조치를 다할 주의의무가 있다고 할 것인데 단지 쇼크에 처치시설이 갖추어진 도립병원에서 초일 반응 검사후에 항생제를 시주함에 있어서 다시 사전반응검사를 하여야 할 주의의무가 요구된다 할 수 없다는 이유만으로 곧 의사로서 요구되는 업무상 주의의무를 다하였다고 논단할 수 없다.[104] ⑦ 경운기운전자는 비록 소음이 크게 나고 또 후사경이 없다 할지라도 특히 인가가 있는 길을 통과할 때는 어린아이들이 뒤에 매달리는 것을 쉽게 예상할 수 있으므로 항상 주의하여 경운기의 후방에 있는 적재함을 살펴보는 등 만반의 경계를 함으로써 사고를 미연에 방지해야 할 의무가 있다.[105] ⑧ 철도 건널목 간수가 상·하 열차의 순차통과를 맞이하여 반수동식 차단기를 내리고 일반인의 횡단을 잠시 제지함에 있어 당일은 그 곳 장날이어서 건널목 양편에 60여명의 사람이 기다리고 있고 위 차단기는 양쪽 어느 쪽에서나 누구라도 올릴 수 있으며 간수가 올리기 전에 차단기를 올려 횡단하려는 전례가 있었음에 비추어 상행열차 직후 하행열차 통과를 모르고 일반인이 차단기를 올려 통행할 위험을 예상할 수 있으므로 사전에 통행인들에게 하행열차가 곧이어 통과함을 경고하고 함부로 차단기를 올리지 못하게 하여 통행코자 하는 사람을 제지하는 등의 주의의무가 있다.[106] ⑨ 임신중절을 위한 소파수술을 하였으나 자궁내에서 아무 내용물이 나오지 않았다면 산부인과 전문의인 피고인으로서는 자궁임신이 아닌가

102) 대법원 1982.10.12. 선고 81도2621 판결.
103) 대법원 1980.9.9. 선고 78도1876 판결.
104) 대법원 1976.12.28. 선고 74도816 판결.
105) 대법원 1970.11.3. 선고 70도1910 판결.
106) 대법원 1970.7.28. 선고 70도1236 판결.

하는 판단을 내려 자궁외 임신여부를 세밀히 진찰하던가 피고인으로서 그 진찰에 자신이 없다면 의료시설이 완비된 종합병원의 진찰을 권유할 업무상 주의의무가 있다고 할 것이다.[107] ⑩ 자동차운전수가 전방만을 보고 좌우에 대한 주시의무를 태만히 하여 도로 좌측에서 우측으로 횡단하려는 피해자를 뒤늦게 발견한 탓으로 사고를 발생케 하였고 좌우를 살피면서 운행하였더라면 사고를 미연에 방지할 수 있었다면 운전수에게 과실이 있다 할 것이다.[108] ⑪ 9.2미터 넓이의 고갯길에서 시발택시를 운전하고 진행 중 반대방향에서 올라오는 이 귀모가 운전하는 화물자동차를 15미터 전방에서 발견하고 정차조치를 취하였으나 길에 쌓인 눈이 얼어서 미끄러운 관계와 차륜에 "첸"을 감지 않은 관계로 5,6미터 가량 미끄러 내려가다가 가는 방향 도로좌측에 정차가 되었는데 위 화물자동차는 만연히 도로중앙부에서 좌측에 치우쳐서 진행하다가 앞에서 오는 위 택시를 발견하고 일단 정지조치를 취하였으나 밧데리가 약한 탓으로 발동이 꺼지려하자 다시 시동을 걸어 전진시키는 순간 정차하고 있는 위 택시 정면을 들이받아 사고를 일으켰다면 이는 위 화물자동차 운전사의 업무상 과실로 인한 사고라 할 것이고 위 택시 운전사의 과실에 기인한 것이 아니라 할 것이다.[109] ⑫ 화약발파작업을 직접 하던가 직접 감독하여야 할 발파감독자가 화약류 사용허가를 받지 아니한 자에게 발파작업을 하게 하므로서 사람을 치상케 한 경우에는 업무상 과실치상죄가 성립한다.[110] ⑬ 농무로 인한 암야에 태풍으로 풍랑이 심한 해상을 항해하는 선박의 선장은 완전한 항로를 유지하기 위하여 선장 자신이 항시 조타운항하여야 하고 부득이한 사정으로 인하여 조타실을 이거하려 할 때에는 항로에 경험이 있고 또 조타술이 능숙한 자로 하여금 대신 조타운항케 하는 조치를 강구하여야 하고 이러한 조치가 불가능할 때에는 일시항해를 정지하는 등 적절한 조치를 취하여 선박으로 하여금 암초에 충돌하여 침몰케 하는 사고가 발생하지 아니하도록 미연에 이를 방지할 것을 업무상 주의의무가 있다 할 것이다.[111] ⑭ 발전소에 시설된 발전기계의 운용에 있어서는 그 기계의 운용책임자는 항시 기계의 분해 점검 보수 등에 세심의 주의를 다하여 기계고장으로 인한 타인의 생명 신체 및 건조물에 대한 위험발생을 미연에 방지할 업무상 주의의무 있음은 물론이요 특히 소위 내용연한을 경과한 노쇠한 기계를 신기계로 대치하지 아니하고 그대로 사용하는 경우에는 일층 더 사고발생에 대한 제반조치를 강구하여 사고를 미연에 방지할 의무가 있다 할 것이요 기계의 노쇠를 빙자하여 그 책임을 면탈할 수 없다 할 것이다.[112] ⑮ 관용선로상을 진행하는 기차일지라도 횡단하는 자를 발견한 경우에는 운전

107) 대법원 1967.8.29. 선고 66도1197 판결.
108) 대법원 1966.5.31. 선고 66도548 판결.
109) 대법원 1965.7.27. 선고 65도490 판결.
110) 대법원 1965.3.9. 선고 65도74 판결.
111) 대법원 1960.2.29. 선고 4292형상894 판결.
112) 대법원 1955.7.5. 선고 4287형상184 판결.

사로서는 구체적 사정에 따라 정차 경적취명 등 횡단인에 대한 사고미연방지책을 강구할 업무상 의무있다 할 것이요 피해자의 열차진행의 지부지는 우 의무태만에 하등 소장이 없다.113)

업무상 과실을 부정한 판례의 구체적 내용은 다음과 같다. 즉,

① 한의사인 피고인이 피해자에게 문진하여 과거 봉침을 맞고도 별다른 이상반응이 없었다는 답변을 듣고 알레르기 반응검사(skin test)를 생략한 채 환부인 목 부위에 봉침시술을 하였는데, 피해자가 위 시술 직후 아나필락시 쇼크반응을 나타내는 등 상해를 입은 사안에서, 피고인에게 과거 알레르기 반응검사 및 약 12일 전 봉침시술에서도 이상반응이 없었던 피해자를 상대로 다시 알레르기 반응검사를 실시할 의무가 있다고 보기는 어렵고, 설령 그러한 의무가 있다고 하더라도 제반 사정에 비추어 알레르기 반응검사를 하지 않은 과실과 피해자의 상해 사이에 상당인과관계를 인정하기 어렵다.114) ② 술을 마시고 찜질방에 들어온 갑이 찜질방 직원 몰래 후문으로 나가 술을 더 마신 다음 후문으로 다시 들어와 발한실(발한실)에서 잠을 자다가 사망한 사안에서, 갑이 처음 찜질방에 들어갈 당시 술에 만취하여 목욕장의 정상적 이용이 곤란한 상태였다고 단정하기 어렵고, 찜질방 직원 및 영업주에게 손님이 몰래 후문으로 나가 술을 더 마시고 들어올 경우까지 예상하여 직원을 추가로 배치하거나 후문으로 출입하는 모든 자를 통제·관리하여야 할 업무상 주의의무가 있다고 보기 어렵다는 이유로, 위 찜질방 직원 및 영업주가 공중위생영업자로서의 업무상 주의의무를 위반하였다고 본 원심판단에 법리오해 및 심리미진의 위법이 있다고 한 사례이다.115) ③ 소아외과 의사가 5세의 급성 림프구성 백혈병 환자의 항암치료를 위하여 쇄골하 정맥에 중심정맥도관을 삽입하는 수술을 하는 과정에서 환자의 우측 쇄골하 부위를 주사바늘로 10여 차례 찔러 환자가 우측 쇄골하 혈관 및 흉막 관통상에 기인한 외상성 혈흉으로 인한 순환혈액량 감소성 쇼크로 사망한 사안에서, 담당 소아외과 의사에게 형법 제268조의 업무상 과실이 없다고 본 사례이다.116) ④ 싸이드브레이크는 비상시에 사용하는 것이라 하더라도 원래 주차용으로서 차량 주행 중에는 이를 사용할 수 없을 뿐더러 더우기 경사진 곳에서 내려가는 경우에는 이를 사용하더라도 제동의 효과를 얻을 수 없으므로 차량운행도중 버스의 브레이크 마스타 롯트핀이 빠져 페달브레이크 장치가 작동하지 아니하게 된 경우에 싸이드브레이크를 조작하지 아니하였다 하여 운전수에게 과실이 있다 할 수 없다.117) ⑤ 정차한 택시의 운전사가 인도변쪽의 오른쪽 문의 개폐장치만을 풀고 그 쪽

113) 대법원 1955.4.8. 선고 4286형상155 판결.
114) 대법원 2011.4.14. 선고 2010도10104 판결.
115) 대법원 2010.2.11. 선고 2009도9807 판결.
116) 대법원 2008.8.11. 선고 2008도3090 판결.
117) 대법원 1977.3.8. 선고 76도4174 판결.

으로 손님을 내리게 하고 왼쪽문으로는 손님이 내리지 못하게 하였음에도 차삯 거스름돈을 셈하는 사이에 손님이 멋대로 왼쪽문의 개폐장치를 풀고 하차하다가 그 여는 문에 부딪혀 본건 사고가 발생한 이상 운전사에게 과실이 있다고 보기 어렵다.[118] ⑥ 자동차 운전업무에 종사하는 자는 자동차 충돌로 인한 사고발생을 미리 방지하여야 할 의무가 있다고 하는 것은 몰라도, 일반적으로 그 자동차 운전 중 충돌로 인한 기름탱크의 파열로 발생할지 모를 화재를 미리 방지하여야 할 업무상의 주의의무는 없다고 할 것이다.[119] ⑦ 화물차의 운행도중에 사람이 그 적재함에 뛰어 올라타는 것은 통상 있을 수 없는 일이므로 이를 예견할 수 있는 특별한 사정이 없는 한 그 차를 운전한 사람에게 이를 방지하여야 할 업무상의 주의의무가 있다고 할 수 없다.[120] ⑧ 자간증 환자에게 의학상 반드시 수혈을 하여야만 하는 것인지를 확인하지 아니한 채 다만 수혈을 할 수도 있다는 일반적인 사실만 들어 그 구체적인 사정하에서 필요여부를 심리판단하지 않은 채 수혈을 하지 않은 것에 업무상 주의의무를 해태한 과실있다고 판단한 것은 잘못이다.[121] ⑨ 카메라 등을 매매하는 상인이 문제의 카메라를 매수할 때 평소에 지면이 있고 부산 데파트내에서 시계점을 경영하는 자의 소개를 받았고 그 물건의 출처와 매도인의 신분을 확인하기 위하여 매도인의 주소, 주민증록번호, 직업, 연령, 매입가격 등을 비치한 고물대장에 기입확인한 후 이를 타에 매도하면서 위 장부에 매수인의 성명, 주소, 직업, 연령, 매도가격을 기재하여 카메라의 매입매도 경로를 세밀하게 기재하였으며 매입가격과 매도가격의 차액이 7,000원이고 당초의 매도인이 자기형이 월남에 가 있는데 가족들의 생계에 보태 쓰라고 하여 파는 것이라고 말하였기에 매수한 것이라면 그 카메라의 출처에 대하여 그 이상 확인하여야 할 주의의무가 있다고 할 수는 없다.[122] ⑩ 같은 방향으로 달려오는 후방차량이 교통법규를 준수하여 진행할 것이라고 신뢰하며 우측전방에 진행 중인 손수레를 피하여 자동차를 진행하는 운전수로서는 위 손수레를 피하기 위하여 중앙선을 약간 침범하였다 하더라도 구 도로교통법(61.12.31. 법률 제941호) 제11조 소정의 규정을 위반한 점에 관한 책임이 있음은 별론으로 하고 후방에서 오는 차량의 동정을 살펴 그 차량이 무모하게 추월함으로써 야기될지도 모르는 사고를 미연에 방지하여야 할 주의의무까지 있다고는 볼 수 없다.[123] ⑪ 운행 중인 트럭에 뒤 또는 옆에서 쫓아와 발판에 뛰어 오르려다 실족 추락하여 뒷바퀴에 치어 사망한 경우 운전사에게 과실 없다고 인정한 것은 정당하다.[124] ⑫ 지뢰지대의 표시가 없고, 다른 차량이 회전한 흔적이 있으며 또 지뢰가 많이 매몰되어 있는 지역이 아닌

118) 대법원 1972.11.14. 선고 72도2038 판결.
119) 대법원 1972.2.22. 선고 71도2231 판결.
120) 대법원 1970.12.29. 선고 70도2535 판결.
121) 대법원 1970.12.22. 선고 70도1787 판결.
122) 대법원 1970.8.31. 선고 70도1489 판결.
123) 대법원 1970.2.24. 선고 70도176 판결.
124) 대법원 1969.1.21. 선고 68도1661 판결.

곳에서 차량운행 중 지뢰의 뇌관에 충격하여 사고가 발생한 경우에 운전병에게 업무상 과실이 있었다고 할 수 없다.[125] ⑬ 피고인은 육군중위로서, 중대 부관이며, 차량의 운전업무에 종사하는 자가 아님으로, 피고인에게 차량을 운전함에 있어서, 업무상 과실이 있다고 인정하기 위하여서는 적어도, 피고인이 오락을 위하여서 한다 할지라도, 반복적 계속적으로, 원판시 차량의 운전을 한 사실을 필요로 한다 할 것이요, 이와 같은 경우에 비로소, 피고인의 자동차 운전 행위는 자동차 운전업무에 속한다 할 것이며, 그 업무는 성질상 사람의 생명 신체에 대한, 위험을 포함하는 것이라 할 것이므로, 피고인은 자동차 운전 업무에 종사하는 자로서의 업무상 주의의무를 다 할 책임이 있다 할 것이니, 원심은 의당 피고인이 차량을 오락을 위하여 반복적 계속적으로, 운전한 사실의 여부를 심사판단하였어야 할 것이요, 피고인의 단 1회의 운전행위만을 대상으로 하여, 업무상 과실이 있다고 단정한 것은, 군형법 73조 2항의 업무상 과실에 관한 법리를, 그릇한 위법이 있다 할 것이요, 이는 판결결과에 영향이 있다 할 것이니, 이 점에 관한 상고논지는 이유 있고, 원판결은 파기를 면할 수 없으므로 군법회의법 제439조 제2항에 의하여 사건을 육군고등군법회의에 환송하기로 하고, 관여법관의 일치된 의견으로 주문과 같이 판결한다.[126]

② 중과실과 경과실

과실은 그 정도에 따라 중과실과 경과실로 구분될 수 있다. 중과실(重過失, grobe Fahrlässigkeit)이란 주의의무의 위반의 정도가 중대한 경우를 말한다. 다시 말해서 근소한 주의로 결과가 예견될 수 있고 게다가 결과의 발생을 용이하게 회피할 수 있는 경우가 중대한 과실이다. 중과실은 보통의 과실에 비하여 무겁게 처벌된다. 중과실은 위법성과 책임이 경과실보다 더 크기 때문이다. 중과실은 정상에 따라 양형에 반영하는 것으로 충분하다고 할 수 있지만, 형법은 중과실을 구성요건요소로 규정하고 있다. 형법은 중과실을 경과실보다 가중하여 업무상 과실과 동일한 법정형으로 처벌하고 있다. 따라서 중과실과 업무상의 과실을 구분할 형법상의 실익은 존재하지 않는다. 형법은 중실화죄(제171조), 중과실교통방해죄(제189조 제2항), 중과실치사상죄(제268조) 및 중과실장물죄(제364조)에 관하여 규정하고 있다. 중과실은 업무성이 결여되어 있는 과실의 경우에 가중처벌의 근거가 되며, 주의의무위반의 위법성이 특히 중한 경우를 말한다. 대법원은 "피고인이 관리하던 주차장 출입구 문주의 하단부분에 금이 가 있어 도괴될 위험성이 있었다면 피고인으로서는 소유자에게 그 보수를 요청하는 외에 그 보수가 있을 때까지 임시적으로라도 받침대를 세우는 등 도괴를 방지하

125) 대법원 1967.9.5. 선고 67도764 판결.
126) 대법원 1966.5.31. 선고 66도536 판결.

거나 그 근처에 사람이나 자동차 등의 근접을 막는 등 도괴로 인한 인명의 피해를 막도록 조치를 하여야 할 주의의무가 있다 할 것이며 동 주차장에는 사람이나 자동차의 출입이 빈번하고 근처 거주의 어린아이들이 문주근방에서 놀이를 하는 사례가 많은데도 불구하고 소유자에게 그 보수를 요구하는데 그쳤다면 그 주의의무를 심히 게을리한 중대한 과실이 있다고 할 것이다"라고 판시한 바 있다.[127]

경과실(輕過失, leichte Fahrlässigkeit)이란 주의의무의 위반의 정도가 가벼운 경우를 말한다. 경과실은 중과실에 대응한 개념으로, 보통의 과실은 업무상의 과실에 대응한 그것으로 분류하는 것이 논리적으로 보인다. 그러나 형법은 경과실이나 보통과실이라는 용어를 구분하여 사용하지 않고 이들을 통칭하여 '과실'이라는 용어만을 사용하고 있다. 대법원은 "과실은 행위자가 극히 근소한 주의를 함으로써 결과발생을 인식할 수 있음에도 불구하고 부주의로서 이를 인식하지 못한 경우를 말하는 것이고 경과실과의 구별은 구체적인 경우에 사회통념을 고려하여 결정될 문제인 바 피고인이 사용한 양촉은 신품으로 약 3시간 지속할 수 있고 창고내에는 상자위에 녹여서 붙여 놓은 촛불 부근에 헌가마니 쓰레기 등이 있을 뿐 휘발유 등 인화물질은 없었으며 양곡이 입고되어 있었고 약 30분 후에는 고사를 끝내고 고사에 사용한 쌀가마니를 입고할 예정으로 촛불을 끄지 아니하고 그대로 세워 놓고 창고문을 닫고 나온 것이니 위 경우에 인정되는 피고인이 촛불을 들고 나오든가 소화하고 나오지 아니한 과실은 어디까지나 경과실에 불과하다 할 것이다"라고 판시한 바 있다.[128]

3) 과실행위의 내용

과실범의 실행행위, 즉 과실행위(過失行爲)란 객관적 주의의무에 위반한 법익침해의 현실적 위험성을 가지는 행위를 말한다. 이미 언급한 바와 같이 과실범의 실행행위는 객관적 주의의무위반이라고 할 수 있다. 그것은 방화책임자가 필요한 위험방지조치를 취하지 않은 채 잠이 든 경우와 같이 주의의무의 불이행이라는 점에서는 일종의 부작위범에 해당하는 것으로 보이는 경우도 있다. 그렇지만 자동차운전자가 제한속도를 위반하여 주행하면서 전방주시를 태만히 하여 사람을 부상하게 한 경우와 같이 적극적인 작위의 경우도 있다. 주의의무(注意義務)란 범죄사실의 발생을 회피하기 위하여 사회생활상 필요하고 적절한 작위 또는 부작위의

---

127) 대법원 1982.11.23. 선고 82도2346 판결.
128) 대법원 1960.3.9. 선고 4292형상761 판결.

태도를 취하도록 주의할 의무를 말한다. 여기서 주의의무는 사회생활상 필요하고 적절해야 하기 때문에 일반인을 기준으로 하고, 일반인을 기준으로 판단한다는 의미에서 객관적 주의의무가 된다. 객관적 주의의무는 제한속도준수 등과 같이 법령의 규정에 의하여 명시되어 있는 경우도 있지만(도로교통법 제17조 제3항, 제156조), 그것들이 곧바로 형법상의 주의의무로 되는 것은 아니다. 그들을 기초로 하면서 구체적인 상황에 비추어 사회생활상 필요한 주의라는 관점에서 주의의무를 인정할 필요가 있다. 여기서 과실범은 법관에 의한 보충을 요구하는 '개방된 구성요건'이라고 불리기도 한다.

객관적 주의의무를 인정하는 법률상의 근거는 일반인이 어떠한 구체적 상황하에서 결과를 예견할 수 있고, 예견하면 예견된 결과를 회피하는 것이 가능하기 때문이다. 전자를 객관적 예견가능성, 후자를 객관적 회피가능성이라고 한다. 예컨대 도로교통법상의 안전운전에 관한 주의의무는 그대로 형법상의 업무상 과실치사상죄의 객관적 주의의무의 내용으로 될 수 있다. 그러나 형법상의 객관적 주의의무는 일반인이 주의하면 어떠한 결과가 발생하는가를 예견할 수 있고, 예견하면 예견된 결과를 회피할 수 있다는 것을 근거로 하여 법률상 과하여지는 것이기 때문에 행정단속법령인 도로교통법상의 주의의무를 다하였다고 하더라도 항상 객관적 주의의무위반의 책임을 면한다고는 할 수 없다. 객관적 주의의무는 결과의 발생을 예견할 객관적 예견의무와 그것에 근거하여 결과의 발생을 회피할 객관적 회피의무로 구성된다. 의식을 집중하고 있으면 결과가 예견될 수 있고, 이에 근거하여 예견된 결과의 발생을 회피할 수 있었음에도 불구하고 의식을 집중하지 않았기 때문에 결과예견의무를 수행하지 않았고 그 결과 결과회피의무에 위반하였다는 것을 객관적 주의의무에 대한 위반이라고 할 수 있기 때문이다. 객관적 결과예견의무를 부과하기 위하여는 일반인의 경우라면 결과를 예견하는 것이 가능하였다는 객관적 예견가능성이 전제로 된다. 같은 이유에서 객관적 결과회피의무에 관하여도 객관적 회피가능성이 전제로 될 것이 요구되게 된다. 따라서 객관적 결과예견가능성 또는 객관적 결과회피가능성이 없는 경우는 객관적 예견의무위반 또는 객관적 회피의무위반도 없어 곧 객관적 주의의무위반이 없게 되고, 과실범도 성립하지 않게 된다.

① 객관적 예견의무

객관적 주의의무는 일반인이 사회생활을 하는 데 필요한 주의를 기준으로 하여 과하여지는 것이기 때문에 일반인의 주의능력을 기준으로 하여 결과의 예견이 가능하고(객관적 예견가능성), 그 결과를 방지하기 위하여 적절한 조치를 강구하지 않으면 결과발생의 현실적 위험이 발생하는 경우에 인정된다. 일반인에 있어서 예견불가능한 위험 혹은 객관적으로는 위험하여도 아직 누구에게도 알려지지 않은 미지의 위험에 대하여는 객관적 주의의무는 발생하지 않는다. 객관적 예견가능성은 결과회피의무를 도출하기 위한 전제이기 때문에 무엇이 일어나는가를 알 수 없는 단순한 위구감, 불안감이 있었다는 것만으로는 족하지 않고 일반인을 결과회피에로 동기지우는 정도의 구체적 예견가능성이 요구된다.

② 객관적 회피의무

객관적 예견가능성이 긍정되면 다음으로 결과회피가능성이 검토된다. 예견가능성이 인정되면 통상은 결과회피가능성이 인정되지만 현실적으로 범죄적 결과를 인식하고 있어도 일반인의 입장에서 보아 결과회피가 불가능한 경우가 있기 때문에 결과회피가능성의 여부를 검토할 필요가 있고 그것이 부정되는 때는 주의의무는 부정되고 과실의 실행행위성은 인정되지 않는다. 그리고 결과회피가능성이 긍정되면 그 위험을 회피하기 위하여 취하여야 하고 취하는 것이 상당한 작위·부작위는 무엇인가가 확정되어야 한다. 바꾸어 말하면, 결과회피를 위하여 사회생활상의 필요한 적절한 태도는 무엇인가가 확정되고 그것을 행하지 않아 결과가 야기되었다고 인정될 때 비로소 객관적 주의의무위반이 확정하고 과실범의 실행행위에 필요한 객관적 구성요건요소를 충족하게 되는 것이다.

4) 과실행위의 판단기준

① 학 설

객관적 주의의무의 판단기준에 관하여는 행위자를 기준으로 하는 주관설(主觀說)과 일반인을 기준으로 하는 객관설(客觀說)이 대립할 수 있다.

② 검 토

형법은 일반인을 수범자(受範者)로 하여 사전에 일정한 행동을 금지 또는 명령하는 것에 의하여 법익보호기능을 수행한다. 따라서 일반인에게 불가능한 행동을 강제하는 것은 불가능하고, 이러한 의미에서 과실행위의 판단기준으로서의 주의의무는 일반인을 기준으로 할 필요가 있고 객관설이 타당하다.

5) 과실행위의 판단기준의 완화

① 허용된 위험

ⓘ **허용된 위험의 의의 :** 허용된 위험(許容된 危險, erlaubtes Risiko)이란 이미 언급한 바와 같이 사회생활상 불가피하게 존재하는 법익침해의 위험을 수반하는 행위에 대하여 그 사회적 유용성 또는 사회적 불가피성을 근거로 법적으로 허용되는 위험을 말한다. 허용된 위험의 이론은 고속도로 교통기관, 의료시설 등은 법익침해의 위험을 수반하지만, 이들을 전면적으로 금지하면 현대의 사회생활은 마비된다는 고려에서 유래하고, 신과실론을 제창하는 계기로 되었던 것이다. 신과실론은 결과를 회피하기 위하여 필요하고 적절한 행위를 하지 않은 것에 중점을 두기 때문에 허용된 위험의 법리가 작동될 때에는 가령 법익침해라는 결과가 야기되었다고 하더라도 과실범의 성립을 부정하게 된다. 허용된 위험은 본래 행위의 사회적 유용성과 법익침해의 위험성의 형량을 기초로 한 것이었지만 행위태양의 사회적 상당성이 기준으로 되는 것에 의하여 결과반가치법익침해)는 있지만 행위반가치가 없기 때문에 위법성이 없는 경우를 가리키는 것으로 이해되었다. 사회생활상 필요한 주의의무를 다하여 행위하는 한 예컨대 법익침해의 결과를 야기하여도 위법은 아니라고 하는 취지이고, 여기에 신과실론과 행위반가치론의 결합을 볼 수 있다.

ⓘⓘ **허용된 위험의 법적 성질 :** 허용된 위험의 법적 성질에 관하여는 견해가 일치하지 않고 있다. 첫째, 위법성조각사유설이다. 위법성의 실질을 사회윤리규범에 반하는 법익침해·위험이라고 해석하는 입장(행위반가치론)에서는 사회윤리규범에 비추어 사회적으로 상당한 범위 내의 행위이기 때문에 위법성이 조각된다고 해석하고 있다(사회적 상당성설). 둘째, 구성요건해당성조각설이다. 사회적으로 상당하고 따라서 허용된 위험은 사회에서 요구되는 주의의무의 기준을 제시하는 것이므로 구성요건해당성 자체를 조각하는 것이라고 한다.

생각건대 허용된 위험의 이론으로 인하여 과실범의 회피의무의 내용은 결과발생 방지의무로부터 결과발생 회피조치의무로 이동한다고 해석된다. 결과발생 회피조치만 강구하면 결과가 발생하더라도 과실은 부정되어 적법한 것으로 평가되기 때문이다. 다만, 결과발생 회피조치에도 불구하고 발생한 손해를 구조하는 제도가 필요하게 된다. 예컨대 산업재해보험, 자동차보험 등이 그것이라고 할 수 있다. 결국 허용된 위험의 법리란 주의의무 중 회피의무를 회피조치로 대체시킴으로써 과실범의 객관적 구성요건요소인 과실행위의 존재를 부정하여 과실범의 구성요건해당성 자체를 조각하게 하는 이론이라고 하지 않을 수 없다.

② 신뢰의 원칙

ⓘ **신뢰의 원칙의 의의:** 신뢰의 원칙(信賴의 原則, Vertrauensgrundsatz)이란 복수의 관여자가 관여하는 사무에 있어서 다른 관여자가 규칙을 지키고 적절한 행동을 취한다는 것을 신뢰하는 것이 상당한 경우에는 다른 관여자가 규칙을 무시하는 등의 부적절한 행동을 취하고 그것과 자기의 행동이 서로 어우러져 구성요건적 결과가 발생하더라도 행위자는 그것에 대하여 과실책임을 지지 않는다는 원칙을 말한다. 신뢰의 원칙은 다발하는 자동차사고 등에서 과실범의 처벌범위를 제한하기 위하여 허용된 위험과 함께 신과실론을 제창하는 계기가 되었고, 독일의 판례에 의하여 확립된 이론이다. 신뢰의 원칙은 특히 도로교통의 영역에서 생성되고 발전된 이론이다. 교통관여자는 각자 규칙을 지켜 행동한다고 하는 상호 신뢰를 전제로 한 위험분배의 법리를 내용으로 하는 것에 의하여 교통의 원활화 또는 능률화라는 전체적 이익에 봉사한다는 점에서 허용된 위험과 발생사적 사상적 기반을 같이 하는 것이다.

ⓘⓘ **신뢰의 원칙의 법적 성질:** 신뢰의 원칙의 법적 성질에 대하여는 예견의무제한설과 회피의무제한설 및 주의의무제한설이 크게 대립하고 있다. 첫째, 회피의무제한설(回避義務制限說)은 신뢰의 원칙을 구성요건적 과실의 내용을 이루는 결과회피의무를 제한하는 기준이라고 본다. 과실범의 주의의무의 내용에 있어서 결과회피의무를 중시하는 신과실론의 입장에서 신뢰의 원칙은 국민의 자유로운 행동을 보장하고 과실범의 처벌범위를 한정하려는 데에 그 취지가 있다는 점을 근거로 한다. 둘째, 예견의무제한설(豫見義務制限說)은 신뢰의 원칙을 예견가능성을 한정하거나 제한하는 기준으로 파악한다. 결과예견의무를 중시하는 구과실론과 신뢰의 원칙은 자연적 예견가능성으로부터 형법상의 예견가능성을 추출하기 위한 원칙이고 형법상의 예견가능성이 있는 경우에 그 예견한 결과회피의무가 발생한다는 신과실론으로부터 주장되었다. 셋째, 주의의무제한설(注意義務制限說)은 신뢰의 원칙을 결과예견의무와 결과회피의무를 모두 제한하는 기능을 가진다고 본다. 신뢰의 원칙은 다른 관여자의 비이성적인 행위를 예견하고 방어조치를 취할 필요가 없다는 점을 그 근거로 하고 있다.

생각건대 신뢰의 원칙은 객관적 주의의무에 의하여 과실의 위법성을 한정하려는 신과실론과 결합하여 신뢰가 상당하면 형법상의 예견가능성이 없거나 결과회피의무를 결한다고 하는 형태로 과실책임을 제약하는 역할을 수행하는 이론이라고 할 수 있다. 따라서 허용된 위험의 법리가 결과회피의무만을 완화시키는 이론이라면, 신뢰의 원칙은 결과예견의무와 결과회피의무의 양자 모두를 감면시키는 이론이라고 할 수 있다.

ⅲ **신뢰의 원칙의 적용범위의 확대 :** 신뢰의 원칙은 본래 도로교통에 있어서의 책임분배에 관한 원칙으로서 1930년대 독일의 판례에 의하여 확립되고 발전되어온 이론이다. 자동차교통의 증대에 수반되는 교통사고의 격증이라는 근대사회의 피하기 어려운 현상을 전제로 도로교통의 원활화를 도모하려는 사회적 요청을 받아들여 행위자에 대한 주의의무의 부담을 합리적으로 한정하여 사고의 모든 책임을 행위자의 단독부담으로 하는 불합리를 시정하기 위한 이론이었다. 이와 같은 신뢰의 원칙은 독일제국법원(Reichsgericht)에 의하여 1932년 6월 6일 최초로 의료분야에 적용되기 시작하였다. 그로부터 신뢰의 원칙은 과실일반, 특히 피해자 또는 제3자의 행동이 결과야기에 관련되는 경우의 과실인정일반에 대하여도 널리 적용되기 시작하였다. 다시 말해서 신뢰의 원칙은 교통사고 특유의 법리가 아니라 위험방지에 대하여 협력 또는 분담 관계에 있는 모든 분야에서 문제되는 법리가 되었다. 분업적 협력이란 본질적으로 분업을 담당하는 각자가 서로 상대방을 신뢰함으로써 비로소 가능한 것이다. 나아가 현대에 있어서 신뢰의 원칙은 노동현장의 분업관계에서도 널리 적용됨으로써 그 범위를 점차 확대하고 있는 경향에 있다.

ⅳ **신뢰의 원칙의 적용한계 :** 신뢰의 원칙이 적용되기 위해서는 관여자 상호간에 위험이 분배되고, 각자가 그의 범위 내에서 적절하게 주의의무를 수행한다고 하는 사회적 기반이 존재하지 않으면 안 된다. 신뢰의 원칙을 적용하기 위한 전제조건으로서는 상대방의 적절한 행동을 신뢰할 수 있는 상황이 되지 않으면 안 되는 이유이다. 따라서 일정한 경우에는 신뢰의 원칙의 적용은 배제되지 않을 수 없다. 교통사고의 경우를 예로 보면 첫째, 유아, 노인, 만취자 등이 교통관여자인 경우에는 상대방의 적절한 행동을 신뢰할 수 없기 때문에 신뢰의 원칙의 적용은 배제된다. 둘째, 상대방이 교통규칙에 위반하는 행동을 하고 있는 것이 이미 명백하게 된 경우와 같이 상대방의 규칙위반을 이미 알고 있었거나 알 수 있었던 경우에는 신뢰의 원칙의 적용은 배제된다. 셋째, 행위자가 스스로 교통법규에 위반하고 있는 경우에는 원칙적으로 신뢰의 원칙의 적용이 배제된다. 다만, 그 위반행위가 사고의 원인과는 직접적인 관계를 가지지 않는 경우에는 그 적용은 부정되지 않는다고 해석된다. 또 의료사고의 경우에서와 같이 수평적 분업의 경우에는 관여자 상호간의 위험분배가 가능하기 때문에 신뢰의 원칙을 적용할 수 있지만, 수직적 분업의 경우에는 상하의 관계로서 지휘 또는 감독 관계에 있기 때문에 신

뢰의 원칙에 대한 적용이 배제되는 이유를 이해할 수 있다.

신뢰의 원칙을 긍정한 판례의 구체적 내용은 다음과 같다. 즉,

① 내과의사가 신경과 전문의에 대한 협의진료 결과 피해자의 증세와 관련하여 신경과 영역에서 이상이 없다는 회신을 받았고, 그 회신 전후의 진료 경과에 비추어 그 회신 내용에 의문을 품을 만한 사정이 있다고 보이지 않자 그 회신을 신뢰하여 뇌혈관계통 질환의 가능성을 염두에 두지 않고 내과 영역의 진료 행위를 계속하다가 피해자의 증세가 호전되기에 이르자 퇴원하도록 조치한 경우, 피해자의 지주막하출혈을 발견하지 못한 데 대하여 내과의사의 업무상 과실을 부정한 사례이다.[129] ② 녹색등화에 따라 왕복 8차선의 간선도로를 직진하는 차량의 운전자는 특별한 사정이 없는 한 왕복 2차선의 접속도로에서 진행하여 오는 다른 차량들도 교통법규를 준수하여 함부로 금지된 좌회전을 시도하지는 아니할 것으로 믿고 운전하면 족하고, 접속도로에서 진행하여 오던 차량이 아예 허용되지 아니하는 좌회전을 감행하여 직진하는 자기 차량의 앞을 가로질러 진행하여 올 경우까지 예상하여 그에 따른 사고발생을 미리 방지하기 위하여 특별한 조치까지 강구할 주의의무는 없다 할 것이고, 또한 운전자가 제한속도를 지키며 진행하였더라면 피해자가 좌회전하여 진입하는 것을 발견한 후에 충돌을 피할 수 있었다는 등의 사정이 없는 한 운전자가 제한속도를 초과하여 과속으로 진행한 잘못이 있다 하더라도 그러한 잘못과 교통사고의 발생 사이에 상당인과관계가 있다고 볼 수는 없다.[130] ③ 반대차선을 운행하는 차가 중앙선을 넘어 오리라고 예상할 만한 사정이 없는 경우에 있어서 중앙선표시가 있는 왕복 4차선 도로에서 차를 운행하는 운전자에게 반대차선을 운행하는 차가 중앙선을 넘어 동인의 차 진행차선 전방으로 갑자기 집입해 들어올 것까지를 예견하여 감속하는 등 미리 충돌을 방지할 태세를 갖추어 차를 운전하여야 할 업무상 주의의무가 있다고는 할 수 없다.[131] ④ 신뢰의 원칙은 상대방 교통관여자가 도로교통의 제반법규를 지켜 도로교통에 임하리라고 신뢰할 수 없는 특별한 사정이 있는 경우에는 그 적용이 배제된다고 할 것인바 본사건의 사고지점이 노폭 약 10미터의 편도 1차선 직선도로이며 진행방향 좌측으로 부락으로 들어가는 소로가 정(J)자형으로 이어져 있는 곳이고 당시 피해자는 자전거 짐받이에 생선상자를 적재하고 앞서서 진행하고 있었다면 피해자를 추월하고자 하는 자동차운전사는 자전거와 간격을 넓힌 것만으로는 부족하고 경적을 울려서 자전거를 탄 피해자의 주의를 환기시키거나 속도를 줄이고 그의 동태를 주시하면서 추월하였어야 할 주의의무가 있다고 할 것이고 그같은 경우 피해자가 도로를 좌회전하거나 횡단하고자 할 때에는 도로교통법의 규정에 따른 조치를 취하리라고 신뢰하여도 좋다고 하여 위 사고발생에 대하여 운

129) 대법원 2003.1.10. 선고 2001도3292 판결.
130) 대법원 1998.9.22. 선고 98도1854 판결.
131) 대법원 1987.6.9. 선고 87도995 판결.

전사에게 아무런 잘못이 없다고 함은 신뢰의 원칙을 오해한 위법이 있다.[132] ⑤ 중앙선 표시가 있는 직선도로에 있어서 특별한 사정이 없는 한 그 대향차선상의 차량은 그 차선을 유지운행하고 도로중앙선을 넘어 반대차선에 진입하지 않으리라고 믿는 것이 우리의 경험칙에 합당하다고 할 것이므로 대향차선상을 달려오는 차량을 발견하였다 하여 자기가 운전하는 차를 정지 또는 서행하거나 일일이 그 차량의 동태를 예의주시할 의무가 있다고 할 수 없다.[133] ⑥ 육교를 지나 15미터의 편도 4차선의 1차선상의 교통이 복잡하고 대향교차차량이 많은 곳에서 반대차선에서 비추는 전조등을 교차하여 진행하던 운전사로서는 횡단로가 아닌 그 곳을 횡단하는 사람이 있을 것으로 예상함은 특별한 사정이 없는 한 이례에 속한다 할 것이며 또한 교차차량의 전조등 빛에 상당한 거리에서 전방의 장애물을 발견하기란 좀처럼 어렵다 함은 경험칙상 시인되므로 이와 같은 상황에서 술에 취해 뛰어든 피해자를 5미터 전방에서 발견하고 급정차하였으나 앞밤바로 접촉전도케 한 경우에는 안전운전의무 위반이라고 단정하기 미흡하다.[134] ⑦ 오토바이가 앞서 가는 택시를 추월하기 위하여 제한속도를 크게 넘는 과속으로 중앙선을 침범하여 피고인이 운전하는 화물자동차의 진행방향으로 진행하여 충돌한 경우, 그 사고는 피해자인 오토바이 운전사 자신의 과실에 기인하는 것으로 이러한 상황 아래서 화물자동차 운전사의 잘못은 사고발생의 원인이 될 수 없다.[135] ⑧ 교차로에 이르러 신호대기선에서 대기하다가 진행신호에 따라 이미 교차로의 상당 부분(신호대기선에서 이 사건 사고지점까지의 거리는 45미터이고 이의 3/4정도 되는 지점에서 피해차량이 진입)을 직진하여 통과한 운전자에게 뒤늦게 교통신호를 무시하고 좌측에서 교차로에 진입, 좌회전하여 진행할 차량이 있을 것을 예상하여 사고발생을 미연에 방지할 주의의무가 있다고 할 수는 없다.[136] ⑨ 교차로 앞 정지선에서 일단 정지하였다가 교행차량이 없음을 확인한 후 진입하여 교차로 중앙부분을 진행하는 차량운전자로서는, 통행우선순위를 무시하고 교차로 왼쪽(피고인의 진행방향에서 보아 왼쪽)에서 과속으로 교행하여 오는 차량이 있을 것을 예상하여 이에 대한 조치를 취할 주의의무가 없다.[137] ⑩ 도로공사관계로 우측 노변에 자갈을 깔아 일방통행 도로의 노폭이 약 3미터 정도로서 자동차 1대가 겨우 통행할 수 있는 협소한 곳이라면 뒤에 따라오는 다른 자동차나 오토바이가 피고인이 운행하는 화물자동차를 추월하리라고는 일반적으로 예견할 수 없다 할 것이니 이러한 경우를 예상하여 후사경으로 후방을 주시할 의무가 있다 할 수 없다.[138] ⑪ 안전지대의 표시에도 불구하고 차량의 안전지대횡단이 특별히 허용되고

132) 대법원 1984.4.10. 선고 84도79 판결.
133) 대법원 1984.2.14. 선고 83도3086 판결.
134) 대법원 1983.5.10. 선고 83도606 판결.
135) 대법원 1983.4.26. 선고 83도629 판결.
136) 대법원 1983.2.22. 선고 82도3071 판결.
137) 대법원 1983.2.8. 선고 82도3070 판결.
138) 대법원 1982.9.28. 선고 82도1853 판결.

있었던 사정이 없는 한, 안전지대 옆을 통과하는 차량의 운전자로서는 그 부근을 운행하는 다른 차량이 안전지대를 횡단하여 자기차량의 진로 앞에 달려드는 일은 없으리라고 신뢰하는 것이 당연한 것이니, 안전지대를 횡단하려는 차량을 상당한 거리에서 미리 발견하였다든가 하는 특단의 사정이 없는 한 그 같은 차량이 있을 것을 미리 예상하고 운전해야 할 업무상 주의의무를 기대할 수는 없다.[139] ⑫ 고속도로상에서 자동차는 원칙으로 우측차선으로 통행하여야 하므로 자동차운전자는 반대방향에서 운행하여 오는 차량이 앞지르기를 하거나 도로의 상황 기타 사정으로 부득이 중앙선을 침범하게 되는 경우를 제외하고는 그 차량이 중앙선을 침범하는 일은 없으리라고 믿고 운전하면 족한 것이므로 상대방 차량이 중앙선을 침범하여 진입할 것까지를 예견하고 감속하는 등 조치를 강구하여야 할 주의의무는 없다.[140] ⑬ 사고발생 당시 제한시속 60키로미터의 도로를 40 내지 50키로미터로 감속하는 한편 차량을 도로우측편에 붙여 운행하였는데도 반대방향에서 질주하여 오던 버스가 추월할 수 없는 황색표시의 도로 중앙선을 넘어 충돌하였다면 달리 위 버스가 도로중앙선을 침범하여 올 가능성을 예견할 수 있는 자료가 없는 한 자동차의 운전업무에 종사하는 자로서는 취하여야 할 업무상의 주의의무를 다하였다고 볼 것이다.[141] ⑭ 버스운전자는 차내의 승차자가 차의 진행 중에 개문 하차하리라고 예상하여 승차자의 동정을 주의 깊게 살펴야 할 주의의무가 있다고는 볼 수 없을 뿐만 아니라 갑자기 하차하려는 사람을 모르고 차를 운행한데 과실이 있다고도 할 수 없다.[142] ⑮ 고속국도에서는 보행으로 통행, 횡단하거나 출입하는 것이 금지되어 있으므로 고속국도를 주행하는 차량의 운전자는 도로양측에 휴게소가 있는 경우에도 동 도로상에 보행자가 있음을 예상하여 감속 등 조치를 할 주의의무가 있다 할 수 없다.[143] ⑯ 일반적으로 넓은 도로를 운행하여 통행의 우선 순위를 가진 차량의 운전사는 교차로에서는 좁은 도로의 차량들이 교통법규에 따라 적절한 행동을 취할 것을 신뢰하여 운전한다고 할 것이므로 좁은 도로에서 진행하는 차량이 일단정지를 하지 아니하고 계속 진행하여 큰 도로로 진입할 것을 사전에 예견하고 이에 대한 정지조치를 강구할 것을 기대할 수 없다.[144] ⑰ 약사는 의약품을 판매하거나 조제함에 있어서 그 의약품이 그 표시 포장상에 있어서 약사법 소정의 검인 합격품이고 또한 부패 변질 변색되지 아니하고 유효기간이 경과되지 아니함을 확인하고 조제판매한 경우에는 특별한 사정이 없는 한 관능시험 및 기기시험까지 할 주의의무가 없으므로 그 약의 표시를 신뢰하고 이를 사용한 경우에는 과실이 없다고 볼 수 있다.[145]

139) 대법원 1982.7.27. 선고 82도1018 판결.
140) 대법원 1982.4.13. 선고 81도2720 판결.
141) 대법원 1979.1.23. 선고 78도2747 판결.
142) 대법원 1977.6.28. 선고 77도523 판결.
143) 대법원 1977.6.28. 선고 77도403 판결.
144) 대법원 1977.3.8. 선고 77도409 판결.
145) 대법원 1976.2.10. 선고 74도2046 판결.

신뢰의 원칙을 부정한 판례의 구체적 내용은 다음과 같다. 즉,

① 고속도로상을 운행하는 자동차운전자는 통상의 경우 보행인이 그 도로의 중앙방면으로 갑자기 뛰어드는 일이 없으리라는 신뢰하에서 운행하는 것이지만 위 도로를 횡단하려는 피해자를 그 차의 제동거리 밖에서 발견하였다면 피해자가 반대 차선의 교행차량 때문에 도로를 완전히 횡단하지 못하고 그 진행차선쪽에서 멈추거나 다시 되돌아 나가는 경우를 예견해야 하는 것이다.[146] ② 사고 당시의 시간이 통행금지시간이 임박한 23:45경이라면 일반적으로 차량의 통행이 적어 통금에 쫓긴 통행인들이 도로를 횡단하는 것이 예사이고, 이 사건 사고 당시와 같이 사고지점의 3차선상에 버스들이 정차하고 있었다면 버스에서 내려 버스 사이로 뛰어나와 도로를 횡단하려고 하는 사람이 있으리라는 것은 우리의 경험상 능히 예측할 수 있는 일이다.[147] ③ 고속도로를 자동차로 고속진행하는 경우 보행인이 그 도로의 주행선 중앙방면으로 뛰어드는 일이 없으리라는 신뢰의 원칙이 특별한 상황하에서는 배제된다. 즉, 도로의 보수공사를 하는 보수 노무자들을 향하여 신문 뭉치가 던지어진 특별한 상황하에서이라면 그 물건에 대한 호기심에 이끌린 피해자가 주행선(2차선) 중앙방향으로 언제 뛰어들지 모르는 사태가 예상되므로, 운전자인 피고인은, 이 돌발사태에 대처한 전방주시 의무, 기타의 사고방지 의무를 안고 있다고 함이 딴 것으로 바꿀 수 없는 인명의 존중과 고속교통기관이 우리생활에 끼치는 막대한 공헌과를 가치형량하는 시점에서 끌어낼 수 있는 타당한 견해라고 하겠다.[148]

6) 과실행위의 경합

① 과실의 경합의 의의

과실의 경합이란 하나의 구성요건적 결과에 대하여 복수의 과실이 경합하고 있는 경우를 말한다. 과실의 경합은 단독의 행위자에 의한 복수의 과실이 경합적으로 병존하는 경우와 복수의 행위자에 의한 복수의 과실이 경합적으로 병존하는 경우로 대별될 수 있다. 전자를 단독행위자의 과실의 경합, 후자를 복수행위자의 과실의 경합이라고 할 수 있다.

② 단독행위자의 과실의 경합

주의의무가 단계적으로 병존하는 경우, 예컨대 (갑)이 자동차의 운전을 잘못하여 보행 중인 을을 치어 사망하게 한 사례에서 (갑)은 ① 전방을 잘 보지 않았다는 과실 때문에 정지신호를 간과하여 횡단보도를 보행 중인 (을)에게 충격하기 직

146) 대법원 1981.3.24. 선고 80도3305 판결.
147) 대법원 1980.5.27. 선고 80도842 판결.
148) 대법원 1972.12.26. 선고 71도1401 판결.

전에 알아차렸기 때문에 ② 급브레이크를 밟는다는 것이 가속페달을 밟은 과실에 의하여 (을)을 충격하였다는 사례의 해결에 대하여는 과실병존설과 직근과실설이 대립하고 있다. 과실병존설(過失並存說)이란 결과의 발생과 상당한 관계에 있는 복수의 과실은 모두 형법상의 과실로서 인정되어야 한다고 하는 견해를 말한다. 직근과실설(直近過失說)이란 병존하는 과실 중 형법상의 과실은 결과발생에 가장 가까이 직근하는 과실뿐이라고 하는 견해를 말한다.

생각건대 선례에서는 전방불주시라는 과실은 가속페달을 잘못 밟는다는 결과발생에 대한 직근의 과실과 상당한 관계에 있고, 나아가 그것을 통하여 결과와의 사이에 상당인과관계가 인정되지만 객관적 주의의무위반으로서 평가되는 것은 결과발생의 현실적 위험이 있음에도 불구하고 결과회피의 적절한 조치를 강구하지 않은 부작위에 있다고 하여야 하기 때문에 원칙적으로 직근의 과실을 가지고 형법상의 과실이라고 하는 직근과실설이 타당하다고 본다. 다만 시간적으로 처음 단계의 과실에 실행행위성이 인정되고 그것과 직근의 과실이 불가결한 관계에 있고 결과를 발생시켰다고 인정되는 때에는 양자에 대하여 과실을 긍정하여야 한다고 본다.

한편 행위자의 과실과 피해자의 과실이 경합하고 있는 경우에는 신뢰의 원칙 또는 위험분배의 법리의 적용이 문제될 수 있다. 당해의 결과가 행위자의 주의의무의 범위에 속하고 있는 한 피해자의 기여과실(寄與過失, contributory negligence)은 행위자의 주의의무에 영향을 미치지 않는다. 이러한 의미에서 형법상 피해자의 기여과실은 과실상계가 인정되지 않는다는 점에서 민법상의 불법행위의 경우와 구별된다고 할 수 있다. 형법상 피해자의 기여과실은 양형자료가 될 수 있을 뿐이라고 해야 하기 때문이다.

③ 복수행위자의 과실의 경합

복수의 행위자의 과실이 경합하는 경우로서는 대등한 공동행위자의 과실이 경합하는 경우와 하급자로서 행위자의 과실과 상급자로서 관리·감독상의 과실이 경합하는 경우로 대별할 수 있다.

첫째, 대등한 공동행위자 사이의 과실이 경합하는 경우 공동하여 주의하여야 할 의무가 과하여지고 있는 때에는 과실의 공동정범이 성립하지만, 그 이외의 경우에는 각 행위자에 대하여 각각의 주의의무위반에 책임을 지게 된다고 할 수 있다. 대법원은 "선박충돌사고에 있어서 한 쪽에 과실이 있다고 하여 반드시 다른

쪽에는 과실이 없다고 단정할 수 없다"고 판시한 바 있다.[149]

둘째, 상·하급자 사이의 과실이 경합하는 경우에는 특히 상급자의 과실과 관련하여 감독과실 또는 관리과실이 문제된다. 먼저 감독과실(監督過失)이란 행위자가 과실을 범하지 않도록 감독할 주의의무에 위반하는 과실을 말한다. 예컨대 상급자인 공장장이 현장의 작업원에 대한 적절한 지휘·감독을 태만히 하여 작업원이 기계의 조작을 잘못하여 폭발사고를 야기한 경우이다. 이러한 경우에는 감독자는 피감독자를 지휘·감독하여 현장의 작업에 임하는 것이고 피감독자의 과실을 예견하고 결과를 회피할 수 있는 입장에 있기 때문에 당연히 직접 행위자의 과실에 대하여 과실책임을 물을 수 있지만, 예견가능성의 정도 및 신뢰의 원칙의 적용이 문제된다. 피감독자는 감독자의 일종의 수족으로서 작업을 하고 있는 것이라고 해석하여야 하고 일반적으로 신뢰의 원칙의 적용은 없고 피감독자의 과실은 특별한 사정이 없는 한 감독자의 감독과실을 구성한다. 다음으로 관리과실(管理過失)이란 관리자 등의 인적 조직이나 물적 설비 등의 관리상의 불비 자체가 과실을 구성하는 것을 말한다. 예컨대 자동화재탐지설비를 정상작동상태로 관리하여야 할 의무를 태만히 하여 화재가 발생한 경우에 문제가 된다. 관리과실에 있어서도 예견가능성과 회피가능성이 중요하지만, 피감독자에 대한 지휘·감독의 부적절성보다는 결과회피상의 적절한 관리를 하지 않았다는 부작위, 특히 안전체제확립의무가 중요하기 때문에 부진정부작위범의 성립요건, 특히 관리자 등에게 보장인적 지위를 인정할 수 있는가의 여부의 측면에서 관리과실의 유무를 파악하는 것이 타당하다고 생각된다.

(3) 결 과

과실범은 결과범이다. 따라서 주의의무에 위반하여 구성요건적 결과가 발생하여야 한다. 물론 발생한 결과는 당연히 예견가능하고 회피가능하였어야 한다. 과실범에 대하여는 이론상 미수의 처벌도 가능하다. 그러나 과실에 대한 처벌 자체가 예외적이고, 입법자는 과실의 미수를 처벌할 필요를 느끼지 않았다. 과실범의 미수를 상정하는 경우 그 처벌의 범위는 매우 넓어지지 않을 수 없게 된다. 형법상으로 과실범의 미수처벌규정은 존재하지 않는다. 과실범에는 미수범처벌규정이 없기 때문에 과실범의 성립에는 모든 구성요건요소가 충족되지 않으면 안 된다. 또 과실범은 미수범에 대한 처벌규정이 존재하지 않기 때문에 실행의 착수를 논

149) 대법원 1972.2.22. 선고 71도2386 판결.

의할 실익도 없다.

(4) 인과관계

과실범은 결과범이기 때문에 거동범과는 달리 인과관계를 요한다. 과실범도 행위와 결과 사이의 인과관계, 즉 과실행위로서의 객관적 주의의무의 위반과 발생한 결과 사이에 인과관계가 존재할 것을 필요로 한다. 따라서 과실범은 결과발생에 대한 예견이 가능하고, 그 예견된 결과발생에 대한 회피가 가능하였음에도 불구하고 예견의무를 다하지 않았거나 회피의무를 다하지 않아 결과가 발생한 경우에 과실이 인정되기 때문에 객관적 주의의무위반과 결과 사이에는 인과관계가 인정되어야 한다. 결과범에서 결과가 발생하지 않으면 미수에 그치고, 또 인과관계가 인정되지 않는 경우에도 발생된 결과가 없는 것이기 때문에 미수가 된다. 다만, 과실범의 미수를 처벌하는 규정은 존재하지 않는다.

3. 주관적 구성요건

과실범의 주관적 구성요건요소는 과실이다. 책임요소로서의 과실과 대비하여 구성요건적 과실이라고도 한다. 과실은 고의와 함께 주관적 구성요건요소가 되지만, 구성요건적 과실을 주관적 구성요건으로 하는 범죄를 과실범이라 하고 구성요건적 고의를 주관적 구성요건으로 하는 범죄를 고의범이라고 한다.

(1) 과실의 의의

구성요건적 과실(構成要件的 過失)이란 주의의무에 위반하여 범죄사실에 대한 인식이 없는 심리상태(인식 없는 과실) 또는 범죄사실에 대한 인식은 있으나 인식한 범죄사실에 대한 실현의사가 없는 심리상태(인식 있는 과실)를 말한다. 이러한 점에서 구성요건적 과실은 주의의무에 위반하여 범죄사실에 대한 인식을 결하거나 또는 인식은 하였으나 인식사실에 대한 실현의사가 없는 상태에서 위법행위에 대한 반대동기의 형성을 결하고 일정한 작위 또는 부작위를 행한 것에 대한 비난가능성을 의미하는 책임과실과 구별된다. 한편 인식 있는 과실과 인식 없는 과실의 구별은 양형단계에서 양형에 영향을 미칠 수 있을 뿐, 주관적 구성요건요소를 구성한다는 점에서 양자 사이에는 아무런 차이가 없다는 점에 주의를 요한다.

(2) 과실의 내용

과실이란 주의의무에 대한 위반을 말한다. 전술한 바와 같이, 과실이란 통상적으로 주의의무를 다하여 객관적 구성요건요소에 대하여 인식을 하여 적어도 인식한 사실을 행하여서는 안 된다는 규범에 직면할 기회를 가졌어야 한다는 것을 의미하기 때문에 과실은 예견의무위반을 말한다고 할 수 있다. 그러나 인식 있는 과실의 경우에는 이미 인식을 하고 있기 때문에 예견의무는 다하고 있다고 보아야 하기 때문에 인식 있는 과실의 경우에는 회피의무를 다하여 자신의 행위가 반규범적 행위일 가능성에 대하여 성찰하고, 반대동기를 형성할 기회를 가졌어야 한다는 것을 의미한다고 해야 한다. 이러한 의미에서 인식 있는 과실의 경우에는 회피의무위반을 의미한다고 할 수 있다. 결국 주관적 구성요건요소로서의 과실은 인식 없는 과실과 인식 있는 과실의 경우에 각각 예견의무위반과 회피의무위반을 그 내용으로 하고 있다고 할 수 있다. 다만 주관적 구성요건요소로서의 과실은 주의의무에 위반한 심리상태라는 내부적 요소라는 점에서 주관적 주의의무위반이 되지만, 객관적 구성요건요소로서의 과실행위와 책임요소로서의 책임과실의 경우에는 각각 일반인과 행위자를 기준으로 판단한다는 점에서 객관적 주의의무위반과 주관적 주의의무위반이 된다는 점에서 서로 구별되고 있다고 할 수 있다. 과실을 긍정한 판례의 구체적인 내용은 다음과 같다. 즉,

> ① 호텔의 사장 또는 영선과장인 피고인들이 오보가 잦다는 이유로 자동화재조기탐지 및 경보시설인 수신기의 지구경종스위치를 내려 끈 채 봉하고, 영업상 미관을 해친다는 이유로 각층에 설치된 갑종방화문을 열어두게 하고 옥외피난계단으로 통하는 을종방화문은 도난방지등의 이유로 고리를 끼워 피난구로서의 역할을 다하지 못하게 하였다면, 이와 같은 피고인들의 주의의무 해태는 결과적으로 건물의 화재발생시에 있어서 숙박객 등에게 신속하게 화재를 알릴 수 없게 되고 발화지점에서의 상하층에의 연소방지를 미흡하게 하고 또 숙박객 등을 비상구를 통해 신속하게 옥외로 대피시키지 못하게 하는 것임은 경험상 명백하다 할 것이므로, 이 사건 화재로 인한 숙박객 등의 사상이라는 결과는 충분히 예견가능한 것이라고 할 것이다.[150] ② 화약관리책임자는 소나기와 이에 동반한 낙뢰현상의 발생과 그 낙뢰가 부근에 유도될 수 있다는 위험의 가능성을 예측하고 특별히 낙뢰의 위험에 대비할 법령상의 책임이 있다.[151]

과실을 부정한 판례의 구체적 내용은 다음과 같다. 즉,

---

150) 대법원 1984.2.28. 선고 83도3007 판결.

151) 대법원 1979.2.13. 선고 78도1416 판결.

① 임차목적물에 있는 하자가 임차목적물을 사용할 수 없는 정도의 파손상태라거나 아니면 반드시 임대인에게 수선의무가 있는 대규모의 것이 아닌 한 이는 임차인의 통상의 수선 및 관리의무에 속한다 할 것이므로 연탄가스 중독사고의 원인인 연탄가스가 방으로 스며들었다는 문틈이 어느 정도의 틈이며 또 그 하자는 그 방을 사용할 수 없는 정도의 것이거나 이를 보수하려면 상당히 대규모의 공사를 하는 방법 밖에 없는 것인지 아니면 통상의 간단한 수선정도로 가능한 것인지를 명백히 하지 않은 채 임대인에게 수선의무가 있다고 인정함은 심리미진의 위법을 면할 수 없다.[152] ② 피고인이 피해자에게 임대한 방의 바닥에 있는 균열(중앙에 97센치미터, 아궁이 쪽으로 30센치미터의 실금형태)은 위 방을 사용할 수 없을 정도의 파손상태라 할 수 없고, 반드시 임대인에게 수선의무가 있는 대규모의 것이라고도 할 수 없어, 이는 임차인의 통상의 수선 및 권리의무에 속하므로 위 균열로 인해 까스중독사고가 발생한 경우 임대인에게 과실이 없다.[153] ③ 서울시 소재 잠수교 노상은 자전거의 출입이 금지된 곳이므로 자동차의 운전수로서는 거기에 자전거를 탄 피해자가 갑자기 차도상에 나타나리라고는 예견할 수 없다고 할 것이다.[154] ④ 의사가 정상적인 진찰행위의 일환으로서 검사용으로 임부의 태반에서 육편을 떼어 냈다고 하여 이것이 태반 기타 모체에 지장을 주는 것이 아닌 한 상해행위에 속하는 것이라고 볼 수 없다.[155]

4. 위법성과 책임

과실범의 위법성의 판단은 고의범의 경우와 다를 것이 없다. 따라서 과실범의 위법성은 위법성조각사유가 존재하지 않을 것이 그 요건이 된다고 할 수 있다. 다만 과실범에 있어서 위법성조각사유의 인정에 관하여는 문제가 제기될 수 있다. 위법성조각사유가 인정되기 위해서는 객관적 위법성조각사유 외에 주관적 위법성조각사유로서 정당화의사가 요구되기 때문이다. 예컨대 정당행위, 정당방위, 긴급피난, 자구행위 및 피해자의 승낙에 있어서는 정당화의사로서 각각 정당행위의사, 정당방위의사, 긴급피난의사, 자구행위의사 및 피해자의 승낙에 근거하여 행한다는 의사가 요구된다고 할 수 있다. 이러한 입장에 의하면 과실범의 경우에는 정당화의사를 인정할 수 없기 때문에 과실범에 있어서의 위법성조각에 관하여는 회의적일 수 있다.

과실범의 책임은 책임능력과 기대가능성 외에 책임과실을 요한다는 점에서 책

152) 대법원 1984.1.24. 선고 81도615 판결.
153) 대법원 1983.9.27. 선고 83도2096 판결.
154) 대법원 1980.8.12. 선고 80도1446 판결.
155) 대법원 1974.4.23. 선고 74도714 판결.

임고의를 요하는 고의범과 구별된다. 책임과실이란 후술하는 바와 같이 행위자가 주의의무를 다하였다면 행위의 위법성을 인식할 가능성이 있었고, 위법성을 인식하였더라면 위법행위를 멈추고 적법의 세계로 돌아 올 수 있었음에도 불구하고 주의의무를 다하지 않은 결과 위법행위를 하게 된 행위자에 대한 비난가능성을 말한다. 이와 같이 책임과실로서의 주의의무는 행위자를 기준으로 판단한다는 의미에서 주관적 주의의무가 되고, 그의 내용에는 결과예견의무와 결과회피의무가 포함되고 있다. 한편 책임과실은 책임고의보다 비난가능성이 작기 때문에 과실범은 고의범보다 책임의 크기가 작을 수 있다.

한편 과실범이 성립하기 위하여는 구성요건적 과실 외에 행위자 자신에 대한 구체적인 비난, 즉 법규범에 위반하는 소극적인 인격태도를 내용으로 하는 책임과실이 존재하지 않으면 안 된다. 또한 구성요건적 고의가 있지만 책임고의가 결여된 경우에 대하여는 책임과실의 존부가 검토되어야 하고, 책임과실의 존재가 인정되는 경우에는 과실범이 성립할 수 있다고 해야 한다. 이러한 경우 구성요건해당성을 정하는 단계에서는 고의가 인정되면서 책임의 단계에서는 과실이 문제될 수 있는가에 대하여는 의문이 제기될 수 있다. 그러나 구성요건적 고의를 규범적 관점에서 분석해보면 당연히 구성요건적 과실도 내포하고 있다고 할 수 있기 때문에 책임고의가 결여되는 경우에는 구성요건의 단계에서 구성요건적 고의에 내재되어 있는 구성요건적 과실이 표면화되고, 책임과실이 구비됨에 의하여 과실범의 성립을 인정할 수 있게 된다고 할 수 있다.

Ⅵ. 결과적 가중범

제15조 (사실의 착오) ② 결과 때문에 형이 무거워지는 죄의 경우에 그 결과의 발생을 예견할 수 없었을 때에는 무거운 죄로 벌하지 아니한다.

구조문

제15조 (사실의 착오) ② 결과로 인하여 형이 중할 죄에 있어서 그 결과의 발생을 예견할 수 없었을 때에는 중한 죄로 벌하지 아니한다.

1. 결과적 가중범의 개념

(1) 결과적 가중범의 의의

결과적 가중범(結果的 加重犯, erfolgs-qualifizierte Delikte)이란 기본범죄와 중한 결과로 구성되는 범죄유형을 말한다. 결과적 가중범은 발생한 결과를 중시하여 기본으로 되는 범죄에 대한 형보다도 중한 법정형을 규정하고 있다. 기본으로 되는 범죄는 고의뿐만 아니라 과실의 경우도 포함된다고 본다. 다만 기본범죄는 고의에 한정하여 이해하는 것이 일반적이나, 특별법에서 과실을 규정하고 있는 경우가 있기 때문이다(환경범죄단속법 제5조 참조). 결과적 가중범은 연혁적으로 결과책임사상에 바탕을 두고 있다고 보여진다.

형법은 결과적 가중범에 관하여는 흔히 '치' 또는 '중'이라는 글자를 넣어 구별하고 있다. 예컨대 '치'자가 들어간 결과적 가중범으로서는 상해치사상(제259조), 폭행치사상(제262조), 낙태치사상(제269조 제3항, 제270조 제3항), 유기치사상(제275조), 체포감금치사상(제281조), 강간치사상(제301조), 강도치사상(제337조, 제338조), 교통방해치사상(제188조) 등을 들 수 있다. 또한, '중'자가 들어간 결과적 가중범으로서는 중상해(제258조)와 중권리행사방해(제277조)를 거론할 수 있다. 다만 과실치사상(제266조부터 제268조까지)과 중체포 · 중감금(제277조)은 '치'자 또는 '중'자에도 불구하고 과실범에 속한다고 할 수 있다.

(2) 결과적 가중범의 가중처벌

1) 문제의 소재

결과적 가중범에 있어서의 문제는 중한 결과로 인한 처벌이 기본범죄의 그것보다 현저히 높다는 점에 있다. 다시 말해서 결과적 가중범을 고의범과 과실범의 결합된 형태라면 고의의 기본범죄와 중한 결과의 과실범의 상상적 경합으로서 고의의 기본범죄로 처벌되어야 한다는 입장 또는 결과적 가중범을 과실범으로 파악하면 과실범으로 처벌되어야 한다는 입장에서 보면 결과적 가중범에 대한 처벌규정은 이보다 지나치게 높다고 하지 않을 수 없다. 예컨대 형법은 강도치사죄에 대하여 '무기 또는 10년 이상의 징역'으로 처벌하고 있다(제338조 후문). 또한 형법은 강도죄에 대하여는 '3년 이상의 유기징역'으로 처벌하고 있고(제333조), 과실치사죄에 대하여는 '2년 이하의 금고 또는 700만원 이하의 벌금'으로 처벌하고 있다(제267조). 뿐만 아니라 형법은 강도살인죄에 관하여는 '사형 또는 무기징역'에 처하도록 규정하고 있다(제338조 전문). 또 살인죄에 대하여는 '사형, 무기 또는 5년 이상의 징역'에 처하도록 규정하고 있다(제250조 제1항). 여기서 강도치사죄는 10년 이상의 징역으로서 강도와 과실치사를 합한 법정형인 5년 이상의 유기징역보다도 현저히 높다는 점에 대하여 문제가 제기되고 있다. 이러한 문제는 강도살인죄에 있어서도 발견되고 있다. 다시 말해서 강도살인은 사형 또는 무기징역으로서 강도죄와 살인죄를 합한 8년 이상의 유기징역보다 현저히 법정형에 있어서 높게 규정하고 있다. 또 결과적 가중범을 고의범과 과실범의 상상적 경합으로 이해하는 경우에도 결과적 가중범의 법정형과 고의범과 과실범의 상상적 경합의 결과 법정형의 편차가 더욱 심화되게 된다. 여기서 문제는 결과적 가중범에 대한 입법근거와 가중처벌의 근거에 집중되지 않을 수 없게 된다.

2) 책임주의의 준수

책임주의의 내용은 이미 언급한 바와 같이 '주관적 책임이 없는 경우에는 책임을 추급할 수 없다'는 귀책에 있어서의 책임주의와 '형벌은 책임의 범위 내에서만 과하여질 수 있다'는 양형에 있어서의 책임주의로 대별될 수 있다. 특히 귀책에 있어서의 책임주의는 책임능력자의 고의 또는 과실이 있는 경우에 한하여 처벌할 수 있다는 주관적 책임주의를 그 주요한 내용으로 하고 있다. 결과적 가중범에 대한 처벌에 있어서도 책임주의에 대한 예외는 인정될 수 없다. 다시 말해서 결과적 가중범에 대한 가중처벌은 책임주의를 벗어날 수 없다고 해야 한다. 따라서 무과실에 의하여 발생한 중한 결과는 객관적 구성요건요소로서의 결과에 해당한다고 할 수 없다고 해야 한다. 또 책임주의에 근거하여 고의 또는 과실이 없는 한 비난할 수 없는 것이기 때문에 적어도 중한 결과에 대하여 과실이 없는 한 결과적 가중범은 성립하지 않는다고 해석하게 되면 귀책에 있어서의 책임주의는 준수되고 있다고 할 수 있다. 대법원도 행위자가 그 결과를 의도할 필요는 없고,[156] 행위와 결과 사이에 인과관계가 있다고 하더라도 결과의 발생을 예견할 수 없을 때에는 중한 결과로 벌할 수 없다고 하고 있다.[157]

문제는 발생한 중한 결과에 대하여 가중하여 처벌하는 근거에 있다. 양형에 있어서의 책임주의는 책임의 범위 내에서 처벌이 이루어질 것을 요구하고 있기 때문이다. 생각건대 기본범죄에 포함된 전형적인 위험이 중한 결과로 나타나 현실화된 만큼 비난가능성이 커진다고 생각된다. 예컨대 폭행행위 또는 상해행위로 인하여 중한 사망의 결과가 발생한 폭행치사죄(제262조) 또는 상해치사죄(제259조 제1항)의 경우 상해행위는 사망에 이르게 할 위험성이 있기 때문에 그러한 위험성이 실현되지 않게 하려면 보다 높은 관심이 요구됨에도 불구하고 무관심을 표했다는 점에서 책임비난의 정도가 단순한 과실치사죄(제266조)보다 높아지는 것은 당연한 귀결이라고 생각된다. 다시 말해서 치사(致死)의 위험원(危險源)을 이루는 물리력 그 자체에

156) 대법원 1980.5.27. 선고 80도796 판결.
157) 대법원 1988.4.12. 선고 88도178 판결.

대하여는 인식을 하면서도 인체에 가하여진 그 물리력이 체내에서 병리적 작용과 함께 양적으로 증대되어 중한 결과를 발생시킬 위험성에 대하여는 간과한 부분이 있기 때문에 이를 근거로 가중하여 처벌하는 것이라고 해야 한다. 따라서 가중처벌이 가능하다고 하기 위해서는 그 전제요건으로서 인체에 가하여진 물리력과 중한 결과 사이에 인체의 병리적인 작용이 인과연쇄로서 상호 연결되지 않으면 안 된다고 해야 한다. 이것이 바로 후술하는 바와 같이 결과적 가중범의 성립요건으로서 요구되는 직접성(直接性)이라고 할 수 있다.[158]

(3) 결과적 가중범의 유형

1) 진정 결과적 가중범

진정 결과적 가중범(眞正結果的 加重犯, echtes erfolgsqualifiziertes Delikt)이란 결과적 가중범의 중한 결과에 대하여 과실이 있는 경우를 말한다. 결과적 가중범의 기본형태로서는 고의에 의한 기본범죄의 고의범과 과실로 인한 중한 결과의 과실범이 결합된 형태가 거론되고 있다.

2) 부진정 결과적 가중범

부진정 결과적 가중범(不眞正結果的 加重犯, unechtes erfolgsqualifiziertes Delikt)이란 결과적 가중범의 중한 결과에 대하여 고의가 있는 경우를 말한다. 따라서 기본범죄의 고의범과 중한 결과의 고의범의 결합형태가 된다. 다만 부진정 결과적 가중범의 성립여부에 대하여는 견해가 대립하고 있다.

① 학 설

학설은 소극설과 적극설이 크게 대립하고 있다. 첫째, 소극설이다. 소극설은 부진정 결과적 가중범을 부정한다. 즉, 행위자가 예기하지 않은 중한 결과에 대하여만 결과적 가중범이 성립한다고 보고 중한 결과에 대하여 고의가 있는 경우에는 결과적 가중범은 성립하지 않는다고 한다. 소극설은 중한 결과에 대하여 고의가 인정되는 경우에는 기본범죄의 고의범과 중한 결과에 대한 고의범의 상상적 경합을 인정하거나 기본범죄의 고의범은 결과에 대한 고의범에 흡수되는 법조경합을 인정하게 된다. 예컨대 현주건조물방화죄(제164조 제1항)와 살인죄(제250조 제1항)를 범한 경우에는 양죄의 상상적 경합을 인정하거나 상해에 의하여 사망에 이르게 한 경우 사망에 대하여 고의가 인정되는 경우에는 살인죄의 성립만을 인정하게 된다. 둘째, 적극

158) 内田浩, "結果的加重犯の構造とその成立要件", 刑法雜誌(44・3・1), 日本刑法学会, 2005.4.1, 302頁.

설이다. 적극설은 부진정 결과적 가중범을 인정한다. 즉, 살인죄의 구성요건에 해당하지 않는 유기행위에 의하여 사람이 사망한 경우에 있어서와 같이 치사의 결과를 행위 당시에 인식하고 있었다고 하더라도 살인죄의 실행행위인 살해에는 해당한다고 할 수 없는 경우가 있기 때문에 중한 결과에 대하여 고의가 있는 경우도 포함하여야 한다고 해석한다. 이와 같이 적극설은 중한 결과에 대하여 고의가 인정되는 경우를 과실로 인한 중한 결과의 경우에 포함시켜 이해한다. 예컨대 현주건조물방화죄와 살인죄를 범한 경우에도 현주건조물방화로 사람을 사망에 이르게 한 경우와 같이 현주건조물방화치사죄(제164조 제2항)의 성립을 인정하게 된다. 다만 중한 결과를 과실로 초래한 경우와 고의로 야기한 경우의 사이에 죄명에서는 차이가 없으나, 양형에서는 달리 취급될 수밖에 없는 상황이다.

② 판 례

판례는 부진정 결과적 가중범을 인정하고 있다. 즉, 판례에 의하면 부진정 결과적 가중범은 결과에 대한 예견가능성이 있었음에도 불구하고 예견하지 못한 경우뿐만 아니라 고의가 있는 경우까지도 포함한다고 한다.[159] 따라서 공무집행을 방해하는 집단행위의 과정에서 일부 집단원이 고의행위로 살상을 가한 경우에도 다른 집단원에게 그 사상의 결과가 예견가능한 것이었다면 다른 집단원도 그 결과에 대하여 특수공무방해치사상의 책임을 면할 수 없다고 한다.[160] 다만 죄수와 관련하여 대법원은 "고의로 중한 결과를 발생케 한 경우에 무겁게 벌하는 구성요건이 따로 마련되어 있는 경우에는 당연히 무겁게 벌하는 구성요건에서 정하는 형으로 처벌하여야 할 것이고, 결과적 가중범의 형이 더 무거운 경우에는 결과적 가중범에 정한 형으로 처벌할 수 있도록 하여야 할 것이므로, 기본범죄를 통하여 고의로 중한 결과를 발생케 한 부진정 결과적 가중범의 경우에 그 중한 결과가 별도의 구성요건에 해당한다면 이는 결과적 가중범과 중한 결과에 대한 고의범의 상상적 경합관계에 있다고 보아야 할 것이다"고 판시한 바 있다.[161]

2. 진정 결과적 가중범의 구성요건

결과적 가중범의 기본형태라고 할 있는 고의에 의한 기본범죄와 과실로 인한

159) 대법원 1995.1.20. 선고 94도2842 판결; 대법원 1990.6.26. 선고 90도765 판결.
160) 대법원 1990.6.26. 선고 90도765 판결.
161) 대법원 1995.1.20. 선고 94도2842 판결.

중한 결과의 과실범이 결합된 형태의 진정 결과적 가중범을 중심으로 살펴보기로 한다.

(1) 객관적 구성요건

1) 행 위

행위는 기본범죄에 있어서의 실행행위와 중한 결과에 있어서의 실행행위로 나누어볼 수 있다. 다만, 기본범죄행위는 원칙적으로 고의에 의하여 범하여질 것이 요구되지만, 경우에 따라서는 과실에 의한 경우도 포함될 수 있다고 하는 것에 대하여는 이미 언급한 바 있다(환경범죄단속법 제5조 참조).

결과적 가중범을 고의범과 과실범의 결합범으로 이해하는 한 실행행위란 객관적 구성요건요소로서 고의범의 고의행위와 과실범의 과실행위를 말한다고 해석된다. 따라서 실행행위로서 고의행위는 폭행 또는 상해 등을 의미하고, 과실행위는 객관적 주의의무위반을 의미한다고 해야 한다. 다만 과실행위는 고의행위의 연장선상에서 발생한 것이고, 고의행위가 원인행위가 되어야 한다는 것을 의미한다. 예컨대 상해치사죄는 상해행위와 상해행위로 인한 사망의 위험성을 부주의로 간과하여 상해를 넘어 중한 사망의 결과에까지 이른 경우라고 파악된다. 이러한 의미에서 후술하는 바와 같이 과실행위는 고의행위의 전형적인 위험으로부터 직접적으로 발생한 것이어야 한다는 직접성의 원칙을 이해할 수 있다.

2) 결 과

결과란 고의행위가 원인이 되어 발생한 중한 결과를 말한다. 결과적 가중범이 성립하기 위한 또 다른 요건은 기본범죄에 의하여 중한 결과가 발생할 것이 요구된다. 결과적 가중범에 대한 가중처벌의 근거는 기본범죄의 실행행위의 전형적인 위험성이 결과로서 실현되었다는 점에서 찾아지지 않으면 안 되기 때문이다. 다만 중한 결과에 대한 원인행위는 기본범죄의 실행행위가 아니면 안 되고, 중한 결과는 과실로 초래된 것이 아니면 안 된다. 중한 결과가 고의에 의하여 야기된 경우에는 후술하는 부진정결과적 가중범으로 분류될 수 있기 때문이다. 여기서 유의해야 할 점은 중한 결과가 과실로 초래되었다고 이해할 때의 과실은 객관적 구성요건요소로서의 과실행위를 의미한다고 해석된다는 점이다. 결과적 가중범을 고의범과 과실범의 결합범으로 파악하는 한 더욱 그렇다. 따라서 기본범죄는 고의범의 요건을 충족하여야 하고, 중한 결과는 과실범의 요건을 구비하여야 한다.

형법이 "결과 때문에 형이 무거워지는 죄의 경우에 그 결과의 발생을 예견할 수 없었을 때에는 무거운 죄로 벌하지 아니한다"(제15조 제2항)고 규정한 것은 객관적 구성요건요소로서의 객관적 예견가능성과 주관적 구성요건요소로서의 주관적 예견가능성의 양자 모두를 규정한 것이라고 이해된다. 이와 같이 형법이 결과적 가중범의 성립요건으로서 고의의 기본범죄에 예견가능성이라는 과실의 내용을 요구하여 과실범을 추가한 것은 '부정한 일에 종사한 자는 이로부터 발생한 모든 사안에 대하여 책임을 져야 한다'(versari in re illicita)는 교회법상의 결과책임을 극복하기 위한 조치였다고 이해되고 있다.[162] 결국 중한 결과에 대한 과실범의 객관적 구성요건요소로서의 과실행위는 과실, 즉 객관적 주의의무위반으로서 그 내용은 객관적 예견의무와 객관적 회피의무라고 할 수 있다. 한편 중한 결과에 대한 과실은 기본범죄의 실행행위시에 존재해야 한다. 기본범죄가 실현된 후의 고의 또는 과실에 의한 범죄는 기본범죄 이외에 새로운 고의범 또는 과실범이 성립한다고 해야 하기 때문이다.

대법원은 일찍이 "형법 제164조 후단이 규정하는 현주건조물방화치사상죄는 그 전단에 규정하는 죄에 대한 일종의 가중처벌규정으로서 불을 놓아 사람의 주거에 사용하거나 사람이 현존하는 건조물을 소훼함으로 인하여 사람을 사상에 이르게 한 때에 성립되며 동 조항이 사형, 무기 또는 7년 이상의 징역의 무거운 법정형을 정하고 있는 취의에 비추어 보면 과실이 있는 경우뿐만 아니라 고의가 있는 경우도 포함된다고 볼 것이므로, 현주건조물내에 있는 사람을 강타하여 실신케 한 후 동건조물에 방화하여 소사케 한 피고인을 현주건조물에의 방화죄와 살인죄의 상상적 경합으로 의율할 것은 아니다"고 판시한 바 있다.[163] 또 죄수에 있어서도 현주건조물방화죄와 살인죄의 실체적 경합을 인정하고 있다. 즉, "형법 제164조 전단의 현주건조물에의 방화죄는 공중의 생명, 신체, 재산 등에 대한 위험을 예방하기 위하여 공공의 안전을 그 제1차적인 보호법익으로 하고 제2차적으로는 개인의 재산권을 보호하는 것이라고 할 것이나, 여기서 공공에 대한 위험은 구체적으로 그 결과가 발생됨을 요하지 아니하는 것이고 이미 현주건조물에의 점화가 독립연소의 정도에 이르면 동 죄는 기수에 이르러 완료되는 것인 한편 살인죄는 일신전속적인 개인적 법익을 보호하는 범죄이므로, 이 사건에서와 같이 불을 놓은 집에서 빠져 나오려는 피해자들을 막아 소사케 한 행위는 1개의 행위가 수개의

162) 김혜경, "결과적 가중범의 법정형정비 기본원리', 형사법연구 제19권 제1호, 한국형사정책연구원, 2008 봄호, 39쪽 참조.

163) 대법원 1983.1.18. 선고 82도2341 판결.

죄명에 해당하는 경우라고 볼 수 없고, 위 방화행위와 살인행위는 법률상 별개의 범의에 의하여 별개의 법익을 해하는 별개의 행위라고 할 것이니, 현주건조물방화죄와 살인죄는 실체적 경합관계에 있다"고 판시한 바 있다.[164)]

3) 인과관계

결과적 가중범은 결과범이기 때문에 그 성립을 위해서는 실행행위와 중한 결과 사이에는 인과관계의 존재가 요구된다. 과실행위와 과실에 의한 중한 결과 사이에 인과관계가 인정되지 않으면 기본범죄만이 성립하게 되고 과실부분에 대한 과실범 자체가 성립하지 않게 된다.

다만 결과적 가중범이 성립하기 위해서는 인과관계 이외에도 기본범죄에 내포된 전형적인 위험이 실현되어 중한 결과가 발생하였다는 의미에서의 직접성(直接性, Unmittelbarkeit)이 요구된다. 소위 인과관계의 직접성의 원칙이라고 할 수 있다. 그러나 직접성의 근거에 관하여는 기본범죄행위의 위험성에서 구하는 행위기준설(行爲基準說), 위험실현이 기본범죄행위의 결과로부터 기인해야 한다는 결과기준설(結果基準說) 및 기본범죄행위와 기본범죄행위의 결과가 가지는 위험성을 모두 고려하여야 한다는 절충설(折衷說)이 대립하고 있다. 생각건대 결과적 가중범에 있어서 가중처벌의 근거가 되는 직접성은 행위 자체가 가지는 고유한 위험성에서 찾지 않을 수 없다고 해야 한다. 기본범죄행위로서 인체에 가하여진 폭행, 상해 등과 같은 물리력으로 인하여 고막파열, 심장마비 등과 같은 인체에 병리적인 작용이 발생하고, 기본범죄행위의 물리력에 내재되어 있는 위험으로부터 상해 또는 사망과 같은 중한 결과가 야기되었다는 인과연쇄의 흐름이 순차적으로 연결되지 않으면 안 된다고 해야 하기 때문이다. 결과적 가중범을 긍정한 판례의 구체적 내용은 다음과 같다. 즉,

> ① 형법 제188조에 규정된 교통방해에 의한 치사상죄는 결과적 가중범이므로, 위 죄가 성립하려면 교통방해 행위와 사상의 결과 사이에 상당인과관계가 있어야 하고 행위 시에 결과의 발생을 예견할 수 있어야 한다. 그리고 교통방해 행위가 피해자의 사상이라는 결과를 발생하게 한 유일하거나 직접적인 원인이 된 경우만이 아니라, 그 행위와 결과 사이에 피해자나 제3자의 과실 등 다른 사실이 개재된 때에도 그와 같은 사실이 통상 예견될 수 있는 것이라면 상당인과관계를 인정할 수 있다.[165)] ② 피고인이

---

164) 대법원 1983.1.18. 선고 82도2341 판결.
165) 대법원 2014.7.24. 선고 2014도6206 판결.

1981.4.8 피해자의 뺨을 2회 때리고 두손으로 어깨를 잡아 땅바닥에 넘어뜨리고 머리를 세멘트벽에 부딪치게 하여서, 피해자가 그 다음날부터 머리에 통증이 있었고 같은 달 16 의사 3인에게 차례로 진료를 받을 때에 혈압이 매우 높았고 몹시 머리가 아프다고 호소하였으며 그 후 병세가 계속 악화되어 결국 같은 해 4.30 뇌손상(뇌좌상)으로 사망하였다면, 피해자가 평소 고혈압과 선천성혈관기형인 좌측전고동맥류의 증세가 있었고 피고인의 폭행으로 피해자가 사망함에 있어 위와 같은 지병이 사망결과에 영향을 주었다고 해서 피고인의 폭행과 피해자의 사망간에 상당인과관계가 없다고 할 수 없으며, 피고인이 피해자를 폭행할 당시에 이미 폭행과 그 결과에 대한 예견가능성이 있었다 할 것이고 그로 인하여 치사의 결과가 발생하였다면 이른바 결과적 가중범의 죄책을 면할 수 없다.[166] ③ 형법 제144조 제2항 소정의 특수공무집행방해치상죄는 결과적 가중범이므로 행위자가 그 결과를 의도할 필요는 없고 그 결과의 발생을 예견할 수 있으면 족하다.[167]

결과적 가중범을 부정한 판례의 구체적 내용은 다음과 같다. 즉,

① 폭행치사죄는 결과적 가중범으로서 폭행과 사망의 결과 사이에 인과관계가 있는 외에 사망의 결과에 대한 예견가능성 즉 과실이 있어야 하고, 이러한 예견가능성의 유무는 폭행의 정도와 피해자의 대응상태 등 구체적 상황을 살펴서 엄격하게 가려야 한다(대법원 1990.9.25. 선고 90도1596 판결 등 참조). 원심판결 이유에 의하면 원심은, 비록 피고인의 폭행과 피해자의 사망 간에 인과관계는 인정되지만 판시와 같은 폭행의 부위와 정도, 피고인과 피해자의 관계, 피해자의 건강상태 등 제반 사정을 고려하여 볼 때 피고인이 폭행 당시 피해자가 사망할 것이라고 예견할 수 없었다는 이유로 피고인에 대한 공소사실 중 폭행치사의 점은 범죄의 증명이 없는 경우로서 무죄라고 판단하였는 바, 원심이 들고 있는 제반 사정을 위 법리에 비추어 보면 원심의 위와 같은 판단은 옳은 것으로서 수긍할 수 있고, 거기에 상고이유 주장과 같은 폭행치사죄의 성립 내지 예견가능성에 관한 법리를 오해한 위법 등이 없다.[168] ② 폭행치사죄는 결과적 가중범으로서 폭행과 사망의 결과 사이에 인과관계가 있는 외에 사망의 결과에 대한 예견가능성 즉 과실이 있어야 하고 이러한 예견가능성의 유무는 폭행의 정도와 피해자의 대응상태 등 구체적 상황을 살펴서 엄격하게 가려야 하는 것인바, 피고인이 피해자에게 상당한 힘을 가하여 넘어뜨린 것이 아니라 단지 공장에서 동료 사이에 말다툼을 하던 중 피고인이 삿대질하는 것을 피하고자 피해자 자신이 두어걸음 뒷걸음치다가 회전 중이던 십자형 스빙기계 철받침대에 걸려 넘어진 정도라면, 당시 바닥에 위와 같은 장애물이 있어서 뒷걸음치면

166) 대법원 1983.1.18. 선고 82도697 판결.
167) 대법원 1980.5.27. 선고 80도796 판결.
168) 대법원 2010.5.27. 선고 2010도2680 판결.

장애물에 걸려 넘어질 수 있다는 것까지는 예견할 수 있었다고 하더라도 그 정도로 넘어지면서 머리를 바닥에 부딪쳐 두개골절로 사망한다는 것은 이례적인 일이어서 통상적으로 일반인이 예견하기 어려운 결과라고 하지 않을 수 없으므로 피고인에게 폭행치사죄의 책임을 물을 수 없다.[169)]

(2) 주관적 구성요건

1) 기본범죄의 고의

결과적 가중범은 주관적 구성요건요소로서 기본범죄에 대한 고의를 필요로 하는 것이 원칙이다. 결과적 가중범은 기본범죄의 전형적인 위험이 결과로 실현된 점을 근거로 가중하여 처벌하는 범죄이기 때문에 적어도 중한 결과를 발생시킨 기본범죄의 실행행위에 있어서 그것이 가지는 고도의 위험성을 기초지우는 사정, 예컨대 폭행, 상해 등과 같은 물리력을 인식하고 있지 않으면 안 된다. 다만 기본범죄가 과실로 범하여지는 예외적인 경우에 있어서 주관적 구성요건요소로서는 예외적으로 과실이 요구될 수 있다고 하겠다.

2) 중한 결과에 대한 과실

중한 결과에 대한 과실이란 중한 결과에 대한 과실범의 주관적 구성요건요소로서의 과실을 말한다. 결과적 가중범에 있어서의 중한 결과는 인식의 대상이 아니다. 중한 결과에 대하여 인식이 있는 경우에는 원칙적으로 그 중한 결과에 대한 고의범이 성립할 수 있게 되기 때문이다. 예컨대 상해치사죄에 있어서의 중한 결과인 사망에 대하여 인식과 실현의사가 있는 때에는 살인죄를 구성하게 된다. 다만 중한 결과에 대한 인식이 있는 경우에는 후술하는 바와 같이 부진정결과적 가중범이 성립할 수 있다는 것은 이와는 별개의 문제이다.

한편 중한 결과에 대한 인식이 있더라도 진정결과적 가중범이 아니라고 할 수 없는 경우가 있다. 예컨대 유기치사죄의 경우에 사망의 결과에 대하여 인식이 있어도 유기행위 자체가 살인죄의 객관적 구성요건에 해당하지 않는 이상은 유기치사죄에 그친다고 해야 한다. 또 다른 한편 중한 결과에 대한 과실은 과실범의 주관적 구성요건요소로서의 내용을 그대로 가지고 있다고 해야 한다. 주관적 구성요건요소로서의 과실에는 인식없는 과실 이외에도 인식있는 과실이 존재하기 때문이다. 여기서 주관적 주의의무는 주관적 예견의무와 주관적 회피의무를 그 내용으

---

169) 대법원 1990.9.25. 선고 90도1596 판결.

로 하고 있다고 할 수 있다. 대법원도 과실의 내용으로서는 '행위자가 그 결과를 의도할 필요는 없고 그 결과의 발생을 예견할 수 있으면 족하다'라고 판시하여 결과에 대한 예견가능성을 요구하고 있다.[170] 따라서 행위자에게 행위시에 그 결과의 발생을 예견할 수 없을 때에는 비록 그 행위와 결과 사이에 인과관계가 있다 하더라도 결과적 가중범의 성립을 부정하여 중한 죄로 벌할 수 없다고 해야 한다.[171] 중한 결과에 대한 과실이 있었으나 중한 결과가 발생하지 않은 경우에는 결과적 가중범의 미수가 아니라 기본범죄만 성립한다.

3. 부진정결과적 가중범의 구성요건

부진정결과적 가중범이란 결과에 대한 예견가능성이 있었음에도 불구하고 예견하지 못한 경우뿐만 아니라 고의가 있는 경우까지도 포함하고 있다는 점에서 중한 결과에 대하여 예견가능성이 있었음에도 불구하고 예견하지 못한 진정결과적 가중범과 구별된다.[172] 부진정결과적 가중범의 성립요건은 진정결과적 가중범의 그것과 거의 동일하기 때문에 특히 유의하여야 할 부분에 한정하여 살펴보기로 한다.

(1) 객관적 구성요건

부진정결과적 가중범과 진정결과적 가중범에 있어서의 객관적 구성요건은 차이가 있을 수 없다. 따라서 진정결과적 가중범의 객관적 구성요건인 기본범죄행위, 중한 결과의 발생 및 인과관계와 직접성의 원칙은 부진정결과적 가중범의 객관적 구성요건에도 그대로 적용된다고 할 수 있다. 다만 고의범과 고의범의 결합범의 형태를 가지는 부진정결과적 가중범의 실행행위는 고의행위와 고의행위의 결합이 된다는 점에서 고의행위와 과실행위의 결합형태를 가지는 진정결과적 가중범의 실행행위와 구별된다고 하지 않을 수 없다.

(2) 주관적 구성요건

부진정결과적 가중범과 진정결과적 가중범에 있어서의 결정적인 차이점은 주관적 구성요건에서 발견된다. 진정결과적 가중범은 중한 결과가 과실로 초래된 경

170) 대법원 2014.7.24. 선고 2014도6206 판결; 대법원 2010.5.27. 선고 2010도2680 판결; 대법원 1997.10.10. 선고 97도1720 판결.
171) 대법원 1988.4.12. 선고 88도178 판결.
172) 대법원 1995.1.20. 선고 94도2842 판결; 대법원 1990.6.26. 선고 90도765 판결.

우만을 의미하지만, 부진정결과적 가중범이란 중한 결과가 고의에 의하여 야기된 경우까지 포함하고 있다고 이해되고 있기 때문이다. 따라서 부진정결과적 가중범의 주관적 구성요건요소로서는 진정결과적 가중범의 그것인 기본범죄에 대한 고의 또는 예외적인 경우에는 과실과 중한 결과에 대한 과실이 그대로 적용된다고 해야 한다. 이 외에도 부진정결과적 가중범의 주관적 구성요건요소로서는 중한 결과에 대한 고의를 추가하여 이해할 수 있다고 본다. 대법원도 "부진정결과적 가중범은 예견가능한 결과를 예견하지 못한 경우뿐만 아니라 그 결과를 예견하거나 고의가 있는 경우까지도 포함하는 것"이라고 판시한 바 있다.[173)]

(3) 죄 수

부진정결과적 가중범의 죄수와 관련하여 대법원은 "고의로 중한 결과를 발생케 한 경우에 무겁게 벌하는 구성요건이 따로 마련되어 있는 경우에는 당연히 무겁게 벌하는 구성요건에서 정하는 형으로 처벌하여야 할 것이고, 결과적 가중범의 형이 더 무거운 경우에는 결과적 가중범에 정한 형으로 처벌할 수 있도록 하여야 할 것이므로, 기본범죄를 통하여 고의로 중한 결과를 발생케 한 부진정결과적 가중범의 경우에 그 중한 결과가 별도의 구성요건에 해당한다면 이는 결과적 가중범과 중한 결과에 대한 고의범의 상상적 경합관계에 있다고 보아야 할 것이다"라고 판시한 바 있다.[174)]

4. 결과적 가중범의 공범

(1) 결과적 가중범의 공동정범

결과적 가중범의 공동정범에 대하여는 그 성립이 인정되고 있다. 결과적 가중범을 고의범과 과실범의 결합범으로 파악할 때 공동정범 각자에게 기본범죄에 대한 공동의사와 중한 결과에 대한 과실이 동시에 그 성립요건이 된다고 해야 한다. 판례도 공동정범 각자에게 결과를 공동으로 할 의사는 필요 없지만, 기본범죄를 공동으로 할 의사와 중한 결과에 대한 예견가능성이 있으면 족하다고 하고 있다.[175)] 결국 기본범죄에 대한 공동정범의 전원이 중한 결과에 대하여 공동의 과실

173) 대법원 1995.1.20. 선고 94도2842 판결; 대법원 1990.6.26. 선고 90도765 판결.
174) 대법원 1995.1.20. 선고 94도2842 판결.
175) 대법원 1997.10.10. 선고 97도1720 판결; 대법원 1967.3.7. 선고 67도178 판결.

이 있는 경우에는 결과적 가중범의 공동정범을 인정하는 데에는 과실의 공동정범의 인정여부와는 무관하게 이견이 없다. 따라서 중한 결과에 대하여 과실이 있는 자와 과실이 없는 자가 기본범죄를 공동으로 범한 때에는 과실이 없는 자는 기본범죄에 대하여만 공동정범이 된다고 할 수 있다. 이에 관한 판례의 구체적 내용은 다음과 같다. 즉,

① 공동정범에 있어서는 범인전원이 일정한 일시, 장소에 집합하여 모의한 바 없고 또 일부가 현실적으로 범죄실행에 가담한 일이 없다고 하여도 간접적 또는 순차적으로 범행의 포괄적 또는 개별적인 의사연락이 있으면 전체에 대하여 공동정범이 성립하는 것이고, 또 결과적 가중범에 있어서의 공동정범은 행위를 공동으로 할 의사가 있으면 성립하고 결과를 공동으로 할 의사는 필요없다.[176] ② 도망하던 절도공범의 한 사람이 체포를 면할 목적으로 추격하는 피해자에게 폭행을 가하여 상해를 입힌 경우에는 다른 공범자 역시 그 폭행을 전혀 예기하지 못한 것으로 볼 수 없는 이상 강도상해의 형사책임을 면할 수 없다.[177]

(2) 결과적 가중범의 교사범과 방조범

결과적 가중범의 교사범과 방조범에 대하여도 그 성립이 인정되고 있다. 다만 결과적 가중범에 대한 교사범 또는 방조범이 성립하기 위해서는 기본범죄에 대한 교사 또는 방조 이외에도 중한 결과에 대한 교사범 또는 방조범의 과실이 요구된다.

5. 결과적 가중범의 위법성과 책임

결과적 가중범의 위법성과 책임에 있어서도 다른 범죄의 성립요건에 있어서의 그것과 기본적으로는 다를 것이 없다. 다만 고의에 의한 기본범죄의 부분과 중한 결과의 발생에 대한 과실범의 부분이 위법성과 책임을 판단함에 있어서는 각각의 판단단계에서 동시에 모두 검토되어야 한다는 것이 유의점이라고 할 수 있다.

176) 대법원 1990.6.26. 선고 90도765 판결.
177) 대법원 1967.3.7. 선고 67도178 판결.

제 7 장 위법성론

제 1 절 서 설

Ⅰ. 위법성의 개념

1. 위법성의 의의

위법성(違法性, Rechtswidrigkeit)이란 특정한 행위가 법령에 위반한다는 성질, 즉 구성요건에 해당하는 특정한 행위가 법적으로 허용되지 않는다는 성질을 말한다. 흔히 범죄란 구성요건에 해당하는 위법하고 유책한 행위를 말한다. 여기서 위법성은 구성요건 해당성 다음으로 제2의 범죄성립요건이 된다. 그런데 형법에서의 위법성이란 특정 행위가 구성요건에 해당하고 정당화사유가 존재하지 않는 경우를 말한다. 대개 위법은 불법과 동의어로 사용되기도 하지만, 경우에 따라서는 구별되어 사용되기도 한다. 양자를 구별하는 경우 위법이란 법령위반을 의미함에 반하여 불법이란 법령위반은 없지만 단순히 도덕적 비난에 그치거나 민사법에서처럼 부당한 경우를 포함하는 개념을 말한다. 특히 형법에서 범죄 2단계설을 취하는 경우 범죄 3단계설에서 말하는 구성요건과 위법성을 통합하여 이를 불법이라고 지칭하는 경우도 있다.

구성요건은 위법유형이기 때문에 행위가 구성요건에 해당하면 통상의 경우 그 행위는 위법성을 구비한다. 그러나 구성요건에는 해당하지만 법률상 허용되는 경우로서 위법성을 조각하는 경우가 있다. 구성요건에 해당하는 행위에 대하여 예외적으로 위법성을 배제하는 사유를 위법성조각사유 또는 정당화사유라고 한다. 형법은 위법성조각사유로서 정당행위(제20조), 정당방위(제21조), 긴급피난(제22조), 자구행위(제23조) 및 피해자의 승낙(제24조)에 관하여 명문으로 규정하고 있다. 위법성조각사유의 실질적 근거에 관한 이론을 위법성론(違法性論) 또는 위법론(違法論)이라고 한다.

한편 형법상의 위법성은 다른 법률에서의 그것과 다를 수 있다. 예컨대 과실로 타인의 물건을 손괴한 경우 민법상으로는 위법성이 인정되어 불법행위에 의한 손해배상책임이 발생하지만, 형법상으로는 과실에 의한 재물손괴죄에 관한 규정이 없기 때문에 위법성이 인정되지 않는다. 한 국가의 법질서는 각 법률 사이의 통일성과 정합성이 유지되는 것이 바람직하다. 그럼에도 불구하고 형법상의 위법성과 다른 법분야, 예컨대 민법, 행정법 또는 노동법 등에서의 위법성이 다를 수 있다는 것은 각각의 법분야는 각각의 고유한 사명과 기능을 수행하고 있기 때문이라고 할 수 있다. 이와 같이 법분야 간 위법성은 상대적이라고 할 수 있다(위법의 상대성). 따라서 다른 법분야에서의 위법성이 형법분야에서는 다르게 평가된다고 하더라도 그것이 형법의 원리를 벗어나지 않는 한 법질서의 통일성과 정합성을 해치는 것이라고 할 수는 없다(위법다원론).

2. 형식적 위법성과 실질적 위법성

형식적 위법성(形式的 違法性, formelle Rechtswidrigkeit)이란 행위가 단순히 형벌법규(실정법)에 위반하는 것이 위법성이라고 하는 견해를 말한다. 법규정이라는 형식을 기준으로 위법성의 여부를 판단하기 때문에 붙여진 이름이다. 이는 실정법주의에 입각한 것으로 구성요건에 해당하면 곧 형식적 위법성이 추정된다는 메르켈(Adolf Merkel, 1836~1896)과 빈딩(Karl Lorenz Binding, 1841~1920)에 의하여 주장되었다. 그러나 형식적 위법성론은 법에 위반하는 것이 위법이라고만 할 뿐 무엇 때문에 법이 위법이라고 하는 것인지 위법성의 실체에 관하여는 명확하게 하지 않았다.

실질적 위법성(實質的 違法性, materielle Rechtswidrigkeit)이란 법규범이라는 형식{실정법}에 대한 위반이 아니라 법규범에 대한 실질에 위반하는 것이 위법성이라고 하는 견해를 말한다. 위법성의 단계에서 구성요건에 해당하는 행위에 대하여 최종적으로 위법여부를 판단함에 있어서 적극적으로 검토하지 않으면 안 되는 것은 행위의 실질적 위법성이다. 구성요건에 해당하는 행위라고 하더라도 실질적 위법성이 없으면 위법성이 조각되기 때문이다. 다만 실질적 위법성의 내용에 대하여는 견해가 일치하지 않고 있다. 예컨대 리스트(Franz Eduard von Liszt, 1851~1919)에 의하면 사회침해적 거동 또는 법익에 대한 침해·위험이, 마이어(Max Ernst Mayer, 1875~1923)에 의하면 국가에 의하여 승인된 문화규범(Kulturnorm)에 위반하는 태도가 각각 실질적 위법성의 내용이라고 주장되었다. 여기서 리스트와 같이 법익에 대한 침해 또는 위험이 위법성이라고 하는 견해를 법익침해설(法益侵害說), 마이어와 같이 사회윤리규범에 위반하는 것이 위법성이라고 하는 견해를 규범위반설(規範違反說)이라고 한다. 한편 법익침해설과 규범위반설은 각각 결과반가치론(結果反價値論)과 행위반가치론(行爲反價値論)으로 발전하게 된다. 행위가 구성요건에 해당하면 그 행위에 형식적 위법성이 있다는 것까지는 문제없이 추정된다. 그러나 구성요건해당성이 있는 행위 모두에 실질적 위법성이 구비되어 있는 것은 아니다. 위법성조각사유에 해당하는 행위와 같이 형식적 위법성은 존재하지만 실질적 위법성이 존재하지 않는 행위도 있다. 따라서 행위에 대한 형법상의 위법성은 해당 행위가 법적으로 허용되지 않는 것인가 허용되는 것인가의 실질적 위법성의 판단을 거쳐 최종적으로 확정되는 것이다.

한편 형법상 형식적 위법성과 실질적 위법성에 대한 판단기준은 각각 형법과 사회상규라고 생각된다. 왜냐하면 형식적 형벌규정으로서는 형법을 제정해놓고 있고, 나아가 후술하는 바와 같이 형법은 실질적 위법성을 판단하는 최종적인 기준으로서 일반적 위법성조각사유인 정당행위에 관하여 규정하고 있을 뿐만 아니라 그 한계기준으로서 사회상규라는 개념을 설정하고 있다고 해석되기 때문이다.

3. 객관적 위법성론과 주관적 위법성론

객관적 위법성론(客觀的 違法性論)이란 일찍이 고전학파에 의하여 주장된 이론으로서 법규범을 평가규범(評價規範)으로 이해하는 데에서부터 출발한다. 이에 의하면 법을 평가규범과 결정규범으로 나누고 평가규범에 객관적으로 위반하는 것이 위법이고, 결정규범에 주관적으로 위반하는 것이 책임이라고 주장하였다. 여기서 행위의 위법성은 행위자의 고의·과실, 책임능력의 유무와는 관계가 없고, 객관적으로 법질서에 모순되는 사태가 발생한 이상은 위법으로 된다. 따라서 책임무능력자의 행위도 위법이라고 평가하게 된다. 극단적으로 주장하면 동물의 행동이나 자연현상까지도 위법하다고 평가할 수 있게 된다.

주관적 위법성론(主觀的 違法性論)이란 근대학파에 의하여 주장된 이론으로서 법규범을 명령규범(命令規範)·금지규범(禁止規範)으로 이해하는 데에서부터 출발한다. 이에 의하면 행위자는 법규범의 명령·금지에 따라서 행위하는 것이 가능함에도 불구하고 그것에 위반하는 것이 위법이라고 한다. 여기서 위법성은 책임능력 있는 자의 고의·과실에 의한 행위에 대하여만 문제가 되고, 책임능력이 없는 자의 행위는 항상 위법성을 가지지 않게 된다고 한다. 따라서 책임무능력자의 행위에 대하여는 위법이라고 평가할 수 없을 뿐만 아니라 인간의 행위가 아닌 동물의 행동이나 자연현상에 대하여는 당연히 위법이라고 평가할 수는 없게 된다.

원래 객관적 위법성론이 전통적인 학설의 입장이었다. 그러나 객관적 위법성론은 19세기 후반에 이르러 메르켈(Adolf Merkel, 1836~1896)이 주장한 주관적 위법성론으로부터 비판을 받았다. 메르켈의 주관적 위법성론에 대하여는 예링(Rudolf von Jehring, 1818~1892)과 메츠거(Edmund Mezger, 1883~1962) 등의 객관적 위법성론으로부터 반론이 제기되었다. 그 결과 주관적 위법성론은 서서히 지지자를 잃게 되었고, 현재는 객관적 위법성론만이 남아 통설의 견해로 되었다. 이에 의하면 형법규범은 평가규범과 결정규범으로서의 양측면을 모두 가지고 있다고 보고, 평가규범에 대한 위반이 위법으로 되고 결정규범에 대한 위반은 책임으로 된다고 이해하게 되었다.

4. 결과반가치론과 행위반가치론

객관적 위법성론에 의한다고 하더라도 그 내부에서는 견해가 일치하지 않고 있다. 위법성의 실질에 관한 법익침해설과 규범위반설의 대립이 그것이다. 또 법익침해설과 규범위반설은 각각 결과반가치론과 행위반가치론으로 연결된다.

결과반가치론(結果反價値論)이란 위법성의 실질을 결과반가치(Erfolgs-unwert)라고 하는 견해를 말한다. 즉, 위법성의 실질을 행위에 의하여 야기된 결과에 대한 부정적 평가라고 하는 견해이다. 예컨대 살인죄의 경우 기수에 있어서는 사망이라는 결과, 미수에 있어서는 사망의 위험의 발생이라는 결과가 위법이라고 한다. 이에 반하여 행위반가치론(行爲反價値論)이란 위법성의 실질을 행위반가치(Handlungs-unwert)라고 하는 견해를 말한다. 즉, 위법성의 실질을 결과와는 분리된 행위 그 자체에 대한 부정적 평가라고 하는 견해이다. 예컨대 살인죄의 경우 기수 또는 미수에 있어서 사람을 살해하려고 하는 행위의 악성(惡性), 즉 살의(殺意) 또는 살해의 행위태양(行爲態樣)이 위법성의 기초가 된다고 한다.

통상 결과반가치론은 사후의 판단으로서 위법성의 실질을 법익의 침해 또는 위험이라고 하는 법익침해설과 동일시되고 있고, 행위반가치론은 행위시의 판단으로서 위법성의 실질을 행위의 반규범성이라고 하는 규범위반설과 동일시되고 있다. 한편 법익침해설만을 주장하는 견해도 유력하지만, 다수설은 법익침해설과 규범위반설을 절충하여 결과반가치론과 행위반가치론을 모두 고려하는 이원론(二元論)을 주장하고 있다. 이원론의 명칭은 다양하게 불릴 수 있겠으나, 여기에서는 이원적 불법론(二元的 不法論)이라고 이름하기로 한다.

Ⅱ. 위법성론의 전개

실질적 위법성의 내용에 관하여는 역사적으로 견해가 일치하지 않는다. 위법성의 본질에 관하여는 각각의 시대상황이 다양한 만큼 그에 상응하여 다양한 견해가 주장되어 왔다. 그러나 각각의 견해들의 목표가 공통적으로 인권의 보장에 맞추어져 있었다는 점을 읽을 수 있다. 위법성의 본질론 또는 범죄의 본질론에 관하여 개략적으로 연혁적 고찰을 하면 아래와 같다.[1)]

1. 약 사

(1) 의무위반설

인간이 초월적 가치나 권위에 의존하여 삶을 영위하던 시대에는 신(神)에 대한 경건한 기도는 미덕이 되고, 신에 대한 반항은 악덕, 즉 범죄가 된다고 하였다. 다시 말해서 신에 대한 충성의무의 위반이 곧 범죄라는 것이다. 1532년 카롤리나 형법전도 전능한 신 또는 성모 마리아에 대한 모독은 생명형, 신체형에 처하였고(제106조), 마법에 의한 가해(加害)는 화형(火刑)에 처하였다(제109조). 또 신성한 현시대(顯示臺)의 절도도 화형(火刑)에 처하였다(제172조). 18세기에 이르러서도 1794년 프로이센 일반란트법 제2부 제20장(범죄와 형벌)은 처벌보다는 예방의 원칙을 규정하였고(제1조, 제2조), 종교에 대한 공연모욕(公然侮辱)을 강하게 비난하지 않으면 안 된다고 규정하였고(제3조), 제20장 제6절에 다수의 종교범죄(종교단체모욕)를 규정하고 있었다(제214조 이하). 그러나 의무위반설에 대하여는 법과 도덕이 미분화한 상태에서 윤리적 의무와 법적 의무가 구별되지 않은 채로 윤리적 의무도 법적 의무와 동일하게 처벌되었다고 평가할 수 있다. 이와 같이 의무위반설은 소위 중세형법이 가장 큰 범죄로 여겼던 신성모독을 처벌하기 위하여 생각만으로도 처벌하였던 소위 의사형법(意思刑法)의 근거가 되었던 것이다.

(2) 권리침해설

18세기에 이르자 칸트, 베카리아, 포이에르바하 등의 사상가들에 의하여 범죄

1) 內田文昭, "法益侵害と行爲無價値の諸問題", 神柰川法學 第40卷 第3号, 神奈川大学 神奈川大学法学会, 2008.3.28, 746~750頁 참조. 이에 관하여는 URL: http://klibredb.lib.kanagawa-u.ac.jp/dspace/handle/10487/8247 참조.

의 관점은 신으로부터 인간으로 이행되었다. 범죄란 신에 대한 충성위무의 위반이 아니라 인간의 세속적 가치에 대한 위반으로 파악되었다. 특히 포이에르바하(Paul Johann Anselm von Feuerbach, 1775~1833)에 의하면 신은 부도덕도 처벌할 수 있었지만, 국가는 위법행위, 즉 권리침해를 금지하는 것으로 만족하지 않으면 안 된다고 하였다. 칸트와 같이 포이에르바하도 자율적 인륜의 완성·시민정신의 함양만이 국가의 궁극적인 임무이지만, 특히 형법의 임무는 그 중의 하나, 즉 위법행위·권리침해의 금압에 한정되어야 한다고 보았다.[2] 포이에르바하도 의무의 관념을 무시한 것은 아니다. 그러나 그 의무는 신이나 인륜(人倫)에 대한 의무가 아니라 형법적 의무, 즉 권리침해의 방지에 관한 의무를 의미하였다.[3] 따라서 권리침해를 발생시키지 않는 단순히 법질서·법적 안정성에 위험을 주는 것에 지나지 않는 풍속범이나 성범죄의 다수는 범죄가 아니라고 하였다.[4] 1813년 바이에른 형법도 서장(序章)에서 위법과 부도덕의 준별을 강조하고, 국가·개인의 법·권리침해 내지 외부적 의무위반이 없는 한 수간(獸姦), 남색(男色), 신성모독(神聖冒瀆) 등도 형법의 외부에 있다고 규정하였다(바이에른 형법 제9조).

(3) 법익침해설

권리침해설에 의하여 신에 대한 범죄로부터 인간에 대한 범죄로 이행된 후 범죄란 권리침해뿐만 아니라 선량한 풍속위반이나 신성모독 등의 종교적 감정에 대한 침해도 포함하는 법익침해(法益侵害, Rechtsgutverletzung)로서 파악되어야 한다는 주장이 비른바움(Johann Michael Franz Birnbaum, 1792~1877)에 의하여 제기되었다.[5] 이로부터 법익에 대한 침해를 범죄라고 하는 범죄관이 지배적인 견해로서 널리 통용되게 되었다. 이 견해는 후술하는 바와 같이 벨첼에 의하여 행위반가치론이 등장함에 따라 그때부터 그에 대조하여 결과반가치론(結果反價値論)으로 호칭되게 되었다. 결과반가치(結果反價値, Erfolgsunwert)란 위법성의 본질을 법익의 침해라고 하는 결과에서 구하는 법익침해설의 견해를 말한다. 물적 위법론(物的 違法論) 또는 물적 불법론(物的 不法論)이라고도 한다. 결과반가치란

---

2) Feuerbach, Kritik des natürlichen Rechts, 1796, S. 95ff., 139ff., 230ff., 237ff., 247ff., 267ff., 276ff. Usw.; ders., Revision, Bd. 1, 1ff., 23f., 34f., 39ff., 65ff.

3) Feuerbach, Kritik des natürlichen Rechts, 1796, S. 237ff., 276ff., 289ff.

4) Feuerbach, Lehrbuch, 11. Aufl., §§ 22, 303ff., 432, 449ff.

5) Birnbaum, Über das erforderniß einer Rechtsgutverletzung zum Begriff des Verbrechens, mit besonderer Rücksicht auf den Begriff der Ehrenkränkung, Archiv des Criminalrechts, Neue Folge, 1834, 2.Stück, S. 149ff., 156ff., 172ff., 184ff., 190ff.

결과범에 있어서 형법이 가지고 있는 법익보호기능에 위반하는 것을 의미한다. 결과반가치론은 미수의 가벌성을 설명하기 위하여 법익침해뿐만 아니라 법익침해의 위험도 결과반가치의 개념 속에 포함시키고 있다. 결과반가치론은 구성요건과 위법성의 단계까지는 일체의 주관적 요소를 고려해서는 안 된다는 주장을 수반하고 있다. 다시 말해서 결과반가치론은 위법 또는 불법이란 객관적 평가규범(objective Bewertungsnorm)에 위반하는 것을 의미하며, 의사결정규범은 책임귀속에 해당한다는 점에 입각하고 있다고 할 수 있다.

그러나 결과반가치론에 대하여는 몇 가지의 점에서 비판이 가하여지고 있다. 첫째, 형법이 평가규범임과 동시에 의사결정규범이라는 점을 간과하였다는 점이다. 둘째, 법익을 침해하는 행위일지라도 불법하지 않은 행위가 있을 수 있기 때문에 결과발생만으로 불법을 인정하여 불법개념이 무제한하게 확대된다는 점이다. 셋째, 살인죄 · 상해치사죄 · 과실치사죄와 같이 동일한 결과가 발생한 경우에 왜 처벌을 달리하는가를 설명하지 못한다는 점이다.

(4) 신의무위반설

법익침해라는 개념을 대신하여 다시 의무위반이라는 개념을 가지고 신성모독이나 공연외설(公然猥褻)의 범죄성을 설명하려는 견해가 등장하였다. 페르네크(Alexander Ferneck, Hold von 1875~1955)는 법을 신으로부터 해방하여 공동생활이익을 옹호하기 위한 국가적 관심으로 파악하면서 그 수단으로서의 의무개념을 법체계의 핵심이라고 주장하였다.[6] 그는 주관적인 법이나 권리에 대한 침해 없이도 공동생활이익의 옹호를 위한 의무위반으로서의 범죄는 존재할 수 있다고 하면서 그 예시로서 신성모독과 공연외설을 들었다. 이리하여 포이에르바하에 의하여 권리침해성이 부정되었던 신성모독 또는 공연외설은 비른바움에 의하여 법익침해성이 긍정되었다가, 페르네크에 이르러 권리침해 없는 의무위반(Pflichtverletzung)으로서 다시 범죄로 파악되었다. 페르네크에 의하면 위법이란 의무위반이고, 유아나 정신병자는 의무위반을 할 수 없기 때문에 처음부터 법규범의 밖에 있다고 하였다.[7] 부언하면, 이것이 바로 페르네크의 주관적 위법성론이다. 그러나 공동생활이익의 침해에 대한 고려 없이 의무위반

---

6) Ferneck, Die Rechtswidrigkeit, Bd. I, 1903, S. 19ff., 94ff., 109f., 150f., 378. 이는 1899년에 박사학위(Doctor iuris Wien 1899)를 받은 그가 공무원으로 근무하고 있을 당시 18개월의 휴가를 얻어 작성한 교수자격논문(Habilitationsschrift)이다.

7) Ferneck, Die Rechtswidrigkeit, Bd. I, 1903, S. 149ff., 200ff.

만을 강조하는 견해에 대하여는 중대한 의문이 제기되지 않을 수 없었다.

한편 페르네크에 의하여 되살아난 의무위반설의 불씨는 나치 시대를 맞이하여 큰 불로 번졌다. 나치 당시의 범죄관의 특징은 범죄를 독일 민족공동체에 대한 '충성의무'의 위반으로 파악한 점에 있다. 샤프슈타인(Friedrich Schaffstein, 1905~2001)은 포이에르바하의 개인주의적 자유주의사상에 대한 부정을 통하여 건전한 민족감정 · 민족의 인륜질서에 위반하는 작위 · 부작위(의무위반)가 제1차적으로 범죄의 불법성분을 형성하기 때문이고 그 불법의 질과 양을 음미할 때에 처음부터 제2차적으로 침해된 법익의 특성이 고려될 수 있음에 지나지 않는다고 주장하였다.[8] 갈라스(Wilhelm Gallas, 1903~1989)는 민족공동체의 법이념으로부터 위증죄, 명예훼손죄, 사기죄 등의 불법성분(윤리적 의의)조차 법익침해만을 가지고서는 설명할 수 없다고 하여 의무위반으로서의 범죄를 강조하였다.[9] 신성모독은 갈라스에 있어서도 범죄의 가능성은 충분하였다.[10] 결국 위법성을 신에 대한 충성의무위반이라고 파악했던 과거의 의무위반설은 신의무위반설에 이르러 위법성의 본질은 페르네크에 의하여 국가적 공동생활 의무위반으로 파악되었고, 샤프슈타인과 갈라스에 의하여 민족공동체에 대한 충성의무위반으로 파악되었다고 할 수 있다. 이러한 견해들은 모두 법적 의무 외에 윤리적 의무까지 범죄로 파악하였다는 점에서 공통된다고 할 수 있다.

(5) 행위반가치론

나치 독일의 붕괴에 의하여 법익침해로서의 범죄는 다시 부활하였다. 그러나 이에 대하여는 심각한 반성을 촉구하는 논의가 진행되었다. 벨첼(Hans Welzel, 1904~1977)에 의하면 범죄의 실질은 법익침해만을 요구하는 형법의 소극적인 태도에서 찾을 것이 아니라 법익의 존중이라는 시민정신의 확립을 요구하는 형법의 보편적이고 적극적인 사명에서 찾아야 한다고 주장하였다.[11] 벨첼은 이러한 시민정신의 함양기능

---

8) Schaffstein, Das Verbrechen als Pflichtverletzung, Gleispach-Festschrift, 1935, S. 108ff.; ders., Die unechte Unterlassungsdelikte im System der neuen Strafrecht, Gleispach-Festschrift, 1936, S. 70ff.

9) Gallas, Zur Kritik der Lehre vom Verbrechen als Rechtsgutsverletzung, Gleispach-Festschrift, 1936, S. 50ff.

10) Gallas, Zur Kritik der Lehre vom Verbrechen als Rechtsgutsverletzung, Gleispach-Festschrift, 1936, S. 55.

11) Welzel, S. 1ff., 4ff., 238ff.; ders., Über den substantiellen Begriff des Strafgesetzes, Kohlrausch-Festschrift, 1944, S. 101ff.; ders., Recht und Sittlichkeit, Schaffstein-Festschrift, 1975, S. 45ff.

을 형법에서 구하고 이를 형법의 '사회윤리적 기능'이라고 하고, 이로써 법익보호 기능을 대체하였다. 벨첼은 법익침해라는 결과는 다분히 우연성의 계기를 포장하는 것임에 반하여 행위는 맹목적적인 인과성을 조정할 수 있는 목적성에 의하여 지도된 현상이기 때문에 형법은 결과보다는 행위를 중시하지 않으면 안 된다고 주장하였다. 소위 행위반가치론의 주장이다.[12] 행위반가치론(行爲反價値論)이란 벨첼이 목적적 행위론·인적 불법론(人的 不法論, personale Unrechtsauffassung)을 제창하면서 위법성의 실질에 있어서의 법익침해설을 결과반가치론이라고 비판하기 위하여 정립한 이론이다. 즉, 행위반가치론은 전체주의화하는 나치정권하에서 종래의 법익침해설을 기조로 하는 자유주의적 구파형법이론을 극복하기 위하여 등장한 개념이었다.

벨첼은 형법의 임무가 사회윤리의 심정(행위)가치의 보호에 있다고 보았다. 벨첼은 또한 종래 책임요소로 되어 있던 고의를 목적을 실현하기 위한 수단인 행위의 본질적 요소라고 하여 목적적 행위론을 취하고 고의를 구성요건의 주관적 요소라고 하였다. 동시에 벨첼은 심정(행위)가치의 부정인 행위반가치야말로 모든 범죄에 있어서의 일반적 반가치요소로 불법의 본질을 이루는 것이라고 하였다. 이와 같은 관점에서 결과반가치는 인적으로 위법한 행위의 내부에서만 의의를 가지는 비본질적인 부분요소에 지나지 않는다고 비판하였다. 예컨대 결과반가치가 결여되어도 행위반가치가 남아 있는 경우에는 처벌이 가능하다고 하고, 가벌적 불능범에 있어서는 주관설이 채택되게 되었다. 또 벨첼은 경제적 성장을 알리는 당시의 사회적 상황에 부응하여 모든 위험한 행위를 금지하면 사회는 정체된다고 보고, 결과반가치가 발생하여도 행위반가치를 결한 경우에는 처벌이 허용되지 않는다고 하여 소위 '허용된 위험'의 법리를 제창한 바 있다. 결국 벨첼의 행위반가치론은 나치의 윤리적 의무위반설을 법적 의무위반설로 대체한 이론이라고 평가할 수 있다. 이와 같이 벨첼은 형법의 임무를 사회윤리의 심정가치의 보호에 있다고 하여 위법성의 실질에 있어서 규범위반설을 취하고 있었기 때문에 행위반가치라는 개념도 규범위반설의 연장선상에 있는 것으로서 이해되고 있었다. 벨첼의 형법이론은 행위반가치만을 불법의 본질요소로 하는 행위반가치 일원론이다.

행위반가치(行爲反價値, Handlungsunwert)란 위법성의 본질을 행위의 규범위반성에서 구하는 규범위반설의 견해를 말한다. 인적 위법관(人的 違法觀)이라고도 한다. 결과반가치와 행위반가치라는 개념의 대립은 목적적 행위론의 주창자인 벨첼로부터 시작되었다.

12) Welzel, S. 1ff., 33ff., 39ff., 62ff., 127ff., 135ff.

벨첼에 의하면 불법의 근거는 의사결정규범으로서의 금지규범에 대한 위반에서 구하여졌다. 금지규범이 금지할 수 있는 것은 결과가 아니라 행위뿐이기 때문에 결과는 금지의 대상에서 제외되고 행위만을 금지의 대상으로 하게 되었다. 뿐만 아니라 결과는 우연에 의하여 발생할 수도 있기 때문에 불법에 있어서 중요하지 않다고 하게 되었다. 이에 의하면 고의범에 있어서의 기수나 미수도 원칙적으로는 동일하게 처벌되어야 하였고 과실범에 있어서는 결과의 발생이 아니라 주의의무 위반이 결정적인 것이라고 하게 되었다. 이 견해를 철저히 하게 되면 범죄의 결과는 범죄의 본질적 요소가 아니고 객관적 처벌조건에 지나지 않는다고 하기 때문에 행위반가치 일원론에 이르게 된다. 한편 행위반가치론의 입장에서도 행위반가치만이 위법성을 결정하고 결과의 발생은 객관적 처벌조건에 지나지 않는다고 하는 일원적 행위반가치론(Zielinski, Horn 등)과 결과반가치와 함께 행위반가치를 병행하여 위법성의 판단을 하여야 한다는 이원적 행위반가치론이 있다.

그러나 행위반가치론에 대하여는 몇 가지의 점에서 비판이 가하여지고 있다. 첫째, 형법은 결정규범임과 동시에 평가규범이며, 금지의 대상은 행위만이 아니라 법익침해를 목적으로 하는 행위라는 점을 간과하였다는 점이다. 둘째, 미수와 기수 사이의 형량의 차이는 행위반가치만으로는 설명할 수 없고 결과반가치를 함께 고려할 때 가능하다는 점이다. 셋째, 객관적 처벌조건은 형벌권의 발생여부만을 결정할 수 있을 뿐이고, 형벌의 종류와 정도를 결정할 수 없다는 점이다. 넷째, 과실범에 있어서 결과를 고려하지 않을 때에는 과실치사와 과실치상을 동일하게 처벌하지 않을 수 없는 부당한 결과를 초래한다는 점이다. 다섯째, 형법의 사회윤리적 행위가치보호기능만을 강조하므로 법과 윤리의 독자적 영역과 기능을 무시하게 되어 심정형법화(心情刑法化)할 우려가 있다는 점이다.

(6) 이원적 불법론

위법성의 본질에 관하여는 법익침해설로부터 규범위반설로 발전하여 왔다. 즉, 법질서에 반하는 결과가 위법이라는 결과반가치론으로부터 법질서에 반하는 행위가 위법이라는 행위반가치론으로 발전하여 왔다는 것이 위법성의 본질 또는 실질적 위법성에 관한 역사였다. 이원적 불법론(二元的 不法論)이란 결과반가치와 함께 행위반가치도 병행하여 고려하는 입장을 말한다. 이러한 의미에서 이원적 불법론을 결과반가치론 · 행위반가치론이라고도 할 수 있다.

결과반가치론에 의하면 형법의 임무 또는 기능은 법익의 보호에 그치고 그 이상으로 사회윤리질서의 유지라는 역할은 고려되어서는 안 된다고 한다. 이에 반하여 행위반가치론에 의하면 형법의 임무 또는 기능은 법익의 보호뿐만 아니라 그것과는 별도로 사회윤리질서의 유지라는 역할도 수행해야 한다고 주장한다. 예컨대 형법은 살인죄와 과실치사죄 사이에 법정형을 달리 규정하고 있지만, 피해자의 생명의 침해라는 점에서는 양죄 사이에 차이가 없다고 할 수 있다. 여기서 결과반가치론의 입장에서는 결과반가치가 동일하기 때문에 양죄의 차이를 책임의 차이에 의하여 설명하게 된다. 이에 반하여 행위반가치론의 입장에서는 양죄의 위법성에서부터 동일할 수 없기 때문에 양죄를 달리 규정한 것은 행위반가치론을 고려한 결과라고 주장한다. 현재 위법성이 본질에 관하여 결과반가치와 함께 행위반가치도 고려하는 소위 '이원적 불법론'이 다수설의 입장으로 되어 있다.

2. 체계적 지위

위법성의 실질에 관한 결과반가치론과 행위반가치론 및 결과반가치 · 행위반가치론의 체계적 지위에 관하여는 견해가 일치하지 않고 있다. 이들은 원래 위법성의 실질, 즉 범죄의 본질에 관한 견해의 대립으로 논의되어 왔으나, 구성요건과 위법성을 통합한 불법개념이 등장함에 따라 위법의 실질에 관한 견해의 대립은 불법의 본질에 관한 견해의 대립으로도 주장되었기 때문이다. 첫째, 위법본질설이다. 위법본질설(違法本質說)은 결과반가치론, 행위반가치론 또는 결과반가치론 · 행위반가치론을 위법성의 본질에 관한 이론으로 파악하는 입장을 말한다. 주로 범죄론체계에 있어서 3단계론의 입장에서 주장하는 견해라고 이해할 수 있다. 위법성의 실질에 대한 법익침해설은 결과반가치를 중시하는 결과반가치론의 입장이고, 규범위반설은 행위반가치를 중시하는 행위반가치론의 입장이라는 것에 관하여는 이미 언급한 바 있다. 둘째, 불법본질설이다. 불법본질설(不法本質說)은 결과반가치론, 행위반가치론 또는 결과반가치론 · 행위반가치론을 불법성의 본질에 관한 이론으로 파악하는 입장을 말한다. 주로 범죄론체계에 있어서 2단계론의 입장에서 주장하는 견해라고 이해할 수 있다. 범죄론체계에 있어서 2단계론의 입장에서 불법은 구성요건과 위법성을 통합하는 개념이기 때문에 결과반가치론, 행위반가치론 또는 결과반가치론 · 행위반가치론은 구성요건과 위법성을 통합한 개념인 불법이라는 개념을 불법의 단계에서 논의되게 된다. 다만 범죄론체계에 있어서 3단계론의 입장을 취하면서도 결과반가치론, 행위반가치론 또는 결과반가치론 · 행위반가치론을 구성요건해당성과 관련된 문제로 보고 이를 구성요건요소로 파악하여야 한다는 견해도 없는 것은 아니다.

Ⅲ. 행위주의의 원칙

근대법은 시민의 자유와 평등을 최고의 이념으로 하고 이러한 천부인권을 보장하기 위하여 실정법 중의 최상위법인 헌법에 인간의 기본권으로 규정하게 되었다. 이미 언급한 바와 같이 이러한 헌법의 취지에 따르기 위하여 근대형법은 죄형법정주의, 행위주의 및 책임주의라는 3대 기본원칙을 확립하여 각각 구성요건, 위법성 및 책임에 있어서의 지도원리로 삼고 있다. 뿐만 아니라 행위주의와 책임주의는 각각 미수론과 공범론에 있어서의 지도원리가 되고 있다.

행위주의(行爲主義)란 전술한 바와 같이 죄형법정주의에 있어서 죄와 형을 법정하는 기준으로서는 행위가 아니면 안 된다는 원칙을 말한다. 또 행위주의에 의하여 근대형법은 형법상 처벌의 대상으로 되는 행위를 살아 있는 사람의 행위로서 내심이 외부의 행위로서 표출될 것, 즉 행위의 외부성(外部性)과 행위의 결과로서 침해가 인정될 것, 즉 행위의 객관성(客觀性)을 요구함으로써 내심의 사상을 처벌대상으로 하고 있었던 소위 중세형법의 간섭성(干涉性)을 극복할 수 있었다. 행위주의는 형법상 제재의 대상으로서의 행위에 대하여 그것도 살아 있는 사람의 행위일 것(필요조건)과 살아 있는 사람의 행위로서 외부성과 객관성을 가지고 있을 것(충분조건)을 요구하였던 것이다. 여기서 행위주의는 두 갈래의 가지로 나뉘게 되는데 행위의 외부성을 확보하기 위한 행위주의와 행위의 객관성을 보장하기 위한 행위주의가 그것이다. 이미 언급한 바와 같이 전자의 행위주의는 행위론의 지도원리가 되었고, 후자의 행위주의는 위법성론의 지도원리로서 기능하고 있다. 후자의 행위주의는 실질적 위법성의 기준을 제시하는 지도원리가 되었다고 할 수 있다.

위법성론의 지도원리로서의 행위주의는 행위의 객관성을 충족해야 되기 때문에 근대형법에서는 소위 말하는 법익침해설로 나타났다. 당시의 새로운 사상에 의하면 사람은 일정한 연령에 도달하여 정신의 건전한 상태를 유지하고 있는 한 선(善)을 행하고 악(惡)을 피할 수 있는 자유의사를 가지고 있기 때문에 범죄는 결국 도의에 위배되는 악행이고 범죄인의 계급, 지위, 명예, 성격 등으로부터는 하등의 영향도 받지 않는다고 하였다. 의사의 도의적 자유라는 범죄책임은 만인에게 똑같이 존재하는 범죄의 전제에 지나지 않게 되고, 범죄의 실체는 오로지 객관적 행위라고 하게 되었다. 그리고 당시의 형벌제도는 응보사상의 지배하에 있었기 때문에 가벌대상인 범죄의 실체도 객관적 행위이고 주관적 도의책임의 존부는 다만 처벌의 가부를 정함에 지나지 않게 되고 그 경중에는 하등의 영향도 미칠 수 없었다. 이리하여 범죄의 실체는 객관적 행위에 의하고 사회적 이익 또는 법익의 침해성에 귀착하게 되었다.

한편 근대형법에서 법익침해설에 입각하고 있던 행위주의는 현대형법에 이르러 후술하는 바와 같이 신의무위반설, 행위반가치론 및 이원적 불법론의 순으로 전개되었다. 행위주의는 위법성의 실질을 보는 견해의 차이에 따라서는 애초의 법익침해설의 내용에 사회윤리규범의 위반을 강조하여 행위반가치를 가미하는 경향도 있었기 때문에 그 내용은 어느 정도 변모되었다고 평가할 수 있다. 그럼에도 불구하고 행위주의의 원리는 오늘날에도 형법의 입법론과 해석론에서 여전히 지대한 역할을 수행할 수밖에 없다고 해야 한다. 즉, 입법론으로서의 행위주의는 실질적 위법성이 없는 행위에 대하여는 비범죄화의 기준을 제시하는 원리가 될 수 있다고 할 수 있다. 또 해석론으로서의 행위주의는 침해원리와 관련하여 그것이 법익침해인가 아니면 규범위반인가 또는 결과반가치인가 아니면 행위반가치인가에 대하여 비판적 관점을 제공할 수 있다고 해야 한다. 결국 위법성이 실질을 법익침해설에서 파악하는 경우는 법익침해라는 결과가 위법성의 유무, 정도를 결정하기 때문에 위법성판단의 대상의 객관성을 확보할 필요가 있다. 이에 반하여 법익침해의 측면뿐만 아니라 사회윤리규범위반의 측면도 가미하여 위법성의 실질을 파악하는 입장에서는 법은 법익보호를 위하여 사회구성원 모두를 수명인으로 하여 명령 · 금지하는 것이기 때문에 일반국민에 대하여 어떠한 행위를 위법한 것으로서 명령 · 금지하고 있는가 하는 판단기준의 객관성이 중요하게 되고 그와 같은 일반인에 대한 규범, 즉 일반규범으로서의 행위규범에 객관적으로 위반하는 것이 위법이라고 해석하여야 한다. 이러한 의미에서 이원적 불법론이 타당하다고 해야 한다.

Ⅳ. 위법성론과 형법의 해석

형법은 위법성의 본질과 관련하여 죄형법정주의와 책임주의와 함께 형법의 기본원칙 중의 하나인 행위주의에 입각하고 있다고 해석된다. 위법성론의 기본원칙이 된 행위주의는 전술한 바와 같이 근대형법에서는 법익에 대한 침해의 원리에 입각하고 있었지만, 현대형법에 이르러서는 신의무위반설, 행위반가치론 및 이원적 불법론의 순으로 발전되어 왔다. 이원적 불법론은 위법성의 본질과 관련하여 결과반가치와 행위반가치를 모두 고려하여 판단한다. 전술한 바와 같이 형법은 위법성론과 관련하여 이원적 불법론에 입각하고 있다고 해석된다. 형법은 법익침해행위 중에서 사회적 가치에 위배되는 행위만을 처벌할 가치가 있는 악한 행위로서 규정하고 있기 때문이다.

이미 언급한 바와 같이, 구파에서는 처벌되어야 하는 것은 '행위자가 아니라 행위이다'라고 하는 행위주의가 채택되었고, 신파에서는 '행위가 아니라 행위자이다'라고 하는 행위자주의가 취하여졌다. 전자의 사상에 의거한 형법관을 행위형법(行爲刑法, Tatstrafrecht)이라 하고, 후자의 그것을 행위자형법(行爲者刑法, Täterstrafrecht)이라고 한다. 또 구파의 형법학은 행위의 객관적인 면을 중시하는 객관주의, 신파의 형법학은 행위의 주관적인 면을 중시하는 주관주의라고 할 수 있다. 따라서 구파형법학을 객관주의형법, 신파형법학을 주관주의형법이라고 한다. 객관주의형법은 외부에 나타난 행위, 인과관계, 결과와 같은 범죄의 객관적 요소를 범죄에 있어서 본질적인 것이라고 보지만, 주관주의형법은 고의나 목적 등의 의사, 행위자의 성격 등의 범죄의 주관적 요소를 본질적인 것이라고 본다. 오늘날 신파형법학은 거의 그 지지를 잃었으므로 주관주의형법도 이미 소멸했다고 해도 과언은 아니다. 범죄론에 있어서의 객관주의·주관주의의 대립은 오늘날 위법론에서 객관적 위법론을 전제로 하면서 위법성의 본질을 법익침해의 결과에서 구하는 견해와 규범위반의 행위에서 구하는 견해의 대립으로 이행하고 있다. 위법한 것은 제1차적으로 법익침해의 결과의 발생이라고 하는 견해를 결과반가치론이라고 하고, 금지규범·명령규범에 반하는 행위를 행하는 것이라고 하는 견해를 행위반가치론이라고 한다.

결과반가치론은 외부적·객관적인 법익침해의 존재, 즉 위법한 상태의 발생이 위법이라고 한다. 이에 반하여 행위반가치론은 행위자의 내부적·주관적인 의사의 방향이 규범위반으로 향해지고 있는 것이 위법의 본질이라고 본다. 따라서 결과반가치론에서는 결과의 발생 그 자체 내지 그 위험이 객관적으로 존재하는 것이 위법성판단에 있어서 중요하고 행위자의 의사는 중요하지 않게 된다. 그러나 행위반가치론에서는 행위자의 주관 또는 의사가 위법성의 판단에 있어서 중요한 요소가 된다. 결과반가치의 내용으로서는 법익침해와 법익침해의 위험성을 거론할 수 있다. 법익침해는 현실적인 법익침해의 결과가 발생한 상태로서 기수범의 결과반가치이다. 결과범에서는 현실적인 침해결과, 위험범에서는 위험상태 또는 위험결과를 말하고, 거동범의 경우에는 행위 자체가 법익에 대한 침해결과를 내포한다. 법익침해의 위험성은 현실적인 법익침해의 결과는 발생하지 않았지만 침해의 발생이 가능한 상태로서, 미수범의 결과반가치이다. 이에 반하여 행위반가치의 내용으로서는 객관적 요소와 주관적 요소로 대별된다. 행위반가치의 객관적 요소는 다시 행위요소와 행위자요소로 세분된다. 전자로서는 예컨대 위험한 물건의 휴대(특수폭행죄), 기망(사기죄) 등과 같이 범죄의 가벌성이 범행실행의 종류와 방법에 의하여 결정되는 경우가 거론되고, 후자로서는 예컨대 신분범의 신분, 정범의 표지 등과 같이 행위자가 의무를 부과하는 객관적 요소에 의하여 일정한 범위의 사람에게 제한되는 경우가 거론되고 있다. 행위반가치의 주관적 요소도 다시 행위요소와 행위자요소로 세분된다. 전자는 규범명령에 직접 대항하는 행위의사로서 인적 행위불법의 핵심인 고의와 주관적 주의의무위반인 과실을 의미한다. 후자는 목적 · 경향 · 표현 등 특별한 주관적 불법요소가 이에 속한다. 목적 · 경향 · 표현 등을 고의와 합쳐서 의도반가치(意圖反價値)라고도 한다. 다만 행위반가치론은 위법성의 판단을 행위반가치만으로 판단하는 것이 아니라 결과반가치를 전제로 고려하고 있다. 다시 말해서 결과반가치가 없는 곳에 위법성을 긍정하는 것은 불가능하다. 법익침해를 수반하지 않는 행위는 형법상 처벌의 대상이 되어서는 안 되고, 결과반가치를 고려하지 않는 행위반가치는 심정형법에 빠지기 쉽기 때문이다. 따라서 우선은 적극적 요소로서 결과반가치성의 존부를 먼저 판단하여야 한다. 다음으로 결과반가치가 인정된다고 하여도 그것만으로 위법성판단을 종료하지 않고 위법성을 감소시키는 방향에서 소극적 요소로서 행위반가치성을 고려하여야 한다고 본다. 결국, 현행형법의 해석론으로서는 결과반가치와 행위반가치를 모두 고려하는 결과반가치론 · 행위반가치론, 즉 이원적 불법론이 타당하다고 생각된다.

제 2 절 위법요소

Ⅰ. 적극적 위법요소

1. 객관적 위법요소

객관적 위법요소란 위법성의 유무 또는 정도에 영향을 미치는 외부적 요소이다. 구성요건은 우선 위법유형이기 때문에 구성요건의 객관적 요소는 원칙적으로 객관적 위법요소가 된다. 이들의 판단은 우선 구성요건이 위법유형이라는 것으로부터 주체, 객체, 행위, 결과, 인과관계 및 상황과 같이 유형화된 한에서는 구성요건해당성 판단에서 추상적으로 행하여지고, 위법성단계에서는 구체적 비유형적인 것에 대한 판단이 구체적으로 행하여진다. 예컨대 사람이 사람을 살해했다는 사실이 구성요건에 대한 판단이라면 (갑)이 (을)을 독살했다는 사실은 위법성에 대한 판단이 된다. 특히, 위법성의 판단에 있어서는 법익의 침해·위험과 그 정도, 행위의 수단·방법, 행위의 태양에 대한 판단이 중요하게 된다. 구성요건요소와 동일한 위법요소를 충족한 상태에서 위법한 행위와 위법한 결과가 위법성의 실체가 되기 때문이다. 이것이 바로 행위반가치와 결과반가치의 내용이기도 하다. 결국 객관적 위법요소로서는 행위반가치와 결과반가치가 그 핵심적 요소로 남게 된다고 할 수 있다.

2. 주관적 위법요소

주관적 위법요소란 위법성의 유무 또는 정도에 영향을 주는 내심적 요소를 말한다. 주관적 위법요소의 인정여부에 관하여는 다툼이 있다. 종래의 위법성론에서는 '위법은 객관적으로, 책임은 주관적으로'라는 표어 아래 객관적 요소는 위법성에 속하고, 주관적 요소는 책임의 요소에 속한다고 해석되어 왔었다. 그 결과 주관적 위법요소의 존재를 인정하지 않았고, 이들의 주관적 요소는 오로지 책임요소라고 하는 입장이 지배하고 있었다. 이미 언급한 바와 같이 물적 불법론으로서의 결과반가치론에서는 물적인 측면에서 법익의 침해 또는 그 위험만을 고려하기 때문에 위법성의 요소에 주관적 요소를 인정할 여지가 없었다. 주관적 위법요소는 법익침해성에 영향을 주지 않는다고 보았던 것이다.

이에 반하여 목적적 행위론의 영향을 받은 인적 불법론으로서의 행위반가치론에서는 인적인 측면에서 행위자의 주관 그 자체가 법적 의미를 가지는 것은 아니지만 결과반가치에 미치는 영향을 고려하여 행위자의 주관을 위법성의 주관적 요소로 인정하게 되었다. 이러한 의미에서 주관적 위법요소를 인적 위법요소라고도 한다. 또한 결과반가치와 행위반가치 모두를 고려하는 이원적 불법론이 타당하다고 하는 입장에서도 행위반가치론에서와 마찬가지로 행위자의 주관적 요소를 위법성의 주관적 요소로 인정해오고 있다. 이에 의하면 주관적 요소는 법익침해성과 규범위반성에 영향을 준다고 보는 것이다.

대표적인 주관적 위법요소로서는 고의 또는 과실이 예시되고 있다. 물론 고의 또는 과실의 체계적 지위에 관하여는 견해의 대립이 있다. 그럼에도 불구하고 살인죄와 과실치사죄가 주관적 구성요건요소인 고의 또는 과실의 차이에 의하여 구별되듯이 고의 또는 과실의 주관적 구성요건요소로서의 범죄개별화기능을 부인할 수 없다. 뿐만 아니라 고의 또는 과실은 행위의 법익침해성과 규범위반성과도 관련되기 때문에 위법요소로서 주관적 위법요소도 된다고 할 수 있다. 이 외에도 목적범에 있어서의 목적, 표현범에 있어서의 표현 및 경향범에 있어서의 경향도 주관적 위법요소로 인정되고 있다. 이와 같이 행위의 법익침해성 또는 규범위반성에 영향을 미치는 주관적 사실은 모두 주관적 요소라고 하여야 하고, 행위의 목적, 동기, 내심의 상태 등도 모두 주관적 위법요소가 된다고 하여야 한다. 주관적 위법요소의 유무의 판단은 우선 구성요건이 위법유형이라는 것으로부터 유형화된 고의, 과실 또는 목적범에 있어서의 목적 등에서는 구성요건판단에서 행하여지고, 또 위법성단계에서는 구체적 비유형적인 것에 대한 판단이 행하여지기 때문에 구성요건단계에서 판단되지 않았던 사실(동기 등)에 대하여도 행하여진다. 판례와 통설은 주관적 위법요소를 널리 인정하고 있다. 규범위반성에 영향을 미치는 주관적 사실은 모두 주관적 위법요소라고 하기 때문에 고의·과실뿐만 아니라 목적 등도 포함된다고 한다.

생각건대 주관적 위법요소란 객관적 위법요소에 대한 인식과 실현의사라고 할 수 있다. 이러한 의미에서 주관적 구성요건요소가 객관적 구성요건요소에 대한 인식과 실현의사로서 고의 또는 이를 결한 경우로서 과실이 되었듯이, 주관적 위법요소란 객관적 위법요소에 대한 인식 또는 인식의 가능성, 즉 위법성의 인식 또는 그 인식가능성이라고 해야 한다고 생각한다. 다만 위법성의 인식 또는 그 인식가능성은 주관적 위법요소이지만 책임의 요소가 되어 책임의 단계에서 평가된다. 즉, 위법성의 인식 또는 그 인식가능성이 결여된 때에는 위법성의 불인식 또는 그 인식불가능성으로서 책임조각사유에 해당되어 책임을 조각시키지만, 그것이 긍정될 때에는 위법성의 인식 또는 그 인식가능성은 각각 책임고의 또는 책임과실의 요소가 되어 비난가능성의 크기를 결정하는 역할을 한다고 생각된다. 한편 행위반가치와 결과반가치는 객관적 위법요소이지만, 양형의 단계에서 평가된다. 즉, 객관적 위법요소에 대한 판단은 양형조건에 해당하여 양형의 단계에서 양형에 반영된다(제51조 참조).

Ⅱ. 소극적 위법요소

소극적 위법요소는 위법성조각사유를 말한다. 소극적 위법요소로서의 위법성조각사유도 체계적 정합성을 도모하기 위해서는 적극적 위법요소와 상응하게 객관적 위법성조각사유요소와 주관적 위법성조각사유요소로 나누어 검토할 필요가 있다.

1. 객관적 위법성조각사유요소

적극적 위법요소와 소극적 위법요소는 대칭된다고 볼 때 객관적 위법성조각사유요소는 객관적 위법요소와 상응한다고 보인다. 전술한 바와 같이, 예컨대 주체, 객체, 행위, 결과, 인과관계 및 상황과 같이 유형화된 위법요소는 동시에 객관적 구성요건요소로서 구성요건단계에서 구성요건해당성판단과 동시에 행하여지고 있다. 위법성조각사유에 관한 객관적 요소는 소극적인 의미에서 객관적 위법성의 요소가 된다.

다만 객관적 위법성조각사유요소는 소극적 위법요소로서 형법이 규정하고 있는 5종의 위법성조각사유로부터 추출될 수 있다. 즉, 형법은 위법성조각사유로서 정당행위(제20조), 정당방위(제21조), 긴급피난(제22조), 자구행위(제23조) 및 피해자의 승낙(제24조)을 명문으로 규정하고 있다. 따라서 객관적 위법성조각사유요소는 각각의 위법성조각사유에서 직접 도출될 수 있다고 해석된다. 예컨대 정당행위, 정당방위, 긴급피난, 자구행위 및 피해자의 승낙의 객관적 성립요건이 객관적 위법성조각사유요소가 된다고 해석된다.

2. 주관적 위법성조각사유요소

적극적 위법요소와 소극적 위법요소는 대칭된다고 볼 때 주관적 위법성조각사유요소도 주관적 위법요소와 상응한다고 보인다. 따라서 주관적 위법성조각사유요소는 고의, 과실 등과 같은 주관적 위법요소에 상응하여 소위 위법성조각사유의사, 즉 정당화의사라고 표현할 수 있다고 해석된다. 예컨대 정당방위에 있어서의 방위의사는 소극적인 의미에서 주관적 위법요소로 된다. 이와 같은 행위를 정당화하기 위한 주관적 요소를 주관적 정당화요소(主觀的 正當化要素, subjektives Rechtfertigungselement), 소위 주관적 위법성조각사유요소라고 부르기로 한다.

다만 주관적 위법성조각사유요소로서의 정당화의사가 필요한가에 대하여는 견해가 일치하지 않고 있다. 결과반가치론은 위법성조각의 요건으로서 결과반가치를 상쇄시킬 수 있는 객관적 정당화상황만을 요구하기 때문에 주관적 정당화요소는 불필요하다고 한다. 이에 반하여 행위반가치론은 행위반가치를 상쇄시킬 수 있는 주관적 정당화요소를 위법성조각의 요건으로 요구하고 있기 때문에 주관적 정당화요소가 결여된 경우에는 위법성이 조각되지 않는다고 한다. 그리고 결과반가치와 행위반가치의 이원적 불법론은 위법성조각의 요건으로서 결과반가치와 행위반가치를 모두 상쇄시킬 수 있는 객관적 정당화요건과 주관적 정당화요소를 모두 요구하고 있다. 생각건대 위법성이 조각되려면 행위자에게 위법성이 조각된다는 사실을 인식하고 행위할 것이 요구된다고 하겠다. 위법성이 조각되어 위법하지 않다는 것을 인식하지 못한 경우에는 위법성을 인식한 것이고 위법성을 인식하는 한 위법성은 조각될 수 없기 때문이다. 따라서 객관적 정당화요건과 주관적 정당화요소가 모두 구비되었을 때 위법성이 조각된다고 하는 것이 타당하다. 주관적 정당화요소만 결여된 경우에는 결과반가치는 존재하지 않으나 행위반가치만 인정하게 되고 불능미수와 유사하여 불능미수의 규정을 유추적용해야 한다고 주장되고 있다. 주관적 정당화요소, 소위 주관적 위법성조각사유요소를 결한 경우 위법성은 조각되지 아니한다고 해야 한다.

한편 정당방위, 긴급피난 및 자구행위와 같이 일부 한정된 위법성조각사유에만 주관적 정당화요소를 인정하려는 견해도 있다. 그러나 5종의 위법성조각사유를 명문으로 규정하고 있는 형법의 해석론으로서는 적당하지 않다고 본다. 5종의 위법성조각사유 모두에 동일한 소위 주관적 위법성조각사유요소, 즉 주관적 정당화요소를 인정하는 것이 타당하다고 생각된다. 결국 정당행위, 정당방위, 긴급피난,

자구행위 및 피해자의 승낙이라는 형법상 위법성조각사유 전체에는 소위 주관적 위법성조각사유요소로서의 주관적 정당화요소, 즉 정당행위의사, 정당방위의사, 긴급피난의사, 자구행위의사 및 피해자의 승낙에 대한 의사가 각각 요구된다고 해야 한다.

제 3 절 위법성의 판단

Ⅰ. 서 언

1. 위법성의 판단

(1) 위법성의 판단의 의의

위법성의 판단(違法性의 判斷)이란 행위가 법규범에 위반한다는 판단, 즉 행위에 대한 법적인 반가치판단을 말한다. 위법성의 판단은 구성요건해당성에 대한 판단과 책임판단의 중간에서 행하여져야 한다. 위법성은 구성요건해당성, 위법성 및 책임으로 이루어지는 범죄의 성립요건 중에서 제2의 요건이기 때문이다. 여기서 위법성의 판단은 구성요건에 해당하는 행위에 대하여 위법성의 유무를 판단하게 된다. 따라서 위법성의 판단의 대상은 구성요건에 해당하는 사실 전부이다. 이는 바로 위법성의 요소 전체와 동일하게 된다. 다만 위법성의 판단은 객관적·구체적인 판단인 점에 그 특징이 있다. 위법이 행위의 객관적인 측면을 문제로 하는 것임에 반하여 책임은 행위자의 주관적 측면을 문제로 한다. 이 구별을 법규범과의 관계에서 파악하면 위법은 평가규범에 대한 위반여부의 문제이고, 책임은 결정규범(의사결정규범)에 대한 위반여부의 문제라고 통설은 해석하고 있다. 행위의 평가규범에 대한 위반여부의 문제는 객관적으로 판단되어야 하고, 행위자의 결정규범에 대한 위반여부의 문제는 행위자의 주관적인 면을 고려하여 판단하여야 한다는 입장에서 '위법성은 객관적으로, 책임은 주관적으로'라는 명제가 도출된 것이다.

(2) 위법성의 판단의 방법

위법성의 판단은 두 가지의 방법으로 이루어진다. 하나는 위법성의 유무에 관한 판단이고, 다른 하나는 위법성의 정도에 관한 판단이다. 판단의 순서는 유무판단이 먼저이고, 존재한다고 판단되었을 때 비로소 정도의 판단을 하게 된다. 구성요건해당성에는 위법성추정기능이 있기 때문에 위법성을 조각하는 사유의 유무를 먼저 판단하게 되기 때문이다. 위법성조각사유가 존재하는 경우에는 행위의 위법성은 조각되고 범죄는 성립하지 않게 된다. 위법성을 조각하는 사유는 행위의 위법성을 조각하여 행위를 정당화하는 사유이기도 하기 때문에 정당화사유라고도 한다. 다만 위법성의 정도에 관한 판단에 있어서 책임고의, 책임과실과 같은 그 일부의 요소는 책임의 단계에서 판단되고, 행위의 동기, 태양, 방법 등과 같은 그 나머지의 요소는 양형의 단계에서 구체적으로 판단되게 된다. 이에 관하여는 항을 바꾸어 후술하는 바와 같이 '위법성의 판단의 유형'이라는 항목에서 각각 전자의 위법성의 유무에 관한 판단에 관하여는 '위법성의 소극적 판단'이라는 항목에서, 후자의 위법성의 정도에 관한 판단에 관하여는 '위법성의 적극적 판단'이라는 항목에서 상세히 고찰하기로 한다.

2. 위법성의 판단의 유형

(1) 위법성의 소극적 판단

1) 객관적 위법성조각사유

위법성의 판단도 구성요건해당성의 판단에서와 같이 적극적으로 행하는 것이 원칙이다. 그러나 위법성의 요소에 대한 판단은 이미 구성요건의 단계에서 구성요건해당성의 판단시에 병행하여 판단되었다고 하여야 한다. 구성요건은 위법 · 유책한 행위의 유형이기 때문에 구성요건에 해당하는 행위에 대하여는 그 위법성과 책임이 이미 판단되어 존재한다고 추정되기 때문이다. 따라서 위법성의 판단에서는 적극적인 요소를 제외하고 소극적 요소에 대한 부분만 판단하면 그것으로 충분하게 된다. 요컨대 구성요건의 단계에서 구성요건해당성의 판단시에 판단이 되지 않은 부분, 즉 소극적 요소에 대한 판단만 행하면 된다. 그것이 바로 위법성조각사유에 대한 판단이다.

결국 위법성의 단계에서 행하여지는 위법성의 판단은 위법성조각사유의 유무에 관한 판단이기 때문에 예외적으로 위법성이 조각되는 경우만을 소극적인 방법에 의하여 판단하면 그것으로 충분하게 된다. 어느 행위가 여러 종류의 위법성조각사유 중 어느 하나에 해당하게 되면 위법성은 부정되게 되고 범죄는 성립하지 않는다는 결론에 도달하게 되는 것이다. 반대로 위법성조각사유가 없으면 위법성은 당연히 존재하는 것으로 판단된다. 다시 말해서 구성요건에 해당하면 동시에 위법성도 존재하는 것으로 추정되고, 위법성조각사유가 존재하지 않는 한 추정되는 위법성은 확정되기 때문이다. 위법성이 존재하는 것으로 판단되면 그 다음의 수순으로 위법성의 정도에 관한 판단이 불가피하게 된다. 정도에 관한 판단은 이미 언급한 바와 같이 일부는 책임에, 일부는 양형에 반영되어 거기에서 각각 판단되게 된다.

2) 주관적 위법성조각사유

위법성조각사유의 주관적 요건으로서는 정당화의사가 요구된다. 예컨대 정당행위, 정당방위, 긴급피난, 자구행위 및 피해자의 승낙이 위법성을 조각하려면 위법성조각사유의 객관적 요건 외에도 주관적 요건으로서 각각 정당행위의사, 정당방위의사, 긴급피난의사, 자구행위의사 및 피해자의 승낙에 대한 의사가 필요하다. 소위 주관적 위법성조각사유, 즉 주관적 정당화요소가 존재하지 않는 경우에는 위법성의 인식이 긍정되기 때문에 책임비난이 가능하게 되기 때문이다.

생각건대 주관적 정당화요소의 내용으로서는 인식적 요소나 의사적 요소의 어느 일방만을 요구하는 견해도 있으나, 정당화가 인정되기 위하여는 정당화상황으로서의 객관적 위법성조각사유에 대한 인식과 이러한 인식하에 행위를 하려는 목적, 의도, 동기 등과 같은 의사의 양방 모두가 필요하다고 하는 것이 타당하다고 해석된다. 예컨대 주관적 구성요건요소인 고의와 같은 구조로서 위법성조각사유에 해당되어 위법성이 조각되려면 정당화상황, 즉 객관적 위법성조각사유를 인식함으로써 자신의 행위의 허용성을 인식하게 되는 것이고, 이와 같이 허용된다는 사실을 알고 한 행위만이 위법성이 조각된다고 해야 하기 때문이다.

한편 구성요건에 해당하는 사실을 인식하는 때에는, 구성요건에 해당하는 사실은 위법행위를 유형화한 것이기 때문에, 원칙적으로 위법성에 속하는 사실을 인식하는 것으로 되지만, 위법성조각사유를 인식하는 경우에는 범인이 인식한 사실은 위법성을 구비하지 않은 것으로 되기 때문에 고의의 성립을 조각하게 된다. 예컨대 오상방위, 즉 현실적으로는 정당방위로 되는 사실이 존재하지 않음에도 불구하고 그러한 사실이 있다고 오신하고 방위행위로 나오는 경우, 소위 위법성조각사유의 전제사실에 착오가 있는 경우에는 고의는 성립하지 않고, 그 오신이 과실에 의한 것으로 될 때에는 과실범의 성부를 검토할 구조가 된다고 하겠다.

(2) 위법성의 적극적 판단

1) 객관적 위법요소

위법성이 조각되지 않아 위법성이 존재한다고 인정되는 경우에는 구체적으로 위법성에 관한 판단이 행하여져야 한다. 위법성의 판단은 구체적인 사안에 관하여 처벌의 필요성과 합리성 등의 여부에 관한 구체적이고 비유형적인 가치판단이기 때문에 추상적인 사안에 관하여 추상적이고 유형적인 사실판단으로서 그 유무(pass or fail)만을 판단하는 구성요건해당성의 판단과는 본질적으로 다르다고 해야 한다. 또 위법성의 판단은 구체적인 성질을 가지기 때문에 그 존부 외에 강약의 판단을 포함하는 것이고, 그 강약은 위법성의 정도를 표현함과 동시에 책임의 정도 나아가서 형벌의 정도에 반영되는 것이다. 결국 위법성의 판단에 있어서 위법요소 중 사실부분은 구성요건해당성판단에서, 위법성부분은 책임판단과 양형단계에서 행하여지게 되는 것이다.

위법성의 판단의 기준시에 대하여는 행위시를 기준으로 사전적으로(ex ante) 판단하여야 한다는 사전판단설(事前判斷說)과 재판시에 명확하게 된 전체 자료를 기초로 사후적으로(ex post) 판단하여야 한다는 사후판단설(事後判斷說)이 대립되고 있다. 행위반가치 일원론의 입장에서는 사전판단설이 타당하다고 할 수 있다. 그러나 위법성의 판단은 법익침해의 유무·정도를 기초로 하는 것이고, 그것과의 관련에서 행위반가치를 논하여야 하는 것이라고 하는 이원적 불법론의 입장에서는 사후판단설이 타당하다고 해야 한다. 결국 위법성의 적극적 판단의 기준은 객관적 구성요건요소 중에서 행위와 결과에 상응하는 요소로서 행위반가치와 결과반가치로 귀결된다고 할 수 있다.

2) 주관적 위법요소

주관적 위법요소의 대표적인 부분은 위법성의 인식 또는 그 인식가능성이다. 이들은 주관적 구성요건요소인 고의 또는 과실에 상응하는 요소로서 책임판단으로 넘어가 각각 책임고의와 책임과실에 반영된다. 역으로 말하면, 책임고의 또는 책임과실에는 이미 위법성에 관한 판단, 즉 위법성의 인식 또는 그 가능성이 내포되어 있다. 이는 이미 언급한 바와 같이 객관적 위법요소가 양형판단에 반영되는 것과 대조를 이루는 구조라고 할 수 있다.

3. 위법성조각사유론

(1) 위법성조각사유의 의의

위법성조각사유(違法性阻却事由, Unrechts-ausschließungsgründe)란 구성요건에 해당하는 행위에 대하여 위법성의 추정을 배제하는 사유를 말한다. 형법은 정당행위(제20조), 정당방위(제21조), 긴급피난(제22조), 자구행위(제23조) 및 피해자의 승낙(제24조)을 위법성조각사유로 규정하고 있다. 위법성을 조각한다는 말은 위법하지만 사후적으로 위법성을 제거한다는 뉘앙스가 있다. 그러나 위법성조각사유가 인정되는 경우의 효과는 처음부터 그 행위는 적법한 것으로 된다. 여기서 위와 같은 오해를 피하기 위하여 정당화사유(正當化事由, Recht-fertigungsgründe)라는 용어를 사용하는 경우도 많다.

한편 위법의 실질을 이원적 불법론에 의하면 결과반가치와 행위반가치라고 파악되지만, 위법성조각사유 또는 정당화사유는 결과반가치와 행위반가치의 양자 중에서 행위반가치만이 존재하지 않는 경우라고 할 수 있다. 따라서 위법성조각사유란 결과반가치는 존재하지만, 행위반가치가 존재하지 않는 행위라고 할 수 있다. 다른 한편 결과반가치는 존재하지 않지만 행위반가치만 존재하는 경우는 미수가 된다고 할 수 있다.

(2) 위법성조각사유의 종류

위법성조각사유는 기준에 따라 다양하게 분류할 수 있다. 우선 위법성조각사유는 행위상황을 기준으로 비상시 위법성조각사유와 평상시 위법성조각사유로 구분할 수 있다. 또한 위법성조각사유는 형법전의 규정유무에 따라 법규적 위법성조각사유와 초법규적 위법성조각사유로 분류하는 것도 가능하다.

1) 비상시 위법성조각사유와 평상시 위법성조각사유

위법성조각사유는 우선 비상시행위로서의 긴급행위와 평상시행위로서의 일반행위로 나눌 수 있다고 본다. 전자의 예로서는 정당방위, 긴급피난 및 자구행위를 거론할 수 있고, 후자의 예로서는 정당행위와 피해자의 승낙을 들 수 있다. 다만 전자는 긴급시에만 발동하는 위법성조각사유라고 하는 점에서 원칙적으로 평상시에 작동할 것으로 예견되지만 비상시에도 발동이 가능한 후자와 구별된다고 할 수 있다.

한편 정당행위를 일반적 위법성조각사유로 보고 위법성조각사유를 평상행위와 긴급행위로 나누어 고찰하는 한 정당행위는 긴급행위로서의 성질과 평상행위로서의 성질을 모두 가진다고 할 수 있다. 따라서 위법성조각사유의 궁극적인 한계로서의 정당행위의 기타 사회상규에는 긴급상황에서의 사회상규와 평상상황에서의 사회상규는 다르게 판단될 수 있다고 해야 한다. 이러한 논리는 피해자의 승낙의 경우에도 그대로 타당하다고 해야 한다. 피해자의 승낙 또한 정당행위와 마찬가지로 평상시에 기능하는 위법성조각사유이지만, 비상시에도 작동이 불가능한 것은 아니라고 해석될 수 있기 때문이다.

2) 일반적 위법성조각사유와 개별적 위법성조각사유

형법은 정당행위(제20조), 정당방위(제21조), 긴급피난(제22조), 자구행위(제23조) 및 피해자의 승낙(제24조)의 5종을 위법성조각사유로 명문으로 규정하고 있다는 것에 대하여는 이미 언급한 바 있다. 여기서 정당방위, 긴급피난, 자구행위 및 피해자의 승낙을 개별적 위법성조각사유에 속한다고 할 수 있다. 이 외에도 정당행위에 속하는 법령에 의한 행위나 업무로 인한 행위도 개별적 위법성조각사유로서의 성격을 가지고 있다고 할 수 있다.

위법성판단은 비유형적인 것이기 때문에 법은 위법성조각사유를 위의 5종에 한정하는 취지라고는 해석되지는 않는다. 이러한 해석은 실질적 위법성론의 입장에서는 당연하다. 따라서 위의 위법성조각의 기본적 성질을 갖추고 있는 한 형법상의 위법성조각사유 외에도 다른 위법성조각사유를 인정할 여지가 있다. 여기서 의무의 충돌, 피해자의 추정적 승낙 등과 같은 초법규적 위법성조각사유의 인정여부에 대한 검토가 필요하게 된다. 이에 대하여는 후술하는 바와 같이 견해가 일치하지 않고 있다. 초법규적 위법성조각사유를 인정하는 아니하는 견해에 의하면 형법은 다른 나라의 형법과는 달리 정당행위에 기타 사회상규에 위배되지 아니하는 행위를 추가하여 명문으로 규정하고 있기 때문에 일체의 위법성조각사유는 이에 포함될 수 있다고 한다. 이러한 의미에서 정당행위는 다른 개별적 위법성조각사유를 모두 포괄하는 일반적 위법성조각사유가 될 뿐만 아니라 초법규적 위법성조각사유를 인정할 필요를 없게 한다고 할 수 있다. 여기서 정당행위를 제외한 형법상의 위법성조각사유와 의무의 충돌, 피해자의 추정적 승낙 등과 같이 형법상 명문의 규정이 없어 해석에 의하여 인정되는 위법성조각사유를 모두 개별적 위법성조각사유(個別的 違法性阻却事由)라고 한다면, 이들을 포괄하는 상위개념으로서의 정당행위를 일반적 위법성조각사유(一般的 違法性阻却事由)라고 할 수 있다.

한편 위법성에 대한 검토는 개별적 위법성조각사유가 선행한 후에 최종적으로 일반적 위법성조각사유에 대하여 행하여지게 된다.

3) 법규적 위법성조각사유와 초법규적 위법성조각사유

위법성조각사유는 형법전이 규정하고 있는 위법성조각사유와 형법전에 규정되어 있지 아니한 초법규적 위법성조각사유로 분류할 수 있다. 형법은 위법성조각사유로서 정당행위(제20조), 정당방위(제21조), 긴급피난(제22조), 자구행위(제23조) 및 피해자의 승낙(제24조)에 대하여 명문으로 규정하고 있다.

독일 형법은 위법성조각사유로서 정당방위(독일 형법 제32조)와 정당화 긴급피난(독일 형법 제34조)의 두 종류에 관하여만 규정하고 있다. 또 독일 형법은 책임조각사유로서 면책적 긴급피난(독일 형법 제35조)에 관하여도 규정하고 있다. 한편 일본 형법은 정당행위(일본 형법 제35조), 정당방위(일본 형법 제36조) 및 긴급피난(일본 형법 제37조)의 3종류에 관하여 규정하고 있다. 다만 일본 형법상의 정당행위는 법령 또는 정당한 업무에 의한 행위만을 규정하고 있다는 점에서 '기타 사회상규에 위배되지 아니하는 행위'를 포함하고 있는 형법상의 정당행위(제20조)와 구별된다고 할 수 있다. 여기서 독일이나 일본에서는 형법의 규정은 없지만 해석에 의하여 위법성조각사유로 인정할 필요가 대두된다. 다시 말해서 독일이나 일본에서는 정당행위, 자구행위, 피해자의 승낙 등은 형법의 규정에는 없으나 해석에 의하여 인정되고 있으므로 초법규적 위법성조각사유가 된다고 할 수 있다.

우리나라의 형법은 독일이나 일본의 형법상 초법규적 위법성조각사유라고 해석되는 사유에 관하여도 모두 명문으로 규정하고 있으므로 초법규적 위법성조각사유를 인정할 필요성이 독일이나 일본에서처럼 크게 발생하지 않는다. 다만 우리나라의 형법도 추정적 승낙, 의무의 충돌 등에 관하여는 명문의 규정을 두지 않고 있으므로 형법상 초법규적 위법성조각사유의 인정여부가 문제된다. 초법규적 위법성조각사유를 인정하는 견해에 의하면 형법의 규정이 없기 때문에 해석에 의하여 인정된다면 당연히 초법규적 위법성조각사유를 인정할 수밖에 없다고 한다. 이에 반하여 초법규적 위법성조각사유를 인정하지 아니하는 견해에 의하면 형법은 다른 나라의 형법과는 달리 정당행위에 '기타 사회상규에 위배되지 아니하는 행위'를 추가하여 명문으로 규정하고 있기 때문에 일체의 위법성조각사유는 이에 포함될 수 있다고 해석하고 있다. 이러한 의미에서 정당행위는 다른 개별적 위법성조각사유를 모두 포함하는 일반적 위법성조각사유가 될 뿐만 아니라 초법규적 위법성조각사유를 인정할 필요를 없게 한다고 할 수 있다. 이 견해가 형법의 해석으로서는 가장 타당하다고 생각된다.

(3) 위법성조각사유의 원리

위법성조각의 기본원리에 관하여는 위법성의 실질에 관한 결과반가치론과 행위반가치론에 상응하여 우월적 이익설과 사회적 상당성설 및 목적설이 크게 대립하고 있다. 우월적 이익설(優越的 利益說)에 의하면 구성요건에 해당하는 법익의 침해 또는 침해의 위험이 있어도 그것을 상회하거나 그것과 동등한 이익이 행위에 존재하기 때문에 실질적 위법성이 조각된다고 한다. 이익교량설(利益較量說, Interesse-nabwägungstheorie)이라고도 한다. 사회적 상당성설(社會的 相當性說)에 의하면 그 행위가 타인의 법익을 침해 또는 침해의 위험을 가지고 있다는 점을 고려하여도 사회윤리질서의 범주에 있고 사회적 상당성을 가지고 있다는 점에서 실질적 위법성이 조각된다고 한다. 목적설(目的說, Zwecktheorie)에 의하면 행위가 국가에 의하여 승인된 공동생활의 목적을 달성하기 위한 상당한 수단이라는 점에서 실질적 위법성이 조각된다고 한다. 이와 같이 위법성조각사유를 하나의 통일된 일반원리에 의하여 설명하려고 하는 견해를 일원론(一元論, monis-tische Theorie)이라고 한다.

이에 반하여 위법성조각원리를 어느 한 가지에 의하여 일원적으로 파악하는 것은 반드시 적절한 것은 아니라는 견해를 다원론이라고 한다. 다원론(多元論, plurali-tische Theorie)에 의하면 복수의 원칙에 의하여 개별적인 위법성조각사유에 따라 그 원리를 규명하거나 개별적 위법성조각사유를 형태별로 분류하여 그 형태에 적합한 원리를 조합하려고 한다. 예컨대 메츠거(Mez-ger)는 위법성조각사유의 원리를 이익흠결의 원칙과 우월적 이익의 원칙으로 이분하여, 전자에는 피해자의 승낙과 추정적 승낙이 해당되지만, 후자에는 그 외의 모든 위법성조각사유가 속한다고 하였다. 이익흠결의 원칙(利益欠缺의 原則, Prinzip des mangelenden Interesses)이란 구성요건에 해당하는 행위가 있어도 보호하여야 할 이익이 존재하지 않는 한 위법하다고 할 수 없다는 원칙을 말한다. 우월적 이익의 원칙(優越的 利益의 原則, Prinzip des überwiegenden Interesses)이란 구성요건에 해당하는 행위로부터 보호해야 할 이익보다 가치적으로 우월한 이익을 보호한 경우에는 위법하다고 할 수 없다는 원칙을 말한다.

생각건대 형법은 독일 형법이나 일본 형법과는 달리 5종의 위법성조각사유에 대하여 명문으로 규정하고 있다. 이러한 개별적 위법성조각사유는 나름대로 각자의 특성을 가지고 있고, 그에 상응한 위법성조각원리를 가지고 있다고 생각된다. 뿐만 아니라 형법상 위법성조각사유를 개별적 위법성조각사유와 이들을 포괄하는 상위개념으로서의 일반적 위법성조각사유로 구별하는 한 위법성조각사유의 원리도 개별적 위법성조각사유의 원리와 이들에 상위하는 일반적 위법성조각사유의 원리로 구분하는 것은 불가피하다고 생각된다. 예컨대 정당방위, 긴급피난, 자구행위 및 피해자의 승낙은 각각 그에 특유한 위법성조각의 원리를 가지고 있다고 해야 하고, 정당행위는 이들을 모두 포괄하는 상위의 일반적 위법성조각의 원리가 된다고 할 수 있다. 따라서 정당행위는 모든 위법성조각원리를 하나로 통일할 수 있는 원리라고 해야 한다. 따라서 형법은 위법성조각원리와 관련하여 다원론적 구조를 가지고 있지만, 일원론으로 통일될 수도 있는 구조도 가지고 있다고 할 수 있다. 결국 정당행위의 최종적인 개념인 사회상규가 바로 모든 위법성조각원리를 하나로 결합하고 통일하는 개념이라고 해야 한다. 이러한 이유에서 형법상 하나의 위법성조각원리는 사회상규라고 생각된다.

Ⅱ. 위법성조각사유

형법은 위법성조각사유로서 정당행위(제20조), 정당방위(제21조), 긴급피난(제22조), 자구행위(제23조) 및 피해자의 승낙(제24조)에 대하여 명문으로 규정하고 있다고 하는 것에 관하여는 이미 언급한 바 있다. 다만, 형법상 위법성조각사유는 주체, 객체, 행위, 결과, 인과관계 및 상황으로 구성되는 객관적 위법성조각사유요소 중에서 행위에 대하여만 규정하고 있다는 점에서 커다란 특징을 가진다고 할 수 있다. 결국, 형법상 위법성조각사유는 객관적 위법성조각사유요소 중에서 행위만이 명문으로 규정되어 있다. 따라서 형법상 위법성조각사유의 실행행위는 정당행위, 정당방위행위, 긴급피난행위, 자구행위 또는 피해자의 승낙에 의한 행위와 같이 행위로 표현되어 있다고 할 수 있다. 각각의 위법성조각사유에 대하여 순차적으로 상론하면 다음과 같다.

1. 정당행위

제20조 (정당행위) 법령에 의한 행위 또는 업무로 인한 행위 기타 사회상규에 위배되지 아니하는 행위는 벌하지 아니한다.

(1) 정당행위의 개념

1) 정당행위의 의의

정당행위란 법령에 의한 행위, 업무로 인한 행위 및 기타 사회상규에 위배되지 아니하는 행위를 말한다(제20조).

2) 정당행위의 고유성

정당행위에 관하여 독일 형법은 아무런 규정을 두지 않고 있다. 일본 형법은 '법령 또는 정당한 업무에 의한 행위는 벌하지 않는다'고 규정하고 있다(일본 형법 제35조, 정당행위). 형법은 정당행위에 관하여 명문의 규정을 두고 있다는 점에서 아무런 규정이 없는 독일 형법과 구별되고, 일본 형법과 비교할 때 '법령에 의한 행위 또는 업무로 인한 행위 기타 사회상규에 위배되지 아니하는 행위는 벌하지 아니한다'고 규정하여 '기타 사회상규에 위배되지 않는 행위'를 추가함으로써 일본 형법과도 확실한 차이를 가지고 있다. 여기서 형법상의 정당행위에 관하여 정확히 이해하기 위해서는 형법상의 독자적이고 고유한 개념인 사회상규를 분명히 할 필요가 있다고 하겠다.

3) 정당행위의 법적 성질

형법은 모든 위법성조각사유를 정당행위로 포괄함으로써 법규적 위법성조각사유화하였으며 따라서 형법상 초법규적 위법성조각사유는 인정될 여지가 없다. 다시 말해서 정당방위, 긴급피난, 자구행위 및 피해자의 승낙에 의한 행위가 각각 개별적 위법성조각사유라면 정당행위는 이들을 모두 포괄하는 일반적 위법성조각사유에 해당한다는 것이다. 통설의 견해라고 할 수 있다. 이와 같이 정당행위는 개별적 위법성조각사유를 포함할 뿐만 아니라 이 외에도 법령에 의한 행위, 업무로 인한 행위 및 기타 사회상규에 위배되지 아니하는 행위까지 실질적으로 위법성이 조각되는 모든 행위를 아우르는 명실상부한 일반적 위법성조각사유로서의 위상을 가지고 있다고 할 수 있다. 한편 위법성조각사유를 정당방위, 긴급피난 및 자구행위와 같이 긴급상황에서 위법성이 조각되는 긴급행위와 그 외의 피해자의 승낙과 같이 긴급행위가 아닌 경우에도 위법성이 조각되는 통상행위로 대별하는 것이 가능하다고 생각된다. 여기서 긴급행위와 통상행위를 모두 아우르는 일반적 위법성조각사유로서의 정당행위는 한편으로는 긴급행위로서의 성질을 가지고 있고, 다른 한편으로는 통상행위로서의 성질도 가지고 있다고 해야 한다. 이것이 바로 정당행위의 요건을 긴급행위로서 이해하는 경우와 통상행위로서 파악하는 경우로 나누어서 검토하여야 할 이유라고 생각된다.

(2) 객관적 위법성조각사유

형법은 정당행위를 법령에 의한 행위, 업무로 인한 행위 및 기타 사회상규에 위배되지 아니하는 행위로 분류하고 있다. 여기서 정당화상황은 행위의 근거가 되는 법령과 업무의 존재 및 사회상규에의 합치라고 할 수 있고, 정당행위는 법령에 의한 행위, 업무로 인한 행위 및 사회상규에 위배되지 아니하는 행위가 된다고 할 수 있다.

1) 법령에 의한 행위

① 의 의

법령에 의한 행위(法令에 의한 行爲)란 법률, 명령 기타의 성문법규에 근거하여 권리 또는 의무로서 행하여지는 행위를 말한다. 법령(法令)에서 '법'(法)은 법률을 의미하고, '령'(令)은 명령을 의미한다. 법령에 의한 행위를 직무집행행위, 권리 또는 의무로서의 행위, 정책적 이유로 허용되는 행위, 주의적으로 적법성을 명시한 행위 및 존엄사로 나누어 검토하기로 한다.

② 직무집행행위

직무집행행위는 직접 실행하는 경우와 상관의 명령에 의한 경우로 구분할 수 있다. 직무집행행위(職務執行行爲)란 공무원이 법령에 근거하여 직무 내지 직권으로서 행하는 행위를 말한다. 예컨대 형의 집행(제66조~제71조), 체포(형소법 제200조의2), 구속(형소법 제201조), 압수·수색·검증(형소법 제215조) 등은 살인죄(제250조 제1항), 불법체포·감금죄(제124조), 강도죄(제333조), 주거침입죄(제319조), 주거·신체수색죄(제321조) 등의 구성요건에 해당하지만, 위법성이 조각된다. 다만 직무집행행위가 위법성을 조각하려면 그것은 법령에 근거하여 적법하게 행하여질 것이 요구된다. 따라서 그것이 남용된 때에는 위법성을 조각하지 않을 뿐만 아니라 직권남용죄(제123조)에 해당할 수도 있다. 위법한 직무집행행위에 대하여는 정당방위가 가능한 것도 당연하다.

또 상관의 위법한 명령에 복종하는 하관의 행위는 위법성을 조각하지 않는다. 범죄행위 또는 인간의 존엄성에 반하는 행위에 대한 명령은 직무상의 명령이 아니기 때문에 구속력이 없다고 해야 하고, 그러한 명령에 복종한 하관의 행위는 위법성을 조각하지 않는다고 해야 하기 때문이다. 다만, 위법한 상관의 명령에 복종하는 하관의 행위는 경우에 따라 책임이 조각될 수 있을 뿐이라고 해야 한다. 직무집행행위를 부정한 판례의 구체적 내용은 다음과 같다. 즉,

① 공무원이 그 직무를 수행함에 있어 상관은 하관에 대하여 범죄행위 등 위법한 행위를 하도록 명령할 직권이 없는 것이며, 또한 하관은 소속 상관의 적법한 명령에 복종할 의무는 있으나 위와 같이 명백히 위법 내지 불법한 명령인 때에는 이는 벌써 직무상의 지시명령이라 할 수 없으므로 이에 따라야 할 의무는 없다.[13] ② 대통령 선거를 앞두고 특정후보에 대하여 반대하는 여론을 조성할 목적으로 확인되지도 않은 허위의 사실을 담은 책자를 발간·배포하거나 기사를 게재하도록 하라는 것과 같이 명백히 위법 내지 불법한 명령인 때에는 이는 벌써 직무상의 지시명령이라 할 수 없으므로 이에 따라야 할 의무가 없다.[14] ③ 5·18 군사반란 및 내란행위에 대한 사안에 있어서, 상관의 적법한 직무상 명령에 따른 행위는 정당행위로서 형법 제20조에 의하여 그 위법성이 조각된다고 할 것이나, 상관의 위법한 명령에 따라 범죄행위를 한 경우에는 상관의 명령에 따랐다고 하여 부하가 한 범죄행위의 위법성이 조각될 수는 없다.[15] ④ 참고인으로 소환된 사람에게 가혹행위를 가하라는 등과 같이 명백한 위법 내지 불법한 명령인 때에는 이는 벌써 직무상의 지시명령이라 할 수 없으므로 이에 따라야 할 의무는 없다.[16] ⑤ 설령 대공수사단 직원은 상관의 명령에 절대 복종하여야 한다는 것이 불문율로 되어 있다 할지라도 국민의 기본권인 신체의 자유를 침해하는 고문행위 등이 금지되어 있는 우리의 국법질서에 비추어 볼 때 그와 같은 불문율이 있다는 것만으로는 고문치사와 같이 중대하고도 명백한 위법명령에 따른 행위가 정당한 행위에 해당하거나 강요된 행위로서 적법행위에 대한 기대가능성이 없는 경우에 해당하게 되는 것이라고는 볼 수 없다.[17] ⑥ 공무원은 직무를 수행함에 있어서 소속 상관의 명백히 위법한 명령에 대해서까지 복종할 의무는 없을 뿐만 아니라, 중앙정보부직원은 상관의 명령에 절대 복종하여야 한다는 것이 불문율로 되어 있다는 점만으로는 이 사건에서와 같이 중대하고 명백한 위법명령에 따른 범법행위까지 강요된 행위이거나 적법행위에 대한 기대가능성이 없는 경우에 해당한다고는 도저히 볼 수 없다.[18] ⑦ 법정의 절차없이 피해자를 경찰서보호실에 감금한 행위는 수사목적달성을 위하여 적절한 행위라고 믿고 한 정당행위라 할 수 없고 직무상의 권능을 행사함에 있어서 법정의 조건을 구비하지 아니하고 이를 행사한 것은 곧 직권을 남용하여 불법감금한 것에 해당한다.[19]

---

13) 대법원 2015.10.29. 선고 2015도9010 판결; 대법원 2013.11.28. 선고 2011도5329 판결; 대법원 1999.4.23. 선고 99도636 판결; 대법원 1988.2.23. 선고 87도2358 판결.

14) 대법원 1999.4.23. 선고 99도636 판결.

15) 대법원 1997.4.17. 선고 96도3376 전원합의체 판결.

16) 대법원 1988.2.23. 선고 87도2358 판결.

17) 대법원 1988.2.23. 선고 87도2358 판결.

18) 대법원 1980.5.20. 선고 80도306 판결.

③ 권리 또는 의무로서의 행위

권리 또는 의무로서의 행위란 사인(私人)이 법령에 근거하여 권리 또는 의무로서 행하는 행위를 말한다. 사인에 의한 현행범체포(형소법 제212조), 학교의 장의 징계행위(초·중등교육법 제18조, 고등교육법 제13조), 노동쟁의행위(헌법 제33조) 또는 범죄피해자의 고소(형소법 제223조) 등은 각각 체포죄, 폭행죄, 명예훼손죄 등에 해당하지만 위법성이 조각된다.

현행범인은 누구든지 영장없이 체포할 수 있다(형소법 제212조). 검사 또는 사법경찰관리 아닌 자가 현행범인을 체포한 때에는 즉시 검사 또는 사법경찰관리에게 인도하여야 한다(형소법 제213조 제1항). 사인(私人)에 의한 현행범체포는 일종의 가체포(假逮捕, vorläufige Festnahme)이고, 원래 수사기관의 관할사항이지만 수사기관에 신고할 시간이 없는 경우에 수사기관을 대신하여 개인에게 인정된 권한(Das Handeln pro magistratu)이기 때문이다. 특히 체포시의 실력행사는 현행범을 체포하기 위하여 필요하고 상당한 범위 내에서만 위법성이 조각된다. 따라서 상당성을 넘는 현행범을 체포하기 위한 타인의 주거침입, 무기의 사용 또는 현행범인에 대한 살해 등은 위법성을 조각한다고 할 수 없다.

학교의 장의 징계권에는 체벌(體罰)이 포함되지 않는 것으로 해석하는 것이 다수설의 입장이다. 이에 반하여 판례는 교사가 학교장이 정하는 학칙에 따라 불가피한 경우 체벌을 가하는 것이 금지되어 있지는 않다고 보고 있다(초·중등교육법 제18조 제1항, 제20조 제3항, 동법 시행령 제31조 제7항 참조). 다만 어떤 경우에 어떤 방법으로 체벌을 가할 수 있는 지에 관한 기준은 명확하지 않다고 할 수 있다. 대법원은 "징계행위는 그 방법 및 정도가 교사의 징계권행사의 허용한도를 넘어선 것이라면 정당한 행위로 볼 수 없다"고 판시하여 그 기준을 제시한 바 있다.[20] 나아가 대법원은 "초·중등교육법령에 따르면 교사는 학교장의 위임을 받아 교육상 필요하다고 인정할 때에는 징계를 할 수 있고 징계를 하지 않는 경우에는 그 밖의 방법으로 지도를 할 수 있는데 그 지도에 있어서는 교육상 불가피한 경우에만 신체적 고통을 가하는 방법인 이른바 체벌로 할 수 있고 그 외의 경우에는 훈육, 훈계의 방법만이 허용되어 있는 바, 교사가 학생을 징계 아닌 방법으로 지도하는 경우에도 징계하는 경우와 마찬가지로 교육상의 필요가 있어야 될 뿐만 아니라 특히 학생에게 신체적, 정신적 고통을 가하는 체벌, 비하하는 말 등의 언행은 교육상 불가피한 때에만 허용되는 것이어서, 학생에 대한 폭행, 욕설에 해당되는 지도행위는 학생의 잘못된 언행을 교정하려는

19) 대법원 1971.3.9. 선고 70도2406 판결.
20) 헌법재판소 2000.1.27. 선고 99헌마481 결정; 대법원 1990.10.30. 90도1456 판결.

목적에서 나온 것이었으며 다른 교육적 수단으로는 교정이 불가능하였던 경우로서 그 방법과 정도에서 사회통념상 용인될 수 있을 만한 객관적 타당성을 갖추었던 경우에만 법령에 의한 정당행위로 볼 수 있을 것이다"고 판시한 바 있다.[21]

이 외에 헌법은 노동자의 단결권, 단체교섭권 및 단체행동권을 보장하고 있다(헌법 제33조). '노동조합 및 노동관계조정법'은 "형법 제20조의 규정은 노동조합이 단체교섭·쟁의행위 기타의 행위로서 제1조의 목적을 달성하기 위하여 한 정당한 행위에 대하여 적용된다. 다만 어떠한 경우에도 폭력이나 파괴행위는 정당한 행위로 해석되어서는 아니된다"고 규정하고 있다(노동조합법 제4조). 노동쟁의행위는 그 태양에 따라서 업무방해죄, 협박죄, 체포감금죄, 강요죄, 주거침입죄 등의 구성요건에 해당하지만, 위법성이 조각된다. 위법성이 조각되기 위하여는 첫째, 근로조건의 유지·개선과 근로자의 경제적·사회적 지위의 향상을 도모하기 위한 소위 '목적의 정당성'이 인정되지 않으면 안 된다. 부수적 목적이 정치적 요구의 실현에 있다고 하여도 주된 목적이 근로조건의 유지·개선과 근로자의 경제적·사회적 지위의 향상에 있는 한 그 목적은 정당하다고 할 수 있다. 둘째, 수단의 상당성이 인정되어야 한다. 동맹파업, 태업, 생산관리 등을 예시할 수 있다. 다만 단서가 규정하는 폭력이 폭행죄에서 말하는 '폭행', 파괴행위가 손괴죄에서 말하는 '손괴'를 의미하는 것이라면 적어도 폭행죄와 손괴죄의 위법성은 조각되지 않는다고 할 수 있다. 대법원은 "근로자의 쟁의행위가 형법상 정당행위가 되기 위하여는 첫째 그 주체가 단체교섭의 주체로 될 수 있는 자이어야 하고, 둘째 그 목적이 근로조건의 향상을 위한 노사간의 자치적 교섭을 조성하는 데에 있어야 하며, 셋째 사용자가 근로자의 근로조건 개선에 관한 구체적인 요구에 대하여 단체교섭을 거부하였을 때 개시하되 특별한 사정이 없는 한 조합원의 찬성결정 등 법령이 규정한 절차를 거쳐야 하고, 넷째 그 수단과 방법이 사용자의 재산권과 조화를 이루어야 함은 물론 폭력의 행사에 해당되지 아니하여야 한다는 여러 조건을 모두 구비하여야 한다"고 판시한 바 있다.[22] 권리 또는 의무로서의 행위를 긍정한 판례의 구체적 내용은 다음과 같다. 즉,

① 근로자의 쟁의행위가 형법상 정당행위가 되기 위한 절차적 요건으로서, 쟁의행위를 함에 있어 조합원의 직접·비밀·무기명투표에 의한 찬성결정이라는 절차를 거

21) 대법원 2004.6.10. 선고 2001도5380 판결.

22) 대법원 2007.5.11. 선고 2006도9478 판결; 대법원 2001.10.25. 선고 99도4837 전원합의체 판결; 대법원 1998.1.20. 선고 97도588 판결.

치도록 한 노동조합및노동관계조정법 제41조 제1항은 노동조합의 자주적이고 민주적인 운영을 도모함과 아울러 쟁의행위에 참가한 근로자들이 사후에 그 쟁의행위의 정당성 유무와 관련하여 어떠한 불이익을 당하지 않도록 그 개시에 관한 조합의사의 결정에 보다 신중을 기하기 위하여 마련된 규정이다. 지역별 · 산업별 · 업종별 노동조합의 경우에는 총파업이 아닌 이상 쟁의행위를 예정하고 있는 당해 지부나 분회소속 조합원의 과반수의 찬성이 있으면 쟁의행위는 절차적으로 적법하다고 보아야 할 것이고, 쟁의행위와 무관한 지부나 분회의 조합원을 포함한 전체 조합원의 과반수 이상의 찬성을 요하는 것은 아니다.[23] ② 현행범인은 누구든지 영장 없이 체포할 수 있으므로 사인의 현행범인 체포는 법령에 의한 행위로서 위법성이 조각된다고 할 것인데, 현행범인 체포의 요건으로서는 행위의 가벌성, 범죄의 현행성 · 시간적 접착성, 범인 · 범죄의 명백성 외에 체포의 필요성 즉, 도망 또는 증거인멸의 염려가 있을 것을 요한다. 적정한 한계를 벗어나는 현행범인 체포행위는 그 부분에 관한 한 법령에 의한 행위로 될 수 없다고 할 것이나, 적정한 한계를 벗어나는 행위인가 여부는 결국 정당행위의 일반적 요건을 갖추었는지 여부에 따라 결정되어야 할 것이지 그 행위가 소극적인 방어행위인가 적극적인 공격행위인가에 따라 결정되어야 하는 것은 아니다. 피고인의 차를 손괴하고 도망하려는 피해자를 도망하지 못하게 멱살을 잡고 흔들어 피해자에게 전치 14일의 흉부찰과상을 가한 경우, 정당행위에 해당한다.[24] ③ 교사의 학생에 대한 체벌이 징계권의 행사로서 정당행위에 해당하려면 그 체벌이 교육상의 필요가 있고 다른 교육적 수단으로는 교정이 불가능하여 부득이 한 경우에 한하는 것이어야 할 뿐만 아니라 그와 같은 경우에도 그 체벌의 방법과 정도에는 사회관념상 비난받지 아니할 객관적 타당성이 있지 않으면 안된다.[25] ④ 학대죄는 자기의 보호 또는 감독을 받는 사람에게 육체적으로 고통을 주거나 정신적으로 차별대우를 하는 행위가 있음과 동시에 범죄가 완성되는 상태범 또는 즉시범이라 할 것이고 비록 수 십회에 걸쳐서 계속되는 일련의 폭행행위가 있었다 하더라도 그 중 친권자로서의 징계권의 범위에 속하여 위 위법성이 조각되는 부분이 있다면 그 부분을 따로 떼어 무죄의 판결을 할 수 있다.[26] ⑤ 교사의 학생에 대한 처벌에 징계권의 행사로서 정당행위에 해당하려면 그 체벌이 교육상의 필요가 있고 다른 교육적 수단으로는 교정이 불가능하여 부득이 한 경우에 한하는 것이어야 할 뿐 아니라 그와 같은 경우에도 그 체벌의 방법과 정도에는 사회관념상 비난받지 아니할 객관적 타당성이 있지 않으면 안된다.[27] ⑥ 중학교 교장직무대리자가 훈계의 목적으로 교칙위반학생에게 뺨을 몇 차례 때린 정도는 감호교육상의 견지에서 볼

23) 대법원 2004.9.24. 선고 2004도4641 판결.
24) 대법원 1999.1.26. 선고 98도3029 판결.
25) 대법원 1991.5.28. 선고 90다17972 판결.
26) 대법원 1986.7.8. 선고 84도2922 판결.
27) 대법원 1988.1.12. 선고 87다카2240 판결.

때 징계의 방법으로서 사회 관념상 비난의 대상이 될 만큼 사회상규를 벗어난 것으로는 볼 수 없어 처벌의 대상이 되지 아니한다.[28)]

권리 또는 의무로서의 행위를 부정한 판례의 구체적 내용은 다음과 같다. 즉,

① 현행범인은 누구든지 영장 없이 체포할 수 있는데(형소법 제212조), 현행범인으로 체포하기 위하여는 행위의 가벌성, 범죄의 현행성 · 시간적 접착성, 범인 · 범죄의 명백성 이외에 체포의 필요성 즉, 도망 또는 증거인멸의 염려가 있어야 하고, 이러한 요건을 갖추지 못한 현행범인 체포는 법적 근거에 의하지 아니한 영장 없는 체포로서 위법한 체포에 해당한다. 여기서 현행범인 체포의 요건을 갖추었는지는 체포 당시 상황을 기초로 판단하여야 하고, 이에 관한 검사나 사법경찰관 등 수사주체의 판단에는 상당한 재량 여지가 있으나, 체포 당시 상황으로 보아도 요건 충족 여부에 관한 검사나 사법경찰관 등의 판단이 경험칙에 비추어 현저히 합리성을 잃은 경우에는 그 체포는 위법하다고 보아야 한다.[29)] ② 쟁의행위에서 추구되는 목적이 여러 가지이고 그 중 일부가 정당하지 못한 경우에는 주된 목적 내지 진정한 목적의 당부에 의하여 그 쟁의목적의 당부를 판단하여야 할 것이고, 부당한 요구사항을 뺐더라면 쟁의행위를 하지 않았을 것이라고 인정되는 경우에는 그 쟁의행위 전체가 정당성을 갖지 못한다고 보아야 한다.[30)] ③ 교정의 목적에서 나온 지도행위가 아니어서 학생에게 체벌, 훈계 등의 교육적 의미를 알리지도 않은 채 지도교사의 성격 또는 감정에서 비롯된 지도행위라든가, 다른 사람이 없는 곳에서 개별적으로 훈계, 훈육의 방법으로 지도 · 교정될 수 있는 상황이었음에도 낯모르는 사람들이 있는 데서 공개적으로 학생에게 체벌 · 모욕을 가하는 지도행위라든가, 학생의 신체나 정신건강에 위험한 물건 또는 지도교사의 신체를 이용하여 학생의 신체 중 부상의 위험성이 있는 부위를 때리거나 학생의 성별, 연령, 개인적 사정에서 견디기 어려운 모욕감을 주어 방법 · 정도가 지나치게 된 지도행위 등은 특별한 사정이 없는 한 사회통념상 객관적 타당성을 갖추었다고 보기 어렵다.[31)] ④ 정리해고나 사업조직의 통폐합 등 기업의 구조조정의 실시 여부는 경영주체에 의한 고도의 경영상 결단에 속하는 사항으로서 이는 원칙적으로 단체교섭의 대상이 될 수 없고, 그것이 긴박한 경영상의 필요나 합리적인 이유 없이 불순한 의도로 추진되는 등의 특별한 사정이 없는 한, 노동조합이 실질적으로 그 실시 자체를 반대하기 위하여 쟁의행위에 나아간다면, 비록 그 실시로 인하여 근로자들의 지위나 근로조건의 변경이 필연적으로 수반된다 하더라도 그 쟁의행위는 목적의 정당성을 인정할 수 없다.[32)] ⑤ 쟁의

28) 대법원 1976.4.27. 선고 75도115 판결.
29) 대법원 2011.5.26. 선고 2011도3682 판결.
30) 대법원 2007.5.11. 선고 2006도9478 판결; 대법원 2002.2.26. 선고 99도5380 판결.
31) 대법원 2004.6.10. 선고 2001도5380 판결.
32) 대법원 2003.12.26. 선고 2001도3380 판결; 대법원 2002.2.26. 선고 99도5380 판결.

행위의 목적이 경영권의 본질에 속하는 공장이전 자체의 반대를 위한 것이므로 그 목적에 있어 정당성을 상실하였을 뿐만 아니라 그 수단과 방법이 사용자의 재산권과 조화를 이루지 못하고 폭력을 행사한 것이어서 정당행위에 해당하지 아니한다.[33] ⑥ 한국조폐공사 노동조합의 쟁의행위에 대하여 임금의 개선이라는 목적이 전혀 없었다고 단정할 수는 없다고 하더라도 그 주된 목적은 정부의 공기업 구조조정의 일환으로 추진되는 조폐창 통폐합의 저지에 있다고 보아 쟁의행위의 정당성을 인정할 수 없다.[34] ⑦ 친권자는 자를 보호하고 교양할 권리의무가 있고(민법 제913조) 그 자를 보호 또는 교양하기 위하여 필요한 징계를 할 수 있기는 하지만(민법 제915조) 인격의 건전한 육성을 위하여 필요한 범위 안에서 상당한 방법으로 행사되어야만 할 것인데, 스스로의 감정을 이기지 못하고 야구방망이로 때릴 듯이 피해자에게 "죽여 버린다"고 말하여 협박하는 것은 그 자체로 피해자의 인격 성장에 장해를 가져올 우려가 커서 이를 교양권의 행사라고 보기도 어렵다.[35] ⑧ 노동조합및노동관계조정법 제41조 제1항을 위반하여 조합원의 직접·비밀·무기명 투표에 의한 과반수의 찬성결정을 거치지 아니하고 쟁의행위에 나아간 경우에도 조합원의 민주적 의사결정이 실질적으로 확보된 경우에는 위와 같은 투표절차를 거치지 아니하였다는 사정만으로 쟁의행위가 정당성을 상실한다고 볼 수 없다는 취지의 대법원 2000.5.26. 선고 99도4836 판결은 이와 어긋나는 부분에 한하여 변경하기로 한다.[36] ⑨ 긴박한 경영상의 필요에 의하여 하는 이른바 정리해고의 실시는 사용자의 경영상의 조치라고 할 것이므로, 정리해고에 관한 노동조합의 요구내용이 사용자는 정리해고를 하여서는 아니된다는 취지라면 이는 사용자의 경영권을 근본적으로 제약하는 것이 되어 원칙적으로 단체교섭의 대상이 될 수 없고, 단체교섭사항이 될 수 없는 사항을 달성하려는 쟁의행위는 그 목적의 정당성을 인정할 수 없다.[37] ⑩ 현행법상 적어도 노동조합이 결성된 사업장에 있어서의 쟁의행위가 노동조합법 제2조 소정의 형사상 책임이 면제되는 정당행위가 되기 위하여는 반드시 그 쟁의행위의 주체가 단체교섭이나 단체협약을 체결할 능력이 있는 노동조합일 것이 요구되고, 일부 조합원의 집단이 노동조합의 승인 없이 또는 그 지시에 반하여 쟁의행위를 하는 경우에는 형사상 책임이 면제될 수 없다.[38] ⑪ 쟁의행위는 근로자가 소극적으로 노무제공을 거부하거나 정지하는 행위만이 아니라 적극적으로 그 주장을 관철하기 위하여 업무의 정상적인 운영을 저해하는 행위까지 포함하므로, 쟁의행위의 본질상 사용자의 정상업무가 저해되는 경우가 있음은 부득이한 것으로서 사용자는 이를 수인할 의무가 있으나, 이

---

33) 대법원 2003.11.13. 선고 2003도687 판결.
34) 대법원 2003.12.11. 선고 2001도3429 판결.
35) 대법원 2002.2.8. 선고 2001도6468 판결.
36) 대법원 2001.10.25. 선고 99도4837 전원합의체 판결.
37) 대법원 2001.4.24. 선고 99도4893 판결.
38) 대법원 1995.10.12. 선고 95도1016 판결.

러한 근로자의 쟁의행위가 정당성의 한계를 벗어날 때에는 근로자는 업무방해죄 등 형사상 책임을 면할 수 없다. 쟁의행위의 형사상 책임이 면제되는 정당성의 요건은 쟁의행위가 단체교섭과 관련하여 근로조건의 유지·개선 등을 목적으로 하는 것이어서 그 목적이 정당하여야 하고, 쟁의행위의 시기와 절차가 법령의 규정에 따른 것으로서 정당하여야 하며, 또 쟁의행위의 방법과 태양이 폭력 또는 파괴행위를 수반하거나 기타 고도의 반사회성을 띈 행위가 아닌 정당한 범위 내의 것이어야 한다.[39] ⑫ 교사가 학생을 엎드러지게 한 후 몽둥이와 당구큐대로 그의 둔부를 때려 3주간의 치료를 요하는 우둔부심부혈종좌이부좌상을 입혔다면 비록 학생주임을 맡고 있는 교사로서 제자를 훈계하기 위한 것이었다 하더라도 이는 징계의 범위를 넘는 것으로서 형법 제20조의 정당행위에는 해당하지 아니한다.[40] ⑬ 근로조건의 유지 또는 향상 등 쟁의행위의 목적이 아닌 다른 목적을 위하여 다수 근로자들이 상호 의사연락하에 집단적으로 일시에 조퇴하거나 결근하는 등 노무제공을 거부함으로써 회사업무의 정상적인 운영을 저해하였다면 이는 다중의 위력에 의한 업무방해행위에 해당한다고 보아야 할 것이다.[41] ⑭ 교사가 국민학교 5학년생을 징계하기 위하여 양손으로 교탁을 잡게 하고 길이 50cm, 직경 3cm 가량 되는 나무 지휘봉으로 엉덩이를 두 번 때리고, 학생이 아파서 무릎을 굽히며 허리를 옆으로 틀자 다시 허리부분을 때려 6주간의 치료를 받아야 할 상해를 입힌 경우 위 징계행위는 그 방법 및 정도가 교사의 징계권행사의 허용한도를 넘어선 것으로서 정당한 행위로 볼 수 없다.[42] ⑮ 교사가 징계목적으로 학생에게 체벌을 가한 행위가 사회관념상 비난받을 행위로서 불법행위를 구성하는 경우에 그 교사에게 중대한 과실이 있었는지의 여부를 가려보기 위하여서는 체벌을 가하게 된 동기와 경위, 체벌을 가하는 방법과 정도 및 체벌을 가한 신체부위와 그 체벌로 인한 상처의 정도 등을 종합적으로 고려하여 체벌을 가하는 교사로서의 통상 요구되는 주의의무를 현저히 게을리하였는지의 여부를 판단하여야 한다. 중학교 교사가 학생에게 중한 체벌을 가하게 된 동기가 학생(갑)이 다른 학생 10여명과 함께 단체로 체벌을 받고 있던 중 갑자기 웃어버린데 있다면 학생(갑)의 진지하지 못한 태도와 함께 교사가 자신의 인격이 무시당하였다는 다분히 감정적인 면에도 기인하고 있다고 보여지며 또 교사가 체벌을 가한 부위가 다리, 둔부 등의 비교적 안전한 부분이 아니라 신체부분 중 가장 중요하고 위험한 머리부분으로서 그 상처의 종류와 정도가 통상 외부로부터 상당히 강력한 힘이 가하여 질 경우에 발생되는 성질의 것이며 더우기 체벌을 가한 방법이 막대기만으로 때린 것이 아니라 구둣발로 여러 번 차는 등 심히 비인격적, 비교육적 방법까지 사용하여 그 결과 학생(갑)으로 하여금 6주간의 치료를 요하는 상해를 입히고 후유장

39) 대법원 1992.9.22. 선고 92도1855 판결.
40) 대법원 1991.5.14. 선고 91도513 판결.
41) 대법원 1991.1.23. 선고 90도2852 판결.
42) 대법원 1990.10.30. 선고 90도1456 판결.

애로 일반노동능력의 70퍼센트를 상실하게 하였다면, 설사 위 사고가 교사로서의 직무의 연장으로서 교육상 학생지도의 징계목적으로 10여명의 학생에게 체벌을 가하는 과정에서 발생하였으며 위 체벌 당시에는 학생(갑)이 별다른 증상을 느끼지 못하였다고 하더라도 적어도 교사로서 개인적인 감정의 개입을 억제하고 품위를 유지하여 체벌을 가하는 신체부위와 그 정도 및 방법 등에 대하여 조금만 주의를 기울였다면 위와 같은 결과를 충분히 예견할 수 있었다고 할 것인데도 불구하고 징계의 목적으로 체벌을 가하는 교사로서 통상 요구되는 주의의무를 현저히 게을리 함으로써 위와 같은 결과를 초래한 중대한 과실이 있었다고 봄이 상당하다고 할 것이다.[43] ⑯ 교사가 피해자인 학생이 욕설을 하였는지를 확인도 하지 못할 정도로 침착성과 냉정성을 잃은 상태에서 욕설을 하지도 아니한 학생을 오인하여 구타하였다면 그 교사가 비록 교육상 학생을 훈계하기 위하여 한 것이라고 하더라도 이는 징계권의 범위를 일탈한 위법한 폭력행위이다.[44]

④ 정책적 이유로 허용되는 행위

정책적 이유로 허용된 행위란 일정한 정책적 이유로 위법성이 조각되는 행위를 말한다. 승마투표권(勝馬投票券), 즉 마권(馬券)의 발매(한국마사회법 제6조), 소싸움경기투표권, 즉 우권(牛券)의 발매(전통소싸움법 제7조), 복권의 발행(복권법 제4조) 등의 행위는 도박죄 등의 구성요건에는 해당하지만, 위법성을 조각한다. 정책적 이유로 위법성을 조각한다고 규정하고 있지만, 이는 반드시 명확한 것은 아니라고 지적되고 있다. 예컨대 지방재원의 확충이라는 것만으로는 도박을 정당화하기 위한 이유로는 충분하지 않기 때문이다. 이에 관한 판례의 구체적 내용은 다음과 같다. 즉,

① 국민체육진흥법에 근거한 체육진흥투표권 발행사업과 유사하게 '체육진흥투표권 또는 이와 비슷한 것을 발행하고, 결과를 적중시킨 자에게 재물이나 재산상의 이익을 제공'해야 국민체육진흥법 제26조 제1항의 '유사행위'에 해당한다. 이와 달리 체육진흥투표권 또는 이와 비슷한 것을 발행하기만 하고 결과를 적중시킨 자에게 재물이나 재산상의 이익을 제공하지 않거나, 이러한 체육진흥투표권 또는 이와 비슷한 것을 발행하지 않은 채 결과를 적중시킨 자에게 재물이나 재산상의 이익만을 제공하는 경우라면, 특별한 사정이 없는 한 국민체육진흥법 제26조 제1항의 '유사행위'에 해당한다고 볼 수 없다.[45] ② 국가 정책적 견지에서 도박죄의 보호법익보다 좀더 높은 국가이익을 위하여 예외적으로 내국인의 출입을 허용하는 폐광지역개발지원에관한특별법 등에 따라 카지노에 출입하는 것은 법령에 의한 행위로 위법성이 조각된다고 할 것이나, 도박

43) 대법원 1990.2.27. 선고 89다카16178 판결.
44) 대법원 1980.9.9. 선고 80도762 판결.
45) 대법원 2017.11.14. 선고 2017도13140 판결.

죄를 처벌하지 않는 외국 카지노에서의 도박이라는 사정만으로 그 위법성이 조각된다고 할 수 없다.[46)]

⑤ 주의적으로 적법성을 명시한 행위

주의적(注意的)으로 적법성을 명시한 행위란 원래 윤리적 관점 또는 이익형량의 관점에서 정당화될 수 있는 행위이지만, 법률이 주의적으로 위법성조각사유라는 점을 명확히 하고 그 요건을 법정하고 있는 경우를 말한다. 예컨대 장기이식법상 기증자측의 동의를 받은 장기적출행위(장기이식법 제22조), 정신건강복지법상의 자의입원(정신건강복지법 제41조)과 동의입원(정신건강복지법 제42조)을 제외한 보호입원(정신건강복지법 제43조)과 행정입원(정신건강복지법 제44조), 시체해부법에 의한 시체의 해부(시체해부법 제2조) 또는 연명의료결정법에 의한 연명의료중단 등 결정의 이행, 소위 존엄사의 시행(연명의료결정법 제19조) 등이 이에 해당한다.

⑥ 존엄사

존엄사(尊嚴死, death with dignity)란 인간으로서 존엄성을 가지고 사망을 맞이하는 것을 말한다. 존엄사는 과잉의 의료를 회피하여 자연사를 맞이하게 한다는 점에서 자연적 사기를 앞당기는 안락사와는 처음부터 구별된다고 본다. 안락사의 경우에는 통증을 다스린다는 기술이지만 그 진통술의 부작용으로서 자연적 사기가 앞당겨지게 하지만, 존엄사의 경우에는 생명을 연장하는 기술이기 때문에 자연적 사기의 단축과는 무관하게 된다. 또 안락사는 여전히 입법적 공백상태에서 해석론에 의존하여 그 해결책을 모색하고 있다고 할 수 있다. 그러나 존엄사는 소위 연명의료결정법이 이미 2016년 2월 3일 제정되어 2018년 2월 4일부터 본격적으로 시행되고 있기 때문에 그 동안의 입법적 공백이 완전히 해소되어 입법에 의하여 인정되고 있다고 할 수 있다. 이 법에 의하면 연명의료중단결정은 자기결정을 원칙으로 하지만, 일정한 경우에는 타인결정도 예외적으로 허용되고 있다. 즉, 자기결정으로서 연명의료계획서, 사전연명의료의향서 또는 환자가족의 진술을 통하여 환자의 의사로 보는 의사가 연명의료중단등결정을 원하는 것이고, 임종과정에 있는 환자의 의사에도 반하지 아니하는 경우(연명의료결정법 제15조 제1호, 제17조)와 타인결정으로서 환자의 의사를 확인할 수 없고 환자가 의사표현을 할 수 없는 의학적 상태인 경우 미성년자인 환자의 법정대리인(친권자에 한정한다)이 연명의료중단등결정의 의사표시를 하고 담당의사와 해당 분야 전문의 1명이 확인한 경우 또는 환자가족(행방불명자 등 대통령령으로 정하는 사유에 해당하는 사람은 제외한다) 전원의 합의로 연명

46) 대법원 2004.4.23. 선고 2002도2518 판결.

의료중단등결정의 의사표시를 하고 담당의사와 해당 분야 전문의 1명이 확인한 경우(연명의료결정법 제15조 제2호, 제18조)에는 연명의료중단이 허용되고 있다.

2) 업무로 인한 행위

① 의 의

업무로 인한 행위란 업무를 원인으로 하는 행위를 말한다. 업무행위와 업무로 인한 행위는 구별되지 않으면 안 된다. 업무행위(業務行爲)란 사회생활상 반복・계속하여 행하여지는 사무활동을 말한다. 공적인 업무이든 사적인 업무이든 불문한다. 또 수입을 얻을 목적의 여부도 묻지 않는다.

업무로 인한 행위(業務로 因한 行爲)란 소방관이 진화 또는 구출 활동을 위하여 건물이나 차량 등을 파괴하는 행위, 경찰관이 진입하여 피의자의 신병을 확보하기 위하여 건물이나 차량 등을 파괴하거나 격렬히 저항하는 범죄자에게 발포하는 행위 또는 의사에 의한 치료행위로서 약제투여행위나 외과수술행위 등과 같이 업무를 원인으로 하는 행위를 말한다. 업무로 인한 행위는 사회상규에 위배되지 않는 한 위법성이 조각되지만, 그러기 위해서는 그 업무 자체는 정당할 것이 요구된다. 따라서 업무는 무면허 또는 무허가 등에서와 같이 반드시 적법할 필요는 없지만, 적어도 사회적으로 용인될 수 있는 것이어야 한다.

② 의사의 치료행위

치료행위(治療行爲, Heil-behandlung)란 치료의 목적으로 의학상 일반적으로 승인된 방법에 의하여 환자의 신체에 행하여지는 의료적 침습을 말한다. 의료행위가 질병의 예방 또는 치료 등의 진료행위와 보건위생상 위해의 방지행위 등도 포함하는 광의의 개념임에 반하여, 치료행위는 오로지 치료를 위하여 시행되는 의료적 침습만을 의미하는 협의의 개념이다. 한편 치료행위는 업무행위 그 자체가 되겠지만, 치료행위에 수반하여 발생하는 신체나 물건 등에 대한 상해행위나 침해행위 등은 소위 '업무로 인한 행위'에 해당하게 된다고 해석된다.

치료행위의 법적 성질에 관하여는 상해죄설과 비상해죄설이 크게 대립하고 있다. 상해죄설(傷害罪說)이란 환자의 신체에 대한 침습(侵襲, Eingriff)을 수반하는 치료행위는 상해죄의 구성요건에는 해당하지만 업무로 인한 행위에 해당되어 위법성을 조각한다는 입장을 말한다. 비상해죄설(非傷害罪說)이란 의학상 일반적으로 승인되어 있는 방법으로 행하여지는 의료행위는 유형적으로 사람의 신체에 위험을 초래하는 행위라고 할 수 없고, 생명과 건강의 회복, 유지 및 증진에 필요하기 때문에 사회 통념상 상해죄의 구성요건에 해당하지 않는다는 입장을 말한다. 종래부터 전통적으로 통설은 상해죄설이었고, 비상해죄설은 최근 유력시되는 견해라고 할 수 있다.

치료행위에 대하여 업무로 인한 행위이기 때문에 위법성이 조각된다는 상해죄설은 1930년대 독일 나치하에서 태동하여 전개되어온 전통적인 견해이다. 당시만 하더라도 유럽을 휩쓸었던 흑사병(Black Death, pest)에 대한 공포가 여전히 잔존하고 있었던 상황이었기 때문에 국가의 최우선적 과제 중의 하나는 공중보건을 확보하는 방역업무였다. 국가적 방역업무의 성공을 위하여 경찰의 예방행정의 일환으로서 경찰조직 내에 의사만으로 구성된 소위 위생경찰(衛生警察, Gesundheitspolizei, medizinische Polizei)을 두게 되었다. 위생경찰에게는 방역업무를 원활히 수행하게 하기 위하여 주거권자의 허락의 유무와 상관없이 가택에 들어가서 소독을 실시할 수 있게 하는 등 소위 업무권이 주어졌다. 문제는 방역업무권이 암암리에 치료업무권을 포함하게 되고 장애인 등에 대한 단종 또는 거세 등을 치료행위라는 미명하에 본인의 승낙 없이 강제적으로 실시하는 데에 있었다. 이의 연장선상에서 사회진화론에 입각한 우생학사상은 나치 독일의 안락사정책이었던 일명 '테 피어 작전'(Aktion T4)으로 절정을 맞이하기도 하였다.[47] 여기서 업무로 인한 의사의 치료행위라고 하더라도 그 순수성을 의심할 수밖에 없었기 때문에 일단은 상해죄의 구성요건에 해당한다고 하는 것이 당시 독일인들의 정서였다. 이와 같이 나치의 만행을 방지하기 위하여 상해죄설이 태동하는 계기가 되었으며, 전통적으로 상해죄설에 통설적 지위를 유지해 오게 한 연유가 되었다. 상해죄설은 아무리 업무로 인한 행위라고 하더라도 치료의 목적, 의술적 타당성(lege artis) 및 환자의 동의라는 허용요건을 충족하지 않으면 치료행위로서 위법성이 조각되지 않는다고 하는 입장으로 발전하게 된 것이다. 여기서 치료목적은 인체실험을 배제하기 위한 취지였지만, 그 내용에 대하여는 견해가 일치하지 않는다. 주관설(主觀說)은 치료의 목적을 주관적 정당화요소로서 행위자의 주관적 목적을 의미한다고 해석함에 반하여, 객관설(客觀說)은 치료경향으로서 행위의 객관적 목적을 의미한다고 해석하고 있다.

생각건대 결론부터 말하면 구성요건은 가능한 한 객관적이고 형식적으로 판단되어야 하고, 인체에 대한 침습을 수반하는 외과수술을 고려할 때 치료행위 그

---

47) T4라는 작전명은 작전본부의 소재지인 베를린의 'Tiergartenstraße 4'에서 유래한다. 이 작전으로 1940년부터 1945년까지 7만에서 20만명의 장애인이 학살당한 것으로 추정되고 있다.

자체로서는 상해죄의 구성요건에 해당하지만, 일정한 요건하에 위법성을 조각한다고 하는 견해가 해석론으로서 타당하다고 생각된다. 외과수술은 치료행위의 요건을 충족하지 않을 때에는 위법으로 되거나 수술이 실패한 경우에는 업무상 과실치사상죄가 문제될 수 있기 때문에 일단 외과수술에 대하여 구성요건해당성을 인정한 다음 위법성과 책임의 단계에서 그 다음의 문제를 순차로 판단하는 것이 적절하다고 생각되기 때문이다. 다만 현대 의학상 치료행위는 의료행위로 그 개념의 외연을 확장할 필요가 있고, 의료행위는 의학적 적응성, 의술적 타당성 및 설명 후 환자의 동의라는 요건이 충족되었을 때 위법성이 조각된다고 하는 것이 타당하다. 치료행위라는 개념에 멈추고 있는 한 실험의 목적이나 연구의 목적 등으로 행하여지는 의료행위는 치료의 목적이 존재하지 않기 때문에 정당화될 수 없고, 치료의 목적은 의학적 적응성에서 객관적으로 징표될 수 있기 때문이다. 또 환자의 자기결정권(自己決定權, Selbstbestimmungsrecht)을 강조하는 입장에서는 환자의 동의를 얻지 아니한 치료행위는 전단적 치료행위(專斷的 治療行爲, einmächtige Heilbehandlung)로서 원칙적으로 위법이라고 하게 된다. 여기서 환자의 동의는 치료행위의 정당화에 대한 불가결한 요건이 된다. 다만 전단적 치료행위이지만 의학적 적응성과 의술적 타당성을 갖춘 치료행위의 취급에 대하여는 견해가 일치하지 않고 있다. 치료행위의 요건 미충족으로 상해죄가 성립한다는 견해, 환자의 자기결정권에 대한 침해로서 강요죄가 성립한다는 견해 및 성공한 전단적 치료행위는 결과의 위법성은 조각되고 행위의 위법성만 남기 때문에 상해미수가 된다는 견해가 그것이다. 전단적 치료행위는 환자의 자기결정권을 존중하는 입장인 한 자기결정권에 대한 침해라고 하는 것이 타당하다고 생각된다. 또 자기결정권을 존중하는 입장에서 치료행위뿐만 아니라 의료행위는 업무로 인하여 위법성이 조각되는 것이 아니라 환자의 동의, 즉 피해자의 승낙 또는 추정적 승낙에 의하여 위법성이 조각된다고 하는 것이 타당하다고 생각된다. 이 외에도 피해자의 승낙 또는 추정적 승낙이 없는 경우에도 긴급피난에 의하여 위법성이 조각될 수 있는 길은 여전히 열려 있다고 하겠다.

③ 변호사의 변론행위

변호사는 공개법정에서 다른 사람의 명예를 훼손하는 사실을 진술하여도 그것이 변론을 위하여 필요한 경우에는 업무로 인한 행위로서 위법성이 조각된다. 또한 변호사가 아닌 변호인의 경우에도 마찬가지이다. 문제는 피고인의 고백으로 진범이 피고인이라는 것을 알게 된 변호인은 법정에서 무죄를 주장할 수 있는가에 있다. 변호인의 진실의무(眞實義務)와 관련하여 문제될 수 있기 때문이다. 예컨대 피고인이 고백을 하여도 그 자체가 정확한 것은 아니기 때문에 증거가 충분하지 않다면 무죄를 주장하여도 하등의 문제는 없다고 생각된다. 그러나 증거가 충분하게 고백한 경우에는 사정이 다르다고 생각된다. 여기서 변호인이 이를 법정에 고지한다 하더라도 업무상 비밀누설죄의 위법성은 조각될 것이다. 또한 고지하지 않았다고 하여도 증거인멸죄가 성립하는 것은 아니라고 할 것이다.

④ 종교인의 종교행위

종교인이 고해성사를 통하여 알게 된 신도의 범행을 종교상 비밀유지의무를 준수하기 위하여 수사기관에 범인을 고발하지 않는다든가, 법정에서 증언거부권을 행사하여 그 범행을 묵비하는 등의 행위는 '업무로 인한 행위'로서 위법성이 조각된다고 할 수 있다. 따라서 종교인에게 국가보안법상의 불고지죄(국가보안법 제10조)는 성립하지 않을 수 있다고 할 수 있다. 그럼에도 불구하고 종교적 계율에 따라 사제가 죄 지은 자를 능동적으로 고발하지 않는 것에 그치지 아니하고 적극적으로 은신처를 마련하여 주고 도피자금을 제공하는 따위의 일은 이미 그 정당한 직무의 범위를 넘는 것이며 이를 가리켜 사회상규에 반하지 아니하여 위법성이 조각되는 정당행위라고 할 수는 없다고 할 것이다.[48]

⑤ 언론인의 취재행위

언론인의 경우 문제는 특히 취재원(取材源)의 비닉권(秘匿權)에 있다. 언론사나 기자가 취재원을 보호하기 위하여 그 신원을 숨기는 경우는 언론계에서 오랫동안 쌓여온 관습이며 윤리이다. 여기서 취재원을 보호하기 위하여 언론인이 진술거부권을 행사하는 등의 행위는 '업무로 인한 행위'로서 위법성을 조각한다고 해석될 수 있다.

업무로 인한 행위를 긍정한 판례의 구체적 내용은 다음과 같다. 즉,

① 신문은 헌법상 보장되는 언론자유의 하나로서 정보원에 대하여 자유로이 접근할 권리와 취재한 정보를 자유로이 공표할 자유를 가지므로(신문 등의 진흥에 관한 법률 제3조 제2항 참조), 종사자인 신문기자가 기사 작성을 위한 자료를 수집하기 위해 취재활동을 하면서 취재원에게 취재에 응해줄 것을 요청하고 취재한 내용을 관계 법령에 저촉되지 않는 범위 내에서 보도하는 것은 신문기자의 일상적 업무 범위에 속하는 것으로서, 특별한 사정이 없는 한 사회통념상 용인되는 행위라고 보아야 한다.[49] ② 의사

48) 대법원 1983.3.8. 선고 82도3248 판결.

가 인공분만기인 "샤숀"을 사용하면 통상 약간의 상해정도가 있을 수 있으므로 그 상해가 있다 하여 "샤숀"을 거칠고 험하게 사용한 결과라고는 보기 어려워 의사의 정당업무의 범위를 넘은 위법행위라고 할 수 없다.[50] ③ 임신의 지속이 모체의 건강을 해칠 우려가 현저할 뿐더러 기형아 내지 불구아를 출산할 가능성마저도 없지 않다는 판단하에 부득이 취하게 된 산부인과 의사의 낙태 수술행위는 정당행위 내지 긴급피난에 해당되어 위법성이 없는 경우에 해당된다.[51] ④ 피고인이 태반의 일부를 떼어낸 행위는 그 의도, 수단, 절단부위 및 그 정도 등에 비추어 볼 때 의사로서의 정상적인 진찰행위의 일환이라고 볼 수 있으므로 형법 제20조 소정의 정당행위에 해당한다.[52]

업무로 인한 행위를 부정한 판례의 구체적 내용은 다음과 같다. 즉,

① 정당행위로 인정되기 위하여는 그 행위의 동기나 목적의 정당성뿐만 아니라 행위의 수단이나 방법의 상당성, 보호법익과 침해이익과의 법익균형성, 긴급성, 보충성 등의 요건을 갖추어야 할 것이라고 한 다음, 피고인이 공소외 주식회사의 감사였고 경비원으로부터 출입증을 받아서 감사실에 들어간 것이라고 하더라도, 피고인이 공소외 주식회사의 경영진과의 불화로 한 달 가까이 결근하다가 오전 6:48경에 피고인의 출입카드가 정지되어 있음에도 경비원으로부터 출입증을 받아 컴퓨터 하드디스크를 절취하기 위해 공소외 주식회사 감사실에 침입한 행위는 그 수단, 방법의 상당성을 결하는 것으로서 정당행위에 해당하지 않는다고 판단하였다.[53] ② 의사가 모발이식시술을 하면서 이에 관하여 어느 정도 지식을 가지고 있는 간호조무사로 하여금 모발이식시술행위 중 일정 부분을 직접 하도록 맡겨둔 채 별반 관여하지 않은 것이 정당행위에 해당하지 않는다.[54] ③ 피고인이 피해자의 정신질환을 치료하기 위해 안수기도를 하면서 피해자의 가슴과 머리를 눌러 전흉부 및 두정부피하출혈상을 가하고 정당성에도 불구하고 수단방법의 상당성, 법익의 교량, 긴급성, 보충성의 요건을 결한 것으로서 정당행위라 할 수 없고, 또 피해자의 승낙이 있는 경우에 해당한다고도 볼 수 없다.[55]

49) 대법원 2011.7.14. 선고 2011도639 판결.
50) 대법원 1978.11.14. 선고 78도2388 판결.
51) 대법원 1976.7.13. 선고 75도1205 판결.
52) 대법원 1976.6.8. 선고 76도144 판결.
53) 대법원 2011.8.18. 선고 2010도9570 판결.
54) 대법원 2007.6.28. 선고 2005도8317 판결.
55) 서울고법 1988.11.10. 선고 88노2534 제5형사부판결: 확정.

3) 사회상규에 위배되지 아니하는 행위

① 사회상규의 개념

ⓘ **사회상규의 의의 :** 사회상규(社會常規)에 관하여는 명문의 규정이 없다. 외국의 입법례도 없다. 다만 형법은 '기타 사회상규에 위배되지 아니하는 행위는 벌하지 아니한다'라고만 규정하고 있을 뿐이다(제20조). 사회상규의 의미에 관하여는 해석에 맡겨진 셈이다. 대법원은 사회상규를 '법질서 전체의 정신이나 그 배후에 놓여 있는 사회윤리 내지 사회통념'을 의미한다고 해석하고 있다. 따라서 '사회상규에 위배되지 아니하는 행위'라 함은 법질서 전체의 정신이나 그 배후에 놓여 있는 사회윤리 내지 사회통념에 비추어 용인될 수 있는 행위를 말한다고 하고 있다.[56] 사회상규라는 개념은 독일의 형법이나 일본의 형법에는 존재하지 않기 때문에 형법의 고유한 개념정립이 요구된다고 하겠다.

ⓘⓘ **사회상규의 입법약사 :** 사회상규의 개념과 관련한 입법사는 일반적 위법성조각사유에 대한 입법화시도라고 할 수 있다.[57] 독일에서는 법질서의 통일을 위하여 1910년대부터 1930년대까지 입법화가 추진되었다. 1910년 독일 형법위원회 초안은 '위법성이 공법 또는 민법에 의해 조각되는 행위는 가벌적이 아니다'고 규정하였고(동 초안 제26조), 1919년과 1925년 독일 형법 초안은 '행위의 위법성이 공법 또는 민법에 의해 조각되는 때에는 가벌적 행위는 존재하지 않는다'고 규정하였으며(동 초안 제20조), 1927년과 1930년 독일 형법 초안은 '공법 또는 민법이 행위의 위법성을 조각하는 때에는 가벌적 행위는 존재하지 않는다'고 규정한 바 있었다(동 초안 제23조). 그러나 1950년대에 이르러 법질서의 통일성보다는 형법의 특수한 위법성을 강조하는 견해가 우세하게 됨에 따라 더 이상 입법화는 추진되지 않았다.

---

56) 대법원 2014.1.16. 선고 2013도6761 판결; 대법원 2013.10.17. 선고 2013도8683 판결; 대법원 2013.6.13. 선고 2010도13609 판결; 대법원 2009.12.24. 선고 2007도6243 판결; 대법원 2008.10.23. 선고 2008도6999 판결; 대법원 2007.7.27. 선고 2007도4378 판결; 대법원 2007.5.11. 선고 2006도4328 판결; 대법원 2007.4.13. 선고 2006두16991 판결; 대법원 2006.11.23. 선고 2005도5511 판결; 대법원 2006.4.27. 선고 2003도4735 판결; 대법원 2006.4.13. 선고 2005도9396 판결; 대법원 2006.2.10. 선고 2005도3490 판결; 대법원 2005.9.30. 선고 2005도4688 판결; 대법원 2005.2.25. 선고 2004도8530 판결; 대법원 2004.8.20. 선고 2003도4732 판결; 대법원 2004.6.10. 선고 2001도5380 판결; 대법원 2004.5.28. 선고 2004도1497 판결; 대법원 2004.2.13. 선고 2003도7393 판결; 대법원 2003.9.26. 선고 2003도3000 판결; 대법원 2003.9.5. 선고 2003도2903 판결; 대법원 2002.12.26. 선고 2002도5077 판결; 대법원 2001.2.23. 선고 2000도4415 판결; 대법원 2000.4.25. 선고 98도2389 판결; 대법원 1997.11.14. 선고 97도2118 판결; 대법원 1986.10.28. 선고 86도1764 판결.

57) 이상용, "형법 제20조의 사회상규 규정의 입법연혁과 사회상규의 의미", 형사법연구, 한국형사법학회, 제20권 제20호, 2003, 164~182쪽 참조.

일본에서도 1920년대부터 1960년대까지, 한국 형법이 제정된 1953년 이후에도 입법화가 추진된 바 있다. 1927년 일본의 형법개정예비초안은 '법령 또는 정당한 업무로 인한 행위 또는 공의 질서 또는 선량한 풍속에 위배되지 아니하는 관습으로 인한 행위는 죄로 되지 아니한다'고 규정하였고(동 초안 제17조), 1931년 개정형법가안은 '법령에 의한 행위 또는 업무로 인한 행위 기타 법률상 정당한 행위는 죄로 되지 아니한다'고 규정하고 있었다(동 가안 제17조). 1961년 일본의 개정형법준비초안에서는 '법령에 의한 행위, 정당한 업무로 인한 행위 기타 법률상 허용된 행위는 이를 벌하지 아니한다'고 규정한 바 있었다(동 초안 제12조). 이러한 규정은 1968년 법제심의회의 개정형법초안에서도 동일하게 반복되고 있었다. 그러나 법질서 전체의 취지에서 정당하다고 평가될 수 있다면 불가벌이라고 하는 것이 일본의 현재까지의 해석론이기 때문에 더 이상의 입법화는 불필요한 것이 되었다.

한편 형법에서만 유일하게 입법화된 사회상규라는 개념에 영향을 미친 것은 일본의 1927년 형법개정예비초안의 '공의 질서 또는 선량한 풍속'에 있다고 추정된다. 이러한 개념을 일본 형법에 도입한 학자 마기노 에이이치(牧野英一)에 의하면 '공의 질서 또는 선량한 풍속'은 일본 민법상의 공서양속과 같은 개념으로 이해되었고, 공서양속은 사회적 상규와 마찬가지로 이에 위반하는 것이 위법성의 실질이라고 간주되었던 것이다. 이와 같이 형법상의 사회상규라는 개념은 일본의 1927년 형법개정예비초안과 관련하여 일본 학자가 표현한 개념에서 유래하였다고 추정할 수 있다.[58] 그럼에도 불구하고 사회상규라는 개념은 우리나라에서 입법 당시 상황에서 형법상으로 필요했던 개념으로 파악되고 있다. 당시의 입법자는 실정법에 의한 처벌을 축소하는 기능을 정당방위와 긴급피난 등 개별적인 위법성조각사유만으로는 충분히 감당할 수 없다고 보았기 때문이다.[59] 이리하여 사회상규는 위법성조각사유의 한계개념이 되었다고 추정할 수 있다고 보인다.

생각건대 일본어로 된 조선형사령이 한반도에 의용되면서부터 일반백성들은 당시의 실정법이었던 조선형사령의 내용을 알 수 없었고, 그 때부터 관습이 된 과거의 조선의 법령과 생활 방식에 따라서 변함없이 생활했을 것으로 추정된다. 일반 백성들에게는 지켜야 할 규범이 이원화될 수밖에 없었고, 당시에 일상생활을 지배하고 있던 관습법으로서의 조선의 법령과 실정법으로서의 일본의 법이 그것이었다고 보인다. 법과 현실의 괴리가 불가피하게 되는 것은 명약관화하게 되었

58) 이상용, 앞의 논문, 177쪽 참조.
59) 이상용, 앞의 논문, 181쪽 참조.

고, 조선의 법령과 관습에 따른 행위에 대하여 당시의 실정법에 위배된다는 이유만으로 이를 모조리 처벌할 수도 없는 상황이 초래되었을 것으로 추정된다. 이러한 상황은 1953년 형법을 제정한 이후에도 변함없이 계속되었을 것으로 보인다. 법과 현실의 괴리를 해결할 수 있었던 유일한 개념이 바로 사회상규가 아니었을까라고 추측해보는 연유이다. 뿐만 아니라 해방 후 소용돌이치던 역사의 흐름 속에서도 국민정서의 저변에 자리잡아 왔던 사회상규라는 개념은 군사정권을 거치면서 더욱 강도를 더하면서 표출되었고 오늘날까지도 소위 말하는 '국민정서법'으로 자리매김되어 남아 있는 것은 아닐까 조심스럽게 추측해보기도 한다. 그러나 소위 국민정서법은 법외(法外)의 영역을 인정하는 결과로 되기 때문에 바람직하지 않다고 해야 한다. 특히 정의에 입각한 실정법, 즉 적정성의 원칙에 근거한 형법이 존재하는 한 법외의 영역은 인정될 여지가 없다고 하지 않을 수 없다.

ⅲ **사회상규의 법적 성질**: 사회상규에 위배되지 아니하는 행위는 정당행위로서 위법성을 조각한다. 정당행위를 포괄적·일반적 위법성조각사유로 규정한 점이 형법의 특징이다. 사회상규에 관한 규정이 없는 일본 형법은 행위가 일정한 구성요건에 해당하더라도 범죄로서 형벌을 과하기에 상당한 정도의 위법성을 결한 경우 위법성을 부정하기 위하여 주지하는 바와 같이 소위 '가벌적 위법성론'을 발달시켜 왔다고 보인다.

형법은 정당행위, 즉 사회상규에 위배되지 아니하는 대표적인 행위의 예시로서 법령에 의한 행위, 업무로 인한 행위 외에도 정당방위, 긴급피난, 자구행위 및 피해자의 승낙에 의한 행위를 명문으로 규정하고 있다고 해석된다. 따라서 형법이 예시하고 있는 행위 외에도 사회상규에 위배되지 아니하는 행위는 모두 정당행위로서 위법성이 조각된다. 의무의 충돌이나 추정적 승낙이 이에 해당할 수 있다. 형법은 모든 위법성조각사유를 사회상규에 위배되지 아니하는 행위의 범위 안으로 포괄함으로써 초법규적 위법성조각사유를 부정하고 있다고 해석된다. 이러한 의미에서 정당행위는 일반적 위법성조각사유 내지 포괄적 위법성조각사유가 된다고 할 수 있다. 다만 정당방위, 긴급피난 등과 같은 특별히 예시된 위법성조각사유와 정당행위라는 위법성조각사유는 특별법과 일반법의 관계에 있다고 해야 한다. 따라서 양자의 요건에 모두 충족되는 경우에는 특별법우선의 원칙에 따라 정당방위, 긴급피난 등에 의하여 위법성이 조각된다고 할 수 있다.

② 사회상규의 판단기준

ⓘ 학 설: 사회상규의 판단기준에 관하여는 아직 논의가 활발하지 않은 것으로 파악되고 있다. 다만 학설상으로는 사회상규의 판단기준으로 법익균형성과 목적과 수단의 상당성을 제시하고 있는 견해가 거의 유일하다. 여기서 사회상규에 대하여는 전형적인 불확정개념이므로 지속적으로 유형화되고 구체화되어야 한다고 지적되고 있다.

ⓘⓘ 판 례: 대법원은 일찍이 "형법 제20조가 사회상규에 위배되지 아니하는 행위는 처벌하지 아니한다고 규정한 것은 사회상규 개념을 가장 기본적인 위법성 판단의 기준으로 삼아 이를 명문화한 것으로서 그에 따르면 행위가 법규정의 문언상 일응 범죄구성요건에 해당된다고 보이는 경우에도 그것이 극히 정상적인 생활형태의 하나로서 역사적으로 생성된 사회생활질서의 범위안에 있는 것이라고 생각되는 경우에 한하여 그 위법성이 저각되어 처벌할 수 없게 되는 것이며, 어떤 법규성이 처벌대상으로 하는 행위가 사회발전에 따라 전혀 위법하지 않다고 인식되고 그 처벌이 무가치할뿐 아니라 사회정의에 배반된다고 생각될 정도에 이를 경우나, 자유민주주의 사회의 목적 가치에 비추어 이를 실현하기 위해 사회적 상당성이 있는 수단으로 행하여졌다는 평가가 가능한 경우에 한하여 이를 사회상규에 위배되지 아니한다고 할 것이다"라고 판시한 바 있다.[60]

또 어떠한 행위가 사회상규에 위배되지 아니하는 정당한 행위로서 위법성이 조각되는 것인지는 구체적인 사정 아래서 합목적적·합리적으로 고찰하여 개별적으로 판단되어야 한다는 것이 전술한 바와 같이 대법원의 기본적인 입장이다.[61] 나아가 대법원은 정당행위가 인정되려면 첫째, 그 행위의 동기나 목적이 정당하다는 정당성(正當性), 둘째 행위의 수단이나 방법의 상당하다는 상당성(相當性), 셋째 보호이익과 침해이익의 법익이 균형되어야 한다는 법익균형성(法益均衡性), 넷째 정당행위가 긴급하여야 한다는 긴급성(緊急性) 및 다섯째, 그 행위 이외의 다른 수단이나 방법이 없다는 보충성(補充性) 등의 요건을 갖추어야 할 것이라고 하고 있다.[62] 사회상규성을 긍정한 판례의 구체적 내용은 다음과 같다. 즉,

60) 대법원 1983.2.8. 선고 82도357 판결.

61) 대법원 1999.4.23. 선고 99도636 판결; 대법원 1999.1.26. 선고 98도3029 판결.

62) 대법원 2014.1.16. 선고 2013도6761 판결; 대법원 2013.10.17. 선고 2013도8683 판결; 대법원 2013.6.13. 선고 2010도13609 판결; 대법원 2009.12.24. 선고 2007도6243 판결; 대법원 2008.10.23. 선고 2008도6999 판결; 대법원 2007.7.27. 선고 2007도4378 판결; 대법원 2007.5.11. 선고 2006도4328 판결; 대법원 2007.4.13. 선고 2006두16991 판결; 대법원 2006.11.23. 선고 2005도

① 자동차 정보 관련 인터넷 신문사 소속 기자 甲이 작성한 기사가 인터넷 포털 사이트의 자동차 뉴스 '핫이슈' 난에 게재되자, 피고인이 "이런걸 기레기라고 하죠?"라는 댓글을 게시함으로써 공연히 甲을 모욕하였다는 내용으로 기소된 사안에서, '기레기'는 기자인 甲의 사회적 평가를 저하시킬 만한 추상적 판단이나 경멸적 감정을 표현한, 모욕적 표현에 해당하나, 피고인은 기사를 본 독자들이 자신의 의견을 자유롭게 펼칠 수 있도록 마련된 '네티즌 댓글' 난에 위 댓글을 게시한 점, 위 기사는 특정 제조사 자동차 부품의 안전성에 대한 논란이 많은 가운데 이를 옹호하는 제목으로 게시되었는데, 위 기사가 게재되기 직전 다른 언론사에서 이와 관련한 부정적인 내용을 방송하였고, 위 기사를 읽은 상당수의 독자들은 위와 같은 방송 내용 등을 근거로 위 기사의 제목과 내용, 이를 작성한 甲의 행위나 태도를 비판하는 의견이 담긴 댓글을 게시하였으므로 이러한 의견은 어느 정도 객관적으로 타당성 있는 사정에 기초한 것으로 볼 수 있는 점, 위 댓글의 내용, 작성 시기와 위치, 위 댓글 전후로 게시된 다른 댓글의 내용과 흐름 등에 비추어 볼 때, 위 댓글은 그 전후에 게시된 다른 댓글들과 같은 견지에서 방송 내용 등을 근거로 위 기사의 제목과 내용, 이를 작성한 甲의 행위나 태도를 비판하는 의견을 강조하거나 압축하여 표현한 것이라고 평가할 수 있고, '기레기'는 기사 및 기자의 행태를 비판하는 글에서 비교적 폭넓게 사용되는 단어이며, 위 기사에 대한 다른 댓글들의 논조 및 내용과 비교할 때 댓글의 표현이 지나치게 악의적이라고 하기도 어려운 점을 종합하면, 위 댓글을 작성한 행위는 사회상규에 위배되지 않는 행위로서 형법 제20조에 의하여 위법성이 조각된다고 한 사례이다.[63] ② '회사의 직원이 회사의 이익을 빼돌린다'는 소문을 확인할 목적으로, 비밀번호를 설정함으로써 비밀장치를 한 전자기록인 피해자가 사용하던 '개인용 컴퓨터의 하드디스크'를 떼어내어 다른 컴퓨터에 연결한 다음 의심이 드는 단어로 파일을 검색하여 메신저 대화 내용, 이메일 등을 출력한 사안에서, 피해자의 범죄 혐의를 구체적이고 합리적으로 의심할 수 있는 상황에서 피고인이 긴급히 확인하고 대처할 필요가 있었고, 그 열람의 범위를 범죄 혐의와 관련된 범위로 제한하였으며, 피해자가 입사시 회사 소유의 컴퓨터를 무단 사용하지 않고 업무 관련 결과물을 모두 회사에 귀속시키겠다고 약정하였고, 검색 결과 범죄행위를 확인할 수 있는 여러 자료가 발견된 사정 등에 비추어, 피고인의 그러한 행위는

5511 판결; 대법원 2006.4.27. 선고 2003도4735 판결; 대법원 2006.4.13. 선고 2005도9396 판결; 대법원 2006.2.10. 선고 2005도3490 판결; 대법원 2005.9.30. 선고 2005도4688 판결; 대법원 2005.2.25. 선고 2004도8530 판결; 대법원 2004.8.20. 선고 2003도4732 판결; 대법원 2004.6.10. 선고 2001도5380 판결; 대법원 2004.5.28. 선고 2004도1497 판결; 대법원 2004.2.13. 선고 2003도7393 판결; 대법원 2003.9.26. 선고 2003도3000 판결; 대법원 2003.9.5. 선고 2003도2903 판결; 대법원 2002.12.26. 선고 2002도5077 판결; 대법원 2001.2.23. 선고 2000도4415 판결; 대법원 2000.4.25. 선고 98도2389 판결; 대법원 1999.4.23. 선고 99도636 판결; 대법원 1999.1.26. 선고 98도3029 판결; 대법원 1986.10.28. 선고 86도1764 판결; 대법원 1983.3.8. 선고 82도3248 판결.

63) 대법원 2021.3.25. 선고 2017도17643 판결.

사회통념상 허용될 수 있는 상당성이 있는 행위로서 형법 제20조의 '정당행위'라고 본 원심의 판단을 수긍한 사례이다.[64] ③ 형법상 처벌하지 아니하는 소위 사회상규에 반하지 아니하는 행위라 함은 법규정의 문언상 일응 범죄구성요건에 해당된다고 보이는 경우에도 그것이 극히 정상적인 생활형태의 하나로서 역사적으로 생성된 사회질서의 범위 안에 있는 것이라고 생각되는 경우에 한하여 그 위법성이 조각되어 처벌할 수 없게 되는 것으로서, 어떤 법규정이 처벌대상으로 하는 행위가 사회발전에 따라 전혀 위법하지 않다고 인식되고 그 처벌이 무가치할 뿐만 아니라 사회정의에 위반된다고 생각될 정도에 이를 경우나, 국가법질서가 추구하는 사회의 목적가치에 비추어 이를 실현하기 위하여서 사회적 상당성이 있는 수단으로 행하여졌다는 평가가 가능한 경우에 한하여 이를 사회상규에 위배되지 아니한다고 할 것이다.[65] ④ 피해자가 갑자기 달려나와 정당한 이유없이 피고인의 멱살을 잡고 파출소로 가자면서 계속하여 끌어당기므로 피고인이 그와 같은 피해자의 행위를 제지하기 위하여 그의 양팔부분의 옷자락을 잡고 밀친 것이라면 이러한 피고인의 행위는 멱살을 잡힌데서 벗어나기 위한 소극적인 저항행위에 불과하고 그 행위에 이른 경위 등에 비추어 볼 때 사회통념상 허용될만한 정도의 상당성이 있는 행위로서 형법 제20조 소정의 정당행위에 해당한다.[66] ⑤ 피해자가 술에 취하여 자정이 가까운 시각에 피고인 경영의 술집에 와서 종업원을 불러내어 시비를 걸면서 피고인에게 심한 욕설을 하고 종업원들에게 폭행을 하기 때문에 피고인이 피해자의 팔을 잡고 밀고 당겼거나, 멱살을 잡고 흔든 것에 불과하다면 피고인의 행위는 사회통념상 허용될만한 상당성이 있는 정도의 행위로서 위법성이 조각된다.[67] ⑥ 이 사건 경화카제인은 관세율표상 세번 3907번 세율 60퍼센트에 해당되어 부산세관에서 그렇게 취급하고 있고 피고인이 그와 같은 사실을 알고 있었다고 하더라도, 서울세관에서 수입신고함에 있어서 동 세관에서 수년간 관행적으로 취급하여 온 바에 따라 이 사건 경화카제인을 세번을 3904 세율을 40으로 신고하였다면 피고인의 행위는 비록 그 행위 외관에 있어 설사 어떤 위법이 있다고 할지라도 국민일반의 도의적 감정에 있어 결코 비난할 수 없는 사회상규에 반하지 않은 행위에 해당한다고 할 것이다.[68] ⑦ 형법 제20조가 사회상규에 위배되지 아니하는 행위는 처벌하지 아니한다고 규정한 것은 사회상규 개념을 가장 기본적인 위법성 판단의 기준으로 삼아 이를 명문화한 것으로서 그에 따르면 행위가 법규정의 문언상 일응 범죄구성요건에 해당된다고 보이는 경우에도 그것이 극히 정상적인 생활형태의 하나로서 역사적으로 생성된 사회생활질서의 범위 안에 있는 것이라고 생각되는 경우에 한하여 그 위법성이 조각되어 처벌할 수

64) 대법원 2009.12.24. 선고 2007도6243 판결.
65) 대법원 1994.11.8. 선고 94도1657 판결; 대법원 1985.6.11. 선고 84도1958 판결.
66) 대법원 1990.1.23. 선고 89도1328 판결.
67) 대법원 1986.6.24. 선고 86도794 판결.
68) 대법원 1983.11.22. 선고 83도2224 판결.

없게 되는 것이며, 어떤 법규성이 처벌대상으로 하는 행위가 사회발전에 따라 전혀 위법하지 않다고 인식되고 그 처벌이 무가치할뿐 아니라 사회정의에 배반된다고 생각될 정도에 이를 경우나, 자유민주주의 사회의 목적 가치에 비추어 이를 실현하기 위해 사회적 상당성이 있는 수단으로 행하여졌다는 평가가 가능한 경우에 한하여 이를 사회상규에 위배되지 아니한다고 할 것이다.[69] ⑧ 통금시간이 가까운 23:30경 설계도 작성의 야간작업을 하고 있는 설계사무실에서 느닷없이 생면부지의 일행 3명이 사무실 유리문 1개 싯가 6000원 상당을 발로차서 손괴하고는 그냥 가려고 하므로 동인들에게 피해변상을 받고자 그 중 1인의 가죽잠바를 잡아 사무실에 들어오게 하여 멱살을 잡고 흔든 행위는 그 목적 수단 행위자의 의사 등 제반사정에 비추어 보건대 사회통념상 용인될 상당성이 있고 위법성이 결여되는 사회상규에 위배되지 않는 행위라고 할 것이다.[70]

사회상규성을 부정한 판례의 구체적 내용은 다음과 같다. 즉,

① 청구인의 뜸 시술행위는 의료법을 포함한 법질서 전체의 정신이나 사회통념에 비추어 용인될 수 있는 행위에 해당한다고 볼 수 없고, 따라서 사회상규에 위배되지 아니하는 행위로서 위법성이 조각되는 경우에 해당한다고 할 수 없다.[71] ② 시위 방법의 하나로 행한 '삼보일배 행진'이 사회상규에 반하지 아니하는 정당행위에 해당한다.[72] ③ 피고인이 이 사건 토지의 소유권자로서 공소 외 주식회사에 대하여 사용대차계약을 해지하고 이 사건 토지의 인도 등을 구할 권리가 있다는 이유만으로 공소외 주식회사로 들어가는 진입로를 폐쇄한 것은, 그 권리를 확보하기 위하여 다른 적법한 절차를 취하는 것이 곤란하였던 것으로 보이지 않아 그 동기와 목적이 정당하다거나 수단이나 방법이 상당하다고 할 수 없고, 또한 그에 관한 피고인의 이익과 피해자가 침해받은 이익 사이에 균형이 있는 것으로도 보이지 않으므로 정당한 행위라고 할 수 없다.[73] ④ 피고인들이 확성장치 사용, 연설회 개최, 불법행렬, 서명날인운동, 선거운동기간 전 집회 개최 등의 방법으로 특정 후보자에 대한 낙선운동을 함으로써 공직선거및선거부정방지법에 의한 선거운동제한 규정을 위반한 피고인들의 같은 법 위반의 각 행위는 위법한 행위로서 허용될 수 없는 것이고, 피고인들의 위 각 행위가 시민불복종운동으로서 헌법상의 기본권 행사 범위 내에 속하는 정당행위이거나 형법상 사회상규에 위반되지 아니하는 정당행위 또는 긴급피난의 요건을 갖춘 행위로 볼 수는 없다.[74] ⑤ 간통 현장을 직접 목격하고 그 사진을 촬영하기 위하여 상간자의 주거에 침입한 행위

69) 대법원 1983.2.8. 선고 82도357 판결.
70) 대법원 1975.5.27. 선고 75도990 판결.
71) 헌법재판소 2011.11.24. 선고 2008헌마627 결정.
72) 대법원 2010.4.8. 선고 2009도11395 판결; 대법원 2009.7.23. 선고 2009도840 판결.
73) 대법원 2007.5.11. 선고 2006도4328 판결.
74) 대법원 2004.4.27. 선고 2002도315 판결.

가 정당행위에 해당하지 않는다.[75] ⑥ 피해자를 정신의료기관에 강제입원시킨 조치가 사회상규에 위배되지 아니하는 정당한 행위로서 위법성이 조각된다고 보기 어렵다.[76] ⑦ 피고인이 백범 김구의 암살범인 안○○를 살해한 범행의 동기나 목적은 주관적으로는 정당성을 가진다고 하더라도 우리 법질서 전체의 관점에서는 사회적으로 용인될 수 있을 만한 정당성을 가진다고 볼 수 없고, 나아가 피고인은 그 처단의 방법으로 살인을 선택하였으나 우리 나라의 현재 상황이 위 안○○를 살해하여야 할 만큼 긴박한 상황이라고 볼 수 없을 뿐만 아니라 민족정기를 세우기 위하여서는 위 안○○를 살해하지 아니하면 안된다는 필연성이 있다고 받아들이기도 어려우므로 결국 피고인의 각 범행이 사회상규에 위배되지 아니하는 행위로서 정당행위에 해당한다고 볼 수 없다.[77] ⑧ 부하를 훈계하기 위한 것이라 하여도 폭행행위가 훈계권의 범위를 넘었다고 보여지고 그로 인하여 상해를 입은 이상 그 행위를 사회상규에 위배되지 아니한 행위로서 위법성이 조각된다고 할 수 없다.[78] ⑨ 광주전매지청 관하 광주전매서장인 피고인이 홍삼판매할당량을 충실히 이행함으로써 국고수입을 늘린다는 일념하에서 법령에 위반하여 지정판매인 이외의 자에게 판매하고 이를 법령상 허용된 절차와 부합시키기 위하여 허위의 공문서인 매도신청서와 영수증을 작성케 하였다면, 설사 그것이 광주전매지청 관하에 일반화된 관례였고, 상급관청이 이를 묵인하였다는 사정이 있다 하더라도 이를 전혀 정상적인 행위라고 하거나 그 목적과 수단의 관계에서 보아 사회적 상당성이 있다고 단정할 수는 없고, 그 법익침해정도가 경미하여 가벌적 위법성이 없다고 할 수도 없다.[79] ⑩ 절의 출입구와 마당으로 약 10년 전부터 사용하고 또 그 곳을 통하여서만 출입할 수 있는 대지를 전 주지의 가족으로부터 매수하여 등기를 마쳤다는 구실로 불법침입하여 담장을 쌓기 위한 호를 파 놓았기 때문에 그 절의 주지가 신도들과 더불어 그 호를 메워버린 소위는 자구행위로서의 요건을 갖추었다고 볼 수 없고 그와 같은 사정하에서의 주지의 소위는 이를 인용하는 것이 사회상규에 해당된다거나 또한 그러한 사회상규가 있다고 인정되지 아니하므로 사회상규에 위배되지 아니한 행위라고 단정할 수도 없다.[80]

ⅲ **검 토:** 일반적 위법성조각사유로서의 정당행위를 긴급행위로서의 정당행위와 통상행위로서의 정당행위로 대별할 수 있다고 하는 경우에는 양자의 성립요건이나 판단기준도 긴급 정당행위와 통상 긴급행위의 그것으로 양분될 수밖에 없다고 하는 것이 타당하다. 여기서 통상의 정당행위의 성립요건으로서 긴급성

75) 대법원 2003.9.26. 선고 2003도3000 판결.
76) 대법원 2001.2.23. 선고 2000도4415 판결.
77) 대법원 1997.11.14. 선고 97도2118 판결.
78) 대법원 1984.6.26. 선고 84도603 판결.
79) 대법원 1983.2.8. 선고 82도357 판결.
80) 대법원 1970.7.21. 선고 70도996 판결.

을 요구하는 것은 조화로운 해석이라고는 할 수 없다. 또한 형법의 해석상 위법성의 실질에 관하여 이원적 불법론의 입장에 서는 한 형법상 위법성의 실질에 관한 최종적인 기준인 사회상규는 이원적 불법론의 입장에서 해결될 수밖에 없다. 즉, 사회상규의 내용의 중심은 이원적 불법론의 내용인 결과반가치와 행위반가치에 있다고 해야 한다. 뿐만 아니라 이원적 불법론의 입장을 취하더라도 우선 결과반가치를 판단한 후 보충적으로 행위반가치를 판단해야 한다고 하는 본서의 입장에서는 사회상규는 결과반가치의 유무와 정도 및 행위반가치의 유무와 정도의 순으로 판단하는 것이 타당하다고 생각된다. 나아가 행위반가치를 판단함에 있어서는 법령, 관습, 조리, 윤리 또는 도덕 등이 망라된 종합적인 기준에 의하여 판단하는 구조가 될 것으로 보인다. 그렇다면 사회상규란 오늘날 소위 '건전한 시민정신' 또는 '건전한 시민의식' 등으로 표현되어도 무방한 개념이라고 해석될 수 있다고 본다. 대법원도 "사회상규에 반하지 않는 행위라 함은 국가질서의 존중이라는 인식을 바탕으로 한 국민일반의 건전한 도의적 감정에 반하지 아니한 행위로서 초 법규적인 기준에 의하여 이를 평가할 것이다"라고 판시한 바 있다.81)

③ 사회상규의 한계기능

사회상규는 이상에서 고찰한 바와 같이 위법성조각에 관한 기본적인 원리가 된다. 정당행위를 형법상 초법규적 위법성조각사유로 인정하지 아니하고 모든 위법성조각사유를 아우르는 일반적 위법성조각사유로 해석할 수 있는 것이다. 이와 같이 이해하는 경우 사회상규는 또 다른 의미를 가질 수 있다. 바로 위법성조각원리에 대한 한계기능이 그것이다. 사회상규에 위반되지 아니할 때에는 위법성이 조각된다고 할 수 있지만, 반대로 사회상규에 위반되는 경우에는 위법성이 조각되지 않는다고 해석되기 때문이다. 여기서 사회상규는 모든 위법성조각사유, 예컨대 정당행위뿐만 아니라 정당방위, 긴급피난, 자구행위 및 피해자의 승낙에 의한 행위에 있어서 그 한계가 된다고 해석하지 아니할 수 없다. 특히 긴급행위, 즉 정당방위, 긴급피난 및 자구행위의 경우에는 후술하는 바와 같이 상당한 이유를 판단하는 중요한 기준이 된다고 할 수도 있다.

한편 전술한 바와 같이 정당행위를 일반적 위법성조각사유로 보고 위법성조각사유를 평상행위와 긴급행위로 나누어 고찰하는 한 정당행위는 긴급행위로서의 성질과 평상행위로서의 성질을 모두 가진다고 할 수 있다. 따라서 위법성조각사유

81) 대법원 1983.11.22. 선고 83도2224 판결.

의 궁극적인 한계로서의 정당행위의 기타 사회상규에는 긴급상황에서의 사회상규와 평상상황에서의 사회상규는 다르게 판단될 수 있을 것으로 해석된다.

④ 사회상규에 위배되지 아니하는 행위의 유형

ⓘ **안락사** : 안락사(安樂死, Euthanasie, Sterbehilfe, euthanasia)란 고통을 주지 않고 사망에 이르게 하는 것을 말한다. 안락사는 치통술(治痛術), 즉 1950년대에 등장한 통증을 다스리는 기술을 바탕으로 한다는 점에서 연명술(延命術), 즉 1970년대에 등장한 생명을 연장하는 기술을 근거로 하는 존엄사와 구별된다고 해야 한다. 문제는 안락사는 존엄사와는 달리 진통제의 부작용으로 인하여 자연적 사기가 앞당겨진다는 점에 있다. 자연적 사망의 시점을 앞당기는 것은 형법상 살해의 개념에 해당하기 때문이다. 즉, 안락사는 경우에 따라서 형법상 살인죄(제250조 제1항), 동의살인죄(제252조 제1항) 또는 자살관여죄(제252조 제2항) 등에 해당할 수 있다.

안락사는 진정안락사(眞正安樂死, echte Euthanasie)와 부진정안락사(不眞正安樂死, unechte Euthanasie)로 대별될 수 있다. 후자는 다시 적극적 안락사(積極的 安樂死, active Euthanasie)와 소극적 안락사(消極的 安樂死, passive Euthanasie)로 나누어지고, 전자를 또 직접적 안락사(直接的 安樂死, direkte Euthanasie)와 간접적 안락사(間接的 安樂死, indirekte Eutanasie)로 세분될 수 있다.

생각건대 자연적 사기를 앞당기는 적극적 안락사는 형법상 허용될 수 없지만, 그 중 간접적 안락사는 피해자의 승낙(제24조)이 있는 경우 정당행위, 즉 사회상규에 위배되지 아니하는 행위에 의하여 위법성이 조각된다고 해석되고 있다. 이는 소극적 안락사에도 그대로 적용된다. 다만 소극적 안락사는 존엄사와 개념적으로 중첩되는 영역이 있을 수 있다. 이미 언급한 바와 같이 안락사는, 이미 입법화가 완료된 존엄사와는 달리, 여전히 해석에 맡겨져 있는 것이 현실이다. 한편 안락사의 허용요건으로서는 불치의 질병, 사기의 임박, 참을 수 없는 고통, 설명후동의(촉탁 또는 승낙), 의사에 의한 시행 등이 거론되고 있다.

ⓘⓘ **관행에 따른 행위** : 관행 또는 관습은 일종의 경험칙으로서 사회생활에서 반복적으로 행해지지만, 관습법과는 달리 사회일반인의 법적 확신을 얻지 못한 것을 말한다. 그러나 법적 확신을 획득하지는 못했음에도 불구하고 민법은 '사실인 관습'에 대해서는 당사자의 의사가 명확하지 않은 경우 법률행위에 대한 해석의 기준으로서의 지위를 인정하고 있다(민법 제106조 참조). 관행 또는 관습에 위배되지 않는 행위는 그것의 다양성만큼 헤아릴 수 없이 많은 경우의 수를 예상할 수 있지만, 교과서적 적용례로서는 사교적 의례로서의 금품수수행위, 관습상의 훈계행위 등이 대표적으로 거론될 수 있을 것이다.

금품수수행위가 형법상 뇌물죄(제129조 이하) · 배임수증죄(제357조)의 구성요건에 해당할 뿐만 아니라 소위 청탁금지법상 금품 등의 수수죄(청탁금지법 제8조 제1항, 제2항)에 해당하더라도 관행 또는 관습에 비추어 보아 사교적 의례로서의 정도를 벗어난 것이 아니라면 '기타 사회상규에 위배되지 아니하는 행위'로서 위법성이 조각된다고 해석할 수 있다(청탁금지법 제8조 제3항 제2호 참조). 또 법령상 징계권이 없는 사람도 이웃 아동이나 청소년의 비행에 적절히 대처하기 위하여 징계행위를 하는 경우가 있을 수 있다. 다만 손아랫사람에 대한 '꾸중' 정도의 훈계행위에 한하는 한 관행 또는 관습상의 징계행위로서 허용될 가능성은 여전히 남아 있다고 추정할 수 있을 것이다.

ⓘⓘⓘ **조리상 허용되는 행위 :** 조리(條理)란 사물의 도리 또는 사물의 본질적 법칙을 말한다. 조리는 이미 민법상의 법원으로 인정되고 있다(민법 제1조 참조). 뿐만 아니라 전술한 바와 같이 판례에 의하여 형법상 사회상규로 인정되고 있다. 대법원은 사회상규를 '법질서 전체의 정신이나 그 배후에 놓여 있는 사회윤리 내지 사회통념'을 의미한다고 해석한 바 있다.

조리상 허용되는 행위에 대한 교과서적 사례로는 사회통념상 허용되는 경미한 행위, 가정 내에서 용인되는 행위 등이 거론될 수 있다. 경미한 행위에 대해서는 "법관은 사소한 사건을 취급하지 않는다"(minima non curat praetor)는 고대 로마의 법언에 따라 이를 처벌하지 않는 것이 일반적이라고 한다. 특히 독일에서의 '경미성의 원칙'(독일 형법 제184조c 참조)과 일본에서의 '가벌적 위법성론'이 그 대표적인 예시라고 할 수 있다. 가벌적 위법성론(可罰的 違法性論)이란 처벌할 가치가 있다고 예정하는 위법성을 말한다. 즉, 질 또는 양에 있어서 가벌적이지 않은 위법성을 가진 행위는 구성요건에 해당하지 않지만 해당한다고 하더라도 처벌할 가치가 없다고 하는 주장을 말한다. 1909년 1리(厘) 가치의 엽연초에 대한 재배농민의 자가소비행위가 논의의 계기가 되었다고 한다.[82)]

가정 내에서 용인되는 행위는 '사회의 정상적인 생활형태'로서 조리상 허용된다고 할 수 있다. 따라서 그 행위가 아무리 사회일반인의 관념과 유리되어 있다고 하더라도 가족 전체가 용인하는 가족구성원에 대한 행위를 이 가정에 대한 이해가 부족한 외부인이 섣불리 잘못된 것이라고 판단해서는 안 된다. 가족 전체가 용인하는 행위를 부당한 것으로 판단한다면 이 가정의 정체성(identity)을 부인하는 것

---

82) 리(厘)는 일본 금전의 단위였다. 1873년 1리 동전은 1엔(円)의 1/1000, 1전(銭)의 1/10을 지칭하는 통화단위였다(通貨の単位及び貨幣の発行等に関する法律2条2項).

밖에 되지 않기 때문이다. 따라서 가정 내의 문제는 가정 내에서 자율적으로 해결함으로써 '가정을 평화롭게 유지'하는 데에 정당한 목적이 있다고 할 수 있을 것이다. 그럼에도 불구하고 가정 내에서 용인될 수 있는 행위에는 일정한 한계가 있다고 하지 않을 수 없다. 즉, 아무리 사적인 공간이라고 하더라도 인간으로서의 존엄과 가치, 정상적인 사회일반의 가치관념 등에 위배될 수는 없다고 해야 한다. 따라서 배우자의 동의 없이 첩을 집안으로 들이는 행위와 같이 가정파탄을 초래하는 행위는 인정될 수 없다. 또한 구성원 상호간의 인격을 부당하게 침해하는 행위도 인정될 수 없다. 예컨대 배우자에 대한 징계행위뿐만 아니라 어떠한 체벌도 허용되지 않는다고 해야 한다. 이러한 행위는 오히려 가정폭력처벌법상 가정폭력에 해당할 수 있다고 해야 한다(가정폭력처벌법 제2조 제1호 참조).

ⓘⓥ 경미한 법익침해행위 : 경미한 법익침해행위에 대하여는 견해가 대립하고 있다. 구성요건해당성을 조각한다는 견해도 주장되고 있지만, 구성요건에는 해당하나 사회상규에 위배되지 아니하는 행위로서 위법성이 조각된다고 하는 견해가 타당하다. 대법원도 "피고인은 소대장으로서 평소 피해자의 행동과 성정을 알고 있었을 터이니 그 때에도 탈영음주를 저지른 장본인이 자기 잘못은 아랑곳없이 신병들을 못살게 구는 행패를 야반에 저지르는 소란피우는 행동에 격분함은 누구나가 같을 것이니 이런 사정하에 있는 지휘관이 손발을 각각 한 번씩 휘둘러써서 제지했다면 군대 내에서 생명으로 삼는 질서를 지키려는 목적에서 이를 이루려는 일념으로 경미한 손짓 발짓 거리한 것으로서 지키려는 법익이 피해법익에 비하여 월등 크다고 인정되어 크게 나무랄 것까지는 못된다 하겠으며 사회정의와 법의 정신에 어긋난 데 있다고 비난될 정도도 아니니 정당한 목적을 위한 상당한 수단범위 내라고 하겠다"고 판시한 바 있다.[83)]

(3) 주관적 위법성조각사유

1) 정당행위의사

정당행위도 위법성조각사유로서 주관적 정당화의사를 요한다고 해야 한다. 주관적 정당화의사도 인식적 요소와 의사적 요소로 구분하여 고찰할 수 있다. 즉, 정당화를 위하여 주관적으로 요구되는 것은 객관적 요건, 즉 객관적 위법성조각사유에 대한 인식과 의사라고 할 수 있다. 정당행위의 경우에도 객관적 요건은 정

83) 대법원 1978.4.11. 선고 77도3149 판결.

당화상황에 관한 요건과 정당화행위에 관한 요건으로 구분할 수 있고, 주관적 정당화요소의 내용은 이러한 정당화상황과 정당화행위에 관련된 요건의 인식과 의사가 될 것이다.[84] 따라서 정당행위의 주관적 요건으로서 객관적 위법성조각사유에 대한 인식은 위법성이 조각된다는 위법성의 불인식을 의미한다고 할 수 있다. 결국. 정당행위의 주관적 위법성조각사유요소는 정당화의사로서 소위 정당행위의 의사라고 할 수 있을 것이다.

2) 오상정당행위

객관적 위법성조각사유, 즉 정당행위의 정당화상황에 대한 인식에 착오가 있는 경우에는 소위 오상정당행위가 성립할 수 있다. 이미 언급한 바와 같이, 주관적 정당화요소의 내용은 정당화상황으로서의 객관적 위법성조각사유에 대한 인식과 이러한 인식하에 행위하려는 목적, 의도, 동기 등과 같은 의사로 구성된다. 여기서 전자, 즉 위법성조각사유에 대한 인식에 착오가 발생한 경우가 오상정당행위에 해당한다. 흔히, 위법성조각사유의 전제사실에 대한 착오라고도 한다. 오상정당행위는 정당행위가 아니므로 위법성이 조각되지 않는다. 다만, 정당행위가 위법성조각사유로 해석되는 한 오상정당행위는 위법성조각사유의 전제사실에 대한 착오에 해당되어 고의가 조각되고, 과실이 있으면 과실범으로 처벌될 수 있다. 세부적인 것은 위법성조각사유의 전제사실의 착오에서 다시 논의하기로 한다.

(4) 정당행위의 효과

정당행위에 해당하는 행위는 벌하지 아니한다(제20조). 정당행위에 해당하는 행위는 위법성이 조각되어 범죄가 성립하지 아니하고, 처벌되지 아니한다.

2. 정당방위

제21조 (정당방위) ① 현재의 부당한 침해로부터 자기 또는 타인의 법익(法益)을 방위하기 위하여 한 행위는 상당한 이유가 있는 경우에는 벌하지 아니한다.
② 방위행위가 그 정도를 초과한 경우에는 정황(情況)에 따라 그 형을 감경하거나 면제할 수 있다.
③ 제2항의 경우에 야간이나 그 밖의 불안한 상태에서 공포를 느끼거나 경악(驚愕)하거나 흥분하거나 당황하였기 때문에 그 행위를 하였을 때에는 벌하지 아니한다.

---

84) 김재봉, "주관적 정당화요소에 관한 연구", 박사학위논문, 서울대학교, 1996, 178~179쪽 참조.

구조문
제21조 (정당방위) ① 자기 또는 타인의 법익에 대한 현재의 부당한 침해를 방위하기 위한 행위는 상당한 이유가 있는 때에는 벌하지 아니한다.
② 방위행위가 그 정도를 초과한 때에는 정황에 의하여 그 형을 감경 또는 면제할 수 있다.
③ 전항의 경우에 그 행위가 야간 기타 불안스러운 상태하에서 공포, 경악, 흥분 또는 당황으로 인한 때에는 벌하지 아니한다.

(1) 정당방위의 개념

1) 정당방위의 의의

정당방위(正當防衛, Notwehr)란 현재의 부당한 침해로부터 자기 또는 타인의 법익(法益)을 방위하기 위한 상당한 이유가 있는 행위를 말한다(제21조 제1항).

정당방위는 긴급행위라는 점에서 긴급피난 또는 자구행위와 공통되나, 정당방위는 현재의 부당한 침해에 대한 반격행위이기 때문에 '부정 대 정'의 관계에 있다는 점에서 자구행위와 공통되고, '정 대 정'의 관계인 긴급피난과는 근본적으로 구별된다. 정(正)이라는 것은 질적 개념으로서 양적 개념이 아니다. 1%의 정법(正法)이라도 99%의 불법(不法)에는 언제나 승리하여야 하고 따라서 굴복할 필요가 없다.

정당방위는 현재의 부당한 침해에 대하여 자기 또는 타인의 법익을 보호하기 위하여 부득이 행하는 반격행위를 포함한다. 반격행위에 대하여도 형법은 '벌하지 아니한다'고 규정하고 있다. 이는 정당방위에 의한 법익침해행위는 구성요건에 해당하더라도 위법성을 조각한다는 취지를 규정한 것이라고 해석되고 있다. 다만 그 근거에 대하여는 견해가 일치하지 않고 있다.

2) 정당방위의 근거

법익의 보호는 국가기관에 의한 법정절차에 의하는 것이 원칙이다. 법익의 보전을 사인(私人)에 의한 실력행사에 맡기게 되면 법질서는 '만인에 대한 만인의 투쟁'으로 되어 끝없이 반복되는 혼란을 피할 수 없게 되고, 법치국가의 원리에도 반하게 된다. 이것이 사적 보복이 공적 형벌로 전환되게 된 이유이다. 그러나 법익침해의 위험이 절박하고, 국가기관에 의한 법익침해의 예방이나 회복이 불가능하거나 현저히 곤란한 긴급상황에서는 사인에 의한 실력행사를 인정하지 않는 한 법익의 보전을 도모하는 것이 불가능할 뿐만 아니라 법질서의 유지도 곤란하게 된다.

정당방위는 긴급상황에서 사인에게 반격할 권리를 인정함으로써 ① 인간의 자기보존(人間의 自己保存, Individualschutz)의 본능을 보호함과 동시에 ② 법질서에 대한 침해의 예방 또는 회복이라는 관점에서 법의 자기보존(法의 自己保存, Rechtsbewährung)을 유지하게 한다. 전자는 부당한 침해에 대한 개인의 방위권을 인정하는 것이다. 이러한 의미에서 '정당방위는 쓰여진 법이 아니라 태어난 법이다'(non scripta, sed nata lex) 또는 '정당방위는 역사를 가지지 않는다'라고 표현되기도 한다. 정당방위는 자연법적으로 시공(時空)을 초월하여 승인되어 왔고, 인간의 근원적인 권리라고 할 수 있다. 인간에게 방위권을 인정하는 것은 자연의 섭리(攝理)와 일치하기 때문이다(naturalis ratio permittit se defendere). 그리고 후자는 법질서를 수호하기 위하여 법의 방어권을 허용하는 것이다. 법(法)은 불법(不法)에 굴복할 필요가 없기 때문이다(Das Recht braucht dem Unrecht nicht zu weichen). 이와 같이 정당방위의 자기보호사상과 사회적 권리로서의 요소는 동전의 양면과 같다고도 할 수 있다. 자기보호사상에서 유래하는 방위행위는 국가권력이 미치지 못할 때에 개인으로 하여금 부당한 침해에 대하여 이를 응징하게 함으로써 국가의 법질서를 수호하는 결과를 가져오게 하기 때문이다.

생각건대 정당방위는 법익의 안전에 대한 방위행위로서의 성질을 가진다고 해석된다. 자기의 법익에 대한 방위행위는 자기보호본능으로부터 유래하는 것이라면, 타인의 법익에 대한 방위행위는 공동체보호본능에 기인하는 것이라고 할 수 있다. 개별적 법익의 안전은 공동체 전체의 법익의 안전, 즉 법질서의 수호로 직결되고, 역으로 공동체 전체 법익의 안전, 즉 법질서의 수호를 통하여 개별적 개인의 법익의 안전도 확보될 수 있기 때문에 자기 또는 타인의 법익에 대한 안전을 위한 방위행위는 허용되는 것이다.

한편 정당방위가 인정되는 근거를 개인권적 측면과 사회권적 측면으로 분류하는 경우도 있다. 전자에 의하면 정당방위는 개인적 법익을 방위하기 위하여 행사되는 것이 된다. 후자에 의하면 정당방위는 개인적 법익을 방위할 뿐만 아니라 법질서 자체를 수호하는 의미도 가지게 된다. 이에 의하면 타인의 개인적 법익을 방위하기 위한 긴급구조(緊急救助)가 자기의 방위와 동일하게 인정되게 된다. 뿐만 아니라 방위되어야 할 이익보다도 방위행위에 의하여 침해된 이익이 큰 경우에도 정당방위가 허용된다는 점과 법질서의 옹호의 필요성에 의하여 정당방위가 제한될 수 있다는 점이 인정될 수 있다. 법질서는 국가의 법정절차에 의하여 유지되는 것이 원칙이지만 긴급상황에서는 개인에 의한 반격을 인정하고 법의 자기보전을 도모하고 법질서의 존재를 확증하지 않으면 사회질서는 유지될 수 없게 된다.

3) 정당방위와의 구별개념

정당방위와 긴급피난은 모두 긴급행위이지만, 크게 몇 가지의 차이점을 가진다. 첫째, 정당방위가 현재의 부당한 침해에 대한 반격행위임에 대하여 긴급피난은 현재의 위난을 회피하기 위한 전가행위라는 점이다. 정당방위의 경우 반격행위의 상대방은 그의 반격을 받아야 하는 원인(법익침해)을 이미 만들고 있다. 이에 반하여 긴급피난의 경우에는 전가행위의 상대방은 위난의 원인에 하등의 관여를 하지 않고 있을 뿐만 아니라 전가행위에 의하여 야기된 자기의 법익침해를 수인하여야 할 의무도 지지 않고 있다. 둘째, 정당방위의 경우에는 '부정 대 정'의 관계가 있지만, 긴급피난의 경우에는 '정 대 정'의 관계에 있다는 점이다. 방위행위는 '부정(不正)'의 침해자에게 향하여질 것이 필요하지만, 피난행위는 위난에 향하여진 경우도 또는 제3자에 향하여진 경우에도 상대방이 "정(正)"임에도 성립할 수 있다. 셋째, 상당성의 판단에 있어서 정당방위의 경우 반격행위는 달리 취하여야 할 수단이 없어도 필요성이 인정되는 것이면 되지만, 긴급피난의 경우에는 위난회피행위로서 달리 취하여야 할 방법이 없다는 보충성의 원칙이 요구된다는 점이다. 또 정당방위의 경우 보전법익과 침해법익의 엄밀한 균형은 요구되지 않지만, 긴급피난의 경우에는 보전법익과 침해법익의 균형이 요구된다는 점이다.

(2) 객관적 위법성조각사유

긴급행위로서의 정당방위, 긴급피난 및 자구행위는 객관적 성립요건에 있어서도 공통점을 가지고 있다. 즉, 긴급상황, 긴급행위 및 상당한 이유가 그것이다. 이를 정당방위에 대입해보면 정당방위의 객관적 성립요건은 정당방위상황, 방위행위 및 상당한 이유가 될 것이다. 형법은 "현재의 부당한 침해로부터 자기 또는 타인의 법익(法益)을 방위하기 위하여 한 행위는 상당한 이유가 있는 경우에는 벌하지 아니한다"고 규정하고 있다(제21조 제1항). 여기서 정당방위의 성립요건을 ① 긴급상황으로서의 현재의 부당한 침해, 즉 정당방위상황, ② 긴급행위로서의 자기 또는 타인의 법익을 방위하기 위한 행위, 즉 방위행위 및 ③ 긴급행위에 상당한 이유 있는 때, 즉 상당한 이유로 나누어 고찰하기로 한다.

1) 긴급상황

정당방위의 행위상황은 긴급상황 또는 정당화상황으로서의 정당방위상황이다. 즉, 현재의 부당한 침해이다.

① 현재성

ⓘ **현재의 의의** : 현재의 침해란 엄밀한 의미에서 법익에 대한 침해가 진행중인 경우만을 의미할 것이지만, 진행의 직전과 직후를 포함하는 개념이다. 따라서 침해가 급박한 상태에 있거나 아직 계속되고 있거나 종료된 직후는 모두 현재의 범주에 포함된다고 할 수 있다. 그러나 현재와 거리가 있는 과거의 침해나 장래에 나타날 침해에 대하여는 당연히 정당방위가 성립하지 않는다. 후술하는 긴급피난에 있어서의 '현재'와 같은 개념이다.

ⅱ **현재의 판단기준** : 현재성은 피침해자의 주관에 의하여 결정되는 것이 아니라 객관적인 상황에 따라 결정된다. 또 현재성은 방위의 효과가 발생하는 시점을 기준으로 판단하여야 한다(방위효과발생시). 따라서 장래의 침해를 예상하고 행하여진 것이더라도 방위의 효과가 침해의 시점에서 발생하는 것이라면 현재성이 인정된다. 예컨대, 침해시에 작동하도록 설치된 전기철선이나 자동발사소총 등의 경우에는 현재성이 부정되지 않을 수 있다.

ⅲ **현재의 인정범위** : 절도의 현행범을 추격하여 도품을 탈환하는 경우 그의 법적 성질에 대하여는 다툼이 있다. 절취행위의 현재성을 긍정하면 정당방위의 성립을 긍정하게 되지만, 현재성을 부정하게 되면 정당방위의 성립을 부정하게 되고 자구행위의 성립을 긍정하게 된다.

또 장래에 예상되는 침해에 대하여 현재 취하는 사전적 예방조치, 소위 예방적 정당방위(Präventive Notwehr)가 문제된다. 침해의 위험은 장래에 예상되기 때문에 현재는 존재하지 않는 것이 명백하다. 정당방위는 현재의 위험에 대하여만 가능하다. 따라서 예방적 정당방위는 개념적으로 성립할 수 없다고 해야 한다. 판례도 같은 입장이다. 즉, 의붓아버지의 강간행위에 의하여 정조를 유린당한 후 계속적으로 성관계를 강요받아 온 피고인이 그러한 침해행위가 그 후에도 반복하여 계속될 염려가 있었으므로 그녀의 남자친구와 사전에 공모하여 범행을 준비하고 술에 취하여 잠들어 있는 의붓아버지의 양팔을 눌러 꼼짝 못하게 한 후 의붓아버지를 깨워 의붓아버지가 제대로 반항할 수 없는 상태에서 식칼로 심장을 찔러 살해한 행위는 사회통념상 상당성을 결여하여 정당방위가 성립하지 아니한다.[85]

---

85) 대법원 1992.12.22. 선고 92도2540 판결. 다만, 이 판결은 상당성의 결여를 이유로 정당방위의 성립을 부정하고 있기 때문에 예방적 정당방위와 관련해서는 논의의 여지는 여전히 남아 있다고 보여진다.

② 부당성

ⓘ **부당의 의의 :** 침해는 부당한 것이어야 한다. 부당(不當)이란 위법(違法)을 의미한다. 부당한 침해란 위법한 침해를 말한다. 정당방위는 법질서를 수호하기 위하여 인정되는 것이기 때문에 위법한 침해에 대하여만 성립한다. 정당방위에 대한 정당방위는 인정되지 않는다. 정당방위는 위법성이 조각되어 적법한 침해가 되기 때문이다. 정당방위에 대하여 긴급피난이 인정될 수 있다는 것은 별론에 속한다.

ⓘⓘ **부당의 판단기준 :** 부당성에 대한 판단은 객관적 위법성론에 따른다. 위법이란 형법에 대한 위반뿐만 아니라 전체로서의 법질서에 반하는 일체를 말한다. 여기에서의 위법은 범죄의 성립요건을 의미하는 것이 아니기 때문에 구성요건과는 관계가 없고, 민사법이나 행정법상의 위법도 포함하는 개념이다. 부당성을 인정한 판례의 구체적 내용은 다음과 같다. 즉,

① 피고인이 경찰관의 불심검문을 받아 운전면허증을 교부한 후 경찰관에게 큰 소리로 욕설을 하였는데, 경찰관이 모욕죄의 현행범으로 체포하겠다고 고지한 후 피고인의 오른쪽 어깨를 붙잡자 반항하면서 경찰관에게 상해를 가한 사안에서, 피고인은 경찰관의 불심검문에 응하여 이미 운전면허증을 교부한 상태이고, 경찰관뿐 아니라 인근 주민도 욕설을 직접 들었으므로, 피고인이 도망하거나 증거를 인멸할 염려가 있다고 보기는 어렵고, 피고인의 모욕 범행은 불심검문에 항의하는 과정에서 저지른 일시적, 우발적인 행위로서 사안 자체가 경미할 뿐 아니라, 피해자인 경찰관이 범행현장에서 즉시 범인을 체포할 급박한 사정이 있다고 보기도 어려우므로, 경찰관이 피고인을 체포한 행위는 적법한 공무집행이라고 볼 수 없고, 피고인이 체포를 면하려고 반항하는 과정에서 상해를 가한 것은 불법체포로 인한 신체에 대한 현재의 부당한 침해에서 벗어나기 위한 행위로서 정당방위에 해당한다.[86] ② 맞붙어 싸움을 하는 사람 사이에서는 공격행위와 방어행위가 연달아 행하여지고 방어행위가 동시에 공격행위인 양면적 성격을 띠어서 어느 한 쪽 당사자의 행위만을 가려내어 방어를 위한 '정당행위'라거나 '정당방위'에 해당한다고 보기 어려운 것이 보통이다. 그러나 겉으로는 서로 싸움을 하는 것처럼 보이더라도 실제로는 한 쪽 당사자가 일방적으로 위법한 공격을 가하고 상대방은 이러한 공격으로부터 자신을 보호하고 이를 벗어나기 위한 저항수단으로서 유형력을 행사한 경우에는, 그 행위가 새로운 적극적 공격이라고 평가되지 아니하는 한, 이는 사회관념상 허용될 수 있는 상당성이 있는 것으로서 위법성이 조각된다.[87] ③ 경

86) 대법원 2011.5.26. 선고 2011도3682 판결.
87) 대법원 2010.2.11. 선고 2009도12958 판결.

찰관의 현행범 체포행위가 적법한 공무집행을 벗어나 불법하게 체포한 것으로 볼 수밖에 없다면, 현행범이 그 체포를 면하려고 반항하는 과정에서 경찰관에게 상해를 가한 것은 불법 체포로 인한 신체에 대한 현재의 부당한 침해에서 벗어나기 위한 행위로서 정당방위에 해당하여 위법성이 조각된다.[88] ④ 현행범인으로서의 요건을 갖추고 있었다고 인정되지 않는 상황에서 경찰관들이 동행을 거부하는 자를 체포하거나 강제로 연행하려고 하였다면, 이는 적법한 공무집행이라고 볼 수 없고, 그 체포를 면하려고 반항하는 과정에서 경찰관에게 상해를 가한 것은 불법 체포로 인한 신체에 대한 현재의 부당한 침해에서 벗어나기 위한 행위로서 정당방위에 해당하여 위법성이 조각된다.[89] ⑤ 갑과 을이 공동으로 인적이 드문 심야에 혼자 귀가 중인 병녀에게 뒤에서 느닷없이 달려들어 양팔을 붙잡고 어두운 골목길로 끌고들어가 담벽에 쓰러뜨린 후 갑이 음부를 만지며 반항하는 병녀의 옆구리를 무릎으로 차고 억지로 키스를 함으로 병녀가 정조와 신체를 지키려는 일념에서 엉겁결에 갑의 혀를 깨물어 설절단상을 입혔다면 병녀의 범행은 자기의 신체에 대한 현재의 부당한 침해에서 벗어나려고 한 행위로서 그 행위에 이르게 된 경위와 그 목적 및 수단, 행위자의 의사 등 제반사정에 비추어 위법성이 결여된 행위이다.[90] ⑥ 싸움을 함에 있어서 격투를 하는 자 중의 한 사람의 공격이 그 격투에서 당연히 예상할 수 있는 정도를 초과하여 살인의 흉기 등을 사용하여온 경우에는 이를 '부당한 침해'라고 아니할 수 없으므로 이에 대하여는 정당방위를 허용하여야 한다고 해석하여야 할 것이다.[91]

부당성을 부정한 판례의 구체적 내용은 다음과 같다. 즉,

① 가해자의 행위가 피해자의 부당한 공격을 방위하기 위한 것이라기보다는 서로 공격할 의사로 싸우다가 먼저 공격을 받고 이에 대항하여 가해하게 된 것이라고 봄이 상당한 경우, 그 가해행위는 방어행위인 동시에 공격행위의 성격을 가지므로 정당방위라고 볼 수 없다.[92] ② 가해자의 행위가 피해자의 부당한 공격을 방위하기 위한 것이라기보다는 서로 공격할 의사로 싸우다가 먼저 공격을 받고 이에 대항하여 가해하게 된 것이라고 봄이 상당한 경우, 그 가해행위는 방어행위인 동시에 공격행위의 성격을 가지므로 정당방위 또는 과잉방위행위라고 볼 수 없다.[93] ③ 싸움과 같은 일련의 상호투쟁 중에 이루어진 구타행위는 서로 상대방의 폭력행위를 유발한 것이므로 정당방위가 성립되지 않는다.[94] ④ 피고인과 피해자 사이에 상호시비가 벌어져 싸움을 하는 경

88) 대법원 2006.11.23. 선고 2006도2732 판결; 대법원 2000.7.4. 선고 99도4341 판결.
89) 대법원 2002.5.10. 선고 2001도300 판결.
90) 대법원 1989.8.8. 선고 89도358 판결.
91) 대법원 1968.5.7. 선고 68도370 판결.
92) 대법원 2004.6.25. 선고 2003도4934 판결.
93) 대법원 2000.3.28. 선고 2000도228 판결.
94) 대법원 1996.9.6. 선고 95도2945 판결.

우에는 그 투쟁행위는 상대방에 대하여 방어행위인 동시에 공격행위를 구성하며, 상대방의 행위를 부당한 침해라고 하고 피고인의 행위만을 방어행위라고는 할 수 없다.[95]

ⅲ **부당의 인정범위 :** 정당방위는 위법한 침해에 대하여만 성립한다. 위법성판단의 대상으로 되지 않는 자연현상, 동물의 행동 또는 사람의 무의식적 거동 등에 대하여는 견해의 대립이 있다. 원칙적으로 위법한 침해에 해당하지 않는다고 하는 것이 타당하다. 행위주의에 의하면 형법은 살아 있는 사람의 행위만을 그 대상으로 하고 있기 때문이다. 따라서 이러한 경우에는 긴급피난이 가능하다고 하는 것이 타당하다.

③ 침 해

ⅰ **침해의 의의 :** 침해(侵害, Angriff)란 법질서에 의하여 보호되는 법익에 대한 공격 또는 그 위험을 말한다. 고의에 의한 침해이든 과실에 의한 침해이든 불문한다. 작위에 의한 침해가 보통이겠지만, 부작위에 의한 침해도 불가능한 것은 아니다.

ⅱ **침해의 판단기준 :** 침해는 사람의 행위에 의한 것이어야 한다. 침해의 위법성은 사람의 행위만을 대상으로 판단하는 것이 원칙이기 때문이다. 물건이나 동물에 의한 침해에 대한 방위, 소위 '대물방위'(對物防衛)는 정당방위로서 성립하지 않는다고 해야 한다. 다만 동물에 의한 침해가 동물을 도구로 이용하는 경우와 같이 사람에 의한 침해로 될 수 있는 경우에는 정당방위가 가능하다고 본다.

생각건대 정당방위는 어디까지나 사람과 사람 사이의 이익충돌상태에 있어서 정당화에 관한 문제이기 때문에 방위행위에 의하여 타인의 법익에 대한 침해가 발생하지 않았다면 정당방위의 문제로서 정당화할 필요는 없다고 생각된다. 대물방위에 있어서도 방위행위에 의한 타인의 법익의 침해가 정당화되지 않으면 안 된다는 것이 중요한 것이다. 또한 법질서의 수호가 정당방위의 근거라면 물건이나 동물에 대하여 법질서를 수호한다는 것은 무의미하다고 생각된다.

ⅲ **침해의 인정범위 :** 싸움의 경우 일방의 행위만을 위법한 침해라고 할 수 없고, 방위의사가 아닌 공격의사를 가지고 있으며, 상호간에 침해를 유발한 것이기 때문에 정당방위는 원칙적으로 성립하지 않는다. 다만 당연히 예상할 수 있는 정도를 초과한 경우, 싸울 의사 없이 소극적인 방어에 그친 경우 및 싸움이 중지된 상태에서 갑자기 다시 공격하는 경우에는 예외적으로 정당방위가 인정될 수 있다.

---

95) 대법원 1984.5.22. 선고 83도3020 판결.

2) 긴급행위

정당방위의 긴급행위로서의 실행행위는 방위행위이다. 이미 언급한 바와 같이 정당방위의 실행행위는 정당방위행위만이 가능하다고 할 수 있다. 일정한 상황에서의 방위행위만이 상당한 이유를 얻은 때에 한하여 비로소 위법성을 조각하게 된다는 것이 정당방위의 구조라고 생각되기 때문이다. 방위행위는 자기 또는 타인의 법익(法益)을 방위하기 것이어야 한다.

① 자기 또는 타인의 법익

법익이란 법적으로 보호되는 이익을 말한다. 자기의 법익뿐만 아니라 타인의 법익에 대하여도 정당방위는 허용된다. 타인의 법익을 보호하기 위한 정당방위를 긴급구조(緊急救助, Nothilfe)라고 한다. 타인에는 국가 내지 사회도 포함되는가와 관련하여 부정설은 법익은 개인적 법익에 한정되기 때문에 국가 또는 사회는 포함하지 않는다고 한다. 그러나 정당방위의 근거를 법질서의 유지에서 찾는 한 국가 또는 사회의 법익에 대한 정당방위도 부정할 수 없게 된다. 특히 국가적 법익을 보호할 목적으로 행하여진 정당방위를 국가정당방위(國家正當防衛, Staatsnotwehr) 또는 국가긴급구조(國家緊急救助, Staatsnothilfe)라고 한다. 다만 국가 또는 사회의 법익에 대한 보전은 본래 국가 또는 공공기관의 고유한 임무에 속하는 사항이다. 이러한 사항을 사인 또는 사적 단체에 맡긴다면 오히려 법질서를 혼란하게 할 위험이 있고, 경우에 따라서는 정치적 남용의 위험성도 완전히 배제할 수 없다. 여기서 공공의 법익에 대한 정당방위는 극히 예외로서 한정적으로 허용하는 긍정설도 유력하다. 예컨대 국가의 존립에 관한 명백하고 중대한 위협에 대하여 국가 스스로 보호조치를 취할 수 없는 경우 등에만 한정적으로 인정하자는 견해이다.

② 방위행위의 의의

방위행위(防衛行爲)란 현재의 부당한 침해에 대하여 자기 또는 타인의 법익을 방위하기 위한 행위를 말한다.

③ 방위행위의 내용

방위행위는 부당한 침해에 대한 순수한 방어적 방위인 보호방위(保護防衛, Schutzwehr)를 의미하지만, 반대공격에 의한 방위인 공격방위(攻擊防衛, Trotzwehr)도 포함한다. 방위행위는 그 성질상 침해자에게 향하여진 반격이라고 할 수 있는 것이어야 한다. 정당방위는 법익을 '방위하기 위한 행위'일 것이 요구되기 때문이다.

방위행위와 관련하여 문제되는 경우는 다음과 같다. 첫째, 반격의 결과가 제3자에게 발생한 경우이다. 정당방위설, 오상방위설, 긴급피난설이 대립하고 있다. 행위자는 침해자에 대하여 반격하면서 제3자에게 상해를 입힘으로써 현재의 위난을 회피하는 것이고 또 반격행위에 있어서 방위의 의사는 동시에 피난의 의사도 포함한다고 해석되기 때문에 긴급피난설이 타당하다. 둘째, 제3자의 소유물을 이용하여 공격해온 침해자에 대한 방위를 위하여 반격자가 그 물건을 손괴한 경우이다. 제3자의 물건은 부당한 침해의 일부를 이루고 있기 때문에 이에 대하여 방위행위가 행하여진 이상 정당방위에 해당한다. 셋째, 침해자에 대하여 제3자의 물건으로 반격하여 그것을 손괴한 경우이다. 반격행위는 정당방위에 해당한다고 할 수 있지만, 그 행위의 수단으로서 물건을 손괴한 것이기 때문에 반격자와 제3자는 정(正) 대 정(正)의 관계에 있다. 따라서 제3자와의 관계에 관한 한 긴급피난에 해당한다고 하는 것이 타당하다.

3) 상당한 이유

정당방위는 긴급상황과 긴급행위 외에 '상당한 이유'가 인정되어야 성립한다. 이미 언급한 바와 같이, 헌법재판소는 '상당한 이유'는 죄형법정주의에서 요구하는 명확성의 원칙을 위반하였다고 할 수 없다고 판시한 바 있다.[96] 다만 상당한 이유의 의미에 대하여는 다툼이 있다.

① 견해의 대립

ⓘ 학 설: 상당한 이유의 내용에 관하여는 다양한 견해가 주장되고 있다. 첫째, 상당한 이유란 상당성을 의미한다는 견해이다. 이에 의하면 상당성이란 사회상규에 반하지 않는 것을 의미하는 것으로 이해된다. 둘째, 상당한 이유란 방위의 필요성을 의미한다는 견해이다. 이에 의하면 방위의 필요성은 침해의 즉각적인 배제가 확실히 기대되고 위험의 제거가 보장되는 때에 인정된다고 한다. 이 외에도 상당한 이유를 필요성과 사회윤리적 조정이라고 이해하는 견해, 필요성, 보충성, 균형성 및 상당성의 조합으로 이해하는 견해, 적합성, 보충성 및 균형성의 결합으로 이해하는 견해 등이 주장되고 있다. 여기서 견해마다 제시하고 있는 상당한 이유의 구성내용을 요약하면 다음과 같다. 즉, 상당성, 방위의 필요성, 정당방위의 제한 또는 사회윤리적 제한이 대종을 이루고 있다. 이 외에도 현재의 부당한 침해를 방위하는 데에 적합한 행위여야 한다는 적합성, 긴급피난의 경우에

96) 헌법재판소 2001.6.28. 선고 99헌바31 결정.

서보다는 약한 정도로서 최소침해의 원칙을 의미한다는 보충성 및 침해된 법익과 보호된 법익 사이의 균형성 등이 포함되어 거론되는 경우도 있다.

ⅱ **판 례** : 판례는 정당방위에 있어서 상당한 이유의 내용은 사회윤리성(社會倫理性)과 상당성(相當性)으로 구성된다고 하고 있다. 즉, 정당방위에 있어서는 반드시 방위행위에 보충의 원칙은 적용되지는 않으나, 방위에 필요한 한도 내의 행위로서 사회윤리에 위배되지 않는 행위여야 한다고 전제한 후, 정당방위로 인정되려면 그 행위가 자기 또는 타인의 법익에 대한 현재의 부당한 침해를 방어하기 위한 것으로서 상당성이 있어야 한다고 한다.[97] 다만 방위행위가 사회적으로 상당한 것인지 여부는 침해행위에 의해 침해되는 법익의 종류, 정도, 침해의 방법, 침해행위의 완급과 방위행위에 의해 침해될 법익의 종류, 정도 등 일체의 구체적 사정들을 참작하여 판단하여야 한다고 판시한 바 있다.[98] 상당성을 긍정한 판례의 구체적 내용은 다음과 같다. 즉,

> 피고인은 사건 현장을 방문하여 조합원들이 불법적으로 체포되는 것을 목격하고 이에 항의하면서 전투경찰대원들의 불법 체포 행위를 제지하였으며, 전투경찰대원들은 방패로 피고인을 강하게 밀어내었다. 피고인은 전투경찰대원들의 이와 같은 유형력 행사에 저항하여 전투경찰대원인 공소외 2와 공소외 3이 들고 있던 방패를 당기고 밀어 공소외 2와 공소외 3에게 상해를 입혔다. 비록 공소외 3이 입은 상해의 정도가 가볍지는 않지만, 피고인이 공소외 2와 공소외 3에게 행사한 유형력은 전투경찰대원들의 불법 체포 행위로 위 조합원들의 신체의 자유가 침해되는 것을 방위하기 위한 수단으로 그 정도가 전투경찰대원들의 피고인에 대한 유형력의 정도에 비해 크다고 보이지 않는다. 피고인이 유형력을 행사한 경위와 동기, 상해가 발생하게 된 경위, 상해를 입은 부위 등을 비롯하여 원심판결에서 알 수 있는 여러 사정에 비추어 피고인의 행위가 정당방위에 해당한다는 원심의 판단은 정당하다.[99]

---

97) 대법원 2017.3.15. 선고 2013도2168 판결; 대법원 2007.4.26. 선고 2007도1794 판결; 대법원 2007.3.29. 선고 2006도9307 판결; 대법원 2007.2.22. 선고 2006도8750 판결; 대법원 2006.4.27. 선고 2003도4735 판결; 대법원 2005.9.30. 선고 2005도3940,2005감도15 판결; 대법원 2004.6.25. 선고 2003도4934 판결; 대법원 2004.3.26. 선고 2003도7878 판결; 대법원 2003.11.13. 선고 2003도3606 판결; 대법원 1992.12.22. 선고 92도2540 판결; 대법원 1991.9.10. 선고 91다19913 판결.

98) 대법원 2017.3.15. 선고 2013도2168 판결; 대법원 2007.4.26. 선고 2007도1794 판결; 대법원 2007.3.29. 선고 2006도9307 판결; 대법원 2007.2.22. 선고 2006도8750 판결; 대법원 2006.4.27. 선고 2003도4735 판결; 대법원 2005.9.30. 선고 2005도3940,2005감도15 판결; 대법원 2004.6.25. 선고 2003도4934 판결; 대법원 2003.11.13. 선고 2003도3606 판결; 대법원 1992.12.22. 선고 92도2540 판결.

99) 대법원 2017.3.15. 선고 2013도2168 판결.

상당성을 부정한 판례의 구체적 내용은 다음과 같다. 즉,

① 비록 경찰관들의 위법한 상경 제지 행위에 대항하기 위하여 한 것이라 하더라도, 피고인들이 다른 시위참가자들과 공동하여 위와 같이 경찰관들을 때리고 진압방패와 채증장비를 빼앗는 등의 폭행행위를 한 것은 소극적인 방어행위를 넘어서 공격의 의사를 포함하여 이루어진 것으로서 그 수단과 방법에 있어서 상당성이 인정된다고 보기 어려우며 긴급하고 불가피한 수단이었다고 볼 수도 없으므로, 이를 사회상규에 위배되지 아니하는 정당행위나 현재의 부당한 침해를 방어하기 위한 정당방위에 해당한다고 볼 수 없다.[100) ② 피해자는 평소 노동에 종사하여 돈을 잘 벌지 못하면서도 낭비와 도박의 습벽이 있고, 사소한 이유로 평소 피고인에게 자주 폭행·협박을 하였으며, 변태적인 성행위를 강요하는 등의 사유로 결혼생활이 파탄되어 별거하기에 이르고, 피고인이 서울가정법원에 이혼소송을 제기하여 그 소송 계속 중이던 어느 날 피해자가 피고인의 월세방으로 찾아온 사실, 문밖에 찾아온 사람이 피해자라는 것을 안 피고인은 피해자가 칼로 행패를 부릴 것을 염려하여 부엌에 있던 부엌칼 두 자루를 방의 침대 밑에 숨긴 사실, 피고인이 문을 열어 주어 방에 들어온 피해자는 피고인에게 이혼소송을 취하하고 재결합하자고 요구하였으나 피고인이 이를 거절하면서 밖으로 도망가려 하자, 피해자는 도망가는 피고인을 붙잡아 방안으로 데려온 후 부엌에 있던 가위를 가지고 와 피고인의 오른쪽 무릎 아래 부분을 긋고 피고인의 목에 겨누면서 이혼하면 죽여버리겠다고 협박하고, 계속하여 피고인의 옷을 강제로 벗기고 자신도 옷을 벗은 다음 피고인에게 자신의 성기를 빨게 하는 등의 행위를 하게 한 후, 침대에 누워 피고인에게 성교를 요구하였으나 피고인이 이에 응하지 않자 손바닥으로 뺨을 2~3회 때리고, 재차 피고인에게 침대 위로 올라와 성교할 것을 요구하며 "너 말을 듣지 않으면 죽여버린다"고 소리치면서 침대 위에서 상체를 일으키는 순간, 계속되는 피해자의 요구와 폭력에 격분한 피고인이 그 상황에서 벗어나고 싶은 생각에서 침대 밑에 숨겨두었던 칼(증 제1호, 길이 34cm, 칼날길이 21cm) 한 자루를 꺼내 들고 피해자의 복부 명치 부분을 1회 힘껏 찔러 복부자창을 가하고, 이로 인하여 피해자로 하여금 장간막 및 복대동맥 관통에 의한 실혈로 인하여 그 자리에서 사망에 이르게 한 사실을 인정할 수 있다. 피고인이 이와 같이 피해자로부터 먼저 폭행·협박을 당하다가 이를 피하기 위하여 피해자를 칼로 찔렀다고 하더라도, 피해자의 폭행·협박의 정도에 비추어 피고인이 칼로 피해자를 찔러 즉사하게 한 행위는 피해자의 폭력으로부터 자신을 보호하기 위한 방위행위로서의 한도를 넘어선 것이라고 하지 않을 수 없고, 따라서 이러한 방위행위는 사회통념상 용인될 수 없는 것이므로, 자기의 법익에 대한 현재의 부당한 침해를 방어하기 위한 행위로서 상당한 이유가 있는 경우라거나, 방위행위가 그 정도를 초

100) 대법원 2009.6.11. 선고 2009도2114 판결.

과한 경우에 해당한다고 할 수 없다.[101] ③ 피고인이 피해자로부터 갑작스럽게 빰을 맞는 등 폭행을 당하여 서로 멱살을 잡고 다투자 주위 사람들이 싸움을 제지하였으나 피해자에게 대항하기 위하여 깨어진 병으로 피해자를 찌를 듯이 겨누어 협박한 경우, 피고인의 행위는 자기의 법익에 대한 현재의 부당한 침해를 방어하기 위한 것이라고 볼 수 있으나, 맨손으로 공격하는 상대방에 대하여 위험한 물건인 깨어진 병을 가지고 대항한다는 것은 사회통념상 그 정도를 초과한 방어행위로서 상당성이 결여된 것이고, 또 주위사람들이 싸움을 제지하였다는 상황에 비추어 야간의 공포나 당황으로 인한 것이었다고 보기도 어렵다.[102]

ⓘⓘⓘ 검 토: 형법은 "현재의 부당한 침해로부터 자기 또는 타인의 법익(法益)을 방위하기 위하여 한 행위는 상당한 이유가 있는 경우에는 벌하지 아니한다"고 규정하여 정당방위의 성립요건으로서 '상당한 이유'를 요구하고 있다(제21조 제1항). 형법은 정당방위의 성립요건으로서 '상당성'을 요구하고 있다는 점에서 "정당방위는 자기 또는 타인에 대한 현재의 위법한 공격을 회피하기 위하여 필요한 방위행위이다"라고 규정하여 '필요성'(독일 형법 제32조 제2항)을 요구하고 있는 독일 형법이나 "급박부정(急迫不正)한 침해에 대하여 자기 또는 타인의 권리를 방위하기 위하여 부득이하게 행한 행위는 벌하지 아니한다"(일본 형법 제36조 제1항)고 규정하여 '부득이성'을 요구하고 있는 일본 형법과는 구별되고 있다고 할 수 있다.

생각건대 위에서 본 다양한 견해들은 정당방위의 상당한 이유에 대한 충분한 설명이 되지 못하고 있다고 생각된다. 이들의 견해에 의하더라도 상당성이라는 개념은 여전히 구체적인 내용이 없이 공허한 개념으로 남아 있기 때문이다. 뿐만 아니라 계수학설만으로는 형법상 고유개념인 상당한 이유에 대하여 만족스러운 해석론을 제시하는 데에 한계가 드러나고 있기 때문이다. 바로 여기에 형법상 상당한 이유에 대한 재해석의 필요성이 강하게 제기되지 않을 수 없는 이유가 있다고 하겠다. 형법상의 '상당한 이유'를 해석함에 있어서는 특히 독일 형법상의 학설을 계수하는 해석론만으로서는 충분하지 않다고 판단된다. 형법이 요구하고 있는 소위 '상당성'은 다양한 의미가 내재되어 있는 다의적인 개념이고, 질적 개념이자 양적 개념으로서 복합적인 개념이라고 할 수 있기 때문이다. 정당방위란 부당한 침해로부터 법익을 방위하기 위한 상당한 이유 있는 행위를 말한다고 할 수 있다. 여기서 상당성의 요건으로서 정당성과 방위행위성을 도출하고, 그 판단과 한계에

101) 대법원 2001.5.15. 선고 2001도1089 판결.
102) 대법원 1991.5.28. 선고 91도80 판결.

관한 기준으로서 사회상규를 제시하고자 한다.

전술한 바와 같이 정당방위란 법익의 안전에 대한 방위행위라는 점에서 후술하는 바와 같이 법익의 가치에 대한 보존행위로서의 긴급피난과는 구별되는 개념이기 때문에 상당성의 해석에 있어서도 양자의 내용은 달라질 수밖에 없다. 정당방위의 상당성판단에 있어서는 부당한 침해를 제거하기 위한 보호법익의 정당성이 쟁점으로 되지만, 긴급피난의 그것에 있어서는 법익형량을 통하여 더 큰 법익을 보존하기 위한 가치재분배에 초점이 맞춰질 수밖에 없기 때문이다. 여기서 정당방위의 성질상 부정 대 정의 관계에서 보듯이 부당한 침해로부터 법익의 안전을 지키기 위한 선행조건은 수호되어야 할 법익의 정당성이라고 해야 한다. 정당한 법익을 방위하는 것만이 개인의 안전을 보장하는 길이요 공동체 전체사회의 안전을 보장하는 방안이 될 수 있기 때문이기도 하다. 정당성 이외의 상당성의 요건으로서는 부당한 침해에 대한 반격행위가 다시 또 다른 공격행위, 즉 또 다른 부당한 침해로 이어지지 않게 하기 위하여 그 반격행위는 방위행위에 그칠 것을 요구하는 방위행위성이라고 생각된다. 방위행위성이 요구되는 이유는 악의 악순환을 방지하기 위한 조치라고 이해할 수 있다. 한편 상당성의 요건으로서 도출되는 정당성은 행위의 성질만을 가지고 판단하여야 할 질적 개념이지만, 방위행위성은 행위의 성질과 정도를 모두 고려하여 판단하여야 할 질적 개념이자 양적 개념이라고 할 수 있다.

② 판단기준

ⓘ **정당성** : 상당성을 판단하는 첫 번째 요건은 정당성(正當性)이라고 생각된다. 정당방위는 법익의 안전에 대한 보호행위로서 '부정 대 정'의 관계에서 파악되어야 하기 때문이다. 부정(不正)과 정(正)의 관계에서 질적으로 정은 언제나 옳고, 정은 항상 부정에 굴복해서는 안 된다고 해야 한다. 방위행위는 언제나 정당할 필요가 있고, 정당한 방위자인 한 정의가 부정을 물리치는 것은 허용되어야 할 것이기 때문이다. 이러한 구조가 가능하기 위해서는 그 전제조건으로서 보호되는 법익의 적법성이 먼저 확보되어야 한다. 이러한 의미에서 방위자의 정당성은 정당방위의 출발점이라고 할 수 있고, 정당방위가 불법에 조력하여서는 안 되는 이유가 된다고 할 수 있다. 문제는 방위행위의 정당성을 인정하기 위한 정당성의 정도에 있다. 이것이 바로 후술하는 바와 같이 방위행위성의 문제이다.

ⓘⓘ **방위행위성** : 상당성을 판단하는 두 번째 요건은 방위행위성이라고 생

각된다. 전술한 바와 같이 '정'이 항상 '부정'을 물리치는 것을 허용하는 구조에서는 경우에 따라 '정'과 '부정'의 사이에서 심한 양적 불균형이 초래되는 경우가 있을 수 있다. 여기서 정당방위를 제한하여야 할 두 번째 요건으로서의 소위 '방위행위성'이 요구된다고 하겠다. 참고로 긴급피난의 경우에는 '정' 대 '정'의 관계이기 때문에 상당성은 질적 개념의 측면보다는 양적 개념으로서의 측면이 강조되지 않을 수 없다. 결국 정당성과 방위행위성의 양자를 충족하는 방위행위만이 상당성을 가질 수 있다고 해야 할 것이다. 한편 정당성은 정당방위의 성부를 판단하기 위한 기준이라면 방위행위성은 과잉방위의 여부를 판단하기 위한 기준이라는 점에서 양자는 구별된다고 할 수 있다.

방위행위성(防衛行爲性)은 공격행위로 나아가지 말고 방위행위의 정도에 그쳐야 한다는 성질을 말한다. 부당한 침해에 대한 대응행위는 방위행위의 성질을 넘어서는 순간 공격행위로 평가될 수 있기 때문이다. 방위행위성은 전술한 정당성이 인정되는 행위에 대하여 방위행위성의 범위를 축소하는 기능을 가진다고 할 수 있다. 방위행위성은, 특히 공격행위와의 관계에 따라서 가변적으로 정하여질 수 있는 개념이기 때문이다. 싸움의 예에서 보듯이 공격행위성과 방위행위성이 동등하게 인정되는 경우에 방위행위성은 부정된다고 하겠다. 판례도 싸움에 있어서는 공격과 방어가 교차되기 때문에 한편의 행위만을 부당한 침해라고 하고 다른 한편의 행위는 방어라고 단정할 수 없으므로 원칙적으로 침해가 있다고 볼 수 없다거나,[103] 싸움에서는 방어 의사가 없으므로 방위행위에 해당한다고 보기는 어렵다거나,[104] 싸우는 자들은 서로 침해를 유발하고 있기 때문에 정당방위를 인정할 수 없다[105]고 하고 있다. 다만 일방이 싸움을 중지하였거나,[106] 싸움에서 당연히 예상할 수 있는 범위를 넘는 공격이 있는 때[107] 외관상 서로 싸움을 하는 자 사이라도 실제로 상대방의 일방적인 불법폭행에 대하여 자신을 방위하기 위하여 유형력

103) 대법원 1960.2.17. 선고 4292형상860 판결; 대법원 1960.9.7. 선고 4293형상411 판결; 대법원 1984.5.22. 선고 83도3020 판결; 대법원 2000.3.28. 선고 2000도228 판결; 대법원 2004.6.25. 선고 2003도4934 판결; 대법원 1993.8.24. 선고 92도1329 판결; 대법원 1986.12.23. 선고 86도1491 판결; 대법원 1984.6.26. 선고 83도3090 판결 등 참조.

104) 대법원 1968.12.24. 선고 68도1229 판결; 대법원 2000.3.28. 선고 2000도228 판결; 대법원 1971.4.30. 선고 71도527 판결; 대법원 1984.1.24. 선고 83도1873 판결; 대법원 1993.8.24. 선고 92도1329 판결.

105) 대법원 1986.12.23. 선고 86도1491 판결.

106) 대법원 1957.3.8. 선고 4290형상18 판결.

107) 대법원 1968.5.7. 선고 68도370 판결.

을 행사한 때[108]에는 정당방위가 성립할 수 있다고 하고 있다.

또 방위행위성이라는 개념은 전술한 바와 같이 질적 개념이자 양적 개념으로서 복합적인 개념이라고 할 수 있다. 즉, 질적 개념으로서의 방위의 필요성, 양적 개념으로서의 보충성, 상대적 최소침해의 원칙, 이익형량의 원칙, 방위수단의 적합성 등과 같은 정당방위에 대한 제한의 원리 등은 모두 방위행위성에 이미 내재되어 있는 개념으로서 방위행위성을 판단하기 위한 기준이 될 수 있다고 해야 한다. 예컨대 방위의 필요성(防衛의 必要性, Erforderlichkeit)이란 부당한 침해를 배제하기 위하여 방위행위가 필요하다는 판단을 말한다. 방어효과가 없는 경우에는 필요성을 부정하는 견해가 있으나, 가해자의 팔을 물어 상해를 입혔으나 결국 강간을 당한 경우에도 상해죄에 대하여는 정당방위를 인정하는 것이 타당하다고 해야 하듯이 효과 없는 방위행위라고 하여 필요성이 없다고 할 수는 없다고 해야 한다.[109]

결국 방위의 필요성은 독일 형법이 정당방위의 성립요건으로서 요구하고 있는 요건이지만, 형법상으로는 방위행위성의 여부를 판단할 수 있는 기준이 될 수 있다고 생각된다. 특히 방위의 필요성은 경미한 침해, 긴밀한 인적 관계에 있는 자의 침해, 책임 없는 또는 경감된 자의 침해, 도발된 침해 등의 경우에 있어서는 차별화된 판단을 요한다고 하겠다. 이러한 경우에는 낮은 수준의 방위의 필요성이 인정된다고 해야 하기 때문이다. 나아가 정당방위는 긴급피난과는 달리 그 성질상 보충성을 반드시 요하는 것은 아니지만, 방위할 시간적 여유와 보충적 수단이 있는 경우에는 보충성의 원칙도 상당성의 판단에 영향을 미칠 수 있기 때문에 일정한 한도 내에서는 방위행위성을 판단하는 기준이 될 수 있다고 생각된다.[110] 게다가 긴급피난에서 철저히 요구되는 우월적 이익의 원칙은 정당방위에서는 그 성질상 동일하게 적용될 수는 없지만, 유아절도범을 사살하는 경우에서와 같이 현저한 법익불균형은 받아들이기 어렵다는 의미에서 이익형량의 원칙도 방위행위성에 대한 판단기준이 될 수 있다고 해야 한다. 뿐만 아니라 공격자에게 피해가 가장 적은 방법을 선택하여 방위행위를 할 것을 요구하는 상대적 최소침해의 원칙도 피해자가 부당한 침해를 당하고 있는 긴급상황하에서 상대적 최소침해를 위하여 피해자에게 위험을 감수하라고 하는 것은 정당방위를 인정하는 취지에 상응할 수

108) 대법원 2010.2.11. 선고 2009도12958 판결; 대법원 1999.10.12. 선고 99도3377 판결; 대법원 1989.10.10. 선고 89도623 판결.

109) 조규홍, "정당방위의 상당성의 의미 및 구체적 판단기준", 법조 통권 657호, 법조협회, 2011.6, 83쪽 참조.

110) 대법원 1991.9.10. 선고 91다19913 판결.

없음에도 불구하고 과잉방위와의 경계에서 방위행위성을 판단하는 기준으로 충분히 기능할 수 있을 것으로 본다. 부득이 총을 발사할 수밖에 없었다고 하더라도 하체부위를 향하여 발사함으로써 그 위해를 최소한도로 줄일 여지는 충분히 가능하기 때문이다.[111] 그리고 유아에게 젖을 주지 않음으로써 아사(餓死)시키려고 하는 생모를 살해하는 경우에는 방위행위와는 별개의 행위를 하였기 때문에 방위수단의 적합성에 위배되고 방위행위성이 부정된다고 하는 것이 타당하다면 방위수단의 적합성도 방위행위성에 대한 판단기준과 전혀 무관한 것은 아니라고 할 수 있다.

한편 공격행위성이 더 크다고 인정되어 방위행위성이 부정되는 경우에는 결국 상당성이 부정되게 되어 과잉방위가 된다고 생각된다. 결국 방위행위는 방위행위로서의 성질, 즉 방위행위성을 잃는 순간 방위행위의 상당성은 부정되게 되고, 과잉방위로 되게 된다.

ⅲ **판단기준과 한계 :** 방위행위라고 하여 언제나 위법성이 조각되는 것은 아니다. 위법성이 조각되는 방위행위로서 정당방위로 인정되기 위하여 방위행위성이 인정되어야 한다. 방위행위성이 인정되기 위하여는 상당성이 인정되어야 한다. 문제는 상당성의 판단기준과 정당방위의 한계에 관하여는 견해가 일치하지 않고 있다는 점에 있다.

우선 상당성의 판단기준에 관하여는 상당성을 독일 형법상의 필요성과 같은 의미로 해석하면서 상당성과는 별도로 사회윤리적 제한을 인정하는 견해, 필요성과 사회윤리적 제한을 모두 상당성의 내용으로 이해하는 견해 및 형법상의 독자적 개념으로 이해하여야 한다는 견해로 크게 나눌 수 있다. 판례는 정당방위가 성립하려면 침해행위에 의하여 침해되는 법익의 종류, 정도, 침해의 방법, 침해행위의 완급과 방위행위에 의하여 침해될 법익의 종류, 정도 등 일체의 구체적 사정들을 참작하여 방위행위가 사회적으로 상당한 것이어야 한다고 하거나[112] 행위에 이르게 된 경위, 목적, 수단, 의사 등 제반 사정에 비추어 사회통념상 허용될 만한 정도의 것이어야 한다고 하고 있다.[113] 이와 같이 판례는 상당성의 판단기준

111) 대법원 1991.9.10. 선고 91다19913 판결.

112) 대법원 2006.4.27. 선고 2003도4735 판결; 대법원 2003.11.13. 선고 2003도3606 판결; 대법원 1992.12.22. 선고 92도2540 판결; 대법원 1984.6.12. 선고 84도683 판결; 대법원 1966.3.5. 선고 66도63 판결.

113) 대법원 1999.6.11. 선고 99도943 판결; 대법원 1996.12.23. 선고 96도2745 판결; 대법원 1989.10. 10. 선고 89도623 판결; 대법원 1989.8.8. 선고 89도358 판결; 대법원 1986.10.14. 선고

으로서 사회상당성이나 사회통념을 제시하고 있다고 보인다.

정당방위의 한계와 관련한 견해의 대립은 크게 그 제한원리를 정당방위의 내재적 요인에서 찾는 견해와 정당방위의 외재적 요인에서 구하는 견해로 대별할 수 있다. 전술한 바와 같이 전자의 견해로는 사회윤리적 제한을 상당성의 내용의 일부로 보는 견해와 후자의 견해로는 사회윤리적 제한을 상당성과는 무관한 별도의 법원리를 근거로 한다는 견해가 대표적이다. 생각건대 정당방위에 대한 한계 또는 제한은 정당방위의 성립요건 중에서 상당성에 의하여 해결되어야 할 문제라고 본다. 이러한 의미에서 볼 때 사회윤리적 제한이라고 하는 개념은 전혀 별개의 정당방위에 대한 제한원리라고 판단된다. 사회윤리 속에는 법규범 외에 관습규범, 윤리규범 또는 도덕규범 등이 포괄되어 있는 개념으로 이해되기 때문이다. 여기서 사회윤리를 정당방위의 한계기준으로 삼는 견해는 죄형법정주의에 위배될 여지가 있다. 법적으로 허용된 정당방위를 법적 근거가 아닌 사회윤리 등의 윤리를 근거로 형벌의 적용범위를 확대하는 경우가 발생하기 때문이다. 정당방위란 전술한 바와 같이 사회상규상 부당한 침해를 방위하기 위한 상당한 이유 있는 행위를 말한다고 할 수 있다. 따라서 전술한 바와 같이 상당성은 정당성과 방위행위성이라는 기준에 의하여 판단되어야 한다고 본다. 나아가 상당성에 대한 궁극적인 판단기준은 정당행위로서의 사회상규(社會相規)라고 해야 한다. 형법이 일반적 위법성조각사유로 정당행위를 규정하면서 사회상규를 실질적 위법성에 대한 판단기준으로 규정하고 있기 때문이기도 하다(제20조 참조). 이와 같이 사회상규는 모든 위법성조각사유에 있어서 한계를 판단하는 기준이 된다. 한편 상당성에 대한 판단기준으로서 판례가 제시하고 있는 사회통념이나 사회상당성 등의 개념들도 궁극적으로는 사회상규와 표현상의 차이만을 가지는 개념이라고 해석된다.

(3) 주관적 위법성조각사유

1) 방위의사

① 학 설

정당방위가 성립하기 위하여 객관적인 방위행위 외에 주관적 정당화요소로서 방위의사(Verteidigungs-wille)가 필요한가에 대하여는 필요설과 불요설이 대립하고 있다.

필요설(必要說)은 ① 정당방위가 성립하기 위하여는 객관적인 성립요건 외에

86도1091 판결.

주관적 정당화요소로서의 방위의사가 필요하다는 점, ② 오로지 범죄적 의도나 동기로 행하여진 정당방위를 제거하기 위하여 필요하다는 점 등을 그 근거로 하고 있다. 이에 의하면 우연히 방위의 결과를 발생하게 한 우연방위(偶然防衛), 다른 목적을 위하여 방위를 구실로 하는 구실방위(口實防衛), 처음부터 반격의 의도를 가지고 고의로 침해를 유발한 경우에는 방위의사를 결하기 때문에 정당방위를 인정해서는 안 된다고 한다. 위법성은 객관적 측면과 주관적 측면의 양측면으로부터 판단해야 한다는 이원적 불법론 내지 행위반가치론의 결론이다. 그러나 이에 대하여는 객관적으로 정당방위의 요건이 성립하고 있음에도 불구하고 방위의사가 없다는 것을 이유로 정당방위를 인정하지 않는 것은 법익침해가 없음에도 불구하고 처벌하는 순수한 행위반가치론이라고 하는 비판이 가하여질 수 있다.

불요설(不要說)은 ① 정당방위가 성립하기 위하여는 객관적인 성립요건이 충족되면 그것으로 충분하다는 점, ② 방위행위는 반사적으로 행하여지는 경우가 많기 때문에 방위의 의사를 필요로 하면 정당방위의 성립범위를 현저히 좁게 한다는 점 등을 그 근거로 하고 있다. 위법성의 판단은 객관적이지 않으면 안 된다는 결과반가치론의 결론이다. 고의를 오로지 책임요소라고 하는 입장과 연결된다. 그러나 이에 대하여는 명확한 범죄적 의도를 가지고 공격을 가하여 행위자가 예상한 바와 같은 결과가 야기되었음에도 불구하고 정당방위가 인정된다고 하면 부정한 자를 보호하는 것이 되어 법질서를 수호하려는 정당방위의 취지에 반한다는 비판이 가하여질 수 있다.

② 검 토

위법성이 조각되려면 행위자에게 객관적 위법성조각사유를 인식하고 행위할 것이 요구된다. 객관적 위법성조각사유를 인식하지 못한 경우에는 위법성을 인식하였다고 할 수 있고, 위법성의 인식이 존재하는 한 위법성은 조각될 수 없기 때문이다. 따라서 정당방위행위가 위법성을 조각한다고 하기 위해서는 방위행위가 위법하지 않다는 의사, 즉 방위의사를 필요로 한다고 하지 않을 수 없다.

2) 방위의사의 내용

필요설을 취하는 경우 방위의사의 내용이 문제된다. 방위의사의 원래의 의미는 부당한 침해로부터 자기 또는 타인의 법익을 방위한다는 적극적 의사를 말한다. 소위 방위동기설(防衛動機說)이다. 그러나 본능적인 방위행위도 스스로를 방위할 의사에 근거한 것이라는 것을 부정할 수 없고, 또 본능적인 반격행위도 고려하여 정당방위가 규정되었다는 것은 의심의 여지가 없기 때문에 방위의사는 적극적인 방위의 의도·동기가 없는 경우에도 인정되어야 한다. 반격시에 흥분, 증오, 복수, 격분, 분노 등으로 적극적인 방위의사가 인정되지 않는 경우 또는 공격의사와 방위의사가 병존하는 경우에도 곧바로 방위의사가 부정되는 것은 아니다. 결국 방위의사란 '현재의 부당한 침해를 인식하면서 그것을 회피하려는 심리상태'를 의미한다고 해석하여야 한다. 소위 방위심리설(防衛心理說)이다. 그러나 싸움의 경우에는 공격의사와 방위의사가 교차하는 경우로서 일률적으로 단정할 것은 아니라고 생각된다. 공격의사가 방위의사보다 더 큰 경우에는 방위의사를 부정하는 것이 타당하다고 해야 하기 때문이다. 판례도 같은 입장이다. 방위의사를 부정한 판례의 구체적 내용은 다음과 같다. 즉,

> ① 가해자의 행위가 피해자의 부당한 공격을 방위하기 위한 것이라기보다는 서로 공격할 의사로 싸우다가 먼저 공격을 받고 이에 대항하여 가해하게 된 것이라고 봄이 상당한 경우, 그 가해행위는 방어행위인 동시에 공격행위의 성격을 가지므로 정당방위 또는 과잉방위행위라고 볼 수 없다.[114] ② 싸움과 같은 일련의 상호투쟁 중에 이루어진 구타행위는 서로 상대방의 폭력행위를 유발한 것이므로 정당방위가 성립되지 않는다.[115]

3) 오상방위

오상방위(誤想防衛, Putativnotwehr)란 객관적으로는 정당방위의 요건을 구비하지 않았음에도 불구하고 주관적으로는 정당방위라고 오신하고 행하는 경우를 말한다. 오상방위는 현재의 부당한 침해가 존재하지 않음에도 불구하고 존재한다고 오신하고 상당한 행위를 행하는 협의의 오상방위(狹義의 誤想防衛)와 현재의 부당한 침해는 존재하지만 방위의 정도를 넘었음에도 불구하고 상당한 행위라고 오신한 과실의 과잉방위(過失의 過剩防衛)로 나누어질 수 있다. 이미 언급한 바와 같이, 주관적 정당화요소의 내용으로서는 정당화상황으로서의 객관적 위법성조각사유에 대한 인식과 이러한 인식하에 행위하려는 목적, 의도, 동기 등과 같은 의사의 양방 모두가 필요하다. 여기서 전자, 즉 위법성조각사유에 대한 인식에 착오가 발생한 경우가 오상방위에 해당한다. 흔히, 위법성조각사유의 전제사실에 대한 착오라고 하는 것이 바로 이를 말한다.

---

114) 대법원 2000.3.28. 선고 2000도228 판결.
115) 대법원 1996.9.6. 선고 95도2945 판결.

(4) 정당방위의 효과

방위행위가 정당방위의 요건을 구비한 경우에는 구성요건에는 해당하더라도 위법성이 조각되어 범죄가 성립하지 않는다. 한편 정당방위에 대하여는 정당방위가 허용되지 않는다. 정당방위는 적법한 행위로서 부당한 침해에 해당되지 않기 때문이다.

(5) 과잉방위

과잉방위(過剩防衛, Notwehrexzeß)란 상당성을 초과한 방위행위를 말한다. 과잉방위는 초과부분의 성질에 따라 방위행위가 상당성의 정도를 초과한 질적 과잉방위(質的 過剩防衛)와 방위행위의 시간적 범위를 초과한 양적 과잉방위(量的 過剩防衛)로 구분된다. 예컨대 할계언용우도(割鷄焉用牛刀)와 같이 닭 잡는 데 소 잡는 칼을 쓴 경우는 전자에 속하고, 상대방의 공격이 중지되었음에도 불구하고 계속 반격하는 경우는 후자에 속한다. 또한 과잉방위는 초과부분에 대한 방위자의 의사의 유무에 따라 방위자의 인식이 있는 고의의 과잉방위(故意의 過剩防衛)와 인식이 없는 과실의 과잉방위(過失의 過剩防衛)로 구별되기도 한다.

과잉방위는 정당방위가 아니다. 정당방위의 성립요건 중에서 상당성을 충족할 수 없기 때문이다. 따라서 과잉방위에 대하여는 위법성이 조각되지 아니하고, 범죄가 성립하게 된다. 다만 방위행위가 그 정도를 초과한 때에는 정황(情況)에 따라 그 형을 감경하거나 면제할 수 있다(제21조 제2항). 여기서 임의적 감면은 형법의 고유한 특징으로서 양형에 있어서 배려의 취지로 읽힌다. 뿐만 아니라 방위행위가 야간이나 그 밖의 불안한 상태에서 공포를 느끼거나 경악(驚愕)하거나 흥분하거나 당황하였기 때문에 그 행위를 하였을 때에는 벌하지 아니한다(제21조 제3항). 여기서 벌하지 아니하는 근거는 책임이 조각되어 범죄가 성립하지 않기 때문이다.

(6) 오상과잉방위

오상과잉방위(誤想過剩防衛, Putativnotwehrexzeß)란 현재의 부당한 침해가 없음에도 불구하고 존재하는 것으로 오신하고 과잉한 행위를 행한 경우를 말한다. 오상과잉방위는 방위행위의 과잉성에 대한 인식이 있는 협의의 오상과잉방위 또는 고의의 오상과잉방위와 방위행위의 과잉성에 대한 인식이 없는 이중의 오상방위 또는 과실의 오상과잉방위로 구분되기도 한다.

오상과잉방위의 취급에 관하여는 다툼이 있다. 즉, 오상과잉방위를 행위자의 상당성 초과에 대한 인식여부와 상관없이 일률적으로 취급하는 견해로 오상방위와 동일하게 취급하는 오상방위설, 과잉방위와 동일하게 취급하는 과잉방위설 및 독자적인 범죄유형으로 취급하여 고의범이 된다는 독자적 유형설이 대립하고 있다. 생각건대 오상과잉방위는 오상방위와 과잉방위가 결합된 형태이기 때문에 양자의 특성을 모두 반영하는 독자적 유형설이 타당하다고 해석된다.

3. 긴급피난

제22조 (긴급피난) ① 자기 또는 타인의 법익에 대한 현재의 위난을 피하기 위한 행위는 상당한 이유가 있는 때에는 벌하지 아니한다.
② 위난을 피하지 못할 책임이 있는 자에 대하여는 전항의 규정을 적용하지 아니한다.
③ 전조 제2항과 제3항의 규정은 본조에 준용한다.

(1) 긴급피난의 개념

1) 긴급피난의 의의

긴급피난(緊急避難, Notstand)이란 자기 또는 타인의 법익에 대한 현재의 위난을 피하기 위한 상당한 이유가 있는 행위를 말한다. 긴급피난은 긴급행위라는 점에서 정당방위 또는 자구행위와 공통되나, 긴급피난은 현재의 위난에 대한 피난행위이기 때문에 '정' 대 '정''의 관계, 예컨대 피난자 대 제3자의 관계에 있다는 점에서 '부정' 대 '정'의 관계인 정당방위 또는 자구행위와 구별된다. 긴급피난은 피난자가 현재의 위난을 제3자에게 전가하는 공격적 긴급피난(攻擊的 緊急避難)이 통상적이지만, 위난 그 자체를 대상으로 하여 피난행위를 하는 방어적 긴급피난(防禦的 緊急避難)도 가능하다.

2) 긴급피난의 법적 성질

형법은 자기 또는 타인의 법익에 대한 현재의 위난을 피하기 위한 행위는 상당한 이유가 있는 때에는 '벌하지 아니한다'고 규정하고 있다(제22조 제1항). 문제는 '정' 대 '정'의 관계인 긴급피난에서 '벌하지 아니한다'고 한 규정의 의미에 있다. 긴급피난의 법적 성질을 둘러싸고 견해는 일치하지 않고 있다.

① 학 설

긴급피난이 위법성조각사유인가 또는 책임조각사유인가에 대하여는 19세기 독일에서도 다투어졌다고 한다. 독일 형법이 이분설을 취하게 된 것은 20세기 초 골드슈미트(James Goldschmidt, 1874~1940)의 논문에 기인한다고 한다. 우리나라에서는 위법성조각설 또는 책임조각설로 보는 일원설(一元說, Einheitstheorie)과 양자라고 하는 이분설(二分說, Differenzierungstheorie)이 대립하고 있다.

ⓘ **위법성조각설 :** 긴급상황에서 큰 법익을 보전하기 위하여 작은 법익을 희생하는 것은 이익교량설에 의하여 위법성이 조각된다는 견해이다. 이 견해에 의하면 법익동가치의 경우에는 긴급피난의 문제로 파악하지 않고 초법규적 책임조각사유에 해당하여 책임이 조각된다고 한다. 그러나 이에 대하여는 법익동가치에 대한 긴급피난을 우월적 이익설에 의하여는 설명할 수 없다는 점에서 비판이 가하여지고 있다.

ⓘⓘ **책임조각설 :** 긴급상황에서의 피난행위는 적법행위에 대한 기대가능성을 가지지 않기 때문에 책임이 조각된다는 견해이다. 즉, 보통인에게는 본능적 행위 이외의 태도를 기대할 수 없으므로 책임만이 조각된다고 하는 견해이다. 그러나 이에 대하여는 타인의 법익에 대한 긴급피난도 인정된다는 점, 긴급피난은 법익의 교량을 요구하고 있다는 점 등에서 비판이 가하여지고 있다.

ⓘⓘⓘ **이분설 :** 긴급피난을 위법성조각사유로서의 긴급피난과 책임조각사유로서의 긴급피난으로 구별하는 견해를 말한다. 이 견해는 다시 큰 법익을 보호하기 위하여 작은 법익을 희생하는 경우를 위법성조각사유로 하고, 동가치의 법익의 경우에는 책임조각사유로 하는 견해와 비교교량이 불가능한 생명 대 생명 또는 신체 대 신체의 경우에는 책임조각사유로 하고 나머지의 경우는 모두 위법성조각사유로 파악하려는 견해로 나누어진다. 전자는 독일 형법의 태도이다(독일 형법 제34조, 제35조 참조).[116] 그러나 전자에 대하여는 형법의 상당한 이유는, 독일 형법과는 달리, 우월적 이익의 경우뿐만 아니라 법익동가치의 경우도 포함하고 있으므로 법익동가치의 경우

116) 독일 형법 제34조(위법조각적 긴급피난) 자기 또는 타인에 대한 위험을 방지하기 위하여 생명, 신체, 자유, 명예, 소유권 또는 기타의 법익에 대한 현재의 달리 회피할 수 없는 위험 속에서 행위한 자는 충돌하는 이익, 즉 당해 법익과 그에게 절박한 위험의 정도를 형량하여 보호되는 이익이 침해되는 이익보다 실질적으로 우월한 경우에는 위법하게 행위한 것이 아니다. 다만 이는 행위가 위험을 회피하기 위하여 상당한 수단일 경우에만 적용된다.

독일 형법 제35조(책임조각적 긴급피난) ① 자기, 친족 또는 기타 자기와 친밀한 사람에 대한 위험을 회피하기 위하여 생명, 신체 또는 자유에 대한 현재의 달리 회피할 수 없는 위험 속에서 행위한 자는 책임 없이 행위한 것이다. 이는 상황에 따라, 즉 위험을 스스로 야기하였거나 또는 특별한 법률관계에 있었기 때문에 위험을 감수하는 것이 행위자에게 기대될 수 있었던 경우에는 적용되지 아니한다; 다만 행위자가 특별한 법률관계를 고려하지 않고 위험을 감수한 경우 형벌은 제49조 제1항에 따라 감경될 수 있다. ② 행위자가 행위시에 제1항에 의하여 면책적 사정이 존재한다고 오신한 경우에는 행위자가 착오를 회피할 수 있었던 경우에만 처벌된다. 형벌은 제49조 제1항에 따라 감경될 수 있다.

를 별도로 책임조각사유로 해석할 이유가 없다는 점에서 비판이 가하여지고 있다. 후자에 대하여는 중대한 신체에 대한 위난 대 경미한 신체에 대한 위난의 경우에는 이익교량이 가능하므로 이를 책임조각사유로 파악하는 것은 타당하지 않다는 점, 같은 가치의 사물에 대한 위난의 경우에는 위법성이 조각된다고 할 수 없다는 점 등에서 비판이 가하여지고 있다.

② 판 례

판례는 긴급피난을 위법성조각사유로 파악하고 있다. 판례에 의하면 형법은 정당행위, 정당방위, 자구행위 및 피해자의 승낙과 함께 긴급피난도 위법성조각사유의 하나로서 규정하고 있다고 해석하고 있는 것이다. 위법성조각사유로 파악하고 있는 판례의 구체적 내용은 다음과 같다. 즉,

> ① 갑 정당 당직자인 피고인들 등이 국회 외교통상 상임위원회 회의장 앞 복도에서 출입이 봉쇄된 회의장 출입구를 뚫을 목적으로 회의장 출입문 및 그 안쪽에 쌓여있던 책상, 탁자 등 집기를 손상하거나, 국회의 심의를 방해할 목적으로 소방호스를 이용하여 회의장 내에 물을 분사한 사안에서, 피고인들의 위와 같은 행위는 공용물건손상죄 및 국회회의장소동죄의 구성요건에 해당하고, 국민의 대의기관인 국회에서 서로의 의견을 경청하고 진지한 토론과 양보를 통하여 더욱 바람직한 결론을 도출하는 합법적 절차를 외면한 채 곧바로 폭력적 행동으로 나아가 방법이나 수단에 있어서도 상당성의 요건을 갖추지 못하여 이를 위법성이 조각되는 정당행위나 긴급피난의 요건을 갖춘 행위로 평가하기 어렵다.117) ② 선박의 이동에도 새로운 공유수면점용허가가 있어야 하고 휴지선을 이동하는 데는 예인선이 따로 필요한 관계로 비용이 많이 들어 다른 해상으로 이동을 하지 못하고 있는 사이에 태풍을 만나게 되고 그와 같은 위급한 상황에서 선박과 선원들의 안전을 위하여 사회통념상 가장 적절하고 필요불가결하다고 인정되는 조치를 취하였다면 형법상 긴급피난으로서 위법성이 없어서 범죄가 성립되지 아니한다고 보아야 하고 미리 선박을 이동시켜 놓아야 할 책임을 다하지 아니함으로써 위와 같은 긴급한 위난을 당하였다는 점만으로는 긴급피난을 인정하는데 아무런 방해가 되지 아니한다.118)

③ 검 토

긴급피난의 법적 성질은 현행법의 규정을 근거로 하여 정하여져야 한다. 현행법이 상당성의 요건을 규정하여 벌하지 않는다고 하고 있는 이상 달리 적법행위를

117) 대법원 2013.6.13. 선고 2010도13609 판결.
118) 대법원 1987.1.20. 선고 85도221 판결.

기대할 수 없다는 이유만으로 범죄의 불성립이 인정된다고는 해석되지 않는다. 따라서 책임조각을 근거로 하는 책임조각사유설과 이분설은 타당하다고 할 수 없다.

위법성조각사유설이 타당하다고 할 수밖에 없다. 다시 말해서 큰 법익을 희생하는 것이 아니라 일정한 조건하에 동등 이하의 법익을 희생해서 다른 법익을 보전하는 것은 법익보호의 원칙에 상응할 뿐만 아니라 긴급상황에 직면한 자가 그 위난을 피하기 위하여 달리 채택하여야 할 방법이 없기 때문에 부득이 하게 타인의 법익을 침해한 경우에 침해한 법익이 보전하려고 한 법익보다도 크지 않는 한 사회상규상 상당성을 가지는 것으로서 당해 행위를 법이 허용하는 것이라고 해석하여야 한다. 다만 생명 대 생명, 신체 대 신체에서와 같이 법익동가치의 경우에는 우월적 이익의 원칙을 적용할 수 없지만, 기대불가능성에 의한 책임조각사유를 고려하는 방안도 가능하다고 본다.

(2) 객관적 위법성조각사유

긴급행위로서의 정당방위, 긴급피난 및 자구행위는 긴급상황, 긴급행위 및 상당한 이유를 공통적인 성립요건으로 하고 있다. 이를 긴급피난에 대입해 보면 긴급피난의 객관적 성립요건으로서는 긴급피난상황, 피난행위 및 상당한 이유가 될 것이다. 형법은 "자기 또는 타인의 법익에 대한 현재의 위난을 피하기 위한 행위는 상당한 이유가 있는 때에는 벌하지 아니한다"고 규정하고 있다(제22조 제1항). 여기서 긴급피난의 성립요건을 자기 또는 타인의 법익에 대한 현재의 위난, 즉 긴급피난상황, 피난하기 위한 행위, 즉 피난행위 및 상당한 이유 있는 때, 즉 상당한 이유로 나누어 검토하기로 한다.

1) 긴급상황

긴급피난의 행위상황은 긴급상황 또는 정당화상황으로서의 긴급피난상황이다. 긴급피난상황이란 자기 또는 타인의 법익에 대한 현재의 위난을 말한다.

① 자기 또는 타인의 법익

긴급피난에 의하여 보호될 수 있는 법익에는 제한이 없다. 자기의 법익뿐만 아니라 타인의 법익을 위한 긴급피난도 허용되기 때문이다. 보전되는 법익에는 생명, 신체, 자유, 정조, 명예 또는 재산 등 일체의 법익이 포함된다. 타인의 법익에는 개인의 법익에 한하지 않고 국가적 법익과 사회적 법익이 포함된다고 하는 것이 다수설이다. 긴급피난은 공동체보호원리에도 입각하고 있다는 점에서 정당방위의 경우와 구별되고 있기 때문이다.

② 현재의 위난

ⓘ 현재성 : 현재의 위난이란 보전되어야 할 법익에 대한 침해가 현재 존재하는 경우 또는 침해의 위험이 절박한 경우를 말한다. 현재성(現在性)은 정당방위와는 달리, 위난으로 인한 손해발생이 목전에 임박한 것은 아니나 피난행위를 미룰 경우 그 피해가 훨씬 증대할 것으로 예상되는 위난 또는 위험상태가 오랫동안 반복되어 앞으로도 같은 침해가 예상되는 계속적 위험(Dauer-gefahr)의 경우에도 인정된다. 전자의 경우를 예방적 긴급피난(豫防的 緊急避難), 후자의 경우를 지속적 긴급피난(持續的 緊急避難)이라고 한다. 위난의 현재성의 여부는 긴급피난자의 주관에 의하여 결정되는 것이 아니라 객관적으로 결정되어야 한다.[119)]

ⓘⓘ 위난성 : 위난성(危難性)이란 법익에 대한 침해 또는 침해의 위험이 존재하는 상태를 말한다. 위난은 객관적으로 존재할 필요가 있다. 행위자의 주관적 예상만으로는 충분하지 않다. 위난은 합리적인 관찰자의 객관적인 사전판단에 의하여야 한다. 대법원도 "피고인이 공소외 2을 감금하면서 그가 허위사실을 공표할 것이라는 점에 관하여 확증이 있었던 것이 아니라 단지 국민회의와 연계하여 양심선언을 할 것이라는 첩보가 입수되었던 것에 불과한 사실이 인정되는 바, 그렇다면 피고인으로서는 자기 또는 타인의 법익에 대한 현재의 부당한 침해나 현재의 위난이 있다고 할 수 없어 정당방위나 긴급피난의 요건에 해당하지 아니할 뿐 아니라, 정당방위 또는 긴급피난의 요건에서 그 방위행위나 피난행위의 정도가 초과된 과잉방위나 과잉피난에 해당한다고도 볼 수 없다"고 판시한 바 있다.[120)]

위난의 원인은 묻지 않는다. 따라서 자연현상, 사고, 인간의 행위, 동물의 활동, 급격한 물자부족 등 사회적·경제적 혼란, 곤궁 등 그 원인을 묻지 않는다. 인간의 행위는 위법 또는 적법의 여부를 묻지 않는다. 따라서 긴급피난에 대한 긴급피난도 허용된다. 뿐만 아니라 위법한 위난에 대하여는 정당방위도 가능하다. 또한 동물의 활동으로부터 발생하는 위난이라도 원인을 묻지 않기 때문에 정당방위는 부정되지만(대물방위부정설), 긴급피난은 긍정되고 있다. 사회적·경제적 혼란으로 인한 위난을, 특히 사회적 위난(社會的 危難, Sozialnot)이라고 한다.

문제는 위난이 피난자의 귀책사유에 의하여 초래된 자초위난(自招危難)의 경우

---

119) 대전지법 2006.10.18. 선고 2006고합102 판결.
120) 대법원 1999.4.23. 선고 99도636 판결.

에 있다. 예컨대 자살하려고 방안에 가스를 가득 채웠지만, 마음이 변하여 신선한 공기를 마시려고 창문의 유리를 깬 경우에 대하여는 견해의 대립이 있다. 즉, 첫째 긴급피난이 성립한다는 견해, 둘째 위난은 우연히 발생할 것을 요하기 때문에 긴급피난은 성립하지 않는다는 견해, 셋째 고의의 자초위난은 긴급피난으로 되지 않는다는 견해 및 넷째, 상당성의 견지에서 구체적으로 판단하여 결정하여야 한다는 견해가 그것이다. 생각건대 위난에 대한 자초행위 자체가 범죄행위에 해당하는 경우에는 그것으로 처벌하면 족하다. 다만 위난에 대한 피난행위에 대하여는 그것이 긴급피난의 요건을 충족하고 있는 한 긴급피난을 인정하여야 한다고 생각된다. 따라서 자초행위와 피난행위를 전체로서 파악하여 긴급피난의 성립을 판단하는 네 번째의 견해가 타당하다고 생각된다. 판례도 같은 입장이라고 생각된다. 자초피난을 긍정한 판례의 구체적 내용은 다음과 같다. 즉,

① 스스로 야기한 강간범행의 와중에서 피해자가 피고인의 손가락을 깨물며 반항하자 물린 손가락을 비틀며 잡아 뽑다가 피해자에게 치아결손의 상해를 입힌 소위를 가리켜 법에 의하여 용인되는 피난행위라 할 수 없다.[121] ② 선박의 이동에도 새로운 공유수면점용허가가 있어야 하고 휴지선을 이동하는 데는 예인선이 따로 필요한 관계로 비용이 많이 들어 다른 해상으로 이동을 하지 못하고 있는 사이에 태풍을 만나게 되고 그와 같은 위급한 상황에서 선박과 선원들의 안전을 위하여 사회통념상 가장 적절하고 필요불가결하다고 인정되는 조치를 취하였다면 형법상 긴급피난으로서 위법성이 없어서 범죄가 성립되지 아니한다고 보아야 하고 미리 선박을 이동시켜 놓아야 할 책임을 다하지 아니함으로써 위와 같은 긴급한 위난을 당하였다는 점만으로는 긴급피난을 인정하는데 아무런 방해가 되지 아니한다.[122]

한편 위난을 수인하여야 할 법적 의무를 지고 있는 경우에는 위난에 포함되지 아니한다. 따라서 형벌을 받을 위험이나 체포당할 위험은 위난에 해당하지 아니한다.

2) 긴급행위

① 피난행위의 의의

긴급피난의 긴급행위로서의 실행행위는 피난행위이다. 피난행위(避難行爲)란 현재의 위난을 피하기 위한 행위를 말한다. 따라서 피난행위가 아니면 긴급피난은 성립할 수 없다고 할 수 있다. 피난행위는 긴급피난에 있어서 실행행위에 해당한다

121) 대법원 1995.1.12. 선고 94도2781 판결.
122) 대법원 1987.1.20. 선고 85도221 판결.

고 해야 하기 때문이다. 피난행위를 부정한 판례의 구체적 내용은 다음과 같다. 즉,

① 집회장소 사용 승낙을 하지 않은 갑대학교측의 집회 저지 협조요청에 따라 경찰관들이 갑대학교 출입문에서 신고된 갑대학교에서의 집회에 참가하려는 자의 출입을 저지한 것은 경찰관직무집행법 제6조의 주거침입행위에 대한 사전 제지조치로 볼 수 있고, 비록 그 때문에 소정의 신고없이 을대학교로 장소를 옮겨서 집회를 하였다 하여 그 신고없이 한 집회가 긴급피난에 해당한다고도 할 수 없다.[123] ② 회장 ○○○이 회장 불신임 안건을 토의사항 시간에 논의하기로 결정하고 회의를 적법하게 진행하여 온 사실이 인정되므로, 이 사건 범행의 동기와 목적, 피고인들측에 동조한 종중원들의 숫자, 그 세력의 태양, 업무의 종류, 피해자의 지위 등 제반사정을 고려하여 보면, 회장의 적법한 의사진행업무를 방해한 피고인들의 행위가 사회상규에 위배되지 아니하는 정당한 행위라거나 자기 또는 타인의 법익에 대한 현재의 위난을 피하기 위한 긴급한 행위라고는 볼 수 없음이 명백하다.[124]

② 피난행위의 내용

피난행위에는 공격자에게 향하여진 경우와 제3자에게 전가되는 경우의 두 가지가 있다. 피난행위가 제3자에게 침해를 전가하는 경우를 공격적 긴급피난(攻擊的 緊急避難, agressiver Notstand)이라고 함에 반하여, 피난행위가 위험을 야기한 사람에게 향하여지는 경우를 방어적 긴급피난(防禦的 緊急避難, Defensiver Notstand)이라고 한다.

3) 상당한 이유

긴급피난은 긴급상황과 긴급행위 외에 상당한 이유가 인정되어야 성립한다. 다만 상당한 이유의 내용에 대하여는 견해가 일치하지 않고 있다.

① 견해의 대립

ⓘ 학 설 : 상당한 이유에 관하여는 비교적 공통분모가 형성되어 있는 편이다. 상당한 이유의 내용으로서는 보충성, 균형성 및 적합성이라는 세 가지의 원칙이 공통적으로 제시되고 있다. 이 외에도 세부적으로는 최소침해성, 상대적 최소피난의 원칙 또는 보호의 급박성 등이 거론되는 경우도 있지만, 모두 위의 세 가지 원칙에 포함되거나 이를 보완하는 정도이다.

첫째, 보충성(補充性, Subsidiarität)이란 피난행위만이 현재의 위난을 피할 수 있는 최후의 방법이어야 한다는 요구를 말한다. '정' 대 '정'의 관계에 있는 긴급피난의 특성으

123) 대법원 1990.8.14. 선고 90도870 판결.
124) 대법원 1995.10.12. 선고 95도1589 판결.

로부터 요구될 수밖에 없는 원칙이라고 한다. 둘째, 균형성(均衡性)이란 보호되는 이익이 침해되는 이익보다 본질적으로 우월(wesentlich überwiegend)하여야 한다는 우월적 이익의 원칙을 말한다. 셋째, 적합성(適合性)이란 피난행위는 위난을 피하기 위한 적합한 수단이어야 한다는 요구를 말한다. 피난행위는 사회윤리적으로 적합한 수단이 아니면 안 된다고 한다. 그러나 위에서 제시된 상당한 이유에 대한 원칙들은 충분하지 않다고 해석된다. 형법상 상당한 이유에 대한 재해석의 필요성이 강하게 제기되지 않으면 안 되는 이유라고 하겠다.

ⅱ 판 례 : 판례는 긴급피난의 상당한 이유의 요건으로서 피난행위는 위난에 처한 법익을 보호하기 위한 유일한 수단이어야 한다는 보충성의 원칙(補充性의 原則), 피해자에게 가장 경미한 손해를 주는 방법을 택하여야 한다는 최소피난의 원칙(最少避難의 原則), 피난행위에 의하여 보전되는 이익은 이로 인하여 침해되는 이익보다 우월해야 한다는 우월적 이익의 원칙(優越的 利益의 原則) 및 피난행위는 그 자체가 사회윤리나 법질서 전체의 정신에 비추어 적합한 수단일 것을 요한다는 수단의 적합성의 원칙(手段의 適合性의 原則)을 요구하고 있다.[125)]

상당성을 긍정한 판례의 구체적 내용은 다음과 같다. 즉,

자동차를 운전하는 피고인이 음주 상태에서 귀가하기 위해 대리운전기사를 호출하였는데, 대리운전기사가 도로를 출발하여 잠시 운전하는 도중에 목적지까지의 경로에 대하여 피고인과 이견이 생겨 갑자기 차를 정차한 후 그대로 하차·이탈하자, 혈중알코올농도 0.097%의 술에 취한 상태로 위 도로의 약 3m 구간에서 자동차를 운전하여 도로교통법 위반(음주운전)으로 기소된 사안이다. 대리운전기사가 차를 정차한 위치는 양방향 교차 통행을 할 수 없는 좁은 폭의 1차로이자 대로로 이어지는 길목이어서, 정차가 계속될 경우 피고인의 차량 뒤쪽에서 대로로 나아가려는 차량과 피고인의 차량 앞쪽으로 대로에서 들어오려는 차량 모두 진로가 막히게 되어, 결국 피고인의 차량은 앞뒤 양쪽에서 교통을 방해하는 상황에 놓이게 되는 점, 실제로 대리운전기사가 하차·이탈한 직후 피고인의 차량 뒤쪽에서 대로로 나아가려는 승용차의 진로가 막히게 되자, 피고인은 조수석에서 하차하여 위 승용차 운전자에게 양해를 구하면서 다른 대리운전 호출을 시도한 것으로 보이고, 얼마 후 피고인의 차량 앞쪽으로 대로에서 들어오려는 택시까지 나타나자 비로소 피고인은 진로 공간을 확보해 주기 위하여 운전을 한 점 등 여러 사정을 종합하면, 피고인은 교통 방해와 사고 위험을 줄이기 위하여 도로의 우측 가장자리로 약 3m가량 차를 이동시켰을 뿐 더 이상 차를 운전할 의사는 없었던 것으

125) 대법원 2015.11.12. 선고 2015도6809 전원합의체 판결; 대법원 2013.6.13. 선고 2010도13609 판결; 대법원 2009.4.23. 선고 2008도11921 판결; 대법원 2006.4.13. 선고 2005도9396 판결.

로 보이고, 당시 피고인의 혈중알코올농도, 차량을 이동한 거리, 도로의 형상 및 다른 차량의 통행상황 등에 비추어 피고인의 행위로 인하여 타인의 생명과 안전에 발생하는 위험은 그다지 크지 않은 것으로 평가되는 반면, 이로 인하여 확보되는 법익이 침해되는 이익보다 우월한 것으로 평가할 수 있으므로, 피고인이 위와 같이 운전한 행위는 자기 또는 타인의 법익에 대한 현재의 위난을 피하기 위한 행위로서 상당한 이유가 있어 형법 제22조 제1항의 긴급피난에 해당한다는 이유로 무죄를 선고한 사례이다.[126]

ⅲ **검 토**: 피난행위는 타인을 희생하여 위난을 피하는 경우이고, 소위 '정' 대 '정'의 관계에서 인정되는 것이기 때문에 긴급피난에 있어서의 상당한 이유는 정당방위에 비하여 엄격한 요건을 요구한다. 긴급피난에 있어서 상당성을 판단하는 기준으로서는 전통적으로는 보충성의 원칙과 균형성의 원칙이 거론되어 왔으며, 최근에 들어서 수단의 적정성의 원칙 등이 추가적으로 거론되고 있다.

생각건대 긴급피난이란 법익의 가치에 대한 보존행위라는 점에서 법익의 안전에 대한 보호행위로서의 정당방위와는 구별되는 개념이기 때문에 상당성의 해석에 있어서도 양자의 내용은 달라질 수밖에 없다. '부정' 대 '정'의 관계인 정당방위의 상당성판단에 있어서는 부당한 침해를 제거하기 위한 보호법익의 정당성이 쟁점으로 되지만, '정' 대 '정'의 관계인 긴급피난의 그것에 있어서는 법익형량을 통하여 더 큰 법익을 보존하기 위한 가치재분배에 초점이 맞춰질 수밖에 없다고 본다.

법익의 가치에 대한 보존행위로서의 피난행위가 정당화되기 위해서는 자기보호원리를 넘어 공동체보호원리에 근거할 필요가 있다. 자기보호원리는 자기의 법익에 대한 가치를 보존하는 것이고, 공동체보호원리는 법익에 대한 가치를 재평가하여 보다 큰 법익을 보호하는 것이다. 자기보호원리와 공동체보호원리가 충돌하는 경우에는 공동체보호원리를 우선하게 할 필요가 있다. 공동체보호원리를 우선하게 하기 위하여는 공동체의 구성원은 각자에게 미치는 불이익을 감수할 의무를 부과할 사회적 연대의식이 불가피하게 된다. 법익의 가치가 큰 것을 보존하는 것이 공동체 전체의 이익에 부합하기 때문이다.

긴급피난이란 형법의 규정상 현재의 위난을 피하기 위한 상당한 이유가 있는 행위를 말한다(제22조 제1항). 긴급피난은 긴급한 위난을 피하기 위한 피난행위로서 사회상규상 허용되는 행위를 말한다고 할 수 있다. 상당성이란 위난을 피하기 위한 행위로서 사회상규상 당연하다고 인정되는 경우를 말한다. 이와 같이 긴급피난은 그 성질상 '정' 대 '정'의 관계에서 보듯이 현재의 위난 속에서 법익형량과 가치재분

---

126) 서울중앙지법 2020.3.23. 선고 2019고정2908 판결(확정).

배를 통하여 더 큰 가치의 법익을 보존하려는 것이다. 이러한 근거에서 긴급피난의 상당성을 판단하는 기준으로서 위난성과 피난행위성을 도출하고자 한다. 위난성은 질적 개념으로서 피난행위성을 판단하는 전제조건이 되고, 피난행위성은 질적·양적 개념으로서 피난행위의 성질을 판단하는 기준이 될 것으로 본다.

② 판단의 기준

ⓘ 위난성 : 긴급피난의 상당성을 판단하는 제1의 요건은 위난성이다. 위난성(危難性)이란 타인의 법익을 침해하지 않고는 위난을 달리 피할 방법이 없는 것을 말한다. 피난행위는 위난에 처한 법익을 보호하기 위한 유일한 수단이라고 할 수 있어야 한다. 이러한 의미에서 보충성의 원칙은 현재의 위난에 대한 대처행위로서 긴급한 피난행위의 출발점이 된다고 이해할 수 있다.

보충성의 원칙(補充性의 原則, Prinzip der Subsidiarität)이란 타인의 법익에 대한 침해 이외의 다른 방법으로 법익을 보전할 방법이 없다는 것을 말한다. 다른 방법이 절대적으로 존재하지 않는다는 것을 요구하는 것이 아니라 구체적인 상황에서 현실적으로 다른 가능한 대안이 없다는 것을 의미한다. 판례도 "한의사가 같은 아파트에 거주하는 응급환자를 자신의 한의원으로 옮기기 위하여 무면허운전을 한 사안에서, 현재의 위난을 피하여야 할 긴급상태에 있었지만 대체 이동수단을 이용할 수 있었기 때문에 긴급피난의 성립요건인 보충성의 원칙을 충족시키지 못하여 긴급피난에 해당하지 않는다"고 판시한 바 있다.[127] 한편 위난성은 현재의 위난에 대한 긴급한 대응행위의 피난행위성을 판단하기 위한 전제요건으로서의 의미를 가진다고 할 수 있다.

ⓘⓘ 피난행위성 : 긴급행위의 상당성을 판단하는 제2의 요건은 피난행위성이다. 피난행위성(避難行爲性)이란 피난행위로서의 상당한 성질을 말한다. 현재의 위난에 대한 대응행위가 피난행위성을 잃을 때에는 침해행위로 평가될 수 있다. 피난행위성을 인정하기 위한 요건들은 공동체보호원리를 충분히 반영하여 해석될 필요가 있다. 긴급피난은 공동체보호원리를 전제로 한다는 점에서 개인보호원리를 전제로 하는 정당방위와 구별된다고 해야 하기 때문이다. 긴급상황 속에서 보충성의 원칙에 따른다고 하더라도 피난행위에 대하여 피난행위성이 인정되기 위해서는 우월적 이익의 원칙과 수단의 적합성의 원칙 등이 수반되지 않으면 안 된다. 우월적 이익의 원칙은 피난행위의 결과반가치를 배제하거나 경감하는 데에 기여할 수 있고, 수단의 적합성의 원칙은 행위반가치를 배제하거나 경감하기 위하여

127) 청주지법 2006.5.3. 선고 2005노1200 판결(확정).

요구될 수 있기 때문이다.

우월적 이익의 원칙(優越的 利益의 原則)이란 보전되는 법익은 침해되는 법익보다 우월하여야 한다는 원칙을 말한다. 우월적 이익의 원칙이 인정되는 경우에만 위법성이 조각될 수 있다. 우월적 이익의 원칙은 보호되는 법익과 침해되는 법익 사이에 균형성이 유지되어야 한다는 균형성의 원칙보다는 그 강도가 더 강력하다고 할 수 있다. 따라서 보전되는 법익이 침해되는 법익보다 같거나 낮을 경우에는 피난행위성을 인정할 수 없다. 다만, 이 경우에는 책임이 조각되거나 감경될 수 있을 뿐이라고 해야 한다. 또 우월적 이익을 판단함에 있어서도 자기보호원리에서 개인의 '침해되는 법익'과 '보호되는 법익' 사이의 단순한 이익형량에 그칠 것이 아니라 공동체보호원리를 반영하여 '침해되는 개인의 이익과 공동체 전체의 이익' 및 '보호되는 개인의 이익과 공동체 전체의 이익' 사이를 형량할 필요가 있다고 하겠다. 개인의 이익을 보호하는 것이 언제나 사회 전체의 이익을 보호하는 것을 의미하는 것은 아니기 때문에 자기보호원리와 공동체보호원리는 항상 일치하는 것은 아니다. 공동체보호원리를 반영하는 경우에만 긴급피난이 위법성을 조각하기 위한 요건을 충족시킬 수 있다고 본다. 우월적 이익을 판단함에 있어서 자기보호원리에서 개인의 '침해되는 법익'과 '보호되는 법익' 사이의 단순한 이익의 형량에 그치는 한 경우에 따라서는 책임조각이 가능하다고 해석될 여지가 있기 때문이다.

수단의 적합성의 원칙(手段의 適合性의 原則)이란 피난행위 자체가 사회상규에 비추어 적합한 수단(angemessenes Mittel)으로서 타당하다는 것을 말한다. 이는 실질적 위법성에 대한 판단기준으로서 거론되었던 목적설의 원리인 '정당하게 승인된 목적을 위한 적합한 수단'(das angemessene Mittel zum rechtlich anerkannten Zweck)에서 유래한다. 피난행위는 타인의 법익에 대한 침해행위가 아니라 위난을 피하기 위한 적합한 수단일 것을 의미한다. 또 위난을 피하기 위한 수단이 그 적합성을 인정받아 피난행위성이 긍정되기 위하여는 다시 상대적 최소피난의 원칙을 요구할 수 있다. 상대적 최소피난의 원칙(相對的 最少避難의 原則)이란 타인의 법익을 침해하는 경우에도 피해자에게 가장 경미한 피해를 주는 방법을 선택할 것을 요구한다는 원칙을 말한다. 예컨대 침해된 법익의 가치가 회복가능한 수단이 존재함에도 불구하고 회복불가능한 방법을 동원하였다면 그 피난행위는 타인의 법익에 대한 부당한 침해에 그칠 뿐 피난행위성을 인정받을 수 없게 된다. 따라서 피난행위는 사회상규에 위배되지 아니하는 방법으로 행하여져야 한다. 위기에 처한 환자를 구하기 위한 강제채혈이나 이식용 장기의 강제적출은 보충성의 원칙과 우월적 이익의 원칙이 충족된 경우라고 하더라도 사회적으로 승인될 수 있는 적합한 수단이 아니기 때문에 피난행위로 인정될 수 없기 때문이다. 더욱이 피난행위는 '정' 대 '정'의 관계에 있기 때문에 수단의 적합성에 있어서도 '부정' 대 '정'의 관계에 있는 정당방위에 있어서보다는 더욱 엄격한 요건을 요한다고 해야 한다. 다만 수단의 적합성을 판단함에 있어서도 자기보호원리에 그치는 것이 아니라 공동체보호원리를 충분히 반영하여 판단할 필요가 있다고 해야 한다.

ⓘⓘⓘ **판단기준과 한계**: 긴급피난의 상당성을 판단하기 위한 기준은 위난성과 피난행위성이다. 나아가 상당성에 대한 궁극적인 판단기준은 정당행위로서의 사회상규(社會相規)라고 해야 한다. 전술한 바와 같이 형법은 일반적 위법성조각사유로 정당행위를 규정하면서 사회상규를 실질적 위법성에 대한 판단기준으로 규정하고 있기 때문이다(제20조 참조). 사회상규가 전체 위법성조각사유에 대한 한계를 판단하는 기준으로 되는 것을 거듭 확인할 수 있다. 긴급피난 또한 개별적 위법성조각사유 중의 하나이기 때문에 그에 대한 한계로서의 일반적 위법성조각사유의 범위를 벗어날 수는 없다고 해야 한다. 이러한 의미에서 긴급피난은 우선 일반적 위법성조각사유의 한계사유인 사회상규에 의하여 그의 범위 내에서만 정당화될 수 있다고 해석된다. 문제는 개별적 위법성조각사유로서 긴급피난의 고유한 개별적 정당화원리에 있다고 할 수 있다. 결론부터 말하자면, 긴급피난은 사회상규상 긴급상황에서 상당성을 가지는 피난행위이기 때문에 위법성이 조각된다고 해석된다. 결국 긴급피난은 사회상규상 위난성과 피난행위성으로 인하여 위법성이 조각된다고 할 수 있다. 다만 사회상규에 대한 위배여부는 개별적 위법성조각사유에 대한 검토가 끝난 후 최종적으로 검토하게 된다.

(3) 주관적 위법성조각사유

1) 피난의사

피난의사(Rettungswille)에 대하여는 필요설과 불요설이 대립하고 있다. 정당방위에 있어서 방위의사가 필요하다고 하였듯이 같은 이유에서 주관적 정당화요소(subjektives Rechtfertigungselemente)로서 피난의사가 필요하다는 필요설이 타당하다. 불요설에 의하면 피난행위는 과실행위에 의하여도 행하여질 수 있음이 명백하다. 그러나 필요설에 의한다 하더라도 피난의사로 행하여지는 피난행위가 주의의무에 위반하는 경우도 있기 때문에 과실행위에 의한 피난행위에도 피난의사가 긍정되는 것이 불가능한 것은 아니다. 한편 타인을 위한 피난행위는 법익의 주체인 본인의 의사에 합치해야 하는가가 문제될 수 있다. 긴급피난의 법적 성질에 비추어 볼 때 본인의 의사와는 무관하게 허용되어야 한다는 부정설이 타당하다.

2) 오상피난

긴급피난상황이 존재하지 않음에도 불구하고 존재한다고 오신하고 행한 피난행위를 오상피난(誤想避難, Putativnotstand)이라고 한다. 즉, 자기 또는 타인의 법익에 대한 현재의 위난이 존재하지 않음에도 불구하고 존재한다고 오신하고 한 피난행위를 말한다. 전술한 바와 같이, 주관적 정당화요소의 내용으로서는 정당화상황으로서의 객관적 위법성조각사유에 대한 인식과 이러한 인식하에 행위하려는 목적, 의도, 동기 등과 같은 의사의 양방 모두가 필요하다. 여기서 전자, 즉 위법성조각사유에 대한 인식에 착오가 발생한 경우가 오상피난에 해당한다. 흔히, 위법성조각사유의 전제사실에 대한 착오라고 하는 것이 바로 이를 말한다. 오상피난은 긴급피난이 아니므로 위법성이 조각되지 않는다. 다만, 긴급피난이 위법성조각사유로 해석되는 한 오상피난은 위법성조각사유의 전제사실에 대한 착오로서 고의가 조각되고, 과실이 있으면 과실범으로 처벌될 수 있다.

(4) 긴급피난의 효과

1) 위법성의 조각

긴급피난은 벌하여지지 않는다(제22조 제1항). 긴급피난의 요건을 구비한 경우에는 피난행위가 비록 범죄의 구성요건에 해당하더라도 위법성이 조각되어 범죄가 성립하지 않는다는 의미이다. 따라서 긴급피난에 해당하는 행위에 대하여는 법원은 형면제판결을 할 것이 아니라 무죄판결을 하여야 한다.

2) 위법성조각의 근거

긴급피난이 위법성을 조각하는 근거에 관하여는 다툼이 있다. 종래부터 우월적 이익의 원칙에 입각하여 보다 큰 법익을 보호하기 위한 경우에는 위법성이 조각된다는 이익형량설(利益衡量說), 정당한 목적을 위한 상당한 수단일 경우에는 위법하지 않다는 목적설(目的說) 및 보다 큰 법익을 보호하기 위한 상당한 수단일 경우에는 위법성이 조각된다는 이익형량설과 목적설의 결합설(結合說)이 크게 대립되어 왔다.

생각건대 긴급피난은 법익의 가치에 대한 보존행위로서 법익의 안전에 대한 보호행위인 정당방위와 구별되고 있다. 자기의 법익 가치에 대한 보존행위는 자기보호본능에 근거한 것이지만, 타인의 법익 가치에 대한 보존행위는 더 큰 가치를 보존하여 공동체 전체에게 유리하게 하려는 공동체의식, 즉 사회적 연대성에서 유래한다고 생각된다. 긴급피난이 부당한 침해를 물리치기 위한 행위가 아님에도 불구하고 가치적으로 큰 법익을 지키기 위해서 작은 법익을 희생하도록 하는 공동체보호원리로서의 사회상규는 이미 사회적 연대성(社會的 連帶性, gesellschaftlicher Solidarität)에 그 기초를 가지고 있다고 해야 한다. 사회적 연대의식은 자기보호와 공동체보호가 충돌하는 경우 자기의 법익을 희생하여 공동체를 보호하고 공동체가 보호되면 결국 자기가 보호받는 구조 속에서 가치재분배로 인하여 초래되는 일정한 위험을 공동체 전체를 위하여 감수해야 할 개별 구성원의 책무로부터 싹튼다고 할 수 있기 때문이다. 결국 긴급피난의 정당화근거는 자기보호원리와 공동체보호원리가 충돌하는 경우 공동체보호원리의 우선에 있다고 할 수 있다. 따라서 양자가 충돌함에도 불구하고 공동체보호원리에 따르지 않고 자기보호원리에 입각한 긴급피난은 경우에 따라 책임이 조각될 여지만이 존재할 뿐이라고 해석된다.

(5) 특별의무자에 대한 특칙

위난을 피하지 못할 책임이 있는 자에 대하여는 긴급피난의 규정은 적용되지 아니한다(제22조 제2항). 군인, 경찰관, 소방관, 선박 승무원, 항공기 승무원 또는 의료인 등 위난에 대처하여야 할 의무를 부담하고 있는 자에 대하여는 긴급피난을 이유로 위난을 타인에게 전가시키는 것은 허용되지 않는다는 취지이다. 그러나 자기의 생명에 대한 위험 또는 신체에 대한 중대한 위험이 있는 경우에까지 긴급피난이 허용되지 않는다는 것은 아니다. 이러한 경우에는 특별한 의무가 소멸하여 긴급피난으로서 위법성이 조각되기 때문이라고 해야 한다.

(6) 과잉피난

피난행위가 그 정도를 초과하여 상당한 이유를 결한 경우를 과잉피난(過剩避難, Notstandsexzess)이라고 한다. 과잉피난은 피난행위가 긴급피난의 다른 요건은 모두 갖추었지만, 위난성이나 피난행위성을 충족하지 못하여 상당한 이유를 결한 경우에만 성립한다. 과잉피난은 위법성을 조각하지 않는다. 다만 정황(情況)에 따라 그 형을 감경하거나 면제할 수 있을 뿐이다(제22조 제3항, 제21조 제2항). 과잉방위와 같이 임의적 감면사유로 규정되어 있다. 과잉피난이 야간이나 그 밖의 불안한 상태에서 공포를 느끼거나 경악

(驚愕)하거나 흥분하거나 당황하였기 때문에 그 행위를 하였을 때에는 벌하지 아니한다(제22조 제3항, 제21조 제3항). 기대가능성이 없어 책임이 조각되기 때문이다.

(7) 오상과잉피난

오상과잉피난(誤想過剩避難)이란 긴급피난상황이 존재하지 않음에도 불구하고 존재한다고 오신하고 과잉한 피난행위를 하는 경우로서 오상한 상황이 존재한다고 하더라도 피난행위가 상당한 이유를 결하는 경우를 말한다. 생각건대 오상과잉피난은 오상피난과 과잉피난이 결합된 형태이기 때문에 양자의 특성을 모두 반영하는 독자적 유형설이 타당하다고 해석된다.

4. 자구행위

제23조 (자구행위) ① 법률에서 정한 절차에 따라서는 청구권을 보전(保全)할 수 없는 경우에 그 청구권의 실행이 불가능해지거나 현저히 곤란해지는 상황을 피하기 위하여 한 행위는 상당한 이유가 있는 때에는 벌하지 아니한다.
② 제1항의 행위가 그 정도를 초과한 경우에는 정황에 따라 그 형을 감경하거나 면제할 수 있다.

구조문
제23조 (자구행위) ① 법정절차에 의하여 청구권을 보전하기 불능한 경우에 그 청구권의 실행불능 또는 현저한 실행곤란을 피하기 위한 행위는 상당한 이유가 있는 때에는 벌하지 아니한다.
② 전항의 행위가 그 정도를 초과한 때에는 정황에 의하여 형을 감경 또는 면제할 수 있다.

(1) 자구행위의 개념

1) 자구행위의 의의

자구행위(自救行爲, Selbsthilfe)란 법률에서 정한 절차에 따라서는 청구권을 보전(保全)할 수 없는 경우에 그 청구권의 실행이 불가능해지거나 현저히 곤란해지는 상황을 피하기 위하여 한 상당한 이유가 있는 행위를 말한다(제23조 제1항). 민법상 자력구제(自力救濟)와 그 취지를 같이한다(민법 제209조 참조). 형법은 자구행위를 명문으로 규정하고 있다는 점에서 초법규적 위법성조각사유로 해석상으로 인정하고 있는 독일 형법이나 일본 형법과는 구별된다. 이러한 의미에서 자구행위는 형법상 독자적이고 고유한 규정이라고 할 수 있다. 다만 형법상 자구행위는 다른 나라의 입법상 전례가 없고 해석자료도 없는 상황에서 일본개정형법가안의 모델에 따라 입법화된 것이라고 알려지고 있다.[128] 근대적 의미의 자구행위는 먼저 제도화되어 있던 민법상의 자력

---

128) 신동운, "형법 제23조 자구행위규정의 성립경위", 한국형법학의 새로운 지평 심온김일수교수

구제에서 영향을 받은 것이다(민법 제209조 참조).

2) 자구행위의 법적 성질

자구행위는 긴급행위라는 점에서 정당방위 또는 긴급피난과 공통되나, 자구행위는 법률에서 정한 절차에 따라서는 청구권을 보전(保全)할 수 없는 경우에 그 청구권의 실행이 불가능해지거나 현저히 곤란해지는 상황을 피하기 위한 행위로서 '부정' 대 '정'의 관계에 있다는 점에서 정당방위와 공통되고, '정' 대 '정'의 관계인 긴급피난과는 구별된다. 또 자구행위는 이미 침해가 기수에 이른 후의 청구권을 구제하기 위한 사후적 긴급행위(事後的 緊急行爲)라는 점에서 현재 진행 중인 부당한 침해 또는 현재의 위난에 대한 사전적 긴급행위(事前的 緊急行爲)인 정당방위나 긴급피난과는 구별되고 있다. 나아가 자구행위는 개인의 재산권에 대한 청구권의 구제행위라는 점에서 법익의 안전에 대한 보호행위인 정당방위나 법익의 가치에 대한 보호행위로서의 긴급피난과는 구별된다고 할 수 있다. 한편 자구행위는 청구권을 직접 실현하는 권리가 아니라 채권자로서의 지위를 확보하기 위한 보전적 성격을 가진다고 할 수 있다.

(2) 객관적 위법성조각사유

긴급행위로서의 정당방위, 긴급피난 및 자구행위는 성립요건에 있어서 공통점을 가지고 있다. 즉, 긴급상황, 긴급행위 및 상당한 이유가 그것이다. 이를 자구행위에 대입해 보면 자구행위의 객관적 성립요건으로서는 자구행위상황, 자구를 위한 행위 및 상당한 이유가 거론될 수 있게 된다. 형법은 "법률에서 정한 절차에 따라서는 청구권을 보전(保全)할 수 없는 경우에 그 청구권의 실행이 불가능해지거나 현저히 곤란해지는 상황을 피하기 위하여 한 행위는 상당한 이유가 있는 때에는 벌하지 아니한다"고 규정하고 있다(제23조 제1항). 자구행위의 성립요건을 법률에서 정한 절차에 따라서는 청구권을 보전(保全)할 수 없는 자구행위상황, 그 청구권의 실행이 불가능해지거나 현저히 곤란해지는 상황을 피하기 위하여 한 자구행위 및 상당한 이유로 나누어 검토하기로 한다.

1) 긴급상황

자구행위의 행위상황은 긴급상황 또는 정당화상황으로서의 자구행위상황이다. 자구행위상황(自救行爲狀況)이란 청구권에 대한 불법한 침해가 있을 뿐만 아니라

화갑기념논문집, 박영사, 2006, 42쪽 이하 참조.

법정절차에 따라서는 청구권을 보전하는 것이 불가능한 경우를 말한다. 청구권에 대한 불법한 침해는 규정에는 없으나, 해석상 당연히 필요한 요건이다. 청구권이 침해되지 않은 상황에서 청구권이 존재한다는 사실만으로 자구행위를 허용해서는 안 되기 때문이다.

① 청구권에 대한 불법한 침해

ⓘ **청구권 :** 청구권이란 사법상의 청구권(私法上의 請求權)으로서 특정인이 다른 특정인에 대하여 일정한 행위, 즉 작위 또는 부작위를 요구할 수 있는 권리를 말한다. 청구권은 불법행위 또는 채무불이행으로 인하여 발생할 수 있다. 청구권이 존재하지 않을 때에는 자구행위가 부정되는 것은 당연하다. 예컨대 인근 상가의 통행로로 이용되고 있는 토지의 사실상 지배권자가 위 토지에 철주와 철망을 설치하고 포장된 아스팔트를 걷어냄으로써 통행로로 이용하지 못하게 한 경우, 이는 일반교통방해죄를 구성하고 자구행위에 해당하지 않는다고 할 수 있다.[129)]

i. 청구권의 범위 청구권은 채권에 기초하는 채권적 청구권이든 물권에 기초하는 물권적 청구권이든 묻지 않는다. 다만 청구권의 범위에 대하여는 다툼이 있다. 제한설(制限說)은 청구권을 재산상의 청구권에 제한한다. 따라서 무체재산권, 인격권, 친족권 및 상속권 등 절대권에서 발생하는 청구권은 소구하여 직접 강제할 수 없는 청구권이므로 제외된다고 한다. 무제한설(無制限說)은 재산상의 청구권에만 제한하지 않는다. 따라서 자구행위가 권리보호를 위해서 인정된 것이라는 점을 고려하여 무체재산권, 인격권, 친족권 및 상속권 등 절대권에서 발생하는 청구권도 포함된다고 한다.

생각건대 자구행위는 보전이 가능한 청구권만을 대상으로 한다. 생명, 신체, 자유, 정조, 명예 등에 대한 침해 자체와 이들에 대한 침해라는 불법행위로 인하여 발생하는 손해배상청구권을 구별할 필요가 있다. 전자의 경우에는 원상회복이 불가능하기 때문에 자구행위를 허용할 의미가 없지만, 후자의 경우에는 자구행위상황이 발생할 수 있다는 점에서 보전이 가능한 청구권이라고 해야 하기 때문이다. 또 자구행위로서 보전이 가능한 청구권이라고 하기 위해서는 청구권 자체가 정당한 것이어야 한다. 이는 자구행위의 '부정' 대 '정'이라는 성질로부터도 자명한 결론이다. 예컨대 불법한 마약거래로 인하여 발생한 대금청구권은 정당한 청구권이 될 수 없기 때문에 자구행위로서 보전이 가능한 청구권이라고 할 수 없다.

---

129) 대법원 2007.12.28. 선고 2007도7717 판결.

ii. 자기의 청구권 　청구권은 원칙적으로 자기의 것이어야 한다. 타인의 청구권을 위한 구제행위는 타구행위(他求行爲, Fremdhilfe)로 될 뿐이다. 다만 청구권자로부터 자구행위의 실행을 위임받은 경우에는 타인의 청구권을 위한 자구행위도 가능하다고 할 수 있다. 예컨대 식당주인이 종업원으로 하여금 계산 없이 몰래 도주하는 손님을 붙잡아 식대를 받아오게 하는 경우가 여기에 해당한다.

ⓘ **불법한 침해 :** 　청구권에 대한 불법한 침해가 존재하여야 한다. 형법에는 규정이 없지만, 해석에 의하여 당연히 인정되는 요건이다. 이로써 자구행위는 '부정' 대 '정'의 관계라는 점에서 정당방위와 공통되지만, '정' 대 '정'의 관계인 긴급피난과는 구별된다고 할 수 있다.

자구행위는 과거의 침해에 대하여만 성립한다고 할 수 있다. 자구행위는 사후구제행위라는 점에서 사전구제행위인 정당방위나 긴급피난과는 구별되고 있다. 결국 자구행위는 사후적 긴급행위이므로 침해는 현재의 침해행위가 아니라 과거에 발생한 침해로서 불법한 침해상태를 의미한다.

문제는 절도피해자의 재물탈환행위나 퇴거불응자에 대한 강제퇴거행위에 있다. 이에 대하여는 정당방위설과 자구행위설이 대립하고 있다. 생각건대 절도피해자가 현장에서부터 추격하여 도품을 탈환하는 행위에 대하여는 현재성이 인정되고, 퇴거불응자의 부작위에 의한 부당한 침해가 현재에도 계속 중이라고 할 수 있기 때문에 정당방위가 성립한다고 하는 것이 타당하다. 다만 절도피해자가 상당한 시일이 경과한 후에 탈환하는 행위에 대하여는 과거의 침해에 해당하기 때문에 자구행위가 성립한다고 해석된다.

② **법정절차에 따른 청구권의 보전불능**

ⓘ **법정절차 :** 　청구권을 보전할 수 있는 법률에서 정한 절차란 통상 민사소송법상의 강제집행절차, 가압류, 가처분 등의 재판상의 보전절차를 의미한다. 그러나 법정절차는 반드시 재판상의 절차에 의한 구제에 제한되어야 할 이유는 없다. 경우에 따라서는 경찰작용이나 기타 국가기관의 처분에 의한 구제절차도 여기에 포함될 수 있기 때문이다.

ⓘ **청구권의 보전불능 :** 　법률에서 정한 절차에 따라서는 청구권을 보전할 수 없는 경우란 시간적 또는 장소적 제약으로 인하여 국가구제에 따른 권리구제가 불가능하거나 차후의 구제수단을 강구한다 하더라도 그 실효성을 담보할 수 없는 사정이 있는 경우를 말한다. 따라서 법률에서 정한 절차에 따라서 청구권을

보전할 수 있는 경우에는 침해가 아무리 중대하더라도 자구행위는 인정될 수 없다. 여기서 자구행위는 청구권의 보전을 위한 마지막 방법이 된다. 자구행위는 보충성의 원칙에 근거를 두게 되고, 자구행위에 있어서의 보충성의 원칙은 후술하는 바와 같이 자구성의 내용이 됨으로써 자구행위성과 함께 자구행위의 상당성을 판단하는 기준이 된다고 생각된다. 자구행위의 성립을 부정한 판례의 구체적 내용은 다음과 같다. 즉,

> ① 임대인인 피고인의 승낙 없이 전대인으로부터 이 사건 지하실을 전차하였기 때문에 그 전대차로써 임대인인 피고인에게 대항할 수 없다고 하더라도 전차인이 불법침탈 등의 방법에 의하여 위 지하실의 점유를 개시한 것이 아니고 그 동안 평온하게 음식점영업을 하면서 점유를 계속하여온 이상 동인들의 업무를 업무방해죄에 의하여 보호받지 못하는 권리라고 단정할 수 없고 피고인으로서는 마땅히 정당한 소송절차에 의하여 점유를 회복하여야 하고 위력으로 그 권리를 행사할 수 없다고 할 것이므로 피고인이 그 지하층의 열쇠를 새로 만들어 잠그고 박○○으로 하여금 그 곳에 설치되어 있는 피해자 양○○ 등 소유의 의자, 탁자 등을 들어내게 한 행위는 결코 사회상규에 위배되지 않는 정당한 행위이거나 자구행위에 해당한다고 볼 수 없다.[130] ② 육로인정에는 그 부지의 소유관계나 통행인의 다과 등은 불문한다고 할 것이므로 피고인들 소속 학교법인 소유토지를 무단 출입하여 불법 통행했다던가 소수인의 통행에 불과했다는 사실만으로서는 이를 좌우할 수 없다 할 것이고 이 통행로를 차단한 소위가 자구행위나 정당행위로도 볼 수 없다 할 것이니 이를 차단불통하게 한 1심 판시 피고인들의 일반 교통방해 행위를 그대로 인정한 원심판단은 정당하고 심리미진이나 일반교통방해죄 또는 형법 제185조의 육로의 법리의 해석을 그릇한 위법이 있다고 할 수 없다.[131]

2) 긴급행위

① 자구행위의 의의

자구행위의 실행행위는 긴급행위로서의 자구행위이다. 자구행위상황, 즉 침해된 청구권을 법률에서 정한 절차에 따라서는 청구권을 보전(保全)할 수 없는 상황으로 인하여 자력으로 구제하지 않으면 그 청구권의 실행이 불가능해지거나 현저히 곤란해지는 상황이 예상되어야 한다.

② 자구행위의 내용

자구행위는 청구권의 실행이 불가능해지거나 현저히 곤란해지는 상황을 피하

130) 대법원 1986.12.23. 선고 86도1372 판결.
131) 대법원 1979.9.11. 선고 79도1761 판결.

기 위한 행위여야 한다. 따라서 법률에서 정한 절차에 따라서는 청구권을 보전(保全)할 수 없더라도 청구권의 실행이 가능하거나 현저한 실행곤란이 없다면 자구행위는 허용되지 아니한다.

ⓘ **청구권의 실행불능 :** 자구행위는 우선 청구권의 실행불능을 요건으로 한다. 채무자에 대한 청구권의 보전은 불가능하지만 청구권에 대한 인적 또는 물적 담보가 충분히 확보되어 있는 경우에는 청구권에 대한 실행이 불가능하다고 할 수 없다.

ⓘⓘ **청구권의 현저한 실행곤란 :** 자구행위는 청구권의 실행불능과는 별개로서 청구권의 현저한 실행곤란도 그 요건으로 포함하고 있다. 따라서 확보된 인적 또는 물적 담보가 충분하지 않을 때에는 실행곤란의 현저성이 문제될 수 있다.

ⓘⓘⓘ **피하기 위한 행위 :** 자구행위란 청구권의 실행불능 또는 현저한 실행곤란을 피하기 위한 행위를 말한다. 피하기 위한 행위는 청구권의 회복을 위한 재물의 탈환, 손괴, 의무자의 체포, 저항의 제거, 강요, 감금, 주거침입, 폭행, 상해 등이 포함되는 자력의 행사를 의미한다. 자력이 청구권의 회복과 무관하게 행사되는 한 그러한 자력의 행사는 자구행위가 아니라 복수(復讐)에 지나지 않는다고 해야 한다. 한편 피하기 위한 행위는 통상 청구권의 보전을 위해 필요한 행위를 말하지만, 상당한 이유를 가지는 한 청구권에 대한 실행행위를 제외할 이유는 없다고 본다.

3) 상당한 이유

자구행위는 긴급상황과 긴급행위 외에 상당한 이유가 인정되어야 성립한다. 다만 상당한 이유의 내용에 대하여는 견해가 일치하지 않고 있다.

① 견해의 대립

ⓘ **학 설 :** 자구행위에 있어서 상당한 이유의 내용으로서는 흔히 보충성과 적합성이 제시되고 있다. 이 외에도 세부적으로는 균형성, 실질적 상당성의 원리 등이 추가되는 경우도 있다. 첫째, 보충성이란 자구행위가 법정절차에 의하여 청구권을 보전하는 것이 불가능한 경우에만 허용된다는 의미이다. 둘째, 적합성이란 정당한 청구권을 보전하기 적합한 수단이어야 한다는 의미이다. 수단의 적합성의 원칙 또는 실질적 상당성의 원리라고도 불린다. 셋째, 균형성이란 보전되는 청구권과 침해되는 법익 사이에는 엄격한 균형이 요구되는 것은 아니지만 심한 불균형은 허용되지 않는다는 것을 의미한다. 자구행위는 '부정' 대 '정'의 관계이기

때문에 침해되는 법익이 보전되는 청구권보다 우월해서는 안 되기 때문이라고 한다. 이익형량의 원칙이라고 하기도 한다.

ⓘ **판 례**: 자구행위의 상당한 이유에 대한 판례의 입장은 확인할 수 없다. 이에 관한 판례가 아직 형성되어 있지 않기 때문이다. 다만 아래에서는 자구행위의 성립을 부정한 판례에 관하여 고찰하고자 한다. 자구행위를 부정한 판례의 구체적 내용은 다음과 같다. 즉,

① 피고인이 이 사건 토지의 소유권자로서 공소외 주식회사에 대하여 사용대차계약을 해지하고 이 사건 토지의 인도 등을 구할 권리가 있다는 이유만으로 공소외 주식회사로 들어가는 진입로를 폐쇄한 것은, 그 권리를 확보하기 위하여 다른 적법한 절차를 취하는 것이 곤란하였던 것으로 보이지 않아 그 동기와 목적이 정당하다거나 수단이나 방법이 상당하다고 할 수 없고, 또한 그에 관한 피고인의 이익과 피해자가 침해받은 이익 사이에 균형이 있는 것으로도 보이지 않으므로 정당한 행위라고 할 수 없다. 또한 피고인이 법정절차에 의하여 자신의 공소외 주식회사 및 피해자에 대한 토지인도 등 청구권을 보전하는 것이 불가능하였거나 현저하게 곤란하였다고 볼 수 없을 뿐만 아니라, 피고인의 행위가 그 청구권의 보전불능 등을 피하기 위한 상당한 행위라고 할 수도 없다.[132] ② 이 사건 도로는 주민들이 농기계 등으로 그 주변의 농경지나 임야에 통행하는 데 이용하여 사실상 일반 공중의 왕래에 공용되는 육상의 통로에 해당하고, 피고인은 육로인 이 사건 도로에 깊이 1m 정도의 구덩이를 파는 등의 방법으로 위 도로의 통행을 방해하였다고 원심에 의하여 판단되었는 바, 이 사건 도로는 피고인 소유 토지상에 무단으로 확장 개설되어 그대로 방치할 경우 불특정 다수인이 통행할 우려가 있다는 사정만으로는 피고인이 법정절차에 의하여 자신의 청구권을 보전하는 것이 불가능한 경우에 해당한다고 볼 수 없을 뿐 아니라, 이미 불특정 다수인이 통행하고 있는 육상의 통로에 구덩이를 판 행위가 피고인의 청구권의 실행불능이나 현저한 실행곤란을 피하기 위한 상당한 이유가 있는 행위라고도 할 수 없다.[133] ③ 피고인들에 대한 채무자인 피해자가 부도를 낸 후 도피하였고 다른 채권자들이 채권확보를 위하여 피해자의 물건들을 취거해 갈 수도 있다는 사정만으로는 피고인들이 법정절차에 의하여 자신들의 피해자에 대한 청구권을 보전하는 것이 불가능한 경우에 해당한다고 볼 수 없을 뿐만 아니라, 또한 피해자 소유의 가구점에 관리종업원이 있음에도 불구하고 위 가구점의 시정장치를 쇠톱으로 절단하고 들어가 가구들을 무단으로 취거한 행위가 피고인들의 피해자에 대한 청구권의 실행불능이나 현저한 실행곤란을 피하기 위한 상당한 이유가 있는 행위라고도 할 수 없다.[134] ④ 소유권의 귀속에 관한 분쟁이 있어 민사소

---

132) 대법원 2007.5.11. 선고 2006도4328 판결.
133) 대법원 2007.3.15. 선고 2006도9418 판결.

송이 계속 중인 건조물에 관하여 현실적으로 관리인이 있음에도 위 건조물의 자물쇠를 쇠톱으로 절단하고 침입한 소위는 법정절차에 의하여 그 권리를 보전하기가 곤란하고 그 권리의 실행불능이나 현저한 실행곤란을 피하기 위해 상당한 이유가 있는 행위라고 할 수 없다.[135] ⑤ 피고인은 피해자에게 금 16만원 상당의 석고를 납품하였으나 그 대금의 지급을 지체하여 오다가 판시 화랑을 폐쇄하고 도주한 사실이 엿보이고 피고인은 판시와 같은 야간에 폐쇄된 화랑의 베니아판 문을 미리 준비한 드라이버로 뜯어내고 판시와 같은 물건을 몰래 가지고 나왔다는 것인 바 위와 같은 피고인의 강제적 채권추심 내지 이를 목적으로 하는 물품의 취거행위는 형법 제23조 소정의 자구행위의 요건에 해당하는 경우라고 볼 수 없다.[136] ⑥ 절의 출입구와 마당으로 약 10년 전부터 사용하고 또 그 곳을 통하여서만 출입할 수 있는 대지를 전 주지의 가족으로부터 매수하여 등기를 마쳤다는 구실로 불법침입하여 담장을 쌓기 위한 호를 파 놓았기 때문에 그 절의 주지가 신도들과 더불어 그 호를 메워버린 소위는 자구행위로서의 요건을 갖추었다고 볼 수 없고 그와 같은 사정하에서의 주지의 소위는 이를 인용하는 것이 사회상규에 해당된다거나 또한 그러한 사회상규가 있다고 인정되지 아니하므로 사회상규에 위배되지 아니한 행위라고 단정할 수도 없다.[137]

ⅲ 검 토: 자구행위는 국가구제가 불가능한 상황에서 스스로의 힘에 의하여 침해된 청구권을 보전하는 권리를 행사하는 행위를 말한다. 자구행위의 상당성의 요건에 대한 판단의 기준으로서 보전성과 자구행위성을 제시하고자 한다.

② 판단의 기준

ⅰ 보전성: 자구행위의 상당성을 판단하는 제1의 요건은 보전성이다. 보전성(保全性)이란 청구권이 침해되어 스스로 권리구제에 나서지 않을 수 없는 상황을 말한다. 자구행위는 법률에서 정한 절차에 따라서는 청구권을 보전(保全)할 수 없는 경우에만 허용되기 때문에 이러한 의미에서 보전성은 보충성의 원칙(補充性의 原則)과 동의어가 될 수 있다. 따라서 청구권의 보전을 위해 남아 있는 수단 중 자구행위만이 유일한 최후의 수단일 것이 요구된다. 한편 보전성은 자구행위의 자구행위성을 판단하기 위한 전제요건으로서의 의미도 가진다.

ⅱ 자구행위성: 자구행위의 상당성을 판단하기 위한 제2의 요건은 자구행위성이다. 자구행위성(自救行爲性)이란 실력행사는 청구권에 대한 부당한 침해에

134) 대법원 2006.3.24. 선고 2005도8081 판결.
135) 대법원 1985.7.9. 선고 85도707 판결.
136) 대법원 1984.12.26. 선고 84도2582,84감도397 판결.
137) 대법원 1970.7.21. 선고 70도996 판결.

대하여 청구권을 보전하는 데에 그쳐야 할 것을 요구하는 성질을 말한다. 청구권의 보전에 그치지 않고 그 이상 청구권의 실현에 나아가게 되면 이는 또 다른 새로운 부당한 침해가 될 수 있기 때문이다. 전술한 바와 같이 새로이 발생한 부당한 침해에 대하여는 상대방이 다시 정당방위를 하는 것이 가능하게 된다.

자구행위성이 인정되기 위한 요건은 원칙적으로 청구권의 보전에 그치는 것이다. 또 자구행위는 '부정' 대 '정'의 관계에 있는 긴급행위에 속한다. 여기서 자구행위에는 우월적 이익의 원칙이 반드시 관철되어야 하는 것은 아니라고 할 수 있다. 그러나 '부정' 대 '정'의 관계라는 점에서 '정' 대 '정'의 관계인 긴급피난보다는 더 완화된 정도로, 사후적 긴급행위라는 점에서 사전적 긴급행위인 정당방위보다는 더 엄격한 수준에서 상대적 최소피난의 원칙을 적용하는 것은 무리가 없다고 해석된다. 따라서 자구행위가 자구행위성을 충족하기 위해서는 상대방에게 피해를 가장 적게 주는 적합한 수단과 방법에 의하여 이루어져야 한다. 자구행위는 원칙적으로 보전수단이지 이행수단이 아니기 때문에 보전행위에 그쳐야지 이행행위로 나아갈 때에는 이미 자구행위성은 상실되고 침해행위로서의 성질을 가지게 된다고 해야 하기 때문이다. 다만 자구행위는 청구권의 실행불능 또는 현저한 실행곤란을 피하기 위한 행위이기 때문에 원칙적으로 보전수단에 그치겠지만, 사회상규에 위배되지 않는 한 이행수단을 반드시 제외할 이유는 없다고 본다.

ⓘⓘⓘ **판단기준과 한계** : 자구행위의 상당성을 판단하기 위한 기준은 보전성과 자구행위성이다. 나아가 상당성에 대한 궁극적인 판단기준은 정당행위로서의 사회상규라고 해야 한다. 따라서 사회상규를 벗어난 자구행위는 상당성을 가질 수 없다. 개별적 위법성조각사유는 일반적 위법성조각사유에 위배될 수 없다고 해야 하기 때문이다. 이미 살펴본 바와 같이 형법은 일반적 위법성조각사유로 정당행위를 규정하면서 사회상규를 실질적 위법성에 대한 판단기준으로 규정하고 있다(제20조 참조). 여기서 사회상규는 전체 위법성조각사유에 있어서 한계를 판단하는 기준이 되는 것을 거듭 확인할 수 있다. 다만 사회상규에 대한 위배여부는 개별적 위법성조각사유에 대한 검토가 끝난 후 최종적으로 검토하게 된다.

(3) 주관적 위법성조각사유

1) 자구의사

자구행위의 주관적 정당화요소는 자구의사이다. 그러나 자구의사의 요부에 관하여는 자구의사가 요구된다는 필요설과 객관적 위법성조각사유만으로 충분하고 주관적 위법성조각사유로서 자구의사는 요구되지 않는다는 불요설이 대립하고 있다. 정당화의사에서 이미 언급한 바와 같이 주관적 위법성조각사유로서 자구의사를 요한다는 필요설이 타당하다고 해야 한다. 위법성조각사유에 해당하려면 자구행위가 위법하지 않다는 정당화의사가 요구되기 때문이다. 필요성이 다수설로 보인다.

2) 오상자구행위

오상자구행위(誤想自救行爲, Putativselbsthilfe)란 정당화상황, 즉 자구행위상황이 존재하지 않음에도 불구하고 존재한다고 오신하고 행하는 자구행위를 말한다. 예컨대 청구권에 대한 불법한 침해가 없거나 법률에서 정한 절차에 따라서 청구권을 보전(保全)할 수 있음에도 불구하고 청구권에 대한 불법한 침해가 있거나 법률에서 정한 절차에 따라서 청구권을 보전(保全)할 수 없다고 오신하고 행한 자구행위를 말한다.

주관적 정당화요소의 내용으로서는 정당화상황으로서의 객관적 위법성조각사유에 대한 인식과 이러한 인식하에 행위하려는 목적, 의도, 동기 등과 같은 의사의 양방 모두가 필요하다. 여기서 전자, 즉 위법성조각사유에 대한 인식에 착오가 발생한 경우가 오상자구행위에 해당한다. 흔히, 위법성조각사유의 전제사실에 대한 착오라고 하는 것이 바로 이를 말한다. 오상자구행위는 자구행위가 아니므로 위법성이 조각되지 않는다. 다만 자구행위가 위법성조각사유로 해석되는 한 자구행위는 위법성조각사유의 전제사실에 대한 착오로서 제한적 책임설에 의하면 고의가 조각되고, 과실이 있으면 과실범으로 처벌될 수 있다.

(4) 자구행위의 효과

1) 위법성의 조각

자구행위는 벌하지 아니한다(제23조 제1항). 벌하지 아니한다라고 함은 자구행위의 요건을 충족하는 경우에는 자구행위가 비록 범죄의 구성요건에는 해당하더라도 위법성이 조각되어 범죄가 성립하지 않는다는 의미이다. 따라서 자구행위는 적법행위가 되므로 이에 대한 정당방위는 성립할 수 없다.

한편 행위의 상대방은 그에 대해 수인할 의무가 발생하고 대항할 수 없다. 상대방이 자구행위에 대하여 저항하는 경우에는 그러한 저항은 오히려 현재의 부당한 침해로 그 성질이 바뀌게 된다. 따라서 청구권에 대한 침해자가 저항하는 순간 자구행위는 정당방위로 행위의 성격이 변질되게 된다.

2) 위법성조각의 근거

① 학 설

자구행위가 위법성을 조각하는 근거에 관하여는 견해가 일치하지 않고 있다. 즉, 개인의 권리행사라는 권리행위설과 국가권력의 대행이라는 권리대행설의 대립이 그것이다. 권리행위설(權利行爲說)에 의하면 자구행위는 불법한 침해에 대해 정당한 권리상태의 회복을 목적으로 하는 비상수단이므로 국가구제를 기대할 수 없는 긴급한 사정 아래에서 행한 정당한 권리의 발동이라고 한다. 권리대행설(權利代行說)은 자구행위는 개인이 스스로 자기의 권리를 보전하는 행위지만, 국가권력의 도움을 얻을 수 없는 예외적인 긴급상태에서 행한 국가권력의 대행이라고 한다.

② 검 토

근대국가 이후 권리침해의 경우 국가구제를 원칙으로 하고 자력구제를 금지한 까닭은 개인간의 사적인 복수의 악순환에 의한 사회질서의 파괴를 방지하기 위함이다. 그러나 국가공권력의 손이 미치지 못하는 위급한 순간에까지 스스로의 힘에 의한 자력구제를 금지한다면 개인은 침해자로부터 법익을 침해당할 수밖에 없게 된다. 국가구제의 빈자리는 발생하기 마련이고, 그러한 긴급한 상황에서는 개인이 스스로의 힘으로 위기를 모면할 수 있도록 길을 열어주어야 한다. 위기의 순간마다 즉각적인 국가구제가 제공될 수 없기 때문에 스스로 해결할 수 있도록 자력구제를 인정할 수밖에 없다. 이러한 의미에서 자력구제는 개인을 보호함과 동시에 법규범의 파괴를 방지하고 사회질서를 유지하는 데에 기여한다고 할 수 있다.

자력구제는 역사적으로도 로마와 같은 고대국가로부터 허용된 제도이기 때문에 어떤 의미에서는 개인이 본래부터 가지고 있었던 자연권에 대한 확인으로서의 의미도 가지고 있다고 할 수 있다. 결국 자구행위는 청구권이 불법하게 침해되는 긴급한 상황에서 국가구제의 공백을 메우기 위하여 청구권의 보전을 목적으로 하는 자연권으로서의 정당한 권리를 행사하는 것이기 때문에 위법성이 조각되는 것이라고 하는 권리행위설이 타당하다고 해석된다.

(5) 과잉자구행위

과잉자구행위(過剩自救行爲)란 자구행위가 객관적 위법성조각사유요소 중에서 상당성이 결여된 경우를 말한다. 과잉자구행위는 상당성을 초과하였기 때문에 자구행위로 되지 않고 위법성도 조각되지 않는다. 다만 형법은 정황에 따라 책임의 감면을 긍정하여 그 형을 감경하거나 면제할 수 있도록 규정하고 있다(제23조 제2항). 그러나 자구행위에 대하여는 정당방위나 긴급피난의 경우와는 달리 그 행위가 "야간이나 그 밖의 불안한 상태에서 공포를 느끼거나 경악(驚愕)하거나 흥분하거나 당황하였기 때문에 그 행위를 하였을 때에는 벌하지 아니한다"는 책임배제규정은 적용하지 않고 있다.

5. 피해자의 승낙

제24조 (피해자의 승낙) 처분할 수 있는 자의 승낙에 의하여 그 법익을 훼손한 행위는 법률에 특별한 규정이 없는 한 벌하지 아니한다.

(1) 피해자의 승낙의 의의

피해자의 승낙(被害者의 承諾, Einwilligung des Verletzten)이란 피해자가 가해자에 대하여 자기의 법익에 대한 침해를 허용하는 것을 말한다. 피해자의 승낙은 처분할 수 있는 자의 승낙에 의하여 그 법익을 훼손한 행위로서 법률에 특별히 처벌한다는 규정이 없어 벌하지 아니하는 행위라고 할 수 있다(제24조 참조). 형법상 피해자의 승낙에 의한 행위는 명문규정으로 인정된다는 점에서 해석상 인정되어 오고 있는 독일 형법이나 일본 형법과 구별되는 독자적인 규정이라고 할 수 있다.

(2) 객관적 위법성조각사유

피해자의 승낙에 의한 행위란 '처분할 수 있는 자의 승낙에 의하여 그 법익을 훼손한 행위로서 법률에 특별한 규정이 없어 벌하지 아니하는 행위'라고 할 수 있다. 피해자의 승낙의 성립요건을 처분할 수 있는 자의 승낙, 법익을 훼손한 행위 및 법률에 특별한 규정이 없을 것으로 나누어 검토하기로 한다. 여기서 정당화상황은 처분할 수 있는 자의 승낙이고, 피해자의 승낙에 의한 행위는 법익을 훼손한 행위가 된다.

1) 상 황

① 처분할 수 있는 자의 승낙

ⓘ 처분권자 : 승낙의 주체는 법익에 대한 처분권을 가진 자, 즉 처분권자이어야 한다. 대법원도 "위법성이 조각되는 피해자의 승낙은 개인적 법익을 훼손하는 경우에 법률상 이를 처분할 수 있는 사람의 승낙이어야 한다"고 판시하고 있다.[138] 타인의 법익에 대하여는 승낙할 수 없는 것이 원칙이다. 다만 처분권을

가지고 있는 때에는 그러하지 아니하다.

ⓘ **처분할 수 있는 법익 :** 승낙의 객체는 처분권자가 처분할 수 있는 법익이어야 한다. 개인에게 처분권이 인정되는 법익은 개인적 법익에 국한된다. 따라서 국가적 법익 또는 사회적 법익에 대한 승낙은 불가능하다. 다만 처분할 수 있는 법익의 여부와 관련하여서는 생명과 신체에 관하여 검토할 필요가 있다. 사람의 생명은 처분할 수 있는 법익이 아니다. 생명은 비대체적이고 절대적인 법익이다. 따라서 살인에 대한 승낙은 위법성을 조각할 수 없다. 승낙에 의한 살인은 형법상 동의살인죄에 해당할 뿐이다(제252조 제1항). 그러나 신체는 사회상규에 위배되지 않는 범위 내에서 처분할 수 있는 법익에 속한다. 동의상해죄에 관한 처벌규정이 없기 때문이다. 또 장기기증이 합법적으로 허용되는 한 대표적인 예시가 될 수 있다.

ⓘⓘ 승 낙

ⅰ. 승낙능력 승낙은 승낙의 의미를 이해할 수 있는 능력, 즉 승낙능력(承諾能力)을 가지는 자에 의하여 이루어져야 한다. 형법은 승낙능력에 관한 명문의 규정을 두고 있지 않다. 다만 아동혹사죄에 있어서의 16세 미만의 자(제274조), 미성년자에 대한 간음죄에 있어서 13세 미만의 사람(제305조)과 같이 승낙무능력의 연령을 개별적으로 규정하고 있는 경우가 있다. 결국 명문의 규정이 존재하지 않는 경우 승낙능력은 해석에 의하여 판단될 수밖에 없다.

승낙능력은 재산에 관한 법률행위능력으로서의 민법상 행위능력과는 구별되는 개념이다. 승낙능력은 형법상 법익의 침해에 대한 인식과 판단에 관한 능력으로서 인식능력과 판단능력을 의미한다. 승낙능력은 형법상 자연적 통찰능력 또는 판단능력에 가까운 개념으로 해석되고 있다. 결국 승낙능력이란 법익의 의미와 침해의 결과를 인식하고 이성적으로 판단할 수 있는 판단능력으로 형법의 독자적인 입장에 의하여 판단해야 한다.

ⅱ. 진의의 승낙 승낙은 승낙능력자의 진의에 근거한 승낙이어야 한다. 자연적 통찰능력에 의하여 판단하기 어려운 상황에 있어서는 설명의무(Aufklärungs-pflicht)가 요구된다. 선악규범인 형법의 영역에서는 자연적 통찰이 가능하나, 그 외의 자연적 통찰이 불가능한 영역에서는 설명의무가 전제되어야 한다. 진의에 의한 승낙은 승낙의 전제가 되는 사실에 대하여 승낙자가 완전히 이해하고 납득한 후가 아니

138) 대법원 2008.12.11. 선고 2008도9606 판결; 대법원 1985.12.10. 선고 85도1892 판결.

면 불가능하고, 승낙자가 스스로 통찰이 불가능한 경우에는 이해하고 납득하기 위하여 타인의 조력으로서의 설명이 요구되기 때문이다. 따라서 설명은 승낙자가 완전히 이해하고 납득할 수 있을 정도의 충분한 것이 아니면 안 된다. 부정확하거나 불충분한 설명을 근거로 이루어진 승낙은 유효한 승낙이라고 할 수 없다.[139] 과유불급(過猶不及)이듯이 과잉설명이나 미흡한 설명도 또한 유효한 승낙의 근거로 될 수 없다.

iii. 임의의 승낙　　승낙은 자유의사(自由意思)에 근거하여 행하여져야 한다. 임의성(任意性, Freiwilligkeit)이 없는 승낙은 진의라고 할 수 없기 때문이다. 따라서 승낙이 착오에 의하여 이루어진 흠결 있는 의사표시라든가 또는 사기나 강박에 의하여 이루어진 하자 있는 의사표시는 임의성을 가진다고 할 수 없다. 다만 중요부분이 아닌 사소한 부분의 착오나 동기의 착오만으로는 승낙의 임의성을 부정하는 데에 충분하다고 할 수 없다.

iv. 승낙의 표시　　승낙의 표시는 피해자의 승낙사실을 행위자가 알고 있어야 하는가의 문제이다. 승낙은 피해자의 내적 동의로 족하고 외적으로 표시될 필요가 없다는 의사방향설(意思方向說, Willensrichtungstheoire), 승낙은 법률행위에서와 같이 외적으로 표시되어야 한다는 의사표시설(意思表示說, Willenserklärungtheorie) 및 승낙은 민법상의 기준에 따라 외적으로 표시될 것까지는 요하지는 않지만 외부에서 분명히 인식할 수 있을 정도로 표시되어야 한다는 절충설(折衷說, vermittelnde Theorie)이 대립하고 있다.

생각건대 승낙도 의사표시이기 때문에 의사표시에 관한 민법상의 일반이론에 따라 표시행위에 중점을 두는 표시주의를 원칙으로 하되 예외적으로 효과의사에 중점을 두는 의사주의도 감안하여야 한다고 해석된다. 따라서 승낙이 유효하게 위법성을 조각하는 법률효과를 발생시키려면 승낙의 의사표시는 명시적이든 묵시적이든 행위자가 인식할 수 있을 정도로 표시되어야 한다는 절충설이 타당하다고 해석된다.

v. 승낙의 시기　　승낙은 법익침해시에 현실적으로 존재하고 있어야 한다. 승낙은 법익침해 이전에 이루어지는 사전승낙(事前承諾)이 원칙이지만, 반드시 사전승낙만이 허용되는 것은 아니다. 승낙은 적어도 법익침해시까지만 존재하면 그것으로 충분하기 때문이다. 따라서 사후승낙(事後承諾)은 위법성을 조각하는 유효한 승낙이 될 수 없다. 다만 사후승낙이 친고죄나 반의사불벌죄에 있어서 소송법

139) 대법원 1993.7.27. 선고 92도2345 판결.

적인 의미를 가질 수 있다는 것은 이와는 별개의 문제에 속한다.

vi. 철회의 자유 승낙은 언제든지 자유롭게 철회될 수 있다.[140] 승낙이나 철회의 여부는 어떠한 제한도 허용하지 않는 절대권으로서 헌법상 보장된 양심의 자유의 영역에 속하기 때문이다(?헌법 제19조 참조). 따라서 승낙은 그 철회의 방법에도 아무런 제한이 없다.[141] 철회는 당사자의 일방적 의사표시에 의하여 효력이 발생된다. 다만 철회(撤回)는 의사표시의 효과를 장래에 한해서 소멸시킨다는 점에서 의사표시의 효과를 소급적으로 처음부터 소멸시키는 취소와 구별된다. 따라서 철회는 철회 전의 의사표시의 효력에 대하여는 아무런 영향을 미치지 않는다고 할 수 있다.

ⓘⓥ **승낙의 범위 :** 승낙은 전술한 바와 같이 궁극적으로는 일반적 위법성 조각원리로서의 사회상규에 의하여 제한을 받는다. 따라서 피해자의 승낙에 의한 행위는 궁극적으로 사회상규에 위배될 수 없다고 해야 한다. 대법원도 "위법성이 조각되는 피해자의 승낙은 윤리적 · 도덕적으로 사회상규에 반하는 것이 아니어야 한다"고 일관되게 판시하고 있다.[142]

2) 행 위

피해자의 승낙의 행위는 법익을 훼손한 행위이다. 피해자의 승낙에 의한 행위는 처분할 수 있는 자의 승낙에 의하여 그 법익을 훼손한 행위여야 한다. 법익은 이미 언급한 바와 같이 처분권자인 개인이 처분할 수 있는 개인적 법익에 국한된다. 훼손(毁損)이란 침해와 동의어로 이해되지만, 피해자의 승낙에 의한 행위는 결국 위법성이 조각될 것을 고려하여 침해를 가치중립적인 용어인 훼손으로 교체하여 표현한 것은 아닌가 생각된다.

(3) 주관적 위법성조각사유

1) 승낙의사

피해자의 승낙도 위법성조각사유로서 주관적 정당화의사를 요한다고 해야 한다. 전술한 바와 같이 승낙의사의 표시와 관련하여 의사방향설을 제외한 의사표시설과 절충설에 의하면 각각 승낙의사는 법률행위로서 표시될 것이 요구되거나 적어도 외부에서 인식될 수 있을 정도로 표시될 것이 요구되고 있다.

---

140) 대법원 2011.5.13. 선고 2010도9962 판결; 대법원 2006.4.27. 선고 2005도8074 판결.
141) 대법원 2011.5.13. 선고 2010도9962 판결.
142) 대법원 2010.4.29. 선고 2010도2745 판결; 대법원 2008.12.11. 선고 2008도9606 판결; 대법원 1985.12.10. 선고 85도1892 판결.

한편 승낙사실에 대한 인식이라는 인식적 요소 이외에 동기 등의 의사적 요소가 필요한지에 대하여는 견해가 대립하고 있다. 즉, 승낙사실에 대한 단순한 인식으로 족하다는 입장은 전술한 주관적 정당화요소의 내용으로 정당화상황에 대한 인식으로 족하다는 것을 근거로 한다. 그러나 승낙에 대한 인식 이외에 승낙에 근거하여 행위하여야 한다는 입장은 주관적 정당화요소의 내용으로 정당화상황에 대한 인식으로는 부족하고 그 이상의 의사적 요소가 필요하다는 것을 근거로 하고 있다. 생각건대 피해자의 승낙에 의한 행위가 위법성을 조각하려면 주관적 요건으로서 위법성조각사유의 객관적 요건에 대한 사실의 인식과 그것이 피해자의 승낙에 의한 행위로서 위법성이 조각된다는 위법성의 불인식이 요구된다고 생각된다. 다만 의사적 요소의 내용에 있어서는 다른 개별적 위법성조각사유에 있어서의 그것과 다를 수 있다는 점이 지적되고 있다. 예컨대 정당방위에 있어서는 침해에 대한 방위의 목적 또는 의사가 요구되었으나, 승낙에 있어서는 침해상황으로부터의 회피라는 목적은 있을 수 없기 때문에 피해자의 승낙을 기초로 하여 행위한다는 동기가 의사적 요소로서 요구되고 있다는 점이다.

2) 오상 피해자의 승낙

오상 피해자의 승낙(誤想被害者의 承諾)이란 정당화상황, 즉 피해자의 승낙 상황이 존재하지 않음에도 불구하고 존재한다고 오신하고 행하는 피해자의 승낙에 의한 행위를 말한다. 이미 언급한 바와 같이, 주관적 정당화요소의 내용으로서는 정당화상황으로서의 객관적 위법성조각사유에 대한 인식과 이러한 인식하에 행위하려는 목적, 의도, 동기 등과 같은 의사의 양방 모두가 필요하다. 전자, 즉 위법성조각사유에 대한 인식에 착오가 발생한 경우가 오상 피해자의 승낙에 해당한다. 흔히, 위법성조각사유의 전제사실에 대한 착오라고 하는 것이 바로 이를 말한다. 예컨대 피해자의 승낙이 없음에도 불구하고 그것이 있다고 오신하고 행하는 행위를 말한다. 오상 피해자의 승낙은 피해자의 승낙에 의한 행위가 아니므로 위법성이 조각되지 않는다. 다만 오상 피해자의 승낙에 의한 행위는 위법성조각사유의 전제사실에 대한 착오로서 제한적 책임설에 의하면 고의가 조각되고, 과실이 있으면 과실범으로 처벌될 수 있다고 해석되고 있다.

(4) 피해자의 승낙의 효과

1) 위법성의 조각

피해자의 승낙의 요건을 구비한 행위는 구성요건에는 해당하지만 위법성이 조각되어 범죄가 성립하지 아니한다(제24조).

2) 위법성조각의 근거

① 학 설

피해자의 승낙이 위법성을 조각하는 근거에 대하여는 다툼이 있다. 즉 상당성설, 법률행위설, 이익포기설 및 법률정책설이 대립하고 있다.

ⓘ **상당성설 :** 피해자의 승낙에 의한 행위는 사회적으로 상당하기 때문에 위법성이 조각된다는 견해를 말한다. 따라서 피해자의 승낙에 의한 행위가 사회상규에 위배될 때에는 위법성이 조각되지 않는다고 한다. 사회상규설(社會相規說)이라고도 한다. 그러나 피해자의 승낙이 왜 사회적으로 상당한지 설명하지 못하고 있다는 점, 상당성의 개념이 너무나 추상적이라는 점에서 비판이 가하여지고 있다.

ⓘⓘ **법률행위설 :** 피해자의 승낙은 법률행위이므로 승낙이라는 의사표시에 의하여 행위자에게 법익침해의 권리가 부여되고, 그 권리의 행사는 위법성을 조각한다고 하는 견해를 법률행위설(法律行爲說, Rechtsgeschäftstheorie)이라고 한다. 그러나 법률행위설에 대하여는 형법의 목적과 민법의 목적을 동일시했다는 점에서 비판이 가하여지고 있다.

ⓘⓘⓘ **이익포기설 :** 피해자의 승낙에 의하여 처분권을 가진 피해자가 스스로 보호받는 이익을 포기한 때에는 법에 의하여 보호해야 할 이익이 존재하지 않게 되기 때문에 그 이익을 침해하더라도 위법성을 조각한다는 견해를 이익포기설(利益拋棄說, Interessenpreisgabetheorie)이라고 한다. 법에 의하여 보호를 받고 있는 법익은 그 향유주체에게 처분권을 허용하고 있고, 그 처분권의 내용에는 법익에 대한 포기까지 포함되고 있다는 것을 근거로 하고 있다. 이익흠결설(利益欠缺說)이라고도 한다. 그러나 이익포기설에 대하여는 주관적인 이익의 포기가 왜 국가의 객관적 이익보호의무를 면제하고, 개인적 법익 가운데 어떤 법익(생명)에 대하여는 승낙에 의하여도 위법성이 조각되지 않고 어떤 법익(신체)에 대하여는 위법성조각을 제한해야 하는지 설명하지 못하고 있다는 점에서 비판되고 있다. 독일의 통설과 판례의 입장이라고 할 수 있다.

ⓘⓥ **법률정책설 :** 법익에 대한 개인의 자기결정권과 법익을 보호하려는 사

회적 이익이 충돌하는 경우 양자를 교량하여 전자를 우선하는 것이 합리적이라고 판단될 때에는 법률정책적으로 위법성을 조각한다는 견해를 법률정책설(法律政策說, rechtspolitische Theorie)이라고 한다. 개인의 법익처분자유와 공동체의 법익유지요청을 조정하는 것은 입법자의 몫이라는 것을 근거로 한다. 입법정책설(立法政策說) 또는 이익교량설(利益較量說, Interessenabwägungstheorie)이라고도 한다. 우리나라에서 다수설의 입장이다.

② 검 토

형법은 피해자의 승낙에 관하여 "처분할 수 있는 자의 승낙에 의하여 그 법익을 훼손한 행위는 법률에 특별한 규정이 없는 한 벌하지 아니한다"고 규정하고 있다(제24조). 입법자는 피해자의 승낙을 명문화하면서 개인이 처분할 수 있는 법익과 그렇지 않은 법익을 구분하고 있고, 나아가 처분할 수 있는 법익에 대하여 처분권자가 처분하는 것을 실질적으로 허용하고 있다고 해석된다. 입법자가 처분가능한 법익과 처분불가능한 법익을 구분했다는 부분과 관련하여 이는 법률정책설에 의하여 설명될 수 있고, 처분가능한 법익을 처분권자가 처분한 부분에 대하여 위법성을 조각하게 된다면 이는 이익포기설과 상당성설에 의하여 설명이 가능하다고 해석된다.

생각건대 형법은 위법성조각사유에 관하여 개별적 위법성조각사유와 이들을 포괄하는 상위의 위법성조각사유로서 일반적 위법성조각사유의 구조로 규정하고 있기 때문에 각각의 위법성조각원리가 도출되어야 한다고 생각된다. 즉, 개별적 위법성조각원리로서의 피해자의 승낙은 이익포기설과 법률정책설에 의하여 설명될 수 있지만, 궁극적인 위법성조각사유로서의 일반적 위법성조각원리는 상당성설에 의하여 해석될 수 있다고 해석된다. 다만 자기결정권의 존중이라는 측면에서 법익주체가 처분권을 가지고 그것을 행사한다고 하는 이익포기설이 보다 설득력이 있어 보인다. 결국 피해자의 승낙에 의한 행위가 위법성을 조각하는 근거는 개별적 위법성조각원리인 이익포기설에서 찾아질 수 있지만, 궁극적으로는 일반적 위법성조각원리인 사회상규에 있다고 하는 해석론이 합당한 것으로 보인다.

3) 특별한 규정의 부존재

피해자의 승낙에 의한 행위가 비록 개인적 법익에 대한 침해라고 하더라도 피해자의 승낙이 특정한 구성요건의 구성요건요소로 되어 있는 경우에는 위법성을 조각하지 않는다. 예컨대 미성년자의제강간·강제추행죄(제305조) 및 피구금녀간음죄(제303조)는 피해자의 승낙의 유무와는 무관하게 범죄가 성립한다. 동의살인죄(제252조 제1항),

자기소유일반건조물방화죄(제166조 제2항)에 있어서 피해자의 승낙은 감경적 구성요건에 해당하게 된다. 또 특별법에 있어서도 병역의무를 기피하거나 감면받을 목적으로 신체를 손상한 경우(병역법 제86조), 근무를 기피할 목적으로 신체를 상해한 경우(군형법 제41조)에는 피해자의 승낙의 적용은 배제된다. 이러한 경우에는 피해자의 승낙의 유무와는 상관없이 해당 범죄가 성립하기 때문이다.

6. 기타의 위법성조각사유

(1) 추정적 승낙

1) 추정적 승낙의 개념

① 추정적 승낙의 의의

추정적 승낙(推定的 承諾, mutmaßliche Einwilligung)이란 피해자의 현실적인 승낙은 없었지만, 행위 당시의 객관적 사정에 비추어 만일 피해자 또는 승낙권자가 그 사태를 인식하였더라면 당연히 승낙했을 것으로 예견되는 경우를 말한다.[143]

② 추정적 승낙의 유형

추정적 승낙에는 두 가지의 유형이 거론되고 있다. 피해자의 이익이 추정되는 유형과 피해자가 이익을 포기한 유형이 그것이다.

ⓘ **피해자의 이익추정유형 :** 피해자의 이익을 위하여 그의 승낙이 추정되는 경우이다. 예컨대 고장난 수도를 고치기 위하여 물이 넘치고 있는 이웃의 빈집에 침입하는 경우에서와 같이 법익주체에게 작은 법익을 포기하게 함으로써 보다 큰 법익을 유지하게 하는 경우를 말한다. 이러한 경우 추정적 승낙은 긴급피난과 상황은 유사하지만, 피해자의 추정되는 의사에 근거하여 위법성이 조각된다는 점에서 긴급피난과는 구별된다고 할 수 있다.

ⓘⓘ **피해자의 이익포기유형 :** 피해자의 이익의 유지에 관한 이익이 작기 때문에 행위자와 피해자의 특별한 관계에 의하여 법익주체의 동의가 추정되는 경우이다. 예컨대 친척의 과수원에서 태풍에 떨어진 과일 하나를 먹는 행위, 사용하지 않는 친구의 자전거를 잠시 사용하는 경우 등이다. 이러한 경우에도 추정적 승낙은 피해자의 추정되는 의사에 근거하여 위법성이 조각된다는 점에서 긴급피난과는 그 근거를 달리하고 있다고 할 수 있다.

---

143) 대법원 2006.3.24. 선고 2005도8081 판결.

③ 추정적 승낙의 법적 성질

ⓘ 학 설 : 추정적 승낙의 법적 성질에 대하여는 다툼이 있다. 즉, 추정적 승낙의 정당화근거는 가상된 피해자의 의사에 합치된다는 사실에 있으므로 추정적 승낙을 현실적 승낙의 대용물로 이해하여 제24조를 준용해야 한다는 승낙대체설(承諾代替說), 승낙을 추정하여 한 행위는 사회생활상 상당한 행위라 할 수 있으므로 제20조를 적용해야 한다는 사회상규설(社會相規說) 및 추정적 승낙을 피해자의 승낙 '가능성'에 근거를 둔 독자적인 위법성조각사유로 파악하여 제20조를 적용해야 한다는 독자적 위법성조각사유설(獨自的 違法性阻却事由說)이 대립하고 있다.

ⓘⓘ 검 토 : 형법은 추정적 승낙에 관한 명문의 규정을 두고 있지 않다. 추정적 승낙이 인정된다면 그것은 해석상 인정되는 위법성조각사유에 해당한다. 따라서 추정적 승낙은 개별적 위법성조각사유의 위상을 가지는 독자적인 위법성조각사유라고 하는 것이 타당하다. 다만 추정적 승낙은 피해자의 승낙과 유사성을 가지는 개별적 위법성조각사유로서의 위상을 가지고 있을 뿐만 아니라 일반적 위법성조각사유인 기타 사회상규에 위배되지 않는 행위에 속한다고 해야 한다. 따라서 추정적 승낙의 인정범위와 관련해서도 사회상규가 그 한계로 될 수밖에 없다고 해야 한다. 한편 추정적 승낙의 경우 구조되는 이익이 침해되는 이익보다 우월하여야 한다는 점에서 타인을 위한 긴급피난의 사례와 유사점이 지적된다. 그러나 추정적 승낙은 이러한 이익이 동일인에게 속하고 있다는 점, 정당화의 근거가 피해자의 추정되는 의사에 있다는 점에서 타인을 위한 긴급피난과 구별되고 있다고 해야 한다.

2) 객관적 위법성조각사유

추정적 승낙의 성립요건은 피해자의 승낙과 공통되는 요건과 공통되지 않는 독자적인 요건으로 나누어 검토하는 것이 합리적이라고 생각된다. 추정적 승낙은 피해자의 승낙의 연장으로서의 성격을 가지고 있을 뿐만 아니라 추정적 승낙은 피해자의 승낙을 얻는 것이 불가능한 경우에 한하여 보충적으로만 인정되기 때문이다. 생각건대, 추정적 승낙은 피해자의 승낙과 객관적 위법성조각사유와 주관적 위법성조각사유에 있어서 공통의 요건을 가지고 있지만, 독자적인 요건을 가지고 있다고 해석된다. 독자적인 요건에 대하여만 보면 다음과 같다.

① 승낙의 불가능

추정적 승낙은 이미 언급한 바와 같이 현실적 승낙을 받을 수 없는 경우에만 인정된다. 이와 같이 추정적 승낙은 피해자의 승낙에 대하여 보충적으로만 적용된다. 따라서 피해자가 이미 승낙을 거부하였거나 사전에 충분히 승낙을 받을 수 있었음에도 불구하고 이를 받지 않은 경우에는 추정적 승낙이 불가능하다고 해야 한다.

② 승낙의 추정

추정적 승낙은 객관적으로 추정될 수 있는 것이어야 한다. 추정은 모든 객관적 사정을 종합적으로 고려하여 궁극적으로는 사회상규를 기준으로 판단하여야 한다. 승낙의 추정은 주관적 추정이 아니라 객관적 추정을 의미한다는 점에 특히 유의할 필요가 있다. 또 추정된 승낙은 추정자의 승낙이 아니라 본인의 승낙이라는 점에 특히 유의할 필요가 있다. 한편 추정적 의사는 존재하는 의사를 추정한 의사라는 점에서, 존재하지 않는 의사를 가정하는 가정적 의사와 구별될 수 있다.

추정적 승낙을 긍정한 판례의 구체적 내용은 다음과 같다. 즉,

사문서변조죄는 권한 없는 자가 이미 진정하게 성립된 타인 명의의 사문서 내용을 동일성을 해하지 않을 정도로 변경하여 새로운 증명력을 만드는 경우에 성립한다. 그러므로 사문서를 수정할 때 명의자가 명시적이거나 묵시적으로 승낙을 하였다면 사문서변조죄가 성립하지 않고, 행위 당시 명의자가 현실적으로 승낙하지는 않았지만 명의자가 그 사실을 알았다면 당연히 승낙했을 것이라고 추정되는 경우에도 사문서변조죄가 성립하지 않는다.[144]

추정적 승낙을 부정한 판례의 구체적 내용은 다음과 같다. 즉,

① 피고인이 자신의 부 갑에게서 갑 소유 부동산의 매매에 관한 권한 일체를 위임받아 이를 매도하였는데, 그 후 갑이 갑자기 사망하자 부동산 소유권 이전에 사용할 목적으로 갑이 자신에게 인감증명서 발급을 위임한다는 취지의 인감증명 위임장을 작성한 후 주민센터 담당직원에게 이를 제출한 사안에서, 갑의 사망으로 포괄적인 명의사용의 근거가 되는 위임관계 내지 포괄적인 대리관계는 종료된 것으로 보아야 하므로 특별한 사정이 없는 한 피고인은 더 이상 위임받은 사무처리와 관련하여 갑의 명의를 사용하는 것이 허용된다고 볼 수 없고, 피고인이 사망한 갑의 명의를 모용한 인감증명 위임장을 작성하여 인감증명서를 발급받아야 할 급박한 사정이 있었다고 볼 만한 사정도 없으며, 인감증명 위임장은 본래 생존한 사람이 타인에게 인감증명서 발급을 위임한다는 취지의 문서라는 점을 고려하면, 이미 사망한 갑이 '병안 중'이라는 사유로 피

144) 대법원 2015.11.26. 선고 2014도781 판결; 대법원 2011.9.29. 선고 2010도14587 판결.

고인에게 인감증명서 발급을 위임한다는 취지의 인감증명 위임장이 작성됨으로써 문서에 관한 공공의 신용을 해할 위험성이 발생하였다 할 것이고, 피고인이 명의자 갑이 승낙하였을 것이라고 기대하거나 예측한 것만으로는 사망한 갑의 승낙이 추정된다고 단정할 수 없는데도, 이와 달리 피고인에게 무죄를 인정한 원심판결에 사망한 사람 명의의 사문서위조죄에서 승낙 내지 추정적 승낙에 관한 법리오해의 위법이 있다.[145] ② 명의자의 명시적인 승낙이나 동의가 없다는 것을 알고 있으면서도 명의자 이외의 자의 의뢰로 문서를 작성하는 경우 명의자가 문서작성 사실을 알았다면 승낙하였을 것이라고 기대하거나 예측한 것만으로는 그 승낙이 추정된다고 단정할 수 없다. 특히 법무사법 제25조에 의하면 법무사가 사건의 위임을 받은 경우에는 주민등록증 · 인감증명서 등 법령에 의하여 작성된 증명서의 제출이나 제시 기타 이에 준하는 확실한 방법으로 위임인이 본인 또는 그 대리인임을 확인하여야 하는 바, 법무사가 타인의 권리의무에 중대한 영향을 미칠 수 있는 문서를 작성함에 있어 이 규정에 위반하여 문서명의자 본인의 동의나 승낙이 있었는지에 대한 아무런 확인절차를 거치지 아니하고 오히려 명의자 본인의 동의나 승낙이 없음을 알면서도 권한 없이 문서를 작성한 경우에는 사문서위조 및 동행사죄의 고의를 인정할 수 있다.[146] ③ 이 사건에서 피고인들에 대한 채무자인 피해자가 부도를 낸 후 도피하였고 다른 채권자들이 채권확보를 위하여 피해자의 물건들을 취거해 갈 수도 있다는 사정만으로는 피고인들이 법정절차에 의하여 자신들의 피해자에 대한 청구권을 보전하는 것이 불가능한 경우에 해당한다고 볼 수 없을 뿐만 아니라, 또한 피해자 소유의 가구점에 관리종업원이 있음에도 불구하고 위 가구점의 시정장치를 쇠톱으로 절단하고 들어가 가구들을 무단으로 취거한 행위에 피고인들이 피해자의 가구들을 취거할 당시 피해자의 추정적 승낙이 있다고 볼 수 없다고 판단한 것은 정당한 것으로 수긍이 가고, 거기에 상고이유로 주장하는 바와 같이 추정적 승낙에 관한 법리를 오해하는 등의 위법이 있다고 할 수 없다.[147] ④ 공소외 갑이나 을은 위 피고인들과 종전부터 친분관계가 있었다거나 위 피고인들로부터 수시로 안전점검 부탁을 받은 일이 없고 위 피고인들의 부탁을 받고 간단한 점검을 하여 준 점, 갑이 수당지급을 위해 필요하다면 도장을 달라는 요구를 받고 불쾌하게 생각하였던 점, 제1심 법정에서 자신들이 점검하지 않은 교량에 대한 점검보고서에 날인할 의사가 없었다고 진술하고 있는 점, 위 피고인들이 위 갑과 을의 승낙을 받지 못한 불가피한 사정도 없었던 점 등에 비추어 보면, 위 갑이나 을의 추정적 승낙이 있었다고 볼 수 없다고 판단하였다.[148]

---

145) 대법원 2011.9.29. 선고 2011도6223 판결.
146) 대법원 2008.4.10. 선고 2007도9987 판결.
147) 대법원 2006.3.24. 선고 2005도8081 판결.
148) 대법원 1997.11.28. 선고 97도1741 판결.

3) 주관적 위법성조각사유

① 추정적 승낙의사

추정적 승낙도 위법성조각사유로서 주관적 정당화의사를 요한다고 해야 한다. 따라서 행위자는 피해자의 추정적 승낙 의사의 존재와 내용을 인식할 것이 필요하다고 본다. 다만, 추정적 승낙의사 이외에도 양심에 따른 심사를 요한다.

② 양심에 따른 심사

피해자의 승낙의사를 추정함에 있어서 법익주체의 진의가 불확실할 경우에는 양심에 따른 심사(良心에 따른 審査, gewissenhafte Prüfung)를 요한다고 해야 한다. 양심에 따른 심사를 요하지 않는다는 견해가 없는 것은 아니지만, 추정적 승낙은 경우에 따라 법익주체의 의사와 불일치할 위험성을 수반할 수밖에 없기 때문에 이러한 위험을 최소화하기 위해서는 양심에 따른 심사의무가 요구된다고 하는 것이 타당하다.

4) 추정적 승낙의 효과

위법성이 조각되어 범죄로 되지 않는다. 초법규적 위법성조각사유를 인정하지 않는 형법의 태도로 볼 때 추정적 승낙에 의한 행위는 결국 사회상규에 위배되지 아니하는 행위(제20조)에 해당되어 위법성이 조각된다고 해석된다.

(2) 의무의 충돌

1) 의무의 충돌의 개념

① 의무의 충돌의 의의

의무의 충돌(義務의 衝突, Pflichtenkollision)이란 둘 이상의 의무가 이행될 것이 요구되고 있고, 요구되는 전체의 의무를 동시에 이행할 수 없는 긴급한 상황하에서 그 중 일부의 의무는 이행하였으나, 나머지의 의무에 대한 불이행이 구성요건에 해당하는 경우를 말한다. 예컨대 동시에 이송되어 온 2명 이상의 빈사의 환자 중에서 인공호흡기가 1대밖에 없어 1인의 환자만을 구한 의사의 경우가 여기에 해당한다.

② 의무의 충돌의 종류

의무의 충돌은 세 가지의 유형으로 구분된다. 첫째, 이행이 허용되지 않는 복수의 부작위의무가 충돌하는 경우이다. 예컨대 자동차전용도로에서 부주의로 반대차로에 들어선 차가 정차도, 역주행도, 방향전환도 불가능하여 후진하는 경우이다.[149] 둘째, 작위의무와 부작위의무가 충돌하는 경우이다. 예컨대 의사에게 감염

---

149) OLG Karlsruhe, JZ 1984, S. 240.

병에 대한 신고의무(감염병예방법 제11조 참조)와 환자에 대한 비밀유지의무(제317조 제1항 참조)가 충돌하는 경우이다. 흔히 논리적 충돌이라고 한다. 논리적 충돌(論理的 衝突)은 법규경합의 경우로서 경합하는 법규 중에서 하나의 법규만 적용되게 되기 때문에 법규의 충돌일 뿐 실제로 의무의 충돌은 아니다. 셋째, 작위의무와 작위의무가 충돌하는 경우이다. 예컨대 물에 빠진 2명의 자녀 중에서 1명의 자녀만을 구하고 다른 자녀를 구하지 못한 아버지의 경우가 이에 해당한다. 여기서 세 가지의 유형을 모두 의무의 충돌이라고 하는 경우를 광의의 의무의 충돌(廣義의 義務의 衝突)이라고 하고, 최후의 유형만을 의무의 충돌이라고 하는 경우를 협의의 의무의 충돌(狹義의 義務의 衝突)이라고 한다. 통상 의무의 충돌이라고 할 때는 협의의 의무의 충돌만을 의미한다. 협의의 의무의 충돌을 흔히 실질적 충돌(實質的 衝突)이라고도 한다.

이 외에도 의무의 충돌을 충돌하는 의무 사이의 형량의 가부에 따라 해결할 수 있는 충돌(lösbare Kollision)과 해결할 수 없는 충돌(unlösbare Kollision)로 구분하는 경우도 있다. 전자는 충돌하는 의무 사이의 형량이 가능한 경우임에 반하여 후자는 형량이 불가능한 경우라고 한다. 전자의 경우에는 위법성조각과 책임조각이 문제된다고 하거나, 후자의 경우에는 책임조각만이 문제된다고 하는 견해와는 달리, 양자 모두 위법성을 조각한다고 해석하는 경우에는 양자를 구별할 실익이 없다고 지적되고 있다. 한편 수 개의 의무가 존재하는 경우를 의무의 경합(義務의 競合)이라고 하여 의무의 충돌과 구별하는 견해도 있다. 이에 의하면 의무의 경합은 존재하는 수 개의 의무 중 이행의 우선순위가 있어 선순위의무를 이행해야 하는 경우와 존재하는 의무를 모두 이행할 수 있는 경우로 나누어진다.

③ 의무의 충돌의 법적 성질

ⓘ 학 설 : 형법은 의무가 충돌하는 상황에 관하여 규율할 하등의 규정을 두지 않고 있다. 의무의 충돌의 법적 성질에 관하여는 다투어지고 있다. 첫째, 긴급피난설이다. 의무의 충돌은 이익의 충돌과 구조가 유사하기 때문에 긴급피난의 특별한 경우라고 파악한다. 둘째, 정당행위설이다. 의무의 충돌을 기타 사회상규에 위배되지 아니하는 행위의 일종으로 이해한다. 셋째, 초법규적 위법성조각사유설이다. 형법에 의무의 충돌에 관한 명문의 규정이 없으므로 의무의 충돌은 초법규적 위법성조각사유가 된다고 주장한다. 넷째, 부작위범설이다. 위법성의 단계가 아니라 행위의 가능성을 판단하는 구성요건의 단계에서 논의되어야 할 성질의 것이라고 한다. 독일 형법이 의무의 충돌을 부작위범의 위법성조각사유로 파악하는

것과 유사한 입장으로 보인다.

ⅱ **검 토**: 의무의 충돌을 초법규적 위법성조각사유라고 하는 견해는 형법이 일반적 위법성조각사유로서의 정당행위(제20조)를 규정한 취지를 간과한 견해로서 타당하다고 할 수 없다. 또 긴급피난과 의무의 충돌을 비교하면 전자에서는 위난을 감수하여 피난행위를 하지 않아도 허용되지만 후자에서는 의무의 이행이 요구된다는 점, 전자의 경우에는 법익이 충돌하지만 후자의 경우에는 의무가 충돌하고 있다는 점, 전자의 행위는 통상 작위가 문제로 되지만 후자의 경우에는 부작위가 문제로 된다는 점에서 양자는 구별된다고 할 수 있다. 이러한 점에서 의무의 충돌을 긴급피난과 유사한 위법성조각사유로 이해하는 견해도 타당하다고 할 수 없다.

생각건대 형법상 위법성조각사유는 정당방위 등과 같이 명문의 규정에 의하여 인정되는 것과 추정적 승낙과 같이 해석에 의하여 인정되는 것으로 구분될 수 있다. 뿐만 아니라 형법은 양자를 아우를 수 있는 위법성조각사유로서 일반적 위법성조각사유를 명문으로 규정하고 있다. 바로 정당행위(제20조)의 내용을 이루는 소위 '사회상규에 위배되지 아니하는 행위'가 그것이다. 이를 근거로 형법은 초법규적 위법성조각사유를 인정하지 아니하는 것으로 해석되고 있다. 의무의 충돌에 있어서는 의무자가 의무를 이행하지 아니하고 의무의 충돌이라고 하는 비상상황을 그대로 감수할 수는 없다고 해야 한다. 다시 말해서 의무가 충돌하는 경우에는 충돌하는 의무 중에서 어느 하나를 선택하여 반드시 이행해야 한다는 이행강제의 상태에 놓이게 된다는 점에서 위난상태를 감수할 수도 있는 긴급피난과는 근본적으로 구별된다고 할 수 있다. 이러한 의미에서 의무의 충돌을 해석에 의하여 인정되는 위법성조각사유로서 궁극적으로는 사회상규에 위배되지 아니하는 행위에 의하여 위법성이 조각된다고 해석하는 것이 형법의 규정상 비교적 무리가 없는 해석론으로 보인다. 결국 의무의 충돌은 사회상규(제20조)에 의하여 위법성이 조각되는 해석에 의한 위법성조각사유라고 할 수 있다.

2) 객관적 위법성조각사유

① 법적 의무의 실질적 충돌

의무의 충돌이라고 하기 위하여는 충돌하는 의무가 모두 법적 의무에 속해야 한다. 단순한 도덕적 의무나 종교적 의무 또는 윤리적 의무는 여기에 포함되지 아니한다. 법적 의무에는 실정법상의 의무뿐만 아니라 관습법상의 의무도 포함된다. 당연히 의무의 불이행이 형법상의 구성요건에 해당해야 한다.

하나의 의무의 이행으로 인하여 다른 의무의 이행이 불가능한 실질적 충돌이 있어야 한다. 하나의 의무를 이행한 후 나머지 의무도 순차적으로 이행이 가능하거나 충돌하는 의무의 전체를 이행하는 것이 가능한 경우에는 여기서 말하는 의무의 실질적 충돌이라고 할 수 없다.

② 동가치 이상의 의무의 이행

의무이행자는 적어도 동가치 이상의 의무를 이행하여야 한다. 의무를 전혀 이행하지 않은 경우에는 의무불이행에 대한 위법성이 조각될 수 없기 때문이다. 의무형량은 긴급피난에 있어서의 법익형량에서처럼 엄격할 필요는 없다. 의무충돌은 법익충돌의 경우와는 달리 현저한 우열의 차이를 요하지 않고 이행자의 적극적인 기여가 필요하기 때문이다. 결국 의무의 충돌을 사회상규에 의한 위법성조각사유로 해석하는 한 최종적인 판단기준은 사회상규가 될 것이기 때문에 의무의 충돌의 요건으로서 거론될 수 있는 보충성, 균형성, 적합성, 상당성 등의 요부도 사회상규에 따라서 판단하면 그것으로 충분할 것으로 보인다.

3) 주관적 위법성조각사유

의무의 충돌을 위법성조각사유로 파악하는 한 주관적 정당화의사가 요구된다. 주관적 정당화의사는 객관적 위법성조각사유에 대한 인식과 의사를 의미한다. 따라서 의무의 충돌이 위법성을 조각하기 위해서는 행위자에게 의무의 충돌에 대한 인식이 있어야 한다. 뿐만 아니라 높은 가치 또는 적어도 같은 가치의 의무의 하나를 이행한다는 인식과 의사가 있어야 한다.

4) 의무의 충돌의 효과

높은 가치의 의무를 이행하고 낮은 가치의 의무를 이행하지 못한 경우에는 위법성이 조각된다. 의사가 중환자를 돌보기 위하여 경환자를 돌보지 못한 경우가 이에 해당한다. 의무의 형량이 불가능하거나 동가치의 의무를 이행한 경우에는 책임이 조각될 수 있을 뿐이라는 견해도 있다. 그러나 법은 불가능을 요구할 수 없고 의무이행은 강제성을 요한다는 점에서 다수설은 위법성을 조각한다고 해석하고 있다. 따라서 위법성이 조각되려면 적어도 동가치의 의무를 이행하여야 한다고 할 수 있다. 이에 반하여 저가치의 의무만을 이행하고 고가치의 의무를 이행하지 못한 경우에는 위법성이 조각된다고 할 수 없다. 다만 저가치의 의무만을 이행한 경우에는 기대불가능성으로 인하여 책임이 감면될 수 있을 뿐이라고 할 수 있다.

Ⅲ. 위법성인정사유

1. 서 언

범죄성립요건의 두 번째 판단은 위법성의 판단이다. 그럼에도 불구하고 위법성에 대한 판단은 위법유형인 구성요건의 해당성에 관한 판단과 동시에 행하여진다고 해도 과언이 아니다. 따라서 위법성에 대한 판단은 이미 구성요건의 단계에서 구성요건해당성의 판단시에 행하여지기 때문에 위법성의 단계에서는 소극적 판단으로서 위법성조각사유의 해당여부에 대한 판단으로써 종료된다고 할 수 있다. 다만, 위법성조각사유가 존재하지 않는다고 판단되는 한 비로소 위법성은 존재한다고 판단하게 된다. 위법성의 존재와 정도는 각각 책임판단의 가교가 될 뿐만 아니라 양형판단의 자료가 되기 때문에 반드시 필요한 판단이라고 할 수 있다. 구성요건이 위법성의 유형인 한 구성요건의 구조와 위법성의 구조는 일치한다고 해야 한다. 따라서 적극적 요소로서의 위법성은 객관적 위법요소와 주관적 위법요소로 대별될 수 있다.

2. 객관적 위법요소

객관적 위법요소(客觀的 違法要素)는 객관적 구성요건요소인 주체, 객체, 행위, 인과관계, 결과 및 상황과 일치한다고 할 수 있다. 그러나 객관적 위법요소는 행위와 결과, 즉 행위반가치와 결과반가치로 압축될 수 있다. 이것은 또한 이원적 불법론의 내용이기도 하다. 나머지 요소들은 이미 구성요건의 단계에서 판단된 것과 일치하기 때문이다.

(1) 행위반가치

행위반가치(行爲反價値, Handlungsunwert)란 행위에 대한 부정적 가치판단을 말한다. 법에 의하여 반가치판단을 받은 행위, 즉 법에 위반되는 행위가 행위반가치의 내용이 된다. 행위반가치는 범죄의 유형에 따라 몇 가지의 유형으로 분류하는 것이 가능하다. 즉, 작위범, 부작위범, 고의범 또는 과실범에 있어서의 행위반가치는 각각 위법행위로서의 작위를 행하는 것, 작위의무에 위반하는 행위를 행하는 것, 고의행위를 행하는 것 또는 과실행위, 즉 객관적 주의의무에 위반하는 행위를 행하는 것이라고 할 수 있다. 결국 행위반가치는 실행행위의 위법성을 의미한다고 할 수 있다.

(2) 결과반가치

결과반가치(結果反價値, Erfolgsunwert)란 행위의 결과에 대한 반가치판단을 말한다. 즉, 결과반가치란 결과의 발생 또는 그 발생의 위험성을 말한다. 결과반가치는 기수범의 경우에는 결과의 발생이 되는 반면 미수범의 경우에는 결과발생의 위험성이 된다고 할 수 있다. 결과가 발생하면 기수가 되고, 결과가 발생하지 않으면 미수가 되기 때문이다.

3. 주관적 위법요소

주관적 위법요소(主觀的 違法要素)이란 주관적 구성요건요소인 고의 또는 과실에 상응한 요소로서의 위법고의 또는 위법과실을 말한다. 여기서 위법고의 또는 위법과실은 객관적 위법요소에 대한 인식과 실현의사로서 위법성의 인식 또는 그 인식가능성을 말한다고 할 수 있다.

위법성의 인식 또는 그 인식가능성은 적극적 책임요소인 책임고의 또는 책임과실의 구성요소가 되어 책임판단인 비난가능성의 크기에 영향을 주게 된다. 반면 위법성의 불인식 또는 그 인식불가능성은 소극적 책임요소로서 책임고의 또는 책임과실과는 별개로 독립된 책임조각사유가 된다고 해석된다.

(1) 위법성의 인식

1) 의 의

위법성의 인식(違法性의 認識, Unrechtsbewußtsein)이란 자기의 행위가 구성요건에 해당하고 위법하다는 것, 즉 위법성을 인식하는 것을 말한다. 다시 말해서 위법성의 인식은 책임비난의 핵심요소로서 행위자가 행위 당시에 구성요건에 해당하는 자기의 행위가 공동사회의 법질서에 반하고 법적으로 금지되어 있다는 것을 인식하고 있는 행위자의 내부적·심리적 요소라고 할 수 있다.

2) 내 용

위법성에 대한 인식이 존재하는 경우에만 행위자를 비난할 수 있다. 행위자가 죄의 성립요소인 사실을 인식하고 있더라도 자기의 행위가 법적으로 허용되고 있다고 믿고 있는 경우에는 반대의 동기가 형성될 수 없기 때문이다. 따라서 위법성의 인식이 결여된 경우에는 행위자에게 반대동기의 형성의 기회가 주어지지 않기 때문에 행위자에 대한 책임비난이 불가능하게 된다. 다만 위법성의 인식의 구체적 내용과 관련하여서는 법적 인식, 구성요건관련성, 인식의 정도 및 잠재적 인식에 관하여 검토할 필요가 있다.

① 법적 인식

위법성의 인식은 법적 인식이어야 한다. 위법성의 인식은 행위의 법적 금지성에 대한 인식을 의미하기 때문이다. 특히 판례와 같이 법률의 착오의 적용대상이 되는 법률의 부지에 있어서 법률은 형벌법규만을 의미한다고 할 때에는 위법성의 인식은 형벌법규에 있어서의 위법성의 인식만을 의미하는 것으로 그 범위가 더욱 축소된다. 따라서 위법성의 인식은 단순한 사회윤리나 도덕성에 위반된다는 인식만으로는 충분하지 않다고 해야 한다. 그렇다고 하여 위법성의 인식이 구체적인 금지규범의 내용이나 가벌성까지 인식할 것을 요구하는 것도 아니다. 따라서 위법성의 인식은 비전문가의 수준에 따른 평가로서 법익침해 또는 그 위험성에 대한 인식, 즉 실질적 위법성에 대한 인식으로 충분하다고 할 수 있다.

② 구성요건관련성

위법성의 인식은 개별적 구성요건에 있어서 구체적 내용에 관한 인식이어야 한다. 위법성의 인식은 금지하고 있는 구체적인 법규정에 대한 인식까지 요구하는 것은 아니지만, 그렇다고 하여 구성요건 일반에 관한 추상적 위법성의 인식만으로 족한 것도 아니다. 행위자가 수 개의 구성요건을 실현하는 경우 위법성의 인식은 모든 구성요건의 실질적 위법내용과 관련되어 있어야 한다. 수 죄가 경합관계에 있을 경우에는 위법성의 인식은 분리될 수 있다. 이를 위법성의 인식의 분리가능성(Teilbarkeit des Unrechtsbewußtseins)이라고 한다. 행위자가 가중적 구성요건이나 신분범의 구성요건을 실현한 경우에도 위법성의 인식은 기본적 구성요건의 실질적 위법내용뿐만 아니라 실현한 구성요건의 특수한 위법내용까지 인식할 필요가 있다.

③ 인식의 정도

위법성의 인식의 정도는 고의의 지적 요소로서의 인식의 정도와 동일한 기준에 의한다. 따라서 위법성의 인식의 정도에 관한 기준에는 위법성의 인식의 체계적 지위에 관한 입장에 따른 차이가 없다. 위법성의 인식에는 행위의 위법성을 명확하게 인식한 확정적 위법성의 인식(unbedingtes Unrechtsbewußtsein)뿐만 아니라 행위가 법에 위반할 가능성을 인식한 미필적 위법성의 인식(bedingtes Unrechtsbewußtsein)도 포함된다고 할 수 있다.

④ 잠재적 인식

위법성의 인식은 행위시에 반드시 현실적으로 존재할 것이 요구되지는 않는다. 위법성의 인식에는 행위시에 현실적으로 존재하는 현실적 위법성의 인식(aktuelles Unrechtsbewußtsein)은 물론 회피가능한 법률의 착오에서와 같이 현실화되지는 않았지만 잠재적으로 존재하는 잠재적 위법성의 인식(potentielles Unrechtsbewußtsein)도 포함되고 있다고 할 수 있다. 따라서 자기가 침해한 법규범의 일반적 구속력을 인식하고 있는 한 충동범죄, 격정범죄, 확신범(Überzeugungstäter) 또는 양심범(Gewissenstäter) 등에 있어서도 위법성의 인식을 인정하는 것이 불가능하다고 할 수는 없다.

3) 체계적 지위

역사적인 관점에서 볼 때 고의설에 의하면 범죄는 구성요건적 인식만으로 성립하고 책임은 단순한 심리적 요소인 고의만으로 구성되었다. 그 후 책임설의 발전에 따라 비난가능성의 핵심에 규범적 요소인 위법성의 인식이 자리잡게 되고 책임의 요소가 되었다. 바로 여기서 행위자에게 책임을 지우기 위한 전제조건으로서 대립관계에 서게 된 고의와 위법성의 인식의 관계가 문제되기 시작하였다. 나아가 위법성의 인식이 결여된 경우의 처리가 문제되었다. 이것이 바로 위법성의 인식과 위법성의 착오의 문제라고 할 수 있다. 위법성의 인식의 체계적 지위에 관하여는 크게 고의설과 책임설의 대립이 있다. 이에 관하여 상세한 것은 각각 위법성조각사유의 전제사실에 관한 착오와 법률의 착오에서 후술하기로 한다.

(2) 위법성의 착오

1) 의 의

위법성의 착오(違法性의 錯誤, Irrtum über die Rechtswidrigkeit)란 착오로 인하여 위법성의 인식이 결여된 경우를 말한다.

2) 유 형

위법요소는 적극적 위법요소과 소극적 위법요소로 분류될 수 있다. 전자는 행위규범으로서 금지규범 또는 명령규범을 그 내용으로 하고 있는 반면 후자는 행위규범을 해제하는 정당화사유로서 위법성조각사유를 의미한다고 할 수 있다. 이에 따라 위법성의 착오도 전자의 행위규범에 대한 착오로서 직접적 착오(直接的 錯誤, direkter Irrtum)

또는 추상적 착오(abstrakter Irrtum)와 후자의 위법성조각사유에 대한 착오로서 간접적 착오(間接的 錯誤, indirekter Irrtum) 또는 구체적 착오(konkreter Irrtum)로 분류할 수 있다. 한편 위법성의 인식이 결여된 위법성의 착오는 법률의 착오(法律의 錯誤, Rechtsirrtum)라고도 불린다. 위법성의 착오에 관하여 상세한 것은 법률의 착오에서 후술하기로 한다.

3) 사실의 착오와의 구별

위법성의 착오는 위법성의 인식에 착오가 있다는 점에서 사실의 인식에 착오가 있는 사실의 착오 또는 구성요건적 착오와 구별된다. 목적적 행위론은 고의를 구성요건요소로 파악한 후 구성요건적 사실에 관한 착오를 구성요건의 착오(Tatbestands-irrtum), 위법성의 내용인 금지규범에 관한 착오를 금지의 착오(Verbots-irrtum)로 구별하고, 전자는 구성요건의 단계에서 후자는 책임의 단계에서 논의할 것을 제시한 바 있다.

(3) 위법성조각사유의 전제사실에 대한 착오

1) 의 의

위법성조각사유의 전제사실에 관한 착오(違法性阻却事由의 前提事實에 관한 錯誤, Irrtum über die tatsächlichen Voraussetzungen eines Rechtfertigungsgrundes)란 위법성조각사유에 관한 착오 중에서 위법성조각사유의 전제사실에 착오가 발생한 경우, 즉 정당화상황을 오인(誤認)하여 위법성을 결여한 경우를 말한다. 허용상황에 대한 착오(許容狀況에 대한 錯誤)라고도 불린다. 예컨대 현재의 부당한 침해가 없음에도 불구하고 있다고 생각하여, 첫째 상당한 수단으로 반격한 경우, 둘째 과잉한 수단으로 반격하였으나 행위시에 그에 관한 인식이 없었거나 상당한 수단으로 오인한 경우 및 셋째 과잉한 수단으로 반격하면서 행위시에 그에 관한 인식이 있었던 경우를 말한다. 첫 번째와 두 번째의 경우는 오상방위에 속하고, 세 번째의 경우는 오상과잉방위에 해당한다. 특히 두 번째의 경우는 현재의 부당한 침해라는 정당방위상황에 대한 오인과 반격수단이 상당하다고 하는 상당성에 대한 오판이 있었기 때문에 이중의 오상방위(二重의 誤想防衛)라고도 한다. 예컨대 오상방위를 비롯하여 이 외에도 다른 위법성조각사유, 예컨대 오상정당행위, 오상긴급피난, 오상자구행위 및 오상 피해자의 승낙 등이 모두 위법성조각사유의 전제사실에 관한 착오의 경우에 해당한다. 쉽게 말해서, 위법성조각사유는 일정한 요건사실, 즉 정당화상황을 전제한 후 이를 근거로 행하여진 행위, 소위 정당화행위가 상당한 이유를 가지는 경우 정당화되어 위법성을 조각하는 구조로 분석될 수 있다. 여기서 전자, 즉 정당화상황을 오인한 경우를 위법성조각사유의 전제사실에 관한 착오라고 하고, 후자 즉 상당성이 없음에도 불구하고 있다고 정당화행위를 오판한 경우를 위법성조각사유의 허용한계에 관한 착오라고 분류할 수 있다.

2) 법적 성질

위법성조각사유의 전제사실에 관한 착오란 위법행위의 위법성은 인식했지만 요건사실, 즉 정당화상황에 관한 착오로 인하여 결과적으로 위법성조각사유의 전체적인 위법성을 인식하지 못한 경우라고 다시 말할 수 있다. 문제는 위법성조각사유의 전제사실에 관한 착오의 법적 성질에 있다. 위법성조각사유의 전제사실에 관한 착오의 법적 성질은 위법성조각사유의 전제사실, 즉 정당화상황의 법적 성질에 따라 달라질 수 있기 때문이다.

위법성조각사유의 전제사실에 대한 착오는 사실의 착오에 속하지 않으면서 법률의 착오에도 해당하지 않는 착오의 영역 또는 양자의 속성 모두를 가지고 있는 제3의 착오의 유형이라고 할 수도 있다. 즉, 위법성조각사유의 전제사실에 관한 착오의 성질이 사실이라는 점에 착안하면 사실의 착오로 해결해야 하겠지만, 위법성조각사유의 전제사실에 관한 착오가 발생한 지점이 위법성이라는 점에 착안하면 법률의 착오로 해결하는 것이 타당할 것이기 때문이다.

생각건대 형법은 위법성조각사유의 전제사실의 착오에 관하여는 아무런 규정을 두고 있지 않다. 형법상 법률의 착오에는 위법성조각사유의 전제사실에 관한 착오는 포함되어 있지 아니하다고 해석되기 때문이다. 또 형법은 착오의 유형을 착오의 발생위치가 아니라 착오의 성질을 기준으로 분류하고 있다고 해석된다. 형법은 착오의 종류를 구성요건의 착오와 위법성의 착오로 분류하지 아니하고, 사실의 착오(제15조)와 법률의 착오(제16조)로 구분하여 규정하고 있기 때문이다. 그런데 위법성조각사유의 전제사실은 성질상으로는 요건사실이기 때문에 사실에 속하지만, 체계상으로는 위법성조각사유에 속하는 요소로서 결국 위법성의 요소에 해당하기 때문에 규범, 즉 법률에 속한다고 할 수 있게 된다. 이와 같이 위법성조각사유의 전제사실의 착오는 사실의 착오로서의 성질과 법률의 착오로서의 성질을 모두 가지고 있다고 볼 수 있기 때문에 사실의 착오로 해결할 것인가 또는 법률의 착오로 해결할 것인가에 대하여는 또 다른 검토를 필요로 하게 되는 이유이다.

3) 법적 효과

위법성에 관한 사실의 표상이란 행위자가 자신이 행하는 행위에 대하여 위법성을 기초지우는 사실이 구비되어 있다는 것을 인식·예견하는 것을 말한다. 그런데 구성요건에 해당하는 사실은 통상 위법성을 가지는 것이기 때문에 행위자가 범죄사실을 표상하는 때에는 동시에 위법성에 관한 사실도 표상하는 것이 일반적이라고 할 수 있다. 그러나 범죄사실을 표상하면서 그것에 대한 위법성조각사유로서의 사실도 표상한 경우, 예컨대 행위자가 자기의 행위가 살인죄의 구성요건에 해당하는 것을 표상하면서 그것을 현재의 부당한 침해에 대하여 자기의 생명을 지키기 위하여 정당방위로서 행한다고 생각하고 있는 경우에는 위법성에 관한 사실의 표상이 결여되어 있다고 하지 않을 수 없다. 그리고 그 행위가 실제로도 정당방위의 요건을 충족하고 있는 때에는 위법성이 조각되고 범죄는 성립하지 않기 때문에 책임고의를 문제삼을 필요도 없게 된다. 그러나 급박 부당한 침해가 없음에도 불구하고 착오에 의하여 그것이 존재한다고 오신하여 방위행위를 행한 경우, 즉 오상방위에 해당하는 경우에는 행위의 위법성은 결여되지 않기 때문에 책임고의가 인정되는가 또는 안 되는가에 관하여 검토하지 않으면 안 된다.

① 학 설

위법성조각사유의 전제사실에 관한 착오의 효과에 관하여는 다툼이 있다. 즉, 위법성조각사유의 전제사실에 관한 착오는 위법성의 조각에 관한 사실의 표상이 결여된 경우이기 때문에 사실의 착오의 일종으로서 책임고의를 조각한다고 해석하는 견해와 위법성조각사유의 전제사실에 관한 착오는 행위의 위법성에 관한 것이기 때문에 법률의 착오에 해당하고 법률의 착오의 취급에 따라서 해결해야 된다는 견해가 크게 대립하고 있다.

오상방위와 같은 위법성조각사유의 전제사실에 관한 착오는 위법성조각사유로서의 정당방위에 해당하는 사실이 존재하지 않음에도 불구하고 그것이 존재한다고 오신하여 행위하는 경우이기 때문에 어떠한 요건이 구비되면 정당방위가 인정되는가와 같은 위법성의 규범에 관한 착오는 아니기 때문에 이를 법률의 착오라고 하는 것은 타당하지 않다고 해석된다. 또 그것은 구성요건해당성의 단계를 지나 위법성의 단계에서 문제가 되고 있기 때문에 구성요건의 착오라고 해석하는 것도 타당하지 않다고 해석된다. 후술하는 바와 같이, 위법성의 인식을 고의의 구성요소로 파악하는 고의설을 별론으로 하면 위법성의 인식을 고의와 무관한 별개의 책임요소로 파악하는 책임설 중에서 제한책임설에 주목할 필요가 있다. 위법성조각사유의 전제사실에 관한 착오는 엄격책임설에 의하는 한 법률의 착오에 의하여 해결하게 될 것이나, 제한책임설에 의하는 경우에는 오로지 법률의 착오라고 하는 것만으로는 해결할 수 없게 될 것이기 때문이다.

ⓘ **엄격책임설 :** 엄격책임설(嚴格責任說, strenge Schuldtheorie)이란 위법성의 인식을 고의와는 독립된 별개의 책임요소라고 하는 견해를 말한다. 목적적 행위론에 의하면 고의는 행위의 조정인자로서 주관적 구성요건요소가 되고, 위법성의 인식은 고의와는 무관한 독자적인 책임요소가 된다고 한다. 따라서 위법성의 인식이 없는 위법성의 착오의 경우에는 고의를 조각하는 것이 아니라 책임을 조각하게 된다고 한다. 또 엄격책임설은 착오에 의하여 위법성을 인식하지 못한 경우로서 위법성조각사유의 전제사실에 관한 착오를 포함한 일체의 위법성조각사유에 대한 착오를 모두 위법성의 착오, 즉 법률의 착오라고 한다.

ⓘⓘ **소극적 구성요건요소이론 :** 소극적 구성요건요소이론(消極的 構成要件要素理論, die Lehre von den negativen Tatbestands-merkmalen)이란 위법성조각사유를 소극적 구성요건으로 파악하는 견해를 말한다. 이에 의하면 위법성을 조각하는 행위상황에 대한 착오는 구성요건적 착오가 되기 때문에 위법성조각사유의 전제사실에 대한 착오는 구성요건적 착오에 해당하여 구성요건적 고의를 조각하게 되고, 궁극적으로는 구성요건해당성을 조각하게 된다고 한다. 따라서 고의가 성립하기 위해서는 객관적 구성요건요소를 인식해야 할 뿐만 아니라 위법성조각사유의 부존재에 대하여도 인식하여야 한다고 한다. 만일, 위법성을 조각하는 행위상황에 대한 착오가 존재하면 사실의 착오가 되어 고의는 조각되고 과실범의 성부만이 남게 된다고 한다. 그러나 이 견해에 대하여는 범죄론체계상 2단계론에 의할 경우에만 소극적 구성요건요소를 인정할 수 있기 때문에 3단계론의 입장에서는 2단계론을 수용하는 것이 불가능하다는 점을 가장 큰 맹점으로 지적할 수 있게 된다.

ⓘⓘⓘ 제한책임설 : 제한책임설(制限責任說, eingesch-ränkte Schuldtheorie)은 전술한 바와 같이 위법성의 인식을 고의와 무관한 책임요소라고 하는 점에서는 엄격책임설과 일치한다. 그러나 제한책임설은 고의 또는 과실을 구성요건요소일 뿐만 아니라 책임요소라고도 하여 고의 또는 과실의 이중기능(二重機能)을 인정한다. 제한책임설은 책임설의 기본입장을 유지하고 있기 때문에 간접적 착오도 원칙적으로 법률의 착오로 이해하고 있다. 다만 제한책임설은 엄격책임설의 단점을 시정하기 위하여 간접적 착오 중에서 위법성조각사유의 전제사실에 관한 착오는 사실의 착오나 법률의 착오에 해당하지 않지만, 사실의 착오와 구조적 유사성을 가진다는 점을 근거로 사실의 착오와 같이 해결하려고 한다. 따라서 위법성조각사유의 전제사실에 관한 착오는 법적 효과에 있어서 사실의 착오와 다르지 않기 때문에 고의는 조각하게 되지만,

과실범의 문제는 남게 된다고 해석한다. 제한책임설은 고의를 조각하는 근거와 관련하여 다시 법효과제한책임설과 유추적용제한책임설로 나누어지고 있다.

i. 법효과제한책임설 법효과제한책임설(法效果制限責任說, die rechtsfolgeneinschränkende Schuldtheorie)이란 위법성조각사유의 전제사실에 관한 착오가 고의 자체를 조각하게 하는 것은 아니지만, 고의책임과 고의형벌을 조각하게 하기 때문에 법효과에 있어서는 사실의 착오와 같이 취급해야 한다는 견해를 말한다. 이에 의하면 위법성조각사유의 전제사실에 관한 착오는 범죄사실에 대한 인식은 존재하나 법익침해의 의도는 없기 때문에 행위반가치가 감소된 상태이고, 구성요건적 고의를 조각하는 것은 아니지만, 그 착오가 회피불가능한 경우에는 책임고의가 조각된다고 한다. 따라서 고의책임과 고의형벌을 조각하는 효과를 인정하고, 회피가능한 착오를 한 자는 고의로 행위한 것이지만 그 법률효과의 측면에서는 처음부터 구성요건적 고의가 조각되는 것과 같이 과실범의 문제로 취급하여야 한다고 한다. 다시 말해서 착오가 회피가능하여 과실에 의한 책임비난이 가능하더라도 그 행위는 불법에 있어서는 여전히 고의에 의하여 행위를 한 것이므로 바로 과실범의 처벌규정이 적용되는 것이 아니라 당해 과실범의 구성요건이 정한 형벌만이 적용된다고 한다.

ii. 유추적용제한책임설 유추해석제한책임설(類推解釋制限責任說)이란 위법성조각사유의 전제사실에 관한 착오에 사실의 착오에 관한 규정을 유추적용해야 한다는 견해를 말한다. 이에 따르면 위법성조각사유의 전제사실에 관한 착오는 사실에 대한 인식 자체는 존재하고 있으므로 사실의 착오에 관한 규정을 직접 적용할 수는 없다고 한다. 다만 고의에 의한 행위반가치의 전제가 되는 사실적 상황(die tatsächlichen Gegebenheiten)에 대한 인식은 결하였지만, 고의행위의 본질이 되는 구성요건적 사실을 실현하려는 의도는 존재하지 않기 때문에 고의행위의 행위반가치는 존재하지 않는다고 한다. 따라서 위법성조각사유의 전제사실에 관한 착오는 회피가능성의 유무와는 무관하게 사실의 착오와 같이 고의는 조각하지만, 회피가능한 경우에는 과실범의 문제가 된다고 한다. 이러한 결과는 사실의 착오에 관한 규정을 직접 적용한 결과가 아니라 이를 유추적용한 결과라고 설명되고 있다. 사실의 착오에 관한 규정은 구성요건에 관한 착오에만 적용되고, 위법성의 착오에는 적용되지 않기 때문이라고 한다.

② 판 례

판례의 입장은 아직 확인되지 않고 있다. 다만 판례는 고의와 위법성의 인식은 연관지우는 반면 고의와 위법성의 불인식은 별개의 요소로 파악하고 있는 것으로 추정된다. 또 고의와 위법성의 불인식을 별개로 파악하는 입장도 보이고 있다.

이에 관한 판례의 구체적 내용은 다음과 같다. 즉,

① 지방의회의원의 임기만료일은 일반적으로 알려져 있는 것이므로 피고인이 자신이 기부행위를 한 날이 법이 정하는 기부행위제한기간에 속한다는 사실을 몰랐다고 하더라도 이는 기부행위를 제한하는 법률의 부지와 유사한 것에 불과하여, 그와 같은 사정만으로 피고인에게 범의가 없었다거나 위법성의 인식이 없었다고 할 수 없다.[150] 채무자가 채권자로부터 금원을 차용하면서 담보를 제공한 부동산 위에 채권자가 은행으로부터 금원을 차용하고서 설정한 저당권에 기하여 임의경매절차가 진행되고 있는 동안에 위 채무자가 차용원리금을 변제공탁한 것을 채권자가 아무런 이의도 없이 이를 수령하고서도 위 경매절차에 대하여 손을 쓰지 아니하는 바람에 타인에게 경락되게 하고 그 부동산의 경락잔금까지 받아간 경우라면, 비록 채권자가 민사법상 이의의 유보없는 공탁금수령의 법률상의 효과에 대한 정확한 지식이 없었다 하더라도 금전소비대차거래에 있어서 이자제한법의 존재가 공지의 사실로 되어 있는 거래계의 실정에 비추어 막연하게나마 자기의 행위에 대한 위법의 인식이 있었다고 보지 못할바 아니므로 위 채권자의 미필적 고의는 인정할 수 있다.[151] ② 이미 같은 주소에 대원신고가 되어 있었으므로 피고인이 재차 동일주소에 대원신고(주소이동)를 아니하였음이 향토예비군설치법 제15조 6항에 말한 정당한 사유가 있다고 오인한데서 나온 행위였다면 이는 법률착오가 범의를 조각하는 경우라고 보아서 좋을 것이다.[152] ③ 임목을 벌채한다는 인식은 있었으나, 위법성은 인정되지 아니하는 바이므로, 결국 범죄는 성립하지 않는다.[153]

③ 검 토

형법은 착오에 대하여 사실의 착오와 법률의 착오로 구분하고 사실의 착오는 구성요건적 고의를 조각하게 하고, 법률의 착오에 대하여는 책임고의를 조각하게 하는 구조를 취하고 있다. 위법성의 착오는 책임고의를 조각하게 하는 구조로 가지만, 위법성조각사유의 전제사실에 대한 착오는 이와 다른 구조를 가진 것으로 분석된다. 즉, 위법성조각사유의 전제사실에 관한 착오는 행위자에게 법적대적 심정이 없고 행위반가치가 존재하지 않기 때문에 책임고의는 원칙적으로 조각된다고 할 수 있다. 다만 행위 당시에 사태의 인지를 소홀히 하여 위법사실에 관한

150) 대법원 1999.5.11. 선고 99도499 판결.
151) 대법원 1988.12.13. 선고 88도184 판결.
152) 대법원 1974.11.12. 선고 74도2676 판결.
153) 대법원 1966.6.28. 선고 66도705 판결.

인식은 결여되어 있기 때문에 착오에 대한 회피가능성이 문제된다. 그런데 착오에 대한 회피가능성은 책임과실의 구성요소인 주의의무위반과 구조적으로 일치한다. 이러한 의미에서 고의책임은 부정하지만, 과실책임을 긍정하는 의미에서 법효과제한책임설이 상대적으로 장점을 가진다고 해석된다. 따라서 위법성조각사유의 전제사실에 관한 착오는 위법성의 인식이 결여되어 책임고의를 조각하게 되지만, 위법성의 인식이 과실로 결여된 경우에는 책임과실이 긍정될 수 있다고 해야 한다.

제 8 장 책 임 론

제 1 절 서 설

Ⅰ. 책임의 개념

1. 책임의 의의

책임은 범죄의 세 번째 성립요건이다. 행위가 구성요건에 해당하고 위법하고 유책하면 범죄는 성립하게 된다. 책임(責任)이란 비난가능성을 말한다. 책임이란 구성요건에 해당하고 위법한 행위를 한 행위자에 대하여 비난할 수 있다는 비난가능성을 의미한다. 비난가능성(非難可能性, Vorwerfbarkeit)이란 심리적 책임론과 규범적 책임론에 의하면 각각 심리적 비난가능성과 규범적 비난가능성을 의미한다. 형벌을 과하기 위해서는 결과의 발생 그 자체뿐만 아니라 결과발생과정에서 행위자를 비난할 만한 가치가 존재하지 않으면 안 되기 때문이다.

형법은 평가규범이자 행위규범이기도 하다. 형법은 행위자에 의하여 준수되지 않으면 그 임무를 수행할 수 없다. 구성요건에 해당하고 위법한 행위를 하지 않도록 결의할 의무를 부과함에 의하여 형법은 그 의무위반을 이유로 구체적인 행위자에게 책임비난을 추급할 수 있다. 형법은 행위규범으로서 적법행위를 명하는 것이고, 평가규범으로서 비난을 가하는 것이다. 위법과 책임은 평가대상의 차이로 구별될 수 있다. 즉, 위법성은 구성요건에 해당하는 '행위'가 법질서의 견지에서 구체적·실질적으로 허용되지 않는다는 소극적인 가치판단을 의미함에 반하여, 책임은 그와 같은 위법한 행위를 행한 '행위자'의 의사형성에 대한 책임조각으로서의 소극적인 가치평가와 비난가능성으로서의 적극적인 가치평가를 의미한다.

2. 형사책임과 민사책임

(1) 형사책임

형사책임(刑事責任)이란 국가와 개인 사이의 문제이다. 가해자가 사회에 대하여지는 책임으로서 형사제재를 가하여 범죄를 예방하고 사회질서의 유지를 목적으로 하는 제도이다. 형사책임을 발생시키는 행위를 범죄행위라고 할 수 있다. 형사책임은 검사의 기소에 의하여 재판이 개시된다. 형사책임은 형벌권에 의하여 생명, 명예, 신체의 자유 또는 재산을 박탈하게 되고, 형벌권이 자의적으로 행사되지 않도록 죄형법정주의, 행위주의 및 책임주의라는 형법의 3대 기본원칙에 의하여 지배되고 있다. 또한 형사책임에 있어서는 고의범만을 처벌하는 것이 원칙이기 때문에 과실범은 예외적으로 처벌되는 것에 불과하다(제13조, 제14조 참조). 형사책임은 행위의 반사회성이 중시되기 때문에 행위의 반사회성이 인정되는 경우에는 결과가 발생하지 않더라도 책임을 진다. 미수범이 그 예이다(제25조, 제26조, 제27조 참조).

(2) 민사책임

민사책임(民事責任)이란 개인 대 개인 사이의 책임을 말한다. 가해자가 피해자에 대하여 지는 책임으로서 가해자에게 그의 책임에 상응한 손해를 전가시켜 손해를 가해자와 피해자에게 공평하게 분담시킴으로써 피해자의 구제를 목적으로 하는 제도이다. 민사책임을 발생시키는 행위를 불법행위라고 한다(민법 제750조 참조). 민사책임은 피해자가 원고로서 법원에 손해배상을 청구함에 의하여 재판이 개시된다. 민사책임은 형사책임과는 달리 엄격한 기본원칙과 같은 제한은 존재하지 않고 불법행위에 관한 규정은 비교적 유연하게 해석되고 있다. 또 민사책임은 고의 또는 과실을 동일한 요건으로 하고 있기 때문에 가해행위의 고의에 대하여는 물론 과실에 대하여도 고의와 동일하게 책임을 진다(과실책임의 원칙). 이러한 점에서 민사책임이 발생하는 경우에도 형사책임이 발생하지 아니하게 되는 경우와 이의 반대의 경우를 이해할 수 있게 된다. 예컨대 형사재판에 있어서 관련된 민사사건의 판결에서 인정된 사실은 공소사실에 대하여 유력한 인정자료가 된다고 할지라도, 반드시 그 민사판결의 확정사실에 구속을 받는 것은 아니다.[1] 이와 같이 민사책임은 손해가 발생한 경우에만 책임을 지기 때문에 가해행위의 반사회성이 인정되는 경우라고 하더라도 손해의 발생이 없으면 민사책임은 발생하지 않는다고 하게 된다.

(3) 구별의 상대화

형사책임은 국가에 의한 범죄자에 대한 처벌이고 범죄의 억제 등 형사제재를

1) 대법원 1996.8.23. 선고 95도192 판결.

목적으로 하고 있다. 이에 반하여, 민사책임은 발생한 손해에 대하여 이를 가해자에게 전가시킴으로써 피해자에 대한 구제를 목적으로 하고 있다. 그러나 영미법에서는 형사책임과 민사책임의 구별이 상대화되고 있다. 영미법에서는 징벌적 손해배상이 인정되고 있기 때문이다. 징벌적 손배배상은 가해자에 대한 제재나 가해행위에 대한 억제로서 발생한 손해를 넘는 배상을 인정할 수 있게 된다. 현재 우리나라에서는 징벌적 손해배상이 아직 인정되지 않고 있다. 다만 위자료가 극히 제한된 범위 내이기는 하지만 어느 정도 징벌적 손해배상제도와 유사한 기능을 수행할 수 있을 것으로 생각된다.

3. 고의책임과 과실책임

책임의 내용을 고찰하기 위하여는 고의책임과 과실책임의 차이를 파악할 필요가 있다. 이는 곧 고의범과 과실범의 차이에서 오는 것이라고 할 수 있다. 고의범과 과실범의 차이는 특히 구성요건과 책임의 단계에서 발견된다. 즉, 고의범의 구성요건, 즉 객관적 구성요건요소는 고의행위이고 주관적 구성요건요소는 구성요건적 고의이지만, 과실범의 그것, 즉 객관적 구성요건요소는 과실행위이고 주관적 구성요건요소는 구성요건적 과실이다. 또 고의범의 책임요소는 책임고의이지만, 과실범의 그것은 책임과실이다.

고의책임과 과실책임의 차이를 파악하기 위해서는 고의와 과실을 의의를 먼저 분명히 할 필요가 있다. 고의와 과실의 차이점은 위법성의 인식의 유무에 있다기보다는 구성요건적 결과를 의도적으로 실현하였는가의 여부에 달려있다. 즉, 고의행위의 본질은 구성요건적 결과에 대한 의도적 실현에 있는 반면 과실행위의 경우 먼저 인식 없는 과실의 경우 결과실현의 의도는 존재할 수 없을 뿐만 아니라 인식 있는 과실의 경우에도 결과실현의 가능성은 인식하였다고 하더라도 이를 의욕하지는 않았기 때문에 결과실현의 의도는 존재하지 않는다고 할 수 있다. 결국 고의와 과실의 구별점은 위법성의 인식의 유무보다는 결과에 대한 실현의도의 유무에 있다고 해야 한다. 이러한 의미에서 고의와 과실 사이에는 책임의 크기가 다른 것은 당연한 결과라고 할 수 있다.

Ⅱ. 책임론의 전개

책임론은 책임의 본질과 관련하여 첫째, 도의적 책임론과 사회적 책임론, 둘째, 심리적 책임론과 규범적 책임론, 셋째, 행위책임론, 성격책임론 및 인격책임론의 대립을 통하여 전개되어 왔다.

1. 책임의 본질

책임을 비난가능성이라고 할 때 비난의 근거, 즉 책임의 본질에 관하여는 견해가 대립하여 왔다. 우선 도의적 책임론과 사회적 책임론이 그것이다. 도의적 책임론과 사회적 책임론의 대립은 인간의 자유의사의 유무를 중심으로 한 고전학파와 근대학파 사이의 학파논쟁의 핵심을 이루는 주제였다. 고전학파는 책임의 근거를 행위의사에서 구하고, 여기에서 비난가능성을 찾는 의사책임론(意思責任論)과 도의적 책임론(道義的 責任論)을 주장함에 반하여 근대학파는 행위자의 반사회적 성격에서 책임의 근거를 구하고 성격책임론(性格責任論)과 사회적 책임론(社會的 責任論)을 주장하였다. 고전학파는 행위의 객관적인 측면으로서의 행위의 결과를 중시한다는 의미에서 객관주의(客觀主義), 근대학파는 행위의 주관적인 측면으로서의 행위자의 성격을 중시한다는 의미에서 주관주의(主觀主義)라고도 한다.

객관주의와 주관주의라는 사상의 차이는 다른 여러 분야에서도 차이를 불러왔다. 예컨대 책임능력의 내용에 있어서는 시비변별능력이라는 견해와 형벌적응능력이라는 견해의 대립, 사실의 착오에 있어서는 구성요건을 매개로 처리하려는 구체적 부합설, 법정적 부합설, 범죄의사를 축으로 하여 구성요건을 추상화하여 해결하려는 추상적 부합설의 대립, 기대가능성의 기준에 있어서는 평균인에서 찾는 평균인표준설과 행위자에서 찾는 행위자표준설의 대립, 실행의 착수시기에 있어서는 실행행위를 중심으로 결정하는 객관설과 행위자의 침해의사에 중점을 두어 해결하려는 주관설의 대립, 공범책임의 근거에 있어서는 정범의 위법행위에 가담하는 바에 종속적으로 책임비난이 발생한다고 하는 공범종속성설과 정범과 독립하여 공범행위로 나오는 것 자체로 공범의 반사회적 성격이 징표된다고 하는 공범독립성설의 대립 및 형벌론에 있어서는 일반예방론과 특별예방론의 대립이 그것이다.

(1) 도의적 책임론

도의적 책임론(道義的 責任論)은 칸트, 헤겔의 절대적 응보형론으로부터 시작되어 19세기 후반 빈딩, 비르크마이어에 의하여 확립되고, 벨링, 엠 에 마이어에 의하여 전개되었다. 도의적 책임론은 후기 고전학파의 책임론으로서 의사자유론(意思自由論)에 근거한 응보형론(應報刑論)이 그 특징이다.

의사자유론이란 인간은 의사를 자유로 결정할 수 있는 자유의사를 가지고 인과의 흐름에 자유로 개입하여 인과법칙을 지배할 수 있기 때문에 의사결정과 행위 또는 그 결과는 정하여져 있지 않다는 비결정론(非決定論, Indeterminismus)의 입장을 말한다. 이에 근거한 고전학파의 도의적 책임론에 의하면 책임이란 자유롭게 의사를 결정할 수 있는 자가 인생이 가야 할 길인 도의(道義)에 근거한 판단에 따라서 행위의 위법성을 변별하고(辨別能力), 그에 따라서 자기의 행위를 억제하는 능력(行爲制御能力)이 가능하였음에도 불구하고 자유의사에 의하여 적법한 행위를 선택하지 않은 의사결정으로 인한 행위와 그 결과에 대하여 행위자를 비난할 수 있고, 행위자는 이에 대하여 책임을 지는 것이 도의적이라는 것이다. 도의적 책임론이 주장하는 책임개념은 개개의 위법행위에 대하여 도의적 책임비난의 기초를 둔다. 위법행위에 대한 책임이라는 의미에서 행위책임(Tatschuld)이라고 한다. 위법행위에 향하여진 행위자의 의사를 책임의 기초로 한다는 의미에서 의사책임(意思責任)이라고도 한다.

도의적 책임론은 계몽주의적 개인주의와 평등주의를 배경으로 하여 모든 인간을 이성적 존재로 파악한 결과 본인의 이성적인 의사에 의하여 범죄행위가 행하여진 이상 본인 스스로 책임을 지는 것이 인간의 도리로서 당연하고 도의적이라는 의미에서 붙여진 이름이다. 도의적 책임론에 의하면 책임능력자의 고의 또는 과실에 의한 범죄행위의 경우 그 행위자에 대한 윤리적 비난이 가능하고 응보로서의 형벌이 정당화된다고 한다. 도의적 책임론은 고의 또는 과실이라는 심리적 상태 또는 심리적 사실이 인정되는 때에 책임비난이 가능하다고 하는 의미에서 이를 심리적 책임론(心理的 責任論)이라고도 한다.

(2) 사회적 책임론

사회적 책임론(社會的 責任論)은 19세기 말 이탈리아의 롬브로조를 필두로 하여 페리, 독일의 리스트에 의하여 전개되었다. 사회적 책임론은 근대학파 형법학의 책임론으로서 의사결정론(意思決定論)에 근거한 특별예방론(特別豫防論)을 그 특징으로 한다.

의사결정론이란 인간의 모든 의사결정과 행위는 인과법칙에 따른 원인과 결과이고, 이러한 의미에서 결정되어 있고 인간의 의사결정은 소질과 환경에 의하여 결정된다고 보기 때문에 의사의 자유는 인정되지 않는다는 결정론(決定論, Determinismus)의 입장을 말한다. 이에 근거한 근대학파의 사회적 책임론에 의하면 책임이란 반사회적 성격으로 인하여 사회적 위험성을 가지고 있는 자에게 사회를 방위하기 위한 수단으로서 과하여져야 하는 형벌을 감수하지 않으면 안 되는 법률상의 지위를 의미한다. 여기의 책임에는 의사결정의 자유를 전제로 하는 비난이라는 요소는 포함되어 있지 않기 때문에 책임의 대소는 오로지 범인의 장래의 범죄반복의 위험성의 대소에 따라서 결정되게 된다. 사회적 책임론은 개개의 행위와 그 의사는 행위자의 범죄적 성격의 위험성의 징표에 지나지 않는다고 하여 그에 대한 독립된 지위를 부정한다. 이것이 바로 징표주의(徵表主義) 또는 범죄징표설(犯罪徵表說)이라고 불리는 것이다. 사회방위처분의 근거를 범인의 위험한 성격에서 찾는다는 의미에서 성격책임(性格責任)이라고도 불린다.

사회적 책임론에 의하면 범죄란 소질과 환경의 산물이고 범죄자에게는 범죄 또는 적법행위를 선택할 능력, 즉 자유의사는 존재하지 않고 따라서 범죄행위에 대하여 행위자를 비난하는 것은 불가능하다고 본다. 형법의 기능은 오로지 범죄자의 장래에 있어서 범죄반복의 가능성, 즉 의사 또는 성격의 위험성에 대하여 사회방위수단을 강구하는 것이라고 한다. 따라서 성격의 위험성의 이유로 사회로부터 방위처분을 받을 수 있는 지위, 즉 형벌능력(刑罰能力), 수형능력(受刑能力) 또는 형벌적응성(刑罰適應性)이 책임이라고 결론짓게 된다. 사회적 책임론은 행위자의 성격의 위험성에 책임을 인정하기 때문에 성격책임(性格責任) 또는 행위자책임(行爲者責任)이라고도 한다. 사회적 책임론에 의하면 사회적으로 위험한 자는 사회방위의 수단을 받아야 할 의무가 있다고 하기 때문에 심신상실자나 형사미성년자에게도 책임능력이 긍정되게 되지만, 오히려 상습범에게는 책임능력이 부정되는 모순된 결과를 가져오게 된다.

2. 책임의 내용

책임의 내용과 관련하여서는 심리적 책임론으로부터 규범적 책임론으로의 전개가 있었다. 후자에 대하여는 비난가능성이라는 책임의 실질이 기대가능성에 있다는 것을 명확히 함으로써 책임의 내용 내지 구조를 분명히 하였다고 평가되고 있다. 이 외에도 견해에 따라서는 예방적 책임론을 추가하여 고찰하는 것이 가능하다.

(1) 심리적 책임론

심리적 책임론(心理的 責任論)이란 책임을 비난의 대상으로서의 일정한 심리적 사실이라고 해석하고, 책임능력, 고의 또는 과실이 있으면 곧바로 책임이 충족되어 비난할 수 있다고 해석하는 견해를 말한다. 이에 의하면 책임은 곧 심리적 비난가능성(心理的 非難可能性)을 의미하게 된다. 심리적 책임론은 부리, 초기의 리스트 등에 의하여 확립된 책임론으로서 19세기부터 20세기 초엽에 걸쳐 독일의 통설이었다. 범죄의 주관적인 면을 책임으로 하여 심리적 사실로서의 책임능력과 고의 또는 과실이 인정되는 한 도의적 책임을 인정할 수 있다는 도의적 책임론(道義的 責任論)의 입장에서 주장된 책임론이다.

(2) 규범적 책임론

규범적 책임론(規範的 規範論)이란 책임비난을 위해서는 단순히 책임능력이 인정되고 고의 또는 과실이라는 심리적 요소가 구비되어 있는 것만으로는 충분하지 않기 때문에 이 외에도 구체적 사정으로 볼 때 고의와 과실을 통합하는 규범적 요소로서 다른 적법행위에 대한 기대가능성(期待可能性, Zumutbarkeit)까지 존재하는 경우에만 책임이 충족되어 비난이 가능하다고 하는 견해를 말한다. 이에 의하면 책임은 곧 규범적 비난가능성(規範的 非難可能性)을 의미하게 된다는 점에서 심리적 비난가능성을 의미한다는 심리적 책임론과 구별되고 있다. 규범적 책임론은 소위 '악습말사건'에 대한 1897년 독일 제국법원의 판결을[2] 계기로 하여 20세기에 들어서면서부터 프랑크(Reinhard Frank, 1860~1934), 프로이덴탈 등에 의하여 기대가능성론을 중심으로 전개되어

---

2) RGSt 30, 25. (Reichsgericht 23.03.1897) 이것이 바로 소위 말하는 '라이넨휑어 사건'(Leinenfänger Fall)이다. 이 사건의 개요는 다음과 같다. 즉, 마차의 마부가 고용주에게 두 마리 말 중의 한 마리인 꼬리와 엉덩이 사이의 고삐줄을 끊으려고 항상 노력하는 악습을 가진 말(Leinenfänger)을 다른 말로 교체해줄 것을 수 차례 요구하였음에도 불구하고 고용주가 이 요구에 응하지 않고 오히려 해고하겠다고 하였기 때문에 부득이 고용주의 명령에 따라 악습을 가진 말을 계속 사용하다가 행인에게 부상을 입힌 사안(일명 악습말사건)에 대하여 독일 라이히 법원은 1897년 일자리를 잃으면서까지 고용주의 명령에 거역하는 것은 마부에게 기대불가능하다는 이유로 무죄를 선고하였다. Urteil des Reichsgerichts vom 23. März 1897의 원문에 관하여는 URL: https://opinioiuris.de/entscheidung/1127 참조.

온 책임론을 의미한다.[3] 심리적 책임론이라는 명칭은 이들의 입장에서 당시에 이미 존재하고 있던 기존의 책임론을 지칭하는 것이었다.

규범적 책임론도 책임을 비난가능성이라고 이해한다는 점에서는 심리적 책임론과 같다. 그러나 규범적 책임론은 심리적 책임론과는 달리 행위의 부수사정을 고려하여 통상인이면 적법행위를 선택하는 사정이 있음에도 불구하고 범죄로 나아간 것으로부터 행위자에게 성격의 위험성을 인정할 수 있다고 보았다. 그럼에도 불구하고 규범적 책임론은 도의적 책임론이 책임능력자에게 항상 자유의사의 존재를 인정했음에 반하여 이를 수정하고 행위 외부의 부수사정에 의하여 의사의 지배가 미칠 수 없는 경우가 있다는 것을 인정하고 이러한 경우에는 행위자를 책임비난에서 해방하려고 하였다. 이와 같이 규범적 책임론은 도의적 책임론과 같이 자유의사를 출발점으로 하고 있지만, 도의적 책임론에서 주장된 심리적 책임론에 기대가능성의 이론을 추가하여 책임론을 수정하려고 하였던 것이다. 그럼에도 불구하고 규범적 책임론은 책임개념의 핵심을 행위자의 반사회적 심정에서 찾으려는 경향으로 인하여 사회적 책임론 또는 성격책임론에서도 주장되기도 하였다.

3. 책임의 대상

도의적 책임론과 사회적 책임론의 대립은 책임의 대상과 관련하여 행위책임론, 성격책임론 및 인격책임론의 대립을 야기하였다.

(1) 행위책임론

행위책임론(行爲責任論)이란 근대형법의 행위원리에 근거한 것으로 신파형법학이 등장할 때까지의 구파형법학의 입장이었다. '범죄는 행위이다'라는 행위주의의 원칙은 근대형법의 출발점이 되었다. 이는 단순한 의사나 인격을 처벌의 대상으로 삼았던 과거형법에 대한 반성의 취지를 명백하게 했을 뿐만 아니라 범죄행위에 대하여만 행위자를 비난하여야 하고, 행위자의 성격적 특질을 비난의 대상으로 하여서는 안 된다는 취지의 표현이기도 하였다. 이러한 입장을 행위주의라고 하고, 이 원칙은 근대형법의 기본원리로서 인정되어 온 것이다. 행위책임론이란 비결정론을 기초로 하여 개개의 범죄행위에 향하여진 행위자의 의사를 책임의 기초로

---

3) 규범적 책임론은 라이넨훼어 사건에 대한 판결을 계기로 1907년 프랑크의 논문 '책임개념의 구조에 대하여'(Über den Aufau des Schuldbegriffes)에서 최초로 전개되었다.

하는 입장을 말한다. 개별행위책임론 또는 의사책임론이라고도 한다. 도의적 책임론과 결부되어 있다.

(2) 성격책임론

성격책임론(性格責任論)이란 행위자의 위험한 성격을 책임의 기초로 하는 견해를 말한다. 성격의 위험성을 근거로 사회적 책임론을 전개한 신파형법학의 입장이다. 성격책임론은 행위책임을 기초로 하면서 행위는 행위자의 성격과 환경에 의하여 결정되기 때문에 개개의 범죄행위와 행위자의 성격이 상당한 관계에 있는 것이 책임의 기초라고 한다. 이러한 의미에서 성격책임론은 사회방위를 위한 사회적 책임론과 결부되어 있고, 행위책임이 아니라 행위자책임이라고 평가될 수 있다.

(3) 인격책임론

인격책임론(人格責任論)은 스스로 주체적으로 형성한 인격의 현실화로서 범죄행위가 행하여진 것을 책임의 기초로 하는 입장이다. 나치 시대를 통하여 인격책임론 또는 행상책임론(行狀責任論)이 메츠거, 보켈만 등에 의하여 전개되었다. 여기서 인격(Person)이란 책임능력 있는 주체, 즉 행위자를 의미한다. 경우에 따라서는 규범에 대한 행위자의 범죄적 성격(Charakter)을 의미하기도 한다.

인격적 책임론은 행위책임론에 대해서는 책임의 귀속주체로서의 행위자의 의미가 간과되었고, 성격책임론에 대해서는 행위자의 주체성이 고려되지 않았다는 점에서 비판하였다. 인격책임론은 당해 행위만이 아니라 그 배후에 있는 주체성을 가진 행위자의 인격을 책임의 기초로 하여야 한다고 주장하였다. 즉, 책임은 제1차적으로는 행위책임이지만, 행위의 배후에는 소질과 환경에 제약되면서도 행위자의 주체적 노력에 의하여 형성된 인격이 있고 이와 같은 인격태도에 대하여 행위자를 비난하는 것이 가능하기 때문에 제2차적으로 인격형성책임을 고려할 수 있다고 하였다. 소질과 환경의 제약 속에서 범죄가능성과 비범죄가능성 중에서 굳이 형성된 범죄적 인격에 대한 비난이라고 할 수 있다. 행위책임과 인격형성책임을 합일한 것을 인격책임이라고 할 수 있다.

인격책임론의 가장 큰 이론적 배경에는 그 실천적인 요청이 있었다. 하나는 형법이 행위자 인격을 직접 처벌의 대상으로 하고 있다고 생각되는 경우, 즉 상습범죄자에 대한 형의 가중을 책임주의의 관점에서 어떻게 근거지우는가에 있었다. 19세기 이래 세계 각국의 최대의 과제로 되어 온 상습범죄자대책이 염두에 있었다. 다른 하나는 형의 양정기준으로서 행위자 인격을 고려하도록 되어 있지만, 그 근거와 한계를 명확하게 하는 것이었다. 나아가 인격책임론에 대하여는 범죄론 일반, 범죄자처우론에도 파급되지만 주로 성격의 위험성과 책임개념의 조화, 더욱 넓게 말하면 구파와 신파의 통합·조화를 지향한 이론이었다고 평가되고 있다. 이러한 인격적 책임론의 입장에서 형법의 ① 범인의 연령, 성행, 지능과 환경, ② 피해자에 대한 관계, ③ 범행의 동기, 수단과 결과 및 ④ 범행 후의 정황을 형을 정함에 있어서 참작하여야 한다는 양형의 조건을 이해할 수 있다고 해석된다(제51조 참조).

Ⅲ. 책임주의의 원칙

제13조 (고의) 죄의 성립요소인 사실을 인식하지 못한 행위는 벌하지 아니한다. 다만, 법률에 특별한 규정이 있는 경우에는 예외로 한다.

제14조 (과실) 정상적으로 기울여야 할 주의(注意)를 게을리하여 죄의 성립요소인 사실을 인식하지 못한 행위는 법률에 특별한 규정이 있는 경우에만 처벌한다.

구조문

제13조 (범의) 죄의 성립요소인 사실을 인식하지 못한 행위는 벌하지 아니한다. 단, 법률에 특별한 규정이 있는 경우에는 예외로 한다.

제14조 (과실) 정상의 주의를 태만함으로 인하여 죄의 성립요소인 사실을 인식하지 못한 행위는 법률에 특별한 규정이 있는 경우에 한하여 처벌한다.

1. 책임주의의 의의

책임주의(Schuld-prinzip)란 행위자의 행위에 대하여 행위자를 비난할 수 없는 경우에는 형벌을 과하여서는 안 된다는 원칙을 말한다. 책임주의는 흔히 '책임 없으면 형벌 없다'는 법언으로 표현되는 근대형법의 기본원칙 중의 하나이다.

고대사회에서는 고의나 과실과는 무관하게 결과가 야기된 이상 책임을 져야 한다는 결과책임(結果責任) 또는 객관적 책임(客觀的 責任)뿐만 아니라 특정 집단에 소속되어 있다는 이유만으로 스스로 범죄를 행하지 않았음에도 불구하고 처벌되는 단체책임(團體責任)의 개념이 지배하고 있었다. 예컨대 서양에서 씨족원 1인이 살해된 경우 그 범죄인이 소속된 씨족원 1인을 살해한다는 씨족간의 혈수(血讐, blood feud), 동양에서 직장 구성원에게 책임을 묻는 연좌(連坐) 또는 가(家)의 구성원에게 책임을 묻는 연좌(緣坐)의 제도가 단체책임의 대표적인 형태였다고 할 수 있다. 로마시대의 중기에 이르러 그리스 윤리학의 영향으로 고의(故意, dolus)의 관념이 생겨나게 되었고, 중세 이탈리아 형법에 이르러서야 고의와 나란히 과실(過失, culpa)이 요구되게 되었다. 이것이 카롤리나 형법전에 그대로 반영되게 되었고, 이러한 관념은 계몽기의 개인주의를 바탕으로 새로운 책임개념을 형성하게 되었다. 이로부터 행위자와 심리적으로 결부된 사실에 대하여만 형벌을 과할 수 있다는 책임개념이 지배하게 되었다.

그러나 근대 이후에는 개인주의를 토대로 객관적 책임을 배제하고, 책임능력, 고의 또는 과실이 없으면 처벌하지 않는다는 주관적 책임, 단체책임을 배제하고 개인은 자기의 행위에 대하여만 책임을 지고 타인의 행위에 대하여는 책임을 지지 않는다는 개인책임의 관념이 대두되게 되었다. 여기서 근대형법은 죄형법정주의, 행위주의와 함께 책임주의를 기본원칙으로 확립하게 되었다. 근대형법의 기본원칙에 관하여는 이미 전술한 바 있지만, 책임주의의 내용을 다시 아래와 같이 간략하게 정리하기로 한다.

2. 책임주의의 내용

책임주의에 의하면 행위자를 비난할 수 없는 경우에는 행위자를 처벌할 수 없다. 책임주의는 근대형법이 확립한 '주관적 책임이 없는 경우에는 책임을 추급할 수 없다'는 귀책에 있어서의 책임주의와 현대형법이 확립한 '형벌은 책임의 범위 내에서만 과하여질 수 있다'는 양형에 있어서의 책임주의를 그 주요한 내용으로 하고 있다.

첫째, 근대형법에 있어서의 귀책에 있어서의 책임주의는 책임비난에 관한 원리로서 비난가능성을 문제로 한다. 과거의 결과책임 또는 객관적 책임을 배제하기 위하여 책임능력, 고의 또는 과실을 요건으로 행위에 대하여 행위자를 비난할 수 있는 경우에만 책임을 과할 수 있다는 주관적 책임(主觀的 責任)을 확립하게 되었다. 근대형법은 개인에게 그가 범한 범죄에 대하여만 책임을 부담하게 하고 타인이 범한 범죄에 대하여는 책임을 과하여서는 안 된다고 하는 개인책임(個人責任), 행위자책임(行爲者責任) 또는 자기책임(自己責任)의 원칙을 확립하게 되었다(귀책에 있어서의 책임주의). 근대형법은 책임주의를 확립함으로써 전근대적인 결과책임과 단체책임을 극복할 수 있었다. 역으로 보면 결과책임과 단체책임의 배제는 근대형법에 있어서 주관적 책임과 개인책임의 확립을 의미하고, 그것은 책임무능력자에 대한 불처벌과 고의 · 과실 없는 행위의 불처벌로 나타났다. 근대형법에 있어서 책임주의에 가장 잘 어울리는 책임론은 책임능력을 책임의 전제로 하고, 고의·과실을 책임의 종류로 하는 심리적 책임론이었다. 한편 형법은 민사미성년자에 대하여 감독자책임을 도입하고 있는 민법(민법 제4조, 제755조 참조)과는 달리 책임무능력자의 하나인 형사미성년자에 대하여는 책임조각만을 규정할 뿐 민법에서와 같은 감독자책임을 배제함으로써 과거의 연좌제를 완전히 청산하고 근대형법의 대원칙인 자기책임의 원칙을 철저히 실현하였다고 평가할 수 있다. 또한 형법은 기대가 불가능한 경우의 책임조각사유로서 소위 강요된 행위(제12조)를 명문화함으로써 기대가능성을 책임의 요소로 하는 규범적 책임론의 입장을 도입하여 현대형법상의 책임주의를 분명히 하고 있다.

둘째, 현대형법에 있어서의 양형에 있어서의 책임주의는 책임의 정도에 관한 원리로서 비난가능성의 정도, 즉 책임비난의 정확한 양이 문제된다. 사회적 책임론의 등장과 학파의 논쟁 그리고 규범적 책임론의 전개는 양형에 있어서의 책임주의의 역할을 부각시켜 '형벌은 책임의 정도를 넘어서는 안 된다'고 하는 주장으로 이어졌다. 이와 같이 양형에 있어서의 책임주의는 책임의 정도를 판단하는 기준으로서 기능을 가지고 있다는 점에서 책임의 유무를 판단하는 기준으로서의 귀책에 있어서의 책임주의와 구별되고 있다. 한편 형법은 형을 정함에 있어 범인의 연령, 성행, 지능과 환경, 범행의 동기, 수단과 결과 등을 양형의 조건으로 규정함으로써 현대형법이 확립한 책임주의를 천명하고 있다(제51조 참조).

Ⅳ. 책임론과 형법의 해석

형법은 책임의 본질, 내용 및 대상에 있어서 각각 종합설, 규범적 책임론 및 인격책임론에 근거하고 있다고 해석된다. 뿐만 아니라 형법은 근대형법의 기본원칙인 책임주의에 입각하고 있다고 평가할 수 있다.

첫째, 형법은 종합설에 입각하고 있다고 해석된다. 비결정론은 도의적 책임론의 기초로 된 견해였고, 따라서 특히 형이상학적인 후기구파가 형법이론의 기초로 한 이론이었다. 그러나 비결정론은 '인간은 일반적으로 의사의 자유를 가진다'고 하는 추상적인 인간의 의사자유를 전제로 하였기 때문에 구체적인 인간을 전제로 하여 구체적인 행위에 대하여 비난을 하여야 하는 형법의 입장에서 비판이 가하여졌다. 또 결정론은 사회방위를 위한 처분일원론으로 연결되었고, 이에 근거한 사회적 책임론은 시민의 자유보장에 대한 방패가 될 수 없었다는 점에서 이미 역사적으로 그 부당성이 실증되었다. 결과적으로 사회적 책임론도 도의적 책임론과 같이 형법의 인권보장적 기능을 충분히 수행할 수 없었다. 한편 근대형법의 기본 원칙인 책임주의에 의하면 비난가능성만이 책임의 실체를 이루는 것이고, 비난가능성은 자유의사의 존재를 긍정하는 비결정론을 전제로 하지 않을 수 없었다. 자유로운 의사에 기하지 않은 행위에 대하여 행위자를 비난하는 것은 불가능하였기 때문이다. 그러나 현실의 행위는 행위자의 자유로운 선택과 활동에 근거한 부분이 존재함과 동시에 소질적 · 환경적 인자에 의하여 대폭적인 제약을 받는 부분도 인정하지 않을 수 없었다. 즉, 현실의 행위자는 소질과 환경에 의하여 제약된 범위 내에서만 자기의 선택에 따라 행동하는 소위 '결정되면서도 결정하는 상대적 자유의사론'을 긍정하지 않을 수 없었다. 예컨대 환경적으로 빈곤하다고 하여도 부지런히 돈을 벌어 식량을 구입하든가 아니면 식량을 훔쳐 손에 넣든가와 같이 제약된 범위 내에서의 선택의 자유만이 존재한다고 할 수 있었다. 따라서 형법은 상대적 자유의 관념을 바탕으로 하면서 자유의 범위 내에 있는 행위에 대하여 사회윤리적 관점에서 행위자에게 가하여지는 도의적 비난이 책임의 본질이라고 하는 입장이다(수정된 도의적 책임론 또는 절충적 책임론). 또 형법은 사회방위처분에 속하는 보안처분을 도입하고 있기 때문에 형법의 태도는 궁극적으로 수정된 도의적 책임론과 사회적 책임론을 모두 수용한 종합설의 입장이라고 평가할 수 있다.

둘째, 형법은 규범적 책임론의 입장을 채택하고 있다고 해석된다. 심리적 책임론은 책임을 심리적 비난가능성이라고 하여 책임무능력자를 그 대상에서 제외시킴으로써 그 범위를 한정한 바 있다. 이에 반하여 규범적 책임론은 책임을 규범적 비난가능성이라고 하여 적법행위에 대한 기대가능성이 없는 행위를 그 대상에서 제외한 바 있다. 한편 구파와 신파의 형법관의 가장 큰 차이는 책임론에 있었다. 구파의 행위 형법에 있어서는 위법행위에 대한 책임이 있을 때 처벌이 가능해진다. 이에 반하여, 신파의 행위자 형법에 있어서는 행위자의 성격의 사회적 위험성이 존재하는 것이 그 처벌의 근거였다. 구파에 있어서 행위가 행위자의 자유의사에 의해 행하여져 스스로의 책임으로 행위를 단념할 수 있다는 의미로 비난가능한 경우에 책임이 있다고 여겨지고 처벌이 가능해진다. 이에 반하여 신파에 있어서는 행위는 성격의 자연적 발로이고 그 행위자의 성격의 위험성의 징표(범죄징표설, 犯罪徵表說)에 지나지 않기 때문에 성격의 사회적 위험성이 그 처벌의 근거였다. 행위자의 행위가 자유의사에 근거하는 것이라는 것은 필요하지 않았다. 오히려 의사의 자유의 가능성을 부정하고 결정론을 전제로 하는 것이 신파의 형법사상이었다. 한편 형법은 행위 책임주의의 입장에 있다고 해석된다. 또 형법은 행위책임의 입장에서 위법행위를 단념하고 다른 적법행위로 나올 수 있었음에도 불구하고 적법행위로 나오지 않았다고 하는 점에 비난가능성이 있다고 하는 규범적 비난가능성이 책임의 내용이라고 보고 있다.

셋째, 형법은 인격책임론의 입장을 취하고 있다고 해석된다. 인격책임론이란 행위책임론과 성격책임론의 결합을 시정하려는 절충적 책임론이다. 행위책임론에서는 책임귀속의 주체로서의 행위자의 의미가 간과되고, 성격책임론에서는 행위자의 주체성이 고려되지 않았기 때문에 타당하지 않다고 비판되었다. 인격책임론이란 행위뿐만 아니라 그 배후에 있는 주체성을 가진 행위자의 인격을 책임의 기초로 놓아야 한다는 견해를 말한다. 즉, 책임은 1차적으로는 행위책임이지만, 행위배후에는 소질과 환경에 제약되면서 행위자의 주체적 노력에 의하여 형성된 인격이 있고 이와 같은 인격태도에 대해 행위자를 비난하는 것이 가능하기 때문에 2차적으로 인격형성책임을 고려하는 것이 가능하다는 것이다. 이와 같이 행위책임과 인격형성책임을 합한 것을 인격책임이라고 한다. 규범의식이 둔마된 상습범을 무겁게 처벌하는 근거에 대하여 설명할 수 있다는 점과 행위 이외의 사정을 널리 양형자료로서 고려할 수 있다는 점을 장점으로 가진다고 할 수 있다.

넷째, 형법은 책임주의를 명문으로 규정하고 있다고 해석된다. 즉, 형법은 "죄의 성립요소인 사실을 인식하지 못한 행위는 벌하지 아니한다. 다만, 법률에 특별한 규정이 있는 경우에는 예외로 한다"(제13조)고 하여 고의에 관하여 규정하고 있다. 뿐만 아니라 "정상적으로 기울여야 할 주의(注意)를 게을리하여 죄의 성립요소인 사실을 인식하지 못한 행위는 법률에 특별한 규정이 있는 경우에만 처벌한다"(제14조)고 하여 과실에 관하여도 명문으로 규정하고 있다. 형법은 고의만을 원칙적으로 처벌하고 과실을 예외적으로 처벌하며 불가항력에 관하여는 처벌하지 않겠다는 취지를 규정함으로써 책임주의를 명문으로 천명하고 있는 것이다. 이로써 형법은 주관적 책임주의와 개인책임주의를 명문으로 규정함으로써 봉건형법의 내용이었던 결과책임주의와 단체책임주의를 청산하였다고 평가할 수 있는 것이다. 책임비난이 가능하다고 하기 위하여는 행위자의 정상적인 의사활동이 전제되어야 한다. 이러한 의미에서 책임주의는 책임비난을 위해서는 고의 또는 과실이 필요하다는 의미 외에 책임능력, 위법성의 인식 또는 인식가능성, 기대가능성을 그 내용으로서 필요로 한다고 할 수 있다. 뿐만 아니라 책임주의는 양형의 원칙으로서 '책임에 상응한 형벌을 과하여야 한다'는 균형의 원칙(均衡의 原則)과 '같은 범죄에 대하여는 같은 형벌을 과하여야 한다'는 공평의 원칙(公平의 原則)을 그 내용으로서 포함하고 있다고 해석된다.

제 2 절 책임요소

Ⅰ. 서 언

1. 책임요소의 의의

책임요소(責任要素, Schuldmerkmale)란 책임비난을 위해서 필요한 근거를 말한다. 책임은 구성요건에 해당하는 위법한 행위를 한 행위자에 대한 비난가능성을 의미하기 때문이다. 행위자에 대한 비난가능성의 유무와 경중을 평가하기 위해서는 책임에 관한 판단이 필요하다. 책임의 판단이란 구성요건해당성이 인정되고 위법성조각사유가 없다고 인정된 결과반가치와 행위반가치에 대하여 이를 행한 행위자에 대한 비난가능성의 유무와 정도를 평가하는 것을 말한다. 여기서 책임의 판단은 비난가능성의 유무와 비난가능성의 정도라는 2단계로 파악할 수 있다.

책임비난(責任非難, Schuldvorwurf)을 위한 책임요소에 대한 연혁적 고찰은 다음과 같다. 첫째, 인과적 행위론에 근거한 고전적 범죄체계론에 있어서 심리적 책임론은 책임을 책임능력, 고의 또는 과실이라는 요소로 구성하였다. 둘째, 후기 인과적 행위론에 근거한 규범적 책임론은 기대가능성을 발견함에 따라 책임을 책임능력, 고의 또는 과실 및 기대가능성이라는 요소로 구성하였다. 셋째, 목적적 행위론에 근거한 순수한 규범적 책임론은 책임을 책임능력, 위법성의 인식 또는 그 가능성 및 기대가능성이라는 요소로 구성하였다. 여기서 위법성의 인식 또는 그 가능성은 고의 또는 과실과는 분리된 독자적인 책임요소가 되었다. 넷째, 사회적 행위론에 근거한 신고전적 목적적 범죄체계의 합일체계론의 규범적 책임론은 고의와 과실을 구성요건요소일 뿐만 아니라 책임요소로서의 이중기능을 인정하여 책임을 책임능력, 위법성의 인식 또는 그 가능성, 기대가능성 및 고의 또는 과실이라는 요소로 구성하게 되었다. 생각건대 책임요소의 구성은 책임판단, 즉 비난가능성의 유무와 정도를 판단하기 위한 것이라면 책임요소는 소극적 요소와 적극적 요소로 구별하여 고찰하는 것이 타당하다고 해석된다. 1차적 판단으로서의 책임의 소극적 요소가 충족되어 책임이 조각되는 경우에는 2차적 판단으로서의 적극적 요소에 의한 비난가능성의 크기를 판단할 필요가 없게 되기 때문이다. 이에 관하여는 후술한다.

2. 책임요소의 분류

(1) 주관적 책임요소와 객관적 책임요소

책임요소는 판단기준에 따라 주관적 책임요소와 객관적 책임요소로 구분된다. 책임판단의 기준은 각각 행위자와 일반인이고, 전자는 주관적 요소의 판단기준이 되고, 후자는 객관적 요소의 판단기준이 된다고 할 수 있다. 행위자의 주관적 사정에 따라 판단하는 책임고의 · 책임과실 및 위법성의 인식과 그 가능성은 주관적 책임요소(subjective Schuldelemente)가 된다. 또 행위의 결의에 영향을 주는 사정은 모두 포함되기 때문에 행위의 목적, 동기, 성격, 인격 등도 주관적 책임요소로 될 수 있다.

사물변별능력과 의사결정능력을 의미하는 책임능력의 유무는 행위자가 아니라 일반인을 기준으로 객관적으로 판단하기 때문에 객관적 책임요소가 된다. 또 적법행위의 기대가능성에 영향을 주는 행위시의 객관적 사정, 예컨대 절도에 있어서의 빈곤, 실직 등의 부수사정은 객관적 책임요소(objective Schuldelemente)가 된다. 행위자의 인격형성과 관련된 환경도 그것이 행위의 의사결정에 영향을 미치는 한 객관적 책임요소로 된다.

(2) 소극적 책임요소와 적극적 책임요소

책임요소는 책임의 판단방법에 따라 소극적 책임요소와 적극적 책임요소로 구분할 필요가 있다. 비난가능성의 존재는 소극적 책임요소에 의하여 부정되고, 적극적 책임요소에 의하여만 추정될 수 있기 때문이다. 구성요건은 위법유형인 동시에 책임유형이기도 하기 때문에 책임의 유형인 구성요건적 고의 또는 구성요건적 과실이 인정되면 책임에 있어서도 책임고의 또는 책임과실이 추정되는 것이 원칙이다. 책임고의 또는 책임과실은 책임의 적극적 요소가 된다. 따라서 책임능력, 위법성의 인식과 그 가능성 및 기대가능성은 그 부존재라는 형태로 책임의 성립을 조각하기 위한 소극적 요소가 된다고 해석되어야 한다.

책임의 판단은 유무의 판단이라는 점에서는 구성요건해당성의 판단이나 위법성의 판단과 다를 것이 없다. 그러나 유무의 판단이 끝난 후에는 정도의 판단이 뒤따른다는 점에서는 구성요건해당성의 판단이나 위법성의 판단과는 구별된다고 할 수 있다. 여기서 책임의 유무를 판단하기 위한 요소가 책임의 소극적 요소이다. 나아가 책임의 정도를 판단하기 위한 요소가 책임의 적극적 요소라고 할 수 있다. 결국 책임의 판단은 소극적 요소를 기준으로 판단하여 책임이 조각되지 않으면 그 다음으로 적극적 요소를 기준으로 책임의 정도를 판단하게 된다. 결국 책임요소는 소극적 요소와 적극적 요소를 종합하면 책임능력, 고의 또는 과실, 위법성의 인식 또는 그 가능성 및 기대가능성으로 구성될 수 있다. 다만 책임요소는 경우에 따라 그것의 부존재는 소극적 요소로 그것의 존재는 적극적 요소로 기능하게 된다고 해석된다.

한편 책임의 요소는 책임의 판단과 밀접한 관련을 가지고 있어 책임의 소극적 요소와 적극적 요소는 책임의 판단에서 다시 반복되게 된다. 즉, 책임의 소극적 요소에 대한 판단결과는 책임조각사유에 대한 판단이 되고, 책임의 적극적 요소에 대한 판단결과는 책임인정사유 또는 책임감경사유에 대한 판단으로 된다. 중복검토를 피하기 위하여 책임요소, 즉 소극적 책임요소와 적극적 책임요소에 대한 고찰은 항을 바꾸어 책임의 판단에서 상세히 검토하기로 한다.

Ⅱ. 소극적 책임요소

책임의 소극적 요소란 비난가능성의 존재를 부정하게 하는 요소를 말한다. 소극적 요소의 존재에 의하여 비난가능성이 부정되기 때문에 책임은 조각되게 된다. 책임요소는 전술한 바와 같이 복합적 책임개념에 의하면 책임능력, 고의 또는 과실, 위법성의 인식 또는 그 가능성 및 기대가능성으로 구성된다. 문제는 책임요소 중에서 소극적 요소와 적극적 요소의 구별에 있다. 이미 언급한 바와 같이 책임을 조각하기 위한 소극적 요소로서는 책임무능력, 위법성의 불인식 또는 인식불가능성 및 기대불가능성이 거론될 수 있다. 이에 반하여 책임을 긍정하기 위한 적극적 요소로서는 책임능력, 고의 또는 과실 및 기대가능성이 거론될 수 있다. 이와 같이 소극적 요소와 적극적 요소는 일정한 요소를 공유하면서 각각 반대의 측면을 검토한다는 점에 특징이 있다고 할 수 있다. 후술하는 바와 같이 책임의 유무판단은 소극적 요소에 의하게 되고 이의 존재로 책임은 조각되게 된다. 책임의 조각이 부정되는 경우 책임의 정도는 적극적 요소에 의하여 그 크기가 판단되게 된다. 따라서 소극적 요소에 의하여 책임이 조각되는 경우에는 더 이상 적극적 요소에 대하여 검토할 필요가 없게 된다.

1. 책임무능력

책임무능력(責任無能力, Schuldunfähigkeit)이란 책임비난을 조각하기 위한 요소를 말한다. 책임비난이 가하여지기 위해서는 책임능력이 요구된다. 책임비난은 행위의 시비를 변별하고 그것에 따라서 행위를 제어할 능력, 즉 책임능력을 가지는 자가 자기의 행위가 허용되지 않는다는 점을 알면서도 굳이 범죄행위로 나아간다는 점에서 구하여지기 때문이다. 책임능력이 결여된 경우에는 적법행위를 결의할 수 있도록 반대동기를 형성할 수 있는 능력이 존재할 수 없게 된다.

형법상 책임능력에 대한 적극적인 규정은 존재하지 않는다. 다만 형법은 책임능력과 관련하여 책임무능력자와 한정책임능력자에 관하여 규정하고 있을 뿐이다. 책임무능력자로서 형사미성년자(제9조)와 심신상실자(제10조 제1항)에 관한 규정은 소극적 책임요소에 속한다고 할 수 있다. 형사미성년자나 심신상실자는 각각 미성숙 또는 심신장애로 인하여 책임비난의 첫 번째 요건인 행위에 대한 시비변별능력을 결하게 되고, 이에 따라 책임고의 또는 책임과실을 인정할 수 있는 전제요건이 존재하지 않게 되기 때문이다. 다만 위험의 발생을 예견하고 자의로 심신장애를 야기한 자의 행위, 소위 원인에 있어서의 자유로운 행위에 대하여는 예외로서 처벌하고 있다(제10조 제3항 참조).

이에 반하여 책임능력자, 특히 한정책임능력자로서 심신미약자(제10조 제2항)와 청각 및 언어 장애인(제11조)에 관한 규정은 적극적 책임요소에 속한다고 할 수 있다. 심신미약자나 청각 및 언어 장애인은 각각 심신장애 또는 신체장애로 인하여 시비변별능력이 부족하게 된 경우이기 때문에 그에 상응하여 책임도 가벼워져야 한다는 논리이고, 실제로 형법은 감경하도록 규정하고 있다(제10조 제2항, 제11조 참조). 이와 같이 형법은 책임무능력을 규정함으로써 책임의 소극적 요소에 관하여 규정하고 있을 뿐만 아니라 한정책임능력을 규정함으로써 책임의 적극적 요소에 관하여도 규정하고 있다고 하지 않을 수 없다. 한편 책임무능력이 아닌 경우에는 책임능력이 된다고 할 수 있다. 책임무능력에 관하여 자세한 것은 후술하는 책임조각사유에서 다시 검토하기로 한다.

2. 위법성의 불인식 또는 인식불가능성

위법성의 불인식(違法性의 不認識, unbewußtsein der Rechtswidrigkeit)이란 자기의 행위가 법적으로 금지되어 있다는 것을 모르는 것을 말하고, 위법성의 인식불가능성이란 위법성을 인식할 가능성이 없는 경우를 말한다. 구성요건에 해당하는 사실을 알고 있는 경우나 주의를 하면 알 수 있는 경우가 아니면 적법행위를 결의할 반대동기를 형성할 계기가 주어지지 않기 때문에 행위자를 비난할 수 없게 된다. 위법인 것을 알았거나 주의를 하면 알 수 있었음에도 불구하고 위법한 행위로 나아간 경우에 한해서 처음부터 왜 위법한 행위로 나아갔는가라는 비난이 가능하게 되는 이유이다. 구성요건에 해당하는 사실을 알면 그 행위가 위법이라는 것을 아는 것이고, 주의를 하면 그 해당사실을 알 수 있는 것이기 때문에 그 행위가 위법이라는 것을 알 수 있었다고 할 수 있다.

위법성의 불인식 또는 그 인식불가능성의 경우에 고의설에 의하면 책임고의 또는 책임과실이 조각되어 결과적으로 책임이 조각되게 되고, 책임설에 의하면 고의 또는 과실과는 상관없이 그 자체로서 책임이 조각되게 된다. 책임설의 입장에서 위법성의 불인식 또는 인식불가능성은 고의와는 별개로서 소극적 책임요소가 되는 것이다. 문제는 착오에 의한 위법성의 불인식 또는 인식불가능성에 있다. 이것이 바로 법률의 착오의 문제이다. 형법은 "자기의 행위가 법령에 의하여 죄가 되지 아니하는 행위로 오인한 행위는 그 오인에 정당한 이유가 있는 때에 한하여 벌하지 아니한다"(제16조)라고 하여 법률의 착오의 경우 정당한 이유가 있는 경우에 한하여 책임을 조각한다고 규정하고 있다. 이에 관하여 자세한 것은 후술하는 법률의 착오에서 다시 검토하기로 한다.

3. 기대불가능성

기대불가능성(期待不可能性, Unzumutbarkeit)이란 행위 당시의 상황이 비정상적이기 때문에 행위자에게 적법행위를 기대할 수 없는 것을 말한다. 기대불가능성이 인정되는 경우에는 행위자에게 비난가능성을 긍정할 수 없기 때문에 책임이 조각되게 된다. 형법은 총칙에서 기대불가능한 경우로서 강요된 행위(제12조)에 관하여 규정하고 있다. 각칙에서는 기대불가능한 경우로서 친족간의 범인은닉(제151조 제2항)과 증거인멸(제155조 제4항)에 관하여 규정하고 있다. 이 외에도 형법은 초법규적 기대불가능성을 책임조각사유로서 인정하고 있다. 이에 관하여 자세한 것은 후술하는 강요된 행위에서 다시 검토하기로 한다.

Ⅲ. 적극적 책임요소

책임의 적극적 요소란 행위자를 비난하기 위하여 필요한 요소라고 할 수 있다. 이미 언급한 바와 같이 책임비난의 요소로서는 책임능력, 고의 또는 과실, 위법성의 인식 또는 그 가능성 및 기대가능성이 거론되고 있다. 그런데 범죄를 고의범과 과실범으로 분류하는 경우 고의범이 성립하려면 책임능력, 책임고의 및 기대가능성의 존재하여야 하고, 과실범이 성립하려면 책임능력, 책임과실 및 기대가능성의 존재가 요구된다. 문제는 위법성의 인식 또는 그 가능성에 있다. 왜냐하면 고의범에 있어서 위법성의 인식은 고의에 포함되어 있고, 과실범에 있어서의 위법성의 인식가능성은 과실에 내포되어 있다고 하는 것이 타당하기 때문이다. 이와 같이 보는 경우에는 책임의 적극적 요소는 책임능력, 책임고의 또는 책임과실 및 기대가능성으로 구성되게 된다.

1. 책임능력

(1) 책임능력의 의의

책임능력(責任能力, Schuldfähigkeit)이란 책임비난을 위한 필요조건 중에 하나이다. 책임비난은 행위의 시비를 변별하고 그것에 따라서 행위를 제어할 수 있는 능력, 즉 책임능력을 가지는 자가 자기의 행위가 허용되지 않는다는 것을 알거나 알 수 있음에도 불구하고 굳이 위법한 행위로 나아간다는 점에서 구하여지기 때문이다. 따라서 고의·과실이 있어도 사물의 시비·선악을 변별하고 동시에 그것에 따라서 행위하는 것이 가능한 능력, 즉 책임능력이 없으면 책임이 조각되어 범죄가 성립할 수 없게 된다. 이러한 의미에서 책임능력을 책임의 전제라고 하는 입장을 이해할 수 있다. 책임에는 폭이 있고, 책임능력에도 한정책임능력과 책임무능력이라는 단계가 있다. 책임능력이 없는 자에 대하여는 형사상 비난이 불가능하게 되고, 형벌을 과할 수 없게 된다. 책임능력이 존재하지 않는 상태를 책임무능력상태라고 하고, 현저히 감소되어 있는 상태를 한정책임능력상태라고 한다.

행위자를 처벌하기 위하여는 책임능력이 전제되지 않으면 안 된다. 책임무능력의 경우에는 범죄 자체가 성립하지 않고 처벌되지 않지만, 한정책임능력의 경우에는 범죄는 성립하지만 형이 감경된다. 형법은 책임능력과 관련하여 책임무능력자와 한정책임능력자에 관하여 규정하고 있다. 전술한 바와 같이 책임무능력자로서 형사미성년자와 심신상실자에 대한 규정은 소극적 책임요소라고 할 수 있다. 이에 반하여 한정책임능력자로서 심신미약자(제10조 제2항)와 농아자(제11조)에 관한 규정은 적극적 책임요소에 속한다고 할 수 있다. 또한 형법은 심신상실자에 대하여는 불처벌을, 심신미약자에 대한 임의적 감경과 청각 및 언어 장애인에 대하여는 필요적 감경을 규정하고 있다(제9조부터 제11조까지 참조).

책임능력이란 유책하게 행위할 수 있는 생물학적·심리학적 능력, 즉 유책행위능력(有責行爲能力)을 말한다. 구성요건에 해당하는 위법한 행위를 행한 자가 자기의 행위가 위법하다는 것을 변별할 능력이 없거나 그 변별에 따라 의사를 결정할 능력이 없는 경우에는 책임무능력(責任無能力, Schuldunfähigkeit)으로서 책임이 부정된다. 이것이 도의적 책임론과 규범적 책임론의 결론이고, 통설과 판례의 입장이기도 하다. 이의 연장선상에서 책임능력은 범죄행위시에 존재하여야 한다는 행위와 책임능력의 동시존재의 원칙을 이해할 수 있고, 원인에 있어서 자유로운 행위가 문제되는 구조를 규명할 수 있게 된다. 한편 사회적 책임론의 입장에서 책임능력이란 사회방위처분인 형벌이 효과를 거둘 수 있는 형벌적응능력(刑罰適應能力, Strafempfänglichkeit) 또는 수형능력(受刑能力)을 의미하게 된다. 이에 의하면 책임능력은 재판시 또는 형벌부과시에 존재하면 그것으로 충분하다고 하게 된다. 그러나 이에 대하여는 전과가 많은 상습범은 형벌적응능력이 없으므로 책임무능력자가 되고 명정자는 책임능력자가 되는 이상한 결과가 도출된다는 점, 책임능력은 형벌을 과할 때 존재하면 충분하므로 형법이 14세 미만자와 심신상실자를 책임무능력자로 규정한 이유를 설명할 수 없다는 점 등에서 비판이 가하여지고 있다. 결국 책임능력이란 책임비난을 위한 전제로서 행위의 위법성을 변별하고 그 결과에 따라 의사를 결정할 수 있는 능력, 즉 유책행위능력이라고 할 수 있다.

한편 민법상의 책임능력이란 불법행위에 관하여 책임을 부담할 능력을 말한다. 자기의 행위에 대하여 책임을 변식(辨識)할 지능이 요구되고 있다(민법 제753조, 제754조 참조). 책임능력을 가지지 않는 책임무능력자에게는 불법행위책임을 물을 수 없기 때문에 손해배상과 관련해서는 감독자책임만이 문제될 뿐이다(민법 제755조 참조). 다만 불법행위에 있어서의 미성년자의 책임능력은 형사미성년자(제9조)와 같은 획일적 기준은 존재하지 않기 때문에 사례마다 판단해야 하는 구조이다. 이에 반하여 심신상실자의 책임능력은 원칙적으로 인정될 수 없는 것이 나(민법 제754조 본문), 형법에 있어서의 원인에 있어서의 자유로운 행위에서와 같이 '고의 또는 과실로 인하여 심신상실을 초래한 때에는 그러하지 아니하다'(민법 제754조 단서)고 하여 고의 또는 과실에 의하여 일시적으로 심신상실의 상태에 빠진 자에게는 불법행위책임을 면제하지 않고 있다.

(2) 행위와 책임능력 동시존재의 원칙

책임능력은 구성요건에 해당하는 행위, 즉 실행행위를 행하는 시점에서 동시에 존재하여야 한다. 구성요건에 해당하는 위법한 행위를 행하는 자에게는 행위 당시에 자기의 행위가 위법하다는 것을 변별할 능력을 가지고 있고 그 변별에 따라 의사를 결정할 능력을 가지고 있어 위법행위를 멈추고 적법행위로 돌아가야 한다는 반대동기를 형성할 기회가 주어져야 하기 때문이다.

문제는 원인에 있어서 자유로운 행위에 있다. 원인에 있어서 자유로운 행위(actio libera in causa)도 행위와 책임능력 동시존재의 원칙, 즉 그의 상위원칙으로서 형법상의 대원칙 중의 하나인 책임주의에 합치해야 하기 때문이다. 형법은 원인에 있어서 자유로운 행위에 관하여 명문으로 규정함으로써 이에 대한 처벌의 문제를 입법적으로 해결하였다(제10조 제3항 참조). 이에 관하여 자세한 것은 후술하기로 한다.

(3) 책임능력의 판단

책임능력을 규정하는 방식에는 세 가지가 있다. 첫째, 행위자의 정신장애를 기초로 하는 생물학적 방식이다. 생물학적 방식(biologische Methode)은 1810년의 프랑스 형법(제64조), 네덜란드 형법(제39조)에서 채택된 입법례이다. 둘째, 행위자가 행위시에 자유로운 의사결정을 하는 것이 불가능하고 변별능력과 의사결정능력을 결하는 것을 책임무능력의 근거로 하는 심리학적 방식이다. 심리학적 방식(psychologische Methode)은 영미법에 있어서의 판례에서 발견된다. 정신장애(insanity)의 개념을 지적 요소에 한정된 극단적인 심리학적 방식을 사용하고 있다. 셋째, 생물학적 방식과 심리학적 방식을 병용하여야 한다고 하는 혼합적 방식이다. 혼합적 방식(gemischte Methode)은 독일 형법(제20조), 스위스 형법(제10조), 오스트리아 형법(제11조), 1962년의 미국법률가협회의 모범형법전(제4.01조), 1994년 프랑스 형법(제122조의 1) 등에서 채용되고 있다.

형법은 "심신장애로 인하여 사물을 변별할 능력이 없거나 의사를 결정할 능력이 없는 자의 행위는 벌하지 아니한다"고 규정하고(제10조 제1항), "심신장애로 인하여 전항의 능력이 미약한 자의 행위는 형을 감경할 수 있다"고 규정하고 있다(제10조 제2항). 형법은 심신장애(心神障碍)를 책임능력이 없는 책임무능력(Schuldunfähigkeit)과 책임능력이 낮은 한정책임능력(verminderte Schuldfähigkeit)으로 나누어 규정하고 있는 것이다. 전자의 책임무능력자가 심신상실자(心神喪失者)이고, 후자의 한정책임능력자가 심신미약자(心神微弱者)이다. 이를 근거로 형법의 방식은 혼합적 방식에 의한 규정이라고 설명되고 있다. 또 형법은 "14세되지 아니한 자의 행위는 벌하지 아니한다"고 규정하고(제9조), "듣거나 말하는 데 모두 장애가 있는 사람의 행위에 대해서는 형을 감경한다"고 규정함으로써(제11조) 생물학적 방식에 따른 규정도 두고 있다. 결국 형법은 혼합적 방식에 따라 책임능력에 관하여 규정하고 있다고 할 수 있다. 판례도 같은 입장이다.

2. 책임고의 또는 책임과실

책임비난을 위해서는 책임능력자의 책임고의 또는 책임과실을 요한다. 책임능력자가 위법성을 인식하고 있으면서 행위를 하였거나 위법성을 인식할 수 있었음에도 불구하고 인식하지 못하고 행위를 한 경우가 아니면 비난할 수 없기 때문이다. 고의 또는 과실이 없으면 책임을 지지 아니한다는 내용은 근대형법의 기본원칙 중의 하나인 책임주의의 핵심적 내용이기도 하였다(主觀的 責任主義). 다만 책임고의와 책임과실은 고의범과 과실범의 각각의 책임요소가 된다는 점에서 공통적 책임요소가 되는 책임능력이나 기대가능성과는 구별된다고 할 수 있다.

한편 고의·과실은 범죄의 성립에 있어서 구성요건적 고의·구성요건적 과실이 파악된 후 주관적 위법요소인 위법고의·위법과실이 검토되어야 하겠지만, 곧바로 책임고의·책임과실을 검토하는 순으로 진행된다. 위법고의·위법과실은 이미 주관적 구성요건요소로서 유형화되어 있고, 위법성의 단계에서는 위법성의 인식 또는 그 인식가능성으로서의 모습을 가지지만, 책임단계에서 책임고의 또는 책임과실의 요소가 되어 최종적으로는 비난가능성의 크기에 영향을 미친다고 해야 하기 때문이다.

(1) 책임고의

책임고의(責任故意)란 위법한 작위 또는 부작위를 행한 것에 대한 비난가능성의 구성요소를 말한다. 구성요건적 고의가 존재하여 고의범의 구성요건해당성이 인정되는 경우에는 통상 책임의 면에서도 책임고의의 존재가 추정된다. 구성요건은 위법의 유형일 뿐만 아니라 책임의 유형이기도 하기 때문이다. 고의범이 성립하기 위해서는 구성요건적 고의뿐만 아니라 책임고의도 존재하여야 한다. 책임고의가 존재하고 행위자에게 적법행위에 대한 기대가능성이 존재하는 경우에는 고의범이 성립하게 된다. 다만 책임고의가 결여된 때에는 책임과실이 검토되어야 하고, 책임과실이 인정되고 기대가능성이 존재하는 경우에는 과실범이 성립하게 된다.

책임의 본질은 행위자가 행위의 위법성을 인식하는 것이 가능하고 그것을 계기로 적법행위를 결의하는 것이 가능함에도 불구하고 굳이 범죄행위로 나아간 것에 대한 비난가능성에 있다. 이를 고의에 대입해 보면 구성요건은 개인의 행동을 규율하기 위하여 위법행위를 유형화하여 제시한 것이기 때문에 구성요건에 해당하는 객관적 사실을 인식하면 통상 그 사람은 자신의 행위가 법률상 허용되고 있지 않다는 것을 인식하고 이를 멈추려고 하고 동시에 멈추는 것을 기대할 수 있었음에도 불구하고 행위자는 범죄사실의 인식을 반대동기형성의 계기로 삼지 아니하고 굳이 범죄행위를 결의한 점이 비난의 근거로 되는 것이다.

구성요건적 고의는 구성요건적 사실에 관한 인식과 그의 실현의사로서의 고의를 의미함에 반하여 책임고의는 비난가능성으로서의 고의를 의미한다. 비난가능성으로서의 책임고의는 구성요건적 사실에 관한 인식과 그에 대한 실현의사, 즉 구성요건적 고의뿐만 아니라 더 나아가 그러한 사실이 위법하다는 인식, 즉 위법성의 인식까지 포함하는 개념이라고 해야 한다. 책임은 구성요건에 해당하는 위법한 행위를 행한 행위자의 인격적 태도에 대한 비난이기 때문이다. 따라서 자신의 행위가 법규범에 위반된다는 사실을 알면서도 법규범에 위반한다는 행위자의 적극적인 인격태도가 있는 경우에는 행위자에 대하여 비난이 가능하다고 할 수 있다. 결국 책임은 구성요건에 해당하는 위법한 행위를 행한 것에 대하여 그 행위자를 비난하는 것이기 때문에 책임의 측면에서 고의가 있다고 하기 위해서는 행위자 자신에게 적극적으로 법규범에 위반한 인격태도가 인정되지 않으면 안 된다. 이러한 의미에서 책임고의는 위법성에 관한 사실의 표상과 위법성에 관한 인식을 그 구성요소로 하게 된다. 문제는 위법성에 관한 사실의 표상 또는 위법성에 관한 인식이 존재하지 않는 경우에 있다. 전자가 전술한 바와 같이 소위 위법성조각사유의 전제사실에 관한 착오의 문제이고, 후자가 후술하는 바와 같이 소위 법률의 착오의 문제이다.

한편 고의는 과실과 함께 책임의 존부뿐만 아니라 책임의 정도를 판단하는 기준이 된다. 책임의 존재는 고의 또는 과실의 존재에 의하여 판단될 수 있고, 책임의 정도는 고의 또는 과실의 정도에 따라서 판단될 수 있기 때문이다. 고의가 책임유형으로서 과실과 구별되는 근거는 행위자가 행위의 법률상 허용여부에 대하여 검토할 기회, 즉 규범의 문제에 구체적으로 직면했었음에도 불구하고 범죄를 실현하였다는 점에 있다.

(2) 책임과실

책임과실(責任過失)이란 주의의무에 위반하여 위법한 작위 또는 부작위를 행한 것에 대한 비난가능성의 구성요소를 말한다. 책임과실에 있어서의 비난가능성은 과실의 행위 또는 결과를 예견하고 예견하면 당연히 그 행위의 위법성을 인식하여 결과를 회피하도록 자기를 동기지어야 하지만, 예견이 가능하고 회피가 가능함에도 불구하고 주의의무에 위반하여 그러한 예견 또는 회피를 결하였다는 점에 그 비난의 근거를 두고 있다.

구성요건적 과실의 존재는 책임과실의 존재를 추정하게 하지만 구성요건적 과실이 존재한다고 하여 곧바로 책임과실의 존재를 기초지우는 것은 아니다. 책임요소로서 책임과실이 긍정되지 않으면 과실범은 성립하지 않는다. 구성요건적 과실의 요소로서의 주의의무는 구성요건해당성 판단의 성질상 일반인의 능력을 기준으로 객관적으로 그 존부가 검토되었다(객관적 주의의무위반). 그러나 일반인에게 주의의무를 부담하게 하는 것이 가능하여도 행위자가 일반인보다도 능력이 부족하기 때문에 주의의무를 다하는 것이 불가능하다면 그 자에게 비난하는 것도 불가능하게 된다. 책임과실의 판단에 있어서는 행위자 본인의 능력을 기준으로 주의의무의 존부가 다시 검토되어야 하는 이유이다(주관적 주의의무위반).

책임과실이 인정되기 위한 요건을 다음과 같이 할 수 있다. 첫째, 책임과실은 책임고의가 결여된 경우에 문제가 되기 때문에 책임고의의 요건이 결여되어 있어야 한다. 둘째, 과실범의 범죄사실을 실현한 것에 대하여 행위자 자신의 주관적 능력에 비추어 주의의무의 위반이 인정되어야 한다. 책임과실에 있어서는 행위자 자신이 가지는 구체적 능력을 기준으로 하여 그 주의의무를 준수할 수 있었다고 하지 않으면 안 된다. 책임비난을 내용으로 하는 이상 행위자 자신의 법규범에 위반하는 태도가 판단의 근저에 놓여야 하기 때문이다. 행위자가 일반인을 넘는 높은 주의능력을 가지는 경우에는 책임과실이 인정되는 것은 당연하지만, 행위자가 일반인보다도 낮은 주의능력밖에 가지지 않은 경우, 예컨대 맹인이라든가 행위시에 극도로 흥분된 사정 등에 의하여 사회 일반인에게 요구되는 수준을 준수할 수 없었던 경우에는 행위자에게 주의의무의 위반이 있었다고 하여도 행위자를 비난하는 것은 허용되지 않는다고 할 수 있다. 더구나 형사과실은 일반적 주의의무를 요구한다는 점에서 고도의 주의의무를 전제로 하는 민사과실과 구별되지 않을 수 없다.

한편 과실범의 성립요건은 다음과 같이 할 수 있다. 즉, 과실범이 성립하기 위하여는 구성요건적 과실 외에 행위자 자신에 대한 구체적인 비난, 즉 법규범에 위반하는 소극적인 인격태도를 내용으로 하는 책임과실이 존재하지 않으면 안 된다. 또 구성요건적 고의가 존재하지만 책임고의가 결여된 경우에는 책임과실의 존부가 검토되어야 하고, 책임과실의 존재가 인정되는 경우에는 과실범이 성립할 수 있다고 해야 한다. 구성요건해당성을 판단하는 단계에서는 고의가 인정되면서 책임의 단계에서는 과실이 문제될 수 있는가에 대하여는 의문이 제기될 수 있다. 그러나 구성요건적 고의를 규범적 관점에서 분석해보면 그 속에는 당연히 구성요건적 과실도 내재되어 있다고 할 수 있다. 같은 취지에서 구성요건적 고의는 인정되지만 책임고의가 결여되어 있는 경우에도 구성요건적 고의에 내재되어 있는 구성요건적 과실이 표면화되어 책임과실이 구비됨에 의하여 과실범의 성립을 인정할 수 있게 된다. 바로 전술한 위법성조각사유의 전제사실에 관한 착오의 경우가 이에 해당할 수 있다.

(3) 위법성의 인식 또는 그 가능성과의 관계

1) 위법성의 인식의 의의

위법성의 인식(違法性의 認識, Rechtswidrigkeitsbewußtsein)이란 자신의 구성요건에 해당하는 행위가 위법하다는 것을 인식하고 있는 것을 말한다. 위법의 인식(違法의 認識)이라고도 한다. 형법이 "자기의 행위가 법령에 의하여 죄가 되지 아니하는 것으로 오인한 행위는 그 오인에 정당한 이유가 있는 때에 한하여 벌하지 아니한다"(제16조)고 규정하고 있기 때문에 '죄가 되는 것을 인식한 경우에는 벌하여진다'라는 반대해석이 가능하게 된다. 범죄가 성립하기 위해서는 위법성의 인식이 필요하다고 추론되는 근거이다. 한편 위법성의 인식이 없으면 행위자를 비난할 수 없기 때문에 책임이 조각된다. 이러한 의미에서 위법성의 불인식은 소극적 책임요소로서 책임조각사유가 된다. 위법성의 인식은 구성요건적 고의가 존재하고 위법성조각사유에 대한 인식이 있을 때 조각되지만, 구성요건적 고의가 존재하고 위법성조각사유에 대한 인식이 없을 때에는 위법성의 인식이 인정되고 책임고의가 긍정된다.

2) 위법성의 인식의 내용

① 학 설

위법성의 인식에 있어서 위법성의 내용에 대하여는 다툼이 있다. 위법성이란 윤리 또는 도덕에 반한다는 전(前)법률적 규범을 의미한다는 견해, 법률상 허용되지 않는다는 법규범을 의미한다는 견해, 형사처벌의 근거로 되는 형벌법규를 의미한다는 견해 및 행위의 가벌성의 인식이 없으면 형벌에 의한 범죄억지의 목적을 과할 수 없다고 하여 가벌성을 의미한다는 견해 등이 그것이다.

② 판 례

판례는 전법률적 규범설의 입장으로 추정된다. 대법원은 "위법의 인식은 그 범죄사실이 사회정의와 조리에 어긋난다는 것을 인식하는 것으로서 족하고 구체적인 해당 법조문까지 인식할 것을 요하는 것은 아니다"라고 판시한 바 있다.[4)]

③ 검 토

위법성의 인식은 법적으로 허용되지 않는다는 것에 대한 인식을 그 내용으로 한다. 이는 위법성의 인식의 실체가 실질적 위법성에 대한 인식과 다름없다는 것을 의미한다. 실질적 위법성의 인식은 어디까지나 행위규범에 대한 행위자의 평가를 문제로 하기 때문에 문외한으로서의 평가로 족하다. 따라서 어느 법 또는 어느 규정을 위반한다는 식의 형식적 위법성의 내용에 속하는 사항까지 인식할 필요는 없다. 결국 행위자가 문외한적 평가에 의하여 법적으로 허용되지 않는다는 막연한 인식을 가지고 있으면 위법성의 인식은 존재한다고 할 수 있다.

3) 위법성의 인식의 정도

위법성의 인식은 법률상 허용되지 않는다는 인식만으로 족하다. 위법성의 인식은 법의 명령 또는 금지에 따라서 행동할 수 있었는가의 여부가 문제되기 때문이다. 다만 위법성의 인식은 어떠한 행위를 한다는 막연한 인식만으로는 족하지 않고, 실행하려고 하는 구체적인 행위에 대한 인식이 요구된다. 또 위법성의 인식은 행위자의 내심에서 반대동기가 형성될 수 있는 정도면 족하기 때문에 법률전문가로서 인식할 필요는 없고 문외한인 사회 일반인으로서의 인식이면 그 정도로 충분하다.

---

4) 대법원 1987.3.24. 선고 86도2673 판결.

4) 위법성의 인식의 체계적 지위

① 학 설

위법성의 인식의 체계적 지위에 관하여는 행위론과 연관되어 다툼이 있다. 첫째, 심리적 책임론이다. 인과적 행위론에 근거한 고전적 범죄체계론에 있어서 심리적 책임론은 책임요소를 책임능력, 고의 또는 과실로 구성하였다. 둘째, 규범적 책임론이다. 후기 인과적 행위론에 근거한 규범적 책임론은 기대가능성을 발견함에 따라 책임요소를 책임능력, 고의 또는 과실 및 기대가능성으로 구성하였다. 셋째, 순수한 규범적 책임론이다. 목적적 행위론에 근거한 순수한 규범적 책임론은 책임요소를 책임능력, 위법성의 인식 또는 그 가능성 및 기대가능성으로 구성하였고, 이로부터 비로소 위법성의 인식 또는 그 가능성은 고의 또는 과실과는 분리된 독자적인 책임요소가 되었다. 넷째, 합일체계론의 규범적 책임론이다. 사회적 행위론에 근거한 신고전적 목적적 범죄체계의 합일체계론의 규범적 책임론은 고의와 과실을 구성요건요소일 뿐만 아니라 책임요소로서의 이중기능을 인정하여 책임요소를 책임능력, 위법성의 인식 또는 그 가능성, 기대가능성 및 고의 또는 과실로 구성하게 되었다.

② 검 토

책임판단은 소극적 판단과 적극적 판단의 경우 각각 그 판단요소가 다르게 구성되기 때문에 소극적 판단시의 위법성의 불인식 또는 인식불가능성의 체계적 지위와 적극적 판단시의 위법성의 인식 또는 인식가능성의 체계적 지위는 구분해서 논의되어야 한다고 본다. 소극적 판단시의 위법성의 불인식 또는 인식불가능성은 고의 또는 과실과 독립된 별개의 책임요소가 되지만, 적극적 판단시의 위법성의 인식 또는 인식가능성은 적극적 요소로서 이미 고의 또는 과실의 구성요소로서 그 속에 내재되어 있다고 해야 하기 때문이다.

위법성의 인식 또는 그 가능성은 책임을 긍정하게 될 때에는 책임의 적극적 요소로서 이미 고의 또는 과실의 속에 내재된 전제요건이 된다. 이러한 결과는 고의설의 입장과 차이가 없게 된다. 그러나 책임을 부정하게 되는 경우에는 책임의 소극적 요소로서 위법성의 불인식 또는 인식불가능성으로 용어의 변경이 필요할 뿐만 아니라 고의 또는 과실과는 독립된 별개의 책임요소가 된다고 할 수 있다. 이러한 경우에는 결국 책임설의 입장과 다를 것이 없게 된다. 따라서 위법성의 불인식 또는 인식불가능성이 확인되는 경우에는 책임이 조각되는 것이 먼저이기 때문에 책임의 인정을 위한 2차적 판단으로서 위법성이 인식 또는 그 가능성에 대한 판단은 불필요하게 된다. 결국, 위법성의 인식 또는 그 가능성은 적극적 요소로서의 책임고의 또는 책임과실의 요소가 되어 이미 그 속에 포함되어 있다고 해석하여야 한다고 생각한다.

5) 위법성의 인식의 효과

위법성의 인식은 책임고의의 구성요소가 된다는 점에서 소극적 요소로서 별개의 독립된 책임요소가 되는 위법성의 불인식과 구별된다. 위법성의 인식이 고의의 요소가 된다고 해야 하는 이유는 다음과 같다. 즉, 법률의 착오의 결과 위법성의 불인식이 있는 경우에는 책임이 조각되지만, 법률의 착오가 인정되지 않아 위법성의 인식이 인정되는 경우에는 책임이 조각되지 않고 고의범으로 처벌받게 되기 때문이다(제16조 참조).

생각건대 고의의 이중적 기능을 인정하는 입장에서는 책임요소로서의 고의의 내용으로서는 범죄사실의 인식·인용 이외에 위법성의 인식이 필요하다고 한다(엄격고의설). 범죄사실의 인식·인용이 없이는 행위자가 반대동기를 형성하는 토양이 주어져 있지 않음에도 불구하고 반대동기를 형성하지 않았다는 것을 판단할 수 없고, 나아가 위법성의 인식 없이는 과실보다 중한 비난을 가하는 것이 불가능하기 때문이다. 책임고의에 있어서는 인식적 요소·의사적 요소 및 위법성의 인식이 상호 유기적 관련성을 가지고 있기 때문에 이들 요소들을 일체적으로 파악하지 않으면 안 된다. 행위자가 범죄사실을 인식하고 그것에 대하여 위법성의 인식을 가지고 있음에도 불구하고 실현의사를 가지는 것이 고의의 실체이기 때문이다. 따라서 위법성의 인식을 가진 것은 책임평가의 대상이 된다. 이상과 같은 이유에서 책임설을 취하는 경우에도 엄격고의설의 결과는 정당하다고 해석된다. 위법성의 인식, 즉 실행행위가 법률에 위반한다는 인식이 있음에도 불구하고 감히 위법행위를 실행한다는 점에 고의범으로서 책임비난을 가능하게 하는 근거가 있다고 할 수 있다.

한편, 위법성의 인식과 책임고의와의 관계는 위법성의 인식가능성과 책임과실에 그대로 적용되어야 한다고 생각된다.

3. 기대가능성

(1) 기대가능성의 의의

기대가능성(期待可能性, Zumutbarkeit)이란 구성요건에 해당하는 행위를 행하려는 자에게 적법행위를 기대할 수 있는 가능성을 말한다. 적법행위에 대한 기대가능성이라고도 한다. 기대가능성은 책임을 규범적 비난가능성이라고 하는 규범적 책임론의 중심개념이다. 이에 의하면 적법행위에 대한 기대가능성이 없는 경우에는 책임능력과 고의 또는 과실이라는 다른 책임요소가 구비된 경우라도 행위자를 비난할 수 없고 책임이 조각된다고 한다. 이러한 의미에서 기대불가능성은 책임을 조각시키기 때문에 책임의 소극적 요소가 됨에 반하여 기대가능성은 책임을 긍정하기 위한 책임의 적극적 요소가 된다고 할 수 있다. 판례도 기대가능성을 긍정하고 있다. 기대가능성을 긍정한 판례의 구체적 내용은 다음과 같다. 즉,

① 행정법상 집행정지 제도는 처분에 대한 취소소송이 제기된 경우에 처분의 집행 또는 절차의 속행으로 인하여 생길 회복하기 어려운 손해를 예방하기 위하여 긴급한 필요가 있다고 인정될 때 예외적으로 인정되는 것으로서 위와 같은 제도는 본안사건에 관한 신청의 당부 판단에 앞서 잠정적으로 권리구제를 도모하기 위한 것에 불과하다. 이 사건에서도 영업정지처분 집행정지 결정은 피고인이 제기한 영업정지처분 취소사건의 본안판결 선고시까지 그 처분의 효력을 정지한 것으로서 행정청의 처분의 위법성을 확정적으로 선언하지도 않았으므로, 원심이 집행정지 신청이 잠정적으로 받아들여졌다는 사정만으로는 피고인에게 적법행위의 기대가능성이 없다고 볼 수는 없다.[5] ② 직장상사의 지시로 인하여 그 부하가 범법행위에 가담한 경우 비록 직무상 지휘 · 복종 관계가 인정된다고 하더라도 그것 때문에 범법행위에 가담하지 않을 기대가능성이 없다고 할 수 없다.[6] ③ 국토이용관리법 제21조의7 제1항에 의하면 신고지역으로 지정된 구역안에 있는 토지 등의 거래계약을 체결하고자 하는 당사자는 공동으로 그 조항 소정의 신고를 하게 되어 있지 이전등기시에 하게 되어 있지는 않으므로 매수인이 토지를 미등기전매하는 경우라고 하여 매도인의 당초의 거래에 대한 신고의 기대가능성이 없다고 할 수는 없다.[7]

---

5) 대법원 2010.11.11. 선고 2007도8645 판결.

6) 대법원 2009.4.23. 선고 2008도11921 판결; 대법원 2007.5.11. 선고 2007도1373 판결; 대법원 2005.7.29. 선고 2004도5685 판결; 대법원 1999.7.23. 선고 99도1911 판결.

7) 대법원 1990.10.30. 선고 90도1798 판결.

(2) 기대가능성의 체계적 지위

1) 학 설

① 적극적 책임요소설

ⓘ 고의 · 과실 요소설 : 기대가능성을 책임요소인 고의 또는 과실의 구성요소로 이해하여 기대가능성이 없으면 고의 또는 과실이 조각된다는 견해를 말한다.

ⓘⓘ 독립된 책임요소설 : 기대가능성을 고의 또는 과실과는 독립된 제3의 책임요소로 이해하여 기대가능성이 없으면 고의 또는 과실을 조각하여 책임조각에 이르는 것이 아니라 고의 또는 과실과는 별개로 바로 책임을 조각하게 된다는 견해를 말한다. 기대가능성을 비난가능성의 본질적 요소로 파악하여 기대가능성의 독자성을 인정해야 한다는 것을 그 근거로 하고 있다.

② 소극적 책임요소설

기대가능성을 책임의 적극적 요소가 아니라 책임의 소극적 요소로 파악하는 견해를 말한다. 이에 의하면 책임능력, 책임고의 또는 책임과실의 적극적 책임요소가 존재하더라도 기대가능성이 없으면 책임이 조각된다고 한다. 이에 의하면 기대불가능성은 책임고의 또는 책임과실과는 별개의 독립된 책임조각사유가 된다고 할 수 있다.

2) 검 토

기대가능성은 그것이 존재하는 경우에 책임을 긍정하게 하는 적극적 책임요소가 될 뿐만 아니라 그것이 존재하지 않는 경우에는 책임을 조각하거나 감소하게 하는 소극적 책임요소로서의 기능을 가지게 된다는 점에서 형법상 그 존재의의를 인정할 수 있다. 이러한 의미에서 책임조각사유의 기본원칙으로서 기대불가능성을 인정하는 독일의 통설의 입장을 이해할 수 있다. 우리나라의 다수설의 입장이다.

(3) 기대가능성의 판단기준

1) 학 설

① 국가표준설

국가표준설(國家標準說)이란 적법행위를 기대하고 있는 국가를 기준으로 적법행위에 대한 기대가능성의 유무를 판단하여야 한다는 견해를 말한다. 국가의 의사와 요구에 따라 기대가능성의 기준이 달라질 수 있다는 점이 특징으로 거론될 수 있다.

② 평균인표준설

평균인표준설(平均人標準說)이란 적법행위에 대한 기대가능성의 유무는 사회의 평균인(平均人, Druch-schnittsmensch)을 기준으로 판단해야 한다는 견해를 말한다. 행위자가 처한 구체적 행위상황하에서 사회의 평균인에게 적법행위를 기대할 수 있는가에 따라 기대가능성의 유무를 판단해야 한다는 것이다. 이 견해는 기대가능성의 판단대상은 행위자이지만, 객관적 판단을 위해서 판단기준은 평균인이어야 한다는 것을 근거로 하고 있다. 다수설의 입장이다.

③ 행위자표준설

행위자표준설(行爲者標準說)이란 행위 당시에 구체적인 행위자의 사정을 기준으로 적법행위에 대한 기대가능성의 유무를 판단해야 한다는 견해를 말한다. 이 견해는 행위자를 떠나서 기대가능성의 유무를 판단하는 것은 행위자를 기준으로 비난가능성을 판단하는 행위자 책임의 근거로서 적합하지 않고, 행위자에게 초인간적인 것을 요구하는 것이 되어 법은 누구에게도 그에게 불가능한 것을 요구할 수 없다는 원칙에 어긋난다는 점을 근거로 한다.

2) 판 례

판례는 평균인표준설의 입장을 취하고 있다. 평균인표준설에 입각한 판례의 구체적 내용은 다음과 같다. 즉,

> ① 피고인에게 적법행위를 기대할 가능성이 있는지 여부를 판단하기 위하여는 행위 당시의 구체적인 상황하에 행위자 대신 사회적 평균인을 두고 이 평균인의 관점에서 그 기대가능성 유무를 판단하여야 한다.[8] ② 피고인에게 적법행위를 기대할 가능성이 있는지 여부를 판단하기 위해서는 행위 당시의 구체적인 상황하에 행위자 대신에 사회적 평균인을 두고 이 평균인의 관점에서 그 기대가능성 유무를 판단하여야 한다.[9] ③ 양심적 병역거부자에게 그의 양심상의 결정에 반한 행위를 기대할 가능성이 있는지 여부를 판단하기 위해서는, 행위 당시의 구체적 상황하에 행위자 대신에 사회적 평균인을 두고 이 평균인의 관점에서 그 기대가능성 유무를 판단하여야 할 것인 바, 양심적 병역거부자의 양심상의 결정이 적법행위로 나아갈 동기의 형성을 강하게 압박할 것이라고 보이기는 하지만 그렇다고 하여 그가 적법행위로 나아가는 것이 실제로 전혀 불가능하다고 할 수는 없다고 할 것인 바, 법규범은 개인으로 하여금 자기의 양심의 실

---

8) 대법원 2016.5.12. 선고 2013도15616 판결; 대법원 2008.10.23. 선고 2005도10101 판결.

9) 대법원 2015.11.12. 선고 2015도6809 전원합의체 판결; 대법원 2008.10.23. 선고 2005도10101 판결.

현이 헌법에 합치하는 법률에 반하는 매우 드문 경우에는 뒤로 물러나야 한다는 것을 원칙적으로 요구하기 때문이다.[10)] ④ 피고인이 증인으로 선서한 이상 진실대로 진술한다고 하면 자신의 범죄를 시인하는 진술을 하는 것이 되고 증언을 거부하는 것은 자기의 범죄를 암시하는 것이 되어 피고인에게 사실대로의 진술을 기대할 수 없다는 이유로 위증죄의 성립을 부정하고 있으나 피고인과 같은 처지의 증인에게는 증언을 거부할 수 있는 권리를 인정하여 위증죄로부터의 탈출구를 마련하고 있는 만큼 적법행위의 기대가능성이 없다고 할 수 없고 선서한 증인이 증언거부권을 포기하고 허위의 진술을 한 이상 위증죄의 처벌을 면할 수 없다 할 것이다. 자기에게 형사상 불리한 진술을 강요당하지 아니할 권리(헌법 제11조 제2항)는 결코 적극적으로 허위의 진술을 할 권리를 보장한 취지는 아닌 것이다. 이러한 견해와 저촉되는 당원 1961.7.13. 선고 4294형상194 판결은 폐기하기로 한다.[11)]

3) 검 토

형법은 기대가능성에 관하여 일반적인 규정을 두고 있지 않다. 결국 해석에 맡겨져 있는 셈이다. 전술한 바와 같이 판례와 다수설은 평균인표준설에 입각하고 있다. 국가표준설에 의하면 언제나 기대가능하다고 하게 되어 기대가능성의 기본사상에 반하고, 행위자표준설에 의하게 되면 언제나 기대불가능하다고 하게 되어 책임판단을 불가능하게 한다는 것이 그 이유이다.

생각건대 적법행위에 대한 기대가능성의 유무의 판단기준으로서는 평균인표준설이 타당하다고 해석된다. 물론 책임판단은 기본적으로 행위자에 대한 판단이고, 행위자가 판단기준이 되는 것이 본래의 취지에 적합하다고 해야 한다. 예컨대 적법행위에 대한 기대불가능성을 근거로 한 대표적인 책임조각사유로서의 강요된 행위에 있어서도 '저항할 수 없는 폭력'이나 '방어할 방법이 없는 협박'은 피강요자를 기준으로 판단하고 있다. 또 과잉방위와 과잉피난에 있어서도 '공포', '경악'(驚愕), '흥분', '당황'은 행위자의 주관적인 심리상태를 무시하고는 판단될 수 없는 성질의 것이라고 해야 한다.

그러나 여기서 말하는 행위자란 구체적인 행위자가 아니라 추상화된 일반적인 행위자라고 해야 한다. 지나치게 민감하거나 너무 둔감하지도 않은 보통인으로서의 행위자, 즉 평균적인 행위자를 의미한다고 해야 한다. 다만 평균적인 행위자는 사회의 전체적인 상황에서의 평균이 아니라 부분적으로 한정된 상황에서의 평균

10) 대법원 2004.7.15. 선고 2004도2965 전원합의체 판결.
11) 대법원 1987.7.7. 선고 86도1724 전원합의체 판결.

을 말한다고 해야 한다. 결국 적법행위에 대한 기대가능성의 유무를 최종적으로 판단함에 있어서는 기본적으로 한정된 상황에서의 평균적인 행위자를 기준으로 판단하고, 그 이외에도 외부사정의 정상성의 여부 등을 추가적으로 고려하여 종합적으로 판단하여야 할 것으로 해석된다. 이러한 의미에서 평균인표준설이 타당하다고 할 수 있다. 다만 평균인표준설에 있어서 평균인을 한정된 상황에서의 행위자의 평균인이라고 이해하고, 행위자표준설에 있어서 행위자를 구체적 행위자가 아니라 일반화된 추상적 행위자로 이해하는 경우에는 평균인과 추상적 행위자 사이의 개념상의 차이는 무한히 좁혀질 수 있다고 해석된다.

제 3 절 책임의 판단

Ⅰ. 서 언

1. 책임판단의 의의

책임의 판단이란 구성요건에 해당하는 위법한 행위를 행한 행위자에 대한 비난으로서 반가치판단(反價値判斷)을 말한다. 책임요소 이외의 것을 무제한적으로 책임판단의 대상으로 하는 것은 법치주의, 즉 죄형법정주의의 취지와 형법의 인권보장기능에 반한다고 해야 한다. 책임의 판단은 법규범에 근거한 반가치판단이라는 점에서 위법성의 판단과 공통되지만, 구체적인 행위자를 기준으로 판단한다는 점에서 일반인을 기준으로 판단하는 위법성의 판단과는 구별된다.

책임의 판단에는 책임의 존부에 대한 판단뿐만 아니라 책임의 정도에 대한 판단도 포함되어 있다. 책임의 존부에 관한 판단은 책임의 소극적 요소에 의하여 책임의 유무가 소극적으로 판단되는 것이고, 책임의 정도에 관한 판단은 책임의 적극적 요소에 의하여 책임의 크기가 적극적으로 판단되는 것이다. 이러한 의미에서 책임의 판단이란 책임의 요소를 대상으로 하여 책임판단의 기준에 따라서 행위자에 대한 비난가능성의 유무와 경중을 평가하는 것이라고 할 수 있다. 책임의 정도에 관한 판단은 범죄의 크기와 양형의 기초가 되는 자료로서 중요한 의미를 가지고 있다. 또 책임의 존부에 관한 판단은, 위법성에 대한 존부의 판단이 위법성조각사유의 유무만을 중심으로 행하여지는 것과는 달리, 적극적으로 책임요소의 존부가 고려되지 않으면 안 된다. 이러한 의미에서 소극적 판단만으로 충분한 위법성의 판단과는 달리 책임판단에 있어서는 적극적 판단과 소극적 판단의 양자 모두가 필요하게 된다. 책임은 소극적 요소가 충족될 때에는 비난이 불가능하여 조각되지만, 적극적 요소가 충족될 때에는 긍정되고 그 크기만큼 비난도 가능하게 되기 때문이다.

2. 책임판단의 유형

(1) 유무의 판단과 정도의 판단

책임의 판단은 구성요건해당성이 인정되고 위법성조각사유가 없다고 판단된 사실에 대하여 그 사실이 행위자를 비난함에 충분한 것인가 또 비난가능성을 가지는 경우에는 어느 정도의 비난할 가치를 가지는가에 대한 판단을 내용으로 한다. 책임의 판단은 유무의 판단과 정도의 판단이 요구된다라는 점에서 위법성의 판단과는 공통되지만 유무의 판단만이 행하여지는 구성요건해당성의 판단과는 구별된다. 근대형법이 확립한 귀책에 있어서의 책임주의는 책임의 유무를 판단하는 기준이라면 현대형법이 확립한 양형에 있어서의 책임주의는 책임의 정도를 판단하는 기준이 된다고 할 수 있다.

책임의 판단은 두 가지의 방법에 의하여 이루어진다. 하나는 책임의 유무에 관한 판단이고, 다른 하나는 책임의 정도에 관한 판단이다. 책임의 판단은 위법성의 판단과 함께 유무의 판단과 정도의 판단을 거친다는 점에서 유무의 판단만을 거치는 구성요건해당성의 판단과는 구별된다. 판단의 순서는 유무의 판단을 먼저 하고 난 다음에 정도의 판단을 하게 된다. 책임이 존재한다고 판단된 후에 비로소 책임의 정도의 판단을 하는 것이 논리적이기 때문이다. 책임의 유무의 판단은 소극적 책임요소에 의한 책임조각사유에 대한 소극적 판단에 의하게 되고, 책임의 정도의 판단은 적극적 책임요소에 의한 책임인정사유 또는 책임감경사유에 대한 적극적 판단에 의하게 된다.

(2) 소극적 판단과 적극적 판단

1) 소극적 판단

책임의 소극적 판단은 구성요건에 해당하고 위법성조각사유가 존재하지 않는 사실에 대하여 책임의 유무를 판단하는 것이다. 구성요건은 위법유형인 동시에 책임유형이기 때문에 구성요건해당성이 인정되면 일단 위법성과 책임이 추정된다. 따라서 위법성의 판단과 책임의 판단은 구성요건해당성을 전제로 위법성의 추정이나 책임의 추정을 깨뜨리는 판단만으로 충분하게 된다는 점에서 공통되게 된다. 이러한 이유에서 책임의 판단에서는 구성요건에 해당하는 행위로서 위법한 행위에 대하여는 예외적으로 책임이 조각되는 경우, 즉 책임조각사유에 대한 검토가 우선하게 된다. 책임조각사유는 책임의 소극적 요소, 즉 책임무능력, 위법성의 불인식 또는 인식불가능성 및 기대불가능성에 의하여 판단되게 된다.

2) 적극적 판단

책임의 적극적 판단이란 소극적 판단에 의하여 책임이 조각되지 않는 경우에는 책임의 존재가 긍정되게 된다. 책임의 판단은 2차적인 판단으로서 책임의 존재를 전제로 책임의 정도를 판단할 것이 요청되게 된다. 그러나 적극적 요소에 관한 판단은 구성요건해당성의 판단시에 이미 검토가 되었기 때문에 구성요건해당성이 인정되면 책임의 적극적 요소도 충족되었다고 추정된다. 구성요건은 위법유형인 동시에 책임유형이고 구성요건에 해당하는 행위에 대하여는 위법성이 추정되고 책임의 적극적 요소도 충족되었다고 추정되기 때문이다. 그럼에도 불구하고 여기서 추정되는 책임요소는 구성요건요소와 중첩되는 책임능력과 책임고의 또는 책임과실에 그치고, 기대가능성은 별개의 책임요소로서 별도의 판단을 요한다. 다만 이 경우 또 다른 책임요소인 위법성의 인식 또는 그 가능성의 체계적 지위에 관하여는 견해가 대립하고 있으나, 고의 또는 과실 속에 내재하고 있다고 하는 견해가 타당하다고 해석된다. 결국, 책임인정사유 또는 책임감경사유는 책임의 적극적 요소, 즉 책임능력, 책임고의 또는 책임과실 및 기대가능성에 의하여 판단되게 된다.

3. 책임판단의 방법

책임요소도 위법성요소와 같이 구성요건에 유형화되어 있는 것이기 때문에 구성요건해당성이 인정되면 원칙적으로 책임의 존재도 추정된다고 하였다. 다만 위법성의 요소는 완전하게 구성요건에 유형화되어 있기 때문에 위법성단계에서는 위법성조각사유만을 검토하면 그것으로 충분함에 반하여 책임단계에 있어서의 유형화의 정도에 대하여는 다툼이 있다. 구성요건단계에 있어서의 책임의 유형화는 책임능력과 고의 및 과실과 같이 책임요소의 일부분뿐이고 책임추정기능도 그 범위에 그치기 때문에 책임단계에서는 다시 그 이외의 요소들에 대하여 검토할 필요가 있다. 즉, 구성요건단계에서 구성요건적 고의 또는 구성요건적 과실이 충족되었다면 책임단계에서도 일단은 책임능력과 책임고의 또는 책임과실이 충족되었다고 추정되지만, 최종적인 책임판단은 구성요건해당성의 판단단계에서 판단이 되지 않은 부분, 즉 나머지의 책임요소에 대한 판단까지 행해져야 충분하게 된다. 구성요건해당성이 인정되면 책임능력과 책임고의 또는 책임과실이 추정되고, 이들이 추정되면 특별한 사유가 없는 한 위법성의 인식 또는 그 가능성과 기대가능성까지 추정된다. 이러한 의미에서 객관적 구성요건과 주관적 구성요건으로 나누어서 고찰하는 구성요건해당성의 판단구조와 같이 이해와 설명의 편의를 위해서는 책임판단의 구조에 있어서도 객관적 책임요소와 주관적 책임요소로 구분하여 검토할 필요가 있다고 생각된다.

한편 위법성의 인식이 있다고 판단된 후에만 책임고의 또는 책임과실의 판단이 진행된다. 왜냐하면 구성요건적 고의가 인정되어도 위법성조각사유에 대한 인식이 있다면 위법성의 인식은 없는 것이고, 이와 같이 위법성의 인식이 부정되게 되면 적극적 요소인 책임고의를 판단할 필요가 없어지게 되기 때문이다. 또 위법성에 있어서의 판단은 객관적 판단, 즉 일반인을 기준으로 하는 것임에 대하여, 책임의 판단에 있어서의 판단은 주관적 판단, 즉 개개의 행위자를 기준으로 한다. 왜냐하면 책임에 있어서는 개별적 행위자의 의사에 향하여진 법규범의 위반이 그 내용으로 되기 때문이다. 그리고 책임판단은 궁극적으로 행위자에 대한 비난가능성이 문제되기 때문에 위법성의 판단에서와 마찬가지로 성질상으로는 구체적이고 비유형적인 판단에 속한다.

Ⅱ. 책임조각사유

책임조각사유(責任阻却事由)란 범죄성립요건 중의 하나인 책임의 성립을 조각하는 사유를 말한다. 원칙적으로 위법성이 인정되는 행위에 대하여 그 책임성을 부정하는 사유가 된다. 경우에 따라서는 면책사유(免責事由)라고도 불린다. 면책사유가 인정되는 경우에는 구성요건에 해당하고 위법한 행위라 할지라도 범죄의 성립이 부정된다. 책임조각사유는 책임무능력, 위법성의 불인식 또는 그 불가능성 및 기대불가능성으로 구성되는 소극적 책임요소를 말한다. 책임판단은 소극적 책임요소에 의하여 소극적으로 판단하는 책임조각사유에 대한 판단이 우선된다. 한편 소극적 책임요소에 대한 판단이 종료되었음에도 불구하고 책임이 조각되지 않은 경우에는 책임능력, 고의 또는 과실 및 기대가능성으로 구성되는 적극적 책임요소에 대한 판단이 후행되게 된다.

1. 책임무능력

형법은 책임무능력자로서 형사미성년자(제9조)와 심신상실자(제10조 제1항)에 관하여 명문으로 규정하고 있다. 나아가 형법은 책임무능력에 대한 예외로서 소위 '원인에 있어서 자유로운 행위'에 관하여도 명문으로 규정하고 있다(제10조 제3항).

(1) 형사미성년자

제 9 조 (형사미성년자) 14세 되지 아니한 자의 행위는 벌하지 아니한다.

1) 형사미성년자의 의의

형사미성년자(刑事未成年者)란 14세 되지 아니한 자를 말한다. 형법은 "14세 되지 아니한 자의 행위는 벌하지 아니한다"고 규정하고 있다(제9조). 형법상 14세 되지 아니한 자는 책임무능력자이기 때문이다. 형법은 14세 되지 아니한 자에 대하여는 개인의 발육상태를 고려하지 아니하고 일률적으로 절대적 책임무능력자로 규정하고 있는 것이다. 연령은 사실의 문제이므로 가족관계등록부의 기록이 절대적 기준으로 되는 것은 아니다. 14세는 만 14세를 의미하며, 범죄 행위의 당시를 기준으로 판단한다.[12] 다만 14세부터 19세 미만의 자에 대하여 아직 성년에 이르지 아니하였기 때문에 범죄소년이라고 하여 특별취급하고 있다(소년법 제2조, 제4조 제1항 참조). 형법이 형사미성년자를 일률적으로 책임무능력자로 한 근거에 대하여는 어린이의 정신의 발달과 성숙과정에는 개인차가 크기 때문에 개별적 판단이 곤란하다는 점, 어린이의 장래의 발육의 가능성에 비추어 형벌을 과하는 것이 형사정책적으로 적절하지 않다는 점 등이 거론되고 있다.

한편 형사미성년자에 대한 나이기준은 민법상의 용어로 표현하면 의사능력자에 해당하는 나이에서부터 미성년자에 해당하는 나이에 이르기까지 폭넓게 가변적이었다는 것이 역사적 사실이다. 형사미성년자의 기준으로서 14세의 나이가 채택된 것은 독일 바이마르 공화국에서의 실패로 끝난 1919년 형법초안(Entwurf zum Strafgesetzbuch von 1919)과 1923년에 제정된 소년법원법(Jugendgerichtsgesetz)의 영향이 컸다고 생각된다. 이에 의하면

12) 대법원 1991.12.10. 선고 91도2478 판결.

14세 미만의 아동은 거의 도덕적으로나 정신적으로 발달단계에 있고 미숙하다는 점, 만 14세로써 대부분의 자는 학업생활을 종료하고, 사실상 생식능력을 가지는 성숙자인 성인으로서의 생활과 직업인으로서의 생활에 들어간다는 점 및 대부분의 국민이 형법상 유책성의 개시시점을 아동기의 종료시점과 시민적 성숙의 제1단계의 기점을 일치시켜 생각한다는 점이 그 이유로서 설명되고 있고, 이 외에도 교도소 직원의 대부분도 12세에서 14세까지의 아동은 일반적으로 교도소생활에 적합하지 않다고 하는 그들의 오랜 경험도 반영되고 있다고 한다.[13]

2) 형사미성년자의 효과

형사미성년자는 책임이 조각되어 범죄가 성립되지 아니한다. 다만 민사상의 미성년자, 즉 19세 미만자에 대하여는 소년법상 소년에 해당되어 특례가 인정되고 있다.

3) 소년법상의 특례

소년법 제2조 (소년 및 보호자) 이 법에서 "소년"이란 19세 미만인 자를 말하며, "보호자"란 법률상 감호교육(監護敎育)을 할 의무가 있는 자 또는 현재 감호하는 자를 말한다.

소년법 제4조 (보호의 대상과 송치 및 통고) ① 다음 각 호의 어느 하나에 해당하는 소년은 소년부의 보호사건으로 심리한다.
1. 죄를 범한 소년
2. 형벌 법령에 저촉되는 행위를 한 10세 이상 14세 미만인 소년
3. 다음 각 목에 해당하는 사유가 있고 그의 성격이나 환경에 비추어 앞으로 형벌 법령에 저촉되는 행위를 할 우려가 있는 10세 이상인 소년
   가. 집단적으로 몰려다니며 주위 사람들에게 불안감을 조성하는 성벽(性癖)이 있는 것
   나. 정당한 이유 없이 가출하는 것
   다. 술을 마시고 소란을 피우거나 유해환경에 접하는 성벽이 있는 것

소년법 제59조 (사형 및 무기형의 완화) 죄를 범할 당시 18세 미만인 소년에 대하여 사형 또는 무기형(無期刑)으로 처할 경우에는 15년의 유기징역으로 한다.

소년법 제60조 (부정기형) ① 소년이 법정형으로 장기 2년 이상의 유기형(有期刑)에 해당하는 죄를 범한 경우에는 그 형의 범위에서 장기와 단기를 정하여 선고한다. 다만, 장기는 10년, 단기는 5년을 초과하지 못한다.
② 소년의 특성에 비추어 상당하다고 인정되는 때에는 그 형을 감경할 수 있다.
③ 형의 집행유예나 선고유예를 선고할 때에는 제1항을 적용하지 아니한다.
④ 소년에 대한 부정기형을 집행하는 기관의 장은 형의 단기가 지난 소년범의 행형(行刑) 성적이 양호하고 교정의 목적을 달성하였다고 인정되는 경우에는 관할 검찰청 검사의 지휘에 따라 그 형의 집행을 종료시킬 수 있다.

---

13) 주호노, "소년의 형사책임에 관한 연구－형사책임능력을 중심으로", 법조 제59권 제12호 2010.12, 55~56쪽.

소년법 제61조 (미결구금일수의 산입) 제18조제1항제3호의 조치가 있었을 때에는 그 위탁기간은 「형법」 제57조제1항의 판결선고 전 구금일수(拘禁日數)로 본다.

소년법 제62조 (환형처분의 금지) 18세 미만인 소년에게는 「형법」 제70조에 따른 유치선고를 하지 못한다. 다만, 판결선고 전 구속되었거나 제18조제1항제3호의 조치가 있었을 때에는 그 구속 또는 위탁의 기간에 해당하는 기간은 노역장(勞役場)에 유치된 것으로 보아 「형법」 제57조를 적용할 수 있다.

소년법 제63조 (징역·금고의 집행) 징역 또는 금고를 선고받은 소년에 대하여는 특별히 설치된 교도소 또는 일반 교도소 안에 특별히 분리된 장소에서 그 형을 집행한다. 다만, 소년이 형의 집행 중에 23세가 되면 일반 교도소에서 집행할 수 있다.

소년법 제64조 (보호처분과 형의 집행) 보호처분이 계속 중일 때에 징역, 금고 또는 구류를 선고받은 소년에 대하여는 먼저 그 형을 집행한다.

소년법 제65조 (가석방) 징역 또는 금고를 선고받은 소년에 대하여는 다음 각 호의 기간이 지나면 가석방(假釋放)을 허가할 수 있다.
1. 무기형의 경우에는 5년
2. 15년 유기형의 경우에는 3년
3. 부정기형의 경우에는 단기의 3분의 1

범죄를 행한 소년에 대하여 형사사건을 처리하는 형사특별법으로서 소년법이 제정되어 있다.[14] 소년법은 소년범에 대하여 형사처벌에 대한 특례와 보호처분에 관하여 규정하고 있다. 소년법에 있어서 기본적인 원칙은 소년에 대한 보호주의(保護主義)에 있다. 소년법은 '반사회성이 있는 소년의 환경조정과 품행교정을 위한 보호처분 등의 필요한 조치를 하고, 형사처분에 관한 특별조치를 함으로써 소년이 건전하게 성장하도록 돕는 것을 목적으로 한다'고 규정하여 보호주의를 천명하고 있다(소년법 제1조). 우선 형사책임에 있어서의 대원칙인 책임주의와 소년의 형사책임에 있어서의 대원칙인 보호주의의 조화가 문제되지 않을 수 없다. 또 보호주의에 입각한 보호처분이라고 하더라도 이것 역시 국가의 강제력에 의한 개입이라고 하지 않을 수 없고, 국가가 강제력을 행사하기 위하여는 그 근거가 명백하여야 한다는 것은 당연하다. 전자를 책임능력, 즉 형사책임능력의 문제라고 한다면, 후자는 소년에 대한 보호필요성의 문제라고 할 수 있다.

① 소년범의 의의

소년범(少年犯)이란 범죄행위를 한 소년을 말한다. 소년(少年)이란 19세 미만의 자를 말한다(소년법 제2조 참조). 나이를 기준으로 볼 때 민법상의 미성년자와 일치하고 있다(민법 제4조 참조). 이는 민법상 성년의 나이가 2013년 7월 1일부로 20세에서 19세로 하향조

14) 소년법 1958.7.24. 제정 법률 제489호 1958.7.24. 시행.

정됨으로써 발생한 결과이다.[15] 여기서 형법상 형사미성년자는 14세 미만의 자를 말하기 때문에 소년은 형사책임을 질 수 있는 14세 이상 19세 미만의 자와 형사책임을 지지 않는 14세 미만의 자로 나누어질 수 있다. 전자는 소년법에 의하면 죄를 범한 소년, 소위 범죄소년(犯罪少年)으로 된다(소년법 제4조 제1항 제1호). 후자의 경우에도 소년법은 10세 이상 14세 미만의 자로서 형벌법령에 저촉되는 행위를 한 소년을 소위 촉법소년(觸法少年)으로 분류하고 있다(소년법 제4조 제1항 제2호). 결국 10세 미만의 자는 형법의 적용을 받지 아니할 뿐만 아니라 소년법의 적용도 받지 아니하는 자, 소위 '절대적 책임무능력자'가 된다고 할 수 있다. 한편 소년법은 10세 이상 19세 미만의 자 중에서 일정한 자를 소위 우범소년(虞犯少年)으로 분류하고 있다. 즉, 소년법은 집단적으로 몰려다니며 주위 사람들에게 불안감을 조성하는 성벽이 있거나, 정당한 이유 없이 가출하거나 또는 술을 마시고 소란을 피우거나 유해환경에 접하는 성벽이 있고 그의 성격이나 환경에 비추어 앞으로 형벌법령에 저촉되는 행위를 할 우려가 있는 10세 이상 19세 미만의 소년은 우범소년에 속한다고 규정하고 있다(소년법 제4조 제1항 제3호). 소년의 판단시점은 심판시, 즉 사실심판결선고시를 기준으로 한다.[16] 소년이라는 심판의 조건은 범행시뿐만 아니라 심판시, 즉 사실심판결선고시까지 계속되어야 하기 때문이다.[17] 소년의 판단은 심판시를 기준으로 한다는 점에서 범행시를 기준으로 판단하는 형사미성년자의 경우와는 구별된다고 할 수 있다.

② 소년범에 대한 특례

소년범에 대하여는 소년법이 형법에 대한 특례를 규정하고 있다. 첫째, 사형과 무기형에 대한 완화이다. 죄를 범할 당시 18세 미만인 소년에 대하여는 사형 또는 무기형으로 처할 경우에는 15년의 유기징역으로 하도록 하고 있다(소년법 제59조). 둘째, 부정기형의 적용이다. 소년이 법정형으로 장기 2년 이상의 유기형에 해당하는 죄를 범한 경우에는 그 형의 범위에서 장기와 단기를 정하여 선고하되, 장기를 10년 단기는 5년을 초과하지 못하도록 하고 있다(소년법 제60조 제1항). 소년법은 인격이 형성되는 과정에 있기에 그 개선가능성이 풍부하고 심신의 발육에 따르는 특수한 정신적 동요상태에 놓여 있는 소년의 특수성을 고려하여 소년의 건전한 성장을 돕기 위해 형사처분에 관한 특별조치로서 소년에 대하여 부정기형을 선고하도록 정하

15) 민법 2011.3.7. 일부개정 법률 제10429호 2013.7.1. 시행.

16) 대법원 2020.10.22. 선고 2020도4140 전원합의체 판결; 대법원 2009.5.28. 선고 2009도2682, 2009전도7 판결.

17) 대법원 2000.8.18. 선고 2000도2704 판결.

고 있는 것이다.[18] 셋째, 가석방요건의 완화이다. 징역 또는 금고를 선고받은 소년에 대하여는 무기형의 경우에는 5년, 15년 유기형의 경우에는 3년 및 부정기형의 경우에는 단기의 3분의 1이 지나면 가석방을 허가할 수 있도록 하고 있다(소년법 제65조). 이 외에도 소년에 대하여는 미결구금일수의 산입(소년법 제61조), 환형처분의 금지(소년법 제62조), 징역·금고의 집행(소년법 제63조) 및 보호처분과 형의 집행(소년법 제64조) 등의 특례가 규정되어 있다.

(2) 심신상실자

제10조 (심신장애인) ① 심신장애로 인하여 사물을 변별할 능력이 없거나 의사를 결정할 능력이 없는 자의 행위는 벌하지 아니한다.

1) 심신상실의 의의

심신상실(心神喪失)이란 심신장애로 인하여 사물을 변별할 능력이 없거나 의사를 결정할 능력이 없는 상태를 말한다. 이러한 상태에 있는 사람을 심신상실자(心神喪失者)라고 한다. 형법은 “심신장애로 인하여 사물을 변별할 능력이 없거나 의사를 결정할 능력이 없는 자의 행위는 벌하지 아니한다”고 하여 심신상실을 책임조각사유로 규정하고 있다(제10조 제1항). 한편 조선시대에는 신체와 정신의 장애정도에 따라 질병이 남아 있거나 장애가 있는 잔질인(殘疾人), 고칠 수 없는 병에 걸린 폐질인(廢疾人) 및 매우 위독한 병에 걸린 독질인(篤疾人)으로 구분하여 세금과 형벌 등에 차등을 두는 경우가 있었다고 한다.

2) 심신상실의 요건

심신상실은 혼합적 규정방식의 결과로서 심신장애라는 생물학적 요건과 사물을 변별하거나 의사를 결정할 능력이 없다는 심리학적 요건을 모두 충족해야 한다. 즉, 심신장애는 생물학적 요소로서 정신병 또는 비정상적 정신상태와 같은 정신적 장애가 있는 외에 심리학적 요소로서 이와 같은 정신적 장애로 말미암아 사물에 대한 변별능력과 그에 따른 행위통제능력이 결여되거나 감소되었음을 요하므로, 정신적 장애가 있는 자라고 하여도 범행 당시 정상적인 사물변별능력이나 행위통제능력이 있었다면 심신장애로 볼 수 없다.[19]

---

18) 대법원 2020.10.22. 선고 2020도4140 전원합의체 판결; 대법원 2016.7.27. 선고 2016도7112 판결; 대법원 2014.11.13. 선고 2014도11586 판결.

19) 대법원 2018.9.13. 선고 2018도7658, 2018전도54, 55, 2018보도6, 2018모2593 판결; 대법원 2013.1.24. 선고 2012도12689 판결; 대법원 2007.6.14. 선고 2007도2360 판결; 대법원 2007.2.8.

① 생물학적 요건

심신상실자의 생물학적 요건은 심신장애(心神障碍)이다. 형법은 심신장애에 관하여 아무런 정의규정을 두고 있지 아니하기 때문에 완전히 해석에 맡겨져 있다고 할 수 있다. 문제는 심신장애의 의미에 있다.

ⓘ 학 설: 심신장애는 흔히 정신장애와 동의어로 사용되고 있다. 마치 정신장애의 고어가 심신장애인 것처럼 통용되고 있다고 해도 과언은 아닌 듯하다. 이는 독일 형법의 영향을 받은 것으로 판단된다. 독일 형법은 정신장애로 인한 책임무능력에 관하여 다음과 같이 규정하고 있다. 즉, '범행 당시 병적인 정신장애, 심한 의식장애 또는 정신박약 기타 중대한 정신이상으로 인하여 행위의 불법을 변별하거나 또는 그 변별에 따라 행위하는 능력이 결여된 자는 책임 없이 행위한 것이다'라고 규정하고 있다(독일 형법 제20조).[20] 독일 형법은 생물학적 요소로서 병적인 정신장애, 심한 의식장애, 정신박약 및 기타 중대한 정신이상을 열거하고 있는 것이다.

ⓙ 판 례: 판례에 의하면 생물학적 요소로서의 심신장애는 정신장애를 의미하고, 정신장애의 유형으로는 정신병, 정신박약 및 비정상적 정신상태가 거론되고 있다. 심신장애를 긍정한 판례의 구체적 내용은 다음과 같다. 즉,

> ① 특단의 사정이 없는 한 성격적 결함을 가진 자에 대하여 자신의 충동을 억제하고 법을 준수하도록 요구하는 것이 기대할 수 없는 행위를 요구하는 것이라고는 할 수 없으므로, 사춘기 이전의 소아들을 상대로 한 성행위를 중심으로 성적 흥분을 강하게 일으키는 공상, 성적 충동, 성적 행동이 반복되어 나타나는 소아기호증은 성적인 측면에서의 성격적 결함으로 인하여 나타나는 것으로서, 소아기호증과 같은 질환이 있다는 사정은 그 자체만으로는 형의 감면사유인 심신장애에 해당하지 아니한다고 봄이 상당하고, 다만 그 증상이 매우 심각하여 원래의 의미의 정신병이 있는 사람과 동등하다고 평가할 수 있거나, 다른 심신장애사유와 경합된 경우 등에는 심신장애를 인정할 여지가 있으며, 이 경우 심신장애의 인정 여부는 소아기호증의 정도, 범행의 동기 및 원인, 범행의 경위 및 수단과 태양, 범행 전후의 피고인의 행동, 증거인멸 공작의 유무, 범행 및 그 전후의 상황에 관한 기억의 유무 및 정도, 반성의 빛의 유무, 수사 및 공판정에서의 방어 및 변소의 방법과 태도, 소아기호증 발병 전의 피고인의 성격과 그 범죄와

선고 2006도7900 판결; 대법원 1992.8.18. 선고 92도1425 판결.

20) StGB § 20 Schuldunfähigkeit wegen seelischer Störungen Ohne Schuld handelt, wer bei Begehung der Tat wegen einer krankhaften seelischen Störung, wegen einer tiefgreifenden Bewußtseinsstörung oder wegen einer Intelligenzminderung oder einer schweren anderen seelischen Störung unfähig ist, das Unrecht der Tat einzusehen oder nach dieser Einsicht zu handeln.

의 관련성 유무 및 정도 등을 종합하여 법원이 독자적으로 판단할 수 있다.[21] ② 자신의 충동을 억제하지 못하여 범죄를 저지르게 되는 현상은 정상인에게서도 얼마든지 찾아볼 수 있는 일로서, 특단의 사정이 없는 한 성격적 결함을 가진 자에 대하여 자신의 충동을 억제하고 법을 준수하도록 요구하는 것이 기대할 수 없는 행위를 요구하는 것이라고는 할 수 없으므로, 원칙적으로 충동조절장애와 같은 성격적 결함은 형의 감면사유인 심신장애에 해당하지 아니한다고 봄이 상당하지만, 그 이상으로 사물을 변별할 수 있는 능력에 장애를 가져오는 원래의 의미의 정신병이 도벽의 원인이라거나 혹은 도벽의 원인이 충동조절장애와 같은 성격적 결함이라 할지라도 그것이 매우 심각하여 원래의 의미의 정신병을 가진 사람과 동등하다고 평가할 수 있는 경우에는 그로 인한 절도 범행은 심신장애로 인한 범행으로 보아야 한다.[22] ③ 정신적 장애가 정신분열증과 같은 고정적 정신질환의 경우에는 범행의 충동을 느끼고 범행에 이르게 된 과정에 있어서의 범인의 의식상태가 정상인과 같아 보이는 경우에도 범행의 충동을 억제하지 못한 것이 흔히 정신질환과 연관이 있을 수 있고, 이러한 경우에는 정신질환으로 말미암아 행위통제능력이 저하된 것이어서 심신미약이라고 볼 여지가 있다.[23] ④ 정신분열증으로 피해자가 사상적으로 불순하고 피고인의 종교생활을 방해하며 방사선으로 피고인을 고문할 것이라는 피해망상에 사로잡혀 이에 대한 정당방위를 한다는 자폐증적 사고로써 한 행위는 심신상실자의 행위에 해당한다.[24]

심신장애를 부정한 판례의 구체적 내용은 다음과 같다. 즉,

특별한 사정이 없는 한 성격적 결함을 가진 사람에 대하여 자신의 충동을 억제하고 법을 준수하도록 요구하는 것이 기대할 수 없는 행위를 요구하는 것이라고는 할 수 없으므로, 무생물인 옷 등을 성적 각성과 희열의 자극제로 믿고 이를 성적 흥분을 고취시키는 데 쓰는 성주물성애증이라는 정신질환이 있다고 하더라도 그러한 사정만으로는 절도 범행에 대한 형의 감면사유인 심신장애에 해당한다고 볼 수 없고, 다만 그 증상이 매우 심각하여 원래의 의미의 정신병이 있는 사람과 동등하다고 평가할 수 있거나, 다른 심신장애사유와 경합된 경우 등에는 심신장애를 인정할 여지가 있으며(대법원 1995.2.24. 선고 94도3163 판결 등 참조), 이 경우 심신장애의 인정 여부는 성주물성애증의 정도 및 내용, 범행의 동기 및 원인, 범행의 경위 및 수단과 태양, 범행 전후의 피고인의 행동, 범행 및 그 전후의 상황에 관한 기억의 유무 및 정도, 수사 및 공판절차에서의 태도 등을 종합하여 법원이 독자적으로 판단할 수 있다(대법원 1994.5.13. 선고 94도581 판결 등 참조).[25]

21) 대법원 2007.2.8. 선고 2006도7900 판결.
22) 대법원 1999.4.27. 선고 99도693,99감도17 판결.
23) 대법원 1992.8.18. 선고 92도1425 판결.
24) 대법원 1970.7.28. 선고 70도1358 판결.
25) 대법원 2013.1.24. 선고 2012도12689 판결.

ⅲ 검 토: 심신장애는 신(身)장애(körperliche Störung)가 아니라 심(心)장애(geistige Störung)와 신(神)장애(seelische Störung)의 의미가 결합된 복합적인 개념이라고 해석된다.[26] 사람은 영(靈, soul), 심(心, spirit) 및 신(身, body)으로 구성된다고 볼 때 이는 각각 종교, 철학 및 의학의 영역으로서 그 각각의 장애도 또한 신(神)장애, 심(心)장애 및 신체(身體)장애로 나타난다고 할 수 있기 때문이다. 이러한 의미에서 심(心)장애는 정신장애로 해석될 여지가 충분히 있다고 보인다. 이에 반하여 신(神)장애는 영적(靈的) 장애로서 종교의 영역에서 의미를 가지는 종교적 개념이라고 할 수 있다. 종교적으로 신병(神病)이라는 개념이 있을 뿐만 아니라 특히 무교(巫敎)에서는 무병이라는 용어를 사용하고 있다. 또 무병(巫病)은 우리의 문화와 밀접한 관련을 가지고 있다고 할 때 신병은 문화적인 의미도 가진다고 할 수 있다.그러나 현대과학은 신병을 당연히 초자연적인 현상으로만 파악하지는 않고 있다. 신병은 현대 정신의학적 관점에서 볼 때 정신병의 일종으로 파악되고 있다고 할 수 있다. 더욱이 한의학에 관한 대표적인 의학서인 동의보감에서도 신병은 헛것이 보이는 병으로서 사수(邪祟)라는 일종의 정신병으로 진단되었다고 한다. 결국 형법상 심신장애(心神障碍)라는 개념은 현대의 정신의학적 관점에서 정신장애(精神障碍)에 해당하는 개념으로 재해석될 여지는 어느 정도 가능하다고 생각된다. 심신장애와 관련하여 정신병, 정신박약 및 비정상적 정신상태에 대하여 고찰하면 다음과 같다.

ⅰ. 정신병 정신병(精神病)이란 독일 형법상으로는 병적인 정신장애(krankhafte seelische Störung)를 의미한다. 정신병은 종래 원인을 중심으로 각성제에 의한 중독정신병과 같이 원인이 명확한 외인성정신병과 환각, 망상 등과 같이 원인이 명확하지 않지만 외인성정신병과 같은 증상부터 정신분열, 조울증과 같이 무엇인가 신체적 원인이 있다고 추정되는 증상까지의 내인성정신병으로 분류된다.

ⅱ. 정신박약 정신박약(精神薄弱, Schwachsinn)이란 정신지체 또는 지적 장애라고도 한다. 용어는 정신박약, 정신지체 및 지적 장애의 순으로 변천해오고 있다. 엄밀하게 보면 정신이상에 속하지만, 주로 지능지수(IQ)에 의하여 형식적으로 분류되어온 점이 특징이다. 예컨대 벡슬러(David Wechsler, 1896~1981)의 성인지능척도(WAIS, Wechsler Adult Intelligence Scale)에 의하면 경증(輕症, IQ 55~69), 중증(中症, IQ 40~54), 중증(重症, IQ 25~39) 및 최중증(最重症, IQ 24 미만)으로 분류된다. 그러나 지능지수

---

26) 1939년 10월 개시되어 1941년 8월 중지될 때까지 200,000명 이상을 살해한 나치 독일의 안락사 정책(Aktion T4, Action T4, Euthanasia Programm)은 신체적 · 정신적 · 영적 장애를 가진 사람(Menschen mit körperlichen, geistigen und seelischen Behinderungen)을 그 대상으로 하고 있었다.

의 분류와 책임능력은 그대로 비례할 수 있는 것은 아니다. 한편 IQ 70 미만은 원칙적으로 한정책임능력, IQ 50 미만은 원칙적으로 책임무능력이라고 하는 주장도 있다.

iii. 비정상적 정신상태 　　비정상적 정신상태는 독일 형법상의 '심한 의식장애'와 '중대한 정신이상'을 포함하는 개념으로서 이해할 수 있다. 심한 의식장애(tiefgreifende Bewusstseinstörung)란 수면, 피로, 명정(酩酊, Rausch), 충동조절장애 등 일과적(一過的)인 의식장애 중에서 정도가 높은 것을 의미한다. 특히 형사사건에서 문제되는 것은 명정(酩酊)이다. 일본에서는 명정에 관하여 이를 단순명정과 이상명정으로 분류하고, 후자를 다시 복잡명정과 병적 명정으로 세분한다. 그런 다음 단순명정은 완전책임능력, 복잡명정은 한정책임능력, 병적 명정은 책임무능력이라고 하는 3분류법이 유력하다고 한다. 중대한 정신이상(schwere seelische Abartigkeit)으로서 종래 특히 문제로 된 것은 소위 정신병질(精神病質)이다.

② 심리학적 요건

심신상실의 심리학적 요건으로서는 '사물을 변별할 능력' 또는 '의사를 결정할 능력'이 없을 것을 요한다. 원래 심신장애는 그 증상으로서 사물을 변별할 능력이나 의사를 결정할 능력의 상실 내지 한정을 포함하는 경우가 많다. 한편 심리학적 요건의 존재는 생물학적 요건의 존재를 근거로 사실상 추정될 수도 있다.

ⓘ **사물을 변별할 능력 :** 　　사물을 변별(辨別)할 능력이란 행위의 위법성을 변별하여 알 수 있는 능력을 말한다. 즉, 사물을 변별할 능력이란 사물의 선악과 시비를 합리적으로 판단할 수 있는 능력을 말한다.[27] 형법을 시비선악규범이라고 할 때 시비(是非)와 선악(善惡)을 판단할 수 있는 능력은 형법에 대한 규범적 판단능력을 의미한다. 시비나 선악에 대한 판단능력은 인간에게 천부적이라고 할 때 시비나 선악을 판단할 능력은 자연적 통찰능력(自然的 洞察能力)을 의미한다고 할 수 있다. 결국 사물을 변별할 능력이란 형법상의 판단능력으로서 자연적 통찰능력을 의미한다고 결론지을 수 있다. 여기서 '자연적'이라는 말은 태어나면서부터 스스로, 가르쳐주지 않아도, 배우지 않아도 또는 설명정보가 없어도 등을 말하고, '통찰'이라는 용어는 축적된 지식과 경험이 한순간에 폭발하여 본능적으로 육감이나 직관에 의하여 판단하는 것을 의미한다.

ⓘⓘ **의사를 결정할 능력 :** 　　의사를 결정할 능력이란 사물을 변별한 바에 따

27) 대법원 2015.3.20. 선고 2014도17346 판결.

라 의지를 정하여 자기의 행위를 통제하거나 제어할 수 있는 능력을 말한다.[28] 인간의 행동은 인격에 있어서의 지 · 정 · 의(知 · 情 · 意)의 상호작용으로서 나타나는 것이고,[29] 책임능력도 그러한 인간의 행동을 기초로 할 필요가 있다. 따라서 변별능력과 제어능력을 구비한 자에 대하여만 비난이 가능하다고 할 수 있다.

3) 심신상실의 판단방법

책임능력은 법적 개념이기 때문에 생물학적 요건과 심리학적 요건에 대한 판단은 모두 최종적으로 법원에 맡겨져 있다. 법원은 심신장애에 관한 판단에 있어서도 의학적인 평가로 판단하는 감정인의 판단에 구속되지 아니한다. 뿐만 아니라 감정결과의 채택여부도 법원의 합리적 재량에 위임되어 있다. 심신상실의 판단방법에 관한 판례의 구체적 내용은 다음과 같다. 즉,

> ① 심신장애의 상태에 있었는지 여부를 판단함에 있어 반드시 전문가의 감정을 거쳐야 하는 것은 아니므로, 법원이 범행의 경위와 수단, 범행 전후의 피고인의 행동 등 기록에 나타난 여러 자료와 공판정에서의 피고인의 태도 등을 종합하여 피고인이 심신장애의 상태에 있지 아니하였다고 판단하여도 이것만 가지고 위법이라고 할 수는 없다.[30] ② 형법 제10조에 규정된 심신장애의 유무 및 정도의 판단은 법률적 판단으로서 반드시 전문감정인의 의견에 기속되어야 하는 것은 아니고, 정신질환의 종류와 정도, 범행의 동기, 경위, 수단과 태양, 범행 전후의 피고인의 행동, 반성의 정도 등 여러 사정을 종합하여 법원이 독자적으로 판단할 수 있다.[31] ③ 피고인에게 우울증 기타 정신병이 있고 특히 생리도벽이 발동하여 절도 범행을 저지른 의심이 든다는 이유로 전문가에게 피고인의 정신상태를 감정시키는 등의 방법으로 심신장애 여부를 심리하여야 한다.[32] ④ 형법 제10조 제1항, 제2항에 규정된 심신장애의 유무 및 정도의 판단은 법률적 판단으로서 반드시 전문감정인의 의견에 기속되어야 하는 것은 아니고, 정신분열증의 종류와 정도, 범행의 동기, 경위, 수단과 태양, 범행 전후의 피고인의 행동, 반성의 정도 등 여러 사정을 종합하여 법원이 독자적으로 판단할 수 있다.[33] ⑤ 형법 제10조 소정의 심신장애의 유무 및 정도를 판단하는 데에는 반드시 전문가의 감정에 의존하여야 하는 것은 아니고, 범행의 경위, 수단, 범행 전후의 피고인의 행동 등 기록에

---

28) 대법원 2015.3.20. 선고 2014도17346 판결.

29) 지정의(知情意)란 인간의 세 가지의 심적 요소인 지성(知性), 감정(感情) 및 의지(意志)를 이르는 말이다.

30) 대법원 2007.6.14. 선고 2007도2360 판결.

31) 대법원 1999.8.24. 선고 99도1194 판결.

32) 대법원 1999.4.27. 선고 99도693,99감도17 판결.

33) 대법원 1999.1.26. 선고 98도3812 판결; 대법원 1994.5.13. 선고 94도581 판결.

나타난 관계 자료와 피고인의 법정 태도 등을 종합하여 법원이 독자적으로 판단할 수 있다.[34] ⑥ 피고인이 범행 당시 심신장애의 상태에 있었는지 여부를 판단함에는 반드시 전문가의 감정을 거쳐야 하는 것이 아니고, 법원이 범행의 경위와 수단, 범행 전후의 피고인의 행동 등 기록에 나타난 제반 자료와 공판정에서의 피고인의 태도 등을 종합하여 피고인이 심신장애의 상태에 있지 아니하였다고 판단하여도 이것만 가지고 위법이라고 할 수는 없다.[35] ⑦ 심신장애의 여부는 기록에 나타난 제반자료와 공판정에서의 피고인의 태도 등을 종합하여 판단하여도 무방하다.[36] ⑧ 본조에서 말하는 사물을 판별할 능력 또는 의사를 결정할 능력은 자유의사를 전제로 한 의사결정의 능력에 관한 것으로서, 그 능력의 유무와 정도는 감정사항에 속하는 사실문제라 할지라도 그 능력에 관한 확정된 사실이 심신상실 또는 심신미약에 해당하는 여부는 법률문제에 속하는 것인바 피고인의 범행 당시 정신상태가 심신미약인 상태에 해당되는 것으로 사료된다는 취지의 감정서의 기재 및 이에 대한 감정인의 증언은 감정결과인 인격해리상태에 대한 자신의 법률적 평가를 개진하였음에 불과하므로 그 정신상태에 관한 판단의 자료가 될 수 없다.[37]

4) 심신상실의 효과

심신상실자의 행위는 벌하지 아니한다(제10조 제1항). 심신상실자는 책임무능력자로서 책임이 조각되기 때문이다. 다만 심신상실자가 금고 이상의 형에 해당하는 죄를 범하고, 치료감호시설에서 치료를 받을 필요가 있고 재범의 위험성이 있는 경우에는 치료감호대상자가 된다(치료감호법 제2조 제1항 제1호). 한편 민법은 "심신상실 중에 타인에게 손해를 가한 자는 배상의 책임이 없다. 그러나 고의 또는 과실로 인하여 심신상실을 초래한 때에는 그러하지 아니하다"고 규정하고 있다(민법 제754조 참조).

2. 위법성의 불인식

(1) 개 관

1) 소극적 책임요소

위법성의 인식(違法性의 認識)은 책임의 요소이다. 근대형법의 기본원칙인 책임주의, 특히 개인책임주의는 행위의 위법성을 결여하고 행위한 자에 대하여는 비난할 수 없다는 것을 내용으로 하고 있기 때문이다. 책임주의의 당연한 결과로서

34) 대법원 1997.7.25. 선고 97도1142 판결.
35) 대법원 1993.12.7. 선고 93도2701 판결; 대법원 1987.10.13. 선고 87도1240 판결.
36) 대법원 1984.5.22. 선고 84도545 판결.
37) 대법원 1968.4.30. 선고 68도400 판결.

위법성에 대한 인식이 없는 경우(위법성의 불인식) 또는 그것을 인식할 가능성이 없는 경우(위법성의 인식불가능성)에는 비난이 불가능하게 되어 책임이 조각되게 된다. 결국 위법성의 불인식 또는 인식불가능성은 책임조각사유가 되는 셈이다. 이러한 의미에서 위법성의 불인식 또는 인식불가능성은 책임무능력과 기대불가능성과 함께 소극적 책임요소가 된다는 것을 이해할 수 있다.

2) 위법성의 불인식과 법률의 착오

착오에 의하여 위법성의 인식이 결여된 경우 법률의 착오가 문제될 수 있다. 위법성의 불인식 또는 인식불가능성의 경우 견해에 따라서는 위법성의 인식 또는 그 가능성의 체계적 지위와 관련하여 고의의 조각여부 또는 책임의 조각여부가 문제되기 때문이다.

(2) 법률의 착오의 개념

제16조 (법률의 착오) 자기의 행위가 법령에 의하여 죄가 되지 아니하는 것으로 오인한 행위는 그 오인에 정당한 이유가 있는 때에 한하여 벌하지 아니한다.

1) 의 의

법률의 착오(法律의 錯誤, Rechtsirrtum)란 자기의 행위가 법령에 의하여 죄가 되지 아니하는 것으로 오인하여 위법성에 대한 인식이 없는 경우를 말한다. 즉 인식한 사실은 결과로서 발생하였지만, 그 행위는 '위법하지 않다'고 생각한 나머지 위법성을 인식하지 못한 경우를 말한다. 금지의 착오(禁止의 錯誤, Verbotsirrtum) 또는 위법성의 착오(違法性의 錯誤, Irrtum über die Rechtswidrigkeit)라고도 한다. 다만 구성요건요소에 대한 착오를 구성요건적 착오라고 하는 반면 위법성요소에 대한 착오를 위법성의 착오라고 한다면 위법성에는 금지(명령)뿐만 아니라 위법성조각사유, 즉 정당화사유도 포함되기 때문에 경우에 따라 위법성의 착오는 금지의 착오뿐만 아니라 허용의 착오도 포괄하는 광의의 개념이 될 수도 있다.

2) 형법의 규정

형법은 법률의 착오에 관하여 "자기의 행위가 법령에 의하여 죄가 되지 아니하는 것으로 오인한 행위는 그 오인에 정당한 이유가 있는 때에 한하여 벌하지 아니한다"고 명문으로 규정하고 있다(제16조).

3) 사실의 착오와의 구별

고의책임의 본질은 행위자의 반규범적 인격태도에 대한 중한 도의적 비난에 있다고 할 수 있다. 실행행위시에 규범에 직면하여, 다시 말해서 형법 등의 법규에 의하여 금지되어 있다는 사실을 알면서 굳이 규범을 돌파하여 실행행위에 이른 행위에 무거운 도의적 비난이 가능하기 때문이다.

문제는 착오의 경우에 있다. 착오란 행위자가 인식한 사실과 현실로 발생한 결과 사이의 불일치를 말한다. 형법상 착오는 사실의 착오와 법률의 착오로 나누어진다. 사실의 착오란 어느 사실을 오인하여 구성요건해당사실에 대한 인식이 없는 경우이고, 법률의 착오란 구성요건해당사실에 대한 인식은 있으나 그 행위에 대한 위법성의 인식이 없는 경우이다. 예컨대 사람을 곰이라고 생각하고 발포한 경우가 사실의 착오이다. 이에 반하여 사람을 살해해서는 안 된다는 것을 알고 있었지만 범죄자는 죽여도 된다고 생각하고 살해한 경우와 같이 사람을 살해한다는 인식, 즉 구성요건해당사실에 대한 인식은 있으나 범죄자는 사람이지만 살해해도 된다고 하여 법적 평가를 잘못한 경우는 법률의 착오로 된다.

사실의 착오는 행위자가 예견한 사실과 현실적으로 발생한 사실이 일치하지 않는 경우를 말하기 때문에 착오에 의하여 구성요건요소로서의 고의, 즉 구성요건적 고의가 조각되는가가 문제된다. 또 고의가 조각된다고 하는 경우에도 또 다시 과실범의 성부가 문제된다. 이에 반하여 법률의 착오란 범죄사실은 인식했지만 자신의 행위가 법률상 허용되고 있다고 오신한 경우를 말하기 때문에 착오에 의하여 위법성의 인식을 가지고 있지 않은 점을 근거로 책임요소로서의 고의, 즉 책임고의의 조각여부 또는 견해에 따라서는 이와는 별개로 책임의 조각여부가 문제된다. 또 사실의 착오는 구성요건단계에서 판단한다는 점에서 책임의 단계에서 판단하는 법률의 착오와 구별된다.

(3) 법률의 착오의 적용대상

법률의 착오에 있어서 그 적용대상과 관련해서는 착오의 유형이 문제되고 있다. 형법이 법률의 착오의 적용대상으로서 '자기의 행위가 법령에 의하여 죄가 되지 아니하는 것으로 오인한 행위'라고만 규정하고 있기 때문이다(제16조). 오인한 행위란 법률의 착오로 인하여 위법성을 인식하지 못한 상태에서 행한 행위를 말한다. 법률의 착오는 그 유형으로서 적극적으로 착오를 일으킨 경우뿐만 아니라 소극적으로 착오에 이르른 경우도 포함하는 것으로 해석될 수 있다. 결국 법률의 착오의 적용대상의 문제는 법률의 착오의 유형의 문제와 직결된다고 할 수 있다.

1) 학 설

학설은 이설 없이 법률의 착오의 적용대상이 되는 착오의 유형을 직접적 착오와 간접적 착오로 대별하고 있다. 다만 학설은 위법성조각사유의 전제사실에 관한 착오에 대하여는 이를 법률의 착오의 적용범위에서 배제하여 사실의 착오와 법률의 착오의 중간에 위치한 별도의 착오의 유형으로 분류하기도 한다.

① 직접적 착오

직접적 착오(直接的 錯誤, direkter Irrtum)란 행위자가 자신의 행위에 직접적으로 적용되는 금지규범이 존재하지 않는다고 오인하여 위법성의 인식이 결여된 경우를 말한다. '직접적'이라는 말은 객관적으로는 위법하지만, 주관적으로는 행위자 본인에게 처음부터 위법하지 않다고 인식하여 위법성의 인식이 결여되어 있음을 표시하기 위한 수식어로 설명되고 있다. 이러한 의미에서 직접적 착오를 흔히 금지의 착오(禁止의 錯誤, Verbotsirrtum)라고도 한다. 직접적 착오의 유형으로서는 법률의 부지, 포섭의 착오 및 효력의 착오가 거론되고 있다.

ⓘ **법률의 부지 :** 법률의 부지(法律의 不知)란 법률의 규정 그 자체를 알지 못하여 위법성을 인식하지 못한 경우를 말한다. 예컨대 흡연용 대마초의 소지를 금지하고 있는 법률의 존재 자체를 모르고 있는 경우를 말한다. 법률의 부지는 법률의 규정 자체를 알지 못하고 있다는 점에서 법률의 규정 자체는 알고 있지만 해석상 또는 적용상에 착오가 있는 포섭의 착오 또는 효력의 착오와는 구별된다. 이러한 의미에서 법률의 부지는 금지규범의 존재 자체에 관한 착오(Irrtum über die Existenz einer Verbotsnorm), 즉 금지의 착오(Verbots-irrtum)라고 할 수 있음에 반하여, 포섭의 착오나 효력의 착오는 금지규범의 효력범위에 관한 착오(Irrtum über die Reichweite einer Verbotsnorm)에 속한다고 할 수 있다.

ⓘⓘ **효력의 착오 :** 효력의 착오(效力의 錯誤, Gültigkeitsirrtum)란 법률의 규정은 인식하고 있었지만, 일반적 구속력을 가지는 법규범의 적용범위를 잘못 판단하여 그 규정이 무효라고 생각한 나머지 위법성의 인식을 결여한 경우를 말한다. 법률이 상위규범에 위반된다거나 아직 시행되고 있지 않다거나 또는 이미 폐지되었다고 오인하기 때문에 무효라고 생각한 경우에 발생할 수 있다. 그러나 법규범을 인식하고 있는 이상 확신범이나 양심범에게도 위법성의 인식은 존재한다고 하지 않을 수 없다. 다만 자신이 위반한 법규범이 무효라고 생각한 경우에는 법률의 착오의 문제가 된다고 할 수 있다.

ⓘⓘⓘ **포섭의 착오 :** 포섭의 착오(包攝의 錯誤, Subsumtionsirrtum)란 포섭의 잘못으로 인하여 자신

의 행위에 대하여 위법성의 인식이 결여된 경우를 말한다. 즉, 구성요건적 사실은 인식하고 있었으나, 그 구성요건적 사실이 가지는 법률적 의미에 착오가 발생하여 자신의 행위가 법적으로 허용되는 것으로 믿는 경우를 말한다. 포섭의 착오는 착오 그 자체가 아니라 그것을 기초로 하여 자신의 행위가 법적으로 허용된다고 믿은 점에 그 특징이 있다. 따라서 포섭의 착오로 인하여 법률의 착오까지 발생한 경우에만 법률의 착오의 문제가 된다고 할 수 있다.

우선 포섭이라는 용어는 일상용어로서의 의미와 법률용어로서의 의미가 완전히 일치하는 것은 아니다. 국어사전적으로 '어떤 개념이 보다 일반적인 개념에 포괄되는 종속관계'를 의미하는 용어로 드물게 사용되고 있다. 그러나 법률용어로서의 포섭은 법을 적용하는 경우에 사용되고 있다. 법의 적용과정은 삼단논법에 의하여 적용될 법규정을 대전제로 하여 사회에서 발생하는 구체적인 사건을 소전제로 한 다음 후자가 전자에 포섭되는 것에 의하여 결론으로서 판결을 도출하는 과정이라고 할 수 있다. 예컨대 '사람을 살해한 자는 사형, 무기 또는 5년 이상의 징역에 처한다'(제250조 제1항)는 법규정을 대전제로 하여 '(갑)이 (을)을 살해했다'는 사실의 소전제를 포섭시킨 결론으로서 '(갑)을 사형에 처한다'는 판결을 이끌어 내는 것이 (갑)의 살인행위에 대하여 형법 제250조 제1항의 살인죄를 적용하는 방식이다.

다음으로 법의 적용을 위해 삼단논법적 구성을 해보면 다음과 같다, 즉, 대전제로서의 법의 발견과 법의 해석, 소전제로서의 사실의 확정 및 결론으로서의 법적 효과의 발생이라는 세 가지의 요소로 구분할 수 있다. 그런데 대전제로서의 법의 발견은 이미 법원(法源)을 통하여 확인이 가능하다. 다만 법의 적용의 첫 단계로서 대전제와 소전제의 포섭을 위해서는 대전제에 대한 조정, 즉 법의 해석과 소전제에 대한 조정, 즉 사실의 확정이 선행되어야 한다. 법의 적용과정에서 대전제인 법규정과 소전제인 현실로 발생한 구체적 사실의 포섭을 진행하고, 포섭을 진행하면 결론으로서의 법적 효과는 이미 법에 규정되어 있기 때문에 자동적으로 도출되기 때문이다. 결과적으로 포섭의 생명은 사실에 근거한 사실의 확정과 왜곡이 없는 법의 해석에 있다고 해도 과언이 아니다. 여기서 사실의 왜곡을 방지하기 위하여 확정된 사실을 기준으로 놓고 여기에 법규정을 끌어와 일치시키는 작업이 포섭의 과정이라고 할 수 있다.

결국 포섭의 착오란 포섭의 잘못으로 인하여 발생한 법률의 착오라고 할 수 있다. 그런데 포섭의 잘못은 사실에 대한 오류로 인하여 발생할 수 있을 뿐만 아니라 해석의 오류로 인하여도 발생할 수 있게 된다. 포섭의 착오는 법률의 착오에 속하기 때문에 엄밀하게는 후자, 즉 해석의 오류로 인한 경우만을 의미하게 된다. 포섭의 착오는 흔히 구성요건요소(Tatbestands-merkmal)를 지나치게 좁게 해석하여 포섭에 오류가 발생한 결과로 야기되게 된다. 이러한 의미에서 포섭의 착오를 해석의 착오(解釋의 錯誤, Auslegungsirrtum)라고도 하는 경우를 이해할 수는 있다. 그러나 엄밀한 의미에서 해석의 착오는 포섭의 착오 중 하나의 가지에 불과하다고 하는 것이 타당하다. 한편 포섭의 착오와 해석의 착오는 법의 적용과정에서 발생하는 착오이기 때문에 양자를 포괄하는 상위개념으로서 적용의 착오(適用의 錯誤)라는 용어가 사용될 수 있다고 본다.

② 간접적 착오

간접적 착오(間接的 錯誤, indirekter Irrtum)란 행위자가 일반적인 금지규범을 인식하고 있으나, 자신의 경우에는 특별히 위법성이 조각된다고 착오하여 위법성의 인식이 결여된 경우를 말한다. '간접적'이라는 말은 행위자가 자신의 행위가 객관적으로 위법하고 주관적으로도 위법하다고 인식하고 있음에도 불구하고, 자신의 경우에는 특별히 허용된다는 과정을 거쳐 위법성의 인식이 간접적으로 결여된다는 것을 나타내는 수식어라고 설명되고 있다. 이러한 의미에서 간접적 착오를 허용의 착오(許容의 錯誤, Erlaubnisirrtum) 또는 위법성조각사유의 착오(違法性阻却事由의 錯誤)라고도 한다. 위법성조각사유의 착오는 위법성조각사유의 존재에 관한 착오, 위법성조각사유의 허용한계에 관한 착오 및 위법성조각사유의 전제사실에 관한 착오로 나누어질 수 있다.

한편 위법성조각사유의 존재에 관한 착오는 독일 형법상 필요한 사유인지는 모르지만, 형법상으로는 인정할 필요가 없다는 견해가 일각에서 주장되고 있다. 독일 형법상으로는 정당방위와 긴급피난만이 위법성조각사유로 규정되어 있고, 나머지는 해석상 인정되는 위법성조각사유로 인정되기 때문이다. 이에 의하면 형법상 위법성조각사유의 착오에는 위법성조각사유의 허용한계에 관한 착오와 위법성조각사유의 전제사실에 대한 착오의 두 가지만 남게 된다.

ⓘ **위법성조각사유의 존재에 관한 착오**: 위법성조각사유의 존재에 관한 착오란 위법성조각사유가 존재하는 것으로 오인하여 착오하여 위법성의 인식을 결여한 경우를 말한다. 허용규범의 존재에 관한 착오(Irrtum über die Existenz einer Erlaubnisnorm)라고도 한다. 형법은 모든 유형의 위법성조각사유를 명문으로 규정하고 있다고 할 수 있다. 형법이 명문으로 규정하고 있는 정당방위, 긴급피난, 자구행위 및 피해자의 승낙에 해당하지 않더라도 결국에는 '기타 사회상규에 위배되지 아니하는 행위'라는 정당

행위로서의 일반적 위법성조각사유에 해당하게 되어 있는 구조이기 때문이다. 그럼에도 불구하고 위난에 대한 정당방위, 장래의 침해에 대한 정당방위 또는 적법한 침해에 대한 정당방위 등에서와 같이 위법성조각사유의 존재에 관한 착오는 얼마든지 가능하다고 해석된다.

ⓘⓘ **위법성조각사유의 허용한계에 관한 착오 :** 위법성조각사유의 허용한계에 관한 착오(違法性阻却事由의 許容限界에 관한 錯誤, Erlaubnisgrenzirrtum)란 위법조각사유의 허용한계를 오판하여 위법성의 인식을 결여한 경우를 말한다. 예컨대 현재의 부당한 침해에 대하여, 첫째 상당한 수단으로 반격한 경우, 둘째 과잉한 수단으로 반격하였으나 행위시에 그에 관한 인식이 없었거나 상당한 수단으로 오인한 경우 또는 셋째 과잉한 수단으로 반격하면서 행위시에 그에 관한 인식이 있었던 경우 중에서 두 번째의 경우를 말한다. 이에 반하여 첫 번째의 예는 정당방위, 세 번째의 예는 과잉방위에 각각 해당한다고 판단된다. 이와 같이 위법성조각사유의 허용한계에 관한 착오는 긴급행위의 경우에는 상당한 이유가 없음에도 불구하고 상당한 이유가 있다고 오인한 경우를 말한다. 뿐만 아니라 긴급행위 이외의 위법성조각사유의 경우에도 그의 최종적인 한계인 사회상규를 벗어났음에도 불구하고 벗어나지 않았다고 오인한 경우에 발생할 수 있다. 전술한 바와 같이, 형법은 위법성조각사유로서 정당행위, 정당방위, 긴급피난, 자구행위 및 피해자의 승낙에 관하여 명문으로 규정하고 있을 뿐만 아니라 명문의 규정이 없더라도 추정적 승낙과 경우에 따라서는 의무의 충돌도 포함하고 있다고 해석되고 있다. 뿐만 아니라 이들의 위법성조각사유는 그 허용한계로서 상당한 이유, 궁극적으로는 사회상규를 넘지 않아야 한다. 사회상규를 벗어나는 순간 위법성조각사유로서의 성질을 상실한다고 해야 하기 때문이다.

ⓘⓘⓘ **위법성조각사유의 전제사실에 관한 착오 :** 위법성조각사유의 전제사실에 관한 착오(違法性阻却事由의 前提事實에 관한 錯誤, Irrtum über die tatsächlichen Voraussetzungen eines Rechtfertigungsgrundes)란 위법성조각사유의 전제사실, 즉 정당화상황을 오인하여 위법성을 결여한 경우를 말한다. 허용상황에 대한 착오(許容狀況에 대한 錯誤)라고도 한다. 예컨대 오상정당행위, 오상정당방위, 오상긴급피난, 오상자구행위 및 오상 피해자의 승낙 등이 모두 위법성조각사유의 전제사실에 관한 착오의 경우에 해당한다. 다만 위법성조각사유의 전제사실에 관한 착오는 위법성조각사유의 존재에 관한 착오나 위법성조각사유의 허용한계에 관한 착오와는 다른 성질을 가지고 있고, 그 해결방법에 있어서도 동일하지 않은 부분이 있기 때문에 별도로 검토하기로 한다. 이에 관하여는 이미 위법성의 인식이라는 항목에서 전술한 바 있다.

2) 판 례

① 판례의 내용

판례의 입장은 분명하다. 문제는 판례의 내용이 구체적으로 무엇을 의미하는지 분명하지 않다는 점에 있다. 대법원은 "피고인이 이와 같은 판시 소위가 위 특별조치법에 위반되는 것인지를 몰랐다고 하더라도 이는 단순한 법률의 부지에 불과하며 이것이 형법 제16조에 해당하는 경우라고 볼 수 없을 것이다"라고 판시한 바 있다.38) 또 대법원은 일관되게 형법 제16조의 법률의 착오와 관련하여 "단순한 법률의 부지를 말하는 것이 아니고 일반적으로 범죄가 성립하는 경우이지만, 자기의 특수한 경우에는 법령에 따라 허용된 행위로서 죄가 되지 아니한다고 그릇 인식하고 그와 같이 그릇 인식함에 정당한 이유가 있는 경우에는 처벌하지 않는다는 취지이다"라고 판시해오고 있다.39) 이와 같이 대법원은 같은 내용만 반복해오고 있기 때문에 판례내용의 정확한 의미와 법률의 착오의 적용대상 등 나머지 사항들은 모조리 해석에 맡겨져 있는 셈이다. 이 외에도 대법원은 "민사소송법 기타 공법의 해석을 잘못하여 압류물의 효력이 없어진 것으로 착오하였거나 또는 봉인 등을 손상 또는 효력을 해할 권리가 있다고 오신한 경우에는 형벌법규의 부지와

---

38) 대법원 1990.10.30. 선고 90도1126 판결.

39) 대법원 2018.4.19. 선고 2017도14322 전원합의체 판결; 대법원 2017.7.11. 선고 2017도2793 판결; 대법원 2017.5.31. 선고 2013도8389 판결; 대법원 2017.3.15. 선고 2014도12773 판결; 대법원 2015.10.29. 선고 2015도9010 판결; 대법원 2015.2.12. 선고 2014도11501 판결; 대법원 2015.1.15. 선고 2014도9691 판결; 대법원 2014.5.16. 선고 2012도12867 판결; 대법원 2013.4.11. 선고 2010도13774 판결; 대법원 2013.3.14. 선고 2010도410 판결; 대법원 2013.1.24. 선고 2012도10629 판결; 대법원 2011.10.13. 선고 2010도152260 판결; 대법원 2011.3.24. 선고 2009도7230 판결; 대법원 2010.7.15. 선고 2008도11679 판결; 대법원 2010.4.29. 선고 2009도13868 판결; 대법원 2006.11.23. 선고 2005도5511 판결; 대법원 2006.5.11. 선고 2006도631 판결; 대법원 2006.4.28. 선고 2003도4128 판결; 대법원 2006.4.27. 선고 2005도8074 판결; 대법원 2006.3.10. 선고 2005도6316 판결; 대법원 2006.3.24. 선고 2005도3717 판결; 대법원 2006.1.13. 선고 2003도7040 판결; 대법원 2006.1.13. 선고 2005도8873 판결; 대법원 2005.9.29. 선고 2005도4592 판결; 대법원 2005.6.10. 선고 2005도835 판결; 대법원 2005.4.29. 선고 2005도381 판결; 대법원 2004.2.12. 선고 2003도6282 판결; 대법원 2004.1.15. 선고 2001도1429 판결; 대법원 2003.4.11. 선고 2003도451 판결; 대법원 2002.5.17. 선고 2001도4077 판결; 대법원 2002.1.25. 선고 2000도1696 판결; 대법원 2001.6.29. 선고 99도5026 판결; 대법원 2000.9.29. 선고 2000도3051 판결; 대법원 1997.4.25. 선고 96도3409 판결; 대법원 1997.4.25. 선고 96도3409 판결; 대법원 1995.11.10. 선고 95도2088 판결; 대법원 1995.12.22. 선고 94도2148 판결; 대법원 1994.9.9. 선고 94도1134 판결; 대법원 1994.4.15. 선고 94도365 판결; 대법원 1992.10.13. 선고 92도1267 판결; 대법원 1992.5.22. 선고 91도2525 판결; 대법원 1991.10.11. 선고 91도1566 판결; 대법원 1994.4.15. 선고 94도365 판결; 대법원 1990.1.23. 선고 89도1476 판결; 대법원 1985.5.14. 선고 84도1271 판결; 대법원 1985.4.9. 선고 85도25 판결; 대법원 1980.2.12. 선고 79도285 판결; 대법원 1961.10.5. 선고 4294형상208 판결.

구별되어 범의를 조각한다고 해석할 것이다"라고 판시한 바 있다.[40)]

② 판례의 내용에 대한 다수설의 입장

판례의 내용에 있어서 다수설은 판례가 법률의 부지를 법률의 착오의 적용대상에서 제외하고 있다고 보고 있다. 판례에 따르면 법률의 부지는 법률의 착오에 해당하지 않기 때문에 착오에 정당한 이유가 있더라도 처벌되게 된다고 판시한 바 있기 때문이다. 이러한 판례의 입장에 대하여 한편에서는 '법률의 부지는 용서받지 못한다'(Ignorantia legis neminem excusat)는 로마법 이래의 전통이었던 법언(法諺)을 근거로 하여 판례의 입장을 옹호하고 있다. 다른 한편에서는 법률의 부지는 직접적 착오의 대표적인 유형이기 때문에 법률의 착오의 적용대상에서 제외하는 것은 타당하지 않다고 비판하고 있다.

3) 검 토

형법은 법률의 착오에 관하여 '자기의 행위가 법령에 의하여 죄가 되지 아니하는 것으로 오인한 행위'라고 규정하고 있다(제16조). 역으로 보면, 오인에 의하여 위법성의 인식이 결여된 경우를 법률의 착오라고 할 수 있다. 오인과 착오를 같은 의미로 새길 수 있다면, 법률의 착오는 위법성의 인식의 결여를 초래한 착오를 의미한다고 할 수 있다. 그렇다면 법률의 착오는 형법의 행위규범으로서 금지규범 또는 명령규범에 대한 착오를 의미하는 직접적 착오(direkter Irrtum) 또는 추상적 착오(abstrakter Irrtum)와 행위규범으로서의 금지규범 또는 명령규범을 해제하는 정당화사유로서 위법성조각사유에 대한 착오를 의미한다고 할 수 있는 간접적 착오(indirekter Irrtum) 또는 구체적 착오(konkreter Irrtum)로 대별될 수 있다. 따라서 형법의 법률의 착오에 관한 규정은 직접적 착오이든 간접적 착오이든 구별하지 않고 법률의 착오의 모든 유형에 적용된다고 할 수 있다.

다만 판례가 법률의 부지를 법률의 착오에서 제외하고 있는 것이 사실이라면 '법률의 부지는 용서되지 않는다'는 로마의 법언이 독일 형법, 일본 형법(제38조) 및 1935년 조선고등법원 판결[41)]에 의하여 명맥이 이어져 오다가 대한민국의 대법원 판례에도 그대로 전수되면서 실무상의 전통이 되었다고 추정하는 것이 불가능한 것은 아니다. 그러나 법률의 착오에서 법률의 부지를 제외하고 있다는 것에 대하여는 몇 가지의 점에서 납득이 되지 않는다고 해야 한다. 첫째, 법률의 착오란 다

---

40) 대법원 1970.9.22. 선고 70도1206 판결.

41) 朝高判 1941.12.26., 판례총람 16-5; 朝高判 1935.6.6., 판례총람 16-3.

른 의미에서 금지의 착오를 말하고, 이는 곧 금지규범의 존재 그 자체를 알지 못하여 위법성의 인식을 결여한 경우를 말한다. 또 법률의 부지도 금지규범의 존재 그 자체를 알지 못하는 경우를 말한다. 그렇다면 법률의 부지는 금지착오 그 자체로서 법률의 착오의 가장 전형적인 유형에 속한다고 해야 한다. 둘째, 근대 이전까지 법은 권력자의 창(槍)으로서의 기능을 수행한 것이 역사적 사실이다. 창은 은밀하게 사용할 경우에 그 위력이 극대화되기 때문에 과거의 법은 권력자만 알고 있으면 그것으로 충분했고, 피지배자들에게는 알려질 필요가 없었다. 따라서 피지배자의 입장에서 법률의 부지는 당연한 결과였지만, 권력자의 입장에서는 용서할 사유가 되지 않았다. 법률의 부지가 용서되지 않는다고 하더라도 그것은 역사적으로 근대 이전까지는 당연한 법제였는지도 모른다. 그러나 시민의 자유와 평등의 보장이 최대의 이념으로 확립된 근대 시민법제 아래에서 소위 '법률의 부지는 용서받지 못한다'는 로마법 이후의 전통은 폐기되지 않으면 안 되었다. 따라서 근대법부터 법은 시민의 방패로서 시민의 인권과 법익을 보호하고 보장하는 기능을 수행하지 않으면 안 되었다. 이러한 이유에서 근대 형법이 확립한 인권보장기능과 법익보호기능은 현대 형법에 있어서도 중요한 임무이자 기능에 포함되어 있는 것을 이해할 수 있다. 따라서 법은 시민에게 주지(周知)될 필요가 있고, 이러한 필요성을 충족하기 위하여 법률의 공포(公布)는 이미 법률의 효력발생요건으로 정해져 있는 것이라고 할 수 있다. 따라서 법률의 부지가 법률에 대한 공지(公知)의 불충분 등으로 인하여 발생한 경우에는 오로지 법률의 부지자(不知者)에게만 모든 책임이 전가되어서는 안 될 것이다. 셋째, 착오란 객관적 사실과 주관적 인식의 불일치를 말한다. 물론 그 이유는 불문하다. 그런데 형법은 '법률의 착오'라는 제목하에 '죄가 되지 아니하는 것으로 오인한 행위'는 '그 오인에 정당한 이유가 있는 때에 한하여 벌하지 아니한다'고 규정하고 있다(형법 제16조). 여기서 '오인'(誤認)은 국어사전적으로 잘못 인식하거나 그릇되게 인식하는 경우를 말하기 때문에 경우에 따라서는 무엇인가의 존재를 전제로 존재하는 그것을 다르게 인식한다는 의미로 해석되는 것이 불가능한 것은 아니라고 생각된다. 그러나 객관적 사실의 유무와는 무관하게 '오인'의 결과나 '착오'의 결과는 모두 주관적으로 인식이 없다는 점이 중요하다고 본다. 착오라는 용어도 국어사전적 의미에서는 객관적 사실과 주관적 인식의 불일치를 말하기 때문이다. 여기서 오인의 의미를 결과적으로 '주관적 인식이 없다'는 부분에 방점을 두어 새긴다면 착오의 의미와 다를 것이 없다. 결국 형법상 오인의 의미는 의도된 의미를 가지는 것이 아니기 때문에 착오의 의미로 대체될 수 있다고 생각된다. 그렇다면 법률의 착오에서 법률의 부지를 굳이 제외해야 할 이유는 찾을 수 없다고 해석된다.

생각건대 법률의 착오의 적용대상과 관련하여 판례의 입장에 대한 다수설의 해석은 재검토되어야 한다고 본다. 판례가 법률의 부지를 법률의 착오의 적용대상에서 제외하고 있다는 다수설의 해석은 오류라고 생각되기 때문이다. 다시 말해서 판례는 형법의 부지와 형법 이외의 법률의 부지를 구별하고 있고, 형법의 착오에 있어서는 직접적 착오이든 간접적 착오이든 양자를 모두 법률의 착오의 적용대상에 포함하고 있다고 해석될 수 있기 때문이다. 즉, 판례는 실제로 공법의 부지는 형법법규와 구별된다고 하고 있을 뿐만 아니라[42] 특별조치법 등 형법법규 이외의 법률의 부지는 단순한 법률의 부지에 불과하다고 표현하고 있다.[43] 따라서 형법법규 이외의 법률의 부지는 단순한 법률의 부지에 불과하기 때문에 법률의 착오에 관한 규정이 적용되지 않는다고 판시하고 있는 것이다. 뿐만 아니라 이미 언급한 바와 같이 판례는 일관되게 형법 제16조의 법률의 착오와 관련하여 이는 일반적으로 범죄가 성립하는 경우이지만, 자기의 특수한 경우에는 법령에 따라 허용된 행위로서 죄가 되지 않는다고 그릇 인식하고 그와 같이 그릇 인식함에 정당한 이유가 있는 경우에는 처벌하지 않는다고 판시해오고 있다. 이와 같은 판례의 내용은 전단의 일반적으로 범죄가 성립하는 경우와 후단의 자기의 특수한 경우에는 법령에 따라 허용된 행위로서 죄가 되지 않는다고 그릇 인식하는 경우로 나누어 질 수 있다. 여기서 전단은 직접적 착오를 의미하고, 후단은 간접적 착오를 의미한다고 해석될 수 있다. 실제로 후단의 의미는 간접적 착오를 지칭하고 있는 것으로 해석해야 하기 때문이다. 이와 같은 판례의 입장에 대한 재해석의 결과에 의하면 판례는 법률의 착오의 적용대상 속에 직접적 착오이든 간접적 착오이든 구분없이 양자 모두를 포함하고 있다는 결론에 이르게 된다.

결국 법률의 착오에서 법률의 부지를 제외하는 것이 판례의 입장이라면 이는 논리적으로 모순이라고 해야 한다. 법률의 부지를 법률의 착오에서 제외할 실무상의 필요성이 존재한다고 하더라도 그것은 법률의 착오에 있어서 소위 '정당한 이유'의 유무(有無)에 의하여 해결할 문제라고 생각되기 때문이다. 결코 실무상의 필요성이 법률상의 논리적 귀결까지 부정하는 논거가 되어서는 안 된다고 해야 한다. 그렇다면 법률의 착오는 그것이 직접적 착오이든 간접적 착오이든 형법 제16

42) 대법원 1970.9.22. 선고 70도1206 판결.
43) 대법원 1990.10.30. 선고 90도1126 판결.

조에 의하여 해결될 수밖에 없다. 다만 형법상 법률의 착오는 간접적 착오 중에서 위법성조각사유의 전제사실에 관한 착오에 대하여는 적용되지 않는 것으로 해석될 수 있다.

(4) 법률의 착오의 성립요건

형법은 '법률의 착오'라는 제목하에 '죄가 되지 아니하는 것으로 오인한 행위'는 '그 오인에 정당한 이유가 있는 때에 한하여 벌하지 아니한다'고 규정하고 있다(제16조). 법률의 착오가 성립하기 위해서는 첫째, '자기의 행위가 법령에 의하여 죄가 되지 아니하는 것으로 오인'하여야 한다. 둘째, '그 오인에 정당한 이유'가 있어야 한다. 여기서 오인과 정당한 이유에 관하여 검토하기로 한다.

1) 오 인

법률의 착오의 제1의 성립요건은 오인이다. 오인(誤認)이란 이미 고찰한 바와 같이 착오(錯誤)를 의미한다. 따라서 오인 또는 착오에 의하여 자기의 행위에 대한 위법성의 인식이 결여되어야 한다. 예컨대 직접적 착오는 자신의 행위에 적용될 법령이 없다고 오인하는 경우이고 간접적 착오는 자신의 행위가 위법성조각사유에 해당한다고 오인하는 경우라고 할 수 있다.

오인을 부정한 판례의 구체적 내용은 다음과 같다. 즉,

> 피고인이 해외에서 입국한 후 제1급감염병인 코로나바이러스감염증 의심자에 해당한다는 이유로 관할 시장으로부터 입국일인 2020. 4. 17.부터 2020. 5. 1. 24:00까지 거주지에 자가격리하도록 조치되었는데, 격리기간 중인 2020. 5. 1. 12:00경부터 20:00경까지 사이에 쇼핑 및 외식 등 개인용무를 위해 격리장소를 이탈함으로써 격리조치를 위반하였다고 하여 감염병의 예방 및 관리에 관한 법률(이하 '감염병예방법'이라고 한다) 위반으로 기소된 사안이다. 감염병예방법 제79조의3 제5호, 제49조 제1항 제14호 위반죄는 질병관리청장, 시·도지사 또는 시장·군수·구청장이 한 격리조치를 위반하였을 때 이를 처벌하는 규정인데, 피고인의 주장은 격리기간 종료일이 입국일을 포함하여 14일째 해당하는 날의 24:00로 오인하여 2020. 5. 1. 00:00경 격리기간이 종료된 것으로 알고 같은 날 12:00경부터 20:00경까지 외출을 하였다는 것으로, 피고인에 대한 시장 명의 격리통지서 하단 말미에 "(입국일은 격리일수에 포함 안 됨)"이라고 기재되어 있기는 하나 그 상단에는 시각의 기재 없이 "격리기간: 2020. 4. 17.~2020. 5. 1."이라고만 기재되어 있어 통지서의 수신인이 꼼꼼히 따져보지 아니하면 격리기간 만료시각이 위 종료일의 00:00인지 24:00인지 혼동될 소지가 있는 점 등 제반 사정에 비추어 피고인의 위 주장은 사실일 가능성을 배제할 수 없고, 이러한 사정에 따르면 피고인은 위와 같이 외출

하였을 당시 격리기간이 이미 종료된 것으로 인식하고 있었던 것으로 보이며, 이와 달리 격리기간 내임에도 외출을 하겠다는 인식과 의사는 있지만 그것이 법령에 의해 허용된 행위라고 판단하고 있었던 것으로는 보이지 아니하므로 이는 형법 제16조에서 규정하는 법률의 착오 문제가 아니라 형법 제13조의 구성요건적 착오, 즉 행위 당시 격리기간 내임에도 격리장소를 이탈한다는 인식과 의사가 있었는지에 관한 고의 문제로 봄이 타당하다는 이유로, 동일한 전제 아래 피고인에게 격리조치 위반의 고의가 있었음을 인정하기 어렵다고 보아 공소사실을 무죄로 판단한 제1심판결이 정당하다고 한 사례이다.44)

2) 정당한 이유

법률의 착오의 제2의 성립요건은 정당한 이유이다. 법률의 착오는 오인에 정당한 이유가 있으면 책임이 조각되어 벌하여지지 않는다. 문제는 정당한 이유의 의미에 있다. 견해의 대립은 정당한 이유가 회피가능성을 의미한다는 점으로 수렴하고 있는 것으로 보인다.

① 회피가능성

ⓘ **학 설:** 정당한 이유(正當한 理由)란 다수설에 의하면 착오에 대한 회피가능성(回避可能性, Vermeidbarkeit)을 의미하는 것으로 해석되고 있다. 이에 대하는 위법성의 불인식이 착오로 인한 경우 그 착오가 회피불가능한 때에는 책임을 조각하고, 회피가능한 때에는 그 형을 감경할 수 있다는 독일 형법상의 금지착오(禁止錯誤, Verbotsirrtum)에 관한 규정을 그대로 차용한 결과라고 비판되는 경우가 있다(독일 형법 제17조 참조).45)

ⓘⓘ **판 례:** 판례도 학설과 같이 정당한 이유를 착오에 대한 회피가능성에 의하여 판단하고 있다. 즉, 대법원은 "정당한 이유가 있는지 여부는 행위자가 자기 행위의 위법 여부를 심사숙고하거나 조회할 수 있는 기회가 있어 자신의 지적 능력을 다하여 이를 회피하기 위한 진지한 노력을 다하였더라면 자신의 행위가 위법하다고 인식할 수 있을 가능성이 있었는지에 따라 판단하여야 한다"고 판시하고 있다.46) 정당한 이유를 부정한 판례의 구체적 내용은 다음과 같다. 즉,

---

44) 수원지법 2020.12.10. 선고 2020노4720 판결(확정).

45) **독일 형법 제17조**(금지착오) 행위를 할 때에 행위자에게 불법을 행한다는 인식이 결여된 경우에 행위자가 그 착오를 회피할 수 없었던 때에는 그는 책임 없이 행위한 것이다. 행위자가 그 착오를 회피할 수 있었던 때에는 독일 형법 제49조 제1항에 따라 그 형을 감경할 수 있다. 이에 관하여는 신동운, 408쪽 참조.

46) 대법원 2018.4.19. 선고 2017도14322 전원합의체 판결; 대법원 2007.11.16. 선고 2007도7205 판결; 대법원 2017.7.11. 선고 2017도2793 판결; 대법원 2017.5.31. 선고 2013도8389 판결; 대법원 2017.3.15. 선고 2014도12773 판결; 대법원 2015.10.29. 선고 2015도9010 판결; 대법원

① 설령 강원도교육감이 강원외고 설립 과정에서 기초 지방자치단체인 원고가 위 학교 설립의 주체가 되는 데에 위법성이 있다는 것을 인식하지 못하였다 하더라도, 이것만으로 독립된 지방자치단체로서 법령 준수의무가 있는 원고가 그러한 위법성을 인식하지 못한 것에 정당한 사유가 있다고 보기 어렵다.[47] ② 피고인들이 예정사업지에 폐기물처리시설 등을 신설함으로써 구 건설폐기물법 제63조 제4호의 구성요건을 충족하더라도 피고인들이 예정사업지에 시설 등을 미리 갖춘 후 실제 영업행위를 하기 이전에 변경허가를 받으면 된다고 그릇 인식한 것은 정당한 이유가 있다.[48] ③ 공직선거법상 기부행위의 구성요건을 충족하는지 여부와 업무추진비의 사용이 적법·타당한 것인지 여부는 별개의 문제이므로, 위법한 업무추진비 지출을 통하여 이루어진 금품제공행위라도 공직선거법상 금지하고 있는 기부행위에는 해당하지 아니할 수도 있는 반면 적법한 업무추진비 지출을 통하여 이루어진 금품제공행위라도 공직선거법상 금지하고 있는 기부행위에 해당할 수도 있는 것이다. 위와 같은 법리 및 기록에 비추어 살펴보면, 비록 여러 지방자치단체장들이 관행적으로 그와 같은 간담회 개최 및 음식물 제공을 하여 왔고 행정자치부에서 이를 금지하는 구체적인 지침이 없으며, 그 비용을 행정자치부에서 마련한 업무추진비 집행기준을 준수하여 적법한 절차에 따라 업무추진비에서 지출하여 옴으로써, 피고인이 자신의 그와 같은 행위가 공직선거법 제112조 제2항 제4호 (가)목 또는 (나)목에서 정한 법령 또는 조례에 의한 금품제공행위 내지는 같은 항 제4호 각 목에서 정한 직무상의 행위와 동등하게 평가할 수 있는 행위에 해당하여 법령에 의하여 허용되는 행위라고 오인하였다고 하더라도 그러한 오인에 정당한 이유가 있다고 볼 수 없다.[49] ④ 일본 영주권을 가진 재일교포가 영리를 목적으로 관세물품을 구입한 것이 아니라거나 국내 입국시 관세신고를 하지 않아도 되는 것으로 착오하였다는 등의 사정만으로는 형법 제16조의 법률의 착오에 해당하지 않는다.[50] ⑤ 수사처리의 관례상 일부 상치된 내용을 일치시키기 위하여 적법하게 작성된 참고인 진술조서를 찢어버리고 진술인의 진술도 듣지 아니하고 그 내용을 일치시킨 새로운 진술조서를 작성한 행위는 그 행위를 적법한 것으로 잘못 믿었다고 할지라도 그렇게 잘못 민

2015.2.12. 선고 2014도11501 판결; 대법원 2015.1.15. 선고 2013도15027 판결; 대법원 2014.6.26. 선고 2013도16368 판결; 대법원 2014.5.16. 선고 2013도828 판결; 대법원 2014.4.10. 선고 2013도9171 판결; 대법원 2013.4.11. 선고 2010도13774 판결; 대법원 2013.3.14. 선고 2010도410 판결; 대법원 2010.7.15. 선고 2008도11679 판결; 대법원 2009.12.24. 선고 2007도1915 판결; 대법원 2009.5.14. 선고 2008도8852 판결; 대법원 2008.10.23. 선고 2008도5526 판결; 대법원 2007.10.26. 선고 2006도7968 판결; 대법원 2006.3.24. 선고 2005도3717 판결; 대법원 2006.3.10. 선고 2005도6316 판결; 대법원 2003.12.26. 선고 2001도6484 판결; 대법원 2002.1.25. 선고 2000도1696 판결; 대법원 1999.10.12. 선고 99도3539 판결.

47) 대법원 2017.9.21. 선고 2014두43073 판결.

48) 대법원 2015.1.15. 선고 2013도15027 판결.

49) 대법원 2007.11.16. 선고 2007도7205 판결.

50) 대법원 2007.5.11. 선고 2006도1993 판결.

은데 대하여 정당한 이유가 있다고 볼 수 없다.[51)]

ⅲ 검 토 : 정당한 이유란 자기의 행위가 적법하다고 오신한 경우에 대하여 행위자를 비난하는 것이 불가능하다고 인정되는 사유가 있는 경우를 말한다. 정당성이란 정의, 이치, 합리성, 적시(適時) 등의 내용을 가지는 질적 개념이라는 점에서 양적 개념인 상당성과 어느 정도 구별될 수 있다고 본다. 이러한 이유에서 정당성에 대한 판단은 위법성의 인식가능성이 그 기준이 되어야 한다고 본다.

물론 위법성의 인식가능성이나, 회피가능성이나 또는 과실의 주의의무나 모두 같은 의미로서 동일한 사물에 대한 다른 측면에서의 표현일 수 있다. 왜냐하면 인식가능성은 위법성에 대한 인식가능성을 의미하고, 회피가능성은 착오에 대한 회피가능성을 의미하며, 나아가 예견의무와 회피의무로 구성되는 과실은 예견가능성과 회피가능성을 전제로 성립하기 때문에 위의 3자는 주의의무에 대한 위반이라는 점에서 접점을 찾을 수 있기 때문이다. 다만 주의의무를 기울여야 되는 대상을 다르게 표현한 것에 불과하다고 해석된다. 위법성을 인식하기 위한 주의의무와 착오를 회피하기 위한 주의의무는 서로 동일한 개념이라고 해석된다. 이러한 의미에서 정당한 이유는 결국 위법성을 인식하기 위한 최선의 주의의무, 즉 착오를 회피하기 위한 최선의 주의의무를 의미한다고 할 수 있다. 결국 착오를 회피하기 위한 최선의 주의의무를 회피가능성이라고 한다 해도 무방하다고 보인다.

한편 책임설에 의하면 전술한 바와 같이 위법성의 인식가능성은 책임요소가 된다. 그런데 위법성의 인식가능성의 유무에 관한 판단기준은 위법성의 인식에 이르지 않은 것에 대한 회피가능성 또는 정당한 이유의 유무에 관한 판단기준과 실질적으로 일치한다고 할 수 있다. 결국 정당한 이유는 회피가능성과 동의어에 지나지 않는다고 할 수 있다.

② 회피가능성의 판단기준

ⅰ 학 설 : 회피가능성에 대한 판단기준에 관하여 학설은 아직 확립되어 있지 아니하다. 첫째, 위법성인식의 계기와 위법성인식의 수단으로 대별한 후, 위법성의 인식의 수단을 다시 숙고에 의한 판단과 법률정보의 상담과 조회로 다시 세분하는 견해이다. 이에 의하면 숙고에 의한 판단은 독자적인 해석판단과 법원판결의 신뢰로 구성되고, 법률정보의 상담과 조회는 법률전문가에 대한 상담과 조회, 그리고 관할관청 또는 담당공무원에의 조회로 구성되고 있다. 둘째, 위법성

51) 대법원 1978.6.27. 선고 76도2196 판결.

인식의 계기, 법원판결의 신뢰, 법률전문가에 대한 문의·자문 의무, 행정관청에의 조회의무 및 직무상 상사의 지시에 따른 경우를 제시하는 견해가 있다. 이 외에도 셋째, 양심적 심사의무와 조회의무를 제시하는 견해가 있다.

ⓘⓘ 판 례 : 판례는 회피가능성에 대한 판단기준으로서 행위의 위법여부에 대한 판단의 계기, 착오를 회피하기 위한 진지한 노력 및 착오에 대한 회피가능성을 일관되게 제시하고 있다. 다만 위법성 인식에 필요한 노력의 정도는 구체적인 행위 정황, 행위자의 개인적인 인식능력과 행위자가 속해 있는 사회집단에 따라 달리 평가되어야 한다고 하고 있다. 전술한 바와 같이, 대법원은 "정당한 이유가 있는지 여부는 행위자가 자기 행위의 위법 여부를 심사숙고하거나 조회할 수 있는 기회가 있어 자신의 지적능력을 다하여 이를 회피하기 위한 진지한 노력을 다하였더라면 자신의 행위가 위법하다고 인식할 수 있을 가능성이 있었는지에 따라 판단하여야 한다. 이러한 위법성 인식에 필요한 노력의 정도는 구체적인 행위 정황, 행위자 개인의 인식능력과 행위자가 속한 사회집단에 따라 달리 평가되어야 한다"고 판시해 오고 있다.[52]

ⅲ 검 토 : 법률의 착오에 대한 회피가능한 방법은 법령상황에 대한 확인작업과 이를 해결하기 위한 정보수집이라고 할 수 있다. 여기서 회피가능성에 대한 판단기준으로서 법령상황에 대한 의문의 발생, 법령상황의 의문에 대한 해소의 노력 및 해소노력에 의한 의문의 해소가능성을 제시하고자 한다. 다만 이에 관하여는 아래의 회피가능성의 판단방법에서 구체적으로 검토하고자 한다.

③ 회피가능성의 판단방법

ⓘ 의문의 발생 : 법령상황에 대하여 확인작업의 계기가 되는 것은 법령상황에 대한 의문의 발생이다. 일반적으로 위법성에 관하여 의문이 발생하는 경우

52) 대법원 2018.4.19. 선고 2017도14322 전원합의체 판결; 대법원 2007.11.16. 선고 2007도7205 판결; 대법원 2017.7.11. 선고 2017도2793 판결; 대법원 2017.5.31. 선고 2013도8389 판결; 대법원 2017.3.15. 선고 2014도12773 판결; 대법원 2015.10.29. 선고 2015도9010 판결; 대법원 2015.2.12. 선고 2014도11501 판결; 대법원 2015.1.15. 선고 2013도15027 판결; 대법원 2014.6.26. 선고 2013도16368 판결; 대법원 2014.5.16. 선고 2013도828 판결; 대법원 2014.4.10. 선고 2013도9171 판결; 대법원 2013.4.11. 선고 2010도13774 판결; 대법원 2013.3.14. 선고 2010도410 판결; 대법원 2010.7.15. 선고 2008도11679 판결; 대법원 2009.12.24. 선고 2007도1915 판결; 대법원 2009.5.14. 선고 2008도8852 판결; 대법원 2008.10.23. 선고 2008도5526 판결; 대법원 2007.10.26. 선고 2006도7968 판결; 대법원 2006.3.24. 선고 2005도3717 판결; 대법원 2006.3.10. 선고 2005도6316 판결; 대법원 2003.12.26. 선고 2001도6484 판결; 대법원 2002.1.25. 선고 2000도1696 판결; 대법원 1999.10.12. 선고 99도3539 판결.

그 의문에 대하여 진지하게 숙고할 것이 요구된다. 전술한 바와 같이, 대법원도 정당한 이유가 있는지 여부는 '행위자가 자기 행위의 위법 여부를 심사숙고하거나 조회할 수 있는 기회'가 있어야 한다고 판시한 바 있다. 의문에 대한 진지한 고려 없이 경솔하게 그 행위의 적법성을 믿은 때에는 법률의 착오가 존재한다고 할 수 있고, 그 착오는 회피가능하다고 할 수 있다. 특히 자신의 직업과 관련하여 특별한 법적 규제가 행하여지고 있는 경우 또는 다른 사람의 법익이나 사회적 법익에 대한 침해를 인지하고 있는 경우에는 법령상황에 대한 더욱 강한 의문의 발생과 더욱 진지한 숙고가 필요하다고 해야 한다.

ⓘⓘ **의문에 대한 해소의 노력** : 법령상황에 대하여 의문이 발생한 때에는 의문을 해소하기 위하여 법령에 관한 정보의 수집에 노력을 다하여야 한다. 전술한 바와 같이, 대법원도 일찍이 정당한 이유가 있는지 여부는 '자신의 지적능력을 다하여 이를 회피하기 위한 진지한 노력'을 다하여야 한다고 판시한 바 있다. 따라서 법령상황에 대한 의문에 직면하여 이를 해소하기 위하여 법령에 관한 정보수집의 노력을 다하지 않은 경우에는 원칙적으로 법률의 착오는 회피가능하다고 하지 않을 수 없다. 문제는 법령상황의 의문에 대한 해소노력의 내용에 있다. 의문에 대한 해소노력의 구체적 내용에 관하여는 편의상 다음과 같이 예시하고자 한다. 객관적으로 확립된 구체적인 내용이 아직 존재하지 않기 때문이다.

i. 자신의 판단 자신의 판단결과를 신뢰하는 경우이다. 판례는 회피가 가능한 경우라고 보고 있다. 따라서 정당한 이유는 부정된다. 정당한 이유를 부정한 판례의 구체적 내용은 다음과 같다. 즉,

① 피고인의 지위나 경력, 이 사건 북한 주민과의 접촉 경위, 위 피고인이 과거 같은 목적의 접촉 승인 신청을 한 경험이 있는 점 등 제반 사정에 비추어 볼 때, 통일원장관의 접촉 승인 없이 이 사건과 같은 북한 주민과의 접촉을 한 위 피고인의 행위에 대하여 위법하지 않다고 위 피고인이 스스로 믿었음에 정당한 이유가 있다고 볼 수 없고 이러한 피고인의 행위가 사회상규에 반하지 아니하거나 또는 적법행위에 대한 기대가능성이 없었다고 판단되지도 아니한다.[53] ② 피고인은 공직선거법에 관하여 비전문가인 스스로의 사고에 의하여 피고인의 행위들이 의례적인 행위로서 합법적이라고 잘못 판단하였다는 것에 불과한 바, 이러한 사정만으로는 피고인의 행위가 죄가 되지 아니하는 것으로 오인한 데 정당한 이유가 있다고 볼 수 없다.[54]

---

53) 대법원 2003.12.26. 선고 2001도6484 판결.
54) 대법원 1996.5.10. 선고 96도620 판결.

ⅱ. 행정관청에의 조회 행정관청의 견해를 신뢰하는 경우이다. 행정형법의 해석에 대하여는 소관 관청의 공식 견해 또는 형벌법규의 해석·운용·집행에 대하여 법적 권한을 가지는 담당공무원의 공식 견해에 따라서 행위한 때에는 법률의 착오에 대하여 회피가능성은 없고 정당한 이유가 인정된다. 대법원도 "행정청의 허가가 있어야 함에도 불구하고, 허가를 받지 아니하여 처벌대상의 행위를 한 경우라도 허가를 담당하는 공무원이 허가를 요하지 않는 것으로 잘못 알려 주어 이를 믿었기 때문에 허가를 받지 아니한 것이라면 허가를 받지 않더라도 죄가 되지 않는 것으로 착오를 일으킨 데 대하여 정당한 이유가 있는 경우에 해당하여 처벌할 수 없다"고 판시한 바 있다.[55] 그러나 단순히 행정상 단속권한을 가진 자의 개인적인 견해는 공식적인 행정기관의 유권해석이라고 할 수 없다. 정당한 이유를 긍정한 판례의 구체적 내용은 다음과 같다. 즉,

① 피고인은 자신의 소유인 경기 양평군 (이하 지번 생략) 임야 및 (이하 지번 생략) 대지상에 양어장 및 여관 신축공사를 하는 과정에서 생긴 토석을 사실상 나대지 상태인 위 임야에 적치할 계획을 가지고, 이에 관하여 양평군 산림과 담당공무원인 공소외인에게 문의하였던바 산림법상 문제가 되지 않는다는 답변을 듣고 위 임야 상에 토석을 쌓아둔 것이라고 변명하고 있고, 위 공소외인도 피고인의 질의에 대하여 "공사에서 발생한 토석을 나무가 없는 사실상 대지(나대지)에 쌓아도 산림법상으로는 문제가 되지 않는다"고 답변하였음을 확인하고 있으며, 위 공소외인이 작성한 실황조사서에도 피고인이 위와 같이 토석을 쌓아둔 곳은 사실상 통행로와 나대지 상태라는 것인바, 사실관계가 이러하다면, 피고인으로서는 위 토지상에 공사 중 발생하는 토석을 쌓아두는 행위가 죄가 되지 않거나, 적어도 당국의 허가를 받을 필요까지는 없는 것으로 착오를 일으켜 그와 같은 행위에 나아갔고, 또 거기에 정당한 사유가 있다고 볼 여지가 충분함에도 불구하고, 원심은 이에 대하여 아무런 심리·판단도 하지 아니한 채 이 부분 공소사실을 유죄로 인정하고 말았으므로, 원심판결에는 형법 제16조에 관한 법리를 오해하였거나 필요한 심리를 다하지 아니하고 소송관계인의 주장에 대한 판단을 유탈함으로써 판결 결과에 영향을 미친 위법이 있다고 할 것이다.[56] ② 검사의 혐의없음 결정을 받은 사실을 인정할 수 있는 바, 그렇다면 피고인은 비록 한의사·약사·한약업사 면허나 의약품판매업 허가가 없이 의약품인 이 사건 '가감삼십전대보초'를 판매하였다고 하더라도 이 사건 범행 당시 자기의 행위가 법령에 의하여 죄가 되지 않는 것으로 믿을 수밖에 없었고, 또 그렇게 오인함에 있어서 정당한 이유가 있는 경우에 해

55) 대법원 2005.8.19. 선고 2005도1697 판결; 대법원 1992.5.22. 선고 91도2525 판결.
56) 대법원 2005.8.19. 선고 2005도1697 판결.

당한다고 보아야 할 것이므로 피고인을 약사법위반으로 처벌할 수는 없다고 하겠다.[57] ③ 행정청의 허가가 있어야 함에도 불구하고 허가를 받지 아니하여 처벌대상의 행위를 한 경우라도 허가를 담당하는 공무원이 허가를 요하지 않는 것으로 잘못 알려 주어 이를 믿었기 때문에 허가를 받지 아니한 것이라면 허가를 받지 않더라도 죄가 되지 않는 것으로 착오를 일으킨 데 대하여 정당한 이유가 있는 경우에 해당하여 처벌할 수 없다.[58] ④ 국유재산을 대부받아 주유소를 경영하는 자가 기사식당과 휴게소가 필요하게 되어 건축허가사무 담당 공무원에게 위 국유지상에 건축물을 건축할 수 있는지의 여부를 문의하여, 비록 국유재산이지만 위 국유재산을 불하받을 것이 확실하고 또 만일 건축을 한 뒤에 위 국유재산을 불하받지 못하게 되면 건물을 즉시 철거하겠다는 각서를 제출하면 건축허가가 될 수 있다는 답변을 듣고, 건축사에게 건축물의 설계를 의뢰하여 위와 같은 내용의 각서와 함께 건축허가신청서를 제출하여 건축허가를 받고, 건물을 신축하여 준공검사를 받은 지 1년여 후에 위 국유재산을 매수하였다면, 국유재산법 제24조 제3항에 따라 기부를 전제로 한 시설물의 축조 이외에는 국유지상에 건물을 신축할 수 없는 사실을 알고 있었다 하더라도, 국유지상에 건물을 신축하여 그 국유재산을 사용·수익하는 것이 법령에 의하여 허용되는 것으로 믿었고 또 그렇게 믿을 만한 정당한 이유가 있었다고 볼 수 있다.[59] ⑤ 피고인이 1975.4.1자 서울특별시 공문, 1975.12.3자 동시의 식품제조허가지침, 동시의 1976.3.29자 제분업소허가권 일원화에 대한 지침 및 피고인이 가입되어 있는 서울시 식용유협동조합 도봉구 지부의 질의에 대한 도봉구청의 1977.9.1자 질의회시 등의 공문이 곡물을 단순히 볶아서 판매하거나 가공위탁자로부터 제공받은 고추, 참깨, 들깨, 콩등을 가공할 경우 양곡관리법 및 식품위생법상의 허가대상이 아니라는 취지이어서 사람들이 물에 씻어 오거나 볶아온 쌀 등을 빻아서 미싯가루를 제조하는 행위에는 별도의 허가를 얻을 필요가 없다고 믿고서 미싯가루 제조행위를 하게 되었다면, 피고인은 자기의 행위가 법령에 의하여 죄가 되지 않는 것으로 오인하였고 또 그렇게 오인함에 어떠한 과실이 있음을 가려낼 수 없어 정당한 이유가 있는 경우에 해당한다.[60]

정당한 이유를 부정한 판례의 구체적 내용은 다음과 같다. 즉,

① 피고인이 관할관청에 대한 질의 등을 통해서 위법을 회피하려는 진지한 노력을 다하였다고 볼 수 있는 자료를 전혀 제출하지 못하고 있는 점에 비추어 피고인이 위법성을 인식하지 못하였다고 하더라도 그와 같은 그릇된 인식에 정당한 이유가 없다.[61]

---

57) 대법원 1995.8.25. 선고 95도717 판결.
58) 대법원 1995.7.11. 선고 94도1814 판결; 대법원 1993.9.14. 선고 92도1560 판결; 대법원 1992.5.22. 선고 91도2525 판결.
59) 대법원 1993.10.12. 선고 93도1888 판결.
60) 대법원 1983.2.22. 선고 81도2763 판결.

② 피고인이 비록 보건사회부장관의 위 고시에 의하여 당국의 형식승인을 받지 아니한 이 사건 전자오락기구를 사용하였다 하더라도 내세우는 사정만으로는 피고인의 행위가 죄가 되지 아니하는 것으로 오인하는데 정당한 이유가 있다고 볼 수 없다. 또 이 사건과 같은 경우에는 처벌의 대상에서 제외된다는 보건사회부장관의 회시는 법원의 판단을 기속하는 것도 아니다.[62] ③ 유선비디오 방송업자들의 질의에 대하여 체신부장관이 1985.7.12. 또는 그 후에 한 회신에서 유선비디오 방송이 전기통신기본법이 정하는 자가 전기통신설비로 볼 수 없어 같은 법 제15조제1항 소정의 허가대상이 되지 아니한다는 견해를 밝힌 바 있다 하더라도 그 견해가 법령의 해석에 관한 법원의 판단을 기속하는 것은 아니므로 그것만으로 피고인에게 원판시 범행에 범의가 없었다고 할 수 없다.[63] ④ 유흥접객업소의 업주가 경찰당국의 단속대상에서 제외되어 있는 만 18세 이상의 고등학생이 아닌 미성년자는 출입이 허용되는 것으로 알고 있었더라도 이는 미성년자보호법 규정을 알지 못한 단순한 법률의 부지에 해당하고 특히 법령에 의하여 허용된 행위로서 죄가 되지 않는다고 적극적으로 그릇 인정한 경우는 아니므로 비록 경찰당국이 단속대상에서 제외하였다 하여 이를 법률의 착오에 기인한 행위라고 할 수는 없다.[64]

iii. 판례의 신뢰 판례를 신뢰하는 경우이다. 대법원의 판례 또는 확립된 판례에 따른 경우 회피가능성이 부정된다. 판례가 나누어져 있는 경우에는 상급심 판례에 따르면 적어도 책임은 조각될 수 있다. 변경된 판례에 대한 부지는 원칙적으로 조회의무를 다하였다고 할 수 없으나, 경우에 따라서는 정당할 이유에 해당할 여지가 전혀 없는 것은 아니다. 정당한 이유를 부정한 판례의 구체적 내용은 다음과 같다. 즉,

설사 피고인이 대법원의 판례에 비추어 자신의 행위가 무허가 의약품의 제조·판매 행위에 해당하지 아니하는 것으로 오인하였다고 하더라도, 이는 사안을 달리하는 사건에 관한 대법원의 판례의 취지를 오해하였던 것에 불과하여 그와 같은 사정만으로는 그 오인에 정당한 사유가 있다고 볼 수 없다.[65]

iv. 전문가의 조언 사인인 전문가의 의견을 신뢰하는 경우이다. 사인(私人)이라도 법률전문가인 변호사에게 법률의 해석에 대하여 조언을 구하고 얻어진

61) 대법원 2017.7.11. 선고 2017도2793 판결.
62) 대법원 1991.8.27. 선고 91도1523 판결; 대법원 1987.4.14. 선고 87도160 판결; 대법원 1987.12.22. 선고 86도1125 판결.
63) 대법원 1989.2.14. 선고 87도1860 판결.
64) 대법원 1985.4.9. 선고 85도25 판결.
65) 대법원 1995.7.28. 선고 95도1081 판결.

정식의 회답을 신뢰한 경우에 대하여 변호사나 법률학자 등의 전문가라도 형벌법규의 해석 · 운용 · 집행에 법적인 권한을 가진 공무원은 아니기 때문에 사인의 의견을 신뢰하여 행위하는 것을 허용하면 법제도의 통일성이 저해되기 때문에 회피가능성이 없다고는 할 수 없다는 견해가 있다. 그러나 자격을 가진 법률가의 의견을 신뢰한 경우에 그 신뢰를 허용하지 않는 것은 법제도로서 문제라고 생각되기 때문에 변호사가 그 직업상의 윤리에 따라서 신중한 검토를 다한 경우에는 특별한 사정이 있으면 회피가능성이 부정되는 경우도 있을 수 있다고 생각된다. 정당한 이유를 인정한 판례의 구체적 내용은 다음과 같다. 즉,

경제의 안정과 성장에 관한 긴급명령 공포 당시 기업사채의 정의에 대한 해석이 용이하지 않았던 사정하에서 겨우 국문 정도 해득할 수 있는 60세의 부녀자가 채무자로부터 사채신고권유를 받았지만 지상에 보도된 내용을 참작하고 관할 공무원과 자기가 소송을 위임하였던 변호사에게 문의 확인한 바 본건 채권이 이미 소멸되었다고 믿고 또는 그렇지 않다고 하더라도 신고하여야 할 기업사채에 해당하지 않는다고 믿고 신고를 하지 아니한 경우에는 이를 벌할 수 없다고 할 것이다.[66]

정당한 이유를 부정한 판례의 구체적 내용은 다음과 같다. 즉,

① 피고인이 대표이사로서 회사의 계산으로 사전투표와 직접투표를 한 주주들에게 무상으로 20만 원 상당의 상품교환권 등을 각 제공한 것은 주주총회 의결권 행사와 관련된 이익의 공여로서 사회통념상 허용되는 범위를 넘어서는 것이어서, 상법상 주주의 권리행사에 관한 이익공여의 죄에 해당한다고 본 원심의 결론은 정당하다. 피고인이 변호사의 의견을 듣고 이사회의 결의를 거쳤다고 하더라도 그러한 사정만으로는 법률의 착오에 정당한 이유가 있는 경우라거나 적법행위에 대한 기대가능성이 없는 경우라고 볼 수 없다.[67] ② 부동산중개업자가 부동산중개업협회의 자문을 통하여 인원수의 제한 없이 중개보조원을 채용하는 것이 허용되는 것으로 믿고서 제한인원을 초과하여 중개보조원을 채용함으로써 부동산중개업법 위반행위에 이르게 되었다고 하더라도 그러한 사정만으로 자신의 행위가 법령에 저촉되지 않는 것으로 오인함에 정당한 이유가 있는 경우에 해당한다거나 범의가 없었다고 볼 수는 없다.[68] ③ 피고인들이 변리사로부터 그들의 행위가 고소인의 상표권을 침해하지 않는다는 취지의 회답과 감정결과를 통보받았고, 피고인들의 행위에 대하여 3회에 걸쳐서 검사의 무혐의처분이 내려졌다가 최종적으로 고소인의 재항고를 받아들인 대검찰청의 재기수사명령에 따라 이 사건 공

66) 대법원 1976.1.13. 선고 74도3680 판결.
67) 대법원 2018.2.8. 선고 2015도7397 판결.
68) 대법원 2000.8.18. 선고 2000도2943 판결.

소가 제기되었으며, 피고인들로서는 이 사건과 유사한 대법원의 판례들을 잘못 이해함으로써 자신들의 행위는 죄가 되지 않는다고 확신을 하였고, 특허청도 피고인들의 상표출원을 받아들여서 이를 등록하여 주기까지 하였다는 등 피고인들이 주장하는 사유들만으로는 위와 같은 기준에서 볼 때 피고인이 자신의 행위가 고소인의 상표권을 침해하는 것이 아니라고 믿은 데에 정당한 이유가 있다고 볼 수 없다.[69] ④ 피고인이 변리사로부터 타인의 등록상표가 상품의 품질이나 원재료를 보통으로 표시하는 방법으로 사용하는 상표로서 효력이 없다는 자문과 감정을 받아 자신이 제작한 물통의 의장등록을 하고 그 등록상표와 유사한 상표를 사용한 경우, 설사 피고인이 위와 같은 경위로 자기의 행위가 죄가 되지 아니한다고 믿었다 하더라도 이러한 경우에는 누구에게도 그 위법의 인식을 기대할 수 없다고 단정할 수 없으므로 피고인은 상표법 위반의 죄책을 면할 수 없다.[70] ⑤ 압류물을 집달관의 승인없이 임의로 그 관할구역 밖으로 옮긴 경우에 피고인은 변호사 등에게 자문을 구하였다고만 주장하고 있을 뿐 기록상 그 자문내용이 구체적이고 상세한 것으로서 신뢰할 만하다고 볼 수 있는 자료가 없을 뿐 아니라 압류집달관에 대하여 상세한 내용의 문의를 하였다는 자료도 없는 이 사건에서는 소론과 같은 정도로 변호사 등에게 문의하여 자문을 받았다는 사정만으로는 피고인의 판시 행위가 죄가 되지 않는다고 믿는 데에 정당한 이유가 있다고 할 수 없다.[71]

v. 상사의 지시 직무상 상사의 지시를 신뢰하는 경우이다. 상사(上司)의 지시가 적법할 것이라고 단순히 신뢰하였다는 것만으로는 정당한 이유가 될 수 없다. 오히려 행위자의 전문직업영역으로서 업무상 과실의 성부가 문제되는 영역이므로 특수한 법령에 대하여까지 강한 의문을 발생시켜야 하는 계기가 존재하는 영역이라고 해야 한다. 따라서 행위자 스스로의 적법성에 대한 확신 없이 한 행위에 대하여는 회피가능성이 존재한다고 할 수 있다. 다만 후술하는 바와 같이 법령상황에 대한 강한 의문을 행위자의 입장에서 해소할 수 있느냐 하는 것은 별개의 문제라고 할 수 있다.

ⅲ 노력에 의한 의문의 해소가능성 : 회피가능성이 존재하기 위하여는 위법성을 인식할 현실적인 가능성이 존재하여야 한다. 따라서 법률의 착오를 회피하기 위해서 행위자는 개인적인 역량을 최대한 발휘하여야 한다. 견해에 따라서는 양심적 심사의무라고도 한다. 다만 전술한 바와 같이, 위법성의 인식에 필요한 노력의 정도에 관하여 대법원은 "구체적인 행위 정황, 행위자 개인의 인식능력과 행

69) 대법원 1998.10.13. 선고 97도3337 판결.
70) 대법원 1995.7.28. 선고 95도702 판결.
71) 대법원 1992.5.26. 선고 91도894 판결.

위자가 속한 사회집단에 따라 달리 평가되어야 한다"고 판시해 오고 있다. 따라서 행위자를 기준으로 하여 착오를 해소할 수 없는 경우 법률의 착오는 회피불가능하다고 해야 한다. 회피가능성을 부정한 판례의 구체적 내용은 다음과 같다. 즉,

> 소속 중대장의 당번병이 근무시간 중은 물론 근무시간 후에도 밤늦게까지 수시로 영외에 있는 중대장의 관사에 머물면서 집안일을 도와주고 그 자녀들을 보살피며 중대장 또는 그 처의 심부름을 관사를 떠나서까지 시키는 일을 해오던 중 사건당일 중대장의 지시에 따라 관사를 지키고 있던 중 중대장과 함께 외출나간 그 처로부터 24:00경 비가 오고 밤이 늦어 혼자 귀가할 수 없으니 관사로부터 1.5킬로미터 가량 떨어진 지점까지 우산을 들고 마중을 나오라는 연락을 받고 당번병으로서 당연히 해야 할 일로 생각하고 그 지점까지 나가 동인을 마중하여 그 다음날 01:00경 귀가하였다면 위와 같은 당번병의 관사이탈 행위는 중대장의 직접적인 허가를 받지 아니 하였다 하더라도 당번병으로서의 그 임무범위 내에 속하는 일로 오인하고 한 행위로서 그 오인에 정당한 이유가 있어 위법성이 없다고 볼 것이다.[72]

(5) 법률의 착오의 효과

형법은 법률의 착오가 있는 경우에는 '정당한 이유가 있는 때에 한하여 벌하지 아니한다'고 규정하고 있다(제16조). 책임이 조각되어 범죄가 성립하지 않기 때문이다.

1) 책임의 조각

법률의 착오에 정당한 이유가 있는 경우에는 책임이 조각된다고 해석되고 있다. 법률의 착오에 의한 행위에 구성요건해당성과 위법성이 인정된다고 하더라도 책임이 조각되어 벌할 수 없게 된다는 의미로 해석되고 있는 것이다. 책임주의의 관점에서 불가피하게 위법성의 인식이 결여된 경우까지 행위자에게 고의범으로 형사책임을 추급하는 것은 합리적이지 않다고 보이기 때문에 타당한 해석이라고 생각된다. 반대해석에 의하면, 법률의 착오에 정당한 이유가 없는 경우에는 고의범으로 처벌되게 된다. 문제는 정당한 이유가 있는 위법성의 불인식이 책임을 조각하게 되는 근거에 있다.

2) 책임조각의 근거

① 학 설

정당한 이유가 있는 법률의 착오가 벌하여지지 않게 되는 근거에 대하여는 다

---

72) 대법원 1986.10.28. 선고 86도1406 판결.

틈이 있다. 이에 대하여는 위법성의 인식에 대한 체계적 지위와 관련하여 고의설과 책임설이 크게 대립하여 왔다.

ⓘ **고의설** : 고의설(故意說, Vorsatztheorie)이란 위법성의 인식을 고의의 구성요소로 파악하는 견해를 말한다. 인과적 행위론에 의하면 고의는 책임요소이고, 사실에 대한 인식과 위법성의 인식은 모두 고의의 구성요소였다. 고의가 성립하려면 구성요건에 해당하는 객관적 사실에 대한 인식 이외에 다시 위법성의 인식이 필요하다고 주장하였고, 사실의 착오나 위법성의 착오는 양자를 구별할 필요도 없이 모두 고의의 성부와 관련된다고 보았다. 따라서 위법성의 인식이 없는 경우에는 고의를 조각하게 되고 결국에는 책임을 조각하게 된다고 하였다. 다만 과실범의 문제는 여전히 남게 된다고 보았다. 고의설은 고의의 성립에 필요한 위법성의 인식의 요구정도에 따라 다시 엄격고의설과 제한고의설로 나누어진다.

ⅰ. 엄격고의설 엄격고의설(嚴格故意說, strenge Vorsatztheorie)이란 사실에 대한 인식 이외에 위법성의 인식도 고의의 요소라고 하는 견해를 말한다. 고의가 성립하기 위하여는 사실에 대한 인식뿐만 아니라 위법성의 인식이 현실적으로 존재하지 않으면 안 된다. 과거 전통적인 다수설이었고, 위법성의 인식필요성설 또는 순고의설(純故意說)이라고도 불리었다. 이에 의하면 위법성의 인식이 결여되는 한 행위자에게 위법행위를 하려는 의사결정에 대하여 이를 저지하려는 반대동기가 형성되지 않기 때문에 고의책임을 물을 수 없게 된다고 하였다. 따라서 위법성의 인식이 없는 경우에는 고의는 조각되고, 위법성의 인식결여에 과실이 있는 경우에 한하여 과실범으로 처벌될 수 있을 뿐이라고 하였다. 이와 같이 엄격고의설은 사실의 착오이든 법률의 착오이든 모두 고의를 조각한다는 점을 명백히 함으로써 법적 안정성의 확보에 기여하였고, 위법성의 인식이 인정되는 경우에만 처벌되게 함으로써 위법성의 인식이 없는 경우에도 무조건 처벌받아야만 했던 과거의 전통을 해결할 수 있었다.

그러나 엄격고의설에 대하여는 고의설 내부에서 비판이 제기되었을 뿐만 아니라 책임설의 등장에 의하여 범죄론과 형사정책론의 측면에서 비판이 추가되었다. 예컨대 위법하지 않다고 경솔하게 믿은 것만으로도 고의범의 성립이 부정될 수 있다는 점, 법률을 몰랐다는 변명을 부정하기 위하여는 알고 있었다는 점에 대한 입증이 필요하게 되지만 이는 쉽지 않다는 점, 위법성의 현실적 인식이 없거나 약화되어 있는 격정범, 확신범 또는 상습범 등에 대한 고의의 성립을 인정하거나 가중처벌하는 것이 어렵게 된다는 점, 과실범의 처벌규정이 없는 경우에는 처벌할 수 없게 되고 처벌규정이 있는 경우라 하더라도 매우 가벼워 형사정책적으로 불합리하다는 점 및 고도의 법적인 지식을 구비한 자에게만 고의를 인정할 수 있다는 점 등에서 비판이 가하여졌다.

ii. 제한고의설 제한고의설(制限故意說, eingeschränkte Vorsatztheorie)이란 고의의 성립요건으로서 위법성의 인식은 불요하지만, 그 가능성만은 요구된다는 견해를 말한다. 고의가 성립하기 위해서는 사실에 대한 인식 이외에 위법성에 대한 인식의 가능성만으로도 족하다고 한다. 위법성의 인식이 현실적으로 결여되어 있는 경우에도 위법성의 인식의 가능성만이라도 있으면 충분히 고의는 성립하기 때문에 위법성의 인식의 가능성조차도 없을 때에 비로소 고의를 조각하게 된다고 한다. 이러한 의미에서 가능성설(可能性說)이라고도 한다. 인격책임론을 출발점으로 하여 인격태도의 직접적인 반규범성에 고의의 본질이 있다고 보았다. 범죄사실을 인식하고 있는 이상 행위자는 규범의 문제에 직면하여 있고 위법성을 인식하고 있었는가 또는 그 가능성이 있었는가에는 본질적인 차이가 없기 때문에 모두 반규범적 인격태도로서 고의책임을 묻게 된다고 하였다. 제한고의설은 현실적으로 위법성의 인식이 없거나 위법성의 인식을 기대할 수 없는 법 무관심자(法無關心者)에 대하여 유리하게 된다는 점 등 엄격고의성의 형사정책적인 결함을 해결하기 위하여 등장하였다. 그럼에도 불구하고 제한고의설은 위법성의 인식가능성이라는 과실의 요소를 고의의 내용을 파악함으로써 위법성의 인식의 가능성이 인정되는 한 고의가 성립된다고 하여 엄격고의설보다 고의의 성립범위를 제한한 것이 아니라 오히려 확대시키는 결과를 초래하였다.

제한고의설은 제한의 의미와 관련하여 다시 위법성인식가능성설, 법과실준고의설 및 법적대성설 등으로 나누어진다.[73] 첫째, 위법성인식가능성설(違法性認識可能性說)은 위법성의 인식과 그 가능성 사이에는 하등의 질적인 차이가 없기 때문에 위법성의 인식이 고의의 성립요건이 아니라 위법성의 인식가능성이 고의의 성립요건이 된다고 한다. 둘째, 법과실준고의설(法過失準故意說)은 일본에서 주장된 견해로서 위법성의 인식의 결여에 과실이 있는 경우에는 고의에 준하여 고의와 동일하게 취급하자는 주장이다. 셋째, 법적대성설(法敵對性說)이란 위법성의 인식의 결여가 법적대성(Rechtsfeindlichkeit) 또는 법맹성(Rechtsblindheit)에서 기인되는 경우에는 고의적인 법위반은 아니지만 고의행위와 같이 처벌할 수 있다는 주장이다.

---

73) 자세한 것은 이종갑, "위법성의 인식과 법률의 착오", 법학연구 제1집, 경상대학교 법학연구실, 1988.7, 210쪽 이하 참조.

그러나 제한고의설에 대하여는 과실로 사실을 인식하지 못한 경우에는 과실범을 인정하면서 과실로 위법성을 인식하지 못한 경우에는 고의책임을 인정하는 것은 논리적으로 일관성이 없다는 점, 고의의 개념 중에 인식의 가능성이라는 과실의 요소를 가미함으로써 고의와 과실이라는 개념을 서로 결합시키려고 하는 논리적 모순을 범하고 있다는 점, 고의가 아닌 법적대적인 행위를 고의로 처벌하는 것은 고의와 과실을 동치(同置)하는 것이라는 점 등에서 비판이 가하여졌다.

ⓘ **책임설 :** 책임설(責任說, Schuldtheorie)이란 위법성의 인식을 고의와 무관한 별개의 책임요소로 파악하는 견해를 말한다. 목적적 행위론에 의하면 구성요건적 사실에 대한 인식을 내용으로 하는 고의는 주관적 구성요건요소에 속하지만, 위법성의 인식은 이러한 사실적 고의(Tatvor-satz)와는 독립하여 책임요소에 속한다고 하였다. 위법성의 인식은 행위자에게 적법행위에 대한 반대동기를 형성하게 하여 적법행위를 가능하게 하고, 이에 위반하면 위법행위를 결의한 행위자를 비난할 수 있게 되므로 기대가능성과 함께 책임요소가 된다고 하였다. 고의와 과실을 구별하는 것은 실현의도의 유무이고 위법성의 인식의 유무는 아니라고 하였다. 나아가 위법성의 인식은 심리적 사실이 아니라 규범적인 인식으로서 파악되어야 하는 것이고, 위법성의 인식과 그 가능성의 사이에는 질적인 차이는 없다고 보았다.

따라서 책임설에 의하면 위법성의 인식 또는 그 가능성은 고의와는 무관하게 책임의 요소가 된다. 위법성의 인식이 결여된 법률의 착오의 경우 착오의 회피가능성에 따라 비난가능성의 유무 및 정도에 영향을 미칠 뿐이라고 한다. 현실적인 위법성의 인식이 없으면 책임이 조각되고, 과실로 위법성을 인식하지 못한 경우, 즉 위법성의 인식가능성이 있는 경우는 책임이 감경된다. 책임설은 목적적 행위론을 거부하는 학자들에 의하여도 수용되었을 뿐만 아니라 1952년 3월 18일 독일 판례의 변경과[74] 1969년 7월 4일 독일 형법의 개정에도[75] 영향을 미쳐 분명해진 바 있다. 한편 책임설은 정당화사유의 착오, 즉 위법성조각사유의 전제사실에 대한 착오를 위법성의 착오라고 해석하는 엄격책임설과 법적 효과에 있어서 사실의 착오와 다르지 않다고 해석하는 제한책임설로 대별된다. 이에 관하여 상세한 내용은 위법성조각사유의 전제사실에 대한 착오라는 항목에서 전술한 바 있다.

---

74) BHGSt, 2, 194.
75) 1975년 1월 1일 시행, 제2차 형법개정법률.

② 판 례

판례의 입장은 이른바 위법성인식불요설로 추정되고 있다. 판례는 전술한 바와 같이 법률의 부지를 법률의 착오에 해당하지 않는다는 입장을 취하고 있는 것으로 해석되기 때문이다. 위법성인식불요설(違法性認識要說)이란 고의의 요건으로서는 범죄사실에 대한 인식만으로 족하고, 위법성의 인식 또는 그 인식의 가능성은 고의 또는 책임의 요건에 속하지 않는다는 입장을 말한다. '법률의 부지는 용서받지 못한다'(Ignorantia legis neminem excusat)는 법격언은 로마법 이래로 전통이라는 점, 국민은 모든 법을 알고 있어야 한다는 점 및 위법성의 인식을 고의의 요건으로 한다면 법의 이완이 초래된다는 점 등을 그 근거로 하고 있다.

그러나 전통(傳統)은 전설(傳說)이 될 수 있을지언정 반드시 정통(正統)을 의미한다고는 할 수 없고, 이 법격언은 현대의 법사상에 배치되는 것이라는 비판이 가능하다고 해야 한다. 현대의 민주주의 국가에서 규범의 수명자가 규범의 무가치판단을 전혀 인식할 수 없는 경우까지 그것을 처벌하는 것은 필벌주의(必罰主義)이고, 정확하게 책임주의(責任主義)에 반한다는 비판이 가능하기 때문이다. 또 위법성인식불요설이 타당하다고 하기 위해서는 모든 국민이 형벌법규를 알고 있고 범죄사실을 인식하면서 동시에 위법성의 인식까지 하고 있다는 것을 전제로 할 경우에만 가능할 것으로 보인다. 그러나 현대사회에 있어서의 행정범 등에서 볼 수 있는 바와 같이 범죄사실의 인식으로부터 위법성의 인식을 직접적으로 도출하는 것이 곤란한 경우가 많다.

③ 검 토

법률의 착오의 효과란 법률의 착오의 결과 위법성의 불인식 또는 그 불가능성의 경우의 효과를 말한다. 법률의 착오의 효과는 흔히 고의 또는 과실과 위법성의 인식 또는 그 가능성의 체계적 지위와 밀접한 관련을 가지고 논의되어 왔다. 아래에서는 고의 또는 과실과 위법성의 인식 또는 그 가능성의 체계적 지위에 관한 그 동안의 논의를 다시 검토함으로써 이로부터 법률의 착오의 효과를 추론해 보기로 한다.

판례는 전통적으로 위법성인식불요설의 입장을 견지하여 왔다. 학설로서는 자연범의 경우에는 위법성의 인식은 불요하지만, 법정범의 경우에는 위법성의 인식이 필요하다고 하는 견해와 위법성의 인식을 결한 것에 과실이 있는 경우에는 고의와 동일하게 취급하려는 견해가 있었다. 그러나 학설상 커다란 대립을 보이고 있는 것은 고의설과 책임설이다. 첫째, 인과적 행위론에 의하면 위법성의 인식 또는 그 가능성을 고의의 구성요소로 파악하는 고의설을 취하기 때문에 위법성의 불인식 또는 그 불가능성은 고의를 조각하게 된다고 한다. 둘째, 목적적 행위론에 의하면 위법성의 인식 또는 그 가능성을 고의와 독립된 별도의 책임요소로 파악하는 책임설을 취하기 때문에 위법성의 불인식 또는 그 불가능성은 고의와는 무관하게 책임을 조각하게 된다고 한다. 셋째, 사회적 행위론을 근거로 신고전적 목적적 합일체계론은 고의와 과실은 구성요건요소일 뿐만 아니라 책임요소가 된다고 하여 고의와 과실의 이중기능을 인정하고 있다. 이에 의하면 책임은 규범적 책임론의 입장에서 책임은 책임능력, 위법성의 인식, 기대가능성 및 고의 또는 과실로 구성된다고 보기 때문에 위법성의 인식은 고의와는 독립된 별개의 책임요소라고 하게 된다. 한편 고의설은 다시 위법성의 인식을 고의의 요소로 하는 엄격고의설과 위법성의 인식가능성을 고의의 요소로 하는 제한고의설로 나누어진다. 책임설은 다시 위법성의 인식가능성을 고의범과 과실범의 요소로 한다는 점에서 공통되지만, 위법성조각사유의 전제사실의 착오에 대하여 고의의 조각을 부정하고 위법성의 착오로서 위법성의 인식의 가능성의 유무를 기준으로 책임의 유무를 결정하는 엄격책임설과 위법성조각사유의 전제사실의 착오에 대하여 고의의 조각을 긍정하는 제한책임설로 나누어진다. 이 외에도 위법성조각사유의 전제사실에 관한 착오를 해결하기 위하여 소극적 구성요건요소이론이 주장된 바 있었다.

생각건대 범죄체계론에 있어서 고의의 이중기능을 인정하는 합일체계론에 기본적으로 동의한다. 고의의 이중기능을 인정하는 경우 고의를 구성요건요소로서의 구성요건적 고의와 책임요소로서의 책임고의로 구분하여 각각의 기능을 인정하게 된다. 문제는 위법성의 인식이 책임고의의 요소인가 아니면 별개의 책임의 요소인가에 있다. 그런데 고의의 일중기능(一重機能)을 인정하는 인과적 행위론의 고의설에 있어서의 책임요소로서의 고의에는 구성요건적 사실의 인식과 위법성의 인식이 동시에 내포되어 있었다. 이에 반하여 목적적 행위론에 있어서의 책임설은 성질이 다른 구성요건적 사실의 인식과 위법성의 인식을 고의 속에서 각각 분리하여 전자는 구성요건요소라고 하고, 후자는 책임요소라고 한 바 있다. 결론적으로 위법성의 인식은 원래 고의 속에 내재되어 있던 개념이었다고 할 수 있다. 문제는 다시 위법성의 인식과 고의에 대한 이중기능(二重機能)을 통해서 다시 책임요소로 복귀하게 된 책임고의와의 관계로 귀착하게 된다고 해야 한다.

위법성의 인식이 책임비난의 요소가 되는 근거는 위법성에 대한 인식이라는 심리적 사실 그 자체에 있는 것이 아니라 범죄적 의사결정에 반대동기를 형성할 수 있는 규범적인 의식에 있다. 또 책임고의는 비난가능성으로서의 고의를 의미한다는 점에서 구성요건적 사실에 관한 인식과 그의 실현의사를 의미하는 구성요건적 고의와 구별된다고 할 수 있다. 비난가능성으로서의 책임고의는 구성요건적 사실에 관한 인식과 그에 대한 실현의사, 즉 구성요건적 고의뿐만 아니라 더 나아가 그러한 사실이 위법하다는 인식, 즉 위법성의 인식까지 포함하는 개념이라고 해야 한다. 책임은 구성요건에 해당하는 위법한 행위를 행한 행위자의 인격적 태도에 대한 비난이라고 해야 하기 때문이다. 결국 위법성의 인식은 고의설의 입장에서 책임고의를 구성하는 요소가 됨에 따라 위법성의 인식이 있는 경우에는 고의가 긍정되어 책임이 긍정된다고 하는 구조가 타당하다고 해야 한다. 또 위법성의 인식은 그 가능성과 차이가 없다고 해석된다. 왜냐하면 위법성을 인식하고 있다는 심리적 사실 그 자체가 중요한 것이 아니라 위법행위로 나아간 의사결정을 억제할 규범적인 의식으로서 위법행위로 나아가지 않는다는 반대동기를 형성할 가능성이 행위자에게 주어지고 있는가의 여부가 중요하다고 생각되기 때문이다. 이러한 의미에서 위법성의 인식과 그 가능성은 반대동기의 형성 가능성을 제공할 수 있다는 의미에서 동일하다고 할 수 있고 책임비난을 근거지우는 점에서는 질적 차이가 아니라 양적 차이에 그친다고 해석될 수 있다. 그러나 이미 언급한 바와 같이, 위법성의 불인식 또는 그 불가능성은 소극적 책임요소로서 적극적 책임요소인 책임고의와는 별개이기 때문에 책임설의 입장에서 위법성이 결여된 위법성의 불인식 또는 그 불가능성의 경우에는 책임고의와는 무관하게 곧바로 책임을 조각하게 된다고 하는 것이 타당하다. 다만 이미 전술한 바와 같이 위법성조각사유의 전제사실에 대한 착오는 본래의 의미에서의 위법성의 착오, 즉 법률의 착오와는 그 성질을 달리 하므로 별도로 검토할 필요가 있다.

결국 위법성의 인식의 관계를 범죄체계론의 입장에서 볼 때 고의 또는 과실의 일중기능을 인정하는 견해로부터 출발하여 현재에는 이중기능을 인정하는 견해에까지 이르고 있다. 고의 또는 과실의 일중기능을 인정하는 인과적 행위론과 목적적 행위론은 각각 위법성의 인식을 책임요소로서의 고의의 구성요소라는 고의설과 위법성의 인식을 구성요건요소인 고의와는 별개의 독립된 책임요소라는 책임설을 취하였다. 위법성의 인식이 없는 경우 책임을 조각하는 근거에 있어서도 고의설에 의하면 위법성의 인식이 결여된 경우에는 고의를 조각하게 되어 결국 책임을 조각하게 된다는 구조를 취하게 되지만, 책임설에 의하면 책임요소였던 고의는 이미 구성요건요소가 되었고 책임요소에는 위법성의 인식만 남아 있는 상태이기 때문에 위법성의 인식이 결여된 경우에는 당연히 곧바로 책임을 조각하게 된다는 구조를 취하게 된다. 이에 반하여 현대 형법에 있어서 인과적 행위론과 목적적 행위론을 통합하려는 합일체계론은 사회적 행위론의 입장에서 고의와 과실의 이중기능을 인정하면서 고의를 구성요건요소로서의 고의와 책임요소로서의 고의로 분류하지만, 위법성의 인식은 책임요소로서의 고의와는 별개의 독립된 책임요소라고 한다. 합일체계론도 기본적으로는 책임설의 입장을 취하게 되기 때문에 위법성의 인식이 결여된 경우에는 책임고의와는 별개로 독립된 책임요소인 위법성이 인식이 결여되어 곧바로 책임을 조각하게 된다는 구조로 된다. 그러나 위법성의 인식은 적극적 책임요소일 경우에는 고의설에서와 같이 책임고의의 구성요소가 되지만, 소극적 책임요소로서의 위법성의 불인식은 책임설에서와 같이 책임고의와는 별개의 독립된 책임요소가 된다고 하는 구성이 타당하다고 본다.

3. 기대불가능성

(1) 의 의

기대불가능성(期待不可能性, Unzumutbarkeit)이란 외부적 여건, 즉 부수사정의 비정상성(非正常性)으로 인하여 행위자에게 적법행위에 대한 기대가 불가능한 경우를 말한다. 적법행위에 대한 기대가 불가능한 기대불가능성은 소극적 책임요소이기 때문에 기대불가능성이 인정되는 경우에는 책임을 조각하게 되고 결국 범죄의 성립이 부정되게 된다. 적극적 책임요소로서의 기대가능성이란 범죄회피를 기대하는 것이 가능하였음에도 불구하고 범죄를 회피하지 않았다는 것을 처벌의 근거로 하는 이론이기 때문이다. 한편 기대가능성은 외부여건의 정상성 여부가 판단의 기준이 된다는 점에서 행위자 내부상태의 정상성 여부가 판단의 기준이 되는 책임능력과 구별되는 개념이라고 할 수 있다.

(2) 종 류

기대불가능성을 이유로 한 책임조각사유는 형법상의 책임조각사유와 초법규적인 책임조각사유로 대별될 수 있다. 첫째, 형법상 책임조각사유이다. 기대불가능성을 이유로 한 형법상의 책임조각사유는 다시 형법총칙상의 책임조각사유와 형법각칙상의 책임조각사유로 나누어질 수 있다. 강요된 행위(제12조)는 기대불가능성을 이유로 한 형법총칙상 책임조각사유의 대표적인 예라고 할 수 있다. 이 외에도 기대불가능성이나 기대가능성의 감소를 근거로 한 형법총칙상의 책임조각사유 또는 책임감경사유로서는 과잉방위(제21조 제2항, 제3항), 과잉피난(제22조 제2항, 제3항) 및 과잉자구행위(제23조 제2항)를 들 수 있다. 이에 반하여 친족간의 범인은닉(제151조 제2항)과 친족간의 증거인멸(제155조 제4항)은 기대불가능성을 이유로 한 형법각칙상 책임조각사유에 속한다. 또 단순도주죄(제145조)가 도주원조죄(제147조)보다 법정형이 경하고, 위조통화취득후의 지정행사죄(제210조)가 위조통화행사죄(제207조 제4항)보다 형이 가벼운 것은 기대가능성의 감소를 이유로 책임이 감경되는 경우라고 할 수 있다. 둘째, 초법규적 책임조각사유이다. 후술하는 바와 같이 형법상 명문의 규정이 없음에도 불구하고 해석에 의하여 인정되는 책임조각사유를 말한다.

(3) 강요된 행위

제12조 (강요된 행위) 저항할 수 없는 폭력이나 자기 또는 친족의 생명, 신체에 대한 위해를 방어할 방법이 없는 협박에 의하여 강요된 행위는 벌하지 아니한다.

1) 개 념

① 의 의

강요된 행위(強要된 行爲, Nötigungsnotstand)란 강요에 의하여 행하여진 행위, 즉 저항할 수 없는 폭력이나 자기 또는 친족의 생명, 신체에 대한 위해를 방어할 방법이 없는 협박에 의하여 행하여진 행위를 말한다(제12조 참조).

② 법적 성질

강요된 행위는 기대불가능성으로 인한 책임조각사유로 해석되고 있다. 전술한 바와 같이 강요된 행위는 형법총칙상 기대불가능성으로 인한 책임조각사유에 속한다. 이러한 점에서 형법상의 강요된 행위는 독일 구형법상의 강요된 행위(Nötigungsnotstand)에서 유래하였지만, 현행 독일 형법상의 면책적 긴급피난과는 전혀 별개의 성질을 가진다고 해야 한다. 현행 독일 형법은 위법성조각적 긴급피난(독일 형법 제35조)과 책임조각적 긴급피난(독일 형법 제36조)의 이원적 구조로 긴급피난을 구성하고 구형법상의 강요된 행위(독일 구형법 제52조)를 면책적 긴급피난 속에 흡수시켜 규정하고 있다.

2) 객관적 구성요건

① 강요된 상황

강요된 행위는 강요된 상황에서 행하여진 행위여야 한다. 강요된 상황은 폭력이나 협박의 상태를 말한다. 다만 폭력은 저항할 수 없는 폭력에 한하고, 협박은 자기 또는 친족의 생명, 신체에 대한 위해를 방어할 방법이 없는 협박으로 제한되고 있다.

ⓘ 저항할 수 없는 폭력

i. 폭력성 폭력(暴力, Gewalt)이란 강제하거나 저항을 억지하기 위한 유형력을 말한다. 폭력은 그 정도에 따라 절대적 폭력(絶對的 暴力, vis absoluta)과 강제적 폭력(强制的 暴力, vis compulsiva)으로 구분될 수 있다. 절대적 폭력은 의사를 파괴하는 폭력(die willensbrechende Gewalt)이지만, 강제적 폭력은 의사를 왜곡하는 폭력(die willensbeugende Gewalt)이다. 절대적 폭력은 피강요자의 자유로운 의사활동(意思活動, die freie Willensbetätigung)이나 자유로운 의사형성(意思形成, die freie Willensbildung)을 절대적으로 불가능하게 한다. 강제적 폭력은 강요자가 폭력의 행사에 의하여 피강요자의 행위를 방해하는 것이 아니라 강요자의 행위에 의하여 피강요자에게 특정한 행위를 포기하게 하거나 방해받도록 영향력을 행사하는 것이다. 상대적 폭력이라고도 불릴 수 있다.

절대적 폭력의 상황에서는 피강요자의 의사를 인정할 수 없기 때문에 절대적 폭력은 형법상 무의미하다고 할 수 있다. 본조에서의 폭력의 개념을 강제적 폭력에 한하게 하는 것이 다수설의 입장이다. 또 판례의 입장도 같은 취지라고 해석된다. 폭력의 수단은 묻지 않는다. 따라서 사람의 신체에 대하여 직접 행하여진 유형력뿐만 아니라 물건에 대하여 행하여진 유형력이라도 사람의 의사형성에 영향력을 행사하는 것이면 모두 여기에 포함될 수 있다. 한편 폭력은 유형력을 의미한다는 점에서 유형력의 행사를 말하는 폭력행위(暴力行爲)나 그의 준말인 폭행(暴行)과는 구별된다.

ii. 저항의 불가능성 폭력은 저항할 수 없는 정도여야 한다. 저항할 수 없는 폭력이란 물리적으로 대항할 수 없는 경우뿐만 아니라 심리적으로 거부할 수 없는 처지에 놓인 경우도 포함한다. 판례에 의하면 '저항할 수 없는 폭력'이란 심리적인 의미에 있어서 육체적으로 어떤 행위를 절대적으로 하지 아니할 수 없게 하는 경우와 윤리적 의미에 있어서 강압된 경우를 포함한다고 한다.[76] 저항가

---

76) 대법원 2009.6.11. 선고 2008도11784 판결; 대법원 2007.6.29. 선고 2007도3306 판결; 대법원 2004.12.10. 선고 2003도5124 판결; 대법원 1997.7.10. 선고 98도1309 판결; 대법원 1983.12.13. 선고 88도2276 판결.

능성의 유무는 폭력 그 자체가 아니라 피강요자의 능력을 기준으로 우선 판단되어야 한다. 왜냐하면 기대가능성의 유무는 피강요자의 능력이 기초로 되어야 하는 것은 물론이지만, 이 외에도 강요자에 속한 요소, 폭력에 속한 요소, 피강요자에 속한 요소 및 주변의 행위상황 등도 종합적으로 고려하여 구체적으로 판단되어야 할 것이기 때문이다.

ⓘⓘ 방어할 방법이 없는 협박

ⅰ. 협박성 협박(脅迫, Drohung)이란 공포심을 일으키기 위한 해악의 고지를 말한다. 해악의 고지(害惡의 告知)는 경고자에 의한 지배가능성의 개재(介在)를 요한다는 점에서 길흉화복의 염원과 같이 자연현상의 도래에 대한 고지인 경고(警告)와 구별될 필요가 있다. 고지는 반드시 유형적이거나 언어적일 것을 요하는 것은 아니다.[77]

ⅱ. 방어의 불가능성 협박이란 자기 또는 친족의 생명, 신체에 대한 위해를 달리 방어할 방법이 없는 정도여야 한다.[78] 방어할 방법이 없다는 것은 협박을 물리치거나 피할 수 없어 강요된 행위만이 유일하게 마지막 방어방법으로서 남아 있어야 한다는 것을 의미한다. 이에 대한 판단 역시 '저항할 수 없는 폭력'에 대한 판단에 있어서와 같이 피강요자의 능력이 기초로 되어야 하는 것은 물론이지만, 이 외에도 강요자에 속한 요소, 폭력에 속한 요소, 피강요자에 속한 요소 및 주변의 행위상황 등도 종합적으로 고려하여 구체적으로 판단되어야 할 것이다.

협박의 내용은 자기 또는 친족의 생명, 신체에 대한 위해(危害)여야 한다. 친족의 개념과 범위는 민법의 규정에 따르게 된다. 친족이란 배우자, 혈족 및 인척을 말하고(민법 제767조), 친족은 배우자, 8촌 이내의 혈족 및 4촌 이내의 인척의 범위에서만 법률상의 효력이 미친다(민법 제777조). 다만 본조의 취지에 비추어 사실상의 관계도 여기의 친족에 포함시켜 해석하는 것이 타당하다고 본다. 또 협박의 내용은 생명 또는 신체에 대한 위해에 제한된다. 자유, 명예, 재산 또는 비밀 등에 대한 위해는 여기의 협박에 포함되지 않는다. 반대해석의 결과이다. 다만 정조에 대한 위해는 신체에 대한 위해에 포함시켜 해석하는 견해도 있다. 한편 생명 또는 신체 이외의 법익에 대한 위해의 경우에는 면책적 긴급피난에 해당한다는 견해도 있으나,

---

77) 대법원 1969.3.25. 선고 69도94 판결; 대법원 1969.1.28. 선고 68도1815 판결; 대법원 1968.11.5. 선고 68도1334 판결.

78) 대법원 2009.6.11. 선고 2008도11784 판결; 대법원 2007.6.29. 선고 2007도3306 판결; 대법원 2004.12.10. 선고 2003도5124 판결; 대법원 1997.7.10. 선고 98도1309 판결; 대법원 1983.12.13. 선고 83도2276 판결.

초법규적 책임조각사유에 해당된다고 하는 견해가 타당하다.

ⅲ 자초한 강요상태 : 피강요자가 강요상태를 자초한 경우에는 강요된 행위의 요건인 강요상태에 해당하지 않는다. 강요상태를 자초한 경우에는 적법행위에 대한 기대가 불가능하다고 할 수 없기 때문이다. 자초한 강요상태에 강요된 행위를 부정한 판례의 구체적 내용은 다음과 같다. 즉,

① 원심은 반국가단체의 활동을 찬양한 점, 대한민국의 기밀에 속하는 사항을 북괴에 알려준 점, 반국가단체인 북괴의 지령을 받은 점, 반국가단체의 구성원으로부터 물품을 수수한 점 등에 대하여 1심 무죄선고를 유지하고 그 이유로서 피고인들은 본건 동기가 간첩활동을 목적으로 탈출한 것이라고는 보기 어렵고 어디까지나 어업을 목적으로 하여 당초에는 피고인들이 군사분계선 이남 근방에서 어로작업을 하다가 어군을 따라 이 곳이 북괴지역일 것이라고 의심하면서 은연 중 그 지역으로 들어가게 된 것이라고 인정되며 그 이상 북괴구성원들과 회합하거나 그들 지시로 간첩을 할 것을 예기하고 탈출하였다고 인정할 자료가 없으므로 불의에 북괴 괴뢰집단의 구성원에게 납치되어 위와 같은 행위를 하였다 하드라도 이는 피고인들의 생명, 신체에 예측할 수 없는 위해가 가해질지도 모른다는 사정하에서 이루어진 것으로 강요된 행위라고 판시하였으나 이는 강요된 행위에 대한 법리의 오해와 증거법칙을 위반한 위법이 있다.[79] ② 어로저지선을 넘어 어로의 작업을 하면 북괴구 성원에게 납치될 염려가 있으며 만약 납치된다면 대한민국의 각종 정보를 북괴에게 제공하게 된다 함은 일반적으로 예견된다고 하리니 피고인이 그 전에 선원으로 월선조업을 하다가 납북되었다가 돌아온 경험이 있는 자로서 월선하자고 상의하여 월선조업을 하다가 납치되어 북괴의 물음에 답하여 제공한 사실을 강요된 행위라 할 수 없다.[80]

② 강요된 행위

강요(强要)라 함은 피강요자의 자유스런 의사결정을 하지 못하게 하면서 특정한 행위를 하게 하는 것을 말한다.[81] 강요된 행위(强要된 行爲)란 강요된 상태에서 강요자에 의하여 피강요자에게 요구된 행위, 즉 저항할 수 없는 폭력이나 생명, 신체에 위해를 가하겠다는 협박 등 다른 사람의 강요에 의하여 이루어진 행위를 말한다.[82] 어떤 사람의 성장교육과정을 통하여 형성된 내재적인 관념 내지 확신으

79) 대법원 1973.9.12. 선고 73도1684 판결.
80) 대법원 1971.2.23. 선고 70도2629 판결.
81) 대법원 2009.6.11. 선고 2008도11784 판결; 대법원 2007.6.29. 선고 2007도3306 판결; 대법원 2004.12.10. 선고 2003도5124 판결; 대법원 1997.7.10. 선고 98도1309 판결; 대법원 1983.12.13. 선고 83도2276 판결.
82) 대법원 2009.6.11. 선고 2008도11784 판결; 대법원 2007.6.29. 선고 2007도3306 판결; 대법원

로 인하여 행위자 스스로의 의사결정이 사실상 강제되는 결과를 낳게 하는 경우까지 의미한다고 볼 수는 없다.[83] 강요된 행위는 구성요건에 해당하고 위법한 것이어야 한다. 이러한 요건이 충족되지 아니한 경우에는 이미 형법상의 범주를 벗어나 있기 때문이다.

강요된 행위를 인정한 판례의 구체적 내용은 다음과 같다. 즉,

① 18세 소년이 취직할 수 있다는 감언에 속아 도일하여 조총련 간부들의 감시 내지 감금하에 강요에 못 이겨 공산주의자가 되어 북한에 갈 것을 서약한 행위를 한 것이 강요된 행위라고 인정한 사례이다.[84] ② 피고인은 빈곤한 가정에서 성장하여 중학교를 중퇴한 소년으로 먼 촌 일가인 공소외 인의 일본에 가면 공장에 취직할 수 있다는 감언에 속아 동인을 따라 일본국으로 밀항하였다가 전시 조총련 간부들에게 인계된 이래 그들이 국외공산 계열의 간부들이라는 점은 알았으나 그들의 그 판시와 같은 방법에 의한 감시 내지 감금하에서 전시와 같은 교육 또는 권유를 받았고, 그들의 협박적인 강요에 못 이겨 그들의 선전에 동조하고 공산주의자가 되어 북한으로 갈 것을 서약하기에 이르렀던 것이었다는 사실과 그러한 사실들이 불과 18세의 소년에 대하여 지리나 인정 등이 생소한 일본국에서 이루어졌던 점 등에 비추어 피고인의 전인한 바와 같은 각 행위들은 모두 저항할 수는 없는 폭력 또는 그의 생명 신체에 대한 위해를 방어할 방법이 없는 협박에 의하여 강요된 행위였다고 볼 수밖에 없다.[85] ③ 북괴구성원이 출현되면 납치되어 가도 좋다는 생각에서 어로작업을 한 것이 아니고 그와 같은 경우에는 도주할 생각에서 어획고를 올리려는 의욕으로 어로저지선 부근에서 어군을 따라 어로작업을 하던 중 북괴가 지배하는 지역으로 들어가게 되었다가 북괴구성원에게 납치된 뒤 북괴의 활동을 찬양하고 대한민국의 기밀을 누설하여 북괴를 이롭게 하고 북괴로부터 금품을 수수한 범행을 하였다면 어로저지선 부근에서 어로작업을 하게 되면 북괴구성원에게 납치될 염려가 있고 납치되면 위와 같은 범행을 할 수 있다는 것이 일반적으로 예견된다 하더라도 그 자에게는 위 범행에 대한 범의가 있다고는 할 수 없다.[86] ④ 피고인들은 북괴지배하에 있는 해역에서 어로작업 중 납치 되어 가서 북괴의 활동을 찬양하고, 북괴구성원의 물음에 대하여 피고인들이 알고 있는 사실을 답변하였으며, 북괴로부터 물품을 받는 등의 행위를 하였으나, 피고인들의 이러한 행위는 북괴에게 납치억류된 피고인들이 북괴구성원의 지시에 따라 행하였거나 또는 북괴구성원의 신문에 대하여 서로 틀린 진술을 하게 되면 피고인들의 생명, 신체에 대하여 예

2004.12.10. 선고 2003도5124 판결; 대법원 1997.7.10. 선고 98도1309 판결.

83) 대법원 1990.3.27. 선고 89도1670 판결.

84) 대법원 1972.5.9. 선고 71도1178 판결.

85) 대법원 1972.5.9. 선고 71도1178 판결.

86) 대법원 1970.2.24. 선고 69도2384 판결.

측할 수 없는 위해가 가해될지도 모른다는 사정하에서 이루어진 강요된 행위임이 우리의 경험칙에 비추어 적합하다고 판시하였다. 이러한 원심판단은 강요된 행위에 관한 형법의 법리를 오해한 것이라고는 말할 수 없다. 강요된 행위가 되려면 반드시 유형적인 협박을 받을 것을 요건으로 하는 것은 아니다. 논지가 말하는 것처럼 설사 피고인들이 북괴의 기관원으로부터 신문을 받은 뒤에 서로 만나서 각자 대답한 내용사실을 알아 본 일이 있었고, 또 피고인들을 인솔한 사람이 무장하지 아니하고, 위협적인 언사를 쓰지 아니하였다 하더라도 피고인들의 행위가 강요된 행위가 아니라고 보기는 어렵다. 특히 당시 피고인들이 대한민국으로의 귀환이 가능한지의 여부가 확실하지 아니한 상태하에 있어서는 (논지는 피고인들의 귀환이 예정되고 있었다 하나 이점에 관한 증거는 없다) 피고인들이 정보제공을 거부한다든가, 물품의 수령을 거부할 수는 없었으리라고 보는 것이 상당하다. 필경 피고인들의 위의 행위는 피고인들의 생명, 신체에 대한 위해를 방어 할 방법이 없는 협박에 의하여 강요된 행위라고 보는 것이 상당하다. 이러한 취지로 판시한 원심판결에는 강요행위의 법리를 확장한 위법사유가 없다.[87] ⑤ 괴뢰정치의 지역에 거주하는 자의 부득이한 부역행위는 형법 제12조의 강요된 행위에 해당한다.[88]

강요된 행위를 부정한 판례의 구체적 내용은 다음과 같다. 즉,

① 상명하복 관계가 비교적 엄격한 국정원의 조직특성을 고려하더라도, 이 사건과 같이 허위의 공문서를 작성하라는 지시는 위법한 명령에 해당할 뿐만 아니라, 위와 같은 위법한 명령을 피고인 3이 거부할 수 없는 특별한 상황에 있었다고 보기 어려우므로, 위 2013.9.27.자 및 2013.12.17.자 허위의 확인서 등 작성 범행이 강요된 행위 등으로서 적법행위에 대한 기대가능성이 없는 경우에 해당한다고 볼 수 없다고 판단하였다.[89] ② 엄격한 상명하복의 관계에 있는 조직이라고 하더라도 안기부 직원의 정치관여가 법률로 엄격히 금지되어 있고, 피고인도 상피고인 피고인 1의 의도를 잘 알고 있었으며, 여기에 피고인의 경력이나 지위 등에 비추어 보면, 이 사건 범행이 강요된 행위로서 적법행위에 대한 기대가능성이 없다고 볼 수는 없다.[90] ③ 공무원이 그 직무를 수행함에 있어 상관은 하관에 대하여 범죄행위 등 위법한 행위를 하도록 명령할 직권이 없는 것이고, 하관은 소속상관의 적법한 명령에 복종할 의무는 있으나 그 명령이 참고인으로 소환된 사람에게 가혹행위를 가하라는 등과 같이 명백한 위법 내지 불법한 명령인 때에는 이는 벌써 직무상의 지시명령이라 할 수 없으므로 이에 따라야 할 의무

87) 대법원 1968.11.5. 선고 68도1334 판결; 대법원 1969.3.25. 선고 69도94 판결; 대법원 1969.1.28. 선고 68도1815 판결.
88) 대법원 1954.12.14. 선고 4287형상49 판결.
89) 대법원 2015.10.29. 선고 2015도9010 판결.
90) 대법원 1999.4.23. 선고 99도636 판결.

는 없다. 설령 대공수사단 직원은 상관의 명령에 절대 복종하여야 한다는 것이 불문율로 되어 있다 할지라도 국민의 기본권인 신체의 자유를 침해하는 고문행위 등이 금지되어 있는 우리의 국법질서에 비추어 볼 때 그와 같은 불문율이 있다는 것만으로는 고문치사와 같이 중대하고도 명백한 위법명령에 따른 행위가 정당한 행위에 해당하거나 강요된 행위로서 적법행위에 대한 기대가능성이 없는 경우에 해당하게 되는 것이라고는 볼 수 없다.[91] ④ 단체 사이의 상하관계에서 오는 구속력 때문에 이루어진 행위라는 그 주장 사유만으로는 강요된 행위라 볼 수 없고 달리 책임조각사유를 인정할 자료도 없다.[92] ⑤ 휘발유 등 군용물의 불법매각이 상사인 포대장이나 인사계 상사의 지시에 의한 것이라 하여도 그 같은 지시가 저항할 수 없는 폭력이나 자기 또는 친족의 생명, 신체에 대한 위해를 방어할 방법이 없는 협박에 상당한 것이라고 인정되지 않은 이상 강요된 행위로서 책임성이 조각된다고 할 수 없다.[93] ⑥ 공무원은 직무를 수행함에 있어서 소속 상관의 명백히 위법한 명령에 대해서까지 복종할 의무는 없을 뿐만 아니라, 중앙정보부직원은 상관의 명령에 절대 복종하여야 한다는 것이 불문율로 되어 있다는 점만으로는 이 사건에서와 같이 중대하고 명백한 위법명령에 따른 범법행위까지 강요된 행위이거나 적법행위에 대한 기대가능성이 없는 경우에 해당한다고는 도저히 볼 수 없다.[94] ⑦ 어로저지선을 넘어 어로의 작업을 하면 북괴구성원에게 납치될 염려가 있으며 만약 납치된다면 대한민국의 각종 정보를 북괴에게 제공하게 된다 함은 일반적으로 예견된다고 하리니 피고인이 그전에 선원으로 월선조업을 하다가 납북되었다가 돌아온 경험이 있는 자로서 월선하자고 상의하여 월선조업을 하다가 납치되어 북괴의 물음에 답하여 제공한 사실을 강요된 행위라 할 수 없다.[95]

③ 인과관계

강요상태를 초래한 강요의 수단으로서의 폭력이나 협박과 강요된 행위 사이에는 인과관계가 존재하여야 한다. 강요의 수단인 폭력이나 협박과 강요된 행위 사이에 인과관계가 존재하지 아니할 때에는 강요된 행위가 성립할 수 없다. 이러한 경우에는 강요자와 행위자 사이에 공범관계만이 인정될 수 있을 뿐이기 때문이다.

3) 주관적 구성요건

피강요자에게 요구되는 고의에는 행위상황과 실행행위에 대한 인식 외에 기대불가능성에 대한 인식이 포함된다.

---

91) 대법원 1988.2.23. 선고 87도2358 판결.
92) 대법원 1986.9.23. 선고 86도1547 판결.
93) 대법원 1983.12.13. 선고 83도2543 판결.
94) 대법원 1980.5.20. 선고 80도306 판결.
95) 대법원 1971.2.23. 선고 70도2629 판결.

4) 처 벌

형법은 "저항할 수 없는 폭력이나 자기 또는 친족의 생명, 신체에 대한 위해를 방어할 방법이 없는 협박에 의하여 강요된 행위는 벌하지 아니한다"(제12조)고 하여 피강요자의 면책에 관하여 규정하고 있다. 그러나 강요자의 죄책에 관하여는 아무런 규정을 두고 있지 아니하다.

① 피강요자의 처벌

피강요자의 강요된 행위는 적법행위에 대한 기대불가능성으로 인하여 책임이 조각된다. 피강요자에게는 책임만이 조각되기 때문에 피강요자의 행위에 대하여는 정당방위가 가능하게 된다.

② 강요자의 죄책

강요자의 죄책에 관하여는 견해가 일치하지 않고 있다. 강요자를 간접정범으로 보는 간접정범설과 교사범이라고 하는 교사범설이 대립하고 있다.

생각건대 교사범설의 경우 강요는 교사행위의 일종으로 볼 수 있기 때문에 교사범설에 문제가 있다고 할 수 없다. 간접정범설의 경우 강요된 행위에 있어서 강요자와 피강요자의 관계는 간접정범에 있어서의 이용자와 피이용자의 관계로 비유될 수 있지만, 형법상의 대원칙인 행위자책임의 원칙에 비추어 볼 때 간접정범에 있어서 행위자는 이용자임에 반하여, 강요된 행위에 있어서의 행위자는 피강요자이기 때문에 강요된 행위와 간접정범은 구조상의 상이점을 가지고 있다고 할 수 있다. 다만 형법은 교사범에 대하여는 정범과 동일한 형으로 처벌하고 있고, 간접정범에 대하여는 교사의 예에 의하여 처벌하도록 하고 있기 때문에 처벌에 있어서 양설의 상이점은 발견되지 않고 따라서 양설을 구별할 실익은 존재하지 않는다고 하겠다.

한편 강요자에게 강요죄의 성립이 문제될 경우에는 교사범 또는 간접정범과 강요죄(제324조)는 상상적 경합에 해당한다고 해석된다.

(4) 초법규적 책임조각사유

형법상 명문의 규정은 없으나 해석에 의하여 책임조각을 인정하는 사유를 초법규적 책임조각사유라고 한다. 여기서 초법규적이라는 말은 법규를 넘는, 다시 말해서 법규에는 규정되어 있지 않다는 의미이다. 초법규적 위법성조각사유가 인정되지 않는 것과 대조를 이룬다고 할 수 있다. 초법규적 책임조각사유의 대표적인 예로서는 위에서 언급한 바와 같이 기대불가능성이 거론되고 있다. 이 외에도 의무의 충돌, 면책적 긴급피난에 해당하는 경우, 구속력을 가지는 상사의 위법한 명령에 의한 행위 또는 생명 또는 신체 이외의 법익에 대한 강제상태에서 행한 강요된 행위 등이 초법규적 책임조각사유로서 거론되는 경우가 있다.

Ⅲ. 책임감경사유

책임이 조각되지 않아 범죄가 성립하지만, 감경하여 처벌되는 경우가 있다. 소위 한정책임능력자(限定責任能力者)의 경우가 이에 해당한다. 한정책임능력이란 책임능력이 전혀 존재하지 않는 책임무능력과는 달리, 책임능력은 존재하나 그것이 현저히 감퇴되어 있는 경우를 말한다. 형법은 심신미약자와 청각 및 언어 장애인을 한정책임능력자로 하여 이들에 대한 형의 감경을 규정하고 있다(제10조 제2항, 제11조).

1. 심신미약자

제10조 (심신장애인) ② 심신장애로 인하여 전항의 능력이 미약한 자의 행위는 형을 감경할 수 있다.

(1) 의 의

심신미약자(心神微弱者)라 함은 심신장애로 인하여 사물을 변별하거나 의사를 결정할 능력이 미약한 자를 말한다(제10조 제2항).

(2) 요 건

형법은 심신미약에 관하여도 혼합적 방식에 의하여 규정하고 있다. 심신미약자란 심신장애로 인하여 사물을 변별하거나 의사를 결정할 능력이 미약한 자를 말한다(제10조 제2항).

1) 생물학적 요건

심신미약의 생물학적 요건은 심신상실의 그것과 크게 다르지 않다. 심신장애는 전술한 심신상실자의 생물학적 요건인 심신장애와 정도의 차이를 제외하면 완전히 일치하는 개념이다. 형법 제10조의 심신장애로 인하여 사물을 변별할 능력이 없거나 의사를 결정할 능력이 없는 자 및 이와 같은 능력이 미약한 자라 함은 어느 것이나 심신장애의 상태에 있는 사람을 말하고, 이 양자는 단순히 그 장애정도의 강약의 차이가 있을 뿐 정신장애로 인하여 사물의 시비 또는 선악을 변별할 능력이 없거나 그 변별한 바에 따라 행동할 능력이 없는 경우와, 정신장애가 위와 같은 능력을 결여하는 정도에는 이르지 않았으나 그 능력이 현저하게 감퇴된 상태를 말한다.[96)]

2) 심리학적 요건

심신미약의 심리학적 요건은 심신상실의 그것과 다르다. 즉, 변별능력이나 제어능력이 없는 경우가 심신상실로서 책임무능력이고 범죄성립이 조각된다. 이에 반하여 변별능력이나 제어능력이 미약한 경우는 심신미약으로서 한정책임능력이 되고 형이 감경될 수 있다. 변별능력이나 제어능력이 미약한 경우는 그만큼 비난가능성도 낮기 때문에 책임도 감경되어 형을 감경할 수 있는 것이다. 책임주의의 요청상 당연하다고 할 수 있다.

(3) 효 과

심신미약은 책임능력이 존재하는 상태이고 심신미약자는 책임능력자이기 때문에 심신미약이 인정되더라도 범죄는 성립한다. 다만 심신미약자는 한정책임능력자이기 때문에 그의 행위에 대하여는 형을 감경할 수 있을 뿐이다(제10조 제2항). 임의적 감경이다. 한편 심신미약자가 금고 이상의 형에 해당하는 죄를 범하고, 치료감호시설에서의 치료가 필요하고 재범의 위험성이 있는 경우에는 치료감호대상자가 된다(치료감호법 제2조 제1항 제1호).

2. 청각 및 언어 장애인

제11조 (청각 및 언어 장애인) 듣거나 말하는 데 모두 장애가 있는 사람의 행위에 대해서는 형을 감경한다.

구조문
제11조 (농아자) 농아자의 행위는 형을 감경한다.

(1) 의 의

청각 및 언어 장애인이란 구법상 농아자(聾啞者)를 말한다. 청각 및 언어 장애인이란 청각 장애인이면서 동시에 언어 장애인인 사람을 말한다. 청각 장애인이란

---

96) 대법원 1984.2.28. 선고 83도3007 판결.

청각기능에 장애가 있는 사람을 말하고, 언어 장애인이란 발음기능에 장애가 있는 사람을 말한다.

(2) 요 건

청각 및 언어 장애인은 청각 장애인이면서 동시에 언어 장애인인 사람을 의미하기 때문에 청각기능과 발음기능의 양자에 모두에 장애가 발생하고 있어야 한다. 다만 장애는 선천적이든 후천적이든 그 원인을 묻지 않는다.

(3) 효 과

청각 및 언어 장애인의 행위는 형을 감경한다(제11조). 필요적 감경이다. 한편 청각 및 언어 장애 자체는 신체장애에 속하기 때문에 청각 및 언어 장애가 곧 정신장애를 의미하는 것은 아니다.

장애인교육이 발달한 오늘날에 이르기까지 청각 및 언어 장애인을 한정책임능력자로 취급하는 형법의 태도에 대하여는 비현실적이라는 비판이 거세지고 있다. 이러한 이유에서 일본 형법은 헌법상 보장된 법 아래의 평등(일본 헌법 제14조)을 실현하기 위한 조치로서 언어 및 청각 장애인에 대한 규정을 존속관련규정과 함께 1995년 전면개정할 때에 삭제한 바 있다. 이에 반하여 중국형법은 행위시에 16세, 일부의 죄에 있어서는 14세를 형사미성년자로 규정하면서, 여전히 18세 이하의 미성년자와 75세 이상의 고령자 및 시각·언어청각장애인에 대하여는 경벌·감형 등을 하도록 규정하고 있다.

Ⅳ. 책임인정사유

1. 서 언

구성요건해당성과 위법성 외에 책임까지 충족되면 범죄는 성립하게 된다. 이러한 의미에서 책임은 범죄성립요건 중 세 번째의 요건이 된다. 전술한 바와 같이, 범죄의 유형은 작위범, 부작위범, 고의범 및 과실범으로 분류할 수 있지만, 작위범과 부작위범은 고의범과 과실범의 각각의 유형, 예컨대 고의작위범과 고의부작위범 및 과실작위범과 과실부작위범으로 분류될 수 있다. 또 고의와 과실은 모두 책임의 구성요소일 뿐만 아니라 책임의 존부와 책임의 정도를 판단하는 기준으로 된다. 비난가능성으로서의 책임의 존재와 정도는 책임고의 또는 책임과실의 유무와 크기에 의하여 궁극적으로 정하여질 수 있기 때문에 중요성을 가진다고 할 수 있다. 이러한 의미에서 범죄의 유형을 아래에서는 고의범과 과실범으로 대별하여 검토하기로 한다.

2. 고의범

고의범의 책임도 비난가능성이다. 고의범에 대한 비난가능성은 책임능력, 책임고의 및 기대가능성을 요구한다. 물론 책임고의는 위법성의 인식을 포함하고 있는 개념이기 때문에 그것을 전제요건으로 하고 있다고 할 수 있다. 결국 책임의 소극적 요소로서 책임무능력, 위법성의 불인식 또는 기대불가능성이 하나라도 존재하면 고의범의 책임은 조각된다. 흔히 책임요소라고 하면 고의범의 그것을 말하기 때문에 고의범의 책임에 관하여는 중복되지 않는 범위 내에서 고찰할 필요가 있다.

한편 고의범의 성립요건도 구성요건해당성, 위법성 및 책임이다. 고의범의 성립요건의 특징은 주로 구성요건해당성과 책임에서 찾을 수 있다. 고의범의 구성요건해당성은 객관적 구성요건요소로서의 고의행위 외에도 주관적 구성요건요소가 구성요건적 고의라는 점에서 그것이 과실행위와 구성요건적 과실인 과실범과 구별되고, 고의범의 책임요소는 책임고의라는 점에서 그것이 책임과실인 과실범과 구별되고 있기 때문이다.

3. 과실범

과실범의 책임도 비난가능성이라는 점에서 고의범의 그것과 같다. 과실범의 책임이란 구성요건에 해당하고 위법한 행위를 한 행위자에 대한 비난가능성을 말한다. 과실범이 성립하기 위한 책임요소도 책임능력, 책임과실 및 기대가능성으로 구성된다. 다만 책임과실은 위법성의 인식가능성을 포함한 개념이기 때문에 그것을 전제요건으로 하고 있다고 할 수 있다. 결국 책임의 소극적 요소로서 책임무능력, 위법성의 인식불가능성 또는 기대불가능성이 하나라도 존재하면 과실범의 책임은 조각되게 된다.

한편 과실범이 성립하기 위한 첫 번째 요건도 구성요건해당성이고, 구성요건해당성이 충족되려면 객관적 구성요건과 주관적 구성요건이 모두 충족되어야 한다는 것도 고의범의 그것과 다르지 않다. 다만 객관적 구성요건요소로서 과실범의 행위는 과실행위, 즉 객관적 주의의무위반이고, 주관적 구성요건요소는 심리상태로서의 과실, 즉 주관적 주의의무위반이라고 할 수 있다. 이에 반하여 객관적 구성요건요소로서 고의범의 행위는 고의행위, 예컨대 살해(살인죄), 절취(절도죄) 등과 같이 각칙에 작위 또는 부작위의 형태로 규정되어 있고, 주관적 구성요건요소는 심리상태로서의 구성요건적 고의를 말한다. 뿐만 아니라 과실범의 책임요소는 책임과실이라는 점에서 책임고의를 책임요소로 하는 고의범과 구별될 수 있다.

4. 원인에 있어서 자유로운 행위

제10조 (심신장애인) ③ 위험의 발생을 예견하고 자의로 심신장애를 야기한 자의 행위에는 전2항의 규정을 적용하지 아니한다.

(1) 개 념

1) 의 의

원인에 있어서 자유로운 행위(原因에 있어서 自由로운 行爲, actio libera in causa)란 행위자가 고의 또는 과실로 책임무능력상태에 빠지고 이러한 책임무능력상태에서 구성요건적 결과를 야기하는 것을 말한다. 예컨대 행위자가 술의 힘을 빌려 상대방을 살해하려고 음주하여 명정에 빠진 후 그 상태에서 살인을 행한 경우이다. 자기를 책임무능력상태로 빠뜨리는 수단으로서는 흔히 명정(酩酊, Rausch), 약물중독, 환각물질의 흡입 등이 대표적으로 거론되고 있다.

대법원도 "피고인들은 상습적으로 대마초를 흡연하는 자들로서 이 사건 각 살인범행 당시에도 대마초를 흡연하여 그로 인하여 심신이 다소 미약한 상태에 있었음은 인정되나, 이는 위 피고인들이 피해자들을 살해할 의사를 가지고 범행을 공모한 후에 대마초를 흡연하고, 위 각 범행에 이른 것으로 대마초 흡연시에 이미 범행을 예견하고도 자의로 위와 같은 심신장애를 야기한 경우에 해당하므로, 형법 제10조 제3항에 의하여 심신장애로 인한 감경 등을 할 수 없다고 판시하였는 바, 기록에 의하여 관계 증거를 살펴보면 위와 같은 원심의 사실인정 및 판단은 정당한 것으로 수긍이 가고, 거기에 상고이유에서 주장하는 바와 같은 심신장애에 관한 채증법칙 위배나 심리미진의 위법이 있다 할 수 없다"고 판시한 바 있다.[97]

97) 대법원 1996.6.11. 선고 96도857 판결.

2) 특 징

통상 범죄행위는 하나의 실행행위로 구성되어 있다. 그러나 원인에 있어서 자유로운 행위에 있어서의 범죄행위는 두 개로 나누어질 수 있다는 점에 그 특징을 찾을 수 있다. 예컨대, 책임무능력상태를 초래하는 음주행위와 같은 원인설정행위가 그 하나이고, 책임무능력상태에서 행하는 살인행위와 같은 결과발생행위가 그 둘이다. 소위 원인에 있어서 자유로운 행위라는 말은 결과발생행위는 책임능력이 존재하지 않는 상태에서 부자유(不自由)하게 행하여졌지만, 원인설정행위는 책임능력이 온전하게 존재하는 상태에서 자유롭게 행하여졌다는 것을 의미한다.

3) 문 제

근대형법은 책임주의를 확립하면서 그 파생원칙 중의 하나로서 행위와 책임의 동시존재의 원칙을 확립한 바 있다. 행위자에게 적법의 세계로 회귀할 계기가 주어지기 위해서는 실행행위시에 책임능력이 존재하여야 한다는 소위 실행행위와 책임능력의 동시존재의 원칙이 요구되었기 때문이다. 문제는 원인에 있어서 자유로운 행위와 책임주의의 조화에 있다고 할 수 있다. 하나의 문제는 원인에 있어서 자유로운 행위의 실행행위를 원인설정행위에 있다고 하는 경우에 발생한다. 원인설정행위를 실행행위라고 하는 경우에는 책임주의는 준수될 수 있지만, 결과발생행위시에는 책임능력이 존재하지 않아 결과발생행위에 대하여 책임을 물을 수 없다는 문제가 발생하기 때문이다. 또 다른 하나의 문제는 실행행위를 결과발생행위라고 하는 경우에 발생한다. 결과발생행위를 실행행위에서 찾는 경우에는 결과발생행위시에는 이미 책임능력이 존재하지 않기 때문에 책임주의에 처음부터 위배된다고 할 수 있기 때문이다. 결국 문제는 원인에 있어서 자유로운 행위의 실행행위를 어느 행위에서 찾을 것인가 하는 실행행위성에 있다고 할 수 있다. 원인에 있어서 자유로운 행위에 있어서도 실행행위와 책임능력의 동시존재의 원칙에 대한 예외가 인정될 수 없다고 하는 것이 바람직하기 때문이다.

4) 종 류

원인에 있어서 자유로운 행위는 소위 '고의에 의한 원인에 있어서 자유로운 행위'와 '과실에 의한 원인에 있어서 자유로운 행위'로 나누어진다는 점에 대하여는 이견(異見)이 없다. 문제는 '고의'에 의한 원인에 있어서 자유로운 행위와 '과실'에 의한 원인에 있어서 자유로운 행위를 나누는 기준에 있다. 왜냐하면 '원인에 있어서 자유로운 행위'에 있어서 행위는 이미 언급한 바와 같이 원인설정행위와 결과

발생행위로 나누어질 수 있는 것이 그 특징이라고 할 수 있기 때문이다. 그런데 결과발생행위는 책임무능력상태 또는 한정책임능력상태에서 행하여지기 때문에 고의 또는 과실의 구분은 의미가 없거나 한정적이라고 생각된다. 따라서 고의 또는 과실의 구별에 의미를 가지게 하기 위해서는 책임능력이 존재하는 상태에서 행하여지는 원인설정행위가 기준이 되어야 하는 것은 당연하다. 따라서 원인설정행위가 고의로 행하여지면 고의에 의한 원인에 있어서 자유로운 행위가 되고, 원인설정행위가 과실로 행하여지면 과실에 의한 원인에 있어서 자유로운 행위가 된다고 해석된다. 이러한 이유에서 '원인에 있어서 자유로운 행위의 과실범'이라고 하지 않고 '과실에 의한' 원인에 있어서 자유로운 행위라고 한다고 이해된다.

한편 견해에 따라서는 고의에 의한 원인에 있어서 자유로운 행위와 과실에 의한 원인에 있어서의 자유로운 행위가 인정되는 형법상의 근거에 관하여는 후술하는 바와 같이 '위험발생의 예견'에 있어서의 '예견' 또는 '자의에 의한 심신장애의 야기'에 있어서의 '자의'라는 용어에서 찾는 경우도 있다.

(2) 처벌근거

원인에 있어서 자유로운 행위의 가벌성의 근거는 책임주의와의 조화에서 찾아지는 것이 바람직하다. 근대형법이 기본원칙으로 확립한 책임주의, 그 중에서도 '행위와 책임의 동시존재의 원칙'이 관철되지 않으면 원인에 있어서 자유로운 행위에 대한 처벌은 불가능하게 될 수도 있기 때문이다. 여기서 책임주의의 관철을 위한 견해들은 일치하지 않고 있다.

1) 학 설

① 처벌부정설

처벌부정설은 행위와 책임의 동시존재의 원칙을 철저히 적용하게 되면 원인에 있어서 자유로운 행위에 있어서의 결과발생행위, 즉 구성요건에 해당하는 행위에 대하여는 책임을 물을 수 없게 된다는 것을 근거로 한다. 이러한 이유에서 1840년대 독일에서는 처벌부정설이 유력하게 된 바 있었다.

② 처벌긍정설

1870년대 독일에서는 처벌긍정설이 부활하여 점차 지배적으로 되었다. 그 이론적 기초는 간접정범론에 있어서의 도구이론이었다. 그러나 도구이론에 대하여는 비판이 가하여졌음에도 불구하고 원인에 있어서 자유로운 행위에 대한 책임주의를 관철시킬 수 있는 방법으로서 다수의 견해가 주장하게 되었다. 가벌성의 근거를 찾는 기준에 따라 원인설정행위설, 결과발생행위설 및 원인설정행위와 결과발생행위의 불가분적 연관성에서 찾는 연관성설이 그것이다.

ⓘ **원인설정행위설** : 원인설정행위설이란 원인설정행위를 원인에 있어서 자유로운 행위의 실행행위라고 하는 견해를 말한다. 구성요건모델(Tatbestands-modell) 또는 확장모델이라고도 한다. 이에 의하면 원인설정행위, 즉 실행행위시에 책임능력이 존재하므로 책임주의, 즉 행위와 책임의 동시존재의 원칙이 자연스럽게 준수된다는 점이 장점으로 된다. 1870년대 독일의 통설은 원인에 있어서 자유로운 행위에 책임주의를 관철시키기 위해 원인설정행위에 실행행위성을 부여한 바 있었다. 일반적으로 간접정범이 다른 사람을 도구로 이용한다는 점을 유추하여 원인에 있어서 자유로운 행위도 자기의 책임이 없는 상태를 도구로 이용한다는 점에서 논리구조가 동일하다는 것이었다. 또 간접정범의 경우 이용자의 행위를 실행행위라고 하듯이 원인에 있어서 자유로운 행위의 경우에도 원인설정행위가 실행행위로 될 수 있다는 것이었다.

그러나 이 견해를 철저히 하는 경우, 예컨대 만취하여 살해할 생각으로 음주했지만 그대로 잠들어버린 경우에도 살인미수죄를 인정하지 않으면 안 되었다. 이러한 결론은 사회상식에도 반하였을 뿐만 아니라 미수에 관한 통설의 견해와도 부합하지 않았다. 이러한 문제를 해결하기 위하여 통설의 내부에서도 정형성이 약한 과실범이나 부작위범에 대한 원인설정행위에 실행행위성을 인정하는 것은 비교적 용이하였지만, 의도적인 작위범에 있어서는 쉽지 않았기 때문에 입법적으로 해결해야 한다는 견해가 주장되기도 하였다. 뿐만 아니라 간접정범을 유추하는 이상 자기를 단순한 도구로 하기 위해서는 자기를 완전히 변별능력이 없는 상태에 빠지게 할 필요가 있었다. 그러나 제한책임능력의 상태에 있는 자기를 이용한 경우에는 원인에 있어서 자유로운 행위의 법리가 적용될 여지가 없고, 심신미약의 상태에서의 거동이 실행행위이기 때문에 한정책임능력자의 행위로서 형이 감경되게 되었다. 그러나 이러한 결론은 구체적 타당성을 결여하였기 때문에 당시 통설의 입장에 대하여는 타당하지 않다고 비판되었다.

ⓘⓘ **결과발생행위설** : 결과발생행위설이란 결과발생행위를 원인에 있어서 자유로운 행위의 실행행위로 보는 견해를 말한다. 실행행위가 책임무능력상태에서 행하여졌지만, 반무의식상태(penumbra situation)에서 행하여지기 때문에 가벌성을 긍정할 수 있다고 하는 견해이다. 이에 의하면 원인설정행위는 단순한 예비행위에 불과하지

만, 결과발생행위와 반무의식상태로 연결되어 있기 때문에 양자 사이는 원인과 결과의 연관성을 인정할 수 있다고 한다.

그러나 이에 대하여는 반무의식상태라는 비법률용어를 사용함으로써 책임능력이나 책임주의의 개념을 형해화할 수 있다는 점, 사실상 대부분의 행위에 대하여 책임능력을 인정하게 되어 법적 안정성을 침해할 수 있다는 점 등에서 비판이 가능하다.

ⓘⓘⓘ **원인설정행위와 결과발생행위의 연관성설** : 원인설정행위와 결과발생행위의 연관성설이란 원인에 있어서 자유로운 행위의 실행행위를 원인설정행위와의 불가분적 연과관계 속에서 행하여지는 결과발생행위에서 찾는 견해를 말한다. 책임모델 또는 예외모델(Ausnahme-modell)이라고도 한다. 당시 통설의 치명적인 결함을 극복하기 위하여 독일에서는 수정설이 유력하게 되었다. 수정설(修正說)은 행위와 책임능력의 동시존재의 원칙에 있어서의 행위를 '광의의 행위'로 파악하여 책임주의를 관철하려고 하였다. 책임의 평가는 의사결정을 지향하지만 의사결정은 반드시 실행행위시에 행하여지는 것은 아니라고 보았다. 따라서 어느 행위가 하나의 의사결정에 의하여 관철되고 그 의사결정이 책임능력이 있는 상태에서 이루어지는 한 행위 전체에 대하여 책임능력이 인정될 수 있고 전체의 행위에 대하여 책임을 지지 않으면 안 된다는 논리구조를 취하였다.

그러나 수정설에 대하여는 몇 가지의 비판이 가하여졌다. 실행행위시에 책임능력이 없어도 의사결정시에 책임능력이 있으면 비난할 수 있다는 구조는 입법으로 해결할 사항이지 해석으로 해결할 사항은 아니라는 점이었다. 나아가 수정설에 대하여는 최종적 의사결정의 시점을 행위의 개시시라고 해석하는 점에 대하여도 비판이 가하여졌다. 즉, 수정설에 의하면 원인에 있어서 자유로운 행위의 경우 최종적인 의사결정은 결과행위시에 책임무능력상태에서 이루어질 수 있게 된다고 비판되었다.

한편 수정설의 논리구조는 현행법의 해석론으로서도 지지를 받고 있다. 다수설의 입장이라고 할 수 있다. 이에 의하면 원인에 있어서 자유로운 행위의 실행행위는 결과발생행위에 있지만, 원인설정행위와 불가분적 연관관계 속에서 행하여졌기 때문에 전체적으로 볼 때 행위자를 비난할 수 있기 때문에 책임주의에는 위배되지 않는다고 한다. 다만, 행위와 책임의 동시존재의 원칙에는 예외가 될 뿐이라고 한다.

2) 검 토

책임능력은 범죄행위시에도 존재하지 않으면 안 된다. 행위와 책임능력 동시존재의 원칙의 요청상 당연하다. 범죄는 구성요건해당성을 전제로 하기 때문에 책임능력은 구성요건해당행위, 즉 실행행위시에 존재하는 것이 원칙이다. 따라서 '행위와 책임능력의 동시존재의 원칙'에 있어서의 '행위'는 객관적 구성요건요소로서의 행위, 즉 실행행위를 의미한다고 해야 한다. 그러나 원인에 있어서 자유로운 행위의 경우에는, 예컨대 사람을 살해할 의사로 대량으로 음주하고 책임무능력 또는 한정책임능력의 상태에 빠지고 그 상태에서 사람을 살해하는 경우에서와 같이 살해행위, 즉 결과행위시에는 책임무능력 또는 한정책임능력의 상태에 있기 때문에 그 가벌성이 문제되고 있다. 그러나 형법은 원인에 있어서의 자유로운 행위를 명문으로 규정하고 있다. 형법은 "위험의 발생을 예견하고 자의로 심신장애를 야기한 자의 행위에는 전2항의 규정을 적용하지 아니한다"고 하여 원인에 있어서 자유로운 행위를 명문으로 규정하고 있다(제10조 제3항).

형법은 원인에 있어서 자유로운 행위에 대하여 명문으로 규정함으로써 그에 대한 가벌성의 근거를 입법적으로 해결하고 있다. 바로 이러한 점에서 전통적으로 원인에 있어서 자유로운 행위를 해석에 의하여 인정해오고 그 가벌성의 근거를 책임주의, 특히 행위와 책임능력의 동시존재의 원칙의 관철에 두어 온 독일 형법이나 일본 형법과는 커다란 차이점을 가진다고 평가할 수 있다. 따라서 형법상 원인설정행위설 또는 결과발생행위설 등의 견해의 대립에서 보는 바와 같은 법리구성은 아무런 의미를 가지지 않을 수도 있다. 원인에 있어서 자유로운 행위를 입법적으로 해결하고 있는 형법의 규정상 책임주의의 준수는 반드시 요구되는 필요조건은 아니라고 할 수 있기 때문이다. 그럼에도 불구하고 죄형법정주의, 행위주의와 함께 형법상 3대 기본원칙을 이루고 있는 책임주의를 준수하는 것이 이론적으로 바람직하다는 측면에서 형법상 필요한 것은 원인에 있어서 자유로운 행위에 대한 처벌과 책임주의의 조화로운 해석론이라고 하겠다.

한편 형법은 원인에 있어서 자유로운 행위의 적용범위와 관련하여서도 "위험의 발생을 예견하고 자의로 심신장애를 야기한 자의 행위에는 전2항의 규정을 적용하지 아니한다"고 하여 책임무능력상태뿐만 아니라 한정책임능력상태에 대하여도 적용한다고 분명히 규정하고 있다(제10조 제3항). 따라서 원인에 있어서 자유로운 행위는 심신상실(책임무능력)의 경우뿐만 아니라 심신미약(한정책임능력)의 경우에도 적용된다. 고의 또는 과실에 의하여 심신미약상태를 자초하여 죄를 범하는 경우와 단순히 심신미약상태에서 죄를 범하는 것은 구별하여야 하기 때문이다. 따라서 원인에 있어서 자유로운 행위에 대하여는 책임무능력상태에서의 행위라도 처벌되고,

한정책임능력상태에서의 행위라도 형이 감경되지 아니한다.

(3) 구성요건

형법은 "위험의 발생을 예견하고 자의로 심신장애를 야기한 자의 행위에는 전 2항의 규정을 적용하지 아니한다"고 규정하고 있다(제10조 제3항). 원인에 있어서 자유로운 행위의 구성요건을 객관적 구성요건과 주관적 구성요건으로 나누어 고찰하기로 한다. 또 객관적 구성요건요소 중 행위를 관념적으로 원인설정행위와 결과발생행위로 나누고 양자의 연관관계를 추가하여 검토하고자 한다. 아래에서는 자연히 고의에 의한 원인에 있어서 자유로운 행위를 중심으로 하게 되었다.

1) 객관적 구성요건

원인에 있어서 자유로운 행위의 객관적 구성요건요소로서의 행위, 즉 실행행위에 관하여는 2개의 행위로 구분하여 고찰할 필요가 있다. 즉, 원인설정행위와 결과발생행위가 그것이다. 원인에 있어서 자유로운 행위는 형법상 '위험의 발생을 예견하고 자의로 심신장애를 야기한 자의 행위'를 말하기 때문에 '위험의 발생을 예견하고 자의로 심신장애를 야기'한 행위는 원인설정행위를 의미하고, ' ~야기한 자의 행위'는 결과발생행위를 의미한다고 할 수 있다. 따라서 원인설정행위는 다시 '위험의 발생의 예견'과 '자의에 의한 심신장애의 야기'로 나누어질 수 있고, 같은 문장의 후반부의 ' ~야기한 자의 행위'에서 '행위'는 결과발생행위로서의 실행행위를 의미한다고 할 수 있다.

① 원인설정행위

ⓘ 위험의 발생의 예견 : 원인설정행위의 첫 번째 요건은 위험의 발생의 예견이다. 형법의 규정에서 '위험의 발생을 예견'한다는 용어는 구성요건적 결과, 즉 객관적 구성요건요소로서의 '결과(Erfolg)의 발생가능성을 예견'한다는 의미로 새겨진다. '위험의 발생'은 장래를 지향하고 있는 개념으로서 객관적 구성요건요소인 결과에 대한 '발생가능성'을 의미한다고 해야 하기 때문이다. 다만 결과는 객관적 구성요건요소로서의 결과, 즉 실행행위로 인한 결과를 의미하기 때문에 원인설정행위로 인한 결과가 아니라 결과발생행위로 인한 결과를 의미한다고 새겨야 한다. 따라서 위에서 말하는 '위험'이란 통상적으로 사용되는 법익침해에 대한 '위험'을 의미하는 것이 아니라 구성요건적 결과, 즉 객관적 구성요건요소로서의 결과에 대한 발생의 '가능성'을 의미하는 것으로 귀착된다.

위험의 발생을 '예견'한다는 의미는 위험의 발생을 '인식'하고 있다는 의미에 그치는 개념이라고 해야 한다. 따라서 예견은 인식의 단계를 넘어 위험의 발생을 의욕하는 등 실현의사까지 요하는 것은 아니라고 할 수 있다. 결국 '위험'은 '가능성'을 의미하고, '예견'은 '인식'에 그친다는 결과가 도출되기 때문에 위에서 살펴본 '위험의 발생을 예견'한다는 의미는 궁극적으로 '결과발생의 가능성을 인식'한다는 의미로 대체하는 것이 가능하다고 해야 한다.

한편 '예견'의 의미와 관련하여 이를 위험발생을 예견한 경우로서 고의 이외에도 예견할 수 있었던 경우로서 과실도 포함하는 개념으로 이해하는 견해 또는 범죄를 예견한 경우로서 고의뿐만 아니라 그 가능성을 예견한 경우로서 과실을 포함한다는 견해 등이 주장되고 있다.

ⓘⓘ 자의에 의한 심신장애의 야기 : 원인설정행위의 두 번째의 요건은 자의에 의한 심신장애의 야기이다. 형법의 규정에서 '자의로 심신장애를 야기'한다는 용어는 '스스로 심신장애를 야기'한다는 의미로 해석된다. 따라서 '자의'(自意)는 '스스로'(selbst)의 의미로 해석되어야 한다고 할 수 있다. 이는 중지미수에 있어서의 '자의'(自意)와 같은 의미로 해석될 수 있다고 보인다. 결국 자의는 스스로의 뜻으로서 임의(任意)와 같은 의미라고 할 수 있기 때문에 강제에 의하여 심신장애를 야기한 경우에는 원인에 있어서 자유로운 행위와는 무관한 별개의 문제가 발생할 수 있다. 또 심신장애는 심신상실과 심신미약을 모두 포함하는 개념으로 해석되고 있다. 한편 '자의'의 의미와 관련하여 이를 고의로 한정하는 견해, 고의 이외에 과실도 포함된다는 견해 등이 주장되고 있다.

② 결과발생행위

ⓘ 실행행위로서의 결과발생행위 : 원인에 있어서 자유로운 행위가 성립하기 위한 두 번째의 요건으로서는 결과발생행위가 존재하여야 한다. 결과발생행위란 부자유한 상태에서 행하여지는 구성요건에 해당하는 행위를 말하기 때문에 이는 통상적으로 보면 객관적 구성요건요소로서의 행위, 즉 실행행위를 의미한다고 할 수 있다. 물론 객관적 구성요건요소로서의 실행행위는 작위행위와 부작위행위, 고의행위와 과실행위로 대별될 수 있고, 이에 따라 범죄의 종류도 작위범과 부작위범, 고의범과 과실범으로 분류될 수 있다는 것에 대하여는 이미 주지한 바와 같다. 여기서 원인에 있어서 자유로운 행위도 그 실행행위의 종류에 따라 작위범과 부작위범, 고의범과 과실범으로 분류하는 것이 가능하다고 할 수 있다. 다만

원인에 있어서 자유로운 행위에 있어서의 실행행위는 책임무능력상태 또는 한정책임능력상태에서 행하여지기 때문에 경우에 따라서는 작위범과 부작위범 또는 고의범과 과실범으로 분류하는 것이 무의미한 경우가 있을 수 있다고 해석된다.

ⅱ 실행의 착수시기에 대한 판단기준으로서의 결과발생행위 : 원인에 있어서 자유로운 행위에 있어서 결과발생행위는 구성요건에 해당하는 행위를 의미하기 때문에 결과발생행위는 곧 실행행위를 의미하게 된다. 이는 다른 범죄의 경우에서와 다를 바가 없다. 따라서 실행의 착수시기를 판단하는 기준은 실행행위이기 때문에 원인에 있어서 자유로운 행위에 있어서 실행의 착수시기를 판단하는 기준도 당연히 실행행위로서의 결과발생행위가 된다고 아니할 수 없다.

③ 원인설정행위와 결과발생행위 사이의 연관관계

원인에 있어서 자유로운 행위가 성립하기 위하여는 최종적으로 원인설정행위와 결과발생행위 사이에 연관관계(聯關關係)가 존재하여야 한다. 원인설정행위와 결과발생행위는 합하여 넓은 의미에서 하나의 행위, 결국 객관적 구성요건요소 중 실행행위로 평가될 수 있어야 하기 때문이다.

2) 주관적 구성요건

원인에 있어서 자유로운 행위도 주관적 구성요건요소로서 고의 또는 과실을 요구하는 것은 당연하다. 다시 말해서 원인에 있어서 자유로운 행위에 있어서도 고의범과 과실범은 주관적 구성요건요소로서 각각 고의 또는 과실을 요구한다는 점에 있어서 다른 범죄의 경우와 다를 것이 없다고 해야 하기 때문이다. 따라서 '고의에 의한 원인에 있어서 자유로운 행위'와 '과실에 의한 원인에 있어서 자유로운 행위'는 주관적 구성요건요소로서 각각 고의 또는 과실을 요구하는 것은 당연하다.

한편 고의에 의한 원인에 있어서 자유로운 행위의 주관적 구성요건요소는 고의이다. 특히 원인설정행위와 결과발생행위 및 양자 사이의 연관관계에 대한 인식을 고의의 내용으로 포함하고 있다고 해석된다.

(4) 과실에 의한 원인에 있어서 자유로운 행위

고의범과 과실범의 구성요건상의 차이가 고의에 의한 원인에 있어서 자유로운 행위와 과실에 의한 원인에 있어서 자유로운 행위에도 그대로 적용된다. 과실범의 구조상의 특징점에 근거하여 과실에 의한 원인에 있어서 자유로운 행위의 구성요건상의 차이점에 대하여만 다시 요약하고자 한다.

과실에 의한 원인에 있어서 자유로운 행위의 객관적 구성요건요소로서의 행위는 과실행위로서 객관적 주의의무위반이다. 원인설정행위와 결과발생행위가 모두 과실행위인 객관적 주의의무위반에 의하여 행하여지고 양자 사이에는 연관관계가 인정되어야 한다. 다만, 고의로 원인설정행위를 행하였지만 과실로 결과발생행위를 야기한 경우에도 과실에 의한 원인에 있어서 자유로운 행위의 성립이 불가능한 것은 아니다. 실행행위인 결과발생행위를 과실에 의하여 야기한 경우에도 과실범의 실행행위가 충분히 충족된다고 할 수 있기 때문이다. 또 과실에 의한 원인에 있어서 자유로운 행위의 주관적 구성요건요소는 과실로서 주관적 주의의무위반이 된다.

(5) 처 벌

원인에 있어서 자유로운 행위는 비록 그 결과발생행위가 심신상실상태에서 행하여졌을지라도 면책되지 아니하며, 심신미약상태에서 행하여졌을지라도 형이 감경되지 아니한다(제10조 제3항). 원인에 있어서 자유로운 행위에 대한 처벌을 긍정한다는 점에서 책임주의를 관철시켜 해석하는 입장이나 책임주의에 대한 예외로 해석하는 입장에서 모두 공통되고 있다. 다만 가벌성과 관련하여 책임주의를 관철하는 입장에서는 책임주의를 그 근거로 들 수 있고, 책임주의에 대한 예외로 해석하는 입장에서는 형법의 규정 그 자체를 근거로 제시할 수 있다는 점에서 양자는 구별될 수 있다고 생각된다.

한편 특별법에 있어서도 원인에 있어서 자유로운 행위는 명문으로 규정되고 있다. 즉, 특별법은 음주 또는 약물로 인한 심심장애상태에서 성폭력범죄를 범한 경우(성폭력처벌법 제20조) 또는 음주 또는 약물로 인한 심신장애상태에서 아동·청소년대상 성폭력범죄를 범한 경우(청소년성보호법 제19조)에는 형법상의 심신상실, 심신미약 및 청각 및 언어장애인에 대한 규정을 적용하지 않을 수 있다고 규정하고 있다. 또 응급의료에 관한 법률은 음주로 인한 심신장애상태에서 응급의료 등의 방해죄를 범한 경우에는 형법상의 심신상실에 대한 규정을 적용하지 않을 수 있다고 규정하고 있다(응급의료법 제64조). 응급의료 등에 대한 방해행위, 즉 응급의료종사자(의료기사와 간호조무사를 포함한다)의 응급환자에 대한 구조·이송·응급처치 또는 진료를 폭행, 협박, 위계(僞計), 위력(威力), 그 밖의 방법으로 방해하거나 의료기관 등의 응급의료를 위한 의료용 시설·기재(機材)·의약품 또는 그 밖의 기물(器物)을 파괴·손상하거나 점거하는 행위에 대하여는 형법상의 심신상실자에 대한 규정(제10조 제1항)의 적용을 배제하고 있다.

제 9 장 수정된 구성요건론

제 1 절 서 설

Ⅰ. 수정된 구성요건의 의의

형법각칙의 각본조와 각종의 형벌법규는 단독기수범의 형태로 구성요건을 규정하고 있다. 단독범과 기수범의 형태로 규정된 구성요건을 기본적 구성요건(基本的 構成要件)이라고 한다. 구성요건을 객관적 구성요건과 주관적 구성요건으로 대별하고, 전자를 다시 주체, 객체, 행위, 결과, 인과관계 및 행위상황으로 세분할 때 기본적 구성요건은 객관적 구성요건요소 중에서 주체가 1인으로서 단독이라는 의미이고, 또한 행위가 완료되거나 결과가 발생하여 기수라는 의미로 이해할 수 있다. 형법상의 구성요건은 단독범의 형태를 원칙으로 하고 있고, 동시에 범죄의 완성, 즉 기수범의 형태를 원칙적 유형으로 하고 있다.

그럼에도 불구하고 형법은 1인에 의한 단독범이 아닌 다수인에 의한 공범을 처벌하고 있으며, 기수범에 이르지 않은 미수범과 예비·음모를 처벌하고 있다. 형법총칙의 공범 또는 미수의 규정에 의하여 기본적 구성요건에 수정이 이루어지고 새로운 구성요건이 만들어지고 있는 것이다. 공범이나 미수범의 구성요건을 수정된 구성요건(修正된 構成要件) 또는 확장된 구성요건(擴張된 構成要件)이라고 한다. 예컨대 살인죄의 기본적 구성요건은 '사람을 살해한 자'이다(제250조 제1항). 이에 수정을 가하면 미수범의 구성요건은 '살인의 실행에 착수하여 행위를 종료하지 못하였거나 결과가 발생하지 아니한 때'가 된다(제250조 제1항+제25조 제1항). 뿐만 아니라 살인죄의 공동정범의 구성요건은 '2인 이상이 공동하여 사람을 살해한 자'가 된다(제250조 제1항+제30조). 살인교사죄의 구성요건은 '타인을 교사하여 살인을 범하게 한 자'가 된다(제250조 제1항+제31조 제1항). 살인방조죄의 구성요건은 '타인의 살인을 방조한 자'가 된다(제250조 제1항+제32조 제1항). 이와 같이 구성요건 중에서 수정이 이루어지는 부분을 보면 공범의 경우에는 객관적 구성요건요소 중에서 주체라는 부분이 기본적 구성요건에서는 정범 1인으로서 단수(單數)임에 반하여 수정된 구성요건에서는 정범과 공범으로서 복수(複數)로 수정되고 있다. 또 행위에 있어서도 기본적 구성요건에서는 정범의 실행행위 단수이나, 수정된 구성요건에서는 정범의 정범행위와 공범의 공범행위로서 복수로 수정되고 있다. 뿐만 아니라 미수범의 경우에는 객관적 구성요건요소 중에서 행위와 결과라는 부분도 기본적 구성요건에서는 행위의 종료 또는 결과의 발생임에 반하여 수정된 구성요건에서는 행위의 미종료 또는 결과발생의 위험성으로 수정되고 있다. 이 외에도 수정된 구성요건의 주관적 구성요건에 있어서도 주체에 따라 각각 별도로 검토할 필요가 있다.

Ⅱ. 수정된 구성요건의 종류

단독기수범의 형태로 규정된 기본적 구성요건은 단계적으로 수정될 수 있고 또 방법론적으로도 수정될 수 있다. 우선 기본적 구성요건의 단계적 수정유형으로서는 음모, 예비 및 미수를 거론할 수 있다. 형법은 범죄의 구성요건을 완전하게 실현한 경우(기수범)를 처벌의 기본으로 하고 있다. 그럼에도 불구하고 형법은 또한 범죄의 실현단계 중에서 기수에 이르지 않은 그 이전의 단계의 행위에 대하여도 범죄로서 처벌하도록 규정하고 있다. 음모, 예비 및 미수가 이에 해당한다. 다음으로 기본적 구성요건의 방법적 수정유형으로서는 공범을 들 수 있다. 형법은 범죄의 구성요건을 단독으로 실현한 경우(단독범)를 처벌의 기본으로 하고 있다. 그럼에도 불구하고 형법은 나아가 범행에 관련된 자가 1인이 아닌 수인의 경우도 처벌하도록 규정하고 있다. 공동정범(제30조), 교사범(제31조), 종범(제32조), 공범과 신분(제33조) 및 간접정범(제34조)이 이에 해당한다.

한편 수정된 구성요건은 기본적 구성요건과 구별되는 별개의 구성요건이 아니라 기본적 구성요건이 수정된 형태에 불과하다. 따라서 미수범 또는 공범이란 수정된 구성요건에 해당하고 위법하고 유책한 행위라고 정의할 수 있다. 다만 형법은 단독범과 기수범만을 원칙적으로 처벌하면서도 수정된 구성요건에 해당하는 범죄도 처벌하고 있다. 이러한 의미에서 수정된 구성요건은 그것이 단계적 확장유형이든 아니면 방법적 확장유형이든 묻지 않고 모두가 형벌의 확장유형 또는 형벌의 확장사유가 된다고 할 수 있다.

제2절 미수범론

제1관 서 언

I. 미수의 개념

1. 미수의 의의

미수란 기수에 이르지 아니한 범죄를 말한다. 문언적 의미로 미수(未遂, Versuch)는 '아직 이루어지지 않은 범죄'를 의미함에 반하여, 기수(既遂, Vollendung)란 '이미 이루어진 범죄'를 의미한다. 따라서 미수범은 특정한 범죄의 실행에 착수하였다는 점과 기수에 이르지 않았다는 점을 요건으로 한다. 미수란 착수시(着手時)부터 기수시(既遂時) 이전까지의 미완성의 범죄를 말하는 것이다.

2. 미수범의 분류

(1) 규정상의 종류

1) 구별기준

형법은 미수범에 관하여 미수범(제25조), 중지범(제26조) 및 불능범(제27조)을 규정하고 있지만, 이들은 해석상 장애미수, 중지미수 및 불능미수로 각각 칭하여지고 있다. 미수범의 구별기준에 관하여는 다툼이 있다. 첫째, 결과발생의 가능성을 기준으로 미수범을 결과발생이 가능한 가능미수와 불가능한 불능미수로 구별하는 견해이다. 이에 의하면 가능미수는 다시 자의성을 기준으로 중지미수와 장애미수로 세분된다. 둘째, 미수범을 자의성을 기준으로 중지미수와 장애미수로 구별하는 견해이다. 이에 의하면 장애미수는 다시 결과발생의 가능성을 기준으로 협의의 장애미수와 불능미수로 나누어진다. 셋째, 형법의 규정과 같이 장애미수, 중지미수 및 불능미수라는 3종의 미수범으로 해석하는 견해이다.

2) 상호관계

형법은 미수범이라는 제목하에 미수범(제25조 제1항), 중지범(제26조) 및 불능범(제27조)을 규정하고 있다. 미수범의 종류와 관련하여 미수범, 중지범 및 불능범을 각각 장애미수, 중지미수 및 불능미수라고 하는 것을 별론으로 하면, 미수범(제25조 제1항)의 규정은 중지범(제26조)이나 불능범(제27조)의 규정에도 공통적으로 적용된다고 할 수 있으므로 미수범(제25조 제1항)의 규정을 미수범에 관한 일반규정으로 볼 수 있다. 이와 같이 미수범에 관한 일반규정이 미수범(제25조 제1항)이라면 중지범(제26조)이나 불능범(제27조)은 특수한 형태의 미수범이라고 하는 것이 가능하게 된다. 결국 미수범(제25조 제1항)은 중지범(제26조)이나 불능범(제27조)과의 관계에 있어서 일반법과 특별법의 관계에 있을 뿐만 아니라 중지범이나 불능범에 해당하지 않는 미수범에 관하여 처벌근거를 제공하는 보충관계에 있다고 할 수 있다. 한편 미수범(제25조 제1항)의 규정은 중지범(제26조)과 불능범(제27조)의 그것과 비교하여 장애미수에 관한 독자적인 의미도 함께 가지고 있다고 할 수 있다.

(2) 해석상의 종류

미수범은 범죄의 기본적 구성요건이 완전히 충족되기에 이르지 않은 경우에 성립한다. 미수범은 해석상 실행행위에 착수하였지만 실행행위가 종료되지 않은 착수미수(着手未遂, unbeendeter Versuch)와 실행행위는 종료하였지만 구성요건적 결과가 발생하지 않은 실행미수(實行未遂, beendeter Versuch)로 구분될 수 있다.[1)] 특히 중지미수의 경우에는 착수미수와 실행미수를 각각 착수중지(着手中止, Rücktritt vom unbeendigten Versuch)와 실행중지(實行中止, Rücktritt vom beendigten Versuch)로 구분하여 칭하기도 한다. 중지미수의 경우 착수미수의 경우 실행행위에 대한 중지행위를 요하지만, 실행미수의 경우에는 결과발생에 대한 방지행위를 요한다는 점에서 양자의 구분은 필요하다고 할 수 있다. 장애미수의 경우 착수미수와 실행미수의 구분은 양자의 처벌에 차이가 없고, 불능미수의 경우에는 양자의 구별이 무의미하다고 할 수 있다. 불능미수는 이미 행위를 종료하였기 때문에 착수미수는 성립이 불가능하고, 위험성이 발생하였지만 아직 결과는 발생하지 않았기 때문에 실행미수만이 문제될 수 있기 때문이다. 그럼에도 불구하고 착수미수와 실행미수는 양형자료로 충분히 활용될 수 있다고 본다. 형법은 형을 정함에 있어서 범행의 동기, 수단과 결과에 대하여도 참작하도록 규정하고 있기 때문이다(제51조 참조). 한편 착수미수와 실행미수 또는 착수중지와 실행중지의 구별기준에 관하여는 각각 장애미수와 중지미수

---

1) 대법원 2007.9.28. 선고 2007도606 전원합의체 판결.

의 해당 부분에서 고찰하기로 한다.

3. 미수론과 행위주의

행위주의(行爲主義)란 죄형법정주의 및 책임주의와 함께 근대형법의 기본원칙 중의 하나로서 살아 있는 사람의 행위가 아니면 처벌할 수 없다는 원칙을 말한다. 범행을 결심하더라도 그것은 순수한 심리적 현상에 지나지 않고 그것이 내심에 머무르는 한 원칙적으로 형법의 평가대상이 될 수 없다는 원칙인 것이다. 형법적 평가의 대상으로 되는 것은 그것이 외부로 나타나는 예비·음모의 단계부터라고 할 수 있다. 이미 언급한 바와 같이 '생각만으로는 처벌되지 않는다'는 것이 의사형법(意思刑法) 또는 심정형법(心情刑法)을 극복하기 위하여 근대형법이 기본원칙으로서 확립한 행위주의의 요청이었기 때문이다.

위법성론의 기본원칙이 된 행위주의는 전술한 바와 같이 근대형법에서는 법익에 대한 침해의 원리에 입각하고 있었지만, 현대형법에 이르러서는 신의무위반설, 행위반가치론 및 이원적 불법론의 순으로 발전되어 왔다. 이원적 불법론은 위법성의 본질과 관련하여 결과반가치와 행위반가치를 모두 고려하여 판단한다. 전술한 바와 같이 형법은 위법성론과 관련하여 이원적 불법론에 입각하고 있다고 생각된다. 형법은 법익침해행위 중에서 사회적 가치에 위배되는 행위만을 처벌할 가치가 있는 악한 행위로서 규정하고 있기 때문이다. 여기서 행위주의는 미수론에 있어서도 기본원칙이 될 수 있다고 해석된다. 행위주의의 내용 중 결과반가치, 특히 법익침해의 위험성은 미수범에 있어서의 처벌근거를 제공할 수 있기 때문이다. 행위반가치는 법에 적대적인 행위로서 위법성조각사유에 해당하지 않는 행위 그 자체가 행위반가치의 내용이 될 수 있다. 뿐만 아니라 전술한 바와 같이 결과반가치의 내용으로서는 법익침해와 법익침해의 위험성이 거론되고 있다. 법익침해는 현실적인 법익침해의 결과가 발생한 상태로서 기수범의 결과반가치이다. 결과범에서는 현실적인 침해결과, 위험범에서는 위험상태 또는 위험결과를 말하고, 거동범의 경우에는 행위 자체가 법익에 대한 침해결과를 내포한다. 결국 법익침해의 위험성은 현실적인 법익침해의 결과는 발생하지 않았지만 침해의 발생이 가능한 상태를 말한다. 이것이 바로 미수범의 결과반가치이다. 다시 말해서 미수범은 결과가 발생하지 않았기 때문에 법익침해라는 결과반가치는 요구되지 않지만, 법익침해의 위험성이라는 결과반가치가 존재하기 때문에 처벌되는 경우이다. 특히 불능미수의 성립요건으로서 결과발생의 위험성이 요구되어야 하는 이유를 찾을 수 있을 뿐만 아니라 중지미수가 처벌을 면제받기 위한 요건으로서 결과발생의 위험성이 제거되어야 하는 근거를 발견할 수 있다.

한편 행위주의는 범죄의 의사에 기한 사회적 의미를 가지는 신체의 거동으로서의 행위(Hand-lung)로부터 처벌의 대상으로 한다. 미수란 특정한 구성요건에 해당하는 행위(Tat)에 이른 실행행위로부터 처벌하는 범죄이다. 따라서 Handlung(행위)과 Tat(실행행위)의 사이에 있는 범죄는 형법상 예비·음모로서 처벌의 대상이 된다고 할 수 있다.

Ⅱ. 범죄의 실현단계

1. 범죄의 단계

범죄는 그것이 실현될 때까지 단계적 구분이 가능하다.

(1) 결 심

범행의 제1단계는 결심이다. 범죄의 실현의사를 내심에서 확정하는 단계이다. 결심(決心)은 순수한 심리적 현상에 지나지 않고 내심에 머무르는 한 원칙적으로 형법의 평가대상이 될 수 없다는 것이 근대형법이 확립한 기본원칙 중의 하나인 행위주의의 결론이다. 따라서 형법적 평가의 대상으로 되는 것은 예비·음모의 단계부터라고 할 수 있다. 이미 언급한 바와 같이 '생각만으로는 처벌되지 않는다'는 것이 의사형법(意思刑法) 또는 심정형법(心情刑法)을 극복하기 위하여 근대형법이 기본원칙으로서 확립한 행위주의의 요청이었기 때문이다.

(2) 예비 또는 음모

범행의 제2단계는 모의 또는 준비이다. 음모 또는 예비가 이에 속한다. 음모(陰謀)란 2인 이상이 일정한 범죄를 실현하기 위하여 서로 의사를 교환하고 합의하는 것을 말한다. 예비(豫備)란 범죄의사의 실현을 위한 준비행위를 말한다. 형법은 예비·음모와 관련하여 "범죄의 음모 또는 예비행위가 실행의 착수에 이르지 아니한 때에는 법률에 특별한 규정이 없는 한 벌하지 아니한다"고 규정하여 처벌규정이 있는 경우에 한하여 예외적으로 처벌하고 있다(제28조).

(3) 착 수

범행의 제3단계는 착수이다. 범행의 실행에는 착수하였으나 기수에 이르지 아니한 경우를 미수라고 한다. 미수(未遂)란 범죄의 실행에 착수하여 행위를 종료하지 못하거나 행위를 종료하였더라도 결과가 발생하지 아니한 경우를 말한다. 전자를 착수미수(着手未遂), 후자를 실행미수(實行未遂)라고 하여 구별하는 경우도 있다. 형법은 미수에 관하여 "미수범을 처벌할 죄는 각칙의 해당 죄에서 정한다"고 규정하여 법률에 특별히 처벌규정이 있는 경우에 한하여 예외적으로 처벌하고 있다(제29조).

(4) 완 성

범행의 제4단계는 완성이다. 범행의 실행에 착수하여 보호법익의 침해에 이른 경우를 기수라고 한다. 기수(旣遂)란 범행의 실행에 착수한 행위가 종료되거나 결과가 발생하여 구성요건의 모든 표지가 충족되는 경우를 말한다. 범죄의 기본형태로서 형법이 원칙적으로 처벌대상으로 하고 있는 유형이다. 이러한 의미에서 특별규정을 두는 경우에만 예외적으로 처벌을 인정하는 예비·음모와 미수는 형법적 개입의 조기화(早期化)라고 할 수 있고, 처벌범위의 확장 또는 형벌의 확장을 의미한다고 할 수 있다.

(5) 종 료

범행의 제5단계는 종료이다. 종료(終了)란 기수로 된 이후에 보호법익에 대한 침해가 실질적으로 끝난 경우를 말한다. 즉시범과 상태범의 경우에는 기수와 동시에 범죄가 종료하게 되지만, 계속범의 경우에는 기수 이후 종료 이전단계의 범죄의 대표적인 형태가 된다. 기수 이후지만 종료 이전까지는 정당방위의 경우 침해의 현재성이 인정된다. 뿐만 아니라 종료 이전까지는 교사범의 성립은 불가능하지만, 공동정범과 종범의 성립은 가능하게 된다. 기수 이후 종료 이전에 형을 가중하는 사유가 발생한 경우 가중적 구성요건이 적용될 수 있다. 죄수의 결정에 있어서도 종료시까지는 일죄로 인정하게 된다. 공소시효의 기산점도 범죄의 기수시가 아니라 종료시를 기준으로 인정되게 된다(형사소송법 제252조).

2. 예비죄와 음모죄

제28조 (음모, 예비) 범죄의 음모 또는 예비행위가 실행의 착수에 이르지 아니한 때에는 법률에 특별한 규정이 없는 한 벌하지 아니한다.

(1) 서 설

1) 개 념

① 의 의

예비(豫備, Vorbereitung) 또는 음모(陰謀, Verabredung)란 특정범죄를 범할 목적으로 행하여진 준비행위로서 아직 실행의 착수에 이르지 아니한 일체의 행위를 말한다. 준비행위를 내용을 하고 있는 범죄, 즉 예비행위 또는 음모행위를 내용으로 하고 있는 범죄를 각각 예비죄(豫備罪) 또는 음모죄(陰謀罪)라고 한다(제28조 참조). 예비는 내적 범죄의사가 외부적 행위로 표시된 단계부터라는 점에서 예비죄에 대한 처벌은 근대형법이 확립하고 형법의 대원칙인 행위주의에 위배되는 것은 아니라고 할 수 있다. 음모 또한 행위주의로부터 내적 범죄의사가 외부로 표동된 단계부터 가벌적이라고 하는 한 문제가 될 수 없다고 본다.

② 구별기준

예비는 내적 범죄의사가 외부로 표시된 단계부터 실행의 착수 이전 단계에서의 기본범죄에 대한 준비행위라는 점에서 음모와 공통점을 가진다. 또 예비와 음모는 실행의 착수 이전의 단계라는 점에서 실행의 착수부터의 단계인 미수와는 구별된다. 다만 형법상 예비와 음모는 동시에 규정되어 있기 때문에 동일하게 처벌될 가능성은 상존하지만, 예비죄 또는 음모죄의 단독범의 성립이 가능하기 때문에 예비와 음모는 구별될 필요가 있다.

예비와 음모의 구별에 관하여는 다툼이 있다. 첫째, 음모는 예비에 선행하는 범죄실현단계라고 하는 견해이다. 일부 판례의 입장이다. 그러나 이에 대하여는 음모가 반드시 예비에 선행하는 것은 아니라고 비판되고 있다. 둘째, 예비는 범죄실현을 위한 물적 준비행위임에 반하여, 음모란 인적 준비행위를 말한다고 하는 견해이다. 그러나 인적 준비행위도 예비에 포함될 수 있다는 비판이 가하여지고 있다. 셋째, 음모는 언어 등을 통한 무형적 준비행위이지만, 예비는 흉기의 구입 등과 같은 유형적 준비행위에 속한다는 견해이다. 넷째, 음모는 심리적 준비행위임에 반하여, 예비는 그 이외의 외부적 준비행위라는 견해이다. 다수 판례의 입장이다.

생각건대 내적 범죄의사를 처벌대상으로 했던 법을 의사형법이라고 불러왔다. 근대 이전의 형법이 그랬고, 근대 이후에는 나치 형법이 그랬었다. 의사형법을 극복하기 위하여 근대형법은 행위주의를 확립하였다는 점에 관하여는 이미 여러 번

기술한 바 있다. 행위주의에 의하면 심리상태로서의 내적 범죄의사는 외부로 표동되었을 때부터 처벌의 대상이 된다. 음모도 예비도 행위주의에 비추어 보면 모두 외부적 행위에 의하여 내부적 범죄의사가 외부로 표동될 것이 요구된다. 이러한 의미에서 음모란 2인 이상의 자 사이에 성립한 범죄 실행의 합의를 말함에 반하여, 예비란 범죄실행의 합의 이외의 외부적 준비행위를 말한다는 점에서 양자는 구별된다고 해야 한다. 부연하면, 음모가 행하여지기 위하여는 2인 이상의 자가 필요하지만, 예비는 1인 단독으로도 행하여질 수 있다는 점이다. 대법원은 "준비행위는 물적인 것에 한정되지 아니하며 특별한 정형이 있는 것도 아니지만, 단순히 범행의 의사 또는 계획만으로는 그것이 있다고 할 수 없고 객관적으로 보아서 살인죄의 실현에 실질적으로 기여할 수 있는 외적 행위를 필요로 한다"고 판시한 바 있다.[2)]

2) 법적 성질

형법은 예비와 음모를 구별하지 않고 동시에 규정하고 동일하게 취급하고 있다. 또 형법은 예비죄와 음모죄를 규정함에 있어서 예외 없이 '기본범죄를 범할 목적으로 예비 또는 음모한 자'라는 목적범의 형식으로 규정하고 있다(제90조, 제101조, 제111조 제3항, 제120조, 제150조, 제175조, 제183조, 제191조, 제197조, 제213조, 제224조, 제255조, 제296조, 제343조 참조). 여기서 예비죄 또는 음모죄와 기본범죄와의 관계와 예비죄의 실행행위성이 문제되고 있다.

① 기본범죄와의 관계

ⓘ 학 설: 예비죄 또는 음모죄의 법적 성질에 관하여는 발현형태설, 독립범죄설 및 이분설이 대립하고 있다.

첫째, 발현형태설이다. 발현형태설(發現形態說)이란 예비죄 또는 음모죄를 기본범죄의 대한 발현형태로 파악하는 견해를 말한다. 예비죄 또는 음모죄는 기본범죄로부터 독립된 범죄유형이 아니라 효과적인 법익보호를 위하여 기본범죄가 실행의 착수에 이르기 전의 단계에 있다고 하더라도 처벌하겠다는 취지로서 기본범죄의 확장 또는 수정된 범죄유형이라는 것이다. 예비죄 또는 음모죄는 형법상 '기본범죄를 범할 목적으로'라고 규정하여 기본범죄에 종속하는 형식을 취하고 있다는 점을 근거로 하고 있다.

둘째, 독립범죄설이다. 독립범죄설(獨立犯罪說)이란 예비죄 또는 음모죄를 기본

---

2) 대법원 2009.10.29. 선고 2009도7150 판결.

범죄로부터 독립된 별개의 범죄유형으로 파악하는 견해를 말한다. 예비죄 또는 음모죄는 '본죄의 미수범은 처벌한다'라고 규정하고 있는 미수범과는 달리, 기본적 구성요건과 병행하여 독립적으로 규정되어 있다는 점을 근거로 하고 있다.

셋째, 이분설이다. 이분설(二分說)이란 예비죄와 음모죄를 기본범죄의 발현형태인 경우와 기본범죄로부터 독립범죄인 경우로 구분하여 파악하는 견해를 말한다. '기본범죄를 범할 목적으로'라고 규정된 경우는 기본적 구성요건의 수정형태이지만, '기본범죄의 목적으로 ~를 준비한 자'(일본 형법 제153조)라고 규정된 경우는 독립범죄라고 보아야 한다는 점을 근거로 하고 있다.

ⓘ 판 례 : 판례는 발현형태설의 입장을 취하고 있다. 즉, 판례는 예비죄가 성립하기 위한 주관적 구성요건으로서 기본범죄를 범할 목적 외에도 기본범죄의 준비에 관한 고의를 요구하고 있다.[3] 발현형태설의 입장이라고 판단되는 판례의 구체적 내용은 다음과 같다. 즉,

① 갑이 을을 살해하기 위하여 병, 정 등을 고용하면서 그들에게 대가의 지급을 약속한 경우, 갑에게는 살인죄를 범할 목적 및 살인의 준비에 관한 고의뿐만 아니라 살인죄의 실현을 위한 준비행위를 하였음을 인정할 수 있다.[4] ② 강도예비·음모죄가 성립하기 위해서는 예비·음모 행위자에게 미필적으로라도 '강도'를 할 목적이 있음이 인정되어야 하고 그에 이르지 않고 단순히 '준강도'할 목적이 있음에 그치는 경우에는 강도예비·음모죄로 처벌할 수 없다.[5] ③ 예비죄의 실행행위는 무정형 무한정한 행위이고 종범의 행위도 무정형 무한정한 것이고 형법 제28조에 의하면 범죄의 음모 또는 예비행위가 실행의 착수에 이르지 아니한 때에는 법률에 특별한 규정이 없는 한 벌하지 아니한다고 규정하여 예비죄의 처벌이 가져올 범죄의 구성요건을 부당하게 유추 내지 확장해석하는 것을 금지하고 있기 때문에 형법각칙의 예비죄를 처단하는 규정을 바로 독립된 구성요건 개념에 포함시킬 수는 없다고 하는 것이 죄형법정주의의 원칙에도 합당하는 해석이라 할 것이기 때문이다. 따라서 형법전체의 정신에 비추어 예비의 단계에 있어서는 그 종범의 성립을 부정하고 있다고 보는 것이 타당한 해석이라고 할 것이다.[6]

ⓘⓘⓘ 검 토 : 형법은 예비죄 또는 음모죄를 규정함에 있어서 '기본범죄를 범할 목적으로 예비 또는 음모한 자'라는 형식을 취하고 있다. 형법이 예비죄 또는 음모죄를 규정하는 구조상 예비죄 또는 음모죄를 기본범죄로부터 완전히 독립

3) 대법원 2009.10.29. 선고 2009도7150 판결; 대법원 2006.9.14. 선고 2004도6432 판결.
4) 대법원 2009.10.29. 선고 2009도7150 판결.
5) 대법원 2006.9.14. 선고 2004도6432 판결.
6) 대법원 1976.5.25. 선고 75도1549 판결.

된 별개의 범죄유형으로 파악하는 것은 무리라고 보인다. 예비죄 또는 음모죄는 예외없이 기본범죄에 대한 목적범의 형태로 규정되어 있기 때문이다. 이러한 점에서 전부를 독립범죄로 파악하는 독립범죄설과 일부를 독립범죄로 파악하는 이분설은 입법자의 입법취지를 설명할 근거가 없는 해석이라고 하지 않을 수 없다. 이는 일본 형법의 해석방법으로 적당한 것이 아닌가 추정된다. 왜냐하면 일본 형법상의 규정은 예비와 음모를 동일하게 독립범죄로 규정하는 경우(일본 형법 제78조, 제88조, 제93조)와 예비만을 기본범죄의 목적범의 형태로 규정하는 경우(일본 형법 제113조, 제201조, 제228조의3, 제237조)로 나누는 것이 가능하기 때문이다.

생각건대 미수를 기본범죄에 대한 수정형식이라고 할 때 실행의 착수보다도 더 이전의 단계에 있는 예비 또는 음모를 더욱더 기본범죄에 대한 수정된 구성요건형식이라고 하지 않을 수 없다. 이러한 이유에서 예비죄 또는 음모죄는 기본범죄의 발현형태에 지나지 않는다고 해야 한다. 이는 예비죄 또는 음모죄가 목적범의 형식으로 규정되어 있다는 점에서 더욱 분명해진다고 할 수 있다. 기본범죄를 범할 목적이 존재하지 않으면 예비죄 또는 음모죄는 성립할 수 없기 때문이다. 또 예비죄 또는 음모죄의 예외적 처벌의 취지를 처벌범위의 축소에서 찾을 경우 독립범죄설보다는 발현형태설이 준비행위의 범위를 축소하는 방법이라고 해야 한다. 발현형태설에 의할 때만이 무정형적으로 무한한 준비행위의 유형을 목적범의 목적범위 내에서 기본범죄의 실행행위와 밀접한 행위로 국한시키는 것이 가능하기 때문이다. 한편 예비죄와 음모죄도 독자적인 실행행위를 가진다고 해야 한다. 다만 예비행위와 음모행위는 기본범죄를 범할 목적의 범위로 한정될 필요가 있다.

② 준비행위의 실행행위성

준비행위의 실행행위성이란 수정된 구성요건의 형태로서 예비죄 또는 음모죄의 객관적 구성요건요소 중 행위로서의 실행행위, 즉 준비행위는 기본범죄의 실행행위와는 별개로서 독자성을 가지는가의 문제를 말한다. 독립범죄설에 의하는 한 예비죄 또는 음모죄의 준비행위는 기본범죄의 실행행위와는 별개로서 예비죄 또는 음모죄의 독자적인 실행행위가 되기 때문에 당연한 논리적 귀결로서 준비행위에 실행행위성이 인정된다.

발현형태설에 의하는 경우에는 견해가 나누어지고 있다. 첫째, 준비행위에 대한 실행행위성을 부정하는 부정설이다. 이에 의하면 실행행위는 기본범죄에 대한 정범의 실행에 한정되고 준비행위는 무정형하고 무한정한 것이므로 실행행위성을 인정할 수 없다고 한다. 둘째, 준비행위에 대한 실행행위성을 긍정하는 긍정설이다. 이에 의하면 기본범죄에 대하서만 실행행위성을 인정하는 것은 실행행위의 상대적 · 기능적 성격을 무시한 것이고, 예비죄도 수정적 구성요건인 이상 실행행위성을 인정할 수 있다고 한다.

생각건대 예비죄 또는 음모죄는 기본범죄의 발현형태이지만, 객관적 구성요건요소로서의 독자적인 실행행위를 가지고 있는 범죄형태라고 해야 한다. 예비죄와 음모죄도 수정된 구성요건인 이상 이에 상응한 실행행위를 가지고 있고, 이에 대하여 실행행위성을 인정할 수 있기 때문이다. 예비죄 또는 음모죄에 있어서는 준비행위가 실행행위이고, 준비행위에 실행행위성이 인정된다고 해야 한다. 따라서 예비죄의 준비행위로서의 예비행위와 음모죄의 준비행위로서의 음모행위는 각각 예비죄와 음모죄의 실행행위가 된다. 다만 준비행위는 기본범죄와 독립된 실행행위가 아니라 기본범죄의 실행행위와 관련해서만 의미를 가질 수 있는 준비행위로 파악되어야 한다. 예비죄 또는 음모죄는 준비행위를 기본범죄의 실행행위의 범위내로 정형화하고 한정화하기 위하여 목적범의 형식으로 규정되어 있기 때문이다.

(2) 구성요건

예비죄 또는 음모죄는 수정된 구성요건의 형태이기 때문에 구성요건해당성, 위법성 및 책임이라는 범죄의 성립요건 중 수정된 부분, 즉 수정된 구성요건요소만 검토하면 그것으로 충분하다. 나머지 부분은 기본범죄에 있어서의 그것과 동일하기 때문에 중복해서 검토할 필요가 없기 때문이다. 검토의 대상에서 위법성과 책임은 제외하고, 구성요건에만 한정하기로 한다. 우선 구성요건해당성을 검토하기 위하여 구성요건을 객관적 구성요건과 주관적 구성요건으로 나누어 수정된 구성요건요소를 중심으로 검토하고자 한다.

1) 객관적 구성요건

객관적 구성요건요소란 다시 주지하자면 주체, 객체, 행위, 결과, 인과관계 및 상황을 말한다. 예비죄 또는 음모죄의 객관적 구성요건요소에 있어서 수정된 요소는 결정적으로 '행위', 즉 실행행위라는 요소에 있다고 할 수 있다.

① 준비행위

예비죄 또는 음모죄의 실행행위는 기본범죄에 대한 준비행위이다. 전술한 바와 같이, 형법은 예비죄와 음모죄를 규정함에 있어서 예외 없이 '기본범죄를 범할 목적으로 예비 또는 음모한 자'라는 형식으로 규정하고 있다. 여기서 예비죄와 음모죄의 준비행위(準備行爲)는 각각 예비행위와 음모행위가 된다는 것을 추론할 수 있다.

ⓘ 예비행위 : 예비죄의 실행행위는 예비행위라는 준비행위이다. 예비행위(豫備行爲)란 기본범죄의 실현을 위한 외부적 준비행위를 말한다. 따라서 단순한 범죄계획, 범죄의사의 표시, 내심적 준비는 예비가 아니다. 예비행위의 수단과 방법 및 태양에는 아무런 제한이 없다. 이로써 예비행위는 무정형성과 무한정성을 가지게 된다. 형법의 보장적 기능을 훼손할 위험성이 있으므로 예비행위의 범위에 대하여 제한의 필요성이 요구되게 된다.

예비행위의 무정형성과 무한정성에 대한 제한방안이 다음과 같이 예시될 수 있다. 예비행위는 특정한 범죄의 실현을 위한 준비행위라는 것이 객관적으로 명확하여야 한다. 예비행위는 기본범죄의 실현에 실질적으로 기여할 수 있는 적합한 행위여야 한다. 예비행위에 실질적 위험성이 인정되어야 한다. 따라서 살인의 목적으로 설탕을 준비하는 행위와 같이 결과발생이 불가능한 행위, 즉 불능예비(不能豫備)는 예비행위로 인정될 수 없다. 예비행위는 실행의 착수와 시간적·장소적으로 밀접하게 연관된 준비행위여야 한다. 대법원도 "준비행위는 물적인 것에 한정되지 아니하며 특별한 정형이 있는 것도 아니지만, 단순히 범행의 의사 또는 계획만으로는 그것이 있다고 할 수 없고 객관적으로 보아서 기본범죄의 실현에 실질적으로 기여할 수 있는 외적 행위를 필요로 한다"고 판시한 바 있다.[7)]

문제는 예비행위에는 인적 예비 또는 타인예비가 포함되느냐에 있다. 첫째, 예비행위에는 물적 예비행위 외에 인적 예비행위가 포함되느냐의 문제이다. 예비행위는 물적 준비행위에 제한된다는 물적 예비국한설(物的 豫備局限說)과 예비행위는 물적 준비행위뿐만 아니라 인적 준비행위도 포함한다는 인적 예비포함설(人的 豫備包含說)이 대립하고 있다. 물적 준비로서는 범행도구의 준비, 범행장소의 물색·답사·잠입 등이 예시될 수 있고, 인적 준비로서는 알리바이조작을 위한 대인접촉, 장물을 처분할 사람의 확보 등이 거론될 수 있다. 생각건대 범죄실현을 위한 준비행위임이 객관적으로 명백한 이상 인적 준비행위도 예비행위에 포함시키는 것이 타당하다. 둘째, 예비행위에는 자기예비 외에 타인예비(他人豫備)를 포함하느냐의 문제이다. 자기예비(自己豫備)란 자기가 스스로 또는 타인과 공동으로 실행행

7) 대법원 2009.10.29. 선고 2009도7150 판결.

위를 할 목적으로 준비행위를 하는 경우를 말한다. 타인예비란 타인의 실행행위를 위하여 준비행위를 하는 경우를 말한다. 타인예비포함설(他人豫備包含說)은 타인예비도 법익침해의 실질적 위험성에서 자기예비와 차이가 없고, 예비죄의 규정 중 '기본범죄를 범할 목적'에는 타인에게 실행시킬 목적도 포함되므로 타인예비도 예비행위에 포함된다고 한다. 타인예비불포함설(他人豫備不包含說)은 포함설에 의하면 타인예비는 타인이 실행의 착수에 이르면 공범으로 됨에도 불구하고 이를 예비에 포함시킬 때에는 정범행위의 단계에 따라 타인예비가 정범이 되기도 하고 공범이 되기도 하는 부당한 결과를 초래하게 되고, '기본범죄를 범할 목적으로'라는 표현을 '타인으로 하여금 기본범죄를 범하게 할 목적으로'라고 해석하는 것은 문언의 범위를 벗어난 무리한 확장해석이라고 한다. 생각건대 타인을 위한 예비행위는 방조행위가 된다고 해야 하기 때문에 타인예비불포함설이 타당하다고 해석된다.

ⓘ 음모행위 : 음모죄의 실행행위는 음모행위라는 준비행위이다. 음모행위(陰謀行爲)란 2인 이상의 자가 기본범죄의 실행에 관하여 합의를 하는 준비행위를 말한다. 일방적으로 상대방에게 범죄의사를 말하거나 상호 간에 범죄의사의 교환이 있었을 뿐 합의에 이르지 아니하면 음모행위가 성립할 수 없다. 한편 음모는 실행의 착수 이전의 준비행위에 불과하지만, 실행의 합의에 이름으로써 범죄를 실현할 위험성이 있다는 이유로 처벌되는 것이다. 그러나 언어의 추상성과 다의성, 합의 내용의 무정형성으로 인하여 그 적용범위가 무한히 확장될 경우, 예측가능성을 확보함으로써 국민의 기본권을 보장하려는 죄형법정주의 원칙에 위배될 우려가 크다. 그러므로 이러한 처벌 근거를 고려하여 객관적인 기준에 의하여 음모행위의 성립범위를 제한할 필요가 있다. 따라서 음모행위의 성립요건인 '범죄 실행의 합의'가 있다고 하기 위하여는 단순히 범죄결심을 외부에 표시·전달하는 것만으로는 충분하지 아니하고, 객관적으로 보아 특정한 범죄의 실행을 위한 준비행위라는 것이 명백히 인식되고, 그 합의에 실질적인 위험성이 존재하여야 한다고 해야 한다. 음모행위에 관한 판례의 구체적 내용은 다음과 같다. 즉,

① 음모는 실행의 착수 이전에 2인 이상의 자 사이에 성립한 범죄실행의 합의로서, 합의 자체는 행위로 표출되지 않은 합의 당사자들 사이의 의사표시에 불과한 만큼 실행행위로서의 정형이 없고, 따라서 합의의 모습 및 구체성의 정도도 매우 다양하게 나타날 수밖에 없다. 그런데 어떤 범죄를 실행하기로 막연하게 합의한 경우나 특정한 범죄와 관련하여 단순히 의견을 교환한 경우까지 모두 범죄실행의 합의가 있는 것으로 보아 음모죄가 성립한다고 한다면 음모죄의 성립범위가 과도하게 확대되어 국민의 기

본권인 사상과 표현의 자유가 위축되거나 그 본질이 침해되는 등 죄형법정주의 원칙이 형해화될 우려가 있으므로, 음모죄의 성립범위도 이러한 확대해석의 위험성을 고려하여 엄격하게 제한하여야 한다.[8] ② 형법상 음모죄가 성립하는 경우의 음모란 2인 이상의 자 사이에 성립한 범죄실행의 합의를 말하는 것으로, 범죄실행의 합의가 있다고 하기 위하여는 단순히 범죄결심을 외부에 표시 · 전달하는 것만으로는 부족하고, 객관적으로 보아 특정한 범죄의 실행을 위한 준비행위라는 것이 명백히 인식되고, 그 합의에 실질적인 위험성이 인정될 때에 비로소 음모죄가 성립한다.[9]

② 실행의 미착수

실행의 착수는 예비 · 음모와 미수를 구분하는 분수령이 된다. 실행의 착수에 이르는 순간부터 미수가 성립되기 때문이다. 따라서 예비 · 음모가 성립하기 위해서는 실행의 착수에 이르지 않아야 한다. 실행의 착수를 부정한 판례의 구체적 내용은 다음과 같다. 즉,

① 마약류 관리에 관한 법률에서 정한 향정신성의약품 수입행위로 인한 위해 발생의 위험은 향정신성의약품의 양륙 또는 지상반입에 의하여 발생하고 그 의약품을 선박이나 항공기로부터 양륙 또는 지상에 반입함으로써 기수에 달한다(대법원 1998.11.27. 선고 98도2734 판결 등 참조). 그리고 이 사건과 같이 국제우편 등을 통하여 향정신성의약품을 수입하는 경우에는 국내에 거주하는 사람이 수신인으로 명시되어 발신국의 우체국 등에 향정신성의약품이 들어 있는 우편물을 제출할 때에 범죄의 실행에 착수하였다고 볼 수 있다. 따라서 피고인이 공소외인에게 필로폰을 받을 국내 주소를 알려주었다고 하더라도 공소외인이 필로폰이 들어 있는 우편물을 발신국의 우체국 등에 제출하였다는 사실이 밝혀지지 않은 이상 피고인 등의 이러한 행위는 향정신성의약품 수입의 예비행위라고 볼 수 있을지언정 이를 가지고 향정신성의약품 수입행위의 실행에 착수하였다고 할 수는 없다.[10] ② 피고인들이 실제 북한과의 범민족단합대회추진을 위한 예비회담을 하기 위하여 판문점을 향하여 출발하려 하였다면 비록 피고인들이 위 회담의 주체는 아니었다고 하더라도 그 주체와의 의사의 연락하에 위 행위를 하였고 당국의 제지가 없었더라면 위 회담이 반드시 불가능하지는 아니하였던 것이므로 위 피고인들의 소위는 국가보안법 제8조 제4항, 제1항 회합예비죄에 해당하고, 회합장소인 판문점 평화의 집으로 가던 중 그에 훨씬 못미치는 검문소에서 경찰의 저지로 그 뜻을 이루지 못한 것이라면 아직 반국가단체의 구성원과의 회합죄의 실행에 착수하였다고 볼 수 없다.[11] ③ 일본으로 밀항하고

8) 대법원 2015.1.22. 선고 2014도10978 전원합의체 판결.
9) 대법원 1999.11.12. 선고 99도3801 판결.
10) 대법원 2019.5.16. 선고 2019도97 판결.
11) 대법원 1990.8.28. 선고 90도1217 판결.

자 공소외인에게 도항비로 일화 100만엔을 주기로 약속한 바 있었으나 그 후 이 밀항을 포기하였다면 이는 밀항의 음모에 지나지 않는 것으로 밀항의 예비정도에는 이르지 아니한 것이라고 할 수 있다.[12] ④ 피고인이 일방적으로 반국가단체인 조총련 간부에게 집살 돈을 송금해 달라는 내용의 편지를 써서 재일교포에게 그 전달을 부탁하였으나 위 재일교포가 김포공항에서 출국하려다가 검거되므로써 그 연락의 목적을 이루지 못한 때에는 금품을 제공할 자의 의사가 불확실할 뿐 아니라 그 의사에 관계없이 일방적으로 요구한 단계에 있었으므로 이는 금품수수의 예비죄가 되지 아니한다.[13] ⑤ 피고인은 '간첩에 당하여 불특정 다수인인 경찰관으로부터 체포 기타 방해를 받을 경우에는 이를 배제하기 위하여 원판시 무기를 휴대한'것임이 명백한 바 이 경우에 있어서의 무기 소지는 법령 제5호 위반으로 문책함은 별론이라 할 것이나 살인 대상이 특정되지 아니한 살인 예비죄의 성립은 이를 인정할 수 없다고 해석함이 타당하다.[14]

2) 주관적 구성요건

판례는 객관적 구성요건으로서 준비행위와 주관적 구성요건으로서 목적과 고의를 예비죄의 구성요건으로 구성하고 있다. 예컨대 대법원은 "살인예비죄가 성립하기 위하여는 형법 제255조에서 명문으로 요구하는 살인죄를 범할 목적 외에도 살인의 준비에 관한 고의가 있어야 하며, 나아가 실행의 착수까지에는 이르지 아니하는 살인죄의 실현을 위한 준비행위가 있어야 한다"고 판시한 바 있다.[15]

① 고 의

예비죄 또는 음모죄의 성립에 있어서도 주관적 구성요건요소로서 고의가 요구된다. 다만 예비죄 또는 음모죄에 있어서는 주관적 구성요건요소로서 과실은 성립할 수 없다. 예비죄 또는 음모죄는 기본범죄를 실현하기 위한 목적범에 속하기 때문이다. 또 고의란 객관적 구성요건요소에 인식과 그에 대한 실현의사를 말한다.

문제는 예비죄 또는 음모죄의 고의의 대상이 기본범죄의 객관적 구성요건요소에 있느냐 아니면 예비죄 또는 음모죄의 그것에 있느냐에 있다. 이에 대하여는 소위 실행고의설과 예비고의설이 대립하고 있다. 첫째, 실행고의설(實行故意說)이다. 예비죄 또는 음모죄의 고의는 기본범죄의 객관적 구성요건요소에 대한 인식과 실현의사를 의미한다고 한다. 예비죄 또는 음모죄는 기본범죄의 발현형태에 불과하고 준비행위 자체만으로는 범죄행위가 될 수 없으므로 그에 대한 고의도 인정

12) 대법원 1986.6.24. 선고 86도437 판결.
13) 대법원 1973.6.26. 선고 73도548 판결.
14) 대법원 1959.7.31. 선고 4292형상308 판결.
15) 대법원 2009.10.29. 선고 2009도7150 판결.

되지 않는다는 점을 근거로 하고 있다. 둘째, 예비고의설(豫備故意說)이다. 예비죄 또는 음모죄의 고의는 예비죄 또는 음모죄의 객관적 구성요건요소에 대한 인식과 실현의사를 의미한다고 한다. 준비행위는 기본범죄의 실행을 위한 준비의 의미를 가지는 데에 불과하기 때문에 양자 사이에는 질적 차이가 있고, 준비행위 자체에 대한 고의가 있어야 준비행위에 그친 자의 책임을 물을 수 있다는 점을 근거로 하고 있다.

생각건대 준비행위에 실행행위성을 인정하는 이상 고의는 예비죄 또는 음모죄의 객관적 구성요건요소, 즉 준비행위에 대한 인식과 실현의사를 의미한다고 해야 한다. 따라서 예비고의설이 타당하다. 결국 예비죄의 고의는 예비죄의 객관적 구성요건요소, 특히 예비행위에 대한 인식과 실현의사를 의미하므로 소위 '예비고의'를 요하고, 음모죄의 고의는 음모죄의 객관적 구성요건요소, 특히 음모행위에 대한 인식과 실현의사를 의미하므로 소위 '음모고의'를 요한다고 할 수 있다.

판례도 같은 입장이다. 대법원은 "살인예비죄가 성립하기 위하여는 형법 제255조에서 명문으로 요구하는 살인죄를 범할 목적 외에도 살인의 준비에 관한 고의가 있어야 하며, 나아가 실행의 착수까지에는 이르지 아니하는 살인죄의 실현을 위한 준비행위가 있어야 한다. 여기서의 준비행위는 물적인 것에 한정되지 아니하며 특별한 정형이 있는 것도 아니지만, 단순히 범행의 의사 또는 계획만으로는 그것이 있다고 할 수 없고 객관적으로 보아서 살인죄의 실현에 실질적으로 기여할 수 있는 외적 행위를 필요로 한다"고 판시한 바 있다.[16] 예컨대 (갑)이 (을)을 살해하기 위하여 (병), (정) 등을 고용하면서 그들에게 대가의 지급을 약속한 경우, (갑)에게는 살인죄를 범할 목적 및 살인의 준비에 관한 고의뿐만 아니라 살인죄의 실현을 위한 준비행위를 하였음을 인정할 수 있다. 한편 대법원은 "피고인이 '간첩에 당하여 불특정 다수인인 경찰관으로부터 체포 기타 방해를 받을 경우에는 이를 배제하기 위하여 원판시 무기를 휴대한' 것임이 명백한 바 이 경우에 있어서의 무기 소지는 법령 제5호 위반으로 문책함은 별론이라 할 것이나 살인 대상이 특정되지 아니한 살인 예비죄의 성립은 이를 인정할 수 없다고 해석함이 타당하다"고 판시한 바 있다.[17]

16) 대법원 2009.10.29. 선고 2009도7150 판결.
17) 대법원 1959.7.31. 선고 4292형상308 판결.

② 목 적

형법은 예비죄 또는 음모죄를 예외 없이 목적범으로 규정하고 있다. 예비죄와 음모죄는 주관적 구성요건요소로서 고의 이외에도 기본범죄를 범할 목적을 요한다.

다만 목적의 인식정도에 관하여는 견해의 대립이 있다. 첫째, 미필적 인식설(未必的 認識說)이다. 목적도 고의의 일반원리에 따라서 확정적 인식은 물론 미필적 인식으로도 족하다는 입장이다. 판례의 입장이기도 하다.[18] 둘째, 확정적 인식설(確定的 認識說)이다. 목적에 대한 미필적 인식은 입법취지에 반하고, 처벌범위의 확장을 방지하기 위하여 확정적 인식을 요한다는 입장이다.

생각건대 목적범에 있어서 목적은 확정적이어야 한다고 본다. 형법이 예비·음모죄를 목적범으로 규정한 것은 무정형적인 예비·음모 행위의 범위를 기본범죄와의 관련하에서 정형적인 범위로 한정하기 위한 규정이라고 생각되기 때문이다. 목적은 고의보다는 훨씬 의지적 요소가 큰 개념이라고 해야 하기 때문이라는 견해도 있다.

(3) 처 벌

형법은 예비·음모를 원칙적으로 처벌하지 않는다. 그러나 법익의 중대성과 행위자의 위험성에 비추어 실행행위로 나아가기 전에 미연에 방지할 필요성이 존재할 경우에는 예외적으로 처벌한다(제28조). 예비·음모 행위 그 자체는 형법적으로 중요하지 않은 행위이고, 범죄의사의 증명이 곤란할 뿐만 아니라 기수에 이르게 될 가능성도 불확정적이어서 상대적으로 위험성이 작기 때문이다.

한편 예비행위는 실행의 착수 이전의 준비행위이므로 실행의 착수로 나아가면 예비는 미수 혹은 기수에 흡수된다. 이는 법조경합 중 보충관계에 속한다고 할 수 있기 때문이다. 예비행위로부터 직접 결과가 발생한 경우에는 실행행위가 존재하지 않으므로 예비죄가 성립하고 별도로 과실이 문제될 수 있다.

Ⅲ. 미수범의 처벌근거

범죄는 원칙적으로 결과의 발생에 의하여 완성된다. 그런데 미수범에 있어서는 결과의 발생이 없다. 그럼에도 불구하고 미수범이 처벌된다는 것은 처벌범위가 법

18) 대법원 2006.9.14. 선고 2004도6432 판결.

익침해의 전단계로 확장되고 있음을 의미한다. 그렇다면 법익침해가 없어 결과반가치가 없음에도 불구하고 어떠한 근거에서 처벌범위가 확장될 수 있는가 하는 미수의 본질(未遂의 本質) 또는 미수의 처벌근거(未遂의 處罰根據, Strafgrund des Versuchs)가 문제될 수 있다. 그러나 이에 대하여는 견해가 일치하지 않고 있다.

1. 학 설

(1) 주관설

주관설(主觀說, subjective Theorie)은 행위자의 위험한 성격을 표명하는 범죄의사에서 미수범의 처벌근거를 찾는다. 행위반가치를 중시하는 근대학파의 주관주의의 범죄이론의 입장이다. 주관주의에 의하면 미수가 처벌되는 것은 행위자의 의사나 성격과 같은 주관이 실행행위에 표현됨에 의하여 행위자의 위험성이 외부에 나타나게 되고 처벌할 만한 가치가 있다고 한다.

그러나 이에 대하여는 비판이 가하여지고 있다. 첫째, 결과반가치를 고려하지 않는다. 둘째, 단순히 나쁜 의사를 근거로 처벌하는 것은 타당하지 않다. 셋째, 위험한 성격 그 자체 또는 외부에 표현되지 않아도 위험한 의사를 품으면 처벌할 만하다고 하게 되어 미수의 가벌성의 범위가 지나치게 확대되고, 내심 그 자체를 문제로 하는 근대 이전의 의사형법이나 행위로 드러난 내심을 문제로 하는 나치의 의사형법처럼 형법을 심정형법(心情刑法) 또는 의사형법(意思刑法)으로 만들 위험성이 있다. 넷째, 형법상 미수범을 예외적으로 처벌하고 임의적 감경을 하는 이유를 합리적으로 설명할 수 없다. 다섯째, 행위자의 의사에 차이가 없는 이상, 미수범도 기수범과 동일하게 처벌되어야 하고 미수 이전의 예비·음모도 널리 처벌되어야 한다.

한편 범죄의사가 법적 평화에 대한 저해로써 일반인에게 범죄적 인상(der verbrecherische Eindruck) 또는 법적 안정성에 대한 저해로써 법동요적 인상(der rechtserschütternde Eindruck)을 주는 정도에 이르렀을 때에 미수범이 성립한다는 인상설(印象說, Eindruckstheorie)이 주관설의 연장선상에서 주장되고 있다. 독일의 다수설의 입장이다. 이 견해는 주관설을 출발점으로 하고 있지만, 행위자의 주관적 범죄의사를 일반인의 입장에서 객관적으로 수정하기 때문에 절충설로 분류되기도 한다.

(2) 객관설

객관설(客觀說, objective Theorie)은 결과발생의 객관적 위험성 또는 법익침해의 객관적 위험성에서 미수범의 처벌근거를 찾는다. 결과반가치를 중시하는 고전학파의 객관주의의 범죄이론의 입장이다. 객관주의를 철저히 하면 객관적으로 결과가 발생하지 않은 미수는 처벌할 필요가 없게 된다.

그러나 이에 대하여도 비판이 가하여지고 있다. 첫째, 행위반가치를 고려하지 않는다. 둘째, 미수범의 경우에는 구체적 법익침해의 결과 또는 그 위험성보다는 범죄를 행하려고 한 행위자의 내심이 보다 중요한 근거가 된다는 점을 간과했다. 셋째, 미수범의 처벌을 임의적 감경으로 규정하고 있는 형법의 태도와 일치하지 않는다. 넷째, 미수는 범익침해가 없기 때문에 법익이 침해된 기수에 비하여 형을 필요적으로 감경해야 한다.

2. 검 토

형법은 미수범의 형을 기수범의 형보다 감경할 수 있다고 하여 미수범을 기수범과 같이 처벌할 수 있도록 규정하고 있다(제25조 제2항). 또 모든 범죄의 미수범을 처벌하지 않고 미수범을 처벌할 죄는 각 본조에서 정하도록 하고 있다(제29조). 형법의 미수범에 대한 태도에 있어서 미수범에 대한 처벌은 주관주의의 입장에서, 처벌에 대한 감면은 객관주의의 입장에서 설명이 가능하다. 미수범은 행위반가치가 존재한다는 점에서 기수범과 동일하지만, 현실적인 법익침해의 결과반가치가 없으므로 형을 임의적으로 감경한다. 주관주의와 객관주의를 절충한 입장이다. 결국 형법의 임무는 법익보호에만 있는 것이 아니라 사회윤리적 행위가치의 보호에도 있는 것이며, 불법의 본질은 결과반가치뿐만 아니라 행위반가치에도 있다. 따라서 양자를 고려하는 절충설이 타당하다.

Ⅳ. 미수범의 구성요건

미수범의 구성요건은 수정된 구성요건이기는 하지만, 구성요건해당성의 판단에 있어서는 기본적 구성요건에 있어서의 그것과 다를 것이 없다. 따라서 미수범의 구성요건해당성을 판단하기 위하여는 구성요건을 객관적 구성요건과 주관적 구성요건으로 구분하여 고찰할 필요가 있다. 다만, 검토의 효율성을 위해서는 수정된 구성요건요소를 중심으로 할 필요가 있다.

1. 객관적 구성요건

미수범이란 범죄의 실행에 착수하여 이를 완성하지 못한 경우를 말한다. 여기서 미수범의 구성요건으로서 실행의 착수와 범죄의 미완성을 도출할 수 있다. 범죄의 미완성은 결과의 불발생을 의미한다. 이미 결과가 발생한 경우에는 기수에 이르러 더 이상 미수범의 문제는 발생하지 않기 때문이다.

(1) 실행의 착수

실행의 착수(實行의 着手, Beginn der Ausführung)란 형식적으로는 구성요건에 해당하는 행위, 즉 실행행위의 개시(實行行爲의 開始, Anfang der Ausführung)를 말한다. 실행의 착수는 예비와 미수를 구별하는 분수령이 된다. 실행의 착수 이전의 행위는 예비가 되고, 그 이후의 행위는 미수가 된다. 그러나 실행의 착수시기에 관하여는 다툼이 있다. 실행의 착수시기에 관한 견해는 범죄의사, 실행행위 및 양자의 절충이라는 기준에 따라 각각 주관설, 객관설 및 절충설로 크게 나누어질 수 있다. 학설의 내용을 정확히 이해하기 위해 금고에 보관된 현금에 이르는 구조가 대문, 현관문, 안방문 및 금고라는 일련의 통로를 지나야 하는 건조물의 경우를 사례로 하여 검토하기로 한다.

1) 학 설

① 주관설

주관설(主觀說, subjektive Theorie)이란 범죄의사가 외부적으로 명확하게 징표된 시점을 실행의 착수시점으로 인정하려는 견해를 말한다. 예컨대 범죄의사의 성립이 행위에 의하여 확정적으로 인정되는 때, 범죄의사가 비약적으로 표동한 때 또는 범죄의사가 번의를 허용하지 않고 취소가 불가능하게 확실성을 보이는 행위로 나타난 때를 실행의 착수로 인정하려는 견해를 말한다. 위의 사례에서 보면, 대문을 통과한 시점에서 주거침입죄를 별론으로 하더라도 현금에 대한 절도죄의 실행의 착수가 있다고 하게 된다. 범죄의 본질을 범죄의사의 위험성에서 구하는 주관주의의 미수론에 의하면 기본적으로 실행행위의 개시는 범죄의사가 외부로 표명된 시점을 의미하고, 이러한 시점을 실행의 착수시점이라고 하기 때문이다.

그러나 주관설에 대하여는 비판이 가하여지고 있다. 첫째, 범죄의사의 외부적 표시를 미수라고 한다면 미수와 예비의 구별이 불가능하게 된다. 둘째, 범죄의사가 확정적으로 인정되는 때, 범죄의사가 비약적으로 표동한 때 또는 범죄의사가 확실성을 보이는 행위로 나타난 때라는 표현은 명확성을 결하고 또 법적 안정성을 해할 우려가 있다. 셋째, 실행의 착수시점이 앞당겨짐으로써 미수범의 처벌범위가 지나치게 확장될 우려가 있다. 예컨대 주관설을 철저히 하면 강도의 목적으로 총을 가지고 건물에 침입하면 강도미수, 사람을 살해하려고 칼을 가지고 건물에 들어가면 살인미수가 된다. 넷째, 범죄의사의 판정이 애매하고 자의적인 처벌의 위험성을 배제할 수 없다.

② 객관설

객관설(客觀說, objective Theorie)이란 구성요건에 해당하는 행위, 즉 실행행위를 기준으로 실행의 착수시기를 정하는 견해를 말한다. 객관설은 실행행위를 파악하는 관점에 따라 형식적 객관설과 실질적 객관설로 다시 나누어진다.

ⓘ **형식적 객관설 :** 형식적 객관설(形式的 客觀說, formell-objektive Theorie)이란 형식적으로 구성요건에 해당하는 행위만을 실행행위로서 파악하려는 견해를 말한다. 구성요건에 해당하는 정형적인 행위를 개시한 때 또는 구성요건에 해당한다고 볼 수 있는 행위의 일부분을 행한 때를 실행의 착수라고 하게 된다. 예컨대 사람을 살해한 때에 성립하는 살인죄의 경우(제250조 제1항)에는 방아쇠를 당기는 순간, 타인의 재물을 절취한 때에 성립하는 절도죄의 경우(제329조)에는 타인의 재물을 손으로 잡는 순간에 각각 실행의 착수가 있다고 하게 된다. 위의 사례에서 보면 금고문을 열고 손으로 현금을 잡는 시점을 현금에 대한 절도죄의 실행의 착수시점이라고 하게 된다.

그러나 형식적 객관설에 대하여는 비판이 가하여지고 있다. 첫째, 구성요건에 해당하는 행위의 직전단계에 있는 경우에는 실행의 착수가 아직 이루어지지 않고 있다고 해야 하기 때문에 처벌의 필요성이 있는 경우까지 미수에서 제외하게 되어 형사정책상의 결함을 가지게 된다. 둘째, 구성요건에 해당하는 행위, 즉 실행행위의 개념과 정형을 생활 용어례에 근거한 문리해석을 기준으로 하는 형식적인 해석을 기초로 하기 때문에 구성요건에 해당하는 행위의 범위를 좁게 하고, 실행의 착수시기를 지나치게 늦어진 시점에서 인정하게 되어 부당하다.

ⓘⓘ **실질적 객관설 :** 실질적 객관설(實質的 客觀說, meteriell-objektive Theorie)이란 형식적으로는 구성요건에 해당하는 행위가 아니더라도 실질적으로 법익침해의 위험성을 가지는 행위를 구성요건에 해당하는 실행행위로서 파악하려는 견해를 말한다. 결과발생의 실질적 위험성의 관점에서 실행의 착수시점을 정하려고 하기 때문에 구성요건에

해당하는 행위의 직전단계에 있는 행위는 이미 실행의 착수가 있다고 하게 되어 형식적 객관설의 결점을 보완할 수 있게 된다.

이 견해는 다시 자연적으로 보아 구성요건에 해당하는 행위와 필연적으로 결합되어 있는 행위가 있으면 실행의 착수를 인정하는 필연행위설(必然行爲說)과 법익침해행위와 밀접한 행위가 있으면 실행의 착수가 있다고 하는 밀접행위설(密接行爲說)로 나누어진다. 위의 사례에서 보면 필연행위설은 금고문을 연 때에 실행의 착수가 있다고 하게 되고, 밀접행위설에 의하면 금고문을 열려고 한 때에 현금에 대한 절도죄의 실행의 착수가 있다고 하게 된다.

그러나 실질적 객관설에 관하여는 비판이 가하여지고 있다. 첫째, 법익침해의 위범성의 개념이나 정도에 따라 실질적 기준은 통일적이지 않다. 둘째 필연적 행위 또는 밀접한 행위에 대한 명확한 판단기준이 존재하지 않는다. 셋째, 필연적 행위 또는 밀접한 행위와 같은 모호개념(vager Beriff)의 사용은 판단자의 자의에 문호를 개방할 우려가 있다. 넷째, 행위자의 범죄계획을 도외시하고 관찰자의 입장에서 외부적 사정만으로 실행의 착수시기를 실질적으로 판단하는 것은 불가능하다.

③ 절충설

절충설(折衷說, vermitte-lnde Auffassung)이란 범죄의사라는 주관면과 실행행위라는 객관면의 양자를 고려하여 실행의 착수시기를 정하려고 하는 견해를 말한다. 실행의 착수가 객관설에 의하면 지나치게 엄격하게 되고 주관설에 의하면 부당하게 확대되기 때문에 객관적 요소와 주관적 요소를 절충하여 실행의 착수를 결정해야 한다는 점을 근거로 하고 있다. 절충설은 다시 주관설 또는 객관설 중에서 어느 쪽을 기초로 하는가에 따라 주관적 객관설과 개별적 객관설로 나누어진다.

ⓘ **주관적 객관설 :** 주관적 객관설(主觀的 客觀說, subjektiv-objektive Theorie)이란 범죄의사를 명확하게 하고 구성요건에 해당하는 행위를 실현할 수 있는 행위를 실행행위로 파악하려는 견해를 말한다. 구성요건에 해당하는 행위가 개시된 때에는 물론 구성요건에 해당하는 행위가 개시되지 아니한 때에도 직접적으로 구성요건에 해당하는 행위를 실현하기 위한 행위가 있는 때 또는 범죄의사의 분명한 표명이라고 할 수 있는 행위가 보호법익에 대한 직접적인 위험을 발생하게 한 때에 실행의 착수가 있다고 하게 된다. 이러한 의미에서 독일 형법이 "자신의 의사에 따라 구성요건의 실현을 위한 행위를 직접 개시한 자는 미수이다"라고 규정한 취지를 이해할 수 있다(독일 형법 제22조).[19] 위의 사례에서 보면 금고가 있는 안방문을 열기 시작한 때 또는 금

고문을 연 때에 현금에 대한 절도죄의 실행의 착수가 있다고 하게 된다. 그러나 주관적 객관설에 대하여는 실질적 객관설과 거의 차이가 없다는 점에서 비판이 가하여질 수 있다.

ⓘ **개별적 객관설 :** 개별적 객관설(個別的 客觀說)이란 행위자의 범죄계획에 따라 법익침해의 위험이 절박한 행위를 실행행위로 파악하되 각 범죄마다 개별적으로 실행의 착수시기를 정하려고 하는 견해를 말한다. 한편 범죄유형에 따라 총칙상의 범죄유형과 각칙상의 범죄유형으로 구분하고, 각각의 개별적 구성요건별로 실행의 착수의 시기를 정하여야 한다는 견해도 개별적 객관설에 포함될 수 있다고 본다.

그러나 개별적 객관설에 대하여는 다음과 같이 비판되고 있다. 첫째, 일원적으로 판단되어야 할 실행의 착수시기가 범죄마다 개별적 기준에 따라 달리 판단됨으로써 법적 안정성을 해하고 형평성을 침해할 수 있다. 둘째, 행위자의 범죄계획을 기준으로 한다는 점에서 일반적으로 고려되지 않는 사항이 포함될 경우 실행의 착수시기가 무한정하게 확대될 수 있다. 예컨대 행위자가 독물(毒物)이라고 생각하고 있는 설탕을 타인의 커피잔에 넣는 순간 실행의 착수가 인정될 수 있다. 셋째, 객관적이어야 할 법익침해의 위험에 대한 절박성의 판단에 행위자의 주관이 개입할 우려가 있다.

2) 판 례

판례는 기본적으로 실질적 객관설의 입장이라고 해석된다. 판례는 대체적으로 실행행위에 밀접한 행위가 행하여진 때에 그 실행의 착수가 있는 것으로 보고 있다. 다만 견해에 따라서는 다르게 읽힐 수 있는 경우가 물론 있을 것으로 생각된다. 실행의 착수를 긍정한 판례의 구체적 내용은 다음과 같다. 즉,

> ① 형법 제276조 제1항의 체포죄에서 말하는 '체포'는 사람의 신체에 대하여 직접적이고 현실적인 구속을 가하여 신체활동의 자유를 박탈하는 행위를 의미하는 것으로서 수단과 방법을 불문한다. 체포죄는 계속범으로서 체포의 행위에 확실히 사람의 신체의 자유를 구속한다고 인정할 수 있을 정도의 시간적 계속이 있어야 하나, 체포의 고의로써 타인의 신체적 활동의 자유를 현실적으로 침해하는 행위를 개시한 때 체포죄의 실행에 착수하였다고 볼 것이다.[20] ② 형법 제355조 제2항은 타인의 사무를 처리하는 자

---

19) StGB § 22 Begriffsbestimmung
Eine Straftat versucht, wer nach seiner Vorstellung von der Tat zur Verwirklichung des Tatbestandes unmittelbar ansetzt.

가 그 임무에 위배하는 행위로써 재산상 이익을 취득하거나 제3자로 하여금 이를 취득하게 하여 본인에게 손해를 가한 때에 배임죄가 성립한다고 규정하고 있고, 형법 제359조는 그 미수범은 처벌한다고 규정하고 있다. 이와 같이 형법은 타인의 사무를 처리하는 자가 그 임무에 위배하는 행위를 할 것과 그러한 행위로 인해 행위자나 제3자가 재산상 이익을 취득하여 본인에게 손해를 가할 것을 배임죄의 객관적 구성요건으로 정하고 있으므로, 타인의 사무를 처리하는 자가 배임의 범의로, 즉 임무에 위배하는 행위를 한다는 점과 이로 인하여 자기 또는 제3자가 이익을 취득하여 본인에게 손해를 가한다는 점에 대한 인식이나 의사를 가지고 임무에 위배한 행위를 개시한 때 배임죄의 실행에 착수한 것이고, 이러한 행위로 인하여 자기 또는 제3자가 이익을 취득하여 본인에게 손해를 가한 때 기수에 이른다.[21] ③ 사기죄는 편취의 의사로 기망행위를 개시한 때에 실행에 착수한 것으로 보아야 하므로, 사기도박에서도 사기적인 방법으로 도금을 편취하려고 하는 자가 상대방에게 도박에 참가할 것을 권유하는 등 기망행위를 개시한 때에 실행의 착수가 있는 것으로 보아야 하고, 그 후에 사기도박을 숨기기 위하여 정상적인 도박을 하였더라도 이는 사기죄의 실행행위에 포함된다.[22] ④ 피고인이 밤에 술을 마시고 배회하던 중 버스에서 내려 혼자 걸어가는 피해자 갑(여, 17세)을 발견하고 마스크를 착용한 채 뒤따라가다가 인적이 없고 외진 곳에서 가까이 접근하여 껴안으려 하였으나, 갑이 뒤돌아보면서 소리치자 그 상태로 몇 초 동안 쳐다보다가 다시 오던 길로 되돌아갔다고 하여 아동·청소년의 성보호에 관한 법률 위반으로 기소된 사안에서, 피고인과 갑의 관계, 갑의 연령과 의사, 행위에 이르게 된 경위와 당시 상황, 행위 후 갑의 반응 및 행위가 갑에게 미친 영향 등을 고려하여 보면, 피고인은 갑을 추행하기 위해 뒤따라간 것으로 추행의 고의를 인정할 수 있고, 피고인이 가까이 접근하여 갑자기 뒤에서 껴안는 행위는 일반인에게 성적 수치심이나 혐오감을 일으키게 하고 선량한 성적 도덕관념에 반하는 행위로서 갑의 성적 자유를 침해하는 행위여서 그 자체로 이른바 '기습추행' 행위로 볼 수 있으므로, 피고인의 팔이 갑의 몸에 닿지 않았더라도 양팔을 높이 들어 갑자기 뒤에서 껴안으려는 행위는 갑의 의사에 반하는 유형력의 행사로서 폭행행위에 해당하며, 그 때 '기습추행'에 관한 실행의 착수가 있는데, 마침 갑이 뒤돌아보면서 소리치는 바람에 몸을 껴안는 추행의 결과에 이르지 못하고 미수에 그쳤으므로, 피고인의 행위는 아동·청소년에 대한 강제추행미수죄에 해당한다.[23] ⑤ 강제집행절차를 통한 소송사기는 집행절차의 개시신청을 한 때 또는 진행 중인 집행절차에 배당신청을 한 때에 실행에 착수하였다고 볼 것이다. 민사집행법 제244조에서 규정하는 부동산에 관한 권리이전청구권에 대한 강제집행은 그 자체를 처분하여 대

---

20) 대법원 2018.2.28. 선고 2017도21249 판결.
21) 대법원 2017.7.20. 선고 2014도1104 전원합의체 판결.
22) 대법원 2015.10.29. 선고 2015도10948 판결; 대법원 2011.1.13. 선고 2010도9330 판결.
23) 대법원 2015.9.10. 선고 2015도6980,2015모2524 판결.

금으로 채권에 만족을 기하는 것이 아니고, 부동산에 관한 권리이전청구권을 압류하여 청구권의 내용을 실현시키고 부동산을 채무자의 책임재산으로 귀속시킨 다음 다시 부동산에 대한 경매를 실시하여 매각대금으로 채권에 만족을 기하는 것이다. 이러한 경우 소유권이전등기청구권에 대한 압류는 당해 부동산에 대한 경매의 실시를 위한 사전 단계로서의 의미를 가지나, 전체로서의 강제집행절차를 위한 일련의 시작행위라고 할 수 있으므로, 허위 채권에 기한 공정증서를 집행권원으로 하여 채무자의 소유권이전등기청구권에 대하여 압류신청을 한 시점에 소송사기의 실행에 착수하였다고 볼 것이다.[24] ⑥ 타인의 사망을 보험사고로 하는 생명보험계약을 체결함에 있어 제3자가 피보험자인 것처럼 가장하여 체결하는 등으로 그 유효요건이 갖추어지지 못한 경우에도, 보험계약 체결 당시에 이미 보험사고가 발생하였음에도 이를 숨겼다거나 보험사고의 구체적 발생 가능성을 예견할 만한 사정을 인식하고 있었던 경우 또는 고의로 보험사고를 일으키려는 의도를 가지고 보험계약을 체결한 경우와 같이 보험사고의 우연성과 같은 보험의 본질을 해칠 정도라고 볼 수 있는 특별한 사정이 없는 한, 그와 같이 하자 있는 보험계약을 체결한 행위만으로는 미필적으로라도 보험금을 편취하려는 의사에 의한 기망행위의 실행에 착수한 것으로 볼 것은 아니다. 그러므로 그와 같이 기망행위의 실행의 착수로 인정할 수 없는 경우에 피보험자 본인임을 가장하는 등으로 보험계약을 체결한 행위는 단지 장차의 보험금 편취를 위한 예비행위에 지나지 않는다.[25] ⑦ 유치권에 의한 경매를 신청한 유치권자는 일반채권자와 마찬가지로 피담보채권액에 기초하여 배당을 받게 되는 결과 피담보채권인 공사대금 채권을 실제와 달리 허위로 크게 부풀려 유치권에 의한 경매를 신청할 경우 정당한 채권액에 의하여 경매를 신청한 경우보다 더 많은 배당금을 받을 수도 있으므로, 이는 법원을 기망하여 배당이라는 법원의 처분행위에 의하여 재산상 이익을 취득하려는 행위로서, 불능범에 해당한다고 볼 수 없고, 소송사기죄의 실행의 착수에 해당한다.[26] ⑧ 사기죄는 편취의 의사로 기망행위를 개시한 때에 실행에 착수한 것으로 보아야 하므로, 사기도박에서도 사기적인 방법으로 도금을 편취하려고 하는 자가 상대방에게 도박에 참가할 것을 권유하는 등 기망행위를 개시한 때에 실행의 착수가 있는 것으로 보아야 한다.[27] ⑨ 절도죄의 실행의 착수 시기는 재물에 대한 타인의 사실상의 지배를 침해하는 데에 밀접한 행위를 개시한 때라고 할 것이고, 실행의 착수가 있는지 여부는 구체적 사건에 있어서 범행의 방법, 태양, 주변상황 등을 종합 판단하여 결정하여야 한다.[28] ⑩ 야간이 아닌 주간에 절

24) 대법원 2015.2.12. 선고 2014도10086 판결.
25) 대법원 2013.11.14. 선고 2013도7494 판결.
26) 대법원 2012.11.15. 선고 2012도9603 판결.
27) 대법원 2011.1.13. 선고 2010도9330 판결.
28) 대법원 2010.4.29. 선고 2009도14554 판결; 대법원 1999.9.17. 선고 98도3077 판결; 대법원 1986.12.23. 선고 86도2256 판결; 대법원 1983.3.8. 선고 82도2944 판결.

도의 목적으로 다른 사람의 주거에 침입하여 절취할 재물의 물색행위를 시작하는 등 그에 대한 사실상의 지배를 침해하는 데에 밀접한 행위를 개시하면 절도죄의 실행에 착수한 것으로 보아야 한다. 주간에 절도의 목적으로 방 안까지 들어갔다가 절취할 재물을 찾지 못하여 거실로 돌아나온 경우, 절도죄의 실행 착수가 인정된다.[29] ⑪ 주거침입죄는 사실상의 주거의 평온을 보호법익으로 하는 것이므로, 반드시 행위자의 신체의 전부가 범행의 목적인 타인의 주거 안으로 들어가야만 성립하는 것이 아니라 신체의 일부만 타인의 주거 안으로 들어갔다고 하더라도 거주자가 누리는 사실상의 주거의 평온을 해할 수 있는 정도에 이르렀다면 범죄구성요건을 충족하는 것이라고 보아야 하고, 따라서 주거침입죄의 범의는 반드시 신체의 전부가 타인의 주거 안으로 들어간다는 인식이 있어야만 하는 것이 아니라 신체의 일부라도 타인의 주거 안으로 들어간다는 인식이 있으면 족하다. 위의 범의로써 예컨대 주거로 들어가는 문의 시정장치를 부수거나 문을 여는 등 침입을 위한 구체적 행위를 시작하였다면 주거침입죄의 실행의 착수는 있었다고 보아야 하고, 신체의 극히 일부분이 주거 안으로 들어갔지만 사실상 주거의 평온을 해하는 정도에 이르지 아니하였다면 주거침입죄의 미수에 그친다. 야간에 타인의 집의 창문을 열고 집 안으로 얼굴을 들이미는 등의 행위를 하였다면 피고인이 자신의 신체의 일부가 집 안으로 들어간다는 인식하에 하였더라도 주거침입죄의 범의는 인정되고, 또한 비록 신체의 일부만이 집 안으로 들어갔다고 하더라도 사실상 주거의 평온을 해하였다면 주거침입죄는 기수에 이르렀다.[30] ⑫ 절도죄의 실행의 착수시기는 재물에 대한 타인의 사실상의 지배를 침해하는데 밀접한 행위가 개시된 때라 할 것인 바 피해자 소유 자동차 안에 들어 있는 밍크코트를 발견하고 이를 절취할 생각으로 공범이 위 차 옆에서 망을 보는 사이 위 차 오른쪽 앞문을 열려고 앞문손잡이를 잡아당기다가 피해자에게 발각되었다면 절도의 실행에 착수하였다고 봄이 상당하다.[31] ⑬ 부동산소유자가 동 부동산을 제1차 매수인에게 매도하고 계약금과 중도금까지 수령한 이상 특단의 약정이 없으면 잔금수령과 동시에 매수인 명의로의 소유권이전등기에 협력할 임무가 있고 이 임무는 주로 위 매수인을 위하여 부담하는 임무라고 할 것이므로 위 매매계약이 적법하게 해제되었다면 모르되 그렇지 않은 이상 이를 다시 제3자와의 사이에 그 부동산에 대한 매매계약을 체결하고 계약금과 중도금까지 수령한 것은 위 제1차 매수인에 대한 소유권이전등기협력의무의 위배와 밀접한 행위로서 배임죄의 실행의 착수라고 보아야 할 것인 바 이와 같은 이론은 부동산소유자가 대물변제로 양도하여 놓고 그 양수인에게 소유권이전등기를 하지 아니하고 제3자에게 양도하는 경우도 동일하다 할 것이다.[32] ⑭ 간첩의 목적으로 외국 또는 북한에서 국내에 침투 또

29) 대법원 2003.6.24. 선고 2003도1985 판결.
30) 대법원 1995.9.15. 선고 94도2561 판결.
31) 대법원 1986.12.23. 선고 86도2256 판결.
32) 대법원 1984.8.21. 선고 84도691 판결.

는 월남하는 경우에는 기밀탐지가 가능한 국내에 침투 상륙함으로써 간첩죄의 실행의 착수가 있다고 할 것이다. 피고인이 기밀탐지임무를 부여받고 대한민국에 입국 기밀을 탐지 수집 중 경찰관이 피고인의 행적을 탐문하고 갔다는 말을 전해 듣고 지령사항수행을 보류하고 있던 중 체포되었다면 피고인은 기밀탐지의 기회를 노리다가 검거된 것이므로 이를 중지범으로 볼 수는 없다.[33]

실행의 착수를 부정한 판례의 구체적 내용은 다음과 같다. 즉,

① 필로폰을 매수하려는 자에게서 필로폰을 구해 달라는 부탁과 함께 돈을 지급받았다고 하더라도, 당시 필로폰을 소지 또는 입수한 상태에 있었거나 그것이 가능하였다는 등 매매행위에 근접·밀착한 상태에서 대금을 지급받은 것이 아니라 단순히 필로폰을 구해 달라는 부탁과 함께 대금 명목으로 돈을 지급받은 것에 불과한 경우에는 필로폰 매매행위의 실행의 착수에 이른 것이라고 볼 수 없다.[34] ② 비지정문화재의 수출미수죄가 성립하기 위하여는 비지정문화재를 국외로 반출하는 행위에 근접·밀착하는 행위가 행하여진 때에 그 실행의 착수가 있는 것으로 보아야 한다.[35] ③ 절도죄의 실행의 착수시기는 재물에 대한 타인의 사실상의 지배를 침해하는 데에 밀접한 행위를 개시한 때라고 보아야 하므로, 야간이 아닌 주간에 절도의 목적으로 타인의 주거에 침입하였다고 하여도 아직 절취할 물건의 물색행위를 시작하기 전이라면 주거침입죄만 성립할뿐 절도죄의 실행에 착수한 것으로 볼 수 없는 것이어서 절도미수죄는 성립하지 않는다.[36] ④ 특수강도의 실행의 착수는 강도의 실행행위 즉 사람의 반항을 억압할 수 있는 정도의 폭행 또는 협박에 나아갈 때에 있다 할 것이다. 강도의 범의로 야간에 칼을 휴대한 채 타인의 주거에 침입하여 집안의 동정을 살피다가 피해자를 발견하고 갑자기 욕정을 일으켜 칼로 협박하여 강간한 경우, 야간에 흉기를 휴대한 채 타인의 주거에 침입하여 집안의 동정을 살피는 것만으로는 특수강도의 실행에 착수한 것이라고 할 수 없으므로 위의 특수강도에 착수하기도 전에 저질러진 위와 같은 강간행위가 구 특정범죄가중처벌등에관한법률 제5조의6 제1항 소정의 특수강도강간죄에 해당한다고 할 수 없다.[37] ⑤ 강간죄의 실행의 착수가 있었다고 하려면 강간의 수단으로서 폭행이나 협박을 한 사실이 있어야 할 터인데 피고인이 강간할 목적으로 피해자의 집에 침입하였다 하더라도 안방에 들어가 누워 자고 있는 피해자의 가슴과 엉덩이를 만지면서 간음을 기도하였다는 사실만으로는 강간의 수단으로 피해자에게 폭행이나 협박을 개시하였다고 하기는 어렵다.[38]

---

33) 대법원 1984.9.11. 선고 84도1381 판결.
34) 대법원 2015.3.20. 선고 2014도16920 판결.
35) 대법원 1999.11.26. 선고 99도2461 판결.
36) 대법원 1992.9.8. 선고 92도1650,92감도80 판결.
37) 대법원 1991.11.22. 선고 91도2296 판결.

3) 검 토

실행의 착수는 예비와 미수를 구별하는 기준이 된다는 점에서 대단히 중요하다. 그럼에도 불구하고 형법은 실행의 착수에 관한 일반적인 규정을 두고 있지 아니하다. 전술한 바와 같이 실행의 착수에 관하여 일반적인 규정을 두고 있는 독일 형법과 구별된다고 하겠다(독일 형법 제22조). 결국 실행의 착수에 관한 문제는 해석에 의하여 해결될 수밖에 없다.

범죄의 구성요건에 해당하는 행위를 실행행위라고 하고, 실행행위의 개시를 실행의 착수라고 한다. 실행의 착수는 구성요건에 해당하는 행위가 개시되고 있는가를 문제로 하는 것이기 때문에 최종적으로는 형법 각 본조에 규정된 구성요건의 해석의 문제이지만, 형법총론에서 취급하는 것은 실행행위성에 있어서 원칙적인 판단에 관한 것이다. 각칙상의 개별적인 문제에 관하여 공통의 원칙을 도출하는 것이 총론의 과제이기 때문이다. 이러한 의미에서 우선 개별적 객관설은 총론의 원칙으로서는 적합하지 않다고 해야 한다.

실행의 착수에 관하여 아직까지 검토한 견해들을 정리하면 다음과 같다. 첫째, 주관설에 의하면 실행의 착수는 행위자의 범죄의사가 확인된 때라고 할 수 있다. 위의 사례에서 볼 때 대문을 통과한 시점에서 이미 범죄의사는 확인될 수 있다고 하겠다. 둘째, 형식적 객관설에 의하면 실행의 착수는 구성요건에 해당하는 행위를 한 때, 즉 실행행위시에 있다고 하게 된다. 위의 사례에서 볼 때 금고문을 열고 손으로 현금을 잡은 때에 실행의 착수가 있다고 하게 된다. 셋째, 실질적 객관설은 실행의 착수는 법익침해의 위험성이 있는 때, 즉 실행행위에 임박한 때에 있다고 한다. 위의 사례에서 볼 때 금고문을 열려고 한 때 또는 금고문을 연 때에 실행의 착수가 있다고 한다. 주관적 객관설에 의하면 실행의 착수는 실행행위를 향한 행위가 범죄의사를 분명히 드러낸 때라고 한다. 위의 사례에서 볼 때 금고가 있는 안방문을 열기 시작한 때 또는 안방문을 연 때에 실행의 착수가 있다고 하게 된다. 끝으로 개별적 객관설에 의하면 행위자의 범죄계획에 따라 법익침해의 위험이 절박한 때에 실행의 착수가 있다고 하되 개별범죄마다 다르게 정한다고 한다.

생각건대 미수범은 추상적 위험범이 아니라 구체적 위험범이다. 구성요건적 결과발생의 구체적 위험이 발생하는 경우에 실행의 착수가 있다고 하는 것이 타당하다. 구체적 위험이란 행위 자체의 위험성이 아니라 구성요건적 결과발생의 위험

---

38) 대법원 1990.5.25. 선고 90도607 판결.

성이 임박한 것을 의미한다. 다만 위험의 임박성은 행위자의 주관이 개입하지 않은 객관적 임박성을 의미한다고 해야 한다. 위의 사례에서 볼 때 금고가 있는 안방문을 연 때보다는 금고문을 연 때에 더욱 실행행위의 개시가 임박한 것으로 보인다. 결과적으로 볼 때 주관적 객관설보다는 실질적 객관설에 더욱 근접하는 내용이 된다고 하겠다.

결론적으로 총칙상의 범죄유형에 따른 실행의 착수를 구체적으로 검토하면 다음과 같이 할 수 있다. 첫째, 원인에 있어서 자유로운 행위의 경우에는 결과발생행위에 실행행위성이 인정되므로 실행의 착수는 결과발생행위시에 인정될 수 있다. 둘째, 공동정범은 실행행위를 분담하여 실행하는 경우이므로 각자의 행위에 실행행위성이 인정되므로 어느 누구라도 실행행위를 개시한 때에 실행의 착수가 있다고 하겠다. 셋째, 교사범과 방조범에 있어서는 행위자라고 할 수 있는 피교사자 또는 피방조자의 행위에 실행행위성이 인정되므로 정범이 실행행위를 한 때에 실행의 착수가 있다. 넷째, 간접정범의 경우에는 이용자행위기준설과 피이용자행위기준설에 따르면 각각 이용자의 이용행위시와 피이용자의 피이용행위시에 실행의 착수가 있다고 하게 된다.

(2) 범죄의 미완성

범죄는 미완성에 그쳐야 한다. 범죄가 완성에 이르면 그 범죄는 이미 기수에 이르기 때문이다. 범죄의 완성이란 객관적 구성요건요소로서의 결과, 즉 구성요건적 결과의 발생을 의미한다. 한편 결과가 발생했더라도 인과관계가 인정되지 않으면 기수가 될 수 없다. 형법은 범죄의 미완성에 관하여 미수란 '범죄의 실행에 착수하여 행위를 종료하지 못하였거나 결과가 발생하지 아니한 때'라고 규정하고 있다(제25조 제1항 참조). 이와 같이 형법은 범죄가 미완성된 경우를 착수한 실행행위가 종료되지 않은 경우와 실행행위는 종료되었으나 결과가 발생하지 않은 경우로 나누어 구별하고 있다. 전술한 바와 같이 전자를 착수미수(unbeendeter Versuch), 후자를 실행미수(beendeter Versuch)라고 한다.

2. 주관적 구성요건

주관적 구성요건요소는 기본적 구성요건의 그것이 미수범의 수정된 구성요건의 그것에 있어서도 그대로 타당하다. 고의 이외에도 목적, 동기 또는 불법영득의 의사 등 초과주관적 구성요건요소가 필요한 범죄의 미수범에 있어서도 이러한 요소들은 모두 구비되어야 한다. 다만 미수범에 있어서의 고의는 기수의 고의를 요하고, 과실의 경우는 생각할 수 없다는 제한이 추가될 뿐이다.

(1) 고 의

미수범의 고의는 기수범의 그것과 다르지 않다. 미필적 고의는 기수범의 고의로 족하였던 것처럼 미수범의 고의로서도 충분하다고 해야 한다. 다만 미수범의 고의는 기수의 고의(旣遂의 故意, Vollendungswille)가 아니면 안 된다. 행위자가 기수를 의도하였지만, 기수에 이르지 않은 것이 미수이기 때문이다.

미수범의 고의도 객관적 구성요건요소의 전체에 대한 인식과 이에 대한 실현의사를 요한다. 객관적으로 결과발생의 위험성이 발생하였지만, 행위자가 결과에 대한 실현의사를 가지지 않은 경우, 즉 처음부터 미수에 그치겠다는 소위 미수의 고의(未遂의 故意, Versuchsvorsatz)를 가진 경우에는 미수도 성립하지 아니한다. 함정수사(陷穽搜査, agent provocateur)의 경우가 그에 대한 대표적인 예라고 할 수 있다.

(2) 과 실

형법은 원칙적으로 고의범만을 처벌하고, 과실범은 예외적으로 처벌함에 그친다. 또한 형법은 미수범의 처벌은 각 본조에 정하도록 하고 있지만(제29조), 미수범에 대한 과실범의 처벌규정은 두고 있지 아니하다. 미수는 실현의사를 전제로 하여 성립한다. 미수란 기수를 의도하였지만, 기수에 이르지 않은 것이기 때문이다. 또 과실범은 결과의 발생을 전제로 성립한다. 따라서 실현의사가 없는 과실범 그리고 결과가 발생하지 않은 과실범, 즉 과실범의 미수(過失犯의 未遂)는 처음부터 존재할 수 없다. 한편 견해에 따라 과실범의 미수를 인정할 수 있다고 하더라도 형법상 과실범의 미수범을 처벌하는 규정은 존재하지 않기 때문에 과실범의 미수를 논의할 실익은 없다.

V. 미수범의 처벌

1. 예외적 처벌

형법은 통상 기수의 처벌을 원칙으로 하고 있다. 이는 형법의 각 본조가 과거형으로 규정되어 있다는 점으로부터도 명확하다. 또 형법은 미수범에 관하여 총칙에서는 개념만을 정의하고 있고, 각칙의 각 본조에서 처벌규정을 두고 있는 경우에 한하여 예외적으로 처벌되도록 하고 있다(제29조). 기수를 기본적 구성요건이라고 한다면 미수는 형벌의 확장원인으로서 소위 수정된 구성요건에 속하게 된다. 이러한 의미에서 예비·음모도 수정된 구성요건에 속한다고 하는 것에 대하여는 이미 언급한 바 있다(제28조 참조).

2. 임의적 감경

미수범의 처벌은 원칙적으로 기수범과 동일하다. 경우에 따라 형을 임의적으로 감경할 수 있을 뿐이다. 임의적 감경(任意的 減輕, fakultative Strafmilderung)으로 규정되어 있기 때문이다. 미수범은 실행에 착수했다는 점에서 행위반가치가 인정되지만, 결과가 발생하지 않았다는 점에서 결과반가치가 부정된다. 임의적 감경은 1871년 독일 구형법에서는 필요적 감경이었던 것을 임의적 감경으로 개정했던 1930년대 독일 나치의 의사형법(意思刑法)과 이를 유지하고 있는 1975년 독일 신형법의 영향을 받은 것으로 추정되고 있다.

Ⅵ. 관련문제

1. 거동범의 미수

거동범의 미수에 관하여는 견해가 일치하지 않고 있다. 거동범을 행위의 종료와 구성요건의 충족이 일치하는 범죄라고 하는 경우에는 미수의 존재가 긍정될 여지가 있다. 예컨대 주거침입죄는 신체가 주거에 침입한 때에 기수가 되고 구성요건이 충족되지만 실행의 착수와 결과의 발생까지의 사이에 미수가 존재할 수 있다. 거동범은 일정한 신체적 거동에 의하여 곧바로 완성하기 때문에 미수를 고려할 여지가 없다는 견해도 있지만, 거동범은 거동이 있으면 곧바로 완성하는 것이 아니라 일정한 시간적 장소적 간격의 존재를 요한다고 하는 경우에는 거동범의 미수가 긍정될 수 있다.

2. 과실범의 미수

종래부터 과실범의 미수는 부정되어 왔다. 그러나 과실범에 있어서도 결과와는 별도로 실행행위가 존재한다고 해야 하기 때문에 이론상 과실범의 미수도 얼마든지 가능하다고 해야 한다. 다만 현행법상 과실범의 미수를 처벌하는 규정은 존재하지 않는다. 따라서 과실범의 미수를 논의할 실익은 없다고 하겠다.

3. 결과적 가중범의 미수

결과적 가중범의 미수가 있을 수 있는가를 둘러싼 논점은 두 가지이다. 가중결과에 대하여 고의가 있는 경우의 결과적 가중범에 대하여 미수가 인정되는가의 문제와 결과적 가중범의 가중결과가 발생하였지만 기본적 범죄가 미수에 그친 경우에 미수가 되어야 하는가의 문제이다.

첫째, 가중결과에 대하여 고의가 있는 경우 결과적 가중범이 아니고 단순한 고의범이다. 예컨대 강도가 살인의 고의를 가지고 피해자를 살해한 경우에는 결과적 가중범이 아니라 강도살인죄의 고의범이라고 해야 한다. 둘째, 기본적 범죄가 미수에 그쳤지만, 중한 결과가 발생한 경우에도 견해가 일치하지 않고 있다. 예컨대 강도치사죄에 있어서 강취가 미수에 그친 경우 강도치사죄의 미수를 인정하는 견해도 있지만, 강도치사죄의 기수라고 하는 것이 타당하고 해야 한다.

4. 부작위의 미수

부작위범의 미수에 관하여도 다툼이 있다. 다만 부진정부작위범의 경우에는 통상적으로 결과범에 해당하기 때문에 일반적으로 긍정되고 있다. 예컨대 부작위에 의한 살인죄의 미수는 실행의 착수 후 결과가 발생까지는 간격이 있기 때문에 미수가 성립할 여지가 있다고 할 수 있다. 문제는 진정부작위범의 경우에 있다. 종래부터의 통설은 진정부작위범은 거동범이기 때문에 작위의무의 성립에 의하여 곧바로 기수로 된다고 하였다. 그러나 거동범에 있어서도 미수는 가능할 뿐만 아니라 진정부작위범은 작위의무의 성립과 동시에 기수에 달하는 것도 아니다. 작위의무가 성립하였더라도 그 의무에 위반하였다고 하기 위해서는 작위가 가능한 시간적 간격이 요구된다고 해야 하기 때문이다. 따라서 퇴거불응죄는 퇴거를 요구받은 자에게 퇴거에 필요한 시간이 경과한 후에 기수에 이르게 된다고 할 수 있다. 따라서 그러한 시간이 경과하기 전에 집주인에 의하여 집 밖으로 퇴거된 경우에는 미수의 성립을 긍정할 수 있다.

5. 위험범의 미수

위험범의 미수에 대하여는 구체적 위험범과 추상적 위험범을 구별하여 논의할 필요가 있다. 우선 구체적 위험범의 경우에는 위험의 발생이 기수로 되기 위한 결과에 해당하기 때문에 실행행위 이후 아직 결과로서의 위험이 발생하기 전단계에서는 미수가 성립할 여지가 있다. 이에 반하여 추상적 위험범에 있어서는 실행행위 자체가 결과에 해당하는 위험의 발생으로 의제되는 한 미수가 성립할 여지는 존재하지 않는다고 할 수 있다.

제 2 관 미 수 범

제25조 (미수범) ① 범죄의 실행에 착수하여 행위를 종료하지 못하였거나 결과가 발생하지 아니한 때에는 미수범으로 처벌한다.
② 미수범의 형은 기수범보다 감경할 수 있다.

Ⅰ. 장애미수의 의의

장애미수(障碍未遂, fehlgeschlagener Versuch)란 실행에 착수하여 행위를 종료하지 못하였거나 결과가 발생하지 아니한 범죄를 말한다(제25조). 의외의 장애로 인하여 범죄를 완성하지 못한 경우를 말한다.

Ⅱ. 장애미수의 구성요건

범죄가 성립하려면 구성요건해당성, 위법성 및 책임이라는 성립요건이 모두 충족되어야 한다. 미수범은 범죄의 성립요건 중의 하나인 구성요건에 있어서 수정된 형태를 취하는 범죄유형을 말한다.

미수범의 구성요건은 실행의 착수와 범죄의 미완성이다. 여기서 범죄의 미완성이란 기수에 이르지 아니한 것을 의미하기 때문에 이는 실행에 착수하였으나 실행행위 자체를 종료하지 못한 착수미수(着手未遂, unbeendeter Versuch)와 실행행위 자체는 종료하였으나 결과가 발생하지 아니한 실행미수(實行未遂, beendeter Versuch)로 나누어질 수 있다. 범죄의 미완성의 요건을 구성요건해당성의 판단에 상응하여 객관적 구성요건요소로 재구성하여 검토하기로 한다.

1. 객관적 구성요건

(1) 행 위

장애미수의 첫 번째 성립요건은 실행에 착수하여 행위를 종료하지 못하는 것이다. 이 경우 성립하는 미수를 착수미수라고 한다.

1) 실행의 착수

장애미수도 미수이기 때문에 그 성립을 위해서는 실행의 착수가 요구된다. 실행의 착수는 예비 또는 음모와 미수를 구별하기 위한 분수령이 된다. 실행의 착수의 개념에 관하여는 이미 전술한 바 있다.

2) 행위의 미종료

장애미수는 우선 실행에 착수하여 행위를 종료하지 못한 경우에 성립한다. 실행에 착수하여 행위를 종료하지 못하여 성립하는 범죄가 착수미수이다. 행위의 종료여부는 착수미수와 실행미수를 구별하는 경계선이 된다.

3) 착수미수와 실행미수의 구별기준

착수미수와 실행미수의 구별기준에 관하여는 행위자의 의사를 기준으로 하는 주관설, 일반인에 의한 객관적 사정을 기준으로 하는 객관설 및 양자를 절충하는 절충설이 대립하고 있다.

첫째, 주관설(主觀說)은 다시 착수시의 행위자의 계획에 비추어 실행을 계속하도록 되어 있는 경우에는 착수미수가 되고, 계획된 모든 행위가 완결되었으나 결과가 발생하지 않은 경우에는 실행미수가 된다는 착수시기준설(着手時基準說) 또는 전체행위기준설(全體行爲基準說)과 범행계획의 유무를 불문하고 중지시에 행위자가 추가적 행위나 대체방법을 통한 범죄완성이 가능한데도 이를 포기한 경우에는 착수미수가 되고, 행위자가 결과발생의 가능성을 믿고 범죄완성을 위한 추가적 행위가 필요없다고 판단하여 중지한 경우에는 실행미수가 된다는 중지시기준설(中止時基準說) 또는 개별행위기준설(個別行爲基準說)로 나누어진다. 그러나 착수시기준설에 대하여는 치밀한 계획을 세운 범인에게 유리한 결과를 초래한다는 비판이 가하여질 수 있다.

둘째, 객관설(客觀說)은 행위자의 의사여하를 묻지 않고 일반인의 입장에서 객관적 사정을 바탕으로 결과발생의 가능성이 있는 행위가 종료되었으면 실행행위가 종료된 것이고 실행미수가 된다고 한다. 그러나 객관설에 대하여는 주관적 요소를 전혀 고려하지 않고 있다는 비판이 가해질 수 있다.

셋째, 절충설(折衷說)은 행위자의 범죄계획과 행위 당시의 객관적 사정을 고려하여 법익침해의 위험성이 있는 행위가 종료되었다고 인정되면 실행행위가 종료된 것으로 보는 견해와 이미 행한 행위와 나머지 행위가 하나의 행위로 평가되면 착수미수, 이미 행한 행위와 나머지 행위가 별개의 행위로 평가되면 실행미수로 보는 견해로 나누어진다. 그러나 전자에 대하여는 행위자의 범죄계획과 행위 당시의 객관적 사정을 고려한다는 것이 구체적으로 무엇을 의미하는지 명백하지 않다고 비판되고 있고, 후자에 대하여는 착수미수와 실행미수를 죄수론에 입각하여 판단할 수는 없다고 비판되고 있다.

생각건대, 미수란 행위자가 계획했던 고의의 내용이 실현되지 못한 것이기 때문에 이를 고려하여 객관적으로 판단하는 절충설이 타당하다고 해석된다.

(2) 결 과

장애미수는 결과의 발생을 요하지 않는다. 결과가 발생한 경우에는 이미 기수로 되기 때문이다. 다만, 착수미수와 실행미수의 경우를 각각 행위의 종료와 결과의 불발생의 경우로 나누어 검토하고자 한다.

1) 행위의 종료

착수한 실행행위를 종료하지 못한 경우에는 착수미수가 성립하게 된다. 그러나 실행행위를 종료했지만 아직 결과가 발생하지 아니한 경우에는 실행미수가 성립하게 된다.

2) 결과의 불발생

실행행위를 종료하였더라도 아직 결과가 발생하지 아니하는 한 실행미수에 그치게 된다. 이미 결과가 발생했다면 미수는 기수에 이르게 된다. 범죄가 완성되면 원칙적으로 객관적 구성요건해당성이 충족되게 된다. 한편 결과가 발생하였더라도 인과관계가 인정되지 않으면 미수에 그치게 된다.

2. 주관적 구성요건

장애미수의 주관적 구성요건요소로서의 고의는 기수범의 그것과 차이가 없다. 따라서 장애미수에 있어서의 구성요건적 고의가 인정되려면 기수범과 동일한 형태의 구성요건적 고의가 그대로 구비되어 있지 않으면 안 된다. 한편 과실, 즉 구성요건적 과실은 장애미수를 포함하여 모든 미수범의 주관적 구성요건요소로서 논의할 실익이 없다. 형법은 과실범의 미수를 규정하고 있지 않기 때문이다.

Ⅲ. 장애미수의 처벌

1. 임의적 감경

미수범의 처벌에 관하여는 각 본조에 정한다(제29조). 미수범의 처벌은 원칙적으로 기수범과 동일하다. 다만 미수범의 형은 기수범보다 감경할 수 있을 뿐이다(제25조 제2항). 임의적 감경(fakultative Strafmilderung)이다. 미수에 있어서 감경할 수 있는 형은 주형(主刑)에 한하며 부가형 또는 보안처분은 감경할 수 없다. 그러나 징역형과 벌금형이 병과된 때에는 양자 모두 감경할 수 있다.

2. 임의적 감경의 근거

형법은 미수범의 형을 기수범의 형보다 임의적으로 감경할 수 있도록 규정하고 있다. 미수범의 행위반가치는 기수범의 그것과 동일할 수 있지만, 미수범에 있어서는 처음부터 결과반가치가 존재하지 않기 때문이라고 할 수 있다.

제 3 관 중 지 범

第26조 (중지범) 범인이 실행에 착수한 행위를 자의(自意)로 중지하거나 그 행위로 인한 결과의 발생을 자의로 방지한 경우에는 형을 감경하거나 면제한다.

구조문
第26조 (중지범) 범인이 자의로 실행에 착수한 행위를 중지하거나 그 행위로 인한 결과의 발생을 방지한 때에는 형을 감경 또는 면제한다.

Ⅰ. 중지미수의 의의

중지미수(中止未遂, Rücktritt vom Versuch)란 범인이 실행에 착수한 행위를 자의(自意)로 중지하거나 그 행위로 인한 결과의 발생을 자의로 방지한 경우를 말한다(제26조). 중지미수는 범죄의 미완성이 행위자의 자의, 즉 주관적 사정(主觀的 事情)에서 비롯되었다는 점에서 의외의 장애, 즉 객관적 사정(客觀的 事情)으로 인한 장애미수와 구별되고, 결과발생이 가능하였다는 점에서 처음부터 결과발생이 불가능한 불능미수와도 구별된다.

Ⅱ. 중지미수의 구성요건

범죄가 성립되려면 구성요건해당성, 위법성 및 책임이라는 성립요건을 모두 충족하여야 한다. 중지미수는 수정된 구성요건의 형태라는 점에서 장애미수나 불능미수와 공통점을 가진다. 그러나 중지미수는 처벌에 있어서 필요적 감면이라는 점에서 임의적 감경인 장애미수 또는 임의적 감면인 불능미수와는 구별된다.

1. 객관적 구성요건

미수범의 구성요건은 실행의 착수와 범죄의 미완성이다. 여기서 범죄의 미완성이란 기수에 이르지 아니한 것으로서 실행에 착수하였으나 실행행위 자체를 자의로 중지한 착수중지(着手中止, Rücktritt vom unbeendigten Versuch)와 실행행위 자체는 종료하였으나 자의로 결과가 발생하지 않도록 방지한 실행중지(實行中止, Rücktritt vom beendigten Versuch)로 나누어 각각 행위와 결과에서 검토될 수 있다.

(1) 주 체

중지미수의 주체는 자의로 중지한 자에 한한다. 자의에 의한 중지자와 방지자만이 형을 필요적으로 감면받을 수 있다고 해석되기 때문이다. 따라서 자의로 중지하거나 방지한 자가 아닌 자의 경우에는 장애미수가 성립함에 지나지 않는다. 이러한 의미에서 중지미수는 일종의 신분범이라고 할 수 있다.

(2) 행 위

① 실행의 착수

중지미수도 미수이기 때문에 그 성립을 위해서는 실행의 착수가 요구된다. 실행의 착수는 예비 또는 음모와 미수를 구별하기 위한 경계선이 된다. 따라서 중지범은 범죄의 실행에 착수한 후 자의로 그 행위를 중지한 때를 말하는 것이고 실행의 착수가 있기 전인 예비·음모의 행위를 처벌하는 경우에 있어서 중지범의 관념은 인정될 수 없다.[39)]

② 중지행위

중지미수가 성립하기 위한 착수미수는 실행에 착수한 후 그 행위의 종료 전에 자의로 그 행위를 중지하는 중지행위(中止行爲)에 있다. 전술한 바와 같이 중지행위에 의하여 성립하는 중지미수가 소위 착수중지(着手中止, Rücktritt vom unbeendigten Versuch)이다. 중지행위는 작위범의 경우에는 행위의 계속을 포기하는 부작위를 요하지만, 부작위범의 경우에는 명령된 작위의무의 이행을 필요로 한다.

중지행위는 착수중지의 경우와 실행중지의 경우에 다를 수 있다. 착수중지는 실행에 착수하였으나 실행행위가 종료되지 않고 결과가 발행하지 않은 경우를 말한다. 실행행위가 일단 행하여졌지만 실패로 종료하고 다시 실행이 가능한 상태에 있는 경우도 이에 포함된다. 이 경우에는 그 다음의 행위를 실행하지 않으면 중지, 즉 중지행위라고 할 수 있다. 이에 반하여 실행중지란 실행행위를 종료한 후 아직 결과가 발생하지 않은 경우를 말한다. 이 경우에는 결과발생의 방지를 위하여 진지한 노력을 하지 않으면 중지, 즉 방지행위라고 할 수 없다. 예컨대 방화범이 건조물에 불을 붙였지만, 후회하여 중지하려는 경우 단지 소방서에 신고하는 것만으로는 부족하고 스스로 소화활동에 참여하여 적극적으로 노력할 것이 필요하다. 결국 착수중지와 실행중지를 구별하는 실익은 다음과 같다. 즉, 중지범에 있어서는 착수중지의 단계에서의 중지는 소극적으로 그 다음의 행위를 중지하는 것만으로 족하지만, 실행중지의 단계에 있어서의 중지는 적극적으로 결과발생방지행위를 하여 결과의 발생을 저지할 것이 필요하다는 점이다.

③ 착수중지와 실행중지의 구별기준

문제는 착수중지와 실행중지의 구별기준에 있다. 일단, 실행행위의 종료여부를

---

39) 대법원 1999.4.9. 선고 99도424 판결.

기준으로 구별하는 장애미수에 있어서의 착수미수와 실행미수의 구별기준과 유사하지만, 그 세부에 있어서는 어느 정도 차이가 있다. 편의상 6연발의 총으로 사살계획을 세우고 저격한 바 초탄명중하여 치명상을 초래한 사례를 가지고 견해의 차이를 검토하기로 한다.

ⓘ 학 설 : 학설은 다투어지고 있다.

첫째, 주관설이다. 주관설(主觀說)이란 행위자의 의사를 기준으로 중지여부를 결정하려는 견해를 말한다. 행위자의 생각에 아직 범죄계획이 남아 있고, 객관적으로 결과발생이 없는 한 착수중지가 된다고 한다. 위의 사례에서 보면, 6연발의 총으로 초탄명중하여 이미 치명상을 입혔더라도 6발까지 발사가 가능하기 때문에 6번째의 발사 이전에 중지하기만 하면 착수중지가 된다고 한다. 수정된 주관설(修正된 主觀說)은 이미 행한 실행행위에 의하여 결과발생의 위험이 발생한 경우에는 행위자의 의사와 무관하게 실행중지가 성립한다고 한다. 예컨대 6발 중에서 초탄명중으로 치명상을 초래했기 때문에 그 후의 발사를 중지하더라도 이미 실행중지가 된다고 하게 된다. 그러나 이에 대하여는 중지시기가 행위자의 의사에 달려 있어 인위적이라는 비판이 가능하게 된다.

둘째, 객관설이다. 객관설(客觀說)이란 결과발생의 가능성을 기준으로 중지여부를 결정하려는 견해를 말한다. 객관적으로 보아 결과를 발생시킬 수 있는 행위가 종료한 경우에는 행위자의 의사와는 무관하게 실행행위는 종료한 것으로 보아 실행중지의 성립을 인정하게 된다. 위의 사례에서 보면, 6발 중 초탄명중으로 이미 치명상을 초래하였기 때문에 행위자의 의사는 고려의 여지없이 실행행위는 종료한 것으로 되고 따라서 실행중지가 성립하게 된다고 한다. 그러나 이 경우에도 사망이라는 결과가 발생하지 않으면 착수중지의 성립이 가능하다고 비판되고 있다. 또 객관설에 대하여는 행위자의 주관적 요소를 전혀 고려하지 않고 객관적 요소에 의해서만 중지여부를 판단하기 때문에 중지미수의 자의성이라는 주관적 요소의 취지와 거리가 있다는 점에서 비판이 가하여지고 있다.

셋째, 절충설이다. 절충설(折衷說)이란 행위자의 의사와 행위 당시의 객관적인 사정을 종합하여 중지여부를 결정하려는 견해를 말한다. 실행의 착수도 주관과 객관을 모두 고려하여 판단하여야 하였듯이 실행의 종료도 주관과 객관을 모두 고려하여 결과발생에 필요한 행위가 종료되었다고 인정되는 때에 실행행위가 종료된 것으로 판단해야 한다는 것이다. 위의 사례에서 보면, 6발 중 초탄명중하여 치명상을 입힌 경우 실행중지가 되고, 결과방지행위가 있으면 착수중지가 된다고 한다. 그러나 절충설에 대하여는 실행행위가 주관면과 객관면의 양자의 속성을 모두 가지고 있다는 전체적인 구조를 인정하지 않는 한 설득력을 가지지 않는다고 비판되고 있다.

ⓘ 검 토: 착수중지와 실행중지의 구별의 핵심은 결과발생의 위험성에 있다고 해석된다. 결과발생의 위험성이 없을 때에는 결과의 불발생을 위하여 남아 있는 실행행위의 중지로도 충분하지만, 이미 결과발생의 위험성이 존재하는 때에는 실행행위의 중지만으로는 충분하지 않고 결과의 불발생을 위한 방지행위가 추가적으로 더 요구된다고 해야 하기 때문이다. 그대로 방치하면 이미 결과가 발생하는 상태에 이른 경우에는 작위에 의하여 그 인과의 경과에 개입하여 그것을 차단할 필요가 있기 때문에 실행행위를 중단하는 중지행위만으로는 부족하고 적극적으로 결과를 소멸시키기 위한 방지행위만이 유효하다고 해야 하기 때문이다.

결과발생의 위험성이 아직 발생하지 않은 경우에는 행위자의 의사가 기준이 될 수밖에 없다고 하겠다. 행위자의 고의에 근거한 사실을 고려하여 객관적으로 판단하지 않으면 안 된다고 해야 하기 때문이다. 위의 사례에서 보면 6발 중 4발로 저격했음에도 불구하고 모두 오발탄이 된 상황에서 아직 2발이 더 남아 있지만 나머지 사격을 중단했다면 중지행위가 아니라고 할 수 없기 때문이다. 따라서 착수중지와 실행중지의 구별기준을 결과발생의 위험성과 행위자의 의사에서 찾는 절충설이 타당하다고 해석된다.

결국 결과발생의 위험성이 발생한 경우에는 퇴로로서 결과발생의 방지만이 남아 있는 셈이고 결과발생이 방지된 경우에 한하여 실행중지가 가능한 셈이다. 이에 반하여 결과발생의 위험성이 발생하지 않은 경우에는 퇴로로서 2번의 기회가 남아 있는 셈이다. 즉, 실행행위가 아직 남아 있는 경우에는 실행행위의 중단만으로써도 결과발생의 방지가 가능하다면 나머지 실행행위에 대한 중지행위만으로서 착수미수가 가능하게 되고, 역으로 실행행위가 종료한 상황이라면 결과발생에 대한 방지행위만이 남아 있는 셈이고 이에 성공해서 결과가 발생하지 않는 경우에는 실행중지가 가능하게 되는 것이다.

(3) 결 과

중지미수도 결과의 발생을 요하지 않는다. 결과가 발생한 경우에는 이미 기수로 되기 때문이다. 다만, 착수중지와 실행중지의 경우를 각각 방지행위와 결과의 불발생의 경우로 변경하여 검토하고자 한다.

① 방지행위

중지미수가 성립하기 위한 실행미수는 실행에 착수한 행위 그 자체가 종료한 후 그 행위로 인한 결과의 발생을 자의로 방지하는 방지행위(防止行爲)에 있다. 전술한 바와 같이 방지행위에 의하여 성립하는 중지미수를 소위 실행중지(實行中止, Rücktritt vom beendigten Versuch)라고 한다. 방지행위는 작위범의 경우에는 행위의 계속을 포기하는 부작위로 족하지만, 부작위범의 경우에는 명령된 작위의무의 이행을 요한다.

다만 방지행위로 인정되기 위해서는 일정한 요건이 요구된다. 첫째, 적극성(積極性)이다. 방지행위는 인과의 진행을 의식적·의욕적으로 중단시키려는 적극적인 행위, 즉 작위여야 한다. 따라서 단순한 소극적 부작위만로는 충분하지 않다. 둘째, 상당성(相當性)이다. 방지행위는 결과의 발생을 방지하는 데 객관적으로 적합한 행위여야 한다. 예컨대 음독시킨 자는 해독에 충분한 해독제를 복용시켜야 한다. 셋째, 직접성(直接性)이다. 방지행위는 원칙적으로 행위자 자신이 할 것을 요한다. 형법도 중지행위에서와 마찬가지로 방지행위가 자의로 행하여진 경우에 한하도록 요구하고 있다. 방지행위가 행위자의 진지한 주도하에 행하여지고 제3자에 의한 결과방지가 범인 자신이 방지한 것과 동일시될 수 있을 정도인 때에는 타인의 도움을 받아서 행하여도 무방하다. 다만 이 경우에 그 타인은 행위자로 인하여 행위하였을 것을 요한다. 그러나 자기가 음독시킨 자를 병원에 데려다 주고 곧 도망친 경우에서와 같이 진지성이 결여되어 있는 경우에는 중지미수가 성립하지 않는다.

② 결과의 불발생

행위자의 중지행위 또는 방지행위로 인하여 결과발생의 위험성이 소멸되어야 한다. 결과의 불발생을 위한 행위자의 진지한 노력에도 불구하고 결과가 발생하면 이미 기수에 이른 것이므로 중지미수는 성립할 수 없게 되기 때문이다. 다만 이러한 경우에도 작량감경에 의하여 양형에서 고려할 가능성은 여전히 남아 있지만 이는 별개의 문제이다.

행위자가 중지행위로 인하여 결과가 발생하지 않으리라고 생각하였으나 결과가 발생한 경우는 단순한 인과관계의 착오에 불과하므로 기수가 된다. 대법원도 "대마관리법 제19조 제1항 제2호, 제4조 제3호 위반죄는 대마를 매매함으로써 성립하는 것이므로 설사 피고인이 대마 2상자를 사가지고 돌아오다 이 장사를 다시 하게 되면 내 인생을 망치게 된다는 생각이 들어 이를 불태웠다고 하더라도 이는 양형에 참작되는 사유는 될 수 있을지언정 이미 성립한 죄에는 아무 소장이 없어 이를 중지미수에 해당된다 할 수 없다”고 판시한 바 있다.[40]

(4) 인과관계

중지행위 또는 방지행위와 결과의 불발생 사이에는 인과관계가 존재하여야 한다. 행위자의 방지행위가 아닌 다른 원인에 의하여 결과가 발생하지 않은 경우에는 원칙적으로 중지미수가 성립될 수 없다.

2. 주관적 구성요건

주관적 구성요건요소로는 고의 외에 중지의사가 추가적으로 요구된다. 바로 이 점이 중지미수의 가장 큰 특징이라고 해석된다. 형법은 자의(自意)로 중지행위를 하거나 자의(自意)로 방지행위를 한 경우에만 중지미수를 인정하고 있기 때문이다.

(1) 고 의

주관적 구성요건요소로서의 고의는 기수의 고의여야 한다. 다만 구성요건적 고의는 실행행위의 계속중에 지속적으로 유지될 필요는 없다. 결과발생에 있어서 필요하고 중요한 부분을 행할 때에 존재하면 그것으로 충분하다. 예컨대 살해의 고의로 폭탄을 투척한 자가 그 후 폭발까지의 사이에 살해의 고의를 철회하였다거나 폭발 순간에 잠이 들어 있는 경우에도 고의범은 성립하게 된다. 문제는 중지의사에 있다. 중지의사는 위법성의 인식을 단절 또는 소멸시켜 책임고의에 영향을 미칠 수 있기 때문이다.

(2) 중지의사

중지의사(中止意思)란 범죄의사의 포기를 말한다. 범죄의사는 잠정적으로 포기되더라도 중지미수의 성립에 영향을 주지 않는다. 중지의사는 범죄의 실행에 착수한 자가 실행에 착수한 행위를 자의로 중지하거나 그 행위로 인한 결과의 발생을 자의로 방지함으로써 위법성의 인식을 단절하거나 소멸시키는 기능을 수행하게 된다.

한편 중지의사에 의하여 위법성의 인식이 소멸한 결과 책임고의가 조각되게

---

40) 대법원 1983.12.27. 선고 83도2629 판결.

되면 구성요건적 고의가 존재하는 상태에서 책임고의가 조각되는 상황이 된다. 구성요건적 고의가 인정되지만 책임고의가 결여된 경우에 대하여는 책임과실의 존부가 검토되어야 하고, 책임과실의 존재가 인정되는 경우에는 과실범이 성립할 수 있다고 해야 한다. 이러한 경우 구성요건해당성을 판단하는 단계에서는 고의가 인정되면서 책임의 단계에서는 과실이 문제될 수 있는가에 대하여는 의문이 제기될 수 있다. 그러나 구성요건적 고의를 규범적 관점에서 분석해보면 당연히 구성요건적 과실도 내포하고 있다고 할 수 있기 때문에 책임고의가 결여되는 경우에는 구성요건의 단계에서 구성요건적 고의에 내재되어 있는 구성요건적 과실이 표면화되고, 책임과실이 구비됨에 의하여 과실범의 성립을 인정할 수 있게 된다고 하는 것이 논리적 귀결이다.

문제는 중지의사의 자의성(自意性)에 있다. 자의성은 중지미수와 장애미수를 가르는 경계선이 되기 때문이다. 또 중지의사는 착수중지의 경우에는 원칙적으로 중지행위라는 소극적인 부작위를 내용으로 하지만, 실행중지의 경우에는 방지행위라는 적극적인 작위를 내용으로 하고 있기 때문이다. 다만 중지의사는 자의로 이루어질 것이 요구된다.

1) 자의의 의의

자의(自意)란 자기의 의사라는 의미이다. 형법은 "범인이 실행에 착수한 행위를 자의(自意)로 중지하거나 그 행위로 인한 결과의 발생을 자의로 방지한 경우"에는 중지미수가 성립한다고 규정하고 있다(제26조). 중지와 방지는 자의로, 즉 자기의 자유의사에 의하여 스스로 자유롭게 이루어져야 한다. 여기서 '자의'의 요건은 자의성(自意性) 또는 임의성(任意性, Freiwilligkeit)의 요건과 일치하게 된다고 해석된다.

문제는 임의성, 즉 자의성의 판단기준에 있다. 중지미수가 장애미수와 구별되고, 임의적 감경이 아니라 필요적 감면이 인정되기 위해서는 무엇인가의 행위자 독자의 의사결정이 개재하여 중지행위 또는 방지행위가 행하여지지 않으면 안 되기 때문이다. 따라서 중지행위 또는 방지행위의 계기로 되었던 사정이 임의성을 인정하기에 충분한 것이 아니면 안 된다.

2) 자의성의 판단기준

① 학 설

자의성, 즉 임의성의 판단기준에 관하여는 다툼이 있다. 자의성의 판단기준에 관하여는 중지 또는 방지에 이른 동기를 행위자의 심리적 측면에서 파악하려는 심리적 개념, 심리적 측면 외에도 동기를 규범적 평가의 측면에서 파악하려는 규범적 개념 및 심리적 동기와 규범적 동기를 모두 고려하여 파악하려는 절충적 개념이 크게 대립하고 있다.

ⓘ **심리적 개념 :** 심리적 개념으로는 주관설, 객관설 및 프랑크의 공식이 대립하고 있다.

첫째, 주관설이다. 주관설(主觀說)이란 행위자를 기준으로 범죄의 속행이 가능함에도 불구하고 행위자의 심리적 요인에 의하여 중지 또는 방지한 경우에 자의성을 인정하려는 견해를 말한다. 외부적 장애가 없음에도 불구하고 행위자가 자의로, 즉 자기의 자유로운 의사결정에 기하여 중지 또는 방지한 경우를 의미한다. 후회, 연민, 죄책감, 동정심 등 중지 또는 방지에 이른 동기가 윤리적인 경우, 즉 윤리적 동기(倫理的 動機)에 의한 경우에만 자의성을 인정하게 된다. 그러나 주관설에 대하여는 윤리성의 개념이 명확하지 않다는 점, 자의성과 윤리성의 개념을 동일시함으로써 자의성의 범위를 지나치게 협소하게 파악하고 있다는 점 등에서 비판이 가하여지고 있다.

둘째, 객관설이다. 객관설(客觀說)이란 일반인을 기준으로 범죄의 중지 또는 방지의 의사결정에 있어서 일반인의 심리적 요인에 강제력을 미치는 사정에 대하여는 자의성을 부정하려는 견해를 말한다. 외부적 사정에 의하여 중지한 경우에는 자의성이 부정되고, 그 이외의 내부적 동기(內部的 動機)에 의한 경우에는 자의성이 긍정되게 된다. 내부적 동기란 내심적 동기를 의미한다고 이해되고 있다. 사실 내부적 동기에는 윤리적인 동기뿐만 아니라 비윤리적인 동기도 함께 포함되어 있다. 따라서 내부적 동기는 중지 또는 방지에 이른 동기가 반드시 윤리적일 것을 요하지 않는다고 한다. 범행의 편의성, 성공가능성 또는 처벌가능성 등으로 인한 중지 또는 방지에도 자의성이 인정된다고 하는 견해도 있다. 그러나 객관설에 대하여는 자의, 즉 '자기의 의사'라고 하는 문언에 반한다는 점, 강도의 의사로 폭행하던 중 피해자의 얼굴을 보자 사망한 부모님이 떠올라 폭행을 멈춘 경우에서와 같이 내부적 동기와 외부적 사정의 구별기준이 모호하다는 점, 경찰관이 온다고 잘못알고 절도를 중지한 경우에는 자의성을 긍정하게 되어 자의성의 범위가 지나치게 확대된다는 점 등에서 비판이 가하여지고 있다.

셋째, 프랑크의 공식이다. 프랑크의 공식(Franksche Formel)에 의하면 행위자를 기준으로 행위자가 '하려고 하나 할 수가 없다'(Ich kann nicht zum Ziele kommen, selbst wenn ich es wollte)는 경우에는 자의성이 부정되나, 행위자가 '할 수가 있으나 하기를 원하지 않는다'(Ich will nicht zum Ziele kommen, selbst wenn ich es könnte)는 경

우에는 자의성이 긍정된다고 한다. 그러나 프랑크의 공식에 대하여는 자의성과 가능성을 혼동하고 있다는 점, 가능성의 개념이 모호하다는 점, 해석에 따라서는 가능성의 범위가 지나치게 확대될 수 있다는 점 등에서 비판이 가하여지고 있다. 예컨대 천만원을 절도하려고 하였는데 천원밖에 없어 절도를 포기한 경우 자의성을 긍정하여 중지미수로 하는 것은 불합리하다고 지적되고 있다.

ⓘ **규범적 개념 :** 규범적 개념으로서 규범설(規範說)이란 심리적 요소에 대한 규범적 평가를 통하여 자의성을 판단하려는 견해를 말한다. 행위자의 내심적 태도를 형법의 관점에서 규범적으로 평가하여 중지 또는 방지에 이르게 된 동기가 형법의 목적과 합치하는 경우에 자의성을 인정하여 중지미수의 성립을 긍정하려고 한다.

형벌목적설(刑罰目的說)을 바탕으로 중지미수의 법적 성격을 형벌목적에서 구하는 이상 행위시의 행위자의 심리적 요소와 함께 그에 대한 규범적 평가도 자의성에 대한 판단기준이 되어야 한다고 한다. 범인의 범행중지의 동기가 형의 필요적 감면의 보상을 받을 만한 가치가 있다고 평가되는 경우에는 임의성이 긍정되고, 그렇지 않은 경우에는 임의성이 부정되어 장애미수가 된다고 한다.

이 외에도 자의성을 처벌이라는 관점에서 평가하여 범행의 중지 또는 결과의 방지의 동기가 비이성적 이유, 합법성으로의 회귀(Rücktritt in die Legalität) 또는 법의 궤도로의 회귀(Rückkehr in die Bahnen des Rechts)로 평가될 수 있으면 자의성을 인정하는 견해도 이에 포함될 수 있다고 본다. 그러나 이에 대하여는 규범의 내용과 규범적 평가기준이 모호하다는 점, 형벌목적설에 대한 비판이 그대로 타당하다는 점, 중지미수를 형벌면제사유로 규정하고 있는 독일 형법과는 달리 형법은 필요적 감면사유로만 규정하고 있다는 점, 자의성과 합법성을 혼동하고 있다는 점 등에서 비판이 가하여지고 있다.

ⓘⓘ **절충적 개념 :** 절충적 개념으로서 절충설(折衷說)이란 자의성의 판단에 있어서 심리적 개념과 규범적 개념을 모두 고려하려는 견해를 말한다. 사회일반의 경험칙상, 즉 사회통념상 강제적 사유로 인하여 타율적 동기에 의한 경우에는 자의성이 부정되어 장애미수가 성립되지만, 이러한 사유가 없음에도 불구하고 자율적 동기에 의한 경우에는 자의성이 긍정되어 중지미수가 성립된다고 한다. 그러나 이에 대하여는 사회일반의 경험은 그 판단기준이 일정하지 아니하므로 판단자의 주관에 따라 결론이 달라질 수 있다고 비판되고 있다.

② 판 례

판례는 기본적으로 자유의사의 유무에 따라 자의성을 판단하고 있다. 이러한 의미에서 판례는 기본적으로 절충적 개념에 근거하고 있다고 할 수 있다. 대법원은 "범죄의 실행행위에 착수하고 그 범죄가 완수되기 전에 자기의 자유로운 의사에 따라 범죄의 실행행위를 중지한 경우에 그 중지가 일반 사회통념상 범죄를 완수함에 장애가 되는 사정에 의한 것이 아니라면 이는 중지미수에 해당한다"고 판시한 바 있다.[41)]

다만 관점에 따라 판례의 입장은 달리 평가될 수 있고, 절충적 개념에서 벗어난 판례도 발견될 수 있다고 본다. 자의성을 긍정한 판례의 구체적 내용은 다음과 같다. 즉,

① 피고인이 피해자를 강간하려다가 피해자의 다음 번에 만나 친해지면 응해 주겠다는 취지의 간곡한 부탁으로 인하여 그 목적을 이루지 못한 후 피해자를 자신의 차에 태워 집에까지 데려다 주었다면 피고인은 자의로 피해자에 대한 강간행위를 중지한 것이고 피해자의 다음에 만나 친해지면 응해 주겠다는 취지의 간곡한 부탁은 사회통념상 범죄실행에 대한 장애라고 여겨지지는 아니하므로 피고인의 행위는 중지미수에 해당한다.[42)] ② 피고인은 원심 상피고인과 함께 대전역 부근에 있는 공소외 정○○이 경영하는 천광상회 사무실의 금품을 절취하기로 공모하여 피고인은 그 부근 포장마차에 있고 원심 상피고인은 위 천광상회의 열려진 출입문을 통하여 안으로 들어가 물건을 물색하고 있는 동안 피고인은 자신의 범행전력등을 생각하여 가책을 느낀 나머지 스스로 결의를 바꾸어 위 정○○에게 원심 상피고인의 침입사실을 알려 그와 함께 원심 상피고인을 체포하여서 그 범행을 중지하여 결과발생을 방지하였다는 것이므로 피고인의 소위는 중지미수의 요건을 갖추었다.[43)] ③ 중지미수라 함은 범죄의 실행행위에 착수하고 그 범죄가 완수되기 전에 자기의 자유로운 의사에 따라 범죄의 실행행위를 중지하는 것으로서 장애미수와 대칭되는 개념이나 중지미수와 장애미수를 구분하는데 있어서는 범죄의 미수가 자의에 의한 중지이냐 또는 어떤 장애에 의한 미수이냐에 따라 가려야 하고 특히 자의에 의한 중지 중에서도 일반사회통념상 장애에 의한 미수라고 보여지는 경우를 제외한 것을 중지미수라고 풀이함이 일반이다.[44)]

자의성을 부정한 판례의 구체적 내용은 다음과 같다. 즉,

---

41) 대법원 2011.11.10. 선고 2011도10539 판결; 대법원 1999.4.13. 선고 99도640 판결; 대법원 1997.6.13. 선고 97도957 판결; 대법원 1993.10.12. 선고 93도1851 판결.

42) 대법원 1993.10.12. 선고 93도1851 판결.

43) 대법원 1986.3.11. 선고 85도2831 판결.

44) 대법원 1985.11.12. 선고 85도2002 판결.

① 피고인이 피해자를 살해하려고 그의 목 부위와 왼쪽 가슴 부위를 칼로 수 회 찔렀으나 피해자의 가슴 부위에서 많은 피가 흘러나오는 것을 발견하고 겁을 먹고 그만두는 바람에 미수에 그친 것이라면, 위와 같은 경우 많은 피가 흘러나오는 것에 놀라거나 두려움을 느끼는 것은 일반 사회통념상 범죄를 완수함에 장애가 되는 사정에 해당한다고 보아야 할 것이므로, 이를 자의에 의한 중지미수라고 볼 수 없다.[45] ② 피고인이 장롱 안에 있는 옷가지에 불을 놓아 건물을 소훼하려 하였으나 불길이 치솟는 것을 보고 겁이 나서 물을 부어 불을 끈 것이라면, 위와 같은 경우 치솟는 불길에 놀라거나 자신의 신체안전에 대한 위해 또는 범행 발각시의 처벌 등에 두려움을 느끼는 것은 일반 사회통념상 범죄를 완수함에 장애가 되는 사정에 해당한다고 보아야 할 것이므로, 이를 자의에 의한 중지미수라고는 볼 수 없다.[46] ③ 강도가 강간하려고 하였으나 잠자던 피해자의 어린 딸이 잠에서 깨어 우는 바람에 도주하였고, 또 피해자가 시장에 간 남편이 곧 돌아온다고 하면서 임신 중이라고 말하자 도주한 경우에는 자의로 강간행위를 중지하였다고 볼 수 없다.[47] ④ 피고인들이 강도행위를 하던 중 피고인 강○○과 김○○는 피해자 전○○을 강간하려고 작은방으로 끌고가 팬티를 강제로 벗기고 음부를 만지던 중 피해자가 수술한 지 얼마 안 되어 배가 아프다면서 애원하는 바람에 그 뜻을 이루지 못하였다는 것인 바, 강도행위의 계속 중 이미 공포상태에 빠진 피해자를 위와 같이 강간하려고 한 이상 강간의 실행에 착수한 것으로 보아야 할 것이고, 피해자의 진술을 비롯한 관계증거의 내용에 비추어 보면 피고인들이 간음행위를 중단한 것은 피해자를 불쌍히 여겨서가 아니라 피해자의 신체조건상 강간을 하기에 지장이 있다고 본데에 기인한 것이므로, 이는 일반의 경험상 강간행위를 수행함에 장애가 되는 외부적 사정에 의하여 범행을 중지한 것에 지나지 않는 것으로서 중지범의 요건인 자의성을 결여한 것이라 보아야 할 것이다.[48] ⑤ 범행당일 미리 제보를 받은 세관직원들이 범행장소 주변에 잠복근무를 하고 있어 그들이 왔다갔다 하는 것을 본 피고인이 범행의 발각을 두려워한 나머지 자신이 분담하기로 한 실행행위에 이르지 못한 경우, 이는 피고인의 자의에 의한 범행의 중지가 아니어서 형법 제26조 소정의 중지범에 해당한다고 볼 수 없다.[49] ⑥ 피고인이 기밀탐지임무를 부여받고 대한민국에 입국 기밀을 탐지 수집 중 경찰관이 피고인의 행적을 탐문하고 갔다는 말을 전해 듣고 지령사항 수행을 보류하고 있던 중 체포되었다면 피고인은 기밀탐지의 기회를 노리다가 검거된 것이므로 이를 중지범으로 볼 수는 없다.[50]

---

45) 대법원 1999.4.13. 선고 99도640 판결.
46) 대법원 1997.6.13. 선고 97도957 판결.
47) 대법원 1993.4.13. 선고 93도347 판결.
48) 대법원 1992.7.28. 선고 92도917 판결.
49) 대법원 1986.1.21. 선고 85도2339 판결.
50) 대법원 1984.9.11. 선고 84도1381 판결.

③ 검 토

중지미수에 대한 관대한 처벌은 착수중지나 실행중지가 모두 자의로 이루어졌다는 점에 있다. 형법은 '범인이 실행에 착수한 행위를 자의(自意)로 중지하거나 그 행위로 인한 결과의 발생을 자의로 방지한 경우'에 중지미수의 성립을 인정한다고 규정하고 있다(제26조).

생각건대 '자의'(自意)는 자기의 의사, 즉 자의성(自意性) 또는 임의성(任意性)을 의미한다. 중지미수는 인적 처벌조각사유이므로 자의성의 판단은 객관적·외부적 사정을 기준으로 판단하는 것이 아니라 행위자가 주관적으로 인식한 사실을 기초로 판단하여야 한다. 따라서 객관적으로는 장애가 있었으나 이를 모르고 중지한 경우에도 자의성이 인정된다. 예컨대 경찰관이 오고 있었는데도 이를 낙엽이 떨어지는 소리로 알고 임의로 그만둔 경우이다. 반대로 객관적으로는 장애가 없었으나 행위자는 있다고 오인하고 중지한 경우에는 자의성이 인정되지 않는다. 예컨대 낙엽이 떨어지는 소리를 경찰관이 오는 것으로 잘못알고 중지한 경우이다. 결국 중지미수는 중지 또는 방지가 양심에 의존되어 있으므로 자율성(Auto-nomie)을 그 본질로 하고 있다고 해야 한다는 점에서 외부적 강제에 의한 타율성(Hetero-nomie)을 본질로 하고 있는 장애미수와 구별된다고 하는 것이 타당하다. 따라서 자율적 동기에 의한 경우에는 자의성이 인정되지만, 타율적 동기에 의한 경우에는 자의성이 부정된다고 해석해야 한다. 이러한 의미에서 절충적 개념이 타당하다고 판단되는 것이다. 이는 마치 양심에 따른 자율적 준수가 요구되면 도덕에 속하고, 국가권력에 의하여 그 준수가 강제되면 법으로 분류하는 도덕과 법의 구별기준과 유사한 구조라고 할 수 있다. 다만 자율성은 동기의 순수성이나 윤리적 가치와는 무관하기 때문에 동기가 불순하거나 비윤리적이라고 하더라도 그 동기가 자율적이라고 인정되는 한 자의성은 긍정될 수밖에 없다. 예컨대 처벌에 대한 두려움, 양심의 가책, 후회, 부끄러움, 동정심, 설득에 의한 중지, 차기의 기약, 발각의 우려 등의 동기도 자율성을 가지는 한 자의성이 긍정될 수 있다.

3) 중지의사의 효과

중지의사는 고의를 탈락 또는 중단시켜 구성요건적 고의가 가지고 있는 책임고의에 대한 추정기능을 깨뜨리고 책임고의를 조각 또는 감경시키는 역할을 하게 된다. 즉, 중지의사로 인하여 위법성의 인식이 단절 또는 소멸됨에 의하여 책임고의가 조각 또는 감경되는 결과로 된다. 그 결과 구성요건의 단계에서 구성요건적 고의는 여전히 존재하여 남아 있게 되지만, 위법성의 단계에서 위법성의 인식이 소멸하게 됨에 따라 책임고의는 조각 또는 감경되게 되는 경우가 발생하게 된다. 결국 책임고의가 조각되는 경우 고의책임에 대한 비난가능성은 불가능하게 되고, 감경되는 경우 비난가능성을 완화되게 된다.

Ⅲ. 중지미수의 처벌

1. 필요적 감면

중지미수의 형은 기수범의 형보다 감경하거나 면제한다(제26조). 필요적 감면(必要的 減免)의 사유로 규정되어 있는 것이다. 형법은 중지미수에 대하여 필요적 감면으로 규정하고 있다는 점에서 일본 형법(일본 형법 제43조 제2문)과 공통되고, 불처벌로 규정하고 있는 독일 형법과 구별되고 있다(독일 형법 제24조 제1항 제1문).

다른 범죄가 중지된 범죄에 흡수되어 있는 경우에도 형은 감면된다. 결합범의 실행에 착수한 후 중지한 경우에도 마찬가지이다. 예컨대 강도를 행하려고 폭행·협박한 후 중지하면 폭행죄·협박죄도 묻지 않는다. 강도의 착수 전에 행한 강도예비죄도 불문에 부친다. 결국 강도미수죄만 성립하게 된다. 또한 실행행위에 의하여 피해자를 부상시킨 후 살인죄가 중지된 때에도 상해죄는 인정되지 않고, 살인예비죄도 성립하지 않는다. 이 경우에도 살인미수죄만 남게 된다.

그러나 중지된 범죄와 경합범관계에 있는 다른 범죄 또는 상상적 경합 등의 과형상의 일죄의 관계에 있는 범죄에는 중지의 효과가 미치지 않는다. 예컨대 절도의 목적으로 타인의 주거에 침입한 후 절도를 중지하여도 주거침입죄에 중지의 효과는 미치지 않는다. 또한 중지하기 위한 행위가 다른 범죄를 구성하는 경우에는 그 범죄가 그대로 성립하는 것은 말할 것도 없다. 예컨대 가스중독사를 계획하고 방안에 가스를 가득 주입한 자가 중지를 위하여 창문을 파괴한 경우 손괴죄의 책임은 면하지 못한다. 다만 긴급피난이나 기대불가능성 등의 위법성조각사유나 책임조각사유의 문제는 이와는 별개이다.

2. 필요적 감면의 근거

중지미수는 필요적 감면으로서 임의적 감경인 장애미수나 임의적 감면인 불능미수에 비하여 관대한 취급을 받는다. 중지미수의 법적 성질, 즉 법적으로 관대한 취급의 근거가 문제되는 이유이다. 이에 대하여는 견해가 일치하지 않고 있다.

(1) 학 설

1) 정책설

① 은사설

은사설(恩赦說, Gnadentheorie)이란 중지미수에 대한 관대한 처벌을 일종의 은사의 표현이라고 보는 견해를 말한다. 보상설(報償說, Prämientheorie) 또는 공적설(功績說, Verdienstlichkeitstheorie)이라고도 한다. 행위자가 중지에 의하여 법적대적 의사를 포기하고 법의 세계로 돌아오면 행위불법이 소멸하고 일반인의 법적 안정감과 법질서에 대한 신뢰가 회복되므로 이에 대한 중지자의 공적을 보상하여 형을 감경하거나 면제한다고 한다. 다만 보상의 근거는 경우에 따라 책임감소, 형벌목적 및 형사정책적 고려가 될 수 있다고 한다. 따라서 중지미수는 형을 면제하는 경우에는 인적 처벌조각사유가 되지만 감경하는 경우에는 책임감경사유가 된다고 한다. 그러나 이에 대하여는 중지미수의 필요적 감면의 근거는 은사의 문제가 아니라 형벌의 필요성에 대한 형법문제라는 것을 간과했다는 점에서 비판이 가하여지고 있다.

② 형벌목적설

형벌목적설(刑罰目的說, Strafzwecktheorie)이란 중지미수에 대한 관대한 처벌의 목적을 일반예방 또는 특별예방이라는 형벌의 목적에서 구하려는 견해를 말한다. 행위자가 범행의 중지를 결심한 이상 행위자의 위험성이 현저히 약화되어 형벌이 갖는 범죄예방적 기능은 무의미하게 되었으므로 처벌의 필요성이 감소하거나 소멸된다고 한다. 그러나 이에 대하여는 중지가 우연한 외적 상황에 의하여 발생한 경우에는 행위자의 위험성이 중지로 인하여 반드시 약화되었다고 볼 수 없다는 점, 공적설과 반드시 배치된다고 할 수 없다는 점 등에서 비판이 가하여지고 있다. 한편 이 외에도 중지미수에 대한 관대한 처벌과 관련하여 책임이행설(責任履行說)이 주장되기도 한다. 즉, 행위자가 그에게 부과된 원상회복에 대한 의무인 책임을 이행하여 범죄가 기수에 이르는 것을 방지한 데에 형벌감면의 근거가 있다고 한다. 그러나 이에 대하여는 의무합치적으로 중지했으면 중지미수로 특별취급된다는 동어반복에 불과하다는 비판이 가하여지고 있다.

③ 형사정책설

형사정책설(刑事政策說, kriminal-politische Theorie)이란 자의에 의하여 범죄를 중지하거나 결과의 발생을 방지한 자에 대하여는 형의 감경 또는 면제라는 은전(恩典)을 예고하여 범죄의 예방에 기여하는 것이 중지범규정의 의의라고 하는 견해를 말한다. 중지범규정은 범죄의 실행에 착수한 자에 대하여 그것이 기수에 이르기 직전까지 행위를 중지하거나 결과의 발생을 방지하는 효과를 기대하고, 리스트에 의하면 적법한 법질서로의 '퇴각을 위한 황금의 다리'(eine goldene Brücke zum Rückzug)를 가설하는 의의를 가진다고 한다. '황금의 다리이론'(die Theorie von der goldenen Brücke)이라고도 불리는 이유이다. 그러나 이에 대하여는 되돌아가기 위한 황금의 다리가 되기 위하여는 중지하면 필요적으로 형을 감면받는다는 사실을 알고 있어야 하기 때문에 정책적 효과는 이를 알고 있는 자에 대하여만 기대할 수 있다는 점, 필요적 감면은 재량에 의하여 사후적으로 행하여지기 때문에 독일 형법과 같이 필요적 면제가 아니면 효과를 기대할 수 없다는 점 등에서 비판이 가하여지고 있다.

2) 법률설

법률설(法律說, Rechtstheorie)이란 중지미수에 관한 형의 감면의 근거를 범죄의 성립요건 속에서 논의하려는 견해를 말한다. 법률설은 중지미수에는 정책적인 측면이 있다는 것을 인정하면서도 감면의 근거를 범죄의 성립요건에서 포착하려고 하는 것이다. 포착 근거에 따라 법률설은 위법 소멸 · 감소설과 책임 소멸 · 감소설로 다시 나누어진다.

① 위법 소멸·감소설

위법 소멸 · 감소설(違法消滅 · 減少說)이란 자의에 의한 범죄행위의 중지나 결과발생의 방지는 행위자의 법적대성을 소멸 또는 감소시킨다는 견해를 말한다. 고의를 주관적 위법요소로 보는 입장에서는 주관적 위법요소로서의 고의의 포기에 의하여 위법성이 소멸 또는 감소된다고 한다. 그러나 이에 대하여는 위법성의 소멸 또는 감소는 의사(意思)의 위험성의 소멸 또는 감소에 의한 것이 아니라 객관적 위험성의 소멸 또는 감소에 의한 것이어야 한다는 점, 일단 발생한 위법성은 위법성조각사유가 아닌 한 사후적으로 감소 또는 소멸될 수 없다는 점, 위법성의 소멸시에는 무죄판결을 해야 하는데, 이는 유죄판결의 일종인 형면제판결을 하는 현행 형법의 태도와 모순된다는 점, 공범 중 1인의 중지행위의 효과가 다른 공범에게도 미치게 되어 중지미수의 일신전속적 성격에 반한다는 점 등에서 비판이 가하여지고 있다.

② 책임 소멸 · 감소설

책임 소멸 · 감소설(責任消滅 · 減少說)이란 자의에 의한 범죄행위의 중지나 결과발생의 방지는 책임비난의 가능성을 소멸 또는 감소시킨다는 견해를 말한다. 고의를 책임의 요소로 하는 입장에서는 책임요소로서의 고의의 포기에 의하여 행위자에 대한 비난가능성이 소멸 또는 감소하고 결국 책임이 소멸 또는 감소된다고 한다. 그러나 이에 대하여는 중지 또는 방지에 의하여 책임이 감소될 수는 있으나 소멸은 불가능하다는 점, 책임소멸시에는 무죄판결을 해야 하는데, 이는 유죄판결의 일종인 형면제판결을 하는 현행 형법의 태도와 모순된다는 점 등에서 비판이 가하여지고 있다.

3) 결합설

결합설(結合說)이란 정책설과 법률설의 결합에 의하여 중지미수에 대한 필요적 감면을 설명하려는 견해를 말한다. 종합설(綜合說) 또는 병용설(倂用說)이라고도 한다. 결합설은 결합의 유형에 따라 다양하게 주장될 수 있지만, 중지미수에 대한 형의 면제는 형사정책설에 의하고, 형의 감경은 법률설에 의하여 설명한다. 이 중에서 형사정책설과 책임 감소 · 소멸설의 결합설이 우세하다. 그러나 이에 대하여는 중지미수에 대한 특별취급을 일관성 있게 설명하지 못한다는 점, 형의 면제와 감경에 대한 기준을 제시하지 못한다는 점 등에서 비판이 가하여지고 있다.

(2) 검 토

중지미수의 법적 성격을 고찰하기 위하여는 중지미수의 특성을 염두에 둘 필요가 있다. 첫째, 중지미수는 필요적 감면으로서 임의적 감경인 장애미수나 임의적 감면인 불능미수에 비하여 관대한 취급을 받는다는 점이다. 둘째, 중지미수는 성립요건으로서 자의(自意), 즉 자기의 의사에 의하여 실행에 착수한 행위를 중지하는 중지행위 또는 실행행위로 인한 결과의 발생을 방지하는 방지행위를 요구한다는 점이다.

생각건대 형법의 해석상 결합설이 타당하다고 해석된다. 첫째, 범죄의 완성을 미연에 방지하기 위한 형사정책적 배려가 배경에 있다는 것은 부정할 수 없다. 중지미수는 범인으로 하여금 자의로 실행에 착수한 행위를 중지하게 하거나 그 행위로 인한 결과의 발생을 방지하게 하려는 형사정책적 목적이 그 배경에 있는 것이다. 총 2번의 기회를 줌으로써 황금을 다리를 건너 적법의 세계로 돌아올 수 있도록 유도하려는 것이다. 한 번은 착수중지시에 주어지게 되고, 또 다른 한 번은 실행중지시에 주어지게 되는 것이다. 결국 형사정책설은 형의 면제에 대한 근거를 효과적으로 제시할 수 있다고 해석된다. 그러나 형사정책적인 고려만으로는 중지미수의 본질을 모두 다 설명할 수는 없다고 해야 한다.

둘째, 형의 감경 또는 면제에 대한 이론적 근거는 범죄이론에서 구하지 않을 수 없다. 법률설이 중지미수의 형의 감면에 대한 이론적 근거를 제시해 줄 수 있을 것으로 해석된다. 위법 소멸·감소설에 의하면 자의로 실행에 착수한 행위를 중지하는 착수중지의 행위 또는 실행에 착수한 행위로 인한 결과의 발생을 방지하는 실행중지의 행위는 향후 더 이상의 행위반가치를 소멸 또는 감소하게 할 수 있다. 행위자가 자발적으로 미수에 그치게 한 중지미수는 기수에 이르려고 했으나 기수에 이르지 못한 장애미수와는 확연히 구별되는 것이기 때문이다. 뿐만 아니라 책임 소멸·감소설에 의하면 자의로 실행에 착수한 행위를 중지하는 착수중지의 행위 또는 실행에 착수한 행위로 인한 결과의 발생을 방지하는 실행중지의 행위는 위법성의 단계에서의 위법성의 인식을 조각 또는 감소하게 하기 때문에 책임의 단계에서는 비난가능성의 크기에 영향을 주는 책임고의를 조각 또는 감소하게 하는 효과를 가져올 수 있게 되는 것이다. 뿐만 아니라 착수중지행위 또는 실행중지행위로 인하여 행위반가치는 물론 미수범의 결과반가치에 해당하는 결과발생의 위험성까지 제거 또는 감경된다고 할 수 있다. 결국 법률설은 형의 감면에 대한 이론적 근거를 효과적으로 제시할 수 있다고 해석된다. 다시 말해서 착수중지행위 또는 실행중지행위로 인하여 행위반가치와 결과반가치가 전부 또는 일부 제거 또는 감소됨으로써 결과적으로 중지미수의 위법성도 소멸 또는 감소되는 것으로 이해하는 것이 가능하다고 해석된다.

Ⅳ. 관련문제

1. 예비 또는 음모의 중지

예비 또는 음모의 중지란 행위자가 예비·음모를 행한 후 그 범죄의 실행에 착수하는 것을 단념하는 것을 말한다. 예비 또는 음모 자체의 중지를 의미하는 것이 아니다. 문제는 예비 또는 음모 후 실행의 착수 이전에 자의로 중지한 자에 대하여 중지범의 감면규정이 적용될 것인가에 있다. 이에 관하여는 견해가 일치하지 않고 있다.

(1) 학 설

중지미수의 규정에 대한 유추적용부정설과 유추적용긍정설이 대립하고 있다. 첫째, 유추적용부정설이다. 유추적용부정설(類推適用否定說)이란 예비·음모의 중지는 실행행위가 존재하지 않기 때문에 실행의 착수를 전제로 하는 중지미수의 규정을 유추적용할 수 없다는 견해를 말한다. 그러나 실행에 착수한 후 포기하면 감면되지만, 실행에 착수하지 아니하고 포기하면 감면의 기회조차 없다는 것은 부당하다는 비판이 가하여지고 있다. 이러한 부당한 결과를 시정하기 위하여 자수에 대한 필요적 감면규정을 유추적용하자는 견해가 주장되기도 한다.

둘째, 유추적용긍정설이다. 유추적용긍정설(類推適用肯定說)이란 예비·음모의 중지자에 대하여는 자의로 실행의 착수를 포기한 것이므로 중지미수의 규정을 유추적용하여 감면의 혜택을 부여해야 한다는 견해를 말한다. 이 견해는 다시 예비·음모의 형이 중지미수의 형보다 무거운 경우에만 예외적으로 유추적용해야 한다는 제한적 유추적용설(制限的 類推適用說)과 예외 없이 그대로 유추적용해야 한다는 전면적 유추적용설(全面的 類推適用說)로 나누어진다.

(2) 판 례

판례는 유추적용부정설을 취하고 있다. 대법원은 "중지범은 범죄의 실행에 착수한 후 자의로 그 행위를 중지한 때를 말하는 것이고, 실행의 착수가 있기 전인 예비음모의 행위를 처벌하는 경우에 있어서는 중지범의 관념은 이를 인정할 수 없다"고 판시한 바 있다.[51)]

(3) 검 토

중지미수란 실행에 착수한 자가 중지할 것을 요한다. 이에 반하여 예비·음모죄는 실행의 착수 전의 행위를 의미한다. 따라서 예비·음모에는 중지미수의 규정이 적용되지 않는 것으로 된다. 그러나 이러한 결과는 균형을 잃었다고 하지 않을 수 없다. 결국 논리적으로 유추적용은 허용될 수 없지만, 균형을 유지하기 위해서는 제한적 유추적용설이 상대적으로 타당하다고 해석할 수밖에 없다.

---

51) 대법원 1999.4.9. 선고 99도424 판결; 대법원 1991.6.25. 선고 91도436 판결.

2. 공범과 중지미수

전체범죄를 기준으로 자의로 실행에 착수한 행위를 중지하거나 그 행위로 인한 결과의 발생을 방지한 때에는 중지미수의 성립을 부정할 이유가 없다. 다만 판단은 전체범죄를 기준으로 해야 한다는 것이 그 요건이다. 따라서 다른 공범의 범행을 중지하게 하지 아니한 이상 자기만의 범의를 철회, 포기하여도 중지미수로 인정될 수 없는 것은 당연하다.[52] 판례도 같은 입장이다. 중지미수를 부정한 판례의 구체적 내용은 다음과 같다. 즉,

① 공동피고인, 피고인의 순으로 성관계를 하기로 하고 피고인은 위 텐트 밖으로 나와 주변에서 망을 보고 원심 공동피고인은 피해자의 옷을 모두 벗기고 피해자의 반항을 억압한 후 피해자를 1회 간음하여 강간하고, 이어 피고인이 위 텐트 안으로 들어가 피해자를 강간하려 하였으나 피해자가 반항을 하며 강간을 하지 말아 달라고 사정을 하여 강간을 하지 않았다는 것이므로, 앞서 본 법리에 비추어 보면 위 구○○이 피고인과의 공모하에 강간행위에 나아간 이상 비록 피고인이 강간행위에 나아가지 않았다 하더라도 중지미수에 해당하지는 않는다고 할 것이다.[53] ② 다른 공범자의 범행을 중지케 한 바 없으면 범의를 철회하여도 중지미수가 될 수 없다.[54]

제4관 불능범

제27조(불능범) 실행의 수단 또는 대상의 착오로 인하여 결과의 발생이 불가능하더라도 위험성이 있는 때에는 처벌한다. 단, 형을 감경 또는 면제할 수 있다.

Ⅰ. 불능미수의 개념

1. 의 의

불능미수(不能未遂, untauglicher Versuch)란 결과의 발생은 사실상 불가능하지만 위험성으로 인하여 미수범으로 처벌되는 경우를 말한다. 형법은 “실행의 수단 또는 대상의 착오로 인하여 결과의 발생이 불가능하더라도 위험성이 있는 때에는 처벌한다. 단, 형을 감

52) 대법원 2005.2.25. 선고 2004도8259 판결; 대법원 1969.2.25. 선고 68도1676 판결.
53) 대법원 2005.2.25. 선고 2004도8259 판결.
54) 대법원 1969.2.25. 선고 68도1676 판결.

경 또는 면제할 수 있다"고 규정하고 있다(제27조). 형법은 제27조의 제목으로서 '불능범'이라고 하고 있지만, 이는 불능범이 아니라 불능미수에 관한 규정이라고 해석되고 있다.

2. 구별개념

불능미수도 미수범이기 때문에 당연히 결과의 발생에는 이르지는 않았다는 점에서 장애미수나 중지미수와 공통된다. 그러나 불능미수는 결과발생이 불가능하다는 점에서 결과발생이 가능한 장애미수나 중지미수와 구별될 수 있고,[55] 위험성이 있다는 점에서 위험성이 전혀 없는 불능범과도 차이가 있다.

불능범(不能犯)이란 범죄행위의 성질상 결과발생 또는 법익침해의 가능성이 절대로 있을 수 없는 경우를 말한다.[56] 따라서 불능범은 범죄로 되지 않고 처벌의 대상으로도 되지 않는다. 또 불능범은 미수범에 대한 처벌규정이 없기 때문에 미수범도 성립하지 아니하고, 나아가 예비죄 또는 음모죄로도 되지 아니한다.

한편 독일 형법은 불능미수에 관하여 '행위자가 실행행위의 대상이나 수단의 성질상 기수에 이를 수 없음을 현저한 몰지각으로 인하여 오인한 경우에는 법원은 형을 면제하거나 재량에 따라 감경할 수 있다'고 규정하고 있다(독일 형법 제23조 제3항).[57] 일본 형법은 1974년 '개정형법초안'(改正刑法草案)의 작성시 작위범, 원인에 있어서 자유로운 행위, 간접정범, 공모공동정범과 함께 불능미수에 관하여도 조문적 근거를 마련한 바 있으나 아직 입법화는 이루어지지 않고 있는 상황이다.

3. 법적 성질

불능미수란 객관적 구성요건의 실현을 오인한 경우라는 점에서 불실현을 오인한 사실의 착오와 구별된다. 불능미수는 행위자가 실제로 존재하지 않는 사실을 존재한다고 오인하였다는 측면에서 존재하는 사실을 인식하지 못한 사실의 착오

55) 대법원 2019.3.28. 선고 2018도16002 전원합의체 판결.

56) 대법원 2007.7.26. 선고 2007도3687 판결.

57) StGB § 23 Strafbarkeit des Versuchs (3) Hat der Täter aus grobem Unverstand verkannt, daß der Versuch nach der Art des Gegenstandes, an dem, oder des Mittels, mit dem die Tat begangen werden sollte, überhaupt nicht zur Vollendung führen konnte, so kann das Gericht von Strafe absehen oder die Strafe nach seinem Ermessen mildern (§ 49 Abs. 2).

와 다르다.[58] 불능미수를 반전된 사실의 착오(反轉된 事實의 錯誤) 또는 반전된 구성요건적 착오(反轉된 構成要件的 錯誤, umgekehrter Tatbestandsirrtum)라고도 하는 이유이다. 다만 불능미수는 대상 또는 수단의 불가능성(不可能性, Untauglichkeit)에 관한 착오인 성질상의 착오(性質上의 錯誤)임에 반하여, 사실의 착오는 객체 또는 방법의 동일성(同一性, Identität)에 관한 착오인 인식상의 착오(認識上의 錯誤)라는 점에서 양자는 구별된다고 할 수 있다. 또 용어의 사용에 있어서도 사실의 착오에 있어서의 객체의 착오 또는 방법의 착오를 불능미수에 있어서는 각각 대상의 착오 또는 수단의 착오라는 용어로 대체함으로써 양자의 차이점을 부각시키려는 의도가 숨어 있다고 생각된다. 그리고 불능미수는 위험성을 미수의 성립요건으로 하고 있다는 점에서 기수의 성립요건으로 하고 있는 위험범(危險犯)과도 구별되고 있다.

4. 구 조

불능미수의 특징 중의 하나는 착오에 있다. 의미상으로 불능미수에 있어서의 착오와 사실의 착오에 있어서의 착오는 동일하다. 불능미수를 반전된 사실의 착오라고도 부르는 이유이기도 하다. 착오란 인식과 현상의 불일치, 즉 인식사실과 존재사실의 불일치를 말한다. 인식사실이란 행위자에 의하여 오인된 주관적 사실이고, 존재사실이란 행위자의 인식과는 무관하게 현실적으로 존재하는 객관적 사실을 말한다고 할 수 있다. 이와 같이 불능미수의 구조를 행위자의 착오가 존재하는 주관적 사실과 그것이 존재하지 않는 객관적 사실로 구성할 수 있다. 그런데 불능미수에 대한 명백한 입법취지는 주관적 측면에서 행위자의 범죄의사가 확증되더라도 객관적인 측면에서 위험성이 없을 때에는 불가벌로 하겠다는 것이다.[59] 객관적 사실은 결과발생의 불가능성에 대한 판단기준이 되고, 주관적 사실은 위험성에 관한 판단기준이 된다고 할 수 있다.

Ⅱ. 불능미수의 구성요건

불능미수는 범죄의 성립요건 중 구성요건에 있어서 수정된 형태를 취하는 범죄유형을 말한다. 불능미수란 행위자에게 범죄의사가 있고 실행의 착수라고 볼 수

---

58) 대법원 2019.3.28. 선고 2018도16002 전원합의체 판결.
59) 신동운 편, 형법 형사법령제정자료집(1), 한국형사정책연구원, 1991, 217쪽 참조.

있는 행위가 있더라도 실행의 수단이나 대상의 착오로 처음부터 결과발생 또는 법익침해의 가능성이 없지만 다만 그 행위의 위험성 때문에 미수범으로 처벌하는 경우를 말한다.[60)]

미수범의 구성요건은 실행의 착수와 범죄의 미완성이다. 범죄의 미완성이란 기수에 이르지 아니한 것을 의미하기 때문에 미수범은 실행에 착수하였으나 실행행위 자체를 종료하지 못한 착수미수와 실행행위 자체는 종료하였으나 결과가 발생하지 아니한 실행미수로 나누어질 수 있다. 그러나 불능미수의 경우에는 실행행위를 종료하였으니 결과가 발생하지 아니하고 위험성만 발생한 경우이기 때문에 착수미수와 실행미수의 구별은 무의미하다. 따라서 불능미수에 있어서의 범죄의 미완성이라는 요건은 객관적 구성요건요소 중에서 결과가 위험성으로 대체될 수 있을 것으로 보인다.

1. 객관적 구성요건

형법은 불능미수에 있어서 수단의 불능과 대상의 불능에 관하여만 규정하고 있다. 즉, 불능미수가 성립하기 위하여는 범죄의 실행에 착수한 후 실행의 수단 또는 대상의 착오로 인하여 결과의 발생이 불가능하더라도 위험성이 발생할 것을 요한다(제27조 본문). 실행의 수단 또는 대상의 착오는 행위자가 시도한 행위방법 또는 행위객체로는 결과의 발생이 처음부터 불가능하다는 것을 의미한다.[61)]

불능미수는 행위자에게 범죄의사가 있고 실행의 착수라고 볼 수 있는 행위가 있지만 실행의 수단이나 대상의 착오로 처음부터 구성요건이 충족될 가능성이 없는 경우이다. 다만 결과적으로 구성요건의 충족은 불가능하지만, 그 행위의 위험성이 있으면 불능미수로 처벌된다. 불능미수의 성립요건을 실행의 착수, 착오의 발생, 결과발생의 불가능, 위험성의 발생이라는 과정과는 무관하게 편의상 구성요건해당성의 판단을 위한 기본적인 구성인 객관적 구성요건요소에 따라서 검토하기로 한다.

60) 대법원 2019.5.16. 선고 2019도97 판결; 대법원 1998.10.23. 선고 98도2313 판결.
61) 대법원 2019.3.28. 선고 2018도16002 전원합의체 판결.

(1) 객 체

1) 대상의 착오

대상의 착오(對象의 錯誤)란 성질상 객관적으로 결과발생이 불가능한 대상을 주관적으로 가능한 대상이라고 오인하는 것을 말한다. 예컨대 시체에 대한 살해행위 또는 피해자의 승낙이 있는 물건에 대한 절취행위 등이 흔히 거론되고 있는 예이다. 객체의 불가능성은 사실상의 불가능성이든 법률상의 불가능성이든 묻지 않는다. 시체에 대한 살해행위는 전자의 예에 속하고, 피해자가 승낙한 재물에 대한 절취행위는 후자의 예에 해당한다. 요컨대 대상의 착오는 착오 이전의 대상에 대하여는 결과발생이 처음부터 불가능하다는 것을 의미하기 때문에 대상의 불가능성(對象의 不可能性, Untauglichkeit des Objekts)이라고도 한다.

2) 객체의 착오와의 구별

불능미수에 있어서의 대상의 착오와 사실의 착오에 있어서의 객체의 착오는 사실적인 측면에서의 착오라는 점에서는 공통되지만, 대상의 착오는 없음에도 불구하고 있다고 오신하고 있는 소위 적극적인 착오라는 점에서 있음에도 불구하고 없다고 오신하고 있는 소위 소극적인 착오인 객체의 착오와 구별된다. 예컨대 16세인 사람의 동의를 얻었지만 12세라고 생각하고 간음한 경우에는 불능미수에 속하지만, 12세인 사람의 동의를 얻었지만 16세라고 생각하고 간음한 경우에는 객체의 착오에 해당하게 된다.

(2) 행 위

1) 실행의 착수

불능미수도 미수이기 때문에 그 성립을 위해서는 실행의 착수가 요구된다. 실행의 착수는 예비 또는 음모와 미수를 구별하기 위한 한계선이 된다. 실행의 착수의 개념에 관하여는 이미 전술한 바 있다. 다만 불능미수는 실행행위를 종료하였음에도 불구하고 결과발생이 불가능한 경우이기 때문에 착수미수와 실행미수의 구별은 무의미하다.

2) 수단의 착오

수단의 착오(手段의 錯誤)란 성질상 객관적으로 결과발생이 불가능한 수단을 주관적으로 가능한 수단이라고 오인하는 것을 말한다. 예컨대 식용버섯으로 독살하려고 하는 경우 또는 최대사거리 밖에 있는 사람을 저격하여 살해하려고 하는 경우 등이 이에 해당한다. 요컨대 수단의 착오는 착오 이전의 수단으로서는 결과발생이 처음부터 불가능하다는 것을 말하기 때문에 수단의 불가능성(手段의 不可能性, Untauglichkeit des Mittels)이라고도 한다.

(3) 결 과

결과가 발생한 경우에는 이미 기수가 된다. 결과의 불발생은 모든 미수범에서 요구되는 공통된 요건이다. 그럼에도 불구하고 불능미수의 핵심적 특징은 결과발생이 불가능하다는 불가능성(不可能性)과 결과발생의 위험성이 있다는 위험성(危險性)에 있다.

1) 결과발생의 불가능

① 불가능성의 의의

불능미수는 실행의 수단 또는 대상의 착오로 인하여 결과의 발생이 불가능해야 한다. 결과발생의 불가능성은 불능미수와 장애미수 또는 중지미수를 구별하는 핵심적 표지가 된다. 결과의 발생이 불가능하다는 것은 범죄행위의 성질상 어떠한 경우에도 구성요건의 실현이 불가능하다는 것을 의미한다.[62]

결과발생은 착오가 없었더라면 가능했을 것이기 때문에 결과발생의 불가능성의 원인은 착오에 있다. 다만 착오의 원인에 관하여는 현저한 몰지각으로 인할 것(aus grobem Unverstand)을 요구하고 있는 독일 형법(독일 형법 제23조 제3항)과는 달리, 형법은 아무런 규정을 두고 있지 않으므로 잘못된 선택에 의하든 분별없는 결정에 의하든 그 원인을 묻지 않는다고 해석된다.

② 불가능성의 판단기준

ⓘ **학 설**: 결과발생의 불가능을 판단하는 기준에 대하여는 사실적·자연과학적 판단설과 규범적·평가적 판단설이 대립하고 있다. 첫째, 사실적·자연과학적 판단설이란 결과발생의 불가능성은 사실적·자연과학적 법칙에 따라 판단해야 한다는 견해를 말한다. 결과발생의 불가능성은 행위자가 행위시에 인식한 사정이 아니라 사후적으로 밝혀진 모든 사정을 기준으로 하여 사실적으로 판단되어야 한다고 한다. 그러나 이에 대하여는 사실적으로 범죄실현이 불가능한 경우에도 장애미수를 인정해야 하는 경우를 배제할 수 없기 때문에 장애미수와 불능미수의 구별을 곤란하게 한다는 비판이 가하여지고 있다. 둘째, 규범적·평가적 판단설이

62) 대법원 2019.5.16. 선고 2019도97 판결.

란 결과발생의 불가능성은 규범적·법률적으로 판단해야 한다는 견해를 말한다. 결과발생의 불가능성은 행위자의 행위시의 사정을 기초로 하여 일반인의 관점에서 규범적으로 평가되어야 한다고 한다.

ⓘ 판 례: 판례에 의하면 결과 발생의 불가능은 실행의 수단 또는 대상의 원시적 불가능성으로 인하여 범죄가 기수에 이를 수 없는 것을 의미한다.[63)]

불가능성을 긍정한 판례의 구체적 내용은 다음과 같다. 즉,

> 피고인이 피해자가 심신상실 또는 항거불능의 상태에 있다고 인식하고 그러한 상태를 이용하여 간음할 의사로 피해자를 간음하였으나 피해자가 실제로는 심신상실 또는 항거불능의 상태에 있지 않은 경우에는, 실행의 수단 또는 대상의 착오로 인하여 준강간죄에서 규정하고 있는 구성요건적 결과의 발생이 처음부터 불가능하였고 실제로 그러한 결과가 발생하였다고 할 수 없다. 피고인이 준강간의 실행에 착수하였으나 범죄가 기수에 이르지 못하였으므로 준강간죄의 미수범이 성립한다. 피고인이 행위 당시에 인식한 사정을 놓고 일반인이 객관적으로 판단하여 보았을 때 준강간의 결과가 발생할 위험성이 있었으므로 준강간죄의 불능미수가 성립한다.[64)]

불가능성을 부정한 판례의 구체적 내용은 다음과 같다. 즉,

> 피고인은 베트남에 거주하는 공소외인으로부터 필로폰을 수입하기 위하여 워터볼의 액체에 필로폰을 용해하여 은닉한 다음 이를 국제우편을 통해 받는 방식으로 필로폰을 수입하고자 하였다. 이러한 행위가 범죄의 성질상 그 실행의 수단 또는 대상의 착오로 인하여 결과의 발생이 불가능한 경우가 아님은 너무도 분명하다. 그럼에도 원심은 그 판시와 같은 사정을 근거로 피고인에 대하여 마약류 관리에 관한 법률 위반(향정)죄의 불능미수가 인정된다고 판단하였다. 이러한 원심판결에는 형법 제27조의 불능미수에 관한 법리를 오해하여 판결에 영향을 미친 잘못이 있다.[65)]

ⓘⓘⓘ 검 토: 결과발생의 불가능성은 제3자에 의한 규범적 평가라고 할 수 있다. 문제는 이를 판단하기 위한 기초사실 또는 판단자료에 있다고 해야 한다. 결과발생의 불가능에 대한 판단자료는 행위자의 의사와는 관계없이 객관적으로 존재하는 사실, 즉 객관적 사실이고, 객관적 사실은 착오가 존재하지 않는 상태를 말한다. 결과발생은 행위자에게 착오가 발생하지 않았더라면 가능했을 것이기 때문에 결과발생의 불가능의 원인은 착오에 있기 때문이다. 예컨대 착오가 없는 객

63) 대법원 2019.3.28. 선고 2018도16002 전원합의체 판결.
64) 대법원 2019.3.28. 선고 2018도16002 전원합의체 판결.
65) 대법원 2019.5.16. 선고 2019도97 판결.

관적 사실은 설탕이고, 객관적으로 볼 때 설탕으로는 사망이라는 결과발생이 불가능한 것은 확실하다.

다만 또 다른 문제는 설탕이라는 객관적 사실과 결과발생의 불가능의 각각에 관한 판단기준과 양자 사이의 원인과 결과의 관계에 대한 판단기준에 있다. 설탕이라는 객관적 사실과 사망이라는 결과발생의 불가능은 행위자가 아닌 제3자에 의하여 밝혀져야 할 부분에 속한다. 그럼에도 불구하고 객관적 사실을 원인으로 한 결과발생의 불가능이라는 결과에 있어서의 원인과 결과의 관계에 대한 판단은 일반인의 경험법칙에 의하여 판단하는 것만으로는 한계가 있다고 해야 한다. 이는 종국적으로는 현대 과학의 과학법칙에 의하여 증명될 사항이기 때문이다. 따라서 이는 일반인에 의한 경험법칙뿐만 아니라 과학자에 의한 과학법칙에 의하여 증명되는 것이 타당하다고 해야 한다.

한편 객관적 사실과 결과발생의 불가능이라는 원인과 결과의 관계에 대한 판단시에는 행위자가 특별히 알고 있는 사정도 고려하지 않을 수 없다. 행위자만의 특별한 정보가 원인이 되어 결과발생에 기여하는 경우도 있을 수 있기 때문이다. 결국 객관적 사실과 결과발생의 불가능에 대한 판단기준은 원칙적으로 일반인과 과학자가 될 것이지만, 예외적으로 행위자도 추가하지 않을 수 없다고 해야 한다.

2) 결과발생의 위험성

불능미수는 결과발생의 위험성을 요한다는 점에서 이를 요하지 않는 불능범과 구별된다. 이러한 의미에서 위험성은 불능범과 불능미수를 구별하는 표지가 된다. 위험성은 결과발생의 불가능성과 함께 형법상 불능미수의 구성요건해당성을 충족하기 위한 독자적인 구성요건요소라고 해야 한다. 결과발생이 불가능하더라도 위험성이 인정되면 불능미수로 처벌되기 때문이다.

① 위험성의 의의

형법은 "결과의 발생이 불가능하더라도 위험성이 있는 때에는 처벌한다"고 규정함으로써 결과발생의 불가능 이외에 결과발생의 위험성을 요구하고 있다(제27조). 불능미수는 결과발생이 불가능하더라도 위험성이 있는 경우에는 처벌하겠다는 취지이므로 결과발생의 불가능성과 결과발생의 위험성을 모두 요구하고 있는 것이다. 다만 결과발생의 위험성(危險性)이란 결과발생의 가능성을 의미한다.[66] 문제는

66) 조기영, "불능미수와 객관적 미수론", 법학연구 통권 제40집, 전북대학교 법학연구소, 2013.12, 306쪽.

결과발생의 위험성에 대한 판단기준에 있다.

② 위험성의 판단기준

불능범과 불능미수범의 구별기준이 되는 결과발생의 위험성에 대한 판단기준에 관하여는 다툼이 있다.

ⓘ 학 설

i. 객관설　　객관설(客觀說)은 절대적 불능·상대적 불능설과 법률적 불능·사실적 불능설 및 구체적 위험설로 세분된다.

첫째, 절대적 불능·상대적 불능설이다. 절대적 불능·상대적 불능설이란 일반적으로 결과발생의 위험성이 없는 경우를 절대적 불능, 구체적 특수한 경우에만 위험성이 없는 경우를 상대적 불능으로 구분한 후 전자는 불능범이지만 후자는 미수범이 된다고 하는 견해를 말한다. 구객관설(舊客觀說, die ältere objective Theorie)이라고도 한다. 절대적 불능·상대적 불능설과 후술하는 법률적 불능·사실적 불능설은 위험성 판단과 관련하여 가장 먼저 제시된 견해로서 오늘날에는 학설사적인 존재의의만을 가지고 있다고 평가되고 있다.

둘째, 법률적 불능·사실적 불능설이다. 법률적 불능·사실적 불능설(impossibilité de droit et impossibilité de fait)이란 프랑스 학자들에 의하여 주장된 견해로서 절대적 불능은 불능범이지만, 사실적 불능은 미수범이라고 하는 견해를 말한다. 이 견해는 다시 법률적 불능과 사실적 불능을 각각 절대적 불능과 상대적 불능을 의미하는 것으로 이해하는 견해와 법률적 불능과 사실적 불능을 각각 구성요건의 흠결과 단순한 범죄요건의 결여로 이해하는 견해로 나누어진다. 그러나 절대적 불능·상대적 불능설과 법률적 불능·사실적 불능설에 대하여는 그 구별기준이 상대적이고 유동적이라는 점, 범죄의 불성립의 범위가 지나치게 넓어진다는 점 등에서 비판이 가하여지고 있다. 한편 법률적 불능·사실적 불능설 중에서 법률적 불능과 사실적 불능을 각각 절대적 불능과 상대적 불능을 의미하는 것으로 이해하는 견해에 대하여는 절대적 불능·상대적 불능설에 대한 비판이 적용되고, 법률적 불능과 사실적 불능을 각각 구성요건의 흠결과 단순한 범죄요건의 결여로 이해하는 견해에 대하여는 구성요건의 흠결이론에 대한 비판이 그대로 타당하다고 지적되고 있다.

셋째, 구체적 위험설이다. 구체적 위험설(具體的 危險說, die Theorie der konkreten Gefährlichkeit)이란 구체적 위험성의 유무에 따라 구체적 위험성이 있으면 (불능)미수범, 위험성이 없으면 불능범이라고 하는 견해를 말한다. 구체적 위험설은 일반인의 입장에서 결과발생에 대한 구체적 위험성의 유무를 판단한다. 다만 구체적 위험설은 판단자료를 일반인이 인식할 수 있는 일반적인 사정에 행위 당시에 행위자가 인식한 특별한 사정을 추가하여 모두 고려하여야 한다는 다수설의 입장과 행위자가 인식한 사정은 제외하고 일반인이 인식할 수 있는 사정에만 한정해야 한다는 소수설의 입장으로 나누어진다. 또 구체적 위험설 중에는 추상적 위험설과의 구별을 위하여 판단자료에 있어서 '일반인'이 인식할 수 있는 사정을 '과학적 일반인'이 인식할 수 있는 사정으로 대체해야 한다고 하여 자칭 '강화된 구체적 위험설'을 주장하는 견해도 있다. 구체적 위험설은 다수설에 의하는 경우에는 행위 당시의 사정을 기초로 한다는 점과 일반인의 입장에서 판단한다는 점에서 후술하는 추상적 위험설과 공통되나, 행위자가 인식한 사정뿐만 아니라 일반인이 인식할 수 있는 사정도 기초로 한다는 점에서 행위자가 인식한 사정만을 기초로 하는 추상적 위험설과는 구별된다. 한편 구체적 위험설은 소수설에 의하는 경우에는 일반인을 기준으로 위험성의 유무를 판단한다는 점에서는 추상적 위험설과 일치하나, 일반인이 알 수 있는 사정만을 기초로 판단한다는 점에서 행위자가 인식한 사정만을 기초로 판단하는 추상적 위험설과 달라지게 된다. 행위자가 인식한 사정도 추가적으로 고려한다는 의미에서 신객관설(新客觀說, die jüngere objective Theorie)이라고도 한다. 그러나 구체적 위험설에 대하여는 행위자가 인식한 사정과 일반인이 인식한 사정이 일치하지 않을 때에는 어느 사정을 기초로 판단할 것인가가 명확하지 않다는 점, 미수에 있어서의 형법상의 반가치를 외부적이고 객관적인 법익침해에 치중하여 고려한다는 점 등에서 비판이 가하여지고 있다. 일본에서는 통설의 입장이라고 한다.

ii. 주관설　　주관설(主觀說)은 추상적 위험설과 순주관설로 다시 나누어진다.

첫째, 추상적 위험설이다. 추상적 위험설(抽象的 危險說, die Theorie der abstrakten Gefährlichkeit)은 추상적 위험성을 기준으로 추상적 위험성이 긍정되면 (불능)미수범, 위험성이 부정되면 불능범이라고 한다. 결과발생에 대한 추상적 위험성은 행위 당시에 행위자가 인식한 사정을 기초로 하여 일반인의 입장에서 판단되어야 한다고 한다. 행위자가 인식한 사정을 기초로 한다는 의미에서 추상적이라고 하고, 주관적 위험설(主觀的 危險說, die Theorie der subjektiven Gefährlichkeit)이라고도 한다. 또 행위자가 인식한 사정을 기초로 하지만, 일반인의 입장에서 판단한다는 의미에서 주관적 객관설(主觀的 客觀說)이라고도 한다. 추상적 위험설은 행위자가 인식한 사정을 기초로 한다는 점에서 순주관설과 공통되지만, 위험성의 유무를 일반인의 입장에서 판단한다는 점에서 행위자의 입장에서 판단하는 순주관설과 구별된다. 그러나 추상적 위험설에 대하여는 행위자가 경솔하게 잘못 안 경우에도 그 사실만을 기초로 하여 위험성을 판단해야 한다는 것은 부당하다는 점에서 비판이 가하여지고 있다.

둘째, 주관설이다. 주관설(主觀說, die subjective Theorie)이란 신파의 주장으로서 범죄의사가 표현된 이상 결과발생의 위험성이 없어도 (불능)미수범으로 된다는 견해를 말한다. 순전히 행위자의 범죄의사만을 기준으로 위험성의 유무를 판단한다는 점에서 순주관설(純主觀說)이라고도 한다. 미신범(迷信犯)의 경우에만 불능범을 인정하고, 나머지의 경우에는 모두 불능미수범으로 본다. 이는 미신범에 있어서의 의사는 범죄의사가 아니라는 점과 미신을 믿는 자에게 성격의 위험성은 인정되지 않는다는 점을 이유로 하고 있다. 독일 형법의 입장이고, 제국법원 이후 독일 판례의 입장이라고 한다.

iii. 절충설 　　절충설(折衷說)로서는 인상설이 예시되고 있다. 인상설(印象說, Eindruckstheorie)이란 행위자의 법적대적 의사가 일반인에게 법질서의 효력과 법적 안정성에 대한 신뢰를 저해시키는 법동요적 인상(法動搖的 印象)을 줄 경우에 위험성이 인정된다고 하는 견해를 말한다. 독일에서 불능미수범의 성립범위를 제한하기 위하여 주장되고 있는 이론이라고 한다. 그러나 이에 대하여는 법동요적 인상의 개념과 판단기준이 대단히 모호하다는 점, 법동요적 인상만으로 처벌하는 것은 주관설에 치우쳐 미수범의 처벌범위를 확대할 위험성이 있다는 점 등에서 비판이 가하여지고 있다.

ⓘ 판 례 : 　　판례는 기본적으로 추상적 위험설의 입장인 것으로 해석된다. 대법원은 "불능범의 판단 기준으로서 위험성 판단은 피고인이 행위 당시에 인식한 사정을 놓고 이것이 객관적으로 일반인의 판단으로 보아 결과 발생의 가능성이 있느냐를 따져야 한다"고 판시한 바 있다.[67] 위험성을 긍정한 판례의 구체적 내용은 다음과 같다. 즉,

① 불능범은 범죄행위의 성질상 결과발생 또는 법익침해의 가능성이 절대로 있을 수 없는 경우를 말한다. 일정량 이상을 먹으면 사람이 죽을 수도 있는 '초우뿌리'나 '부자' 달인 물을 마시게 하여 피해자를 살해하려다 미수에 그친 행위가 불능범이 아닌 살인미수죄에 해당한다.[68] ② 불능범은 범죄행위의 성질상 결과발생의 위험이 절대로 불능한 경우를 말하는 것인 바 향정신성의약품인 메스암페타민 속칭 "히로뽕" 제조를 위

67) 대법원 2019.3.28. 선고 2018도16002 전원합의체 판결; 대법원 2005.12.8. 선고 2005도8105 판결; 대법원 1978.3.28. 선고 77도4049 판결.
68) 대법원 2007.7.26. 선고 2007도3687 판결.

해 그 원료인 염산에 페트린 및 수종의 약품을 교반하여 "히로뽕" 제조를 시도하였으나 그 약품배합미숙으로 그 완제품을 제조하지 못하였다면 위 소위는 그 성질상 결과발생의 위험성이 있다고 할 것이므로 이를 습관성의약품제조미수범으로 처단한 것은 정당하다.[69] ③ 이른바 함정수사에 의한 마약매매라 하더라도 함정수사에 의하여 범인들의 범의가 비로소 야기된 것이 아니라면 처벌되어야 하고, 범인들의 소위가 수사기관에 의하여 발각되어 그 매매의 목적을 달성할 수 없었을 뿐 그 범죄구성요건을 충족할 위험성이 없다할 수 없으므로 불능범에 해당한다고 할 수 없다.[70] ④ 불능범의 판단기준으로서 위험성 판단은 피고인이 행위 당시에 인식한 사정을 놓고 이것이 객관적으로 일반인의 판단으로 보아 결과발생의 가능성이 있느냐를 따져야 하므로 히로뽕제조를 위하여 에페트린에 빙초산을 혼합한 행위가 불능범이 아니라고 인정하려면 위와 같은 사정을 놓고 객관적으로 제약방법을 아는 과학적 일반인의 판단으로 보아 결과발생의 가능성이 있어야 한다.[71]

ⅲ **검 토:** 형법은 "실행의 수단 또는 대상의 착오로 인하여 결과의 발생이 불가능하더라도 위험성이 있는 때에는 처벌한다"고 규정하고 있다(제27조 전문). 전술한 바와 같이, 형법은 불능미수의 성립요건으로서 실행의 수단 또는 대상의 착오 외에도 결과발생의 불가능성과 위험성을 동시에 요구하고 있다. 결과발생이 불가능하더라도 결과발생의 위험성이 충족되었을 때 비로소 처벌하겠다는 구조를 취하고 있는 것이다.

결과발생의 불가능과 위험성은 제3자에 의하여 사후에 객관적으로 평가되는 규범적 개념이지만, 규범적 평가의 전제요건이 되는 사실관계는 착오가 존재하지 않는 객관적 사실과 착오가 존재하는 주관적 사실로 나누어 검토할 필요가 있다. 왜냐하면 주관적 측면에서 행위자의 범죄의사가 확증되더라도 객관적인 측면에서 위험성이 없을 때에는 불가벌로 하겠다는 것이 불능미수에 대한 명백한 입법취지이기 때문이다.[72] 예컨대 살해의 고의로 시체를 저격하는 대상의 착오 또는 설탕을 청산가리로 오인하여 청산가리 5mg을 커피에 타서 상대방에게 마시게 하는 수단의 착오의 사례를 가지고 검토하기로 한다.

결과발생의 위험성이란 결과발생의 가능성을 의미하는 것으로서 이 또한 제3자에 의한 규범적 평가에 의하지 않을 수 없다. 문제는 이를 판단하기 위한 기초

---

69) 대법원 1985.3.26. 선고 85도206 판결.
70) 대구고법 1985.2.26. 선고 84노1615 제1형사부판결: 확정
71) 대법원 1978.3.28. 선고 77도4049 판결.
72) 신동운 편, 형법 형사법령제정자료집(1), 한국형사정책연구원, 1991, 217쪽 참조.

사실 또는 판단자료에 있다고 해야 한다. 결과발생의 위험성에 대한 판단자료는 행위자의 의사에 따른 사실, 즉 주관적 사실이고, 주관적 사실은 착오가 존재하는 상태를 말한다고 해야 한다. 형법은 착오로 인하여 결과발생이 불가능하더라도 위험성이 있는 때에는 처벌한다고 규정하고 있기 때문이다. 예컨대 착오가 존재하는 주관적 사실은 위의 사례에서 보면 청산가리 5mg이고, 청산가리 5mg에는 사망이라는 결과발생의 위험성이 존재한다고 해야 한다. 청산가리는 치사량이 15mg 이지만, 5mg만으로도 사망이라는 결과발생의 가능성은 충분히 존재한다고 할 수 있기 때문이다. 다만 또 다른 문제는 청산가리 5mg이라는 주관적 사실과 사망의 결과발생의 위험성의 각각에 관한 판단기준과 양자 사이의 원인과 결과의 관계에 대한 판단기준에 있다. 우선 주관적 사실은 행위자의 착오에 의하여 발생한 것이다. 따라서 착오의 유무는 행위자를 기준으로 판단할 수밖에 없다. 또 착오로 인한 행위에 의하여 행위자의 범죄의사는 이미 외부로 표동되어 있기 때문에 행위자의 범죄의사 또한 확실히 확증될 수 있는 부분이다. 이러한 의미에서 불능미수의 주관적 측면은 주관주의와 연관되어 있다고 할 수 있다. 다만 착오는 불능미수와 미신범(迷信犯, abergläubischen Versuch)의 구별한계가 되기 때문에 현대 과학의 과학법칙에 의하여 증명될 수 있어야 한다. 다음으로 주관적 사실과 결과발생의 위험성이라는 양자 사이의 원인과 결과의 관계에 대한 판단은 앞에서 검토한 결과발생의 불가능의 판단에 있어서와 다를 것이 없다고 해석된다. 거듭 말하면, 이는 일반인에 의한 경험법칙뿐만 아니라 과학자에 의한 과학법칙에 의하여 증명되는 것이 타당하다고 해야 한다. 한편 주관적 사실과 결과발생의 위험성이라는 양자 사이의 원인과 결과의 관계에 대한 판단시에는 행위자가 특별히 알고 있는 사정도 고려하지 않을 수 없다. 행위자만의 특별한 정보가 원인이 되어 결과발생에 기여하는 경우가 있을 수 있기 때문이다. 결국 주관적 사실과 결과발생의 위험성에 대한 판단기준은 원칙적으로 일반인과 과학자가 될 것이지만, 예외적으로 행위자도 추가하지 않을 수 없다고 해야 한다.

3) 결과발생의 불가능성과 위험성의 관계

결과발생의 불가능성과 위험성의 관계에 대하여는 다툼이 있다. 예컨대 결과발생의 불가능성은 자연과학적 사실상의 불가능을 말하고, 위험성은 규범적 평가상의 불가능을 말한다는 견해, 결과발생의 불가능성은 사후적 관점에서 불가능한 경우이고, 위험성은 사전적 관점에서 가능한 경우라고 하는 견해, 결과발생의 불가능성은 결과발생의 현실적인 위험이 없는 경우이고, 위험성은 행위의 위험성을 말한다는 견해, 결과발생의 불가능성은 법익침해에 대한 현실적 위험성을 말하고, 위험성은 법익침해에 대한 잠재적 위험성을 말한다는 견해 또는 결과발생의 불가능성은 착오에 기한 행위자의 행위가 일반인이 인식한 대로라면 위험하지 않다는 의미이고, 위험성은 행위자가 인식한 대로라면 위험하다는 의미라는 견해 등이 그것이다.

생각건대 결과발생의 불가능성과 위험성은 불능미수의 독립된 별개의 객관적 구성요건요소라고 해야 한다. 실행의 수단 또는 대상의 착오로 인하여 결과발생이 불가능하더라도 위험성이 있는 경우에는 처벌하겠다는 것이 입법자의 분명한 입법취지이기 때문이다. 부연하자면, 결과발생의 불가능성은 불능미수와 가능미수, 즉 장애미수 또는 중지미수를 구별하는 표지의 의미를 가진다면, 위험성은 불능미수와 불능범을 구별하는 표지로서의 의미를 가지는 것이다. 또 위험성은 불능미수를 유죄로 인정하여 처벌하는 근거와 이유가 된다고 하는 의미를 가지는 것이다. 다만 결과발생의 불가능성은 객관적 사실, 위험성은 주관적 사실을 기초로 일반인을 기준으로 규범적으로 평가해야 한다.

한편 결과발생의 불가능성과 결과발생의 위험성에 대한 판단구조를 요약하면 다음과 같다. 즉, 결과발생의 불가능성에 대한 판단은 착오가 존재하지 않는 객관적 사실을 전제로 하고 이를 일반인을 기준으로 판단한다는 점에서 착오로 인한 주관적 사실을 전제로 하고 이를 행위자를 기준으로 판단하는 결과발생의 위험성에 대한 판단과 구별된다. 그러나 객관적 사실과 결과발생의 불가능성이라는 관계는 원인과 결과의 관계로서 이에 대한 판단은 평균적 과학자를 기준으로 판단하는 것을 원칙으로 하면서 행위자를 기준으로 그가 알고 있는 특별한 사정도 추가적으로 고려한다는 점에서 주관적 사실과 결과발생의 위험성이라는 관계와 공통되고 있다. 나아가 합법칙 구체적 위험설은 일반인과 행위자를 기준으로 판단한다는 점에서는 구체적 위험설과 공통되지만, 일반인에 의한 경험법칙에 의한 판단에 그치지 않고 궁극적으로는 현대과학에 의하여 증명될 것이 요구될 것이기 때문에 평균적인 과학자를 기준으로 판단해야 할 것을 주장하고 있다는 점에서 구체적 위험설과 구별되고 있다. 형법상의 불능미수에 관한 규정은 독일 형법상의 그것과는 차이가 있다. 따라서 독일 형법상의 이론을 맹목적적으로 받아들이는 계수학설(繼受學說)은 형법을 독자적으로 해석하는 데에 저해될 수 있다. 앞에서 검토한 바와 같이, 불능미수의 객관적 구성요건해당성을 판단하기 위하여는 결과발생의 불가능성과 결과발생의 위험성이라는 요건으로 나누어 검토할 필요가 있었다. 결론적으로 불능미수의 객관적 구성요건해당성을 판단하기 위한 기준으로서는 소위 '합법칙적 구체적 위험설'이 타당하다고 생각된다.

(4) 인과관계

결과발생의 불가능성에 대한 판단에 있어서 객관적 사실과 결과발생의 불가능성의 양자 사이에는 인과관계가 존재하여야 한다. 뿐만 아니라 결과발생의 위험성에 대한 판단에 있어서 주관적 사실과 결과발생의 위험성의 양자 사이에도 인과관계가 존재하여야 한다. 위험성에 인과관계가 인정되지 않는 경우에는 실행행위성이 결여되어 죄로 되지 않기 때문이다.

2. 주관적 구성요건

미수범은 수정된 구성요건에 속한다. 그러나 수정된 구성요건요소는 주관적 구성요건이 아니라 객관적 구성요건에만 존재하고 있다. 다른 범죄유형에 있어서와 마찬가지로 불능미수의 주관적 구성요건으로서는 행위자에게 기수의 고의가 있을 것이 요구된다. 따라서 결과의 발생이 불가능할 것이라는 것을 알면서 행위를 하는 경우에서와 같이 미수의 고의에 그치는 한 불능미수의 주관적 구성요건은 충족될 수 없다. 다만 고의를 객관적 구성요건에 대한 인식과 실현의사로 구성된다고 하는 경우 불능미수의 고의에 있어서 대상 또는 수단에 대한 인식은 착오된 대상 또는 착오된 수단에 대한 인식, 즉 오인(誤認)이라고 해야 한다.

Ⅲ. 불능미수의 처벌

1. 임의적 감면

결과의 발생이 불가능하더라도 위험성이 있는 때에는 처벌한다(제27조 본문). 다만 형을 감경 또는 면제할 수 있다(제27조 단서). 불능미수에 대한 처벌은 임의적 감면사유(任意的 減免事由)라는 점에서 임의적 감경사유(任意的 減輕事由)인 장애미수와 구별되고, 필요적 감면사유(必要的 減免事由)인 중지미수와도 구별된다.

2. 임의적 감면의 근거

일반적으로 불능미수에 대한 임의적 감면은 위험성의 크기에 따른 결과라고 해석되고 있다. 불능미수에 있어서 행위반가치는 존재하지만, 결과반가치가 결과발생에 대한 위험성의 형태로 존재하기 때문이다. 또 불능미수의 고의에 있어서 인식은 오인이라고 할 수 있기 때문에 경우에 따라서는 비난가능성으로서의 책임고의가 오인으로 인하여 조각 또는 감경된다고도 해석될 수 있기 때문이다.

Ⅳ. 관련문제

1. 주체의 착오

(1) 의 의

주체의 착오(主體의 錯誤)란 주체의 불가능성(主體의 不可能性, Untauglichkeit des Subjekts)을 말한다. 행위자의 자격이나 신분에 관한 착오를 의미한다. 예컨대 공무원임용이 무효임을 알지 못하는 자가 수뢰죄를 범하거나 보증인지위에 있지 아니한 자가 부진정부작위범을 범한 사례가 거론되고 있다.

(2) 구별개념

1) 환각범

환각범(幻覺犯, Wahndelikt)이란 법률상 범죄가 되지 않는 행위를 범죄가 된다고 착오한 경우를 말한다. 착각범(錯覺犯), 오상범(誤想犯) 또는 망상범(妄想犯)이라고도 한다. 환각범은 법률상 근거가 없기 때문에 범죄로 되지 않을 뿐만 아니라 처벌되지 않는다. 간통죄의 구성요건이 존재하지 않음에도 불구하고 행위를 위법하다고 생각하고 간음하는 경우가 이에 속한다.

불능미수는 존재하지 않는 객관적 구성요건요소를 존재한다고 착오한 '반전된 사실의 착오'임에 반하여, 환각범은 법률상 금지되어 있지 않음에도 불구하고 금지되어 있다고 오신한 반전된 금지착오(反轉된 禁止錯誤, umgekehrter Verbotsirrtum)이다. 한편, 주체의 착오에 있어서의 환각범과 법률의 착오는 규범적인 측면에서의 착오라는 점에서 공통되지만, 환각범은 처벌규정이 없음에도 불구하고 있다고 오신하는 소위 적극적 착오라는 점에서 처벌규정이 있음에도 불구하고 없다고 오신하는 소위 소극적 착오인 법률의 착오와 구별된다. 예컨대 16세 여성의 동의를 얻었지만 처벌받을 것이라고 생각하고 간음한 경우에는 환각범에 속하지만, 12세 여성의 동의를 얻었지만 동의가 있으면 허용된다고 생각하고 간음한 경우에는 법률의 착오에 해당한다.

2) 미신범

미신범(迷信犯, der irreale oder abergläubige Versuch)이란 비현실적인 미신적 방법으로 범죄를 행하여는 경우를 말한다. 미신범은 과학적 지식이 없었던 시대에는 자주 처벌의 대상으로 되기도 하였으나 현대형법에서는 불능범의 대표적인 예로 해석되고 있다. 그 근거와 관련하여서는 위험성이 없기 때문이라는 비위험설, 인관관계가 존재하지 않기 때문이라는 인과관계부정설, 고의가 없기 때문이라는 고의부정설 및 책임능력이 없기 때문이라는 책임무능력설이 대립하고 있다.

(3) 불능미수와 주체의 착오

형법이 불능미수를 실행의 수단 또는 대상의 착오로 인하여 결과의 발생이 불가능한 경우만으로 한정하여 규정하고 있기 때문에 주체의 착오가 불능미수에 해당하는가가 논의되는 경우가 있다.

첫째, 주체의 착오에 대하여도 불능미수에 관한 규정을 적용하려는 긍정설이다. 형법은 수단 또는 대상의 착오를 예시적으로 규정하고 있으므로 주체의 착오도 불능미수가 된다는 점, 모든 구성요건요소는 주체, 객체 및 수단을 불문하며 등가치라는 점 등을 근거로 하고 있다.

둘째, 주체의 착오에 대하여는 불능미수에 관한 규정을 적용해서는 안 된다는 부정설이다. 형법은 수단 또는 대상의 착오만을 제한적으로 열거하고 있다는 점, 명시하지 않은 부분은 처벌대상으로 하지 않겠다는 것이 입법자의 결단이라는 점, 주체의 착오에까지 확대하는 것은 죄형법정주의에 반한다는 점, 환각범에 해당한다는 점, 구성요건흠결이론의 적용이 가능하다는 점 등을 근거로 하고 있다. 생각건대 주체의 착오는 신분범의 경우에 가능하다. 주체의 착오는 신분이 없는 자가 신분이 있는 것으로 오인한 경우에 발생하는데, 주체의 착오를 처벌하게 되면 신분 없는 자가 처벌받게 되는 결과가 발생한다. 그렇다면 주체의 착오가 형법에 규정되지 않은 것은 입법의 불비라기보다는 비신분자는 처벌의 대상에서 제외하겠다는 입법자의 결단이라고 하는 것이 타당하다고 해석된다. 따라서 형법이 결과발생의 불가능의 원인을 수단의 착오와 대상의 착오로 한정하여 규정한 것은 주체의 착오를 벌하지 않겠다는 입법자의 의지의 발로라고 하는 것이 타당하다. 또 주체에 관한 착오를 불능미수라고 하는 것은 존재하지 않는 구성요건을 인정하는 유추해석으로서 죄형법정주의에 위반된다고 하지 않을 수 없다.

2. 구성요건의 흠결이론

객관적 구성요건요소는 통상 주체, 객체, 행위, 결과, 인과관계 및 행위상황으로 나누어진다. 구성요건의 흠결이론(構成要件의 欠缺理論, Die Lehre vom Mangel am Tatbestand)이란 객관적 구성요건요소를 결과와 인과관계 및 그 이외의 요소로 구별하여 결과와 인과관계가 흠결된 경우는 불능미수이지만, 나머지 요소인 주체, 객체, 행위방법 및 행위상황이 흠결된 경우는 소위 '구성요건의 흠결' 또는 '사실의 흠결'(Mangel vom Tatbestand)이라고 하여 구성요건해당성을 결하기 때문에 범죄가 성립하지 않는다고 하는 이론을 말한다. 예컨대 사자를 살아 있는 사람이라고 생각하고 저격하여 살해하려고 하는 경우를 말한다.

그러나 구성요건의 흠결이론에 대하여는 객관적 구성요건요소를 결과와 인과관계 및 그 이외의 요소를 나누는 근거와 기준이 무엇인가가 명확하지 않다는 점, 형법 제27조는 실행의 수단 또는 대상의 착오, 즉 흠결이 있는 경우에도 위험성이 있으면 미수범으로 처벌하는 경우이므로 형법의 해석상 구성요건의 흠결이론은 적용될 수 없는 이론이라는 점 등에서 비판이 가하여지고 있다.

제3절 공범론

제1관 서 언

형법총칙상 공범에 관한 이론인 공범론은 책임주의가 기본적인 원칙으로서 적용되는 영역이다. 본서에서는 형법의 기본원칙 중의 하나인 책임주의의 관점에서 공범론을 재구성하고 재해석하고자 한다.

Ⅰ. 문제의 제기

1. 개념상의 문제

형법은 공범이라는 제목(제2장 제3절 참조) 아래 그 하위개념으로서 공동정범, 교사범, 방조범, 공범과 신분 및 간접정범에 대하여 규정하고 있다. 여기서 공범과 정범을 구별하는 입장에서는 제목을 공범과 정범으로 바꿔야 한다고 주장되기도 한다. 또 공범을 임의적 공범과 필요적 공범으로 구분하고, 전자를 다시 광의의 공범과 협의의 공범으로 세분하는 경우에도 교사범과 방조범만을 협의의 공범에 속한다고 하여 여기에 공동정범과 간접정범을 추가한 개념인 광의의 공범과 구별하기도 한다. 여기서 형법이 규정하고 있는 공범이라는 개념은 정범개념과 구별되기 위해서는 다른 각도에서 이해할 필요가 있다고 본다.

2. 기초상의 문제

공범론에 있어서는 그 기초적인 문제로서 공범의 본질과 공범의 종속성이 우선적으로 규명되지 않으면 안 된다. 먼저 공범은 정범과 함께 무엇을 공동으로 행하는가의 문제로서 공범의 본질에 관한 문제이다. 다음으로 공범은 정범에 종속하여야 하는가의 문제로서 공범의 종속성의 문제이다. 전자에 있어서는 종래부터 범죄공동설과 행위공동설의 대립이 있어 왔다. 후자와 관련하여서도 견해는 일치하지 않으나, 공범의 종속성에 관하여는 성립상의 종속성, 정도상의 종속성, 죄명상의 종속성 및 처벌상의 종속성으로 나누어 검토할 필요가 있다고 하겠다.

3. 주체상의 문제

형법의 기본원칙 중의 하나인 책임주의는 귀책에 있어서의 책임주의와 양형에 있어서의 책임주의로 대별된다. 전자의 관점에서 형사책임을 포함한 모든 법적 책임의 원리는 행위의 주체인 행위자가 부담하는 것을 원칙으로 하고 있다. 공범론의 주체상의 문제에 있어서 핵심은 복수의 참여자 중에서 책임의 주체이자 행위의 주체인 행위자를 발견하는 데에 있다고 해야 한다. 책임주의의 실현을 위해서는 공범의 주체인 참여자를 실행행위자와 그 이외의 행위자로 나누어 검토할 필요가 있기 때문이다. 문제는 참여자를 실행행위자인 정범과 그 이외의 행위자인 공범을 구별하는 기준에 있다고 해야 한다. 책임주의를 관철하기 위해서는 정범은 정범행위인 실행행위에 대하여 책임을 지게 되지만, 공범은 공범행위인 실행행위 이외의 행위에 대하여 책임을 진다고 하는 것이 당연한 논리적 귀결이기 때문이다.

4. 행위상의 문제

행위란 주체의 행위를 의미한다. 따라서 다수인이 참여하는 범죄에 있어서는 주체에 따라 행위도 상응하여야 한다고 해석된다. 주체를 정범과 공범으로 구분할 수 있다면 행위도 이에 상응하여 정범의 행위와 공범의 행위로 구분할 수 있다고 해석된다. 문제는 정범행위와 공범행위가 구체적으로 무엇인가에 있다고 해야 한다.

5. 의사상의 문제

다수인이 참가하는 형태의 범죄에 있어서는 주관적 구성요건요소에 있어서도 특히 고의가 문제되지 않을 수 없다. 문제는 정범의 주관적 구성요건요소, 즉 정범의 고의와 공범의 주관적 구성요건요소, 즉 공범의 고의에 있다. 나아가 다수인이 참여하는 범죄의 주관적 구성요건해당성을 판단하기 위해서는 정범의 고의와 공범의 고의 및 양자의 상호 연관관계가 구명되지 않으면 안 된다.

6. 처벌상의 문제

실행행위를 한 자는 행위자 또는 정범으로서 처벌받아야 한다. 행위자가 책임을 진다는 것은 개인적 책임주의의 원칙상 당연한 결과이다. 문제는 행위자, 즉 정범과 짝을 이루는 공범의 처벌에 있다. 형법은 공범의 처벌의 대하여는 명문의 규정을 두고 있기 때문에 문제는 되지 않는다. 공동정범의 공동행위자에 대하여는 정범으로, 교사범의 교사자에 대하여는 정범과 동일한 형으로, 방조범의 방조자에 대하여는 정범의 형보다 감경하여 처벌할 뿐만 아니라 간접정범의 이용자에 대하여는 교사 또는 방조의 예에 의하여 처벌한다고 규정하고 있다. 이 외에도 형법은 신분범의 공범에 있어서 비신분자인 가담자에 대하여는 그 유형에 따라 각각 공동행위자, 교사자 및 방조자의 형으로 처벌하되 신분관계로 인하여 형의 경중이 있는 경우에는 중한 형으로 벌하지 아니한다고 규정하고 있다. 그러나 행위자와 짝을 이루는 공범은 행위자인 정범과 동일하게 처벌받거나 그와 다르게 처벌받는

데 그 이유와 근거가 명확하게 규명될 필요가 있다. 이것이 바로 공범에 있어서의 처벌상의 문제이다. 특히 공동정범에 있어서 공동행위자는 실행행위 외의 행위를 행하는 경우도 있기 때문에 이러한 경우에는 실행행위자가 아님에도 불구하고 이를 정범으로 처벌하는 일부실행전부책임의 원칙이 해명되지 않으면 안 된다.

Ⅱ. 공범의 개념

1. 공범의 종류

범죄는 실제로 단수에 의하여 행하여지는 단독범보다는 복수에 의하여 행하여지는 공범이 훨씬 더 많다. 복수에 의하여 구성요건이 실현되는 범죄의 형태라고 할 수 있는 공범에 관한 형법의 규정은 단수에 의하여도 실행이 가능한 형태와 복수에 의하여만 실행이 가능한 형태로 구별하여 검토될 수 있다. 전술한 바와 같이 전자를 임의적 공범, 후자를 필요적 공범이라 한다. 전자와 후자에 관하여는 각각 형법 총칙과 각칙이 규정하고 있다. 양자를 합하여 최광의의 공범(最廣義의 共犯)이라고도 한다.

(1) 임의적 공범

1) 임의적 공범의 의의

임의적 공범(任意的 共犯, zufällige Teilnahme)이란 단독의 행위자를 예상하여 규정된 구성요건을 2인 이상의 복수의 자가 관여하여 실현하는 형태의 범죄를 말한다. 예컨대 살인죄는 단독으로 실현될 수 있지만, 이를 복수의 자가 관여하여 실현하는 경우가 임의적 공범에 해당한다.

2) 광의의 공범과 협의의 공범

형법은 정범(正犯, Täter)에 관하여는 각칙에서만 규정하고 있을 뿐 총칙에서는 아무런 규정을 두지 않고 있다. 그러나 형법은 공범(共犯, Teilnahme)에 관하여 공동정범(제30조), 교사범(제31조), 방조범(제32조), 공범과 신분(제33조) 및 간접정범(제34조)을 총칙에서 명문으로 규정하고 있다(제1편 제2장 제3절 '공범' 참조). 형법은 공범의 유형을 공동정범으로부터 간접정범에 이르기까지 행위의 직접성으로부터 간접성이 커지는 순으로 규정한 것으로 보인다. 이는 교사에 해당하지 않으면 간접정범으로 된다는 소거법적 사유의 결과라고 생각된다. 다만 임의적 공범은 광의의 공범과 협의의 공범으로 구분되는 경우가 있다. 이에 의하면 후자는 다시 교사범과 방조범으로 세분되고, 전자는 임의적 공범 중에서 협의의 공범을 제외한 나머지의 공범형태를 말하게 된다. 이와 같이 광의의 공범 중에서, 특히 교사범과 방조범만을 협의의 공범(狹義의 共犯)이라고 하고, 협의의 공범은 가담범(加擔犯) 또는 관여범(關與犯)이라고 불리기도 한다. 타인의 범죄에 가담 또는 관여한다는 의미를 강조하여 표현한 명칭이라고 할 수 있다.

3) 형법의 해석과 임의적 공범의 유형

임의적 공범은 단독 기수범을 예정한 기본적 구성요건이 수정된 총칙상의 수정된 구성요건에 속한다. 객관적 구성요건요소 중에서, 특히 주체 또는 행위가 1인에서 수인 또는 하나의 행위에서 정범행위와 공범행위와 같이 수 개의 행위로 외형상 수정되었고, 주관적 구성요건에서도 하나의 고의가 정범의 고의와 공범의 고의와 같이 수 개의 고의로 수정되었다는 의미로 해석될 수 있기 때문이다.

후술하는 바와 같이 공동정범(共同正犯, Mittäter)은 실행행위자인 정범과 함께 공동하는 형태로 범행을 행하는 공범을 의미하고, 교사범(敎唆犯, Anstiftung)이란 실행행위자인 정범을 교사하는 형태로 범행을 행하는 공범을 의미하고, 종범(從犯) 또는 방조범(幇助犯, Beihilfe)이란 실행행위자인 정범을 방조하는 형태로 범행을 실현하는 공범을 의미하고, 공범과 신분(共犯과 身分)은 실행행위자로서 정범인 신분자와 공동하거나 신분자를 교사하거나 또는 방조하여 범행에 가담하여 실행하는 공범을 의미할 뿐만 아니라 간접정범(間接正犯, mittel-bare Täter)이란 실행행위자로서 정범인 타인을 이용하는 형태로 범행을 행하는 공범을 의미한다고 해석될 수 있다. 이에 반하여 통설에 의하면 형법 총칙상의 공동정범과 간접정범은 정범에 속하지만, 교사범과 방조범은 공범, 특히 협의의 공범에 속한다고 해석되고 있다.

한편 독일 형법은 Täterschaft(정범성)과 Teilnahme(부분참여자, 공범)에 관하여 규정하면서 정범성에 관하여는 스스로 실행행위를 행하는 직접정범과 그러하지 아니한 간접정범에 관하여 규정하고 있다(독일 형법 제25조 제1항).[73] 그리고 공범에 관하여는 Anstiftung

---

73) Dritter Titel-Täterschaft und Teilnahme

§ 25 Täterschaft

(1) Als Täter wird bestraft, wer die Straftat selbst oder durch einen anderen begeht.

(2) Begehen mehrere die Straftat gemeinschaftlich, so wird jeder als Täter bestraft (Mittäter).

§ 26 Anstiftung

Als Anstifter wird gleich einem Täter bestraft, wer vorsätzlich einen anderen zu dessen

(교사범, 독일 형법 제26조)과 Beihilfe(방조범, 독일 형법 제27조 제1항)에 관하여 명문으로 규정하고 있다. 정범성과 공범을 포함하는 상위개념으로서의 Beteiligte(참여자, 독일 형법 제28조 제2항)를 Täter(행위자 또는 정범)와 Teilnehmer(부분가담자, 공범)로 대별하고 있는 것이다. 전자는 다시 Alleintäter(단독정범, 독일 형법 제25조 제1항), Mittäter(공동정범, 독일 형법 제25조 제2항), mittelbarer Täter(간접정범, 독일 형법 제25조 제1항)로 세분되고, 후자는 Anstifter(교사범, 독일 형법 제26조)와 Gehilfe(방조범, 독일 형법 제27조 제1항)로 세분되고 있다. 한편 독일 형법은 간접정범을 정범성을 가지는 것으로 규정하고 있다. 또 다른 한편 일본 형법은 공범에 관하여 규정하면서 공범의 종류로서 공동정범(일본 형법 제60조), 교사범(일본 형법 제61조) 및 방조범(일본 형법 제62조)을 명문으로 규정하고 있다.[74] 여기서 공범은 광의의 공범과 협의의 공범으로 대별된다. 전자는 다시 공동정범, 교사범 및 방조범을 말하고, 후자는 다시 교사범과 방조범으로 세분되고 있다. 다만 공범의 분류방식에 관하여 일본 형법에서는 간접정범에 관한 명문의 규정을 두고 있지 않기 때문에 이 점에서만 우리나라의 형법과 구별되고 있고, 나머지는 모두 동일하다고 할 수 있다.

---

vorsätzlich begangener rechtswidriger Tat bestimmt hat.

§ 27 Beihilfe

(1) Als Gehilfe wird bestraft, wer vorsätzlich einem anderen zu dessen vorsätzlich begangener rechtswidriger Tat Hilfe geleistet hat.

(2) Die Strafe für den Gehilfen richtet sich nach der Strafdrohung für den Täter. Sie ist nach § 49 Abs. 1 zu mildern.

74) 第十一章　共犯

(共同正犯)

第六十条　二人以上共同して犯罪を実行した者は、すべて正犯とする。

(教唆)

第六十一条　人を教唆して犯罪を実行させた者には、正犯の刑を科する。

2　教唆者を教唆した者についても、前項と同様とする。

(幇ほう 助)

第六十二条　正犯を幇ほう 助した者は、従犯とする。

2　従犯を教唆した者には、従犯の刑を科する。

(従犯減軽)

第六十三条　従犯の刑は、正犯の刑を減軽する。

(教唆及び幇助の処罰の制限)

第六十四条　拘留又は科料のみに処すべき罪の教唆者及び従犯は、特別の規定がなければ、罰しない。

(身分犯の共犯)

第六十五条　犯人の身分によって構成すべき犯罪行為に加功したときは、身分のない者であっても、共犯とする。

2　身分によって特に刑の軽重があるときは、身分のない者には通常の刑を科する。

(2) 필요적 공범

1) 필요적 공범의 의의

필요적 공범(必要的 共犯, notwendige Teilnahme)이란 처음부터 구성요건이 그 주체로서 복수의 행위자를 불가결한 요건으로 규정하고 있는 범죄의 형태를 말한다. 필요적 공범은 총칙상의 단독 기수범을 예정한 기본적 구성요건이 처음부터 수정되어 있는 각칙상의 수정된 구성요건에 속한다고 할 수 있다. 필요적 공범의 참가형태는 공동정범, 교사범, 방조범 또는 그 이외의 유형을 묻지 않는다. 필요적 공범은 다시 다중범과 대향범으로 나누어질 수 있다.

첫째, 다중범(多衆犯, Konvergenzdelikte)이란 동일한 측면에서 동일한 목표에 향하여진 다수자의 공동행위를 유형화한 형태의 공범을 말한다. 흔히 집단범(集團犯)이라고도 한다. 집단범은 복수의 관여자가 동일한 구성요건 내에서 각자의 행위의 정도나 태양에 따라 처벌되는 것이 원칙이다. 제1의 유형은 동일한 법정형으로 처벌되는 경우이다. 예컨대 소요죄(제115조), 다중불해산죄(제116조) 등이 이에 속한다. 제2의 유형은 다른 법정형으로 처벌되는 경우이다. 예컨대 수괴, 모의에 참여하거나 지휘하거나 기타 중요한 임무에 종사한 자 또는 부화수행하거나 단순히 폭동에만 관여한 자에 따라 다르게 처벌하는 내란죄(제87조)가 대표적으로 이에 속한다. 제3의 유형은 가중된 법정형으로 처벌되는 경우이다. 예컨대 절도죄, 강도죄 또는 도주죄보다 각각 가중되는 특수절도죄(제331조 제2항), 특수강도죄(제334조 제2항) 또는 특수도주죄(제146조)의 합동범이 이에 속한다. 합동범(合同犯)은 실행행위(Tat)를 합동으로 한다는 점에서 실행행위와 그 외의 행위를 공동으로 하는 다른 범죄와 구별된다고 할 수 있다. 합동(合同)이란 실행행위를 함께 하는 것을 의미함에 반하여 공동(共同)이란 실행행위와 실행행위 또는 실행행위 이 외의 행위를 같이 함을 의미하기 때문이다.

둘째, 대향범(對向犯, Begegnungsdelikte)이란 동일한 목표에 향하여져 있지만 상호 대향관계에 있는 공동행위를 유형화한 형태의 공범을 말한다. 제1의 유형은 동일한 법정형으로 처벌되는 경우이다. 예컨대 아동혹사죄(제274조)는 아동을 인도한 자와 인도받은 자를 동일하게 처벌한다. 제2의 유형은 서로 다른 법정형으로 처벌되는 경우이다. 수뢰죄(제129조)와 증뢰죄(제133조), 배임수재죄(제357조 제1항)와 배임증재죄(제357조 제2항)의 경우가 이에 속한다. 제3의 유형은 일방만이 처벌되는 경우이다. 예컨대 범인은닉죄(제151조 제1항), 음란물판매죄(제243조)에 있어서와 같이 은닉자 또는 판매자만 처벌되고, 그 상대방인 범인 또는 매수자는 처벌되지 않는다.

2) 필요적 공범과 형법총칙의 적용

형법 총칙이 각칙에 적용되는 것은 너무도 당연하다. 문제는 형법 총칙에 규정되어 있는 임의적 공범에 관한 규정이 형법 각칙에 규정되어 있는 필요적 공범에도 적용되는가에 있다. 그러나 필요적 공범의 경우 내부적 관여자 사이에는 임의적 공범에 관한 형법 총칙상의 규정이 적용될 여지가 없다는 것에 대하여는 이설이 없다. 따라서 다중범이나 대향범의 내부자 상호간에는 공동정범, 교사범, 방조범, 신분범의 공범 및 간접정범에 관한 형법총칙상의 규정이 적용되지 않는다. 판례도 대향범에 대하여는 공범에 관한 형법총칙 규정이 적용될 수 없다고 하고 있다. 예컨대 공무상 비밀누설죄(제127조)는 공무원 또는 공무원이었던 자가 법령에 의한 직무상 비밀을 누설하는 행위만을 처벌하고 있을 뿐 직무상 비밀을 누설받은 상대방을 처벌하는 규정이 없는 점에 비추어, 직무상 비밀을 누설받은 자에 대하여는 공범에 관한 형법총칙 규정이 적용될 수 없다고 판시하거나,[75] 음화판매죄(제243조)에 있어서 매도인에게 따로 처벌규정이 없는 이상 매도인의 매도행위는 그와 대향적 행위의 존재를 필요로 하는 상대방의 매수범행에 대하여 공범이나 방조범 관계가 성립되지 아니한다고 판시한 바 있다.[76] 필요적 공범에 있어서 내부자 상호간의 행위 속에는 이미 임의적 공범의 행위인 공동(공동정범), 교사(교사범), 방조(방조범), 가담(신분범의 공범) 또는 이용(간접정범)이 그 속에 반영되어 있기 때문이다. 문제는 필요적 공범의 외부에서 관여하는 자에 대하여는 총칙상의 공범규정이 적용되는가에 있다.

3) 필요적 공범과 외부적 관여자

필요적 공범의 내부자와 그 외부자 사이에 있어서 총칙상 공범규정의 적용여부에 대하여는 다툼이 있다.

첫째, 집단범의 경우 다수설은 공동정범의 규정은 적용할 수 없지만, 교사범과 방조범의 규정은 적용할 수 있다고 한다. 그러나 집단범의 내부자와 외부자 사이에서 형법 총칙상의 공범관계는 그 형태를 묻지 않는다고 해야 한다. 소위 총칙상의 공범행위라고 할 수 있는 공동(공동정범), 이용(간접정범), 교사(교사범) 또는 방조(방조범) 등의 행위가 집단범 내부자 사이에는 이미 반영되어 있지만, 집단범 내부자와 외부자 사이에는 아직 평가되어 있지 않고 별개의 행위로서 남아 있기

75) 대법원 2011.4.28. 선고 2009도3642 판결.

76) 대법원 2001.12.28. 선고 2001도5158 판결; 대법원 1988.4.25. 선고 87도2451 판결.

때문이다. 예컨대 소요죄의 경우 집단외부에서 폭행을 교사한 자 또는 타인을 권유하여 집단에 참가시킨 자 등은 총칙상의 공범규정의 적용에 의하여 소요죄에 대한 교사의 성립을 인정할 수 있다고 본다. 특히 합동범의 경우에도 합동범의 내부자와 외부자 사이에는 소위 총칙상의 공범행위의 성립이 불가능하다고 할 이유가 없다고 본다.

둘째, 대향범의 경우 다수설은 대향자 쌍방을 모두 처벌하는 경우에는 총칙상의 공범규정을 적용할 수 있지만, 일방만을 처벌하는 경우 처벌되지 않는 대향자에 대한 총칙상의 공범규정은 적용되지 않는다고 한다. 그러나 대향범의 경우에 있어서도 외부자에 대하여는 집단범에서와 같은 이유로 총칙상의 공범규정을 적용하면 안 될 이유를 발견할 수 없다고 해야 한다. 다만 정범에 대한 처벌이 불가능한 경우 공범에 대한 처벌 역시 불가능하다고 하지 않을 수 없다. 이는 공범종속성의 원칙 또는 정범우위의 원칙에서 도출되는 당연한 결론이기 때문이다.

2. 정범론과 공범론의 역사

(1) 정범과 공범의 구별론의 약사

정범과 공범의 개념 그리고 이들의 구별기준에 관하여는 처음부터 견해가 일치하고 있었던 것은 아니었다. 이에 관한 견해의 대립을 역사적으로 보면 주관설과 객관설의 대립, 제한적 정범개념과 확장적 정범개념의 대립 및 행위지배설과 형식설의 대립의 순으로 전개되어 왔다고 할 수 있다.

1) 주관설과 객관설

주관설과 객관설은 인과관계설을 바탕으로 주장된 견해이다. 일찍이 인과관계론은 정범과 공범을 구별하는 기능도 가지고 있었다.

첫째, 주관설(主觀說)은 인과관계에 관한 조건설을 기반으로 하여 모든 조건은 원인으로서 등가적이기 때문에 정범과 공범을 인과관계의 견지에서 구별하는 것은 불가능하게 된다. 정범과 공범을 구별하기 위한 의사설과 이익설이 등장하게 되는 이유이다. 의사설(意思說)은 행위자의 의사를 기준으로 하여 자기의 행위를 행할 의사, 즉 정범자의사(正犯者意思, animus auctoris, Täterwillen)로 행위하는 자를 정범, 타인의 행위에 가담할 의사, 즉 공범자의사(共犯者意思, animus soci, Teilnahmewillen)로 행위하는 자를 공범이라고 한다. 고의설(Dolus-theorie)이라고도 한다. 이익설(利益說, Inter-essentheorie)은 자기의 이익을 위하여 범죄를 실행하면 정범, 타인의 이익을 위하여 범죄를 실행하면 공범이 된다고 한다. 목적설(Zwecktheorie)이라고도 한다. 그러나 의사설에 대하여는 정범자의사와 공범자의사의 기준은 다시 정범개념과 공범개념을 전제로 하고 있으므로 논리적으로 순환론에 빠져 있다는 점, 이익설에 대하여는 구체적인 경우에 자기의 이익을 위한 것인가 타인의 이익을 위한 것인가가 명백하지 않다는 점에서 비판이 가하여지고 있다.

둘째, 객관설(客觀說)은 인과관계에 있어서의 원인설을 기초로 하는 견해로서 결과에 대하여 원인을 준 자가 정범, 조건을 준 자가 공범이라고 주장한다. 객관설은 다시 형식적 객관설과 실질적 객관설로 나누어진다. 형식적 객관설(形式的 客觀說, die formell-objektive Theorie)은 실행행위를 직접 행한 자가 정범이고, 실행행위 이외의 방법으로 조건을 준 자가 공범이라고 한다. 이에 반하여 실질적 객관설(實質的 客觀說, die materiell-objektive Theorie)은 행위가담의 위험성의 정도를 기준으로 다시 결과발생에 대하여 필연적인 행위를 한 자가 정범이고, 그 이외의 자가 공범이라고 하는 필연설(必然說, Notwendigkeitstheorie)과 행위시에 가담한 자가 정범이고, 그 전이나 후에 가담한 자가 공범이라는 동시설(同時說, Gleichzeitlichkeitstheorie)로 나누어진다. 그러나 주관설과 객관설이 전제로 하고 있는 조건설과 원인설은 현재 지지되지 않고 있기 때문에 주관설과 객관설도 더 이상 설득력을 가지고 있지 아니하다.

2) 제한적 정범개념과 확장적 정범개념

구성요건을 기준으로 정범과 공범을 구별하려고 하는 견해가 제한적 정범개념과 확장적 정범개념이다.

첫째, 제한적 정범개념(制限的 正犯槪念, restriktiver Täterbegriff)은 구성요건에 해당하는 행위를 자기의 손에 의하여 직접 행하는 자만이 정범이라고 하는 견해이다. 간접정범은 타인을 이용하는 것이기 때문에 공범이라고 하게 된다. 제한적 정범개념의 입장에서는 본래 정범의 처벌근거는 구성요건해당행위의 실현에 있다고 하는 것이기 때문에 공범의 처벌은 정범 이외의 자에게 처벌의 범위를 확장하는 것이고 공범은 형벌확장사유(刑罰擴張事由)가 된다.

둘째, 확장적 정범개념(擴張的 正犯槪念, extensiver Täterbegriff)은 구성요건의 실현에 무엇인가의 조건을 준 자는 모두 정범이라고 하는 견해를 말한다. 제한적 정범개념에 의하면 간접정범의 경우를 정범으로 하는 것이 곤란하게 되기 때문에 이를 설명하기 위하여 등장한 이론이다. 확장적 정범개념의 입장에서는 원래 구성요건해당행위의 범위는 넓고 모든 관여자는 정범이 되기 때문에 공범이란 그 처벌의 범위를 한정하는 것이고 그 의미에서 형벌축소사유(刑罰縮小事由)가 된다.

3) 행위지배설과 형식설

행위지배설(行爲支配說, Tatherrschaftstheorie)은 인과관계를 목적적으로 지배·통제하는 것을 행위지배라고 하고 행위지배의 유무에 따라 정범과 공범을 구별하는 견해이다. 행위지배란 구성요건에 해당하는 사건의 진행을 조종·장악하는 것 또는 사태의 핵심형상을 지배하는 것을 의미한다. 그러므로 행위지배를 통하여 그의 의사에 따라서 구성요건의 실현을 저지하거나 진행하게 할 수 있는 자가 정범이고, 행위지배 없이 행위를 야기하거나 촉진한 자는 공범이 된다.

첫째, 행위지배설은 이론적으로는 주관설과 객관설의 통합형태이다. 행위지배설은 독일에서는 이미 1933년에 로베(Lobe)에 의하여 기초되고, 목적적 행위론자 벨첼에 의하여 목적적 행위지배(目的的 行爲支配, finale Tatherrschaft)로서 전개되고, 록신(Claus Roxin, 1931~)의 교수자격논문(Habilitationsschrift)인 '정범성과 행위지배성'(Täterschaft und Tatherrschaft)에 의하여 완성되었다.[77] 록신은 행위지배를 실행지배, 의사지배 및 기능적 행위지배로 나누어 설명한다. 이에 의하면 정범은 행위지배의 유형, 즉 실행지배, 의사지배 또는 기능적 행위지배에 따라 각각 직접정범, 간접정범 또는 공동정범으로 나누어질 수 있다.

둘째, 형식설(形式說)은 기본적 구성요건에 해당하는 행위, 즉 실행행위를 행하는 자가 정범이고 수정된 구성요건에 해당하는 행위, 즉 교사행위 또는 방조행위에 의하여 정범에 가공하는 자가 공범이라는 견해이다. 현재 독일의 통설로 되어 있다.

(2) 공범에 대한 입법방식의 약사

1) 단일정범체계

범죄의 관여형식을 묻지 않고 그 성립에 관여한 자를 모두 정범으로 하는 입법례가 적지 않다. 단일정범체계에서는 구성요건의 차원에서 정범과 교사·방조의 개념적 구별을 중시하지 않고 정범의 내부에 있어서 그의 가공의 정도·성질에 따라 양형상의 구별을 짓는 것에 그친다. 구성요건실현에 기여한 자들을 모두 정범으로 간주하고 양형의 단계에서 통일적으로 정해진 형벌의 범위 안에서 각자의 구체적인 범죄기여도에 따라 형량을 정하는 방법으로서의 통일적 정범자 개념 또는 포괄적 정범자 개념을 채택하고 있는 대표적 입법례로서는 오스트리아 형법

77) Vgl. Roxin, Täterschaft und Tatherrschaft, 9 Aufl., De Gruyter, 2015.

(제12조), 이탈리아 형법(제110조), 노르웨이 형법(제58조), 덴마크 형법(제23조) 및 브라질 형법(제25조 이하) 등이 거론될 수 있다.

2) 정범과 공범의 분리방식

정범과 공범을 구별하여 규정하는 입법례는 프랑스 형법(제121조, 제124조), 독일 형법(제25조 이하), 스위스 형법(제24조 이하), 그리스 형법(제45조 이하) 등이다. 예컨대 독일 형법은 정범과 공범이라는 제목(독일 형법 제2장 제3절) 아래에 정범과 공범을 분리하여 규정하고 있다. 정범으로서 직접정범, 간접정범 및 공동정범에 관하여는 한 개의 조문(독일 형법 제25조 참조)에서 규정하고 있는 한편 다른 조문에서는 공범에 관하여 교사범(독일 형법 제26조)과 방조범(독일 형법 제27조) 및 신분범의 공범(독일 형법 제28조)을 각각의 조문에서 별도로 규정하고 있다.

3. 공범론과 책임주의

(1) 책임주의의 원칙

형법의 기본원리 중의 하나인 책임주의는 책임 없으면 형벌 없고, 책임이 있더라도 책임의 정도에 비례하여 형벌을 부담한다는 것을 핵심적 내용으로 하고 있다. 전자와 같이 근대형법의 기본원칙인 귀책에 있어서의 책임주의와 후자와 같이 현대형법의 기본원칙인 양형에 있어서의 책임주의는 책임의 부담주체를 행위의 주체인 행위자에게 부담시키는 것을 원칙으로 하고 있다. 이미 언급한 바와 같이 과거의 전근대적인 봉건적 신분제에 근거한 형법에 있어서 공범에 대한 처벌은 연좌형이었지만, 근대형법은 기본원칙으로서 연좌제를 폐지하고 개인책임주의를 확립하고 있기 때문에 원칙적으로 행위자인 정범만이 책임의 주체로 될 수 있다.

공범론과 관련된 책임주의에 있어서도 개인책임의 원칙이 그대로 타당하기 때문에 2인 이상의 자가 범죄에 관여한 경우의 책임에 대하여도 자신이 전혀 관여하지 않은 타인의 행위에 근거하여 처벌하는 연좌형이나 전가책임을 배제하는 것이 그 핵심적 내용이다. 나아가 개인책임주의는 실행행위를 행한 행위자만을 처벌의 대상으로 하기 때문에 실행행위자, 즉 정범이 아닌 그 외의 행위자, 즉 공범은 원칙적으로 처벌의 대상으로 되지 않는다. 개인책임주의는 행위자 책임주의를 의미하고, 행위자 책임주의는 책임의 주체로서 원칙적으로 행위자인 정범만을 의미하기 때문이다. 그러나 공범도 실행행위나 실행행위 이외의 행위를 행하는 자이기 때문에 그가 행한 행위, 즉 공범행위에 대하여 그 범위에서 책임을 지는 개인책임주의가 관철되지 않으면 안 된다.

(2) 정범과 공범의 구별

행위론에서 이미 언급한 바와 같이 행위의 요소로서 외면성을 내용으로 하는 행위주의는 인과적 행위론, 목적적 행위론, 사회적 행위론 및 인격적 행위론으로 발전을 거듭하였지만 현재는 행위론에 대한 논의 자체가 소멸되게 되었다. 독일 형법에 있어서 행위(Hand-lung)는 1975년 총칙의 전면개정시 공범의 종속대상이 정범의 행위(Hand-lung)로부터 실행행위(Tat)로 치환됨으로써 1871년 독일제국의 형법전부터 범죄론의 중심적 개념으로서 격렬하게 논쟁되어 왔던 행위의 개념은 완전히 소멸되었던 것이다.

한편 책임주의의 원칙은 책임의 주체로서 그것은 행위의 주체인 행위자, 즉 정범일 것을 요구하고 있다. 정범(正犯)이란 자신의 행위에 대하여 책임을 져야 할 행위자로서 구성요건에 해당하는 행위, 즉 실행행위를 행한 자를 말한다. 이와 같이 정범의 개념을 정의하는 것이 책임주의에도 합당하고, 독일 형법에서와 같은 행위의 개념에도 합당할 수 있다(형식설). 결국 후술하겠지만 정범이란 구성요건에 해당하는 행위, 즉 실행행위(實行行爲, Tat)를 행하는 자를 말하고, 공범이란 실행행위 또는 행위주의에서 말하는 행위(行爲, Handlung) 중에서 실행행위를 제외한 그 이외의 행위를 행하는 자를 말한다.

한편 형법은 정범과 공범의 규정방식에 있어서 단일방식이 아닌 분리방식을 채택하고 있다. 형법은 정범에 관하여는 형법각칙의 각 본조에 명문의 규정을 두고 있지만, 형법총칙에서는 공범에 관하여만 명문으로 규정하고 있기 때문이다. 이미 언급한 바와 같이, 공동정범, 교사범, 방조범 및 신분과 공범 및 간접정범은 예외 없이 형법총칙이 규정하고 있는 전형적인 공범의 유형이라고 할 수 있다.

(3) 형법상 공범개념의 재발견

형법은 전술한 바와 같이 정범의 개념에 관하여 각칙에서만 규정하고 있을 뿐 총칙에서는 아무런 규정을 두고 있지 않다. 다만 형법은 총칙에서 공범이라는 제목(제2장 제3절) 아래 공동정범(제30조), 교사범(제31조), 방조범(제32조), 공범과 신분(제33조) 및 간접정범(제34조)에 관하여 규정하고 있을 뿐이다. 형법은 공범의 개념을 교사범과 방조범 및 공범과 신분을 의미하는 데에 그치지 않고 공동정범과 간접정범도 포함하는 광의의 개념으로 사용하고 있다. 이러한 형법의 태도는 범죄와 관련되어 있는 자의 수를 기준으로 하여 단독범을 제외한 나머지 범죄자를 모두 공범으로 표현한 것이라고 생각된다. 임의적 공범은 원래 한 사람이 단독으로 실행하는 단독범(單獨犯, Allein-täterschaft) 또는 단독정범(單獨正犯, Alleintäterschaft)의 형태를 예상하고 규정된 것이기 때문이다.

생각건대 형법은 공범이란 2인 이상이 행하는 범죄라는 개념적 전제 아래 행위의 주체를 행위자와 그 외의 자로 구성한 다음 행위자를 정범(正犯, Täter), 그 외의 자를 통칭하여 공범(共犯, Teilnahme)으로 표현하고 있다고 해석된다. 형법은 행위자를 실행행위를 행하는 실행행위자와 실행행위 이외의 행위를 행하는 행위자로서의 그 이외의 행위자로 구분하여 이원적 구조로 파악하고 있는 것이 커다란 특징이라고 해석된다. 예컨대 공동정범의 경우에는 실행행위자와 그 외의 행위자를 정범과 공동정범, 교사범의 경우에는 피교사자와 교사자, 방조범의 경우에는 피방조자와 방조자, 공범과 신분의 경우에는 신분자와 비신분자 및 간접정범의 경우에는 피이용자와 이용자로 구분하고 있는 것이 그것이다. 형법은 행위의 주체로서의 행위자를 실행행위자와 그 외의 행위자라는 이원적 구조로 구성한 후 실행행위자를 정범이라고 전제한 다음 그 이외의 행위자를 일률적으로 공범, 즉 절의 제목(제2장 제3절)에서 말하는 바와 같이 광의의 공범으로 부르고 있는 것으로 해석된다.

한편 행위자를 실행행위자, 즉 정범과 실행행위자 이외의 행위자, 즉 공범으로 구분하여 행위주체에 대한 이원적 구조를 취하고 있는 형법의 규정은 책임주의의 원칙을 철저히 관철하기 위한 태도라고 해석되어야 한다. 책임주의는 구성요건에 해당하는 행위로서의 실행행위를 행한 행위자에게만 형사제재가 과하여져야 한다는 점을 핵심적 내용으로 하고 있기 때문이다. 공범론의 핵심적 내용은 실행행위자와 그 이외의 행위자, 즉 정범과 공범의 구별과 공범에 대한 처벌의 근거에 있다고 해도 과언이 아니다. 근대 형법은 연좌제인 단체책임을 폐지하고 원칙적으로 행위자, 즉 실행행위자만을 벌하는 개인책임주의를 확립한 바 있기 때문이다. 이에 의하면 책임의 주체로서의 행위의 주체는 실행행위자이기 때문에 실행행위자 이외의 행위자, 즉 공범의 책임에 관하여는 책임주의의 관점에서 또다시 별도로 논하여질 필요가 있다. 이것이 바로 후술하는 바와 같이 실행행위자가 아님에도 불구하고 처벌되는 근거, 즉 공범의 본질에 관한 문제이다.

형법은 실행행위자를 정범으로 표현하는 한편 그 외의 행위자를 모두 공범으로 표현하고 있다. 공범(共犯)이란 정범에 대치되는 개념으로서 복수인이 정범과 동일한 범죄에 참여하는 형태라고 할 수 있다. 형법총칙상의 공범은 임의적 공범을 의미하고, 광의의 공범과 일치하는 개념이라고 결론내릴 수 있다. 결국 정범

(正犯, Täter)이란 객관적 구성요건요소로서의 행위, 즉 실행행위(Tat)를 행하는 자를 말한다. 이러한 의미에서 정범은 실행행위를 직접 행하는 직접정범(直接正犯, unmittelbare Täterschaft)과 간접적으로 행하는 간접정범으로 구분될 수 있다. 이에 반하여 총칙상 공범이란 실행행위 또는 실행행위 이외의 행위를 행하는 자를 말한다. 따라서 실행행위에 대하여 책임을 져야 할 사람은 실행행위자, 즉 정범이다. 다만 공범은 실행행위자이거나 실행행위자가 아니기 때문에 실행행위에 대한 책임을 지거나 실행행위 이외의 행위에 상응한 책임은 피할 수 없다고 해야 한다. 예컨대 공동정범은 공동행위, 교사범은 교사행위, 방조범은 방조행위, 공범과 신분에서는 가담행위 및 간접정범은 이용행위에 대하여 각각 공범으로서 책임을 져야 한다고 해석해야 한다.

Ⅲ. 공범의 기초

1. 서 언

공범론에 있어서 기초적인 문제로서는 공범의 본질과 공범의 종속성이 해명되지 않으면 안 된다.

2. 공범의 본질

(1) 학 설

총칙상 공범이란 2인 이상이 행하는 범죄, 즉 정범과 공범이 함께 행하는 범죄를 말한다고 할 수 있다. 여기서 공범은 정범과 함께 무엇을 행하는가가 문제되지 않을 수 없다. 이것이 바로 공범의 본질에 관한 문제로서 종래부터 범죄공동설과 행위공동설이 대립하여 왔다. 다만 범죄공동설과 행위공동설을 주로 공동정범의 본질에만 국한하여 논의하는 견해도 있으나, 양설의 대립은 공동정범에만 머물지 않고 공범 전반에 적용해야 하는 공범 전체의 본질에 관한 문제로 파악하는 것이 타당하다고 해석된다. 본서에서는 협의의 공범뿐만 아니라 공동정범과 간접정범도 정범이 아니라 공범으로 분류하는 것이 타당하다고 해석하기 때문이다.

1) 범죄공동설

범죄공동설(犯罪共同說)이란 범죄를 공동하여 행하는 것이 공범이라고 하는 견해를 말한다. 공범이란 특정한 범죄의 실행행위를 수인의 관여자가 공동하여 행하는 것을 말한다고 한다. 이에 의하면 소위 수인일죄(數人一罪) 형태의 공범만이 가능하게 된다. 수인의 행위가 한 개 또는 특정한 구성요건사실(범죄)을 실현하는 것, 즉 객관적으로 구성요건이 하나이거나 특정한 범죄를 수인이 공동하여 행하는 것이 공범이라고 한다. 범죄의 정형성을 중시하는 객관주의 범죄이론의 입장이다.

이는 완전범죄공동설과 부분적 범죄공동설로 다시 나누어진다. 완전범죄공동설(完全犯罪共同說)은 특정한 범죄를 공동하여 행하는 것이 공범이고 공범자 사이에서는 죄명이 일치한다고 한다(죄명종속성). 공범의 처벌근거론에 있어서의 책임공범론 또는 행위반가치형의 불법공범론에 대응하고 있다. 공범자는 공동의사주체를 형성하고 그 공동의사주체가 일정한 범죄를 행한다고 하는 공동의사주체설도 완전범죄공동설의 일종이라고 할 수 있다. 부분적 범죄공동설(部分的 犯罪共同說)은 범죄가 중첩되는 범위에서 공범이 성립한다고 하는 견해이다. 반드시 공범자 사이에서 죄명이 일치할 필요는 없다고 한다. 결과반가치형의 불법공범론에 대응한다고 할 수 있다.

2) 행위공동설

행위공동설(行爲共同說)이란 행위를 공동하여 행하는 것이 공범이라고 하는 견해를 말한다. 공범이란 구성요건을 떠나 사실적 행위 또는 자연적 행위를 수인의 관여자가 공동으로 행하면 족하다고 한다. 이에 의하면 소위 수인수죄(數人數罪) 형태의 공범도 가능하게 된다. 이는 범죄현상을 분석적·개인주의적으로 파악하는 것이다. 공동정범이 성립하기 위하여는 결과에 인과관계를 가지는 행위가 공동하여 행하여지는 것으로 충분하다고 하고 죄명의 일치는 불필요하다고 한다(죄명독립성). 이에 의하면 강도와 강간 등과 같이 구성요건을 달리하는 고의범과 고의범은 물론 과실범과 과실범, 고의범과 과실범 사이에도 공범의 성립을 인정하게 된다. 처벌근거론에 있어서의 인과공범론에 대응하고 있다고 할 수 있다. 종래는 범죄를 반사회적 성격의 징표로 파악하는 주관주의·근대학파에서 주장되었지만, 최근에는 객관주의의 입장에서도 인과적 공범론과 결부되어 주장되고 있다. 다수설의 입장이다.

(2) 판 례

판례는 초기에 범죄공동설에 입각하고 있었으나, 그 후부터 현재까지는 행위공동설을 일관하여 유지해 오고 있다. 대법원은 "형법 제30조에 '공동하여 죄를 범한 때'의 '죄'는 고의범이고 과실범이고를 불문한다고 해석하여야 할 것이고 따라서 공동정범의 주관적 요건인 공동의 의사도 고의를 공동으로 가질 의사임을 필요로 하지 않고 고의행위이고 과실행위이고 간에 그 행위를 공동으로 할 의사이면 족하다고 해석하여야 할 것이므로 2인 이상이 어떠한 과실 행위를 서로의 의사연락 아래 하여 범죄되는 결과를 발생케 한 것이라면 여기에 과실범의 공동정범이 성립되는 것이다"고 판시한 바 있다.[78]

(3) 검 토

범죄는 구성요건에 해당하는 위법하고 유책한 행위이다. 축약하면 범죄는 행위이다. 구성요건요소 중에서 객관적 구성요건요소는 주체, 객체, 행위, 결과, 인과관계 및 행위상황으로 구성된다. 여기서 행위는 두 군데서 발견된다. 하나는 범죄는 행위라고 할 때의 행위(行爲, Handlung)이다. 다른 하나는 객관적 구성요건요소로서의 행위(行爲, Tat)이다. 전자의 행위를 자연적 의미의 행위로서 사실행위라고 한다면, 후자의 행위는 규범적 의미의 행위로서 실행행위를 의미한다고 할 수 있다. 공범의 본질과 관련하여 범죄공동설과 행위공동설은 각각 범죄와 행위를 공동으로 한다고 주장하여 왔지만, 이들은 각각 자연적 의미의 행위와 규범적 의미의 행위를 지칭하는 것이라고 해석할 수 있다. 범죄공동설과 행위공동설은 각각 공범은 사실행위와 실행행위를 공동으로 할 수 있다고 주장하는 견해라고 이해할 수 있다. 이와 같이 이해할 경우 공범의 본질에 관한 주장을 납득할 수 있도록 설명하는 것이 용이하게 되기 때문이다.

생각건대 정범이란 실행행위를 행하는 자를 말하고, 공범이란 원칙적으로 실행행위 또는 실행행위 이외의 행위를 행하는 자를 말한다. 다만, 공동정범이 정범과 함께 실행행위를 행하는 경우는 특히 정범형 공동정범이라고 하여 실행행위 이외의 행위를 행하는 공범형 공동정범과 구별될 수 있다. 이러한 의미에서 공범이란 실행행위를 행하는 정범과 함께 실행행위 또는 실행행위 이외의 행위를 행하는 자를 말한다고 할 수 있다. 이러한 관점은 행위공동설과 유사한 결론에 이르게 한다. 한편 공범은 공동정범, 특히 정범형 공동정범에서와 같이 실행행위 자체를 정범과 분담하여 일부를 행하는 경우가 있다. 이러한 관점은 또한 범죄공동설과 유사한 결론에 이르게 한다. 결국 공범이란 정범과 함께 실행행위를 공동으로 행

78) 대법원 1962.3.29. 선고 4294형상598 판결.

하는 자 또는 정범과 함께 실행행위 이외의 행위를 행하는 자라고 말할 수 있다. 이러한 견해는 범죄공동설을 원칙으로 하지만 행위공동설도 가미하고 있기 때문에 결국 범죄공동설과 행위공동설에 근거하고 있다고 할 수 있다.

한편 종래 범죄공동설은 고전학파의 견해와 상응하고, 행위공동설은 근대학파의 견지에서 채용되는 견해라는 이해가 일반적이었다. 범죄를 행위자의 사회적 위험성의 징표라고 하는 근대학파에 있어서는 본래 구성요건을 떠난 자연적 행위 자체에 대한 공동이 고려된다고 하게 된다. 그러나 행위공동설이 전구성요건적 또는 전법률적인 자연적인 행위 또는 구성요건을 떠난 자연적 행위 자체를 공동으로 한다는 설명은 적어도 오늘날의 행위공동설에 대하여는 정확한 것은 아니다. 오늘날의 행위공동설은 각자의 관여자로부터 보아 각자의 범죄를 공동으로 하는 것이 공범의 본질이라고 보는 것이기 때문에 관여자 각자에 있어서의 위법한 구성요건해당행위를 공동으로 하는 것이 있을 수 있다고 생각된다. 결국 오늘날에는 범죄공동설과 행위공동설 사이에는 차이가 없어지게 되었다고 할 수 있다.

3. 공범의 종속성

(1) 개 관

1) 학 설

총칙상의 공범이란 2인 이상이 행하는 범죄, 즉 정범과 공범이 함께 행하는 범죄라고 할 수 있다. 여기서 공범의 성립과 처벌에 있어서 정범과의 관계가 문제되지 않을 수 없다. 이것이 바로 공범의 종속성 또는 독립성에 관한 문제로서 종래부터 공범독립성설과 공범종속성설이 대립하여 왔다.

① 공범종속성설

공범종속성(共犯從屬性說)이란 공범이 성립하고 처벌되기 위해서는 정범의 행위가 전제되어야 한다는 이론을 말한다. 일반적으로 고전학파에 의하여 주장된 이론으로 알려져 왔다. 고전학파에 의하면 원래 범죄로서 처벌되어야 하는 것은 정범의 행위이고, 그것을 교사 또는 방조한 것을 이유로 공범도 처벌되는 것이기 때문에 협의의 공범은 정범에 종속하여서만 범죄로 된다고 하고, 적어도 정범이 실행에 착수하고 있을 것이 필요하다고 하였다.

② 공범독립성설

공범독립성설(共犯獨立性說)이란 공범은 공범의 고유한 행위에 의하여 성립하고 처벌된다는 이론을 말한다. 공범독립성설은 공범의 성립과 처벌을 위해서 정범의 행위를 전제로 하지 않는다는 점에서 공범종속성설과 구별된다고 할 수 있다. 일반적으로 근대학파에 의하여 주장된 이론으로 알려져 왔다. 근대학파에 의하면 교사 또는 방조의 행위가 있으면 그것만으로 이미 교사자 또는 방조자의 성격의 위험성은 충분히 표시되고 있기 때문에 교사의 미수는 가벌적이라고 하였다.

한편 공범종속성설과 공범독립성설의 대립이 고전학파와 근대학파의 대립과 필연적인 연관성을 가지는 것은 아니라고 할 수 있다. 오늘날 고전학파와 근대학파의 이론적 대립각은 상당부분 약화되어 고전학파에 의하여도 행위반가치론을 철저히 하는 경우 공범행위 자체만으로도 공범의 성립과 처벌을 인정할 수 있게 되었고, 반대로 근대학파에 의하는 경우에도 그 이론적 철저성만을 고집하는 것은 아니기 때문이다. 따라서 현대적 의미에 있어서의 공범독립성설과 공범종속성설의 대립은 공범의 처벌에 대한 억제주의와 적극주의의 대립과 같은 약화된 의미만을 가진다고 평가할 수 있다.

2) 검 토

① 공범종속성의 적용

공범의 종속성(共犯의 從屬性, Akzessorität der Teilnahme)이란 공범은 정범에 종속한다는 속성을 말한다. 공범의 종속성이 미치는 범위와 관련하여서는 협의의 공범에 국한된다는 견해가 통설이지만, 협의의 공범뿐만 아니라 공동정범과 간접정범도 공범으로 파악하는 본서의 입장에서는 공범이 공범행위에만 머물러 있는 한 공범의 종속성은 광의의 공범 또는 임의의 공범의 여부를 불문하고 공범의 전체에 미친다고 하는 것이 타당하다고 해석된다.

② 공범종속성의 내용

공범의 종속성의 내용에 관하여는 성립상의 종속성, 요소상의 종속성, 처벌상의 종속성 및 죄명상의 종속성의 네 가지로 나누어 검토할 필요가 있다. 책임주의는 원칙적으로 실행행위자인 정범에 대한 처벌을 예정하고 있었고, 실행행위 이외의 행위자인 공범에 대한 처벌은 예외적인 경우라고 할 수 있기 때문이다.

(2) 성립상의 종속성

1) 의 의

성립상의 종속성(成立上의 從屬性)이란 공범의 성립은 정범의 성립에 종속한다는 속성을 말한다. 정범이 범죄를 실행하지 않으면 공범도 성립하지 않는다는 의미에서 실행종속성(實行從屬性)이라고도 한다. 공범의 성립요건으로서는 객관적 요건과 주관적 요건으로 나누어 검토할 필요가 있다.

2) 객관적 구성요건

객관적 성립요건으로서는 정범과 공범이 주체가 되어 정범에 의한 정범행위와 공범에 의한 공범행위가 존재하여야 한다. 다만 공범에 의한 공범행위는 정범에 의한 정범행위를 전제로 하는 경우에만 그 성립이 가능하다고 해야 한다. 특히 협의의 공범에 있어서는 공범은 정범에 종속하여 성립한다는 공범의 종속성(共犯의 從屬性) 또는 정범이 선행되어야 공범도 성립한다는 정범우위의 원칙(正犯優位의 原則)이 더욱 강하게 요구된다고 할 수 있다. 대법원도 "정범의 성립은 교사범, 방조범의 구성요건의 일부를 형성하고 교사범, 방조범이 성립함에는 먼저 정범의 범죄행위가 인정되는 것이 그 전제요건이 되는 것은 공범의 종속성에 연유하는 당연한 귀결이다"라고 판시한 바 있다.[79] 또한 공범행위가 성립하기 위해서는 정범행위와의 사이에 인과관계도 존재하지 않으면 안 된다.

3) 주관적 구성요건

주관적 성립요건으로서는 정범과 공범 각각의 고의뿐만 아니라 양자 사이에 의사의 연락이 요구된다. 의사의 연락은 특히 공동정범에 있어서는 일부실행전부책임을 인정하기 위한 심리적 기초이고, 협의의 공범에 있어서는 공범의 종속성을 인정하기 위한 심리적 기초로 되는 것이다. 따라서 의사의 연락을 결한 편면적 공범, 특히 편면적 공동정범과 편면적 교사범은 부정되어야 한다. 다만 방조범에 있어서 물질적 방조의 경우에는 편면적 방조범의 성립이 긍정될 수 있다. 또 간접정범의 경우에는 의사의 지배가 요구되기 때문에 이용자와 피이용자 사이에 의사의 연락은 존재할 수 없다. 결국 형법은 공범은 정범의 성립을 전제할 경우에만 성립할 수 있다는 성립상의 종속성의 입장을 취하고 있다고 해야 한다.

---

79) 대법원 2020.5.28. 선고 2016도2518 판결; 대법원 1981.11.24. 선고 81도2422 판결.

(3) 정도상의 종속성

1) 의 의

정도상의 종속성(程度上의 從屬性)이란 공범이 성립하기 위하여 정범은 범죄의 성립요건 중 어떠한 요건, 즉 요소를 갖추어야 하는가 하는 문제를 말한다. 이러한 의미에서 요소종속성(要素從屬性)이라고도 한다.

2) 학 설

정도상의 종속성에 대한 판단기준으로서는 엠 에 마이어(Max Ernst Mayer, 1875~1923)의 4분류가 있다. 최소종속형식, 제한종속형식, 극단종속형식 및 최극단종속형식이 그것이다.

① 최소종속형식

최소종속형식(最小從屬形式, minimale Akzessorietät)이란 공범이 성립하기 위하여 정범의 구성요건에 해당하는 행위가 있으면 족하다는 견해를 말한다. 종래 구성요건에 해당하는 정당한 행위를 교사하는 경우, 예컨대 사형집행인에 대하여 사형집행을 명한 상관이 살인죄의 교사로서 가벌적으로 되는 것은 불합리하다고 하여 최소종속형식에 대한 지지자는 없었다.

② 제한종속형식

제한종속형식(制限從屬形式, limitierte Akzessorietät)이란 공범이 성립하기 위하여는 정범의 구성요건에 해당하는 위법한 행위가 있을 것을 요한다는 견해를 말한다. 이 견해는 실질적으로 '위법은 연대적으로, 책임은 개별적으로'라는 표어를 근거로 하는 점, 위법성의 통일성이라는 관점에서 불법은 정범과 공범에 있어서 모두 공통되지만, 책임은 개인적인 비난이기 때문에 개별적으로 판단되어야 한다는 점, 효과없는 교사(제31조 제2항)와 실패한 교사(제31조 제3항)는 교사자를 처벌하도록 규정하고 있는데, 이는 극단적 종속형식과는 일치하지 않는다는 점 및 책임무능력자를 생명 있는 도구로 이용한 때에는 간접정범이 성립한다고 해야 하지만, 책임무능력자를 의사능력 있는 피교사자로 이용한 경우에는 교사범이 성립한다고 해야 한다는 점 등을 그 근거로 하고 있다. 다수설의 입장이다.

③ 극단종속형식

극단종속형식(極端從屬形式, strenge Akzessorietät, extrem akzessirische Form)이란 공범이 성립하기 위해서는 범죄의 성립요건을 모두 구비한 정범행위를 요한다는 견해를 말한다. 정범의 행위가 구성요건에 해당하고 위법하고 유책한 경우에만 공범이 성립한다는 것이다. 예컨대 형사미성년자인 13세의 아이의 범죄행위를 이용한 경우에는 공범이 성립하지 않게 된다. 다만 처벌을 면하게 할 수 없다는 입장에서는 간접정범으로 구성하게 된다. 그러나 자기의 행위의 범죄적 의미를 사실상 이미 이해하고 있다고 생각되는 13세의 아이가 완전하게 도구라고 할 수 있는가에 대하여는 의문이 제기되고 있다.

극단종속형식은 2차 세계대전 전에 일본의 통설이었다. 독일은 1943년 나치 치하에서 극단적 종속형식으로부터 제한적 종속형식으로 공범의 종속형식을 전환하였다고 한다. 우리나라에서는 1953년 형법의 입법 당시 입법자의 태도였다고 한다. 형법은 공범의 조문체계를 구성함에 있어서 당시 통설과 판례의 입장이었던 극단적 종속형식을 기초삼아 성안되었던 1931년 일본 개정형법가안의 총칙의 구도를 대부분 그대로 수용하였기 때문이라고 한다. 이 외에도 형법이 교사범(제31조)와 방조범(제32조)에서 각각 '죄'와 '범죄'라고 규정한 것은 정범의 행위가 구성요건해당성, 위법성 및 책임을 갖추어야 한다는 점과 책임무능력자를 교사 또는 방조한 경우 교사범 또는 방조범이 아니라 간접정범이 성립한다고 해야 한다는 점을 근거로 한다. 소수설의 입장이다.

④ 최극단종속형식

최극단종속형식(最極端從屬形式)이란 정범의 가감적 신분이 공범에게도 연대작용을 미친다는 견해를 말한다. 이에 의하면 공범이 성립하기 위해서는 정범의 행위가 구성요건에 해당하고 위법하고 유책할 뿐만 아니라 가벌성의 조건까지 모두 충족되어야 한다고 한다. 확장적 종속형식(擴張的 從屬形式)이라고도 한다. 정범이 명확하게 범죄를 실행하고 있음에도 불구하고 처벌조건을 결한다는 이유로 공범의 성립을 부정하는 점에 대하여는 합리성이 없다고 비판이 가하여질 수 있다.

3) 판 례

판례의 입장은 확실하지 않은 것으로 판단된다. 다만, 제한적 종속형식보다는 극단적 종속형식에 더 가까운 것으로 해석될 수 있다. 이에 관한 판례의 구체적 내용은 다음과 같다. 즉,

> ① 방조범은 종범으로서 정범의 존재를 전제로 하는 것이므로, 정범의 범죄행위 없이 방조범만이 성립될 수는 없다.[80] ② 정범의 성립은 교사범, 방조범의 구성요건의 일부를 형성하고 교사범, 방조범이 성립함에는 먼저 정범의 범죄행위가 인정되는 것이

80) 대법원 2017.5.31. 선고 2016도12865 판결; 대법원 1974.5.28. 선고 74도509 판결.

그 전제요건이 되는 것은 공범의 종속성에 연유하는 당연한 귀결이며, 따라서 교사범, 방조범의 사실 적시에 있어서도 정범의 범죄 구성요건이 되는 사실 전부를 적시하여야 하고, 이 기재가 없는 교사범, 방조범의 사실 적시는 죄가 되는 사실의 적시라고 할 수 없다.[81]

4) 검 토

공범의 종속형식과 관련하여 최소종속형식과 최극단종속형식은 지나치게 극단적이기 때문에 취하기에 적당하지 않다고 하겠다. 문제는 제한적 종속형식과 극단적 종속형식 중에서 어느 쪽이 형법의 해석론으로서 보다 타당할 것인가에 있다. 현행 형법에 대한 해석론으로서는 제한적 종속형식이나 극단적 종속형식의 양자 모두가 가능하다고 할 수 있다. 다만, 어느 입장을 취하느냐에 따라 간접정범의 성립범위가 달라질 수 있을 뿐이다.

견해의 차이가 나타나는 부분으로서 책임무능력자를 교사 또는 방조한 경우를 살펴볼 필요가 있다. 제한적 종속형식에 의하면 형법의 교사범(제31조 제1항)과 방조범(제32조 제1항)에 관한 규정이 적용되어 교사범 또는 방조범이 성립하게 된다. 다만, 이 경우의 '죄'와 '범죄'를 '광의의 범죄'로 해석하여 정범의 행위가 구성요건에 해당하고 위법하면 공범의 입장에서 '범죄'가 성립하는 것으로 볼 수 있다고 해석한다. 극단적 종속형식에 따르게 되면 종속이 되지 아니하므로 교사범이나 방조범의 성립을 인정할 수 없게 된다.

생각건대, 형법이 교사범 또는 방조범과 간접정범을 별도로 규정하고 있는 취지로 보아 극단적 종속형식을 취하고 있다고 하는 편이 더 논리적이라고 해석된다. 따라서 교사범 또는 방조범이 성립한다고 하기 위해서는 정범이 범죄의 성립요건, 즉 구성요건해당성, 위법성 및 책임을 완전히 충족할 필요가 있다고 하겠다. 다만 책임무능력자를 교사 또는 방조한 자는 교사범 또는 방조범이 아니라 간접정범으로 처벌되게 된다. 간접정범으로 처벌되는 경우에도 형법은 교사의 방법에 의한 간접정범에 대하여는 교사범의 예에 의하여 처벌하고, 방조의 방법에 의한 간접정범에 대하여는 방조범의 예에 의하여 처벌하도록 규정하고 있다(제34조 제1항). 이로 인하여 극단적 종속형식에 의한 처벌의 결과는 제한적 종속형식에 의한 그것과 차이를 가지지 않게 된다. 결국 형법의 해석상 제한적 종속형식에 의하든 극단적 종속형식에 의하든 그 처벌의 결과에 있어서는 차이가 없다고 하겠다.

---

81) 대법원 1981.11.24. 선고 81도2422 판결.

(4) 처벌상의 종속성

처벌상의 종속성(處罰上의 從屬性)이란 공범은 정범이 처벌되는 경우에 한하여 처벌된다는 속성을 말한다. 책임주의에 의하면 실행행위 이외의 행위자는 실행행위자 이상으로 처벌될 수 없다고 해야 한다. 이러한 의미에서 실행행위 이외의 행위자인 공범은 실행행위자인 정범보다 무겁게 처벌될 수 없다고 하는 것이 타당하다. 결국 처벌상의 종속성이란 공범은 정범이 처벌되는 경우에 한하여 처벌될 뿐만 아니라 그 정도에 있어서도 정범보다 무겁게 처벌되지 아니한다는 것을 그 내용으로 하고 있다고 할 수 있다.

(5) 죄명상의 종속성

죄명상의 종속성(罪名上의 從屬性)이란 공범의 죄명은 정범의 그것에 종속한다는 것을 말한다. 이는 협의의 공범의 죄명은 정범의 죄명에 종속한다는 취지이다. 예컨대 정범이 살인죄면 원칙적으로 공범도 반드시 살인죄의 교사 내지 방조가 아니면 안 된다는 것이 죄명종속성의 내용이다. 협의의 공범에 있어서의 죄명종속성의 문제는 공동정범에 있어서의 범죄공동설 또는 행위공동설의 문제와 같은 성질의 것이라고 생각될 수 있다. 소위 공소장 및 불기소장에 기재할 죄명에 관한 예규도 죄명상의 종속성을 규정하고 있다고 생각된다. 즉, 위의 예규는 공동정범·간접정범의 경우에는 정범의 죄명과 동일한 형법각칙 표시 각 본조 해당죄명으로 한다고 규정하고 있을 뿐만 아니라 공범(교사 또는 방조)의 경우에는 형법각칙 표시 각 본조 해당죄명 다음에 교사 또는 방조를 추가하여 표시한다고 규정하고 있다(공소장 및 불기소장에 기재할 죄명에 관한 예규 제1조 참조).

Ⅳ. 공범의 주체

1. 서 언

(1) 공범의 주체의 의의

형법은, 전술한 바와 같이, 공범의 주체인 행위자를 실행행위자와 실행행위 또는 그 이외의 행위자로 구분하여 이원적 구조로 구성한 다음, 실행행위자를 정범(正犯, Täter), 실행행위 또는 그 이외의 행위자를 공범(共犯, Teilnahme)으로 통칭하고 있다고 해석된다. 뿐만 아니라 정범에 관하여는 각칙의 각조문이 규정하고 있기 때문에 총칙에서는 공범에 관하여서만 규정하는 형식을 취하고 있다고 해석된다. 거듭 예를 들면, 공동정범의 경우에는 실행행위자와 실행행위 또는 그 이외의 행위자를 정범과 공동정범, 교사범의 경우에는 피교사자와 교사자, 방조범의 경우에는 피방조자와 방조자, 신분과 공범의 경우에는 신분자와 비신분자(가담자) 및 간접정범의 경우에는 피이용자와 이용자로 구성하고 있는 것이 그것이다. 결국 공범에 있어서의 주체는 편의상 정범으로서의 주체와 공범으로서의 주체로 이분할 수 있다고 본다.

(2) 책임주의의 원칙과 정범과 공범의 구별

책임주의는 주관적 책임주의뿐만 아니라 개인적 책임주의도 그 내용으로 하고 있다. 근대 형법은 주관적 책임주의를 채택함으로써 결과책임을 극복하였고, 개인적 책임주의를 확립함으로써 연좌제로 상징되는 단체책임을 철폐한 바 있었다. 개인적 책임주의는 구성요건에 해당하는 행위, 즉 실행행위를 행한 행위자만을 직접적인 처벌대상으로 하기 때문에 실행행위를 행한 실행행위자와 그 외의 행위를 행한 행위자를 구별할 필요가 있었다고 할 수 있다. 형법상 책임주의, 특히 개인적 책임주의를 관철하기 위해서는 실행행위자인 정범과 그 외의 행위자인 공범을 구별할 필요가 있다. 뿐만 아니라 실행행위를 행하지 않은 공범을 처벌하는 경우 그 근거에 관한 추가적 해명이 전술한 바와 같이 책임주의의 관점에서 요구되고 있다.

생각건대 형법은 정범과 공범을 구분하여 각각 전자는 각칙에, 후자는 총칙에 규정하고 있다. 정범의 주체는 실행행위자이고, 공범의 주체는 실행행위자 또는 실행행위 이외의 행위자라고 할 수 있다. 총칙은 공범에 대하여 실행행위 이외의 행위를 행하는 방법에 따라 공범의 유형을 다음과 같이 분류하고 있다고 이해할 수 있다. 총칙상의 공범은 공동관계에서 행하면 공동정범, 교사관계에서 행하면 교사범, 방조관계에서 행하면 방조범, 가담관계에서 행하면 가담범이 될 뿐만 아니라 이용관계에서 행하면 간접정범으로 분류될 수 있다고 해석된다. 결국 2인 이상의 공범관계를 정범과 공범의 관계로 세부적으로 분석하자면 공동정범은 실행행위자와 공동행위자로서의 공동정범, 교사범은 피교사자와 교사자, 방조범은 피방조자와 방조자, 공범과 신분의 경우에는 신분자와 가담자 및 간접정범은 피이용자와 이용자로서의 간접정범이라는 짝의 조합으로 파악하는 것이 가능하다고 생각된다.

2. 정 범

책임주의의 원칙상 책임을 져야 할 주체는 행위자, 즉 실행행위자이다. 실행행위자란 구성요건에 해당하는 행위, 즉 실행행위(實行行爲, Tat)를 행하는 자를 말한다. 흔히 실행행위를 행하는 자를 정범(正犯, Täter)이라고 한다. 예컨대 사람을 살해함으로써 성립하는 살인죄의 정범은 사람을 살해한 자, 즉 살인자이고(제250조 제1항), 타인의 재물을 절취함으로써 성립하는 절도죄의 정범은 타인의 재물을 절취한 자, 즉 절취자가 된다(제329조). 이와 같이 정범에 관하여는 형법각칙이 규정하고 있다. 이미 언급한 바와 같이, 책임주의를 관철하기 위해서는 실행행위자인 정범과 실행행위 또는 그 이외의 행위자인 공범을 구별하는 것이 필수적인 전제요건으로 요구된다. 결국 정범은 행위주의에 따른 실행행위의 주체이자 책임주의에 따른 책임의 주체가 된다고 할 수 있다.

3. 공범의 유형

공범(共犯, Teilnahme)이란 정범과 짝을 이루는 개념으로서 행위(Handlung) 중에서 실행행위(Tat) 또는 그 이외의 행위를 행하는 자를 말한다. 관점에 따라 공범은 범죄행위(Straftat)에 대한 부분적 참여자(Teilnahme)라고도 할 수 있다.

총칙은 공범에 관하여 다음과 같이 규정하고 있다. 즉, 공동정범은 '2인 이상이 공동하여 죄를 범한 때', 교사범은 '타인을 교사하여 죄를 범하게 한 자', 방조범은 '타인의 범죄를 방조한 자', 공범과 신분의 경우에는 '신분이 있어야 성립되는 범죄에 신분 없는 사람이 가담한 경우' 및 간접정범은 '교사 또는 방조하여 범죄행위의 결과를 발생하게 한 자'가 그것이다. 공범이란 그 유형, 즉 공동정범, 교사범, 방조범, 공범과 신분의 경우 및 간접정범에 맞추어 각각 공동행위자, 교사자, 방조자, 비신분자로서의 가담자 및 이용자를 의미한다고 해석된다. 총칙은 주로 공범의 행위수행방식 또는 행위참여방식에 착안하여 공범의 명칭 또는 조문의 제목으로 규정하고 있다고 생각되기 때문이다.

(1) 공동정범

공동정범(共同正犯, Mittäter)이란 실행행위자인 정범과 공동으로 실행행위 또는 실행행위 이외의 행위를 행하는 자로서의 공범을 말한다. 총칙은 공동정범에 관하여 '2인 이상이 공동하여 죄를 범한 때'라고 규정하여 정범과 함께 공동하여 행위를 한

자, 즉 공동행위자를 공동정범으로 규정하고 있다고 해석된다(제30조). 결국 공동정범이란 2인 이상의 행위자 중에서 정범을 제외한 공범을 말한다고 할 수 있다. 한편 공동정범으로서의 공동행위자는 실행행위를 정범과 분담하여 행하는 경우와 실행행위 이외의 행위만을 행하는 경우로 나누어질 수 있다. 전자를 정범형 공동정범, 후자를 공범형 공동정범으로 구분하기도 한다.

다만 공동행위자가 실행행위 자체를 행하지 않은 경우에도 정범으로 인정되기 위하여는 공동행위자가 행하는 행위도 정범이 행하는 행위, 즉 실행행위와 가치적으로 동일하다고 평가될 것, 즉 동가치성(同價値性)이 요구된다고 해야 한다. 이것이 바로 공동행위의 실행행위성(實行行爲性)이라고 할 수 있다. 공동행위에 대한 실행행위성은 후술하는 바와 같이 바로 기능적 행위지배설에 근거하여 인정될 수 있다고 본다. 또 공동행위자를 정범으로 처벌하기 위한 요건과 관련하여서는 일부실행전부책임의 원칙에 대한 근거가 해명될 필요가 있다. 따라서 공동행위자는 후술하는 바와 같이 공범행위의 실행행위성이 인정되는 한 일부실행전부책임의 원칙에 의하여 정범으로서 책임을 지게 된다.

(2) 협의의 공범

협의의 공범이란 교사범과 방조범을 말한다. 협의의 공범인 교사범과 방조범에게는 정범성(Täter-schaft)이 인정될 가능성이 전혀 없다는 점에서 이러한 가능성을 가지고 있는 공동정범이나 간접정범과 같은 공범과 구별되고 있을 뿐만 아니라 이러한 구별을 명확하게 하기 위하여 공범이라는 명칭 앞에 협의 또는 광의라는 용어를 붙이기도 한다고 해석된다.

1) 교사자

교사자(教唆者)란 2인 이상의 행위자 중에서 실행행위를 행하는 정범을 제외하고, 실행행위 이외의 행위를 행하는 자로서의 공범을 말한다. 총칙은 교사자에 관하여 '타인을 교사하여 죄를 범하게 한 자'라고 규정하여 정범을 교사한 자를 공범인 교사범으로 규정하고 있다(제31조 제1항). 실행행위 이외의 행위란 타인(정범)을 교사하는 행위를 말하고, 이와 같은 교사관계에 있어서 2인 이상의 행위자로서의 범죄의 주체는 실행행위자로서의 정범인 피교사자와 실행행위 이외의 행위자로서의 공범인 교사자로 구분할 수 있다고 해석된다(제31조 제2항 참조).

2) 방조자

방조자(幇助者)란 2인 이상의 행위자 중에서 실행행위를 행하는 정범을 제외하고, 실행행위 이외의 행위를 행하는 자로서의 공범을 말한다. 총칙은 방조자에 관하여 '타인의 범죄를 방조한 자'라고 규정하여 정범을 방조한 자를 공범인 방조범으로 규정하고 있다(제32조 제1항). 실행행위 이외의 행위란 타인(정범)의 범죄를 방조하는 행위를 말하고, 이와 같은 방조관계에 있어서 2인 이상의 행위자로서의 범죄의 주체는 실행행위자로서의 정범인 피방조자와 실행행위 이외의 행위자로서의 공범인 방조자로 구분할 수 있다고 해석된다(제32조 제2항 참조).

(3) 가담자

가담자(加擔者)란 2인 이상의 행위자 중에서 실행행위를 행하는 정범을 제외하고, 실행행위 이외의 행위를 행하는 자로서의 공범을 말한다. 총칙은 가담자에 관하여 '신분이 있어야 성립되는 범죄에 신분 없는 사람이 가담한 경우'라고 규정하여 정범에 가담한 자를 공범인 '신분범의 공범'으로 규정하고 있다고 해석된다(제33조 참조). 실행행위 이외의 행위란 정범의 행위에 가담한 행위를 말하고, 이와 같이 신분범에 대한 가담관계에 있어서 2인 이상의 행위자로서의 범죄의 주체는 실행행위자로서의 정범인 피가담자, 즉 신분자와 실행행위 이외의 행위자로서의 공범인 가담자로 구분할 수 있다고 해석된다. 다만 신분자인 정범에 대한 가담자로서의 공범의 유형은 공동정범, 교사범 및 방조범으로 분류하는 것이 가능하다. 형법은 "신분이 있어야 성립되는 범죄에 신분 없는 사람이 가담한 경우에는 그 신분 없는 사람에게도 제30조부터 제32조까지의 규정을 적용한다"고 규정하고 있고(제33조 본문), 제30조부터 제32조까지란 공동정범(제30조), 교사범(제31조) 및 방조범(제32조)을 의미하기 때문이다.

(4) 간접정범

간접정범(間接正犯)이란 2인 이상의 행위자 중에서 실행행위를 행하는 행위자인 정범을 제외하고, 실행행위 이외의 행위를 행하는 자로서의 공범을 말한다. 총칙은 간접정범에 관하여 '교사 또는 방조하여 범죄행위의 결과를 발생하게 한 자'라고 규정하여 정범을 교사 또는 방조하여 범죄결과를 발생하게 한 자를 공범인 간접정범으로 규정하고 있다(제34조 제1항 참조). 실행행위 이외의 행위란 정범을 교사 또는 방조하는 행위, 소위 이용행위(利用行爲)를 말하고, 타인에 대한 일반적 이용관계에 있어서 2인 이상의 행위자로서의 범죄의 주체는 실행행위자로서의 정범인 피이용자와 실행행위 이외의 행위로서의 이용행위를 행하는 이용자로서의 간접정범으로 구분할 수 있다고 해석된다.

다만 이용자는 이용행위를 통하여 실행행위를 간접적으로 행하는 간접정범이라는 점에서 실행행위를 직접적으로 행하는 직접정범인 피이용자와 구별되고 있다. 문제는 실행행위 이외의 행위인 이용행위의 실행행위성의 규명에 있다고 해야 한다. 피이용자의 실행행위를 이용자의 행위라고 하기 위해서는 이용행위가 실행행위와 가치적으로 동일하다고 평가될 수 있다는 실행행위와의 동가치성, 즉 이용행위의 실행행위성이 인정되어야 하기 때문이다.

Ⅴ. 공범의 행위

1. 서 언

(1) 공범행위의 의의

공범행위(共犯行爲)란 공범이 행하는 행위를 말한다. 정범행위(正犯行爲)란 자연적으로 정범이 행하는 행위를 의미하게 된다. 행위자를 정범과 공범으로 분류하는 것이 가능하였듯이 행위도 정범행위와 공범행위로 분류되는 것은 당연한 논리적 귀결이라고 하겠다. 전체행위는 결국 정범행위와 공범행위의 결합으로 구성되고 있다고 해석해야 하기 때문이다.

(2) 책임주의의 원칙과 공범의 행위

책임주의의 원칙상 책임의 주체는 원칙적으로 실행행위자인 정범이 된다. 그럼에도 불구하고 총칙은 실행행위 외의 행위자인 공범에 대하여도 정범 못지않게 처벌할 것을 규정하고 있다(제30조부터 제34조까지 참조). 문제는 책임주의의 관철을 위해서는 공범에 대한 처벌의 근거와 정도가 규명될 필요가 있다. 특히, 공동행위와 이용행위의 실행행위성이 해명될 필요가 있다고 하겠다.

2. 정범행위

정범행위(正犯行爲)란 정범에 의하여 행하여지는 행위로서 실행행위를 말한다.

전술한 바와 같이 정범행위는 형법각칙에 동사로서 규정되어 있다. 예컨대 사람을 살해함으로써 성립하는 살인죄의 정범행위는 사람에 대한 살해이고(제250조 제1항), 타인의 재물을 절취함으로써 성립하는 절도죄의 정범행위는 타인의 재물에 대한 절취가 된다(제329조). 이와 같이 형법각칙의 각본조에서 주어는 정범이 되었듯이, 동사는 정범의 행위가 된다고 할 수 있다.

3. 공범행위의 유형

공범행위(共犯行爲)란 공범에 의하여 행하여지는 행위로서 실행행위 또는 실행행위 이외의 행위를 말한다. 공범행위는 특히 실행행위 이외의 행위를 말한다는 점에서 실행행위를 의미하는 정범행위와 구별된다고 할 수 있다. 공범행위는 공범의 분류를 기준으로 몇 가지의 유형으로 구분하여 검토할 필요가 있다. 예컨대 공범행위의 유형은 총칙이 규정하는 바와 같이 공동정범은 분업관계 또는 상호이용관계로서의 공동행위, 교사범은 교사관계 또는 사주관계로서의 교사행위, 방조범은 방조관계 또는 돕는 관계로서의 방조행위, 공범과 신분의 경우는 가담관계로서의 가담행위 및 간접정범은 일방적 이용관계로서의 이용행위가 그 예로 거론될 수 있다고 해석된다. 다만 가담행위는 신분범에 대한 공범의 유형에 따라 다시 공동행위, 교사행위 및 방조행위로 세분될 수 있다. 이와 같이 총칙은 결과를 야기하는 행위유형에 따라 공범의 유형을 분류하고 있다고 해석될 수 있다. 다시 말해서 결과발생의 행위방법이 공동실행이면, 공동정범, 교사행위면 교사범, 방조행위이면 방조범, 가담행위이면 신분범의 공범 및 이용행위이면 간접정범으로 유형화하고 있다고 해석된다. 한편 공동정범의 경우 공동행위자가 경우에 따라 정범성(Täter-schaft)을 가진다고 하기 위해서는 공동행위를 실행행행위로서 인정하기 위한 요건, 즉 실행행위성이 문제된다고 해야 한다. 실행행위성이란 공범행위가 정범행위로 평가되기 위한 요건이라고 말할 수 있다. 공범행위의 실행행위성은 간접정범의 이용행위에도 그대로 적용된다고 할 수 있다.

(1) 공동행위

1) 공동행위의 의의

공동행위(共同行爲)란 정범과 공범의 사이에서 공범에 의해서 분담되어 행하여지는 실행행위 또는 공범에 의하여 단독으로 행하여지는 실행행위 이외의 행위를 말한다.

공동행위는 정범과 공범이 실행행위 자체를 분담하여 행하는 경우와 정범과 공범이 각각 실행행위와 실행행위 이외의 행위를 기능적으로 분담하여 행하는 경우로 나누어 검토할 필요가 있다. 설명의 편의상 전자를 정범형 공동정범(正犯型 共同正犯), 후자를 공범형 공동정범(共犯型 共同正犯)으로 부르기로 한다.[82] 예컨대 사람을 살해함으로써 성립하는 살인죄의 경우 정범행위는 실행행위인 살해이지만, 전자는 살해행위를 분담하여 공동으로 행하는 경우이지만 후자는 살해행위와 살해행위를 위하여 망보는 행위, 반항을 제압하는 행위, 범인을 도피시키기 위한 운전행위 등을 분담하여 공동으로 행하는 경우라고 할 수 있다. 전자의 경우에는 실행행위인 살해행위 자체를 분담하여 행하는 경우이므로 2인 이상의 행위자 중에서 일방을 정범이라고 한다면 타방은 당연히 공동하여 정범이 되는 구조이다. 바로 이러한 의미에서 타방을 문자 그대로 공동정범이라고 지칭하는 이유를 이해할 수 있다.

한편 후자의 경우에는 정범과 공범이 실행행위인 살해행위와 실행행위 이외의 행위인 망보는 행위, 반항을 제압하는 행위, 범인을 도피시키기 위한 운전행위 등을 각각 기능적으로 분담하여 행하는 경우이므로 공범이 정범으로 인정되어 공동정범이 된다고 하기 위해서는 공범이 행하는 행위, 즉 실행행위 이외의 행위도 정범이 행하는 행위, 즉 실행행위와 규범적으로 동일한 가치를 가진다고 평가될 수 있어야 한다. 이것이 바로 공동정범에 있어서 공동행위의 실행행위성이라고 할 수 있다. 결국 공동행위는 정범성과 공범성의 양자를 동시에 가지고 있다고 해석된다. 다만 공동행위가 정범성을 가진다고 하는 경우에는 공동행위의 실행행위성이 문제된다고 해야 한다.

2) 공동행위의 실행행위성

공동행위의 실행행위성이란 공동행위가 가져야 할 실행행위와의 규범적 동가치성을 말한다. 공동행위의 실행행위성은 공범형 공동정범의 경우에 특히 문제가 된다. 정범형 공동정범의 경우에는 각자가 실행행위를 행하였기 때문에 정범으로 보는 데에 문제가 없다. 그러나 공범형 공동정범의 경우 공동행위자는 정범행위인 실행행위가 아니라 공범행위인 실행행위 이외의 행위만을 행하였기 때문에 이 자

---

82) 이와 유사한 개념으로서 공동정범의 유형을 공동행위자 각자가 모두 구성요건행위를 행하는 부가적 공동정범(附加的 共同正犯)과 각자가 분업하여 부분적으로 구성요건행위를 행하는 기능적 공동정범(機能的 共同正犯)으로 분류하는 견해도 있다. 이에 관하여는 이용식, 83쪽 참조.

를 정범으로 보는 것에 대하여는 의문이 제기될 수 있기 때문이다. 단순히 망보는 행위, 반항을 제압하는 행위 또는 범인도피행위만을 살해행위와 동일한 행위라고 평가할 수는 없기 때문이다.

그럼에도 불구하고 형법은 공동정범에 있어서 "2인 이상이 공동하여 죄를 범한 때에는 각자를 그 죄의 정범으로 처벌한다"고 규정하여 정범뿐만 아니라 공범까지도 정범으로 간주하고 있고, 정범에 의한 정범행위뿐만 아니라 공범에 의한 공범행위, 즉 공동행위까지도 정범행위로 평가하고 있는 것이다(제30조 참조). 여기서 문제는 공동행위가 정범행위, 즉 실행행위로 평가되기 위한 요건, 즉 공동행위의 실행행위성의 요건에 있다고 해야 한다. 후술하는 바와 같이 기능적 행위지배설에 의하면 기능적 행위지배의 요건, 즉 공동의 실행의사와 공동의 실행사실이 인정되면 공범행위만을 분담한 공동행위자에게도 실행행위에 대한 행위성이 인정될 수 있다고 한다. 이로써 공동정범은 일부실행전부책임의 원칙이라는 특징을 가지게 된다고 설명한다.

한편 공동정범에 있어서의 공동행위자를 정범으로 평가하는 것과 유사한 구조에서 간접정범에 있어서 이용행위를 실행행위로 평가하기 위해서는 후술하는 바와 같이 이용행위에 실행행위성이 요구된다고 해야 한다. 이 외에도 전술한 바와 같이 실행행위성은 부진정부작위범에 있어서의 부작위에 대하여도 작위로 평가하기 위한 실행행위성이 요구되고 있었다.

(2) 협의의 공범행위

1) 협의의 공범행위의 의의

협의의 공범행위(狹義의 共犯行爲)란 협의의 공범에 있어서 공범에 의한 행위를 말한다. 이미 고찰한 바와 같이 정범에 의한 행위를 정범행위라고 하는 것과 대조되는 개념이라고 할 수 있다.

2) 협의의 공범행위의 유형

협의의 공범행위는 협의의 공범의 유형에 따라 각각 교사범에 의한 교사행위와 방조범에 의한 방조행위로 구분할 수 있다.

① 교사행위

교사행위(敎唆行爲, Anstiftunghandlung)란 교사범에 있어서 공범인 교사자에 의한 행위를 말한다. 교사는 가르치고 부추긴다는 의미이므로 교사행위란 후술하는 바와 같이 실행행위 이외의 행위로서 타인으로 하여금 실행행위를 결의하게 하고 실행행위를 행하도록 하는 행위를 말한다. 교사행위의 상대방인 타인이 실행행위에 이르게 되면 타인인 피교사자는 정범이 되고 교사행위를 한 교사자는 공범이 되는 구조이다.

② 방조행위

방조행위(幇助行爲, Beihilfehandlung)란 방조범에 있어서 공범인 방조자에 의한 행위를 말한다. 방조는 돕는다는 의미이므로 방조행위란 후술하는 바와 같이 실행행위 이외의 행위로서 정범의 실행행위를 용이하도록 돕는 행위를 말한다. 방조행위의 상대방인 피방조자는 이미 정범이 되어 있는 셈이다.

(3) 가담행위

1) 가담행위의 의의

가담행위(加擔行爲)란 신분범에 있어서 공범인 비신분자에 의한 행위를 말한다. 비신분자인 신분범의 공범은 공동정범, 교사범 및 방조범을 의미한다고 해석된다. 왜냐하면 형법은 "신분이 있어야 성립되는 범죄에 신분 없는 사람이 가담한 경우에는 그 신분 없는 사람에게도 제30조부터 제32조까지의 규정을 적용한다"고 하여 신분범의 공범에 관하여 규정하고 있고(제33조 본문), 제30조부터 제32조까지의 규정이란 공동정범(제30조), 교사범(제31조) 및 방조범(제32조)를 의미하기 때문이다.

2) 가담행위의 유형

가담행위의 유형은 가담자의 유형에 따른 분류가 가능하다. 전술한 바와 같이 형법은 "신분이 있어야 성립되는 범죄에 신분 없는 사람이 가담한 경우에는 그 신분 없는 사람에게도 제30조부터 제32조까지의 규정을 적용한다"고 하여 신분범의 공범에 관하여 규정하고 있다(제33조 본문). 형법은 가담한 행위는 신분관계가 없는 자에게도 '제30조부터 제32조까지의 규정', 즉 공동정범(제30조), 교사범(제31조) 및 종범(제32조 참조)에 관한 규정을 적용한다고 하여 가담행위의 유형을 밝히고 있다. 이를 근거로 가담행위는 신분범의 공범의 유형에 따라 공동정범에 있어서의 공범인 공동행위자에 의한 공동행위와 교사범에 있어서의 공범인 교사자에 의한 교사행위 및 방조범에 있어서의 공범인 방조범에 의한 방조행위로 분류될 수 있다.

(4) 이용행위

1) 이용행위의 의의

이용행위(利用行爲)란 간접정범에 있어서의 공범인 이용자에 의한 행위를 말한다. 이용행위는 실행행위 이외의 행위로서 정범의 실행행위를 일방적으로 이용하는 공범행위를 의미한다. 결국 이용행위란 직접정범의 실행행위를 이용하여 자신의 범죄를 실현하려고 하는 간접정범의 행위로서 실행행위 이외의 행위라고 할 수 있다. 한편 간접정범은 일방적 이용관계에서 직접정범을 정범으로 하여 성립하는 공범이라는 점에서 간접정범의 성립을 인정하지 않고 직접정범의 형태의 정범만이 성립하는 자수범(自手犯)과 구별되고 있다.

2) 이용행위의 유형

이용행위의 유형도 이용자의 유형에 따른 분류가 가능하다. 전술한 바와 같이 형법은 간접정범과 관련하여 "어느 행위로 처벌되지 아니하는 자 또는 과실범으로 처벌되는 자를 교사 또는 방조하여 범죄행위의 결과를 발생하게 한 자는 교사 또는 방조의 예에 의하여 처벌한다"고 규정하고 있다(제34조 제1항). 여기서 간접정범의 이용행위로서는 교사행위와 방조행위가 도출될 수 있다고 해석된다. 결과적으로 이용행위의 유형은 교사행위와 방조행위로 분류된다고 할 수 있다.

3) 이용행위의 실행행위성

이용행위의 실행행위성이란 이용행위는 공범행위로서 실행행위 이외의 행위에 속하지만 정범행위인 실행행위와 법적으로 동일하게 평가할 수 있어야 한다는 의미에서의 실행행위와의 동가치성을 말한다. 이는 공범에 속하는 간접정범으로 하여금 규범적으로 정범성을 가지게 하기 위하여 불가결한 요건이 되기 때문이다. 간접정범은 정범행위인 실행행위를 직접적으로 행하는 것은 아니기 때문에 직접정범은 될 수 없지만, 공범행위인 실행행위 이외의 행위인 이용행위를 통하여 정범행위인 실행행위를 간접적으로 행한다는 의미에서 정범성을 가진다고 할 수 있기 때문이다.

다만 이용행위란 간접정범의 공범행위로서 교사행위와 방조행위를 의미한다고 해석된다. 전술한 바와 같이 형법은 간접정범에 있어서 이용자를 교사 또는 방조의 예에 의하여 처벌한다고 규정하고 있기 때문이다(제34조 제1항). 따라서 간접정범에 있어서의 이용행위는 교사범의 있어서의 피교사자 또는 방조범에 있어서 피방조자의 실행행위와 법률적으로 동일한 가치를 가진다고 평가될 수 있어야 한다. 이것이 바로 이용행위의 실행행위성이라고 할 수 있다. 결국 이용행위의 실행행위성이 충족되는 경우에 한하여 간접정범은 정범성을 가진다고 할 수 있다.

Ⅵ. 공범의 의사

1. 개 관

공범의 수정된 구성요건요소는 객관적 구성요건에서뿐만 아니라 주관적 구성요건에서도 발견된다. 공범의 수정된 주관적 구성요건요소는 바로 공범의 고의라고 할 수 있다. 주관적 구성요건요소에는 과실도 포함되지만, 과실에 의한 공범은 원칙적으로 성립할 수 없기 때문이다. 그럼에도 불구하고 긍정되고 있는 과실의 공동정범의 경우를 제외하면, 공범의 고의(共犯의 故意)란 임의적 공범에 있어서의 주관적 구성요건요소로서의 고의를 말하는 개념으로서 전체 범죄, 즉 정범에 의한 범죄와 공범에 의한 범죄 모두의 객관적 구성요건에 대한 인식과 이에 대한 실현의사라고 할 수 있다.

한편 형법상 정범과 공범을 구별하는 1차적인 표지는 행위에 있다. 원칙적으로 정범은 정범행위에 속하는 실행행위를 행하는 자이고, 공범은 공범행위에 속하는 실행행위 또는 실행행위 이외의 행위를 행하는 자라고 할 수 있기 때문이다. 그러나 정범과 공범을 가르는 2차적인 기준으로서 가장 중요한 기준은 정범과 공범 사이에 존재하는 공범의 의사라고 해야 한다. 특히 정범의사에 대한 공범의사의 관계, 즉 공범의사의 동등성, 우위성, 열후성 및 지배성에 따라 공범의 형태를 각각 공동정범, 교사범, 방조범 및 간접정범으로 구별할 수 있기 때문이다.

2. 고의의 이중성

공범의 고의는 전체 범죄에 대한 인식과 이에 대한 실현의사를 말한다. 공범은 주체에 있어서는 정범과 공범으로 나누어지고, 행위에 있어서도 정범행위와 공범행위로 나누어질 수 있다는 점을 커다란 특징이라고 할 수 있다. 여기서 공범의 고의는 정범의 고의와 공범의 고의로 구성된다고 파악할 수 있다. 공범의 의사는 정범의 의사와 공범의 의사로서 이중으로 구성된다는 점에서 공범의 고의를 이중의 고의(二重의 故意, doppelten Teilnehmervorsatz)라고 이해할 수 있다. 고의의 이중성(故意의 二重性)은 전술한 바와 같이 구성요건요소로서의 기능과 책임요소로서의 기능을 수행한다는 의미에서의 고의의 이중기능과는 구별되는 개념이라고 할 수 있다.

(1) 정범의 고의

정범의 고의(正犯의 故意)란 정범이 가지는 고의를 말한다. 따라서 정범은 계획된 범죄의 객관적 구성요건에 대한 인식과 실현의사를 가지고 있어야 한다. 이 외에도 정범의 고의는 정범 자신의 고의 외에 공범과의 의사의 연락을 추가적으로 포함하고 있다고 해야 한다. 따라서 고의범의 경우 정범자는 자신의 범죄에 대한 고의를 구비하고 있어야 할 뿐만 아니라 다른 한편으로는 공범자와의 의사의 연관성에 관하여도 고의를 충족하고 있어야 한다. 공범자와의 의사의 연관성에 관한 고의가 존재되지 않을 때에는 이미 검토한 바와 같이 정범자와 공범자는 각각 단독범죄로서 동시범이 될 뿐이라고 해야 한다.

(2) 공범의 고의

공범의 고의(共犯의 故意)란 공범이 가지는 고의를 말한다. 따라서 공범은 정범이 실행하려는 범죄의 객관적 구성요건에 대한 인식과 실현의사를 가지고 있어야 한다. 이 외에도 공범의 고의는 공범 자신의 고의 외에 정범과의 의사의 연락을 추가적으로 포함하고 있다고 해야 한다. 따라서 고의범의 경우 공범자는 정범자의 범죄에 대한 고의를 가지고 있어야 할 뿐만 아니라 다른 한편으로는 정범자와의 의사의 연관성에 관하여도 고의를 충족하고 있어야 한다. 정범과의 의사의 연관성에 관한 부분이 확인되지 않을 때에는 정범과 공범은 각각 단독범죄로서 동시범이 될 뿐이라고 해야 한다.

(3) 정범고의와 공범고의의 연락성

공범의 고의는 정범의 고의와 공범의 고의라는 개별적 고의를 통합하여 전체범죄에 대한 전체적 고의로 전환시키는 기전이 요구된다. 이것이 바로 정범과 공범 상호간에 있어서 의사의 연락성이라고 할 수 있다. 의사의 연락성(意思의 連絡性)은 전술한 바와 같이 공범과 동시범을 구별하는 이정표가 될 뿐만 아니라 그 정도에 따라서 공범의 유형, 즉 공동정범, 교사범, 방조범 및 간접정범을 구별할 수 있는 기준이 될 수 있다.

3. 공범의 의사의 유형

공범 상호간을 구별할 수 있는 가장 확실한 기준은 공범의 의사에 있다. 정범과 공범 사이에 존재하는 의사의 역학구도가 공범의 형태를 결정하는 데에 있어서 큰 몫을 차지하기 때문이다. 의사의 연락성(意思의 連絡性)은 공범의 의사가 정범의 의사에 대하여 가지는 관계에 따라서 동등성, 우월성, 열등성 또는 지배성을 가질 때 공범의 형태는 각각 공동정범, 교사범, 방조범 또는 간접정범의 형태가 된다고 할 수 있다.

(1) 의사의 동등성

공동정범에 있어서 정범행위자와 공범행위자는 각각 상호 이용관계이기 때문에 주관적 구성요건요소로서의 고의도 서로 동등한 관계에 있다고 할 수 있다. 이러한 의미에서 정범행위자의 고의도 의사의 연락이라고 표현되고 있고, 공범행위자의 고의도 의사의 연락이라는 용어로 통용되고 있다고 해석된다. 결국 정범행위자의 고의와 공범행위자의 고의라는 이중성을 가지는 공범의 고의가 공동정범에 있어서는 공동가공의 의사라는 하나의 고의의 형태로 합쳐지면서 고의의 일중성(故意의 一重性)으로 나타나는 것이 가장 큰 특징이라고 해석할 수 있다.

(2) 의사의 우위성

교사범은 아무런 범죄의사를 가지고 있지 않은 피교사자로 하여금 범죄의사를 결의하도록 촉발하는 자이다. 이와 같이 피교사자의 고의는 교사자에 의하여 유발되고 있는 것이다. 여기서 교사자의 교사의사는 피교사자의 고의에 비하여 우월적 지위를 가진다고 할 수 있다. 바로 이것을 교사의사의 우위성이라고 하고자 한다. 고의는 교사자와 피교사자에게 모두 존재하기 때문에 고의는 이중성을 유지된다고 할 수 있다.

(3) 의사의 열후성

방조범은 이미 범죄의사를 가지고 있는 피방조자를 방조하여 범죄수행을 용이하게 하도록 돕는다는 구조를 가지고 있다. 따라서 방조자의 방조의사는 피방조자의 범죄의사보다는 열후적 지위를 가지고 있다고 할 수 있다. 바로 이것을 방조의사의 열후성이라고 하고자 한다. 고의는 방조자와 피방조자 모두에게 존재하기 때문에 고의는 이중성을 가진다고 할 수 있다.

(4) 의사의 지배성

간접정범의 경우 피이용자는 무과실이거나 과실만 있는 자로서 이용자의 고의에 의해서 완전히 지배당하는 구조이다. 따라서 범죄에 대한 고의는 피이용자에게는 전혀 존재하지 않고, 이용자에게만 일방적으로 존재하고 있다. 고의는 이용자에게만 존재하기 때문에 의사의 연락성은 존재할 수 없고 고의는 일중성을 가지게 된다. 바로 이것을 이용의사의 지배성이라고 하고자 한다.

Ⅶ. 공범의 처벌

1. 서 언

책임주의의 핵심적 내용은 고의 또는 과실 있는 행위자만이 책임을 진다는 것이다. 이로써 근대 형법은 우연히 결과가 발생하더라도 책임을 지지 않으면 안 된다는 결과책임과 일정한 집단에 소속되어 있다는 이유만으로 처벌되었던 단체책임을 극복할 수 있었다. 근대형법은 책임주의의 원칙상 고의 또는 과실이 있는 행위자만을 처벌의 대상으로 하고 있었던 것이다. 행위자란 구성요건에 해당하는 행위, 즉 실행행위를 행한 자를 말한다. 따라서 실행행위를 담당하지 않은 자는 책임을 지지 않는 것이 원칙이라고 할 수 있다.

재언하지만, 형법은 실행행위자인 정범에 관하여는 각칙에서만 규정하고 있을 뿐 총칙에서는 아무런 규정을 두지 않고 있다. 근대형법의 기본원칙인 개인적 책임주의에 의할 때 행위자인 정범이 책임을 지고 처벌되는 것은 지극히 당연한 결론이기 때문이다. 개인적 책임주의에서 볼 때 실행행위자인 정범이 책임지고 처벌되는 것은 당연하지만, 문제는 공범을 어떻게 처벌할 것인가에 있다고 하지 않을 수 없다. 공범은 실행행위자가 아니기 때문에 개인적 책임주의에 의하면 처벌에서 배제될 수밖에 없기 때문이다. 여기서 공범에 대한 처벌의 공백을 메우기 위해서 형법은 공범에 대한 처벌규정을 특별히 규정한 것이라고 해석해야 한다. 다만 공범의 처벌수위에 관하여는 공범의 본질에 관한 문제로서 그 관여의 정도에 따라 처벌의 수위를 달리하겠다는 것이 형법의 취지라고 해석해야 한다. 결론적으로 말해서, 형법상의 규정, 즉 공동정범, 교사범, 방조범, 신분범의 공범 및 간접정범은 모두 예외 없이 형법상의 규정과 같이 그 규정 그대로 공범에 속한다고 해석해야 한다.

2. 정범의 처벌

정범(正犯)이란 구성요건에 해당하는 행위, 즉 실행행위를 행하는 자를 말한다. 따라서 정범(Täter)이 자신의 실행행위(eigene Tat)에 대하여 책임을 지는 것은 책임주의의 원칙, 즉 자기책임의 원칙상 당연한 논리적 귀결이다. 정범에 관하여는 형법각칙이 규정하고 있기 때문에 정범은 각칙의 규정에 의하여 처벌된다.

다만 정범은 총칙상의 공범의 유형에 따라 모습을 달리하는 경우도 있다. 예컨대 공동정범에 있어서 실행행위자와 공동행위자, 교사범에 있어서 피교사자와 교사자, 방조범에 있어서 피방조자와 방조자, 신분범에 있어서 신분자와 가담자 및 간접정범에 있어서 피이용자와 이용자가 그것이다. 거듭 말하지만, 총칙은 공범과 짝을 이루는 정범에 관하여는 개인적 책임주의의 원칙에 따라 처벌되는 것은 너무나 당연한 귀결이기 때문에 정범의 처벌에 관한 별도의 명문의 규정은 불필요하여 규정하지 않았다고 해석된다.

3. 공범의 처벌의 유형

책임주의는 원칙적으로 행위자, 즉 실행행위자인 정범의 처벌에 관한 원칙이기 때문에 실행행위 이외의 행위자, 즉 공범에 대한 처벌이 문제되지 않을 수 없다. 엄밀한 의미에서 공범은 책임주의에서 원칙적으로 말하는 책임의 주체, 즉 행위자가 아니기 때문이다. 근대형법의 기본원칙 중의 하나인 책임주의의 관점에서 실행행위 이외의 행위를 행한 공범에 대한 처벌이 문제되지 않을 수 없는 이유이다. 여기서 바로 공범의 본질 또는 공범의 처벌근거의 문제가 아닐 수 없다.

공범은 원칙적으로 실행행위를 행하는 실행행위자가 아니다. 공범이 실행행위에 대하여 책임을 지지 않는 것은 책임주의의 원칙상 당연하다. 다만 공범은 정범의 실행행위에 어느 정도 관여를 했기 때문에 그 관여에 대하여 자기책임을 져야 한다고 하는 것 또한 책임주의의 원칙상 당연하다. 공범은 타인의 행위(fremde Tat), 즉 정범의 실행행위에 기여한 만큼 자기책임을 진다고 해야 한다. 이것이 바로 공범에 대하여 책임주의를 관철한 당연한 결론이기 때문이다. 형법은 책임주의에 따라 공범의 유형에 상응하여 공동행위자, 교사자와 방조자라는 협의의 공범자, 가담자 및 이용자에 대하여도 각각 처벌을 달리하고 있다. 형법은 공동정범의 공동행위자에 대하여는 정범으로, 교사범의 교사자에 대하여는 정범과 동일한 형으로, 방조범의 방조자에 대하여는 정범의 형보다 감경하여 처벌할 뿐만 아니라 간접정범의 이용자에 대하여는 교사 또는 방조의 예에 의하여 처벌한다고 규정하고 있다. 이 외에도 형법은 신분범의 공범에 있어서 비신분자인 가담자에 대하여는 그 유형에 따라 각각 공동행위자, 교사자 및 방조자의 형으로 처벌하되 신분관계로 인하여 형의 경중이 있는 경우에는 중한 형으로 벌하지 아니한다고 규정하고 있는 것이다.

(1) 공동행위자

공동행위자란 2인 이상이 공동하여 범하는 범죄의 유형에서 실행행위를 행하는 일방을 정범이라고 한다면, 실행행위를 공동으로 행하거나 실행행위 이외의 행위를 행하는 타방을 지칭한다. 공동행위자는 실행행위를 공동으로 행하는 경우와 실행행위 이외의 행위를 행하는 경우로 분류될 수 있다. 전술한 바와 같이 전자를 정범형 공동정범, 후자를 공범형 공동정범이라고 할 수 있다. 형법이 규정하고 있는 공동정범(共同正犯, Mittäter)이라는 용어도 바로 이러한 공동행위자를 의미하는 말이라고 해석된다(제30조 참조). 공동정범으로 번역되어 사용되고 있는 독일어 Mittäter에도 실행행위자(Täter)와 공동하여(mit) 행하는 공동행위자(Mittäter)라는 의미가 충분히 담겨 있다고 해석되는 것 또한 또 다른 하나의 근거가 될 수 있다.

공동행위자, 즉 공동정범은 공범이지만, 정범으로서의 성질, 즉 정범성을 가지고 있다고 해석된다. 정범형 공동정범의 경우에는 실행행위의 일부를 행하기 때문에 정범행위의 범위에서 당연히 정범성을 가지게 된다. 다만 공범형 공동정범에 있어서는 실행행위 외의 행위를 실행행위와 기능적으로 분담하여 행하는 경우에 한하여 공범행위에 정범행위성이 인정되기 때문에 그 범위에서 정범성(Täterschaft)을 가진다고 할 수 있다. 이는 바로 후술하는 바와 같이 일부실행전부책임의 원칙(一部實行全部責任의 原則)의 근거가 된다고 할 수 있다. 형법은 '각자를 정범으로 처벌한다'고 규정함으로써 정범은 당연히 정범으로 처벌하지만, 공범인 공동정범에 대하여도 정범으로 처벌한다고 규정하고 있는 것이다(제30조 참조). 결국 공동정범은 공범이지만, 정범으로서의 성질도 함께 가지고 있기 때문에 정범성의 범위 내에서 정범으로서 책임을 지게 함으로써 책임주의를 관철하려는 것이 형법의 의도라고 해석된다.

(2) 협의의 공범

1) 협의의 공범에 대한 처벌의 유형

협의의 공범(狹義의 共犯)이란 오로지 실행행위 이외의 행위만을 행하는 자로서 교사범과 방조범을 말한다. 공범으로서 교사범과 방조범에 있어서는 정범성이 전혀 발견되지 않기 때문에 공범 앞에 협의라는 수식어가 붙어 있다고 해석된다. 형법은 협의의 공범을 교사자와 방조자로 구분하여 처벌을 각각 달리하고 있다. 협의의 공범은 실행행위 이외의 행위로 실행행위에 가공하였을 뿐임에도 불구하고 형법은 교사자에 대하여는 정범과 동일한 형으로 처벌하고(제31조 참조), 방조자에 대하여는 정범의 형보다 감경하여 처벌한다고 규정하고 있다(제32조 참조). 문제는 책임주의의 관점에서 실행행위를 행한 행위자가 아님에도 불구하고 형법이 협의의 공범을 처벌하는 근거와 정범의 수준으로까지 처벌하는 근거에 있다고 해야 한다.

2) 협의의 공범자에 대한 처벌의 근거

협의의 공범은 정범, 즉 피교사자 또는 피방조자를 매개로 하여 범죄를 실현한다는 점에서 정범과 동등한 구성요건실현의 현실적 위험성을 가지지 않기 때문에 과형에서 감형을 고려할 충분한 여지를 가지고 있다고 해석된다. 이러한 의미에서 형법이 방조범을 정범의 형보다 '감경한다'고 규정한 취지를 이해할 수 있다(제32조 제2항 참조). 문제는 형법이 교사범에 대하여 정범과 '동일한 형으로 처벌한다'고 한 규정에 있다. 책임주의의 관점에서 보면 공범을 정범과 동일한 형으로 처벌한다는 것은 문제가 될 수도 있기 때문이다. 그러나 실행행위 이외의 행위, 즉 공범행위으로서의 교사행위는 경우에 따라서는 실행행위, 즉 정범행위보다 더 위험할 수 있지만, 형법은 정범과 '동일한 형으로 처벌한다'고 규정함으로써 교사범에 대한 처벌의 최대한도를 정범의 형까지만으로 제한하고 있다고 해석된다. 교사범은 범죄의 의도가 전혀 없던 선량한 정범으로 하여금 구성요건에 해당하고 위법한 행위를 하도록 타락시켰기 때문이다(제한적 종속형식). 형법은 협의의 공범에 있어서도 정범에 대하여는 실행행위, 즉 정범행위에 대하여 책임을 묻고, 공범에 대하여는 실행행위 이외의 행위, 즉 공범행위에 대하여 각각의 책임을 물음으로써 끝까지 책임주의를 포기하지 않으려는 의도를 숨기지 않고 있다고 해석된다. 다만, 교사자와 방조자에 대한 형량의 차이는 각각 공범의사의 우위성과 열후성에서도 기인하는 것이라고 해석된다.

(3) 가담자

가담자(加擔者)란 신분범에 있어서 정범인 신분범에 가담하여 공범행위를 하는 비신분자로서의 공범을 말한다. 형법은 가담자에 대하여 "제30조부터 제32조까지의 규정을 적용한다"고 규정함으로써 전술한 바와 같이 가담자의 유형을 각각 공동행위자, 교사자 및 방조자로 분류하고 있다고 해석된다. 뿐만 아니라 형법은 "신분이 있어야 성립되는 범죄에 신분 없는 사람이 가담한 경우에는 그 신분 없는 사람에게도 제30조부터 제32조까지의 규정을 적용한다"고 규정함으로써 가담자의 유형에 따라 그에 상응하게 처벌하고 있다고 해석된다(제33조 본문 참조). 즉, 형법은 공동행위자에 대하여는 정범의 형으로 처벌하고, 교사자에 대하여는 정범과 동일한 형으로 처벌할 뿐만 아니라 방조자에 대하여는 정범의 형보다 감경하여 처벌하도록 규정하고 있다. 다만 형법은 "다만, 신분 때문에 형의 경중이 달라지는 경우에 신분이 없는 사람은 무거운 형으로 벌하지 아니한다"고 규정함으로써 공범을 정범보다 무겁게 처벌하지 못하도록 하고 있다(제33조 단서 참조). 형법이 공범을 실행행위를 단독으로 행하거나 직접적으로 행한 정범보다 그 이상으로 벌하지 못하도록 한 태도는 책임주의와 공범종속성의 관점에서 볼 때 당연한 논리적 귀결이다. 공범은 책임주의에서 볼 때 실행행위를 단독으로 또는 직접적으로 행하는 정범과는 달리 실행행위를 분담하거나 실행행위 이외의 행위를 행하였기 때문이다. 이와 같이 형법은 신분범에 있어서도 책임주의를 관철하려는 의도를 게을리 하지 않았다고 평가된다.

(4) 이용자

이용자(利用者)란 간접정범에 있어서 실행행위 이외의 행위인 이용행위로써 실행행위를 간접적으로 행하는 공범을 말한다. 이용관계에 있어서 실행행위를 직접 행하는 자를 직접정범이라고 하고, 간접적으로 행하는 자를 간접정범이라고 한다. 그러나 직접정범은 피이용자로서 정범에 속하지만, 간접정범은 이용자로서 공범에 해당한다는 점에서 양자는 정반대의 성질을 가지고 있다고 할 수 있다. 형법은 "교사 또는 방조의 예에 의하여 처벌한다"고 규정함으로써 간접정범을 공범으로 처벌한다고 규정하고 있다고 해석된다(제34조 제1항 참조).

형법은 간접정범을 이용행위가 교사에 해당하는 때에는 교사범과 같이 정범의 형과 동일한 형으로 처벌하고, 이용행위가 방조에 해당하는 때에는 방조범과 같이 정범의 형보다 감경하여 처벌하겠다는 의미로 해석된다. 형법의 태도는 공범인 간접정범을 공범으로 처벌하고 있다고 해석될 수 있다는 점에서 공범인 간접정범을 정범으로 처벌하고 있는 독일 형법과는 확연히 구별되고 있다고 할 수 있다.[83] 결

83) 독일 형법은 '범죄행위를 스스로 또는 타인을 통하여 실행한 자는 정범으로 처벌한다'고 규정하여 직접정범과 간접정범을 모두 정범으로 처벌하고 있다(독일 형법 제25조 제1항 참조). StGB §

국 형법은 책임주의의 관점에서 간접정범을 공범으로 파악하고, 책임주의를 예외 없이 관철하기 위하여 당연히 간접정범 또한 공범으로 처벌하고 있다고 해석된다.

4. 공범의 처벌의 근거

(1) 학 설

공범의 처벌근거에 관하여는 견해가 대립되어 왔다. 공범의 처벌근거가 정면으로 논의되게 된 것은 책임공범설, 위법공범설 및 인과공범설의 구별이 전개되면서부터이다.

1) 책임공범설

책임공범설(責任共犯說, Schuld-teilnahmetheorie)이란 정범을 유혹하거나 타락시켜 유책한 행위를 하게 하였다는 점에서 공범의 처벌근거를 찾는 견해를 말한다. 공범은 정범을 유혹 또는 타락시켜 범죄자 또는 전과자로 만든 행위반가치 때문에 처벌된다고 한다. 전통적으로 고전학파가 이와 유사한 견해를 채택한 바 있다. 책임공범설은 극단종속형식에 이르게 된다. 그러나 법익침해와 무관계한 타락성만을 처벌근거로 하는 것은 타당하지 않다고 비판되고 있다.

2) 불법공범설

불법공범설(不法共犯說, Unrechts-teilnahmetheorie)이란 정범으로 하여금 구성요건에 해당하는 위법한 행위를 유발하거나 촉진시켰다는 점에서 공범의 처벌근거를 찾는 견해를 말한다. 위법에 대한 이해에 따라 행위반가치형 위법공범론과 결과반가치형 위법공범론으로 나눌 수 있다. 전자는 정범의 행위반가치를 야기한 것을 처벌근거로 하고, 후자는 법익침해설을 기초로 하여 정범의 결과반가치를 야기한 것을 처벌근거로 한다. 이외에도 이원적 불법공범론은 정범의 결과반가치와 행위반가치의 양자를 처벌근거로 한다. 불법공범설은 제한종속형식에 이르게 된다.

3) 인과공범설

인과공범설은 공범 자신이 직접 위법하게 법익침해의 결과를 야기하였기 때문에 처벌된다고 하는 견해이다. 정범은 실행행위라는 방법으로, 공범은 공동, 교사, 방조, 가담 또는 이용이라는 방법으로 결과를 야기하였다는 것이다. 야기설(惹起

---

25 Täterschaft (1) Als Täter wird bestraft, wer die Straftat selbst oder durch einen anderen begeht.

說) 또는 결과야기설(結果惹起說)이라고도 한다. 이 견해는 다시 정범의 위법과의 관계에서 순수야기설, 수정야기설 및 혼합야기설로 나누어진다.

첫째, 순수야기설(純粹惹起說, reine Verursachungstheorie)은 공범은 스스로 결과를 야기한 자이기 때문에 공범의 위법성은 정범의 위법성과는 관계가 없고, 공범 독자의 위법성으로 판단된다고 한다. 제한적 정범개념을 전제로 하여 정범과 공범의 구별을 행위유형의 차이에서 구하고, 성립상의 종속성이 완화될 뿐만 아니라 정범 없는 공범과 공범 없는 정범도 긍정한다.

둘째, 수정야기설(修正惹起說)이란 위법의 연대성을 전제로 하여 공범이 정범과 함께 법익침해의 결과를 야기하였기 때문에 처벌된다는 견해를 말한다. 공범 자신이 위법하고 유책할 뿐만 아니라 정범이 구성요건에 해당하고 위법하게 법익침해의 결과를 야기할 것을 요구한다. 이러한 의미에서 종속야기설(從屬惹起說)이라고도 한다. 제한종속성을 유지하기 때문에 불법공범론과 차이는 거의 없다고 지적되고 있다. 정범 없는 공범이나 공범 없는 정범 모두를 부정한다.

셋째, 혼합야기설(混合惹起說, gemischte Verursachungstheorie)은 공범은 정범을 통하여 간접적으로 결과를 야기하는 자이기 때문에 공범이 성립하기 위하여는 공범의 위법과 정범의 위법의 양자가 합하여지지 않으면 안 된다는 견해이다. 이에 의하면 공범의 처벌은 정범이 구성요건해당성과 위법성을 충족한다는 것을 전제로 하여 공범 자신의 위법성에 근거한다는 제한종속성에 따른다. 공범의 위법은 일부는 자신의 법익침해로부터 유래하지만, 나머지는 정범의 법익침해로부터 유래한다고 한다. 정범 없는 공범은 부정하지만, 공범 없는 정범은 긍정한다.

(2) 검 토

공범론은 범죄를 방지하기 위하여 통상적으로 정범을 처벌하는 외에도 공범까지 처벌할 필요성이 있다는 요청으로부터 정책적으로 도입된 기본적 범죄이론에 대한 수정이론의 영역에 속하는 영역이라고 할 수 있다. 가장 넓은 범위에서의 공범에 대한 처벌은 실행행위를 행하지 않은 공범에 대하여도 결과발생에 기여한 자는 예외 없이 처벌하려는 입법방식을 고려할 수 있을 것이다. 소위 단일 정범방식이 이에 속한다고 해석된다. 형법은 공동정범, 교사범, 방조범, 신분과 공범의 경우(신분범의 공범) 및 간접정범을 명문으로 규정하여 때로는 정범과 같이 때로는 정범보다 감경하는 형태로 공범현상에 대응하고 있다. 공범에 대한 처벌은 국민일반의 정서와 형법이론상의 요청을 모두 고려하여 합리적인 처벌범위가 설정되지 않으면 안 된다. 그러나 공범행위도 어디까지나 처벌의 대상인 이상 형법의 기본원칙으로서의 책임주의의 요청은 여기에서도 그대로 타당하다고 해야 한다. 따라서 공범에 대한 처벌도 이미 자기 자신의 행위에 근거한 처벌이 아니면 안 되고, 정범으로부터 가벌성을 빌려받는다는 설명은 허용되어서는 안 된다. 한편 형법은 원래 정범으로 처벌되지 않는 자를 처벌하는 공범에 대한 규정을 둠으로써 형법상 공범규정은 처벌확장사유가 되고 있다.

생각건대 기본적으로 인과적 공범론에 동의한다. 공범에 대한 처벌근거는 법익의 침해 또는 법익침해의 위태화에 있다고 해야 하기 때문이다. 결과와의 관계에서 정범이 적법하면 결과는 적법하게 되고, 공범은 그와 같은 결과를 야기한 것이기 때문에 공범도 적법하게 된다. 따라서 공범이 성립하기 위하여는 정범이 위법하지 않으면 안 된다고 해석된다. 이러한 결론은 혼합야기설의 그것과 동일하게 된다. 이러한 의미에서 형법은 공범, 즉 공동정범, 교사자, 방조자, 가담자 및 이용자를 모두 예외 없이 처벌하고 있다고 해석된다. 다만 그 처벌의 정도에 있어서는 공범마다 결과발생에 대한 기여도에 따라 개별적으로 판단하여 결정하고 있다고 해석된다. 정범은 정범대로, 공범은 공범대로 자신의 행위와 결과에 대하여 각자 책임을 지는 것이 책임주의의 요청이다. 공범에 있어서도 책임주의, 즉 자기책임주의의 준수에 대한 예외가 인정될 수 없는 것이다. 결국 공범의 처벌근거에 대하여는 혼합야기설에 의할 때 책임주의의 요청에 따른 가장 합당한 설명이 가능하다고 생각된다.

제 2 관 공동정범

제30조 (공동정범) 2인 이상이 공동하여 죄를 범한 때에는 각자를 그 죄의 정범으로 처벌한다.

Ⅰ. 서 언

1. 공동정범의 의의

공동정범(共同正犯, Mittäter)이란 2인 이상이 공동하여 죄를 범한 경우를 말한다(제30조 참조). 책임주의에서 말하는 행위자(行爲者, Täter)란 구성요건에 해당하는 행위, 즉 실행행위를 행하는 자로서 정범(正犯, Täter)이 된다. 실행행위를 1인이 행하는 경우에는 단독정범(單獨正犯, Alleintäter)이 되고, 2인 이상이 공동하여 행하는 경우에는 1인 이상은 정범이 되고 나머지 1인 이상은 공동정범이 된다고 분석할 수 있다. 이러한 분석은 '각자를 그 죄의 정범으로 처벌한다'고 한 형법의 규정(제30조 참조)에서도 그 근거를 추가적으로 발견할 수 있다. 공동정범은 분명히 정범으로서의 속성, 즉 정범성(Täter-schaft)을 가지고 있다. 여기서 통설은 공동정범을 정범으로 파악하는 우(愚)를 범하고 있다고 생각된다.

2. 공동정범의 특징

공동정범의 특징은 두 가지의 측면에서 발견된다. 행위의 성질상의 특징과 책임의 처벌상의 특징이 그것이다.

첫째, 행위에 있어서 성질상의 특징이다. 공동정범은 정범과 함께 실행행위를 공동으로 행하는 경우뿐만 아니라 실행행위 이외의 행위를 공동으로 행하는 경우도 포함하고 있다. 공동정범은 객관적 구성요건요소로서의 행위, 즉 실행행위 외에도 이와 관련된 일련의 행위를 기능적으로 분담하여 행하는 점에 그 특징이 있다고 할 수 있다. 예컨대, 살인죄의 공동정범의 경우를 보면 살인죄의 실행행위는 살해이지만(제250조 제1항 참조), 살해라는 실행행위 외에도 살해를 지시하는 행위, 살해행위시 망을 보는 행위 또는 살해 후 도피가 용이하도록 차량을 대기시켜 놓고 기다리는 행위 등과 같이 교사 또는 방조에 해당할 수 있는 행위가 포함되어 있다는 데에 그 특징이 있다. 다만, 실행행위를 공동으로 행하는 경우에는 그 자체로서 정범성을 가지지만, 실행행위 이외의 행위를 공동으로 행하는 경우에는 기능적 행위지배관계가 긍정되는 경우에 한해서 정범성이 부여될 수 있다. 전자와 같이 실행행위 자체를 분담하는 공동정범의 형태를 정범형 공동정범, 후자와 같이 정범과 공동정범이 각각 실행행위와 실행행위 이외의 행위로 나누어 기능적으로 분담하는 공동정범의 형태를 공범형 공동정범으로 분류한 바 있다. 이러한 의미에서 공동정범은 정범성(正犯性)과 공범성(共犯性)을 동시에 모두 가지고 있다고 해석할 수 있다.

둘째, 책임에 있어서 처벌상의 특징이다. 형법상의 대원칙인 책임주의, 즉 귀책에 있어서의 책임주의와 양형에 있어서의 책임주의를 철저히 한다면 정범형 공동정범은 자신이 행한 실행행위의 일부에 대하여 책임을 지게 될 것이고, 공범형 공동정범은 실행행위를 행하지 않기 때문에 실행행위 자체에 대하여는 책임을 지지 않게 된다. 전자에 있어서의 일부책임, 후자에 있어서의 책임면제의 문제를 해결하기 위해서는 전자의 경우 실행행위의 분담비율을 정하고, 후자의 경우 실행행위와 실행행위 이외의 행위를 구별하는 작업이 선행되어야 할 것이다. 그러나 문제는 실행행위에 대하여 각자의 분담비율을 정하고 실행행위와 실행행위 이외의 행위를 구별함에 있어서의 난해함에 있다고 해야 한다. 여기서 형법은 "각자를 그 죄의 정범으로 처벌한다"고 규정함으로써 위의 난제를 해결하고 있다. 이러한 규정으로 인하여 실행행위의 분담비율을 정하는 문제와 실행행위와 그 이외의 행위를 구별하는 문제는 전혀 불필요한 작업으로 되기 때문이다. 그럼에도 불구하고 형법은 공동정범을 정범으로 처벌하고 있기 때문에 공범을 정범으로 처벌하는 근거가 규명되지 않으면 안 된다. 특히, 공범형 공동정범을 정범으로 처벌하기 위해서는 실행행위 이외의 행위가 실행행위와 규범적으로 동일하게 평가될 수 있어야 한다. 이것이 바로 실행행위 이외의 행위가 실행행위와 가치적으로 동일하게 평가되어야 한다는 공동행위에 대한 실행행위성(共同行爲의 實行行爲性)의 요구이다. 한편, 공동행위는 후술하는 바와 같이 기능적 행위지배를 통하여 실행행위성을 취득할 수 있게 되고, 이는 다시 실행행위성이 인정되는 범위 내에서 일부실행전부책임의 원칙(一部實行全部責任의 原則)의 근거가 되는 구조를 가능하게 하고 있다.

Ⅱ. 구성요건

공동정범의 성립요건으로서는 일치하여 주관적 공동성과 객관적 공동성, 즉 주관적 요건으로서 공동가공의 의사와 객관적 요건으로서 공동실행의 사실이 거론되고 있다. 대법원도 공동정범이 성립하기 위해서는 주관적 요건으로서 공동가공의 의사와 객관적 요건으로서 공동의사에 기한 기능적 행위지배를 통한 범죄의 실행사실이 필요하다고 하고 있다.[84] 아래에서는 전자와 후자에 대하여 각각 주관적 구성요건요소로서의 고의와 객관적 구성요건요소로서의 행위와 관련시켜 검토하기로 한다.

---

84) 대법원 2018.9.13. 선고 2018도7658, 2018전도54, 55, 2018보도6, 2018모2593 판결; 대법원 2018.4.19. 선고 2017도14322 전원합의체 판결; 대법원 2017.5.17. 선고 2017도2573 판결; 대법원 2017.4.26. 선고 2013도12592 판결; 대법원 2017.1.12. 선고 2016도15470 판결; 대법원 2014.5.16. 선고 2012도3676 판결; 대법원 2008.4.10. 선고 2008도1274 판결; 대법원 2004.6.24. 선고 2002도995 판결; 대법원 1996.1.26. 선고 95도2461 판결.

1. 객관적 구성요건

공동정범의 구성요건해당성을 판단하기 위한 첫 번째의 요건은 객관적 구성요건요소, 즉 주체, 객체, 행위, 결과, 인과관계 및 상황에 대한 충족여부이다. 아래에서는 공동정범의 특성상 반드시 검토할 필요가 있는 요소, 즉 주체와 행위를 중심으로 검토하기로 한다. 특히 행위와 관련된 공동실행의 사실에 있어서는 기능적 행위지배사실이 규명되지 않으면 안 된다.

(1) 주 체

주체는 실행행위를 행하는 자, 즉 행위자를 말한다. 행위자는 형법의 기본원칙 중의 하나인 책임주의에서 말하는 책임의 주체로서의 행위자와 동일인을 의미한다. 그런데 공동정범은 '2인 이상이 공동하여 죄를 범'하는 참여형태이기 때문에 범죄행위의 주체로서 2인 이상으로 구성되어 있는 행위자를 밝혀내지 않으면 안 된다. 이미 검토한 바와 같이 2인 이상의 자는 실행행위를 행하는 1인 이상의 자와 실행행위 또는 실행행위 이외의 행위를 행하는 1인 이상의 자로 구성된다고 분석할 수 있다. 여기서 공동정범의 주체를 실행행위를 행하는 정범으로서의 실행행위자와 실행행위 또는 실행행위 이외의 행위를 행하는 공범으로서의 공동행위자로 나누어 검토할 필요가 있다.

1) 실행행위자

실행행위자(實行行爲者, Täter)란 공동모의자 중에서 구성요건에 해당하는 행위, 즉 실행행위(Tat)를 행하는 자를 말한다. 예컨대 사람을 살해함으로써 성립하는 살인죄에 있어서 살해라는 실행행위를 행하는 자를 말한다. 실행행위를 행하는 자는 원칙적으로 정범(正犯, Täter)으로 되지만, 공범으로 되는 것이 불가능한 것은 아니다. 소위 정범형 공동정범이 바로 이에 속한다.

2) 공동행위자

공동행위자(共同行爲者, Mittäter)란 원칙적으로 공동모의자 중에서 실행행위 또는 실행행위 이외의 행위를 행하는 자로서 공범(共犯, Teilnehmer)을 말한다. 예컨대 살인죄에 있어서 살해행위 이외의 행위로서 망보는 행위, 살해행위에 대한 교사 또는 방조, 도주를 위한 원조 등의 행위를 행하는 자를 말한다. 형법은 공동행위자를 정범과 공동하여 행하는 공범이라는 의미에서, 특히 공동정범(Mittäter, joint principal offender)이라고 명명하고 있다고 해석된다.

공동행위자는 정범과 실행행위를 분담하는 경우에는 정범형 공동정범, 실행행위를 행하는 정범과 실행행위 이외의 행위를 서로 기능적으로 분담하는 경우에는 공범형 공동정범이 된다는 것에 관하여는 이미 전술한 바 있다. 다만 정범형 공동정범은 스스로 정범성을 가질 수 있다는 점에서 기능적 행위지배에 의하여만 정범성이 부여될 수 있는 공범형 공동정범과 구별된다고 할 수 있다. 공동정범의 형태로서는 전자의 정범(실행정범)과 정범(공동정범)의 조합과 후자의 정범(실행정범)과 공범(공동정범)의 조합을 생각할 수 있다. 그러나 공범(공동정범)과 공범(공동정범)의 조합은 불가능하다고 해야 한다. 왜냐하면 공동정범도 궁극적으로는 공범이기 때문에 공범종속성을 따르지 않을 수 없고 정범 없는 공범은 성립할 수 없기 때문이다.

(2) 행 위

공동정범이 성립하기 위해서는 주관적 요건으로서 공동가공의 의사 외에도 객관적 요건으로서 공동가공의 행위가 요구된다. 공동정범에 있어서 행위의 주체가 정범과 공범으로 이원화되듯이, 행위에 있어서도 정범에 의한 정범행위와 공범에 의한 공범행위로 이원화하여 검토할 필요가 있다. 전체범죄는 정범행위와 공범행위로 구성되어 있기 때문이다. 한편 정범행위를 실행행위라고 함에 반하여, 공범행위는 실행행위 또는 실행행위 이외의 행위라고 할 수 있다. 또한 공범행위는 공동정범의 경우 공범인 공동정범에 의하여 정범과 공동으로 행하여지는 행위이기 때문에 공동행위라고도 할 수 있다.

1) 공동가공의 행위

공동가공의 행위(共同加功의 行爲)란 2인 이상의 자가 공동하여 각자가 맡은 실행행위와 공범행위를 실현하는 것을 말한다. '공동하여'란 공동하는 자 전원이 상호 타인의 실행행위 또는 공범행위를 이용하고 보충하면서 분담된 행위를 기능적으로 수행하는 것을 의미한다. 따라서 공동가공행위는 정범의 실행행위와 공범의 공동행위의 결합체인 복합어로 이해할 수 있다. 역으로 보면 공동가공행위는 당연히 실행행위와 공동행위로 나누어질 수 있게 된다. 다만, 공동가공행위라는 용어의 어의 속에는 이미 상호 대등한 이용관계라는 구조가 반영되어 있다고 해석된다. 한편 공동정범은 각각의 행위자들이 공동의 의사로 역할을 분담하여 기능적

행위지배를 하고 있다는 점에서 그러한 행위지배가 없는 종범과 구별된다고 할 수 있다.[85]

① 실행행위

실행행위(實行行爲, Tat)란 구성요건에 해당하는 행위를 말한다. 실행행위는 원칙적으로 실행행위자, 즉 정범에 의하여 행하여진다. 정범에 의하여 행하여지는 행위라는 의미에서 정범행위라고도 할 수 있다. 실행행위를 1인이 행하면 실행행위자는 단독정범이 되는 것은 당연하다. 또 실행행위를 전술한 바와 같이 공동행위자와 분담하여 행하면 각각 실행행위자는 정범이 되고, 공동행위자는 공동정범이 된다(정범형 공동정범).

정범형 공동정범은 실행행위를 분담하고 있다는 점에서 합동범과 일치하지만, 공동정범은 총칙상의 공범이라는 점에서 각칙상의 정범인 합동범과 구별된다. 또 합동범(合同犯)은 주관적 요건으로서 공모와 객관적 요건으로서 실행행위의 분담을 요한다는 점에서 정범형 공동정범과 공통되나, 실행행위에 있어서 시간적 · 장소적 협동관계를 요한다는 점에서 기능적 행위지배관계를 요하는 정범형 공동정범과 구별된다고 할 수 있다.[86] 정범형 공동정범은 실행행위를 분담한다는 점에서 합동범과 공통되지만, 총칙상의 범죄로서 각칙상의 모든 범죄에 적용된다는 점에서 각칙상의 특수도주죄(제146조), 특수절도죄(제331조 제2항) 또는 특수강도죄(제334조 제2항)의 경우에만 성립하는 합동범과 구별된다. 첨언하면 합동범의 경우에는 현장성, 즉 시간적 · 장소적 근접성이 충족되는 경우에는 실행행위의 합동성을 인정하는 데에 그 특징이 있다고 할 수 있다.

한편 과실의 공동정범을 인정하는 경우 과실의 공동정범의 실행행위는 단독정범에 있어서의 그것과 다를 것이 없다고 생각된다. 따라서 과실범의 실행행위인 객관적 주의의무위반은 과실의 공동정범에 있어서도 실행행위가 된다고 이해할 수 있다. 다만 과실의 공동정범의 객관적 주의의무위반은 공동의 객관적 주의의무 위반을 요구할 뿐이라고 이해할 수 있다.

---

85) 대법원 2017.5.17. 선고 2017도2573 판결; 대법원 2017.4.26. 선고 2013도12592 판결; 대법원 2004.6.24. 선고 2002도995 판결; 대법원 2003.3.28. 선고 2002도7477 판결; 대법원 2000.4.7. 선고 2000도576 판결; 대법원 1996.1.26. 선고 95도2461 판결; 대법원 1989.4.11. 선고 88도1247 판결.

86) 대법원 2012.6.28. 선고 2012도2631 판결.

② 공동행위

공동행위(共同行爲, Mittat)란 정범과 공동하여 공범인 공동정범에 의하여 행하여지는 행위를 말한다. 공범에 의하여 행하여지는 행위라는 의미에서 공범행위라고도 할 수 있다. 공동행위는 공동정범의 유형에 따라 정범형 공동정범의 경우에는 실행행위가 되고, 공범형 공동정범의 경우에는 실행행위 이외의 행위가 된다.

한편 형법은 공범인 공동정범을 정범으로 처벌하고 있기 때문에 정범성을 획득하기 위해서는 정범형 공동정범이든 공범형 공동정범이든 공동정범의 공동행위에는 후술하는 바와 같이 정범의 실행행위와 동일하게 평가될 수 있어야 한다는 속성, 즉 실행행위성이 요구된다고 해석된다.

③ 공동행위의 실행행위성

공동행위의 실행행위성이란 공동행위의 실행행위와의 동가치성을 말한다. 동가치성이란 공범행위로서의 공동행위는 정범행위로서의 실행행위와 가치적으로 동일하게 평가되어야 한다는 성질을 말한다. 공동정범은 공범이지만 정범으로 처벌하는 형법의 규정(제30조 참조)에 따르면 공범행위인 공동행위는 정범행위인 실행행위와 동등하게 처벌할 가치가 있다고 평가될 것이 요구되기 때문이다.

정범형 공동정범의 공동행위가 실행행위성을 가지는 것은 당연하다. 실행행위를 정범과 분담하여 행하기 때문에 공동행위도 당연히 실행행위의 일부가 되기 때문이다. 문제는 공범형 공동정범의 공동행위에 있다고 해야 한다. 공동행위로서 실행행위 이외의 행위를 행하는 경우에는 그 자체만을 가지고 정범으로 처벌하는 것은 충분하지 않다고 해야 하기 때문이다. 여기서 필요한 것은 바로 공범행위의 정범행위와의 처벌에 있어서의 동가치성, 즉 실행행위성이라고 하지 않을 수 없다. 실행행위 이외의 행위가 실행행위와 처벌가치가 동일하다고 할 수 있다면 공동정범을 정범으로 처벌하는 것은 합당하다고 할 수 있기 때문이다.

또 다른 문제는 공동행위에 대한 실행행위성의 요건에 있다고 해야 한다. 생각건대 공범행위는 기능적으로 분담된 공범행위가 실행행위와 동일한 정도의 처벌가치를 가질 때 실행행위성이 충족될 수 있다고 해석된다. 바로 여기서 기능적 행위지배설이 주장하는 취지에 주목할 필요가 있다. 공범행위의 실행행위성은 기능적으로 분담된 행위와 분담된 행위의 실행행위와의 처벌상의 동등성, 즉 중요성에 의하여 판단될 수밖에 없다고 해석된다. 범죄수행에 불가결한 행위라면 실행행위의 전부 또는 일부뿐만 아니라 실행행위 이외의 행위일지라도 공동의 실행행위로 인정될 수밖에 없다고 해야 하기 때문이다. 예컨대 "공범들과 함께 강도범행을 저지른 후 피해자의 신고를 막기 위하여 공범들이 묶여있는 피해자를 옆방으로 끌고가 강간범행을 할 때에 피고인은 자녀들을 감시하고 있었다면 공범들의 강도강간범죄에 공동가공한 것이라 하겠으므로 비록 피고인이 직접 강간행위를 하지 않았다 하더라도 강도강간의 공동죄책을 면할 수 없다"고 해야 한다.[87] 또 공동정범에 관한 형법상의 규정은 정범행위인 실행행위와 같은 정도로 억제할 필요가 있는 공범행위로까지 정범성을 확대하려는 규정이라고 해석하지 않으면 안 되기 때문이다.

2) 공동가공행위의 방법

공동가공행위는 작위 또는 부작위를 불문한다. 공동가공행위는 또 범죄계획의 수행에 필수적인 역할을 분담한 이상 실행행위의 분담은 반드시 현장에서 행하여짐을 요하지 않는다. 바로 이 점에서 공동정범은 현장성을 요구하는 합동범과 구별된다고 할 수 있다. 나아가 공동가공행위의 방법으로서는 반드시 신체적 행위분담에 그치지 않고 정신적 역할분담도 가능하다고 할 수 있다. 예컨대 조언에 의한 기술적 문제의 해결이 정신적 역할분담에 해당하는 경우라고 할 수 있다. 바로 여기에서 후술하는 공모공동정범을 공동정범으로 인정할 수 있는 근거의 실마리를 찾을 수 있다고 본다.

3) 공동가공행위의 시기

공동가공행위는 원칙적으로 범죄에 대한 실행의 착수 이후부터 종료 이전까지 존재하여야 한다. 따라서 예비단계에서만 기여된 행위는 공동가공행위로 볼 수 없다. 공범종속성에 따르는 한 적어도 정범은 실행에 착수하고 있어야 한다. 공동정범의 경우에도 공동정범은 공범으로서 공범종속성을 요한다고 할 수 있다. 그러나 예비·음모 단계에서의 행위기여가 그 이후의 행위에 대해서 결정적·본질적 영향을 미쳤다고 판단될 경우에는 공동가공행위의 분담이 있다고 볼 수 있다. 예컨대 두목이 범죄를 계획·조직하고 부하가 이를 실행한 소위 공모공동정범의 경우이다.

(3) 결 과

실행행위자의 실행행위 또는 공동행위자의 공동행위에 의하여 결과가 발생하

87) 대법원 1986.1.21. 선고 85도2411 판결.

지 않은 경우에는 미수가 발생한다. 다만 일부의 자의 행위가 미수에 그치더라도 다른 자의 행위가 기수에 이르면 기수범이 성립한다.

2. 주관적 구성요건

공동정범이 성립하기 위해서는 객관적 요건으로서 공동가공의 행위 외에도 주관적 요건으로서 공동가공의 의사가 요구된다.

(1) 공동가공의 의사

공동가공의 의사(共同加功의 意思)란 참여자 상호간의 의사의 합치를 말한다. 흔히 공모 또는 의사의 연락이라고도 한다. 공모(共謀)란 공동모의의 준말로서 2인 이상의 자가 협력해서 공동의 범죄의사를 실현시키려는 의사의 연락을 말한다.[88) 공동가공의 의사는 다시 참여자 각각의 의사, 즉 실행행위자의 고의와 공동행위자의 고의로 나누어질 수 있다. 이는 공동가공행위가 실행행위와 공동행위로 나누어질 수 있는 것과 같은 구조라고 할 수 있다. 이러한 의미에서 공동가공의 의사는 실행행위자의 고의와 공동행위자의 고의라는 이중의 고의를 내용으로 하고 있을 뿐만 아니라 기능적 행위지배를 위한 고의로서 양자의 고의 상호간에 의사의 연락을 포함하고 있다고 해석된다. 아래에서는 공동가공의 의사를 실행행위자의 고의와 공동행위자의 고의 및 상호 공범고의로 나누어 검토하기로 한다.

1) 실행행위자의 고의

실행행위자의 고의란 실행행위자로서 그에 해당하는 객관적 구성요건에 대한 인식과 이에 대한 실현의사를 말한다. 다만 개별 관여자의 전체의 고의는 전체범죄에 대한 고의가 아니면 안 된다고 할 수 있다. 실행행위자는 그의 짝인 공동행위자의 고의를 흡수함으로써 전체범죄에 대한 고의를 확보할 수 있다. 실행행위자와 공동행위자의 사이에서 상호간의 고의를 연결하고 교환할 수 있도록 기능하는 것이 바로 의사의 연락이라고 할 수 있다. 실행행위자의 고의에는 본래의 의미에 있어서의 고의, 즉 객관적 구성요건에 관한 인식과 실현의사 외에도 공동행위자와의 의사의 연락이 포함되어야 하는 이유를 이해할 수 있다. 결국 실행행위자의 고의는 실행행위자의 정범고의와 의사의 연락으로서의 실행행위자의 공범고의로 구성된다고 이해할 수 있다. 또 의사의 연락을 통해서 개별 행위자는 전체

---

88) 대법원 1980.5.20. 선고 80도306 판결.

범죄에 대한 참여자로서의 성격을 가지게 된다고 해석된다. 반대의 논리도 참이 된다고 할 수 있다.

2) 공동행위자의 고의

공동행위자의 고의란 공동행위자로서 그에 해당하는 객관적 구성요건에 대한 인식과 이에 대한 실현의사를 말한다. 다만 개별 관여자의 전체의 고의는 전체 범죄에 대한 고의가 아니면 안 된다고 할 수 있다. 공동행위자는 그의 짝인 실행행위자의 고의를 흡수함으로써 전체범죄에 대한 고의를 확보할 수 있다. 전술한 바와 같이 공동행위자와 실행행위자의 사이에서 상호간의 고의를 연결하고 교환할 수 있도록 기능하는 것이 바로 의사의 연락이라고 할 수 있다. 공동행위자의 고의에는 본래의 의미에 있어서의 고의, 즉 객관적 구성요건에 관한 인식과 실현의사 외에도 실행행위자와의 의사의 연락이 포함되어야 하는 이유를 이해할 수 있다. 결국 공동행위자의 고의는 공동행위자의 공범고의와 의사의 연락으로서의 공동행위자의 공범고의로 구성된다고 이해할 수 있다. 또 전술한 바와 같이 의사의 연락을 통해서 개별 행위자는 전체 범죄에 대한 참여자로서의 성격을 가지게 된다고 해석된다.

3) 실행행위자와 공동행위자의 상호 공범고의

공동정범에 있어서 주관적 구성요건, 즉 고의의 특징은 이미 언급한 바와 같이 고의의 일중성(故意의 一重性)에 있다고 할 수 있다. 실행행위자의 정범고의와 공동행위자의 정범고의 및 실행행위자의 공범고의와 공동행위자의 공범고의가 공동가공의 의사 또는 의사의 연락이라고 하는 고의에 수렴되어 하나로 일치하는 현상, 즉 고의의 일중성을 보이는 것이 가장 큰 특징이라고 할 수 있기 때문이다.

또 정범과 공범을 연결하여 기능적 행위지배가 가능하도록 하는 연결고리가 의사의 연락이라고 할 수 있다. 공동가공에 대한 의사의 연락을 통해서 정범과 공범은 상호 이용관계를 형성할 수 있게 된다. 바로 이 곳에 의사의 연락, 즉 공모에 일정한 요건이 요구되지 않을 수 없는 이유가 있다. 따라서 "2인 이상이 범죄에 공동 가공하는 공범관계에서 공모는 법률상 어떤 정형을 요구하는 것이 아니고 범죄를 공동실행할 의사가 있는 공범자 상호 간에 직간접적으로 그 공동실행에 관한 암묵적인 의사연락만 있으면 그것으로 충분하다"고 할 수 있다.[89] 다만

89) 대법원 2020.7.23. 선고 2020도1264 판결; 대법원 2018.10.4. 선고 2016도15084 판결; 대법원 2018.4.19. 선고 2017도14322 전원합의체 판결; 대법원 2017.12.22. 선고 2017도12649 판결;

"공동가공의 의사는 타인의 범행을 인식하면서도 이를 제지하지 아니하고 용인하는 것만으로는 부족하고, 공동의 의사로 특정한 범죄행위를 하기 위하여 일체가 되어 서로 다른 사람의 행위를 이용하여 자기의 의사를 실행에 옮기는 것을 내용으로 하는 것이어야 한다"고 하지 않을 수 없다.90)

한편 의사의 연락은 관여자의 개별적인 의사를 서로 결합시키는 기능을 수행하게 된다. 의사의 연락을 통해서 각각의 관여자는 전체 범죄에 대한 고의를 형성할 수 있게 되는 것이다. 의사의 연락을 통해서 관여자의 개별적인 행위주체로서의 의사가 전체적으로 집단적인 행위주체로서의 의사로 형성될 수 있게 되고, 관여자마다 기능적으로 분담된 행위들은 전체 범죄 속에서 상호 공조가 가능하게 되어 분담된 행위와 전체 행위를 묶는 연결고리가 형성될 수 있게 되기 때문이다.

(2) 공동가공의 의사와 의사의 연락

공동정범의 주관적 구성요건요소인 고의는 공동실행의 사실에 대한 인식과 그에 대한 실현의사를 포함하는 구조로 파악될 수 있다. 문제는 공동실행의 사실에 대한 인식과 그에 대한 실현의사, 즉 공동실행의 의사에 의사의 연락이 포함되느냐에 있다. 이에 대하여는 관여자 각자의 개별적 인식으로 충분하다는 의사연락불요설(意思連絡不要說)이 있으나, 공동실행이라는 것은 관여자의 개별적 인식, 예컨대 고의만으로는 충분하지 않기 때문에 관여자 상호간에 의사의 연락이 필요하다는 의사연락필요설(意思連絡必要說)이 타당하다고 해야 한다. 의사의 연락을 통하여 상호 이용의사가 확인되고 전체 범죄에 대한 참가를 인정할 수 있게 됨으로써 기능적으로 분담된 행위에는 실행행위성을, 관여자에게는 정범성을 취득하게 할 수 있기 때문이다.

공범인 공동행위자가 정범으로 처벌될 수 있기 위한 정범성을 가지기 위한 근거는 공동실행의 의사에 있다고 할 수 있다. 공동실행의 의사란 각각의 행위자가

대법원 2014.5.16. 선고 2012도3676 판결; 대법원 2013.8.23. 선고 2013도5080 판결; 대법원 2013.1.24. 선고 2012도10629 판결; 대법원 2012.4.26. 선고 2010도2905 판결; 대법원 2011.12.22. 선고 2011도9721 판결; 대법원 2008.6.26. 선고 2007도6188 판결; 대법원 2006.12.22. 선고 2006도1623 판결; 대법원 2000.11.10. 선고 2000도3483 판결; 대법원 1999.4.23. 선고 99도636 판결; 대법원 1997.2.14. 선고 96도1959 판결; 대법원 1987.10.13. 선고 87도1240 판결.

90) 대법원 2020.7.23. 선고 2020도1264 판결; 대법원 2018.9.13. 선고 2018도7658, 2018전도54, 55, 2018보도6, 2018모2593 판결; 대법원 2017.5.17. 선고 2017도2573 판결; 대법원 2017.4.26. 선고 2013도12592 판결; 대법원 2013.1.10. 선고 2012도12732 판결; 대법원 2008.4.10. 선고 2008도1274 판결; 대법원 2004.6.24. 선고 2002도995 판결; 대법원 2003.3.28. 선고 2002도7477 판결; 대법원 2000.4.7. 선고 2000도576 판결; 대법원 1996.1.26. 선고 95도2461 판결.

상호 타인의 행위를 기능적으로 지배 · 이용하여 구성요건을 실현하려는 의사를 말한다. 공동실행의 의사 또는 공동가공의 의사는 기능적 행위지배의 본질적 요소가 되고, 이로 인하여 개별적인 행위가 전체로 결합되어 분업적으로 실행된 행위의 전체에 대한 책임을 인정할 수 있게 된다. 따라서 공동가공의 의사는 공동의 의사로 특정한 범죄행위를 하기 위하여 일체가 되어 서로 다른 사람의 행위를 이용하여 자기의 의사를 실행에 옮기는 것을 내용으로 하는 것이어야 한다.[91] 범죄의 실행에 가담한 사람이라고 할지라도 그가 공동의 의사에 따라 다른 공범자를 이용하여 실현하려는 행위가 자신에게는 범죄를 구성하지 않는다면, 특별한 사정이 없는 한 공동정범의 죄책을 진다고 할 수 없다.[92]

한편 공동실행의 의사가 없는 경우에는 단독정범의 병존에 불과한 동시범(同時犯, Nebentäterschaft)이 될 뿐이다. 또한 후술하는 바와 같이 공동실행의 의사가 일방에게만 존재하는 편면적 공동정범(片面的 共同正犯, einseitige Mittäterschaft)은 공동정범이 될 수 없다. 이러한 경우에는 동시범 또는 종범이 문제될 수 있을 뿐이다. 한편 과실의 경우에도 공동가공의 의사를 인정여부에 대하여는 견해가 일치하지 않고 있다. 이에 관하여는 후술한다.

1) 공동가공의사의 연락방법

의사의 연락은 명시적 · 묵시적 방법을 불문한다. 공범자 사이에 직접 또는 간접적으로 범죄의 공동실행에 관한 암묵적인 의사의 연락만으로도 족하다.[93] 의사의 연락 또는 공모는 법률상 어떠한 정형을 요구하는 것도 아니다. 범죄를 공동실행할 의사가 있는 공범자 상호간에 직 · 간접적으로 그 공동실행에 관한 암묵적인 의사연락이 있으면 충분하다.[94] 공모자 가운데 1인 또는 2인 이상을 통하여 릴레이식으로 범의의 연락이 있거나, 간접적으로 범의의 연락이 이루어짐으로써 그 내용에 대하여 포괄적 또는 개별적인 의사의 연락이나 인식이 있으면 전원의 공모관계를 인정할 수 있다.[95] 비록 전체의 모의과정이 없었다고 하더라도 수인 사이에 순차적 또는 암묵적으로 상통하여 그 의사의 결합이 이루어지면 공모관계가 성립된다.[96] 공모관계는 2인 이상이 공모하여 범죄에 공동가공하여 범죄를 실

---

91) 대법원 2017.4.26. 선고 2013도12592 판결; 대법원 1997.1.24. 선고 96도2427 판결.

92) 대법원 2017.4.26. 선고 2013도12592 판결.

93) 대법원 1986.8.19. 선고 85도2728 판결; 대법원 1986.1.28. 선고 85도2421 판결; 대법원 1985.12.24. 선고 85도2371 판결.

94) 대법원 2018.10.4. 선고 2016도15084 판결; 대법원 2017.12.22. 선고 2017도15538 판결; 대법원 2012.4.26. 선고 2010도2905 판결; 대법원 2006.12.22. 선고 2006도1623 판결.

95) 대법원 1985.3.12. 선고 83도2197 판결.

현하려는 의사의 결합만 있으면 충분하기 때문이다. 공모는 공동행위자 전원이 일정한 장소에 집합하여 직접 모의할 것도 요하지 않는다. 공범자 전원이 일정한 일시, 장소에 집합하여 모의한 바 없고 또 일부가 현실적으로 범죄실행에 가담한 일이 없다고 하여도 간접적 또는 순차적으로 범행의 포괄적 또는 개별적인 의사연락이 있으면 전체에 대하여 공동정범이 성립한다고 할 수 있다.[97)]

2) 공동가공의사의 연락시기

의사연락의 시기는 실행의 착수 전후를 묻지 않는다. 다만 의사의 연락은 실행행위가 종료하기 이전에는 존재해야 한다. 의사의 연락이 실행의 착수 이전에 있는 경우를 예모적 공동정범(豫謀的 共同正犯), 실행행위 도중에 있는 경우를 우연적 공동정범(偶然的 共同正犯, zufällige Mittäterschaft)이라고 한다. 또한 실행행위의 일부 종료 후 그 기수 이전에 있는 경우를 승계적 공동정범(承繼的 共同正犯, sukzessive Mittäterschaft)이라고 한다. 이에 관하여 자세한 것은 후술한다.

공모를 긍정한 판례의 구체적 내용은 다음과 같다. 즉,

> 피고인과 원심피고인 은 판시 소유권확인서 발급신청인들이 제시한 신청서가 모두 허위의 내용이란 사실을 알면서 그 정을 모르는 동장을 이용하여 허위의 소유권확인서를 작성케 한다는 암묵적인 의사의 연락하에서 각기 그 판시와 같이 그 실행을 분담한 사실을 인정하기에 어렵지 아니하므로 피고인과 원심공동피고인을 공동정범의 관계에 있는 것으로 본 원심의 조처는 정당하고 거기에 소론과 같은 공동정범 또는 방조범에 관한 법리의 오해나 채증법칙을 어긴 위법이 있다할 수 없다. 논지는 이유없다.[98)]

공모를 부정한 판례의 구체적 내용은 다음과 같다. 즉,

> 공소외 1은 미국에서 공소외 2 유한회사(이하 '공소외 2 회사'라고 한다)를 설립한 후, 2016. 9.경 한국에서 가상화폐 채굴기 판매 및 관리사업을 시작하였다. 공소외 2 회사는 회원으로부터

---

96) 대법원 2018.4.19. 선고 2017도14322 전원합의체 판결; 대법원 2017.12.22. 선고 2017도12649 판결; 대법원 2013.8.23. 선고 2013도5080 판결; 대법원 2013.1.24. 선고 2012도10629 판결; 대법원 2011.12.22. 선고 2011도9721 판결; 대법원 2009.2.12. 선고 2008도6551 판결; 대법원 2008.6.26. 선고 2007도6188 판결; 대법원 2006.12.22. 선고 2006도1623 판결; 대법원 2004.12.24. 선고 2004도5494 판결; 대법원 2004.3.12. 선고 2004도126 판결; 대법원 2003.10.10. 선고 2003도3516 판결; 대법원 2000.11.10. 선고 2000도3483 판결; 대법원 2000.7.7. 선고 2000도1899 판결; 대법원 1999.4.23. 선고 99도636 판결; 대법원 1983.3.8. 선고 82도3248 판결.

97) 대법원 2012.6.28. 선고 2012도2631 판결; 대법원 2008.11.13. 선고 2006도755 판결; 대법원 1996.3.8. 선고 95도2930 판결; 대법원 1990.6.26. 선고 90도765 판결.

98) 대법원 1986.8.19. 선고 85도2728 판결; 대법원 1983.3.8. 선고 82도2873 판결.

받은 채굴기 판매대금을 관리하거나 수당을 지급하기 위해 주식회사 공소외 3, 주식회사 공소외 4, 주식회사 공소외 5 등을 설립하였고, 채굴기를 설치 · 관리 · 운영하기 위해 주식회사 공소외 6 등을 설립하였다. 공소외 1은 위 회사들의 실질적 지배자였다. 공소외 2 회사의 사업은 채굴기 판매사업과 채굴기 관리사업으로 구분할 수 있다. 채굴기 판매사업은 다단계방식을 통하여 채굴기를 판매하는 사업이고, 채굴기 관리사업은 채굴기 판매 후 공소외 2 회사가 구매자들로부터 채굴기를 위탁받아 가상화폐 이더리움(Ethereum)을 채굴하는 사업이다. 공소외 2 회사의 채굴기 설치·운영사업 및 회원관리사업과 피고인들과 같은 다단계판매원인 사업자의 회원 모집사업은 철저히 분리된 형태로 유지 · 관리되었고, 상호 간의 의사소통이나 연락도 제한적으로 이루어졌다. 공소외 2 회사는 다단계판매원들을 공소외 7 그룹(그룹장 공소외 8), 공소외 9 그룹, 공소외 10 그룹(그룹장 공소외 11), 공소외 12 · 공소외 13 그룹, 공소외 14 그룹 등 5개 그룹으로 분류하여 다단계판매조직(이하 '이 사건 다단계판매조직'이라고 한다)을 운영 · 관리하였고, 위 5개 그룹이 채굴기를 전담하여 판매하였다. 피고인 1은 2016. 11. 3.경부터 판매활동을 시작하여 2017. 7. 28.경 최상위 사업자인 5스타로 승급되었으나, 그룹장이 아니라 공소외 9 그룹 소속으로 공소외 9(일명 공소외 15) 바로 아래 사업자였다. 피고인 1의 하위 사업자로 1,367명이 있었으나 직접 모집한 회원은 7명이었고, 약 234억 원 상당의 채굴기를 판매하여 판매수당 346,590,270원, 채굴수당 약 200개의 이더리움을 받았다. 피고인 2는 2016. 10. 27.경부터 판매활동을 시작하여 2017. 5.경 차상위 사업자인 4스타로 승급되었으나, 그룹장이 아니라 공소외 10 그룹 소속으로 공소외 11 아래 사업자였다. 피고인 2의 하위 사업자로 990명이 있었으나 직접 모집한 회원은 9명이었고, 약 154억 원 상당의 채굴기를 판매하여 판매수당 563,757,911원, 채굴수당 약 587개의 이더리움을 받았다. 한편 공소외 1의 지시에 따라 2017. 3.경 이 사건 다단계판매조직에 공소외 2 회사와 사업자들 사이의 연결기관으로서 일부 최상위 사업자를 구성원으로 하는 운영위원회가 만들어졌다. 최상위 사업자인 공소외 8, 공소외 16, 공소외 11, 공소외 14, 공소외 17, 공소외 9, 공소외 13, 공소외 18, 공소외 19가 운영위원회 위원이었다. 그런데 위 운영위원회는 단지 공소외 2 회사의 지침을 사업자들에게 전달하고 사업자들의 민원을 공소외 2 회사에 전달하는 역할만 하였을 뿐, 자금관리, 수당체계 등 운영사항을 결정하여 공소외 2 회사 운영에 직접적으로 영향을 끼치거나 도움을 주는 의사결정기구로서의 역할은 하지 못하였다. 더구나 피고인들은 운영위원회의 위원조차 아니었다. 피고인들은 과거 다단계판매방식 또는 방문판매방식으로 운영되던 영업을 한 경험이 있다. 피고인들은 이 사건 다단계판매조직에 속한 사업자로서 투자 유치 및 회원 모집을 위한 강의를 하고, 자신의 이름으로 단체 채팅방을 직접 개설한 뒤 거기에서 공소외 2 회사 측의 주요 공지사항 전달, 중요 정보 공유, 판매 또는 투자 권유, 채굴기 매수 방법 전달, 강의 소개, 환전 방법, 회원등록 등의 업무를 처리하는 활동을 하였다. 그러나 피고인들은 스스로 또는 상위 사업자들과 함께

이 사건 다단계판매조직의 하부조직에 해당하는 센터나 지사를 개설하여 운영하지 않았고, 공소외 2 회사에서 판매원 이상의 특별한 직책을 가지고 있지 않았다. 피고인들은 공소외 2 회사로부터 하위 사업자에게는 지급되지 않고 상위 사업자에게만 지급되는 별도의 수당이나 보수 등을 지급받은 적도 없다. 위와 같은 사실관계를 앞서 본 법리에 따라 살펴보면, 피고인들이 이 사건 다단계판매조직의 최상위 내지 차상위 사업자인 다단계판매원으로서 판매를 위한 주요 역할을 수행하였다는 사정만으로는 다단계판매원으로서의 활동을 초과하여 공소외 1 등의 무등록 다단계판매조직의 개설·관리 또는 운영의 범행을 공동으로 실현하려는 의사로 기능적 행위지배를 통해 위 범행에 가담하였다고 보기는 어렵다. 그런데도 원심은 그 판시와 같은 이유로 피고인들에 대한 주위적 공소사실인 방문판매 등에 관한 법률 위반의 점을 무죄로 판단한 제1심판결을 파기하고 이를 유죄로 판단하였다. 이러한 원심판단에는 공동정범에 관한 법리를 오해하거나 논리와 경험의 법칙을 위반하여 자유심증주의의 한계를 벗어나 판결에 영향을 미친 잘못이 있다.[99]

(3) 공동가공의 의사의 동등성

공동정범에 있어서 정범행위자와 공범행위자는 각각 상호 이용관계이기 때문에 주관적 구성요건요소로서의 고의도 서로 동등한 관계에 있다고 할 수 있다. 이러한 의미에서 정범행위자의 고의와 공범행위자의 고의는 모두 의사의 연락으로 표현되고 있다고 해석된다. 대법원도 "공동정범은 2인 이상이 공동하여 죄를 범하는 것으로서 행위자의 공동가공의 의사를 그 주관적 요건으로 하는 것이나, 그 공동가공의 의사는 상호간에 특정한 범죄행위를 하기 위하여 일체가 되어 자기의 의사를 실행에 옮기려는 공동가공의 인식이 있으면 되는 것이고, 암묵리에 서로 의사가 상통하여도 되는 것이며, 사전에 반드시 어떠한 모의과정이 있어야 하는 것은 아니다"라고 판시한 바 있다.[100] 결국 정범행위자의 고의와 공범행위자의 고의라는 이중성을 가지는 공범의 고의가 공동정범에 있어서는 공동가공의 의사라는 하나의 고의로 중첩되어 고의의 일중성(故意의 一重性)으로 수렴되어 나타나는 것이 가장 큰 특징이라는 점에 대하여는 이미 언급한 바 있다. 결국 공동가공의 의사는 정범과 공범 사이의 상호 이용의사이기 때문에 양자는 서로 동등한 지위에 있다고 해석된다.

---

99) 대법원 2020.7.23. 선고 2020도1264 판결.
100) 대법원 1991.6.11. 선고 91도985 판결.

Ⅲ. 공동정범의 유형

1. 공모공동정범

(1) 의 의

공모공동정범(共謀共同正犯)이란 공동실행의 의사의 형성에만 참여하고, 공동실행의 행위에는 참가하지 않는 형태의 공동정범을 말한다. 즉, 공모공동정범이란 2인 이상의 자가 일정한 범죄의 실행을 공모하고 그 공모한 자 중 일부의 자가 공모한 범죄를 실행한 경우 실행에 직접 가담하지 않은 자도 포함하여 공모에 참여한 전원에 대하여 공동정범의 성립을 인정하는 공동정범의 형태를 말한다고 할 수 있다. 공모공동정범은 공모에 참여한 자 전원이 실행행위에 가담하고 공동정범이 된다는 실행공동정범(實行共同正犯)과 개념적으로 대비되게 하기 위해서 붙여진 명칭이다. 한편 공모공동정범에 있어서의 공모란 2인 이상의 자가 협력해서 공동의 범의를 실현시킨다는 의사의 연락을 말한다.[101]

문제는 공동가공의 의사의 형성에만 참여한 공모공동정범을 공동정범으로 처벌할 수 있느냐에 있다. 공모공동정범은 공동정범의 성립요건 중 주관적 요건인 공동가공의 의사는 충족하고 있지만, 객관적 요건인 공동가공의 행위를 충족하지 못하고 있다고 보기 때문이다. 이에 대하여는 다툼이 있다. 판례는 처음부터 공모공동정범을 공동정범으로 인정해오고 있다. 이에 반하여 학설은 개인책임원리의 무시, 독일 형법이론으로부터의 이탈, 현행형법의 입법취지의 무시 등을 이유로 판례의 입장에 비판적 태도를 견지해오고 있는 편이다. 다만 최근에는 판례의 일관된 입장을 고려하여 공모공동정범의 성립범위를 합리적으로 제한하자는 견해도 등장하고 있는 상황이다.

(2) 취 지

공모공동정범을 실질적으로 인정해 온 취지는 다음과 같다. 첫째, 실행행위자의 배후에 숨어 있는 범죄의 중심인물을 정범으로 하려는 실무상의 요구이다. 실행행위자의 배후에서 범죄계획을 입안하고, 지령하고, 지휘·감독하는 배후자는 무형적으로 실행행위자보다도 중요한 역할을 수행하는데 이를 교사·방조로만 하게 되면 실행행위자보다 무겁게 처벌하는 것이 곤란하게 된다. 여기서 배후자를

101) 대법원 1980.5.20. 선고 80도306 판결.

주범(主犯, Haupttäter)으로서 정범으로 처벌하여야 한다는 것이 실무의 요구이다. 둘째, 범죄의 관여자가 복수인 경우에는 범죄의 의사는 현실적으로 일방적인 교사·방조의 형태보다는 상호 교사 내지 상호 방조, 즉 일종의 공모의 형태로 나타난다는 것이다. 공모공동정범은 판례에 의하여 먼저 인정되고, 그 후에 학설에 의하여 이론화되는 형태로 발전해 왔다. 구미제국, 특히 독일에서는 제한적 정범개념이 강하였다고 한다. 그것은 개인주의가 고래로부터 확립되어 있었기 때문에 인간의 자유의사가 존중되는 관계상 개인이 타인의 행위를 조작한다고 하여도 1차적으로는 직접적인 실행행위자에게 책임을 물어야 하고, 배후의 실력자에 대하여는 2차적인 책임을 물으면 된다는 관념이 있었기 때문이다. 그러나 개인주의의 역사가 일천한 우리나라에서는 집단범죄에 있어서는 직접적으로 실행행위자에 한하지 않고 중심인물로서 배후에서 타인의 행위를 조종한 실세(實勢)를 정범이라고 해야 하는 경우가 있다는 일반적인 법감정이 존재하고 있다. 우리나라에서도 공모공동정범론은 판례에 의하여 확립된 이론이다. 처음부터 판례는 공모공동정범의 개념을 인정해왔고 당초는 지능범에 대하여 그 이론을 적용하는 데에 지나지 않았지만, 곧 살인, 강도 또는 절도 등의 실력범에게도 확대적용하게 되었고, 현재에도 그 흐름에는 변함이 없다.

(3) 인정여부

1) 학 설

공모공동정범의 인정여부에 대하여는 다툼이 있다. 즉, 공동실행의 의사의 형성과정에만 참여하고 공동실행의 행위에는 참여하지 않은 자에게도 '공동하여 죄를 범한 때'에 해당할 수 있는가에 대하여는 크게 긍정설과 부정설로 나누어진다. 긍정설은 다시 공동의사주체설, 간접정범유사설, 적극이용설 또는 행위지배설 등으로 나누어지고 있다.

① 긍정설

ⓘ **공동의사주체설** : 공모에 의하여 일심동체(一心同體)로서의 공동의사주체가 형성되고, 공동의사주체를 구성하는 구성원 일부의 행위는 구성원 전원의 행위가 된다고 한다. 책임은 민법상의 조합이론을 추정하여 공동의사주체의 구성원인 개인이 부담하지 않으면 안 된다고 한다. 그러나 이에 대하여는 단체책임을 인정하여 개인책임의 원칙에 반한다는 점, 공모공동정범을 인정하면 공동정범과

교사·방조의 구별이 불가능하게 된다는 점에서 비판이 가하여지고 있다.

ⓘⓘ 간접정범유사설 : 범죄수행의 확정적 합의가 성립하면 그 후의 행동은 합의에 구속되고, 실행담당자는 자기의 혼자의 생각으로 실행의 의사를 포기하는 것은 허용되지 않는다고 한다. 이러한 구조로 인하여 실행담당자는 다른 공범자의 도구로서의 역할을 수행하게 된다는 것이다. 공모공동정범은 다른 사람을 이용하여 자신의 범죄를 실행한다는 점에서는 간접정범과 유사하지만, 함께 처벌받는 다른 사람을 이용할 뿐만 아니라 상호 공동하여 이용한다는 점에서 처벌받지 않는 사람을 이용하거나 일방적으로 이용하는 간접정범과 구별되는 구조를 갖는다고 한다. 그러나 이에 대하여는 공동정범은 상호 이용관계라는 점에서 일방적 이용관계인 간접정범과 구별된다는 점, 공동정범은 직접정범이라는 점에서 간접정범과 구별된다는 점 등에서 비판이 가하여지고 있다.

ⅲ 적극이용설 : 하수인인 실행정범을 배후에서 적극적으로 이용하여 자신의 범행을 실현시키는 주모자에게만 한정적으로 공모공동정범으로 인정하려는 견해이다. 공모라고 하기 위하여는 의사의 연락만으로는 부족하고 실행자를 적극 이용하였다고 할 정도의 구속력을 가지는 것이어야 한다고 한다. 주범에게는 간접정범에 가까울 정도의 고도의 합의가 있거나 자기의 범죄를 행한다는 주관적인 의사가 존재하여야 한다고 한다.[102] 그러나 이에 대하여는 이용행위와 적극이용행위 사이에는 정도의 차이만 존재할 뿐이라는 점, 공모자 사이의 이용행위를 바탕으로 하고 있는 한 간접정범유사설과 다를 것이 없고 이에 대한 비판이 그대로 타당하다는 점 등에서 비판이 가하여지고 있다.

ⅳ 기능적 행위지배설 : 실행행위를 분담하지 아니한 경우에도 범죄를 조직하고 지휘하거나 범죄의 실행자를 지정하여 실행하는 경우와 같이 전체계획의 중요한 기능을 담당하였다고 인정되는 경우에는 기능적 행위분담이 인정되기 때문에 공모자는 공동정범으로 처벌되어야 한다고 한다. 그러나 이에 대하여는 전체 범죄의 진행과정에서 범죄의 목표달성을 위한 본질적 기여행위에 대하여만 기능적 행위지배를 인정하지만 본질적 기여와 그렇지 않은 기여를 판별하는 기준이 명확하지 않다는 점, 공동정범의 성립요건으로서 요구되는 실행행위의 분담은 기능적 행위지배설에서와 같이 행위지배를 요구하지 않는다는 점 등에서 비판이 가하여지고 있다.

---

102) 대법원 1980.5.20. 선고 80도306 판결 소수의견 참조.

② 부정설

공모자는 실행행위를 분담하였다고 할 수 없으므로 공동정범이라고 할 수 없고, 공모자에 대하여는 그 가공의 정도에 따라 교사나 방조의 책임을 질 따름이라는 견해이다. 과거의 통설로서 현재에는 다수설의 입장이라고 할 수 있다. 실행행위를 분담하지 아니한 공모자를 실행행위에 나아간 공모자와 공동정범으로서 동일하게 처벌하는 것은 책임주의, 즉 개인적 책임주의 또는 행위자책임의 원칙에 반한다는 것을 주요한 논거로 하고 있다. 그러나 이에 대하여는 조직범죄에 효과적으로 대처할 수 없다는 점, 두목이나 간부는 정범으로 처벌할 수 없게 되어 집단범죄의 본질이나 사회실정에 맞지 않는다는 점 등에서 비판이 가하여지고 있다.

2) 판 례

판례는 처음부터 일관하여 공모공동정범을 인정해오고 있다. 다만 그 인정근거에 관하여는 일관하지 않은 것으로 보인다. 대체로 공동의사주체설, 간접정범유사설 및 기능적 행위지배설의 순으로 그 변천의 추이를 보이는 것으로 해석된다. 최근의 기능적 행위지배설에 의하는 경우에도 소수의 판례는 공모관계만 있으면 공모공동정범의 성립을 인정하였지만,[103] 압도적인 다수의 판례는 단순한 공모를 넘어 범죄에 대한 본질적인 기여도를 통한 기능적 행위지배의 존재를 요구하고 있었다. 공모공동정범을 긍정한 판례의 구체적 내용은 다음과 같다. 즉,

① 공모에 대한 직접증거가 없더라도 정황사실과 경험법칙에 의하여 이를 인정할 수 있다. 그리고 공모에 의한 범죄의 공동실행은 모든 공범자가 스스로 범죄의 구성요건을 실현하는 것을 전제로 하지 아니하고, 그 실현행위를 하는 공범자에게 그 행위결정을 강화하도록 협력하는 것으로도 가능하며, 이에 해당하는지 여부는 행위 결과에 대한 각자의 이해 정도, 행위 가담의 크기, 범행지배에 대한 의지 등을 종합적으로 고려하여 판단하여야 한다.[104] ② 공모에 대한 직접 증거가 없더라도 정황사실과 경험법칙에 의하여 이를 인정할 수 있다. 공모에 의한 범죄의 공동실행은 모든 공범자가 스스로 범죄 구성요건을 실현하는 것을 전제로 하지 않고, 그 실현행위를 하는 공범자에게 그 행위결정을 강화하도록 협력하는 것으로도 가능하며, 이에 해당하는지는 행위 결과에 대한 각자의 이해 정도, 행위 가담의 크기, 범행지배에 대한 의지 등을 종합적으로 고려하여 판단하여야 한다.[105] ③ 공모공동정범의 성립 여부는 범죄 실행의 전

103) 대법원 2013.8.23. 선고 2013도5080 판결; 대법원 2004.3.12. 선고 2004도126 판결.

104) 대법원 2020.7.23. 선고 2020도1264 판결; 대법원 2012.4.26. 선고 2010도2905 판결; 대법원 2006.12.22. 선고 2006도1623 판결.

105) 대법원 2018.10.4. 선고 2016도15084 판결; 대법원 2017.12.22. 선고 2017도15538 판결; 대

과정을 통하여 각자의 지위와 역할, 공범에 대한 권유내용 등을 구체적으로 검토하고 이를 종합하여 위와 같은 상호이용의 관계가 합리적인 의심을 할 여지가 없을 정도로 증명되어야 하고, 그와 같은 증명이 없다면 설령 피고인에게 유죄의 의심이 간다고 하더라도 피고인의 이익으로 판단할 수밖에 없다.[106] ④ 공모관계를 인정하기 위해서는 엄격한 증명이 요구되지만, 피고인이 범죄의 주관적 요소인 공모관계를 부인하는 경우에는 사물의 성질상 이와 상당한 관련성이 있는 간접사실 또는 정황사실을 증명하는 방법으로 이를 증명할 수밖에 없다. 이때 무엇이 상당한 관련성이 있는 간접사실에 해당할 것인지는 정상적인 경험칙에 바탕을 두고 치밀한 관찰력이나 분석력으로 사실의 연결 상태를 합리적으로 판단하는 방법으로 하여야 한다.[107] ⑤ 형법 제30조의 공동정범은 공동가공의 의사와 그 공동의사에 의한 기능적 행위지배를 통한 범죄 실행이라는 주관적·객관적 요건을 충족함으로써 성립하므로, 공모자 중 구성요건행위를 직접 분담하여 실행하지 않은 사람도 위 요건의 충족 여부에 따라 이른바 공모공동정범으로서의 죄책을 질 수 있다. 구성요건행위를 직접 분담하여 실행하지 않은 공모자가 공모공동정범으로 인정되기 위해서는 전체 범죄에서 그가 차지하는 지위·역할, 범죄 경과에 대한 지배나 장악력 등을 종합하여 그가 단순한 공모자에 그치는 것이 아니라 범죄에 대한 본질적 기여를 통한 기능적 행위지배가 존재한다고 인정되어야 한다.[108] ⑥ 공모공동정범의 경우 범죄의 수단과 모습, 가담하는 인원과 그 성향, 범행 시간과 장소의 특성, 범행과정에서 타인과의 접촉 가능성과 예상되는 반응 등 여러 상황에 비추어, 공모자들이 공모한 범행을 수행하거나 목적을 달성하고자 나아가는 도중에 부수적인 다른 범죄가 파생되리라고 예상하거나 충분히 예상할 수 있는데도 그러한 가능성을 외면한 채 이를 방지하기에 충분한 합리적인 조치를 취하지 않고 공모한 범행에 나아갔다가 결국 그와 같이 예상되던 범행들이 발생하였다면, 비록 그 파생적인 범행 하나하나에 대하여 개별적인 의사의 연락이 없었더라도 당초의 공모자들 사이에 그 범행 전부에 대하여 암묵적인 공모는 물론 그에 대한 기능적 행위지배가 존재한다고 보아야 한다.[109] ⑦ 공모가 이루어진 이상 실행행위에 직접 관여하지 않은 자라도 다른 공모자

법원 2012.4.26. 선고 2010도2905 판결; 대법원 2006.12.22. 선고 2006도1623 판결.

106) 대법원 2018.9.13. 선고 2018도7658, 2018전도54, 55, 2018보도6, 2018모2593 판결.

107) 대법원 2018.4.19. 선고 2017도14322 판결; 대법원 2011.12.22. 선고 2011도9721 판결; 대법원 2006.12.22. 선고 2006도1623 판결.

108) 대법원 2018.4.19. 선고 2017도14322 전원합의체 판결; 대법원 2017.1.12. 선고 2016도15470 판결; 대법원 2013.9.12. 선고 2013도6570 판결; 대법원 2012.1.27. 선고 2011도626 판결; 대법원 2011.5.13. 선고 2011도2021 판결; 대법원 2010.12.23. 선고 2010도7412 판결; 대법원 2010.7.15. 선고 2010도3544 판결; 대법원 2009.9.24. 선고 2008도6994 판결; 대법원 2009.8.20. 선고 2008도11138 판결; 대법원 2009.6.23. 선고 2009도2994 판결; 대법원 2009.2.12. 선고 2008도6551 판결; 대법원 2007.10.26. 선고 2007도4702 판결; 대법원 2007.4.26. 선고 2007도235 판결; 대법원 2007.4.26. 선고 2007도428 판결; 대법원 2006.12.22. 선고 2006도1623 판결; 대법원 2005.3.11. 선고 2002도5112 판결; 대법원 1998.5.21. 선고 98도321 전원합의체 판결.

의 행위에 대하여 공동정범으로서 형사책임을 진다.[110] ⑧ 형법 제30조의 공동정범은 공동가공의 의사와 그 공동의사에 의한 기능적 행위지배를 통한 범죄실행이라는 주관적·객관적 요건을 충족함으로써 성립하므로, 공모자 중 구성요건행위를 직접 분담하여 실행하지 아니한 사람도 위 요건을 충족하면 공모공동정범으로서의 죄책을 진다. 따라서 배임증재의 공모공동정범이 다른 공모공동정범에 의하여 수재자에게 재물 또는 재산상 이익이 제공되는 방법을 구체적으로 몰랐다고 하더라도 공모관계를 부정할 수 없다.[111] ⑨ 2인 이상이 범죄에 공동가공하는 공범관계에 있어 공모는 법률상 어떤 정형을 요구하는 것이 아니고 2인 이상이 공모하여 범죄에 공동가공하여 범죄를 실현하려는 의사의 결합만 있으면 되는 것으로서, 순차적으로 또는 암묵적으로 상통하여 그 의사의 결합이 이루어지면 공모관계가 성립하고, 이러한 공모가 이루어진 이상 실행행위에 직접 관여하지 아니한 사람이라도 다른 공범자의 행위에 대하여 공동정범으로서의 형사책임을 진다. 따라서 사기의 공모공동정범이 그 기망방법을 구체적으로 몰랐다고 하더라도 공모관계를 부정할 수 없다.[112] ⑩ 공모가 이루어진 이상 실행행위에 직접 관여하지 아니한 자라도 다른 공모자의 행위에 대하여 공동정범으로서의 형사책임을 지는 것이고, 이와 같은 공모에 대하여는 직접증거가 없더라도 정황사실과 경험법칙에 의하여 이를 인정할 수 있다.[113] ⑪ 구 집회 및 시위에 관한 법률(2007.5.11. 법률 제8424호로 전부 개정되기 전의 것, 이하 '집시법'이라 한다) 제2조 제3호에 의하면 '주최자'는 자기 명의로 자기 책임 아래 집회 또는 시위를 개최하는 사람 또는 단체를 의미하는 것으로, 집시법 제6조 제1항에 따라 사전신고를 요하는 시위의 주최자는 시위를 주창하여 개최하거나 이를 주도하는 자 또는 시위를 계획하고 조직하여 실행에 옮긴 자를 의미하는데, 미신고 옥외집회 또는 시위의 주최에 관하여 공동가공의 의사와 공동의사에 기한 기능적 행위지배를 통하여 그 실행을 공모한 자는 비록 구체적 실행행위에 직접 관여하지 아니하였더라도 다른 공범자의 미신고 옥외집회 또는 시위의 주최행위에 대하여 공모공동정범으로서의 죄책을 면할 수 없다.[114] ⑫ 구 특가법 제3조와 특정경제범죄 가중처벌 등에 관한 법률(이하 '특경법'이라 한다) 제7조 소정의 알선수재 및 구 변호사법(2000.1.28. 법률 제6207호로 전부 개정되기 전의 것) 제90조 제2호 소정의 법률사건에 관한 화해·청탁 알선 등의 공모공동정범에서, 공범자들 사이에 그 알선 등과 관련하여 금품이나 이익을 수수하기로 명시적 또는 암묵적인 공모관계가 성립하고 그 공모 내용에 따라 공범자 중 1인이 금품이나 이익을 수수하였다면, 사전에 특정 금액 이하로만

---

109) 대법원 2018.4.19. 선고 2017도14322 전원합의체 판결; 대법원 2013.9.12. 선고 2013도6570 판결; 대법원 2010.12.23. 선고 2010도7412 판결.

110) 대법원 2017.12.22. 선고 2017도12649 판결; 대법원 2000.11.10. 선고 2000도3483 판결.

111) 대법원 2015.7.23. 선고 2015도3080 판결; 대법원 2013.8.23. 선고 2013도5080 판결; 대법원 2010.7.15. 선고 2010도3544 판결.

112) 대법원 2013.8.23. 선고 2013도5080 판결; 대법원 1997.9.12. 선고 97도1706 판결.

113) 대법원 2013.1.24. 선고 2012도10629 판결; 대법원 2004.12.24. 선고 2004도5494 판결.

114) 대법원 2011.9.29. 선고 2009도2821 판결.

받기로 약정하였다든가 수수한 금액이 공모 과정에서 도저히 예상할 수 없는 고액이라는 등과 같은 특별한 사정이 없는 한, 그 수수한 금품이나 이익 전부에 관하여 위 각 죄의 공모공동정범이 성립하는 것이며, 수수할 금품이나 이익의 규모나 정도 등에 대하여 사전에 서로 의사의 연락이 있거나 수수한 금품 등의 구체적 금액을 공범자가 알아야 공모공동정범이 성립하는 것은 아니다.[115] ⑬ 건설 관련 회사의 유일한 지배자가 회사 대표의 지위에서 장기간에 걸쳐 건설공사 현장소장들의 뇌물공여행위를 보고받고 이를 확인·결재하는 등의 방법으로 위 행위에 관여한 사안에서, 비록 사전에 구체적인 대상 및 액수를 정하여 뇌물공여를 지시하지 아니하였다고 하더라도 그 핵심적 경과를 계획적으로 조종하거나 촉진하는 등으로 기능적 행위지배를 하였다고 보아 공모공동정범의 죄책을 인정하여야 함에도 이를 인정하지 아니한 원심판단에 법리 오해의 위법이 있다.[116] ⑭ 피고인은 금속노조 간부로서 이 사건 현장에서 노조원들을 지휘하는 역할을 하였으므로 일부 참가자들이 몽둥이 등을 휴대하고 있었던 사실을 알았거나 알 수 있었다고 보이고, 나아가 노조원들과 용역경비원들 사이에 몸싸움이 벌어지고, 특히 몽둥이 등을 휴대한 참가자들이 이를 휘두르는 등으로 용역경비원들에게 폭행이나 상해를 가할 수 있으리라는 것도 충분히 예견할 수 있었을 것이어서, 피고인과 다른 참가자들 사이에는 공모관계가 성립하고, 피고인은 이로 인한 판시 각 범행에 대하여 공모공동정범으로서의 책임을 면할 수 없다.[117] ⑮ 피고인들은 공소외인 등이 시세조종의 방법으로 주가조작을 하는 데 사용하도록 자신 및 지인들의 증권계좌와 자금을 교부하였을 뿐만 아니라, 적극적으로 투자자들을 유치하여 관리함으로써 그들 명의의 증권계좌와 자금이 공소외인 등의 주가조작 범행에 사용되도록 한 사실을 알 수 있으므로, 위 피고인들이 미필적으로나마 공소외인 등의 주가조작 범행을 인식하면서 그 범행에 공동가공하려는 의사를 가지고 투자자 유치 등의 행위를 분담함으로써 기능적 행위지배를 통한 범죄실행에 나아갔다고 할 것이다. 원심이 같은 취지에서 피고인들이 공소외인 등과 공모하여 이 사건 주가조작 범행을 저질렀다는 공소사실을 유죄로 인정한 것은 정당하고, 거기에 상고이유로 주장하는 바와 같은 공모나 범의, 공모공동정범의 성립에 관한 법리오해나 채증법칙 위반 등의 위법이 없다.[118] ⑯ 공모가 이루어진 이상 실행행위에 관여하지 않았더라도 다른 공범자의 행위에 대하여 형사책임을 진다. 그리고 공모공동정범에 있어 그 공모에 대해서는 모의의 구체적인 일시, 장소, 내용 등을 상세하게 판시하여야만 할 필요는 없고, 범행에 관하여 의사의 합치가 성립되었다는 것만을 판시하면 된다.[119] ⑰ 공모공동정범은 공동범행의 인식으로 범죄를 실행하

---

115) 대법원 2010.10.14. 선고 2010도387 판결; 대법원 2003.5.30. 선고 2003도1137 판결.
116) 대법원 2010.7.15. 선고 2010도3544 판결.
117) 대법원 2009.8.20. 선고 2008도11138 판결.
118) 대법원 2009.2.12. 선고 2008도6551 판결.
119) 대법원 2008.11.13. 선고 2006도755 판결; 대법원 1996.3.8. 선고 95도2930 판결.

는 것으로 공동의사주체로서의 집단 전체의 하나의 범죄행위의 실행이 있음으로써 성립하고 공모자 모두가 그 실행행위를 분담하여 이를 실행할 필요가 없고 실행행위를 분담하지 않아도 공모에 의하여 수인간에 공동의사주체가 형성되어 범죄의 실행행위가 있으면 실행행위를 분담하지 않았다고 하더라도 공동의사주체로서 정범의 죄책을 면할 수 없다.[120] ⑱ 공모공동정범의 경우에 공모는 법률상 어떤 정형을 요구하는 것은 아니고 2인 이상이 공모하여 범죄에 공동가공하여 범죄를 실현하려는 의사의 결합만 있으면 되는 것으로서, 비록 전체의 모의과정이 없었다고 하더라도 수인 사이에 순차적으로 또는 암묵적으로 상통하여 그 의사의 결합이 이루어지면 공모관계가 성립한다 할 것이고, 이러한 공모가 이루어진 이상 실행행위에 직접 관여하지 아니한 자라도 다른 공범자의 행위에 대하여 공동정범으로서 형사책임을 지는 것이다.[121] ⑲ 공모공동정범에서 공모나 모의는 범죄사실을 구성하는 것으로서 이를 인정하기 위해서는 엄격한 증명이 요구되지만, 피고인이 그 실행행위에 직접 관여한 사실을 인정하면서도 공모의 점과 함께 범의를 부인하는 경우에는, 이러한 주관적 요소로 되는 사실은 사물의 성질상 범의와 상당한 관련성이 있는 간접사실 또는 정황사실을 증명하는 방법에 의하여 증명할 수밖에 없다. 무엇이 상당한 관련성이 있는 간접사실에 해당할 것인가는 정상적인 경험칙에 바탕을 두고 치밀한 관찰력이나 분석력에 의하여 사실의 연결상태를 합리적으로 판단하는 방법으로 하여야 한다.[122]

공모공동정범을 부정한 판례의 구체적 내용은 다음과 같다. 즉,

① 주한미군 공여지에 대한 행정대집행과 압수수색영장 집행에 대항하기 위하여 개최된 집회 및 시위에 참가한 피고인들이, 다른 시위대의 폭력행위로 인한 특수공무집행방해치상죄의 공모공동정범으로 기소된 사안에서, 단순 가담자인 피고인이 시위에 참가하기 전이나 체포된 후에 이루어진 다른 시위 참가자들의 범행에 대하여는 피고인들에게 본질적 기여를 통한 기능적 행위지배가 존재한다고 보기 어려워 공모공동정범의 죄책을 인정할 수 없다.[123] ② 전국노점상총연합회가 주관한 도로행진시위에 참가한 피고인이 다른 시위 참가자들과 함께 경찰관 등에 대한 특수공무집행방해 행위를 하던 중 체포된 사안에서, 단순 가담자인 피고인에게 체포된 이후에 이루어진 다른 시위참가자들의 범행에 대하여는 본질적 기여를 통한 기능적 행위지배가 존재한다고 보기 어려워 공모공동정범의 죄책을 인정할 수 없다.[124]

---

120) 대법원 2008.6.26. 선고 2007도6188 판결; 대법원 1999.4.23. 선고 99도636 판결; 대법원 1985.3.12. 선고 83도2197 판결; 대법원 1983.3.8. 선고 82도3248 판결.

121) 대법원 1997.10.10. 선고 97도1720 판결.

122) 대법원 2017.12.22. 선고 2017도12649 판결; 대법원 2003.1.24. 선고 2002도6103 판결.

123) 대법원 2009.9.24. 선고 2008도6994 판결.

124) 대법원 2009.6.23. 선고 2009도2994 판결.

3) 검 토

공동정범은 정범으로 처벌될 뿐 공범에 지나지 않는다. 특히 공모공동정범은 실행행위에 가담하지 않는 공동정범의 한 형태이기 때문에 정범형 공동정범에는 처음부터 해당하지 않고 공범형 공동정범에만 속할 수 있다고 해석된다. 이러한 의미에서 공모자가 실행행위의 일부를 분담할 때 비로소 공동정범이 성립한다고 하여 공모공동정범을 정범형 공동정범의 형태로 파악하는 실행행위분담설은 처음부터 논의의 여지가 없다고 하겠다. 공범형 공동정범은 실행행위의 이외의 행위에만 가담한다는 점에서 실행행위의 일부에 부분적으로 가담하는 정범형 공동정범과는 원칙적으로 구별된다고 해야 하기 때문이다. 다만 교사 또는 방조 등에 그치는 실행행위 이외의 행위인 공범행위만을 담당한 공범인 공동정범이 실행행위인 정범행위를 행한 정범과 같이 처벌된다고 하기 위해서는 공범행위는 정범행위와 규범적으로 동일한 처벌가치를 가진다고 평가될 수 있어야 한다. 이것이 바로 전술한 바와 같이 공동행위의 실행행위성이다.

문제는 공모공동정범에 있어서의 공모행위가 실행행위성을 가지는가에 있다고 해야 한다. 뿐만 아니라 문제는 공모행위가 실행행위성을 가진다면 그 요건은 무엇인가에 있다고 하지 않을 수 없다. 공모행위가 실행행위성을 가지기 위해서는 실행행위와 비견될 정도로 형법의 개입필요성이 인정될 것이 요구된다고 해야 한다. 따라서 공모는 단순한 공모에 그쳐서는 안 되고, 적어도 공모는 망보기나 도주원조 등의 기능적으로 분담된 다른 공범행위와 같이 전체범죄에 대한 기여도가 정범행위와 동일한 정도의 공모일 것이 요구된다고 해야 한다. 따라서 공모행위는 전체 범죄에 대한 기여도에 있어서 실행행위와 비견될 정도의 중요성을 가지지 않으면 안 된다고 해야 한다. 이러한 의미에서 기능적 행위지배설의 주장은 설득력을 가질 수 있다고 해석된다. 기능적 행위지배설은 기능적으로 분담된 행위 상호간에 지배관계가 인정되는 한 실행행위성을 인정하는 견해이다. 판례도 같은 입장이라고 해석된다. 다만 판례는 용어에 있어서 공모자의 실행행위성을 "단순한 공모자에 그치는 것이 아니라 범죄에 대한 본질적 기여를 통한 기능적 행위지배가 존재한다고 인정되어야 한다"고 하여 본질적 기여행위에만 한정하여 기능적 행위지배를 인정하는 듯한 태도를 취하고 있다.

생각건대, 공동가공행위의 방법으로서는 반드시 신체적 행위분담에 그치지 않고 정신적 역할분담도 가능하다고 해석하여야 한다. 예컨대 조언에 의한 기술적 문제의 해결이 정신적 역할분담에 해당하는 경우라고 할 수 있다. 바로 이와 같은 기능적 행위지배의 관계로부터 공모공동정범을 공동정범으로 인정할 수 있는 근거를 찾을 수 있다고 해야 한다.

2. 승계적 공동정범

(1) 의 의

승계적 공동정범(承繼的 共同正犯, sukzessive Mittäterschaft)이란 행위자(선행자)가 실행행위의 일부를 종료한 후에 다른 행위자(후행자)가 그 간의 사정을 인식한 다음에 공동가공의 의사를 가지고 그 후의 행위에 가공하는 경우를 말한다.

문제는 후행자가 자신이 가공하기 전에 이미 선행자에 의하여 종료된 범죄부분에 대하여도 이를 승계하여 전체범죄에 대하여 공동정범으로서의 책임을 지는가에 있다. 범죄공동설(犯罪共同說)에 의하면 의사의 연락은 공동의 실행행위 이전에 존재해야 하므로 공동정범은 성립할 수 없고, 후행자는 전체 범죄에 대한 방조가 된다. 행위공동설(行爲共同說)에 의하면 의사의 연락은 반드시 공동의 실행행위 이전에 존재해야 할 필요는 없으므로 공동정범이 성립할 수 있다. 예컨대 (갑)이 강도의 목적으로 피해자에게 폭행을 가하여 항거불능의 상태에 빠뜨린 후 그곳을 지나던 (을)이 (갑)으로부터의 협력요청을 받아들여 재물의 탈취에 가담하는 경우이다. 여기서 승계적 공동정범을 부정하면 (갑)에게는 강도죄가 성립하지만, (을)은 절도죄가 성립함에 그치게 된다. 이에 반하여 긍정설을 취하게 되면 (갑)과 (을) 쌍방을 강도죄의 공동정범으로 할 수 있다.

(2) 인정여부

승계적 공동정범에 있어서 후행가담자에게 선행행위자에 의하여 행하여진 행위부분에 대한 승계를 인정할 것인가에 대하여는 견해가 대립하고 있다.

1) 학 설

① 긍정설

긍정설(肯定說)은 후행가담자에게 선행행위자의 행위부분에 대한 승계를 인정함으로써 전체 범죄에 대한 공동정범을 인정한다. 공동실행의 의사와 공동실행의 사실이 인정되는 이상 선행자의 행위와 후행자의 행위를 전체로서 고찰하고 승계적 공동정범을 긍정할 수 있다고 한다. 이 외에도 공동정범에 있어서는 공동의 의사가 사전에 있을 것을 요하지 않는 이상 행위 도중에 공동의사가 성립한 경우에도 공동정범의 성립을 인정해야 한다는 점을 근거로 하는 견해도 있다.

② 부정설

부정설(否正說)은 후행가담자에게 선행행위자의 행위부분에 대한 승계를 부정함으로써 후행가담부분에 대하여만 제한적으로 공동정범의 성립을 인정한다. 이미 발생해버린 사상(事象)에 대하여는 물리적으로나 심리적으로도 인과성을 미치는 것은 불가능하기 때문에 후행가담자는 관여 전의 행위에 대하여는 일체의 책임을 부담하지 않는다고 한다.

2) 판 례

판례는 승계적 공동정범에 있어서 승계의 개념을 부정하고 있다. 대법원은 "적어도 피고인 1, 2가 각각 원심공동피고인 2, 3의 피해 회사 소스프로그램의 도용 사실을 알게 된 이후부터는 승계적 공동정범이 성립한다는 검사의 주장에 대하여, 원심이 그 판시와 같은 이유로 피고인 1, 2에 대하여 원심공동피고인 2, 3과의 공동가공의 의사에 기한 기능적 행위지배를 인정할 수 없으므로 승계적 공동정범이 성립할 수 없다고 판단한 것은 정당한 것으로 수긍이 간다"고 하여 공동정범의 요건을 갖추는 한 승계적 공동정범도 인정될 수는 있다고 하지만, 후행자에게 가담 이전의 선행자에 의해서 이미 행하여진 행위부분에 대한 승계를 부정하는 취지로 판시한 바 있다.[125)]

3) 검 토

일부실행전부책임의 근거인 상호 이용·보충관계가 긍정될 수 있는 경우에 한하여 승계적 공동정범을 긍정할 수 있다고 해석된다. 즉, 후행자가 선행자의 행위 등을 자기의 범죄수행의 수단으로서 적극적으로 이용할 의사에 근거하여 범죄의 도중에 관여하고 선행자의 행위 등을 이용한 경우에는 승계적 공동정범을 긍정할 수 있다고 본다.

(3) 성립범위

승계적 공동정범에 있어서 승계의 개념을 부정하는 경우에도 후행자의 귀책범위의 문제로서 후행자에게 어느 정도의 범위에서 공동정범의 성립을 인정해야 하는가에 대하여도 견해가 대립하고 있다.

---

125) 대법원 2014.5.16. 선고 2012도3676 판결.

1) 학 설

① 전부인정설

전부인정설(全部認定說)은 후행자에 대하여 전체행위에 대한 공동정범의 성립을 인정한다. 후행자가 선행자의 양해하에 선행사실을 인용하고 이용한 이상 공동실행의 의사와 공동의 실행행위가 존재하는 것이고, 공동정범에서 공동의사가 사전에 있어야 하는 것이 아닌 이상 행위 도중에 공동의사가 형성된 경우에도 공동정범의 성립을 인정해야 하기 때문이라고 한다. 그러나 이에 대하여는 자기책임의 원칙에 반한다고 비판되고 있다.

② 부분인정설

부분인정설(部分認定說)은 후행자에 대하여 가담 이후의 행위에 대하여만 공동정범의 성립을 인정한다. 형법상 추인 또는 사후고의를 인정할 수 없고, 후행자의 행위와 선행사실 사이에 인과관계를 인정할 수 없는데 후행자가 그에 대해서 책임을 진다는 것은 자기책임의 원칙에 반하며, 후행자에게 선행자가 이미 실행한 부분에 대하여 행위지배의 요소인 실현의사를 인정할 수 없고, 후행자의 개입 이전에 선행자에 의하여 단독으로 행하여진 결과나 가중사유에 대하여 후행자가 기능적인 역할분담을 했다고도 할 수 없기 때문이라고 한다. 다수설의 입장이다.

2) 판 례

판례는 부분인정설의 입장이다. 판례는 후행자에 대하여 가담 이후의 행위에 대하여만 공동정범의 성립을 인정한다. 대법원은 "포괄일죄의 범행 도중에 공동정범으로 범행에 가담한 자는 비록 그가 그 범행에 가담할 때에 이미 이루어진 종전의 범행을 알았다 하더라도 그 가담 이후의 범행에 대하여만 공동정범으로 책임을 진다"고 판시한 바 있다.[126)]

3) 검 토

승계적 공동정범도 공동정범인 이상 그 성립을 위하여는 주관적 요건으로서 공동실행의 의사, 객관적 요건으로서 공동실행의 사실이 요구된다. 문제로 되는 것은 공동실행의 사실에 대하여 후행자의 개입 후에 있어서의 실행행위를 선행자와 후행자가 공동으로 행할 것을 요하는가에 있다. 반드시 개입 후의 실행행위를 선행자와 후행자가 공동으로 행할 것을 요하지 않고, 후행자만이 단독으로 개입

---

126) 대법원 1997.6.27. 선고 97도163 판결.

후의 실행행위를 행한 경우에도 선행자와 후행자의 공동정범이 성립될 수 있다고 해석된다. 선행행위자가 후행자의 실행행위를 이용하고 또는 후행자도 선행자의 실행행위를 이용하는 것에 의하여 상호 이용·보충하여 일정한 범죄를 실현하였다고 인정되는 한 실행행위 공동의 사실은 존재한다고 인정하여야 하기 때문이다. 결국 후행자는 자기책임의 원칙상 공동으로 한 부분에 대하여만 책임을 진다는 부분책임설이 타당하다고 생각된다.

3. 편면적 공동정범

(1) 의 의

편면적 공동정범(片面的 共同正犯, einseitige Mittäterschaft)이란 공동자 사이에 객관적인 실행행위의 사실은 존재하지만, 공동실행의 의사가 일방에게만 존재하는 경우를 말한다. 예컨대 (갑)이 (을)녀를 강간하고 있을 때 (병)이 이에 가담할 의사로 (갑)이 알지 못하는 사이에 (을)녀의 수족을 붙잡고 있는 경우이다.

(2) 인정여부

1) 학 설

범죄공동설에 의하면 공동정범은 그 성립을 위해서 공동자 사이에 의사의 상호 연락을 필요로 한다고 한다. 이에 반하여 행위공동설에 의하면 공동정범은 상호간의 의사의 연락을 요하지 않기 때문에 적어도 공동실행의 의사를 가지고 공동실행을 한 자는 공동정범이 될 수 있다고 한다. 따라서 편면적 공동정범은 행위공동설에 의하면 긍정되고, 범죄공동설의 입장에 서면 반드시 부정된다. 편면적 공동정범을 부정하는 것이 통설의 입장이다.

2) 판 례

판례는 편면적 공동정범을 부정하고 있다. 대법원은 "공동가공의 의사는 공동행위자 상호간에 있어야 하며 행위자 일방의 가공의사만으로는 공동정범관계가 성립할 수 없다"고 판시한 바 있다.[127]

3) 검 토

편면적 공동정범은 공동실행의 의사가 일방에게만 존재하기 때문에 공동정범

---

127) 대법원 1985.5.14. 선고 84도2118 판결.

이 될 수 없다. 공동정범은 주관적 성립요건으로서 상호간의 의사의 연락을 요구하고 있기 때문이다. 편면적 공동정범의 상황에 해당하는 경우에는 동시범 또는 종범이 문제될 수 있을 뿐이다.

4. 과실범의 공동정범

(1) 의 의

과실범의 공동정범이란 2인 이상의 자가 공동하여 과실행위를 행하는 경우를 말한다. 이 경우 공동하여 과실행위를 행한 자는 발생한 결과에 대하여 책임을 지게 된다. 과실범의 공동정범을 인정하게 되면 발생한 결과에 대하여 원인행위가 판명되지 않은 경우에도 각자에게 기수의 책임을 물을 수 있게 된다는 점에 그 실익이 있다. 예컨대 (갑)과 (을)이 언덕 위에서 돌을 각각 아래로 던졌는바 아래에서 지나가고 있던 (병)에게 맞아 사망하게 된 경우 (갑)과 (을)에게 각각 과실치사죄의 공동정범을 인정할 수 있게 된다.

과실범의 공동정범의 성립요건은 고의범의 그것과 다를 것이 없다. 과실범의 공동정범이 성립하기 위해서는 고의범의 공동정범의 성립요건인 공동가공의 행위와 공동가공의 의사가 모두 충족되지 않으면 안 된다. 문제는 공동가공의 의사에 있다. 공동가공의 행위는 2인 이상의 공동의 과실행위, 즉 공동의 객관적 주의의무위반이 있는 경우에 비교적 용이하게 인정될 수 있기 때문이다. 특히 과실범에 있어서는 결과의 예견이 없는 인식 없는 과실의 경우도 있기 때문에 공동가공의 의사가 존재하는가가 더욱 문제될 수 있다. 이것이 바로 과실범의 공동정범의 인정여부에 대하여 다투어지고 있는 이유이다.

(2) 인정여부

1) 학 설

과실범의 공동정범의 인정여부에 대하여는 크게 긍정설과 부정설이 대립하고 있다.

① 긍정설

ⓘ 행위공동설 : 이 견해는 두 가지의 유형으로 구별될 수 있다. 첫째, 사실행위공동설(事實行爲共同說)이다. 범죄행위를 공동으로 할 의사만 존재하면 족하기 때문에 과실행위와 과실행위의 공동정범뿐만 아니라 과실행위와 고의행위의

공동정범도 가능하다고 한다. 그러나 형법상 무의미한 사실행위를 공동으로 하는 것으로써 공동정범을 인정한다고 비판이 제기되고 있다. 둘째, 구성요건적 행위공동설(構成要件的 行爲共同說)이다. 주의의무의 공동과 구성요건을 실현하는 과실행위의 공동이 존재하면 과실범의 공동정범이 인정된다고 한다.

ⅱ 공동행위주체설 : 공동행위를 하겠다는 의사의 결합으로 공동행위의 주체가 형성되고, 공동행위의 주체가 과실범을 범한 경우에는 공동으로 책임을 진다고 한다.

ⅲ 기능적 행위지배설 : 이는 두 가지의 유형으로 나누어질 수 있다. 첫째, 과실의 공동정범을 인정하는 기능적 행위지배설이다. 공동의 주의의무위반과 기능적 행위지배가 존재하면 공동정범이 인정된다고 한다. 둘째, 과실의 공동정범을 부정하는 기능적 행위지배설이다. 공동정범이 성립하기 위한 공동의 결의에 기초한 역할분담이 과실범의 경우에는 불가능하기 때문에 공동정범의 성립은 부정된다고 한다.

ⅳ 공동의무공동위반설 : 과실범에도 주의의무위반으로서의 실행행위가 인정되기 때문에 그 실행행위를 공동으로 행하였다고 인정되는 한 과실범의 공동정범은 인정된다고 한다.

② 부정설

ⅰ 공동의사주체설 : 공동정범은 공동자가 공동의 범죄목적을 위하여 하나의 통일체를 이루는 것에 의의가 있다. 그러나 공동의사주체는 일정한 범죄목적을 위하여 상호 이해가 있어야 형성이 가능하기 때문에 상호 의사의 연락이 있을 수 없는 과실범의 공동정범은 부정되게 된다.

ⅱ 범죄공동설 : 범죄공동설(犯罪共同說)에 의하면 행위자가 특정한 범죄에 관하여 고의를 공동으로 하는 것이 공동의사의 내용이라고 해석하기 때문에 과실의 공동정범을 부정하는 것이 일반적이었다. 그러나 공동정범의 성립범위를 지나치게 좁게 해석한다는 비판이 가능하다. 그럼에도 불구하고 최근에는 범죄공동설의 입장에서도 과실의 공동정범을 인정하는 견해가 증가하고 있다. 이외에도 위에서 본 바와 같이 기능적 행위지배설은 부정설의 논거로도 될 수 있다.

2) 판 례

판례는 과실범의 공동정범을 처음부터 인정해오고 있다. 대법원은 "공동정범은 고의범이나 과실범을 불문하고 의사의 연락이 있는 경우이면 그 성립을 인정할 수 있다"고 판시한 바 있다.[128] 공동정범의 성립요건인 '2인 이상이 공동하여 죄를 범한 때'(제30조 참조)의 '죄'에는 고의범뿐만 아니라 과실범도 포함되기 때문이라고 한다.[129] 따라서 "2인 이상이 서로의 의사연락 아래 범죄되는 결과를 발생케 한 경우에는 과실범의 공동정범이 성립한다"고 판시하고 있는 것이다.[130] 과실범의 공동정범을 긍정한 판례의 구체적 내용은 다음과 같다. 즉,

① 예인선 정기용선자의 현장소장 갑은 사고의 위험성이 높은 시점에 출항을 강행할 것을 지시하였고, 예인선 선장 을은 갑의 지시에 따라 사고의 위험성이 높은 시점에 출항하는 등 무리하게 예인선을 운항한 결과 예인되던 선박에 적재된 물건이 해상에 추락하여 선박교통을 방해한 사안에서, 갑과 을을 업무상 과실일반교통방해죄의 공동정범으로 처벌한 사례이다.[131] ② 성수대교와 같은 교량이 그 수명을 유지하기 위하여는 건설업자의 완벽한 시공, 감독공무원들의 철저한 제작시공상의 감독 및 유지·관리를 담당하고 있는 공무원들의 철저한 유지·관리라는 조건이 합치되어야 하는 것이므로, 위 각 단계에서의 과실 그것만으로 붕괴원인이 되지 못한다고 하더라도, 그것이 합쳐지면 교량이 붕괴될 수 있다는 점은 쉽게 예상할 수 있고, 따라서 위 각 단계에 관여한 자는 전혀 과실이 없다거나 과실이 있다고 하여도 교량붕괴의 원인이 되지 않았다는 등의 특별한 사정이 있는 경우를 제외하고는 붕괴에 대한 공동책임을 면할 수 없다.[132] ③ 터널굴착공사를 도급받은 건설회사의 현장소장과 위 공사를 발주한 한국전력공사의 지소장에게 과실범의 공동정범을 인정하였다.[133] ④ 피고인 1과 공소외 1 및 원심공동피고인 등은 각자가 협력하여 이 사건 건물을 안전하고도 견고하게 신축하여야 할 주의의무가 있었을 뿐만 아니라, 서로 의사를 연락하여 이 사건 건물을 신축하였던 것이므로, 이들 사이에 형법 제30조 소정의 공동정범의 관계가 성립한다고 보아야 할 것인 바, 이와 견해를 같이 하여 피고인 1과 원심공동피고인 사이에 업무상과실치사상죄의 공동정범관계가 성립하는 것으로 본 원심의 판단은 정당한 것으로 수긍이 되고, 원심판결에 소론과 같이 심리를 제대로 하지 못한 위법이나 공동정범에 관한 법리를 오해하여 법률을 잘못 적용한 위법이 있다고 볼 수 없으므로, 논지도 이유가 없다.[134] ⑤ 피고인이 정기관사의 지휘감독을 받는 부기관사이기는 하나 사고열차의 퇴

---

128) 대법원 1994.5.24. 선고 94도660 판결; 대법원 1994.3.22. 선고 94도35 판결; 대법원 1982.6.8. 선고 82도781 판결; 대법원 1979.8.21. 선고 79도1249 판결.

129) 대법원 1994.3.22. 선고 94도35 판결; 대법원 1982.6.8. 선고 82도781 판결; 대법원 1979.8.21. 선고 79도1249 판결; 대법원 1978.9.26. 선고 78도2082 판결.

130) 대법원 1994.5.24. 선고 94도660 판결; 대법원 1979.8.21. 선고 79도1249 판결; 대법원 1978.9.26. 선고 78도2082 판결; 대법원 1962.3.29. 선고 4294형상598 판결.

131) 대법원 2009.6.11. 선고 2008도11784 판결.

132) 대법원 1997.11.28. 선고 97도1740 판결.

133) 대법원 1994.5.24. 선고 94도660 판결.

행에 관하여 서로 상론, 동의한 이상 퇴행에 과실이 있다면 과실책임을 면할 수 없다.[135] ⑥ 운전병이 운전하던 짚차의 선임 탑승자는 이 운전병의 안전운행을 감독하여야 할 책임이 있는데 오히려 운전병을 데리고 주점에 들어가서 같이 음주한 다음 운전케 한 결과 위 운전병이 음주로 인하여 취한 탓으로 사고가 발생한 경우에는 위 선임 탑승자에게도 과실범의 공동정범이 성립한다.[136] ⑦ 본건 사고는 경관의 검문에 응하지 않고 트럭을 질주함으로써 야기된 것인 바 제1심판결에서 본 각 증거를 종합하면 피고인은 원심 공동 피고인과 서로 의사를 연락하여 경관의 검문에 응하지 않고 트럭을 질주케 하였던 것임을 충분히 인정할 수 있음이 명백하므로 피고인은 본건 과실치사죄의 공동정범이 된다고 할 것이므로 논지는 이유 있다.[137]

과실범의 공동정범을 부정한 판례의 구체적 내용은 다음과 같다. 즉,

① 피고인이 운전자의 부탁으로 차량의 조수석에 동승한 후, 운전자의 차량운전행위를 살펴보고 잘못된 점이 있으면 이를 지적하여 교정해 주려 했던 것에 그치고 전문적인 운전교습자가 피교습자에 대하여 차량운행에 관해 모든 지시를 하는 경우와 같이 주도적 지위에서 동 차량을 운행할 의도가 있었다거나 실제로 그 같은 운행을 하였다고 보기 어렵다면 그 같은 운행 중에 야기된 사고에 대하여 과실범의 공동정범의 책임을 물을 수 없다.[138] ② 운전수가 불의의 발병으로 자동차를 운전할 수 없게 되자 동승한 운전경험이 있는 차주가 운전하다가 사고를 일으킨 경우에 차주의 운전상의 과실행위에 운전수와의 상호간의 의사연락이 있었다고 보거나 운전행위를 저지하지 않은 원인행위가 차주의 운전상의 부주의로 인한 결과발생에 까지 미친다고 볼 수 없다. 다시 말해서 운전수인 피고인이 갑자기 머리가 아프고 오한이 들어 자동차를 운전할 수 없게 되자 이 차량의 차주이며 평소에 운전경험이 있는 공소외인이 자진하여 자기가 운전하겠다고 하므로 피고인이 그대로 이를 방치하게 되었고 위 공소외인은 피고인이 오한으로 앓고 있는 사이에 이를 운전하다가 이 사건 사고를 발생케 한 사실을 인정한 다음, 이러한 경우이므로 피고인이 차주인 위 공소외인의 무면허운전을 방치한 행위와 이 사건 사고로 인한 상해의 결과발생과의 사이에는 다른 특별한 사정이 없는 한 인과관계가 있다고 볼 수 없다고 판단하고 있다. 사실관계가 위와 같은 이상 앓고 있는 피고인이 소론과 같이 이 차에 함께 타고 있으면서 위 공소외인(본건 사고로 인하여 별건에서 벌금형을 선고 받았음)으로 하여금 비가 온 후의 도로의 미끄러움에 대비하도록 하거나 내리막길에 있어서의 운전상의 주의를 교시하지 않았다 하여 위 공소외인의

134) 대법원 1994.3.22. 선고 94도35 판결.
135) 대법원 1982.6.8. 선고 82도781 판결.
136) 대법원 1979.8.21. 선고 79도1249 판결.
137) 대법원 1962.3.29. 선고 4294형상598 판결.
138) 대법원 1984.3.13. 선고 82도3136 판결.

운전상의 과실행위에 피고인과의 상호간의 의사연락이 있었다고 보거나 또는 피고인이 위와 같은 경우에 위 공소외인에게 운전행위를 저지하지 않은 원인행위가 공소외인의 운전상의 부주의로 인한 이 사건 결과발생에까지 미친다고 볼 수는 없다 할 것이므로 같은 취지의 원심판단은 정당하다 할 것이다.[139)]

3) 검 토

과실에 의한 행위는 그것을 처벌하는 규정이 없는 한 처벌할 수 없기 때문에 과실에 대한 처벌규정이 없는 범죄에 있어서는 과실에 의한 공범도 생각할 수 없다. 그럼에도 불구하고 과실의 공동정범은 대체로 긍정하면서도, 과실에 의한 교사범 또는 방조범에 대하여는 이를 부정하고 있는 것이 현재 다수설의 입장이라고 파악된다. 판례도 과실에 의한 공동정범을 인정해오고 있다.

문제는 공동정범의 성립요건인 공동실행의 사실과 공동실행의 의사 중에서 과실범의 경우, 특히 공동실행의 의사를 인정할 수 있겠는가에 있다고 할 수 있다. 고의범의 경우에 요구되는 의사의 연락의 내용은 공동실행에 의한 결과의 야기에 대한 의사의 연락이지만, 결과의 야기에 대한 인식이 없는 과실범에 있어서 공동실행에 의한 결과의 야기에 대한 의사의 연락을 요구하는 것은 그 자체로서 불가능하기 때문이다. 만약 과실에서 공동실행의 의사를 도출할 수 없다면 과실의 공동정범은 그 성립이 불가능하다고 하는 것이 논리적 귀결이다. 그러나 과실을 신과실론의 입장에서처럼 결과회피의무에 위반하는 행위까지도 포함하여 이해하는 경우에는 결론이 달라질 수 있다. 즉, 사고방지를 위하여 상호 이용·보충 관계에 있는 행위자 사이에서는 공동하여 결과를 회피할 주의의무를 지고, 결과회피를 위하여 상호 연락하고 의사를 합치하여 전체로서 부족함이 없도록 주의할 필요가 있다고 구성할 수 있다. 그러면 바로 여기, 즉 결과회피를 위한 주의의무로부터 공동실행의 의사를 도출할 수 있게 된다. 뿐만 아니라 공동작업에 있어서 주의의무를 다하지 않아 결과회피의무에 위반한 결과가 발생한다면 그것은 공동실행의 사실이 된다고 아니할 수 없게 된다. 결국 공동작업상 과실범에 있어서도 공동실행의 사실과 공동실행의 의사가 모두 인정될 수 있기 때문에 과실범의 공동정범을 인정함에 있어서는 논리적 문제가 전혀 발견되지 않는다고 해석할 수 있게 된다.

생각건대 공동행위자에 대한 공동의 주의의무가 과하여져 있는 경우 객관적 주의의무에 위반하는 행위에 대하여는 당연히 공동하여 이를 행할 의사가 존재한

139) 대법원 1974.7.23. 선고 74도778 판결.

다고 할 수 있다. 이것이 바로 공동실행의 의사이다. 다만, 과실범의 공동실행의 의사는 예컨대 건물붕괴에 대한 과실범의 그것은 건물신축에 대한 상호 간의 의사의 연락에서 도출되는 구조이다. 그리고 객관적 주의의무에 위반하는 행위를 함께 행하고 있는 것이기 때문에 공동실행의 사실도 인정될 수 있다. 이와 같이 과실범에 있어서도 공동정범의 주관적 요건과 객관적 요건을 모두 충족하는 경우가 있을 수 있다. 따라서 과실범의 공동정범을 인정하여야 한다고 하는 공동의무공동위반설(共同義務共同違反說)이 가장 타당하다고 생각된다.

(3) 구성요건

과실범에 있어서 공동정범의 성립요건인 공동가공의 행위와 공동가공의 의사를 이해의 편의를 위하여 전술한 바와 같이 과실범의 구성요건에 상응하여 객관적 구성요건과 주관적 구성요건으로 나누어 검토하고자 한다.

1) 객관적 구성요건

① 주 체

과실범의 주체는 과실행위자, 즉 주의의무위반자이다. 따라서 과실의 공동정범에 있어서의 주체는 공동의 과실행위자, 즉 공동의 주의의무위반자가 된다. 다만 과실범을 신분범이라고 하지 않는 것은 주의의무위반자가 정해져 있는 것이 아니라 누구나 될 수 있기 때문이다.

② 행 위

과실범의 객관적 구성요건요소로서의 실행행위는 과실행위이다. 과실행위란 객관적 주의의무에 위반하여 일정한 작위 또는 부작위를 행하는 것을 말한다. 따라서 과실범의 공동정범에 있어서도 객관적 구성요건은 고의범의 공동정범에 있어서와 같이 공동실행의 사실을 말한다. 공동실행의 사실이란 법률상 부과되어 있는 공동의 주의의무에 위반하는 행위를 말한다. 예컨대 (갑)과 (을)이 건축현장인 빌딩 옥상의 작업현장에서 철재를 투하하는 경우, 2인이 공동하여 주의하지 않는 한 위험을 회피할 수 없기 때문에 2인은 지상의 보행자 등에게 부상을 주지 않도록 배려하여야 할 공동의 주의의무가 과하여져 있음에도 불구하고 주의의무를 다하지 않은 채 철재를 지상으로 투하하는 행위를 말한다. 결국 공동의 주의의무위반에 해당하는 공동의 철재투하행위는 객관적 주의의무에 위반하는 사실, 즉 공동실행의 사실에 해당한다고 할 수 있다. 공동의 주의의무는 공동자의 각자가 단순히 스스로의 행위에 대하여 주의하는 것만으로 충분하지 않고 양방이 배려하고 상호 안전을 확보하여 철재를 투하하여야 하기 때문에 공동행위 중에 철재를 낙하시켜 사상의 결과를 발생하게 한 이상 (갑)과 (을)에게는 공동의 주의의무위반이 있다고 할 수 있다.

2) 주관적 구성요건

① 과 실

과실범의 주관적 구성요건요소로서의 과실은 범죄사실에 대한 인식이 결여된 심리상태(인식 없는 과실) 또는 범죄사실에 대한 인식이 있다고 하더라도 그 반대동기의 형성의 계기가 결여된 심리상태(인식 있는 과실)를 의미한다.

② 과실의 내용

과실범의 공동정범에 있어서도 주관적 구성요건은 고의범의 공동정범에 있어서와 같이 공동실행의 의사를 말한다. 과실범에 있어서의 공동실행의 의사란 사고방지를 위하여 상호 이용·보충 관계에 있는 행위자 사이에서 공통적으로 존재하는 결과회피의무에 대한 위반을 말한다는 점에서 공모를 의미하는 고의범에 있어서의 그것과 구별된다고 할 수 있다. 과실범의 경우 공동의 주의의무자 사이에는 결과회피를 위하여 상호 연락하고 의사를 합치하여 전체로서 부족함이 없도록 주의할 필요가 있기 때문이다. 따라서 과실범의 경우 결과회피의무자 상호간에서는 의사의 연락이 존재할 수도 없을 뿐만 아니라 필요한 것도 아니라고 할 수 있다. 예컨대 위의 예에서 (갑)과 (을)이 공동으로 투하한 철재에 의하여 사상의 결과가 발생한 경우와 같이 공동의 주의의무에 객관적으로 위반하는 사실이 발생한 경우 공동하여 투하한 행위는 2인이 상호 이용·보충관계에서 공동하여 작업한다는 의사에 근거한 것이기 때문에 이로부터 공동실행의 의사를 도출하는 것이 불가능한 것은 아니라고 할 수 있다. 대법원도 "공동정범의 주관적 요건인 공동의 의사도 고의를 공동으로 가질 의사임을 필요로 하지 않고 고의행위이든 과실행위이든 간에 그 행위를 공동으로 할 의사이면 족하다고 해석하여야 할 것이므로 2인 이상이 어떠한 과실 행위를 서로의 의사연락 아래 하여 범죄되는 결과를 발생케 한 것이라면 여기에 과실범의 공동정범이 성립되는 것이다"라고 판시한 바 있다.[140]

---

140) 대법원 1962.3.29. 선고 4294형상598 판결.

5. 결과적 가중범의 공동정범

(1) 의 의

결과적 가중범의 공동정범(結果的 加重犯의 共同正犯)이란 2인 이상의 자가 공동가공의 의사로 기본범죄의 실행행위를 공동으로 한 경우에 그 일부의 자의 과실에 의하여 중한 결과가 발생한 경우 공동자 전원이 중한 결과에 대하여 공동정범으로 되는 범죄의 형태를 말한다. 결과적 가중범에 있어서 고의로 행하여진 기본범죄는 별론으로 하고, 중한 결과에 대한 공동가공의 의사가 인정될 수 있는가에 대하여는 과실범의 공동정범에 있어서와 동일한 문제가 발생하게 된다. 이에 대하여는 견해가 일치하지 않고 있다.

(2) 인정여부

1) 학 설

결과적 가중범의 공동정범에 대하여도 긍정설과 부정설이 대립하고 있다. 기본범죄의 부분은 고의범이기 때문에 공동정범을 인정하는 것에 있어서는 아무런 문제가 없다. 다만 중한 결과에 대하여는 과실을 요한다는 것이 통설이기 때문에 과실범의 공동정범을 긍정하는 견해는 결과적 가중범에 있어서도 공동정범을 긍정하는 결론에 이르게 된다. 과실범의 공동정범을 부정하는 견해는 일관되게 결과적 가중범에 있어서도 공동정범의 성립을 부정하게 된다. 부정설은 공동의 주의의무위반에 대하여 공동의 책임을 인정하는 것은 개인책임의 원칙에 반한다는 것을 그 근거로 하고 있다.

2) 판 례

판례는 결과적 가중범의 공동정범을 인정하고 있다. 결과적 가중범의 공동정범을 긍정한 판례의 구체적 내용은 다음과 같다. 즉,

① 결과적 가중범에 있어서의 공동정범은 행위를 공동으로 할 의사가 있으면 성립하고 결과를 공동으로 할 의사는 필요없다.[141] ② 여러 사람이 상해의 범의로 범행 중 한 사람이 중한 상해를 가하여 피해자가 사망에 이르게 된 경우 나머지 사람들은 사망의 결과를 예견할 수 없는 때가 아닌 한 상해치사의 죄책을 면할 수 없다.[142]

---

141) 대법원 1990.6.26. 선고 90도765 판결.

142) 대법원 2000.5.12. 선고 2000도745 판결.

3) 검 토

결과적 가중범은 기본범죄가 어떠한 중한 결과를 발생할 위험을 내포하고 있기 때문에 독립된 범죄로 규정하였다고 해야 한다. 따라서 기본범죄의 공동실행자는 흔히 중한 결과의 발생에 대하여 구체적으로 예견가능성을 가지고 있다고 할 수 있다. 각자는 중한 결과의 발생을 회피해야 할 공동의 주의의무를 가진다고 해석해야 한다. 기본범죄의 공동실행자 중의 일부의 자가 과실에 의하여 중한 결과를 발생시킨 경우에는 원칙적으로 그 결과의 발생에 대하여 공동의 주의의무를 인정할 수 있고, 각자에 대하여 결과적 가중범의 공동정범을 긍정할 수 있다. 예컨대 강도의 공동실행자는 강도치상죄 또는 강도치사죄의 공동정범으로 될 가능성이 있다고 할 수 있다.

6. 부작위범의 공동정범

부작위범의 공동정범(不作爲犯의 共同正犯)이란 부작위에 의하여 실행행위를 공동으로 하는 경우의 범죄형태를 말한다. 부작위범의 공동정범은 진정부작위범의 공동정범과 부진정부작위범의 공동정범으로 나누어질 수 있다. 부작위범의 경우에는 작위의무에 위반하는 부작위만이 실행행위로 되기 때문에 그러한 부작위를 공범자 상호간에 이용 · 보충하여 실현함으로써 공동정범으로 될 수 있다고 해야 한다. 다만 공동정범의 성립범위에 있어서 공동자 각자가 작위의무를 가지는 경우에 한한다는 견해도 있지만, 작위의무를 가지지 않는 자도 작위의무를 가지는 자와 공동하여 그 작위의무위반의 부작위를 실현하는 것은 가능하다고 해석하는 것이 타당하다. 예컨대 양육의무를 공동으로 지고 있는 부부가 공모하여 공동으로 유아에게 수유하지 않아 아사시킨 경우뿐만 아니라 모친과 제3자가 공동의사에 기하여 상호 이용 · 보충하여 유아에게 수유를 태만함으로써 유아를 아사시킨 경우에도 공동정범으로 된다고 하는 것이 타당하기 때문이다. 한편 부작위범은 작위의무자의 부작위에 관한 문제로서 일종의 신분범에 해당한다고 할 수 있다. 따라서 부작위범의 공동정범은, 후술하는 바와 같이, 작위의무 없는 자가 작위의무 있는 자에게 가담하는 경우에는 공범과 신분(제33조)에 의한 해결이 가능하다고 할 수 있다.

7. 예비죄의 공동정범

예비죄의 공동정범(豫備罪의 共同正犯)이란 의사의 연락하에 예비행위를 공동하여 행하는 경우를 말한다. 예비죄에 있어서 공동정범의 성부에 관하여는 '공동하여 죄를 범한 때'의 해석에 따라 견해가 나누어지고 있다. 긍정설은 예비행위가 공동실행된 경우 예비죄의 공동정범이 인정된다고 한다. '죄를 범한 때'에는 예비죄의 실행행위도 포함되어 있다고 보는 것이다. 부정설은 기본적 구성요건의 내용으로서의 행위를 공동하여 행하는 것이 실행행위의 공동이고, 수정된 구성요건으로서 독립하여 규정된 예비죄의 공동에까지 확대하여서는 안 된다고 한다. 이 외에도 이분설은 예비죄를 독립죄와 비독립죄로 구별하여, 독립죄로서의 예비죄에 대하여만 공동정범의 성립을 인정한다. 생각건대 예비죄는 공범과는 달리 처벌규정이 각칙에 규정되어 있다. 그 규정방법은 독립적인 것이기 때문에 '죄를 범한 때'에는 예비행위를 행한 예비죄의 정범도 포함된다고 해석하여야 한다. 여기서 예비죄에 대한 협의의 공범에 대하여도 예비죄의 처벌규정이 존재하는 한 교사범과 방조범에 관한 규정도 적용된다고 해석할 수 있다.

Ⅳ. 처 벌

형법은 "2인 이상이 공동하여 죄를 범한 때에는 각자를 그 죄의 정범으로 처벌한다"고 규정하고 있다(제30조). 여기서 '각자'란 공동하여 죄를 범한 자로서 각각 정범과 공범(공동정범), 즉 실행행위자와 공동행위자를 말한다고 해석된다.

1. 실행행위자

실행행위자는 정범으로 처벌된다. 실행행위자는 '각자를 정범으로 처벌한다'는 형법의 규정(제30조)이 없어도 정범으로 처벌되는 것은 당연하다. 실행행위자는 구성요건에 해당하는 행위를 한 자이기 때문에 자기의 행위에 대하여 책임을 지는 것이기 때문이다. 이는 개인적 책임주의의 원칙상 당연한 결과이다. 한편 정범의 처벌에 대하여는 형법 각칙의 각 본조가 규정하고 있다.

2. 공동행위자

(1) 정범으로 처벌

공동행위자도 정범으로 처벌된다. 형법이 '각자를 정범으로 처벌한다'고 규정하고 있기 때문이다(제30조). 정범에 대하여는 정범으로 처벌하는 것이 당연하지만, 공범인 공동정범도 정범으로 처벌한다는 의미로 해석된다. 이것이 바로 소위 '일부실행전부책임의 원칙'(一部實行全部責任의 原則)이다. 문제는 일부실행전부책임의 원칙, 즉 공범인 공동정범까지도 정범으로 처벌한다고 하는 규정의 근거에 있다. 개인책임주의 원칙은 정범은 정범으로 처벌하고, 공범은 공범으로 처벌할 것을 요구하고 있기 때문이다. 형법의 가장 기본적인 원칙 중의 하나인 책임주의는 주관적 책임뿐만 아니라 개인적 책임을 포함하고 있다는 것은 이미 고찰한 바 있다. 개인은 그 스스로 범한 범죄에 대하여만 책임을 지고, 타인이 범한 범죄에 대하여는 책임을 지지 않는다는 것도 책임주의의 내용이다. 그러면 왜 공동정범의 경우에는 스스로가 야기한 것이 아닌 결과에 대하여도 책임을 부담하여야 하는가?가 해결되지 않으면 안 된다.

(2) 일부실행전부책임의 원칙

공동정범의 커다란 특징 중의 하나는 일부실행전부책임의 원칙이라고 할 수 있다. 예컨대 (갑)과 (을)이 의기투합하여 (병)을 살해하기로 결의하고 (갑)과 (을)이 동시에 (병)에게 권총을 발사하여 살해하는 경우와 같이 실행행위를 분담하는 경우뿐만 아니라 (갑)은 망을 보고 (을)은 권총을 발사하여 총알을 (병)에게 명중시킨 경우와 같이 실행행위 이외의 행위와 실행행위를 분담하는 경우에도 (갑)과 (을) 각각에게 살인기수의 공동정범의 성립을 긍정하게 된다. 이와 같이 공동정범은 행위자에게는 물론 행위자가 아닌 교사 또는 방조의 행위를 한 공동행위자에게도 정범으로서의 책임을 묻는 데에 그 특징이 있다. 다만 구체적인 처단에 대하여는 공동자의 관여의 정도나 책임의 정도에 따라 개별적으로 정하는 것은 물론이다. 범죄의 성공가능성을 높이기 위해서는 모든 감각기능의 총집결이 담보될 필요성이 있다. 신체의 감각기관을 총동원하여 그에 따라 각각 감시기능, 획득기능 및 퇴거기능 등을 수행하게 된다. 공동정범은 이러한 신체의 일부가 담당하여야 할 기능을 여러 명이 조별로 신체의 기능을 분담하는 형태로 범죄를 수행하는 구조로 이해된다. 예컨대 단독범은 자신의 신체의 기능을 이용하지만, 공범에 있어서는 행위자와 공동행위자가 각각 감시조, 획득조 및 도주조 등으로 단독범의 신체의 기능을 조별로 기능적으로 분담하여 범죄를 수행하는 구조라고 할 수 있다. 이와 같이 기능적 행위지배(機能的 行爲支配)란 신체적 기능을 여러 명이 조별로 분담함으로써 범죄를 수행하는 개념이라고 이해할 수 있다. 다만 기능적 행위지배를 인정하기 위해서는 행위의 분담뿐만 아니라 상호 기능을 유기적으로 연결할 수 있는 기능, 즉 참여자 상호간의 의사소통이 요구된다고 할 수 있다.

생각건대 공동정범의 정범성은 분업적 행위실행과 기능적 역할분담의 원칙(Prinzip des arbeitsteiligen Handelns und der funktionellen Rollenverteilung)에 근거한다고 할 수 있다. 2인 이상의 자가 공동하여 범죄를 수행할 의사와 함께 상호 타인의 행위를 이용하고 보충하여 범죄를 실현한 경우에는 각자 관여자의 행위는 일체로 되어 범죄의 수행에 결부되어 있다고 할 수 있다. 상호 이용하고 보충하는 관계는 분업에 의하여 부분만을 실행하는 모양새를 가지고 있지만, 개별행위가 기능적으로 지배되어 전체 범죄를 완성하는 구조를 가지게 되기 때문이다. 여기서 책임주의를 철저히 하기 위해서는 실행행위 외의 교사 또는 방조 등의 행위를 한 자에 대하여도 타인책임이 아닌 자기책임을 실현할 필요가 있다. 결국 전체범죄를 분업적으로 역할을 분담하여 행하는 기능적 행위지배(funktionale Tatherrschaft)에 공동정범의 정범으로서의 특수성이 인정된다고 하겠다. 따라서 공동정범은 공범이지만 기능적 행위지배를 통하여 정범성도 가지게 되기 때문에 정범으로 처벌하는 것은 가능하다고 할 수 있다. 다만 공범을 정범으로 처벌하기 위한 전제조건으로서는 공범행위의 정범행위성, 즉 공범행위의 실행행위성이 충족될 것이 요구된다. 따라서 실행행위 자체를 분담하여 실행하는 정범형 공동정범은 당연히 각자가 실행행위 자체를 행하고 있기 때문에 실행행위성은 당연히 충족된다고 할 수 있다. 이에 반하여 공범형 공동정범의 경우에는 정범은 실행행위를 행하지만 공범인 공동정범은 공범행위인 실행행위 외의 행위를 행하기 때문에 공범행위는 기능적 행위지배에 의하여 정범행위와 동일하게 평가될 수 있다는 정범행위성이 충족될 필요가 있다.

한편 공범행위의 정범행위성, 즉 실행행위성이 인정된다고 하더라도 정범형 공동정범과 공범형 공동정범 또는 공범형 공동정범 상호간에 있어서 정범성의 정도는 동일하다고는 할 수 없다. 공동정범 상호간에 정범성의 정도에 차이가 있다면 이러한 차이는 처단형에 반영될 수밖에 없다. 공범 사이에 있어서 범죄에 대한 기여도나 범죄의 유발도 등은 결국 양형의 조건이 되기 때문이다(제51조 참조). 따라서 '정범으로 처벌한다'는 규정은 공동정범에 대한 처벌에 있어서 최고수준의 처벌강도를 의미한다고 해석된다. 또 다른 한편 공동정범이 성립하는 경우에는 독립행위의 경합 등의 문제는 발생할 여지가 없다.[143] 왜냐하면 2인 이상이 상호의사의 연

143) 대법원 1997.11.28. 선고 97도1740 판결; 대법원 1985.12.10. 선고 85도1892 판결.

락이 없이 동시에 범죄구성요건에 해당하는 행위를 한 경우에는 원칙적으로 각인에 대하여 그 죄를 논하여야 하나, 그 결과발생의 원인이 된 행위가 판명하지 아니한 때에는 각 행위자를 미수범으로 처벌하고(독립행위의 경합), 이 독립행위가 경합하여, 특히 상해의 경우에는 공동정범의 예에 따라 동시범으로 처벌하면 족하기 때문이다.

Ⅴ. 공동정범의 착오

공동정범의 착오란 공동행위자 상호간에 공모한 행위와 실행한 행위가 일치하지 않는 경우를 말한다. 이에 대하여는 단독정범에 있어서의 해결방법이 그대로 타당하다고 할 수 있다.

1. 구체적 사실의 착오

공동정범의 착오가 동일한 구성요건 내의 착오인 경우에는 구체적 사실의 착오에 관한 해결방법에 따른다. 공동실행에 나아간 공동행위자의 일부의 자가 객체의 착오에 빠진 경우 고의는 긍정된다. 공동행위자의 일부의 자가 방법의 착오에 빠져 저격한 사람 이외의 사람에게 결과가 발생한 경우 구체적 부합설에 의하면 그 다른 피해자에 대하여 발생한 결과에 대하여 과실의 여부는 각각의 공동행위자에 대하여 판단되어야 한다.

2. 추상적 사실의 착오

이종의 구성요건 사이의 착오에 있어서 행위공동설에 의하면 각각의 고의에 따라 공동정범이 성립하기 때문에 착오는 중요하지 않다. 부분적 범죄공동설에 의하면 각각의 구성요건이 중첩되는 한도에서 공동정범의 고의를 긍정한다. 예컨대 (갑)과 (을)이 공모하여 (병)에게 상해를 입혔지만, (갑)은 살해의 고의를 가지고 (을)은 상해의 의사를 가지고 있음에 지나지 않았던 경우에는 살인죄와 상해죄의 중첩된 한도에서 즉, 상해죄의 범위에서 공동정범이 성립하고 살인미수죄는 (갑)에게만 성립되게 된다. (병)이 사망한 경우에는 중첩되는 상해치사죄의 한도에서 공동정범이 성립하고 살인기수죄에 대하여는 (갑)만이 그 죄책을 지게 된다.

제 3 관 교 사 범

제31조 (교사범) ① 타인을 교사하여 죄를 범하게 한 자는 죄를 실행한 자와 동일한 형으로 처벌한다.
② 교사를 받은 자가 범죄의 실행을 승낙하고 실행의 착수에 이르지 아니한 때에는 교사자와 피교사자를 음모 또는 예비에 준하여 처벌한다.
③ 교사를 받은 자가 범죄의 실행을 승낙하지 아니한 때에도 교사자에 대하여는 전항과 같다.

Ⅰ. 교사범의 의의

교사범(敎唆犯, Anstifter)이란 타인을 교사하여 죄를 범하게 한 자를 말한다. 교사범이란 아직 범죄실행의 의사를 가지고 있지 않은 자에 대하여 특정한 범죄를 결의하게 하고 이를 실행하게 하여 자기의 범죄를 실현하는 자를 말한다(제31조 제1항). 예컨대 (갑)이 (을)에게 (병)의 집에 침입하여 현금을 절취하도록 명하고 (을)이 (병)의 집에 침입하여 현금을 절취한 경우 (을)에게는 주거침입죄와 절도죄의 정범이 성립하고 (갑)에게는 주거침입죄와 절도죄의 교사범이 성립하게 된다. 교사범은 피교사자의 실행행위를 수행하지 않고 가담만 한다는 의미에서 방조범과 함께 가담범으로서 협의의 공범에 속하는 것으로 분류되기도 한다.

Ⅱ. 구성요건

교사범이 성립하기 위해서는 교사자가 정범인 피교사자를 특정한 범죄를 행하도록 교사할 것과 피교사자가 교사받은 범죄를 행할 것을 결의하고 그 범죄를 실행할 것이 요구된다. 특히 정범에 대한 교사의 여부를 판단하기 위해서는 객관적 구성요건요소로서 교사행위의 존부를 검토해야 할 뿐만 아니라 주관적 구성요건요소로서의 교사의 고의의 유무에 대한 검토가 필요하다.

1. 객관적 구성요건

(1) 주 체

교사범은 타인을 교사하여 죄를 범하게 한 경우에 성립하므로, 주체는 타인과 타인을 교사한 자이다. 타인을 교사한 자는 교사자가 되고, 타인은 교사를 받은 사람으로서 피교사자가 된다. 후술하는 바와 같이 피교사자를 정범이라고 하고, 교사자를 공범이라고 한다.

1) 피교사자

피교사자(被敎唆者)란 교사자의 교사에 의하여 구성요건적 행위, 즉 실행행위를 직접 행하는 자를 말한다. 피교사자는 실행행위를 직접 담당하고 있는 자이기 때문에 흔히 정범(正犯)이라고 불리고 있다. 가담범으로서의 교사자는 주행위자(主行爲者, Haupttäter)로서의 피교사자인 정범으로 하여금 주행위(主行爲, Haupttat)인 실행행위를 행하도록 교사행위를 행하는 구조로 분석될 수 있다. 피교사자는 정범자로서 실행행위의 주체가 된다는 점에서 공범자로서 공범행위의 주체가 되는 교사범과 구별된다고 할 수 있다.

2) 교사자

교사자(敎唆者, Anstifter)란 피교사자, 즉 정범으로 하여금 범죄를 결의하게 하고, 그 죄를 행하게 하는 자를 말한다. 교사자를 배후자(Hinter-mann)라고 할 수 있지만, 범죄의 유발자 또는 범의의 창출자라고도 할 수 있다. 교사자는 피교사자의 실행행위를 직접 행하지 않고 타인인 피교사자의 범죄에 참여한다는 의미에서 가담범(加擔犯)에 해당한다. 교사자는 공범으로서 공범행위의 주체가 된다고 할 수 있다. 다만 가담의 정도에 있어서 교사자가 교사를 넘어 공모에까지 이르게 되면 이미 교사자가 아니라 공동정범으로 변모되게 된다.

(2) 행 위

교사자가 피교사자를 교사하였다고 하기 위해서는 피교사자의 정범행위로서의 실행행위와 교사자의 공범행위로서의 교사행위에 대한 검토가 필요하다. 공범종속성의 원칙상 공범행위는 정범행위를 전제로 한다고 해야 하기 때문에 양자는 구분되어 검토될 필요가 있다.

1) 정범행위

① 실행행위의 의의

실행행위(實行行爲, Tat)란 구성요건에 해당하는 행위를 말한다. 자기책임주의, 즉 형법상 개인적 책임주의의 관점에서 실행행위를 행하는 자는 정범이 된다. 실행행위는 또 공범종속성의 관점에서 교사범의 성립을 인정하기 위한 전제요건이 된다. 이러한 의미에서 "교사범이 성립하기 위해서는 교사자의 교사행위와 정범의 실행행위가 있어야 하는 것이므로, 정범의 성립은 교사범의 구성요건의 일부를 형성하고 교사범이 성립함에는 정범의 범죄행위가 인정되는 것이 그 전제요건이 된다"고 한 판례의 입장을 이해할 수 있다.[144]

② 실행행위의 정도

실행행위는 적어도 착수될 것이 요구된다. 실행행위의 착수가 인정되는 한 실행행위의 미수 또는 기수의 여부는 묻지 않는다. 교사범이 성립하기 위해서는 피교사자가 실행에 착수할 것이 요구되기 때문이다. 공범종속성의 정도에 관한 극단적 종속형식에 따르면 피교사자의 실행행위는 구성요건에 해당하고 위법하고 유책할 것이 요구되나, 제한적 종속형식에 의하면 피교사자의 실행행위는 구성요건에 해당하고 위법한 행위로 족하고 유책할 필요까지는 없다.

2) 공범행위

① 교사행위의 의의

교사행위란 구성요건에 해당하는 실행행위 이외의 방법에 의하여 정범에게 특정한 범죄를 결의시켜 실행하게 하는 일체의 행위를 말한다. 이미 피교사자가 범죄를 결의하고 있는 때에는 교사라고 할 수 없고(omnimodo facturus), 방조 또는 교사의 미수가 될 수 있을 뿐이다. 대법원도 "피교사자가 이미 범죄의 결의를 가지고 있을 때에는 교사범이 성립할 여지가 없다"고 판시한 바 있다.[145] 피교사자는 교사범의 교사에 의하여 범죄실행을 결의하여야 하기 때문이다. 교사범의 성립은 정범의 성립을 전제로 하고, 교사행위는 공범행위에 속하기 때문에 정범행위인 실행행위를 전제로 할 때에만 성립할 수 있다는 것이 공범종속성의 논리적 귀결이다. 따라서 공범행위가 성립하기 위해서는 정범행위는 적어도 실행의 착수에 이르러야 할 필요가 있다.

한편 부작위에 의한 교사(不作爲에 의한 敎唆)의 가능여부에 대하여는 견해가 대립하고 있다. 긍정설(肯定說)은 형법상 행위에는 작위뿐만 아니라 부작위도 당연히 포함되어 있기 때문에 부작위에 의한 교사를 부정할 만한 아무런 근거가 없다고 한다. 부정설(否定說)은 부작위에 의해서는 정범의 범죄결의를 방해하지 않을

144) 대법원 2000.2.25. 선고 99도1252 판결; 대법원 1998.2.24. 선고 97도183 판결; 대법원 1981.11.24. 선고 81도2422 판결.

145) 대법원 2012.8.30. 선고 2010도13694 판결; 대법원 1991.5.14. 선고 91도542 판결.

수는 있어도 정범에 대한 범죄결의를 야기할 수는 없기 때문에 부작위에 의한 교사는 부정되어야 한다고 한다. 다수설이 취하고 있는 입장이다. 생각건대 범죄의 결의를 유발하는 것이 교사라는 용어의 문언상 교사는 작위에 의한 교사에 한정되고 부작위에 의한 교사는 부정되는 것이 타당하다고 해석된다. 바로 이 점에서 부작위에 의한 방조가 인정되는 것과는 대조를 이룬다고 할 수 있다.

② 교사행위의 방법

ⓘ 방법의 불문 : 교사행위의 방법에는 그것이 범죄의 결의를 유발할 수 있는 한 아무런 제한이 없다.[146] 다만 교사행위는 구성요건에 해당하는 실행행위 이외의 행위여야 한다. 교사행위는 공범행위로서 정범행위인 실행행위가 되어서는 안 된다는 것은 당연한 논리적 귀결이기 때문이다. 교사행위의 방법으로서는 사주(使嗾), 청부, 촉탁, 기망, 위하, 종용, 명령, 지시, 질문, 설득, 애원, 요청, 권유, 권고, 유혹, 위협, 선물의 제공 또는 이익의 약속 등 그 형태를 묻지 않는다. 범죄결의에 영향을 미칠 수 있는 것이면 무엇이든 족하기 때문이다. 예컨대 "교사자가 피교사자에게 피해자를 '정신차릴 정도로 때려주라'고 교사하였다면 이는 상해에 대한 교사로 봄이 상당하다"고 할 수 있다.[147] 또 "피고인이 (갑), (을), (병)이 절취하여 온 장물을 상습으로 19회에 걸쳐 시가의 3분의 1 내지 4분의 1의 가격으로 매수하여 취득하여 오다가, (갑), (을)에게 일제 도라이바 1개를 사주면서 "(병)이 구속되어 도망다니려면 돈도 필요할텐데 열심히 일을 하라(도둑질을 하라)"고 말하였다면, 그 취지는 종전에 (병)과 같이 하던 범위의 절도를 다시 계속하면 그 장물은 매수하여 주겠다는 것으로서 절도의 교사가 있었다"고 보아야 할 것이다.[148]

다만 경우에 따라 간접정범이 될 수 있을 정도의 의사지배가 인정되는 강요, 위력 또는 기망 등은 교사행위에서 제외된다고 해야 한다. 교사행위는 명시적이든 묵시적이든 그 방법을 묻지 않는다. 그러나 교사는 특정한 범죄에 대한 결의를 하게 하는 것을 요하기 때문에 범죄를 특정하지 아니한 채 막연히 '범죄를 범하라' 또는 '사람을 살해하라'라고 하는 식의 범죄일반을 교사하는 것은 교사라고 할 수 없으나, 범행의 일시, 장소, 방법 등까지 구체적으로 지시할 것을 요하는 것은 아니다.[149] 예컨대 대법원도 "연소한 피고인에게 밥값을 구하여 오라고 말한 점이

146) 대법원 2000.2.25. 선고 99도1252 판결.
147) 대법원 1997.6.24. 선고 97도1075 판결.
148) 대법원 1991.5.14. 선고 91도542 판결.
149) 대법원 1991.5.14. 선고 91도542 판결.

절도범행을 교사한 것이라고 볼 수 없다"고 하였고,[150] "피고인이 그 자녀들로 하여금 조총련의 간부로 있는 피고인의 실형에게 단순한 신년인사와 안부의 편지를 하게 한 것만으로서는 반국가단체의 구성원과 그 이익이 된다는 정을 알면서 통신연락을 하도록 교사하였다고 할 수 없다"고 판시한 바 있다.[151]

ⅱ **공동의 교사** : 공동의 교사(共同의 敎唆)란 2인 이상의 자가 공동으로 타인에게 교사행위를 행하는 것을 말한다. 공동자는 각각 교사행위를 행한 이상 각자가 교사범이 된다. 다만 2인 이상의 자가 교사행위를 공모하고 그 일부의 자만이 교사행위를 행한 경우에는 공동자 상호간의 기능적 행위지배가 인정되는 한에서만 공동교사범이 인정되어야 한다.

ⅲ **교사의 교사** : 교사의 교사(敎唆의 敎唆)란 교사자에 대한 교사를 말한다. 교사의 교사는 교사자를 교사한 간접교사, 재간접교사 및 연쇄교사로 단계적 구분이 가능하다. 첫째, 교사자를 교사한 경우를 간접교사(間接敎唆, mittelbare Anstiftung)라고 한다. 제3자를 통하여 교사하는 경우이다. 간접교사에 관하여 형법은 명문의 규정을 두지 않고 있다. 간접교사범도 '타인을 교사하여 죄를 범한 자'에 해당한다고 볼 수 있다. 따라서 간접교사도 교사범으로 처벌이 가능하다고 해야 한다. 대법원도 교사의 교사를 교사범으로 처벌하고 있다.[152] 둘째, 간접교사자를 다시 교사하는 것을 재간접교사(再間接敎唆)라고 한다. 재교사(再敎唆)라고도 한다.[153] 셋째, 재간접교사자를 다시 교사하는 것을 연쇄교사(連鎖敎唆, Kettenanstiftung)라고 한다. 재간접교사 또는 연쇄교사의 가벌성에 관하여도 견해는 대립하고 있다. '타인을 교사하여 죄를 범한 자'에는 간접교사자뿐만 아니라 재간접교사자 또는 연쇄교사자도 포함된다고 해석할 때 이의 가벌성을 부정해야 할 이유는 없다고 해석된다.

③ 교사행위의 시기

교사행위는 적어도 정범의 실행의 착수 전에 이루어져야 한다. 교사행위의 시작은 정범으로 하여금 범죄를 결의시키는 데에서부터 출발하지만, 실행의 착수가 인정되는 한 이미 범죄결의는 존재한다고 할 수 있기 때문이다. 따라서 정범의 실행의 착수 이후 또는 범죄의 기수 이후의 교사는 교사로서의 의미를 가질 수 없다고 해야 한다.

---

150) 대법원 1984.5.15. 선고 84도418 판결.
151) 대법원 1971.2.23. 선고 71도45 판결.
152) 대법원 1992.2.25. 선고 91도3192 판결.
153) 대법원 1992.2.25. 선고 91도3192 판결 참조.

3) 교사행위의 종속성

정범의 실행행위가 없으면 교사행위는 존재할 수 없고, 교사범도 성립할 수 없다. 이는 공범종속성에 따른 당연한 논리적 귀결이다. 대법원도 "정범의 성립은 교사범, 방조범의 구성요건의 일부를 형성하고 교사범, 방조범이 성립함에는 먼저 정범의 범죄행위가 인정되는 것이 그 전제요건이 되는 것은 공범의 종속성에 연유하는 당연한 귀결이며, 따라서 교사범, 방조범의 사실 적시에 있어서도 정범의 범죄 구성요건이 되는 사실 전부를 적시하여야 하고, 이 기재가 없는 교사범, 방조범의 사실 적시는 죄가 되는 사실의 적시라고 할 수 없다"고 판시한 바 있다.[154]

(3) 결 과

1) 결과의 발생

교사범이 성립하기 위하여는 원칙적으로 피교사자의 실행행위가 기수에 이르러야 한다. 기수는 거동범의 경우에는 실행행위의 종료로 충분하지만, 결과범의 경우에는 실행행위의 종료 외에 결과의 발생을 요한다. 따라서 피교사자의 실행행위가 미수에 그치는 한 교사범은 미수에 그치게 된다. 이것이 바로 후술하는 바와 같이 교사의 미수, 즉 협의의 교사의 미수이다. 다만 미수범에 대한 처벌규정이 존재하는 경우에는 피교사자의 실행행위가 미수에 그쳐도 그 미수범에 대한 교사범이 성립할 수 있다.

2) 교사의 미수

피교사자가 실행에 착수하였으나 기수에 이르지 못한 경우에 피교사자는 미수에 그치게 된다. 피교사자가 미수에 그친 경우 교사자에 대한 처벌여부에 관하여는 교사의 미수를 협의의 교사의 미수와 광의의 교사의 미수로 나누어 검토할 필요가 있다. 우선 협의의 교사의 미수란 피교사자가 실행에 착수하였으나 미수에 그친 경우를 말한다. 교사자와 피교사자는 모두 미수범으로 처벌되게 된다(제31조 제1항 참조). 이에 반하여 광의의 교사의 미수는 협의의 교사의 미수 외에 기도된 교사를 포함하는 개념이다. 기도된 교사에 관하여는 다시 후술하여 검토하기로 한다.

(4) 인과관계

교사행위와 실행행위 사이에는 인과관계가 존재하여야 한다. 교사자의 교사행

154) 대법원 1981.11.24. 선고 81도2422 판결.

위로 인하여 피교사자가 범죄의 결의를 하고 이 결의에 따라 실행행위를 하여야 한다. 교사행위와 실행행위 사이에 인과관계가 인정되지 않는 경우에는 후술하는 바와 같이 효과 없는 교사와 동일하게 취급된다. 그러나 교사범이 성립하기 위해 교사범의 교사가 정범의 범행에 대한 유일한 조건일 필요는 없다. 따라서 교사행위에 의하여 피교사자가 범죄의 실행을 결의하게 된 이상 피교사자에게 다른 원인이 있어 범죄를 실행한 경우에도 교사범의 성립에는 영향이 없다.[155]

피교사자가 범죄의 실행에 착수한 경우 그 범행결의가 교사자의 교사행위에 의하여 생긴 것인지는 교사자와 피교사자의 관계, 교사행위의 내용 및 정도, 피교사자가 범행에 이르게 된 과정, 교사자의 교사행위가 없더라도 피교사자가 범행을 저지를 다른 원인의 존부 등 제반 사정을 종합적으로 고려하여 사건의 전체적 경과를 객관적으로 판단하는 방법에 의하여야 하고, 이러한 판단 방법에 의할 때 피교사자가 교사자의 교사행위 당시에는 일응 범행을 승낙하지 아니한 것으로 보여진다 하더라도 이후 그 교사행위에 의하여 범행을 결의한 것으로 인정되는 이상 교사범의 성립에는 영향이 없다고 할 수 있다.[156] 대법원은 피고인이 결혼을 전제로 교제하던 여성 갑의 임신 사실을 알고 수회에 걸쳐 낙태를 권유하였다가 거부당하자, 갑에게 출산 여부는 알아서 하되 더 이상 결혼을 진행하지 않겠다고 통보하고, 이후에도 아이에 대한 친권을 행사할 의사가 없다고 하면서 낙태할 병원을 물색해 주기도 하였는데, 그 후 갑이 피고인에게 알리지 아니한 채 자신이 알아본 병원에서 낙태시술을 받은 사안에서, 피고인은 갑에게 직접 낙태를 권유할 당시뿐만 아니라 출산 여부는 알아서 하라고 통보한 이후에도 계속 낙태를 교사하였고, 갑은 이로 인하여 낙태를 결의 · 실행하게 되었다고 보는 것이 타당하며, 갑이 당초 아이를 낳을 것처럼 말한 사실이 있다는 사정만으로 피고인의 낙태교사행위와 갑의 낙태결의 사이에 인과관계가 단절되는 것은 아니라고 판시한 바 있다.[157]

2. 주관적 구성요건

(1) 고의의 이중성

고의의 이중성(故意의 二重性, doppelten Teilnehmervorsatz)이란 공범에 있어서의 고의는, 단독범에 있어서의

155) 대법원 2012.11.15. 선고 2012도7407 판결; 대법원 1991.5.14. 선고 91도542 판결.
156) 대법원 2013.9.12. 선고 2012도2744 판결.
157) 대법원 2013.9.12. 선고 2012도2744 판결.

그것과는 달리, 이중으로 구성되어 있다는 것을 말한다. 아래에서는 공범의 주관적 구성요건요소로서의 고의를 공범인 교사자의 고의와 정범인 피교사자의 그것으로 대별한 후, 다시 각각에 대하여 정범의 고의와 공범의 고의라는 이중의 고의로 세분하여 검토하기로 한다.

1) 교사자의 고의

① 교사자의 정범고의

ⓘ **의 의 :** 교사자의 정범고의란 피교사자가 행한 특정한 범죄에 관한 고의를 말한다. 교사자는 정범이 행할 범죄의 객관적 구성요건요소에 대한 인식과 이에 대한 실현의사를 가지고 있어야 한다. 정범이 행할 실행행위는 물론 결과도 객관적 구성요건요소에 속하기 때문에 교사자의 정범고의는 범죄의 완성(Vollen-dung), 즉 기수의 고의가 아니면 안 된다. 이외에도 신분범의 경우에는 객관적 구성요건요소의 주체에 해당하는 요소로서 신분에 관한 인식도 요구된다. 목적범의 경우에는 교사자에게 고의 이외의 목적도 요구되지만, 피교사자에게 목적이 있음을 인식하고 교사한 경우에도 교사범이 성립한다.

ⓘⓘ **미수의 교사 :** 미수의 교사(未遂의 敎唆, Anstif-tung zum Versuch)란 정범의 실행행위가 처음부터 미수에 그치게 할 의도로 행하여지는 교사를 말한다. 교사자의 정범고의는 기수여야 하지만, 이것이 미수인 경우를 미수의 교사라고 한다. 예컨대 정범이 실행에 착수하는 즉시 범행을 저지할 의도로 빈 금고라고 속이고 금고 속의 현금에 대하여 절도를 교사하는 경우를 말한다. 이 외에도 미수의 교사의 예로서는 소위 함정수사(陷穽搜査), 즉 아장 프로보까뙤르(agent pro-vocateur)가 논의되고 있다. 이에 관하여는 견해가 나누어지고 있다.

i. 학 설 우선 정범이 미수에 그친 경우 교사자의 정범고의의 인정여부가 문제된다. 첫째, 긍정설이다. 긍정설은 교사자의 정범고의는 정범의 실행의 착수에 대한 인식과 실현의사로 충분하기 때문에 정범이 실행에 착수하는 한 고의를 인정할 수 있게 된다고 한다. 결국 정범이 미수에 그친 경우와 같은 교사에 해당하게 되어 위의 사례에서 교사자에게는 절도미수죄의 교사가 성립하게 된다고 한다. 둘째, 부정설이다. 부정설은 교사자의 정범고의는 기수의 고의여야 하지만, 미수의 교사에서의 고의는 미수의 고의이기 때문에 교사범의 고의로서 충분하지 않아 교사범의 고의는 부정되게 된다고 한다. 결국 교사의 미수는 처벌되지만, 미수의 교사는 처벌되지 않게 된다고 한다. 다음으로 정범이 기수에 이른 경우에

도 긍정설은 당연히 고의를 인정하지만, 부정설은 교사자에게 기수에 대한 고의가 없기 때문에 고의를 부정한다는 논리를 전개하고 있다. 결국 위의 사례에서 교사자에게는 절도미수죄의 교사는 성립하지 않게 되고, 함정수사에서 수사관의 행위는 미수의 교사에 해당하게 되고 수사관에게는 교사범이 성립하지 않게 된다고 한다. 다만 부정설에 의하면 결과발생에 대한 교사자의 과실유무에 따라 과실범으로 처벌할 수 있다고 한다. 다수설은 부정설을 취하고 있다.

ii. 판 례 판례는 함정수사에 있어서 이를 기회제공형 함정수사와 동기유발형 함정수사로 나누어 후자에 대하여만 처음부터 위법성을 인정하여 왔다. 대법원은 "함정수사라 함은 본래 범의를 가지지 아니한 자에 대하여 수사기관이 사술이나 계략 등을 써서 범죄를 유발케 하여 범죄인을 검거하는 수사방법을 말하는 것이므로, 범의를 가진 자에 대하여 범행의 기회를 주거나 범행을 용이하게 한 것에 불과한 경우에는 함정수사라고 할 수 없다"고 판시한 바 있다.[158] 또 "본래 범의를 가지지 아니한 자에 대하여 수사기관이 사술이나 계략 등을 써서 범의를 유발하게 하여 범죄인을 검거하는 함정수사는 위법하다"고 판시해오고 있다.[159]

함정수사를 긍정한 판례의 구체적 내용은 다음과 같다. 즉,

경찰관이 노래방의 도우미 알선 영업 단속 실적을 올리기 위하여 그에 대한 제보나 첩보가 없는데도 손님을 가장하고 들어가 도우미를 불러낸 사안에서, 위법한 함정수사로서 공소제기가 무효이다.[160]

함정수사를 부정한 판례의 구체적 내용은 다음과 같다. 즉,

① 수사기관과 직접 관련이 있는 유인자가 피유인자와의 개인적인 친밀관계를 이용하여 피유인자의 동정심이나 감정에 호소하거나, 금전적·심리적 압박이나 위협 등을

158) 대법원 2004.5.14. 선고 2004도1066 판결; 대법원 1998.11.24. 선고 98도2753 판결; 대법원 1992.10.27. 선고 92도1377 판결; 대법원 1987.6.9. 선고 87도915 판결; 대법원 1983.4.12. 선고 82도2433 판결.

159) 대법원 2008.10.23. 선고 2008도7362 판결; 대법원 2008.7.24. 선고 2008도2794 판결; 대법원 2008.3.13. 선고 2007도10804 판결; 대법원 2007.11.29. 선고 2007도7680 판결; 대법원 2007.7.26. 선고 2007도4532 판결; 대법원 2007.7.13. 선고 2007도3672 판결; 대법원 2007.7.12. 선고 2006도2339 판결; 대법원 2007.5.31. 선고 2007도1903 판결; 대법원 2006.9.28. 선고 2006도3464 판결; 대법원 2005.10.28. 선고 2005도1247 판결; 대법원 2004.5.14. 선고 2004도1066 판결; 대법원 2000.10.24. 선고 2000도3490 판결; 대법원 1992.10.27. 선고 92도1377 판결; 대법원 1987.6.9. 선고 87도915 판결; 대법원 1983.4.12. 선고 82도2433 판결; 대법원 1983.4.12. 선고 82도2433 판결; 대법원 1963.9.12. 선고 63도190 판결.

160) 대법원 2008.10.23. 선고 2008도7362 판결; 대법원 2005.10.28. 선고 2005도1247 판결.

가하거나, 거절하기 힘든 유혹을 하거나, 또는 범행방법을 구체적으로 제시하고 범행에 사용될 금전까지 제공하는 등으로 과도하게 개입함으로써 피유인자로 하여금 범의를 일으키게 하는 것은 위법한 함정수사에 해당하여 허용되지 않지만, 유인자가 수사기관과 직접적인 관련을 맺지 않은 상태에서 피유인자를 상대로 단순히 수 차례 반복적으로 범행을 부탁하였을 뿐 수사기관이 사술이나 계략 등을 사용하였다고 볼 수 없는 경우는, 설령 그로 인하여 피유인자의 범의가 유발되었다 하더라도 위법한 함정수사에 해당하지 않는다.[161] ② 유인자가 수사기관과 직접적인 관련을 맺지 아니한 상태에서 피유인자를 상대로 단순히 수 차례 반복적으로 범행을 교사하였을 뿐, 수사기관이 사술이나 계략 등을 사용하였다고 볼 수 없는 경우는, 설령 그로 인하여 피유인자의 범의가 유발되었다 하더라도 위법한 함정수사에 해당하지 아니한다.[162] ③ 오로지 공무원을 함정에 빠뜨릴 의사로 직무와 관련되었다는 형식을 빌려 그 공무원에게 금품을 공여한 경우에도 공무원이 그 금품을 직무와 관련하여 수수한다는 의사를 가지고 받아들이면 뇌물수수죄가 성립한다고 할 것이다.[163] ④ 갑이 수사기관에 체포된 동거남의 석방을 위한 공적을 쌓기 위하여 을에게 필로폰 밀수입에 관한 정보제공을 부탁하면서 대가의 지급을 약속하고, 이에 을이 병에게, 병은 정에게 순차 필로폰 밀수입을 권유하여, 이를 승낙하고 필로폰을 받으러 나온 정을 체포한 사안에서, 을, 병 등이 각자의 사적인 동기에 기하여 수사기관과 직접적인 관련이 없이 독자적으로 정을 유인한 것으로서 위법한 함정수사에 해당하지 않는다.[164] ⑤ 피고인이 수사기관의 사술이나 계략 등에 의하여 범행을 유발한 것이 아니라, 이미 범행을 저지른 피고인을 검거하기 위하여 수사기관이 정보원을 이용하여 피고인을 검거장소로 유인한 것에 불과하므로, 피고인의 이 사건 범행이 함정수사에 의한 것으로 볼 수도 없다.[165] ⑥ 자가용버스의 운전기사가 단속원이 승차하기 전부터 유상운송을 하여 왔다면 그 후 단속원이 유상으로 버스에 승차한 다음 운전기사의 유상운송행위를 적발하여 고발하였다 하여도 그것이 범죄의 함정을 파놓고 그 곳으로 밀어넣는 행위와 다를 바 없어 운전기사의 유상운송행위가 비난가능성이 없다고 할 수 없다.[166] ⑦ 위 물품반출업무담당자가 소속회사에 밀반출행위를 사전에 알리고 그 정확한 증거를 확보하기 위하여 피고인의 밀반출행위를 묵인하였다는 것은 이른바 함정수사에 비유할 수는 없다.[167] ⑧ 밀수입에 있어서 공범자인 미국수사기관원이 휴대하고 한미·협정 대상자 세관검사대를 통과 입국하게

161) 대법원 2008.7.24. 선고 2008도2794 판결; 대법원 2007.11.29. 선고 2007도7680 판결; 대법원 2007.7.12. 선고 2006도2339 판결.
162) 대법원 2008.3.13. 선고 2007도10804 판결.
163) 대법원 2008.3.13. 선고 2007도10804 판결.
164) 대법원 2007.11.29. 선고 2007도7680 판결.
165) 대법원 2007.7.26. 선고 2007도4532 판결.
166) 대법원 1994.4.12. 선고 93도2535 판결.
167) 대법원 1987.6.9. 선고 87도915 판결.

된 것이 피고인의 지시에 따른 것이라면, 그 밀수품 휴대입국자가 미국수사기관원이라는 사실만으로 이를 외국기관에 의한 통관이라고 할 수 없다.[168] ⑨ 히로뽕 제조의 공동정범의 공소사실에 대하여 피고인이 이를 부인하는 한편 유죄로 인정된다 하더라도 공동정범이 아닌 방조범에 해당한다고 주장하여 온 사정하에서는 위 공소사실의 범위내인 제조의 방조를 인정하여도 피고인의 방어에 실질적인 불이익을 주지 아니하므로 공소장변경없이 방조사실을 인정할 수 있다. 함정수사에 의하여 피고인의 범의가 비로서 야기되거나 범행이 이루어진 것이 아닌 경우에는 피고인의 행위가 함정수사에 의한 것이어서 처벌할 수 없다는 주장은 이유없다.[169] ⑩ 마약사범을 단속하는 공무원이 정보원을 앞세워 피고인으로부터 마약을 매수하게 하여 본건 범죄를 행하게 하였다 할지라도 전혀 범의가 없는 피고인으로 하여금 본건 범행을 유발하게 한 경우나 아니라면 피고인의 본건 소위가 범죄가 되지 아니한다거나 공소제기절차 내지 공소권에 흠이 있는 경우라고 볼 수 없고 또 그와 같은 조사행위는 이를 도의적으로 비난함은 별 문제로 하고 그로 말미암아 피고인의 기본적 인권이 침해된 것이라고는 보기 어렵다 할 것이다.[170]

ⅲ. 검 토　　구성요건적 결과의 실현은 법익침해뿐만 아니라 법익침해에 대한 위험에 의해서도 달성될 수 있다. 따라서 교사자에 의해서 정범고의가 형성된 시점에서는 아무런 위험이 존재하지 않기 때문에 불능범이 된다고 할 수 있다. 그러나 미수의 교사에 의하여 실행의 착수가 있는 한 기수에 이르지 않더라도 추상적 위험은 존재할 수 있기 때문에 언제나 미수범이 성립한다고 할 수 있다. 다만 구체적 위험과 관련하여 확실한 결과저지로 결과불발생에 관한 미필적 고의마저 존재하지 않는다면 구체적 위험은 발생하지 않고 기수의 고의가 결여되어 교사범이 성립하지 않는다는 것이 논리적 결과일 수 있다. 그럼에도 불구하고 정범의 실행의 착수에 의하여 결과발생에 관한 구체적 위험이 이미 발생한 것이 되는 한 교사자도 이미 이러한 상황을 인식하고 있기 때문에 주관적 요건을 충족함에는 부족함이 없고, 결국 교사범은 성립하게 된다고 하는 것이 합당하다고 해석된다.

② 교사자의 공범고의

ⓘ 의 의:　　교사자의 공범고의란 공범으로서의 교사자가 가지는 고의를 말한다. 교사자가 피교사자에게 특정한 범죄를 결의시켜 실행시킨다는 교사의 의사 또는 교사의 고의를 말한다. 교사의 고의란 교사자가 자신의 교사행위에 의하

168) 대법원 1983.4.12. 선고 82도2433 판결.
169) 대법원 1982.6.8. 선고 82도884 판결.
170) 대법원 1963.9.12. 63도190 판결.

여 피교사자가 특정한 범죄를 범할 것을 결의하고 동시에 그 실행에 나아가는 것에 대한 인식과 실현의사를 말한다. 교사자의 고의는 구체적인 것이어야 한다. 즉, 특정한 범죄와 특정한 정범에 대한 인식이 있어야 한다. 피교사자가 특정되어 있는 한 다수인이라도 무방하다. 그러나 피교사자의 정확한 신원까지 알 필요는 없다. 교도소 옆방의 얼굴도 못 본 죄수에게 도주를 교사는 경우이다.

ⅱ **과실의 교사 :** 교사는 타인에게 범죄의 결의를 일으키게 하는 것으로서 고의성을 본질로 한다. 과실에 의한 교사는 교사자의 고의가 결여되어 성립될 수 없다는 것이 논리적이다. 다수설은 과실에 의한 교사에 대하여 과실범을 인정할 수 있다고 한다. 그러나 과실범에 대한 교사는 교사에 의한 범행결의라는 심리적 과정이 없기 때문에 교사범이 성립하지 않고 간접정범이 성립할 따름이라고 해야 한다.

2) 피교사자의 고의

① 피교사자의 정범고의

피교사자는 결의하여 실행할 범죄에 관하여 고의를 가지고 있어야 한다. 따라서 계획된 범죄의 객관적 구성요건요소에 관한 인식과 이에 관한 실현의사를 가지고 있어야 한다. 고의뿐만 아니라 목적, 동기 등 초과주관적 구성요건요소가 필요한 경우에는 이들도 모두 구비해야 한다.

② 피교사자의 공범고의

피교사자의 공범고의란 교사자와 교사행위 및 피교사자의 범죄결의에 대한 고의를 말한다. 피교사자는 교사자의 교사행위로 인하여 특정한 범죄에 대하여 결의에 이르게 되기 때문이다. 피교사자가 이미 범죄의 결의를 가지고 있을 때에는 교사범이 성립할 여지가 없다.[171] 교사범이란 정범으로 하여금 범죄를 결의하게 하여 그 죄를 범하게 한 때에 성립하는 것이고, 피교사자는 교사범의 교사에 의하여 범죄실행을 결의하여야 하는 것이기 때문이다. 그러나 교사범의 교사가 정범이 죄를 범하는 유일한 조건일 필요는 없다. 따라서 교사행위에 의하여 정범이 실행을 결의하게 된 이상 비록 정범에게 범죄의 습벽이 있어 그 습벽과 함께 교사행위가 원인이 되어 정범이 범죄를 실행한 경우에도 교사범의 성립에 영향이 없다.[172]

171) 대법원 1991.5.14. 선고 91도542 판결.
172) 대법원 1991.5.14. 선고 91도542 판결.

(2) 교사의 의사와 범죄의 결의

1) 의 의

교사의 의사와 범죄의 결의는 서로 짝을 이루는 개념으로서 전술한 바와 같이 각각 교사자의 고의와 피교사자의 고의 속에 이미 포함되어 있다. 교사자의 공범의사와 피교사자의 공범의사는 교사자와 피교사자를 공범과 정범의 관계로 연결하는 기능을 수행한다고 해석된다. 피교사자는 교사자의 교사에 의하여 범죄실행의 결의를 하여야 한다. 교사범이란 정범인 피교사자로 하여금 범죄를 결의하게 하여 그 죄를 범하게 한 때에 성립하는 범죄이기 때문이다. 따라서 피교사자가 이미 범죄의 결의를 가지고 있을 때에는 교사범이 성립할 여지가 없다.[173] 다만 교사의 정도에 있어서 교사는 정범으로 하여금 일정한 범죄의 실행을 결의할 정도에 이르게 하는 것으로 족하다. 교사행위는 타인으로 하여금 일정한 범죄를 실행할 결의를 생기게 하는 행위를 하면 되는 것으로서 교사의 수단방법에 제한이 없다 할 것이고, 교사범이 성립하기 위하여는 범행의 일시, 장소, 방법 등의 세부적인 사항까지를 특정하여 교사할 필요는 없기 때문이다.[174] 전술한 바와 같이 교사범의 교사가 피교사자인 정범으로 하여금 죄를 범하게 하는 유일한 조건일 필요는 없다. 교사행위에 의하여 정범이 실행을 결의하게 된 이상 비록 정범에게 범죄의 습벽이 있어 그 습벽과 함께 교사행위가 원인이 되어 정범이 범죄를 실행한 경우에도 교사범의 성립에는 영향이 없다고 할 수 있다.[175]

2) 내 용

교사범이란 정범인 피교사자로 하여금 범죄를 결의하게 하여 그 죄를 범하게 한 때에 성립한다. 문제는 피교사자로 하여금 범죄의 결의에 이르게 하지 못한 경우나 결의에는 이르게 하였으나 죄를 범하게 하지 못한 경우에 있다. 이것이 바로 기도된 교사의 문제이다.

① 기도된 교사

기도된 교사(企圖된 教唆)란 일단 시도를 해보았다는 의미로서 실패한 교사와 효과 없는 교사를 말한다.

ⓘ 실패한 교사 : 실패한 교사(失敗한 教唆)란 교사를 하였으나 피교사자가

---

173) 대법원 2012.8.30. 선고 2010도13694 판결; 대법원 1991.5.14. 선고 91도542 판결.

174) 대법원 1991.5.14. 선고 91도542 판결.

175) 대법원 1991.5.14. 선고 91도542 판결.

범죄의 실행을 승낙하지 아니하거나 이미 범죄실행을 결의하고 있는 경우를 말한다. 교사자의 교사행위에도 불구하고 피교사자가 범행을 승낙하지 아니하거나 피교사자의 범행결의가 교사자의 교사행위에 의하여 생긴 것으로 보기 어려운 경우에는 이른바 실패한 교사가 된다.[176] 교사범이란 정범인 피교사자로 하여금 범죄를 결의하게 하여 그 죄를 범하게 한 때에 성립하기 때문이다. 다만 피교사자가 범죄의 실행에 착수한 경우 그 범행결의가 교사자의 교사행위에 의하여 생긴 것인지는 교사자와 피교사자의 관계, 교사행위의 내용 및 정도, 피교사자가 범행에 이르게 된 과정, 교사자의 교사행위가 없더라도 피교사자가 범행을 저지를 다른 원인의 존부 등 제반 사정을 종합적으로 고려하여 사건의 전체적 경과를 객관적으로 판단하는 방법에 의하여야 하고, 이러한 판단 방법에 의할 때 피교사자가 교사자의 교사행위 당시에는 일응 범행을 승낙하지 아니한 것으로 보인다 하더라도 이후 그 교사행위에 의하여 범행을 결의한 것으로 인정되는 이상 교사범의 성립에는 영향이 없다고 할 수 있다.[177]

ⓘⓘ **효과 없는 교사 :** 효과 없는 교사(效果 없는 敎唆)란 피교사자가 범죄의 실행은 승낙하였으나 아무런 행위를 하지 아니한 경우와 행위를 하였으나 그것이 예비·음모에 그친 경우 및 실행에 착수하지 아니한 경우를 말한다. 교사행위와 무관하게 피교사자가 범죄를 결의하였거나 교사행위에 의해 범죄를 결의하였으나 그 결의와는 무관하게 실행행위를 하였을 경우 교사자는 실패한 교사 또는 효과 없는 교사의 예에 의하여 처벌될 수 있을 뿐이다.

ⓘⓘⓘ **교사기도자에 대한 처벌 :** 기도된 교사의 처벌에 관하여는 견해가 일치하지 않고 있다. 공범종속성설에 의하면 피교사자의 실행행위를 기준으로 실행의 착수를 논하므로 기도된 교사는 교사의 미수가 아니고 따라서 불가벌이라고 한다. 공범독립성설에 의하면 교사행위 그 자체를 기준으로 실행의 착수를 논하므로 기도된 교사도 교사의 미수로서 교사한 범죄의 미수범으로 처벌된다고 한다.

그러나 형법은 절충적 입장으로서 교사를 받은 자가 범죄의 실행을 승낙하고 실행의 착수에 이르지 아니한 효과 없는 교사의 경우에는 교사자·피교사자 모두를 예비·음모에 준하여 처벌한다(제31조 제2항). 또 형법은 교사를 받은 자가 범죄의 실행을 승낙하지 아니한 실패한 교사의 경우에는 교사자만 예비·음모에 준하여 처벌하고 있다(제31조 제3항). 따라서 실패한 교사의 경우 피교사자는 처벌되지 아니한다.

---

176) 대법원 2013.9.12. 선고 2012도2744 판결.
177) 대법원 2013.9.12. 선고 2012도2744 판결.

② 편면적 교사

편면적 교사(片面的 教唆)란 피교사자가 교사 받고 있다는 사실을 알지 못하는 경우를 말한다. 통설에 의하면 편면적 교사는 범행결의를 위한 적극적 작용을 하는 교사의 개념상 교사가 될 수 없다고 한다. 편면적 교사범은 부정되는 것이 타당하다. 종범종속성을 인정하기 위한 심리적 기초로서의 공범과 정범 사이의 의사의 연락이 존재하지 않기 때문이다.

③ 예비·음모의 교사

예비 · 음모를 처벌하는 범죄에서 예비 · 음모 행위를 교사한 경우 예비 · 음모죄에 대한 교사범이 성립할 수 있는가가 문제된다. 예컨대 (을)이 살인을 결심하고 있다는 것을 알게 된 (갑)이 (을)에게 총을 준비할 것을 교사한 경우 (갑)에게 살인 예비 · 음모죄(제255조)의 교사범이 성립하는가의 문제가 그것이다. 이에 관하여는 견해가 대립하고 있다. 예비 · 음모 행위에 대하여 독립범죄성이나 실행행위성을 인정하는 입장에서는 긍정설을 취하지만, 실행행위성을 부정하는 입장에서는 부정설을 취하게 되는 것이 논리적 귀결이다. 생각건대 교사범이 교사할 수 있는 '죄'(제31조 제1항 참조)에는 예비 · 음모죄를 배제할 이유가 없기 때문에 교사범의 성립을 인정하는 긍정설이 타당하다고 해석된다. 한편 권총 등을 교부하면서 사람을 살해하라고 한 자는 피교사자의 범죄실행결의의 유무와 관계없이 그 행위 자체로서 독립하여 살인예비죄를 구성한다고 할 수 있다.[178)]

(3) 교사의사의 우위성

교사자의 고의와 피교사자의 고의 속에서는 각각 공범의사와 정범의사가 포함되어 있다. 피교사자로 하여금 특정한 범죄를 결의하게 하여 실행하게 하려는 교사자의 의사로서의 공범의사와 교사자의 교사행위로 인하여 특정한 범죄를 인식하고 실현하려고 결의하는 피교사자의 의사로서의 정범의사가 그것이다. 여기서 공범의사, 즉 교사의사는 범죄의 결의에 대한 유발성과 촉진성으로 인하여 정범의사보다는 우위성을 가진다고 평가할 수 있다. 이와 같이 교사범은 공범의사에 있어서 정범의사보다 우위성을 가진다는 점에서 공범의사와 정범의사가 동등성을 가지는 공동정범, 공범의사가 정범의사에 비하여 열후성을 가지는 방조범 또는 공범의사가 정범의사에 대하여 지배성을 가지는 간접정범과는 서로 구별된다고 할

178) 대법원 1950.4.18. 선고 4283형상10 판결.

수 있다. 한편 형법은 교사자에 대하여는 죄를 실행한 정범과 동일한 형으로 벌하도록 규정하고 있다(제31조 제1항 참조). 생각건대 형법은 범죄의 유발성으로 인하여 죄를 실행한 정범보다 교사자에 대한 처벌수준이 더 높은 경우가 있을 수 있음에도 불구하고 이를 처벌종속성에 따라 정범의 수준으로 조정하고 있다고 해석된다.

Ⅲ. 처 벌

1. 피교사자

피교사자는 자신의 행위에 대하여 전적으로 책임을 져야 한다. 형법의 기본원칙 중의 하나인 책임주의의 원칙상 당연한 결론이다. 따라서 피교사자는 자신이 행한 실행행위의 죄명에 따라서 처벌된다.

2. 교사자

교사범은 정범과 동일한 형으로 처벌된다(제31조 제1항). 교사범을 처벌하는 이유는 교사범이 피교사자로 하여금 범죄 실행을 결의하게 하였다는 데에 있다.[179] 다만 교사범은 범의의 창출자 또는 유발자로서 정범보다 더 해악할 수도 있지만, 형법은 교사범에 대한 처벌의 수위를 최대한 정범의 형으로 제한하고 있다고 할 수 있다. 공범은 정범보다 무겁게 처벌되어서는 안 된다는 처벌의 종속성을 반영된 결과라고 해석된다. 여기서 '동일한 형'이란 법정형을 의미하므로 선고형은 이와 다를 수 있다. 따라서 정범의 법정형의 범위 내라면 교사범의 현실적인 처단형 · 선고형이 정범보다 중하더라도 문제로 되지는 않는다. 예컨대 절도죄의 법정형은 6년 이하의 징역이지만, 절도죄의 정범을 2년의 징역형으로 하고, 교사범에게 5년의 징역형을 과하여도 무방하다.

3. 처벌상의 종속성과 죄명상의 종속성

교사범은 공범이기 때문에 성립상의 종속성과 정도상의 종속성 이외에도 처벌상의 종속성과 죄명상의 종속성이 적용된다고 해야 한다. 따라서 교사범이 처벌되기 위해서는 피교사자의 처벌이 전제되어야 하며, 교사범의 죄명도 피교사자의 죄

179) 대법원 2012.11.15. 선고 2012도7407 판결.

명에 종속될 수밖에 없다. 형법도 "타인을 교사하여 죄를 범하게 한 자는 죄를 실행한 자와 동일한 형으로 처벌한다"고 규정하여 일반적 원칙으로서의 교사범의 성립상의 종속성과 처벌상의 종속성에 관하여 양자를 동시에 명문으로 규정하고 있다고 해석된다(제31조 제1항 참조).[180]

Ⅳ. 교사의 착오

교사범은 방조범과 함께 협의의 공범에 속한다. 협의의 공범은 정범에 종속하여서만 처벌받을 수 있다는 것이 공범종속성의 내용이다. 협의의 공범이 처벌받는 것은 정범과 함께 결과발생에 영향을 미쳤기 때문이라는 것이 인과공범설의 결론이다. 책임주의의 원칙상 교사자는 교사한 부분에 관하여만 책임을 지기 때문에 교사자의 교사와 무관한 부분, 예컨대 정범의 행위가 교사행위보다 질적으로 또는 양적으로 초과한 부분에 관하여는 교사자의 고의가 없고 교사행위가 성립할 수 없기 때문에 책임을 지지 않아야 한다는 것이 논리적 귀결이다.

1. 실행행위의 착오

실행행위의 착오란 교사자가 교사한 범죄와 피교사자가 실행한 범죄가 일치하지 않는 경우를 말한다. 이는 질적 착오와 양적 착오로 대별될 수 있고, 후자는 다시 양적 초과와 양적 미달로 세분될 수 있다.

(1) 질적 착오

교사자가 교사한 범죄와 피교사자가 실행한 범죄가 전혀 다른 범죄에 속하는 질적 착오의 경우에 교사범은 교사범으로서 책임을 지지 않는다. 교사자가 절도를 교사하였으나 피교사자가 살인을 범한 경우와 같이 교사한 범죄와 실행한 범죄가 질적으로 일치하지 않는 경우에 교사자는 실행행위에 대하여 교사범의 책임을 지지 않는다. 교사자의 정범고의가 결여되어 있기 때문에 귀책에 있어서의 책임주의의 원칙상 당연한 결과이다. 다만 피교사자가 교사 받은 범죄의 실행을 승낙한 부분에 대하여는 음모 또는 예비에 준하여 처벌될 수 있다는 것은 이와는 별개의 문제이다.

---

180) 대법원 1994.12.23. 선고 93도1002 판결.

(2) 양적 착오

교사자가 교사한 범죄와 피교사자가 실행한 범죄 사이에 질적인 차이는 없지만, 양적으로 차이가 있는 경우에는 실행행위의 양적 착오가 문제된다. 양적 초과와 양적 미달로 구분하여 검토할 필요가 있다.

1) 양적 초과

피교사자가 실행한 범죄가 교사자가 교사한 범죄를 초과하는 양적 초과(量的 超過, quantitativer Exzeß)의 경우에 교사자는 교사한 범죄에 대하여만 책임을 진다. 절도를 교사하였는데 강도를 실행한 경우에는 절도죄에 대한 교사범만이 성립한다. 다만 피교사자가 결과적 가중범을 실행한 경우에는 견해가 대립하고 있다. 기본범죄에 대한 교사범과 중한 결과에 대한 과실범의 상상적 경합을 인정하는 견해가 있으나, 교사자에게 중한 결과에 대한 과실이 있는 경우에 한하여 결과적 가중범의 교사범을 인정하는 견해가 타당하다고 해석된다. 판례도 결과에 대하여 과실 또는 예견가능성이 존재하는 경우에 한하여 결과적 가중범의 교사를 인정하고 있다. 대법원은 "교사자가 피교사자에 대하여 상해를 교사하였는데 피교사자가 이를 넘어 살인을 실행한 경우, 일반적으로 교사자는 상해죄에 대한 교사범이 되는 것이고, 다만 이 경우 교사자에게 피해자의 사망이라는 결과에 대하여 과실 내지 예견가능성이 있는 때에는 상해치사죄의 교사범으로서의 죄책을 지울 수 있다"고 판시한 바 있다.[181]

2) 양적 미달

교사자가 교사한 범죄보다 피교사자가 실행한 범죄가 작은 양적 미달(量的 未達)의 경우에 교사자는 피교사자가 실행한 범죄의 범위에서 책임을 진다. 기수를 교사하였는데 미수에 그친 경우나 가중적 구성요건을 교사하였는데 기본적 구성요건을 실현한 경우이다. 공범종속성에 따라 교사자에게는 피교사자가 실행한 범죄에 대한 교사범만이 성립한다. 특수강도를 교사하였는데 단순강도를 실행한 경우 단순강도죄의 교사범으로 처벌된다. 그러나 강도를 교사하였으나 절도를 범한 경우와 같이 실행한 범죄, 즉 절도죄의 교사범의 형보다 교사한 범죄, 즉 강도죄의 예비·음모의 형이 더 중한 경우에는 견해가 나누어지고 있다. 양죄의 상상적 경합을 인정하는 다수설과 법조경합을 인정하는 소수설이 그것이다. 생각건대 공범은 당연히 공범행위에 대하여만 책임을 진다고 해야 한다. 자기의 행위에 대하

181) 대법원 1997.6.24. 선고 97도1075 판결.

여 책임을 진다는 것이 형법상 자기책임주의의 요청이기 때문이다. 따라서 정범은 정범행위인 실행행위에 대하여 책임을 져야 하지만, 공범은 공범행위인 교사행위에 대하여만 책임을 진다고 하는 것이 지당하다. 결국 법조경합설과 같은 결론에 이르게 된다고 할 수 있다.

2. 피교사자의 착오

(1) 의 의

피교사자의 착오(被敎唆者의 錯誤)란 피교사자가 실행행위를 함에 있어서 착오로 인하여 범행의 결의와 다른 내용의 결과를 발생시킨 경우를 말한다. 교사자의 교사행위와 피교사자의 실행행위가 일치하지 않는 경우이다. 문제는 피교사자의 착오로 인하여 발생한 결과에 대하여 교사자가 져야 할 책임의 여하에 있다. 이에 관하여는 다툼이 있다.

(2) 학 설

1) 착오의 유형

피교사자에게 발생한 착오 중에서 객체의 착오와 방법의 착오가 중요하다. 우선 피교사자에 있어서 방법의 착오는 교사자에게도 방법의 착오가 된다는 방법의 착오설에는 이설이 없다. 그러나 피교사자에게 객체의 착오가 발생한 경우에는 견해가 대립하고 있다. 피교사자의 객체의 착오는 교사자에게는 객체의 착오가 된다는 객체의 착오설과 방법의 착오가 된다는 방법의 착오설이 그것이다. 이러한 견해의 대립은 착오의 효과에 대하여 구체적 부합설을 취하는 경우에 나타나고 있다. 법정적 부합설에 의하는 한 구체적 부합설과는 달리 객체의 착오이든 방법의 착오이든 그 효과에 있어서 차이가 없기 때문이다. 방법의 착오설에 의하면 교사자가 교사하였던 범죄의 결과가 피교사자의 착오로 인하여 다른 객체에게 실현된 경우에는 교사자의 입장에서 볼 때 범죄실현의 방법이 잘못된 경우에 해당하기 때문이라고 한다. 그러나 이에 대하여는 공범종속성에 근거하여 교사자의 행위를 독자적으로 파악하는 것은 형법상 허용될 수 없다는 비판이 가하여지고 있다.

2) 착오의 효과

① 구체적 사실의 착오

구체적 사실의 착오에 대하여 구체적 부합설에 의하면 객체의 착오는 피교사자와 교사자가 공히 범행에 대한 고의의 기수범이 된다. 그러나 방법의 착오에 있어서는 범행에 대하여 피교사자는 고의의 기수범이 되지만, 교사자에게는 교사범죄에 대한 미수범과 피교사자의 범죄에 대한 과실범의 상상적 경합으로 된다고 한다. 법정적 부합설에 의하면 객체의 착오와 방법의 착오는 모두 발생사실에 대하여 고의의 기수의 책임을 지게 되고 교사자의 고의에 영향을 미치지 않기 때문에 양자의 구별은 중요하지 않다고 한다. 따라서 양자의 착오의 경우 공히 교사자는 피교사자의 범죄에 대하여 기수범의 책임을 면할 수 없게 된다고 한다. 피교사자는 발생사실에 대한 기수범의 책임을 지게 되고, 교사자도 발생사실에 대한 기수범의 교사의 책임을 지게 된다는 것이다.

② 추상적 사실의 착오

추상적 사실의 착오 중 방법의 착오에 관하여 구체적 부합설과 법정적 부합설 사이에는 차이가 없다. 양설 모두 피교사자는 인식사실에 대한 미수범과 발생사실에 대한 과실범의 상상적 경합범의 죄책을 진다고 한다. 뿐만 아니라 교사자도 피교사자와 똑같이 인식사실에 대한 미수범과 발생사실에 대한 과실범의 상상적 경합의 책임을 지게 된다고 한다.

(3) 검 토

사실의 착오에 있어서 본서의 입장인 법정적 부합설에 의하면 다음과 같이 결론지을 수 있다. 첫째, 구체적 사실의 착오의 경우 객체의 착오이든 방법에 착오이든 법정적 부합설에 있어서는 모두 고의의 기수범의 성립을 인정하게 된다. 따라서 피교사자는 발생결과에 대하여 고의기수범의 죄책을 지게 된다. 당연히 교사자도 피교사자와 똑같이 발생결과에 대하여 고의기수범의 책임을 면할 수 없게 된다. 둘째, 추상적 사실의 착오에 관하여 법정적 부합설은 인식사실에 대한 미수범과 발생사실에 대한 과실범의 상상적 경합을 인정하게 된다. 따라서 피교사자와 교사자는 모두 인식사실에 대한 미수범과 발생결과에 대한 과실범의 상상적 경합의 죄책을 지게 된다.

3. 피교사자에 대한 착오

피교사자를 책임능력자 또는 처벌되는 자라고 생각하고 교사를 하였지만, 사실은 피교사자가 책임무능력자로서 처벌되지 아니하는 자 또는 과실범으로 처벌되는 도구에 지나지 않는 경우에 피교사자에 대한 착오가 문제될 수 있다. 학설은 일치하여 간접정범이 아니라 교사범의 성립을 인정하고 있다. 피교사자의 책임능력에 관한 인식은 교사자의 고의의 내용에 포함되어 있지 않기 때문에 피교사자에 대한 착오는 교사자의 고의를 조각하지 않기 때문이라고 한다.

생각건대 제한종속성에 따르는 한 정범은 구성요건에 해당하고 위법하면 충분하고 책임까지 충족할 필요는 없다. 따라서 피교사자에 대한 착오는 교사자의 고의에 영향을 미치지 않는다고 할 수 있다. 뿐만 아니라 교사범과 간접정범의 한계는 주관적 구성요건요소로서의 공범의사, 즉 교사자의 의사와 간접정범의 의사에 있다고 해야 한다. 교사자의 의사는 피교사자로 하여금 범죄결의를 하도록 촉발시킴으로써 피교사자의 의사에 대한 우위성을 가진다는 점에서 피이용자를 도구화함으로써 피이용자의 의사에 대하여 지배성을 가지는 간접정범의 의사와는 구별된다고 해야 하기 때문이다.

제 4 관 방 조 범

제32조 (종범) ① 타인의 범죄를 방조한 자는 종범으로 처벌한다.
② 종범의 형은 정범의 형보다 감경한다.

Ⅰ. 방조범의 의의

방조범(幇助犯, Beihilfe)이란 타인의 범죄를 방조한 자를 말한다(제32조 제1항 참조). 방조범이란 타인의 범죄를 방조한 자, 즉 정범을 방조한 공범을 말한다. 총칙은 종범(從犯)이라는 용어로 규정하고 있다(제32조 참조). 종범과 대칭되는 용어가 주범(主犯)이라면 이는 민법상 주물(主物)과 종물(從物)의 관계를 연상케 하는 조어라고 하지 않을 수 없다(민법 제100조 참조). 방조란 이미 범죄의 실행의사를 가지고 있는 피방조자, 즉 정범의 실행을 용이하게 하는 일체의 행위를 말한다. 방조범은 피방조자의 실행행위를 수행하지 않고 가담만 한다는 의미에서 교사범과 함께 가담범(加擔犯)으로서 협의의 공범에 속한다.

한편 방조행위가 각칙상 독립된 구성요건으로 특별히 규정되어 있는 경우에는 방조행위 자체가 정범의 실행행위에 해당하므로 총칙의 규정(제32조)은 적용되지 아니한다. 예컨대 간첩방조죄(제98조), 도주원조죄(제147조, 제148조), 아편흡식 등 장소제공죄(제201조 제2항), 자살방조죄(제252조 제2항), 도박개장죄(제247조) 등에 있어서의 방조행위는 그 자체로서 구성요건에 해당하는 행위, 즉 실행행위가 된다.

Ⅱ. 구성요건

방조범이 성립하기 위해서는 피방조자가 범죄를 실행할 것과 방조자가 정범인 피방조자를 방조할 것이 요구된다. 특히 정범에 대한 방조의 여부를 판단하기 위해서는 객관적 구성요건요소로서 방조행위의 존부를 검토해야 할 뿐만 아니라 주관적 구성요건요소로서 방조의 고의의 유무에 대한 검토가 필요하다.

1. 객관적 구성요건

(1) 주 체

방조범은 타인의 범죄를 방조한 경우에 성립하므로, 주체는 타인과 타인의 범죄를 방조한 자이다. 타인의 범죄를 방조한 자는 방조자가 되고, 타인은 방조를 받은 사람으로서 피방조자가 된다. 후술하는 바와 같이 피방조자를 정범이라고 하고, 방조자를 공범이라고 한다.

1) 피방조자

피방조자(被幇助者)란 이미 범죄의 결의를 가진 자로서 실행행위를 직접 행하는 자를 말한다. 피방조자는 실행행위를 직접 담당하고 있는 자이기 때문에 흔히 정범(正犯)이라고 할 수 있다. 가담범으로서 방조자는 주행위자(主行爲者, Haupttäter)로서의 피방조자인 정범으로 하여금 주행위(主行爲, Haupttat)인 실행행위를 방조하는 구조로 분석할 수 있다. 이러한 의미에서 피방조자는 정범자로서 실행행위의 주체가 된다는 점에서 공범자로서 공범행위의 주체가 되는 방조범과 구별된다고 할 수 있다.

2) 방조자

방조자(幇助者, Beihilfe)란 피방조자, 즉 정범이 범행을 한다는 정을 알면서 실행행위 이외의 방법으로 그의 실행행위를 용이하게 하는 자를 말한다. 방조범은 피방조자의 실행행위를 직접 행하지 않고 타인인 피방조자의 범죄에 가담한다는 의미에서 가담범(加擔犯)이라고도 불린다. 이러한 의미에서 방조범은 공범자로서 공범행위의 주체가 된다고 할 수 있다. 다만 가담의 정도에 있어서 방조자가 방조를 넘어 교사에 이르면 교사범, 공모에까지 이르게 되면 이미 방조자가 아니라 공동정범으로 되게 된다.

(2) 행 위

방조자가 피방조자를 방조하였다고 하기 위해서는 피방조자의 정범행위로서의 실행행위와 방조자의 공범행위로서의 방조행위에 대한 검토가 요구된다.

1) 정범행위

① 실행행위의 의의

실행행위(實行行爲, Tat)란 구성요건에 해당하는 행위를 말한다. 자기책임주의, 즉 형법상 개인적 책임주의의 관점에서 실행행위를 행하는 자는 정범이 된다. 방조범은 공범종속성으로 인하여 정범의 실행행위가 존재할 경우에만 성립하게 된다. 실행행위는 정범의 성립요건이고, 정범의 성립은 방조범의 구성요건의 일부를 형성한다고 할 수 있기 때문이다.

② 실행행위의 정도

정범은 실행에 착수하여야 한다. 다만 실행의 착수가 인정되는 한 정범의 실행행위의 미수나 기수는 불문한다. 방조자가 흉기를 교부하였음에도 불구하고 피방조자가 살인에 착수하지 않은 시점에서 범죄의사를 포기하고 범죄를 중지한 경우에는 방조범이 성립하지 않는다. 방조범의 성립요건으로 피방조자의 실행의 착수를 요구하는 것은 공범은 정범에 종속하여 성립한다는 공범의 성립상의 종속성의 원칙상 당연한 귀결이다. 대법원도 "형법 32조 1항 소정 타인의 범죄란 정범이 범죄의 실현에 착수한 경우를 말하는 것이므로 종범이 처벌되기 위하여는 정범의 실행의 착수가 있는 경우에만 가능하고 형법 전체의 정신에 비추어 정범이 실행의 착수에 이르지 아니한 예비의 단계에 그친 경우에는 이에 가공하는 행위가 예비의 공동정범이 되는 경우를 제외하고는 종범의 성립을 부정하고 있다고 보는 것이 타당하다"라고 판시한 바 있다.[182] 다만 극단적 종속형식에 따르면 피방조자의 실행행위는 구성요건에 해당하고 위법하고 유책할 것이 요구되나, 제한적 종속

---

182) 대법원 1976.5.25. 선고 75도1549 판결.

형식에 의하면 피방조자의 실행행위는 구성요건에 해당하고 위법한 행위로 족하고 유책할 필요까지는 없다.

2) 공범행위

① 방조행위의 의의

방조행위(幇助行爲, Beihilfehandlung)란 정범이 범죄를 행하고 있다는 정을 알고 있으면서 구성요건에 해당하는 실행행위 이외의 방법에 의하여 정범의 실행행위를 용이하게 하는 일체의 행위를 말한다. 따라서 방조범은 행위지배를 요하지 않는다는 점에서 공동의사에 의한 기능적 행위지배가 요구되는 공동정범과 구별된다.[183] 방조행위를 긍정한 판례의 구체적 내용은 다음과 같다. 즉,

① 인터넷 포털 사이트 내 오락채널 총괄팀장과 위 오락채널 내 만화사업의 운영직원인 피고인들에게, 콘텐츠제공업체들이 게재하는 음란만화의 삭제를 요구할 조리상의 의무가 있음에도 불구하고 이 사건 만화들은 안이하게 생각하여 방치한 사실에 대하여 구 전기통신기본법 제48조의2 위반 방조죄로 처벌한 조치는 정당하다.[184] ② 백화점에서 바이어를 보조하여 특정매장에 관한 상품관리 및 고객들의 불만사항 확인 등의 업무를 담당하는 직원은 자신이 관리하는 특정매장의 점포에 가짜 상표가 새겨진 상품이 진열・판매되고 있는 사실을 발견하였다면 고객들이 이를 구매하도록 방치하여서는 아니되고 점주나 그 종업원에게 즉시 그 시정을 요구하고 바이어 등 상급자에게 보고하여 이를 시정하도록 할 근로계약상・조리상의 의무가 있다고 할 것임에도 불구하고 이러한 사실을 알고서도 점주 등에게 시정조치를 요구하거나 상급자에게 이를 보고하지 아니함으로써 점주로 하여금 가짜 상표가 새겨진 상품들을 고객들에게 계속 판매하도록 방치한 것은 작위에 의하여 점주의 상표법위반 및 부정경쟁방지법위반 행위의 실행을 용이하게 하는 경우와 동등한 형법적 가치가 있는 것으로 볼 수 있으므로, 백화점 직원인 피고인은 부작위에 의하여 공동피고인인 점주의 상표법위반 및 부정경쟁방지법위반 행위를 방조하였다고 인정할 수 있다.[185] ③ 은행지점장이 정범인 부하직원들의 범행을 인식하면서도 그들의 은행에 대한 배임행위를 방치하였다면 배임죄의 방조범이 성립된다.[186]

② 방조행위의 방법

방조행위는 그것이 정범의 실행행위를 용이하게 하는 것인 한 직・간접의 그

---

183) 대법원 2013.1.10. 선고 2012도12732 판결; 대법원 1989.4.11. 선고 88도1247 판결.
184) 대법원 2006.4.28. 선고 2003도4128 판결.
185) 대법원 1997.3.14. 선고 96도1639 판결.
186) 대법원 1984.11.27. 선고 84도1906 판결.

방법의 여하를 묻지 않는다.[187] 따라서 작위와 부작위에 의한 방법은 물론 유형적 방법에 의하여 실행행위를 촉진하는 물질적 방조뿐만 아니라 행위자를 격려하여 범죄의사를 강화하는 등의 무형적 방법에 의하여 실행행위를 촉진하는 정신적 방조도 방조에 해당한다. 대법원도 "형법상 방조행위는 정범이 범행을 한다는 정을 알면서 그 실행행위를 용이하게 하는 직접·간접의 모든 행위를 가리키는 것으로서 유형적, 물질적인 방조뿐만 아니라 정범에게 범행의 결의를 강화하도록 하는 것과 같은 무형적, 정신적 방조행위까지도 이에 해당한다"고 판시한 바 있다.[188]

ⓘ **작위방조와 부작위방조 :** 방조행위는 작위에 한하지 않으며 부작위에 의한 방조(不作爲에 의한 幇助)도 얼마든지 가능하다.[189] 방조행위란 정범의 실행행위를 용이하게 하는 일체의 행위를 포함하기 때문이다. 창고의 경비원이 절도범을 그대로 방치한 경우 경비원에게는 부작위에 의한 절도죄의 방조범이 성립되게 된다. 부작위에 의한 방조가 인정된다는 점에서 부작위에 의한 교사가 인정되지 않는 것과 커다란 대조를 이룬다고 할 수 있다.

다만 부작위에 의한 방조행위가 성립하기 위해서는 부작위범의 성립요건, 즉 보증인지위가 전제되어야 한다.[190] 대법원도 "형법상 방조는 작위에 의하여 정범의 실행을 용이하게 하는 경우는 물론, 직무상의 의무가 있는 자가 정범의 범죄행위를 인식하면서도 그것을 방지하여야 할 제반 조치를 취하지 아니하는 부작위로 인하여 정범의 실행행위를 용이하게 하는 경우에도 성립된다"라고 판시한 바 있다.[191]

ⓘⓘ **물질적 방조와 정신적 방조 :** 물질적 방조(物質的 幇助)란 유형적·물질적 방조를 말한다. 흉기의 대여, 범행장소의 제공, 범죄자금의 제공 등과 같이 정범의 범죄실현을 유형적·물질적으로 방조하는 행위를 말한다. 이러한 의미에서 물질적 방조를 거동방조(擧動幇助) 또는 기술적 방조(技術的 幇助, technische Rathilfe)라고도 한다.

---

187) 대법원 2011.12.8. 선고 2010도9500 판결; 대법원 2005.4.29. 선고 2003도6056 판결; 대법원 2004.6.24. 선고 2002도995 판결; 대법원 1997.4.17. 선고 96도3377 전원합의체 판결.

188) 대법원 2018.9.13. 선고 2018도7658, 2018전도54, 55, 2018보도6, 2018모2593 판결; 대법원 2013.4.11. 선고 2010도13774 판결; 대법원 1997.1.24. 선고 96도2427 판결.

189) 대법원 2006.4.28. 선고 2003도4128 판결.

190) 대법원 2006.4.28. 선고 2003도4128 판결; 대법원 2005.7.22. 선고 2005도3034 판결; 대법원 2003.12.12. 선고 2003도5207 판결; 대법원 1997.3.14. 선고 96도1639 판결; 대법원 1996.9.6. 선고 95도2551 판결; 대법원 1992.2.11. 선고 91도2951 판결.

191) 대법원 2006.4.28. 선고 2003도4128 판결; 대법원 1997.3.14. 선고 96도1639 판결; 대법원 1996.9.6. 선고 95도2551 판결; 대법원 1995.9.29. 선고 95도456 판결; 대법원 1984.11.27. 선고 84도1906 판결.

정신적 방조(精神的 幇助)란 무형적·정신적 방조를 말한다. 범행방법에 대한 조언, 피방조자에 대한 격려 등과 같이 정범에게 이미 존재하는 범행결의를 더욱 강화시켜주는 행위를 말한다. 이러한 의미에서 정신적 방조를 언어방조(言語幇助) 또는 지적 방조(知的 幇助)라고도 한다. 정신적 방조와 물질적 방조를 언제나 명확하게 구분할 수 있는 것은 아니다. 흉기의 대여가 범행결의도 강화시킨 경우에서와 같이 물질적 방조가 동시에 정신적 방조에도 해당될 수도 있기 때문이다. 그러나 대여한 흉기를 아직 사용하지는 못하였지만 이를 바탕으로 범행의 결의를 강화시킨 경우라면 물질적 방조는 인정하기 어렵다고 하더라도 정신적 방조를 인정하는 데에는 아무런 문제가 없다고 할 수 있다. 정신적 방조는 물질적 방조가 실패한 경우에 보충적으로 인정되는 경우가 있을 수 있다.

한편 정신적 방조는 정범이 방조행위의 존재를 인식하고 있을 것을 요한다고 해야 한다. 바로 이러한 점에서 정신적 방조는 물질적 방조에서와는 달리 편면적 방조가 인정될 수 없는 근거를 찾을 수 있다. 한편 후술하는 바와 같이 편면적 방조는 정신적 방조에서는 불가능하지만, 물질적 방조에서는 가능하다고 할 수 있다. 물질적 방조는 반드시 정범이 방조행위를 인식하고 있을 것을 요하지 않는다고 해야 하기 때문이다.

③ 방조행위의 시기

방조범의 유형은 방조행위의 시기와 실행행위의 전·중·후를 기준으로 사전적 방조, 동시적 방조 및 사후적 방조로 구분하여 검토할 수 있다.

ⓘ **사전적 방조 :** 사전적 방조(事前的 幇助)란 방조행위가 정범의 실행행위보다 선행하여 행하여지는 경우를 말한다. 방조행위는 정범의 실행행위 중에 이를 방조하는 경우뿐만 아니라 실행행위의 착수 이전에 장래의 실행행위를 예상하고 이를 용이하게 하는 행위를 하여 방조한 경우에도 성립할 수 있다.[192] 방조행위란 정범이 범행을 한다는 정을 알면서 그 실행행위를 용이하게 하는 직·간접의 모든 행위를 말하기 때문이다. 다만 공범종속성상 당연한 결론으로서 정범이 실행에 착수에 이르지 않는 한 사전적 방조는 방조행위로서 인정될 수 없다. 이러한 의미에서 "예비행위의 방조행위는 방조범으로서 처단할 수 없다"는 판례의 내용을

192) 대법원 2018.9.13. 선고 2018도7658, 2018전도54, 55, 2018보도6, 2018모2593 판결; 대법원 2013.11.14. 선고 2013도7494 판결; 대법원 2011.12.8. 선고 2010도9500 판결; 대법원 2005.4.29. 선고 2003도6056 판결; 대법원 2004.6.24. 선고 2002도995 판결; 대법원 1997.4.17. 선고 96도3377 전원합의체 판결; 대법원 1996.9.6. 선고 95도2551 판결; 대법원 1983.3.8. 선고 82도2873 판결.

이해할 수 있다.[193)]

사전적 방조를 긍정한 판례의 구체적 내용은 다음과 같다. 즉,

> 피고인(갑)이 피고인(을)의 지시를 받고 미화를 취득하여줌에 있어서 피고인(을)이 그 미화를 금융기관에 매각집중시키지 아니할 것이라는 정을 알고 있었다면 피고인(갑)의 행위는 외국화폐불매각죄의 종범이 된다고 보아야 한다.[194)]

ⅱ **동시적 방조 :** 동시적 방조(同時的 幇助)란 방조행위가 정범의 실행행위 중에 행하여지는 경우를 말한다. 흔히 통상적으로 말하는 방조범은 이를 말한다. 통상 방조행위는 정범의 실행행위 중에 행하여진다고 할 수 있기 때문이다. 한편 후행의 방조행위자는 선행의 방조행위자의 방조행위를 이어받을 수 있다는 의미에서의 소위 승계적 방조범(承繼的 幇助犯)이 문제될 수 있다. 종범은 종속적이고 정범의 행위를 조장해준 시점은 문제되지 않는다는 이유로 이를 긍정하는 견해도 있지만, 방조의 의사는 방조 이전의 시점으로 소급될 수 없다고 하는 것이 타당하다고 해석된다.

ⅲ **사후적 방조 :** 사후적 방조(事後的 幇助)란 정범의 실행행위가 종료된 이후에 방조행위가 행하여지는 경우를 말한다. 다만 사후적 방조의 인정여부에 관하여는 다툼이 있다. 첫째, 사후적 방조를 부정하는 부정설이다. 정범의 실행행위가 종료된 이후에 방조는 있을 수 없다고 한다. 대륙법을 계수한 나라에서는 사후적 방조의 형태를, 범인은닉죄, 증거인멸죄, 도품 등에 관한 죄 등과 같은 독립범의 형태로 규정하고 있다고 한다. 판례의 입장이다. 대법원은 "종범은 정범의 실행행위 전이나 실행행위 중에 정범을 방조하여 그 실행행위를 용이하게 하는 것을 말하므로 정범의 범죄종료 후의 이른바 사후방조를 종범이라고 볼 수 없다"고 판시한 바 있다.[195)] 둘째, 사후적 방조를 인정하는 긍정설이다. 정범의 실행행위가 종료한 경우에도 결과가 발생하기 전에는 방조행위가 가능하다고 한다. 정범의 실행행위는 이미 기수에 이르렀으나 아직 범죄가 종료되지 않은 경우에는 방조범의 성립이 가능하기 때문이라고 한다. 절취는 기수에 이르렀으나 추격을 피하기 위하여 훔친 물건을 친구에게 맡기고 계속 도주하는 경우에서와 같이 절도죄는 이미 기수에 이르렀으나 아직 소유권을 취득한 영득의 상태가 되지 않았기 때

193) 대법원 1979.11.27. 선고 79도2201 판결; 대법원 1976.5.25. 선고 75도1549 판결.
194) 대법원 1983.3.8. 선고 82도2873 판결.
195) 대법원 2009.6.11. 선고 2009도1518 판결; 대법원 1982.4.27. 선고 82도122 판결.

문에 범죄가 종료되지 않는 경우에는 아직 실행행위가 계속되는 것으로 볼 수 있고 따라서 방조범의 성립은 가능하다고 해석될 수 있다고 한다. 한편 범죄가 종료된 이후에 범인을 은닉하거나 증거를 인멸하는 것은 사후종범이 아니라 독립된 범죄유형이 된다고 할 수 있다(제151조, 제155조 참조).

3) 방조행위의 종속성

방조범이 성립하기 위해서는 그 전제로서 피방조자의 실행행위가 요구된다. 이는 협의의 공범의 성립상의 종속성에서 요구되는 당연한 논리적 귀결이다. 대법원도 "방조죄는 정범의 범죄에 종속하여 성립하는 것으로서 방조의 대상이 되는 정범의 실행행위의 착수가 없는 이상 방조죄만이 독립하여 성립될 수 없다"고 판시하고 있다.[196] 따라서 정범이 실행의 착수에 이르지 아니한 예비의 단계에 그친 경우에는 이에 가공하는 행위가 예비의 공동정범이 되는 경우를 제외하고는 이를 종범으로 처벌할 수 없다고 할 것이다.[197]

방조범에게 성립상의 종속성이 요구되는 이유로서는 일정한 근거가 제시되고 있다. 첫째, 형식적 근거이다. 방조라는 개념은 피방조자인 정범의 실행행위를 존재를 전제로 하고 정범자의 실행행위가 아직 존재하지 않는 단계에서의 행위는 방조행위라고 할 수 없다는 점이다. 둘째, 실질적 근거이다. 방조범의 처벌근거는 정범의 실행행위를 통하여 법익침해의 위험성을 높이는 점에 있지만 정범이 실행행위에 착수하고 있지 않은 단계에서는 법익침해의 위험성이 높아졌다고 할 수 없다는 점이다. 다만 공범독립성설의 경우에는 성립상의 종속성은 요구되지 않기 때문에 방조행위가 행하여진 시점에서 방조의 범죄는 완성된다.

(3) 결 과

방조범이 성립하기 위하여는 원칙적으로 피방조자의 실행행위가 기수에 이르러야 한다. 기수는 거동범의 경우에는 실행행위의 종료로 충분하지만, 결과범의 경우에는 실행행위의 종료 외에 결과의 발생을 요한다. 따라서 피교사자의 실행행위가 미수에 그치는 한 방조범은 미수에 그치게 된다. 이것이 바로 후술하는 바와 같이 방조의 미수라고 할 수 있다.

---

196) 대법원 2017.5.31. 선고 2016도12865 판결; 대법원 1988.4.27. 선고 88도251 판결; 대법원 1983.12.27. 선고 82도2840 판결; 대법원 1982.5.25. 선고 82도715 판결; 대법원 1981.11.24. 선고 81도2422 판결; 대법원 1979.2.27. 선고 78도3113 판결; 대법원 1974.5.28. 선고 74도509 판결.

197) 대법원 1976.5.25. 선고 75도1549 판결.

(4) 인과관계

인과관계의 문제는 정범행위와 결과 사이의 인과관계와 공범행위와 결과 사이의 인과관계의 문제로 나누어 검토할 필요가 있다. 우선 정범행위와 결과 사이의 인과관계의 문제이다. 정범의 실행행위와 결과 사이에는 인과관계가 요구되는 것은 당연하다. 따라서 문제될 것이 하나도 없다. 문제는 공범행위와 결과 사이의 인과관계에 있다.

1) 학 설

방조행위와 결과 사이에도 인과관계가 요구되는가에 관하여는 다툼이 있다. 첫째, 인과관계필요설이다. 인과관계필요설(因果關係必要說)은 방조범이 성립하기 위하여는 방조행위와 결과 사이에 인과관계가 요구된다고 한다. 다수설의 입장이라고 할 수 있다. 공범의 처벌근거는 타인의 범죄를 야기 또는 촉진함에 있기 때문에 방조행위와 발생한 결과 사이에는 인과관계가 필요하다는 점, 결과의 발생에 아무런 영향을 미치지 않은 방조행위를 처벌하는 경우 방조의 기수와 기도된 방조의 구별이 무의미하다는 점 등을 그 근거로 하고 있다.

둘째, 인과관계불요설이다. 인과관계불요설(因果關係不要說)은 방조범이 성립하기 위해서는 방조행위가 결과의 발생을 가능하게 하거나 촉진하는 정도이면 족하고 인과관계까지 요하지 않는다고 한다. 이 견해는 정범이 발생시킨 결과는 방조범에게 귀속시킬 수 없는 것이기 때문에 정범이 발생시킨 결과와 방조행위 사이의 인과관계를 필요로 하지 않는다는 것을 근거로 하고 있다. 이 외에도 적성범설이 거론되는 경우가 있다. 적성범설(適性犯說)은 정범의 범죄실현을 돕기에 적합한 성질을 가지는 한 실제의 기여여부를 묻지 않고 일체의 행위에 대하여 방조행위를 인정할 수 있다고 한다. 그러나 적성범설에 대하여는 방조범을 위험범화할 가능성이 있다는 점에서 비판이 가하여질 수 있다.

2) 판 례

판례의 입장은 분명하지 않다. 다만 전술한 바와 같이 대법원은 "형법상 방조행위는 정범이 범행을 한다는 사정을 알면서 그 실행행위를 용이하게 하는 직접, 간접의 모든 행위를 가리키는 것으로서 그 방조는 유형적, 물질적인 방조뿐만 아니라 정범에게 범행의 결의를 강화하도록 하는 것과 같은 무형적, 정신적 방조행위까지도 이에 해당한다"고 판시하고 있을 뿐이다.

3) 검 토

방조범에 있어서도 인과관계를 요구하는 것이 타당하다고 해석된다. 방조범의 경우에만 예외를 인정할 수 없기 때문이다. 뿐만 아니라 예외를 인정하여 인과관계를 요구하지 않을 경우 일상생활에서의 모든 방조행위가 방조범으로 처벌되어 죄형법정주의에 위배될 가능성이 농후하기도 하기 때문이다. 만약 방조행위와 결과 사이에 인과관계가 요구되지 않는다고 해석하게 되면 방조행위의 범위는 무제한하게 확대될 우려가 발생한다고 해야 한다. 방조행위의 범위를 축소해야 할 필요성은 다음과 같다.

첫째, 방조범의 무제한적 확대의 원인은 방조행위의 개념의 광범위성에서 비롯된다. 결과발생을 촉진한 일체의 행위를 방조행위에 포함하여 파악하는 한 일상생활에서의 통상적인 행위일지라도 방조범의 범주를 벗어나기 어렵게 될 가능성이 농후하다고 해야 한다. 흉기를 교부하였지만 실제로는 독극물에 의하여 피해자가 살해된 경우 교부행위가 없어도 피해자는 살해되었을 것이기 때문에 교부행위와 실행행위의 사이에 인과관계는 존재하지 않는 것으로 되지만, 흉기의 수령에 의하여 범인이 범의를 강화시키는 등에 의하여 심리적으로 실행행위를 용이하게 하고 결과의 발생을 촉진하였다고 할 수 있기 때문에 교부행위는 그 자체만으로도 방조범으로서 처벌을 피할 수 없게 되기 때문이다. 더욱이 정신적 방조의 경우에는 그 한계가 보다 절실히 요구된다고 하지 않을 수 없다.

둘째, 방조범의 무제한적 확대의 원인은 교사범과 방조범의 처벌상의 차이에서 유래할 수 있다. 전술한 바와 같이 교사범의 경우에는 기도된 교사에 대하여 명문의 처벌규정을 두고 있다. 형법은 교사를 받은 자가 범죄의 실행을 승낙하고 실행의 착수에 이르지 아니한 효과 없는 교사의 경우에는 교사자·피교사자 모두를 예비·음모에 준하여 처벌한다(제31조 제2항). 또 형법은 교사를 받은 자가 범죄의 실행을 승낙하지 아니한 실패한 교사의 경우에는 교사자만 예비·음모에 준하여 처벌하고 있다(제31조 제3항). 그러나 형법은 방조범의 경우에는 교사범에 있어서의 기도된 교사에 상응하는 소위 '기도된 방조'에 해당하는 행위에 대한 처벌규정조차 두고 있지 아니하다. 기도된 방조에 대한 처벌규정이 없는 상황에서 인과관계를 요구하지 않는 것은 방조행위의 범위가 무제한하게 확대될 우려가 있다고 하지 않을 수 없다.

한편 공범독립성설에 의하게 되면 방조범의 성립을 위해서는 방조행위와 결과의 발생 사이에는 인과관계 자체가 요구되지 않는다. 그러나 공범독립성설에 대하여는 종범종속성설의 입장에서는 수용하기가 어렵다는 점에서 비판이 가능하다.

2. 주관적 구성요건

(1) 고의의 이중성

고의의 이중성(故意의 二重性, doppelten Teilnehmervorsatz)이란 전술한 바와 같이 공범에 있어서의 고의는, 단독범에 있어서의 그것과는 달리, 이중의 고의로서 공범인 방조자의 고의와 정범인 피방조자의 고의로 구성되어 있다는 것을 말한다. 아래에서는 공범의 주관적 구성요건요소로서의 고의를 공범인 방조자의 고의와 정범인 피방조자의 그것으로 대별한 후, 다시 각각에 대하여 정범의 고의와 공범의 고의라는 이중의 고의로 세분하여 검토하기로 한다.

1) 방조자의 고의

방조자의 고의는 정범에 대한 고의로서의 정범고의와 공범으로서의 공범고의라는 이중의 고의로 구성된다고 할 수 있다. 대법원도 일찍이 "형법상 방조행위는 정범이 범행을 한다는 정을 알면서 그 실행행위를 용이하게 하는 직접·간접의 행위를 말하므로, 방조범은 정범의 실행을 방조한다는 이른바 방조의 고의와 정범의 행위가 구성요건에 해당하는 행위인 점에 대한 정범의 고의가 있어야 한다"고 판시함으로써 방조범에 있어서 이중의 고의를 설시한 바 있다.[198]

① 방조자의 정범고의

방조자의 정범고의란 정범의 실행행위가 구성요건에 해당한다는 점에 관한 고의를 말한다. 방조범에 있어서의 정범의 고의는 정범에 의하여 실현되는 범죄의 구체적 내용을 인식할 것을 요하는 것이 아니라 미필적 인식 또는 예견으로도 충분하다고 할 수 있다.[199] 따라서 방조자는 피방조자를 확정적으로 인식할 필요가 없으며, 정범의 행위가 행하여지는 객체, 일시, 장소 등에 관하여 구체적으로 특정하여 인식할 것까지 요구되는 것도 아니다. 예컨대 정범으로 되어야 할 자가

198) 대법원 2018.9.13. 선고 2018도7658, 2018전도54, 55, 2018보도6, 2018모2593 판결; 대법원 2012.6.28. 선고 2012도2628 판결; 대법원 2011.12.8. 선고 2010도9500 판결; 대법원 2010.1.14. 선고 2009도9963 판결; 대법원 2010.3.25. 선고 2008도4228 판결; 대법원 2007.10.26. 선고 2007도4702 판결; 대법원 2005.4.29. 선고 2003도6056 판결; 대법원 2004.6.24. 선고 2002도995 판결; 대법원 2003.4.8. 선고 2003도382 판결; 대법원 1999.1.29. 선고 98도4031 판결; 대법원 1986.12.9. 선고 86도198 판결; 대법원 1997.4.17. 선고 96도3377 전원합의체 판결.

199) 대법원 2012.6.28. 선고 2012도2628 판결; 대법원 2011.12.8. 선고 2010도9500 판결; 대법원 2010.1.14. 선고 2009도9963 판결; 대법원 2010.3.25. 선고 2008도4228 판결; 대법원 2007.10.26. 선고 2007도4702 판결; 대법원 2005.4.29. 선고 2003도6056 판결; 대법원 2004.6.24. 선고 2002도995 판결; 대법원 2003.4.8. 선고 2003도382 판결; 대법원 1997.4.17. 선고 96도3377 전원합의체 판결.

구체적으로 특정되어 있지 않아도 일정한 범위에서 임의의 자가 특정될 수 있는 경우에는 고의는 인정될 수 있다.

② 방조자의 공범고의

방조자의 공범고의란 방조범이 정범의 실행행위를 방조한다는 이른바 방조의 고의를 말한다.[200] 다시 말해서 방조자 자신의 방조행위가 정범의 실행행위를 용이하게 한다는 사실에 대한 인식과 그에 대한 실현의사를 말한다고 할 수 있다. 다만 방조의 고의는 또한 미필적 고의만으로도 충분하기 때문에 방조행위에 대한 고의와 정범행위에 대한 고의는 각각 미필적 고의만으로도 충분하다고 할 수 있다. 대법원도 "고의는 내심적 사실이므로 피고인이 이를 부정하는 경우에는 사물의 성질상 고의와 상당한 관련성이 있는 간접사실을 증명하는 방법에 의하여 증명할 수밖에 없다. 이때 무엇이 상당한 관련성이 있는 간접사실에 해당할 것인가는 정상적인 경험칙에 바탕을 두고 치밀한 관찰력이나 분석력에 의하여 사실의 연결상태를 합리적으로 판단하여야 하고, 방조범에서 요구되는 정범의 고의는 정범에 의하여 실현되는 범죄의 구체적 내용을 인식할 것을 요하는 것은 아니고 미필적 인식이나 예견으로 족하다"고 판시한 바 있다.[201] 한편 정범과 방조자 사이에 상호 의사의 연락은 요구되지 아니한다. 방조범은 정범에 대한 인식만으로도 충분히 성립할 수 있기 때문이다.

ⓘ 미수의 방조 : 미수의 방조(未遂의 幇助)란 정범의 행위가 미수에 그칠 것을 예견하면서 하는 방조를 말한다. 임부로부터 낙태의뢰를 받은 약사가 아무런 효과 없는 약을 낙태약이라고 속이고 교부한 경우가 이에 해당한다. 정범의 행위가 단순히 미수에 그치게 할 의사로 방조한 미수의 방조는 방조의 고의가 인정될 수 없다. 전술한 바와 같이 방조의 고의는 교사의 고의에서와 같이 기수의 고의여야 성립할 수 있기 때문이다. 미수의 방조의 경우 피방조자는 미수범에 대한 처벌규정이 존재하는 한 당해 범죄의 미수범으로 처벌되나, 방조자는 기수의 고의가 없으므로 불가벌로 된다. 그러나 미수의 방조가 기수를 유발한 경우에는 별개의 문제로서 과실범의 성립여부가 문제될 수 있다.

---

200) 대법원 2012.6.28. 선고 2012도2628 판결; 대법원 2011.12.8. 선고 2010도9500 판결; 대법원 2010.1.14. 선고 2009도9963 판결; 대법원 2010.3.25. 선고 2008도4228 판결; 대법원 2007.10.26. 선고 2007도4702 판결; 대법원 2005.4.29. 선고 2003도6056 판결; 대법원 2003.4.8. 선고 2003도382 판결.

201) 대법원 2018.9.13. 선고 2018도7658, 2018전도54, 55, 2018보도6, 2018모2593 판결; 대법원 2005.4.29. 선고 2003도6056 판결; 대법원 2004.6.24. 선고 2002도995 판결.

ⓘ 과실의 방조 : 방조행위는 고의에 의한 것이어야 한다. 방조범이 성립하기 위해서는 방조의 고의가 요구되기 때문이다. 따라서 고의가 아닌 과실에 의한 방조는 있을 수 없다고 해야 한다. 다만 과실에 의한 방조의 경우 그 자체로서 방조자에게 과실범의 성립여부는 이와는 별개의 문제라고 할 수 있다. 예컨대, 풍등제작행사를 한 축제 주최자가 제작된 풍등을 회수하지 않아 축제참여자가 날린 풍등으로 인하여 화재가 발생한 경우 과실에 의한 방조의 성립이 가능하다고 할 수 있다. 다만, 의사의 연락부분에서 과실방조가 성립한다고 해야 한다. 한편 과실범에 대한 방조는 후술하는 바와 같이 이용의사의 지배성이 인정되는 한 간접정범이 성립할 따름이라고 해야 한다.

2) 피방조자의 고의

① 피방조자의 정범고의

피방조자의 정범고의란 피방조자가 실행할 범죄에 대하여 가지고 있는 고의를 말한다. 피방조자는 실행할 범죄의 객관적 구성요건요소에 대한 인식과 이에 대한 실현의사를 가지고 있어야 한다.

② 피방조자의 공범고의

피방조자의 공범고의란 피방조자가 실행할 범죄와 관련하여 방조자와 그의 방조행위에 대한 인식과 그에 의한 실현의사를 말한다. 따라서 피방조자는 정범으로서 실행행위에 대한 고의를 구비해야 할 뿐만 아니라 공범과의 관계에서 그에 필요한 고의, 즉 방조자와 방조행위를 인식하고 이에 의하여 범죄를 실현하려는 의사가 추가적으로 요구된다고 할 수 있다.

(2) 방조의 의사와 방조의 인식

1) 의 의

방조자의 방조의 의사와 피방조자의 방조의 인식은 서로 짝을 이루는 개념이다. 물론 전자는 방조자의 고의에, 후자는 피방조자의 고의에 각각 내재되어 있다고 할 수 있다. 방조자의 공범의사와 피방조자의 공범의사는 방조자와 피방조자를 공범과 정범의 관계로 연결하는 기능을 수행한다고 해석된다. 피방조자는 방조자의 방조행위에 대한 인식하에 실행행위를 하여야 하고, 피방조자의 고의의 성립을 위한 당연한 내용이기 때문이다. 따라서 방조에 의하여 비로소 범죄의 결의가 생겼다면 그것은 이미 방조가 아니라 교사에 해당한다고 해야 한다. 방조범은 정범자와 공범자 사이에 의사의 연락을 요하지 않는다는 점에서 간접정범과 공통되지만, 양자 사이에 상호 의사의 연락을 요하는 공동정범이나 교사범과는 구별되고 있다. 뿐만 아니라 방조범은 정범자에게 범죄의사가 이미 존재한다는 점에서 범죄의사가 전혀 존재하지 않는 간접정범과 구별된다고 해야 한다.

2) 내 용

① 기도된 방조

기도된 방조(企圖된 幇助)란 기도된 교사에 상응한 개념으로 구성하자면 방조를 시도하였으나 정범이 범죄실현에 나아가지 않은 경우라고 말할 수 있을 것이다. 나아가 기도된 방조는 방조자의 방조를 피방조자가 인식하지 못한 효과 없는 방조(效果 없는 幇助)와 방조자의 방조를 피방조자가 인식은 하였으나 방조의 효과가 발생하지 않은 실패한 방조(失敗한 幇助)로 구분될 수도 있을 것이다. 그러나 기도된 방조는 형사처벌의 대상이 되지 않는다. 형법은 이에 대하여 처벌규정을 두지 않고 있기 때문이다. 이러한 형법의 태도는 명문의 처벌규정을 두고 있는 기도된 교사와는 대조적이라고 할 수 있다(제31조 제2항, 제3항 참조). 여기서 결과발생에 구체적으로 이르지 아니한 방조행위를 형법적 평가로부터 배제하려는 것이 형법의 취지라고 해석할 수 있다.

② 편면적 방조

편면적 방조(片面的 幇助)란 방조행위가 있었지만, 피방조자인 정범자가 방조받고 있다는 사실을 인식하지 못하는 경우를 말한다. 편면적 방조의 경우 전술한 바와 같이 방조행위와 실행행위 사이에는 심리적 인과성이 존재하지 않기 때문에 정신적 방조는 성립할 여지가 없다고 해야 한다. 이러한 의미에서 작위의무가 존재하지 않는 한 세칭 '침묵에 의한 공범'은 법적으로 성립하기 어려운 개념이라고 할 수 있다.

그러나 방조행위와 실행행위 사이에 물질적 인과성이 인정되면 물질적 방조로서 방조가 될 수 있다. 정범자에게는 방조를 받고 있다는 인식이 요구되지 않는다고 해야 하기 때문이다. 물질적 방조의 경우 편면적 방조가 인정된다는 점에서 전술한 바와 같이 편면적 교사가 인정되지 않는 점과 대조를 이룬다고 할 수 있다. 판례도 방조범은 물론 편면적 방조범도 공범의 종속성만 충족된다면 인정할 수 있다고 하여 편면적 방조범을 긍정하고 있다. 대법원은 "원래 방조범은 종범으로서 정범의 존재를 전제로 하는 것이다. 즉 정범의 범죄행위 없이 방조범만이

성립될 수는 없다. 이른바 편면적 종범에 있어서도 그 이론은 같다"고 판시한 바 있다.[202]

(3) 방조의사의 열후성

피방조자는 이미 범죄의 결의를 가지고 있다. 피방조자는 이미 범죄의 결의를 가지고 있다는 점에서 교사자에 의하여 비로소 범죄의 결의를 가지게 되는 피교사자와 구별되고 있다. 방조자는 정범의 범행을 촉진할 수는 있지만, 교사자와 같이 정범에 대하여 범죄를 유발할 수는 없다. 이러한 의미에서 유발성과 촉진성을 가지는 교사의사는 정범의사에 대하여 우위성을 가진다고 할 수 있지만, 촉진성만을 가지는 방조의사는 정범의사에 비하여 열후성을 가진다고 할 수 있다.

Ⅲ. 처 벌

1. 피방조자

피방조자는 자신의 행위에 대하여 전적으로 책임을 져야 한다. 형법의 기본원칙 중의 하나인 책임주의의 원칙상 당연한 결론이다. 따라서 피방조자는 자신이 행한 실행행위의 죄명에 따라서 처벌될 수밖에 없다.

2. 방조자

종범의 형은 정범의 형보다 감경된다(제32조 제2항). 필요적 감경이다. 필요적 감경의 이유는 정범이 이미 범행결의를 가지고 있다는 점과 방조행위는 정범행위에 간접적 관여에 그친다는 점에서 구하여질 수 있다. 감경한다는 것은 법정형을 정범보다 감경한다는 것이지 선고형을 감경한다는 의미가 아니다.[203] 따라서 경우에 따라서는 종범의 선고형이 정범의 선고형보다도 무거울 수도 있다. 그럼에도 불구하고 종범에 대한 필요적 감경은 타당하지 않다고 할 수 있다. 타인에게 금고의 비밀번호를 알려주어 타인으로 하여금 그 비밀번호로 금고문을 열고 금전을 절취하게 한 경우에는 비밀번호를 제공하여 절취를 방조한 자가 절취를 직접 행한 자보다 더 주행위자에 가깝다고 하는 것이 더 합리적이기 때문이다. 한편 정범의 행

202) 대법원 1974.5.28. 선고 74도509 판결.
203) 대법원 2015.8.27. 선고 2015도8408 판결; 대법원 2002.12.24. 선고 2002도5085 판결.

위가 미수에 그치는 경우에는 미수범 감경(제25조 제2항)과 방조범 감경(제32조 제2항)이라는 이중의 감경이 가능하다고 할 수 있다.

3. 처벌상의 종속성과 죄명상의 종속성

방조범은 공범이기 때문에 성립상의 종속성과 정도상의 종속성 이외에도 처벌상의 종속성과 죄명상의 종속성이 적용된다고 해야 한다. 따라서 방조범이 처벌되기 위해서는 피방조자의 처벌이 전제되어야 하며, 방조범의 죄명도 피방조자의 죄명에 종속될 필요가 있다고 하겠다. 형법도 "종범의 형은 정범의 형보다 감경한다"고 규정하여 일반적 원칙으로서의 교사범의 성립상의 종속성과 처벌상의 종속성에 관하여 명문으로 동시에 규정하고 있다고 해석된다(제32조 제2항 참조). 대법원은 "방조범을 정범에 준해서 처벌하는 것은 그 범죄에 대한 형사정책적인 필요에 대한 입법적인 합리적 고려에 의한 것으로서 헌법상의 평등의 원칙(헌법 제9조 참조)에 위배된다고 할 수 없다"고 판시한 바 있다.[204]

Ⅳ. 방조범의 착오

방조의 착오에 관하여는 원칙적으로 교사의 착오론이 그대로 적용될 수 있다. 따라서 정범의 양적 초과의 경우 초과된 부분에 대하여 방조범은 책임을 지지 않는다. 대법원도 "방조자의 인식과 정범의 실행간에 착오가 있고 양자의 구성요건을 달리한 경우에는 원칙적으로 방조자의 고의는 조각되는 것이나 그 구성요건이 중첩되는 부분이 있는 경우에는 그 중복되는 한도내에서는 방조자의 죄책을 인정하여야 할 것이다"라고 판시한 바 있다.[205] 다만, 결과적 가중범의 경우에는 중한 결과에 대하여 예견가능성이 존재하는 경우 결과적 가중범의 방조범의 성립이 긍정된다. 또 정범이 방조범의 인식보다 적게 실행한 양적 미달의 경우에도 방조범은 정범의 실행행위의 범위 안에서 처벌되게 된다. 그러나 정범의 질적 초과의 경우 초과된 부분에 대하여 방조범의 미수, 즉 효과 없는 방조와 실패한 방조는 처벌하지 아니하므로 교사의 경우와는 결론을 달리한다. 따라서 정범의 질적 초과에 대하여는 방조범은 언제나 처벌되지 아니한다.

---

204) 대법원 1980.1.29. 선고 79도2663 판결.
205) 대법원 1985.2.26. 선고 84도2987 판결.

제 5 관 신분범의 공범

제33조 (공범과 신분) 신분이 있어야 성립되는 범죄에 신분 없는 사람이 가담한 경우에는 그 신분 없는 사람에게도 제30조부터 제32조까지의 규정을 적용한다. 다만, 신분 때문에 형의 경중이 달라지는 경우에 신분이 없는 사람은 무거운 형으로 벌하지 아니한다.

구조문
제33조 (공범과 신분) 신분관계로 인하여 성립될 범죄에 가공한 행위는 신분관계가 없는 자에게도 전 3조의 규정을 적용한다. 단, 신분관계로 인하여 형의 경중이 있는 경우에는 중한 형으로 벌하지 아니한다.

Ⅰ. 서 언

1. 개 념

(1) 신분의 개념

1) 신분의 의의

범죄와 관련된 신분은 형법이 규정하고 있다. 형법상 신분이란 특정한 범죄의 주체로 되기 위하여 필요한 인적 관계로서의 특수한 지위 또는 상태를 말한다. 판례도 “신분관계라 함은 남녀의 성별, 내 · 외국인의 구별, 친족관계, 공무원인 자격과 같은 관계뿐만 아니라 널리 일정한 범죄행위에 관련된 범인의 인적관계인 특수한 지위 또는 상태를 지칭하는 것이다”고 판시한 바 있다.[206]

문제는 목적(目的)도 신분에 포함되는가에 있다. 이에 관하여는 견해가 대립하고 있다. 부정설에 의하면 신분은 일정한 계속성을 전제로 하는 개념이기 때문에 목적과 같은 일시적인 주관적 사정은 포함되지 않는다고 하거나 신분의 요소는 행위자와 관련된 요소에 한하기 때문에 주관적 불법요소인 고의 · 목적 또는 동기와 같은 행위와 관련된 요소는 신분에 포함되지 않는다고 한다.

긍정설에 의하면 형법상 신분이 문제로 되는 것은 인적 요소가 범죄의 성부 또는 형의 경중에 관계되기 때문이고, 목적도 일시적인 것이라고는 할 수 있으나 범죄행위에 관한 인적 관계로서의 특수한 상태이기 때문에 범죄의 성부에 관련되는 목적뿐만 아니라 형의 경중에 영향을 미치는 ‘영리의 목적’도 신분에 포함되어야 한다고 한다. 긍정설이 타당하다고 해야 한다. 판례도 긍정설의 입장을 취하고

206) 대법원 1994.12.23. 선고 93도1002 판결.

있다. 대법원은 "형법 제152조 제1항과 제2항은 위증을 한 범인이 형사사건의 피고인 등을 '모해할 목적'을 가지고 있었는가 아니면 그러한 목적이 없었는가 하는 범인의 특수한 상태의 차이에 따라 범인에게 과할 형의 경중을 구별하고 있으므로, 이는 바로 형법 제33조 단서 소정의 "신분관계로 인하여 형의 경중이 있는 경우"에 해당한다고 봄이 상당하다"고 판시한 바 있다.207)

2) 신분의 종류

① 구성적 신분

구성적 신분(構成的 身分)이란 범죄의 성립요소로 되는 신분을 말한다. 진정신분(眞正身分)이라고도 한다. 수뢰죄(제129조), 위증죄(제152조), 허위진단서작성죄(제233조), 업무상 비밀누설죄(제317조), 횡령죄 및 배임죄(제355조) 등에 있어서의 신분이 여기에 해당한다.

② 가감적 신분

가감적 신분(加減的 身分)이란 범죄의 성립요소는 아니지만, 형의 가중 또는 감경의 요소로 되는 신분을 말한다. 부진정신분(不眞正身分)이라고도 한다. 존속살해죄(제250조 제2항), 상습도박죄(제246조 제2항), 업무상 횡령죄(제356조) 등에 있어서의 신분은 가중적 신분에 속하지만, 영아살해죄(제251조)에 있어서의 신분은 감경적 신분에 해당한다.

③ 소극적 신분

소극적 신분(消極的 身分)이란 범죄의 성립 또는 형벌을 조각하는 신분을 말한다. 소극적 신분은 불구성적 신분과 책임조각적 신분 및 형벌조각적 신분으로 세분될 수 있다. 의료법위반에 있어서의 의사, 변호사법위반에 있어서의 변호사의 신분은 범죄의 성립을 조각하는 불구성적 신분이며, 14세 되지 아니한 자(제14조)는 책임조각적 신분에 해당함에 반하여, 친족상도례(제328조)에 있어서의 친족의 신분은 형벌조각적 신분이라고 할 수 있다. 이 외에도 증거인멸죄, 범인은닉죄, 범인도피죄에 있어서도 본인의 신분은 불구성적 신분에 해당함에 반하여, 일정한 범위의 친족의 신분은 책임조각적 신분에 해당한다고 할 수 있다.

(2) 신분범의 개념

1) 신분범의 의의

신분범(身分犯, Sonderdelikt)이란 범죄의 성립요건으로서 일정한 신분을 요하는 범죄를 말한

207) 대법원 1994.12.23. 선고 93도1002 판결.

다. 따라서 신분범이 성립하기 위해서는 행위자에게 일정한 지위 또는 상태가 요구된다. 결국 신분범의 주체는 신분자에 한하고,[208] 신분이 없는 비신분자는 신분범의 주체로 될 수 없다.[209] 한편 록신(Claus Roxin, 1931~)은 신분범을 의무범(義務犯, Pflichtdelikt)으로 대체해야 한다고 주장한 바 있다.[210]

2) 신분범의 종류

① 진정신분범

진정신분범(眞正身分犯, echtes Sonderdelikt)이란 범죄의 성립에 구성적 신분을 요하는 범죄를 말한다. 구성적 신분범(構成的 身分犯)이라고도 한다. 따라서 신분이 없는 비신분자에게는 처음부터 범죄가 성립하지 않게 된다. 수뢰죄(제129조), 위증죄(제152조), 허위공문서작성죄(제227조), 허위진단서작성죄(제233조), 업무상 비밀누설죄(제317조), 횡령죄(제355조 제1항) 또는 배임죄(제355조 제2항) 등이 이에 속한다.

② 부진정신분범

부진정신분범(不眞正身分犯, unechtes Sonderdelikt)이란 범죄의 성립에 가감적 신분을 요하는 범죄를 말한다. 가감적 신분범(加減的 身分犯)이라고도 한다. 따라서 신분이 없는 신분자에게도 범죄는 성립하지만, 일정한 신분을 보유한 신분자에게는 형이 가감되는 범죄를 말한다. 존속살해죄(제250조 제2항), 업무상 횡령과 배임(제356조) 등은 가중적 신분범에 속하지만, 영아살해죄(제251조)는 감경적 신분범에 해당하게 된다.

③ 소극적 신분범

소극적 신분범(消極的 身分犯)이란 소극적 신분의 존재에 의하여 범죄의 성립

---

208) 대법원 2014.2.27. 선고 2011도3482 판결; 대법원 2009.2.26. 선고 2008도11722 판결; 대법원 1997.5.30. 선고 96도2067 판결; 대법원 1990.5.8. 선고 89도1524 판결; 대법원 1987.10.26. 선고 87도1909 판결; 대법원 1987.4.28. 선고 86도2490 판결; 대법원 1984.3.13. 선고 83도3152 판결; 대법원 1962.5.17. 선고 4293형상297 · 60도297 판결.

209) 대법원 1999.7.13. 선고 99도2168 판결; 대법원 1966.6.21. 선고 66도273 판결; 대법원 1955.2.25. 선고 4286형상39 판결.

210) 의무범이라는 개념은 Roxin 교수의 1963년 교수자격논문 '정범성과 행위지배성'(Täterschaft und Tatherrschaft)로부터 유래되었다(Vgl. Roxin, Täterschaft und Tatherrschaft, 9 Aufl., De Gruyter, 2015). 의무범(義務犯)이란 구성요건에 전제되어 있는 특별한 의무를 침해한 자만이 정범이 될 수 있는 범죄를 말한다고 한다. 예컨대 업무상 비밀누설죄에 있어서 의사 또는 변호사에게는 그의 직무에서 구체적으로 다룬 사항에 관한 침묵의무를 침해한 경우만이 문제되고, 이 관계를 떠났을 때에는 문제되지 않는다고 한다. 따라서 의무범에 있어서는 '행위지배'가 아니라 '특별한 의무의 침해'가 정범으로 되는 판단의 기준이 된다고 한다. 한편 의무범의 개념은 그 내용에 있어서 전통적인 신분범의 개념과 거의 차이가 없는 것으로 이해되고 있다.

또는 형벌이 조각되는 범죄를 말한다. 따라서 불구성적 신분이나 책임조각적 신분에 속하면 범죄의 성립이 조각됨에 반하여, 형벌조각적 신분에 해당하는 경우에는 범죄는 성립하나 형벌만 조각되거나 감경될 수 있다. 전술한 바와 같이 의사 또는 변호사의 신분은 의료법위반죄 또는 변호사법위반죄에 있어서 범죄의 성립을 조각하게 한다. 뿐만 아니라 직계혈족, 배우자 등의 일정한 친족의 신분은 절도죄, 권리행사방해죄 등에 있어서 형의 면제 또는 감경 사유가 될 수 있다.

2. 문제의 소재

신분범에 있어서 비신분자는 범죄행위의 주체가 될 수 없다. 이것이 바로 신분범에 있어서의 공범과 신분의 문제이다. 비신분자가 단독으로 신분범을 범했을 때에는 범죄가 성립되지 않아 처벌할 수 없게 되기 때문이다. 뿐만 아니라 비신분자가 신분자의 범죄에 참여하여 신분범과 공범관계에 있을 때에도 신분자에 관한 처벌규정은 비신분자에게는 적용되지 않게 되기 때문이다. 따라서 신분범에 비신분자가 참여한 경우에도 형법이 적용되지 않게 되고, 비신분자에 대한 처벌의 공백은 여전히 해소되지 않게 된다. 여기서 형법은 비신분자가 신분자와 함께 공범관계에 있을 경우에 한하여 비신분자에 대한 처벌의 공백을 해결하기 위한 규정을 두고 있다. 이것이 바로 총칙상 '공범과 신분'에 관한 규정이라고 할 수 있다.

3. 검 토

형법은 '공범과 신분'이라는 제목 아래 "신분이 있어야 성립되는 범죄에 신분 없는 사람이 가담한 경우에는 그 신분 없는 사람에게도 제30조부터 제32조까지의 규정을 적용한다. 다만, 신분 때문에 형의 경중이 달라지는 경우에 신분이 없는 사람은 무거운 형으로 벌하지 아니한다"고 규정하고 있다(제33조). 이것이 바로 전술한 바와 같이 형법이 규정하고 있는 '공범과 신분'에 관한 규정이다.

문제는 이 규정에 관한 해석에 있다. 특히 본문과 단서의 해석에 있어서는 학설과 판례가 서로 입장의 차이를 보이고 있기 때문이다. 그럼에도 불구하고 형법상의 공범과 신분은, 공무원이라는 신분이 없으면 성립하지 않는 수뢰죄에 공무원이 아닌 사람이 관여한 경우 이러한 사람을 어떻게 처벌할 것인가와 같은 문제를 해결하기 위한 규정이라는 데에는 이설이 없다.

생각건대 우선 조문의 제목에 있어서 '공범과 신분'보다는 '신분범의 공범'이 더 정확한 표기라고 해석된다. 본조는 신분범에 참여한 공범, 즉 비신분자를 처벌하기 위한 규정이라고 해야 하고, 또 본조의 '제30조부터 제32조까지의 규정을 적용한다'고 하는 규정이 바로 그 근거라고 할 수 있기 때문이다. 따라서 본조는 신분범에 참여한 공범에 대하여 그 참여형태에 따라 공동정범, 교사범 또는 방조범의 예로 처벌하겠다는 의미로 해석된다. 결국 형법은 신분범의 공범의 형태로서는 간접정범을 제외한 소위 가담자, 즉 공동정범, 교사범 및 방조범에 관해서만 규정하고, 그에 상응한 처벌에 대하여 명문화하고 있다고 해석된다. 이러한 이유에서 본서에서는 '공범과 신분'이라는 용어를 '신분범의 공범'이라는 용어로도 사용하고자 한다.

한편 총칙상의 공범론에 관한 이론은 일반범죄의 공범, 즉 비신분범과 비신분범의 관계에 적용되는 것이 원칙이다(제30조부터 제32조까지 참조). 또 공범론에 관한 이론은 신분범과 신분범의 관계에 그대로 적용해도 아무런 문제가 발생하지 않는다(제30조부터 제32조까지 참조). 판례도 군인과 군인의 관계에서 이를 인정하고 있다. 대법원은 "피고인에 대한 공소사실은 공소외인과 공모하여 군형법 제41조 위반죄를 범하였다는 것이므로, 피고인은 군인이나 군무원 등 군인에 준하는 자에 해당되지 아니한다 할지라도 공소외인이 범행 당시 그와 같은 신분을 가지고 있었다면 형법 제8조, 군형법 제4조의 규정에 따라 형법 제33조가 적용되어 공범으로서의 죄책을 면할 수 없다"고 판시한 바 있다.[211] 그러나 형법은 전술한 바와 같이 신분범에 비신분자가 참여한 경우 처벌의 공백을 없애기 위해 본조를 명문으로 규정하고 있는 것이다. 따라서 형법은 신분범의 공범에 있어서 신분자의 범죄에 비신분자가 참여한 경우만을 규정하고 있을 뿐이라고 해석된다(제33조). 결론적으로, 형법은 비신분자의 범죄에 신분자가 참여하는 공범의 형태에 관하여는 아무런 규정을 두지 않고 있다고 해석된다.

Ⅱ. 구성요건

1. 객관적 구성요건

(1) 주 체

1) 신분자

신분자만이 신분범의 주체로 될 수 있다. 신분범의 주체로서의 실행행위자는

211) 대법원 1992.12.24. 선고 92도2346 판결.

신분자여야 한다. 신분자는 실행행위자가 되기 때문에 정범이 된다고 할 수 있다. 판례도 실행행위자만을 정범으로 인정하고 있다. 예컨대 "형법 제357조 제1항에 정한 배임수재죄는 타인의 사무를 처리하는 자가 그 임무에 관하여 부정한 청탁을 받고 재물 또는 재산상의 이익을 취득한 경우에 성립하는 범죄로서 원칙적으로 타인의 사무를 처리하는 자라야 그 범죄의 주체가 될 수 있고, 그러한 신분을 가지지 아니한 자는 신분 있는 자의 범행에 가공한 경우에 한하여 그 주체가 될 수 있다"고 판시한 바 있다.[212]

다만 신분은 실행행위 당시 존재할 것이 요구된다. 군인신분을 상실한 자에게는 군형법상의 근무기피목적사술죄(군형법 제41조)가 성립할 수 없다. "현역병 입영대상자가 육군 보충대에 입영하였다가 국군병원에서 실시된 신체검사결과 귀향조치되었다면, 그는 보충대에 입영함으로써 군인으로서의 신분을 취득하였다가 귀향조치를 받음으로 인하여 현역병 입영대상자의 신분으로 복귀하였으므로 군인으로서의 신분을 가지고 있지 아니하여 군형법 제41조 위반행위의 주체가 될 수 없다"고 하겠다.[213]

2) 비신분자

신분범의 공범에 있어서 정범인 신분자의 짝이 되는 공범은 비신분자인 가담자이다. 이는 전술한 바와 같이 형법상의 "신분이 있어야 성립되는 범죄에 신분 없는 사람이 가담한 경우에는 그 신분 없는 사람에게도 제30조부터 제32조까지의 규정을 적용한다"(제33조)고 한 규정으로부터 당연하다. 신분범에 있어서 비신분자는 정범으로서는 주체가 될 수 없고, 공범으로서만 신분범의 주체가 될 수 있다. 대법원도 "신분이 없는 자도 신분이 있는 자의 범행에 가공한 경우에 공범이 될 수 있다"고 판시한 바 있다.[214] 따라서 배임수재죄(제357조 제1항)는 "타인의 사무를 처리하는 자가 그 임무에 관하여 부정한 청탁을 받고 재물 또는 재산상의 이익을 취득한 경우에 성립하는 범죄로서 원칙적으로 타인의 사무를 처리하는 자라야 그 범죄의 주체가 될 수 있고, 그러한 신분을 가지지 아니한 자는 신분 있는 자의 범행에 가공한 경우에 한하여 그 주체가 될 수 있다"고 할 수 있다.[215]

---

212) 대법원 2008.3.27. 선고 2006도3504 판결; 대법원 1999.1.15. 선고 98도663 판결.
213) 대법원 1992.12.24. 선고 92도2346 판결.
214) 대법원 2012.6.14. 선고 2010도14409 판결; 대법원 2011.7.14. 선고 2011도3180 판결; 대법원 1955.2.25. 선고 4286형상39 판결.
215) 대법원 2008.3.27. 선고 2006도3504 판결; 대법원 1999.1.15. 선고 98도663 판결.

① 가담자

비신분자는 원칙적으로 신분범의 주체가 될 수 없다. 그러나 비신분자도 공범으로서 신분범의 주체가 될 수 있는 길이 열려져 있다.[216] 비신분자이지만 공범으로서 신분범의 주체로 될 수 있는 자가 바로 가담자이다.

② 가담자의 유형

형법은 전술한 바와 같이 공범과 신분에 있어서는 간접정범을 제외하고 있기 때문에 여기에서의 공범은 공동정범, 교사자 및 방조자에 한정되고 있다(제33조 참조). 따라서 공범과 신분에 있어서의 가담자(加擔者)란 행위자인 정범의 실행행위에 가담한 자로서 공동정범에 있어서는 공동행위자, 교사범에 있어서는 교사자 및 방조범에 있어서는 방조자를 말한다고 할 수 있다(제33조 본문 참조).[217] 이들은 신분범의 주체가 될 수 없는 비신분자이지만, 가담자의 형태로 신분범의 주체가 될 수 있는 자라고 할 수 있다.

(2) 행 위

신분범의 공범에 있어서도 행위는 정범행위와 공범행위로 대별될 수 있다. 전술한 바에 의하면 전자는 실행행위를 의미함에 반하여 후자는 가담행위를 의미한다.

1) 실행행위

신분범의 정범행위도 역시 실행행위이다. 실행행위란 다시 언급하면 구성요건에 해당하는 행위를 말한다. 따라서 신분자는 형법 각칙의 구성요건에 해당하는 행위를 행하여야 한다. 예컨대 군형법상 초령위반죄는 초병의 신분에 있는 자가 수면 또는 음주한 경우에 성립하는 범죄이므로(군형법 제40조 제2항), 초병의 신분을 갖기 전에 음주한 후 주취상태에서 초병으로 근무한 경우에는 초령위반죄에 해당하지 않는다고 해석된다.[218]

2) 가담행위

신분범의 공범행위는 가담행위이다. 전술한 바와 같이 형법은 "신분이 있어야 성립되는 범죄에 신분 없는 사람이 가담한 경우에는 그 신분 없는 사람에게도 제

---

216) 대법원 2006.3.24. 선고 2005도6433 판결; 대법원 1955.2.25. 선고 4286형상39 판결.
217) 가담자는 형법 제33조 본문, 즉 "~ 범죄에 신분 없는 사람이 가담한 경우에는 ~ 적용한다"는 규정을 참고하여 필자가 만든 조어(造語)이다.
218) 대법원 1998.11.27. 선고 98도2505 판결.

30조부터 제32조까지의 규정을 적용한다"(제33조)고 규정함으로써 가담행위를 신분범의 공범행위로 하고 있을 뿐만 아니라 그 유형도 공범의 유형에 따라 달리하고 있다고 해석된다. 따라서 가담행위의 유형도 공범의 유형에 따라 각각 공동정범은 공동행위, 교사범은 교사행위 및 방조범은 방조행위가 된다고 해석된다.

3) 가담행위의 공범성과 종속성

가담행위는 어디까지나 공범행위이기 때문에 공범행위로서의 공범성을 가지지 않으면 안 된다. 뿐만 아니라 가담행위는 공범행위이기 때문에 정범행위에 종속한다는 종속성을 가지지 않을 수 없다. 다만 공동정범의 경우에는 소위 정범형 공동정범도 인정될 수 있기 때문에 이러한 경우 공동행위는 정범행위인 실행행위와 동가치로 평가될 수 있어야 하기 때문에 정범성 또는 실행행위성을 충족하지 않으면 안 된다고 해석된다.

2. 주관적 구성요건

신분범의 공범에 있어서도 주관적 요건이 가장 중요하다. 물론 정범과 공범을 구별하는 기준은 행위, 즉 정범행위 또는 공범행위에 따라 구분될 수도 있지만, 이것 또한 주관적 요소, 즉 공범의 의사를 고려하지 않고서는 판단하기가 용이하지 않을 수도 있기 때문이다. 따라서 신분범의 공범이 주관적 구성요건을 충족하기 위해서는 가담범의 유형에 따라 각각 공동정범, 교사범 및 방조범의 주관적 구성요건을 충족시키지 않으면 안 된다. 이미 전술한 바와 같이 공동정범, 교사범 및 방조범의 주관적 구성요건은 본서의 주장에 따르는 한 이중의 고의 외에 각각 공동의사의 동등성, 교사의사의 우위성 및 방조의사의 열후성이 된다. 결국 신분범의 공범에 있어서 구성요건해당성이 충족되기 위해서는 가담범의 유형에 따라 각각 공동정범, 교사범 및 방조범의 객관적 구성요건과 주관적 구성요건이 충족되지 않으면 안 된다.

Ⅲ. 신분범의 공범의 유형

신분범의 공범은 공범행위, 즉 가담행위의 유형에 따라 신분범의 공동정범, 신분범의 교사범 및 신분범의 방조범으로 구분하는 것이 가능하다. 다만 신분범의 공범의 구성요건은 공범의 그것이 그대로 적용된다고 해야 한다. 따라서 신분범의 공범의 객관적 구성요건과 주관적 구성요건이 각각 충족되지 않으면 신분범의 공범의 구성요건해당성이 부정될 수밖에 없게 된다. 대법원도 "신분이 없는 자도 신분이 있는 자의 범행에 가공한 경우에 공범이 될 수 있으나, 그 경우에도 공동가공의 의사와 그 공동의사에 기한 기능적 행위지배를 통한 범죄의 실행이라는 주관적 · 객관적 요건이 충족되어야 공동정범으로 처벌할 수 있다"고 판시한 바 있다.[219]

Ⅳ. 처 벌

1. 신분자의 처벌

신분자는 실행행위를 행한 정범으로서 형법각칙의 규정에 따라 처벌된다. 신분자에 대한 처벌은 각칙의 규정에 따르기 때문에 총칙에서 다시 규정할 필요가 없다. 이것이 바로 총칙이 신분자에 대한 처벌규정을 두지 않은 이유이다. 책임주의의 원칙상 당연한 결론이다.

2. 비신분자의 처벌

(1) 형법의 규정

형법은 총칙에서 신분범에 가담한 비신분자의 처벌에 관하여서만 규정하고 있다. 총칙은 "신분이 있어야 성립되는 범죄에 신분 없는 사람이 가담한 경우에는 그 신분 없는 사람에게도 제30조부터 제32조까지의 규정을 적용한다. 다만, 신분 때문에 형의 경중이 달라지는 경우에 신분이 없는 사람은 무거운 형으로 벌하지 아니한다"고 규정하고 있다(제33조).

문제는 신분범의 공범에 관한 총칙규정의 본문과 단서에 관한 해석에 있다. 이에 관하여는 견해가 대립하고 있기 때문이다. 이러한 견해의 대립은 본문과 단서의 조화를 위한 해석에서 비롯된다고 할 수 있다. 기본적으로 본문은 비신분자가 신분자의 범죄에 가담한 경우에 비신분자도 신분범의 공동정범, 교사범 및 방조범이 될 수 있다고 함으로써 신분의 연대성(身分의 連帶性)에 근거하고 있음에 반하여, 단서는 비신분자가 신분자의 범죄에 가담한 경우에 비신분자는 신분범의 형으로 처벌되지 않는다는 신분의 독립성(身分의 獨立性) 또는 책임의 개별화(責任의 個

---

219) 대법원 2011.7.14. 선고 2011도3180 판결; 대법원 2010.7.15. 선고 2010도3544 판결.

別化)라는 서로 상반된 원리에 입각하고 있다고 이해되고 있기 때문이다.

(2) 견해의 대립

1) 학 설

① 본문은 진정신분범 단서는 부진정신분범 규정설

본문은 진정신분범에 대하여 신분의 연대적 작용을, 단서는 부진정신분범에 대하여 신분의 개별적 작용을 규정하고 있다고 해석한다. 본문과 단서를 분리한 후 본문은 진정신분범의 공범의 성립과 과형, 단서는 부진정신분범의 공범의 성립과 과형에 관한 규정이라고 해석하는 것이다. 다수설의 입장이다. 신분의 연대성과 책임의 개별화를 잘 실현할 수 있다는 점을 논거로 하고 있다. 그러나 단서의 해석에서는 신분자와 그 공범의 죄명이 달라지게 됨으로써 죄명종속성을 유지할 수 없게 된다는 점이 단점으로 지적될 수 있다.

② 본문은 전체의 신분범 단서는 부진정신분범의 과형만 규정설

본문은 진정신분범 또는 부진정신분범의 여부를 묻지 않고 신분범의 공범에 관한 규정이고, 단서는 특히 부진정신분범에 있어서 과형의 개별적 작용에 관하여 규정하고 있다고 해석한다. 본문과 단서를 원칙과 예외의 관계로 파악한 후 본문은 원칙적으로 신분범의 공범의 성립과 과형에 관한 규정이지만, 단서는 예외적으로 부진정신분범의 공범의 과형에만 관한 규정이라고 해석하는 것이다. 이에 의하면 본문과 단서에서 모두 죄명은 동일하나 단서의 경우 과형만이 달라지게 된다. 소수설의 입장이다. 죄명종속성에 충실한 해석이라고 평가될 수 있다.

2) 판 례

판례는 소수설과 같이 본문은 진정신분범 또는 부진정신분범의 여부를 묻지 않고 신분범의 공범에 관한 규정이고, 단서는 특히 부진정신분범에 있어서 과형의 개별적 작용에 관하여만 규정하고 있다고 해석하고 있다. 단서를 부진정신분범의 과형규정으로만 보는 판례의 구체적 내용은 다음과 같다. 즉,

> ① 업무상 배임죄는 업무상 타인의 사무를 처리하는 지위에 있는 사람이 그 임무를 위반하는 행위로써 재산상의 이익을 취득하거나 제3자로 하여금 이를 취득하게 하여 본인에게 손해를 입힌 때에 성립한다. 이는 타인의 사무를 처리하는 지위라는 점에서 보면 단순배임죄에 대한 가중규정으로서 신분관계로 형의 경중이 있는 경우라고 할 것이다. 따라서 그와 같은 업무상의 임무라는 신분관계가 없는 자가 그러한 신분관계 있

는 자와 공모하여 업무상 배임죄를 저질렀다면, 그러한 신분관계가 없는 공범에 대하여는 형법 제33조 단서에 따라 단순배임죄에서 정한 형으로 처단하여야 한다. 이 경우에는 신분관계 없는 공범에게도 같은 조 본문에 따라 일단 신분범인 업무상 배임죄가 성립하고 다만 과형에서만 무거운 형이 아닌 단순배임죄의 법정형이 적용된다.[220] ② 업무상 배임죄는 업무상 타인의 사무를 처리하는 지위에 있는 사람이 그 임무에 위배하는 행위로써 재산상의 이익을 취득하거나 제3자로 하여금 이를 취득하게 하여 본인에게 손해를 가한 때에 성립하는 것으로서, 이는 타인의 사무를 처리하는 지위라는 점에서 보면 신분관계로 인하여 성립될 범죄이고, 업무상 타인의 사무를 처리하는 지위라는 점에서 보면 단순배임죄에 대한 가중규정으로서 신분관계로 인하여 형의 경중이 있는 경우라고 할 것이므로, 그와 같은 신분관계가 없는 자가 그러한 신분관계가 있는 자와 공모하여 업무상배임죄를 저질렀다면 그러한 신분관계가 없는 자에 대하여는 형법 제33조 단서에 의하여 단순배임죄에 정한 형으로 처단하여야 할 것이다.[221]

3) 검 토

신분의 연대성과 책임의 개별화를 실현할 수 있다는 점뿐만 아니라 죄명종속성도 유지할 수 있다는 점에서 소수설과 판례의 입장이 타당하다고 해석된다. 아래에서는 이 견해에 근거하여 신분범의 공범에 관한 해석론을 전개하고자 한다.

(3) 해석의 기준

1) 본문의 해석

본문은 "신분이 있어야 성립되는 범죄에 신분 없는 사람이 가담한 경우에는 그 신분 없는 사람에게도 제30조부터 제32조까지의 규정을 적용한다"고 규정하고 있다(제33조 본문).

① 신분이 있어야 성립되는 범죄

신분이 있어야 성립되는 범죄란 무엇인가? 그 의미와 성립범위가 문제될 수 있다. '신분이 있어야 성립되는 범죄'란 신분범을 의미하고, 진정신분범뿐만 아니라 부진정신분범까지 포함하고 있다는 점에 대하여는 이설이 없다.

신분범의 공범에 있어서 신분자와 비신분자의 관계를 보면 비신분자가 신분자와 공동하여 신분범을 실현하거나 비신분자가 신분자에게 가담하여 신분범을 실현한 경우 모두 공범관계 속에서 신분범이 행하여진 것이기 때문에 이에 가담한

220) 대법원 2018.8.30. 선고 2018도10047 판결; 대법원 2010.9.9. 선고 2010도6507 판결; 대법원 1986.10.28. 선고 86도1517 판결.
221) 대법원 1999.4.27. 선고 99도883 판결.

자는 신분범의 공범으로서 처벌되는 것은 당연하고, 비신분자가 신분범에 가담한 경우에도 가담한 것으로 되기 때문에 가담범으로 처벌되는 것 역시 당연하다. 예컨대 수뢰죄를 공무원과 비공무원이 공동하여 실현하면 양자는 불가분의 관계에서 범죄를 실현한 것이기 때문에 비공무원도 공무원의 수뢰죄를 실현한 것으로 된다. 또 신분이 없는 자가 업무상 횡령죄를 교사하여 범죄를 실행시킨 경우 비신분자가 업무상 횡령죄를 교사한 것으로 되는 것 또는 지극히 지당하다. 따라서 비신분자는 진정신분범에 있어서 공범이 될 수 있다.

신분의 유무에 따라 형의 경중이 있는 부진정신분범의 경우에는 비신분자와 신분자의 범죄는 행위가 동일하다고 하더라도 구성요건 자체가 달라 처벌이 달라지기 때문에 공범의 대상이 된 범죄에 따라 처벌하는 것이 마땅하다. 예컨대 도박죄(제246조 제1항)와 상습도박죄(제246조 제2항)는 각각 구성요건을 달리 하고 있기 때문에 도박죄의 공범에 대하여는 도박죄의 법정형으로 처벌하고, 상습도박죄의 공범에 대하여는 상습도박죄의 법정형으로 처벌하는 것은 또한 당연하다. 따라서 비신분자는 부진정신분범에 있어서도 공범이 될 수 있다.

② 가담한 행위

가담한 행위(가담(加擔)한 行爲)란 공동행위, 교사행위 및 방조행위를 의미한다고 해석된다. 신분자에 가담한 비신분자로서의 가담자는 각각 공동정범, 교사범 및 방조범을 의미하고, 가담행위는 각각 공동행위, 교사행위 및 방조행위라고 할 수 있기 때문이다. 다만 가담행위, 즉 공동행위, 교사행위 및 방조행위의 의미는 공동정범, 교사범 및 방조범에서 각각 검토한 바와 같다.

③ 제30조부터 제32조까지의 규정을 적용

형법은 비신분자에게도 "제30조부터 제32조까지의 규정을 적용한다"고 규정하고 있다(제33조). '제30조부터 제32조까지의 규정'이란 공동정범(제30조), 교사범(제31조) 및 방조범(제32조)에 관한 규정을 말한다. 따라서 제30조부터 제32조까지의 규정을 적용한 결과로서 비신분자에게는 신분범의 공동정범, 신분범의 교사범 및 신분범의 방조범이 성립할 수 있다는 의미로 새길 수 있다.

2) 단서의 해석

단서는 "신분 때문에 형의 경중이 달라지는 경우에 신분이 없는 사람은 무거운 형으로 벌하지 아니한다"고 규정하고 있다(제33조 단서).

① 신분 때문에 형의 경중이 달라지는 경우

신분 때문에 형의 경중이 달라지는 경우란 가감적 신분을 의미하므로 부진정신분범을 의미한다는 것에 대하여는 견해가 일치하고 있다. 공범론에 관한 원리 중의 하나는 주지하는 바와 같이 공범종속성이다. 공범은 정범에 종속한다는 의미이다. 공범공속성은 신분범에 있어서도 예외가 있을 수 없다. 종속성의 내용 중, 특히 주요한 것은 죄명종속성이다.

죄명종속성에 따른다면 비신분자에게도 신분자의 죄명이 적용되어야 한다. 신분자에게 적용되는 죄명은 비신분자의 죄명에도 그대로 적용되어야 한다는 것이다. 전술한 예에서 보면, 상습도박죄의 공범에 대하여는 도박죄의 공범이 아니라 상습도박죄의 공범으로 처벌하는 것이 타당하다고 해석된다. 따라서 죄명종속성까지 고려하여 본문과 단서에 관한 해석론을 결론지으면 다음과 같다고 할 수 있다. 본문은 신분범의 성립과 과형에 관한 원칙규정이고, 단서는 부진정신분범의 과형에 관한 예외규정이라고 해석할 수 있다. 결국 죄명종속성의 근거에서 볼 때 판례의 입장이 타당한 것으로 해석된다(공소장 및 불기소장에 기재할 죄명에 관한 예규 제1조 참조).

② 무거운 형으로 벌하지 아니한다

단서의 "무거운 형으로 벌하지 아니한다"는 규정에 있어서는 세 가지의 논점으로 나누어 검토할 필요가 있다.

첫째, 단서는 과형에 관한 규정인가의 문제이다. 이에 관하여는 이설이 없다. 다수설이나 소수설 모두 단서를 부진정신분범의 과형에 관한 규정이라고 이해하고 있다는 점에서는 견해가 일치하고 있다. 그러나 부진정신분범의 공범에 대하여 다수설은 단서에 의하여 일반범이 성립하기 때문에 단서에 따라 일반범의 형을 과해야 한다는 논리를 가지고 있다는 점에서 본문에 의하여 신분범이 성립하지만 단서에 따라 일반범의 형을 과해야 한다는 논리를 취하고 있는 소수설과 차이점을 보이고 있다.

둘째, 단서의 규정은 부진정부작위범의 성립의 근거로도 될 수 있느냐의 문제이다. 이에 대하여는 견해가 일치하지 않고 있다. 전술한 바와 같이 다수설은 단서를 부진정신분범의 공범에 대하여도 과형의 근거일 뿐만 아니라 성립의 근거로도 이해하고 있다. 이와 같이 해석함으로써 책임의 개별화를 실현할 수 있다는 것이 다수설의 근거이다. 그러나 본문을 진정신분범의 성립과 과형의 근거로 이해할 뿐만 아니라 부진정신분범의 성립의 근거로 이해하는 소수설은 단서를 부진정신분범의 과형의 근거로만 이해하고 있다. 이에 의하면 부진정신분범의 경우에는 비신분자에 대한 부진정신분범의 공범여부는 본문에 의하여 결정되고, 그 과형에 대하여만 단서에 의하여 결정된다고 한다. 생각건대 단서는 과형의 근거만을 규정하고 있다고 해석하는 것이 타당하다고 본다. 죄명종속성을 따르는 한 범죄로서는 본문에 의하여 신분범이 성립하지만 형은 단서에 따라 일반범의 그것을 과한다는 의미로 해석하는 것이 타당하다고 해석된다. 이것이 소수설과 판례의 입장이었다. 대법원도 "신분관계가 없는 자가 신분관계가 있는 자와 공모하여 업무상 횡령죄를 저질렀다면 신분관계가 없는 자에 대하여는 형법 제33조 단서에 의하여 단순횡령죄에 정한 형으로 처단하여야 할 것이다"라고 판시한 바 있었다.[222)]

셋째, '무거운 형으로 벌하지 아니한다'의 의미에 관한 문제이다. 이에 관하여는 다툼이 있다. 다수설과 소수설이 크게 대립하고 있을 뿐만 아니라 다수설 중에서도 다양한 입장차를 보이고 있다. 먼저 소수설에 의하면 '무거운 형으로 벌하지 아니한다'는 의미는 가중적 신분범의 공범에 대하여는 일반범의 형으로 처벌하고, 감경적 신분범의 공범에 대하여는 신분범의 형으로 처벌하는 것이라고 한다. 존속살해죄의 공범에 대하여는 살인죄의 공범으로 처벌하고, 영아살해죄의 공범에 대하여는 신분범과 동일하게 영아살해죄로 처벌하게 되는 셈이다. 한편 다수설에 있어서도 공범의 과형에 있어서는 소수설의 결과와 일치하는 경우가 있다. 이에 의하면 위의 사례에서 가중적 신분범과 감경적 신분범의 공범에 대하여 '무거운 형으로 벌하지 아니한다'는 규정을 근거로 각각 살인죄와 영아살해죄의 성립과 과형을 인정하기 때문이다. 그러나 다수설의 중의 일부는 위의 사례에서 감경적 신분범의 공범에 대하여는 영아살해죄가 아니라 다시 살인죄의 공범의 성립과 과형을 인정해야 한다는 견해도 있다. 이 견해는 '무거운 형으로 벌하지 아니한다'는 비신분자를 통상의 형으로 처벌하는 것을 금지하는 취지는 아니라는 점, 단서를 책임의 개별화를 규정한 데 그 본질이 있다고 할 것이므로 비신분자가 언제나 경한 형으로 처벌받아야 한다는 것은 동조의 취지에 반한다는 점 및 가감적 신분에 있어서 형의 가중 또는 감경 사유는 언제나 신분자의 일신에 전속하고 공범에게는 미치지 않는다는 점을 그 근거로 하고 있다. 생각건대 '무거운 형으로 벌하지 아니한다'는 규정의 의미는 공범인 비신분자를 정범인 신분자보다 중하지 않게 처

---

222) 대법원 2015.2.26. 선고 2014도15182 판결; 대법원 2012.11.15. 선고 2012도6676 판결; 대법원 1999.4.27. 선고 99도883 판결; 대법원 1994.12.23. 선고 93도1002 판결; 대법원 1989.10.10. 선고 87도1901 판결; 대법원 1986.10.28. 선고 86도1517 판결.

벌한다는 취지로 해석된다. 공범을 정범보다 언제나 중하지 아니하게 처벌하도록 한 취지는 지극히 당연한 규정이라고 할 수 있다. 처벌의 정도에 있어서 공범은 정범의 형량을 넘을 수 없다는 것은 전술한 바와 같이 책임주의의 원칙상 처벌상의 종속성에 당연히 내포되어 있는 내용이라고 해야 하기 때문이다. 이러한 의미에서 소수설인 판례의 입장에 또 다시 동의한다. 한편 책임의 개별화는 본문의 규정 그 자체만으로도 이미 충분히 반영되어 있다고 해야 한다. 왜냐하면 본문은 신분범은 정범으로 처벌되지만, 신분관계가 없는 자에 대하여는 "제30조부터 제32조까지의 규정을 적용한다"고 규정함으로써 신분범의 공범으로서 공동정범, 교사범 또는 방조범으로 처벌하도록 하고 있기 때문이다.

(4) 신분범의 유형별 해결

1) 진정신분범의 공범

진정신분범에 있어서 비신분자가 신분자의 범죄에 가담한 경우에는 제33조의 본문에 의거하여 비신분자는 진정신분범의 공범이 된다. 비신분자는 공범으로서의 가담형태에 따라 공동정범, 교사범 또는 방조범으로 되는 것이다. 따라서 비신분자는 신분자와 함께 신분범의 법정형으로 처벌되게 된다. 예컨대 비신분자가 신분자인 공무원에 가담하여 수뢰죄를 범한 경우 비신분자는 수뢰죄의 공범으로서 처벌받게 된다. 따라서 신분범의 공동정범, 교사범 또는 방조범은 각각 정범으로, 정범의 형으로 또는 정범보다 감경하여 처벌된다(제30조부터 제33조까지 참조). 한편, 동일한 법정형이라고 해서 그것이 반드시 동일한 선고형을 의미하는 것은 아니다. 이와 같은 결론은 다수설에 의하든 판례에 의하든 차이가 없다. 전술한 바와 같이, 본문에 관하여는 판례와 다수설은 공히 진정신분범의 성립과 과형에 관한 규정이라고 해석하고 있기 때문이다.

2) 부진정신분범의 공범

부진정신분범에 있어서 비신분자가 신분자의 범죄에 가담한 경우에는 제33조의 본문에 의거하여 비신분자는 부진정신분범의 공범이 된다. 비신분자는 공범으로서의 가담형태에 따라 공동정범, 교사범 또는 방조범으로 되는 것이다. 다만 과형에 있어서는 단서가 적용되어 무거운 형으로 벌하지 아니할 뿐이다. 따라서 비신분자는 신분자에 비하여 무거운 형으로 처벌되지 않게 된다. 비신분자가 가중적 부진정신분범에 가담한 경우에는 부진정신분범의 공범이지만, 통상 범죄의 법정형으로 처벌된다. 예컨대 비신분자가 신분자에 가담하여 존속살해죄를 범한 경우 비신분자는 존속살해죄의 공범이 되지만, 보통 살인죄의 법정형으로 처벌된다. 대법원도 "업무상 횡령죄는 타인의 재물을 업무상 보관하는 자를 주체로 하는 신분범이므로, 그와 같은 신분관계가 없는 자가 신분관계가 있는 자와 공모하여 업무상 횡령죄를 저질렀다면 신분관계가 없는 자에 대하여는 형법 제33조 단서에 의하여 단순횡령죄에 정한 형으로 처단하여야 할 것이다"라고 판시한 바 있다.[223] 이에 반하여 감경적 부진정신분범에 가담한 경우에는 부진정신분범의 공범이 된다는 점에서는 동일하지만, 신분범의 법정형으로 처벌된다는 점에서 양자는 차이를 보이게 된다. 예컨대 비신분자가 신분자에 가담하여 영아살해죄를 범한 경우 비신분자는 영아살해죄의 공범이 되지만, 살인죄보다 가벼운 영아살해죄의 법정형으로 처벌되게 된다. 물론, 전술한 바에서와 같이, 동일한 법정형이 반드시 동일한 선고형을 의미하는 것은 아니다.

한편 다수설에 의하게 되면 결과는 달라진다. 다수설은 단서를 부진정신분범의 성립과 과형에 관한 규정이라고 해석하고 있다. 따라서 비신분자가 신분자에 가담하여 부진정신분범을 범한 경우 비신분자는 신분범과 일반범 사이에서 무겁지 아니한 범죄가 성립하고 그 범죄의 법정형으로 처벌되게 된다. 비신분자가 신분자의 가중적 부진정신분범에 가담한 경우 비신분자에게는 신분범이 아닌 일반범죄가 성립하고 그 범죄로 처벌받게 된다. 예컨대 비신분자가 신분자에 가담하여 존속살해죄를 범한 경우 비신분자에게는 일반범죄인 살인죄가 성립하고 과형되게 된다. 이에 반하여 비신분자가 신분자의 감경적 부진정신분범에 가담한 경우에는 다시 견해가 나누어지고 있다. 단서가 '무거운 형으로 벌하지 아니한다'고 명문으로 규정하고 있는 이상 비신분자는 언제나 가벼운 죄로 벌하여야 한다는 긍정설과 형의 감경사유는 언제나 신분자의 일신에 한하고 공범에게는 미치지 않으므로 비신분자는 보통범죄로 처벌해야 한다는 부정설이 그것이다. 예컨대 비신분자가 신분자에 가담하여 영아살해죄를 범한 경우 비신분자에게는 긍정설에 의하면 영아살해죄의 성립과 과형이 적용되게 되고, 부정설에 의하면 살인죄의 성립과 과형이 이루어지게 된다. 다수설의 입장이다.

223) 대법원 2015.2.26. 선고 2014도15182 판결; 대법원 2012.11.15. 선고 2012도6676 판결; 대법원 1999.4.27. 선고 99도883 판결; 대법원 1994.12.23. 선고 93도1002 판결; 대법원 1989.10.10. 선고 87도1901 판결; 대법원 1986.10.28. 선고 86도1517 판결.

V. 비신분범의 공범

1. 문제의 소재

신분자가 비신분자에 가담하여 신분범을 범한 경우가 문제된다. 이에 대하여는 제33조에 의해서 해결하려는 '제33조 적용판단설'과 이를 적용할 수 없다는 '제33조 적용배제설'이 크게 대립하고 있다. 다만 비신분범에 있어서 신분자의 공범의 문제는 특히 공범이 소극적 신분자에 해당하는 경우의 해결에 있어서 유용하다고 할 수 있다. 소극적 신분자의 경우 단독범의 형태에서는 범죄의 성립이 부정되고 처벌이 조각되지만, 공범의 형태에서는 범죄의 성립이 부정되지 않고 처벌이 조각되지 않기 때문이다.

2. 견해의 대립

(1) 학 설

신분자의 비신분자에 대한 가담의 문제는 진정신분범의 경우와 부진정신분범의 경우로 나누어 검토할 필요가 있다. 견해의 대립이 부진정신분범의 경우에만 국한되어 나타나고 있기 때문이다.

1) 제33조 적용판단설

① 진정신분범과 비신분범의 공범

신분자가 비신분자에 가담한 경우 본문이 적용되지 않는다는 점에 대하여는 이설이 없다. 진정신분범에 있어서 신분은 구성요건요소이므로 신분 없는 자, 즉 비신분자의 행위는 구성요건해당성이 없기 때문이라고 한다. 따라서 신분자가 비신분자를 이용하여 진정신분범을 범한 경우에는 소위 '신분 없는 고의 있는 도구'(qualifikationsloses Werkzeug)를 이용한 경우에 해당되어 간접정범이 성립하게 된다고 한다.

② 부진정신분범과 비신분범의 공범

부진정신분범에 있어서 신분자가 비신분자의 행위에 가담한 경우 그 취급에 대하여는 다툼이 있다. 우선 단서의 적용을 인정할 것인가 부정할 것인가에서부터 문제되고 있다. 예컨대 도박의 상습자가 비상습자의 도박에 가담한 경우에 문제가 제기된다.

ⓘ 적극설 : 적극설(積極說)이란 단서의 적용을 인정하여 상습도박의 가담

죄가 성립한다는 견해를 말한다. 단서는 신분관계로 인하여 형의 경중이 있는 경우라고 할 뿐 신분이 정범과 공범 누구에게 있는가는 불문하므로 이 경우에도 단서가 적용되어 죄명과 과형이 모두 개별화된다고 한다. 다수설은 단서의 적용을 인정하고 있다. 본문은 비신분자가 신분자의 범죄에 가담한 경우에만 적용됨에 반하여, 단서는 비신분자가 신분자의 범죄에 가담한 경우뿐만 아니라 신분자가 비신분자의 범죄에 가담한 경우에도 적용되어야 한다고 한다. 따라서 비신분자인 타인을 교사하여 자신의 부친을 살해하게 한 경우에는 타인은 살인죄의 정범이 되지만, 책임의 개별화원칙의 적용을 위해서는 신분자인 자신은 존속살해죄의 교사범으로 처벌되어야 한다고 한다. 이에 반하여 비신분자가 신분자인 산모를 교사, 방조 또는 공동하여 영아살해죄를 범한 경우에는 산모는 영아살해죄의 정범이 되지만, 비신분자에게는 살인죄의 공범, 즉 교사범, 방조범 또는 공동정범이 성립하게 된다고 한다.

ⅱ **소극설 :** 소극설(消極說)이란 단서의 적용을 인정하지 않고 도박의 가담죄가 인정된다는 견해를 말한다. 단서의 적용을 인정한다는 것은 공범독립성설에서만 가능하고, 공범종속성설에 입각하는 한 도박의 가담죄가 성립하는 것에 지나지 않는다고 한다.

2) 제33조 적용배제설

비신분범의 공범에 대하여는 형법 제33조가 적용되지 않는다는 견해를 말한다. 형법은 신분자가 비신분자에 가담하여 신분범을 범한 경우에 대하여는 아무런 규정을 두지 않고 있다고 한다. 다만 신분자가 비신분자의 신분범에 가담한 경우의 구체적 해결방법에 관하여는 아직 논의가 없다. 이에 의하면 신분자가 비신분자의 신분범에 가담한 경우에는 제33조가 아닌 공범론의 일반원칙, 즉 공동정범론, 교사범론, 방조범론 및 간접정범론에 의하여 개별적으로 해결하여야 한다는 의미로 추정된다.

(2) 판 례

판례는 기본적으로 제33조의 적용판단설과 입장을 같이 하고 있다. 다만, 부진정신분범과 비신분범의 공범에 있어서 판례는 적극설에 입각하고 있다. 대법원은 "신분관계로 인하여 형의 경중이 있는 경우에 신분이 있는 자가 신분이 없는 자를 교사하여 죄를 범하게 한 때에는 형법 제33조 단서가 위 제31조 제1항에 우선

하여 적용됨으로써 신분이 있는 교사범이 신분이 없는 정범보다 중하게 처벌된다"고 판시한 바 있다.[224]

(3) 검 토

형법은 신분자가 비신분자에게 가담한 경우에 대하여는 아무런 규정을 두지 않고 있다. 형법은 반대의 경우, 즉 비신분자가 신분자에게 가담하여 범죄를 행한 경우에 대하여만 규정하고 있을 뿐이다. 신분범의 공범에 대한 규정의 본문은 그 적용의 전제요건으로서 '신분이 있어야 성립되는 범죄에 신분 없는 사람이 가담한 행위'를 요구하고 있기 때문이다. 따라서 본문이 적용되기 위한 전제요건은 신분범에 비신분자가 가담한 경우에만 적용된다고 해석된다. 또 본문이 적용되기 위한 전제요건은 단서의 적용요건으로서도 그대로 타당하다고 해석된다. 단서 또한 본문의 연장선상에 놓여있기 때문에 동일한 요건이 적용된다고 해야 하기 때문이다. 결국 형법상 신분범의 공범에 관한 규정, 즉 본문과 단서는 모두 비신분자가 신분자에 가담하여 신분범을 범한 경우에만 적용이 있다고 해야 하고, 그 반대의 경우, 즉 신분자가 비신분자에게 가담하여 신분범을 범한 경우에는 그 적용이 없다고 해야 한다. 이러한 결론에 의하면 신분자가 비신분자에게 가담하여 신분범을 범한 경우에 단서를 적용하여 해결하여야 한다는 판례의 태도와 다수설의 주장은 유추해석에 해당한다고 아니할 수 없다. 명백한 법률의 공백임에도 불구하고 유사한 규정인 단서를 적용하고 있다고 해야 하기 때문이다.

3. 해석의 기준

(1) 제33조의 적용배제

입법자는 분명히 신분자가 비신분자에 가담하여 신분범을 범한 경우에 대하여는 아무런 규정을 두지 않고 있다. 이는 신분범의 공범에 관한 규정(제33조)이 아니라 공동정범, 교사범, 방조범 또는 간접정범에 관한 공범론에 있어서의 일반이론에 의하여 해결해도 그것으로 충분하다고 판단했기 때문이 아닌가라고 해석된다. 따라서 신분자가 비신분자에 가담하여 신분범을 범한 경우에는 공범론의 일반이론에 의하여 해결하여야 한다. 바로 이것이 통설과 같이 진정신분범의 경우 간접정범만이 성립한다거나 판례와 다수설과 같이 부진정신분범의 경우 단서를 적용해

---

224) 대법원 1994.12.23. 선고 93도1002 판결.

야 한다고 단언할 필요가 없는 이유일 뿐만 아니라 공범의 모든 유형, 즉 공동정범, 교사범, 방조범 또는 간접정범의 성립가능성을 열어 놓을 필요가 있는 이유이다. 공동정범, 교사범 또는 방조범의 3자와 간접정범의 성립요건에 있어서의 구조는 전혀 다르다고 해야 한다. 간접정범의 주관적 구성요건은 의사의 일방적 지배성에 있지만, 공동정범, 교사범 및 방조범의 3자의 그것은 각각 의사의 동등성, 우위성 및 열후성을 그 요건으로 하고 있음에도 불구하고 정범과 공범 사이에서 정도의 차이는 있지만 의사의 연락성이 요구된다는 점에서 공통되고 있기 때문이다. 결론적으로 말해서, 신분자가 비신분자에 가담하여 신분범을 범한 경우 이는 입법적 공백 또는 입법적 불비에 속하기 때문에 제33조의 본문이나 단서의 적용은 없다고 해야 하고, 공범론의 일반이론에 의하여 공동정범, 교사범, 방조범 또는 간접정범이라는 유형의 공범이 모두 성립할 수 있다고 해야 한다. 다만 공범의 형태는 공범의 의사의 유무 또는 그 정도에 따라서 결정될 수밖에 없는 구조라고 해야 한다.

(2) 소극적 신분범과 공범

소극적 신분(消極的 身分)이란 신분자에게는 범죄의 성립이 조각되는 신분을 말한다. 예컨대 무면허의료행위죄에 있어서 면허자에게는 무면허의료행위죄의 성립이 부정되게 된다(의료법 제27조 제1항 참조). 그럼에도 불구하고 소극적 신분자가 비신분자에게 가담한 경우에는 공범의 성립이 가능하게 된다고 해석된다. 예컨대 의사가 의료기사에게 의료행위를 교사하여 행하게 한 경우 비신분자인 의료기사에게는 무면허의료행위죄가 성립하지만, 신분자인 의사에게도 무면허의료행위죄의 교사범의 성립이 가능하게 된다. 소극적 신분범과 공범에 관한 판례의 구체적 내용은 다음과 같다. 즉,

① 의원의 원장이자 유일한 의사인 피고인 1가, 의사면허 없는 원심 공동피고인 중 5가 자신이 수술한 환자들에 대해 재수술을 맡아 하고 있다는 사실을 알면서도 월 1,000만원이라는 급여를 안정적으로 지급받으며 원장으로 계속 근무함으로써 위 원심 공동피고인 중 5의 무면허의료행위가 가능하도록 한 이상, 위 의원을 실질적으로 운영한 피고인 2와 원심 공동피고인 중 4 및 위 원심 공동피고인 중 5와 적어도 묵시적인 의사연결 아래 그 무면허의료행위에 가담하였다고 보아 피고인 1에게 위 무면허의료행위에 대한 공동정범으로서의 죄책이 있다고 판단한 조치는 옳고, 공동정범에 관한 법리를 오해하거나 채증법칙을 위반하여 사실을 오인한 위법이 없다.[225] ② 범인이 자신

을 위하여 타인으로 하여금 허위의 자백을 하게 하여 범인도피죄를 범하게 하는 행위는 방어권의 남용으로 범인도피교사죄에 해당하는 바, 이 경우 그 타인이 형법 제151조 제2항에 의하여 처벌을 받지 아니하는 친족, 호주 또는 동거 가족에 해당한다 하여 달리 볼 것은 아니다.[226] ③ 범인이 자신을 위하여 타인으로 하여금 허위의 자백을 하게 하여 범인도피죄를 범하게 하는 행위는 방어권의 남용으로 범인도피교사죄에 해당한다.[227] ④ 치과의사가 환자의 대량유치를 위해 치과기공사들에게 내원환자들에게 진료행위를 하도록 지시하여 동인들이 각 단독으로 치과환자에게 그 환부의 엑스레이를 촬영하여 이를 판독하는등 초진을 하고 발치, 주사, 투약등 독자적으로 진료행위를 하였다면 무면허의료행위의 교사범에 해당한다.[228] ⑤ 진료부는 환자의 계속적인 진료에 참고로 공하여지는 진료상황부이므로 간호보조원의 무면허 진료행위가 있은 후에 이를 의사가 진료부에다 기재하는 행위는 정범의 실행행위종료 후의 단순한 사후행위에 불과하다고 볼 수 없고 무면허 의료행위의 방조에 해당한다.[229] ⑥ 의사 아닌 자를 교사하여 의사와 공모하여 허위진단서를 작성케 하면 교사죄가 성립한다.[230] ⑦ 본법 제155조 제1항의 증거인멸죄는 국가형벌권의 행사를 저해하는 일체의 행위를 처벌의 대상으로 하고 있으나 범인 자신이 한 증거인멸의 행위는 피고인의 형사소송에 있어서의 방어권을 인정하는 취지와 상충하므로 처벌의 대상이 되지 아니한다. 그러나 타인이 타인의 형사사건에 관한 증거를 그 이익을 위하여 인멸하는 행위를 하면 본법 제155조 제1항의 증거인멸죄가 성립되므로 자기의 형사사건에 관한 증거를 인멸하기 위하여 타인을 교사하여 죄를 범하게 한 자에 대하여도 교사범의 죄책을 부담케 함이 상당할 것이다.[231]

제6관 간접정범

제34조 (간접정범, 특수한 교사, 방조에 대한 형의 가중) ① 어느 행위로 인하여 처벌되지 아니하는 자 또는 과실범으로 처벌되는 자를 교사 또는 방조하여 범죄행위의 결과를 발생하게 한 자는 교사 또는 방조의 예에 의하여 처벌한다.
② 자기의 지휘, 감독을 받는 자를 교사 또는 방조하여 전항의 결과를 발생하게 한 자는 교사인 때에는 정범에 정한 형의 장기 또는 다액에 그 2분의 1까지 가중하고 방조인 때에는 정범의 형으로 처벌한다.

225) 대법원 2007.5.31. 선고 2007도1977 판결.
226) 대법원 2006.12.7. 선고 2005도3707 판결.
227) 대법원 2000.3.24. 선고 2000도20 판결.
228) 대법원 1986.7.8. 선고 86도749 판결.
229) 대법원 1982.4.27. 선고 82도122 판결.
230) 대법원 1967.1.24. 선고 66도1586 판결.
231) 대법원 1965.12.10. 선고 65도826 전원합의체 판결.

Ⅰ. 서 언

1. 간접정범의 개념

(1) 간접정범의 의의

간접정범(間接正犯, mittelbare Täterschaft)이란 어느 행위로 인하여 처벌되지 아니하는 자 또는 과실범으로 처벌되는 자를 교사 또는 방조하여 범죄행위의 결과를 발생하게 한 자를 말한다(제34조 제1항 참조).

형법상 다른 사람을 매개자로 하여 범죄를 실현하는 유형으로서는 협의의 공범이 있다. 그런데 협의의 공범이 성립하려면 정범에게 먼저 범죄가 성립하고 있어야 한다. 협의의 공범은 정범의 범죄에 종속하여 성립하는 종속성을 가지고 있기 때문이다. 형법의 입법 당시 입법자는 극단적 종속형식의 입장을 취하고 있었다고 한다.[232] 극단적 종속형식에 입각하는 한 책임단계에서 범죄성립요소가 결여되어 있다는 이유로 정범이 처벌되지 아니할 때 공범도 함께 형사처벌을 면하는 공범처벌의 불비는 필연적으로 나타나게 된다는 것이다. 여기서 간접정범은 정범을 교사 또는 방조하였으나 범죄성립요소의 결여로 인하여 정범이 처벌되지 아니하거나 과실범으로 처벌되는 것에 그치는 경우에 대처하기 위하여 형법에 명문화된 것이라고 한다.

한편 형법은 간접정범을 제정 당시부터 명문으로 규정하고 있었다(제34조 제1항). 독일 형법은 1975년 신형법에 의하여 간접정범을 명문으로 규정하게 되었다(독일 형법 제25조 제1항). 일본 형법은 간접정범에 관한 명문의 규정을 여전히 두고 있지 않으나, 학설과 판례상으로는 인정되고 있다.

(2) 간접정범과의 구별개념

간접정범은 실행행위를 외형상 타인에게 행하도록 하여 간접실행(間接實行)한다는 점에서 행위자가 스스로 행하여 자수실행(自手實行)하는 직접정범과 구별된다. 예컨대 의사가 치료약이라고 하면서 독약을 간호사에게 건네주고 간호사가 그것을 환자에게 먹도록 하여 환자가 사망에 이른 경우에 있어서 의사는 간접정범의 전형적인 예에 속한다.

---

232) 신동운, "간접정범, 특수한 교사, 방조에 대한 형의 가중", 박재윤(편집대표), 주석형법 총칙(1), 한국사법행정학회, 2011, 272쪽 참조.

간접정범은 흔히 다른 사람, 즉 생명 있는 도구를 이용한다는 점에서 동물이라는 생명 없는 도구를 자신의 수족의 연장으로서 사용하는 직접정범과 구별된다고 하겠다. 그러나 간접정범과 실제로 구별이 필요한 것은 공모공동정범이라고 해야 한다. 우선 간접정범과 공모공동정범은 모두 공범에 속한다는 점에서는 공통되기 때문에 구별이 불가능하다. 또 간접정범과 공모공동정범은 공히 실행행위를 실제로 행하지 않는다는 점에서 공통되기 때문에 또 다시 구별하기 어렵다. 그럼에도 불구하고 간접정범은 정범에 대한 의사지배를 통하여 실행행위성을 가진다는 점에서 기능적으로 분담된 역할에 의한 행위지배를 통하여 실행행위성을 취득하는 공모공동정범과는 확연히 구별된다고 할 수 있다.

2. 간접정범의 본질

(1) 학 설

1) 정범설

간접정범을 정범으로 파악하는 견해이다. 다수설의 입장이다. 그러나 간접정범을 정범으로 파악하는 근거는 일치하지 않고 있다.

① 확장적 정범개념

확장적 정범개념에 의하면 구성요건적 결과발생에 조건이 된 자는 모두 정범이 되므로 그 개념을 특별히 인정할 필요도 없이 간접정범은 당연히 정범이 된다. 그러나 정범과 공범을 이론적으로 구별할 수 없고, 구성요건적 행위의 정형성을 무시함으로써 형법의 보장적 기능을 위태롭게 한다는 문제가 거론되고 있다.

② 도구설

도구이론에 의하여도 간접정범은 인적 도구를 이용한다는 점에서 물적 도구를 이용하는 직접정범과 그 규범적 평가에 있어 차이가 없으므로 정범이 된다고 한다. 공범종속성설에서 주장된 이론이다. 그러나 사람을 도구에 비유하여 설명하는 것은 무리이고, 피이용자의 성격만을 기준으로 정범성을 인정하는 것은 정범개념의 우위성에 반한다는 문제점이 지적되고 있다.

③ 행위지배설

행위지배설에 의하면 피이용자의 행위는 이용자의 의사의 실현에 지나지 아니하며, 이용자는 우월한 사실인식을 토대로 피이용자의 행위를 지배 · 조정하고 이것을 통해 범죄를 실현하는 의사지배로 인하여 간접정범은 정범이 된다고 한다.

④ 이분설

간접정범의 형태를 ‘도구형 간접정범’과 ‘공범형 간접정범’으로 나누어 이해한다. 도구형 간접정범이란 타인을 생명 있는 도구로 사용하는 경우의 간접정범을 말한다고 한다. 독일 형법의 규정이 여기에 해당한다고 한다(독일 형법 제25조 제1항 참조). 공범형 간접정범이란 교사·방조범으로 처벌할 수 없는 행위를 간접정범으로 규정한 것을 말한다고 한다. 형법의 규정이 여기에 속한다고 한다(제34조 제1항 참조). 결국 이분설도 간접정범을 정범으로 파악하고 있는 한 정범설의 범주에 속한다고 분류할 수 있다. 한편 독일 형법은 스스로 행한 직접정범과 함께 다른 사람을 통해서 범행을 행한 간접정범도 정범(Täter)으로 처벌한다고 규정하고 있다(독일 형법 제25조 제1항). 그러나 형법은 교사 또는 방조의 예에 의하여 처벌하도록 규정하고 있다(제34조 제1항). 이는 간접정범을 공범으로 보았기 때문에 당연히 공범, 특히 협의의 공범인 교사범 또는 방조범과 같이 처벌하고 있는 것이라고 해석해야 한다. 공범인 간접정범의 짝은 바로 정범인 피이용자, 즉 어느 행위로 인하여 처벌되지 아니하는 자 또는 과실범으로 처벌되는 자라고 해야 하기 때문이다.

2) 공범설

간접정범을 공범의 한 형태로 파악하는 견해이다. 제한적 정범개념에 의하면 구성요건에 해당하는 행위를 스스로 실행한 자만이 정범이 되므로 간접정범은 공범의 일종이 된다. 또 공범독립성설에 의하는 경우에도 피이용자의 행위에 대한 가벌성의 유무를 불문하고 자기의 범죄수행을 위하여 타인의 행위를 이용하는 것이 공범이므로 간접정범의 개념은 인정할 필요도 없이 공범으로 보게 된다. 이외에도 형법이 간접정범을 ‘교사 또는 방조’의 예에 의하여 처벌하고 있다는 점과 입법자는 이 표현을 통하여 협의의 공범의 처벌에서 발생하는 불비점에 대비하기 위한 보완책으로서 간접정범을 규정하였다는 점을 들어 공범이라고 하는 견해가 있다. 이와 같이 교사범, 방조범 이외에 간접정범까지 공범으로 보는 견해를 확장적 공범설이라고 한다.[233]

---

233) 엄상섭, “우리 형법전과 공범이론”, 『법정』 제10권 제5호, 법정사, 1955.5, 8~9쪽.

(2) 판 례

판례는 도구설의 입장이라고 할 수 있다. 간접정범은 사람을 도구로 이용한다는 점에서 물리적인 도구를 이용하는 직접정범과 구별될 수 있다고 한다. 도구설은 기능적 행위지배설의 입장을 받아들여 간접정범을 정범으로 파악하는 주장이 유력해지고 있는 것으로 파악된다. 도구설을 취한 판례의 구체적 내용은 다음과 같다. 즉,

> ① 강제추행죄는 사람의 성적 자유 내지 성적 자기결정의 자유를 보호하기 위한 죄로서 정범 자신이 직접 범죄를 실행하여야 성립하는 자수범이라고 볼 수 없으므로, 처벌되지 아니하는 타인을 도구로 삼아 피해자를 강제로 추행하는 간접정범의 형태로도 범할 수 있다. 여기서 강제추행에 관한 간접정범의 의사를 실현하는 도구로서의 타인에는 피해자도 포함될 수 있으므로, 피고인이 스마트폰 채팅 애플리케이션을 통하여 알게 된 피해자들로부터 은밀한 신체 부위가 드러난 사진을 전송받은 사실이 있고, 피해자들의 개인정보나 피해자들의 지인에 대한 인적사항을 알게 된 것을 기화로 피해자들에게 시키는 대로 하지 않으면 기존에 전송받았던 신체 사진과 개인정보 등을 유포하겠다고 하는 방법으로 피해자들을 협박함으로써 피해자를 도구로 삼아 피해자의 신체를 이용하여 추행행위를 한 경우에도 강제추행죄의 간접정범에 해당할 수 있다.[234] ② 위조문서행사죄에 있어서 행사는 위조된 문서를 진정한 것으로 사용함으로써 문서에 대한 공공의 신용을 해칠 우려가 있는 행위를 말하므로 그 행사의 상대방에는 아무런 제한이 없고, 다만 문서가 위조된 것임을 이미 알고 있는 공범자 등에게 행사하는 경우에는 위조문서행사죄가 성립할 수 없으나, 간접정범을 통한 위조문서행사범행에 있어 도구로 이용된 자라고 하더라고 문서가 위조된 것임을 알지 못하는 자에게 행사한 경우에는 위조문서행사죄가 성립한다.[235] ③ 허위공문서작성의 주체는 직무상 그 문서를 작성할 권한이 있는 공무원에 한하고 작성권자를 보조하는 직무에 종사하는 공무원은 허위공문서작성죄의 주체가 되지 못한다. 다만 공문서의 작성권한이 있는 공무원의 직무를 보좌하는 사람이 그 직위를 이용하여 행사할 목적으로 허위의 내용이 기재된 문서 초안을 그 정을 모르는 상사에게 제출하여 결재하도록 하는 등의 방법으로 작성권한이 있는 공무원으로 하여금 허위의 공문서를 작성하게 한 경우에는 허위공문서작성죄의 간접정범이 성립한다.[236] ④ 보증인이 아니라고 하더라도 허위 보증서 작성의 고의 없는 보증인들로 하여금 허위의 보증서를 작성하게 한 경우에는 간접정범이

234) 대법원 2018.2.8. 선고 2016도17733 판결.
235) 대법원 2012.2.23. 선고 2011도14441 판결.
236) 대법원 2011.5.13. 선고 2011도1415 판결; 대법원 2010.1.14. 선고 2009도9963 판결; 대법원 1992.1.17. 선고 91도2837 판결.

성립한다.[237] ⑤ 갑이 존재하지 않는 약정이자에 관한 내용을 부가하여 위조한 을 명의 차용증을 바탕으로 을에 대한 차용금채권을 병에게 양도하고, 이러한 사정을 모르는 병으로 하여금 을을 상대로 양수금 청구소송을 제기하게 한 사안에서, 갑의 행위는 병을 도구로 이용한 간접정범 형태의 소송사기죄를 구성한다.[238] ⑥ 범죄는 '어느 행위로 인하여 처벌되지 아니하는 자'를 이용하여서도 이를 실행할 수 있으므로, 내란죄의 경우에도 '국헌문란의 목적'을 가진 자가 그러한 목적이 없는 자를 이용하여 이를 실행할 수 있다.[239]

(3) 검 토

형법은 명문으로 간접정범을 공범으로 규정하고 있다. 절의 제목(제1편 제2장 제3절)을 공범으로 하면서 그 아래에 간접정범뿐만 아니라 공동정범, 교사범 및 방조범에 대하여 규정하고 있기 때문이다. 간접정범뿐만 아니라 공동정범, 교사범 및 방조범은 모두 공범이라는 공통점을 가진다고 할 수 있는 것이다. 그럼에도 불구하고 간접정범이나 공동정범을 정범이라고 파악하는 견해에 대하여는 가장 기초적인 해석방법인 문언해석에도 반하는 해석결과로서 과녁을 벗어난 화살이라고 하지 않을 수 없다. 또 형법이 간접정범을 '교사 또는 방조의 예에 의하여 처벌한다'고 한 규정은 간접정범이 공범이기 때문에 공범인 교사 또는 방조의 예로 처벌한다는 취지로 해석해야 한다.

간접정범은 공범에 속한다고 해야 한다. 엄밀하게 간접정범은 정범형 공범에 속한다고 할 수 있다. 공범에 속하기 때문에 실질적으로 실행행위를 행하지는 않지만, 정범형 공범이기 때문에 공범행위인 이용행위를 통해서 정범행위인 실행행위를 행한 것으로 평가할 수 있다는 의미라고 새겨야 한다. 간접정범은 이용행위의 실행행위성과 이용자의 피이용자에 대한 의사지배를 통하여 실행행위를 행한다고 할 수 있기 때문에 정범성을 가진다고 평가할 수 있는 것이다. 이러한 의미에서 간접정범은 공범성과 정범성을 모두 가지고 있다고 할 수 있다는 점에서 공동정범과 공통점을 가지고 있다고 해석된다. 다만 전술한 바와 같이 간접정범과 공모공동정범은 실행행위를 직접 행하지 않는다는 점에서는 공통되지만, 간접정범은, 특히 실행행위자에 대한 의사지배를 통하여 정범성을 취득한다는 점에서 실행행위자와의 의사의 연락에 의한 행위지배를 통하여 정범성을 획득하는 공모공동

237) 대법원 2009.12.24. 선고 2009도7815 판결; 대법원 1997.7.11. 선고 97도1180 판결.
238) 대법원 2007.9.6. 선고 2006도3591 판결.
239) 대법원 1997.4.17. 선고 96도3376 전원합의체 판결.

정범과는 구별된다고 할 수 있다. 또 간접정범은 의사지배를 통해서 정범을 도구로 이용한다는 점에서 교사를 통해서 범죄결의가 유발된 정범을 이용하는 교사범과 구별된다고 할 수 있다.

한편 간접정범이 공범에 속한다는 근거는 간접정범의 입법취지에서도 발견된다. 즉, 정범이 처벌되지 않거나 과실범으로 처벌되는 경우에도 교사자나 방조자를 교사나 방조의 예에 의하여 처벌하겠다는 것이 간접정범의 입법취지라고 할 수 있기 때문이다.

Ⅱ. 구성요건

1. 객관적 구성요건

(1) 주 체

2인 이상의 행위자는 통상 정범으로서의 행위자와 공범으로서의 행위자로 나누어질 수 있다. 정범은 정범행위인 실행행위를 행하는 실행행위자라고 할 수 있고, 공범은 원칙적으로 공범행위인 실행행위 이외의 행위를 행하는 자라고 할 수 있다. 간접정범은 타인을 이용하여 범죄를 실현하는 자이기 때문에 이용자 또는 이용행위자가 된다. 이에 반하여 범죄에 이용되어 실질적으로 실행행위를 행하는 자는 피이용자, 실행행위자 또는 직접정범이 된다고 할 수 있다.

1) 실행행위자

실행행위자(實行行爲者)란 간접정범의 도구로 이용되어 실질적으로 실행행위를 행하는 자를 말한다. 간접정범을 이용자라고 한다면 실행행위자는 피이용자를 의미한다. 2인 이상이 정범과 공범으로서 짝을 이루는 구조에서 간접정범을 공범이라고 한다면 실행행위자는 그의 짝인 정범이 되는 셈이다. 형법은 실행행위자의 유형으로서 어느 행위로 인하여 처벌되지 아니하는 자와 과실범으로 처벌되는 자의 두 가지를 명문으로 규정하고 있다(제34조 제1항 참조).

① 처벌되지 아니하는 자

어느 행위로 인하여 처벌되지 아니하는 자란 범죄의 성립요건인 구성요건해당성, 위법성 또는 책임의 조각사유에 해당되는 자와 범죄는 성립하나 처벌조각사유에 해당되는 자를 말한다. 대법원은 "어느 행위로 인하여 처벌되지 아니하는 자는 시비를 판별할 능력이 없거나 강제에 의하여 의사의 자유를 억압당하고 있는 자, 구성요건적 범의가 없는 자와 목적범이거나 신분범일 때 그 목적이나 신분이 없는 자, 형법상 정당방위, 정당행위, 긴급피난 또는 자구행위로 인정되어 위법성이 없는 자 등을 말하는 것으로 이와 같은 책임무능력자, 범죄사실의 인식이 없는 자, 의사의 자유를 억압당하고 있는 자, 목적범, 신분범인 경우 그 목적 또는 신분이 없는 자, 위법성이 조각되는 자 등을 마치 도구나 손발과 같이 이용하여 간접으로 죄의 구성요소를 실행한 자를 간접정범으로 처벌하는 것이다"라고 판시한 바 있다.[240]

ⓘ **구성요건해당성조각사유 해당자** : 구성요건해당성조각사유 해당자는 구성요건해당성조각사유를 판단하는 기준에 따라 객관적 구성요건해당성조각사유 해당자와 주관적 구성요건해당성조각사유 해당자로 나누어 검토할 필요가 있다.

첫째, 객관적 구성요건해당성조각사유 해당자이다. 반사운동이나 수면 중의 동작과 같이 형법상 행위성을 가지지 않는 신체활동자도 간접정범의 도구가 될 수 있다. 주지하는 바와 같이 객관적 구성요건요소는 주체, 객체, 행위, 결과, 인과관계 및 상황이다. 먼저 진정신분범에 있어서 신분 없는 자, 즉 비신분자도 피이용자로서 간접정범의 도구가 될 수 있다. 진정신분범에 있어서 비신분자는 피이용자로서 실행행위자가 되고, 소위 '신분 없는 고의 있는 도구'를 이용하는 신분자는 이용행위자로서 간접정범이 된다. 이에 관한 판례의 구체적 내용은 다음과 같다. 즉,

> ① 공문서의 작성권한이 있는 공무원의 직무를 보좌하는 사람이 그 직위를 이용하여 행사할 목적으로 허위의 내용이 기재된 문서 초안을 그 정을 모르는 상사에게 제출하여 결재하도록 하는 등의 방법으로 작성권한이 있는 공무원으로 하여금 허위의 공문서를 작성하게 한 경우에는 허위공문서작성죄의 간접정범이 성립한다.[241] ② 공무원이 아닌 자가 공무원과 공동하여 허위공문서작성죄를 범한 때에는 공무원이 아닌 자도 형법 제33조, 제30조에 의하여 허위공문서작성죄의 공동정범이 된다.[242] ③ 공무원이 아닌 자는 공정증거원본 등의 부실기재죄(제228조)의 경우를 제외하고는 허위공문서작성죄의 간접정범으로 처벌할 수 없다.[243]

---

240) 대법원 1983.6.14. 선고 83도515 전원합의체 판결.

241) 대법원 2011.5.13. 선고 2011도1415 판결; 대법원 2010.1.14. 선고 2009도9963 판결; 대법원 1992.1.17. 선고 91도2837 판결; 대법원 1977.12.13. 선고 74도1900 판결.

242) 대법원 2006.5.11. 선고 2006도1663 판결.

243) 대법원 1971.1.26. 선고 70도2598 판결; 대법원 1970.7.28. 선고 70도1044 판결; 대법원 1961.12.14. 선고 4292형상645.

둘째, 주관적 구성요건해당성조각사유 해당자이다. 주지하는 바와 같이 주관적 구성요건요소에는 고의, 과실 및 목적 등이 이에 속한다. 주관적 구성요건해당성조각사유 해당자로는 고의 없는 자, 목적 없는 자 또는 고의 있는 목적 없는 자 등이 거론될 수 있다. 다만 과실을 결한 자에 대한 반대해석의 결과는 고의 있는 자가 되기 때문에 도구가 될 수 없다고 할 수 있다. 이들은 피이용자로서 실행행위자가 되고, 이러한 자를 도구로 이용하는 자는 이용행위자로서 간접정범이 된다. 소위 '고의 없는 도구' 또는 '목적 없는 고의 있는 도구'를 이용하면 간접정범에 해당한다. 이에 관한 판례의 구체적 내용은 다음과 같다. 즉,

① 비상계엄 전국확대가 국무회의의 의결을 거쳐 대통령이 선포함으로써 외형상 적법하였다고 하더라도, 이는 피고인들에 의하여 국헌문란의 목적을 달성하기 위한 수단으로 이루어진 것이므로 내란죄의 폭동에 해당하고, 또한 이는 피고인들에 의하여 국헌문란의 목적을 달성하기 위하여 그러한 목적이 없는 대통령을 이용하여 이루어진 것이므로 피고인들이 간접정범의 방법으로 내란죄를 실행한 것으로 보아야 할 것이다.[244] ② 경찰서 보안과장인 피고인이 갑의 음주운전을 눈감아주기 위하여 그에 대한 음주운전자 적발보고서를 찢어버리고, 부하로 하여금 일련번호가 동일한 가짜 음주운전 적발보고서에 을에 대한 음주운전 사실을 기재케 하여 그 정을 모르는 담당 경찰관으로 하여금 주취운전자 음주측정처리부에 을에 대한 음주운전 사실을 기재하도록 한 이상, 을이 음주운전으로 인하여 처벌을 받았는지 여부와는 관계없이 허위공문서작성 및 동 행사죄의 간접정범으로서의 죄책을 면할 수 없다.[245] ③ 식용유제조의 범의없는 자를 이용하여 튀김용 기름을 제조케 한 자는 그 직접제조행위자가 식용유제조의 범의가 없어 그 제조에 대한 책임을 물을 수 없다고 하여도 처벌되지 아니하는 그 행위를 이용하여 무허가제조행위를 실행한 자로서 보건범죄단속에관한특별조치법 제2조 제1항, 식품위생법 제23조 제1항 위반죄의 간접정범에 해당한다.[246]

한편 고의 없이 무과실로 행위하는 자, 이른바 피해자(被害者)도 간접정범의 도구가 될 수 있다. 사정을 모르고 행위하는 제3자도 마찬가지라고 할 수 있다. 피해자는 범죄의 주체가 될 수 없지만, 피이용자로서 간접정범의 도구가 될 수 있다. 이에 관한 판례의 구체적 내용은 다음과 같다. 즉,

처벌되지 아니하는 타인을 도구로 삼아 피해자를 강제로 추행하는 간접정범의 형태로도 범할 수 있다. 여기서 강제추행에 관한 간접정범의 의사를 실현하는 도구로서의

244) 대법원 1997.4.17. 선고 96도3376 전원합의체 판결.
245) 대법원 1996.10.11. 선고 95도1706 판결.
246) 대법원 1983.5.24. 선고 83도200 판결.

타인에는 피해자도 포함될 수 있다고 봄이 타당하므로, 피해자를 도구로 삼아 피해자의 신체를 이용하여 추행행위를 한 경우에도 강제추행죄의 간접정범에 해당할 수 있다.[247]

ⓘⓘ **위법성조각사유 해당자 :** 구성요건해당성을 충족하는 자라고 하더라도 위법성조각사유에 해당하는 자는 간접정범의 도구가 될 수 있다. 따라서 정당행위자, 정당방위자, 긴급피난자, 자구행위자 및 피해자의 승낙에 의한 행위자는 피이용자로서 실행행위자가 되고, 이러한 자를 도구로 이용하는 자는 이용행위자로서 간접정범이 된다고 할 수 있다. 예컨대 허위사실을 신고하여 수사기관으로 하여금 체포하게 한 경우, 폭행의 의사로 정을 모르는 징계권자로 하여금 폭행하게 한 경우 또는 국가기관을 이용한 소송사기와 같이 정당행위자를 이용하는 경우, (갑)을 상해할 의사로 (갑)으로 하여금 (을)을 공격하게 하고 (을)의 정당방위를 이용하여 (갑)에게 상해의 결과를 가져오게 하는 경우와 같은 정당방위자를 이용하는 경우 등이 거론될 수 있다. 이에 관한 판례의 구체적 내용은 다음과 같다. 즉,

① 자기에게 유리한 판결을 얻기 위하여 소송상의 주장이 사실과 다름이 객관적으로 명백하거나 증거가 조작되어 있다는 정을 인식하지 못하는 제3자를 이용하여 그로 하여금 소송의 당사자가 되게 하고 법원을 기망하여 소송 상대방의 재물 또는 재산상 이익을 취득하려 하였다면 간접정범의 형태에 의한 소송사기죄가 성립하게 된다.[248]
② 감금죄는 간접정범의 형태로도 행하여질 수 있는 것이므로, 인신구속에 관한 직무를 행하는 자 또는 이를 보조하는 자가 피해자를 구속하기 위하여 진술조서 등을 허위로 작성한 후 이를 기록에 첨부하여 구속영장을 신청하고, 진술조서 등이 허위로 작성된 정을 모르는 검사와 영장전담판사를 기망하여 구속영장을 발부받은 후 그 영장에 의하여 피해자를 구금하였다면 형법 제124조 제1항의 직권남용감금죄가 성립한다.[249]

ⓘⓘⓘ **책임조각사유 해당자 :** 구성요건에 해당하고 위법한 행위를 한 행위자이지만 책임조각사유에 해당하는 자는 피이용자로서 간접정범의 도구가 될 수 있다. 책임조각사유는 총칙상의 책임조각사유를 말하지만 초법규적 책임조각사유를 배제한다는 의미는 아니다. 따라서 형사미성년자, 심신상실자, 강요에 의한 행위자 또는 적법행위에 대한 기대가 불가능한 자 등은 모두 간접정범의 도구로서 이용될 가능성이 상존한다.

문제는 제한적 종속형식에 의하면 '책임 없는 도구'를 이용하는 경우에는 간접

247) 대법원 2018.2.8. 선고 2016도17733 판결.
248) 대법원 2007.9.6. 선고 2006도3591 판결.
249) 대법원 2006.5.25. 선고 2003도3945 판결.

정범 이외에 교사범도 성립될 수 있다는 데에 있다. 그러나 이러한 경우에는 정범개념의 우위성에 따라 간접정범의 성립여부를 먼저 검토해야 한다고 본다. 물론 간접정범은 이용자가 피이용자의 책임조각사유를 인식하고 그를 도구로 장악하여 우월한 의사지배에 의하여 이용한 경우에 한한다. 예컨대 피이용자가 유아 · 심신상실자인 경우에는 원칙적으로 의사지배가 인정되어 간접정범이 성립한다. 다만 형사미성년자 · 정신이상자라도 시비변별능력이 있는 때에는 교사범이 성립한다. 피이용자가 회피불가능한 금지착오자인 경우 이용자가 착오를 야기하였거나 이를 인식하고 이용한 경우에는 간접정범이 성립한다. 다만 피이용자의 착오를 알지 못한 경우에는 교사범이 성립한다. 피이용자가 강요된 행위자로서 자유 없이 행동하는 도구인 경우 이용자는 간접정범이 된다. 소위 '자유 없는 도구'(unfrei handelndes Werkzeug)라고 할 수 있다. 이 외에도 기대불가능성에 의하여 초법규적으로 책임이 조각되는 자를 이용한 경우에 이용자는 간접정범이 된다.

한편 이용자의 강요 · 기망에 의하여 피이용자가 자살한 경우에 문제가 발생할 수 있다. 이에 관하여는 견해가 대립하고 있다. 간접정범설에 의하면 살인죄의 객체인 사람은 타인을 의미하므로 피이용자의 행위는 구성요건해당성이 없고, 이용자에게 강요 · 기망에 의한 의사지배가 인정되므로 살인죄의 간접정범이 성립한다고 한다. 이에 반하여 개별검토설에 의하면 이용자에게 의사지배가 인정되고 자살자가 자살의 의미를 이해한 경우에는 위계 · 위력에 의한 살인죄가, 의사지배가 인정되지만 자살자가 자살의 의미를 모르는 경우에는 살인죄의 간접정범이, 그러나 의사지배가 부정될 경우에는 자살관여죄가 성립한다고 한다. 생각건대 구성요건해당성이 없는 피해자도 피이용자로서 도구가 될 수 있기 때문에 간접정범이 성립한다고 할 수 있다. 이러한 의미에서 기망 · 강요에 의하여 자상(自傷)하게 한 경우에는 상해죄의 간접정범이 성립한다고 할 수 있다. 전술한 바와 같이 피해자를 간접정범의 도구로 인정하는 데에는 아무런 문제가 없기 때문이다. 따라 죽을 의사가 없는 피해자임에도 불구하고 그를 기망하여 독약을 마시게 하여 사망하게 한 경우에는 살인죄의 간접정범을 인정해도 무방하다고 하겠다. 판례의 간접정범에 대한 인정여부는 분명하지 않다. 책임조각사유 해당자에 관한 판례의 구체적 내용은 다음과 같다. 즉,

① 피고인이 7세, 3세 남짓 된 어린자식들에 대하여 함께 죽자고 권유하여 물속에 따라 들어오게 하여 결국 익사하게 하였다면 비록 피해자들을 물속에 직접 밀어서 빠

뜨리지는 않았다고 하더라도 자살의 의미를 이해할 능력이 없고 피고인의 말이라면 무엇이나 복종하는 어린 자식들을 권유하여 익사하게 한 이상 살인죄의 범의는 있었음이 분명하다.[250] ② 피고인이 피해자를 협박하여 그로 하여금 자상케 한 경우에 피고인에게 상해의 결과에 대한 인식이 있고 또 그 협박의 정도가 피해자의 의사결정의 자유를 상실케 함에 족한 것인 이상 피고인에 대하여 상해죄를 구성한다.[251]

ⅳ 처벌조각사유 해당자 : 구성요건에 해당하고 위법하고 유책한 행위를 한 범죄행위자이지만 처벌조각사유에 해당하는 자는 피이용자로서 간접정범의 도구가 될 수 있다. 형법은 '어느 행위로 인하여 처벌되지 아니하는 자'를 간접정범으로 규정하고 있고(제34조 제1항 참조), 여기의 처벌되지 아니하는 자에는 당연히 처벌조각사유에 해당하는 자도 포함된다고 해석되기 때문이다. 여기서 소위 말하는 '정범 배후 정범'이 문제될 수 있다.

이른바 '정범 배후 정범'이란 피이용자가 범죄행위자로서 정범에 해당하지만, 이를 배후에서 이용한 자를 의미하고, 이 자에 대하여 다시 간접정범의 성립을 인정하려는 견해를 정범배후정범론(正犯背後正犯論)이라고 한다. 독일 형법의 해석론에서 유래한 이론으로 알려지고 있지만, 그 인정여부에 대하여는 견해가 일치하지 않고 있다. 우월한 의사지배가 인정될 수 있기 때문에 간접정범을 인정해야 한다는 긍정설도 있지만, 이를 인정할 법적 근거가 없으며 교사범으로 처벌하면 충분하기 때문에 이를 인정할 실익이 없다고 하는 부정설이 타당하다고 해석된다. 다만 범죄행위자인 정범에게 처벌조각사유가 존재하는 한 도구가 될 수 있다고 할 수 있다. 형법은 피이용자인 도구로서 '어느 행위로 인하여 처벌되지 아니하는 자'라고 규정함으로써 정범이지만 처벌조각사유에 해당하는 자를 배제하고 있지 않기 때문이다.

② 과실범으로 처벌되는 자

과실범으로 처벌되는 자는 당연히 간접정범의 도구가 된다. 형법이 피이용자로서 '과실범으로 처벌되는 자'라고 명문으로 규정하고 있기 때문이다. 간호사의 과실을 이용하여 환자에게 독약을 투여한 의사에게 살인죄의 간접정범을 인정하는 경우가 대표적으로 예시될 수 있다. 여기의 과실범에는 처벌규정이 있는 과실범 외에도 처벌규정이 없는 과실범의 경우도 포함되는 것으로 해석된다. 고의범으로

---

250) 대법원 1987.1.20. 선고 86도2395 판결.
251) 대법원 1970.9.22. 선고 70도1638 판결.

처벌되지 아니하는 자도 결국에는 여기의 과실범으로 처벌되는 자의 범주에 포함된다고 할 수 있기 때문이다.

2) 이용행위자

이용행위자(利用行爲者)란 피이용자의 실행행위를 이용하여 범죄를 실현하는 자를 말하다. 흔히 간접정범(間接正犯)이라고 한다. 피이용자인 실행행위자를 도구로 이용함으로써 간접적으로 실행행위를 행하는 자라는 의미에서 이용자 또는 배후자라고도 할 수 있다. 간접정범은 이용자로서 공범에 속하지만, 피이용자에 대한 의사지배를 가지는 경우에는 정범성 또한 취득할 수 있다.

(2) 행 위

행위의 주체가 정범과 공범으로 나뉘었듯이, 행위도 정범행위와 공범행위로 나누어 검토할 필요가 있다. 정범행위는 피이용자의 실행행위가 되고, 공범행위는 이용자의 이용행위가 된다.

1) 실행행위

실행행위(實行行爲)란 통상적으로 구성요건에 해당하는 행위(Tat)를 말한다. 그러나 간접정범에 있어서의 실행행위란 피이용자에 의하여 행하여지는 피이용행위(被利用行爲)를 의미한다고 하는 것이 보다 정확한 정의라고 해석된다. 간접정범에 있어서의 실행행위는 구성요건요소 중의 어느 것을 결한 자만이 피이용자로 될 수 있기 때문에 구성요건해당성을 충족하지 못하게 되기 때문이다.

2) 이용행위

① 이용행위의 의의

이용행위(利用行爲)란 이용자가 도구인 피이용자를 이용하는 행위를 말한다. 형법적으로 표현하면, 이용행위란 피이용자를 교사 또는 방조하여 범죄행위의 결과를 발생하게 하는 행위를 말한다고 할 수 있다.

② 이용행위의 실행행위성

이용행위의 실행행위성이란 피이용자의 행위를 이용자의 작품으로 하기 위해서 이용행위를 실행행위로서 평가할 수 있는 요건을 말한다. 이용행위에 실행행위성이 요구되는 이유는 간접정범의 경우 피이용자는 처벌되지 않거나 과실범으로 처벌되고, 이용자는 이용행위에 상응한 책임을 지는 구조이기 때문이다. 간접정범의 실행행위성은 간접정범이 작품성과 정범성을 획득하기 위해서 요구된다는 점에서 공동정범에게 정범성만을 부여하기 위하여 필요한 공동정범의 실행행위성과는 어느 정도 차이를 가진다고 해야 한다. 문제는 이용행위에 실행행위성을 인정하기 위한 요건에 있다.

생각건대 이용행위의 실행행위성이 인정되기 위해서는 이용행위와 피이용자의 행위는 하나로 되어 이용자의 실행행위로서 평가되지 않으면 안 된다. 우선 실행행위에 대한 이용행위의 지배가 인정되어야 한다. 피이용자의 실행행위는 이용자의 도구로써 이용행위에 의하여 일방적으로 지배되어야 하는 것이다. 이용자가 피이용자를 도구로써 이용하여 구성요건적 행위의 전부 또는 일부를 행한 경우에도 해당 구성요건이 예정하는 법익침해의 현실적 위험성이 있다고 할 수 있고 실행행위성이 인정될 수 있다. 다만 피이용자가 이용자의 도구로써 피이용자의 행위가 이용자의 실행행위로서 평가되기 위하여는 피이용자가 이용자의 의사에 따라 행동한다는 점이 중요하다. 피이용자에게 반대동기를 형성할 가능성, 즉 규범적 장애가 있는 경우에는 이용자의 행위에 실행행위성은 부정되고 원칙적으로 공범이 성립하게 된다고 해석된다. 다만 규범적 장애가 인정되는 경우라도 예컨대 고의가 있는 방조행위의 이용과 같이 이용자와 피이용자의 관계에 비추어 유형적으로 도구성이 인정되는 때에는 간접정범으로 된다.

③ 이용행위의 종류

이용행위의 종류는 교사에 의한 이용행위와 방조에 의한 이용행위로 나누어질 수 있다. 대법원도 "간접정범의 행위는 교사 또는 방조임이 그 규정의 명문상 분명하다"고 판시한 바 있다.[252] 교사란 원래 범행결의를 유발하여 범죄를 실현하게 하는 행위를 말하고, 방조란 범행결의를 하고 있는 범행자의 범죄실현을 돕는 행위를 말한다. 그러나 여기에서의 교사 또는 방조란 본래의 의미의 그것보다는 넓은 개념으로서 피이용자를 이용하는 일련의 행위를 모두 포괄하는 의미를 가진다. 사주 또는 이용의 의미로 파악하거나, 교사는 우월한 의사에 의한 지배・조정행위로, 방조는 우월한 의사에 의한 이용・원조행위로 파악하더라도 이용자의 작품성을 파악하는 데에는 아무런 방해가 되지 않기 때문이다. 판례는 교사를 유발의 의미로 해석한 바 있다. 대법원은 "처벌되지 아니하는 타인의 행위를 적극적으로 유발하고 이를 이용하여 자신의 범죄를 실현한 자는 형법 제34조 제1항이 정하는

252) 대법원 1983.6.14. 선고 83도515 전원합의체 판결.

간접정범의 죄책을 지게 되고, 그 과정에서 타인의 의사를 부당하게 억압하여야만 간접정범에 해당하는 것은 아니다"고 판시한 바 있다.[253]

④ 이용행위의 방법

이용행위란 교사 또는 방조를 의미하고, 교사범이나 방조범에 있어서 교사나 방조는 그 방법여하를 불문하듯이 간접정범에 있어서의 이용행위도 그 방법의 여하를 불문한다고 할 수 있다. 따라서 이용행위에는 부작위에 의한 교사나 방조 또는 과실에 의한 교사나 방조가 제외될 이유가 없다.

3) 실행의 착수

간접정범의 실행의 착수시기에 대하여는 다툼이 있다. 의사가 간호사에게 주사기를 넘겨준 때와 같이 이용자가 이용행위를 개시한 때에 실행의 착수를 인정하는 이용자행위 기준설(利用者行爲基準說), 간호사가 환자에게 주사한 때와 같이 피이용자가 실행행위를 개시한 때에 실행의 착수를 인정하는 피이용자행위 기준설(被利用者行爲基準說) 및 이용행위시 또는 피이용행위시를 불문하고 현실적인 위험이 발생한 때에 실행의 착수를 인정하려는 개별화설(個別化說)이 그것이다. 이 외에도 피이용자가 고의 없는 도구인 경우에는 도구이용시를 기준으로 하고, 고의 있는 도구일 경우에는 피이용자의 행위시를 기준으로 하려는 이분설(二分說)이 주장되고 있다.

생각건대 실행의 착수여부를 결정하는 기준은 실행행위여야 한다. 이는 원인에 있어서 자유로운 행위에 있어서의 실행의 착수시점을 정하는 것과 다르지 않다. 따라서 실행행위를 착수할 때에 실행의 착수를 인정해야 한다는 것은 지극히 지당한 논리적 귀결이다. 구성요건에 해당하는 행위, 즉 실행행위를 개시한 때에 비로소 구성요건적 결과가 발생할 위험이 존재한다고 할 수 있기 때문이다. 실행행위는 공범인 이용자에 의하여 행하여지지 않고, 정범인 피이용자에 의하여 행하여지고 있는 것이 바로 간접정범에 있어서 행위의 구조이다. 또 이용행위 자체는 구성요건적 정형성을 가지지 않을 뿐만 아니라 간접정범의 성립에는 범죄행위의 결과발생이 요구되고 있다. 따라서 피이용자의 정범행위인 실행행위시를 간접정범에 있어서 실행의 착수에 관한 기준으로 하는 것이 합당하다. 피이용자행위 기준설이 지당하다.

---

253) 대법원 2008.9.11. 선고 2007도7204 판결.

(3) 결 과

결과의 발생이란 구성요건에 해당하는 사실의 실현을 말한다. 반드시 결과범에 있어서의 결과의 발생만을 의미하는 것은 아니다. 피이용자의 실행행위에 의하여 결과가 발생하지 아니한 경우에는 간접정범의 미수가 성립한다.

(4) 인과관계

결과는 피이용자의 실행행위에 의하여 발생하여야 한다. 따라서 간접정범이 성립하기 위해서는 피이용자의 행위와 발생한 결과 사이에는 인과관계가 존재하여야 한다. 간접정범에 있어서 이용행위의 실행행위성이 충족되는 한 피이용자의 실행행위는 이용자의 행위로 평가될 수 있고, 그 결과는 이용자의 작품으로 간주될 수 있기 때문이다.

2. 주관적 구성요건

주관적으로 이용자에게는 일정한 범죄를 실현하기 위하여 피이용자를 이용하려는 이용의사와 피이용자를 도구와 같이 일방적으로 지배하려는 이용의사의 지배성이 요구된다. 다만 피이용자는 도구이기 때문에 그에게는 원칙적으로 고의가 요구될 수 없는 구조이다.

(1) 고의의 일중성

이용자는 실현하려고 하는 범죄의 구성요건에 대하여 고의를 가지고 있어야 한다. 뿐만 아니라 이용자에게는 피이용자를 이용하여 구성요건을 실현하려는 이용의사도 존재하여야 한다. 그러나 간접정범에 있어서의 주관적 구성요건요소는 이용자인 공범의 고의만이 요구되는 고의의 일중성(故意의 一重性)이라는 점에서 공범뿐만 아니라 정범의 고의 양자를 필요로 하는 고의의 이중성(故意의 二重性)을 가지는 공동정범, 교사범 또는 방조범과 구별된다고 할 수 있다.

1) 이용자의 고의

이용자는 공범이기 때문에 이용자의 고의는 이용자의 정범고의와 이용자의 공범고의로 나누어 검토될 수 있다. 이용자의 정범고의란 이용자가 정범에 대하여 가지는 고의로서 처벌되지 않거나 과실범으로 처벌되는 정범과 그에 의하여 행하여질 범죄에 대한 인식과 그에 대한 실현의사라고 할 수 있다. 이용자의 공범고의란 공범으로서 가지는 고의로서 피이용자를 이용하여 자신의 범죄를 실현하려는 인식과 이에 대한 실현의사라고 할 수 있다.

2) 피이용자의 과실

피이용자는 도구에 해당되어 처벌되지 아니한다. 따라서 피이용자에게는 고의가 존재할 수 없다. 피이용자에게 고의가 이미 존재하는 경우에는 간접정범이 성립될 수 없다. 피이용자는 고의 없는 도구가 될 수 있을 뿐이다. 다만 피이용자는 과실범으로 처벌되는 경우가 있을 수 있기 때문에 피이용자가 과실범으로 처벌되는 한 정범인 피이용자에게는 과실이 요구될 수 있다.

(2) 이용의사와 피이용자의 도구성

피이용자에게 정범고의가 존재하더라도 이용자의 이용의사와는 무관하다. 피이용자는 이용자가 실현하려고 하는 범죄에 대하여 단순한 도구에 불과하기 때문이다. 다만 피이용자에게 과실이 인정되는 경우에는 도구성이 인정될 수 있다. 형법은 피이용자로서 '과실범으로 처벌되는 자'도 포함하여 규정하고 있기 때문이다.

(3) 이용의사의 지배성

간접정범의 주관적 요건의 핵심은 이용의사의 지배성에 있다. 간접정범은 의사의 지배성을 가진다는 점에서 의사의 동등성을 가지는 공동정범, 우위성을 가지는 교사범 및 열후성을 가지는 방조범과 처음부터 구별되기 때문이다. 역으로, 간접정범에게 의사의 지배성이 확인되지 않을 경우에는 다른 공범, 즉 공동정범, 교사범 또는 방조범이 인정될 가능성은 언제나 열려 있다고 할 수 있다. 이용의사의 지배성은 이용행위에 실행행위성을 부여할 뿐만 아니라 이용자에 의하여 실현된 범죄결과를 이용자의 작품으로 돌릴 수 있는 작품성을 가지게 한다. 이러한 작품성으로 인하여 이용자인 간접정범에게 이용에 대한 책임을 물을 수 있는 반면 피이용자는 이러한 책임으로부터 자유로워질 수 있게 된다. 한편 이용의사의 지배성은 피이용자에 대한 도구화와 일방적 이용의사에서 비롯된다고 해석되나, 타인의 의사에 대한 억압성까지 요구하는 것은 아니다. 대법원도 "처벌되지 아니하는 타인의 행위를 적극적으로 유발하고 이를 이용하여 자신의 범죄를 실현한 자는 형법 제34조 제1항이 정하는 간접정범의 죄책을 지게 되고, 그 과정에서 타인의 의사를 부당하게 억압하여야만 간접정범에 해당하는 것은 아니다"라고 판시한 바 있다.[254)]

Ⅲ. 처 벌

1. 실행행위자

처벌되지 아니하거나 과실범으로 처벌된다(제34조 제1항 참조). 형법이 처음부터 처벌되지 아니하거나 과실범으로 처벌되는 자에 한해서 피이용자가 될 수 있도록 규정하고 있기 때문이다. 따라서 피이용자는 과실이 인정되는 경우 그 범위 내에서 과실범으로 처벌될 수 있을 뿐이다.

2. 이용행위자

간접정범은 교사 또는 방조의 예에 의하여 처벌된다(제34조 제1항 참조). 간접정범은 정범이 아니라 공범으로 처벌되는 것이다. 교사 또는 방조의 예에 의하여 처벌하는 이유는 이용행위가 주로 공범행위인 교사행위와 방조행위로 구성되기 때문이고, 공범을 공범으로 처벌한다는 책임주의의 원칙상 당연한 논리적 귀결 때문이다. 따라서 이용행위가 교사에 해당하는 경우에는 간접정범은 교사범과 같이 정범과 동일한 형으로 처벌되고, 방조에 해당하는 경우에는 방조범과 같이 정범의 형보다 감경하여 처벌되게 된다.

Ⅳ. 특수 교사·방조

형법은 "자기의 지휘, 감독을 받는 자를 교사 또는 방조하여 전항의 결과를 발생하게 한 자는 교사인 때에는 정범에 정한 형의 장기 또는 다액에 그 2분의 1까지 가중하고 방조인 때에는 정범의 형으로 처벌한다"고 하여 특수 교사·방조에 관하여 규정하고 있다(제34조 제2항). 이에 관하여는 특수 교사 또는 방조의 특수공범(特殊共犯)에 관한 규정이라는 견해도 있으나, 피이용자의 범위를 자기의 지휘, 감독을 받는 자로 한정하는 특수간접정범(特殊間接正犯)이라고 하는 것이 타당하다고 해석된다. 특수간접정범에 대하여 가중처벌하는 취지는 타인을 지휘·감독할 지위에 있는 자가 그 지위를 이용하여 의사결정의 자유에 있어서 취약한 지위에 있는 피지휘·피감독자를 교사·방조한 것은 비난가능성이 더욱 크다는 데에 있다고 할 수 있다.

254) 대법원 2008.9.11. 선고 2007도7204 판결.

제 7 관 공범의 제문제

Ⅰ. 공범 사이의 착오

1. 의 의

공범 사이의 착오란 공범의 공범행위와 정범의 정범행위가 이종의 공범형식 사이에서 착오가 발생하여 일치하지 않는 경우를 말한다. 이에 관하여는 공범 사이의 착오와 협의 공범과 간접정범 사이의 착오로 나누어 검토할 필요가 있다.

2. 공범 사이의 착오

다른 공범형식 사이에 착오가 발생한 경우에는 가벼운 공범형식에 대하여 고의를 인정할 수 있다. 예컨대 공동정범으로서 망을 볼 의사로 행위하였음에도 불구하고 객관적으로 방조에 해당되는 경우에는 일단 방조의 고의를 인정할 수 있다. 또 범죄를 이미 결의하고 있는 자를 아직 결의하고 있지 아니한 자라고 오인하여 범죄를 교사한 자에게는 우선 종범의 책임을 물을 수 있다.

3. 협의의 공범과 간접정범 사이의 착오

협의의 공범과 간접정범 사이의 착오는, 특히 교사범의 고의에 의한 간접정범, 간접정범의 고의에 의한 교사범 및 간접정범의 고의가 교사범의 고의로 변이한 경우가 문제될 수 있다.

(1) 교사범의 고의에 의한 간접정범

교사의 고의로 간접정범을 실행한 경우에는 견해가 대립하고 있다. 소수설은 간접정범을 인정하지만, 압도적 다수설은 교사범의 성립을 긍정하고 있다. 생각건대 무거운 간접정범을 실행하였지만 가벼운 교사범의 고의만이 인정될 수밖에 없기 때문에 사실의 착오에 관한 규정에 의하여 교사범의 성립을 인정하는 것이 타당하다(제15조 제1항 참조).

(2) 간접정범의 고의에 의한 교사범

간접정범의 고의에 의한 교사범이란 이용자가 간접정범을 실행할 의사로 피이용자에게 범죄의 실행을 명했지만, 피이용자가 이미 정을 알고 있었기 때문에 객관적으로는 교사에 지나지 않게 되는 경우를 말한다. 예컨대 의사가 환자를 살해하려고 간호사에게 독을 넣은 주사기를 건네주면서 독약의 주사를 명하였지만, 간호사는 처음부터 이상하다고 의심하면서도 명령을 그대로 이행한 경우 또는 피이용자가 책임무능력자라고 오신하고 그에게 살해를 명하였지만, 사실은 피이용자가 책임능력자였기 때문에 교사의 효과만이 발생한 경우라고 할 수 있다. 이에 관하여는 간접정범설과 교사범설이 대립하고 있다.

간접정범설(間接正犯說)에 의하면 피이용자가 정을 알고 있었더라도 이용자의 행위는 살해의 실행행위에 해당하기 때문에 피이용자와 경합적으로 살인죄의 정범으로 된다고 한다. 살인의 교사에도 해당하지만, 이는 정범에 흡수된다고 한다. 그러나 이에 대하여는 성립되지도 않은 간접정범을 인정하고 있다는 점에서 비판이 가하여지고 있다. 교사범설(教唆犯說)이란 간접정범과 교사범은 객관적 구성요건과 주관적 구성요건을 각각 달리 하고 있지만, 간접정범의 고의는 교사범의 고의를 그 속에 포섭하고 있기 때문에 착오론에 따라 교사범의 고의를 인정하는 견해를 말한다. 간접정범의 고의는 경한 교사의 고의를 포함하고 있기 때문에 객관적으로 성립한 경한 교사범의 한도에서 고의가 인정되는 것이라고 한다. 인과적 공범론에 의하는 한 간접정범과 교사범은 모두 정범의 결과야기에 처벌의 근거를 가지고 있다. 고의의 범위도 간접정범과 교사범 사이에서는 중첩되고 있다. 결국 교사범의 고의가 경하기 때문에 교사범이 성립한다고 하는 교사범설이 타당하다고 할 수 있다.

(3) 간접정범의 고의의 교사범의 고의로의 변이

간접정범의 고의의 교사범의 고의로의 변이란 간접정범의 고의로 정을 모르는 피이용자에게 범죄를 유치한 바 피이용자가 범죄의 실현 도중에 정을 알게 되었지만, 그대로 실행하여 교사범을 실현한 경우를 말한다. 이 경우 이용자의 죄책에 대하여는 전술한 바와 같이 교사범의 고의가 가볍기 때문에 교사범의 성립을 긍정하는 것이 타당하다고 할 수 있다.

Ⅱ. 공범관계로부터의 이탈

1. 개 념

(1) 의 의

공범관계로부터의 이탈(共犯關係로부터의 離脫)이란 공범의 일부가 공범관계가 성립한 이후부터 범죄가 완성될 때까지의 사이에 범죄의사를 포기하고 실행행위를 중지하여 그 후의 범죄행위에 관여하지 않는 경우를 말한다. 공범으로부터의 이탈은 공모관계로부터의 이탈과 공범관계로부터의 이탈로 구분하여 검토할 수 있다.

(2) 구별개념

공범관계로부터의 이탈은 흔히 결과가 발생한 경우 이탈자에 대한 귀책이 문제된다는 점에서 결과가 발생하지 않은 경우에 귀책이 문제되는 중지범의 경우와 구별된다. 중요한 문제는 이탈자에 대한 처벌의 정도에 있다. 이탈자의 노력에 의하여 결과가 발생하지 않은 경우 그 범죄는 예비 또는 미수에 그치게 되고, 공범관계의 해소가 이탈자의 임의에 의한 것이기 때문에 중지범 규정의 적용여부가 문제될 수 있기 때문이다.

2. 공범관계로부터의 이탈의 유형

공범관계로부터의 이탈은 공동정범 관계로부터의 이탈과 교사범 또는 방조범 관계로부터의 이탈로 나누어 검토할 필요가 있다.

(1) 공동정범 관계로부터의 이탈

공동정범관계로부터의 이탈이란 공동행위자 중의 일부가 범죄가 완성되기 이전에 공동가공의 의사를 포기하고 공동의 실행행위를 중단하는 것을 말한다. 공동정범관계로부터의 이탈은 공동행위자의 일부가 실행에 착수하기 이전의 이탈, 즉 착수전의 이탈과 실행에 착수한 이후의 이탈, 즉 착수후의 이탈로 나누어 검토될 수 있다.

1) 착수전의 이탈

착수전의 이탈(着手前의 離脫)이 인정되기 위해서는 일부의 공모자가 다른 공모자에 대하여 공모관계로부터 이탈한다는 취지의 의사표시를 하고, 잔여의 공모자는 이를 수락하여 당초의 공동정범관계가 해소되어야 한다. 공동정범관계가 해소되었음에도 불구하고 잔여 공모자에 의하여 행하여진 해소 후의 범행은 이탈자를 제외한 잔여 공모자의 별개의 공모에 의한 것이라고 평가될 수 있다. 이탈의 의사표시는 명시적이든 묵시적이든 그 방법을 묻지 않는다. 착수전의 이탈을 긍정한 판례의 구체적 내용은 다음과 같다. 즉,

> ① 공모공동정범에서 공모자 중의 1인이 다른 공모자가 실행행위에 이르기 전에 그 공모관계에서 이탈한 때에는 그 이후의 다른 공모자의 행위에 관하여는 공동정범으로서의 책임은 지지 않는다. 그렇지만 공모관계에서의 이탈은 공모자가 공모에 의하여 담당한 기능적 행위지배를 해소하는 것이 필요하므로 공모자가 공모에 주도적으로 참여하여 다른 공모자의 실행에 영향을 미친 때에는 범행을 저지하기 위하여 적극적으로 노력하는 등 실행에 미친 영향력을 제거하지 아니하는 한 공모관계에서 이탈하였다고 할 수 없다.[255] ② 공모관계에서의 이탈은 공모자가 공모에 의하여 담당한 기능적 행위지배를 해소하는 것이 필요하므로 공모자가 공모에 주도적으로 참여하여 다른 공모자의 실행에 영향을 미친 때에는 범행을 저지하기 위하여 적극적으로 노력하는 등 실행에 미친 영향력을 제거하지 아니하는 한 공모관계에서 이탈하였다고 할 수 없다.[256] ③ 공모관계에서의 이탈은 공모자가 공모에 의하여 담당한 기능적 행위지배를 해소하는 것이 필요하므로 공모자가 공모에 주도적으로 참여하여 다른 공모자의 실행에 영향을 미친 때에는 범행을 저지하기 위하여 적극적으로 노력하는 등 실행에 미친 영향력을 제거하지 아니하는 한 공모자가 구속되었다는 등의 사유만으로 공모관계에서 이탈하였다고 할 수 없다.[257]

2) 착수후의 이탈

착수후의 이탈(着手後의 離脫)은 실행의 착수 후부터 기수에 이르기 전까지의 사이에 번의하여 이탈하는 경우를 말한다. 착수후 이탈이 성립하기 위한 첫 번째 요건으로는 실행행위의 도중에 공모자 중의 일부가 다른 공모자에 대하여 이탈의

---

255) 대법원 2015.2.16. 선고 2014도14843 판결; 대법원 2010.9.9. 선고 2010도6924 판결; 대법원 2008.4.10. 선고 2008도1274 판결.

256) 대법원 2011.12.22. 선고 2011도12927 판결.

257) 대법원 2010.9.9. 선고 2010도6924 판결; 대법원 2008.4.10. 선고 2008도1274 판결; 대법원 2007.4.12. 선고 2006도9298 판결.

의사표시를 하고 잔여의 공모자가 이를 수락할 것이 필요하다. 두 번째 요건으로는 실행행위를 적극적으로 저지하여 최초의 공모에 근거한 범죄수행의 우려를 완전히 불식시켜야 한다. 그럼에도 불구하고 잔여의 공모자가 당초의 실행행위를 계승하여 결과를 발생시켰다면 그 실행행위는 당초의 공모에 근거한 것이라고 할 수 없기 때문에 새로운 공동정범관계의 성립을 인정하는 의미에서 이탈을 인정하는 것이 가능하다고 할 수 있다. 착수후 이탈을 긍정한 판례의 구체적 내용은 다음과 같다. 즉,

① 소말리아 해적인 피고인들 등이 공모하여 아라비아해 인근 공해상에서 대한민국 해운회사가 운항 중인 선박 '삼호주얼리호'를 납치하여 대한민국 국민인 선원 등에게 해상강도 등 범행을 저질렀다는 내용으로 국내법원에 기소된 사안에서, 피고인 갑이 선장 을을 살해할 의도로 을에게 총격을 가하여 미수에 그친 사실을 충분히 인정할 수 있다고 본 다음, 이 사건 해적들의 공모내용은 선박 납치, 소말리아로의 운항 강제, 석방대가 요구 등 본래 목적의 달성에 차질이 생기는 상황이 발생한 때에는 인질 등을 살상하여서라도 본래 목적을 달성하려는 것에 있을 뿐, 본래 목적 달성이 무산되고 자신들의 생존 여부도 장담할 수 없는 상황에서 보복하기 위하여 그 원인을 제공한 이를 살해하는 것까지 공모한 것으로는 볼 수 없고, 당시 피고인 갑을 제외한 나머지 해적들은 두목의 지시에 따라 무기를 조타실 밖으로 버리고 조타실 내에서 몸을 숙여 총알을 피하거나 선실로 내려가 피신함으로써 저항을 포기하였고, 이로써 해적행위에 관한 공모관계는 실질적으로 종료하였으므로, 그 이후 자신의 생존을 위하여 피신하여 있던 나머지 피고인들로서는 피고인 갑이 을에게 총격을 가하여 살해하려고 할 것이라는 점까지 예상할 수는 없었다고 본 원심판단을 수긍하였다.[258] ② 피고인이 갑 투자금융회사에 입사하여 다른 공범들과 특정 회사 주식의 시세조정 주문을 내기로 공모한 다음 시세조정행위의 일부를 실행한 후 갑 회사로부터 해고를 당하여 공범관계로부터 이탈하였고, 다른 공범들이 그 이후의 나머지 시세조정행위를 계속한 사안에서, 피고인이 다른 공범들의 범죄실행을 저지하지 않은 이상 그 이후 나머지 공범들이 행한 시세조정행위에 대하여도 죄책을 부담함에도, 피고인이 해고되어 갑 회사를 퇴사함으로써 기존의 공모관계에서 이탈하였다는 사정만으로 피고인이 이미 실행한 시세조정행위에 대한 기능적 행위지배가 해소되었다고 보아 그 이후의 각 구 증권거래법(2007.8.3. 법률 제8635호 자본시장과 금융투자업에 관한 법률 부칙 제2조로 폐지) 위반의 공소사실에 대하여 무죄를 선고한 원심판결에 공모공동정범에 관한 법리오해의 위법이 있다.[259] ③ 피고인이 포괄일죄의 관계에 있는 사기범행의 일부를 실행한 후 공범관계에서 이탈하였으나 다른 공범자에 의하여 나머지 범행이 이루어진

258) 대법원 2011.12.22. 선고 2011도12927 판결.
259) 대법원 2011.1.13. 선고 2010도9927 판결.

경우, 피고인이 관여하지 않은 부분에 대하여 죄책을 부담한다. 즉, 피고인이 공범들과 다단계금융판매조직에 의한 사기범행을 공모하고 피해자들을 기망하여 그들로부터 투자금명목으로 피해금원의 대부분을 편취한 단계에서 위 조직의 관리이사직을 사임한 경우, 피고인의 사임 이후 피해자들이 납입한 나머지 투자금명목의 편취금원도 같은 기망상태가 계속된 가운데 같은 공범들에 의하여 같은 방법으로 수수됨으로써 피해자별로 포괄일죄의 관계에 있으므로 이에 대하여도 피고인은 공범으로서의 책임을 부담한다.[260)]

3) 이탈후의 효과

이탈이 인정되는 경우 이탈자는 이탈 후의 다른 공모자에 의한 행위에 대하여는 공동정범으로서의 책임은 지지 아니한다.[261)] 다만 이탈전의 행위에 대하여는 책임을 면할 수 없다고 해야 한다. 착수전의 이탈의 경우 예비죄의 공동정범의 성립이 문제되고, 이탈자에게 임의성이 인정되면 예비죄의 중지범의 성립도 가능할 수 있다. 착수후의 이탈에 있어서는 결과가 발생한 경우도 있겠지만, 이 경우에도 중지범의 적용이 가능하다고 할 수 있다. 중지범의 적용이 인정되기 위한 요건의 하나는 이탈의 의사표시에 대한 임의성이 충족되는 것이다.

(2) 교사범 · 방조범 관계로부터의 이탈

1) 교사범 관계로부터의 이탈

교사범 관계로부터의 이탈도 착수전의 이탈과 착수후의 이탈로 구분하여 검토할 필요가 있다. 첫째, 착수전의 이탈이다. 착수전의 이탈이 성립하기 위해서는 이탈의 의사표시가 피교사자의 실행의 착수 이전에 행하여져 피교사자의 범의를 소멸시킬 것이 필요하다. 이탈이 인정되면 이탈 후의 피교사자에 의한 실행행위에 대하여는 공범관계가 인정될 수 없다. 결과적으로 이탈자에게는 교사의 미수가 되어 처벌되지 않게 된다. 둘째, 착수후의 이탈이다. 착수후의 이탈이 인정되기 위해서는 피교사자에게 이탈의 의사표시를 하고 피교사자가 실행행위를 중지하여 인과적 영향력이 소멸되어야 한다. 문제는 이탈전에 이미 피교사자에 의하여 실행된 행위에 대한 이탈자의 책임에 있다. 이에 대하여는 견해가 대립하고 있다. 이탈자인 교사자에 대하여 장애미수를 인정하여야 한다는 견해와 중지미수를 인정해야 한다는 견해가 그것이다. 생각건대 피교사자가 이미 행한 이탈전의 행위가

260) 대법원 2002.8.27. 선고 2001도513 판결.
261) 대법원 2011.12.22. 선고 2011도12927 판결.

미수에 그친 것은 이탈자의 임의에 의한 것이고, 이에 의하여 공범관계는 드디어 해소되었다고 해야 한다. 따라서 이탈자는 교사범의 중지범이 된다고 할 수 있다. 교사범의 공범관계로부터의 이탈을 긍정한 판례의 내용은 다음과 같다. 즉,

> 교사범이 그 공범관계로부터 이탈하기 위해서는 피교사자가 범죄의 실행행위에 나아가기 전에 교사범에 의하여 형성된 피교사자의 범죄 실행의 결의를 해소하는 것이 필요하고, 이 때 교사범이 피교사자에게 교사행위를 철회한다는 의사를 표시하고 이에 피교사자도 그 의사에 따르기로 하거나 또는 교사범이 명시적으로 교사행위를 철회함과 아울러 피교사자의 범죄 실행을 방지하기 위한 진지한 노력을 다하여 당초 피교사자가 범죄를 결의하게 된 사정을 제거하는 등 제반 사정에 비추어 객관적 · 실질적으로 보아 교사범에게 교사의 고의가 계속 존재한다고 보기 어렵고 당초의 교사행위에 의하여 형성된 피교사자의 범죄 실행의 결의가 더 이상 유지되지 않는 것으로 평가할 수 있다면, 설사 그 후 피교사자가 범죄를 저지르더라도 이는 당초의 교사행위에 의한 것이 아니라 새로운 범죄 실행의 결의에 따른 것이므로 교사자는 형법 제31조 제2항에 의한 죄책을 부담함은 별론으로 하고 형법 제31조 제1항에 의한 교사범으로서의 죄책을 부담하지는 않는다고 할 수 있다.[262]

2) 방조범 관계로부터의 이탈

방조범 관계로부터의 이탈은 착수후의 이탈만이 문제된다. 착수전의 이탈은 아무런 의미를 가지지 않는다고 할 수 있기 때문이다. 다만 방조범 관계로부터의 이탈에 대하여는 교사범관계로부터의 이탈이 그대로 적용된다고 해야 한다. 따라서 피방조자가 이미 행한 이탈전의 행위가 미수에 그친 것은 이탈자의 임의에 의한 것이고, 이에 의하여 공범관계는 드디어 해소되었기 때문에 이탈자는 방조범의 중지범이 된다고 할 수 있다.

Ⅲ. 공범의 경합

공범의 경합(共犯의 競合)이란 공동정범, 교사범 및 종범이 경합하는 경우 어떠한 범죄가 성립할 것인가의 문제를 말한다. 예컨대 교사범이 교사한 후에 피교사자와 함께 교사와 관련된 범죄를 공동실행한 경우 또는 교사한 후에 교사와 관련된 범죄를 방조한 경우에 어떠한 범죄가 성립하는가의 문제이다. 이들의 관계는 법조경합으로 되겠지만, 법조경합의 구체적인 형태에 관하여는 견해가 대립하고

---

262) 대법원 2012.11.15. 선고 2012도7407 판결.

있다. 첫째, 흡수관계로 파악하는 견해이다. 흡수관계(吸收關係)에 의하면 가벼운 공범형식은 무거운 공범형식에 흡수되고, 종속적인 공범형식은 독립적인 공범형식에 흡수된다고 한다. 결과적으로 무거운 공범형식에 의하여 포괄적으로 평가된다고 하게 된다. 둘째, 보충관계로 파악하는 견해이다. 보충관계(補充關係)란 다른 형벌법규가 적용되지 않는 경우에 한하여 보충적으로 적용되는 형벌법규의 관계를 말한다. 인과적 공범론에 의하는 한 공동정범, 교사범 및 종범은 동일한 법익에 대한 공격의 단계적 차이가 인정되는 범죄이기 때문에 이들은 서로 보충관계에 있다고 할 수 있다. 생각건대 어느 견해에 의하든 교사자 또는 방조자가 정범과 실행행위를 공동하여 행한 경우에는 공동정범만이 성립되고, 교사범이 추후에 피교사자를 방조한 경우에는 교사범만이 성립하게 된다고 할 수 있다.

제10장 죄 수 론

제1절 서 설

Ⅰ. 죄수론의 의의

죄수론(罪數論, Kokurrenzlehre)이란 범죄의 수를 확정하기 위한 이론을 말한다. 죄수론의 과제는 범죄의 개수를 확정하고 그 처리를 명확하게 하는 것이다. 범죄의 수는 일죄와 수죄로 대별된다. 일죄(一罪)는 단순일죄, 법조경합 및 포괄일죄로 세분될 수 있다. 이에 반하여 수죄(數罪)는 다시 과형상 일죄, 경합범 및 단순수죄로 나누어 질 수 있다. 공소장의 죄명에는 벌조를 기재하지 않으면 안 되고(형소법 제254조 제3항), 유죄판결에는 법령의 적용을 표시하지 않으면 안 된다(형소법 제323조 제1항). 법령적용의 오류는 항소이유가 된다(형소법 제361조의5). 실체법상의 일죄와 수죄의 한계에 위치하는 것은 포괄일죄와 과형상 일죄이지만, 형사소송법상의 효과에 커다란 차이가 발생하는 것은 과형상 일죄와 병합죄의 구별이다. 수죄는 모든 유죄판결에서 문제로 되고, 유죄로 된 피고인에게는 형기를 좌우하는 중대한 관심사가 된다.

Ⅱ. 죄수결정의 기준

1. 학 설

실체법상으로 일죄와 수죄의 구별기준에 관하여는 행위표준설, 법익표준설, 의사표준설, 구성요건표준설 및 종합판단설이 대립하고 있다.

(1) 행위표준설

행위표준설(行爲標準說)이란 범죄행위의 수에 따라 죄수를 결정하려는 견해를 말한다. 고전학파의 객관주의 범죄론의 입장으로부터 주장된 견해이다. 이에 의하면 행위의 개수에 따라 행위가 1개이면 범죄도 1개이고, 행위가 복수이면 범죄도 복수가 된다. 그러나 행위표준설에 대하여는 접속범과 연속범을 수죄로 파악하고, 상상적 경합범을 일죄로 파악한다는 점에서 비판이 가하여지고 있다.

(2) 법익표준설

법익표준설(法益標準說)이란 침해되거나 위태화된 법익의 수에 따라 죄수를 결정하려는 견해를 말한다. 결과표준설(結果標準說)이라고도 한다. 살인죄에 있어서 보호법익인 생명을 기준으로 죄수를 판단하는 것과 같다. 고전학파의 객관주의 범죄론의 입장으로부터 주장된 견해이다. 법익표준설에 의하면 접속범이 일죄로 된다는 점과 상상적 경합범이 실체법적으로 수죄라는 점에 대하여는 설명이 가능하게 된다. 그러나 법익표준설에 대하여는 상상적 경합범이 과형상 일죄가 된다는 점을 설명하기 곤란하다고 비판되고 있다.

(3) 의사표준설

의사표준설(意思標準說)이란 행위자의 범죄의사의 수에 따라 죄수를 결정하려는 견해를 말한다. 범죄의사란 고의뿐만 아니라 과실도 포함하는 개념이다. 근대학파의 주관주의 범죄론의 입장으로부터 주장된 견해이다. 이에 의하면 연속범이나 상상적 경합범은 1개의 범죄의사에 의한 것이기 때문에 일죄가 된다. 그러나 의사표준설에 대하여는 행위자의 내심에 있는 의사의 수를 파악하는 것이 불가능할 뿐만 아니라 행위자의 악성을 중시한 결과 범죄의 정형성을 무시한다는 이론상의 문제점이 지적되고 있다. 또 상상적 경합범을 실체법상 일죄로 파악하여 실체법상 수죄로 규정하고 있는 형법과 조화되지 않는다는 점이 해석상의 문제점으로 지적되고 있다.

(4) 구성요건표준설

구성요건표준설(構成要件標準說)이란 구성요건이 충족되는 수에 따라서 죄수를 결정하려는 견해를 말한다. 이에 의하면 행위, 결과 또는 의사의 수와는 무관하게 구성요건해당성의 수에 의해서만 죄수가 결정되게 된다. 이에 의하면 상상적 경합범을 수죄로 설명하는 것이 가능하게 된다. 그러나 구성요건표준설에 대하여는 접속범이나 집합범을 수죄로 파악하게 된다는 문제점이 지적되고 있다.

(5) 혼합판단설

혼합판단설(混合判斷說)이란 죄수기준의 여러 기준을 혼합하여 죄수를 결정하려고 하는 견해를 말한다. 그러나 혼합판단설에 대하여는 모든 경우를 망라하기 위한 기준을 얻기 위하여 죄수론판단의 기본척도를 지나치게 추상화하고 있다는 점에서 비판이 가하여지고 있다.

2. 판 례

판례의 입장을 한마디로 말하기란 쉽지 않다. 굳이 한마디로 말한다면, 혼합판단설의 입장이라고 추정된다. 죄수결정에 있어서 어느 하나의 기준에 의하거나 몇 가지 기준의 조합에 의하여 판단하고 있다고 보이기 때문이다. 다만 판례에서도 범죄표준설을 취한 입장이 발견되고 있다. 대법원이 '실질적으로 1죄인가 또는 수죄인가는 구성요건적 평가와 보호법익의 측면에서 고찰하여 판단하여야 한다'고 판시한 바 있기 때문이다.[1] 죄수의 결정기준에 관한 판례의 구체적 내용은 다음과 같다. 즉,

① 저작재산권 침해행위는 저작권자가 같더라도 저작물별로 침해되는 법익이 다르므로 각각의 저작물에 대한 침해행위는 원칙적으로 각 별개의 죄를 구성한다고 할 것이다. 다만 단일하고도 계속된 범의 아래 동일한 저작물에 대한 침해행위가 일정 기간 반복하여 행하여진 경우에는 포괄하여 하나의 범죄가 성립한다고 볼 수 있다.[2] ② 사기죄에 있어서 수인의 피해자에 대하여 각 피해자별로 기망행위를 하여 각각 재물을 편취한 경우에 그 범의가 단일하고 범행방법이 동일하다고 하더라도 포괄1죄가 성립하는 것이 아니라 피해자별로 1개씩의 죄가 성립하는 것으로 보아야 할 것이다.[3] ③ 간통죄는 성교행위마다 1개의 죄가 성립하는 것으로서 각 간통행위마다 배우자의 고소가 있어야 논할 수 있다.[4] ④ 조세포탈의 죄수는 위반사실의 구성요건충족 횟수를 기준으로 하여 정하는 것으로서 법인세나 법인영업세는 사업연도를 과세기간으로 하는 것이므로 각 그 포탈범죄는 각 사업연도마다 그리고 물품세는 매월분을 익월말일까지 납부해야 하는 것이므로 그 포탈범죄는 그 납기마다 각각 1개씩의 범죄가 성립한다고 한

1) 대법원 2000.7.7. 선고 2000도1899 판결; 대법원 2003.4.8. 선고 2002도6033 판결; 대법원 1984.6.26. 선고 84도782 판결.

2) 대법원 2013.8.23. 선고 2011도1957 판결; 대법원 2012.5.10. 선고 2011도12131 판결.

3) 대법원 1997.6.27. 선고 97도508 판결; 대법원 1995.8.22. 선고 95도594 판결; 대법원 1996.2.13. 선고 95도2121 판결.

4) 대법원 1989.9.12. 선고 89도54 판결; 대법원 1971.2.23. 선고 71도68 판결; 대법원 1969.10.14. 선고 69도1337 판결.

바 있다.[5] ⑤ 혼인빙자간음죄는 각 간음행위마다 1개의 죄가 성립된다.[6]

3. 검 토

죄수의 결정에 관하여는 종래부터 행위표준설, 법익표준설, 의사표준설 및 구성요건표준설이 주장되어 왔다. 그러나 행위, 결과 또는 의사를 표준으로 하는 견해는 모두 구성요건요소 중 일부를 취하여 죄수결정의 기준으로 하는 단편적 판단임에 반하여 구성요건표준설은 구성요건요소를 모두 고려하여 판단하는 종합적 판단이라고 할 수 있다. 구성요건표준설은 하나의 구성요건에 1회 해당하면 1죄로 하는 것이다.

생각건대 범죄의 개수를 결정하는 기준도 최종적으로는 범죄의 성립요건을 종합적으로 고려하여 결정하는 소위 범죄표준설(犯罪標準說)이 타당하다고 해석된다. 따라서 범죄의 성립은 구성요건을 출발점으로 하기 때문에 범죄의 수는 기본적으로 구성요건을 기준으로 결정하는 구성요건표준설(構成要件標準說)이 타당하다. 구성요건해당성이 1회면 1개의 범죄가 성립하여 단순일죄가 된다고 해야 한다. 다만 구성요건표준설은 그 하위기준으로서 객관적 구성요건요소인 객체, 행위 및 결과 등을 고려할 수 있다고 하는 경우 종합판단설과의 차이점은 거의 없어질 정도로 좁혀질 수 있는 것으로 보인다. 그 다음으로 구성요건기준에 의하여 죄수를 결정할 수 없는 경우에는 위법성에 상응하여 법익의 침해 또는 위험을 기준으로 결정하고, 순차에 의하여 최종적으로는 책임을 고려하여 결정하는 것이 타당하다고 해석된다. 죄수에 있어서는 범죄론의 차원에서 실체법상의 기준이 선행하고 형벌이나 소송상의 효과가 후행하여 결정되는 것이 타당하다고 해야 하기 때문이다. 따라서 형벌과 소송상의 효과는 실체법상의 수죄에 대하여 각각의 취지에 맞게 독자적으로 검토되는 것이 순서이고, 그것으로 충분하다고 할 수 있다.

제2절 일 죄

일죄(一罪)란 어느 행위로 인하여 성립되는 범죄의 수가 1개인 경우를 말한다.

---

5) 대법원 1987.12.22. 선고 87도84 판결.
6) 대법원 1983.11.8. 선고 83도2474 판결.

이에 반하여 2개 이상인 경우를 수죄(數罪)라고 한다. 이와 같이 일죄와 수죄의 구별은 본래 성립상의 범죄의 수를 기준으로 한다.

Ⅰ. 단순일죄

단순일죄(單純一罪)란 1개의 구성요건을 1회 충족하는 경우를 말한다. 본래 일죄로 취급되는 것 중에는 단순일죄, 포괄일죄 및 법조일죄(법조경합)가 있다. 다만 단순일죄는 1개의 행위에 의하여 1개의 결과가 발생하고 벌칙도 1개인 범죄이다. 그러나 법조경합이나 포괄일죄는 실질적으로는 1죄이나 외관상으로는 수죄로 보이는 범죄이다. 단순일죄를 인식상 일죄(認識上 一罪)라고 하거나 법조경합과 포괄일죄를 평가상 일죄(評價上 一罪)라고 하여 이들의 성격을 구별하는 경우도 있다.

Ⅱ. 법조경합

1. 법조경합의 의의

법조경합(法條競合)이란 1개의 행위가 수개의 구성요건에 해당하여 복수의 단순일죄가 성립하는 것처럼 보이지만, 성립된 구성요건 사이의 논리관계상 하나의 구성요건만이 적용되고 나머지 구성요건은 배제되는 경우를 말한다. 법조경합은 범죄행위가 경합하는 것이 아니라 적용될 법조가 경합되는 경우이기 때문에 법조는 복수이나 죄수는 하나라는 의미에서 법조일죄(法條一罪, Gesetzeseinheit)라고도 한다. 법조경합은 법률과 법률 또는 조문과 조문 사이의 경합이라는 의미에서 법조경합이라고 하고, 법조 상호간의 관계에 의하여 적용될 법조와 배제될 법조가 정하여지게 된다. 한편 법조경합은 1개의 행위가 외관상 수개의 죄의 구성요건에 해당하는 것처럼 보이나 실질적으로 1죄만을 구성한다는 점에서[7] 1개의 행위가 실질적으로 수개의 구성요건을 충족하는 상상적 경합과 구별된다.

2. 법조경합의 유형

법조경합에 있어서는 몇 가지의 유형이 거론되고 있다. 특별관계, 보충관계, 흡

---

7) 대법원 2000.7.7. 선고 2000도1899 판결; 대법원 2004.1.15. 선고 2001도1429 판결.

수관계 및 택일관계가 그것이다.

(1) 특별관계

특별관계(特別關係)란 수개의 구성요건이 일반법과 특별법의 관계에 있는 경우를 말한다. 법조경합의 전형적인 경우로서 '특별법은 일반법에 우선한다'(lex specialis derogat legi generali)는 특별법우선의 원칙에 따라 판단한다. 어느 행위가 특별법에 속하는 구성요건에 해당하게 되면 일반법의 구성요건에는 해당하지 않게 된다. 살인죄와 존속살해죄, 살인죄와 동의살인죄, 단순도박죄와 상습도박죄, 횡령죄와 업무상 횡령죄 등에서와 같이 행위는 양자에 해당하고 있지만, 후자가 성립하는 경우 전자의 성립을 부정하게 된다. 대법원도 "특별관계란 어느 구성요건이 다른 구성요건의 모든 요소를 포함하는 외에 다른 요소를 구비하여야 성립하는 경우로서 특별관계에 있어서는 특별법의 구성요건을 충족하는 행위는 일반법의 구성요건을 충족하지만 반대로 일반법의 구성요건을 충족하는 행위는 특별법의 구성요건을 충족하지 못한다"고 판시한 바 있다.[8)]

(2) 보충관계

보충관계(補充關係)란 수개의 구성요건이 기본법과 보충법의 관계에 있는 경우를 말한다. '기본법은 보충법에 우선한다'(lex primaria derogat legi subsidiariae)는 원칙에 따라 판단한다. 보충법은 다른 법규가 적용되지 않을 경우에 한하여 보충적으로만 적용되게 된다. 살인기수죄가 성립하게 되면 살인미수죄의 적용은 배제되게 된다. 상해죄가 성립하는 경우에는 폭행죄는 성립하지 않게 된다. 또 일반건조물방화죄(제166조)는 현주건조물방화죄(제164조) 또는 공용건조물방화죄(제165조)가 성립하지 않는 경우에만 문제로 된다.

(3) 흡수관계

흡수관계(吸收關係)란 어느 구성요건에 해당하는 행위가 다른 구성요건에 해당하는 행위를 포함하고 있거나 수반하고 있는 경우를 말한다. 흡수관계에서는 '전부법은 부분법을 폐지한다'(lex comsumens derogat legi consumtae)는 원칙에 따라 판단하기 때문에 전자만을 가지고 평가하면 충분하다고 이해되고 있다. 다만 견해에 따라서는 몇 가지의 점에서 차이를 보이고 있다. 첫째, 어느 구성요건에 해당하는 행위가 다른 구성요

---

8) 대법원 2010.12.9. 선고 2010도10451 판결; 대법원 2006.5.26. 선고 2006도1713 판결; 대법원 2003.4.8. 선고 2002도6033 판결; 대법원 1993.6.22. 선고 93도498 판결.

건에 포함되어 있는 경우로서 기수와 미수의 관계에서와 같이 보충관계가 아니라 흡수관계로 이해하는 견해가 있다. 또 종래 살인기수에 있어서 살인예비는 불가벌적 사전행위, 절도범인이 도품을 손괴한 경우 재물손괴는 불가벌적 사후행위로서 흡수관계로 파악하여 왔다. 둘째, 어느 구성요건에 해당하는 행위가 다른 구성요건에 수반되어 있는 경우로서 살인행위와 의복손괴행위에서와 같이 불가벌적 수반행위를 흡수관계로 파악하는 견해가 있다. 결국 불가벌적 사전행위, 불가벌적 수반행위 및 불가벌적 사후행위로 표현되는 모든 행위를 흡수관계로 파악하고 있다고 보인다. 그러나 불가벌적 수반행위와 불가벌적 사후행위는 별개의 법익을 침해하고 있는 것이 분명하므로 법조경합이 아니라 포괄일죄로서 평가하여야 한다는 견해가 주장되고 있다. 일본에서는 이러한 경우에 흡수관계가 아니라 포괄일죄의 한 유형으로서 흡수일죄를 인정하고 있다. 또 일본에서는 포괄일죄의 일반적인 유형을 협의의 포괄일죄라고 하여 흡수일죄와 구별하고 있는 것으로 보인다.

(4) 택일관계

택일관계(擇一關係)란 하나의 행위에 적용가능하고 상호 양립할 수 없는 복수의 구성요건 중에서 어느 하나에 해당하면 나머지의 구성요건은 배제되는 배타적 관계에 있는 경우를 말한다. 택일관계로서는 횡령죄와 배임죄, 절도죄와 횡령죄 및 점유이탈물횡령죄의 관계가 거론되고 있다. 그러나 택일관계는 특별관계나 보충관계와의 한계가 미묘하기 때문에 택일관계라는 독자적인 영역을 인정하는 것에 의문을 제기하는 견해도 있다. 생각건대 택일관계란 양립되지 않는 두 개의 구성요건 사이에서 일방만이 적용되고 타방은 배제되는 관계를 말한다. 횡령죄와 배임죄에서와 같이 확실히 일방이 성립하면 타방은 성립하지 않는다는 의미에서는 택일적이다. 그러나 그것은 당해 행위가 어느 것에 해당하는가 하는 해석의 문제이고 법조가 택일관계로 경합하고 있는 것은 아니라고 해석된다.

3. 법조경합의 효과

법조경합이 인정되면 경합되는 법조 중에서 하나만이 적용된다. 나머지의 법조는 그 적용에서 배제되기 때문이다. 법조경합은 일죄라는 점에서는 상상적 경합과 공통되지만, 성립상의 일죄라는 점에서 실체법상 수죄가 성립하고 있지만 과형상의 일죄인 상상적 경합과는 구별된다.

Ⅲ. 포괄일죄

1. 포괄일죄의 의의

포괄일죄(包括一罪)란 일반적으로 수개 또는 수회의 구성요건에 해당하는 사실이 전체로서 일죄로 되는 경우를 말한다. 수개의 행위가 형식적으로는 수죄를 구성하고 있는 것으로 보이지만, 각기 존재하는 복수의 행위가 그 구성요건을 한 번만 충족하는 것이라고 포괄적으로 평가되는 것을 말한다.[9] 포괄적 일죄(包括的一罪)라고도 한다. 대법원에 의하면 포괄일죄에 있어서는 그 일죄의 일부를 구성하는 개개의 행위에 대하여 구체적으로 특정되지 아니하더라도 그 전체범행의 시기와 종기, 범행방법, 범행횟수 또는 피해액의 합계 및 피해자나 상대방을 명시하면 이로써 그 범죄사실은 특정된다고 한다.[10]

2. 포괄일죄의 유형

포괄일죄의 유형으로서는 결합범, 계속범, 접속범, 집합범 및 연속범이 거론되고 있다. 다만 연속범에 관하여는 견해가 일치하지 않고 있다. 결합범은 행위의 결합성을 요소로 한다는 점에서 계속성을 요소로 하는 계속범, 접속성을 요소로 하는 접속범, 집합성을 요소로 하는 집합범 또는 연속성을 요소로 하는 연속범과 구별된다고 할 수 있다. 한편 견해에 따라서는 결합범과 계속범을 협의의 단순일죄, 접속범을 협의의 포괄일죄 및 집합범을 광의의 포괄일죄로 분류하는 경우도 있다.

(1) 결합범

결합범(結合犯)이란 구성요건이 처음부터 복수의 행위의 존재를 예정하고 있는 범죄를 말한다. 각각 독립하여 범죄로 되는 수개의 행위를 결합하여 하나의 범죄를 구성하는 경우가 결합범인 것이다. 강도죄는 폭행 또는 협박과 절취라는 각각 독립하여도 범죄를 구성할 수 있는 2개의 행위를 결합시킨 결합범이다. 이 외에도 결합범으로서는 강도죄와 강간죄를 결합시킨 강도강간죄, 절도죄와 폭행 또는 협박죄를 결합시킨 준강도죄, 주거침입죄와 절도죄를 결합시킨 야간주거침입절도

---

9) 대법원 1984.8.14. 선고 84도1139 판결.
10) 대법원 1988.11.8. 선고 88도1580 판결.

죄 등이 예시되고 있다.

(2) 계속범

계속범(繼續犯)이란 범죄가 이미 완성된 후에도 행위의 위법상태가 여전히 계속되고 있는 범죄를 말한다. 감금죄, 주거침입죄 또는 퇴거불응죄 등이 대표적으로 이에 속한다. 계속범은 사실상 수개의 행위가 행하여지는 경우가 많기 때문에 포괄일죄로서 다루어지고 있다고 한다.

그러나 계속범은 위법한 상태가 유지되는 한 아직 끝나지 않은 행위가 계속되고 있다고 보아야 하고, 일시적 중단이 있더라도 위법상태는 종료되지 않고 여전히 유지되고 있다고 보아야 한다. 이러한 의미에서 계속범의 일죄성(一罪性)이 명확하다고 해야 하기 때문에 계속범은 포괄일죄가 아니라 단순일죄로서 처리하는 것이 더욱 타당하다고 해석된다. 그럼에도 불구하고 계속범이 포괄일죄라고 하는 의미를 감금상태가 일단 종료한 후 다시 감금행위가 시작된 상황에서도 계속범으로서 포괄일죄라고 하는 의미라면 그것은 이해가 가능하다고 할 수 있다. 2일 동안 감금되었던 피해자가 탈출한 후 다시 2일간 감금된 사례에 있어서 2개의 감금죄가 아니라 4일간의 1개의 감금죄만을 인정하는 경우라고 할 수 있다.

(3) 접속범

접속범(接續犯)이란 사실상 수개의 독립된 범죄를 구성하는 행위이지만 동일한 범죄의사에 의하여 시간적·장소적으로 접속하여 행하여지고 있기 때문에 일죄로서 평가되는 범죄를 말한다. 하룻밤 사이에 동일한 창고에서 수회에 걸쳐 대기시켜 놓은 차량으로 물품을 반출하는 경우로서 포괄하여 일죄의 성립이 인정된다. 다만 접속범의 성립범위와 관련하여서는 견해가 대립하고 있다. 구성요건의 동일성, 피해법익의 단일성, 시간적·장소적 접속성 등의 구체적 행위상황 및 단일한 범죄의사 등의 주관적 요건을 종합하여 판단하여야 한다는 구성요건표준설과 일죄로 평가되는 것은 범죄이기 때문에 최종적으로는 범죄의 성립요건 전체를 고려하여 판단하여야 한다는 범죄표준설이 그것이다. 대법원은 구성요건표준설에 입각하여 "접속범이 일죄로 파악되는 것은 복수의 행위가 동일 죄명에 해당하며 그 피해법익이 단일하고 범의에 계속성이 있는 까닭이다"라고 판시한 바 있다.[11]

11) 대법원 1984.8.14. 선고 84도1139 판결.

(4) 집합범

집합범(集合犯)이란 구성요건이 처음부터 수개의 행위를 예정하고 있는 범죄를 말한다. 상습범과 영업범 또는 직업범이 대표적으로 이에 속한다. 상습범(常習犯)은 상습성을 가지는 범인의 반복된 범행을 예정하고 있다. 도박의 상습자가 체포될 때까지 수십회 또는 수백회의 도박행위를 반복하여도 상습도박죄의 일죄로 된다. 영업범(營業犯) 또는 직업범(職業犯)은 범죄를 영업 또는 직업으로 행하는 경우를 말한다. 무면허의료행위자가 다수의 환자에 대하여 무면허의료행위를 행하여도 체포될 때까지의 행위를 전체로서 일죄로 파악하는 경우를 말한다. 집합범의 경우 1회의 행위로도 상습성 또는 영업성이 인정되면 상습범 또는 영업범이 성립할 수 있는 반면 수회의 행위가 행하여진 경우 각각의 행위가 구성요건에 해당함에도 불구하고 포괄하여 일죄(포괄일죄)로 취급된다.

(5) 연속범

1) 개 념

① 의 의

연속범(連續犯, fortgesetztes Delikt)이란 계속 범행의 의사로 동일한 법익에 대하여 일정한 기간 동안 동종의 방법으로 반복해서 행하여진 수개의 행위가 포괄하여 1죄를 구성하는 경우를 말한다. 매일 밤 라면 한 상자씩을 수개월에 걸쳐 절취한 경우 또는 동일한 상대에 대하여 수년에 걸쳐 지속적으로 성폭행한 경우 등이 예시될 수 있다.

② 구별개념

연속범은 연속된 동종의 수개의 행위가 포괄하여 단순일죄로 취급된다는 점에서 하나의 행위가 수개의 구성요건에 해당하나 과형상의 일죄로 취급되는 상상적 경합(想像的 競合)이나 수개의 행위로 인하여 수죄로 취급되는 실체적 경합(實體的 競合) 또는 외관상 수개의 법규에 해당하나 법규의 성질상 일방이 타방을 배척하여 일죄만 성립하는 법조경합(法條競合)과 구별된다. 뿐만 아니라 연속범은 동종의 수개의 행위가 연속된다는 점에서 이종의 행위들이 하나의 범죄를 구성하는 결합범(結合犯)이나 동종의 행위의 반복이 시간적·장소적 접속성을 요하는 접속범(接續犯) 또는 처음부터 구성요건 자체가 수개의 행위를 예정하고 있는 상습범·영업범·직업범 등의 집합범(集合犯)과도 구별된다고 할 수 있다. 문제는 접속범의 인정여부에 있다.

2) 인정여부

연속범의 인정여부에 관하여는 다툼이 있다. 연속범에 관하여 형법이 아무런 규정을 두고 있지 않기 때문인 것으로 보인다. 한편 우리나라에 의용되었던 일본의 구형법은 "연속한 수개의 행위로서 동일한 죄명에 해당하는 때에는 일죄로서 이를 처단한다"라고 하여 연속범을 일죄로 규정하고 있었다(구형법 제55조). 그러나 우리나라의 현행 형법은 이를 삭제하여 연속범에 관한 규정을 폐지하였다.[12] 한편 일본의 신형법도 1947년 이를 폐지한 바 있다.

① 학 설

ⅰ **긍정설** : 연속범을 포괄적 일죄의 하나로 인정하는 견해를 말한다. 다수설의 입장이라고 할 수 있다. 독일에서도 1871년 제국형법 이래 연속범이 입법화되지 않았음에도 불구하고 1994년 5월 3일 연방법원 형사 전원합의부(Der Große Senat für Strafsachen des BGH)가 연속범을 부정하는 쪽으로 입장변화를 보일 때까지 통설과 판례의 의하여 인정되어 왔다고 한다. 연속범을 경합범이라고 하게 되면 행위를 개별적으로 특정해야 하기 때문에 소송경제에 반한다는 점, 피고인에게 지나치게 불리하다는 점 및 일사부재리의 원칙이 적용되기 어렵다는 점 등이 그 근거로 거론되고 있다. 이외에도 상습범가중, 누범가중 및 경합범가중이 순차적으로 적용되는 형법의 구조하에서 연속범을 실체적 경합으로 파악하는 경우 가혹하고 과잉금지의 원칙에 위배된다는 점과 연속범을 포괄일죄로 취급하는 것이 사물의 본성에도 합당하다는 점이 제시되고 있다.

ⅱ **부정설** : 연속범의 성립을 부정하는 견해를 말한다. 연속범의 성립을 부정하고, 실체적 경합범으로 취급할 것을 주장하게 된다. 독일의 연방법원 형사 전원합의부(Der Große Senat für Strafsachen des BGH)가 1994년 5월 3일 연속범을 폐기한 판결의 영향을 받는 견해라고 추정되기도 한다.[13]

② 판 례

판례는 연속범을 대체로 긍정하고 있는 것으로 해석된다. 대법원은 "동일 죄명에 해당하는 수개의 행위 혹은 연속된 행위를 단일하고 계속된 범의하에 일정 기간 계속하여 행하고 그 피해법익도 동일한 경우에는 이들 각 행위를 통틀어 포괄일죄로 처단하여야 할 것이다"라고 하여 연속범의 성립요건을 제시한 바 있다.[14] 따라

---

12) 구형법 1953.10.3. 시행 기타 제293호 1953.9.18. 타법폐지.
13) BGHSt. GrS. 40, 138.

서 연속범의 요건이 구비되지 아니한 경우에는 당연히 연속범은 부정되고 실체적 경합이 인정되게 된다. 연속범을 긍정한 판례의 구체적 내용은 다음과 같다. 즉,

① 수개의 업무상 횡령행위라 하더라도 그 피해법익이 단일하고, 또 범죄의 태양이 동일하며 단일범의의 발현에 기인하는 일련의 행위라고 인정될 때에는 포괄하여 1개의 범죄라고 봄이 타당하다.[15] ② 동일한 법익에 속하는 범죄를 일시 장소를 달리하여 수차에 걸쳐 실행하였으나 미수에 그치다가 그 목적을 달성한 경우에, 그 일련의 행위가 단일한 의사발동에서 나왔고 그 사이에 범의의 갱신이 없는 한 각 행위가 동일 또는 다른 일시 장소에서 행하여졌거나, 방법의 동일여부에 관계없이 기수에 이를 때까지의 행위는 모두 실행행위의 일부로서 이를 포괄적으로 보아 1죄로 처단할 것이지 경합범으로 처단할 수 없다.[16] ③ 수뢰죄에 있어서 단일하고도 계속된 범의 아래 동종의 범행을 일정기간 반복하여 행하고 그 피해법익도 동일한 것이라면 돈을 받은 일자가 상당한 기간에 걸쳐 있고, 돈을 받은 일자 사이에 상당한 기간이 끼어 있다 하더라도 각 범행을 통틀어 포괄일죄로 볼 것이다.[17] ④ 연속범을 구성하는 수개행위 중 그 일부행위에 대한 판단에 위법이었다 할지라도 이는 판결에 영향이 없고 원판결을 파훼할 상고이유되지 못한다.[18]

연속범을 부정한 판례의 구체적 내용은 다음과 같다. 즉,

구 형법의 연속범, 견련범은 그 수개행위 중 가장 법정형 또는 범정이 중한 자의 일죄로 하여 처단하는 것이므로 그 수개행위는 총괄적 일죄이고 독립한 수개의 죄가 아니므로 그 어느 일부에 관하여 법률의 변경이 있는 경우에도 그 각개의 죄에 대하여 신구법의 형을 비교할 것이 아니오 먼저 그 행위 중 가장 형이 중한 자의 일죄로 한 후에 신구법의 비교를 하여야 한다. 신형법의 경합범에 있어서는 상상적 경합범을 제외하고 연속범, 견련범을 막론하고 일체 이를 인정하지 아니하고 그 행위를 수개의 죄로 하여 경합가중하는 것이다.[19]

---

14) 대법원 2012.3.29. 선고 2011도14135 판결; 대법원 2005.9.30. 선고 2005도4051 판결; 대법원 2005.5.13. 선고 2005도278 판결; 대법원 2004.5.14. 선고 2004도1034 판결; 대법원 1998.2.10. 선고 97도2836 판결; 대법원 1997.12.26. 선고 97도2609 판결; 대법원 1990.9.25. 선고 90도1588 판결; 대법원 1989.11.28. 선고 89도1309 판결; 대법원 1989.9.26. 선고 89도1334 판결.

15) 대법원 1993.10.12. 선고 93도1512 판결; 대법원 1985.8.13. 선고 85도1275 판결.

16) 대법원 1983.1.18. 선고 82도2761 판결.

17) 대법원 1978.12.13. 선고 78도2545 판결.

18) 대법원 1950.3.20. 선고 4283형상72 판결.

19) 대법원 1955.8.19. 선고 4288형상157 판결.

③ 검 토

상습성, 영업성 또는 직업성 등을 가지지 않더라도 다수의 범죄행위가 존재하는 경우 전체행위를 포괄하여 취급할 필요성이 존재한다. 전술한 바와 같이, 연속범을 과형상 일죄나 경합범으로 파악하는 경우 모든 행위를 개별적으로 파악해야 하는데 이는 소송경제에 반한다는 점과 피고인에게 지나치게 불리한 결과를 초래할 수 있다는 점, 연속범을 수죄로 파악하는 경우 공소제기시 모든 행위에 대한 공소사실을 개별적으로 특정해야 한다는 점과 일사부재리의 원칙도 적용되지 않게 된다는 점에서 비판은 타당하다고 할 수 있다. 결국 연속범은 포괄일죄로 파악되는 것이 타당하다고 할 수 있다. 연속범을 정책적인 측면에서 일죄로 파악해야 할 현실적인 필요성이 존재한다고 해야 하기 때문이다.

3) 구성요건

연속범이 성립하기 위해서는 구성요건해당성, 위법성 및 책임이 구비되어야 한다. 다만 위법성과 책임은 다른 범죄의 경우와 다를 것이 없기 때문에 구성요건해당성에 관하여만 검토하기로 한다. 판례는 연속범이 성립하기 위한 요건으로서 동일 죄명에 해당하는 수개의 행위 혹은 연속된 행위가 단일하고 계속된 범의하에 일정 기간 계속하여 행하여지고 그 피해법익도 동일할 것을 요구하고 있다.[20)]

① 객관적 구성요건

ⓘ 객 체: 연속된 행위에 의하여 침해되는 법익은 단일하여야 한다(법익의 단일성).[21)] 피해법익이 동일하지 않을 경우에는 포괄일죄가 긍정될 수 없다.[22)] 다만 생명, 신체, 명예 등과 같이 일신전속적 법익의 경우에는 법익의 귀속주체의 동일성도 요구된다고 해야 한다. 따라서 동일한 주체의 법익에 대하여 행하여진 수개의 행위만이 포괄일죄로서 파악될 수 있다. 예컨대 수인에 대한 살인, 상해, 강간 등은 포괄일죄로 될 수 없다.

ⓘⓘ 행 위: 행위의 방법은 유사해야 한다(방법의 동일성). 따라서 예비와 본범 및 미수와 기수 사이의 연속범은 성립이 가능하다. 그러나 고의범과 과실범 사이의 연속범은 성립할 수 없다. 다만 작위범과 부작위범 또는 정범과 공범 사이의 연속범의 성부에 대하여는 긍정설과 부정설이 대립하고 있으나, 긍정설 중에

20) 대법원 2012.3.29. 선고 2011도14135 판결.
21) 대법원 1984.8.14. 선고 84도1139 판결.
22) 대법원 2012.3.29. 선고 2011도14135 판결; 대법원 2005.9.30. 선고 2005도4051 판결; 대법원 2000.1.21. 선고 99도4940 판결.

는 작위범과 부작위범 사이의 연속범의 성립만을 부정하는 견해도 있다. 대법원은 "범행방법이 동일하지 않은 경우에는 각 범행은 실체적 경합범에 해당한다"고 판시한 바 있다.[23]

ⅲ **상 황**: 행위는 일정기간 동안 연속적으로 반복하여 행하여져야 한다. 따라서 행위들은 접속할 필요까지는 없지만, 시간적·장소적으로 연속성을 인정할 수 있어야 한다(시간의 연속성). 범행간의 시간적 간격이 너무 큰 경우에는 연속범을 인정할 수 없게 된다. 예컨대 수뢰죄에 있어서 돈을 받은 일자가 상당한 기간에 걸쳐 있고, 돈을 받은 일자 사이에 상당한 기간이 끼어 있다 하더라도 각 범행을 통틀어 포괄일죄로 볼 수 있다.[24] 그러나 반복된 히로뽕 제조행위간에 9개월의 간격이 있고 범행장소도 상이한 경우에는 포괄일죄로 보기 어렵다.[25]

② 주관적 구성요건

연속범의 주관적 구성요건도 고의이다. 연속범의 고의에는 단일성이 요구된다(고의의 단일성). 고의의 단일성의 의미에 대하여는 견해가 대립하고 있다. 첫째, 고의의 단일성은 범죄전체에 대한 고의로서의 전체고의를 의미한다는 견해이다. 이에 대하여는 계획적이고 치밀한 범죄인에게 특혜를 주는 부당한 결과가 초래된다고 비판되고 있다. 둘째, 고의의 단일성이란 고의의 계속성 또는 계속적 고의(Fortsetzungs-vorsatz)를 의미한다는 견해이다.

대법원도 연속범의 주관적 요건으로서 범의의 계속성을 요구하고 있다.[26] 대법원은 "포괄일죄의 관계에 있는 범행 일부에 대하여 판결이 확정된 경우에는 사실심 판결선고 시를 기준으로 그 이전에 이루어진 범행에 대하여는 확정판결의 기판력이 미쳐 면소의 판결을 선고하여야 할 것인데, 동일 죄명에 해당하는 여러 개의 행위 혹은 연속된 행위를 단일하고 계속된 범의하에 일정 기간 계속하여 행하고 피해법익도 동일한 경우에는 이들 각 행위를 통틀어 포괄일죄로 처단하여야 할 것이나, 범의의 단일성과 계속성이 인정되지 아니하거나 범행방법 및 장소가 동일하지 않은 경우에는 각 범행은 실체적 경합범에 해당한다"고 판시한 바 있다.

생각건대 고의의 단일성이란 고의의 계속성을 의미한다고 해야 한다. 따라서 범의를 갱신한 경우[27] 또는 범의의 계속성이 인정되지 아니하는 경우에는 포괄적

---

23) 대법원 2012.3.29. 선고 2011도14135 판결; 대법원 2005.9.30. 선고 2005도4051 판결.
24) 대법원 2000.1.21. 선고 99도4940 판결.
25) 대법원 1982.11.9. 선고 82도2055 판결.
26) 대법원 2020.5.14. 선고 2020도1355 판결.

일죄가 아니라 실체적 경합에 해당한다고 할 수 있다.[28]

3. 포괄일죄의 효과

(1) 실체법상의 효과

포괄일죄는 실체법상 일죄이므로 하나의 죄로 처벌된다. 구성요건을 달리 하는 행위가 포괄일죄가 되는 때에는 중한 죄의 일죄만 성립한다. 따라서 포괄일죄의 일부 범행이 누범기간 내에 이루어진 이상 나머지 범행이 누범기간 경과 후에 이루어졌더라도 그 범행 전부가 누범에 해당한다고 보아야 한다.[29] 상습범과 같은 이른바 포괄적 일죄는 그 중간에 별종의 범죄에 대한 확정판결이 끼어 있어도 그 때문에 포괄적 범죄가 둘로 나뉘는 것은 아니라 할 것이고, 또 이 경우에는 그 확정판결 후의 범죄로서 다루어야 한다.[30]

(2) 소송법상의 효과

포괄일죄는 소송법상으로도 일죄이다. 포괄일죄에 대한 공소의 효력이나 기판력은 포괄일죄에 해당하는 죄의 전부에 미친다. 따라서 포괄일죄 관계에 있는 공소사실 중 일부에 대하여 주문에서 무죄를 선고하였다 하여도 판결결과에 어떤 영향을 미친다고 할 수 없다.[31] 반대로 확정판결을 받은 사기죄와 그 확정판결 전에 행해진 4회에 걸친 사기행위가 모두 피고인의 사기습벽에서 이루어졌다면 위 두 범죄는 실체법상 포괄일죄인 상습사기죄의 관계에 있다 할 것이므로 위 사기죄에 대한 확정판결의 기판력은 그 후에 상습사기죄로 공소제기된 확정판결 전의 범행에 대하여도 미치게 되는 것이므로 이에 대하여는 면소의 판결을 해야 할 것이다.[32]

---

27) 대법원 1983.1.18. 선고 82도2761 판결 참조.
28) 대법원 2012.3.29. 선고 2011도14135 판결; 대법원 2005.9.30. 선고 2005도4051 판결.
29) 대법원 2012.3.29. 선고 2011도14135 판결.
30) 대법원 1986.2.25. 선고 85도2767 판결.
31) 대법원 1983.8.23. 선고 83도1288 판결.
32) 대법원 1983.10.11. 선고 82도402 판결.

제3절 수 죄

수죄는 과형상 일죄(상상적 경합), 실체적 경합 및 단순수죄의 경우로 나누어 검토할 필요가 있다.

Ⅰ. 과형상 일죄

제40조 (상상적 경합) 한 개의 행위가 여러 개의 죄에 해당하는 경우에는 가장 무거운 죄에 대하여 정한 형으로 처벌한다.

구조문
제40조 (상상적 경합) 1개의 행위가 수개의 죄에 해당하는 경우에는 가장 중한 죄에 정한 형으로 처벌한다.

1. 상상적 경합의 의의

상상적 경합(想像的 競合, Idealkonkurrenz)이란 1개의 행위가 2개 이상의 구성요건에 해당되는 경우를 말한다. 상상적 경합은 실체법적으로는 수죄이나 절차법상으로는 일죄로 다루어진다. 관념적 경합(觀念的 競合), 처벌상 일죄(處罰上 一罪) 또는 과형상(科刑上 一罪)이라고도 한다.

행위의 수에 의한 구별은 로마법에까지 소급될 수 있다고 한다. 로마법의 영향을 받은 유럽법학에서는 일반적으로 범죄마다 형벌을 과하는 엄격한 병과주의(倂科主義)가 행하여지고 있었다고 한다. 그러나 이는 가혹할 수 있기 때문에 1개의 행위에 의하여 행하여진 여러 개의 범죄에 대하여는 병과하지 않고 무거운 형이 가벼운 형을 흡수한다는 견해가 등장하였고, 이 견해가 독일법에 전수되었다고 한다. 상상적 경합에는 다른 종류의 상상적 경합과 같은 종류의 상상적 경합이 있다. 전자의 이종류의 상상적 경합(異種類의 想像的 競合)은 1개의 행위가 여러 개의 다른 구성요건에 해당하고 있는 경우이고, 후자의 동종류의 관념적 경합(同種類의 觀念的 競合)은 1개의 행위가 여러 개의 동일한 구성요건에 해당하고 있는 경우이다. 총을 발포하여 동시에 사람과 개를 죽인 경우는 이종류의 상상적 경합에 속하고, 2인을 살해한 경우는 동종류의 관념적 경합에 해당한다.

일본 형법은 "1개의 행위가 2개 이상의 죄명에 저촉하거나 범죄의 수단 또는 결과인 행위가 서로 다른 죄명에 저촉할 때에는 그중 가장 중한 형에 의하여 처단한다"라고 규정하고 있다(일본 형법 제54조). 여기서 일본 형법은 과형상 일죄로서 전자의 상상적 경합범(競合犯)과 후자의 견련범(牽連犯)에 관하여 규정하고 있다고 해석되고 있다. 나아가 견련관계로서는 목적과 수단의 관계에 있는 경우와 원인과 결과의 관계에 있는 경우의 두 종류로 파악되고 있다. 견련범의 사안으로서 잘 거론되는 절도죄와 주거침입죄의 관계는 전자의 목적과 수단관계의 유형에 해당한다고 이해되고 있다.

한편 상상적 경합은 1개의 행위가 실질적으로 여러 개의 구성요건을 충족한다는 점에서 1개의 행위가 외관상 여러 개의 죄의 구성요건에 해당하는 것처럼 보이나 실질적으로 1죄만을 구성하는 법조경합과 구별된다고 할 수 있다.[33]

2. 상상적 경합의 요건

상상적 경합의 성립요건은 1개의 행위로 수죄가 발생되는 것이다. 여기서 상상적 경합의 성립요건을 1개의 행위와 수죄의 발생으로 나누어 검토할 수 있다.

(1) 1개의 행위

1개의 행위란 실행행위가 1개라는 것을 의미한다. 1개의 행위의 의미에 관하여는 다툼이 있다.

1) 학 설

자연적 개념이라는 견해와 법률적 개념이라는 견해가 대립하고 있다. 전자에 의하면 행위의 개수는 법적 개념이 아니기 때문에 법률적 의미가 아니라 자연적 의미로서 사회통념을 기준으로 판단하여야 한다고 한다. 자연적 의미에서의 행위의 단일성(natürliche Handlungseinheit)이 행위의 개수를 판단하는 기준이 된다는 것이다. 후자에 의하면 행위는 법적 개념이며, 행위 개수 또한 법적 기준이라고 주장한다.

2) 판 례

판례는 행위를 자연적 행위라고 본다. 대법원은 "1개의 행위란 법적 평가를 떠나 사회관념상 행위가 사물자연의 상태로서 1개로 평가되는 것을 의미한다"고 하였다.[34] 또 대법원은 "문서에 2인 이상의 작성명의인이 있을 때에는 각 명의자마

---

33) 대법원 2000.7.7. 선고 2000도1899 판결.

다 1개의 문서가 성립되므로 2인 이상의 연명으로 된 문서를 위조한 때에는 작성명의인의 수대로 수개의 문서위조죄가 성립하고 또 그 연명문서를 위조하는 행위는 자연적 관찰이나 사회통념상 하나의 행위라 할 것이어서 위 수개의 문서위조죄는 형법 제40조가 규정하는 상상적 경합범에 해당한다"고 판시한 바 있다.[35)]

상상적 경합을 긍정한 판례의 구체적 내용은 다음과 같다. 즉,

① 수 개의 등록상표에 대하여 상표법 제230조의 상표권 침해행위가 계속하여 이루어진 경우에는 등록상표마다 포괄하여 1개의 범죄가 성립한다. 그러나 하나의 유사상표 사용행위로 수 개의 등록상표를 동시에 침해하였다면 각각의 상표법 위반죄는 상상적 경합의 관계에 있다.[36)] ② 회사 명의의 합의서를 임의로 작성·교부한 행위에 대하여 약식명령이 확정된 사문서위조 및 그 행사죄의 범죄사실과 그로 인하여 회사에 재산상 손해를 가하였다는 업무상 배임의 공소사실은 그 객관적 사실관계가 하나의 행위이므로 1개의 행위가 수개의 죄에 해당하는 경우로서 형법 제40조에 정해진 상상적 경합관계에 있다.[37)]

3) 검 토

행위의 단일성에 대한 판단기준은 구성요건이다. 행위의 단일성은 구성요건적 행위, 즉 실행행위의 개수가 하나인 것을 의미한다. 다만 행위의 단일성은 실행행위의 완전동일성뿐만 아니라 실행행위의 부분적 동일성(Teiliden-tität)까지 포함하는 개념이라고 해석된다. 따라서 실행행위가 완전히 일치할 경우에는 당연히 1개의 행위가 된다. 뿐만 아니라 수개의 실행행위가 완전히 일치하지 않는 경우에도 부분적으로 동일하다면 행위는 1개가 된다고 해석할 수 있게 된다.

(2) 수죄의 발생

1개의 행위는 여러 개의 구성요건에 해당하여 여러 개의 죄에 해당하여야 한다. 여러 개의 죄에는 서로 다른 여러 개의 구성요건에 해당하는 이종의 상상적 경합(ungleichartigeIdeal-konkurrenz)과 같은 구성요건에 여러 번 해당하는 동종의 상상적 경합(gleichartigeIdeal-konkurrenz)이 있다. 다만 동종의 상상적 경합의 성립여부에 대하여는 견해가 나누어진다. 동종의 상상적 경합은 의사표준설에 의하면 단순일죄가 된다. 이에 반하여 구성요건표준설이나 법익표준설에 의하면 상상적 경합이 가능하다고 하게 된다. 법익표준

34) 대법원 2017.9.21. 선고 2017도11687 판결.
35) 대법원 1987.7.21. 선고 87도564 판결.
36) 대법원 2020.11.12. 선고 2019도11688 판결.
37) 대법원 2009.4.9. 선고 2008도5634 판결.

설에 의하는 경우에도 비전속법익의 경우에는 1개의 행위에 의하는 한 1개의 범죄가 성립할 뿐이라는 견해가 있다. 물론 이 견해에 의하더라도 강도죄나 공갈죄에 있어서와 같이 개인의 전속적 법익을 동시에 보호하는 범죄에 있어서는 동종의 상상적 경합이 가능하다고 보고 있다.

3. 연결효과에 의한 상상적 경합

연결효과에 의한 상상적 경합이란 실체적 경합관계에 있는 (갑)죄와 (을)죄가 각각 (병)죄와 상상적 경합관계에 있는 경우 (갑)죄와 (을)죄 사이에도 상상적 경합관계가 인정될 수 있는가의 문제를 말한다. 연결효과이론이라고도 한다. 연결효과에 의한 상상적 경합의 인정여부에 관하여는 다툼이 있다.

(1) 학 설

연결효과에 의한 상상적 경합에 대하여는 긍정설과 부정설이 크게 대립하고 있다. 첫째, 긍정설은 (갑)죄와 (병)죄의 상상적 경합에 의한 형과 (을)죄와 (병)죄의 상상적 경합에 의한 형이 다시 경합범으로 처벌되는 (병)죄가 이중으로 평가되어 부당하다는 점을 근거로 한다. 둘째, 부정설은 (갑), (을) 및 (병)의 행위가 연결되어 하나의 행위로 평가될 수 없다는 점과 (갑)죄와 (을)죄만을 범한 경우보다 (병)죄를 더 범한 경우가 오히려 행위자에게 유리하게 되어 형벌이 완화되는 결과를 가져온다는 점을 근거로 한다. 이 외에도 제한적 긍정설과 경합순위조화설이 주장되고 있다. 셋째, 제한적 긍정설은 연결효과에 의하여 상상적 경합의 적용범위가 확대되는 것을 방지하기 위하여 (병)죄의 불법내용이 (갑)죄나 (을)죄의 그것보다 중하거나 동등한 경우에만 연결효과를 인정한다. 넷째, 경합순위조화설은 (갑)죄와 (을)죄의 실체적 경합의 결과와 (병)죄의 상상적 경합을 순차적으로 인정한다. 실체적 경합과 상상적 경합을 조화시키면서 (병)죄에 대한 이중평가를 방지한다는 점을 근거로 한다.

(2) 판 례

판례의 입장은 분명하지 않다. 아직 판례의 집적이 충분하지 않아 판단하기가 쉽지 않기 때문이다. 다만 대법원은 "형법 제131조 제1항의 수뢰후부정처사죄에 있어서 공무원이 수뢰후 행한 부정행위가 공도화변조 및 동행사죄와 같이 보호법익을 달리하는 별개 범죄의 구성요건을 충족하는 경우에는 수뢰후부정처사죄 외에 별도로 공도화변조 및 동행사죄가 성립하고 이들 죄와 수뢰후부정처사죄는 각각 상상적 경합 관계에 있다고 할 것인바, 이와 같이 공도화변조죄와 동행사죄가 수뢰후부정처사죄와 각각 상상적 경합범 관계에 있을 때에는 공도화변조죄와 동행사죄 상호간은 실체적 경합범 관계에 있다고 할지라도 상상적 경합범 관계에 있는 수뢰후부정처사죄와 대비하여 가장 중한 죄에 정한 형으로 처단하면 족한 것이고 따로이 경합범 가중을 할 필요가 없다"고 판시한 바 있다.[38)]

(3) 검 토

연결효과에 의한 상상적 경합에 대하여는 부정설이 지당하다고 해석된다. 그 이유는 다음과 같다. 첫째, 두 개의 행위를 연결하여 하나의 행위로 의제할 수는 없기 때문이다. (갑)죄와 (을)죄는 실체적 경합관계에 있고, 각각 (병)죄와 상상적 경합관계에 있다면 (갑)죄와 (병)죄에 해당하는 한 개의 행위와 (을)죄와 (병)죄에 해당하는 별개의 행위가 추론된다는 점에서 모두 두 개의 행위가 존재하는 셈이다. 연결효과에 의한 상상적 경합을 긍정하게 되면 (갑)죄, (을)죄 및 (병)죄가 상상적 경합관계로서 한 개의 행위가 된다는 것을 의미하게 된다. 이는 논리적으로 모순이라고 하지 않을 수 없다. 둘째, 연결효과에 의한 상상적 경합을 긍정하는 것은 책임주의에 반하기 때문이다. 연결효과에 의한 상상적 경합을 인정하는 것은 (갑)죄와 (을)죄 사이의 실체적 경합관계를 무시하고 (갑)죄, (을)죄 및 (병)죄를 모두 묶어서 상상적 경합관계만을 인정하여 결과적으로 가볍게 처벌되게 된다. 이러한 결과는 소위 '처벌은 책임에 비례하여야 한다'는 양형에 있어서의 책임주의와 조화될 수 없다고 하지 않을 수 없다. 결국 실체적 경합과 상상적 경합을 모두 긍정할 수 있는 경합순위조화설이 비교적 무난하다고 할 수 있다.

4. 상상적 경합의 효과

상상적 경합범에 대하여는 가장 중한 죄에 정한 형으로 처벌하고(흡수주의), 공소사실과 기판력의 범위도 전체에 미치게 된다. 형법도 흡수주의에 근거하여 "한 개의 행위가 여러 개의 죄에 해당하는 경우에는 가장 무거운 죄에 대하여 정한 형으로 처벌한다"고 규정하고 있다(제40조).

---

38) 대법원 2001.2.9. 선고 2000도1216 판결; 대법원 1983.7.26. 선고 83도1378 판결.

(1) 실체법상의 효과

상상적 경합은 실질적으로는 수죄이다. 따라서 친고죄나 반의사불벌죄의 고소나 고소취소는 상상적 경합관계에 있는 다른 범죄에 영향을 미치지 않는다. 공소시효도 각 죄마다 별도로 논해야 한다. 판결이유에서는 상상적 경합관계에 있는 모든 범죄사실과 그 적용법조를 기재해야 하고, 일부분이 무죄인 때에는 그 이유를 설시해야 한다. 상상적 경합관계에 있는 수죄의 처벌에 관하여 형법은 한 개의 행위가 여러 개의 죄에 해당하는 경우에는 가장 무거운 죄에 대하여 정한 형으로 처벌하도록 규정하고 있다(제40조). 실질적으로는 수죄이지만 과형상 일죄이기 때문에 1개의 형으로 처벌하되 가장 무거운 죄에 정한 형으로 처벌하도록 하려는 취지이다. 가장 무거운 죄라는 표현은 이미 이종의 상상적 경합을 전제로 하는 개념이라고 할 수 있다. 동종의 상상적 경합의 경우에는 동일한 구성요건을 실현하고 있기 때문에 과형의 기준이 되는 형이 동일하기 때문이다. 가장 무거운 죄에 대하여 정한 형이란 법정형을 의미한다.

(2) 절차법상의 효과

상상적 경합관계에 있는 죄는 실질상으로는 수죄이지만, 과형상으로는 일죄로 된다. 따라서 상상적 경합관계에 있는 죄는 단일한 사건으로서 하나의 심판대상을 이룬다. 공소제기의 효력이나 확정판결의 효력도 상상적 경합관계에 있는 수죄의 전부에 통일적으로 미친다(형소법 제247조 제2항). 상상적 경합 관계의 경우에는 그 중 1죄에 대한 확정판결의 기판력은 다른 죄에 대하여도 미친다.[39] 따라서 상상적 경합관계에 있는 공소사실에 대하여 그 일부가 무죄나 공소를 기각하여야 할 것으로 판단되는 경우에도 이를 판결주문에 따로 표시할 필요가 없으나, 그것을 판결주문에 표시하였다 하더라도 판결에 영향을 미친 위법사유가 되는 것은 아니다.[40]

Ⅱ. 실체적 경합

제37조 (경합범) 판결이 확정되지 아니한 수개의 죄 또는 금고 이상의 형에 처한 판결이 확정된 죄와 그 판결확정전에 범한 죄를 경합범으로 한다.

제38조 (경합범과 처벌례) ① 경합범을 동시에 판결할 때에는 다음 각 호의 구분에 따라 처벌

39) 대법원 2017.9.21. 선고 2017도11687 판결.
40) 대법원 1983.8.23. 선고 83도1288 판결; 대법원 1982.9.28. 선고 82도1656 판결.

한다.

1. 가장 무거운 죄에 대하여 정한 형이 사형, 무기징역, 무기금고인 경우에는 가장 무거운 죄에 대하여 정한 형으로 처벌한다.
2. 각 죄에 대하여 정한 형이 사형, 무기징역, 무기금고 외의 같은 종류의 형인 경우에는 가장 무거운 죄에 대하여 정한 형의 장기 또는 다액(多額)에 그 2분의 1까지 가중하되 각 죄에 대하여 정한 형의 장기 또는 다액을 합산한 형기 또는 액수를 초과할 수 없다. 다만, 과료와 과료, 몰수와 몰수는 병과(倂科)할 수 있다.
3. 각 죄에 대하여 정한 형이 무기징역, 무기금고 외의 다른 종류의 형인 경우에는 병과한다.

② 제1항 각 호의 경우에 징역과 금고는 같은 종류의 형으로 보아 징역형으로 처벌한다.

第39조 (판결을 받지 아니한 경합범, 수개의 판결과 경합범, 형의 집행과 경합범) ① 경합범중 판결을 받지 아니한 죄가 있는 때에는 그 죄와 판결이 확정된 죄를 동시에 판결할 경우와 형평을 고려하여 그 죄에 대하여 형을 선고한다. 이 경우 그 형을 감경 또는 면제할 수 있다.

② 삭제 〈2005. 7. 29.〉

③ 경합범에 의한 판결의 선고를 받은 자가 경합범 중의 어떤 죄에 대하여 사면 또는 형의 집행이 면제된 때에는 다른 죄에 대하여 다시 형을 정한다.

④ 전 3항의 형의 집행에 있어서는 이미 집행한 형기를 통산한다.

구조문

第38조 (경합범과 처벌례) ① 경합범을 동시에 판결할 때에는 다음의 구별에 의하여 처벌한다.

1. 가장 중한 죄에 정한 형이 사형 또는 무기징역이나 무기금고인 때에는 가장 중한 죄에 정한 형으로 처벌한다.
2. 각 죄에 정한 형이 사형 또는 무기징역이나 무기금고 이외의 동종의 형인 때에는 가장 중한 죄에 정한 장기 또는 다액에 그 2분의 1까지 가중하되 각 죄에 정한 형의 장기 또는 다액을 합산한 형기 또는 액수를 초과할 수 없다. 단 과료와 과료, 몰수와 몰수는 병과할 수 있다.
3. 각 죄에 정한 형이 무기징역이나 무기금고 이외의 이종의 형인 때에는 병과한다.

② 전항 각호의 경우에 있어서 징역과 금고는 동종의 형으로 간주하여 징역형으로 처벌한다.

1. 실체적 경합의 의의

실체적 경합(實體的 競合, Realkonkurrenz)이란 수개의 행위에 의하여 수죄가 성립하고, 성립한 수죄를 동시에 심판할 가능성이 있는 경우를 말한다. 실체적 경합관계에 있는 수죄를 경합범(競合犯)이라고 한다. 실체적 경합은 행위가 수개라는 점에서는 행위가 1개인 상상적 경합과 구별된다. 또 실체적 경합은 수개의 행위라는 점에서는 포괄일죄와 공통되나, 수개의 죄로 평가된다는 점에서는 1개의 범죄로 평가되는 포괄일죄와 구별된다고 할 수 있다.

2. 실체적 경합의 종류

경합범이 성립하기 위해서는 실체법적 요건과 절차법적 요건을 모두 갖추어야 한다. 수개의 행위로 인하여 수개의 죄가 성립한다는 것이 실체법적 요건이고, 하나의 재판에서 동시에 판결될 가능성이 있어야 한다는 것이 소송법적 요건이다. 형법은 경합범에 관하여 '판결이 확정되지 아니한 수개의 죄 또는 금고 이상의 형에 처한 판결이 확정된 죄와 그 판결확정 전에 범한 죄를 경합범으로 한다'고 규정하고 있다(제37조). 전단의 '판결이 확정되지 아니한 수개의 죄'로서 아직 재판을 받지 아니하여 향후 동시에 재판을 받을 가능성이 있는 경우를 동시적 경합범이라고 한다. 후단의 '금고 이상의 형에 처한 판결이 확정된 죄와 그 판결확정 전에 범한 죄'로서 일부의 죄에 대하여 이미 확정판결은 있으나 그 판결 당시, 즉 과거에 동시에 심판할 가능성이 있었다는 의미에서 사후적 경합범이라고 한다. 동시적 경합범과 사후적 경합범을 각각 단순히 전단 경합범, 후단 경합범이라고도 한다.

(1) 동시적 경합범

동시적 경합범(同時的 競合犯, gleichzeitige Realkonkurrenz)이란 경합관계에 있는 수죄가 모두 아직 확정판결을 받지 아니한 경우를 말한다(제37조 전단). 동시적 경합범의 성립요건을 수개의 행위, 수죄의 성립, 판결의 미확정 및 동시의 판결로 나누어 검토하기로 한다.

1) 수개의 행위

실체적 경합이 성립하기 위하여는 수개의 행위로 수죄를 범하여야 한다. 수죄를 범하였더라도 1개의 행위에 의한 경우라면 상상적 경합범이 된다. 행위의 수는 법적인 의미가 아니라 사회통념상의 의미를 기준으로 정하여진다. 수개의 행위란 행위의 단일성(行爲의 單一性, Handlungseinheit)이 인정되지 않는 경우를 말한다.

2) 수죄의 성립

수개의 행위로 수개의 죄가 성립하여야 한다. 수개의 행위가 존재하더라도 그것이 포괄하여 일죄가 되는 경우에는 경합범이 될 수 없다는 것은 당연하다. 포괄일죄가 될 뿐이기 때문이다. 실체적 경합을 긍정한 판례의 구체적 예시는 다음과 같다. 즉,

① 사기죄에 있어 동일한 피해자에 대하여 수회에 걸쳐 기망행위를 하여 금원을 편취한 경우 범의가 단일하고 범행방법이 동일하다면 사기죄의 포괄1죄만이 성립한다고 할 것이나, 범의의 단일성과 계속성이 인정되지 아니하거나 범행방법이 동일하지 않은 경우에는 각 범행은 실체적 경합범에 해당한다고 할 것이다.[41] ② 사기죄에 있어서 수

41) 대법원 1997.6.27. 선고 97도508 판결; 대법원 1989.11.28. 선고 89도1309 판결.

인의 피해자에 대하여 각별로 기망행위를 하여 각각 재물을 편취한 경우, 그 범의가 단일하고 범행방법이 동일하다고 하더라도 포괄1죄가 되는 것이 아니라, 피해자별로 1개씩의 죄가 성립하는 것으로 보아야 할 것이고, 이러한 경우 그 공소사실은 각 피해자와 피해자별 피해액을 특정할 수 있도록 기재하여야 할 것인 바, '일정한 기간 사이에 성명미상의 고객들로부터 1일 평균 매상액 상당의 생식품을 판매함으로써 그 대금 상당액을 편취하였다'는 내용은 피해자나 피해액이 특정되었다고 할 수 없을 것이다.[42) ③ 여관에 들어가 1층 안내실에 있던 여관의 관리인인 피해자 3의 목에 칼을 들이대고 "조용히 하라"고 하면서 그의 왼쪽 발가락을 칼로 1회 찔러 상해를 가하고, 그로부터 현금과 손목시계 및 여관방실들의 열쇠를 강취한 다음, 다시 2층으로 올라가서 201호실의 문을 위 열쇠로 열고 들어가 투숙객들로부터 금품을 강취하고, 이어서 같은 방법으로 202호실과 207호실의 투숙객들로부터 각각 금품을 강취하였다는 것이므로, 원심이 위 피고인들의 위와 같은 각 행위는 비록 시간적으로 접착된 상황에서 동일한 방법으로 이루어지기는 하였으나, 포괄하여 1개의 강도상해죄만을 구성하는 것이 아니라 실체적 경합범의 관계에 있는 것이라고 하겠다.[43) ④ 피해자를 1회 강간하여 상처를 입게 한 후 약 1시간 후에 장소를 옮겨 같은 피해자를 다시 1회 강간한 행위는 그 범행시간과 장소를 달리하고 있을 뿐만 아니라 각 별개의 범의에서 이루어진 행위로서 형법 제37조 전단의 실체적 경합범에 해당한다.[44)

3) 판결의 미확정

수개의 죄 중 금고 이상의 확정된 판결이 있는 경우에는 사후적 경합범의 문제가 될 수 있다. 판결의 확정이란 상소 등 통상의 불복방법에 의하여는 더 이상 다툴 수 없게 된 상태를 말한다.

4) 동시의 판결

수개의 죄는 모두 같은 심판의 대상이 되고 있어야 한다. 경합범 중 심판의 대상이 되지 않은 죄가 있는 경우 그 죄는 경합범이 될 수 없다. 그러나 그 죄가 추가로 기소되어 병합하여 심리된 경우에는 동시적 경합범이 될 수 있다. 따라서 1심에서 판결된 수죄라고 하더라도 항소심에서 병합심리된 경우에는 동시적 경합범이 될 수 있다.[45)

42) 대법원 1995.8.22. 선고 95도594 판결.
43) 대법원 1991.6.25. 선고 91도643 판결.
44) 대법원 1987.5.12. 선고 87도694 판결.
45) 대법원 1972.5.9. 선고 72도597 판결.

(2) 사후적 경합범

사후적 경합범(事後的 競合犯, nachträgliche Realkonkurrenz)이란 수죄 중 이미 금고 이상의 형에 처하는 확정판결을 받은 죄가 있는 경우에 그 죄와 그 확정판결 전에 범한 죄(여죄)의 사이에 경합관계가 인정되는 경우를 말한다(제37조 후단). 사후적 경합범의 성립요건을 판결의 확정, 확정판결 이전의 범죄 및 범행의 시기로 나누어 살펴보기로 한다.

1) 판결의 확정

판결의 확정이란 수개의 독립한 죄 중의 어느 죄에 대하여 확정판결이 있었던 사실 자체를 의미한다.[46] 다만 확정판결은 금고 이상의 형에 처하는 것이어야 한다. 따라서 벌금형에 처하거나 약식절차 또는 즉결심판절차에서 확정된 판결은 제외된다고 해석된다. 그러나 판결이 금고 이상의 형에 처하는 것인 한 집행유예나 선고유예가 부기된 경우에도 판결은 확정된 것에 해당한다. 유예기간이 경과하여 형의 선고가 실효되거나 면소된 것으로 간주된 경우 또는 일반사면이 있는 경우에도 확정된 판결의 존재에는 영향을 미치지 않는다. 판결의 확정이란 이미 언급한 바와 같이 확정판결이 있었던 사실 그 자체를 의미하기 때문이다.

2) 확정판결 이전의 범죄

확정판결 이전의 범죄란 금고 이상의 형에 처한 판결이 확정되기 이전에 범한 죄를 말한다. 금고 이상의 형에 처한 판결이 확정된 죄와 그 판결확정 전에 범한 죄가 사후적 경합범이 되기 때문이다. 여기서 말하는 판결에는 약식명령도 포함된다.[47] 통상적으로 판결은 상소제기기간이 경과한 때 또는 대법원에서 판결이 선고된 때에 확정된다. 그러나 사후적 경합범을 인정하는 취지가 동시적 경합범으로 처리할 기회가 주어지지 않았지만 동시적 경합범과 같이 취급하려는 데에 있기 때문에 항소심의 판결선고시를 기준으로 판단할 수밖에 없다고 보인다.

3) 범행의 시기

범행의 시기는 범행의 종료시점이 기준이 된다. 포괄일죄는 그 중간에 다른 종류의 범죄에 대한 확정판결이 끼어 있어도 그 때문에 포괄일죄가 둘로 나뉘는 것은 아니고, 또 이 경우에는 그 확정판결 후의 범죄로 다루어야 한다.[48]

---

46) 대법원 1984.8.21. 선고 84모1297 판결.

47) 대법원 2000.3.24. 선고 2000도102 판결; 대법원 1999.4.13. 선고 99도640 판결; 대법원 1994.1.11. 선고 93도1923 판결.

48) 대법원 2001.3.13. 선고 2000도4880 판결; 대법원 1986.2.25. 선고 85도2767 판결.

3. 실체적 경합의 효과

(1) 동시적 경합범

동시적 경합범의 처벌에 관하여는 흡수주의, 가중주의 및 병과주의가 있고, 현행법은 이들 모두에 대하여 규정하고 있다(제38조 제1항).

1) 흡수주의

흡수주의(吸收主義)란 수죄 가운데 가장 무거운 죄에 대하여 정한 형으로 처단하고 다른 가벼운 죄에 대하여 정한 형은 여기에 흡수하는 주의를 말한다. 가장 무거운 죄에 대하여 정한 형이 사형, 무기징역, 무기금고인 경우에는 가장 무거운 죄에 대하여 정한 형으로 처벌한다(제38조 제1항 제1호). 징역과 금고는 같은 종류의 형으로 보아 징역형으로 처벌한다(제38조 제2항). 가장 무거운 죄에 대하여 정한 형이 사형이나 무기형인 경우 이를 가중하거나 다른 형을 병과하는 것은 지나치게 가혹하거나 더 이상 의미가 없기 때문이다. 한편 주거침입은 일반적으로 절도죄의 구성요건이 아니므로 절도범인이 범행수단으로 주거침입을 한 경우에 주거침입행위는 절도죄에 흡수되지 아니하고 별개로 주거침입죄를 구성하여 절도죄와는 실체적 경합의 관계에 서는 것이 원칙이다.[49]

2) 가중주의

가중주의(加重主義)란 수죄에 대하여 하나의 전체형을 선고하는 주의를 말한다. 전체형은 통상 가장 무거운 죄에 대하여 정한 형을 가중하는 방법으로 이루어진다. 각 죄에 대하여 정한 형이 사형, 무기징역, 무기금고 외의 같은 종류의 형인 경우에는 가장 무거운 죄에 대하여 정한 형의 장기 또는 다액(多額)에 그 2분의 1까지 가중하되 각 죄에 대하여 정한 형의 장기 또는 다액을 합산한 형기 또는 액수를 초과할 수 없다(제38조 제1항 제2호 본문). 징역과 금고는 같은 종류의 형으로 보아 징역형으로 처벌한다(제38조 제2항). 그러나 그 단기에 대하여는 명문을 두고 있지 않기 때문에 가장 무거운 죄 아닌 죄에 대하여 정한 형의 단기가 가장 무거운 죄에 대하여 정한 형의 단기보다 무거운 때에는 위 본문 규정취지에 비추어 그 무거운 단기를 하한으로 한다고 새겨야 할 것이다.[50] 가중주의는 병과주의만큼 응보에 대한 요구를 충분히 반영하지는 못하지만, 사회복귀에 대한 요구를 가능하게 하려는 취지이기

---

49) 대법원 2015.10.15. 선고 2015도8169 판결.
50) 대법원 1985.4.23. 선고 84도2890 판결.

때문에 응보형주의와 교육형주의의 절충이라고 설명되고 있다.

3) 병과주의

병과주의(併科主義)란 각 죄에 정한 형을 병과하는 주의를 말한다. 각 죄에 대하여 정한 형이 무기징역, 무기금고 외의 다른 종류의 형인 경우에는 병과한다(제38조 제1항 제3호). 다른 종류의 형이란 징역과 벌금, 징역과 자격정지, 자격정지와 벌금, 자격정지와 구류, 벌금과 과료와 같은 경우를 말한다. 다만 징역과 금고는 같은 종류의 형으로 보아 징역형으로 처벌한다(제38조 제2항). 유기형을 병과하는 경우에는 무기형과 같은 효과를 가져와 형벌의 성질을 바꾸는 결과가 되고, 개개의 형의 가산은 자유형뿐만 아니라 벌금형에 있어서도 분리된 개개의 형벌보다 심한 고통을 주어 정당한 형벌이 될 수 없기 때문이다. 같은 종류의 형이라도 과료와 과료, 몰수와 몰수는 병과(併科)할 수 있다(제38조 제1항 제2호 단서).

(2) 사후적 경합범

경합범의 경우는 과형상 일죄와는 달리 일사부재리의 효력이 원칙적으로 미치지 않기 때문에 (갑)죄와 (을)죄를 범한 후에 (을)죄에 대하여만 확정판결이 있은 다음 나중에 (갑)죄에 대한 확정판결이 있다면 2개의 확정판결이 행하여진 것으로 되고 양자를 합하여 집행하는 것으로 될 것이다. 그러나 (갑)죄와 (을)죄가 경합범의 관계에 있다면 (갑)죄에 대한 재판시 가능한 한 그러한 사정을 고려하여 양형하지 않으면 안 된다.

1) 형의 선고

경합범 중 판결을 받지 아니한 죄가 있는 때에는 그 죄와 판결이 확정된 죄를 동시에 판결할 경우와 형평을 고려하여 그 죄에 대하여 형을 선고한다(제39조 제1항 전단). 이 경우 그 형을 감경 또는 면제할 수 있다(제39조 제1항 후단).

2) 형의 집행

경합범에 의한 판결의 선고를 받은 자가 경합범 중의 어떤 죄에 대하여 사면 또는 형의 집행이 면제된 때에는 다른 죄에 대하여 다시 형을 정한다(제39조 제3항). 형의 집행에 있어서는 이미 집행한 형기를 통산한다(제39조 제4항).

Ⅲ. 단순수죄

단순수죄(單純數罪)란 경합범으로도 되지 않는 수죄를 말한다. (갑)죄와 (을)죄를 범한 후에 (을)죄에 대하여 금고 이상의 형에 처하는 확정재판이 있고 그 후에 (병)죄를 범한 경우 (갑)죄는 (을)죄와 경합죄 처리가 행하여진다. 그러나 (갑)죄 또는 (을)죄와 (병)죄는 단순수죄의 관계에 있고, (병)죄는 독립하여 처단되고, 단순히 병과하여 집행되는 것으로 된다.

제3편

형 사 제 재 론

제11장 총　　설
제12장 형 벌 론
제13장 보안처분론

제11장 총 설

제 1 절 형사제재의 의의

형사제재(刑事制裁)란 범죄에 대한 법률효과로서의 법적 제재를 말한다. 형사제재는 형벌로부터 시작하여 형사처분으로 그 범위를 확대해왔다. 여기서 형사처분(Maß-regel)은 보안처분(Sicherungs-maßnahme)을 의미한다. 형법은 형사제재에 관하여 형벌과 보안처분을 동시에 규정하고 있기 때문에 이원주의(二元主義, Zweispurigkeit)에 근거하고 있다고 할 수 있다. 형벌과 보안처분은 각각 과거의 범행의 결과에 대한 응보(Vergel-tung)로서 그리고 장래의 범죄의 위험성에 대한 예방(Präven-tion)으로서 형법에 도입된 것이다. 형벌에 대하여는 죄형법정주의와 책임주의가 요구되고 있고, 보안처분에 대하여는 보안처분법정주의와 한계주의가 요청되고 있다. 또 소년범에 대하여는 형사제재에 관한 특례가 인정되고 있다. 한편 독일 형법에서와 같이 제3의 형사제재(dritte Spur im Strafrecht)로서 행위자와 피해자 사이의 화해 또는 손해의 원상회복(독일 형법 제46조a) 등의 회복적 사법(回復的 司法, restorative justice)에 관하여 규정하고 있는 경우도 있다.

제 2 절 형사제재와의 구별개념

형사제재와 구별되는 개념으로서는 과태료, 과징금, 질서벌, 징계벌 및 범칙금이 거론될 수 있다. 이들은 형사제재가 아니기 때문에 형사제재에 적용되는 일사부재리의 원칙 등의 규정은 적용되지 않는다.

Ⅰ. 과태료

1. 과태료의 의의

과태료(過怠料)란 행정기관이 법규위반자에 대하여 과하는 금전적 제재를 말한다. 금전적 제재이지만, 벌금이나 과료(科料)와는 그 성질이 달라서 형벌에 해당하지 않는다. 과태료는 행정상의 질서유지를 위한 행정질서벌에 해당할 뿐 형벌이라고 할 수 없어 죄형법정주의의 규율대상에 해당하지 아니한다.[1] 과태료는 형벌이 아니기 때문에 형법총칙과 형사소송법도 적용되지 않는다. 따라서 과태료납부자는 수형자로 되지 아니할 뿐만 아니라 전과자로도 되지 않는다. 과태료의 납부에 관하여는 형사사건에 적용되는 일사부재리의 원칙도 적용되지 않는다.[2]

2. 과태료의 근거

과태료는 어디까지나 행정상의 제재이기 때문에 형사상의 제재인 형벌과는 엄격히 구별된다. 그럼에도 불구하고 금전적 불이익을 준다는 점에서는 형사처벌과 매우 유사한 성격을 가지고 있다고 할 수 있다. 질서위반행위의 성립과 과태료 처분에 관한 법률관계를 명확히 하기 위하여 '질서위반행위규제법'이 2007년 제정되어 2008년부터 시행되고 있다.[3] 질서위반행위란 법률상의 의무를 위반하여 과태료를 부과하는 행위를 말한다(질서위반행위규제법 제2조 제1호 본문). 질서위반행위규제법이 제정됨으로써 그 동안 과태료 재판을 규율하는 비송사건절차법상 관련규정이 미비하여 재판 실무상 통일되지 아니한 부분이 있었고, 행정청이 이해당사자임에도 재판에 참여할 기회가 인정되지 아니하였으며, 지방자치단체의 장이 부과한 과태료라도 과태료 재판 결과에 따라 집행한 과태료는 국고에 귀속되어 지방자치단체의 수입으로 되지 아니했던 문제점을 개선할 수 있게 되었다.[4]

3. 과태료의 유형

과태료는 그 성질에 따라 적용되는 법리와 절차도 다양하다. 과태료는 크게 세

1) 헌법재판소 1998.5.28. 선고 96헌바83 결정.
2) 대법원 1992.2.11. 선고 91도2536 판결.
3) 질서위반행위규제법 제정 2007.12.21. 법률 제8725호 2008.6.22. 시행.
4) 질서위반행위규제법 제정이유서 참조.

가지로 분류할 수 있다. 첫째, 질서벌로서의 과태료이다. 법률에 의하여 부과된 형식적인 의무에 위반한 자에 대하여 재재로서 과하여지는 과태료를 말한다. 예컨대 특허법, 민법, 상법, 민사소송법 등 사법과 공법을 불문하고 널리 인정되고 있다. 나아가 지방자치법에는 조례로도 과태료를 징수할 수 있도록 규정되어 있다. 둘째, 징계벌로서의 과태료이다. 일정한 직업을 가진 사람이 직무상의 의무에 위반한 경우에 과하여지는 과태료를 말한다. 예컨대 공증인법, 변호사법, 법무사법 등에 규정되어 있다. 징계벌로서의 과태료는 그 직업을 감독하는 관청이 부과하는 것이 통례라고 할 수 있다. 셋째, 집행벌로서의 과태료이다. 행정상의 의무이행을 게을리하는 사람에게 그 의무의 이행을 강제하기 위하여 과하여지는 과태료를 말한다. 그러나 현행법상 그 예가 거의 없는 것으로 보인다.

Ⅱ. 과징금

과징금(課徵金)이란 행정청이 일정한 행정법상의 의무위반자에 대하여 부과징수하는 금전적 제재를 말한다. 과징금은 원래 '독점규제 및 공정거래에 관한 법률' 상 의무위반으로 인하여 취득한 경제적 이익을 환수하기 위한 조치로 도입되었다. 독점규제 및 공정거래에 관한 법률상 과징금은 행정법상 의무이행확보수단으로서 행정제재적 성질과 부당이득환수적 성질을 모두 가지고 있기 때문에 형벌과는 본질적으로 다른 법적 성질을 가지고 있다고 할 수 있다. 이 외에도 과징금은 영업정지와 같은 제재적 처분으로 인한 국민의 불편 등을 고려하여 이에 갈음하여 부과하는 경우도 있다.

Ⅲ. 질서벌과 징계벌

형벌과 구별되는 제재로서 과태료와 과징금 이외에도 질서벌과 징계벌이 거론될 수 있다. 질서벌과 징계벌도 형벌이 아니기 때문에 이에 대하여는 일사부재리의 원칙이 적용되지 않는 것은 당연하다.

1. 질서벌

질서벌(秩序罰)이란 행정상의 질서를 유지하기 위하여 가하여지는 제재를 말한다. 행정벌은 흔히 행정형벌과 행정상 질서벌로 대별된다. 행정상의 질서벌로서는 형법상의 형벌이 아닌 과태료가 부과된다. 질서벌은 행정상 의무위반에 대한 제재라는 점에서 행정형벌과 공통되지만, 형법이 적용되지 않는다는 점에서 형법이 적용되는 행정형벌과 구별된다. 실무에서는 반사회성의 정도에 따라 그것이 강한 것에는 행정형벌을, 약한 것에는 질서벌을 과하는 경향이 있다고 한다. 다만 질서벌은 과태료의 금액이 형벌보다 낮기 때문에 형법에 규정되어 있는 범죄억지력은 없다고 할 수 있다. 흔히 소송절차상의 질서벌은 소송절차의 진행과 관련하여 부과되는 제재를 말한다. 증인에 대한 감치·구인(형소법 제151조 제2항, 제152조, 민소법 제311조 제2항, 제312조)과 과태료(형소법 제151조, 민소법 제311조), 심리방해자에 등에 대한 감치처분(법원조직법 제61조) 등이 이에 속한다. 소송절차상의 질서벌은 법관이 부과하는 제재이지만 형벌이 아니기 때문에 일사부재리의 원칙은 적용되지 않는다. 한편 독일의 경우 질서벌을 과하기 위하여 별도의 법제도를 운영하고 있다. 소위 독일의 질서위반법이 그것이다. 독일의 질서위반법(Ordnungswidrigkeitsrecht)이란 단순한 행정법규 위반 등에 대해 질서벌의 일종인 범칙금이나 과태료의 부과 등을 규율하는 법규를 말한다.

2. 징계벌

징계벌(懲戒罰, disciplinary punishment)이란 징계를 위하여 가하는 제재를 말한다. 특별한 감독관계 또는 신분관계에 있어서 규율의 유지를 위하여 일정한 의무위반에 대하여 제재를 과하는 것이다. 공무원에 대한 징계처분이 그 대표적인 예이다(국가공무원법 제78조 이하 참조). 국가공무원법은 징계의 종류로서 파면, 해임, 강등, 정직(停職), 감봉 및 견책(譴責)을 규정하고 있다(국가공무원법 제79조). 또한 의사, 약사, 변호사 등 특정 전문직역의 경우에도 이들이 소속한 전문단체가 그들 나름대로의 전문직역을 감안하여 자체적으로 징계처분을 행하는 경우도 있다(의료법 제66조의2, 약사법 제79조의2, 변호사법 제90조 이하 참조). 이러한 경우의 자체 징계도 넓은 의미에서 징계벌에 포함될 수 있다. 징계벌에 대하여는 일사부재리의 원칙이 적용되지 않는다(헌법 제13조 제1항 후단 참조). 따라서 징계벌이 부과된 사건에 대하여 형사벌을 가하는 것은 전혀 문제가 되지 않는다.

Ⅳ. 범칙금

범칙금(犯則金)이란 범칙행위자에 대하여 행정기관이 통고처분을 발하여 일정한 액수를 국고에 납부하도록 하는 금전을 말한다. 주로 도로교통법과 경범죄처벌법에서 사용되고 있다(도로교통법 제162조 이하, 경범죄처벌법 제6조 이하 참조). 범칙금은 통고처분제도에 근거하여 과하여지는 일종의 과태료라고도 할 수 있다. 통고에 응하지 않을 경우에는 형사절차로 이행한다는 점에서 행정상의 질서벌과 형사상의 형사벌의 중간적 성격을 가지고 있다고도 말하여진다. 범칙금은 납부하기만 하면 형사절차를 거치지 않고도 형사절차가 종료된 것과 같이 취급되고 일사부재리의 원칙이 적용된다(헌법 제13조 제1항 후단, 도로교통법 제164조 제3항, 경범죄처벌법 제8조 제3항 참조). 다만 일사부재리의 효과는 범칙행위에 한정된다. 경미한 위반자에 대하여 모든 형사절차를 거치게 하는 것은 검찰과 법원의 처리능력을 압박할 뿐만 아니라 법의 주목적도 아니다. 경미한 위반자에 대하여는 형사처분을 취하기 전에 범칙을 고지하고 고지에 따라 범칙금을 납부한 사람에 대하여는 형사절차로 이행하지 않는다는 취지이다. 한편 범칙금제도는 형벌법규를 완전히 비범죄화한 것은 아니지만 법관이 주재하는 형사절차를 생략하게 한다는 점에서 사실상 비범죄화와 유사한 기능을 발휘하고 있다고 평가되기도 한다.

제12장 형 벌 론

제1절 서 설

Ⅰ. 형벌과 형벌권

1. 형벌의 의의

형벌(刑罰, Strafe, penalty)이란 범죄에 대한 법률효과로서 법익의 박탈을 말한다. 근대 이후 형벌권은 국가에 의하여 독점되고 있다. 이로써 개인 또는 특정집단에 의하여 집행되던 사적 제재(lynch), 즉 사형(私刑)은 금지되게 되었다. 범죄란 법을 침해하는 것이다. 그러나 범죄에 의하여 침해된 법은 법의 본질상 범죄에 의하여 침해된 채로 남아 있을 수 없기 때문에 침해된 법을 무엇인가의 수단에 의하여 돌이키려고 한다. 그 수단으로서 통상 채택되는 것이 형벌을 과하는 것이다. 이러한 의미에서 범죄는 법의 부정이지만, 형벌은 법의 부정인 범죄를 다시 부정하는 것이다. 범죄에 의하여 법이 부정된 경우에 이에 대하여 형벌을 과하여 법을 구체적으로 실현하는 것이 소위 형사사법(刑事司法)이다.

범죄의 내용, 형벌의 종류 및 형벌의 집행방법은 시대와 사회에 따라 다양하다. 근대 이전에는 사형과 신체형을 중심으로 잔혹한 형벌이 주축을 이루었다. '형벌의 역사는 잔혹의 역사'라고도 말하여지는 이유이다. 계몽주의자들은 형벌의 인도화(人道化)를 위해서 사형의 제한이나 폐지, 신체형의 폐지, 감옥의 개선 등을 호소하였고, 근대형법은 형벌의 중심을 사형과 신체형에서 자유형으로 이동하였다. 1900년 전후 신구양파의 학파의 다툼에서 신파는 범죄에 해당하는 행위에 대한 제재로서 보안처분을 강력하게 주장하였고, 유럽에서는 형사제재로서 형벌과 보안처분을 규정하는 이원주의의 입법이 확대되었다.

2. 형벌권의 의의

형벌권(刑罰權)이란 범죄자를 처벌할 수 있는 권능을 말한다. 형벌권은 일반적 형벌권과 개별적 형벌권으로 대별될 수 있다. 전자는 범죄가 발생한 경우 그 범죄를 처벌할 수 있는 권능을 말하고, 후자는 구체적인 범죄에 대하여 범죄자를 처벌할 수 있는 형벌청구권을 의미한다. 그런데 개별적 형벌권에 있어서 실제로 형벌청구권을 행사하기 위해서는 범인을 체포하고 재판을 행하여 범죄를 확정하는 절차가 필요하다. 여기서 개별적 형벌권은 재판의 미확정단계에서 형벌의 적용을 위한 관념적 형벌권과 사형, 징역 등 확정된 형벌의 집행을 위한 현실적 형벌권으로 세분될 수 있다. 한편 범죄가 성립한다고 해서 즉시 형벌이 가하여지는 것은 아니다. 국가의 형벌권이 발생하기 위하여는 일정한 요건의 충족을 요한다. 국가의 형벌권의 발생을 위한 조건을 객관적 처벌조건(objektive Bedingungen der Strafbarkeit)이라고 한다. 이에 반하여 일정한 사유의 존재로 인하여 형벌권의 발생이 방해받는 경우가 있다. 이는 소극적으로 파악된 객관적 처벌조건이지만, 흔히 이를 처벌조각사유(Strafaus schlie-ßungsgründe)라고 한다.

Ⅱ. 형벌의 근거

범죄에 대하여 형벌이 부과되는 경우에도 그 의미는 시대와 사회에 따라 달라진다. 형식적 근거는 형법, 즉 실질적 의미의 형법에 있겠지만, 실질적 근거에 관하여는 종래부터 고전학파의 응보형론과 근대학파의 목적형론이 대립하여 왔다.

1. 근대의 형벌론

(1) 응보형론

응보형론(應報刑論)이란 형벌을 과거에 행하여진 범죄에 대한 응보(Vergel-tung)라고 하는 구파의 주장을 말한다. 응보형론은 크게 절대적 응보형론과 상대적 응보형론으로 나누어진다. 절대적 응보형론(絕對的 應報刑論)은 형벌의 근거를 응보에서만 구하는 입장이다. 이에 의하면 형벌은 정의의 실현에 기여하는 것이고, 그 자체가 목적이고 다른 목적을 추구하는 것이어서는 안 된다고 한다. 칸트의 동해보복론(同害報復論, talio)과 헤겔의 등가적·윤리적 비난론(等價的 倫理的 非難論)이 그 전형적인 예이다.

상대적 응보형론(相對的 應報刑論)은 형벌의 본질을 응보라고 함과 동시에 형벌에 범죄예방기능도 인정하는 입장을 말한다. 이에 의하면 형벌은 행하여진 범죄에 대한 해악의 부과에 의해서 응보를 도모함과 동시에 범인에게 다시 범죄를 범하지 않도록 하려는 특별예방목적을 가지는 한편 다른 국민에게도 범죄를 범하지 않도록 하려는 일반예방목적을 가진다고 한다. 형벌의 윤리적 의의를 강조하는 입장에서는 행위자가 다시 범죄를 행하지 않고 속죄하는 것이 중요하게 된다. 행위자는 속죄에 의해서 과거의 죄를 청산하고 그에 따라서 다시 범죄를 범하지 않는 것이 보장된다는 것이다.

절대적 응보형론의 입장에서 형벌은 '독을 다스리는 독'으로서 해악이고 고통이어야 한다고 한다. 이에 반하여 상대적 응보형론의 입장에서는 고통의 부과는 그 자체로서 목적이 아니라 그것에 의하여 재범을 범하지 않는다는 교육적 효과를 더하는 것이라고 한다.

(2) 예방형론

예방형론(豫防刑論)이란 형벌은 장래 범죄를 범하지 않게 하기 위한 예방(Präven-tion)이라고 하는 신파의 주장을 말한다. 목적형론(目的刑論)이라고도 한다. 범죄가 없음에도 불구하고 성격의 위험성만으로도 장래의 범죄를 예방하고 사회방위를 위해서 처벌해야 한다는 극단적인 예방형론은 자취를 감추고 있다. 예방형론도 책임주의의 범위 내에서 주창되고 책임에 의한 한정과 비례성원리에 의한 한정을 인정하는 경우가 많다. 예방목적에는 일반예방과 특별예방이 있다.

일반예방(Generalprä-vention)에 의하면 행위자를 처벌함에 의하여 국민일반을 위하함으로써 범죄를 예방하려고 하는 것이 형벌의 목적이라고 한다. 소극적 일반예방(negative Gene-ralprävention)이라고도 한다. 일반예방론의 문제점으로서는 일반 예방의 효과를 거두기 위해서는 형벌위하를 엄하게 하지 않으면 안 된다는 점, 형벌의 한계를 긋는 한정기준이 일반예방의 필요성 이외에는 없다는 점, 직업범인·기회범인 내지 격정범에 대해서도 일반예방의 효과가 증명되어 있지 않다는 점 및 타인을 위한 처벌을 정당화함으로써 인간을 도구화하고 자율적인 인격자로서 취급하지 않는다는 점 등이 거론되고 있다.

특별예방(Spezialprä-vention)에 의하면 행위자 본인에 대한 작용에 의해서 행위자에 의한 장래의 범죄를 예방하는 것에 형벌의 목적이 있다고 한다. 특별예방은 행위자를 사형에 처함으로써 장래의 범죄의 가능성을 빼앗는 경우도 있고, 신병을 구속하는 것 자체에 의해서 범죄를 행할 수 없도록 하는 경우도 있을 수 있다. 통상은 형사시설에서 재사회화(Resozia-lisierung)나 교육을 실시함에 의해서 장래 범죄를 범행하지 않도록 개선하는 것을 내용으로 한다. 특별예방론의 문제점으로서는 극단적인 경우 위험성만으로 처벌할 수 있어 인권보장상 문제가 있다는 점, 형벌의 한계를 정하는 원리가 결여되어 있다는 점, 재범의 위험성이 없는 행위자에 대해서는 아무리 범한 죄가 중하고 또 책임이 무거워도 특별예방의 필요성이 없게 되어 일반국민의 법감정과 상충된다는 점 및 현행의 제도상 범죄자에 대한 교육이나 재사회화의 효과에 의문이 있다는 점 등이 거론될 수 있다.

한편 일반예방론과 특별예방론에 대한 의문으로부터 최근에는 적극적 일반예방론이 유력하게 주장되고 있다. 적극적 일반예방(positive Generalprävention)이란 일반위하가 아니라 형벌을 과하는 것에 의해서 범죄행위가 정당화되는 것을 막고 불법에 대한 일반적인 거부의 자세가 명확화되는 것에 의하여 파괴된 법질서에의 신뢰를 회복하고 사회적 통합을 강화한다고 하는 의미에서 일반적으로 범죄를 예방하게 된다고 하는 점에 형벌의 목적을 구하는 입장을 말한다. 사회적 통합에 의한 예방(Integrationsprävention)이라고도 한다.

2. 현대의 형벌론

제2차 세계대전이 끝난 이후의 현대국가에 있어서의 형벌론은 형사제재에 보안처분을 추가함으로써 수정을 거치게 되었다. 구파와 신파의 이념을 결합한 절충주의 또는 종합주의(Vereinigungstheorie)가 출현하게 된 것이다. 이는 20세기 초 독일의 형법개정작업이 그 계기가 되었다. 이미 언급한 바와 같이 책임에 대하여는 형벌을, 성격의 위험성에 대하여는 보안처분을 이원적으로 규정하는 방법에 의하여 양파의 타협이 성사되었던 것이다(이원주의). 한편 향후의 형사정책은 피해자의 구제라는 측면에서 회복적 사법의 방향으로 그 대상을 확대하고 있는 것으로 보인다. 이러한 의미에서 형사제재는 제1의 유형으로서의 형벌과 제2의 유형으로서의 보안처분 및 제3의 유형으로서의 회복적 사법으로 구성된다고 할 수 있다. 이상의 3자에 대하여는 모두 범죄예방을 위한 외부적 억제라는 측면에서 공통점을 가진다고 할 수 있다.

Ⅲ. 형벌의 종류

제41조 (형의 종류) 형의 종류는 다음과 같다.
1. 사형 2. 징역 3. 금고 4. 자격상실 5. 자격정지 6. 벌금 7. 구류 8. 과료 9. 몰수

1. 서 언

(1) 형법상의 형벌

형법은 형의 종류(刑의 種類)로서 사형, 징역, 금고, 자격상실, 자격정지, 벌금, 구류, 과료 및 몰수를 규정하고 있다(제41조). 형의 종류에 관한 기재의 순서는 곧 형의 경중에 관한 순서가 되기도 한다(제50조). 형벌은 국가가 범죄자의 법익을 강제적으로 박탈하는 것이고, 박탈되는 법익의 종류에 따라 생명을 박탈하는 사형, 자유를 박탈하는 징역·금고·구류의 자유형, 자격을 박탈하는 자격상실·자격정지의 명예형 및 재산의 박탈을 내용으로 하는 벌금·과료·몰수의 재산형으로 구별하는 것이 가능하다.

(2) 주형과 부가형

주형(主刑, Hauptstrafe)이란 독자적으로 부과하는 것이 가능한 형을 말하고, 부가형(附加刑, Nebenstrafe)이란 주형에 부가하여서만 과하여지는 형을 말한다. 형법은 9종의 형벌 중에서 사형, 징역, 금고, 자격상실, 자격정지, 벌금, 구류 및 과료의 8종의 형벌을 주형으로 규정하고 있고, 몰수의 1종을 부가형으로 규정하고 있다(제41조, 제49조).

(3) 잔혹한 형벌의 폐지

형벌의 역사를 개관하면 옛 시대에는 생명형과 신체형이 압도적인 중심을 이루고 있었다. 그러나 문명의 발달과 함께 사형은 제한되게 되었고, 신체형은 그 자취를 감추게 되었다. 사형은 현대에 있어서도 다수의 국가에서 인정되고는 있지만, 폐지된 국가도 많다. 또한 존치국에 있어서도 사실상 폐지국에 해당하는 국가도 상당수에 달한다. 이리하여 현대에 있어서의 형벌의 중심은 자유형과 재산형에 있다고 할 수 있다.

한편 신체형(身體刑)은 행위자의 신체에 대한 고통, 신체의 완전성을 훼손하는 방법에 의하는 형벌을 말한다. 역사적으로 사형과 함께 형벌의 주류를 이루고 있었다. 채찍으로 신체에 고통을 가하는 태형(笞刑)이나 장형(杖刑), 신체의 일부를 절단하는 궁형(宮刑)이나 단수(斷手) 또는 문신(文身) 이외에도 다양한 변형이 존재하였다. 현재 이슬람국가에 일부 존속하는 것도 있다. 그러나 근대에 이르러 그 잔학성이 비난되기 시작하였기 때문에 오늘날에는 대부분의 국가에서 폐지되게 되었다. 다만 일부 국가에 있어서 성범죄자에 대한 단종(斷種)이나 거세(去勢) 등이 남아 있으나, 이는 다른 차원의 문제라고 할 수 있다.

또 다른 한편 우리나라에서도 형벌과 관련된 제도는 갑오개혁기(1894~1896)에 대폭 개혁된 바 있다.[1] 첫째, 1894년 12월 칙령 제30호에 의하여 사형제도에 있어서 능지처참형이 폐지되었다. 그 집행방법에 있어서도 일반인은 교수형에 처하게 하고, 군인은 총살형에 처하도록 하였다. 둘째, 1895년 4월 법률 제4호에 의하여 종래 거리를 기준으로 하던 유형(流刑)을 기간을 기준으로 변경하여 유3천리는 유종신(終身)으로, 유2천5백리는 유15년으로, 유2천리는 유10년으로 환산하여 시행하도록 하였다. 셋째, 1895년 4월 법률 제6호에 의하여 일반범죄의 경우 유형을 징역형으로 변경하는 조치가 시행되었다. 다만 국사범(國事犯)의 경우에는 유형을 존치시키고, 도형(徒刑)은 징역으로 환산하되 취역(就役)을 면하게 하였다. 넷째, 1896년 4월의 법률 제3호(刑律名例)와 동년 6월의 법률 제5호(刑律名例改正)에 의하여 장형과 태형은 태형 10에서 100까지의 10등급으로 통폐합되었다. 다만 징역형을 실시하는 경우 징역 1년 이상인 경우에는 아울러 태형도 부가하도록 하였다. 이 외에도 1894년 6월 의안에 의하여 죄인 자신 외의 연좌율이 폐지된 바 있다.

2. 사 형

소년법 제59조 (사형 및 무기형의 완화) 죄를 범할 당시 18세 미만인 소년에 대하여 사형 또는 무기형(無期刑)으로 처할 경우에는 15년의 유기징역으로 한다.

(1) 사형의 의의

사형(死刑, Todesstrafe, death penalty)이란 사형확정자의 생명을 박탈하는 것을 내용으로 하는 형벌을 말한다. 생명을 박탈한다는 의미에서 생명형(生命刑), 가장 중한 형벌이라는 의미에서 극형(極刑)이라고도 한다. 한편 소년법은 18세 미만인 자에 대하여는 사형을 면제하고 있다. 이러한 범위에서 소년법은 사형을 폐지하고 있다고 할 수 있다. 소년법은 죄를 범할 당시 18세 미만의 소년에 대하여 사형 또는 무기형으로 처할 경우에는 15년의 유기징역으로 처하도록 규정하고 있다(소년법 제59조).

1) 이에 관하여 자세한 것은 류부곤, "조선말기 형사법과 근대적 형사입법활동에 대한 평가－죄형법정주의 개념과 형법대전의 근대성을 중심으로－", 『형사정책』 제24권 제1호, 한국형사정책학회, 2012.4, 91~114쪽 참조.

(2) 현행법상 사형관련규정

사형이 법정형으로 규정되어 있는 범죄(사형범죄)는 다수 존재한다. 우선 형법은 내란죄(제87조), 내란목적살인죄(제88조), 여적죄(제92조), 모병이적죄(제94조), 시설제공이적죄(제95조), 시설파괴이적죄(제96조), 간첩죄(제98조), 폭발물사용죄(제119조), 방화치사죄(제164조), 살인죄(제250조), 강간 등 살인죄(제301조의2), 강도살인죄(제338조), 해상강도살인 · 치사 · 강간죄(제340조)에 대하여 사형을 법정형으로 규정하고 있다. 다음으로 특별법에 의하여도 사형이 법정형으로 규정되어 있는 경우가 있다. 폭력행위처벌법에 의한 단체조직(동법 제4조), 특정범죄가중법에 의한 약취유인죄(동법 제5조의2) · 도주차량운전자(동법 제5조의3) · 상습강도(동법 제5조의4) · 강도상해강도강간의 재범(동법 제5조의5) · 통화위조(동법 제10조) 등이다. 이 외에도 국가보안법, 보건범죄단속법, 성폭력처벌법 등에도 사형이 규정되어 있다. 특히, 여적죄는 형사제재로서 사형만을 규정하고 있어 사형을 절대적 법정형으로 하고 있다는 점을 커다란 특징으로 하고 있다.

(3) 사형제도에 대한 존폐론

사형에 대하여는 종래부터 그 존폐가 논의되어 왔다. 역사적인 논거는 다음과 같다. 베카리아는 사회계약론에 근거하여 각 개인이 사회에 공출한 최소한의 자유로 생명은 포함되지 않는다고 하여 폐지론을 주장하였다. 그러나 룻소는 동일한 사회계약론에서 국민이 사형에 동의하는 것도 합리적이라고 하여 찬성론을 폈다. 응보형론 중 절대적 응보형론은 정의의 요구로서 사형을 적극적으로 근거지웠지만 오늘날의 상대적 응보형론은 반드시 존치론에 직결되지 않는다. 특별예방론도 초기에는 개선불능범인에 대한 무해화의 관점에서 사형에 찬성하였지만 그 후의 교육형론으로의 전개에 수반하여 가장 강력한 폐지론으로 된 바 있다. 일반예방론의 관점에서는 사형의 위하력(범죄억지력)이 문제로 되었지만 아직까지의 연구에서는 위하력의 존부는 일체 증명할 수 없다고 총평되어 있다. 현재에도 사형존폐론은 여전히 진행형이다.

사형폐지론의 대표적인 논거는 오판의 가능성이다. 그럼에도 불구하고 헌법재판소는 합헌으로 판시해 오고 있다.[2] 대법원도 합헌으로 판시해오고 있다.[3] 그럼에도 불구하고 우리나라에서는 김대중 정부부터 사형집행이 이루어지지 않아 이

---

2) 헌법재판소 2010.2.25. 선고 2008헌가23 결정; 헌법재판소 1996.11.28. 선고 95헌바1 결정.

3) 대법원 1994.12.19. 자 94초123 결정; 대법원 1990.4.24. 선고 90도319 판결; 대법원 1987.9.8. 선고 87도1458 판결.

명박 정부부터 사실상 사형폐지국에 속하는 것으로 분류되고 있다. 따라서 현재 상황은 사형에 관한 집행은 전혀 이루어지고 있지 않지만 판결은 계속되고 있는 중이다. 한편 일본은 사형존치국이다. 형법전에 12종과 특별법에 6종을 합하여 총 18종의 죄종에 대하여 법정형으로서 사형이 규정되어 있다. 존속살해죄(제200조)에도 그 법정형으로서 사형이 규정되어 있었으나 존속살해죄는 1973년 최고재판소에 의하여 위헌으로 되고, 그 후 사문화된 후 1995년에 폐지되었다.

(4) 사형의 선고기준

판례는 사형에 대하여 더 이상의 방법이 없어 최후의 수단으로서만 선고될 것을 요구하고 있다. 대법원은 "사형은 인간의 생명을 박탈하는 냉엄한 궁극의 형벌로서 사법제도가 상정할 수 있는 극히 예외적인 형벌이라는 점을 감안할 때, 사형의 선고는 범행에 대한 책임의 정도와 형벌의 목적에 비추어 누구라도 그것이 정당하다고 인정할 수 있는 특별한 사정이 있는 경우에만 허용되어야 한다. 따라서 사형의 선고 여부를 결정함에 있어서는 형법 제51조가 규정한 사항을 중심으로 범인의 연령, 직업과 경력, 성행, 지능, 교육정도, 성장과정, 가족관계, 전과의 유무, 피해자와의 관계, 범행의 동기, 사전계획의 유무, 준비의 정도, 수단과 방법, 잔인하고 포악한 정도, 결과의 중대성, 피해자의 수와 피해감정, 범행 후의 심정과 태도, 반성과 가책의 유무, 피해회복의 정도, 재범의 우려 등 양형의 조건이 되는 모든 사항을 철저히 심리하여야 하고, 그러한 심리를 거쳐 사형의 선고가 정당화될 수 있는 사정이 있음이 밝혀진 경우에 한하여 비로소 사형을 선고할 수 있다"고 판시한 바 있다.[4]

3. 자유형

제42조 (징역 또는 금고의 기간) 징역 또는 금고는 무기 또는 유기로 하고 유기는 1개월 이상 30년 이하로 한다. 단, 유기징역 또는 유기금고에 대하여 형을 가중하는 때에는 50년까지로 한다.

4) 대법원 2017.4.28. 선고 2017도2188 판결; 대법원 2015.8.27. 선고 2015도5785 판결; 대법원 2010.6.10. 선고 2010도4347 판결; 대법원 2009.2.26. 선고 2008도9867 판결; 대법원 2006.3.24. 선고 2006도354 판결; 대법원 2005.8.25. 선고 2005도4178 판결; 대법원 2004.9.3. 선고 2004도3538 판결; 대법원 2003.6.13. 선고 2003도924 판결; 대법원 2002.2.8. 선고 2001도6425 판결; 대법원 2000.7.6. 선고 2000도1507 판결; 대법원 1995.1.13. 선고 94도2662 판결; 대법원 1992.8.14. 선고 92도1086 판결; 대법원 1987.10.13. 선고 87도1240 판결; 대법원 1985.6.11. 선고 85도926 판결.

제46조 (구류) 구류는 1일 이상 30일 미만으로 한다.

소년법 제59조 (사형 및 무기형의 완화) 죄를 범할 당시 18세 미만인 소년에 대하여 사형 또는 무기형(無期刑)으로 처할 경우에는 15년의 유기징역으로 한다.

소년법 제60조 (부정기형) ① 소년이 법정형으로 장기 2년 이상의 유기형(有期刑)에 해당하는 죄를 범한 경우에는 그 형의 범위에서 장기와 단기를 정하여 선고한다. 다만, 장기는 10년, 단기는 5년을 초과하지 못한다.

② 소년의 특성에 비추어 상당하다고 인정되는 때에는 그 형을 감경할 수 있다.

③ 형의 집행유예나 선고유예를 선고할 때에는 제1항을 적용하지 아니한다.

④ 소년에 대한 부정기형을 집행하는 기관의 장은 형의 단기가 지난 소년범의 행형(行刑) 성적이 양호하고 교정의 목적을 달성하였다고 인정되는 경우에는 관할 검찰청 검사의 지휘에 따라 그 형의 집행을 종료시킬 수 있다.

(1) 자유형의 의의

자유형(自由刑, Freiheitsstrafe)이란 수형자의 신체적 자유를 박탈하는 것을 내용으로 하는 형벌을 말한다.

(2) 자유형의 종류

자유형에는 징역, 금고 및 구류의 3종의 형이 있다. 징역과 금고는 무기와 유기로 나누어지고, 유기는 1개월 이상 30년 이하로 한다(제42조 본문). 단, 유기징역 또는 유기금고에 대하여 형을 가중하는 때에는 50년까지로 한다(제42조 단서). 구류는 1일 이상 30일 미만으로 한다(제46조).

1) 징 역

징역(懲役, Zuchthaus, Gefängnis)이란 수형자를 교정시설에 구치하여 정역(定役)에 복무하게 하는 자유형을 말한다. 징역은 정역에 복무해야 한다는 점에서 희망에 따라 정역에 참여할 수도 있는 금고(禁錮)와 구별된다. 징역은 1개월 이상이라는 점에서 30일 미만인 구류와 구별되고 있다. 전술한 바와 같이, 소년법은 죄를 범할 당시 18세 미만의 소년에 대하여 사형 또는 무기형으로 처할 경우에는 15년의 유기징역으로 처하도록 규정하고 있다(소년법 제59조). 또 소년법은 소년이 법정형으로 장기 2년 이상의 유기형에 해당하는 죄를 범한 경우에는 그 형의 범위에서 장기와 단기를 정하여 선고하도록 하여 상대적 부정기형을 규정하고 있다(소년법 제60조). 한편 대법원은 "부정기형을 선고할 때 그 장기와 단기의 폭에 관하여는 법정한 바 없으므로, 소년인 피고인에 대하여 선고한 형량의 장기가 3년, 단기가 2년 6월 이어서 그 폭이 6월에 불과하다 하여 소년법 제54조의 해석을 잘못한 위법이 있다고 할 수 없다"고 판

시한 바 있다.[5)]

2) 금 고

금고(禁錮, Einschließung)란 정역에 복무하게 하지 아니하고 수형자를 교정시설에 구치하는 자유형을 말한다. 금고는 기간에 있어서는 징역과 완전히 일치하나, 정역의 복무가 강제되지 않는다는 점에서 징역과 구별된다. 다만 수형자의 신청이 있는 경우에는 작업에 참여할 수 있도록 허용된다(형집행법 제67조). 금고는 원칙적으로 징역보다는 가벼운 형벌이다(제41조, 제50조 참조). 금고는 주로 과실범이나 정치적 확신범과 같은 비파렴치 범죄자에 대하여 과하여지는 형벌이다. 이에 대하여는 노역을 과하지 않는 것을 수형자에 대한 우대로 보는 노동멸시사상의 표현이라는 비판도 주장되고 있다. 독일 형법이 징역과 금고를 자유형으로 통합한 근거 중의 하나이기도 하다.

3) 구 류

구류(拘留, Haft)란 수형자를 교정시설에 구치하는 자유형을 말한다. 기간이 1일부터 30일 미만이라는 점에서 1개월 이상인 징역이나 금고와는 처음부터 구별되고 있다. 구류형의 집행중에 있는 수형자에게도 금고에서와 같이 그의 신청이 있는 경우에는 작업에 참여할 수 있도록 허용된다(형집행법 제67조).

(3) 자유형의 문제점

자유형에 대하여는 부정기형, 단기자유형 및 징역과 금고의 구별과 관련하여 문제점이 거론되어 왔다. 첫째, 부정기형과 관련된 문제점이다. 부정기형은 형기를 정하지 않고 자유형을 언도하고 개선효과가 보이는 시점에서 석방하는 제도이다. 그러나 절대적 부정기형은 죄형법정주의에 반할 뿐만 아니라 범죄와 형벌의 균형을 무시한다는 점에서 책임주의에도 반하다. 또 수형자의 심리상태를 불안정하게 하고 불평등감을 준다는 점에서 개선·교육상으로도 무익함이 거론되고 있다. 다만 소년법에서만 장기·단기를 정하는 상대적 부정기형이 채용되고 있을 뿐이다(소년법 제60조 참조). 둘째, 단기자유형과 관련된 문제점이다. 단기자유형에 대하여 신파는 '개선에는 짧지만 악화에는 충분하다'고 비판하고 이의 폐지를 주장하였다. 단기란 어느 정도의 기간을 지칭하는가는 반드시 명확한 것은 아니지만 일반적으로는 약 6개월 이하라고 주장되고 있다. 셋째, 징역과 금고의 구별과 관련된 문제점

---

5) 대법원 1983.2.8. 선고 82도2889 판결.

이다. 징역과 금고를 구별하여 전자에만 강제적으로 작업을 과하는 것에 대하여는 비판이 있다. 금고는 정치범 등의 소위 비파렴치범에 과하여지는 것으로 되어 왔지만, 범죄를 파렴치범과 비파렴치범으로 구별할 합리적 이유가 없다. 뿐만 아니라 행형의 목적을 수형자의 사회복귀에 두기 위하여는 교육이나 직업훈련 등의 유연한 행형이 필요하고 작업의 부과는 그에 기여하는 한에 있어서 의미가 있다고 하는 입장에서는 자유형 단일화론이 주장되어 왔다.

(4) 자유형의 개선방향

자유형의 개선방향과 관련하여서는 자유형의 단일화 문제와 단기자유형의 폐지 문제가 거론되고 있다.

첫째, 징역, 금고 및 구류로 3분되어 있는 자유형을 단일화하는 방안이 주장되고 있다. 정역의 복무필요성이 없다고 한다면 징역과 금고를 구별할 이유가 없어지는 것이고, 개선보다는 범죄오염이 더 큰 단기형이 폐해로 지적된다면 구류는 불필요하게 되기 때문이다. 자유형의 단일화 방식과 관련하여서는 독일 형법상의 그것이 거론되는 경우가 많다.

독일 형법(Strafgesetzbuch, StGB)은 시행된 지 130년 이상 되었고, 현재까지 200회 이상 개정되어 오고 있다. 독일의 현행 형법은 1871년 성립하고 1872년 1월 1일에 시행된 라이히 형법까지 소급하고, 기본적으로는 1870년 5월 31일부터 시행되고 있는 북독일연방 형법과 동일한 것이다. 이를 토대로 1945년 이후 법정책, 형사정책의 변화, 사회의 가치관과 현대화된 처벌의 간극, 과학과 기술의 혁신 등에 따라 입법부는 다수의 조항을 추가하여 왔다. 새로이 등장한 범죄의 예로는 테러조직 구성원에 관한 죄, 컴퓨터 사기죄, 자금세탁죄, 사회보장부담을 원천징수하는 죄 등이 있다. 형법의 역사에서 특히 1969년 6월 25일의 제1차 형법개정법이 거론된다. 총칙에서는 중징역형(Zuchthaus), 경징역형(Gefängnis), 금고(Einschließung), 구류(Haft)를 대체하여 통일적인 자유형이 도입되고, 명예형이 폐지되었다. 나아가 같은 해 7월 4일의 제2차 형법개정법에서는 특히 새로운 총칙규정으로서 자유형에 대하여 1개월의 하한이 설정되고 벌금형에 관하여 선고와 형의 유예(Verwarnung mit Strafvorbehalt)와 일수벌금형이 도입되었다. 한편 수사와 형벌집행을 위한 시설로서 이곳에 수감된 대부분의 수감자들은 쇠사슬에 묶여 수형생활을 하거나 지하 감옥에 갇혀 지내게 했던 감옥형(Festungsstrafe)은 역사에서 사라진 지 오래되었다.

둘째, 단기자유형의 폐지가 문제로 등장하고 있다. 충분한 처우를 할 수 없는 단기자유형은 개선효과보다도 그 폐해가 크다는 것이다. 이러한 관점에서 집행유예의 확대 및 벌금형 등에 의한 대체가 시도되어 왔다. 한편 소위 3S주의(sharp, short, shock)하에 단기자유형의 이점을 강조하는 입장도 있다. 입법론으로서는 벌금형에 의한 대체제도, 주말구금이나 반개방적 처우의 채용 등이 대안으로서 제시되고 있다.

4. 명예형

第43조 (형의 선고와 자격상실, 자격정지) ① 사형, 무기징역 또는 무기금고의 판결을 받은 자는 다음에 기재한 자격을 상실한다.
1. 공무원이 되는 자격
2. 공법상의 선거권과 피선거권
3. 법률로 요건을 정한 공법상의 업무에 관한 자격
4. 법인의 이사, 감사 또는 지배인 기타 법인의 업무에 관한 검사역이나 재산관리인이 되는 자격

② 유기징역 또는 유기금고의 판결을 받은 자는 그 형의 집행이 종료하거나 면제될 때까지 전항 제1호 내지 제3호에 기재된 자격이 정지된다. 다만, 다른 법률에 특별한 규정이 있는 경우에는 그 법률에 따른다.

第44조 (자격정지) ① 전조에 기재한 자격의 전부 또는 일부에 대한 정지는 1년 이상 15년 이하로 한다.
② 유기징역 또는 유기금고에 자격정지를 병과한 때에는 징역 또는 금고의 집행을 종료하거나 면제된 날로부터 정지기간을 기산한다.

(1) 명예형의 의의

명예형(名譽刑, Ehrenstrafe)이란 사람의 명예와 관련되는 권리 또는 자격을 박탈 또는 정지하는 것을 내용으로 하는 형벌을 말한다. 자격을 박탈하기 때문에 자격형이라고도 한다. 명예형에는 범죄자의 사회적 지위를 영구적 또는 일시적으로 박탈함으로써 고통을 주기 위한 의도가 포함되어 있다고 할 수 있다. 한편 명예형은 17세기경부터 유럽에서 정해진 형벌로서 오늘날에는 대부분이 사라졌다. 당시의 명예형으로서는 노출, 낙인 또는 문신이 주로 사용되었으나 오늘날 인권보장의 관점에서 퇴출되게 된 것이다. 주홍글씨(The Scarlet Letter)가 낙인의 대표적인 예라고 할 수 있다.

(2) 명예형의 종류

명예형의 종류에는 자격상실과 자격정지가 있다(제41조). 자격상실과 자격정지의 대상으로 되는 자격은 동일하다. 자격상실 또는 자격정지에 의하여 상실되거나 정지되는 자격은 법정되어 있다. 공무원이 되는 자격, 공법상의 선거권과 피선거권,

법률로 요건을 정한 공법상의 업무에 관한 자격 및 법인의 이사, 감사 또는 지배인 기타 법인의 업무에 관한 검사역이나 재산관리인이 되는 자격이 그것이다(제43조, 제44조). 다만 그 부과방법에 있어서 차이가 있을 뿐이다. 자격상실 또는 자격정지는 형의 선고에 의한 당연상실 또는 당연정지(제43조)와 병과형의 선고에 의한 자격정지(제44조)로 구분될 수 있다.

1) 자격상실

자격상실(資格喪失)이란 일정의 형의 선고가 있으면 그 형의 효력으로서 당연히 자격이 상실되는 형벌을 말한다. 자격상실은 별도의 선고에 의하는 것이 아니라 일정한 형의 선고로 인하여 당연히 효력이 발생한다는 점에 특징이 있다. 자격상실의 효과를 가져오는 형의 선고는 사형, 무기징역 또는 무기금고의 판결을 받은 자이다(제43조 제1항). 형의 선고는 법정형이 아니라 선고형을 의미한다.

2) 자격정지

자격정지(資格停止)란 형의 선고가 있으면 그 형의 효력으로서 당연히 일정한 자격이 정지되거나 병과형의 선고로 자격의 전부 또는 일부를 일정기간 정지시키는 형벌을 말한다.

① 당연정지

유기징역 또는 유기금고의 판결을 받은 자는 그 형의 집행이 종료하거나 면제될 때까지 자격이 당연히 정지된다(제43조 제2항). 당연정지는 일정한 형의 선고로 인하여 당연히 효력이 발생한다는 점에 특징이 있다. 교정시설에 있는 동안 자격은 아무런 의미를 가지지 않기 때문이다.

② 선고에 의한 자격정지

판결의 선고에 의한 자격정지는 별도의 선고에 의하여 효력이 발생한다는 점에 특징이 있다. 자격정지가 다른 형벌과 선택형으로 규정되어 있을 때에는 자격정지만을 선고할 수도 있고, 다른 형에 병과하는 병과형으로 선고할 수도 있다. 자격의 전부 또는 일부에 대한 정지기간은 1년 이상 15년 이하이다(제44조 제1항). 유기징역 또는 유기금고에 자격정지를 병과한 때에는 징역 또는 금고의 집행을 종료하거나 면제된 날로부터 정지기간을 기산한다(제44조 제2항).

(3) 명예형의 과제

선거권을 박탈하는 것에 대하여는 특히 문제가 되고 있다. 선거권에 대한 당연 박탈은 합리적인 이유가 없을 뿐만 아니라 헌법정신에도 부합하지 않는다고 지적되고 있기 때문이다(헌법 제24조 참조). 이 외에도 명예형에 관하여는 독일 형법이나 일본 형법에서는 이미 폐지되어 존재하지 않는 낙후된 형벌이라는 점에서 비판이 추가될 수 있다.

5. 재산형

第45条 (벌금) 벌금은 5만원 이상으로 한다. 다만, 감경하는 경우에는 5만원 미만으로 할 수 있다.

第47条 (과료) 과료는 2천원 이상 5만원 미만으로 한다.

(1) 재산형의 의의

재산형(財産刑, Vermögensstrafe)이란 수형자로부터 일정한 재산을 박탈하는 것을 내용으로 하는 형벌을 말한다.

(2) 재산형의 종류

재산형에는 벌금, 과료 및 몰수가 있다. 다만 몰수는 형벌과 보안처분의 성격을 모두 가지고 있기 때문에 항을 바꾸어 추징과 함께 고찰하기로 한다.

1) 벌 금

벌금(罰金)이란 범죄자로부터 강제적으로 일정한 금액을 징수하는 형벌을 말한다. 벌금은 5만원 이상이다(제45조 본문). 법률상 상한(上限)은 없다. 다만 감경하는 경우에는 5만원으로 할 수 있다(제45조 단서).

2) 과 료

과료(科料)는 범죄자로부터 강제적으로 일정한 금액을 징수하는 형벌을 말한다. 과료는 2천원 이상 5만원 미만이다(제47조).

(3) 재산형의 문제점

재산형에 대하여는 단기자유형을 회피할 수 있다는 장점에도 불구하고 수형자의 빈부의 격차에 의한 불평등의 문제가 대두되고 있다. 이와 같은 관점에서 특히 문제되어 온 것이 노역장유치와 총액벌금형(總額罰金刑, Gesamt-summensystem)이다. 노역장유치에 대하여는 벌금이나 과료의 미납자에 대하여 자유형을 대체해야 할 자유형이 다시 자유형으로 환원된다는 것이 가장 큰 문제점으로 거론되고 있다. 총액벌금형은 수형자의 부담능력을 고려하지 않고 총액으로만 선고하기 때문에 경제적 능력의 여부에 따라 가혹할 수도 있는 반면 무의미할 수도 있는 양면의 단점이 지적되고 있다.

(4) 재산형의 개선방안

재산형에 대한 개선방안으로서는 벌금과 과료의 단일화가 거론되고 있다. 이외에 벌금형의 개선방안으로서는 사회봉사집행과 일수벌금형의 도입이 논의되고 있다. 사회봉사집행은 이미 도입되어 시행되고 있다. 경제적인 이유로 인한 노역장유치를 최소화하기 위하여 벌금미납자에 대한 사회봉사집행과 집행한 사회봉사시간에 상응하는 벌금액을 낸 것으로 하는 특례가 시행되고 있다(벌금미납자법 제4조부터 제15조까지 참조).[6] 그러나 사회봉사집행은 신청에 한정되어 운영되는 제도로서 아직 충분하지 않다고 평가할 수 있다. 총액벌금형을 대체할 제도로서는 독일 형법이 채택하고 있는 일수벌금형이 거론되고 있다. 일수벌금형(日數罰金刑, Tagessatzsystem)이란 우선 형사책임에 따라 일수(日數)를 결정하고 이어서 그 자의 경제적 상태에 따라 일액(日額)을 결정하고 양자를 결합한 금액을 벌금액으로 하는 제도이다. 이에 의하여 벌금형에 있어서의 경제적 불평등을 해소할 수 있다는 것이다.

6. 몰수와 추징

제48조 (몰수의 대상과 추징) ① 범인 외의 자의 소유에 속하지 아니하거나 범죄 후 범인 외의 자가 사정을 알면서 취득한 다음 각 호의 물건은 전부 또는 일부를 몰수할 수 있다.
1. 범죄행위에 제공하였거나 제공하려고 한 물건
2. 범죄행위로 인하여 생겼거나 취득한 물건
3. 제1호 또는 제2호의 대가로 취득한 물건

② 제1항 각 호의 물건을 몰수할 수 없을 때에는 그 가액(價額)을 추징한다.
③ 문서, 도화(圖畵), 전자기록(電磁記錄) 등 특수매체기록 또는 유가증권의 일부가 몰수의 대상이 된 경우에는 그 부분을 폐기한다.

제49조 (몰수의 부가성) 몰수는 타형에 부가하여 과한다. 단, 행위자에게 유죄의 재판을 아니할 때에도 몰수의 요건이 있는 때에는 몰수만을 선고할 수 있다.

---

6) 벌금미납자의 사회봉사집행에 관한 특례법 2009.3.25. 제정 법률 제9523호 2009.9.26. 시행.

구조문

제48조 (몰수의 대상과 추징) ① 범인이외의 자의 소유에 속하지 아니하거나 범죄후 범인이외의 자가 정을 알면서 취득한 다음 기재의 물건은 전부 또는 일부를 몰수할 수 있다.
1. 범죄행위에 제공하였거나 제공하려고 한 물건.
2. 범죄행위로 인하여 생하였거나 이로 인하여 취득한 물건.
3. 전 2호의 대가로 취득한 물건.
② 전항에 기재한 물건을 몰수하기 불능한 때에는 그 가액을 추징한다.
③ 문서, 도화, 전자기록등 특수매체기록 또는 유가증권의 일부가 몰수에 해당하는 때에는 그 부분을 폐기한다.

(1) 몰 수

1) 몰수의 개념

① 몰수의 의의

몰수(沒收, Konfiskation, confiscation)란 범죄와 관계있는 물품을 압수하여 국고에 귀속시키는 형벌을 말한다. 몰수는 부가형이기 때문에 주형으로부터 독립된 단독의 형벌로서 부과될 수 없다(제49조 본문). 다만 행위자에게 유죄의 재판을 아니할 때에도 몰수의 요건이 있는 때에는 몰수만을 선고할 수 있다(제49조 단서).

② 몰수의 종류

몰수에는 필요적 몰수와 임의적 몰수가 있다. 형법총칙상의 몰수는 임의적 몰수이기 때문에 몰수는 임의적 몰수가 원칙이라고 할 수 있다(제48조). 그러나 형법각칙상의 몰수는 필요적 몰수를 규정하는 경우가 있다. 범인 또는 정을 아는 제3자가 받은 뇌물 또는 뇌물에 공할 금품(제134조), 아편에 관한 죄에 제공한 아편, 모르핀이나 그 화합물 또는 아편흡식기구(제206조) 또는 배임수증죄에 의하여 취득한 재물(제357조 제3항) 등이 그 예이다.

③ 몰수의 법적 성질

몰수의 법적 성질에 관하여는 다툼이 있다. 형벌이라는 형식설, 대물적 보안처분이라는 실질설 및 형벌이자 대물적 보안처분이라는 종합설이 그것이다. 종합설에 의하면 몰수는 형식상으로는 형벌의 일종이지만, 실질상 몰수를 과하는 목적은 그 물품으로부터 발생하는 위험성의 방지 또는 범인에 대한 범죄로부터 부당한 이익의 획득의 금지에 있다고 이해되고 있다.

생각건대 몰수는 기본적으로 형벌이라고 이해해야 한다고 본다. 다만 몰수의 예방적 효과는 부수적이고 파생적인 것으로서 몰수의 기본적 성질은 아니라고 해야 한다. 판례는 몰수의 기본적 성격을 재범방지를 위한 처분이라기보다는 범죄인에게 재산적 불이익을 주기 위한 형벌로 파악하고 있다고 해석된다. 실제로 판례도 범죄행위로 인한 이득의 박탈을 목적으로 하는 몰수와 징벌적 성격의 몰수를 모두 인정하고 있기 때문이다.

2) 몰수의 대상

몰수의 대상은 범죄제공물건, 범죄산출물건 및 대가물건의 전부 또는 일부이다(제48조 제1항). 몰수는 원칙적으로 법관의 재유재량에 맡겨져 있는 임의적 몰수이다.

① 범죄제공물건

몰수의 첫 번째의 대상은 범죄행위에 제공하였거나 제공하려고 한 물건을 말한다(제48조 제1항 제1호). 소위 범죄제공물건(犯罪提供物件)을 말한다. 범죄행위에 사용하거나 사용하려고 한 도구이나 수단이 이에 속한다. 살인죄에 사용된 흉기, 도박자금으로 대여한 금원 또는 문서위조죄에 사용된 인장이나 컴퓨터 등이 그 예이다. 반드시 경제적 가치가 있을 것을 요하지 않는다.

대법원에 의하면 '범죄행위에 제공한 물건'이란 "살인행위에 사용한 칼 등 범죄의 실행행위 자체에 사용한 물건에만 한정되는 것이 아니며, 실행행위의 착수 전의 행위 또는 실행행위의 종료 후의 행위에 사용한 물건이더라도 그것이 범죄행위의 수행에 실질적으로 기여하였다고 인정되는 한 위 법조 소정의 제공한 물건에 포함된다"고 하고,[7] '범죄행위에 제공하려고 한 물건'이란 "범죄행위에 사용하려고 준비하였으나 실제 사용하지 못한 물건을 의미"한다고 판시한 바 있다.[8]

② 범죄산출물건과 범죄취득물건

몰수의 두 번째의 대상은 범죄행위로 인하여 생겼거나 취득한 물건을 말한다(제48조 제1항 제2호). 소위 범죄산출물건(犯罪産出物件) 또는 범죄취득물건(犯罪取得物件)을 말한다. 위조문서행위로 인하여 작성한 위조문서는 범죄산출물건에 속한다. 이에 반하여 도박행위로 취득한 금품, 불법벌채한 목재 등은 범죄취득물건에 해당한다. 대법원은 "면허를 받지 않고 수입한 물품은 절대몰수품으로 이를 몰수치 않은 재판은 위법이다"라고 판시한 바 있다.[9]

---

7) 대법원 2006.9.14. 선고 2006도4075 판결.
8) 대법원 2008.2.14. 선고 2007도10034 판결; 대법원 2008.2.14. 선고 2007도10034 판결.
9) 대법원 1951.8.21. 선고 4284민상13 판결.

③ 대가물건

몰수의 세 번째의 대상은 범죄제공물건, 범죄산출물건 및 범죄취득물건의 대가로 취득한 물건이다(제48조 제1항 제3호). 소위 대가물건(對價物件)을 말한다. 절도죄에 있어서 도품매각대금, 장물죄에 있어서 장물매각대금 등이 이에 속한다. 몰수의 대상은 범죄와 관련이 있는 것이어야 하기 때문에 범죄와 관련이 없는 것은 몰수할 수 없다. 몰수의 대상은 반드시 압수되어 있는 물건에 제한되는 것은 아니다. 피고인에게 환부한 물건도 몰수의 대상이 될 수 있다.

3) 몰수의 요건

몰수의 요건으로서는 몰수의 대상이 범인 외의 자의 소유에 속하지 아니하거나 범죄 후 범인 외의 자가 사정을 알면서 취득한 물건일 것을 요한다(제48조 제1항).

① 범인 외의 자의 소유에 속하지 아니한 물건

범인 외의 자의 소유에 속하는 물건은 몰수할 수 없다. 범죄와 관련되었다는 이유만으로 몰수하는 경우에는 제3자의 재산권을 침해할 수 있기 때문이다. 범인이란 정범뿐만 아니라 공범을 포함한다. 범인 외의 자의 소유에 속하지 않는 물건에는 범인의 소유에 속하는 물건 외에 무주물(無主物), 누구에게도 소유가 금지된 금제품(禁制品) 및 소유자불명의 물건이 포함된다.

② 범죄 후 범인 외의 자가 사정을 알면서 취득한 물건

범인 외의 자의 소유에 속하는 물건을 몰수할 수 없다. 그러나 범죄 후 범인 외의 자가 사정을 알면서 취득한 물건은 몰수할 수 있다. 사정을 알면서 취득한 물건이란 취득 당시에 그 물건이 몰수의 대상물건인 사실을 알면서 취득하는 것을 의미한다. 대법원은 “범죄행위에 제공하려고 한 물건은 범인 이외의 자의 소유에 속하지 아니하거나 범죄 후 범인 이외의 자가 정을 알면서 취득한 경우 이를 몰수할 수 있다”고 판시한 바 있다.[10] 한편 법원이나 수사기관은 필요한 때에는 증거물 또는 몰수할 것으로 사료하는 물건을 압수할 수 있으나(형소법 제106조 제1항, 제219조), 몰수는 반드시 압수되어 있는 물건에 대하여서만 하는 것은 아니다.[11] 또 몰수대상물건이 압수되어 있는가 하는 점 및 적법한 절차에 의하여 압수되었는가 하는 점도 몰수의 요건이 아니라고 할 수 있다.[12]

10) 대법원 2003.5.30. 선고 2003도705 판결.
11) 대법원 2003.5.30. 선고 2003도705 판결; 대법원 1977.5.24. 선고 76도4001 판결.
12) 대법원 2014.9.4. 선고 2014도3263 판결; 대법원 2003.5.30. 선고 2003도705 판결; 대법원

(2) 추 징

몰수의 대상물건을 몰수할 수 없는 때에는 그 가액(價額)을 추징한다(제48조 제2항).

1) 추징의 의의

추징(追徵)이란 몰수의 대상이 되는 물건이 몰수할 수 없는 경우에 그 가액을 납부하도록 명령하는 사법처분을 말한다. 몰수가 불가능하다고 하여 몰수를 하지 않게 되면 범죄로 인한 과실(果實)이 범죄자에게 그대로 남게 되어 부당하기 때문이다. 한편 추징은 몰수의 취지를 관철하기 위하여 인정되는 제도라는 점에서 몰수와 같이 부가형으로서의 성질을 가진다고 할 수 있다.

2) 추징의 요건

추징의 요건은 몰수할 수 없는 때이다(제48조 제2항). 몰수할 수 없는 때란 소비, 혼동, 분실 또는 양도 등으로 판결 당시에 사실상 또는 법률상 몰수할 수 없는 경우를 말한다. 따라서 몰수의 대상이 되는 범죄수익을 특정할 수 없는 경우에는 추징이 불가능하게 된다.[13)]

(3) 몰수제도의 문제점

몰수의 대상물을 이용하여 재산을 형성한 경우 이러한 재산은 몰수할 수 없다는 점이 몰수제도의 문제점으로 지적되고 있다. 예컨대 1억원의 뇌물로 부동산에 투기하여 10억원의 재산을 형성한 경우 1억원에 대하여는 추징이 가능하지만, 나머지 9억원에 대하여는 추징이 불가능하기 때문에 범죄로 인한 과실(果實)이 범죄인에게 그대로 남아 있게 되어 부당하다는 것이 그 이유이다.

(4) 몰수에 관한 특별규정

몰수의 대상에 관하여는 각종의 특별규정이 다수 존재한다. 경우에 따라서는 제3자의 소유물에 대한 몰수도 널리 인정되고 있다. 대법원은 "마약류 관리에 관한 법률 제67조에 의한 몰수나 추징은 범죄행위로 인한 이득의 박탈을 목적으로 하는 것이 아니라 징벌적 성질의 처분이므로, 그 범행으로 인하여 이득을 취득한 바 없다 하더라도 법원은 그 가액의 추징을 명하여야 한다"고 판시한 바 있다.[14)]

1977.5.24. 선고 76도4001 판결.

13) 대법원 2014.7.10. 선고 2014도4708 판결; 대법원 2008.6.26. 선고 2008도1392 판결.

14) 대법원 2001.12.28. 선고 2001도5158 판결.

제2절 형벌의 적용

Ⅰ. 서 언

형벌의 적용은 법정형의 선택, 처단형의 결정 및 선고형의 확정이라는 순서로 이루어진다. 형사소송절차에서 피고인에 대하여는 형법각칙상의 법정형에 형법총칙상의 여러 규정을 적용하여 처단형을 결정한 다음 처단형의 범위 내에서 최종적으로 선고형이 확정되어 선고된다. 형벌의 적용의 일련의 전 과정을 형의 양정이라고 하는 경우가 있다. 법정형의 선택, 처단형의 결정 및 선고형의 확정이라는 일련의 전 과정을 소위 '광의의 형의 양정'이라고 할 수 있다. 그러나 처단형의 범위 내에서 선고형을 확정하는 과정만을 지칭하여 형의 양정이라고 하는 경우도 있다. 소위 '협의의 형의 양정'이라고 할 수 있다. 이 책에서는 후술하는 바와 같이 협의의 형의 양정만을 형의 양정의 개념으로 사용하고자 한다.

Ⅱ. 형벌의 선택

1. 법정형의 의의

법정형(法定刑, gesetzliche Strafdrohung, Strafbemessung)이란 형법각칙의 구성요건에 규정되어 있는 형벌을 말한다. 죄형법정주의에 의하면 죄(罪)와 형(刑)이 행위 이전에 법률로 규정되지 않으면 안 된다. 범죄에 대한 법률효과로서 형벌법령의 각죄에 상응하여 형벌이 규정되어 있다. 이와 같이 법률에 규정된 형이 법정형이다. 법정형은 입법자가 규정한 것으로서 법관에 의한 처단형의 기준이 된다는 의미에서 형의 양정의 출발점이 된다고 할 수 있다.

어떤 범죄를 어떻게 처벌할 것인가 하는 문제 즉 법정형의 종류와 범위의 선택은 그 범죄의 죄질과 보호법익에 대한 고려뿐만 아니라 우리의 역사와 문화, 입법 당시의 시대적 상황, 국민일반의 가치관 내지 법감정 그리고 범죄예방을 위한 형사정책적 측면 등 여러 가지 요소를 종합적으로 고려하여 입법자가 결정할 사항으로서 광범위한 입법재량 내지 형성의 자유가 인정되어야 할 분야이다. 따라서 어느 범죄에 대한 법정형이 그 범죄의 죄질 및 이에 따른 행위자의 책임에 비하여 지나치게 가혹한 것이어서 현저히 형벌체계상의 균형을 잃고 있다거나 그 범죄에 대한 형벌 본래의 목적과 기능을 달성함에 있어 필요한 정도를 일탈하였다는 등 헌법상의 평등의 원칙 및 비례의 원칙 등에 명백히 위배되는 경우가 아닌 한, 쉽사리 헌법에 위반된다고 단정하여서는 아니 된다. 그리고 형법규정의 법정형만으로는 어떤 범죄행위를 예방하고 척결하기에 미흡하다는 입법정책적 고려에 따라 이를 가중처벌하기 위하여 특별형법법규를 제정한 경우에는 형법규정의 법정형만을 기준으로 하여 그 특별형법법규의 법정형의 과중 여부를 쉽사리 논단해서도 안 될 것이다.[15)]

2. 법정형의 선택

법정형에는 형종(刑種)이나 형기(刑期)에 대하여 재량적 선택의 여지가 없는 것과 재량적 선택의 여지가 있는 것이 있다. 전자를 절대적 법정형, 후자를 상대적 법정형이라고 한다. 여적죄(제93조)는 형벌로써 사형만을 규정하고 있기 때문에 절대적 법정형의 대표적인 예가 될 수 있다. 대다수의 범죄는 형종의 선택이나 형기의 양정(量定)에 있어서 재량적 여지를 인정하고 있기 때문에 상대적 법정형에 속한다고 할 수 있다. 상대적 법정형에는 몇 가지의 법정형이 규정되어 있다. 예컨대 형법은 살인죄에 관하여 '사람을 살해한 자는 사형, 무기 또는 5년 이상의 징역에 처한다'고 규정하고 있다(제250조 제1항). 여기서 법정형으로서는 사형, 무기징역 및 5년 이상의 유기징역의 3종류의 선택가능성이 제시되어 있다. 법관이 '5년의 유기징역'을 선택한다면 '5년의 유기징역'이 선택형으로 되는 것이다. 이와 같이 선택형(選擇刑)이란 법정형에 규정되어 있는 여러 종류의 형벌 중에서 법관이 선택한 특정한 형을 말한다.

3. 법정형의 경중

제41조 (형의 종류) 형의 종류는 다음과 같다.

1. 사형　2. 징역　3. 금고　4. 자격상실　5. 자격정지
6. 벌금　7. 구류　8. 과료　9. 몰수

제50조 (형의 경중) ① 형의 경중은 제41조 각 호의 순서에 따른다. 다만, 무기금고와 유기징역은 무기금고를 무거운 것으로 하고 유기금고의 장기가 유기징역의 장기를 초과하는 때에는 유

15) 대법원 2007.2.8. 선고 2006도7882 판결; 헌법재판소 2006.4.27. 선고 2005헌가2 결정; 헌법재판소 2001.11.29. 선고 2001헌가16 결정.

기금고를 무거운 것으로 한다.
② 같은 종류의 형은 장기가 긴 것과 다액이 많은 것을 무거운 것으로 하고 장기 또는 다액이 같은 경우에는 단기가 긴 것과 소액이 많은 것을 무거운 것으로 한다.
③ 제1항 및 제2항을 제외하고는 죄질과 범정(犯情)을 고려하여 경중을 정한다.

구조문

제50조 (형의 경중) ① 형의 경중은 제41조 기재의 순서에 의한다. 단, 무기금고와 유기징역은 금고를 중한 것으로 하고 유기금고의 장기가 유기징역의 장기를 초과하는 때에는 금고를 중한 것으로 한다.
② 동종의 형은 장기의 긴 것과 다액의 많은 것을 중한 것으로 하고 장기 또는 다액이 동일한 때에는 그 단기의 긴 것과 소액의 많은 것을 중한 것으로 한다.
③ 전 2항의 규정에 의한 외에는 죄질과 범정에 의하여 경중을 정한다.

법정형을 선택하거나 법정형에 수정을 가하여 처단형을 도출하기 위하여는 법정형의 경중을 비교할 필요가 있다. 법정형의 경중에 관하여는 형법이 명문으로 규정하고 있다. 형은 사형, 징역, 금고, 자격상실, 자격정지, 벌금, 구류, 과료 및 몰수의 순으로 중하다(제50조 제1항 본문, 제41조). 다만, 무기금고와 유기징역은 무기금고를 무거운 것으로 하고 유기금고의 장기가 유기징역의 장기를 초과하는 때에는 유기금고를 무거운 것으로 한다(제50조 제1항 단서). 같은 종류의 형은 장기가 긴 것과 다액이 많은 것을 무거운 것으로 하고 장기 또는 다액이 같은 경우에는 단기가 긴 것과 소액이 많은 것을 무거운 것으로 한다(제50조 제2항). 형의 경중은 이 외에도 죄질과 범정(犯情)을 고려하여 경중을 정한다(제50조 제3항).

Ⅲ. 형벌의 수정

1. 서 언

(1) 처단형의 의의

처단형(處斷刑)이란 법정형을 기준으로 법률상의 가중·감경과 재판상의 감경을 하고 난 후의 형으로서 선고형의 기준이 되는 형을 말한다. 대법원에 의하면 "처단형은 선고형의 최종적인 기준이 되므로 그 범위는 법률에 따라서 엄격하게 정하여야 하고, 별도의 명시적인 규정이 없는 이상 형법 제56조에서 열거하고 있는 가중·감경할 사유에 해당하지 않는 다른 성질의 감경 사유를 인정할 수는 없다"고 한다.[16]

---

16) 대법원 2019.4.18. 선고 2017도14609 전원합의체 판결.

(2) 처단형의 결정

법정형은 수정되어 처단형이 된다. 범죄행위에 대하여는 범죄마다 형법에 법정형이 정하여져 있다. 그러나 당사자에게 특단의 사정이 있는 경우에는 형의 가중·감면이 인정되고 있다. 여기서 처단형은 법정형과 동일한 경우 외에도 가중된 형태 또는 감경된 형태로 나타날 수 있다.

(3) 형의 가중·감면의 순서

제56조 (가중 · 감경의 순서) 형을 가중 · 감경할 사유가 경합하는 경우에는 다음 각 호의 순서에 따른다.

1. 각칙 조문에 따른 가중　2. 제34조제2항에 따른 가중　3. 누범 가중
4. 법률상 감경　5. 경합범 가중　6. 정상참작감경

구조문
제56조 (가중감경의 순서) 형을 가중감경할 사유가 경합된 때에는 다음 순서에 의한다.

1. 각칙 본조에 의한 가중　2. 제34조제2항의 가중　3. 누범가중
4. 법률상감경　5. 경합범가중　6. 작량감경

처단형의 결정은 선고형의 확정과는 달라서 입법자가 제시한 기준에 따라 기계적으로 결정되게 된다. 처단형은 법정형을 출발점으로 하여 형을 가중하거나 또는 감경하는 방식으로 이루어진다. 형을 가중하거나 감경하는 경우 그 사유가 경합될 수 있다. 계산에 있어서 공평을 도모하기 위하여 형법은 형을 가중·감경할 사유가 경합된 경우 그 처리하는 순서에 대하여도 명문으로 규정해 놓고 있다. 처단형을 결정할 때 형을 가중·감경할 사유가 경합된 경우에는 형법의 규정에 의거하여 각칙본조에 의한 가중, 특수교사·방조에 대한 형(제34조 제2항)의 가중, 누범가중, 법률상 감경, 경합범가중 및 정상참작감경의 순서에 따라서 행하여야 한다(제56조). 다만 정상참작감경의 결과 반드시 감경될 것을 요하는 것은 아니다. 따라서 정상참작감경을 한 후 정상참작감경을 하지 아니한 처단형의 범위 내에서 형을 선고하였다 하더라도 그것이 정상참작감경을 한 처단형의 범위 내에서 선고된 것인 이상 이를 위법하다고 할 수 없다.[17] 2020년 12월 개정형법은 작량감경을 정상참작감경으로 용어를 변경하였다.[18]

법률상의 감경에는 경합범에 대한 감경(제39조 제1항 참조)도 포함된다. 대법원도 "형의 감경에는 법률상 감경과 재판상 감경인 작량감경이 있다. 작량감경 외에 법률의 여

17) 대법원 2010.10.28. 선고 2010도10960 판결.
18) 형법 2020.12.8. 일부개정 법률 제17571호 2021.12.9. 시행.

러 조항에서 정하고 있는 감경은 모두 법률상 감경이라는 하나의 틀 안에 놓여 있다. 따라서 형법 제39조 제1항 후문에서 정한 감경도 당연히 법률상 감경에 해당한다. 형법 제39조 제1항 후문의 '그 형을 감경 또는 면제할 수 있다'라는 규정 형식도 다른 법률상의 감경 사유들과 다르지 않다. 이와 달리 형법 제39조 제1항이 새로운 감경을 설정하였다고 하려면 그에 대하여 일반적인 법률상의 감경과 다른, 감경의 폭이나 방식이 제시되어야 하고 감경의 순서 또한 따로 정했어야 할 것인데 이에 대하여는 아무런 정함이 없다. 감경의 폭이나 방식, 순서에 관해 달리 정하고 있지 않은 이상 후단 경합범에 대하여도 법률상 감경 방식에 관한 총칙규정인 형법 제55조, 제56조가 적용된다고 보는 것이 지극히 자연스럽다. 후단 경합범에 따른 감경을 새로운 유형의 감경이 아니라 일반 법률상 감경의 하나로 보고, 후단 경합범에 대한 감경에 있어 형법 제55조 제1항에 따라야 한다고 보는 것은 문언적·체계적 해석에 합치될 뿐 아니라 입법자의 의사와 입법연혁 등을 고려한 목적론적 해석에도 부합한다"라고 판시한 바 있다.[19)]

2. 형의 가중

형의 가중(刑의 加重)은 법률상의 가중만을 의미한다. 재판상의 가중은 재판상의 감경과는 달라서 인정되지 아니하기 때문이다. 이는 죄형법정주의의 원칙상 당연한 논리적 귀결이다. 형의 가중은 총칙상의 일반적 가중사유와 각칙상의 특수한 가중사유로 대별될 수 있다. 특수교사·방조에 대한 가중(제34조 제2항), 누범가중(제35조 제2항) 및 경합범가중(제38조 제1항 제2호)은 전자에 속한다. 이에 반하여 공무원의 직무상 범죄에 대한 가중(제135조), 특수공무방해죄에 대한 가중(제144조), 상습범가중(제203조, 제246조 제2항, 제264조, 제279조, 제285조, 제305조의2, 제332조, 제341조, 제351조, 제363조), 특수체포·감금죄에 대한 가중(제278조) 등은 후자에 해당한다. 형을 가중·감경할 사유가 경합된 경우 후술하는 바와 같이 형법은 일정한 순서, 즉 각칙본조에 의한 가중, 특수교사·방조에 대한 형(제34조 제2항)의 가중, 누범가중, 법률상 감경, 경합범가중 및 정상참작감경에 의하도록 규정하고 있다(제56조). 아래에서는 각칙상의 가중에 해당하는 상습범의 가중, 총칙상의 가중에 해당하는 누범의 가중 및 경합범의 가중에 관하여만 살펴보기로 한다.

19) 대법원 2019.4.18. 선고 2017도14609 전원합의체 판결.

(1) 상습범의 가중

1) 상습범의 의의

상습범(常習犯)이란 범인의 상습성에 의하여 성립하는 범죄를 말한다. 관행범(慣行犯) 또는 관습범(慣習犯)이라고도 한다. 상습성(常習性)이란 일정한 범죄행위를 반복 누행하는 습벽(習癖)을 말한다.[20] 상습성은 범죄자의 어떤 버릇, 범죄의 경향을 의미하는 것으로서 행위의 본질을 이루는 성질이 아니고 행위자의 특성을 이루는 성질을 의미한다.[21] 상습성의 유무는 행위자의 연령·성격·직업·환경·전과, 범행의 동기·수단·방법 및 장소, 전에 범한 범죄와의 시간적 간격, 그 범행의 내용과 유사성 등 여러 사정을 종합하여 판단하여야 한다.[22]

다만 상습성의 속성과 관련하여 그것이 행위의 속성인가 아니면 행위자의 속성인가에 대하여는 다툼이 없는 것은 아니다. 상습성을 전자로 파악하는 경우에는 상습누범(常習累犯)의 성립을 인정하는 것이 불가능하지는 않기 때문이다. 상습범은 행위자의 반복성향이 문제된다는 점에서 행위의 누적이 문제되는 누범과 구별되고 있다. 물론 전과는 상습성을 판단하는 중요한 자료가 될 수 있다. 그러나 상습범과 누범은 서로 다른 개념으로서 누범에 해당한다고 하여 반드시 상습범이 되는 것이 아니며, 반대로 상습범에 해당한다고 하여 반드시 누범이 되는 것도 아니다.[23] 7년이나 경과된 전과사실을 근거로 상습범으로 인정하려면 그 전과사실과 종합하여 이 사건 범행이 피고인의 습벽의 발로라고 볼 수 있는 특별한 사정이 있어야 한다.[24] 한편 독일 형법은 개정을 통하여 상습범에 대한 가중처벌규정을 범죄예방과 책임주의의 관점에서 폐지한 바 있다.[25]

---

20) 대법원 2015.11.12. 선고 2015도12372 판결; 대법원 2012.1.26. 선고 2011도15356 판결; 대법원 2011.11.24. 선고 2009도980 판결; 대법원 2009.9.10. 선고 2009도5075 판결; 대법원 2008.8.21. 선고 2008도3657 판결; 대법원 2007.2.8. 선고 2006도6955 판결; 대법원 2006.9.8. 선고 2006도2860 판결; 대법원 2005.10.28. 선고 2005도5774 판결; 대법원 2004.9.16. 선고 2001도3206 전원합의체 판결; 대법원 1999.11.26. 선고 99도3929 판결; 대법원 1995.7.11. 선고 95도955 판결; 대법원 1994.3.8. 선고 93도3608 판결; 대법원 1990.12.11. 선고 90도2250 판결; 대법원 1986.6.10. 선고 86도778 판결.

21) 대법원 2007.8.23. 선고 2007도3820,2007감도8 판결; 대법원 2006.5.11. 선고 2004도6176 판결.

22) 대법원 2007.8.23. 선고 2007도3820,2007감도8 판결; 대법원 2006.5.11. 선고 2004도6176 판결.

23) 대법원 2007.8.23. 선고 2007도4913 판결.

24) 대법원 1982.2.23. 선고 81도3151 판결; 대법원 1977.9.28. 선고 77도2447 판결.

25) Schönke/Schröder/Stree, StGB, Vor § 52 Rn. 98~99.

2) 상습범의 본질

상습성은 동종의 행위를 반복함으로써 획득된 습성이기 때문에 반드시 범죄의 횟수에 영향을 받는 것은 아니다. 단 1회의 도박을 하여도 상습성이 인정되는 경우에는 상습도박죄의 성립을 방해하지 않는다. 이와 반대의 경우도 가능하다. 상습성을 인정하는 자료에는 아무런 제한이 없으므로 과거에 소년법에 의한 보호처분을 받은 사실도 상습성 판단의 자료가 될 수 있다.[26] 그러나 절도죄의 전과가 2회 있을 뿐 강도의 전력이 없다면 위와 같은 절도의 전과만으로 강도죄의 상습성을 인정하는 자료로 삼을 수 없다.[27] 한편 상습성을 판단하는 판례의 기준은 반드시 명확한 것은 아니라고 할 수 있다.

상습성을 긍정한 판례의 구체적 내용은 다음과 같다. 즉,

① 행위자가 범죄 행위 당시 심신미약 상태에 있었다는 이유만으로 그 범죄 행위는 상습성이 발현된 것이 아니라고 단정할 수는 없는 것이다.[28] ② 특정범죄가중처벌등에관한법률 제5조의4 제3항에 규정된 상습강도죄를 범한 범인이 그 범행 외에 상습적인 강도의 목적으로 강도예비를 하였다가 강도에 이르지 아니하고 강도예비에 그친 경우에도 그것이 강도상습성의 발현이라고 보여지는 경우에는 강도예비행위는 상습강도죄에 흡수되어 위 법조에 규정된 상습강도죄의 1죄만을 구성하고 이 상습강도죄와 별개로 강도예비죄를 구성하지 아니한다.[29] ③ 단시일 내에 전후 6회에 걸쳐 판돈 3,000,000원여가 오간 도박의 경우, 1회의 도금 및 승패금과 압수된 금원 등에 비추어 이를 일시적인 오락으로 한 것으로는 볼 수 없고 여기에는 상습성이 있다고 할 것이다.[30] ④ 피고인은 야간주거침입절도죄로 징역 8월에 집행유예 2년의 집행유예 기간중 다시 유사한 수법의 절도범행을 66회에 걸쳐 반복한 사실에 비추어 볼 때 절도의 습벽이 인정되고 행적과 범죄경력 그리고 본건 상습범행으로 나타난 절도의 습벽 등에 비추어 재범의 위험성이 있다고 할 것이다.[31] ⑤ 아무 전과가 없다 하더라도 2개월 10일 동안 9회에 걸쳐 도박을 하였다면 이는 상습성이 있다.[32] ⑥ 과거 소매치기 범행으로 2회에 걸쳐 처벌을 받았는데 그 형의 집행을 종료하고 만기출소 후 10일 만에 다시 소매치기 범행에 이르렀고, 그 소매치기 범행의 방식과 수단 등 범행 태양이 종전범행과 유사하다면 피고인에게 범죄의 습벽 즉 상습성과 재범의 위험성이 있다.[33] ⑦ 절도죄로 형의

---

26) 대법원 1990.6.26. 선고 90도887 판결; 대법원 1973.7.24. 선고 73도1255 전원합의체 판결.
27) 대법원 1989.12.12. 선고 89도1995 판결.
28) 대법원 2007.8.23. 선고 2007도3820,2007감도8 판결.
29) 대법원 2003.3.28. 선고 2003도665 판결; 대법원 2002.11.26. 선고 2002도5211 판결.
30) 대법원 1985.6.11. 선고 85도748 판결.
31) 대법원 1983.11.8. 선고 83감도425 판결.
32) 대법원 1983.10.25. 선고 83도2448 판결.

선고를 받아 그 집행유예기간 중에 있는 자가 출소한지 한 달 만에 다시 절도행위를 반복하였다면 이를 상습범으로 처단한 조치는 정당하다.[34] ⑧ 동종의 전과가 있는 자가 약 6월간의 단시일 내에 동종의 범행을 19회나 저질렀다면 그 범행의 상습성을 인정할 수 있다.[35] ⑨ 절도죄로 형의 선고를 받아 그 집행유예기간 중에 있는 자가 출소한지 한 달 만에 다시 절도행위를 반복하였다면 이를 상습범으로 처단한 조치는 정당하다.[36]

상습성을 부정한 판례의 구체적 내용은 다음과 같다. 즉,

① 상습도박죄에 있어서 상습성이라 함은 반복하여 도박행위를 하는 습벽으로서 행위자의 속성을 말하는 것이므로 이러한 습벽의 유무를 판단함에 있어서는 도박의 전과나 도박회수 등이 중요한 판단자료가 된다.[37] ② 같은 군내에서 같은 직업에 종사하는 자들로서 도박전과가 없다면 화투로 100끗에 10,000원씩 걸고 120여 회에 걸쳐 속칭 삼봉이라는 도박을 한 행위가 일시오락의 정도를 넘는 것이더라도 그 도박회수와 1회 도박에 제공된 금액만 가지고 도박습벽의 발현이라고 보기는 어렵다.[38] ③ 상습성을 인정함에 있어서는 그 범행의 회수와 태양, 종전의 전과사실 등이 그 중요한 근거가 되는 것이라 하더라도 이 사건에 있어서와 같이 3차례에 걸친 전과사실이 있으나 최종 범행일로부터 6년이 훨씬 지나고 출소일로부터는 3년이 지난 후에 이 사건 범행을 단 1회 범한 것이라면 상기 전과가 있고 그 범죄의 태양이 동종이었다 하여 이것만으로 이 사건 범행을 상습성의 발현이라고 인정하기에는 부족하다 할 것이고 이 사건 범행이 위 최종전과로부터 장기간의 시일이 경과한 후에 범한 단 1회의 범행임에도 불구하고 이를 굳이 상습범으로 인정하기 위하여는 위 전과사실등과 더불어 특히 이것이 범행습벽의 발현이라고 인정해도 무방할 합리적인 사정이 있어야 한다.[39] ④ 2~3일 간격으로 1회에 20,000원 내지 100,000원씩의 판돈을 걸고 "도리짓고땡"이라는 도박을 수십회 하였다 하여도 피고인에게는 도박의 전과도 없으며, 또한 피고인과 더불어 위 도박행위를 한 공범들은 1982.10. 하순경까지 위와 같은 도박행위를 계속하였는데 피고인은 위 1982.3.21 이후에는 스스로 위 도박행위는 물론 다른 어떤 도박행위에도 가담하지 않았다면 위와 같은 도박의 회수, 방법 및 판돈의 금액만으로 피고인의 위 도박행위가 바로 도박습벽의 발현이라고 보기는 어렵다.[40] ⑤ 절도죄에 있어서 상습성을

33) 대법원 1983.10.11. 선고 83감도362 판결.
34) 대법원 1983.10.11. 선고 83도1885 판결.
35) 대법원 1983.10.11. 선고 83도2324 판결.
36) 대법원 1983.10.11. 선고 83도1885 판결.
37) 대법원 1994.3.8. 선고 93도3608 판결.
38) 대법원 1989.4.11. 선고 88도2493 판결.
39) 대법원 1987.9.8. 선고 87도1371,87감도126 판결.
40) 대법원 1985.9.24. 선고 85도1272 판결.

인정하려면 절도전과가 수회이고 그 수단·방법 및 성질이 같으며 그 범행이 절도습성의 발현인 경우에 한하고 그 범행이 우발적인 동기나 급박한 경제적 사정하에서 이루어진 것이어서 절도습성의 발로라 볼 수 없는 경우에는 상습절도라 볼 수 없는 것이며 장시일이 경과한 전과사실을 근거로 상습성을 인정하려면 그 전후관계를 종합하여 그 범행이 피고인의 습벽의 발로라고 인정함에 상당한 특별사정이 있어야 한다 할 것이다.[41] ⑥ 범행이 상습화·전문화되어 가는 사정은 엿 보이나, 피고인들은 모두 범행당시 20세 전후의 전혀 전과가 없던 자들로서 모두 부모형제가 있고 이 사건 범행사실을 모두 순순히 자백하며 전비를 깊이 뉘우치고 있고 피해자들과 주민들 역시 관대한 처분을 바라는 진정서 등을 제출하고 있는 사정 등에 의하면 2개월 동안에 8 내지 13회의 절도범행을 저지른 사실만으로 재범의 위험성이 있다고 볼 수 없다.[42] ⑦ 범행이 우발적인 동기에서 또는 경제적 사정이 급박한 나머지 행하여진 것으로서 평소의 절도습성의 발견이라고 볼 수 없는 경우에는 상습성을 인정할 수 없다.[43] ⑧ 최종 전과사실로부터 약 2년 6개월 경과된 후 평소 알고 지내던 집에 갔다가 아무도 없어 우발적으로 2회 절취한 범행은 절도습벽의 발로에 의한 것이라거나 재범의 위험성이 있다고 보기 어렵다.[44] ⑨ 7년이나 경과된 전과사실을 근거로 상습범으로 인정하려면 그 전과사실과 종합하여 이 사건 범행이 피고인의 습벽의 발로라고 볼 수 있는 특별한 사정이 있어야 한다.[45] ⑩ 절도전과 5범인 피고인이 최종전과범죄 후 약 6년이 지나서 경제적 사정이 급박한 나머지 행한 절도행위를 상습범이 아니라고 인정한 사례이다.[46] ⑪ 근 10년이 경과된 전과사실을 근거로 상습범으로 처단하려면 그 범행이 피고인의 습벽의 발로라고 인정하기에 상당한 특별한 사정이 있어야 한다.[47]

3) 상습범가중의 방법

형법상 상습범에 있어서의 상습성은 형벌가중사유로 되고 있다. 이러한 의미에서 상습범은 신분범의 일종이라고도 할 수 있다. 상습범의 가장 전형적인 형태는 상습도박죄이다(제246조 제2항). 상습범의 가중은 위에서 언급한 바와 같이 형법각칙의 각 본조에 규정되어 있다. 각죄에 정한 형의 2분의 1까지 가중하는 방식(제203조, 제264조, 제279조, 제285조, 제305조의2, 제332조, 제351조의 7개 조문), 무기 또는 10년 이상의 징역에 처하는 방식(제341조, 제363조의 2개 조문) 및 3년 이하의 징역 또는 2천만원 이하의 벌금에 처하는 방식(제246조 2항의 1개 조문)이 규정되어 있다. 상습

41) 대법원 1984.3.13. 선고 84도35 판결.
42) 대법원 1983.4.12. 선고 83도304 판결.
43) 대법원 1983.2.8. 선고 82도2797 판결; 대법원 1976.4.13. 선고 76도259 판결.
44) 대법원 1982.11.9. 선고 82감도463 판결.
45) 대법원 1982.2.23. 선고 81도3151,81감도115 판결.
46) 대법원 1982.1.19. 선고 81도3133,81감도112 판결.
47) 대법원 1977.9.28. 선고 77도2447 판결.

범에 있어서 공소제기의 효력은 공소가 제기된 범죄사실과 동일성이 인정되는 범죄사실 전체에 미친다. 또 공소제기의 효력이 미치는 시적 범위는 사실심리의 가능성이 있는 최후의 시점인 판결선고시를 기준으로 한다.[48)]

(2) 누범의 가중

제35조 (누범) ① 금고(禁錮) 이상의 형을 선고받아 그 집행이 종료되거나 면제된 후 3년 내에 금고 이상에 해당하는 죄를 지은 사람은 누범(累犯)으로 처벌한다.
② 누범의 형은 그 죄에 대하여 정한 형의 장기(長期)의 2배까지 가중한다.

제36조 (판결선고후의 누범발각) 판결선고후 누범인 것이 발각된 때에는 그 선고한 형을 통산하여 다시 형을 정할 수 있다. 단, 선고한 형의 집행을 종료하거나 그 집행이 면제된 후에는 예외로 한다.

구조문
제35조 (누범) ① 금고 이상의 형을 받어 그 집행을 종료하거나 면제를 받은 후 3년내에 금고 이상에 해당하는 죄를 범한 자는 누범으로 처벌한다.
② 누범의 형은 그 죄에 정한 형의 장기의 2배까지 가중한다.

1) 누범의 의의

누범(累犯)이란 광의로는 확정판결을 받은 자가 또 다시 범죄를 범한 경우를 말하다. 그러나 형법상으로 누범이란 제1의 죄로 금고(禁錮) 이상의 형을 선고받아 그 집행이 종료되거나 면제된 후 3년 내에 금고 이상에 해당하는 제2의 죄를 지은 사람을 말한다(제35조 제1항). 누범의 형에 관하여는 그 죄에 대하여 정한 형의 장기(長期)의 2배까지 가중하도록 규정되어 있다(제35조 제2항). 누범은 같은 종류의 범죄를 반복하는 동종누범(同種累犯)과 다른 종류의 범죄를 반복하는 이종누범(異種累犯)으로 나누어질 수 있다. 누범은 처벌의 누적성을 요한다는 점에서 행위자의 습벽으로서의 상습성을 요하는 상습범과 구별된다. 그러나 누적성과 상습성은 모두 반복성이라는 점에서 공통되고 있기 때문에 상호 유사점을 가지고 있다고 할 수 있다. 이러한 의미에서 누범을 보통누범(普通累犯)과 상습누범(常習累犯)으로 나누는 경우도 있다. 전술한 바와 같이 상습범과 누범은 서로 다른 개념으로서 누범에 해당한다고 하여 반드시 상습범이 되는 것이 아니며, 반대로 상습범에 해당한다고 하여 반드시 누범이 되는 것도 아니다.[49)]

---

48) 대법원 1999.11.26. 선고 99도3929 판결.
49) 대법원 2007.8.23. 선고 2007도4913 판결.

2) 누범의 본질

누범에 대하여는 그 죄에 대하여 정한 형의 장기(長期)의 2배까지 가중할 수 있도록 되어 있다. 여기서 누범가중의 근거가 문제되고 있다. 죄수기준설과 양형사유설이 대립하고 있다. 죄수기준설(罪數基準說)에 의하면 형법은 누범을 죄수에 관한 위치에서 규정하고 있고, 누범은 수개의 범죄를 범한다는 점에서는 경합범과 공통되지만, 시간적·누적적으로 범한다는 점에서 병렬적으로 범하는 경합범과 구별된다고 주장한다. 양형사유설(量刑事由說)에 의하면 형법은 누범과 경합범을 각각 다른 절에서 규정하고 있고, 누범은 후범만을 심판의 대상으로 한다는 점에서 전범도 심판의 대상이 되는 죄수론과 본질적인 차이가 있다고 주장한다.

생각건대 형법은 제2장과 제3장에서 각각 죄와 형에 관하여 규정하고 있고, 다시 제2장의 제4절과 제5절에서 각각 누범과 경합범에 관하여 규정하고 있다. 형법상 규정위치를 기준으로 형식적으로 보면 누범은 죄수에 관한 규정이라고 할 수 있다. 그러나 누범의 성격을 기준으로 실질적인 관점에서 보면 누범은 양형에 관한 규정이라고도 할 수 있다. 누범은 단순히 법률상의 가중에 관한 규정이기 때문이다. 한편 대법원은 범행을 반복수행한 자에 대한 가중처벌규정을 위헌이라고 볼 수 없다고 하고 있다.[50] 누범을 가중 처벌하는 이유는 전범에 대한 형벌에 의하여 주어진 기왕의 경고를 무시하고 다시 범죄를 저질렀다는 점에서 비난가능성 및 책임이 높기 때문이지 전범에 대하여 처벌을 받았음에도 다시 범행을 하는 경우에 전범도 후범과 일괄하여 다시 처벌한다는 것은 아니라고 한다.[51]

3) 누범가중의 요건

형법은 누범의 성립요건에 관하여 "금고(禁錮) 이상의 형을 선고받아 그 집행이 종료되거나 면제된 후 3년 내에 금고 이상에 해당하는 죄를 지은 사람은 누범(累犯)으로 처벌한다"고 명문으로 규정하고 있다(제35조 제1항). 여기서 누범의 성립요건을 '금고 이상의 형을 선고받은 전범', '전범에 대한 형의 집행이 종료되거나 면제된 후 3년 내에 후범' 및 '금고 이상에 해당하는 죄를 지은 후범'으로 나누어 검토하기로 한다. 누범가중의 사유가 되는 전과사실은 범죄사실이 아니므로 공소장에 기재된 바 없다 하더라도 이를 심리 처단할 수 있다 할 것이다.[52]

한편 특정범죄가중법상의 누범가중규정은 "세 번 이상 징역형을 받은 사람이

---

50) 대법원 1990.1.23. 선고 89도2227 판결; 대법원 1983.4.12. 선고 83도420 판결.
51) 대법원 2014.7.10. 선고 2014도5868 판결.
52) 대법원 1971.12.21. 선고 71도2004 판결.

다시 이들 죄를 범하여 누범으로 처벌하는 경우"를 요하므로 형법상의 누범가중과는 전혀 별개의 규정이라고 할 수 있다(특정범죄가중법 제5조의4 제5항 참조). 대법원도 "형법 제35조(누범) 규정과는 별개로 '형법 제329조부터 제331조까지의 죄(미수범 포함)를 범하여 세 번 이상 징역형을 받은 사람이 그 누범 기간 중에 다시 해당 범죄를 저지른 경우에 형법보다 무거운 법정형으로 처벌한다'는 내용의 새로운 구성요건을 창설한 것으로 해석해야 한다"고 판시한 바 있다.[53)]

① 금고 이상의 형을 선고받은 전범

전범(前犯)의 형은 금고 이상이어야 하고, 전범은 형의 선고를 받았어야 한다. 우선 전범의 형은 금고 이상이어야 한다. 금고 이상의 형이란 금고, 징역 및 사형을 말한다(제41조, 제50조 제1항 참조). 따라서 자격상실, 자격정지, 벌금, 구류, 과료 또는 몰수의 형을 받은 사람은 누범이 될 수 없다. 금고 이상의 형은 형식적 의미의 형법상의 범죄에 의한 경우인가 또는 실질적 의미의 형법상의 범죄로 인한 경우인가를 묻지 않는다. 따라서 소년법에 의하여 형의 선고를 받은 경우에도 누범의 성립에 영향이 없다.[54)]

다음으로 전범은 형의 선고를 받았어야 한다. 형의 선고란 실형(實刑)의 선고를 의미한다. 실형의 선고는 군법회의의 판결에 의한 경우에도 누범의 성립을 방해하지 않는다. 일반사면령에 의하여 형의 선고의 효력이 상실된 범죄를 누범가중 사유로 하여 처벌하였음은 위법이다.[55)] 특별사면을 받아 형의 집행을 면제받고 또 후에 복권이 되었다 하더라도 형의 선고의 효력이 상실되는 것은 아니므로 실형을 선고받아 복역타가 특별사면으로 출소한 후 3년 이내에 다시 범죄를 저지른 자에 대한 누범가중은 정당하다.[56)] 복권은 사면의 경우와 같이 형의 언도의 효력을 상실시키는 것이 아니고, 다만 형의 언도의 효력으로 인하여 상실 또는 정지된 자격을 회복시킴에 지나지 아니하는 것이므로 복권이 있었다고 하더라도 그 전과사실은 누범가중사유에 해당하기 때문이다.[57)]

53) 대법원 2020.9.3. 선고 2020도8369 판결; 대법원 2020.5.14. 선고 2019도18947 판결; 대법원 2010.4.29. 선고 2010도973 판결.

54) 대법원 2010.4.29. 선고 2010도973 판결.

55) 대법원 1964.3.31. 선고 64도34 판결.

56) 대법원 1986.11.11. 선고 86도2004 판결.

57) 대법원 1981.4.14. 선고 81도543 판결.

② 전범에 대한 형의 집행이 종료되거나 면제된 후 3년 내에 후범

우선 후범(後犯)은 전범에 대한 형의 집행이 종료되거나 면제된 후에 범하여져야 한다. 집행을 종료하여야 하므로 집행유예 기간 중, 가석방 기간 중 또는 형집행정지 기간 중에 있는 경우는 누범가중의 요건을 충족시킨 것이라고 할 수 없다. 무기금고, 무기징역 또는 사형을 선고받은 사람도 감형, 형면제 또는 특별사면 등으로 형의 집행을 면제받은 경우에는 누범이 될 수 있다. 일반사면을 받은 경우에는 형이 실효되므로 누범가중사유에 해당하지 않는다. 일반사면은 형선고의 효력을 상실하게 하기 때문이다(사면법 제5조 제1항 제1호). 그러나 특별사면을 받아 형의 집행을 면제받고 또 후에 복권이 되었다고 하더라도 형선고의 효력은 상실되지 않으므로 누범이 될 수 있다. 특별사면은 형의 집행이 면제되게 할 뿐이고(사면법 제5조 제1항 제2호), 복권도 형선고의 효력으로 인하여 상실되거나 정지된 자격을 회복하게 할 뿐이기 때문이다(사면법 제5조 제1항 제5호). 형실효법에 의하여 형이 실효된 경우에는 형의 선고에 의한 법적 효과가 장래에 향하여 모두 소멸하므로 누범이 될 수 없다.[58] 상습범이 누범을 범한 경우에는 상습범가중 이외에 누범가중도 가능하다.

다음으로 후범은 전범에 대한 형의 집행이 종료되거나 면제된 후 3년 내에 범하여져야 한다. 금고 이상의 형을 받고 그 형의 집행유예기간 중에 금고 이상에 해당하는 죄를 범하였다 하더라도 이는 누범가중의 요건을 충족시킨 것이라 할 수 없다.[59] 집행유예 기간 중에 새로운 죄를 범하였다 하더라도 위 집행유예를 받은 죄와의 관계에 있어서 누범가중 처벌할 수 없다.[60] 3년이라는 기간의 기산점은 전범의 형집행의 종료시 또는 면제시이다. 특별사면의 경우에는 특별사면시가 된다.[61] 형의 선고에 따른 기성(旣成)의 효과는 사면, 감형 및 복권으로 인하여 변경되지 아니하기 때문이다(사면법 제5조 제2항). 후범을 범하였는지 여부는 그 범죄의 실행행위를 하였는지 여부를 기준으로 결정하여야 하므로 3년의 기간 내에 실행의 착수가 있으면 족하고, 그 기간 내에 기수에까지 이르러야 되는 것은 아니다.[62] 포괄일죄의 일부 범행이 누범기간 내에 이루어진 이상 나머지 범행이 누범기간 경과 후에 이루어졌더라도 그 범행 전부가 누범에 해당한다고 보아야 한다.[63] 금고 이상의 형

58) 대법원 2002.10.22. 선고 2002감도39 판결.
59) 대법원 1983.8.23. 선고 83도1600 판결; 대법원 1965.10.5. 선고 65도676 판결.
60) 대법원 1969.8.26. 선고 69도1111 판결.
61) 대법원 1960.1.30. 선고 4292형상788 판결.
62) 대법원 2006.4.7. 선고 2005도9858 전원합의체 판결.
63) 대법원 2012.3.29. 선고 2011도14135 판결.

을 받은 자가 특별사면으로 형집행의 면제를 받은 후 3년이 경과한 후에 금고 이상에 해당하는 죄를 범한 경우에 있어서는 본조 누범의 규정은 이를 적용할 수 없다.[64]

③ 금고 이상에 해당하는 죄를 지은 후범

후범은 금고 이상에 해당하는 죄를 지어야 한다. '금고 이상에 해당하는 죄'라 함은 유기금고형이나 유기징역형으로 처단할 경우에 해당하는 죄를 의미하는 것으로서 법정형 중 벌금형을 선택한 경우에는 누범가중을 할 수 없다.[65] 군법회의 판결에 의하여 징역형의 선고를 받고 복역종료한 후 형법 제25조 소정의 각 요건을 구비한 경우에는 누범가중하여 처단하여야 한다.[66] 후범의 형은 법정형이 아니라 선고형을 의미한다. 후범은 전범과 죄명이나 죄질 등에 있어서 동종일 것을 요하지 않는다. 누범에 해당하는 전과사실과 새로이 범한 범죄 사이에 일정한 상관관계가 있다고 인정되는 경우에 한하여 적용되는 것으로 제한하여 해석하여야 할 아무런 이유나 근거가 없다.[67]

4) 누범가중의 방법

누범의 가중은 그 죄에 대하여 정한 형의 장기(長期)의 2배까지 가중한다(제35조 제2항). 장기에 대하여만 가중할 수 있고 단기에 대하여는 가중할 수 없다. 누범가중의 사유가 되는 전과사실은 형벌권의 범죄에 관한 중요사실이므로 엄격한 증명을 요한다. 전과에 관한 사실은 피고인들의 자백만으로도 인정할 수 있다.[68]

5) 판결선고 후의 누범발각

판결선고 후 누범인 것이 발각된 때에는 그 선고한 형을 통산하여 다시 형을 정할 수 있다(제36조 본문). 단, 선고한 형의 집행을 종료하거나 그 집행이 면제된 후에는 예외로 한다(제36조 단서).

(3) 경합범의 가중

제37조 (경합범) 판결이 확정되지 아니한 수개의 죄 또는 금고 이상의 형에 처한 판결이 확정된 죄와 그 판결확정전에 범한 죄를 경합범으로 한다.

---

64) 대법원 1960.1.30. 선고 4292형상788 판결.
65) 대법원 1982.9.14. 선고 82도1702 판결.
66) 대법원 1957.10.11. 선고 4290형상268 판결.
67) 대법원 2008.12.24. 선고 2006도1427 판결.
68) 대법원 1981.6.9. 선고 81도1353 판결.

제38조 (경합범과 처벌례) ① 경합범을 동시에 판결할 때에는 다음 각 호의 구분에 따라 처벌한다.
1. 가장 무거운 죄에 대하여 정한 형이 사형, 무기징역, 무기금고인 경우에는 가장 무거운 죄에 대하여 정한 형으로 처벌한다.
2. 각 죄에 대하여 정한 형이 사형, 무기징역, 무기금고 외의 같은 종류의 형인 경우에는 가장 무거운 죄에 대하여 정한 형의 장기 또는 다액(多額)에 그 2분의 1까지 가중하되 각 죄에 대하여 정한 형의 장기 또는 다액을 합산한 형기 또는 액수를 초과할 수 없다. 다만, 과료와 과료, 몰수와 몰수는 병과(併科)할 수 있다.
3. 각 죄에 대하여 정한 형이 무기징역, 무기금고 외의 다른 종류의 형인 경우에는 병과한다.

② 제1항 각 호의 경우에 징역과 금고는 같은 종류의 형으로 보아 징역형으로 처벌한다.

제39조 (판결을 받지 아니한 경합범, 수개의 판결과 경합범, 형의 집행과 경합범) ① 경합범중 판결을 받지 아니한 죄가 있는 때에는 그 죄와 판결이 확정된 죄를 동시에 판결할 경우와 형평을 고려하여 그 죄에 대하여 형을 선고한다. 이 경우 그 형을 감경 또는 면제할 수 있다.
② 삭제 〈2005. 7. 29.〉
③ 경합범에 의한 판결의 선고를 받은 자가 경합범 중의 어떤 죄에 대하여 사면 또는 형의 집행이 면제된 때에는 다른 죄에 대하여 다시 형을 정한다.
④ 전 3항의 형의 집행에 있어서는 이미 집행한 형기를 통산한다.

구조문
제38조 (경합범과 처벌례) ① 경합범을 동시에 판결할 때에는 다음의 구별에 의하여 처벌한다.
1. 가장 중한 죄에 정한 형이 사형 또는 무기징역이나 무기금고인 때에는 가장 중한 죄에 정한 형으로 처벌한다.
2. 각 죄에 정한 형이 사형 또는 무기징역이나 무기금고 이외의 동종의 형인 때에는 가장 중한 죄에 정한 장기 또는 다액에 그 2분의 1까지 가중하되 각 죄에 정한 형의 장기 또는 다액을 합산한 형기 또는 액수를 초과할 수 없다. 단 과료와 과료, 몰수와 몰수는 병과할 수 있다.
3. 각 죄에 정한 형이 무기징역이나 무기금고 이외의 이종의 형인 때에는 병과한다.

② 전항 각호의 경우에 있어서 징역과 금고는 동종의 형으로 간주하여 징역형으로 처벌한다.

1) 경합범의 의의

경합범(競合犯)이란 판결이 확정되지 아니한 수개의 죄 또는 금고 이상의 형에 처한 판결이 확정된 죄와 그 판결확정 전에 범한 죄를 경합범으로 한다(제37조). 경합범과 관련하여 실체적 경합의 의의, 실체적 경합의 종류 및 실체적 경합의 효과에 관하여는 이미 죄수론에서 상세하게 살펴본 바 있다. 여기에서는 경합범의 가중방법에 관하여만 다시 개략하고자 한다.

2) 경합범가중의 방법

① 동시적 경합범

경합범을 동시에 판결할 때에는 가장 무거운 죄에 대하여 정한 형이 사형, 무기징역, 무기금고인 경우에는 가장 무거운 죄에 대하여 정한 형으로 처벌한다(제38조 제1항 제1호). 흡수주의를 규정한 것이다. 각 죄에 대하여 정한 형이 사형, 무기징역, 무기금고 외의 같은 종류의 형인 경우에는 가장 무거운 죄에 대하여 정한 형의 장기 또는 다액(多額)에 그 2분의 1까지 가중하되 각 죄에 대하여 정한 형의 장기 또는 다액을 합산한 형기 또는 액수를 초과할 수 없다(제38조 제1항 제2호 본문). 가중주의를 규정한 것이다. 다만, 과료와 과료, 몰수와 몰수는 병과(併科)할 수 있다(제38조 제1항 제2호 단서). 각 죄에 대하여 정한 형이 무기징역, 무기금고 외의 다른 종류의 형인 경우에는 병과한다(제38조 제1항 제3호). 병과주의를 규정한 것이다. 징역과 금고는 같은 종류의 형으로 보아 징역형으로 처벌한다(제38조 제2항).

② 사후적 경합범

경합범 중 판결을 받지 아니한 죄가 있는 때에는 그 죄와 판결이 확정된 죄를 동시에 판결할 경우와 형평을 고려하여 그 죄에 대하여 형을 선고한다. 이 경우 그 형을 감경 또는 면제할 수 있다(제39조 제1항). 경합범에 의한 판결의 선고를 받은 자가 경합범 중의 어떤 죄에 대하여 사면 또는 형의 집행이 면제된 때에는 다른 죄에 대하여 다시 형을 정한다(제39조 제3항). 형의 집행에 있어서는 이미 집행한 형기를 통산한다(제39조 제4항).

3. 형의 감경

형의 감경(減輕)은 법률상 감경과 재판상 감경으로 대별될 수 있다. 형의 감경은 재판상 감경이 인정된다는 점에서 형의 가중과 구별되고 있다.

(1) 법률상 감경

제55조 (법률상의 감경) ① 법률상의 감경은 다음과 같다.
1. 사형을 감경할 때에는 무기 또는 20년 이상 50년 이하의 징역 또는 금고로 한다.
2. 무기징역 또는 무기금고를 감경할 때에는 10년 이상 50년 이하의 징역 또는 금고로 한다.
3. 유기징역 또는 유기금고를 감경할 때에는 그 형기의 2분의 1로 한다.
4. 자격상실을 감경할 때에는 7년 이상의 자격정지로 한다.
5. 자격정지를 감경할 때에는 그 형기의 2분의 1로 한다.
6. 벌금을 감경할 때에는 그 다액의 2분의 1로 한다.
7. 구류를 감경할 때에는 그 장기의 2분의 1로 한다.
8. 과료를 감경할 때에는 그 다액의 2분의 1로 한다.

② 법률상 감경할 사유가 수개 있는 때에는 거듭 감경할 수 있다.

1) 법률상 감경의 사유

법률상 감경(法律上 減輕)은 다시 필요적 감경과 임의적 감경으로 세분된다. 필요적 감경(必要的 減輕)란 일정한 사유가 있으면 반드시 감경하여야 하는 경우를 말한다. 필요적 감경사유로는 심신장애자(제10조 제2항), 청각 및 언어 장애인(제11조) 및 종범(제32조)이 규정되고 있다. 또 필요적 감면사유(必要的 減免事由)로서는 중지미수(제26조)와 일정범죄에 대한 자수(제90조, 제101조, 제111조 제3항, 제120조, 제153조, 제157조, 제175조, 제213조)가 인정되고 있다.

임의적 감경(任意的 減輕)이란 일정한 사유가 있는 경우 법관의 재량에 의하여 감경여부가 결정되는 경우를 말한다. 임의적 감경사유로는 외국에서 형의 전부 또는 일부의 집행을 받은 자(제7조), 과잉방위(제21조 제2항), 과잉피난(제22조 제3항), 과잉자구행위(제23조 제2항), 장애미수(제25조 제2항), 불능미수(제27조), 자수·자복(제52조), 범죄단체의 조직(제114조), 인취자·인질해방(제295조의2, 제324조의6) 등이 거론되고 있다.

2) 법률상 감경의 방법

법률상 감경의 방법은 다음과 같다(제55조 제1항). 사형을 감경할 때에는 무기 또는 20년 이상 50년 이하의 징역 또는 금고로 한다. 무기징역 또는 무기금고를 감경할 때에는 10년 이상 50년 이하의 징역 또는 금고로 한다. 유기징역 또는 유기금고를 감경할 때에는 그 형기의 2분의 1로 한다. 자격상실을 감경할 때에는 7년 이상의 자격정지로 한다. 자격정지를 감경할 때에는 그 형기의 2분의 1로 한다. 벌금을 감경할 때에는 그 다액의 2분의 1로 한다. 구류를 감경할 때에는 그 장기의 2분의 1로 한다. 과료를 감경할 때에는 그 다액의 2분의 1로 한다. 법률상 감경할 사유가 수 개 있는 때에는 거듭 감경할 수 있다(제55조 제2항).

3) 자수와 자복

第52條 (자수, 자복) ① 죄를 지은 후 수사기관에 자수한 경우에는 형을 감경하거나 면제할 수 있다.
② 피해자의 의사에 반하여 처벌할 수 없는 범죄의 경우에는 피해자에게 죄를 자복(自服)하였을 때에도 형을 감경하거나 면제할 수 있다.

구조문
第52條 (자수, 자복) ① 죄를 범한 후 수사책임이 있는 관서에 자수한 때에는 그 형을 감경 또는 면제할 수 있다.
② 피해자의 의사에 반하여 처벌할 수 없는 죄에 있어서 피해자에게 자복한 때에도 전항과 같다.

형법총칙은 자수와 자복에 관하여 임의적 감면사유로서 규정하고 있다(제52조). 그러나 형법각칙은 자수에 관하여 필요적 감면사유로서 규정하고 있다(제90조, 제101조, 제111조 제3항, 제120조, 제153조, 제157조, 제175조, 제213조). 다만 형법각칙은 자복에 관하여는 아무런 규정을 두고 있지 않다.

① 자 수

ⓘ **자수의 의의 :** 자수(自首, Selbst-anzeige)란 범인이 자발적으로 수사기관에 범죄사실을 신고하여 그 소추를 구하는 의사표시를 말한다.[69] 내심으로 자수할 것을 결심한 바 있었다고 하더라도 자수로 볼 수는 없다.[70] 내심적 의사만으로는 부족하고, 외부로 표시되어야 이를 인정할 수 있는 것이다.[71] 경찰관에게 검거되기 전에 친지에게 전화로 자수의사를 전달하였더라도 그것만으로는 자수로 볼 수 없다.[72] 범죄사실에 다소의 차이가 있어도 신고에 해당하고, 신고의 시기에도 제한이 없다. 따라서 자기의 범죄사실을 신고한 이상 그 신고에 있어 범죄사실의 세부적인 형태에 있어 다소의 차이가 있다 하여도 자수로 볼 수 있다.[73] 자수는 범인이 스스로 수사책임이 있는 관서에 자기의 범행을 자발적으로 신고하고 그 처분을 구하는 의사표시라는 점에서 수사기관의 직무상의 질문 또는 조사에 응하여 범죄사실을 진술하는 자백(自白)과는 구별된다. 따라서 수사기관의 직무상의 질문 또는 조사에 응하여 범죄사실을 진술하는 것은 자백일 뿐 자수로는 되지 않는다.[74]

ⓘⓘ **자수의 요건 :** 자수가 성립하기 위하여는 자기의 범죄사실을 수사기관에 대하여 자발적으로 신고함으로써 그 처분을 구할 것이 필요하다. 첫째, 자기의 범죄사실에 대한 자발적 신고가 필요하다. '자신의 범죄사실'이란 자기의 범행으로서 범죄성립요건을 갖춘 객관적 사실을 의미한다.[75] 형법은 일본 형법과는 달리 범죄가 수사기관에 발각되기 전일 것을 요하지 않는다(일본 형법 제42조 제1항 참조). 따라서 범죄가 발각된 후 신고하더라도 체포 전에 스스로 신고한 이상 자수에 해당한다고 해야 한다. 처음의 판례는 발각되기 전에 자수할 것을 요구했으나,[76] 그 후 태도를 바꿔 범행이 발각된 후에 수사기관에 자진 출석하여 범죄사실을 자백한 경우도 자

---

69) 대법원 2006.9.22. 선고 2006도4883 판결; 대법원 2004.10.14. 선고 2003도3133 판결; 대법원 2004.6.24. 선고 2004도2003 판결; 대법원 1999.9.21. 선고 99도2443 판결; 대법원 1999.7.9. 선고 99도1695 판결; 대법원 1999.4.13. 선고 98도4560 판결; 대법원 1995.6.30. 선고 94도1017 판결.

70) 대법원 1986.6.10. 선고 86도792 판결.

71) 대법원 2011.12.22. 선고 2011도12041 판결; 대법원 2004.10.14. 선고 2003도3133 판결.

72) 대법원 1985.9.24. 선고 85도1489 판결.

73) 대법원 1969.4.29. 선고 68도1780 판결.

74) 대법원 2011.12.22. 선고 2011도12041 판결; 대법원 2006.9.22. 선고 2006도4883 판결; 대법원 2004.10.14. 선고 2003도3133 판결; 대법원 2004.6.24. 선고 2004도2003 판결; 대법원 2002.6.25. 선고 2002도1893 판결; 대법원 1992.8.14. 선고 92도962 판결; 대법원 1982.9.28. 선고 82도1965 판결.

75) 대법원 2004.6.24. 선고 2004도2003 판결; 대법원 1999.9.21. 선고 99도2443 판결.

76) 대법원 1954.12.21. 선고 4287형상164 판결.

수에 포함된다고 하고 있다.[77]

둘째, 수사기관에 대하여 처분을 구하는 의사표시가 필요하다. 따라서 범죄사실을 은폐하기 위한 신고 또는 책임을 부정하기 위한 신고 등은 자수에 해당하지 않는다. 신고의 내용이 자기의 범행을 명백히 부인하는 등의 내용으로 자기의 범행으로서 범죄성립요건을 갖추지 아니한 사실일 경우에는 자수는 성립하지 않는다.[78] 자수를 위하여는 범인이 자기의 범행으로서 범죄성립요건을 갖춘 객관적 사실을 자발적으로 수사관서에 신고하여 그 처분에 맡기는 것으로 족하고, 더 나아가 법적으로 그 요건을 완전히 갖춘 범죄행위라고 적극적으로 인식하고 있을 필요까지는 없다.[79]

ⅲ **자수의 신고방법 :** 자수의 신고방법에 대하여는 법률상 아무런 제한이 없다. 따라서 자수는 범인 스스로 신고하거나 또는 제3자를 통해서 신고해도 무방하다.[80]

ⅳ **자수의 효과 :** 일단 자수가 성립한 이상 자수의 효력은 확정적으로 발생하고 그 후에 범인이 번복하여 수사기관이나 법정에서 범행을 부인한다고 하여 일단 발생한 자수의 효력이 소멸하는 것은 아니다.[81] 반대로 일단 자수가 성립하지 아니한 이상 그 이후의 수사과정이나 재판과정에서 범행을 시인하였다고 하더라도 새롭게 자수가 성립할 여지는 없다.[82] 형법총칙은 죄를 지은 후 수사기관에 자수한 경우에는 형을 감경하거나 면제할 수 있도록 규정하고 있다(제52조 제1항). 자수는 필요적 감면사유가 아니라 임의적 감면사유이기 때문에 반드시 자수감면이 적용되어야 하는 것은 아니다. 자수하였다 하더라도 자수한 사람에 대하여는 법원이 임의로 형을 감경할 수 있음에 불과하다.[83] 자수를 하였다 하더라도 이를 양형에 반드시 참작하여야 하는 것은 아니기 때문이다.[84]

---

77) 대법원 2004.10.14. 선고 2003도3133 판결; 대법원 1965.10.5. 선고 65도597 판결.

78) 대법원 2004.10.14. 선고 2003도3133 판결; 대법원 2004.6.24. 선고 2004도2003 판결; 대법원 1999.9.21. 선고 99도2443 판결.

79) 대법원 1995.6.30. 선고 94도1017 판결.

80) 대법원 1964.8.31. 선고 64도252 판결.

81) 대법원 2004.10.14. 선고 2003도3133 판결; 대법원 2001.5.15. 선고 2001도410 판결; 대법원 1999.7.9. 선고 99도1695 판결; 대법원 1997.3.20. 선고 96도1167 전원합의체 판결.

82) 대법원 2004.10.14. 선고 2003도3133 판결; 대법원 1999.9.21. 선고 99도2443 판결; 대법원 1999.7.9. 선고 99도1695 판결; 대법원 1994.10.14. 선고 94도2130 판결; 대법원 1993.6.11. 선고 93도1054 판결.

83) 대법원 2011.12.22. 선고 2011도12041 판결; 대법원 2006.9.22. 선고 2006도4883 판결; 대법원 1992.8.14. 선고 92도962 판결; 대법원 1985.3.12. 선고 84도3042 판결; 대법원 1984.11.13. 선고 84도1897 판결.

그러나 형법각칙은 자수에 관하여 필요적 감면사유로 규정하고 있다. 자수감면의 취지는 범죄의 수사를 용이하게 한다는 형사정책적 이유와 자수는 개전의 정을 보이는 경우가 많기 때문에 책임비난이 감소한다는 점에 있다. 자수를 형의 감경사유로 삼는 주된 이유는 범인이 그 죄를 뉘우치고 있다는 점에 있으므로 범죄사실을 부인하거나 죄의 뉘우침이 없는 자수는 그 외형은 자수일지라도 법률상 형의 감경사유가 되는 진정한 자수라고는 할 수 없다.[85]

한편 수개의 범죄사실 중 일부에 관하여만 자수한 경우에는 그 부분 범죄사실에 대하여만 자수의 효력이 있다.[86] 신문지상에 혐의사실이 보도되기 시작하였는데도 수사기관으로부터 공식소환이 없으므로 자진출석하여 사실을 밝히고 처벌을 받고자 담당 검사에게 전화를 걸어 조사를 받게 해달라고 요청하여 출석시간을 지정받은 다음 자진출석하여 혐의사실을 모두 인정하는 내용의 진술서를 작성하고 검찰 수사과정에서 혐의사실을 모두 자백한 경우 수사책임 있는 관서에 자기의 범죄사실을 자수한 것으로 보아야 하고 법정에서 수수한 금원의 직무관련성에 대하여만 수사기관에서의 자백과 차이가 나는 진술을 하였다 하더라도 자수의 효력에는 영향이 없다.[87]

② 자 복

자복(自服)이란 반의사불벌죄에서 피해자에게 범죄를 고백하는 것을 말한다. 반의사불벌죄가 아닌 범죄에서 피해자에게 범죄를 고백하더라고 자복의 효과는 부여되지 않는다. 다만 반의사불벌죄가 아닌 범죄에서 피해자에 대한 범죄의 고백은 양형의 참작사유로 될 수 있을 뿐이다. 형법총칙은 피해자의 의사에 반하여 처벌할 수 없는 범죄의 경우에는 피해자에게 죄를 자복(自服)하였을 때에도 형을 감경하거나 면제할 수 있도록 규정하고 있다(제52조 제2항). 자수나 자복 감경은 필요적인 것이 아니고 법원의 재량에 속한다.[88]

(2) 재판상 감경

第53조 (정상참작감경) 범죄의 정상(情狀)에 참작할 만한 사유가 있는 경우에는 그 형을 감경할 수 있다.

---

84) 대법원 1986.5.27. 선고 86도645 판결; 대법원 1986.3.25. 선고 86도309 판결.
85) 대법원 1994.10.14. 선고 94도2130 판결; 대법원 1993.6.11. 선고 93도1054 판결.
86) 대법원 1994.10.14. 선고 94도2130 판결; 대법원 1969.7.22. 선고 69도779 판결.
87) 대법원 1994.9.9. 선고 94도619 판결.
88) 대법원 1990.4.27. 선고 90도321 판결.

第54条 (선택형과 정상참작감경) 한 개의 죄에 정한 형이 여러 종류인 때에는 먼저 적용할 형을 정하고 그 형을 감경한다.

구조문

第53条 (작량감경) 범죄의 정상에 참작할 만한 사유가 있는 때에는 작량하여 그 형을 감경할 수 있다.

第54条 (선택형과 작량감경) 1개의 죄에 정한 형이 수종인 때에는 먼저 적용할 형을 정하고 그 형을 감경한다.

1) 재판상 감경의 사유

재판상 감경(裁判上 減輕)이란 법률상의 감경사유가 없더라도 범죄의 정상(情狀)을 참작하여 법관이 재량에 의하여 형을 감경하는 것을 말한다. 형법은 "범죄의 정상(情狀)에 참작할 만한 사유가 있는 경우에는 그 형을 감경할 수 있다"고 하여 재판상의 감경제도에 관하여 명문으로 규정하고 있다(제53조). 소위 정상참착감경을 말한다. 작량감경(酌量減輕), 정상작량(情狀酌量) 또는 정상참작(情狀參酌)이라고도 한다. 형법은 외국의 형법과 비교하여 볼 때 법정형을 상대적으로 높게 규정하고 있는 경우가 많다고 지적되고 있다. 법정형이 지나치게 가혹한 경우 이를 시정하기 위하여 도입된 제도가 정상참작감경의 취지라고 할 수 있다.

한편 정상(情狀)의 문언적인 의미는 실제의 사정 또는 실제의 상태이다. 또 정상이란 검사의 소추판단이나 법관의 양형판단에 영향을 미치는 일체의 사정으로서 범죄의 동기·목적, 범인의 연령·경력, 범죄의 경중, 반성의 상황, 사회적 제재의 유무, 재범의 가능성의 유무 및 범죄 후의 상황 등을 의미한다. 실제로 정상에 참작할 만한 사유는 형법상 양형의 조건(제51조)이 기준이 된다고 한다. 그렇다면 정상참작의 자료와 양형의 자료가 전체적으로 또는 부분적으로 중복되는 것으로 판단된다.

2) 재판상 감경의 방법

재판상 감경의 방법은 법률상 감경의 방법에 따른다.[89] 한 개의 죄에 정한 형이 여러 종류인 때에는 먼저 적용할 형을 정하고 그 형을 감경한다(제54조). 정상참작감경이 감경의 순위상 최종순위로 되어 있는 것(제56조 참조)으로 볼 때 선고형을 처단형보다 낮추려고 할 때 마지막으로 정상참작감경을 해야 한다는 취지로 해석된다. 따라서 법률상 감경사유가 있을 때에는 정상참작감경보다 우선하여 하여야 할 것이고, 정상참작감경은 이와 같은 법률상 감경을 다하고도 그 처단형보다 낮은 형을 선고하고자 할 때에 하는 것이 옳다.[90] 법률상 감경은 거듭 할 수 있으나(제55조 제2항), 재

89) 대법원 1992.10.13. 선고 92도1428 전원합의체 판결.

판상 감경은 1회에 한하여 허용된다.[91] 사건을 전체적으로 보아 마지막으로 정상을 참작하는 것이기 때문이다. 무기징역형을 선택한 이상 무기징역형으로만 처벌하고 따로 경합범가중을 하거나 가장 중한 죄가 누범이라 하여 누범가중을 할 수 없음은 더 말할 나위도 없다.[92] 하나의 죄에 대하여 징역형과 벌금형을 병과하는 경우, 특별한 규정이 없는 한 징역형에만 작량감경을 하고 벌금형에는 작량감경을 하지 않는 것은 위법하다.[93] 형법 제38조 제1항 제3호에 의하여 징역형과 벌금형을 병과하는 경우에는 각 형에 대한 범죄의 정상에 차이가 있을 수 있으므로 징역형에만 작량감경을 하고 벌금형에는 작량감경을 하지 아니하였다고 하여 이를 위법하다고 할 수 없다.[94]

3) 재판상 감경에 대한 비판

재판상의 감경은 오로지 법관의 재량에만 맡겨져 있을 뿐 다른 요건을 필요로 하지 않고 있기 때문에 남용의 우려가 있다는 것이 재판상 감경에 대한 가장 큰 비판이다. 법률상의 감경사유가 없더라도 법률로 정한 형이 범죄의 구체적인 정상에 비추어 과중하다고 인정되는 경우에 법관이 그의 재량에 의하여 형을 감경하는 것을 말한다(제53조). 감경의 정도는 법률상의 감경도 정상참작감경과 같은 것으로 형법 제55조에 규정하고 있다. 또 법률상의 감경(가중)을 하는 경우에도 다시 정상참작감경을 할 수 있다. 이중으로 감경하는 것이 가능한 것이다. 정상참작감경은 법정형을 감경하여 처단형을 정하는 과정이며 법원은 이 처단형의 범위 내에서 선고형을 양정하게 된다.[95]

---

90) 대법원 1994.3.8. 선고 93도3608 판결; 대법원 1991.6.11. 선고 91도985 판결.
91) 대법원 1964.4.7. 선고 63도410 판결.
92) 대법원 1992.10.13. 선고 92도1428 전원합의체 판결.
93) 대법원 2009.2.12. 선고 2008도6551 판결; 대법원 2008.7.10. 선고 2008도3258 판결; 대법원 1997.8.26. 선고 96도3466 판결.
94) 대법원 2006.3.23. 선고 2006도1076 판결.
95) 대법원 1983.6.14. 선고 83도993 판결.

Ⅳ. 형벌의 확정

1. 서 언

(1) 선고형의 의의

선고형(宣告刑)이란 법관에 의하여 최종적으로 선고되는 형을 말한다. 선고형은 처단형이 제시하는 형의 상한과 하한의 범위 내에서 형의 양정을 통하여 최종적으로 확정된다. 선고형은 판결의 주문이 되고, 실제로 집행되는 형이 된다. 징역의 기간, 벌금의 금액을 구체적으로 정하여 선고한다.

(2) 선고형의 확정

선고형은 법정형에 수정을 가하여 만들어진 처단형의 상한과 하한의 범위 내에서 형의 양정의 과정을 거쳐 최종적으로 확정된다. 처단형의 범위를 초과하여 선고형을 정한 것은 위법하다.[96] 법원은 선고형을 확정하기 전에 일정한 사항을 반드시 참작하여야 한다. 형법이 명문으로 규정하고 있는 '양형의 조건'이 그 기본이다(제51조). 실제로 선고형을 확정하는 과정에서는 반드시 양형조건을 기본으로 하면서 그 외의 조건도 함께 참작하고 있다. 이것이 바로 '협의의 형의 양정'이라고 할 수 있다. 이와 같이 처단형의 범위 내에서 법원에 의하여 구체적인 범죄와 범인에 대하여 그에게 적합한 형을 최종적으로 산출하는 것을 형의 확정(刑의 確定)이라고 한다.

양정된 형은 최종적으로 선고형으로서 피고인에게 선고된다. 자유형의 경우 선고형의 방식은 정기형과 부정기형으로 대별될 수 있다. 정기형(定期刑)이란 '징역 3년에 처한다'와 같이 정해진 형기를 선고하는 것을 말한다. 부정기형(不定期刑)이란 형기를 정하기 않은 채로 '징역형에 처한다'와 같이 선고하는 것을 말한다. 죄형법정주의의 원칙상 부정기형은 인정될 수 없다. 다만, 소년법에서 '1년 이상 3년 이하의 징역에 처한다'와 같이 장기와 단기를 정하여 선고하는 상대적 부정기형(相對的 不定期刑)은 인정되고 있다(소년법 제60조 참조). 그러나 법정형 중에서 무기징역을 선택한 후 정상참작감경한 결과 피고인에게 유기징역을 선고하게 되었을 경우에는 피고인이 미성년자라 하더라도 부정기형을 선고할 수는 없다 할 것이다.[97] 항소심

96) 대법원 2008.10.23. 선고 2008도7543 판결.
97) 대법원 1983.4.26. 선고 83도210 판결.

에서 제1심보다 법정형이 가벼운 죄로 처벌하는 경우에 선고형도 반드시 제1심의 형보다 가벼워야 한다는 법리는 없으므로 원심이 징역형에 대하여 감경을 하지 아니한 조치를 위법이라고 할 수 없다.[98)]

2. 형의 양정

형의 양정, 즉 양형은 전통적으로 그 중요성에도 불구하고 법관의 재량사항으로 여겨져 왔다. 그 결과 경우에 따라서는 사법의 권위와 신뢰에 부정적인 영향을 미치는 요인이 되기도 하였다. 최근 양형기준제 또는 양형위원회 제도의 도입 등과 같은 제도의 개선에도 불구하고 국민적 불만이 완전히 해소된 것은 아니다. 형의 양형과 관련한 노력이 국민적 여망에 부응하기 위하여 여전히 현재 진행형이 될 수밖에 없는 이유라고 하겠다.

(1) 형의 양정의 개념

1) 형의 양정의 의의

형의 양정(量定, Strafzumessung)이란 선고형을 정하는 작업을 말한다. 최종적으로 형의 양을 정하는 것이다. 줄여서 양형(量刑)이라고도 한다. 형의 양정은 형법각칙상의 법정형에 형법총칙을 적용하여 정하여진 처단형의 범위 내에서 선고형을 정하는 작업이다. 형의 양정은 법관의 재량에 맡겨져 있다. 한편 이미 언급한 바와 같이 형의 양정이란 법정형, 처단형 및 선고형이라는 일련의 전 과정에 걸쳐서 형을 정하는 것을 의미하는 개념으로 사용하는 경우도 있다. 소위 광의의 형의 양정이라고 할 수 있다. 형의 양정은 협의의 형의 양정과 광의의 형의 양정으로 대별할 수 있다. 아래에서는 협의의 형의 양정에 관하여 살펴보기로 한다.

2) 형의 양정과 책임주의

현대형법이 확립한 책임주의는 형의 양정의 단계에서 그 최고의 빛을 발한다. 전술한 바와 같이 형법상 책임주의는 귀책에 있어서의 책임주의와 양형에 있어서의 책임주의로 대별될 수 있었다. 물론 전자의 내용으로서는 주관적 책임주의, 개인적 책임주의 및 행위와 책임능력의 동시존재의 원칙을 포함하고 있었다. 후자가 바로 형벌은 책임의 범위 내에서만 과하여질 수 있다는 원칙을 말하는 것이었다. 재삼 반복하자면, 양형의 원리로서의 책임주의는 '형벌은 책임의 양에 비례하여야

---

98) 대법원 1986.9.9. 선고 86도1187 판결.

한다' 또는 '형벌은 책임의 정도를 초과하여서는 안 된다'는 원칙을 그 내용으로 하고 있었다. 다시 강조하여 말하자면, 양형에 있어서의 책임주의는 책임의 유무가 아니라 책임의 정도에 관한 판단이 이루어질 것을 요구하고 있는 것이다. 따라서 형의 양정의 단계에서는 위법성과 책임의 정도, 즉 크기가 최종적으로 조정되어야 하는 곳이다.

(2) 형의 양정의 이론

형의 양정에 있어서 책임과 예방을 고려하는 방법에 관하여는 다툼이 있다. 이에 관하여는 범주이론, 유일점이론 및 단계이론이 크게 대립하고 있다.

1) 학 설

① 범주이론

범주이론(範疇理論, Spielraumtheorie)이란 책임에 상응하는 형벌은 법정형의 범위 내에서 특정된 하나의 점으로 존재하는 것이 아니라 폭으로 존재한다는 이론을 말한다. 책임범위이론이라고도 한다. 독일 연방대법원(BGH)의 입장이다. 책임에 꼭 들어맞는 정확한 형벌은 결정할 수 없고 일정한 상한과 하한을 두고 형벌에 적합한 범위가 있을 뿐이라고 한다. 또 이 범위 내에서 특별예방과 일반예방이라는 형벌의 목적을 고려하여 구체적인 형을 양정해야 한다고 하고, 상한이나 하한을 벗어나면 위법이라고 한다.

② 유일점이론

유일점이론(唯一點理論, Punktstrafentheorie)이란 책임은 언제나 하나의 고정된 크기를 가지므로 정당한 형벌도 언제나 하나일 수밖에 없다고 하는 이론을 말한다. 협의의 양형에 관한 한 책임에 상응하는 형벌은 하나의 점의 형태로 존재한다고 한다. 또 책임과 일치하는 형벌은 예방목적에 의하여 수정될 수 있으나 책임을 초과할 수는 없다고 한다. 그러나 이에 대하여는 인간의 인식능력의 한계 때문에 양형과정에서 유일점으로서의 형벌을 찾아내는 것은 불가능하다고 비판되고 있다.

③ 단계이론

단계이론(段階理論, Stufentheorie)이란 양형의 단계를 나누어서 그 단계에 맞게 양정해야 한다고 하는 이론을 말한다. 등급이론(等級理論) 또는 위가이론(位價理論, Stellenwerttheorie)이라고도 한다. 형량은 책임에 따라서 결정되지만, 형벌의 종류는 예방적 목적에 따라서 결정되어야 한다고 한다. 그러나 이에 대하여는 형량에 결정에 있어서 예방목적을 배제하는 것이 형법의 취지와 부합하지 않는다고 비판되고 있다.

2) 검 토

양형에 있어서의 책임주의는 귀책에 있어서의 책임주의와 함께 근대형법의 대원칙인 책임주의의 한 축을 구성하고 있다. 그럼에도 불구하고 형법은 양형에 있어서의 책임주의에 관하여 명문의 규정을 두지 않고 있다. 입법자는 양형에 있어서의 책임주의를 형법상의 대원칙인 책임주의에 이미 전제되어 있다고 보고 책임주의를 명시하지 않은 것으로 보아도 무방하다고 해석된다. 따라서 형의 양정에 있어서는 책임주의 원칙에 따라 과거의 범죄에 대한 응보라는 측면과 장래의 범인에 대한 개선·교육이라는 측면의 양측면을 모두 고려하여야 한다고 본다. 또 양형에 있어서의 책임주의의 핵심적 사항은 책임의 유무가 아니라 책임의 정도, 즉 크기를 반영해야 한다는 점이다. 또 위법성의 단계에서는 위법성의 유무만이 판단되었고, 위법성의 정도에 관한 판단은 책임판단과 양형판단에 맡겨져 있는 상황이다. 위법성의 정도에 관한 판단이 양형판단에 반영될 필요가 있다고 해야 한다. 결국 형의 양정의 판단에서는 위법성의 정도와 크기 및 책임의 정도와 크기가 반영되어 표현되어야 한다. 이와 같은 이유에서 볼 때 위법성과 책임의 정도와 크기를 설명할 수 있는 이론이 타당하다고 해야 한다. 이러한 요청에는 범주이론이 가장 부합된다고 해석된다.

(3) 형의 양정의 방법

법원이 선고형을 확정함에 있어서는 양형의 조건(제51조)만을 참작하는 것이 아니라 그 외의 조건도 참작하고 있다. 위법성의 정도와 책임의 크기를 반영하여 판단해야 하기 때문이다. 형의 양정의 방법을 형법이 명문으로 규정하고 있는 양형의 조건과 명문의 규정이 없는 기타의 양형사유로 나누어 검토할 필요가 있다.

1) 양형의 조건

제51조 (양형의 조건) 형을 정함에 있어서는 다음 사항을 참작하여야 한다.
1. 범인의 연령, 성행, 지능과 환경 2. 피해자에 대한 관계
3. 범행의 동기, 수단과 결과 4. 범행 후의 정황

선고형의 확정에는 처단형의 결정에서와 같은 명확한 법정기준은 존재하지 않는다. 그러나 위법성과 책임의 정도나 크기에 영향을 줄 수 있는 요소는 모조리

반영할 필요가 있다. 형법은 양형의 조건에 관하여만 규정하고 있기 때문에 그 외의 요소도 필요한 경우 반영하는 것은 당연하다. 형법은 형을 정함에 있어서 참작하여야 할 양형의 조건으로서 ① 범인의 연령, 성행, 지능과 환경, ② 피해자에 대한 관계, ③ 범행의 동기, 수단과 결과 및 ④ 범행 후의 정황을 열거하여 규정하고 있다(제51조).

① 범인의 연령 · 성행 · 지능과 환경

범인의 연령, 성행, 지능과 환경은 특별예방적 요소로서 범죄인의 사회복귀에 대한 성공가능성을 판단하는 중요한 자료가 될 수 있다. 다만 전과(前科)와 같은 범죄인의 성행(性行)은 책임을 가중시키는 요소로 작용할 수도 있다.

② 피해자에 대한 관계

피해자에 대한 관계는 범죄인과 피해자 사이의 관계를 말한다. 가족관계, 친족관계, 고용관계, 동료관계 등 일상생활 속에서의 관계를 말한다. 피해자에 대한 관계는 신뢰관계나 보호관계를 침해하는 경우와 같이 형을 가중하는 경우도 있을 수 있으나, 가족관계나 친족관계 등의 경우에서와 같이 형을 감경하는 사유가 되는 경우도 있을 수 있다.

③ 범행의 동기 · 수단과 결과

범행의 동기, 수단과 결과는 행위반가치와 결과반가치의 유무와 정도를 판단할 수 있는 중요한 자료가 될 수 있다. 이에 관하여는 순수한 객관적 불법요소로서 구성요건요소를 다시 양형참작사유로 삼는 것은 이중평가가 되므로 허용할 수 없다는 견해가 있다. 그러나 행위반가치나 결과반가치는 그 유무에 관하여는 구성요건해당성의 판단 또는 위법성의 판단에서 이미 행한 바 있으나, 행위반가치나 결과반가치의 정도에 관하여는 평가가 이루어진 적이 없다. 따라서 양형단계에 이르러서야 비로소 행위반가치나 결과반가치의 정도에 대한 평가가 이루어지게 되는 셈이다.

④ 범행 후의 정황

범행 후의 정황은 중요한 양형자료가 된다. 예컨대 범행 후의 반성, 구호조치, 손해배상 또는 피해회복을 위한 노력 등 범죄인의 태도는 책임과 예방의 관점에서 중요한 의미를 가질 수 있다.

2) 기타의 양형사유

법원조직법 제81조의6 (양형기준의 설정 등) ① 위원회는 법관이 합리적인 양형을 도출하는 데 참고할 수 있는 구체적이고 객관적인 양형기준을 설정하거나 변경한다.
② 위원회는 양형기준을 설정 · 변경할 때 다음 각 호의 원칙을 준수하여야 한다.
1. 범죄의 죄질, 범정(犯情) 및 피고인의 책임의 정도를 반영할 것
2. 범죄의 일반예방과 피고인의 재범 방지 및 사회복귀를 고려할 것
3. 같은 종류 또는 유사한 범죄에 대해서는 고려하여야 할 양형 요소에 차이가 없으면 양형에서 서로 다르게 취급하지 아니할 것
4. 피고인의 국적, 종교 및 양심, 사회적 신분 등을 이유로 양형상 차별을 하지 아니할 것
③ 위원회는 양형기준을 설정 · 변경할 때 다음 각 호의 사항을 고려하여야 한다.
1. 범죄의 유형 및 법정형
2. 범죄의 중대성을 가중하거나 감경할 수 있는 사정
3. 피고인의 나이, 성품과 행실, 지능과 환경
4. 피해자에 대한 관계
5. 범행의 동기, 수단 및 결과
6. 범행 후의 정황
7. 범죄 전력(前歷)
8. 그 밖에 합리적인 양형을 도출하는 데 필요한 사항
④ 위원회는 양형기준을 공개하여야 한다.

현실적으로는 형법이 명문으로 규정하고 있는 양형의 조건 외에도 피고인의 태도, 검사의 의견(求刑), 양형에 관한 관계자의 탄원서 등도 고려되고 있고 법원이 만든 양형기준표에 따라 스스로 판단하여 확정하고 있는 실정이다. 특히 법원조직법은 법관으로 하여금 형의 종류를 선택하고 형량을 정할 때 양형위원회가 설정한 양형기준을 존중하도록 하고 있다(법원조직법 제81조의7 제1항 본문). 다만 양형기준은 법적 구속력을 가지지 아니한다고 규정하고 있다(법원조직법 제81조의7 제1항 단서). 양형기준의 권고적 효력을 규정한 것이다. 대법원도 양형기준은 존중되어야 하지만, 구체적 사건마다의 다양하고 특수한 사정을 모두 포섭하거나 반영하여 그에 상응하는 양형까지를 제시할 수 없으므로 법적인 구속력을 가지는 것은 아니라고 판시하고 있다.[99] 양형의 조건에서 담을 수 없었던 위법과 책임의 크기를 마지막으로 평가할 수 있는 기회를 주기 위한 취지라고 해석된다.

양형위원회의 양형기준은 공개하여야 한다(법원조직법 제81조의6 제4항). 법원조직법은 양형위원회로 하여금 양형기준을 설정 · 변경할 때 일정한 원칙을 준수하도록 하고 있다. 즉, ① 범죄의 죄질, 범정(犯情) 및 피고인의 책임의 정도를 반영할 것, ② 범죄의 일반예방과 피고인의 재범 방지 및 사회복귀를 고려할 것, ③ 같은 종류 또는 유사

---

99) 대법원 2012.6.28. 선고 2012도2631 판결; 대법원 2010.2.11. 선고 2009도12627 판결.

한 범죄에 대해서는 고려하여야 할 양형 요소에 차이가 없으면 양형에서 서로 다르게 취급하지 아니할 것 및 ④ 피고인의 국적, 종교 및 양심, 사회적 신분 등을 이유로 양형상 차별을 하지 아니할 것의 원칙을 준수하도록 하고 있다(법원조직법 제81조의6 제2항). 또 법원조직법은 양형위원회로 하여금 양형기준을 설정·변경할 때에는 일정한 사항을 고려하도록 하고 있다. 즉, ① 범죄의 유형 및 법정형, ② 범죄의 중대성을 가중하거나 감경할 수 있는 사정, ③ 피고인의 나이, 성품과 행실, 지능과 환경, ④ 피해자에 대한 관계, ⑤ 범행의 동기, 수단 및 결과, ⑥ 범행 후의 정황, ⑦ 범죄 전력(前歷) 및 ⑧ 그 밖에 합리적인 양형을 도출하는 데 필요한 사항을 고려하도록 하고 있다(법원조직법 제81조의6 제3항).

3) 이중평가의 금지

이중평가의 금지(Verbot der Doppelverwertung)란 이미 구성요건단계에서 구성요건요소로서 평가받은 사항에 관하여 형의 양정의 단계에서 양형요소로서 거듭 평가하는 것을 금지해야 한다는 것을 말한다. 예컨대 특수강도죄(제334조 제2항)에서 이미 평가된 흉기 그 자체에 대하여는 이를 양형의 단계에서 다시 양형의 자료로 사용하여서는 안 된다는 의미이다. 그럼에도 불구하고 흉기의 사용방법 등에 대한 평가는 위법성 또는 책임의 크기와 관련하여 양형의 단계에서 평가되어야 할 부분은 여전히 남아 있다고 할 수 있다.

(4) 형의 양정의 부당

양형은 전적으로 법관의 재량에 맡겨져 있다고 해도 과언이 아니다. 법관의 재량의 폭이 클수록 양형의 예측가능성의 폭은 줄어들게 되고 법적 안정성은 침해될 가능성이 커지게 된다. 양형의 불균형에 대한 양형의 합리화가 요구되는 이유이다. 형의 양정의 부당이란 위법성의 정도나 책임의 정도에 관한 판단이 부당하다는 의미로 해석된다. 형의 양정의 부당은 항소의 이유가 되고(형소법 제361조의5 제15호), 또 상고의 이유가 된다(형소법 제383조 제4호).

3. 형의 면제

형의 면제(免除)란 범죄는 성립하지만 형벌을 과하지 않는 경우를 말한다. 따라서 형의 면제도 유죄판결의 일종이 된다(형소법 제322조 참조). 형의 면제는 확정재판 전의 사유로 인하여 형이 면제되는 경우라는 점에서 확정재판 후의 사유로 형의 집행이 면제되는 집행의 면제(執行의 免除)와 구별된다. 형의 면제는 필요적 면제와 임의적 면제로 대별된다. 일단 양자는 법률상의 면제에 한하며, 재판상의 면제는 허용되지 않는다는 점에서 공통된다. 형법상 면제사유와 감경사유가 선택적으로 되어 있는 일반적 감면사유로는 외국에서 받은 형의 집행으로 인한 면제(제7조), 중지미수(제26조), 불능미수(제27조 제2항), 과잉방위(제21조 제2항), 과잉피난(제22조 제3항), 과잉자구행위(제23조 제2항), 자수 · 자복(제52조 제1항)이 있다. 다만 중지미수는 필요적 감면사유로 규정되어 있으나, 나머지 사유는 임의적 감면사유로 규정되어 있다.

제 3 절 형벌의 선고

Ⅰ. 서 언

1. 형의 선고

유죄의 증명이 있는 때에는 형을 선고하여야 한다. 다만 형의 면제나 또는 선고유예의 경우에는 그러하지 아니하다. 형의 선고는 판결로써 하여야 한다(형소법 제321조 제1항). 형은 이미 언급한 바와 같이 형법이 규정하고 있는 사형, 징역, 금고, 자격상실, 자격정지, 구류, 벌금 및 몰수의 9종의 형벌을 말한다(제41조).

형사소송법에 의하면 피고사건에 대하여 범죄의 증명이 있는 때에는 형의 면제 또는 선고유예의 경우 외에는 판결로써 형을 선고하여야 한다(형소법 제321조 제1항). 또한 형의 집행유예, 판결 전 구금의 산입일수, 노역장의 유치기간은 형의 선고와 동시에 판결로써 선고하여야 한다(형소법 제321조 제2항). 그리고 피고사건에 대하여 형의 면제 또는 선고유예를 하는 때에는 판결로써 선고하여야 한다(형소법 제322조).

2. 유죄의 판결

유죄의 판결(有罪의 判決)이란 범죄의 성립을 인정하는 판결로서 법원의 공권적 의사표시를 말한다. 유죄의 판결에는 형의 선고의 판결, 형의 면제의 판결, 형의 선고유예의 판결이 있다. 형사소송법에 의하면 형의 선고를 하는 때에는 판결이유에 범죄될 사실, 증거의 요지와 법령의 적용을 명시하여야 한다(형소법 제323조 제1항). 또 법률상 범죄의 성립을 조각하는 이유 또는 형의 가중, 감면의 이유되는 사실의 진술이 있은 때에는 이에 대한 판단을 명시하여야 한다(형소법 제323조 제2항).

3. 판결공시제도

제58조 (판결의 공시) ① 피해자의 이익을 위하여 필요하다고 인정할 때에는 피해자의 청구가 있는 경우에 한하여 피고인의 부담으로 판결공시의 취지를 선고할 수 있다.
② 피고사건에 대하여 무죄의 판결을 선고하는 경우에는 무죄판결공시의 취지를 선고하여야 한다. 다만, 무죄판결을 받은 피고인이 무죄판결공시 취지의 선고에 동의하지 아니하거나 피고인의 동의를 받을 수 없는 경우에는 그러하지 아니하다.
③ 피고사건에 대하여 면소의 판결을 선고하는 경우에는 면소판결공시의 취지를 선고할 수 있다.

판결의 공시(判決의 公示, öffentliche Bekanntmachung des Urteils)란 피해자의 이익이나 피고인의 명예회복을 위하여 판결의 선고와 함께 판결의 전부 또는 일부를 공시하는 제도를 말한다. 공시는 관보나 일간신문 등을 이용한다. 형법에 의하면 피해자의 이익을 위하여 필요하다고 인정할 때에는 피해자의 청구가 있는 경우에 한하여 피고인의 부담으로 판결공시의 취지를 선고할 수 있다(제58조 제1항). 또 피고사건에 대하여 무죄의 판결을 선고하는 경우에는 무죄판결공시의 취지를 선고하여야 한다(제58조 제2항 본문). 다만 무죄판결을 받은 피고인이 무죄판결공시 취지의 선고에 동의하지 아니하거나 피고인의 동의를 받을 수 없는 경우에는 그러하지 아니하다(제58조 제2항 단서). 그리고 피고사건에 대하여 면소의 판결을 선고하는 경우에는 면소판결공시의 취지를 선고할 수 있다(제58조 제3항).

Ⅱ. 선고유예

제 3 절 형의 선고유예

제59조 (선고유예의 요건) ① 1년 이하의 징역이나 금고, 자격정지 또는 벌금의 형을 선고할 경우에 제51조의 사항을 고려하여 뉘우치는 정상이 뚜렷할 때에는 그 형의 선고를 유예할 수 있다. 다만, 자격정지 이상의 형을 받은 전과가 있는 사람에 대해서는 예외로 한다.
② 형을 병과할 경우에도 형의 전부 또는 일부에 대하여 선고를 유예할 수 있다.

제59조의2 (보호관찰) ① 형의 선고를 유예하는 경우에 재범방지를 위하여 지도 및 원호가 필요한 때에는 보호관찰을 받을 것을 명할 수 있다.
② 제1항의 규정에 의한 보호관찰의 기간은 1년으로 한다.

제60조 (선고유예의 효과) 형의 선고유예를 받은 날로부터 2년을 경과한 때에는 면소된 것으로 간주한다.

제61조 (선고유예의 실효) ① 형의 선고유예를 받은 자가 유예기간 중 자격정지 이상의 형에 처

한 판결이 확정되거나 자격정지 이상의 형에 처한 전과가 발견된 때에는 유예한 형을 선고한다.
② 제59조의2의 규정에 의하여 보호관찰을 명한 선고유예를 받은 자가 보호관찰기간 중에 준수사항을 위반하고 그 정도가 무거운 때에는 유예한 형을 선고할 수 있다.

구조문
제59조 (선고유예의 요건) ① 1년 이하의 징역이나 금고, 자격정지 또는 벌금의 형을 선고할 경우에 제51조의 사항을 참작하여 개전의 정상이 현저한 때에는 그 선고를 유예할 수 있다. 단, 자격정지 이상의 형을 받은 전과가 있는 자에 대하여는 예외로 한다.
② 형을 병과할 경우에도 형의 전부 또는 일부에 대하여 그 선고를 유예할 수 있다.

1. 선고유예의 의의

선고유예(宣告猶豫, Verwarnung mit Strafvorbehalt, conditional release)란 유죄를 확정하였음에도 불구하고 일정기간 동안 형의 선고 그 자체를 유예하는 제도를 말한다(제59조). 형의 선고유예는 뉘우치는 정상이 뚜렷한 피고인에게 일정한 기간 동안 형의 선고를 유예함으로써 형의 선고로 인한 낙인을 면하게 하고 피고인의 조속한 사회복귀라는 특별예방의 목적을 달성하기 위하여 마련된 제도이다. 선고유예는 주로 범정이 경미한 초범자에 대하여 형을 부과하지 않고 자발적인 개선과 갱생을 촉진시키고자 하는 제도라고 할 수 있다.[100)]

2. 선고유예의 법적 성질

선고유예는 유죄를 확정한 후 선고만을 유예한다는 점에서 유죄의 판결 자체를 유예하는 제도와는 구별된다. 전자는 형법상의 형의 선고유예를 말하고, 후자는 미국법상의 유죄판결의 선고유예를 말한다. 이러한 의미에서 형의 선고유예는 명백하게 유죄판결의 일종이라고 할 수 있다(형소법 제321조 제1항, 제322조).

한편 현행법상 유예제도는 검찰, 법원 및 집행기관이라는 광의의 형사소송절차의 각 단계마다 기소유예, 선고유예, 집행유예 및 가석방이 마련되어 있다. 기소유예가 검사의 권한에 의하여 유예되는 제도이고, 선고유예와 집행유예는 법원의 권한에 의하여 유예되는 제도임에 반하여 가석방은 집행기관의 권한에 의하여 유예되는 제도이다. 따라서 유예제도의 법적 성질은 사법절차의 각단계마다 그 내용에 따라 개별적으로 파악할 필요가 있다.

100) 대법원 2010.7.8. 선고 2010도931 판결.

3. 선고유예의 요건

1년 이하의 징역이나 금고, 자격정지 또는 벌금의 형을 선고할 경우에 제51조의 사항을 고려하여 뉘우치는 정상이 뚜렷할 때에는 그 형의 선고를 유예할 수 있다(제59조 제1항 본문). 다만, 자격정지 이상의 형을 받은 전과가 있는 사람에 대해서는 예외로 한다(제59조 제1항 단서). 형을 병과할 경우에도 형의 전부 또는 일부에 대하여 선고를 유예할 수 있다(제59조 제2항).

(1) 일정범위의 형벌

선고유예는 1년 이하의 징역이나 금고, 자격정지 또는 벌금을 선고하는 경우여야 한다. 선고유예를 하기 위하여 기준이 되는 '1년 이하의 징역이나 금고, 자격정지 또는 벌금'이란 선고형을 의미한다.[101] 형을 병과할 경우에도 형의 전부 또는 일부에 대하여 그 선고를 유예할 수 있다. 따라서 형의 선고를 유예하는 판결을 할 경우에도 선고가 유예된 형에 대한 판단을 하여야 하는 것이므로 선고유예 판결에서도 그 판결이유에서는 선고할 형의 종류와 양, 즉 선고형을 정해 놓아야 하고 그 선고를 유예하는 형이 벌금형일 경우에는 그 벌금액뿐만 아니라 환형유치처분까지 해 두어야 한다.[102] 다만 구류나 과료의 선고유예에 관하여는 견해가 일치하지 않고 있다. 판례는 형법의 규정을 근거로 형의 선고를 유예할 수 있는 경우는 선고할 형이 1년 이하의 징역이나 금고, 자격정지 또는 벌금의 형인 경우에 한하고 구류형에 대하여는 선고를 유예할 수 없다고 한다.[103] 이에 반하여 구류나 과료는 벌금보다 가벼운 형벌이기 때문에 피고인에게 유리한 유추해석이 되고 범인의 사회복귀라는 측면에서도 확대운영하는 것이 바람직하다는 학설이 있다. 또 판례는 몰수에 관하여도 선고유예를 인정하지 않는 입장이다. 판례에 의하면 몰수는 선고유예의 대상으로 규정되어 있지 아니하고 다만 몰수 또는 이에 갈음하는 추징은 부가형적 성질을 띠고 있어 그 주형에 대하여 선고를 유예하는 경우에는 그 부가할 몰수 · 추징에 대하여도 선고를 유예할 수 있으나, 그 주형에 대하여 선고를 유예하지 아니하면서 이에 부가할 몰수 추징에 대하여서만 선고를 유예할 수는 없다고 한다.[104] 징역형의 선고를 유예하면서 금 5천만원의 추징을

101) 대법원 1993.6.22. 선고 93오1 판결.
102) 대법원 1993.6.11. 선고 92도3437 판결.
103) 대법원 1993.6.22. 선고 93오1 판결.
104) 대법원 1988.6.21. 선고 88도551 판결.

선고한 조치도 정당하다.[105] 선고유예와 관련된 판례의 구체적 내용은 다음과 같다. 즉,

① 형법 제59조 제1항 단행에서 정한 "자격정지 이상의 형을 받은 전과"라 함은 자격정지 이상의 형을 선고받은 범죄경력 자체를 의미하는 것이고, 그 형의 효력이 상실된 여부는 묻지 않는 것으로 해석함이 상당하다고 할 것이고, 따라서 형의 집행유예를 선고받은 자는 형법 제65조에 의하여 그 선고가 실효 또는 취소됨이 없이 정해진 유예기간을 무사히 경과하여 형의 선고가 효력을 잃게 되었다고 하더라도 형의 선고의 법률적 효과가 없어진다는 것일 뿐, 형의 선고가 있었다는 기왕의 사실 자체까지 없어지는 것은 아니므로, 형법 제59조 제1항 단행에서 정한 선고유예 결격사유인 "자격정지 이상의 형을 받은 전과가 있는 자"에 해당한다고 보아야 한다.[106] ② 선고를 유예하는 형이 벌금형일 경우에는 그 벌금액뿐만 아니라 환형유치처분까지 해 두어야 한다.[107] ③ 몰수 또는 이에 갈음하는 추징은 부가형적 성질을 띠고 있어 그 주형에 대하여 선고를 유예하는 경우에는 그 부가할 몰수 추징에 대하여도 선고를 유예할 수 있으나, 그 주형에 대하여 선고를 유예하지 아니하면서 이에 부가할 몰수 추징에 대하여서만 선고를 유예할 수는 없다.[108] ④ 추징은 성질상 몰수와 다를 바 없으므로 주형을 선고유예하고 추징만을 선고할 수 있다.[109] ⑤ 주형을 선고유예하는 경우에 부가형인 몰수나 몰수에 가름하는 부가형적 성질을 띠는 추징을 선고유예하여서는 안 된다고 해석할 수는 없다.[110]

(2) 뉘우치는 정상이 뚜렷할 때

뉘우치는 정상이 뚜렷할 때여야 한다. 개정전의 형법상 개전의 정상이 현저한 때에 해당한다. 개전(改悛)이란 잘못을 뉘우치고 마음을 바르게 고쳐먹는 것을 말한다. 정상(情狀)이란 어떤 경과에 이르기까지의 사정을 말한다. 뉘우치는 정상이 뚜렷하다는 것은 죄를 깊이 뉘우치고 있어 형을 선고하지 않더라도 다시 범행을 저지르지 않으리라는 사정이 뚜렷하게 기대된다는 의미로 새겨진다. 범죄사실을 부인하는 경우에는 죄를 뉘우친다고 할 수 없어 형의 선고유예를 할 수 없다.[111]

---

105) 대법원 1990.4.27. 선고 89도2291 판결; 대법원 1981.4.14. 선고 81도614 판결; 대법원 1973.12.11. 선고 73도1133 판결.
106) 대법원 2003.12.26. 선고 2003도3768 판결.
107) 대법원 1988.1.19. 선고 86도2654 판결.
108) 대법원 1988.6.21. 선고 88도551 판결.
109) 대법원 1981.4.14. 선고 81도614 판결.
110) 대법원 1980.3.11. 선고 77도2027 판결; 대법원 1978.4.25. 선고 76도2262 판결.
111) 대법원 1999.7.9. 선고 99도1635 판결.

이에 관한 판단의 기준은 반성의 정도를 포함하여 널리 양형의 조건(제51조)을 종합적으로 참작하여 결정한다.[112] 판단의 시기는 판결시이다. 따라서 판결시에 범인의 연령·성행·지능과 환경, 피해자에 대한 관계, 범행의 동기·수단과 결과 및 범행 후의 정황을 종합하여 판단하여야 한다. 피고인이 범죄사실을 부인하는 경우에도 다른 양형의 조건을 고려하여 개전의 정상의 현저성이 인정되는 경우에는 선고유예가 가능하다는 것이 2003년에 변경된 판례의 입장이다.[113]

4. 선고유예의 결격사유

자격정지 이상의 형을 받은 전과가 있는 사람에 대하여는 선고유예의 예외로 한다(제59조 제1항 단서). 자격정지 이상의 형에 해당하는 전과는 검찰청과 군검찰부에서 관리하는 수형인명부(受刑人名簿), 시·구·읍·면 사무소에서 관리하는 수형인명표(受刑人名票) 및 벌금 이상의 형 등에 해당하는 자료로서 경찰청에서 관리는 범죄경력자료(犯罪經歷資料)의 전과기록에 기재되도록 되어 있다(형실효법 제2조 참조). 결국 선고유예는 전과자를 제외대상으로 하고 있으므로 전과기록이 없는 초범만을 대상으로 하는 제도라고 할 수 있다.

'자격정지 이상의 형을 받은 전과'라 함은 자격정지 이상의 형을 선고받은 범죄경력 자체를 의미하는 것이고, 그 형의 효력이 상실된 여부는 묻지 않는다.[114] 형의 집행유예를 선고받은 사람이 그 선고가 실효 또는 취소됨이 없이 정해진 유예기간을 무사히 경과하여 형의 선고가 효력을 잃게 되었더라도, 이는 형의 선고의 법적 효과가 없어질 뿐이고 형의 선고가 있었다는 기왕의 사실 자체까지 없어지는 것은 아니므로 '자격정지 이상의 형을 받은 전과가 있는 자'에 해당한다고 보아야 한다.[115] 또 형실효법(형실효법 제7조 제1항)에 의하여 위 형이 실효되었다고 하더라도 그 형의 선고가 있었다는 기왕의 사실 자체까지 소멸하는 것은 아니다.[116]

---

112) 대법원 2003.2.20. 선고 2001도6138 전원합의체 판결.

113) 대법원 2003.2.20. 선고 2001도6138 전원합의체 판결.

114) 대법원 2012.6.28. 선고 2011도10570 판결; 대법원 2004.10.15. 선고 2004도4869 판결.

115) 대법원 2012.6.28. 선고 2011도10570 판결; 대법원 2008.10.9. 선고 2007도8269 판결; 대법원 2004.10.15. 선고 2004도4869 판결.

116) 대법원 2008.1.18. 선고 2007도9405 판결; 대법원 2007.5.11. 선고 2005도5756 판결; 대법원 2004.10.15. 선고 2004도4869 판결; 대법원 2003.12.26. 선고 2003도3768 판결; 대법원 1995.12.22. 선고 95도2446 판결; 대법원 1983.4.2. 자 83모8 결정.

5. 선고유예의 조건

형의 선고를 유예하는 경우에 재범방지를 위하여 지도 및 원호가 필요한 때에는 보호관찰을 받을 것을 명할 수 있다(제59조의2 제1항). 보호관찰의 기간은 1년으로 한다(제59조의2 제2항). 이것이 바로 1995년 개정형법이 도입한 보호관찰부 선고유예제도이다. 선고유예는 보호관찰만이 가능하고 사회봉사명령이나 수강명령은 명할 수 없다는 점에서 집행유예의 경우와 구별된다고 할 수 있다.

6. 선고유예의 효과

형의 선고유예를 받은 날로부터 2년을 경과한 때에는 면소된 것으로 간주한다(제60조). 형의 선고유예를 받은 날로부터 2년을 경과한 때에는 면소된 것으로 간주되기 때문에 추후 누범전과에 해당되지 않을 뿐만 아니라 집행유예결격사유에도 해당되지 않아 집행유예가 가능하고 또 다른 선고유예결격사유에도 해당되지 않는다.

면소의 경우에도 유죄의 판결이 없었던 것과 같은 효력이 발생한다는 점에서 무죄의 경우와 동일하다. 그러나 면소(免訴)는 실체에 관한 판단이 없이 소송수행이익의 부존재를 이유로 소송절차를 종결시키는 형식재판임에 반하여, 무죄(無罪)는 실체에 관한 판단의 결과 죄가 없다는 실체판결이라는 점에서 양자는 구별되고 있다. 전자는 확정판결이 있은 때, 사면이 있은 때, 공소의 시효가 완성되었을 때 또는 범죄 후의 법령개폐로 형이 폐지되었을 때에 판결로써 선고하게 되고(형소법 제326조), 후자는 범죄로 되지 아니하거나 범죄의 사실에 관한 증명이 없는 때에 판결로써 선고하게 된다(형소법 제325조). 선고유예기간은 2년으로서 법정기간이라는 점에서 1년부터 5년 사이에서 재량으로 결정되는 집행유예기간과 구별된다.

7. 선고유예의 실효

형의 선고유예를 받은 자가 유예기간 중 자격정지 이상의 형에 처한 판결이 확정되거나 자격정지 이상의 형에 처한 전과가 발견된 때에는 유예한 형을 선고한다(제61조 제1항). '형의 선고유예를 받은 자가 자격정지 이상의 형에 처한 전과가 발견된 때'란 형의 선고유예의 판결이 확정된 후에 비로소 위와 같은 전과가 발견된 경우를 말하고 그 판결확정 전에 이러한 전과가 발견된 경우에는 이를 취소할 수 없으며, 이때 판결확정 전에 발견되었다고 함은 검사가 명확하게 그 결격사유를 안 경우만을 말하는 것이 아니라 당연히 그 결격사유를 알 수 있는 객관적 상황이 존재함에도 부주의로 알지 못한 경우도 포함한다.117) 보호관찰을 명한 선고유예를 받은 자가 보호관찰기간 중에 준수사항을 위반하고 그 정도가 무거운 때에는 유예한 형을 선고할 수 있다(제61조 제2항).

Ⅲ. 형벌의 선고방법

형의 선고(宣告)는 피고사건에 대하여 범죄의 증명이 있는 때에는 형의 면제 또는 선고유예의 경우 외에는 판결로써 행하여야 한다(형소법 제321조 제1항). 재판의 형식에는 판결, 결정, 명령이 있다. 판결은 원칙적으로 구두변론에 의하여야 하고 이유를 명시하여야 하며 판결에 대한 상소방법은 항소 또는 상고이다. 판결은 주문 및 이유로 되어 있는데, 주문은 '피고인을 징역 3년에 처한다'든가, '피고인은 무죄'라든가 하는 결론적 부분이며, 이유란 주문이 이끌어내진 논리과정의 기술이다.

판결(Urteil, judgement)의 종류는 유죄판결, 무죄판결, 면소판결, 공소기각판결, 형면제판결, 선고유예판결 및 집행유예판결로 나누어 검토될 수 있다. 피고사건이 범죄로 되지 아니하거나 범죄사실의 증명이 없는 때에는 판결로써 무죄를 선고하여야 한다(형소법 제325조). 면소의 사유가 있는 경우, 즉 확정판결이 있은 때, 사면이 있은 때, 공소의 시효가 완성되었을 때 및 범죄 후의 법령개폐로 형이 폐지되었을 때에는 판결로써 면소의 선고를 하여야 한다(형소법 제326조). 공소기각의 경우에는 피고인에 대하여 재판권이 없을 때, 공소제기의 절차가 법률의 규정을 위반하여 무효일 때, 공소가 제기된 사건에 대하여 다시 공소가 제기되었을 때, 제329조를 위반하여 공소가 제기되었을 때, 고소가 있어야 공소를 제기할 수 있는 사건에서 고소가 취소되었을 때 및 피해자의 명시한 의사에 반하여 공소를 제기할 수 없는 사건에서 처벌을 원하지 아니하는 의사표시를 하거나 처벌을 원하는 의사표시를 철회하였을 때에는 판결로써 공소기각의 선고를 하여야 한다(형소법 제327조). 공소가 취소되었을 때, 피고인이 사망하거나 피고인인 법인이 존속하지 아니하게 되었을 때, 제12조 또는 제13조의 규정에 의하여 재판할 수 없는 때 및 공소장에 기재된 사실이 진실하다 하더라도 범죄가 될 만한 사실이 포함되지 아니하는 때에는 결정으로 공소를 기각하여야 한다(형소법 제328조). 피고사건에 대하여 형의 면제 또는 선고유예를 하는 때에는

117) 대법원 2008.2.14. 자 2007모845 결정.

판결로써 선고하여야 한다(형소법 제322조). 형의 선고를 유예하는 판결을 할 경우에도 선고가 유예된 형에 대한 판단을 하여야 하므로, 선고유예판결에서도 그 판결 이유에서는 선고형을 정해 놓아야 하고 그 형이 벌금형일 경우에는 벌금액뿐만 아니라 환형유치처분까지 해 두어야 한다.[118] 형의 선고를 하는 때에는 판결이유에 범죄될 사실, 증거의 요지와 법령의 적용을 명시하여야 한다(형소법 제323조 제1항). 법률상 범죄의 성립을 조각하는 이유 또는 형의 가중, 감면의 이유되는 사실의 진술이 있은 때에는 이에 대한 판단을 명시하여야 한다(형소법 제323조 제2항). 형의 집행유예, 판결 전 구금의 산입일수, 노역장의 유치기간은 형의 선고와 동시에 판결로써 선고하여야 한다(형소법 제321조 제2항).

제4절 형벌의 집행

I. 서 언

1. 형의 집행의 의의

형의 집행(執行)이란 형법의 실현으로서 선고형의 내용을 실행하는 것을 말한다. 형의 집행은 형종에 따라 사형의 집행, 자유형의 집행, 명예형의 집행 및 재산형의 집행으로 나누어 검토될 수 있다. 형의 집행에 관하여는 그 내용에 따라 개별 법률에 규정되어 있다. 형법은 형의 집행방법에 관하여 규정하고 있다(제66조 이하 참조). 형사소송법은 주로 형의 집행의 일반적인 절차에 관하여 규정하고 있다(형소법 제459조 이하 참조). 형집행법은 특히 자유형의 집행방법, 즉 행형(行刑)에 관하여 규정하고 있다(형집행법 제11조 이하 참조). 즉결심판법은 구류의 집행방법에 관하여 규정하고 있다(즉결심판법 제18조 참조).

118) 대법원 2015.1.29. 선고 2014도15120 판결; 대법원 2014.6.12. 선고 2014도2234 판결; 대법원 1988.1.19. 선고 86도2654 판결.

2. 형의 집행과 판결

(1) 실형판결

집행유예가 부기되어 있지 않은 자유형, 즉 징역, 금고 및 구류를 흔히 실형(實刑)이라고 하고, 이러한 판결을 실형판결(實刑判決)이라고 한다. 실제로 집행이 되어야 할 형이 선고되었다는 의미에서 실형이라고 하는 것이다. 다만 구류에 대하여는 집행유예가 불가능하기 때문에 항상 실형이 된다고 할 수 있다.

(2) 집행유예부판결

집행유예부판결(執行猶豫付判決)이란 집행유예가 부기된 판결을 말한다. 집행유예부판결과 실형판결은 유죄판결이라는 점에서 공통된다. 그러나 집행유예부판결은 교도소 등에 수용되지 않는다는 점에서 판결이 선고되는 즉시 교도소 등에 수용되는 실형판결과 구별된다.

Ⅱ. 집행유예

제 4 절 형의 집행유예

제62조 (집행유예의 요건) ① 3년 이하의 징역이나 금고 또는 500만원 이하의 벌금의 형을 선고할 경우에 제51조의 사항을 참작하여 그 정상에 참작할 만한 사유가 있는 때에는 1년 이상 5년 이하의 기간 형의 집행을 유예할 수 있다. 다만, 금고 이상의 형을 선고한 판결이 확정된 때부터 그 집행을 종료하거나 면제된 후 3년까지의 기간에 범한 죄에 대하여 형을 선고하는 경우에는 그러하지 아니하다.
② 형을 병과할 경우에는 그 형의 일부에 대하여 집행을 유예할 수 있다.

제62조의2 (보호관찰, 사회봉사 · 수강명령) ① 형의 집행을 유예하는 경우에는 보호관찰을 받을 것을 명하거나 사회봉사 또는 수강을 명할 수 있다.
② 제1항의 규정에 의한 보호관찰의 기간은 집행을 유예한 기간으로 한다. 다만, 법원은 유예기간의 범위내에서 보호관찰기간을 정할 수 있다.
③ 사회봉사명령 또는 수강명령은 집행유예기간 내에 이를 집행한다.

제63조 (집행유예의 실효) 집행유예의 선고를 받은 자가 유예기간 중 고의로 범한 죄로 금고 이상의 실형을 선고받아 그 판결이 확정된 때에는 집행유예의 선고는 효력을 잃는다.

제64조 (집행유예의 취소) ① 집행유예의 선고를 받은 후 제62조 단행의 사유가 발각된 때에는 집행유예의 선고를 취소한다.
② 제62조의2의 규정에 의하여 보호관찰이나 사회봉사 또는 수강을 명한 집행유예를 받은 자가 준수사항이나 명령을 위반하고 그 정도가 무거운 때에는 집행유예의 선고를 취소할 수 있다.

제65조 (집행유예의 효과) 집행유예의 선고를 받은 후 그 선고의 실효 또는 취소됨이 없이 유예기간을 경과한 때에는 형의 선고는 효력을 잃는다.

1. 집행유예의 의의

집행유예(執行猶豫, Strafaussetzung, suspension of execution of sentence)란 유죄의 판결이 선고된 자에 대하여 일정기간 동안 형의 집행 그 자체를 유예하는 제도를 말한다(제62조).

2. 집행유예의 법적 성질

집행유예는 형을 선고하되 그 집행만을 유예한다는 측면에서 형의 집행의 변형(Modifikation der Strafvollstreckung)이라고 파악되고 있다. 이러한 의미에서 집행유예를 사회복귀를 촉진하기 위한 특별예방적 조치라고 이해할 수 있다. 집행유예는 보안관찰, 사회봉사명령 또는 수강명령이라는 보안처분을 부가함으로써 집행의 변형으로서의 성격을 더욱 명백하게 하고 있다고 이해되고 있다. 여기서 집행유예를 형벌과 보안처분의 성격을 모두 가지고 있는 제3의 제재(dritte Spur im Strafrechts)로 이해하는 견해도 있다. 그러나 형법은 형벌을 유예하는 조건으로 보안처분을 부과할 수 있다는 입장이므로 집행유예가 형벌과 보안처분 양자의 성질을 모두 가지는 것은 불가능하다고 해야 한다.

생각건대 집행유예는 형을 선고하되 그 집행만을 유예하고 일정한 조건이 충족되지 않은 경우에는 다시 유예시부터 형을 집행하겠다는 의미이므로 조건부 형의 집행, 정확히 말해서 집행유예조건의 불충족을 해제조건으로 하는 해제조건부 형의 집행이라고 해야 한다. 다만 집행유예는 일정한 조건의 불충족을 해제조건으로 하는 해제조건부 조치라는 점에서는 후술하는 바와 같이 가석방과 공통되나, 형의 집행의 개시 전부터 해제조건부 형의 집행이라는 점에서 일정한 형기의 경과 이후부터 해제조건부 형의 집행인 가석방과 구별된다고 할 수 있다. 다만 집행유예기간의 시기는 집행유예를 선고한 판결 확정일로 하여야 한다.[119] 따라서 법원이 판결 확정일 이후의 시점을 임의로 선택할 수는 없다고 해야 한다. 형법이 집행유예기간의 시기에 관하여 명문의 규정을 두고 있지는 않지만 형사소송법이 재판은 이 법률에 특별한 규정이 없으면 확정한 후에 집행한다(형소법 제459조)고 규정한 취지나 집행유예 제도의 본질 등에 비추어 타당하다고 해석되기 때문이다.

3. 집행유예의 요건

3년 이하의 징역이나 금고 또는 500만원 이하의 벌금의 형을 선고할 경우에

---

119) 대법원 2002.2.26. 선고 2000도4637 판결.

제51조의 사항을 참작하여 그 정상에 참작할 만한 사유가 있는 때에는 1년 이상 5년 이하의 기간 형의 집행을 유예할 수 있다(제62조 제1항 본문). 하나의 자유형 중 일부에 대해서는 실형을, 나머지에 대해서는 집행유예를 선고하는 것은 허용되지 않는다.[120] 그러나 형을 병과할 경우에는 그 형의 일부에 대하여 집행을 유예할 수 있다(제62조 제2항).

(1) 일정범위의 형벌

집행유예는 3년 이하의 징역 또는 금고의 형을 선고하는 경우여야 한다. 따라서 집행유예는 선고형을 기준으로 판단한다.[121] 형의 집행유예의 선고를 받은 자도 그 집행유예 기간 중에는 금고 이상의 형을 받은 자에 해당한다.[122] 또 집행유예는 선고형이 3년 이하일 것을 요한다. 1년 이하일 것을 요하는 독일 형법(독일 형법 제56조)과는 차이가 있으나, 3년 이하일 것을 요하는 일본 형법(일본 형법 제25조)과는 차이가 없다. 뿐만 아니라 집행유예는 징역 또는 금고의 형을 선고할 경우에만 가능하다.

문제는 벌금형에 대한 집행유예의 여부에 있다. 이에 관하여는 견해가 대립하고 있다. 벌금형에는 집행유예가 불가능하다는 부정설은 형법에 규정이 없다고 하거나, 벌금형에 대한 집행유예는 단기자유형의 폐해가 없기 때문에 필요하지 않다고 하거나, 벌금형에 집행유예를 인정하면 형벌로서 벌금형의 효과를 거둘 수 없다고 하거나 또는 과료와의 균형을 맞추기 위해 인정할 수 없다는 견해 등이 제시되고 있다. 이에 반하여 벌금형에도 집행유예가 가능하다는 긍정설은 벌금형이 징역이나 금고의 자유형보다는 가벼운 형벌이라는 점 또는 벌금미납으로 인한 노역장유치의 경우는 결국 자유형과 동일하게 된다는 점 등을 근거로 하고 있다. 생각건대 벌금형도 집행유예가 가능하다는 긍정설이 타당하다. 징역형이나 금고형보다 가벼운 벌금형을 선고하는 경우 집행유예가 불가능하다고 해석하는 경우 자유형보다 경미한 재산형의 집행이 오히려 더욱 가혹하게 되는 결과가 되기 때문이다.

(2) 정상에 참작할 만한 사유

집행유예를 하기 위하여는 정상에 참작할 만한 사유가 존재하여야 한다. 정상

120) 대법원 2007.2.22. 선고 2006도8555 판결.
121) 대법원 1989.11.28. 선고 89도780 판결.
122) 대법원 1971.3.9. 선고 70누167 판결.

(情狀)이란 어떤 결과에 이르기까지의 사정을 말한다. 집행유예의 선고만으로서도 피고인에 대한 경고기능을 다할 뿐만 아니라 장차 범죄의 위험성이 존재하지 않을 것으로 판단될 사정이 존재하여야 한다. 판단의 기준은 양형의 조건(제51조)이며, 판단의 시기는 판결의 선고시이다. 따라서 판결시에 범인의 연령·성행·지능과 환경, 피해자에 대한 관계, 범행의 동기·수단과 결과 및 범행 후의 정황을 종합하여 판단하여야 한다.

4. 집행유예의 결격사유

집행유예의 결격사유는 '금고 이상의 형을 선고한 판결이 확정된 때부터 그 집행을 종료하거나 면제된 후 3년까지의 기간에 범한 죄에 대하여 형을 선고하는 경우'이다(제62조 제1항 단서). 결격사유에 해당하는 경우란 이미 집행유예가 실효 또는 취소된 경우와 그 선고 시점에 미처 유예기간이 경과하지 아니하여 형선고의 효력이 실효되지 아니한 채로 남아 있는 경우로 국한된다.[123] 따라서 집행유예가 실효 또는 취소됨이 없이 유예기간을 경과한 때에는 결격사유에 해당되지 않으므로, 집행유예기간 중에 범한 범죄라고 할지라도 집행유예가 실효 또는 취소됨이 없이 그 유예기간이 경과한 경우에는 이에 대해 다시 집행유예의 선고가 가능하다고 할 수 있다.[124] 형의 집행유예를 선고받고 그 유예기간이 경과되지 아니한 사람에게는 그 사람이 경합범 관계에 있는 수죄를 범하여 같은 절차에서 동시에 재판을 받았더라면 한꺼번에 형의 집행유예의 선고를 받았으리라고 여겨지는 특수한 경우가 아닌 한 다시 형의 집행유예를 선고할 수 없다.[125]

5. 집행유예의 조건

형의 집행을 유예하는 경우에는 보호관찰을 받을 것을 명하거나 사회봉사 또는 수강을 명할 수 있다(제62조의2 제1항). 보호관찰의 기간은 집행을 유예한 기간으로 한다. 다만 법원은 유예기간의 범위 내에서 보호관찰기간을 정할 수 있다(제62조의2 제2항). 사회봉사명령 또는 수강명령은 집행유예기간 내에 이를 집행한다(제62조의2 제3항). 수형자의 재사

---

123) 대법원 2007.7.27. 선고 2007도768 판결; 대법원 2007.2.8. 선고 2006도6196 판결.

124) 대법원 2007.7.27. 선고 2007도768 판결; 대법원 2007.2.8. 선고 2006도6196 판결.

125) 대법원 1991.5.10. 선고 91도473 판결; 대법원 1990.8.24. 자 89모36 결정; 대법원 1989.10.10. 선고 88도824 판결.

회화를 촉진하기 위하여 1995년 개정형법이 도입한 제도이다. 이와 같이 형법은 집행유예의 조건으로서 보호관찰, 사회봉사명령 및 수강명령의 세 가지를 규정하고 있다. 이들 세 가지의 조건은 임의적이고 상호 선택적이라고 하는 것이 원칙이라고 할 수 있으나, 경우에 따라서는 이들 세 가지의 조건 모두를 동시에 명하는 것도 불가능한 것은 아니라고 해석된다.

6. 집행유예의 효과

집행유예의 선고를 받은 후 그 선고의 실효 또는 취소됨이 없이 유예기간을 경과한 때에는 형의 선고는 효력을 잃는다(제65조). 형의 선고가 효력을 잃는다는 것은 형의 선고에 의한 법적 효과가 장래에 향하여서만 소멸한다는 것을 의미한다.[126] 따라서 집행유예의 선고의 효력이 과거에까지 소급하여 형의 선고가 있었다는 기왕의 사실까지 없어지게 하는 것은 아니다.

7. 집행유예의 실효와 취소

(1) 집행유예의 실효

집행유예의 선고를 받은 자가 유예기간 중 고의로 범한 죄로 금고 이상의 실형을 선고받아 그 판결이 확정된 때에는 집행유예의 선고는 효력을 잃는다(제63조). 집행유예가 실효되려면 금고 이상의 실형이어야 하므로 금고 이상의 형이 선고되었지만 집행유예부의 판결이 확정된 경우에는 여기에 해당하지 않게 된다. 또 집행유예가 실효되려면 유예기간 중의 범죄이어야 하므로 집행유예의 선고를 받기 이전의 범죄로 금고 이상의 실형을 선고받아 그 판결이 확정된 경우에도 집행유예는 실효되지 않게 된다. 집행유예의 실효는 고의범을 그 요건으로 하기 때문에 과실범의 경우에는 집행유예의 실효사유에는 포함되지 않게 된다.

(2) 집행유예의 취소

집행유예의 선고를 받은 후 집행유예의 결격사유가 발각된 때에는 집행유예의 선고를 취소한다(제64조 제1항). 이 경우의 취소는 필요적이다. 집행유예의 취소를 하려면 그 집행유예의 판결이 확정된 후 취소사유에 해당하는 전과가 발각된 경우에 한

126) 대법원 2014.9.4. 선고 2014도7088 판결; 대법원 2010.9.9. 선고 2010도8021 판결.

하고 그 판결확정 전에 발견된 경우에는 이를 취소할 수 없다.[127] 다만 보호관찰이나 사회봉사 또는 수강을 명한 집행유예를 받은 자가 준수사항이나 명령을 위반하고 그 정도가 무거운 때에는 집행유예의 선고를 취소할 수 있다(제64조 제2항). 이 경우의 취소는 임의적이다. 그러나 집행유예의 취소는 자유형의 선고와 마찬가지로 자유를 박탈하는 결과를 가져올 뿐만 아니라 사회봉사·수강명령의 실패와 다름 아니기 때문에 사회봉사·수강명령의 목적을 도저히 달성할 수 없을 정도에 이르렀다고 판단될 때 하여야 하는 것이 바람직하다는 사정을 보태어 보면, 법원이 보호관찰대상자에게 특별히 부과할 수 있는 '재범의 기회나 충동을 줄 수 있는 장소에 출입하지 아니할 것'이라는 사항을 만연히 사회봉사·수강명령 대상자에게 부과하고 사회봉사·수강명령 대상자가 재범한 것을 집행유예 취소사유로 삼는 것은 신중하여야 한다.[128]

(3) 집행유예의 실효와 취소의 효과

집행유예가 실효되면 집행유예의 선고는 효력을 잃게 되고 선고된 형은 집행되게 된다. 또 집행유예가 취소되면 유예된 형을 집행하게 된다.

Ⅲ. 형벌의 집행방법

제5절 형의 집행

제66조(사형) 사형은 교정시설 안에서 교수(絞首)하여 집행한다.

제67조(징역) 징역은 교정시설에 수용하여 집행하며, 정해진 노역(勞役)에 복무하게 한다.

제68조(금고와 구류) 금고와 구류는 교정시설에 수용하여 집행한다.

제69조(벌금과 과료) ① 벌금과 과료는 판결확정일로부터 30일내에 납입하여야 한다. 단, 벌금을 선고할 때에는 동시에 그 금액을 완납할 때까지 노역장에 유치할 것을 명할 수 있다.
② 벌금을 납입하지 아니한 자는 1일 이상 3년 이하, 과료를 납입하지 아니한 자는 1일 이상 30일 미만의 기간 노역장에 유치하여 작업에 복무하게 한다.

제70조(노역장 유치) ① 벌금이나 과료를 선고할 때에는 이를 납입하지 아니하는 경우의 노역장 유치기간을 정하여 동시에 선고하여야 한다.
② 선고하는 벌금이 1억원 이상 5억원 미만인 경우에는 300일 이상, 5억원 이상 50억원 미만인 경우에는 500일 이상, 50억원 이상인 경우에는 1천일 이상의 노역장 유치기간을 정하여야 한다.

---

127) 대법원 1986.3.25. 자 86모2 결정; 대법원 1982.1.19. 자 81모44 결정.
128) 대법원 2009.3.30. 자 2008모1116 결정.

제71조(유치일수의 공제) 벌금이나 과료의 선고를 받은 사람이 그 금액의 일부를 납입한 경우에는 벌금 또는 과료액과 노역장 유치기간의 일수(日數)에 비례하여 납입금액에 해당하는 일수를 뺀다.

구조문

제66조(사형) 사형은 형무소내에서 교수하여 집행한다.

제67조(징역) 징역은 형무소내에 구치하여 정역에 복무하게 한다.

제68조(금고와 구류) 금고와 구류는 형무소에 구치한다.

제70조(노역장유치) ① 벌금 또는 과료를 선고할 때에는 납입하지 아니하는 경우의 유치기간을 정하여 동시에 선고하여야 한다.

② 선고하는 벌금이 1억원 이상 5억원 미만인 경우에는 300일 이상, 5억원 이상 50억원 미만인 경우에는 500일 이상, 50억원 이상인 경우에는 1,000일 이상의 유치기간을 정하여야 한다.

제71조(유치일수의 공제) 벌금 또는 과료의 선고를 받은 자가 그 일부를 납입한 때에는 벌금 또는 과료액과 유치기간의 일수에 비례하여 납입금액에 상당한 일수를 제한다.

1. 형의 집행의 순서

2이상의 형을 집행하는 경우에 자격상실, 자격정지, 벌금, 과료와 몰수 외에는 무거운 형을 먼저 집행한다(형소법 제462조 본문). 다만, 검사는 소속 장관의 허가를 얻어 무거운 형의 집행을 정지하고 다른 형의 집행을 할 수 있다(형소법 제462조 단서).

2. 사형의 집행

(1) 사형의 집행방법

사형은 교정시설 안에서 교수(絞首)하여 집행한다(제66조). 다만 군인의 경우에는 소속 군 참모총장이 지정한 장소에서 총살(銃殺)로써 집행한다(군형법 제3조).

(2) 사형의 집행절차

사형은 법무부장관의 명령에 의하여 집행한다(형소법 제463조). 사형집행의 명령은 판결이 확정된 날로부터 6월 이내에 하여야 한다(형소법 제465조). 법무부장관이 사형의 집행을 명한 때에는 5일 이내에 집행하여야 한다(형소법 제466조). 사형은 교정시설의 사형장에서 집행한다(형집행법 제91조 제1항). 공휴일과 토요일에는 사형을 집행하지 아니한다(형집행법 제91조 제2항). 검사는 법무부장관으로부터 사형집행의 명령이 있는 날로부터 5일이내에 형집행지휘서에 의하여 사형수가 재소하고 있는 구치소 또는 교도소의 장에게 사형집행을 지휘하여야 한다(자유형등에 관한 검찰집행사무규칙 제10조 제1항).

(3) 사형의 집행정지

사형선고를 받은 사람이 심신의 장애로 의사능력이 없는 상태이거나 임신 중인 여자인 때에는 법무부장관의 명령으로 집행을 정지한다(형소법 제469조 제1항). 형의 집행을 정지한 경우에는 심신장애의 회복 또는 출산 후에 법무부장관의 명령에 의하여 형을 집행한다(형소법 제469조 제2항).

3. 자유형의 집행

자유형의 집행에 있어서 수형자처우의 목적은 일반적으로 교정과 사회복귀에 있다고 인정되고 있다. 자유형의 집행은 독거구금제도를 중심으로 시작되었지만, 제2차 세계대전 후부터 수형자의 분류와 처우의 개별화를 목표로 전개된 후 가석방제도 등과 결합하여 사회내처우의 방향으로 발전하고 있다.

(1) 자유형의 집행방법

징역은 교정시설에 수용하여 집행하며, 정해진 노역(勞役)에 복무하게 한다(제67조). 금고와 구류는 교정시설에 수용하여 집행한다(제68조). 검사의 자유형 등의 집행지휘는 판결서등본 또는 재판을 기재한 조서의 등본을 첨부한 형집행지휘서에 의한다. 다만 자유형의 경우 법원으로부터 판결서등본 또는 재판을 기재한 조서의 등본의 송달이 지체되는 경우에는 검사는 형집행지휘서에 재판의 결과통지표 또는 그 내용을 소명할 수 있는 자료를 첨부하여 자유형의 집행을 지휘할 수 있다(자유형등에 관한 검찰집행사무규칙 제4조). 자유형의 집행과 관련한 용어를 보면 다음과 같다. 즉, '수형자'란 징역형 · 금고형 또는 구류형의 선고를 받아 그 형이 확정된 사람과 벌금 또는 과료를 완납하지 아니하여 노역장 유치명령을 받은 사람을 말한다(형집행법 제2조 제1호). '미결수용자'란 형사피의자 또는 형사피고인으로서 체포되거나 구속영장의 집행을 받은 사람을 말한다(형집행법 제2조 제2호). '사형확정자'란 사형의 선고를 받아 그 형이 확정된 사람을 말한다(형집행법 제2조 제3호). '수용자'란 수형자 · 미결수용자 · 사형확정자, 그 밖에 법률과 적법한 절차에 따라 교도소 · 구치소 및 그 지소(교정시설)에 수용된 사람을 말한다(형집행법 제2조 제4호).

즉결심판법에 의하면 구류는 경찰서유치장 · 구치소 또는 교도소에서 집행하며 구치소 또는 교도소에서 집행할 때에는 검사가 이를 지휘한다(즉결심판법 제18조 제2항). 판사는 구류의 선고를 받은 피고인이 일정한 주소가 없거나 또는 도망할 염려가 있을 때에는 5일을 초과하지 아니하는 기간 경찰서유치장(지방해양경비안전관서의 유치장을 포함한다)에 유치할 것을 명령할 수 있다(즉결심판법 제17조 제1항 본문). 다만 이 기간은 선고기간을 초과할 수 없다(즉결심판법 제17조 제1항 단서). 집행된 유치기간은 본형의 집행에 산입한다(즉결심판법 제17조 제2항). 형의 집행은 경찰서장이 하고 그 집행결과를 지체없이 검사에게 보고하여야 한다(즉결심판법 제18조 제1항). 즉결심판은 정식재판의 청구기간의 경과, 정식재판청구권의 포기 또는 그 청구의 취하에 의하여 확정판결과 동일한 효력이 생긴다. 정식재판청구를 기각하는 재판이 확정된 때에도 같다(즉결심판법 제16조).

한편, 법률에서 정한 절차에 따라 체포·구속된 사람 또는 신체의 자유를 제한하는 판결이나 처분을 받은 사람을 수용하기 위하여 경찰서와 지방해양경비안전관서에 유치장(留置場)을 둔다(경찰관직무집행법 제9조). 법무부장관의 소관사무를 분장하게 하기 위하여 법무부장관 소속하에 지방교정청·소년원·소년분류심사원·보호관찰심사위원회·보호관찰소·위치추적관제센터·출입국관리사무소·외국인보호소 및 출입국·외국인지원센터를 두며, 지방교정청장소속하에 교도소(矯導所) 및 구치소(拘置所)를 둔다(법무부와 그 소속기관 직제 제2조 제2항). 또 교도소 및 구치소는 수형자를 격리하여 교정·교화하고, 건전한 국민사상과 근로정신을 함양하며, 기술교육을 실시하고, 보호감호처분을 받은 자를 수용하며, 감호·교화 및 직업훈련과 근로를 실시하여 사회복귀하게 하고, 미결수용자의 수용 그 밖의 행형에 관한 사무를 관장한다(법무부와 그 소속기관 직제 제26조).

(2) 미결구금일수의 산입

제57조 (판결선고전 구금일수의 통산) ① 판결선고전의 구금일수는 그 전부를 유기징역, 유기금고, 벌금이나 과료에 관한 유치 또는 구류에 산입한다.
② 전항의 경우에는 구금일수의 1일은 징역, 금고, 벌금이나 과료에 관한 유치 또는 구류의 기간의 1일로 계산한다.

제84조 (형기의 기산) ② 징역, 금고, 구류와 유치에 있어서는 구속되지 아니한 일수는 형기에 산입하지 아니한다.

미결구금은 형의 집행이 아님에도 불구하고 자유를 박탈하는 점이 자유형의 집행과 유사하다. 미결구금은 신체의 자유를 침해받는 피의자 또는 피고인의 입장에서 보면 실질적으로 자유형의 집행과 다를 바 없으므로 인권보호 및 공평의 원칙상 형기에 전부 산입되어야 한다.[129] 우선 형법은 미결구금일수에 대한 전부통산에 관하여 규정하고 있다. 따라서 판결선고 전의 구금일수는 그 전부를 유기징역, 유기금고, 벌금이나 과료에 관한 유차 또는 구류에 산입하여야 하고, 구금일

129) 헌법재판소 2009.12.29. 선고 2008헌가13 결정.

수의 1일은 징역, 금고, 벌금이나 과료에 관한 유치 또는 구류의 기간의 1일로 계산하여야 한다(제57조). 또한 징역, 금고, 구류와 유치에 있어서 구속된 일수는 형기에 산입하여야 한다(제84조 제2항 참조). 또 형사소송법도 미결구금일수에 대한 법정통산에 관하여 규정하고 있다. 즉, 판결선고 후 판결확정 전 구금일수(판결선고 당일의 구금일수를 포함한다)는 전부를 본형에 산입하여야 한다(형소법 제482조 제1항). 상소기각결정시에 송달기간이나 즉시항고기간 중의 미결구금일수는 전부를 본형에 산입하여야 한다(형소법 제482조 제2항). 따라서 항소제기기간 이후부터 항소를 취하한 때까지의 미결구금일수를 본형에 산입하지 않기로 한 검사의 형집행지휘처분은 위법하고 그 미결구금일수 전부를 본형에 산입하여야 한다.[130]

(3) 자유형의 집행정지

자유형의 집행정지에는 필요적 집행정지와 임의적 집행정지가 있다. 필요적 집행정지사유란 의사무능력상태를 말한다. 징역, 금고 또는 구류의 선고를 받은 자가 심신의 장애로 의사능력이 없는 상태에 있는 때에는 형을 선고한 법원에 대응한 검찰청검사 또는 형의 선고를 받은 자의 현재지를 관할하는 검찰청검사의 지휘에 의하여 심신장애가 회복될 때까지 형의 집행을 정지한다(형소법 제470조 제1항). 형의 집행을 정지한 경우에는 검사는 형의 선고를 받은 자를 감호의무자 또는 지방공공단체에 인도하여 병원 기타 적당한 장소에 수용하게 할 수 있다(형소법 제470조 제2항). 형의 집행이 정지된 자는 전항의 처분이 있을 때까지 교도소 또는 구치소에 구치하고 그 기간을 형기에 산입한다(형소법 제470조 제3항).

자유형의 집행에 있어서 일정한 사유가 있는 경우 임의적 집행정지가 가능하다. 징역, 금고 또는 구류의 선고를 받은 자에 대하여 일정한 사유가 있는 때에는 형을 선고한 법원에 대응한 검찰청검사 또는 형의 선고를 받은 자의 현재지를 관할하는 검찰청검사의 지휘에 의하여 형의 집행을 정지할 수 있다(형소법 제471조 제1항). 일정한 사유란 형의 집행으로 인하여 현저히 건강을 해하거나 생명을 보전할 수 없을 염려가 있는 때, 연령 70세 이상인 때, 잉태 후 6월 이상인 때, 출산 후 60일을 경과하지 아니한 때, 직계존속이 연령 70세 이상 또는 중병이나 장애인으로 보호할 다른 친족이 없는 때, 직계비속이 유년으로 보호할 다른 친족이 없는 때 또는 기타 중대한 사유가 있는 때를 말한다. 검사가 전항의 지휘를 함에는 소속 고등검찰청검사장 또는 지방검찰청검사장의 허가를 얻어야 한다(형소법 제471조 제2항).

---

130) 대법원 2010.4.16. 자 2010모179 결정.

4. 명예형의 집행

자격상실 또는 자격정지의 선고를 받은 자에 대하여는 이를 수형자원부에 기재하고 지체없이 그 등본을 형의 선고를 받은 자의 등록기준지와 주거지의 시(구가 설치되지 아니한 시를 말한다)·구·읍·면장(도농복합형태의 시에 있어서는 동지역인 경우에는 시·구 의 장, 읍·면지역인 경우에는 읍·면의 장으로 한다)에게 송부하여 집행하도록 하고 있다(형소법 제476조).

5. 재산형의 집행

(1) 재산형의 집행방법

벌금과 과료는 판결확정일로부터 30일내에 납입하여야 한다(제69조 제1항 본문). 단, 벌금을 선고할 때에는 동시에 그 금액을 완납할 때까지 노역장에 유치할 것을 명할 수 있다(제69조 제1항 단서). 벌금을 납입하지 아니한 자는 1일 이상 3년 이하, 과료를 납입하지 아니한 자는 1일 이상 30일 미만의 기간 노역장에 유치하여 작업에 복무하게 한다(제69조 제2항). 벌금이나 과료를 선고할 때에는 이를 납입하지 아니하는 경우의 노역장 유치기간을 정하여 동시에 선고하여야 한다(제70조 제1항). 선고하는 벌금이 1억원 이상 5억원 미만인 경우에는 300일 이상, 5억원 이상 50억원 미만인 경우에는 500일 이상, 50억원 이상인 경우에는 1천일 이상의 노역장 유치기간을 정하여야 한다(제70조 제2항). 벌금이나 과료의 선고를 받은 사람이 그 금액의 일부를 납입한 경우에는 벌금 또는 과료액과 노역장 유치기간의 일수(日數)에 비례하여 납입금액에 해당하는 일수를 뺀다(제71조). 즉결심판에 의한 벌금, 과료, 몰수는 그 집행을 종료하면 지체없이 검사에게 이를 인계하여야 한다. 다만 즉결심판 확정 후 상당기간 내에 집행할 수 없을 때에는 검사에게 통지하여야 한다(즉결심판법 제18조 제3항 전단). 통지를 받은 검사는 형사소송법 제477조에 의하여 집행할 수 있다(즉결심판법 제18조 제3항 후단).

(2) 재산형의 집행절차

벌금, 과료, 몰수, 추징, 과태료, 소송비용, 비용배상 또는 가납의 재판은 검사의 명령에 의하여 집행한다(형소법 제477조 제1항). 검사의 명령은 집행력 있는 채무명의와 동일한 효력이 있다(형소법 제477조 제2항). 위의 재판의 집행에는 민사집행법의 집행에 관한 규정을 준용한다. 단, 집행 전에 재판의 송달을 요하지 아니한다(형소법 제477조 제3항). 또 위의 재판은 국세징수법에 따른 국세체납처분의 예에 따라 집행할 수 있다(형소법 제477조 제4항). 결국 재산형의 집행절차에는 민사소송법상의 강제집행절차와 국세징수법상의 체납처분절차의 양자가 병행되고 있다고 할 수 있다. 검사는 위의 재판을 집행하기 위하여 필요한 조사를 할 수 있다(형소법 제477조 제5항).

벌금·과료·추징·과태료·소송비용 및 비용배상(이하 '벌과금등'이라 한다)에 대해서는 분할납부 또는 납부연기가 가능하다. 다만 납부의무자의 신청에 따라 검사의 허가를 받아야 한다. 즉, 납부의무자가 벌과금 등의 분할납부 또는 납부연기를 받으려면 분할납부(납부연기) 신청서를 제출하여야 한다(재산형등에 관한 검찰집행사무규칙 제12조 제1항 제1문). 이 경우 재산형 등 집행 사무 담당직원은 분할납부 또는 납부연기를 신청한 자가 일정한 사유에 해당하는지를 조사한 후 관련 자료를 첨부하여 소속 과장을 거쳐 검사의 허가를 받아야 한다(재산형등에 관한 검찰집행사무규칙 제12조 제1항 제2문). 일정한 사유란 국민기초생활 보장법에 따른 수급권자, 국민기초생활 보장법에 따른 차상위계층 중 의료급여법에 따른 의료급여대상자·한부모가족 지원법에 따른 보호대상자·자활사업 참여자, 장애인, 본인 외에는 가족을 부양할 사람이 없는 사람, 불의의 재난으로 피해를 당한 사람, 납부의무자 또는 그 동거 가족이 질병이나 중상해로 1개월 이상의 장기 치료를 받아야 하는 경우 그 납부의무자, 채무자 회생 및 파산에 관한 법률에 따른 개인회생절차 개시결정자, 고용보험법에 따른 실업급여수급자 또는 그 밖의 부득이한 사유가 있는 사람을 말한다. 검사는 분할납부 또는 납부연기의 신청을 받으면 대상자의 경제적 능력, 벌과금등의 액수, 분할납부 또는 납부연기 시 이행가능성, 노역장 유치 집행의 타당성 등을 고려하여 분할납부 또는 납부연기의 필요성이 있다고 인정되는 경우에는 이를 허가할 수 있다(재산형등에 관한 검찰집행사무규칙 제12조 제2항). 분할납부 또는 납부연기 기한은 6개월 이내로 하되, 해당 분할납부 또는 납부연기의 사유가 소멸되지 아니하는 경우 검사는 3개월의 범위에서 그 기한을 2회에 한하여 연장할 수 있다(재산형등에 관한 검찰집행사무규칙 제12조 제3항). 검사는 분할납부 또는 납부연기의 허가를 받은 사람이 정당한 사유 없이 2회에 걸쳐 허가 내용을 이행하지 아니한 경우에는 이를 취소할 수 있다(재산형등에 관한 검찰집행사무규칙 제12조 제4항).

(3) 노역장유치의 집행

벌금 또는 과료를 완납하지 못한 자에 대한 노역장유치의 집행에는 형의 집행에 관한 규정을 준용한다(형소법 제492조). 노역장유치는 실질적으로 자유형과 동일한 것이기 때문에 자유형의 집행에 관한 규정을 준용하도록 한 것이다.[131] 사법경찰관리

131) 대법원 2013.9.12. 선고 2012도2349 판결.

가 벌금형을 받은 사람을 그에 따르는 노역장유치의 집행을 위하여 구인하려면 검사로부터 발부받은 형집행장을 그 상대방에게 제시하여야 한다(형소법 제85조 제1항 참조).[132] 다만 형집행장을 소지하지 아니한 경우에 급속을 요하는 때에는 그 상대방에 대하여 형집행 사유와 형집행장이 발부되었음을 고하고 집행할 수 있다(형소법 제85조 제3항 참조). 그리고 형집행장의 제시 없이 구인할 수 있는 '급속을 요하는 때'란 애초 사법경찰관리가 적법하게 발부된 형집행장을 소지할 여유가 없이 형집행의 상대방을 조우한 경우 등을 가리킨다.[133] 검사가 노역장 유치의 집행을 할 때에는 노역장 유치 집행지휘서에 따른다(재산형등에 관한 검찰집행사무규칙 제20조 제1항). 노역장 유치의 집행을 지휘한 후 그 집행을 개시하기 전에 납부의무자가 벌금 또는 과료를 완납하였을 때에는 검사는 노역장 유치 지휘 취소서에 따라 그 집행 지휘를 취소하여야 한다(재산형등에 관한 검찰집행사무규칙 제22조 제1항).

6. 몰수형의 집행

(1) 몰수형의 집행방법

문서, 도화(圖畵), 전자기록(電磁記錄) 등 특수매체기록 또는 유가증권의 일부가 몰수의 대상이 된 경우에는 그 부분을 폐기한다(제48조 제3항).

(2) 몰수물의 처분절차

몰수물은 검사가 처분하여야 한다(형소법 제483조). 몰수를 집행한 후 3월 이내에 그 몰수물에 대하여 정당한 권리있는 자가 몰수물의 교부를 청구한 때에는 검사는 파괴 또는 폐기할 것이 아니면 이를 교부하여야 한다(형소법 제484조 제1항). 몰수물을 처분한 후 전항의 청구가 있는 경우에는 검사는 공매에 의하여 취득한 대가를 교부하여야 한다(형소법 제484조 제2항).

Ⅳ. 가석방

제6절 가석방

제72조(가석방의 요건) ① 징역이나 금고의 집행 중에 있는 사람이 행상(行狀)이 양호하여 뉘우침이 뚜렷한 때에는 무기형은 20년, 유기형은 형기의 3분의 1이 지난 후 행정처분으로 가석방을 할 수 있다.

---

132) 대법원 2013.9.12. 선고 2012도2349 판결; 대법원 2010.10.14. 선고 2010도8591 판결.
133) 대법원 2013.9.12. 선고 2012도2349 판결; 대법원 2010.10.14. 선고 2010도8591 판결.

② 제1항의 경우에 벌금이나 과료가 병과되어 있는 때에는 그 금액을 완납하여야 한다.

제73조 (판결선고 전 구금과 가석방) ① 형기에 산입된 판결선고 전 구금일수는 가석방을 하는 경우 집행한 기간에 산입한다.
② 제72조제2항의 경우에 벌금이나 과료에 관한 노역장 유치기간에 산입된 판결선고 전 구금일수는 그에 해당하는 금액이 납입된 것으로 본다.

제73조의2 (가석방의 기간 및 보호관찰) ① 가석방의 기간은 무기형에 있어서는 10년으로 하고, 유기형에 있어서는 남은 형기로 하되, 그 기간은 10년을 초과할 수 없다.
② 가석방된 자는 가석방기간 중 보호관찰을 받는다. 다만, 가석방을 허가한 행정관청이 필요가 없다고 인정한 때에는 그러하지 아니하다.

제74조 (가석방의 실효) 가석방 기간 중 고의로 지은 죄로 금고 이상의 형을 선고받아 그 판결이 확정된 경우에 가석방 처분은 효력을 잃는다.

제75조 (가석방의 취소) 가석방의 처분을 받은 자가 감시에 관한 규칙을 위배하거나, 보호관찰의 준수사항을 위반하고 그 정도가 무거운 때에는 가석방처분을 취소할 수 있다.

제76조 (가석방의 효과) ① 가석방의 처분을 받은 후 그 처분이 실효 또는 취소되지 아니하고 가석방기간을 경과한 때에는 형의 집행을 종료한 것으로 본다.
② 전2조의 경우에는 가석방중의 일수는 형기에 산입하지 아니한다.

구조문

제72조 (가석방의 요건) ① 징역 또는 금고의 집행 중에 있는 자가 그 행상이 양호하여 개전의 정이 현저한 때에는 무기에 있어서는 20년, 유기에 있어서는 형기의 3분의 1을 경과한 후 행정처분으로 가석방을 할 수 있다.
② 전항의 경우에 벌금 또는 과료의 병과가 있는 때에는 그 금액을 완납하여야 한다.

제73조 (판결선고전 구금과 가석방) ① 형기에 산입된 판결선고전 구금의 일수는 가석방에 있어서 집행을 경과한 기간에 산입한다.
② 벌금 또는 과료에 관한 유치기간에 산입된 판결선고전 구금일수는 전조제2항의 경우에 있어서 그에 해당하는 금액이 납입된 것으로 간주한다.

제74조 (가석방의 실효) 가석방중 금고 이상의 형의 선고를 받어 그 판결이 확정된 때에는 가석방처분은 효력을 잃는다. 단 과실로 인한 죄로 형의 선고를 받었을 때에는 예외로 한다.

1. 가석방의 의의

가석방(假釋放, Bewährung, parole)이란 수용기간만료 전에 임시로 행정처분에 의하여 수용자를 석방하는 제도를 말한다. 가석방은 교정시설에 수용되어 있는 자가 수용기간이 만료하기 전에 임시로 일정한 조건하에 석방되어 잔여형기를 교정시설 외에서 사회생활을 영위하면서 채우도록 하는 것이 허가된 형사정책상의 제도라고 할 수 있다. 가석방제도는 협의의 가석방제도와 광의의 가석방제도로 대별될 수 있다. 형법상의 가석방제도를 협의의 가석방제도라고 하고, 이 외에도 소년법상의 가석방제도 또는 보호관찰법상의 가석방제도 등을 포함하여 광의의 가석방제도라고 한다. 형법은 1953년의 제정형법에서부터 가석방제도를 도입하여 시행하고 있다. 가석방제도는 이미 반성을 하고 있는 수형자 중에서 일정한 요건을 갖춘 자에 대하여 가급적 불필요한 구금을 피함으로써 장래에 대한 희망을 가지게 하고 조기에 사회생활의 기회를 주어 갱생과 사회복귀를 원활하게 하기 위한 제도이다. 가석방 기간 중의 보호관찰도 이러한 목적으로 위하여 행하여지고 있다.

2. 가석방의 법적 성질

가석방은 행정처분에 의하여 수형자를 석방하는 제도이다. 여기서 가석방은 형의 집행(執行)으로서의 성질을 가진다고 할 수 있다. 이러한 의미에서 독일 형법은 가석방을 '잔형에 대한 집행유예'(Aussetzung des Strafrestes)로서 규정하고 있다(독일 형법 제57조 이하 참조). 가석방제도는 1791년 영국의 식민지 호주에서 유형수(流刑囚)에게 섬 안에서만 살아야 한다는 조건으로 허가장(ticket to leave)을 주어 석방하던 관행에서 유래하였다고 한다. 그 후 1829년 및 1833년의 폴란드 법률에 의한 분류제의 채용과 함께 수형자의 상급자에 대한 처우로써 취소를 조건으로 하는 가석방(ticket of leave during good conduct)을 인정함으로써 확립된 것이라고 한다.

생각건대 가석방은 일정한 기간 동안 형을 집행한 후 일정한 조건 하에 나머지 형기의 만료 전에 석방하고 일정한 조건이 충족되지 않은 경우에는 다시 석방시부터 잔형을 집행하겠다는 취지이므로 조건부 형의 집행, 정확히 말해서 가석방 조건의 불충족을 해제조건으로 하는 해제조건부 형의 집행이라고 해야 한다. 다만 가석방은 일정한 조건의 불충족을 해제조건으로 하는 해제조건부 조치라는 점에서는 집행유예와 공통되나, 일정한 형기의 경과 이후부터의 해제조건부 형의 집행이라는 점에서 형의 집행의 개시 전부터의 해제조건부 형의 집행인 집행유예와 구별된다고 할 수 있다.

3. 가석방의 요건

징역이나 금고의 집행 중에 있는 사람이 행상(行狀)이 양호하여 뉘우침이 뚜렷한 때에는 무기형은 20년, 유기형은 형기의 3분의 1이 지난 후 행정처분으로 가석방을 할 수 있다(제72조 제1항). 벌금이나 과료가 병과되어 있는 때에는 그 금액을 완납하여야 한다(제72조 제2항).

(1) 일정형기의 경과

가석방은 징역 또는 금고의 집행 중에 있는 사람에 대하여만 인정된다. 뿐만 아니라 가석방은 일정한 형기, 즉 무기형에 있어서는 20년, 유기형에 있어서는 형기의 3분의 1이 지난 후에만 가능하다. 형기(刑期)는 선고형을 의미한다. 다만 사면 등으로 감형된 경우에는 감형된 형을 기준으로 한다. 형기에 산입된 판결선고 전 구금일수는 가석방을 하는 경우 집행한 기간에 산입한다(제73조 제1항).

문제는 벌금미납으로 노역장유치 중인 자에 대한 가석방여부에 있다. 이에 관하여는 벌금형에 대하여는 가석방을 인정할 수 없다는 부정설과 노역장유치는 대체자유형에 지나지 않고 자유형을 선고받은 자보다 벌금형을 선고받은 자를 불이익하게 처우할 이유가 없다는 긍정설이 대립하고 있다. 다수설은 긍정설의 입장이다. 생각건대 형법은 '징역 또는 금고의 집행 중에 있는 사람'이라고만 규정하고 있으므로 이 규정 속에는 노역장유치로 인하여 징역 또는 금고의 집행 중에 있는 사람도 당연히 포함되어 있다고 하는 것이 타당하다고 해석된다.

또 다른 문제는 수개의 독립된 자유형이 선고되어 있는 경우 형기의 3분의 1을 판단하는 기준에 있다. 이에 관하여는 형기의 3분의 1의 판단기준으로 각각의 형기를 분리하여 판단하여야 한다는 분리검토설과 각각의 형기를 종합하여 판단하여야 한다는 종합검토설이 대립하고 있다. 다수설은 수형자에 대한 사회복귀의 조기화라는 가석방의 취지를 근거로 종합검토설의 입장을 취하고 있는 것으로 보인다. 그러나 분리하여 검토하는 것이 종합하여 검토하는 것보다 수형자에게는 유리하다고 할 때 가석방의 취지에 부합하는 견해는 종합검토설이 아니라 오히려 분리검토설이라고 해야 한다. 예컨대 3년, 6년 및 9년의 자유형이 선고되었다고 할 때 형기의 3분의 1은 분리검토설에 의하면 각각 1년, 2년 및 3년이 되겠지만, 종합검토설에 의하면 6년이 될 것이기 때문이다.

(2) 뉘우침이 뚜렷한 때

가석방은 행상(行狀)이 양호하여 뉘우침이 뚜렷한 때이어야 한다. 행상(行狀)은 짓이나 태도라는 의미보다는 품행이나 교도소에서 수감자의 언행성적을 의미하는 행장(行狀)의 의미로 새겨진다. 뉘우침이란 개정전의 형법상 개전의 정에 해당한다. 개전의 정(改悛의 情)이란 잘못을 뉘우치고 바르게 고쳐먹는 정, 즉 마음을 말한다. 행상이 양호하여 뉘우침이 뚜렷한가의 판단은 수형인 개인을 기준으로 하여 순수한 특별예방적 관점에서 행하여질 것이 요구된다. 따라서 범죄의 중대성과 가석방의 불허사유는 별개의 문제라고 해야 한다. 이에 관한 요건을 확인하기 위하여는 후술하는 바와 같이 가석방의 적격심사에 관한 절차가 마련되어 있다.

(3) 병과된 벌금 또는 과료의 완납

벌금 또는 과료의 병과가 있는 때에는 그 금액을 완납하여야 한다. 벌금이나 과료에 관한 노역장 유치기간에 산입된 판결선고 전 구금일수는 그에 해당하는 금액이 납입된 것으로 본다(제73조 제2항).

4. 가석방의 절차

가석방은 행정처분에 의하여 행하여진다(제72조 제1항). 행정처분을 행하는 행정관청이란 법무부 소속의 가석방심사위원회를 말한다(형집행법 제119조).

(1) 가석방의 적격심사

교정시설의 장은 일정한 기간이 지난 수형자에 대하여는 법무부령으로 정하는 바에 따라 가석방심사위원회에 가석방의 적격심사를 신청하여야 한다(형집행법 제121조 제1항). 가석방심사위원회는 수형자의 나이, 범죄동기, 죄명, 형기, 교정성적, 건강상태, 가석방 후의 생계능력, 생활환경, 재범의 위험성, 그 밖에 필요한 사정을 고려하여 가석방의 적격 여부를 결정한다(형집행법 제121조 제2항). 가석방의 요건인 행상이 양호하여 뉘우침이 뚜렷한가의 여부에 관한 심사절차라고 할 수 있다. 가석방의 적격여부를 심사하기 위하여 법무부장관 소속으로 가석방심사위원회를 둔다(형집행법 제119조). 가석방심사위원회는 위원장을 포함한 5인 이상 9인 이하의 위원으로 구성한다(형집행법 제120조 제1항). 가석방심사위원회 위원장은 법무부차관이 되고, 위원은 판사, 검사, 변호사, 법무부 소속 공무원, 교정에 관한 학식과 경험이 풍부한 사람 중에서 법무부장관이 임명 또는 위촉한다(형집행법 제120조 제2항).

(2) 가석방의 허가결정

가석방심사위원회는 가석방에 대하여 적격결정을 하였으면 5일 이내에 법무부장관에게 가석방 허가를 신청하여야 한다(형집행법 제122조 제1항). 법무부장관은 가석방심사위원회의 가석방 허가신청이 적정하다고 인정하면 허가할 수 있다(형집행법 제122조 제2항).

5. 가석방의 조건

가석방의 기간은 무기형에 있어서는 10년으로 하고, 유기형에 있어서는 남은 형기로 하되, 그 기간은 10년을 초과할 수 없다(제73조의 2 제1항). 가석방된 자는 가석방기간 중 보호관찰을 받는다. 다만 가석방을 허가한 행정관청이 필요가 없다고 인정한 때에는 그러하지 아니하다(제73조의 2 제2항).

가석방은 자유형의 연장으로서 외부적 집행이 계속되고 있다고 파악할 필요가 있다. 이러한 의미에서 보호관찰을 이해할 수 있다. 보호관찰은 가석방된 때부터 시작된다(보호관찰법 제29조 제1항). 가석방된 자는 대통령령으로 정하는 바에 따라 주거, 직업, 생활계획, 그 밖에 필요한 사항을 관할 보호관찰소의 장에게 신고하여야 한다(보호관찰법 제29조 제2항). 가석방된 자는 일정한 사항을 준수하여야 한다. 예컨대 가석방된 자는 보호관찰관의 지도·감독을 받으며 준수사항을 지키고 스스로 건전한 사회인이 되도록 노력하여야 한다(보호관찰법 제32조 제1항). 또한 가석방된 자는 주거지에 상주(常住)하고 생업에 종사할 것, 범죄로 이어지기 쉬운 나쁜 습관을 버리고 선행(善行)을 하며 범죄를 저지를 염려가 있는 사람들과 교제하거나 어울리지 말 것, 보호관찰관의 지도·감독에 따르고 방문하면 응대할 것 및 주거를 이전(移轉)하거나 1개월 이상 국내외 여행을 할 때에는 미리 보호관찰관에게 신고할 것의 사항을 지켜야 한다(보호관찰법 제32조 제2항).

6. 가석방의 효과

가석방의 처분을 받은 후 그 처분이 실효 또는 취소되지 아니하고 가석방기간을 경과한 때에는 형의 집행을 종료한 것으로 본다(제76조 제1항). 형의 선고의 효력은 그대로 남아 있는 채로 형의 집행만을 종료한 것으로 보게 된다. 가석방 중의 일수는 형기에 산입하지 아니한다(제76조 제2항). 형기에 산입된 판결선고 전 구금일수는 가석방을 하는 경우 집행한 기간에 산입한다(제73조 제1항). 벌금이나 과료에 관한 노역장 유치기간에 산입된 판결선고 전 구금일수는 그에 해당하는 금액이 납입된 것으로 본다(제73조 제2항).

7. 가석방의 실효와 취소

(1) 가석방의 실효

가석방 기간 중 고의로 지은 죄로 금고 이상의 형을 선고받아 그 판결이 확정된 경우에 가석방 처분은 효력을 잃는다(제74조).

(2) 가석방의 취소

가석방(假釋放)은 어디까지나 임시(假)의 석방(釋放)이기 때문에 일정한 사유가 있으면 언제든지 취소된다. 형법도 가석방의 처분을 받은 자가 감시에 관한 규칙을 위배하거나, 보호관찰의 준수사항을 위반하고 그 정도가 무거운 때에는 가석방 처분을 취소할 수 있도록 하고 있다(제75조).

(3) 가석방의 실효와 취소의 효과

가석방이 실효되거나 또는 취소되면 가석방 당시의 잔형기의 형기를 집행하게 된다. 가석방이 실효되거나 취소된 경우에는 가석방 중의 일수는 형기에 산입하지 아니한다(제76조 제2항). 가석방 중의 일수란 가석방된 다음 날부터 가석방이 실효 또는 취소되어 구금된 전날까지의 일수를 말한다.

제 5 절 형의 시효와 소멸

I. 형의 시효

제 7 절 형의 시효

제77조 (형의 시효의 효과) 형을 선고받은 사람에 대해서는 시효가 완성되면 그 집행이 면제된다.

제78조 (형의 시효의 기간) 시효는 형을 선고하는 재판이 확정된 후 그 집행을 받지 아니하고 다음 각 호의 구분에 따른 기간이 지나면 완성된다.

1. 사형: 30년
2. 무기의 징역 또는 금고: 20년
3. 10년 이상의 징역 또는 금고: 15년
4. 3년 이상의 징역이나 금고 또는 10년 이상의 자격정지: 10년
5. 3년 미만의 징역이나 금고 또는 5년 이상의 자격정지: 7년
6. 5년 미만의 자격정지, 벌금, 몰수 또는 추징: 5년
7. 구류 또는 과료: 1년

제79조 (시효의 정지) ① 시효는 형의 집행의 유예나 정지 또는 가석방 기타 집행할 수 없는 기간은 진행되지 아니한다. 〈개정 2014. 5. 14.〉

② 시효는 형이 확정된 후 그 형의 집행을 받지 아니한 자가 형의 집행을 면할 목적으로 국외에 있는 기간 동안은 진행되지 아니한다.

제80조 (시효의 중단) 시효는 사형, 징역, 금고와 구류에 있어서는 수형자를 체포함으로, 벌금, 과료, 몰수와 추징에 있어서는 강제처분을 개시함으로 인하여 중단된다.

구조문

제77조 (시효의 효과) 형의 선고를 받은 자는 시효의 완성으로 인하여 그 집행이 면제된다.

제78조 (시효의 기간) 시효는 형을 선고하는 재판이 확정된 후 그 집행을 받음이 없이 다음의 기간을 경과함으로 인하여 완성된다.

1. 사형은 30년
2. 무기의 징역 또는 금고는 20년
3. 10년 이상의 징역 또는 금고는 15년
4. 3년 이상의 징역이나 금고 또는 10년 이상의 자격정지는 10년
5. 3년 미만의 징역이나 금고 또는 5년 이상의 자격정지는 7년
6. 5년 미만의 자격정지, 벌금, 몰수 또는 추징은 5년
7. 구류 또는 과료는 1년

1. 형의 시효의 의의

시효(時效)란 일정한 기간의 경과를 주된 법률요건으로 하여 현재의 사실상태와 법률관계의 일치여부를 불문하고 그 사실상태에 상응한 법률관계의 존재를 인정하는 제도이다. 시효에는 민사상의 시효와 형사상의 시효가 구별될 수 있다. 형사상의 시효는 다시 공소시효와 형의 시효로 세분될 수 있다. 전자에 관하여는 형사소송법이 규정하고 있고, 형법이 규정하고 있는 것은 형의 시효이다.

형의 시효(刑의 時效)란 형사재판에서 형을 선고받은 자가 일정한 기간 동안 그 집행을 받지 않음에 의하여 형벌권이 소멸하는 것을 말한다. 다만 사형은 형의 시효에 걸리지 않는다(제77조 참조). 형의 시효는 형이 확정된 자에 대하여 형의 집행권을 소멸시키기 때문에 형사소추권을 소멸시키는 형사소송법상의 공소시효와는 근본적으로 구별되는 개념이라고 할 수 있다. 형의 시효의 인정근거로는 시간의 경과로 인하여 형벌의 집행에 관한 사회의식이 감소한 점, 일정한 기간 동안 지속되어 온 사실상태를 존중할 필요가 있다는 점 등이 거론되고 있다.

2. 형의 시효의 기간

(1) 시효의 기간

형의 시효의 기간은 형종과 형의 경중에 따라 정하여진다. 형의 시효의 기산점은 형을 선고하는 재판이 확정된 시점이다(제78조 참조). 시효는 형을 선고하는 재판이 확정된 후 그 집행을 받지 아니하고 사형은 30년, 무기의 징역 또는 금고는 20년,

10년 이상의 징역 또는 금고는 15년, 3년 이상의 징역이나 금고 또는 10년 이상의 자격정지는 10년, 3년 미만의 징역이나 금고 또는 5년 이상의 자격정지는 5년, 5년 미만의 자격정지, 벌금, 몰수 또는 추징은 3년 그리고 구류 또는 과료는 1년을 경과함으로써 완성된다(제78조).

한편 형사소송법이 규정하고 있는 공소시효는 사형에 해당하는 범죄에는 25년, 무기징역 또는 무기금고에 해당하는 범죄에는 15년, 장기 10년 이상의 징역 또는 금고에 해당하는 범죄에는 10년, 장기 10년 미만의 징역 또는 금고에 해당하는 범죄에는 7년, 장기 5년 미만의 징역 또는 금고, 장기 10년 이상의 자격정지 또는 다액 1만원 이상의 벌금에 해당하는 범죄에는 5년, 장기 5년 이상의 자격정지에 해당하는 범죄에는 3년 그리고 장기 5년 미만의 자격정지, 구류, 과료 또는 몰수에 해당하는 범죄에는 1년의 경과로 완성된다(형소법 제249조 제1항). 공소가 제기된 범죄는 판결의 확정이 없이 공소를 제기한 때로부터 25년을 경과하면 공소시효가 완성한 것으로 간주한다(형소법 제249조 제2항).

(2) 기간의 계산

제4장 기 간

제83조 (기간의 계산) 연(年) 또는 월(月)로 정한 기간은 연 또는 월 단위로 계산한다.

제84조 (형기의 기산) ① 형기는 판결이 확정된 날로부터 기산한다.
② 징역, 금고, 구류와 유치에 있어서는 구속되지 아니한 일수는 형기에 산입하지 아니한다.

제85조 (형의 집행과 시효기간의 초일) 형의 집행과 시효기간의 초일은 시간을 계산함이 없이 1일로 산정한다.

제86조 (석방일) 석방은 형기종료일에 하여야 한다.

구조문
제83조 (기간의 계산) 연 또는 월로써 정한 기간은 역수에 따라 계산한다.

연(年) 또는 월(月)로 정한 기간은 연 또는 월 단위로 계산한다(제83조). 기간을 월 또는 연으로 정한 때뿐만 아니라 주(週)로 정한 때에도 역에 의하여 계산하는 민법의 방식과 구별되고 있다(민법 제160조 제1항 참조). 형기는 판결이 확정된 날로부터 기산한다(제84조 제1항). 징역, 금고, 구류와 유치에 있어서는 구속되지 아니한 일수는 형기에 산입하지 아니한다(제84조 제2항). 형의 집행과 시효기간의 초일은 시간을 계산함이 없이 1일로 산정한다(제85조). 석방은 형기종료일에 하여야 한다(제86조).

3. 형의 시효의 정지와 중단

시효의 정지는 시효의 정지 후 정지사유가 소멸하면 잔여의 시효기간이 진행된다. 이러한 점에서 시효의 정지는 시효의 중단 후 중단사유가 소멸하면 처음부터 다시 시효의 전 기간이 진행되는 시효의 중단과 구별된다.

(1) 시효의 정지

형의 시효는 형의 집행의 유예나 정지 또는 가석방 기타 집행할 수 없는 기간은 진행되지 아니한다(제79조 제1항). 기타 집행할 수 없는 기간이란 천재지변(天災地變), 사변(事變) 등으로 인하여 형을 집행할 수 없는 기간을 말한다. 형의 시효는 형이 확정된 후 그 형의 집행을 받지 아니한 자가 형의 집행을 면할 목적으로 국외에 있는 기간 동안은 진행되지 아니한다(제79조 제2항).

(2) 시효의 중단

형의 시효는 사형, 징역, 금고와 구류에 있어서는 수형자를 체포함으로, 벌금, 과료, 몰수와 추징에 있어서는 강제처분을 개시함으로 인하여 중단된다(제80조). 시효가 중단된 때에는 처음부터 다시 시효의 전 기간이 경과되어야 시효가 완성된다.

4. 형의 시효의 완성의 효과

형의 선고를 받은 자는 시효의 완성으로 인하여 그 집행이 면제된다(제77조). 형의 선고의 효력 자체가 소멸하는 것은 아니다. 형의 집행이 면제될 뿐이나, 형의 집행은 당연히 면제되기 때문에 형의 집행의 면제를 위한 별도의 재판이 필요한 것은 아니다.

Ⅱ. 형의 소멸

제8절 형의 소멸

제81조(형의 실효) 징역 또는 금고의 집행을 종료하거나 집행이 면제된 자가 피해자의 손해를 보상하고 자격정지 이상의 형을 받음이 없이 7년을 경과한 때에는 본인 또는 검사의 신청에 의하여 그 재판의 실효를 선고할 수 있다.

제82조(복권) 자격정지의 선고를 받은 자가 피해자의 손해를 보상하고 자격정지 이상의 형을 받음이 없이 정지기간의 2분의 1을 경과한 때에는 본인 또는 검사의 신청에 의하여 자격의 회

복을 선고할 수 있다.

1. 형의 소멸의 의의

형의 소멸(刑의 消滅)이란 적법한 공소가 제기되어 유죄의 확정판결이 있은 후에 그 집행권을 소멸시키는 제도를 말한다. 형의 소멸은 형의 선고의 효력을 상실하게 하는 형의 실효와 구별되고, 검사의 형벌청구권을 소멸시키는 공소시효제도와도 구별된다. 형의 소멸의 원인에는 형의 집행의 종료·면제, 선고유예·집행유예의 기간의 경과, 가석방기간의 만료, 시효의 완성, 사망, 사면, 형의 실효 및 복권이 있다. 형법은 제3장 제8절에서 '형의 소멸'이라는 제목하에 형의 실효(제81조)와 복권(제82조)에 관하여 각각 규정하고 있다.

2. 형의 실효

(1) 형의 실효의 의의

형의 실효(刑의 失效)란 일정한 기간이 경과한 후에 형의 효력을 상실시키는 제도를 말한다. 세간에서는 형의 실효제도가 세칭 전과기록말소제도로 알려져 있으나 이는 정확한 표현은 아니다. 왜냐하면 말소되는 전과기록은 수형인명부와 수형인명표에 한정되고 엄연한 역사적 사실로서 존재하는 범죄경력자료까지 말소되는 것은 아니기 때문이다.[134] 소위 전과(前科, Führungszeugnis, criminal record)란 범죄경력을 말한다. 과거에 형법상 9종의 형벌을 받은 사실이 있다는 경력을 의미한다.

형의 선고의 효력은 본래적 효력과 비본래적 효력으로 대별될 수 있다. 형의 집행권의 발생은 전자의 예이다. 누범전과의 발생, 각종의 자격에 관한 법률상의 소정의 결격사유의 발생 또는 기타의 경우 등은 후자의 예이다. 후자의 비본래적 효력은 개별적인 근거법률에서 개별적으로 정하고 있으므로 상대적이기 때문에 규정의 공백이 발생할 수 있다. 실제로 누범전과의 경우에는 누범기간이 정해져 있으므로 문제가 없으나, 결격사유의 경우에는 해당 근거법률에 그 종기(終期)에 관한 규정을 두지 않은 결과 형의 집행이 이미 종료 또는 면제되었음에도 불구하고 결격사유는 계속적으로 존속하게 된다. 이는 사실상 자격상실형과 동일한 효력을 가지게 되어 가혹한 결과가 되고 전과자의 정상적인 사회복귀를 곤란하게 할

---

134) 대법원 2007.5.11. 선고 2005도5756 판결.

우려가 있다. 형의 실효의 제도는 형의 집행권이 이미 소멸하였음에도 불구하고 여전히 남아 있는 형의 영향력을 제거함으로써 전과자의 정상적인 사회복귀를 보장하고 범죄경력으로 인한 차별을 방지하기 위한 제도라고 할 수 있다(형실효법 제1조 참조).

(2) 형의 실효의 종류

형의 실효에는 형법상 당사자의 신청에 의한 재판상의 실효(제81조)와 형의 실효 등에 관한 법률상 자동적으로 실효되는 당연실효(형실효법 제7조)가 있다. 재판상 실효제도에 대한 저조한 인지도와 이용률 때문에 자동실효제도가 마련된 것이다.

1) 당연실효

당연실효(當然失效)란 일정한 기간의 경과로 인하여 자동적으로 형이 실효되는 것을 말한다. 후술하는 형법상의 재판상 실효는 신청절차를 걸쳐 법원의 선고가 필요하고 7년의 기간의 경과도 필요하다는 점이 커다란 단점이다. 이러한 불편을 해소하기 위하여 당연실효는 신청절차 없이 단기간의 경과만 충족되면 자동으로 형이 실효되도록 하려는 취지이다. 수형인이 자격정지 이상의 형을 받지 아니하고 형의 집행을 종료하거나 그 집행이 면제된 날부터 3년을 초과하는 징역·금고의 경우에는 10년, 3년 이하의 징역·금고의 경우에는 5년 및 벌금의 경우에는 2년이 경과한 때에 그 형은 실효된다(형실효법 제7조 제1항 본문). 다만 구류(拘留)와 과료(科料)는 형의 집행을 종료하거나 그 집행이 면제된 때에 그 형이 실효된다(형실효법 제7조 제1항 단서). 하나의 판결로 여러 개의 형이 선고된 경우에는 각 형의 집행을 종료하거나 그 집행이 면제된 날부터 가장 무거운 형에 대한 기간이 경과한 때에 형의 선고는 효력을 잃는다(형실효법 제7조 제2항 본문). 다만 징역과 금고는 같은 종류의 형으로 보고 각 형기(刑期)를 합산한다(형실효법 제7조 제2항 단서).

2) 재판상 실효

재판상 실효(裁判上 失效)란 일정한 요건을 갖추고 일정한 기간이 경과한 후에 당사자의 신청에 의한 재판을 통하여 형의 실효의 선고에 의하여 형이 실효되는 것을 말한다. 징역 또는 금고의 집행을 종료하거나 집행이 면제된 자가 피해자의 손해를 보상하고 자격정지 이상의 형을 받음이 없이 7년을 경과한 때에는 본인 또는 검사의 신청에 의하여 그 재판의 실효를 선고할 수 있다(제81조).

(3) 형의 실효의 효과

형이 실효된 경우에는 형의 선고에 의한 법적 효과가 장래에 향하여 소멸한다. 형실효법상으로 형이 실효되면 수형인명부의 해당란을 삭제하고, 수형인명표를 폐기한다(형실효법 제8조 제1항 제1호). 수형인명부(受刑人名簿)란 자격정지 이상의 형을 받은 수형인을 기재한 명부로서 검찰청 및 군검찰부에서 관리하는 것을 말한다(형실효법 제2조 제2호). 수형인명표(受刑人名票)란 자격정지 이상의 형을 받은 수형인을 기재한 명표로서 수형인의 등록기준지 시 · 구 · 읍 · 면 사무소에서 관리하는 것을 말한다(형실효법 제2조 제3호). 수형인명부와 수형인명표는 범죄경력자료와 함께 전과기록을 구성한다(형실효법 제2조 제7호). 범죄경력자료(犯罪經歷資料)란 수사자료표 중 ① 벌금 이상의 형의 선고, 면제 및 선고유예, ② 보호감호, 치료감호, 보호관찰, ③ 선고유예의 실효, ④ 집행유예의 취소 및 ⑤ 벌금 이상의 형과 함께 부과된 몰수, 추징(追徵), 사회봉사명령, 수강명령(受講命令) 등의 선고 또는 처분에 관한 자료를 말한다(형실효법 제2조 제5호). 수사자료표란 수사기관이 피의자의 지문을 채취하고 피의자의 인적사항과 죄명 등을 기재한 표, 즉 전산입력되어 관리되거나 자기테이프, 마이크로필름, 그 밖에 이와 유사한 매체에 기록 · 저장된 표를 포함하는 표로서 경찰청에서 관리하는 것을 말한다(형실효법 제2조 제4호). 결국 전과기록(前科記錄)이란 수형인명부, 수형인명표 및 범죄경력자료를 말하는데 형의 실효로 폐기되는 것은 수형인명부의 해당란과 수형인명표에 국한되고 있다고 할 수 있다. 따라서 형의 실효제도는 전과기록의 전부가 아니라 범죄경력자료를 제외한 나머지, 즉 수형인명부와 수형인명표에 있는 전과기록만을 말소하는 제도라고 할 수 있다.

3. 복 권

복권(復權)이란 형의 선고의 효력으로 인하여 상실되거나 정지된 자격을 회복하는 것을 말한다(헌법 제79조 제1항, 사면법 제5조 제1항 제5호). 복권에 관하여 형법은 '자격정지의 선고를 받은 자가 피해자의 손해를 보상하고 자격정지 이상의 형을 받음이 없이 정지기간의 2분의 1을 경과한 때에는 본인 또는 검사의 신청에 의하여 자격의 회복을 선고할 수 있다'고 규정하고 있다(제82조).

제13장 보안처분론

제1절 서 설

Ⅰ. 보안처분의 의의

보안처분(保安處分)이란 범죄에 대한 법률효과로서 부과되는 형사제재 중의 하나를 말한다. 보안처분은 형벌과 대조적인 형사제재로서 '보안과 개선의 처분'(Maßregel der Sicherung und Besserung)의 약칭이다. 보안처분은 범죄자의 장래의 위험성을 근거로 재범방지를 위한 특별예방을 실시한다는 점에서 과거의 범죄행위에 대한 책임을 근거로 행위자에게 응보함으로써 범죄에 대한 일반예방을 추구하는 형벌과 구별된다.

Ⅱ. 보안처분의 연혁

1. 사상적 연혁

보안처분을 형벌과 구별하고 보안처분의 필요성을 최초로 주장한 사람은 18세기 말 독일의 형법학자 클라인(Ernst Ferdinand Klein, 1744~1810)이었다. 클라인은 1794년 프로이센의 일반란트법(Allgemeines Landrecht für die Preußischen Staaten, PrALR)에 형벌로서의 정기자유형 이외에 보안구금을 규정하였다. 당시 자본주의의 발달에 수반되는 사회구조의 변화에 의하여 형벌에 의한 범죄방지는 한계에 이르게 되고, 소년범죄와 상습범에 대하여 형벌 이외의 특별한 수단으로서 보안처분이 촉진되었다. 19세기 후반에 이르러 자본주의의 고도화와 함께 소년범죄, 상습범, 누범, 정신장애자 범죄 등 범죄의 격증이라는 현상이 발생하고 리스트(Franz von Liszt, 1815~1919)로 대표되는 신파에 의하여 사회방위론과 특별예방론이 전개되었다. 리스트는 1882년 마부르크 강령(Marbuger Universitätsprogramm 1882)에서 응보형을 특별예방을 위한 목적형으로 대체해야 한다는 목적형사상을 주장하였다. 리스트는 또 형벌과 보안처분의 구분은 불필요하다고 하였다. 리스트의 특별예방을 위한 목적형사상은 오늘날에 이르기까지 보안처분에 관한 이념적 기초가 되고 있다고 평가되고 있다.

2. 입법적 연혁

보안처분을 법률에 도입한 최초의 사람은 스위스의 슈토스(Carl Stooss, 1849~1934)이다. 슈토스는 신파사상의 영향 속에서 형벌과 보안처분을 명확하게 구별한 이원주의에 입각하여 형벌과 함께 형사제재로서 보안처분을 채용한 1893년 세계 최초의 스위스 형법 예비초안을 기초하였다.[1] 슈토스 초안은 그 후 많은 입법에 영향을 주었고 1930년의 이탈리아 형법, 1933년 나치 독일 개정형법 등 이원주의의 입법례가 일반화하였다. 한편 영미형법에는 보안처분이라는 개념은 존재하지 않지만 실질적으로 동일한 처분은 존재하고 이원주의와 동일한 사상에 입각하고 있다고 할 수 있다. 영국에서는 1800년에 이미 법원은 정신이상에 의하여 소송무능력과 무죄로 된 자를 프로도마 정신병원에 무기한 수용할 수 있다고 하였다.

3. 우리나라에서의 입법약사

우리나라에서는 현행 형법초안을 기초하면서 법전편찬위원회에서 보안처분의 채택여부에 관하여 많은 논의가 있었지만 결국 채용되지 못하였다. 그러나 1948년 제정된 국가보안법은 1949년 전부개정법에서 감시·보도구금제도를 도입하고 있었다.[2] 1958년 제정된 소년법은 반사회성이 있는 소년에 대하여 형사처분에 관한 특별조치로서 보호처분을 도입하였다.[3] 1975년 사회안전법의 제정으로 국가보안사범에 대한 광범위한 보안처분이 채택되었다.[4] 그러다가 일반범죄에 관한 보안처분의 필요성이 강조되면서 1980년 사회보호법이 제정됨으로써 우리나라도 특별법을 통해 보안처분제도를 채택한 국가가 되었다.[5] 1995년 형법의 일부개정법

---

1) Vorentwurf zu einem Schweizerischen Strafgesetzbuch: Allgemeiner Teil. Im Auftrage des Bundesrathes ausgearbeitet von Carl Stooss. Basel und Genf, 1893.

2) 국가보안법 1949.12.19. 전부개정 법률 제85호 1950.1.9. 시행; 국가보안법 1948.12.1. 제정 법률 제10호 1948.12.1. 시행.

3) 소년법 1958.7.24. 제정 법률 제489호 1958.7.24. 시행.

4) 사회안전법 1975.7.16. 제정 법률 제2769호 1975.7.16. 시행.

5) 1980년 12월 18일 법률 제3286호로 제정되어 같은 날부터 시행되어 왔던 사회보호법은 2005년 8월 4일 법률 제7656호로 폐지되었다. 그 폐지이유는 다음과 같다. 즉, 사회보호법상의 보호감호처분 등은 피감호자의 입장에서는 이중처벌적인 기능을 하고 있을 뿐만 아니라 그 집행실태도 구금위주의 형벌과 다름없이 시행되고 있어 국민의 기본권을 침해하고 있고, 사회보호법 자체도 지난 권위주의시대에 사회방위라는 목적으로 제정한 것으로 위험한 전과자를 사회로부터 격리하는

은 성인범죄자에 대하여도 보호관찰, 사회봉사명령 및 수강명령의 3종류의 보안처분을 도입하였다.[6] 이에 따라서 1996년 12월에는 보호관찰법이 전면 개정되어 보호관찰제도에 대한 통일적인 절차규정을 마련하였다.[7]

Ⅲ. 보안처분과 형벌의 관계

보안처분과 형벌의 관계에 관하여는 견해가 일치하지 않고 있다. 다시 말해서 일원주의, 이원주의 및 대체주의가 크게 대립하고 있다.

1. 일원주의

일원주의(一元主義, Einspurigkeit)란 형벌과 보안처분은 모두 사회방위와 범죄인의 교육·개선을 목적으로 하고, 행위자의 반사회적 위험성을 기초로 하여 과하여지는 사회방위처분이므로 양자에 있어서 본질적 차이는 없다고 하는 입장을 말한다. 보안처분과 형벌을 동질적이라고 하여 양자택일하는 신파에 의해서 채용되는 입장이다. 이에 의하면 형벌과 보안처분을 동일시하여 양자 중 어느 하나만을 택일하여 선고하고 집행한다. 보안처분에 의하여 행위자의 사회복귀와 사회의 안전을 기대할 수 있는 경우에는 형벌의 선고가 부적합하다는 것을 이유로 한다. 그러나 이에 대하여는 형벌과 보안처분은 성질상 구분된다는 점, 책임무능력자나 상습범에 대하여 보안처분을 과하는 것은 형사정책적으로 적절하지 않다는 점 등에서 비판이 가하여질 수 있다.

2. 이원주의

이원주의(二元主義, Zweispurigkeit)란 형벌은 과거의 범죄행위에 대한 응보로서 형사처분이지만, 보안처분은 장래의 위험성에 대한 사회방위와 본인의 교정·교육을 목적으로 하는 행정처분으로의 성격이 강하다고 하는 입장을 말한다. 보안처분과 형벌을 이질적이라고 하여 양자를 병합하는 구파에 근거하는 입장이다. 이에 의하면 형벌과

것을 위주로 하는 보안처분에 치중하고 있어 위헌적인 소지가 있기 때문에 이를 폐지하여 국민의 기본권을 보장하려는 것이다.

6) 형법 1995.12.29. 일부개정 법률 제5057호 1996.7.1. 시행.

7) 보호관찰등에 관한 법률 1996.12.12. 전부개정 법률 제5178호 1997.1.1. 시행.

보안처분을 동시에 선고하고 순차적으로 중복하여 집행한다. 통상 보안처분보다 형벌을 먼저 집행한다. 보안처분은 형벌을 보충하는 것이고, 형벌은 기간이 특정되어 있음에 반하여 보안처분은 부정기이므로 형벌을 먼저 집행해야 한다는 것을 그 이유로 한다. 2005년 폐지된 구 사회보호법상의 보호감호제도는 이에 입각하고 있으며, 형을 먼저 집행한다(구 사회보호법 제23조 제1항). 대법원도 "형벌과 치료감호처분은 신체의 자유를 박탈하는 수용처분이라는 점에서 유사하기는 하나 그 본질과 목적 및 기능에 있어서 서로 다른 독자적 의의를 가진 제도인바, 명시적인 배제 조항 등이 없는 이상 어느 한 쪽의 적용 대상이라는 이유로 다른 쪽의 적용 배제를 주장할 수 없는 것이다. 특정범죄 가중처벌 등에 관한 법률 제5조의4 제6항이 2005. 8. 4. 사회보호법상 보호감호제도 폐지를 즈음하여 마련되었다고 하여 달리 볼 것은 아니다"라고 판시한 바 있다.[8] 그러나 이에 대하여는 형벌과 보안처분의 구분이 용이하지 않다는 점, 보안처분의 부정기적 성격과 형벌의 집행 후 보안처분의 집행은 가혹할 수 있다는 점 등에서 비판이 가하여질 수 있다.

3. 대체주의

대체주의(代替主義, Vikariierungsprinzip)란 형벌과 보안처분을 동시에 선고하되, 보안처분의 집행으로 형벌의 집행을 대체할 수 있다고 하는 입장을 말한다. 응보를 기초로 형을 선고한 후 그 범위 내에서 일반예방·특별예방의 목적을 달성하려는 입장으로서 일원주의와 이원주의의 절충주의라고 할 수 있다. 보안처분과 형벌은 이질적이지만, 보안처분에 의하여 형벌에 대한 대체가 가능하다고 하는 입장이다. 이에 의하면 형벌과 보안처분이 동시에 선고된 경우 보안처분을 먼저 집행하고 보안처분의 기간을 형기에 산입한다. 행위자의 사회복귀를 위하여는 보안처분의 선집행이 보다 합리적이고 행위자나 사회에 대하여 보안처분은 사실상 형벌과 같은 해악의 성질을 가지며, 형벌의 목적은 보안처분에 의하여도 달성될 수 있다는 것을 이유로 한다. 대체주의에 입각하고 있는 대표적인 입법례로서는 슈토스 초안 이후의 스위스 형법, 1969년 제2차 형법개정을 통하여 이원주의에서 대체주의로 변경한 독일 형법(제67조, 제67조의 a) 및 우리나라의 치료감호법상의 치료감호제도를 거론할 수 있다.

8) 대법원 2007.8.23. 선고 2007도3820,2007감도8 판결.

Ⅳ. 보안처분의 기본원칙

1. 보안처분의 법정주의

보안처분도 인권을 침해하는 형사제재라는 점에서 형벌과 다를 것이 없다. 형벌의 인권보장적 기능을 담보하기 위하여 죄형법정주의가 요구되는 것과 마찬가지로 보안처분의 경우에도 보안처분법정주의가 요구되어야 하는 이유를 이해할 수 있다. 헌법은 "누구든지 ~ 법률과 적법한 절차에 의하지 아니하고는 처벌·보안처분 또는 강제노역을 받지 아니한다"고 하여 보안처분법정주의를 명문으로 규정하고 있다(헌법 제12조).

2. 보안처분의 적용한계

보안처분은 책임주의에 따르지 않고 원리적으로는 행위자의 재범의 위험성만이 보안처분의 양을 결정한다. 보안처분도 형벌과 같이 자유를 박탈한다는 점에서 인권침해적인 실체를 가지고 있음에도 불구하고 범죄행위와의 비례성을 담보하는 명확한 한정원리를 가지고 있지 않은 것이 된다. 이것이 바로 보안처분에 대한 제한의 원리가 필요한 이유이다. 형벌이 책임주의를 원칙으로 한다면 보안처분은 한계주의를 원칙으로 한다. 보안처분은 범죄자의 장래 위험성에 기초한 범죄예방이라는 특별예방적 목적으로 인정되며 동시에 책임주의에 기초하지 않는다. 보안처분이 적법하기 위해서는 일정한 요건을 갖추지 않으면 안 된다. 처분의 필요성, 수단의 적합성 및 정도의 비례성이 보안처분의 적법요건에 대한 예시라고 할 수 있다.[9] 한편 보안처분은 범죄행위를 한 자에 대한 응보를 주된 목적으로 그 책임을 추궁하는 사후적 처분인 형벌과 구별되어 그 본질을 달리하는 것으로서 형벌에 관한 일사부재리의 원칙이 그대로 적용되지 않는다.[10]

9) 대법원 2014.2.27. 선고 2013도12301 판결.
10) 대법원 2009.5.14. 선고 2009도1947 판결.

제 2 절 보안처분의 종류

Ⅰ. 성질상의 분류

보안처분은 처분의 대상을 기준으로 대물적 보안처분과 대인적 보안처분으로 대별될 수 있다. 대물적 보안처분은 대재산적 보안처분이라고도 불린다. 대인적 보안처분은 다시 자유를 박탈하는 보안처분과 자유를 제한하는 보안처분으로 세분될 수 있다. 전자를 수용보안처분, 후자를 자유제한보안처분이라고도 한다.

1. 대물적 보안처분

대물적 보안처분(對物的 保安處分)이란 범죄의 위험성이 있는 물건에 대한 보안처분을 말한다. 대물적 보안처분으로는 몰수와 선행보증 등이 대표적인 입법례로 예시될 수 있다. 몰수(沒收)에 관하여는 이를 보안처분보다는 형벌로 규정한 입법례가 더 많다. 그러나 몰수를 형벌로 규정하고 있는 나라에 있어서도 실질적으로는 보안처분의 성격을 가진다고 하는 견해가 유력하다. 이와 같이 몰수에 관하여는 일부에서는 보안처분적 성격을 가진다고 하지만, 범죄조성물건 또는 공용물건과 같은 경우도 물건 자체에 재범의 위험성이 있는 것만은 아니기 때문에 형벌에도 보안처분에도 속하지 않는 독립된 처분이라고 해석하는 견해도 불가능한 것은 아니다. 선행보증(善行保證)이란 신용이 있는 보증인을 세우거나 일정한 금액을 국고에 공탁함으로써 선행을 보증하는 처분을 말한다. 이것이 대물적 보안처분의 범주에 속하는가에 대하여는 의문이 제기되기도 한다. 입법례로는 이를 형벌로 하는 국가(스페인 형법), 형벌에도 보안처분에도 속하지 않는 기타의 처분으로 하는 국가(스위스 형법) 및 가벌적 행위의 법적 효과로 하는 국가(덴마크 형법) 등이 있다. 한편 학설에 따라서는 사업소(영업소)의 폐쇄를 대물적 보안처분의 일종으로 열거하는 견해도 있다. 그러나 사업소를 몰수하는 것만은 아니기 때문에 이를 몰수와 유사한 대물적 보안처분의 성격을 가지는 것으로 해석하는 것은 정확하지 않다. 사업소의 폐쇄는 경우에 따라서는 벌금을 부과하는 것보다도 중대한 법익침해로 될 수 있기 때문에 실질적으로는 권리박탈적인 것으로 해석하여야 할 것으로 보인다. 이와 같이 하면 아직까지 대물적 보안처분이라고 하여 왔던 것은 보안처분의 개념에서 배제되게 된다.

2. 대인적 보안처분

대인적 보안처분(對人的 保安處分)이란 범죄의 위험성이 있는 사람에 대한 보안처분을 말한다. 대인적 보안처분은 다시 자유를 제한하는 보안처분과 자유를 박탈하는 보안처분으로 나누어질 수 있다.

(1) 자유를 제한하는 보안처분

자유를 제한하는 보안처분으로서의 자유제한보안처분에 관한 대표적인 입법례로서는 다음과 같이 몇 가지의 경우를 들 수 있다. 자유를 제한하는 보안처분의 법적 성질은 반드시 명확하지 않다. 이러한 종류의 처분을 부가형 내지 보안처분으로서 또는 기타의 처분으로서 규정하는가는 다분히 입법기술 및 법제도에 의존하는 것이다. 내용적으로 보면 행정처분적 성격의 것이지만 경우에 따라서는 형벌적 처분이라고 해석되는 경우도 있다. 그러한 의미에서 최근 형벌과 보안처분의 접근이라는 것이 지적되고 있다. 첫째, 보호관찰처분이다. 감시부자유라고도 한다. 가장 오랜 역사를 가지고 있다. 대상자의 사회복귀와 재범방지를 목적으로 행하여진다. 범죄인으로 하여금 정상적인 사회생활을 하게 하면서 일정한 준수사항을 명하고 이를 준수하도록 보도한다. 둘째, 주거제한처분이다. 주거를 제한하는 것을 내용으로 하는 처분을 말한다. 보안처분으로 규정하는 국가도 있고, 부가형으로 규정하는 국가도 있다. 우리나라의 사회안전법(제정 1975.7.16. 법률 제2769호)에 규정되어 있었으나, 보안관찰법(전문개정 1989.6.16. 법률 제4132호)으로 전면개정되면서 보안감호처분과 주거제한처분은 폐지되고, 보호관찰처분은 보강되어 보안관찰처분제도로 신설되었다. 셋째, 음식점 등에의 출입금지처분이다. 상습이취자 등에 대하여 음식점 기타 일정한 장소에의 출입을 금지하는 처분이다. 일부의 나라에서는 보안처분으로 규정하지만, 일부의 나라에서는 부가형으로 규정하고 있다. 넷째, 운전면허취소처분이다. 도로교통에 있어서의 위해행위, 명정운전 등에 대하여 운전면허를 취소하는 처분이다. 일부의 나라에서는 보안처분으로 규정하고 있지만, 많은 나라에서는 행정처분으로 행하고 있다. 프랑스에서는 5년 이하의 운전면허의 정지를 주형으로 언도할 수 있다(프랑스 형법 제131조 내지 제136조). 다섯째, 직업금지처분이다. 범죄와 관련 있는 일정한 범죄의 수행을 금지하는 처분이다. 많은 나라에서는 부가형으로 규정되어 있지만, 일부의 나라에서는 보안처분으로서 규정되어 있다. 여섯째, 국외추방처분이다. 외국인이 범죄를 범한 경우에 있어서 범인이 위험하다고 인정되는 때에 행하여지는 처분이다. 입법례에 따라서 부가형, 주형, 보안처분 등으로 규정되어 있으나, 많은 나라에서는 단순한 행정처분으로 인정되고 있다.

(2) 자유를 박탈하는 보안처분

자유를 박탈하는 보안처분으로서의 수용보안처분은 범죄의 위험성을 가지는 자에 대하여 사회방위를 위하여 행하여지는 것이고 보안처분의 성격을 가장 단적으로 구현하는 것이다. 최협의의 보안처분이라고 할 수 있다. 수용보안처분에 관한 대표적인 입법례로는 다음과 같은 것들을 예시할 수 있다. 첫째, 치료처분이다. 정신장애에 의한 책임무능력자와 한정책임능력자에 대한 치료를 위한 처분을 말한다. 보안처분을 실시하고 있는 모든 나라에서 도입하고 있다. 둘째, 금절처분이다. 알코올, 마약 등의 중독자·기벽자에 대한 금절처분을 말한다. 보안처분을 실시하고 있는 대부분의 나라에서 도입하고 있다. 셋째, 사회치료처분이다. 정신장애자, 특히 성격편기자 소위 정신병질자에 대한 사회치료처분을 말한다. 넷째, 노작처분이다. 걸식, 부랑자 등의 노동혐기자에 대한 노작처분을 말한다. 다섯째, 보안구금처분이다. 중죄의 위험성이 높은 상습범인에 대한 보안구금처분을 말한다. 보안감호라고도 한다.

Ⅱ. 현행법상의 종류

1. 형법상의 보안처분

형법은 1995년 개정시 제2의 형사제재로서 보안처분을 명문으로 규정하였다. 당시에 도입된 보안처분의 종류로서는 보호관찰, 사회봉사명령 및 수강명령이 있다.

(1) 보호관찰

보호관찰(保護觀察, Bewährungs-hilfe, probation)이란 범죄인을 수용시설에 구금하는 대신 일정한 의무를 조건으로 자유로운 사회생활을 허용하면서 수형자를 지도·감독·원호하거나 또는 사회봉사명령이나 수강명령을 집행함으로써 성행을 교정하여 건전한 사회복귀를 촉진하고 재범을 방지하기 위한 형사제도를 말한다.

보호관찰은 1869년 미국의 매사추세츠 주에서 최초로 입법화된 이후 1878년 영국, 1918년 스웨덴, 1949년 일본 및 1953년 독일 등의 국가에서 도입되어 실시되어 오고 있다. 우리나라에서는 1989년 7월 1일 전국 12개 보호관찰소와 6개 지소를 개청하여 소년범에 한하여 최초로 실시한 바 있다. 그 후 보호관찰은 1994년 성폭력범, 1995년 형법개정으로 성인범 및 1997년 가정폭력범으로 그 대상을 확대하여 실시해오고 있다. 형법은 선고유예, 집행유예 및 가석방된 자에 대하여 보호관찰을 명할 수 있도록 하고 있다(제59조의2, 제62조의2, 제73조의2). 보호관찰은 교도소 등 수용시설에 수용함으로써 발생할 수 있는 범죄에 대한 오염과 가정, 학교, 직장 등 사회와의 단절을 방지하고 체계적이고 전문적인 지도·감독을 통하여 효과적인 재범방지뿐만 아니라 수용시설에 수용함으로써 발생할 수 있는 국가예산을 절감할 수 있는 장점을 가지고 있다.

보호관찰과 사회봉사명령 또는 수강명령과의 병과를 인정할 것인가에 관하여는 견해가 일치하지 않고 있다. 보호관찰은 사회봉사명령 또는 수강명령을 병과할 수 없다는 병과불인정설과 보호관찰은 사회봉사명령 또는 수강명령을 병과할 수 있다는 병과인정설이 그것이다. 병과불인정설은 법조문이 "~ 보호관찰을 받을 것을 명하거나 사회봉사 또는 수강을 명할 수 있다"고 규정하고 있고(제62조의2 제1항), 보호관찰법도 보호관찰과 사회봉사명령 또는 수강명령을 분리하여 규정하고 있다는 점을 근거로 하고 있다. 이에 반하여 병과인정설은 집행유예시 보호관찰만을 명하는 것은 재범방지에 효과가 없으며, 사회봉사·수강명령만을 명하는 것 역시 실제로 집행이 잘 이루어지지 않을 우려가 있다는 점을 근거로 하고 있다. 판례는 병과인정설의 입장을 취하고 있다. 대법원은 "형법 제62조에 의하여 집행유예를 선고할 경우에는 같은 법 제62조의2 제1항에 규정된 보호관찰과 사회봉사 또는 수강을 동시에 명할 수 있다고 해석함이 상당하다"고 판시한 바 있다.[11)]

(2) 사회봉사명령

사회봉사명령(社會奉仕命令, Gemeinnützige Arbeit, community service order)이란 일정한 기간 내에 지정된 시간 동안 무보수로 근로에 종사하도록 하는 명령을 말한다. 사회봉사를 명할 때에는 500시간의 범위에서 그 시간을 정하여야 한다(보호관찰법 제59조 제1항). 대법원도 "사회봉사는 자유형의 집행을 대체하기 위한 것으로서 500시간 내에서 시간 단위로 부과될 수 있는 일

11) 대법원 1998.4.24. 선고 98도98 판결.

또는 근로활동을 의미하는 것으로 해석되므로, 법원이 형법 제62조의2의 규정에 의한 사회봉사명령으로 피고인에게 일정한 금원을 출연하거나 이와 동일시할 수 있는 행위를 명하는 것은 허용될 수 없다”고 판시한 바 있다.[12]

(3) 수강명령

수강명령(受講命令)이란 일정한 시간 동안 지정된 장소에 출석하여 강의, 훈련 또는 상담을 받도록 하는 명령을 말한다. 수강을 명할 때에는 200시간의 범위에서 그 시간을 정하여야 한다(보호관찰법 제59조 제1항).

2. 특별법상의 보안처분

(1) 소년법

소년법이란 반사회성이 있는 소년의 환경조정과 품행교정을 위한 보호처분 등의 필요한 조치를 하고, 형사처분에 관한 특별조치를 함으로써 소년이 건전하게 성장하도록 돕는 것을 목적으로 제정된 법률이다(소년법 제1조). 소년이란 19세 미만의 자를 말한다(소년법 제2조). 소년법은 소년에 대한 보호처분 이외에도 형사처분에 관한 특례도 규정하고 있다. 소년사건에 관하여는 보호처분을 원칙으로 한다. 소년법상 보호처분으로는 보호자 또는 보호자를 대신하여 소년을 보호할 수 있는 자에게 감호위탁, 수강명령, 사회봉사명령, 보호관찰, 아동복지시설이나 그 밖의 소년보호시설에 감호위탁, 병원・요양소 또는 소년의료보호시설에 위탁, 소년원 송치가 있다(소년법 제32조 제1항). 소년의 보호처분에 대하여는 그 소년의 장래 신상에 어떠한 영향도 미치지 아니하도록 규정하고 있다(소년법 제32조 제6항). 대법원도 “소년법에 의한 보호처분을 받은 전력이 있다고 하더라도, 이는 유죄의 확정판결을 받은 경우에 해당하지 아니함이 명백하다”고 판시한 바 있다.[13]

(2) 보안관찰법

보안관찰법은 1975년 제정된 사회안전법[14]을 전부개정함으로써 1989년 개명한 법률명이다.[15] 당시의 보안관찰법은 보안감호처분과 주거제한처분을 폐지하고, 보

12) 대법원 2008.4.24. 선고 2007도8116 판결; 대법원 2008.4.11. 선고 2007도8373 판결.
13) 대법원 2012.3.22. 선고 2011도15057・2011전도249 전원합의체 판결.
14) 사회안전법 1975.7.16. 제정 법률 제2769호 1975.7.16. 시행.
15) 보안관찰법 1989.6.16. 전부개정 법률 제4132호 1989.9.17. 시행.

호관찰처분을 보강하여 보안관찰처분을 신설하였다.[16] 보안관찰법은 특정범죄를 범한 자에 대하여 재범의 위험성을 예방하고 건전한 사회복귀를 촉진하기 위하여 보안관찰처분을 함으로써 국가의 안전과 사회의 안녕을 유지함을 목적으로 하고 있다(보안관찰법 제1조). 보안관찰처분이란 보안관찰해당범죄를 다시 범할 위험성이 있다고 인정할 충분한 이유가 있어 재범의 방지를 위한 관찰이 필요한 자에 대하여 내리는 처분을 말한다(보안관찰법 제4조 제1항). 보안관찰처분을 받은 자는 소정의 사항을 주거지 관할 경찰서장에게 신고하고 재범방지에 필요한 범위 안에서 그 지시에 따라 보안관찰을 받아야 한다(보안관찰법 제4조 제2항). 한편 폐지 전의 사회안전법은 보안처분의 종류로서 보호관찰처분, 주거제한처분 및 보호감호처분에 대하여 규정하고 있었다(사회안전법 제3조).

(3) 국가보안법

국가보안법은 국가의 안전을 위태롭게 하는 반국가활동을 규제함으로써 국가의 안전과 국민의 생존 및 자유를 확보함을 목적으로 한다(국가보안법 제1조). 국가보안법은 감시처분과 보도처분에 관하여 규정하고 있다. 즉, 국가보안법에 의하면 공소보류를 받은 자가 법무부장관이 정한 감시·보도에 관한 규칙에 위반한 때에는 공소보류를 취소할 수 있도록 규정하고 있다(국가보안법 제20조 제3항). 공소보류가 취소된 경우에는 재구속의 제한(형소법 제208조)에도 불구하고 동일한 범죄사실로 재구속될 수 있다(국가보안법 제20조 제4항).

(4) 마약류관리법

마약류관리법에서 규정하고 있는 보안처분은 마약류중독자에 대한 치료보호이다. 마약류란 마약, 향정신성의약품 및 대마를 말한다(마약류관리법 제2조 제1호). 치료보호(治療保護)란 마약류중독자의 마약류에 대한 정신적·신체적 의존성을 극복시키고 재발을 예방하여 건강한 사회인으로 복귀시키기 위한 입원치료와 통원치료를 말한다(마약류관리법 제2조 제9호).

(5) 치료감호법

2005년 제정된 치료감호법[17]은 2015년 일부개정을 통하여 치료감호 등에 관한 법률[18]로 그 제명이 변경되었다. 치료감호법은 치료감호처분, 치료명령처분 및 보호관찰처분에 관하여 규정하고 있다. 치료감호법은 심신장애 또는 마약류·알코

16) 보안관찰법 1989.6.16. 전부개정 법률 제4132호 1989.9.17. 시행, 제정·개정이유서.
17) 치료감호법 2005.8.4. 제정 법률 제7655호 2005.8.4. 시행.
18) 치료감호 등에 관한 법률 2015.12.1. 일부개정 법률 제13525호 2015.12.2. 시행.

올 그 밖에 약물중독 상태 등에서 범죄행위를 한 자로서 재범의 위험성이 있고 특수한 교육·개선 및 치료가 필요하다고 인정되는 자에 대하여 적절한 보호와 치료를 함으로써 재범을 방지하고 사회복귀를 촉진하는 것을 목적으로 하고 있다(치료감호법 제1조). 치료감호처분이란 피치료감호자를 치료감호시설에 수용하여 행하는 치료를 위한 조치를 말한다. 치료감호처분은 최장 15년을 초과할 수 없다(치료감호법 제16조 제2항). 치료감호와 형(刑)이 병과된 경우에는 치료감호를 먼저 집행하고, 이 경우 치료감호의 집행기간은 형의 집행기간에 포함한다(치료감호법 제18조). 치료명령처분이란 통원치료를 받을 필요가 있고 재범의 위험성이 있는 자, 즉 치료명령대상자에 대한 통원치료 명령을 말한다고 할 수 있다(치료감호법 제2조의3 참조). 보호관찰처분이란 치료위탁된 피치료감호자를 감호시설 외에서 지도·감독하는 것을 내용으로 하는 보안처분을 말한다. 상당한 기간 동안 시설감호에 의해 단절되었던 피감호자의 사회적응력을 사회내처우를 통하여 증진시키려는 조치이다. 여기의 보호관찰은 석방전준비절차의 일환으로서 사회단절적 자유박탈보안처분에서 사회복귀적 자유제한보안처분으로 그 집행을 변경하는 것이다. 피치료감호자에 대하여는 일정한 사유가 있는 경우에 보호관찰처분을 명할 수 있도록 하고 있다(치료감호법 제32조 제1항). 보호관찰기간은 3년이다(치료감호법 제32조 제2항). 보호관찰기간이 만료된 때에는 피보호관찰자에 대하여 치료감호가 종료된다(치료감호법 제35조).

(6) 보호관찰법

보호관찰법은 죄를 범한 자로서 재범방지를 위하여 보호관찰, 사회봉사·수강 및 갱생보호 등 체계적인 사회내처우가 필요하다고 인정되는 자에 대하여 지도·원호를 함으로써 건전한 사회복귀를 촉진하고, 효율적인 범죄예방활동을 전개함으로써 개인 및 공공의 복지를 증진함과 아울러 사회를 보호함을 목적으로 한다고 밝히고 있다(보호관찰법 제1조). 보호관찰 등에 관한 법률은 출소자 사후관리업무를 체계적으로 추진하기 위하여 이원화되어 있던 출소자사후관리법령을 1995년 보호관찰법에 갱생보호법을 흡수하여 전문개정하고, 법률의 명칭을 '보호관찰 등에 관한 법률'로 변경함으로써 탄생한 법이다.[19] 다시 말해서 이 법률은 당시까지 형법, 소년법, 치료감호법 등에 산재되어 있던 보호관찰처분, 사회봉사명령처분, 수강명령처분의 집행 및 갱생보호에 관한 규정을 통합하여 규정하게 되었다.

---

19) 보호관찰 등에 관한 법률 1995.1.5. 전부개정 법률 제4933호 1995.1.5. 시행.

(7) 전자장치부착법

전자장치부착법은 2007년 특정범죄를 저지른 사람의 재범방지를 위하여 형기를 마친 뒤에 보호관찰 등을 통하여 지도하고 보살피며 도움으로써 건전한 사회복귀를 촉진하고 위치추적 전자장치를 신체에 부착하게 하는 부가적인 조치를 취함으로써 특정범죄로부터 국민을 보호함을 목적으로 제정되었다(전자장치부착법 제1조).[20] 전자장치부착법상의 보안처분은 전자감시이다. 전자감시란 성폭력범죄자의 재범방지와 성행교정을 통한 재사회화를 위하여 그의 행적을 추적하여 위치를 확인할 수 있는 전자장치를 신체에 부착하게 하는 부가적인 조치를 취함으로써 성폭력범죄로부터 국민을 보호함을 목적으로 하는 일종의 보안처분을 말한다.[21] 위치추적전자장치란 전자파를 발신하고 추적하는 원리를 이용하여 위치를 확인하거나 이동경로를 탐지하는 일련의 기계적 설비로서 대통령령으로 정하는 것을 말한다(전자장치부착법 제2조 제4호). 이 법은 검사로 하여금 법정의 사유에 해당하고 성폭력범죄를 다시 범할 위험성이 있다고 인정되는 자에 대하여 유기징역형의 전부 또는 일부의 집행을 종료하거나 집행이 면제된 후에 전자장치를 부착하도록 하는 명령을 법원에 청구할 수 있도록 하고 있다(전자장치부착법 제5조 제1항). 한편 전자장치부착법 제5조 제3항 및 제21조의2 제3호에 규정된 '살인범죄를 다시 범할 위험성'이란 재범할 가능성만으로는 부족하고 피부착명령청구자 또는 피보호관찰명령청구자가 장래에 다시 살인범죄를 범하여 법적 평온을 깨뜨릴 상당한 개연성이 있음을 의미한다. 살인범죄의 재범의 위험성 유무는 피부착명령청구자 또는 피보호관찰명령청구자의 직업과 환경, 당해 범행 이전의 행적, 범행의 동기, 수단, 범행 후의 정황, 개전의 정 등 여러 사정을 종합적으로 평가하여 객관적으로 판단하여야 하고, 이러한 판단은 장래에 대한 가정적 판단이므로 판결 시를 기준으로 하여야 한다.[22]

(8) 성충동약물치료법

성충동약물치료법은 16세 미만의 사람에 대하여 성폭력범죄를 저지른 성도착증환자로서 성폭력범죄를 다시 범할 위험성이 있다고 인정되는 사람에 대하여 성충동 약물치료를 실시하여 성폭력범죄의 재범을 방지하고 사회복귀를 촉진하는

---

20) 특정성폭력범죄자에 대한 위치추적전자장치부착에 관한 법률 2007.4.27. 제정 법률 제8394호 2008.10.28. 시행.

21) 대법원 2009.9.10. 선고 2009도6061 판결.

22) 대법원 2018.9.13. 선고 2018도7658, 2018전도54, 55, 2018보도6, 2018모2593 판결.

것을 목적으로 제정된 법이다(성충동약물치료법 제1조).[23] 성충동약물치료법상의 보안처분은 성도착증 환자에 대한 성충동 약물치료, 즉 화학적 거세이다. 화학적 거세는 물리적 거세와는 달리 약물투여가 중단되면 성기능은 다시 회복된다. 화학적 거세의 대상은 성폭력범죄를 저지른 성도착증환자로서 성폭력범죄를 다시 범할 위험성이 있다고 인정되는 만 19세 이상의 사람이다(성충동약물치료법 제4조 제1항). 판례에 의하면 '성폭력범죄를 다시 범할 위험성'이란 재범할 가능성만으로는 부족하고 피청구자가 장래에 다시 성폭력범죄를 범하여 법적 평온을 깨뜨릴 상당한 개연성을 의미한다.[24]

제 3 절 보안처분의 집행

보안처분의 집행도 형벌의 집행에서와 같이 보안처분의 종별에 따라 각각 검토할 필요가 있다. 다만 보안처분의 집행에 관하여는 이미 전술한 보안처분의 종류에서 일부가 고찰되었다. 이 외의 보안처분의 집행에 관한 요건과 절차에 관하여는 각각의 개별법에서 상세하게 규정하고 있다.

---

23) 성폭력범죄자의 성충동약물치료에 관한 법률 2010.7.23. 제정 법률 제10372호 2011.7.24. 시행.
24) 대법원 2014.2.27. 선고 2013도12301 판결.

판례색인

[대 법 원]

사항색인

ㄴ

ㅂ

ㅅ

ㅊ

ㅋ

ㅌ

ㅍ

ㅎ

[저자 약력]

경복고등학교
경희대학교 법과대학(법학사)
경희대학교 대학원(법학석사)
경희대학교 대학원(법학박사, Ph.D.)
독일 Marburg대학교(Dr. jur., 법학박사)

(전)
대한민국 육군 중위
경희대학교 강사
고려대학교 의료법학연구소 연구교수
연세대학교 의과대학 의료법윤리학과 연구교수
보건복지부 장기등이식에 관한 법률 제정추진협의회 위원
소방방재청 규제심사위원회 위원
(사)한국의료법학회 회장

(현)
경희대학교 법학전문대학원 교수
경희법학연구소 생명공학법연구센터장
보건복지부 장기등이식윤리위원회 위원
보건복지부 국가호스피스연명의료위원회 위원
한국의료분쟁조정중재원 의료분쟁조정위원회 비상임조정위원
식품의약품안전평가원 의료기기 허가·심사 자문 등을 위한 임상전문위원
국가생명윤리정책원 공용기관 생명윤리위원회 위원
국립 장기이식관리기관(KONOS) 운영위원회 운영위원
법무부 인권강사

〈주요 논저〉
의사법학론 제3판(법문사, 2022, 2018년 대한민국학술원 우수학술도서)
법학원론 제3판(퍼플, 2022)
의사법총론(법문사, 2012)
한국 장기이식법(석필, 2008)
Organtransplantation und Strafrecht(Peter Lang, 2005)
축조해설 장기등이식에 관한 법률(육법사, 2000)
뇌사와 장기이식의 법률학(동림, 1997)

통합 장기등이식법의 핵심쟁점과 기본방향(한국의료법학회지, 2018); 현행법상 존엄사의 허용요건과 과제: 연명의료결정법을 중심으로(한국의료법학회지, 2018); 형법에 있어서의 기본원칙(경희법학, 2016); 외국인범죄에 있어서 통역을 받을 권리: 유럽인권협약을 중심으로(경희법학, 2014); 약속에 의한 자백의 증거능력(경희법학, 2014); 변호인선임권과 접견교통권에 관한 비교법적 고찰: 국제인권법을 중심으로(경희법학, 2014); The Organ Transplantation Act and Recent Trends in Korea(Asia Pacific Journal of Public Health, 2013); 존엄사의 법제화에 관한 최근동향(한국의료법학회지, 2013); 존엄사의 허용요건과 법제화의 방향(한국의료법학회지, 2013); 독일에 있어서 존엄사의 법제화와 향후과제(경희법학, 2013); 사형제도의 폐지와 그 대안에 관한 소고(경희법학, 2012); 낙태에 관한 규정의 현황과 모자보건법의 합리적 개정방안(한국의료법학회지, 2012); The use of immunosuppressive drugs and legal implications in xenotransplantation(Molecular & Cellular Toxicology, 2010); 소년의 형사책임에 관한 연구(법조, 2010) 외 다수

형법총론 [제2판]

2019년 2월 25일 초판 발행
2022년 2월 25일 제2판 1쇄 발행

저 자 주 호 노

발행인 배 효 선

발행처 도서출판 法 文 社

주 소 10881 경기도 파주시 회동길 37-29
등 록 1957년 12월 12일 / 제2-76호 (윤)
전 화 (031)955-6500~6 FAX (031)955-6525
E-mail (영업) bms@bobmunsa.co.kr
(편집) edit66@bobmunsa.co.kr
홈페이지 http://www.bobmunsa.co.kr

정가 45,000원 ISBN 978-89-18-91283-7